司法部规划高等学校法学教材

沈伟
陈治东
著

商事仲裁法

国际视野和中国实践

上卷

Commercial Arbitration Law

Global Context and China Practice

上海交通大学出版社
SHANGHAI JIAO TONG UNIVERSITY PRESS

内容提要

我国商事仲裁在 1995 年《仲裁法》颁行后有了跨越式的发展。商事仲裁的定位也由原来的法外争端解决机制转变为高端服务业,并通过高速发展构建金融中心和拉动经济发展,弥补司法资源的不足。国际商事仲裁界的竞争也呈白热化状态,伦敦、巴黎、新加坡、中国香港、日内瓦、纽约和斯德哥尔摩是全球七大仲裁地。澳大利亚、日本、韩国、迪拜、阿布扎比、哈萨克斯坦也分别通过立法成立了国际仲裁中心,希望后来居上。国际商事仲裁实践也有重大发展,第三方资助、选择性上诉机制等概念和实践层出不穷。在此背景下,本书聚焦国际视野和中国实践,试图对《仲裁法》在 1995 年颁行之后的发展轨迹进行系统梳理和分析。全书共分十一章,内容涉及国际商事仲裁概述及其性质;国际商事仲裁的立法;重要的常设国际商事仲裁机构;国际商事仲裁协议;国际商事仲裁员和仲裁庭;国际商事仲裁的程序性事项;国际商事仲裁的法律适用;国际商事仲裁裁决;国际商事仲裁裁决的撤销;国际商事仲裁的承认及执行;中国商事仲裁法与法院的互动等。本书分为上下两卷。

图书在版编目(CIP)数据

商事仲裁法:国际视野和中国实践/ 沈伟,陈治东
著. —上海: 上海交通大学出版社,2020
ISBN 978 - 7 - 313 - 22748 - 5

Ⅰ.①商… Ⅱ.①沈… ②陈… Ⅲ.①国际商事仲裁
Ⅳ.①D997.4

中国版本图书馆 CIP 数据核字(2019)第 284952 号

商事仲裁法——国际视野和中国实践
SHANGSHI ZHONGCAIFA——GUOJI SHIYE HE ZHONGGUO SHIJIAN

著　者:	沈　伟　陈治东		
出版发行:	上海交通大学出版社	地　址:	上海市番禺路 951 号
邮政编码:	200030	电　话:	021 - 64071208
印　制:	上海万卷印刷股份有限公司	经　销:	全国新华书店
开　本:	710 mm×1000 mm　1/16	印　张:	52
字　数:	819 千字		
版　次:	2020 年 6 月第 1 版	印　次:	2020 年 6 月第 1 次印刷
书　号:	ISBN 978 - 7 - 313 - 22748 - 5		
定　价:	188.00 元		

序

Preface

商事仲裁在 1995 年《中华人民共和国仲裁法》（以下简称《仲裁法》）颁行后有了跨越式的发展。法学界、律师界、仲裁界和商界都对商事仲裁表现出浓厚的兴趣，关于仲裁实践也与时俱进、日新月异。

根据司法部 2019 年的统计，截至 2018 年年底，全国共设立了 255 个仲裁委员会，共有仲裁从业人员 6 万人。2018 年，全国仲裁机构共处理案件 54 万件，比 2017 年增长 127％；案件标的额近 7 000 亿元，比 2017 年增长 30％；全国仲裁机构在 1995 年《仲裁法》实施后共处理各类民商事案件 260 万余件，标的额 4 万多亿元，案件当事人涉及 70 多个国家和地区。

各地各级行政部门和司法机关对商事仲裁颇为关注。中共中央、国务院于 2018 年 12 月 31 日下发《关于完善仲裁制度提高仲裁公信力的若干意见》（简称《意见》），这是对党的十八届四中全会提出的"完善仲裁制度，提高仲裁公信力"改革任务的具体落实，也是对党的十九大提出的加强预防和化解社会矛盾机制建设的积极回应。该《意见》就五大主题，提出 23 条意见。

这五大主题分别是：① 认真贯彻落实仲裁法律制度；② 改革完善仲裁委员会内部治理结构；③ 加快推进仲裁制度改革创新；④ 提高仲裁服务国家全面开放和发展战略的能力；⑤ 加大对仲裁工作的支持与监督力度。《意见》瞄准"社会化""智能化"和"专业化"三个方向，提出了提高我国仲裁服务国际竞争力的目标。中央政府还积极推进构建"一带一路"国际商事争端解决机制。中央全面深化改革领导小组于 2018 年 1 月 23 日审议通过了《关于建立"一带一路"国际商事争端解决机制和机构的意见》，提出坚持纠纷解决方式多元化原则，充分考虑"一带一路"建设参与主体的多样性、纠纷类型的复杂性以及各国立法、司法、法治文化的差异性，积极培育并完善诉讼、仲裁、调解有机衔接的争端解决服务保障机制，切实满足中外当事人多元化纠纷解决需求；通过建立"一带一路"国际商事争端解决机制和机构，营造稳定、公平、透明、可预期的法制化营商环境。司法部在和国务院法制办整合之后，于 2019 年 3 月底召开全国仲裁工作会议。司法部部长特别强调贯彻《关于完善仲裁制度提高仲裁公信力的若干意见》，以完善仲裁制度、提高仲裁公信力为重点，全面提升仲裁质量，为有效预防化解矛盾、提升社会治理水平、促进经济社会发展提供强有力的仲裁服务和保障。

山东省青岛市人民政府办公厅在 2016 年 7 月 20 日印发了《关于大力推进青岛仲裁事业发展打造一流仲裁机构的议案办理工作实施方案的通知》，提出把青岛打造成为东北亚国际商事争端解决中心。2019 年 1 月 2 日，中共上海市委全面深化改革委员会审议通过了全国首个关于仲裁的省级重大改革性文件——《关于完善仲裁惯例机制提高仲裁公信力加快打造面向全球的亚太仲裁中心的实施意见》，提出加快推进仲裁工作改革发展，① 加快建设面向全球的亚太仲裁中心；着力加强仲裁制度创新供给，着力加大仲裁专业人才培养，着力提升仲裁行业国际化水平，充分激发仲裁机构发展动力和活力，不断满足社会对优质高效仲裁服务的需求。世界银行《跨境投资报告》将仲裁作为评价投资环境的重要内容，结合正在不

---

① 该实施意见确定了六个方面的主要任务，其中在完善管理体制方面要求组建上海仲裁协会，建立行政管理和行业管理"两结合"管理体制；在推进体制机制改革方面要求仲裁机构和行政机关脱钩，原本由政府组建的仲裁机构在 3 年内完成脱钩改制，担任或兼任仲裁机构的决策机构组成人员的公务员 3 年内全部退出；规定仲裁机构自主决定人事制度，仲裁机构经费不再纳入财政预算，实行经费自理、自收自支。

断优化的营商环境，上海以专业化、国际化和高效化的新姿态全面融入国际市场，① 力争成为"国际仲裁之都"。国务院于 2019 年 8 月印发的《中国（上海）自由贸易试验区临港新片区总体方案》中，允许境外仲裁机构在上海自贸区临港新片区设立业务机构，开展仲裁业务。②

深圳在仲裁改革方面迈的步子更大。为了更加高效地整合仲裁服务资源，2017 年 12 月，华南国际经济贸易仲裁委员会和深圳仲裁委员会进行了合并。深圳国际仲裁院对 2016 年施行的《深圳国际仲裁院仲裁规则》进行了修订，在《深圳国际仲裁院关于适用〈联合国国际贸易法委员会仲裁规则〉的程序指引》和《深圳国际仲裁院海事物流仲裁规则》的基础上，制定了《深圳国际仲裁院金融借款争议仲裁规则》《深圳国际仲裁院网络仲裁规则》和《深圳国际仲裁院选择性复裁程序指引》。这些规则包含了一些理念先进的仲裁规则，引进了选择性复裁程序，③ 新增首席仲裁员指定方式——推荐排除法，④ 增设"庭审声明"环节，⑤ 引入"当事人之间自行选送"机制，⑥ 改"快速程序"为"简易程序"，并且压缩期限，⑦ 指定《金融借款争议仲裁规则》《网络仲裁规则》，以降低仲裁成本，区分"大小仲裁员名册"适用不同案件。⑧ 新版的仲裁规则更加尊重当事人意思自治，即只要不违背适用法律的强制性规定且现实可行，当事人可以约定适

---

① 到 2019 年年初，上海市在册仲裁员人数达到 2 137 名，分别来自 74 个国家和地区，其中包括 36 个"一带一路"沿线国家。

② 《中国（上海）自由贸易试验区临港新片区总体方案》第 2 条第（四）款：允许境外知名仲裁及争议解决机构经上海市人民政府司法行政部门登记并报国务院司法行政部门备案，在新片区内设立业务机构，就国际商事、海事、投资等领域发生的民商事争议开展仲裁业务，依法支持和保障中外当事人在仲裁前和仲裁中的财产保全、证据保全、行为保全等临时措施的申请和执行。

③ 详见本书第八章第四节。

④ 首席仲裁员有三种创新指定方式：边裁推选法、推荐排序法和推荐选择法。经双方当事人申请或同意，仲裁院院长可以推荐三名以上首席仲裁员候选名单。双方当事人在收到候选名单之日起 5 日内可以各排除一名或若干名候选人。首席仲裁员由仲裁院院长在剩余候选名单中指定；候选人均被排除的，由仲裁院院长在候选名单之外指定。

⑤ 借鉴英美法系的宣誓制度，规定在开庭审理时，仲裁庭就独立公正宣读证明书；当事人及其代理人、证人、鉴定人等相关人员可以就诚实信用和善意合作宣读声明书。

⑥ 经当事人同意，仲裁院或仲裁庭可以决定当事人在提交仲裁文书和证明材料时直接发送其他当事人或发送至仲裁院网络仲裁服务平台提供的在线存储系统。

⑦ 详见本书第十章，将争议金额不超过人民币 100 万元提高到 300 万元，允许当事人约定适用快速程序而不受争议金额的限制，扩大该程序的适用范围。答辩和反请求申请期限从 20 天压缩至 10 天、开庭通知由 10 天前缩短为 7 天前、申请延期开庭的期限从开庭前 7 天缩短为 3 天，裁决作出期限从组庭之日起的 3 个月缩短为 2 个月。

⑧ 仲裁员名册分为两个组别，即《仲裁员名册》（大名册）和《特定类型案件仲裁员名册》（小名册），后者只适用于快速程序案件、《金融借款争议仲裁规则》和《网络仲裁规则》。

用的法律、仲裁规则、仲裁语言、仲裁地、仲裁庭的组成方式、审理方式、证据规则、开庭地点等。

同时，各地仲裁机构之间的竞争呈白热化状态。中国国际经济贸易仲裁委员会（简称贸仲）、上海国际仲裁中心、深圳国际仲裁中心、北京仲裁委员会仍然执仲裁界之牛耳。贸仲还积极在海外布局，早在2012年就在我国香港地区设立贸仲香港仲裁中心，又在温哥华设立了贸仲北美仲裁中心。为了推进"一带一路"倡议，还在2017年在西安设立了贸仲丝绸之路仲裁中心。① 境外仲裁机构，如香港国际仲裁中心和新加坡国际仲裁中心分别在上海设立代表处，抢滩国内仲裁市场，力图在国内推广仲裁服务，占有国内仲裁市场，特别是涉外仲裁市场的份额。位于首尔的国际争端解决中心在上海自贸区设立了分中心。

贸仲仍然是涉外仲裁领域的龙头。2018年贸仲受理仲裁案件2 962件，同比增长28.89%，其中涉外仲裁案件522件（双方均为境外当事人案件36件），同比增长9.66%；受理国内案件2 440件，同比增长33.92%。贸仲在2018年的涉案标的额也首次突破千亿元大关，达到1 015.90亿元，同比增长41.32%；标的额上亿元的案件达到171件，同比增长46.15%；全年审结案件2 524件，同比增长11.04%。贸仲受理案件的当事人涉及60多个国家和地区。② 同时，贸仲还不忘继续深耕国内仲裁市场，在经济发展领先的省份设立贸仲分会。山东省内有17家仲裁机构，为了做大做强，也在省法制办的牵头下成立了山东省仲裁促进发展会和山东国际仲裁中心，希望在贸仲进入山东之际，形成集团优势，稳住省内仲裁市场的份额。全国的自贸区到2018年4月已达12个，也为仲裁的发展提供了新的契机和转型的可能。上海、重庆、海南等地都设立了自由贸易试验区仲裁中心。南海国际仲裁院借海南自贸港建设之际于2018年7月29日成立挂牌，这是2018年年初深圳国际仲裁院建立以理事会为核心的法人治理机制以来中国的第二个法人治理的仲裁院，理事会成员由法律界、工商界和其他相关领域的知名人士担任，其中境外人士不少于总数的1/3。海南省委

---

① "中国仲裁机构海外布局开启"，http://www.chinanews.com/gn/2018/07-09/8560346.shtml.最后访问日期：2019年3月15日。

② 中国国际经济贸易仲裁委员会于2019年2月1日发布"CIETAC2018年业务工作总结和2019年业务工作计划"，http://www.cietac.org.cn/index.php?m=Article&a=show%id=15804.最后访问日期：2019年5月1日。

全面深化改革委员会第 5 次会议在 2019 年 2 月 11 日通过了《海南国际仲裁院（海南仲裁委员会）管理办法》，其参照了 2012 年 11 月《深圳国际仲裁院管理规定（试行）》，结合海南省建设自由贸易试验区和中国特色自由贸易港的要求，以地方立法的形式明确海南国际仲裁院将实行以理事会为核心的法人治理机制，也明确了海南国际仲裁院是社会公益性法定机构，作为非营利法人独立运作。①

　　尽管北京仲裁委员会面临着同城贸仲的巨大竞争压力，但是成功突围，成为我国和国际仲裁界非常有品牌效应的仲裁机构。北京仲裁委从 1995 年 9 月成立到 2018 年，受理案件为 37 718 件，案件标的额 3 026.8 亿元。2018 年，北京仲裁委共受理案件 4 872 件，案件标的额为 751.55 亿元，亿元以上案件平均标的额达到 3.7 亿元。在国内案件中，当事人一方或双方为外地的案件为 2 942 件，占国内案件总数的 61.60%；当事人双方都是外地的案件 810 件，占国内案件总数的 16.93%。适用国际商事仲裁程序的案件数量和案件标的额持续增长，分别为 88 件和 46.81 亿元，其中若干案件的准据法为外国法。除了规模之外，案件办理效率也得到提升，个案平均耗时 136.73 天，从组庭到结案平均耗时 82.25 天，全年审理期限内结案 3 377 件。全年裁决结案、调解、撤回率分别为 61.75%、15.30%、19.73%，没有被撤销的案件，不予执行的案件为 3 件。北京仲裁委员会（简称北仲）还通过《仲裁规则》，加快国际化步伐，与海外国际仲裁机构接轨。2019 年 7 月 15 日，新通过的《北京仲裁委员会仲裁规则》实行全新的收费标准，将仲裁费用明确区分为仲裁员报酬和机构费用；提高了最低收费，同时规定了收费的封顶金额；规定在当事人约定情况下仲裁员报酬可以按小时收费，仲裁员小时费率原则上不得超过 5 000 元。小时费率的引入有利于推动国内仲裁进一步接轨国际实践，也让当事人在确定费用、控制费用方面有更多的话语权和选择权。同样，与深圳国际仲裁院处于同省的广州仲裁委员会在 2018 年共受理案件 189 620 件，占全国 255 家仲裁机构总受理量的 35%。上海两家仲裁机构在过去 3 年平均受理案件数

---

　　① 中共中央、国务院在 2018 年 12 月 31 日发布《关于完善仲裁制度提高仲裁公信力的若干意见》，对我国仲裁机构的性质进行了界定，提出了改革完善仲裁委员会内部治理结构的要求，指出："仲裁委员会是政府依据仲裁法组织有关部门和商会组建，为解决合同纠纷和其他财产权益纠纷提供公益性服务的非营利法人。各地可以结合实际，对仲裁委员会的运行机制和具体管理方法进行探索改革，条件成熟、具有改革积极性的仲裁委员会可以先行试点。"

量约 3 000 件，2018 年达到 4 702 件，其中涉外案件 146 件，总争议金额达到 477.86 亿元。

印度总统在 2019 年颁布总统令，根据印度宪法实施了《新德里国际仲裁中心法》，加入亚太国际仲裁中心的竞争。根据最新的国际仲裁中心的排名，伦敦、巴黎、新加坡、中国香港、日内瓦、纽约和斯德哥尔摩是全球七大仲裁地。澳大利亚取消了国际和国内仲裁的区别，实现统一化和一体化；日本在大阪成立国际纷争解决中心，在京都成立国际调解中心；韩国在《仲裁法》之外出台《仲裁促进法》；阿联酋在迪拜和阿布扎比设立不同法系的仲裁中心；哈萨克斯坦在首都成立了国际仲裁中心。我国香港地区还在 2019 年成为首个获得俄罗斯联邦政府批准的、获准在俄罗斯管理仲裁案件的国际仲裁机构。①

国内商事仲裁的快速发展给我国的国际商事仲裁理论和实践带来新的挑战和视角。在此背景下，本书从国际视野和中国实践两个方面加以聚焦，试图对《仲裁法》在 1995 年颁行之后的发展轨迹进行整体性梳理和分析。此外，司法改革也将建立专业性法院作为提升商事争端解决机制有效性，为招商引资提供制度支持的重要载体。最高人民法院分别设立了国际商事法庭、上海金融法院、北京破产法院、南京海事法院、上海破产法院等专业性法庭和法院，创造性地将调解、仲裁和司法三位一体，有机结合起来。最高人民法院还通过了一系列司法解释和规定，以完善仲裁的司法审查机制，为商事仲裁提供更加高效和有力的司法支持和技术支撑。司法和仲裁之间的传统复杂关系在这一背景下似乎增加了新的内涵。因此，除了传统和常规的仲裁法理论和实务议题之外，本书新设第十一章，对近年来我国法院和仲裁之间的多维度互动进行解构，以期为商事仲裁的发展提供更为全面的视角。毫无疑问，法院介入仲裁的程度和方式是法院和仲裁之间互动、多元或紧张关系的根源，这在本书的诸多章节中都有大量篇幅

---

① 香港国际仲裁中心是《俄罗斯联邦仲裁法》2016 年 9 月 1 日生效以后第一家在俄罗斯提出申请的仲裁机构。2018 年 4 月 5 日，俄罗斯联邦国家杜马通过《俄罗斯联邦仲裁法修正案》，简化其他仲裁机构进入俄罗斯仲裁市场的法律程序。修改前的《俄罗斯联邦仲裁法》规定：常设仲裁机构必须在非营利性组织之下设立，而且必须取得俄罗斯联邦政府以政府令形式的授权审批。根据修正案的规定，俄罗斯联邦司法部获得授权，可以批准或拒绝其他仲裁机构获得《俄罗斯联邦仲裁法》规定的常设仲裁机构资质。获得《俄罗斯联邦仲裁法》规定的常设仲裁机构资质需要满足两个实质性的条件：（1）必须具有广泛认可的国际声誉，具体标准由俄罗斯司法部根据其下设的完善仲裁审批委员会的建议确认；（2）在俄罗斯开设分支机构或者设立法人，在法人之下根据俄罗斯法律设立常设仲裁机构。

的分析，是本书着墨较多的议题和内容。

当然，由于篇幅的关系，本书没有涵盖一些近年来崭新但还没有结论或太多实践的议题，特别是第三方资助问题。国际商事仲裁成本高企是行业的共识和常态。过去几年，第三方资助在国际商事仲裁领域逐渐兴起，并且得到不断的发展和实践。通过专业的投资机构与资金方提供争议解决的全部或部分费用转嫁争议解决以及执行的风险，帮助因各种原因而无力支付仲裁费用的当事人更有效地参与仲裁。从经济的角度看，当事人不愿意在案件尚未启动时，预先支付高昂的争议解决费用去获得未知的仲裁结果，而第三方资助在一定程度上缓解了当事人的财务紧张状况，通过金钱资助帮助当事人实现经济或商业目的。我国香港地区和新加坡已经在立法上有所推进。①"第三方资助"这一概念尚需解决利益冲突和道德风险等理论与实践问题，因此，本书暂不具体讨论，留待以后修订时补充。

是为序。

沈　伟
于北湖岸道
2019 年 8 月 24 日夜

---

① 香港《2017 年仲裁及调解法例（第三者资助）（修订）条例》第 3 条有关第三者资助仲裁的相关条文正式生效。该条厘清了第三者在香港资助仲裁不受助讼及包揽诉讼的普通法原则。香港特别行政区于 2018 年 12 月 7 日发布《第三者资助仲裁实务守则（守则）》，规定了第三者资助仲裁的最低标准，为受资助方提供保障。

目　录
Contents

第一章
国际商事仲裁法概述

第一节　仲裁的含义及性质

一、仲裁的含义及其历史沿革

（一）仲裁的一般含义

仲裁（Arbitration）又称"公断"，是指双方当事人依据争议发生前或争议发生后所达成的仲裁协议，自愿将争议交付给独立的第三方，由其按照一定程序进行审理并作出对争议双方都有约束力的裁决的一种非司法程序。

（二）仲裁的历史沿革

仲裁作为解决民商事争议的一种有效方式源远流长。据说在公元前6世纪的古希腊时期，城邦国家之间即采用仲裁方式解决它们之间的争议。古罗马商业发展时期就开始用仲裁方式解决贸易往来中的纠纷。如果商人间无法自行解决纷争，就由双方寻找有威望的长老作为仲裁人居中解决纠纷。鉴于对仲裁人的信任，当事人对仲裁人所作出的裁决一般均自愿服从。在罗马的《十二铜表法》中就有仲裁的记载。在罗马的《民法大全》"论告示"第二编中，记载了古罗马五大法学家之一保罗的著述："为解决争议，正如可以进行诉讼一样，也可以进行仲裁。"[①]

[①]　全国人大常委会法制工作委员会民法室、中国国际经济贸易仲裁委员会秘书局：《中华人民共和国仲裁法全书》，法律出版社1995年版，第4页。

随着中世纪后期商品交换的进一步发展，国际贸易交往日益增多，仲裁作为解决经济纠纷的手段也随之发展起来，通过有关国家的立法，逐渐成为解决国际商业争议的重要制度。英国议会于 1697 年正式制定了仲裁法；瑞典早在 14 世纪中叶确认仲裁为解决契约的一种合法形式，于 1887 年制定了仲裁法；法国在 1806 年《民事诉讼法典》中对仲裁作了专篇规定；南美的阿根廷 1887 年颁布了诉讼法典，其中对仲裁作了详细规定；1879 年的德国《民事诉讼法典》规定了仲裁程序、仲裁协议的形式和效力、仲裁员、仲裁庭审程序和裁决的效力以及执行等事项；亚洲的日本在 1890 年《民事诉讼法典》中设专章规定了仲裁程序；美国纽约州于 1920 年通过了州仲裁法，1925 年美国国会通过了《联邦仲裁法》，并于 1926 年起施行。第二次世界大战后，几乎所有国家均颁布了本国的仲裁法。

各国仲裁制度的发展不仅表现在立法方面，还表现在仲裁的机构化方面。例如，英国于 1892 年成立了伦敦仲裁院；瑞典于 1902 年成立了斯德哥尔摩商会仲裁院；瑞士于 1911 年设置了苏黎世商会仲裁院；美国于 1926 年通过几个仲裁机构合并成立了美国仲裁协会；日本于 1950 年成立了国际商事仲裁协会。除了这些常设仲裁机构以外，各国的许多行业协会、商品交易所内均设有专门解决内部成员间纠纷的仲裁机构。

第二次世界大战后，伴随着联合国的诞生和区域性国际经济组织的建立，各国订立了一系列与仲裁有关的国际公约及示范法，如 1958 年的《承认及执行外国仲裁裁决公约》、1975 年的《美洲国家国际商事仲裁公约》、1985 年的《国际商事仲裁示范了示范法》等。这些公约和规则的通过，表明国际商事仲裁制度的一体化趋向，也表明以仲裁方式解决商事争议在世界范围内获得普遍的承认和运用。

二、仲裁的基本特征

仲裁作为一种解决争议的重要方式，与其他争议解决方式，例如调解和诉讼相比较，具有十分鲜明的特征。

（一）仲裁与调解的异同点

仲裁和调解都是以当事人的自愿为基础的争议解决方式。得以解决争议并非源于国家权力，而是基于当事人的合意和自愿，处理争议的仲裁者或者调解者基本上都是民间机构或者民间人士。非官方的性质是两者根本的相同点。主持仲裁或调解的第三方都由当事人自行选择，在仲裁程序中是由当事人所指定的仲裁员组成的仲裁庭，在调解程序中则是当事人选择仲裁人。

然而，尽管两者都属于当事人自愿选择的争议的解决方式，但是两者仍存在不少的差异。

第一，以仲裁方式解决争议，当事人必须订立书面的仲裁协议，若无此仲裁协议，仲裁就无法进行。一旦当事人以书面协议约定以仲裁解决争议，他们就受到此协议的约束；倘若一方当事人拒绝参加仲裁程序，有关的仲裁庭有权进行缺席审理，直至作出最终的缺席裁决。所以，仲裁的自愿性是相对的。采用调解方式则无须书面的协议。任何一方当事人都无法强迫另一方当时参加调解程序，即使其中一方当事人已经承诺以调解方式解决争议，此后又反悔不愿继续调解，调解就不能继续进行，调解人不可能进行缺席调解，因此，调解程序的当事人意思自治几乎是绝对的。当实质利益发生冲突时，这种毫无强制性的争议解决方式有可能丧失其存在的现实基础，此实为调解的致命缺陷。

第二，虽然当事人在仲裁过程中享有广泛的自由，但在现代仲裁制度中采用机构仲裁的较普遍，各国常设仲裁机构都制定了较详细的仲裁规则，指导仲裁程序。仲裁庭必须严格遵循仲裁规则审理案件并作出裁决，否则，将影响仲裁裁决的效力。至于调解方式，通常没有严格的程序。

第三，在仲裁解决争议过程中，一些仲裁机构的仲裁规则允许仲裁庭在征得当事人同意的条件下亦可进行调解。调解成功，当事人可以撤回仲裁申请，或者由仲裁庭依据和解方案制作裁决书。换言之，仲裁程序可以吸收调解做法。然而，在调解程序中，调解人不可能履行任何的仲裁职责。

第四，以仲裁方式解决争议，不论其中一方当事人是否参加程序，只要存在有效的仲裁协议，仲裁庭就有权作出裁决书。败诉方若不自动履行裁决所规定的义务，胜诉方可以依据各国的法律或者国际公约请求法院予以强制执行。在调解程序中，如果调解成功，调解人所制作的调解书通常依赖当事人的自觉履行，它在法律上并无强制执行的效力；反之，调解失败，则调解人不可能制作任何确定当事人实体权利义务的任何书面文件。

（二）仲裁与诉讼的异同点

尽管有的学说认为仲裁具有"准司法"的性质，是一种以法律为后盾的争议解决方式；再者，仲裁裁决与法院判决一样，对当事人具有法律上的拘束力，尤其是仲裁程序的一裁终局特点及其受到国际公约支持的域外执行可能性，更显示其对当事人的强制力，然而仲裁与诉讼相比较，其区别是本质性的。

第一，当事人以仲裁方式解决争议，必须出于双方的自愿，缔结书面的仲裁协议。仲裁庭作为独立的第三方审理当事人争议的权力，并非基于强制的法定管辖，而是来自争议双方自愿的授权，即双方当事人在争议发生前或者争议发生后，以书面形式的协议表示愿意将争议提交仲裁解决。若不存在仲裁协议，或者仲裁协议无效，当事人就不能将争议交付仲裁，仲裁庭就无权受理争议案件。因此，当事人意思自治原则不仅是世界各国仲裁制度的基本原则，而且是整个仲裁制度赖以存在的基石。[1] 诉讼不以当事人的自愿为基础，除非有仲裁协议排除法院的管辖权，否则，当事人一方向法院起诉时，无须事先征得另一方当事人的同意，法院可以通过正当的司法程序传唤对方当事人到法庭，接受法院对案件的审理和裁判。

第二，虽然现代各国仲裁制度发展的趋势是扩大仲裁庭审理案件的范围，但是，各国的法律均对可交付仲裁解决的争议作出某些限制，例如涉及刑事案件、涉及政府与自然人或法人间行政管理产生的争议、涉及人身权的争议不可交付仲裁。仲裁可解决的争议是有限的。就诉讼而言，其主管的争议的范围原则上不受限制，任何争议通过其他方式无法解决者，均可诉诸法院，即所谓的"司法最终解决原则"。所以，诉讼法院的范围较仲裁广泛得多。

第三，仲裁以民间性为基础。处理仲裁案件的仲裁机构均属于非官方的民间机构，通常附设于各国的商会组织或者其他民间社会团体，或者由律师协会、法学会等民间机构组建；参与解决当事人争议的仲裁员大多数是律师、法学教授或工商界专家等民间人士，即使某些仲裁机构亦吸收少

---

[1] 丁伟、陈治东：《冲突法论》，法律出版社1996年版，第318页。

量政府官员，甚至现任法官担任仲裁员，但他们在履行仲裁员之职责时并不代表官方。然而，法院属于国家的审判机关，是国家机关的重要组成部分。法官属于国家的公职人员，其审判活动代表了国家的权力。

第四，仲裁程序当事人享有广泛的自主权。基于当事人意思自治原则，仲裁程序的当事人享有广泛的自主权，他们可以自行选择仲裁地点、仲裁机构、仲裁员、解决争议应适用的法律，在某些情况下甚至可以选择仲裁的程序规则。特别值得一提的是，世界各国的诉讼法中都存在法院专属管辖制度，即某类争议必须依法由某一地区的某一级法院审理，争议各方无权选择，违反专属管辖原则所作出的判决是无法在对争议具有专属管辖权的另一法院得到承认和执行的，即使是同一国家内的各地区法院之间亦然。但是，仲裁属于当事人自行委托第三方处分其权利的争议解决方式，因此，并不存在仲裁的专属管辖制度，当事人有权自由地选择仲裁地点和仲裁机构。即使从一国的诉讼管辖权制度考察，这种选择与该国专属管辖权并不一致，当事人选择的合法性在很大程度上仍不受影响。例如，依据各国的诉讼制度，因不动产纠纷提起的诉讼，由不动产所在地法院管辖；但是，当事人选择以仲裁方式解决其可能发生的争议，仲裁机构的所在地可以完全与有关的不动产所在地不一致，它所作出的裁决并不因此而影响其效力。诉讼是法院依照本国诉讼法的规定所进行的审判活动，法官由国家以法定程序任命或者选举产生。在诉讼程序中，当事人无权选择法官，更无权选择诉讼的程序法，法庭必须严格依据本国的诉讼法进行审判活动。

第五，仲裁程序中的保密性是其特点和优越性。当事人提起仲裁申请、程序进展情况、仲裁庭开庭审理案件，均不得在新闻媒介予以披露，裁决结果也不公布，因此能保护当事人的商业秘密和声誉。在诉讼程序中除非涉及国家机密以及个人隐私，否则必须公开审理，这对于不愿将商业纠纷公布于众的公司或企业而言，显然有其不利之处。

第六，仲裁庭所作出的裁决一旦作出，即对双方当事人产生约束力，即使当事人对裁决不服，也不得向任何行政机关或法院申诉或上诉试图变更裁决；若败诉方拒不执行裁决规定的义务，胜诉一方有权提出申请，请求有管辖权的法院承认裁决的效力，并且予以强制执行。尤其是在涉及外国当事人的国际商事仲裁中，胜诉方希望在国外获得对裁决的承认和执行时，由于世界上约有 100 多个国家参加了旨在承认和执行外国仲裁裁决的国际公约，所以，仲裁更具备了国际性。就诉讼而言，因各国诉讼制度的不同而千差万别，在一些联邦制国家，即使是一个国家，国内各州（省）的诉讼制度也不统一。通常各国诉讼制度中规定了若干审判级别，当事人对下级法院的判决不服，有权在法定期限内上诉，甚至可以进行几次上诉，直至本国的最高法院。因此，有时诉讼程序旷日持久。此外，因各国诉讼制度的巨大差异性以及审判体现国家权力的缘故，导致迄今为止各国之间无法达成普遍性的承认及执行外国法院判决的国际公约。

三、仲裁的性质

虽然仲裁是各国之间解决争议的一种重要方式，然而其性质之归属本身却是一个争议颇多的问题，迄今未有普遍接受的说法。人们之所以要对仲裁之性质进行探讨并提出诸多学说，就在于学说具有理论指导意义，并对一国的仲裁制度产生广泛的影响。迄今为止，各国的法律界提出了仲裁性质的四种学说。

（一）契约说（Contractual Theory）

契约说认为，仲裁是履行当事人解决争议协议的结果，所以，仲裁具有契约性。其理由在于：

第一，仲裁基于当事人的协议而发生，仲裁庭的管辖权基于当事人的授权而产生，若无当事人的仲裁协议，就没有仲裁。

第二，解决争议的仲裁员是由当事人双方直接或间接选定，而非经过国家的任命，仲裁员是当事人的代理人。

第三，除了仲裁员之外，当事人还有权通过协议选择仲裁机构、仲裁地点、仲裁规则、仲裁所适用的法律。在特定情况下，当事人还有权选择仲裁的程序法。

第四，基于仲裁员是当事人之代理人的缘故，仲裁裁决被视为仲裁员为当事人订立的契约，此契约也像其他契约一样具有法律拘束力，当事人履行裁决犹如履行契约。

（二）司法权说（Jurisdictional Theory）

司法权说认为，虽然仲裁来自当事人的协议，但是仲裁协议的效力、仲裁庭审理案件的权力、仲裁员的仲裁行为、仲裁裁决的承认与执行等事项，均需要国家法律权威的支持和调整。在现代国际社会，作为民间机构的仲裁机构之所以能够审理案件，在特定范围内行使国家法院的某些审判职能完全基于国家法律的授权，因此，仲裁具有司法权的性质。

持此观点的法国学者克雷恩指出："只有国家才能行使审判权，因此，如果法律允许当事人提交仲裁，那么仲裁机构只能是执行公共职能。由此得到的逻辑上的结论就是，仲裁裁决是具有与法院所作判决同等意义的决定。"[①]

（三）司法契约混合说（Mixed Theory）

持司法契约混合说的学者认为，片面强调仲裁的司法性或者其契约性，对于认识仲裁的本质都是无益的。因此，只有将两者结合起来，才能正确阐明仲裁的性质：仲裁首先基于当事人的契约，仲裁庭的组成、仲裁规则、仲裁审理时所应适用的实体法均主要取决于当事人的意思表示。就此意义上，契约说显然是合理的。然而，涉及仲裁协议效力之认定以及仲裁裁决的执行均需要相应法律加以调整，并最终需要一国法院的决定。离开了法律的调整和规范以及法院的协助，则整个仲裁程序亦无法独立存在。就此意义上，仲裁具有实实在在的司法性质。鉴于这两方面考虑，仲裁制度具备契约性和司法性的双重性质，这两种因素是相互联系、不可分割的两方面。

著名的国家贸易法专家施米托夫教授认为，从理论上看，仲裁包括两方面的因素：契约因素与司法因素。契约因素明确地表明在各国普遍接受的各项原则中，例如仲裁必须建立在当事人之间的仲裁协议的基础上、仲裁庭超出当事人授予的管辖权限作出的裁决无效等。司法因素则出现在许多规则之中，例如仲裁员必须公正、遵守自然正义的各项要求、仲裁裁决与法院判决原则上可以采用同样的执行方式。[②]

---

① 全国人大常委会法制工作委员会民法室、中国国际经济贸易仲裁委员会秘书局：《中华人民共和国仲裁法全书》，法律出版社 1995 年版，第 4 页。
② ［英］施米托夫：《国际贸易法文选》，赵秀文译，中国大百科全书出版社 1993 年版，第 598 页。

（四）自治说（Autonomous Theory）

自治说是晚近发展起来的一种新的学说，其基本观点认为，将仲裁视为纯的司法性抑或契约性，甚至将其视为具有两者的混合体均未指出仲裁的本质。仲裁应是一种适应社会需要而发展起来的解决争议的独立体系，是超越契约和司法权的。就契约性而言，仲裁的当事人缔结仲裁协议并非为了缔结一项契约，而是为了解决一项争议；就其司法性而言，从仲裁的发展轨迹可知，它是因商人们在商业交往中为解决商业纠纷的实际需要而发展起来的一种解决争议的方式，其发展的初期纯粹是商人们的自发行为，毫无法律的支持或确认；仲裁协议和仲裁裁决之所以得以遵守和履行，并非基于国家法院的强制力，而是源于商人之间的道德和行业惯例的约束。所以，仲裁应是一种独立的自治体系。

分析上述四种学说可知，契约性与司法性是有关学说的本质。仲裁的契约性与司法性均存在于各国的法律制度中，但它们在结合上却存在着很大区别：在一些国家契约因素占上风，在其他国家则司法因素起着主导作用。[①] 因此，上述各种学说都在一定程度上反映了仲裁制度的基本特征，这些学说都具有其合理内核。当然，如果片面强调仲裁制度的某一特性而回避甚至否认其他特性，则难以得出科学的认识。

考察仲裁制度的起源可知，它最初产生于民间的以自愿和公平为原则的解决民事或商事纠纷的方式，在以仲裁方式解决争议时并无法定的程序，也不需要法律确认其合法性，一切都是约定俗成的。显然，自治说从仲裁的起源角度指出了仲裁制度的本质。

当仲裁这一争议解决方式为各国的法律所确认，并且由法律授权法院对仲裁协议的效力、仲裁事项的范围以及裁决的执行等方面行使最终的裁定权，在此情况下其已经不再单纯依赖民间的道德规范来约束当事人的行为，而是借助于法律的强制力来保证仲裁制度的实施。就此意义上分析仲裁的司法性亦是显而易见的。

当然，不论仲裁起源于民间解决争议的实际需要，还是仲裁制度与法律的强制力密不可分，从世界各国的普遍实践来看，仲裁制度的本质属性

---

① ［英］施米托夫：《国际贸易法文选》，赵秀文译，中国大百科全书出版社1993年版，第598页。

仍是当事人的意思自治，这种意思自治是通过当事人之间的仲裁协议体现的。当事人以仲裁协议约定争议必须以仲裁方式解决，排除采取其他争议解决方式，因此，若不存在仲裁协议，任何国家的仲裁法均不能强迫当事人将争议提交仲裁；当事人通过仲裁协议合意选择仲裁地、仲裁机构，还可以选择仲裁所依据的实体法以及某些情况下可以选择仲裁规则；即使仲裁庭作出的裁决，当事人自动履行仲裁裁决在某种程度上也是由于协议的约束力。[①] 例如，在不少仲裁协议中，当事人都载入了"……仲裁裁决是终局的，对双方当事人均有拘束力"等词句，表明当事人自愿接受裁决约束的意思。因此，可以说契约性是整个仲裁制度的基础。

四、仲裁的分类

仲裁作为解决争议的方式，可解决许多不同性质的争议。按不同的分类方法可将仲裁分为以下几类。

（一）国内仲裁与国际性质的仲裁

（1）国内仲裁是指专门解决一国国内商事或非商事争议的仲裁，其所解决的争议性质不具有涉外因素。换言之，仲裁的当事人、争议的标的以及导致产生争议的法律关系均在一国境内。由于一国的商事或非商事的法律关系十分复杂，所以国内仲裁制度又可细分为商事仲裁、劳动仲裁等。

（2）国际性质的仲裁包括国际仲裁、跨国仲裁及国际商事仲裁。国际仲裁是指解决国家之间（包括国家与国际组织之间以及国际组织之间）涉及国际公法问题的争议所进行的仲裁，例如国家之间的领土纠纷或因国家侵权行为所产生的国际赔偿，可提交国际仲裁解决。这是解决国家间争端的方式之一，属于国际公法研究的范畴。

国际投资仲裁是一种特殊的仲裁制度，其参与的当事人之中，一定有一方为国家，另一方为外国的公司企业，争议通常产生于国际投资及自然资源的勘探和开发，或者投资的东道国对外国资本实行国有化或征收所产

---

① 李玉泉：《国际民事诉讼与国际商事仲裁》，武汉大学出版社 1994 年版，第 246 页。

生的赔偿问题。谓其特殊在于它既不同于国际仲裁仅处理国家间的国际公法上的争端，又有别于商事仲裁仅处理私人间（法人或自然人）的商事争议。跨国仲裁的一方当事人是国家，具有国际公法主体的特征，但处理的争议又源于商业活动（投资和自然资源的勘探开发亦属商业活动）。尤其在跨国仲裁的过程中，可能同时适用国际公法的原则制度，又要适用投资东道国的国内法。例如根据 1965 年联合国《解决国家与他国国民间投资争议的公约》（《华盛顿公约》）所建立起来的"解决投资争议国际中心"（International Center for Settlement of Investment Dispute，ICSID）在处理有关争议时，就可以适用作为争端一方的缔约国的法律以及可能适用的国际法规则，[①] 故将它归入解决国家间争议的国际仲裁或国际商事仲裁未必合适。考虑到其特殊性质，本书将不涉及跨国仲裁问题。

国际商事仲裁系指解决法人及（或）自然人之间产生于国际商业交易过程中的争议所进行的仲裁。其特点在于仲裁的当事人均为法人或自然人，即属于私法上的主体；而且争议双方当事人通常分属不同的国家，争议的性质为商业交易中所产生的法律争议。本书仅限于讨论国际商事仲裁的各方面问题。

(二) 临时仲裁与机构仲裁

(1) 临时仲裁又称特别仲裁，是指根据当事人的仲裁协议由临时选择的仲裁员组成仲裁庭进行的仲裁。仲裁结束，仲裁庭即自行解散。现代仲裁制度肇始于临时仲裁，即使在目前常设仲裁机构遍布世界各地的情况下，仍有相当数量的争议被交付临时仲裁解决，并得到各国的承认。有关仲裁的国际公约，例如联合国《承认与执行外国仲裁裁决公约》第 1 条就明确将临时仲裁作为仲裁方式之一。

临时仲裁的优点在于当事人有极大的自由权，程序具有相当的灵活性。当事人可以通过仲裁协议决定几乎所有方面：仲裁员的指定方法、仲裁程序、仲裁地点、法律适用、仲裁裁决的方式以及仲裁费分担方式，等等。尤其是当国家作为国际商事活动当事人一方时，许多国家愿意接受临时仲裁方式来解决与外国当事人的争议。例如，涉及利比亚与 3 家外国公

---

① 《解决国家与他国国民间投资争议的公约》第 42 条第 1 款。

司（美国德士古公司、英国石油公司和 Liamco 公司）之间的石油工业国有化争议就是通过仲裁解决的。[①] 此外，鉴于多数常设仲裁机构都要对仲裁当事人收取管理费和服务费，临时仲裁就可节省这笔开支。然而，临时仲裁亦存在不足之处：因缺少固定机构的协助及有约束力的仲裁规则的约束，仲裁的进行是否顺利全都依赖当事人的合作，一旦当事人不愿合作，而仲裁协议又未作出明确的规定，将导致争议久拖不决；如果当事人所选定的仲裁员发生意外事故而无法履行仲裁员的职责，或者当事人所约定的负责指定首席仲裁员的机构拒绝接受这一授权代为指定首席仲裁员，当事人将不得不重新约定组成仲裁员的方式。

（2）机构仲裁（Institutional Arbitration），又称常设仲裁，系指由常设仲裁机构按照仲裁规则所进行的仲裁。常设仲裁机构有固定的场所、组织章程和仲裁规则，有完整的行政办事机构和严格的管理制度，不少常设仲裁机构还有可供当事人选聘的仲裁员名册。常设仲裁机构以其专业的不同可分为专业性仲裁机构和综合性仲裁机构，以其区域的不同又可分为国家性的仲裁机构及国际性的仲裁机构。国际性的商事仲裁机构，例如设在巴黎的国际商会国际仲裁院；国家的综合性仲裁机构，例如中国国际经济贸易仲裁委员会、中国海事仲裁委员会、瑞典斯德哥尔摩商会仲裁院、美国仲裁协会、英国伦敦国际仲裁院等；专业性的仲裁机构则更是不胜枚举，在西方国家大量行业协会内部设立了诸多仲裁机构，或者行业协会本身就承担了解决行业内因交易所产生的纠纷，例如伦敦咖啡贸易协会（Coffee Trade Federation）、伦敦金属交易所（London Metal Exchange）、伦敦可可贸易协会（The Cocoa Association of London）、谷物和食品贸易协会（Grain and Feed Trade Association）等均是著名的行业协会。同时，这些协会均制定了各自解决争议的专门仲裁规则。

机构仲裁能够为当事人的争议解决提供多方面的协助和便利，其仲裁规则使仲裁程序比较规范、严格，有利于争议的公正解决，因此，机构仲裁代表了当代仲裁制度的发展方向，在一般情况下，当事人更倾向于选择机构仲裁。在机构仲裁条件下，只要当事人在仲裁协议中规定将争议提交

①　Alan Redfern & Martin Hunter. *Law and Practice of International Commercial Arbitration*. Sweet & Maxwell, 1986, p.40.

给某个仲裁机构，并依据该机构的仲裁规则仲裁即可。一旦争议实际发生，当事人就可以按照仲裁规则的规定指定仲裁员或者委托仲裁机构帮助指定仲裁员，以尽快组成仲裁庭。特别是仲裁机构所备有的仲裁员名册上的仲裁员一般均为法律、贸易、技术方面的专家，一些行业协会的仲裁员还熟悉本行业的交易惯例，有利于专业性的复杂案件合理合法解决。此外，仲裁机构的秘书处或类似机构可以为当事人提供通信联络、收转仲裁文书以及安排仲裁开庭、记录、翻译等方面的服务，使仲裁庭可以迅速及时处理当事人的纠纷。当然，因常设仲裁机构均有严格的仲裁规则和管理制度，对仲裁地点的选定和仲裁员的指定方式缺乏灵活性，尤其涉及仲裁程序中的时限等规定，有时一方当事人会感到不便。当代的国际商事争议一般均采用机构仲裁方式。

需要指出的是，所谓的机构仲裁一般仅指在常设仲裁机构的协助下所进行的仲裁，实际审理案件的仲裁庭都是为特定案件而临时组建起来的，审理终结后仲裁庭即告解散，且参与审理案件的仲裁员通常均非仲裁机构的内部成员。

（三）友谊仲裁与依法仲裁

（1）友谊仲裁（Amiable Arbitration）是指当事人协商不依严格的法律规定而依据公平原则和商业惯例进行的仲裁。友谊仲裁的采用取决于当事人的授权，而且不得违反公共秩序及其他强制性的规定。友谊仲裁方式得到了法国、比利时、荷兰、瑞士等大陆法系国家的承认；在普通法系的英国和美国，只要当事人授权，仲裁员也可以进行友谊仲裁。

（2）依法仲裁是指仲裁员必须按照法律作出裁决。依法仲裁是现代仲裁制度的普遍形式以及各国对仲裁的一般要求。但是，依法仲裁并不排斥仲裁庭在依据法律进行裁决的同时，特别是在无法可依的情况下适用公平合理原则来处理争议所涉及的一些无法可依的问题。例如，中国国际经济贸易仲裁委员会的《仲裁规则》（1998年4月10日起施行）第53条规定："仲裁庭应当根据事实，依照法律和合同规定，参考国际惯例，并遵循公平合理原则，独立公正地作出裁决。"其中所称的"遵循公平合理原则"，就意味着在依法仲裁的过程中兼采友谊仲裁的具体做法。

第二节　国际商事仲裁

一、国际商事仲裁的含义

基于上述对仲裁的一般理解可知国际商事仲裁（International Commercial Arbitration）是指国际经济贸易活动的当事人依据事先或者争议发生后所达成的仲裁协议，自愿将有关具有国际因素的商事争议提交给某临时仲裁庭或常设仲裁机构进行审理，由后者依据法律或公平原则作出对双方均有拘束力的仲裁裁决的一种争议解决制度。

由上述定义可知，国际商事仲裁有别于一般的仲裁制度，其差异性就表现在仲裁的"国际性"和"商事性"两方面。

二、国际商事仲裁的"国际性"问题

商事仲裁是否具备"国际"的性质，世界各国采用不同的判断标准，大致可分为以下两种。

（一）以实质性连结因素（Material Connecting Factors）为认定标准

一些国家以实质性连结因素作为判断商事仲裁的国际性与否，若仲裁地点、当事人国籍、住所或居所、法人注册地及公司管理中心所在地等连结因素之一具有国际因素，此类商事仲裁即被视为国际商事仲裁。因这一标准通常与某一特定地域相联系，故又称为地理标准。

采用此标准的有英国、丹麦、瑞典、瑞士等欧洲国家以及埃及、叙利亚等中东国家。例如，1979 年英国仲裁法曾以排斥方式对国内仲裁予以界定，其第 3 条第 7 款规定："国内仲裁协议意为没有明示或暗示地规定在英国以外的国家进行仲裁的仲裁协议，并且：（a）一方个人国籍是、或惯常住所在英国以外的国家，且（b）一方公司的注册和中心管理和控制地在英国以外的国家。"从这一条款可知，凡是在英国以外进行的仲裁，或者当事人一方或双方不是英国国民或惯常居民，或者作为当事人的一方或双方

公司的注册地和中心管理和控制地不在英国，此类仲裁便为国际仲裁。

此外，有的国际公约也采用此标准，如《欧洲国际商事仲裁公约》第1条第1款规定："本公约适用于自然人或法人为解决其相互间在国际贸易中发生的争议而缔结的仲裁协议，但以签订协议时，该自然人或法人的惯常居住地或所在地在各缔约国家中为限。"

（二）以争议性质作为认定标准

争议性质标准是指依争议性质确定仲裁的归属，若争议涉及国际商事利益，为解决这一纠纷的商事仲裁便是国际商事仲裁。采用该标准的有法国、美国和加拿大等国。例如法国《民事诉讼法典》第1492条规定："如果包含国际商业利益，仲裁是国际性的"。这一标准可以适应复杂的国际经济活动的需要，但是它不像实质性连结标准那样具体明确，在实践中，当需要判断仲裁的性质时，仍要考虑当事人国籍、法人的营业地、合同的订立地和履行地、主要财产所在地等连结因素，只不过除此之外还应从经济角度对争议是否涉及国际商业利益进行评价，以便确定仲裁的性质。按照这一标准，尽管仲裁是在一国境内进行的，若涉及国际商业利益也可能被认定为国际商事仲裁。

（三）混合标准

鉴于上述两种标准均有其局限性，而商事仲裁的实践要求国际社会对仲裁的"国际性"作出较明确的界定，以便于仲裁裁决的承认与执行。经过数年的努力，联合国国际贸易法委员会提出的《国际商事仲裁示范法》于1985年获得通过，其中第1条第3款规定："一项仲裁是国际性的，如果(1)仲裁协议双方当事人在签订该协议时，他们的营业地位于不同的国家。(2)下列地点之一位于双方当事人营业地共同所在地国家之外：(a)仲裁协议或根据仲裁协议确定的仲裁地；(b)商事关系义务的主要部分将要履行的任何地点与争议的标的具有最密切联系的地点；(c)双方当事人已明确同意，仲裁协议的标的与一个以上的国家有关。"

分析该规定可知，其中的第（1）项和第（2）（a）项以当事人的营业地和仲裁地为认定标准；而（2）（b）项和（c）项基本是依照争议的性质和涉及的国际商业利益为认定标准。

综合上述关于仲裁"国际性"的各种标准，其含义基本上不存在本质上的差别，尽管实质性连接因素标准一般以某种特定的地域相关联，然而在实际的国际商业活动中，地域不同的两个当事人所进行的某种商业活动不具有"国际"因素似乎是不可思议的。反之，以争议性质为标准来判断商事仲裁的性质，固然有其灵活性的优点，然而实际上也必须审查争议当事人的国籍、公司注册地、营业地等因素，以最终确定争议是否具有国际性。混合标准兼采两种标准的优点，对国际性作了最广义的解释，有利于国际商事仲裁的发展。因此，对一国而言，凡仲裁协议的一方或双方为外国人、外国公司企业或其他实体；或者仲裁协议订立时双方当事人的住所地或营业地位于不同国家；或者即使当事人位于相同国家，但仲裁地位于该国之外；或者仲裁协议中涉及的商事法律关系的建立、变更或终止的法律实事发生在国外；或者争议标的位于国外者，都应视为国际商事仲裁。[①]

三、国际商事仲裁的"商事"问题

"商事"一词是表述国际经济贸易活动的惯常用语，确定一项争议是否属于商事争议是仲裁制度中的先决事项，它关系到争议能否以仲裁方式解决，以及裁决作出后能否得到本国或外国法院的执行问题。其原因在于大多数国家的法律都将某些争议排除在仲裁管辖的范围之外，当事人无权将非商事性质的争议交付仲裁解决。例如，1996 年 9 月 23 日通过的《巴西仲裁法》明确规定，家庭和有关身份的争议不能仲裁解决；1997 年 7 月 1 日生效的《新西兰仲裁法》对实施了长达 90 年之久的原仲裁法进行了修订，该法规定消费争议不属可仲裁的事项。此外，有不少国家在参加有关仲裁的国际公约，如 1958 年联合国《承认及执行外国仲裁裁决公约》时，提出了"商事保留"，即声明保留的缔约国仅承认及执行在其他缔约国境内作出的具有商事性质的仲裁裁决，其他性质的裁决不在此列。截至 1997 年 9 月 3 日，《承认及执行外国仲裁裁决公约》的 104 个缔约国中，许多国家根据公约第 1 条第 3 款的规定提出了"商事保留"。

---

① 郭寿康、赵秀文：《国际经济贸易仲裁法》，中国法制出版社 1995 年版，第 6 页。

　　显而易见，确定争议是否属"商事"性质的范畴，意义重大。然而，各国对此仍然无法达成共识。联合国《承认及执行外国仲裁裁决公约》未能对何谓"商事"一词作出解释，将此问题留给各缔约国依照各自的国内法来处理。1985 年联合国《国际商事仲裁示范法》同样也未就此问题形成统一意见，故只能在对第 1 条第 1 款的注释中对"商事"一词加以说明，并列举了一系列被视为商事关系的交易事项，该注释指出：对"商事"一词应作广义解释，使其包括不论是契约性或非契约性的一切商事性质的关系所引起的种种事情。商事性质的关系包括但不限于下列交易：供应或交换商品或劳务的任何贸易交易；销售协议；商事代表或代理；代理；租赁；建造工厂；咨询；工程；设计；许可证；投资；银行；保险；开发协议或特许权；合营或其他形式的工业或商业合作；货物或旅客的航空、海上、铁路或公路的运输。

四、界定国际商事仲裁的实际意义

　　如前所述，各国法学家试图对国际商事仲裁的内涵和外延进行界定，不少国家也通过立法或司法实践将国内仲裁与国际商事仲裁加以严格区分。这种区分并非出于学究式的纯理论之需要，其基本出发点在于适应国际商事仲裁事业的特别考虑，即在可交付仲裁解决的争议事项方面减少限制，并在承认和执行仲裁裁决的条件方面给予国际商事仲裁更加宽松的条件。因此，界定国际商事仲裁的意义重大。

（一）促使国际性的商事争议通过仲裁方式解决

　　当今世界各国的立法均对当事人选择仲裁方式解决争议有一定的限制，即并非一切争议都允许当事人自行约定通过仲裁方式解决。某些属于法定请求的争议事项不能以仲裁方式解决，只能诉诸法院，即使当事人通过仲裁协议自愿将争议交付仲裁，这种仲裁协议亦属无效，此所谓仲裁制度中的"可仲裁性"问题。综观世界各国的法律制度，凡是涉及人身和家庭关系的争议，必须由行政机关处理的行政案件、某些特定的商业争议，如反垄断争议等通常不允许以仲裁方式解决，即使当事人约定仲裁解决，此类仲裁协议也属不可执行。

然而，考虑到国际商业活动的当事人分处各国，相互不了解对方国家的法律及司法制度；而且，国际商业交易的当事人习惯于以仲裁方式解决争议。在此情况下若内外不分，对允许以仲裁方式解决的争议范围严加限制，势必会影响仲裁制度的效率，并最终影响国际商业交往。鉴于此，一些国家通过立法或司法实践确认了国际商事仲裁的特殊性，使一些原本不准以仲裁方式解决的争议，在涉及国际商业关系时得以仲裁解决。这样，区分单纯的国内仲裁与国际商事仲裁的实际意义就在于：若一项争议被定性为国际性的商业争议，当事人为解决争议所订立的仲裁协议会受到各国法院更广泛的支持。因此，在争议的可仲裁性事项方面，国际商事仲裁的范围比国内仲裁更加广泛。

（二）争议性质涉及法律适用问题

对于国内争议而言，完全处于一国法律制度之下，因此，在进行仲裁时，无论是程序法还是实体法的适用都必须适用国内法，不会产生适用外国法或者国际条约及国际商业惯例的需要。

然而，如果一项争议具有涉外因素，即争议的当事人、争议标的或法律关系之一具有涉外因素，则首先需要解决法律适用问题才能确定双方当事人的权利义务。仲裁庭在审理涉外商事争议时会遇到一系列法律适用问题：仲裁庭不但需要适用解决当事人权利义务的实体法，在很多场合还需要适用相关的程序法，甚至对于作为仲裁制度基础的仲裁协议本身也需要援引某一国家的法律以判断其效力，而适用不同的法律将可能导致不同的结果。例如，依据1958年联合国《承认及执行外国仲裁裁决公约》第5条第1款来审查有关外国裁决是否应当拒绝承认及执行，在考察仲裁协议之效力时，首先规定了依据仲裁协议之准据法，即当仲裁协议未载明准据法时，应依据裁决形成时所在国法律。由此可知，一旦有关仲裁协议之效力的准据法不同，极可能对仲裁协议的效力作出截然相反的认定，由此影响整个仲裁裁决的效力。在处理一件国际商业争议时，适用不同的准据法将直接影响对仲裁协议效力的认定，法律适用构成了国际商事仲裁中十分复杂的一个方面。

（三）国际商事仲裁受到国际公约的支持和调整

单纯的国内仲裁案件，不论是仲裁协议之效力的认定、仲裁程序中的临时保全措施，还是仲裁裁决的撤销或者执行，全部在一国的司法制度之下，国际公约并不会直接调整一国的国内仲裁制度。

但是，当国际商事仲裁涉及外国因素，特别是当事人之一为外国人（外国法人或自然人）时，就会产生仲裁裁决的域外承认及执行等一系列复杂问题。一国法院承认及执行外国仲裁裁决，将涉及国家重大经济利益，并影响两个国家之间的政治、法律关系。如果国家间不存在有关仲裁裁决之承认及执行的双边协定或多边的国际公约，当一国法院接受了当事人提出的承认及执行外国仲裁裁决的申请时，只能依据本国法，而这将使外国仲裁裁决的效力处于不确定状态。有鉴于此，从 20 世纪初开始，国际社会就试图通过多边公约和双边协定来促进各国承认及执行外国的仲裁裁决。迄今为止，各国已经达成了若干全球性和区域性的有关国际商事仲裁的公约，以调整有关缔约国的相关制度。特别是涉及承认与执行外国仲裁裁决问题，各缔约国均受到约束，不得对承认与执行外国仲裁裁决征收比本国裁决更高的费用或提出更复杂的程序，不得对外国仲裁裁决进行实体的司法审查。由此观之，国际商事仲裁要受到国际公约的调整，而这种国际公约调整的结果是使之具有更大的灵活性。

第三节　国际商事仲裁法

国际商事仲裁法（Law of International Commercial Arbitration）是指由国家或者国际组织所制定或认可的调整国际商事仲裁关系法律规范的总称。与其他国际性的调整商事关系（国际经济贸易关系）法律制度有所不同，国际商事仲裁法属于程序法的范畴。

一、国际商事仲裁法的主体

国际商事仲裁法的基本主体是指参与国际商事仲裁关系中的当事人。换言之，基本主体是商事关系中存在争议的双方当事人。然而，国际商事仲裁法主体的特殊性在于，除了国际商事关系的参与者是理所当然的主体外，还有仲裁机构这样一个特殊的主体。

（一）自然人作为国际商事仲裁法主体

自然人作为国际商事仲裁的主体古已有之。如前所述，商事仲裁起源于中世纪的欧洲商人间解决纠纷的习惯做法，这些商人均为自然人。绝大多数国家法律对自然人进行一般的国际商业交往并无限制，例如，对外投资、提供技术服务、货物买卖等。在特定情况下，自然人甚至可以从事在其他国家专属于机构的特种经营活动。例如，英国劳埃德保险社的保险人均为自然人，他们都以个人的身份从事国际的船舶保险以及国际货物运输保险。这样，不同国家的自然人之间、自然人与公司企业之间进行的国际商业活动，只要他们在合同中订有仲裁条款，或者发生争议后双方愿意交付仲裁解决就可以成为国际商事仲裁的主体。

值得一提的是，自然人作为国际商业活动的主体与作为国际商事仲裁的主体是有所区别的。具备国际商事活动的主体资格，各国的法律可能有所不同，某些交易未必允许自然人涉足，自然人签订行为地法律不允许其从事的国际商业合同，该合同便为无效合同。但是，按照本书第四章述及的仲裁协议独立性原则，这种无效国际商事合同中的仲裁条款却并不因为合同的无效而失效，有关的当事人仍然可依据该项仲裁条款将争议交付仲裁，尽管仲裁的结果往往是仲裁庭裁决国际商务合同无效。所以，应当将程序上的主体资格与实体上的主体资格进行区别。

（二）法人作为国际商事仲裁法主体

法人是当代国际商业活动的主要主体，而解决国际商事纠纷的首选方法就是仲裁方式。众所周知，法人的民事行为能力和权利能力取决于其本国法，如果某一法人的本国对其行为能力有所限制的话，该法人的经营活动超越本国法的限制便构成法律上的无效行为。基于上述关于自然人作为国际仲裁法主体资格的原理，只要有关法人的国际商业合同中载有明确的仲裁条款，尽管从实体权利义务分析该合同是无效的，不能约束当事人，但是该合同的无效并不影响有关法人就合同效力所进行的仲裁程序。换言之，法人经营范围等行为能力之缺陷不会影响其参与仲裁的行为能力。

（三）国家作为国际商事仲裁法主体

国家作为国际商事仲裁法的主体具有双重性：一方面，国家作为主权者制定本国的法律，规范发生于本国境内的仲裁活动，或者参加、批准与仲裁有关的多边国际公约和双边协定。在此意义上，国家是立法者。另一方面，国家在一些特定领域直接参加国际商业活动，例如，在自然资源的勘探和开采、公用基础设施建设中的特许权协议等，此类协议中通常包含有仲裁条款。如果东道国政府与外国投资者就特许权协议的履行发生争议，国家就成为国际商事仲裁的直接当事人。此外，基于国家间的双边投资保护协定，东道国政府对外国投资者采取国有化、征收措施，由此引发的国家间或者国家与外国投资者的法律争议可交付临时仲裁或者交付"解决投资争议国际中心"（ICSID）仲裁解决。解决投资争议国际中心的仲裁是以国家为一方，外国投资者为另一方的特殊仲裁方式，在许多国家这种仲裁同样被视为国际商事仲裁。①

（四）国际组织作为国际商事仲裁法主体

正如当代国际经济关系中国际组织发挥着日益重要的作用和影响一样，在国际商事仲裁法的形成和发展过程中，在协调各国仲裁立法和国际商事仲裁制度方面，国际组织的影响也十分显著。特别是联合国国际贸易法委员会，它所起草的《国际商事仲裁示范法》已被数十个国家或地区采纳，成为这些国家或地区制定仲裁法的蓝本；其制定的仲裁规则被许多商事仲裁机构作为可供当事人自由选用的仲裁规则，例如，瑞典斯德哥尔摩商会仲裁院、美国仲裁协会、香港国际仲裁中心以及中国国际经济贸易仲裁委员会等，均允许当事人选用《联合国国际贸易法委员会仲裁规则》。此外，有的国际组织同时又作为解决有关争议的仲裁机构。例如，世界知识产权组织不但是一个旨在协调各国知识产权立法和促进知识产权国际保护的组织，还是一个以仲裁方式解决知识产权纠纷的仲裁机构，在世界知识产权组织之下，成立了仲裁中心，并制定了有关的仲裁规则，特别是根据此规则有些国际组织本身可以成为仲裁关系中的当事人一方。②

---

① 严格来说，ICSID 仲裁不同于国际商事仲裁。它与国际商事仲裁的具体区别可见本章第四节的相关内容。

② 郭寿康、赵秀文：《国际经济贸易仲裁法》，中国法制出版社 1995 年版，第 16 页。

（五）仲裁机构作为国际商事仲裁法主体

争议双方当事人以外的第三者仲裁机构作为国际商事仲裁法的主体，是国际商事仲裁的特殊情况。其特殊性就表现在：仲裁机构处理当事人的纠纷的基础是当事人的仲裁协议，而按照占主导地位的观点，仲裁员与当事人之间的关系属于契约关系，由此构成了争议当事人之间的契约关系以及当事人与仲裁员之间的契约关系。不论此契约论在理论上是否能够完全成立，仲裁机构在国际商事仲裁法中的地位是显而易见的。与国际经济法的其他主体一样，仲裁机构的全部活动受制于所在地的法律，特别是某些仲裁机构允许使用《联合国国际贸易法委员会仲裁规则》之类的国际性规则，一国仲裁机构所作出的仲裁裁决又可以援引 1958 年《承认及执行外国仲裁裁决公约》在国际范围内获得承认及执行，这些特征使得仲裁机构在国际商事仲裁法的诸主体中发挥着主导的作用。

二、国际商事仲裁法的渊源

国际商事仲裁法的渊源是指调整国际商事仲裁关系的法律规范的表现形式，其主要包括国际法渊源和国内法渊源，此外，以联合国国际贸易法委员会制定的《国际商事仲裁示范法》为代表的国际惯例也构成国际商事仲裁法的重要渊源。[①]

三、国际商事仲裁法的基本原则

（一）自愿仲裁原则

自愿仲裁又称为协议仲裁，这是当事人意思自治或契约自由原则在国际商事仲裁领域的体现，是国际商事仲裁赖以生存的基本原则，即所谓的"无协议，无仲裁"。鉴于国际商事仲裁的法律特性在本质上属于合同性质，各国合同法上普遍采纳的当事人意思自治原则同样应适用于国际商事仲裁。[②]

[①]　本书第二章将专门介绍国际商事仲裁法的渊源。
[②]　郭寿康、赵秀文：《国际经济贸易仲裁法》，中国法制出版社 1995 年版，第 34 页。

　　基于自愿仲裁原则除了选择仲裁作为争议解决的方式之外，当事人在国际商事仲裁中还可以自由地决定仲裁的地点和仲裁机构；有权选择仲裁员或者决定指定仲裁员的方式；在仲裁规则许可的条件下可以选择应予遵循的仲裁规则；可以自行确定解决争议应适用的实体法；可以授权仲裁员在仲裁过程中采取调解方法调处争议或者采取友谊仲裁方式作出裁决。对于任何一国的法律制度而言，了解和熟悉仲裁的这一基本原则是处理与仲裁有关事项最为关键的：既然当事人的意愿是通过仲裁方式解决纠纷，当他们的仲裁协议不够明确时，法院的职责是尽可能通过司法权使当事人的这一意愿得以实现；一旦裁决作出，一方当事人申请撤销仲裁裁决或者在对方当事人申请执行时要求法院拒绝执行，法院的职责是在裁决之形成不根本违反国家法律或国际公约的前提下，驳回撤销之申请或者依法执行该项裁决。因为基于契约自由原则，"约定必须信守"原则应在一方当事人不信守约定时由法院支持而发挥其应有的效力。

（二）独立仲裁原则

　　独立仲裁原则是仲裁制度发展并获得各国普遍承认的前提条件。这一原则体现在以下两个方面。

　　首先，仲裁机构及审理案件的仲裁庭应独立于任何外部机关、团体，尤其是独立于政府机关及司法机关，与此类机关无从属关系，不受任何外界的干预。即使附设于商会内的仲裁机构，在履行仲裁职能方面亦必须保持独立。

　　其次，在当事人按照仲裁规则之规定指定仲裁员，组成仲裁庭后，仲裁庭必须独立于任何一方当事人。[1] 尽管仲裁员由当事人指定，但仲裁员的身份有别于当事人的律师，仲裁员在审理案件时不代表指定其一方的当事人的利益，不得偏袒任何一方。如果被指定为仲裁员的人士与当事人或其律师或与案件有利害关系，应主动请求回避。仲裁庭应该遵循独立、客观、公正的原则，查明事实，正确适用法律或者国际惯例，完全按照自己对法律的理解及判断，独立作出裁决，不受任何外来的影响或干预。

---

　　[1]　对于仲裁员独立于当事人的要求，在某些国家并不严格要求，对此本书将在后面详细论述。

在我国商事仲裁实践中，对独立仲裁原则有直接影响的是仲裁中的行政化问题。仲裁行政化，实质上是仲裁机构的行政化，即政府通过行政手段、调配行政资源等方式对仲裁机构加以管理或干预，使其在诸多层面具有政府行政特征的过程或者结果。[①] 仲裁行政化的具体表现及后果主要体现在以下方面：一是仲裁委员会办事机构负责人由行政官员兼任，赋予行政级别，严重影响仲裁机构的独立性；二是党政机关领导干部在仲裁委员会中占比过大，对仲裁机构的中立形象产生负面影响；三是众多仲裁机构依赖政府财政拨款，难以做到自收自支，仲裁民间化步履维艰；四是仲裁机构惯于使用行政权力、行政手段推进工作，要求企事业单位选择其作为仲裁机构，一定程度上影响仲裁的中立形象；五是仲裁收费性质不明，现行行政事业性收费与中国加入 WTO 承诺的中介服务收费规定相悖；六是中国仲裁协会的筹建迟迟未能实现，行业自律难以实现，不得不依赖行政机关；七是仲裁实务界对仲裁民间化问题认识错乱，官贵民轻意识严重。[②]

造成仲裁行政化的原因有很多，可以从以下几个方面来看：① 从仲裁制度的历史发展看，我国仲裁设立之初便是行政仲裁制度，仲裁的后续发展也离不开我国社会主义经济体制基础上的政治体制，始终带有行政化的色彩；②《仲裁法》规定的模糊性，使得仲裁机构的法人性质存在争议；③ 政府部门将仲裁机构作为减轻法院审案压力、解决信访问题和增加财政收入的职能部门，主动牵头设立仲裁机构，提供财政补贴；④ 官本位思想使得仲裁机构本身不愿意去行政化；⑤ 资本仲裁论、防止国有资产流失论等反对仲裁民间化的理论使得仲裁行政化进一步加深。[③]

仲裁行政化在一定阶段起到了促进仲裁发展的作用。由于仲裁行政化，仲裁也被地方政府作为维稳的机制。但是，由于仲裁行政化与仲裁中立性以及商事仲裁当事人意思自治原则相悖，长远看不利于商事仲裁的发展。仲裁去行政化应该围绕以下几个方面展开：第一，深化行政体制改革，通过《仲裁法》的修订，明确仲裁机构的法律地位和法律性质。第二，设立中国仲裁协会，通过《仲裁法》第 15 条所规定的行业自律性组织来对仲

---

①　罗楚湘：《仲裁行政化及其克服》，《江西社会科学》2012 年第 3 期，第 146 页。
②　王红松：《仲裁行政化的危害及应对之策》，《北京仲裁》2007 年第 2 期，第 14—19 页。
③　张艾清：《我国商事仲裁制度去"行政化"研究》，《当代法学论坛》2010 年第 4 辑，第 44—45 页。

裁机构进行组织和监督。第三，通过相关政策优惠，促进仲裁机构脱离财政支持，自收自支，尤其在税收方面给予关注，为仲裁机构的生存提供有力保障。第四，积极开展现代仲裁理念、法律知识的普及和教育，为仲裁民间化的发展奠定思想基础和理论基础。[1]

（三）一裁终局原则

国际商事仲裁的特点在于迅速、及时地审理当事人的国际商业纠纷，并作出对双方都有拘束力的裁决，这是国际商业活动对争议解决方式的要求；此外，审理案件的仲裁员是当事人基于对他们的信任而自行选定的。从上述国际商业活动的要求及仲裁庭的组成方式可知，国际商事仲裁裁决一经作出，即应对当事人产生法律拘束力，任何一方当事人都不得因为对裁决的实体内容不满而试图通过行政程序或司法程序来推翻裁决。否则，自愿仲裁的原则就成为有名无实的空话；如果允许当事人不受限制地申请司法救济手段来推翻仲裁裁决，不但仲裁方式的迅速、及时的特点丧失殆尽，甚至会危及整个仲裁制度的存在。为此，《仲裁法》第9条规定了一裁终局制度。

第四节　国际投资仲裁

近年来，国际投资仲裁也日益活跃。全球的双边投资协定共有3 300多个，基于这些双边投资协定的国际投资仲裁案件也多达850件。中国国际经济贸易仲裁委员会、深圳国际仲裁院和北京仲裁委员会都制定了投资仲裁规则。

国际投资仲裁与国际商事仲裁有许多不同，虽不是本书研究的重点，但考虑到国际投资仲裁的特点，也考虑到仲裁制度的完整性，有必要通过比较国际商事仲裁和国际投资仲裁，揭示两者的差异。

一、仲裁实体方面

（1）仲裁的目的不同。国际商事仲裁的主要目的是促进平等主体间的

---

[1]　罗楚湘：《仲裁行政化及其克服》，《江西社会科学》2012年第3期，第150—151页；张艾清：《我国商事仲裁制度去"行政化"研究》，《当代法学论坛》2010年第4辑，第46页。

争端友好解决，免于提起诉讼，保护争议双方的商事关系，仲裁庭作为居间裁决者有平等对待双方当事人的义务。[①] 在国际投资仲裁中，尽管近年来关注东道国利益的保护，但总体上是以"促进和保护投资"为其宗旨和目标。[②]

（2）仲裁争端主体地位不同。国际商事仲裁通常涉及的争端主体是私人主体和平等主体，争端双方权利义务是对等的。而国际投资仲裁的当事人通常一方为主权国家，另一方为来自另一国家的投资者，通常国家只能是被申诉人，投资者和东道国之间权利义务存在不对等性。[③] 由于国际投资仲裁涉及主权国家，因此，国际投资仲裁亦具有国际公法属性。[④]

（3）仲裁合意形成及表现不同。在国际商事仲裁中，仲裁合意通常通过争议双方当事人之间的合同条款来表现。按照许多国家有关仲裁的立法与实践，当事人只要在协议中有明确的通过仲裁解决争议的意思表示，就应当尽量满足当事人通过仲裁解决争议的意愿。[⑤] 在国际投资仲裁中，仲裁本质上也取决于当事人之间的合意，[⑥] 仲裁庭的权力也源自并受限于当事人的合意，[⑦] 但外国投资者和东道国之间并无直接的合同关系。[⑧] 作为一方当事人的东道国政府的仲裁意思表示往往包含在其签订的双边投资协定（BIT）中，是双边投资协定缔约双方向对方国家的投资者作出的仲裁要约。在争议发生之后，缔约另一方的投资者可以按照双边投资协定中的规定对该缔约国提起国际仲裁，投资者按照双边投资协定的规定对东道国提起仲裁的行为构成了其对该要约作出的承诺。[⑨]

---

① 韩成军：《国际商事仲裁规则中庭审程序法律问题研究》，《河北法学》2012 年第 7 期。

② 余劲松：《国际投资条约仲裁中投资者与东道国权益保护平衡问题研究》，《中国法学》2011 年第 2 期。

③ 贺辉：《基于实践分析国际投资仲裁去商事化的必要性》，《郑州大学学报》（哲学社会科学版）2018 年第 5 期。

④ Eric de Brabandere. *Investment Treaty Arbitration as Public International Law*. Cambridge University Press，2014.

⑤ 赵秀文：《〈纽约公约〉与国际商事仲裁协议的效力认定》，《河北法学》2009 年第 7 期。

⑥ Christopher F. Dugan，Don Wallace，Noah D. Rubins，Borzu Sabahi. *Investor-state Arbitration*. Oxford University Press，2011，p.219.

⑦ Christoph Schreuer. *Consent to Arbitration*，*The Oxford Handbook of International Investment Law*. Oxford University Press，2008，pp.830 – 831.

⑧ Jan Paulsson. Arbitration Without Privity. *ICSID Review —— Foreign Investment Law Journal*，Volume 10，Issue 2，pp.232 – 234.

⑨ Jeswald W. Salacuse. The Law of Investment Treaties. *Oxford International Law Library*. 2010，p.381.

（4）仲裁主张的依据不同。在国际商事仲裁中，由于公开的商事仲裁裁决相对较少，涉及合同解释和国家法律的适用问题，当事人通常援引国内立法和司法决定支持己方主张，[①] 根据《纽约公约》规定主张外国裁决的承认与执行。[②] 在国际投资仲裁中，主张及抗辩主要基于某个双边投资协定或多边协议，例如《北美自由贸易协定》或《能源宪章条约》所规定的实质性保护或根据习惯国际法提出的。[③]

（5）仲裁请求条件不同。在国际商事仲裁中，双方当事人都可以向另一方提出请求或反请求。由于大部分双边投资协定的条款都将义务施加给东道国而非投资者，投资者与国家间仲裁有时是"单向"的，允许投资者向东道国提出请求，通常不允许东道国向投资者提出请求或反请求。仅在因投资合同产生的纠纷，或者因可以适用保护伞条款的合同而产生的纠纷等少数情况下，国家也可以向投资者提出反请求。[④]

二、国际仲裁程序方面

（1）仲裁管辖权要求不同。在国际商事仲裁中，仲裁庭以当事人合意约定的方式获得授权，除非当事人在仲裁协议中明确排除之外，当事人一旦选择适用仲裁规则，即意味着授权仲裁庭自裁管辖权，仲裁庭有权就管辖权争议作出裁决。[⑤] 国际投资中，国际投资争端解决中心（以下简称ICSID）获得投资仲裁管辖权需满足一定的要件。[⑥] ICSID仲裁庭对管辖权争议和临时性措施享有排他的决定权。[⑦]

---

① Karl-Heinz Böckstiegel：《商事仲裁与投资仲裁：当今两者差异几何？》，傅攀峰译，《仲裁研究》2014年第2期。

② Karl-Heinz Böckstiegel：《商事仲裁与投资仲裁：当今两者差异几何？》，傅攀峰译，《仲裁研究》2014年第2期。

③ Karl-Heinz Böckstiegel：《商事仲裁与投资仲裁：当今两者差异几何？》，傅攀峰译，《仲裁研究》2014年第2期。

④ Gary B. Born. International Arbitration：Law and Practice. *Kluwer Law International*，2012，pp.578－579.

⑤ 莫莉：《国内法院对国际商事仲裁管辖权司法审查的谦抑性》，《理论界》2018年第5期。

⑥ 《华盛顿公约》第26条：中心的管辖权适用于缔约国（或缔约国向中心指定的该国的任何组或分或机构）和另一约国国民直接因为投资而产生并经双方书面同意提交给中心的任何法律争端。

⑦ 《华盛顿公约》47条：除双方另有协议外，仲裁庭如果认为情况需要，得建议采取任何临时措施，以维护任何一方的权利。

（2）仲裁庭组成要求不同。当事人商事仲裁实践中能够选择其信任的裁决者，并根据商业纠纷类型选择熟悉特定行业的仲裁员。同时，首席仲裁员人选的范围相当广泛，且不受到任何特定名单的限制。在投资仲裁中，由于涉及征收、公平与平等待遇、歧视以及"保护伞条款"下的合同等保护性规定，投资仲裁中更注重仲裁员具备国际公法的专业背景，特别是将其运用于上述保护性情形之中的专业能力。同时，根据《华盛顿公约》第 40 条规定，ICSID 任命的首席仲裁员是从由各个缔约国或国际投资争端解决中心管理委员会主席指定的人员组成的国际投资争端解决中心仲裁员名单中选出的。[①]

（3）仲裁前置条件不同。在商事仲裁中，来源于仲裁的"排他性"，诉讼和仲裁当事人只能二选一，二者不能互为前提。在国际投资仲裁中，国家往往在双边投资协定中对于同意国际仲裁的意思表示设定各种前提条件，维护东道国对发生在其领土范围内争议优先行使管辖权。于是，外国投资者需要先在东道国国内进行诉讼，用尽东道国当地救济后才能提交国际投资仲裁。先行国内诉讼被认为是投资者提交国际仲裁的实质性前提条件，而不能简单解释为是一项程序性要求。[②]

（4）仲裁保密性要求不同。国际商事仲裁保密性的要求格外高，因为国际商事仲裁本质上是私法性质的仲裁，涉及当事人的商事秘密、商业信誉及知识产权，程序或实体事项的公开都可能损害当事人的商业信誉，因此，国际商事一贯秉承不公开审理、保守程序和实体秘密的原则。国际投资仲裁通常具有更大的"透明度"，一般不受保密原则的限制。[③] 2006 年制定的仲裁规则已不再奉行解决投资争端公约签署时所强调的仲裁保密原则，而是将仲裁保密原则作为例外，强调 ICSID 仲裁的透明度，明确规定"除非任何一方当事人反对，仲裁庭可以公开开庭"。同时，修改后的《国际投资争端解决中心仲裁规则》允许公布庭上论证摘录。[④]

---

① Karl-Heinz Böckstiegel：《商事仲裁与投资仲裁：当今两者差异几何？》，傅攀峰译，《仲裁研究》2014 年第 2 期。

② 肖芳：《国际投资仲裁裁决司法审查的"商事化"及反思——以美国联邦最高法院"BG 公司诉阿根廷"案裁决为例》，《法学评论》2018 年第 3 期。

③ Stuart Boyarsky. Transparency in Investor-State Arbitration. *Dispute Resolution Magazine*，Vol.21，Issue 4，Summer 2015，pp.34 - 36.

④ 《国际投资争端解决中心仲裁规则》第 48 条第 4 款。

三、国际仲裁裁决方面

（1）仲裁裁决准据法不同。《纽约公约》规定了在国际商事仲裁的法律适用方面，法院应当首先适用当事人约定的法律的主观标准。如果当事人之间没有约定，则适用仲裁地法律。① 在国际投资仲裁中，由于多数投资仲裁源于双边或多边投资协定，投资仲裁的准据法多为投资协议条款和国际法的一般原则。此外，《华盛顿公约》② 第 42 条第 1 款、某些双边投资协定法律选择条款也经常得到适用。③

（2）仲裁裁决撤销机制不同。一般来说，撤销国际商事仲裁裁决的理由是由各国国内法规定的，当事人不能任意扩充。在撤销理由的审查上，《纽约公约》缔约国的法院司法审查一般只涉及程序性问题，而不应关乎实体性问题。在程序上，各国强调仲裁的管辖权和正当程序原则，但尽量弥补裁决的某些形式缺陷和仲裁的某些程序不当，而不轻易撤销裁决。国际投资仲裁与之不同，投资仲裁裁决的终局性因仲裁依据的条约不同而有所差别。这种差别在 ICSID 裁决和非 ICSID 裁决中更为明显。若仲裁裁决由 ICSID 作出，该裁决适用《华盛顿公约》下特有的撤销机制。④ ICSID 裁决不适用仲裁地或其他地方国内法院的撤销程序。《华盛顿公约》第 53 和 54 条要求执行缔约国承认裁决的约束力且不做任何司法审查。若该裁决由非 ICSID 仲裁庭作出，双边投资协定或多边协议未规定任何仲裁机构的内部审查，该裁决和国际商事仲裁的裁决一样会以相同原因在仲裁地被撤销，并且根据《纽约公约》承认（或拒绝承认）与执行。⑤ 该种情况下仲裁地的仲裁法律中规定的适用于商事仲裁裁决的撤销事由都可以适用于双

---

① 赵秀文：《〈纽约公约〉与国际商事仲裁协议的效力认定》，《河北法学》2009 年第 7 期。

② 《华盛顿公约》第 42 条第 1 款规定：仲裁庭应依照双方可能同意的法律规则对争端作出裁决。如无此种协议，仲裁庭应适用作为争端一方的缔约国的法律（包括其冲突法规则）以及可能适用的国际法规则。

③ Gary B. Born, International Arbitration: Law and Practice, 2012, pp.578 - 579.

④ 根据《华盛顿公约》第 52 条，存在以下情况之一时，一方当事人可以向由国际投资争端解决中心任命的一个专门的国际投资争端解决中心撤销委员会提出申请撤销裁决：（1）仲裁庭组成违反法定程序；（2）明显的越权行为；（3）仲裁员在仲裁该案时有腐败行为；（4）"严重违反一项基本的程序规则"；（5）仲裁裁决未说明裁决的理由。

⑤ Gary B. Born. International Arbitration: Law and Practice. *Kluwer Law International*, 2012, pp.578 - 579.

边投资协定的裁决。此外，只有 ICSID 撤销委员会可以对 ICSID 裁决进行审查，并根据《华盛顿公约》限定事由撤销裁决。[①]

（3）仲裁裁决执行机制不同。国际商事仲裁裁决的执行是以国内法院的强制性为特征。国际商事仲裁裁决作出后，在败诉一方不自动履行的情况下，通常胜诉一方首先会以商业压力迫使对方履行义务，如果仍然不能达到目的，则将向有关国家（一般是执行财产所在地国家）的国内法院提出强制执行仲裁裁决的申请，由法院协助执行裁决。在国际投资仲裁中，尽管同样依赖各国国内法院，但《华盛顿公约》赋予 ICSID 裁决特殊的地位，使其更易得到执行。国家法院必须承认国际投资争端解决中心裁决，无权进行司法审查，同时国家法院必须强制执行此种仲裁裁决确定的金钱债务。《华盛顿公约》第 54 条要求缔约国承认一项金钱性裁决，"如同该裁决是该国法院做出的最终判决"。《华盛顿公约》第 54 条 3 款规定：执行一国财产的裁决"应受要求在其领土内执行的国家关于执行判决的现行法律的管辖"。同样，《华盛顿公约》第 55 条规定裁决的执行适用"任何缔约国现行的关于该国或任何外国执行豁免的法律"。[②]

[①] Gary B. Born. International Arbitration: Law and Practice. *Kluwer Law International*, 2012, pp.578 - 579.

[②] 《华盛顿公约》第 55 条。See Edward Baldwin, Mark Kantor and Michael Nolan. Limits to Enforcement of ICSID Awards. *Journal of International Arbitration*, Vol.23, Issue 1, January 2006, pp.1 - 24.

第二章

国际商事仲裁的立法

以仲裁方式解决国际商业争议的历史虽然悠久，但是各国真正将仲裁作为一种非诉讼的争议解决方式予以制度化，通过立法加以调整，并试图逐渐发展成为一种普遍的国际制度却始于20世纪。特别是第二次世界大战后，经济活动的国际化和全球化程度提高，客观上要求仲裁制度的国际化；而各国从其自身经济利益和法律传统出发制定的仲裁法在诸多方面存在较大的差异。有鉴于此，国际社会也通过共同努力，缔结了一系列调整国际商事仲裁制度的多边条约和双边协定。在联合国体系内，通过国际贸易法委员会的努力，拟订了有关国际商事仲裁的示范法及可供各国当事人适用的仲裁规则。

作为广义的国际商事仲裁法的法律渊源包括国际条约、国际组织的示范法、各国的国内立法及判例等。

第一节 国际条约

一、全球性国际条约

从20世纪初开始，多国在国际组织的主持下制定和通过了若干有关国际商事仲裁的多边条约或者不具有强制力的示范法，对国际商事仲裁制度的完善和发展起到了积极的促进作用。

（一）《关于承认仲裁条款的日内瓦议定书》

1923 年 9 月 24 日，多国在国际联盟主持下于日内瓦签订了《关于承认仲裁条款的日内瓦议定书》（The Geneva Protocol on Arbitration Clauses），这是世界上第一个关于国际商事仲裁的国际公约。该议定书要求各缔约国在当事人处于缔约国管辖范围的情况下，承认在其中任何一个缔约国境内所签订的仲裁协议或仲裁条款的有效性，并承担义务依其国内法执行在其境内依据该仲裁协议作出的仲裁裁决。但是，议定书未明确规定在其他缔约国领土内作出的裁决的执行问题。

（二）《关于执行外国仲裁裁决的日内瓦公约》

1923 年 9 月 26 日，多国在国际联盟主持下在日内瓦又签订了《关于执行外国仲裁裁决的日内瓦公约》（The Geneva Convention on the Execution of Foreign Arbitral Awards），于 1929 年 7 月 25 日生效。该公约规定各缔约国在一定条件下执行依据 1923 年 9 月 24 日《关于承认仲裁条款的日内瓦议定书》签订的仲裁协议或仲裁条款所作出的仲裁裁决，即使当有关裁决是在执行裁决国家以外的国家作出时亦应如此。

（三）《承认及执行外国仲裁裁决公约》

1958 年 6 月 10 日，多国在联合国的主持下在纽约通过了《承认及执行外国仲裁裁决公约》（The Convention on the Recognition and Enforcement of Foreign Arbitral Awards），在公约各缔约国之间取代了上述 1923 年和 1927 年的两项日内瓦公约。截至 1997 年 9 月 3 日，全世界共有 112 个国家和地区参加了该公约，[①] 成为迄今为止最重要的调整国际商事仲裁制度的全球性国际公约。

（四）《解决国家与他国国民间投资争议的公约》

1965 年 3 月 18 日，有关国家为了改善国际投资环境，使发生于国家与其他国家私人投资者之间的投资争议得到适当、合理的解决，在世界银

---

① 曹建明、陈治东、朱榄叶：《国际公约与惯例》（国际经济法卷），法律出版社 1997 年版，第 685 页。

行的倡导下在华盛顿签署了《解决国家与他国国民间投资争议的公约》（The Convention on the Settlement of Investment Disputes between States and National of Other States），根据这一公约的规定在世界银行内设立了"解决投资争端国际中心"（International Center for Settlement of Investment Dispute，ICSID），为各缔约国与缔约国国民将国际投资争议提交仲裁解决提供了便利。该公约自 1966 年 10 月 14 日生效以来已获得世界上 100 多个国家的承认和批准。

（五）《联合国关于国际商事调解和解协议公约》

《联合国关于调解所产生的国际和解协议公约》又称《新加坡调解公约》或《新加坡公约》，于 2018 年 8 月 7 日在新加坡举行签字仪式。《新加坡公约》规定，届时只要有 3 个以上国家签署加入，公约即可正式生效。

《新加坡公约》《纽约公约》和《选择法院协议公约》构成了对民商事纠纷解决的国际承认和执行领域的三大基础性文件。三个公约具有相似性。《新加坡公约》和《纽约公约》都只有 16 条，《选择法院协议公约》有 34 条。三部公约关于和解协议（Settlement Agreement Resulting from Mediation）、裁决、判决，存在着大同小异的规则和术语。①

与国际仲裁裁决执行中强调仲裁地不同，《新加坡公约》的适用范围不以国际调解程序所在地作为适用标准，只要调解和解协议的主体或者调解协议涉及的商事关系具有国际性②均可以适用，将惠及在任何一个国家作出的国际商事调解结果（除非属于公约明文排除情形）。③

《新加坡公约》并不排除非公约当事国的利害关系人援用该公约，以获得其所期待的权利和利益。从这个角度来看，即使一些国家未加入公约，在这些国家进行调解作出的国际商事调解协议，一方当事人也可以依据《新加坡公约》，向公约当事国法院申请执行调解协议所涉另一当事人

---

① 温先涛：《〈新加坡公约〉与中国商事调解——与〈纽约公约〉〈选择法院协议公约〉相比较》，《中国法律评论》2019 年第 1 期。

② "具有国际性"是指和解协议当事人营业地设在不同国家，或者和解协议的主要义务履行地与和解协议当事人营业地属不同国家。和解协议履行地与当事人营业地不属于同一国家，也具有国际性。和解协议履行地一般就是当事人寻求救济的执行地。

③ 参见葛黄斌：《〈新加坡公约〉的普惠红利是一把双刃剑》，《法制日报》2019 年 2 月 19 日。

在当地的资产财产。① 这一点和《纽约公约》相似，不要求和解协议缔结地和仲裁裁决作出地必须属于缔约国。② 这也是为什么《新加坡公约》没有设置互惠保留条款的原因。

在《新加坡公约》生效之后，当事人达成《新加坡公约》项下有效的和解协议，和解协议便拥有了可跨国执行力，当事人可以向执行地主管机关"寻求救济"和执行地主管机关"准予救济"，而无须再通过将和解协议转化成仲裁裁决方式以获得域外的可执行性。实际上，各国对仲裁裁决的定义不尽相同，无论有无《新加坡公约》，不同仲裁适用法律下的调解书和（或）根据和解协议作出的裁决书，在很多法域是具有可执行性的。③《新加坡公约》第 5 条（拒绝准予救济的理由）对于和解协议的可执行性提出了更为细致的要求，例如和解协议必须具有终局的约束力且不能被修改、协议义务尚未履行、对协议义务必须表述清楚且能够被理解等。④

《新加坡公约》不仅为中国调解机构国际商事调解书提供了跨境执行机制，也解决了中国仲裁机构对此类调解书不适用《纽约公约》的问题，既可增强中国仲裁机构的公信力，也能推动中国调解机构和仲裁机构发展国际商事调解业务。故对于中国仲裁机构而言，在独立调解程序中作出的调解文书，或在仲裁程序中经调解达成协议但并不作为裁决的调解文书，自此具有域外执行效力。

《新加坡公约》项下的"商事"包括国家基础建设、国家自然资源开采或特许协议关系事项，"一带一路"沿线国家中可能出现的中国投资者与东道国政府之间的一些争议通过调解或和解消除纷争，既能维持双方继续合作的长远关系，又能保证和解协议的执行效力。可以说，相比仲裁或者诉讼，国际商事调解具有更明显的附加值优势。不过，《新加坡公约》

---

① 参见葛黄斌：《〈新加坡公约〉的普惠红利是一把双刃剑》，《法制日报》2019 年 2 月 19 日。
② 《纽约公约》允许缔约国做互惠保留。《选择法院协议公约》第 3 条（排他性选择法院协议）第 1 项则要求当事人必须在缔约国范围内选择法院。
③ 参见葛黄斌：《〈新加坡公约〉的普惠红利是一把双刃剑》，《法制日报》2019 年 2 月 19 日。
④ 最高人民法院于 2018 年 2 月颁布《关于人民法院办理仲裁裁决执行案件若干问题的规定》，对于仲裁裁决或者仲裁调解书可执行性提出了要求。其第 3 条规定：和解协议应该有明确的权利义务主体、金钱给付具体数额或者能够计算出具体数额的计算方法、明确的特定物、行为履行的标准、行为履行的对象及范围。对不符合这些要求的裁决或调解书，执行地主管机关可以拒绝救济。

也规定了当事国可以提出保留，声明国家机构或其当事国代表为商事主体所签订的和解协议在该保留声明的限度内不适用本公约。① 因此，《新加坡公约》附加值能否实现还要视不同当事国的保留情况而定。《新加坡公约》规定消费者保护、雇佣劳务、抚养、婚姻、继承等方面不适用公约。此外，《新加坡公约》第1条第3款对于当事人在法院诉讼、仲裁或判决执行过程中形成的和解协议不视为本公约所规制的范围。《新加坡公约》特别强调关注法院判决与仲裁裁决的可执行性。和解协议中记录了法官或仲裁员参与了调解活动，但最终形成的和解协议不被执行主管机关作为判决或裁决来执行。② 此外，《新加坡公约》还引入一个新型的保留条款，允许缔约国将和解协议是否适用本公约交由当事人明示，也就是说"除非当事人在和解协议中约定排除适用，否则自动适用"。③

《新加坡公约》给公约当事国也带来了一定的反作用力。非《新加坡公约》当事国的调解协议在公约当事国可以得到执行，但是反过来却行不通。如果中国加入《新加坡公约》，这种逆向不对等的执行机制，在国内司法资源有限的情况下，会使潜在的有关欺诈陈述或虚假国际商事调解现象出现。

一方面，《新加坡公约》下的国际商事调解没有引入"调解地"的概念，调解程序和调解协议不必遵照任何一个国家对内适用的商事调解法律要求；对于在其他国家可以发生法律约束力的国际商事调解和解协议，任何一个国家法院也无法行使撤销权力。调解程序通过对当事人意思自治的高度尊重和保护，保障当事人充分行使对自己私权利的处分并定分止争，经由调解程序达成的和解协议，即使是在调解员或当事人发生不符合其本国或执行地国某些法律法规情况下作出的，也不影响公约当事国法院依照公约给予执行效力。即使一个当事国根据公约的规定拒绝执行，当事人仍有权向另一个当事国申请执行，此类生效若含有某种不符合法律法规因素

----

① 《新加坡公约》第8条第1款第1项规定，公约当事方可以声明："对于其为一方当事人的和解协议，或者对于任何政府机构或者代表政府机构行事的任何人为一方当事人的和解协议，在声明规定的限度内，本公约不适用。"

② 《新加坡公约》第1条第3款规定，只有法院批准的协议、被执行地主管机关作为法院判决或仲裁裁决执行的协议，不属于公约所规制的范畴。

③ 《新加坡公约》第8条第1款第2项。

的调解协议，无疑会给当事人和国家带来很大的不确定性。①

由于《新加坡公约》对调解的程序步骤、组织计划、进行方式均没有要求，该公约也没有排斥在"不正式"或"非常态"的方法下进行调解，因此，调解员在实务中可能并不贯穿双方协商的全部过程，只是在几个节点上参与推进双方协商过程，而双方自行完成重要或主要的协商过程后，最终自行达成和解协议。按照《新加坡公约》精神，调解员这样的行为可以被认定为进行了足够充分的调解工作。但是，这样的宽松认定是否能够被中国法院所接受，以及其与中国司法认定虚假调解的情形存在的具体差异有待实践和时间检验。

另一方面，法院调解是人民法院行使审判权的重要方式。但是，《新加坡公约》规定，经法院作出司法确认的和解协议或在诉中调解达成的和解协议，以及一国法院可作为该国判决径行执行的和解协议均不适用于《新加坡公约》。换言之，经人民法院调解和解制作的国际商事调解书，反而无法利用《新加坡公约》在域外执行，中国特色的法院调解制度无疑将受到国际商事调解公约的挑战。②

此外，由于中国企业遍及世界各地，一旦中国加入该公约，将不得不面临来自世界各地的执行申请。鉴于商事调解的非正式性、非常态性，境外调解和解协议可能五花八门，而《新加坡公约》不存在互惠保留问题。更重要的是，公约当事国的执行义务并不限于其他当事国作出的调解和解协议。过早加入公约会导致中国法院有义务执行世界各地的调解和解协议，而中国的调解和解协议反倒不能在其他非公约当事国获得执行的不平衡局面，这让我们不得不考虑法院是否具有充足的专业资源。

《新加坡公约》的积极作用是显而易见的，不仅为中国国际商事调解书提供了跨境执行机制，而且解决了中国仲裁机构调解书不适用《纽约公约》的问题。但是，需要强调的是"一带一路"沿线国家时常政局不稳，影响中国企业在这些国家进行的投资基础设施建设、国家自然资源开采领域等项目，对于可能出现的某些争议，通过调解达成和解协议，借助适用《新加坡公约》，既能维持双方继续合作的长远关系，又能保证和解协议的

① 参见葛黄斌：《〈新加坡公约〉的普惠红利是一把双刃剑》，《法制日报》2019年2月19日。
② 参见葛黄斌：《〈新加坡公约〉的普惠红利是一把双刃剑》，《法制日报》2019年2月19日。

执行效力。这是其他纠纷解决方式难以实现的。①

二、区域性国际条约

由于在同一区域内的各国文化、法律、经济等制度相对较为接近，就有关事项较容易达成一致意见，故涉及国际商事仲裁的区域性国际条约的数量大大超过全球性的国际条约，本书仅择其中重要的进行简单介绍。

（一）《布斯塔曼特法典》

1928 年 2 月 20 日由美洲国家在哈瓦那通过的《布斯塔曼特法典》（Convention on Private International Law，Bustamante Code）第 432 条规定，只要被请求执行裁决的国家法律允许将有关的争议和解解决，则公约所载的承认及执行缔约国法院判决的规定同样适用于裁决的执行。

（二）《关于国际商事仲裁的欧洲公约》

1961 年 4 月 21 日，在联合国欧洲经济委员会主持下，22 个欧洲国家的代表在日内瓦举行会议，通过了《关于国际商事仲裁的欧洲公约》（The European Convention on International Commercial Arbitration），并向欧洲经济委员会的成员国和在委员会中具有顾问身份的其他国家开放。其第 10 条第 8 款规定，该公约与 1964 年 1 月 7 日生效；第 4 条第 3—7 款则根据公约附件第 4 条规定，于 1965 年 10 月 18 日生效。1962 年 12 月 17 日，公约成员国又于巴黎订立了《关于适用国际商事仲裁的欧洲公约的协定》（Agreement Relating to Application of the European Convention on International Commercial Arbitration）。

公约适用于两个不同的缔约国境内没有惯常居所或住所地的自然人或法人所签订的仲裁协议和仲裁条款，而且适用于因这一仲裁协议而发生的仲裁程序和仲裁裁决。

该公约规定当事人可自行决定采用机构仲裁抑或临时仲裁方式解决争

---

① 参见葛黄斌：《〈新加坡公约〉的普惠红利是一把双刃剑》，《法制日报》2019 年 2 月 19 日。

议。若当事人约定交常设仲裁机构仲裁的，仲裁程序中的有关问题就应依据该有关仲裁机构的仲裁规则来处理。若当事人只约定将争议提交仲裁解决，并未就仲裁方式作出约定，且无法达成一致的协议，则仲裁申请人可以请求双方所约定的仲裁地的商会会长，或在没有约定仲裁地时请求被申请人惯常居住地或所在地的商会会长或依公约附则所设立的特别委员会，就该项仲裁的方式作出决定。该商会会长或特别委员会有权要求当事人请求常设仲裁机构仲裁。若当事人只约定由常设仲裁机构但未明确具体的仲裁机构，申请人亦得申请上述商会会长或特别委员会确定。当事人约定由临时仲裁庭仲裁的，若当事人未能在法定期限内就仲裁员的选定、仲裁地点、程序等事项达成一致意见，亦可提请上述商会会长或特别委员会指定。

仲裁当事人以仲裁协议不存在、无效或已失效为理由对仲裁庭的管辖权提出异议，应在送达就争议的实质问题作出的请求书或答辩书之前提出，最迟不得迟于送达该项请求书或答辩书的时间。仲裁庭有权就其自身有无管辖的问题作出裁决，但仲裁庭所作出的关于当事人异议延迟的裁定应接受法院的审查。在法院就该仲裁庭的管辖权问题作出裁定之前，有关仲裁庭不得继续已经开始的仲裁程序。

如果订有仲裁协议的一方当事人就该仲裁协议所涉及的事项向有关国家法院起诉，被告方当事人应依据受诉法院地国家的法律之规定，在就有关争议提出实体性抗辩之前或同时，以存在仲裁协议为理由对该受诉法院的管辖权提出抗辩；否则，依据禁止翻供原则，该当事人不得再对法院的管辖权提出抗辩。在被告一方当事人依法提出管辖权抗辩时，受诉法院应依据当事人所选择适用的法律，或在未作选择时依据作出裁决地国家的法律或依据受诉法院的冲突规范的有效法律，对有关仲裁协议的存在与否及其效力作出裁定。然而，如果仲裁协议中的一方当事人已经在诉诸法院之前提请了仲裁，那么，该受诉法院应中止对有关仲裁庭的管辖权问题进行审查。换言之，在仲裁庭已经受理当事人之仲裁请求时，就仲裁庭的管辖权问题应由仲裁庭自身解决。

仲裁庭制作裁决应适用当事人所选择的法律；或在当事人未做选择时，适用其认为可以适用的冲突规范所援引的准据法；如经当事人明确授权且有关国家法律允许，参照有关的合同条款和国际贸易惯例，以"友好调解人"的身份就当事人的争议作出裁决。裁决一般应附理由。

该公约未明确规定仲裁裁决的承认和执行，外国仲裁裁决的承认及执行仍按 1958 年《承认及执行外国仲裁裁决公约》（以下简称《公约》）的规定办理。《公约》仅在第 9 条第 1 款明确列出了仲裁地或据以作出裁决的法律所属国撤销裁决的四种理由，以此避免上述 1958 年《公约》第 5 条第 1 款第 5 项的适用范围过于宽泛。这四种理由是：第一，仲裁协议的双方当事人，依据对他们适用的法律，处于某种无行为能力的状态；或者根据双方当事人指定适用的法律或在未作指定时，根据作出裁决地国家的法律，仲裁协议无效。第二，请求撤销裁决的一方当事人未接到指定仲裁员的适当通知；或由另外的情况无法出庭抗辩。第三，裁决涉及仲裁协议所没有提到的；或者不包括在仲裁协议规定之内的争议；或者仲裁裁决内含有对仲裁协议范围以外事项的决定；但是如果对于仲裁协议范围以内的事项的决定，可以和对于仲裁协议范围以外的事项的决定分开，则该部分决定不需要被撤销。第四，仲裁庭的组成或仲裁程序同当事人间的协议不符，或在当事人间没有仲裁协议时，与仲裁地国的法律不符。

（三）《统一仲裁法的欧洲公约》

1966 年 1 月 20 日，欧洲理事会各成员国在法国的斯特拉斯堡签订了《统一仲裁法的欧洲公约》（European Convention Providing a Uniform Law on Arbitration）。该公约要求各缔约国承诺在本公约对各该国生效之日起的 6 个月内，将公约所附的统一法规范纳入其有关的法律体系之中。该公约的宗旨是统一欧洲各国的仲裁法，以便更有效地运用仲裁方法来解决私法方面的争议，并增进欧洲理事会成员国的团结。该公约对可交付仲裁的争议范围；仲裁协议签订、内容和效力；仲裁员的选任和仲裁庭的组成，仲裁员的更换和仲裁庭的重新组建；仲裁程序的开始和进行；作出裁决的期限和方式、裁决的形式和内容、仲裁裁决的效力和强制执行等问题作了详细规定。

（四）《美洲国家间关于国际商事仲裁的公约》

《美洲国家间关于国际商事仲裁的公约》（The Inter-American Convention on International Commercial Arbitration）由美洲国家组织的成

员国于 1975 年 1 月 30 日在巴拿马城签订，并于 1976 年 6 月 16 日生效。该公约的主要内容包括以下方面。

（1）当事人应以书面方式订立仲裁协议。

（2）当事人可以自行约定仲裁员的选定方式，他们可以委托任何第三方代为指定仲裁员，而不问该第三方是自然人或法人。

（3）当事人可以自行约定仲裁所依据的仲裁规则，若未作约定，则应依据美洲国家间商事仲裁委员会程序规则进行仲裁。

（4）如果根据仲裁所适用的法律或有关的仲裁程序规则，有关的仲裁裁决是不得上诉的裁决，即具有与法院判决同样的法律效力，需由有关国家法院予以承认和执行。只有当存在公约第 5 条第 1 款所规定的五种情形之一时，才能基于当事人的申请，或在依据本国的法律，该有关争议不能用仲裁方式解决或承认及执行该项裁决将有损该国的公共利益时，接受申请的法院才能拒绝承认及执行该仲裁裁决。

由于该公约只适用于各缔约国相互间有关商业交易中可能发生或已经发生的争议，美洲国家组织成员国政府为确保依其属地管辖权作出的所有仲裁裁决的域外效力，又于 1979 年 5 月 8 日在蒙得维的亚签订了《美洲国家间关于外国判决和仲裁裁决域外效力的公约》，将其适用范围扩大到所有未被 1975 年《美洲国家间关于国际商事仲裁的公约》所包括事项的仲裁裁决。

三、双边协定

世界上不少国家对国际商事仲裁持赞同态度，并积极通过双边协定方式对与仲裁有关的事项作出规定。涉及国际商事仲裁的双边协定一般在两类协定中体现出来。

第一类是国家间的友好通商航海协定或贸易协定，此类协定主要调整双方国家的商务关系；除此之外，还就有关的商务争议的解决方式作出相应的规定。例如，1979 年 7 月 7 日缔结的《中华人民共和国和美利坚合众国贸易关系协定》第 8 条第 2 款规定，中美两国的商号、公司和贸易组织签订的合同所引起的或与其有关的任何争议不能通过友好协商、调解或其他双方均可接受的方式求得迅速公平的解决时，"……争议双方可以根据合同规定的仲裁条款或仲裁协议，提请仲裁解决。此类仲裁可以由中华人民共和国、美利坚合众国或第三国的仲裁机构进行。仲裁可以采用各该仲裁机构的仲裁程序规则，也可以在争议双方和仲裁机构的同意下，采用联合国推荐的《联合国国际贸易法委员会仲裁规则》，或其他国际仲裁规则"。①

另一类涉及国际商事仲裁的双边协定是国家之间的司法协助协定。此类双边协定调整两国之间民商事（有时也包括刑事）诉讼有关的协助送达、代为调查证据、法院判决的承认和执行等事项；此外，它们通常还规定了仲裁裁决的承认和执行问题。例如，1987 年 5 月 4 日签订的《中华人民共和国和法兰西共和国关于民事、商事司法协助的协定》（1988 年 2 月 8 日生效）第 25 条规定："缔约双方应根据一九五八年六月十日纽约关于承认与执行外国仲裁裁决的公约相互承认与执行在对方境内作出的仲裁裁决。"②

第二节　国际商事仲裁示范法

除了全球性和区域性国际条约以外，由国际组织起草通过的非强制性规范对当代的国际商事仲裁发挥了十分重要的促进作用。由联合国国际贸易法委员会主持制定，并于 1985 年 6 月 21 日由联合国际贸易法委员会在维也纳召开的第 18 次会议通过的《联合国国际贸易法委员会国际商事仲裁示范法》（The Model Law on International Commercial Arbitration of the United Nations Commission on International Trade Law，简称《国际商事仲裁示范法》），便是这样一部并非国际条约，但对国际商事仲裁制度产生深刻影响的国际性规范文件。制定此项《国际商事仲裁示范法》的目的是为了进一步协调世界各国规范国际商事仲裁的国内法，统一世界各国有关国际商事仲裁程序，并使国际商事仲裁不再集中于伦敦、巴黎等有限的

---

① 中国国际法学会：《中国国际法年刊》（1982），中国对外翻译出版公司 1982 年版，第 431 页。

② 中国国际法学会：《中国国际法年刊》（1988），法律出版社 1989 年版，第 595 页。

欧洲城市,为各国制定或修改其本国仲裁法提供一个统一的范本。[①] 在制定《国际商事仲裁示范法》过程中,来自包括世界各主要法律制度的50多个国家和十几个国际组织的代表参加了起草工作,因此,使之具备了广泛的代表性。《国际商事仲裁示范法》仅供各国在制定本国仲裁法时自愿采用,且在采用时可对此作修改和调整。《国际商事仲裁示范法》起草于20世纪80年代中期,国际商事仲裁已经在许多国家成为解决国际商业纠纷的主要方式之一,各国法院的态度也越来越倾向于支持仲裁机构的仲裁活动。《国际商事仲裁示范法》充分体现了这一国际趋势,它所确立的原则和制度受到了越来越多的国家接受,不少国家和地区以《国际商事仲裁示范法》为蓝本制定本国或本地区仲裁法,它们包括澳大利亚、保加利亚、加拿大(由联邦议会和各省与地区议会分别制定立法)、塞浦路斯、中国香港地区、[②] 尼日利亚、秘鲁、苏格兰、突尼斯、美国的加利福尼亚州、康涅狄格州、俄勒冈州、得克萨斯州、佛罗里达州、佐治亚州、夏威夷州、马里兰州、北卡罗来纳州等。[③]

联合国国际贸易法委员会于2006年修订了《国际商事仲裁示范法》,意图消弭各国仲裁立法之间的巨大差异,实现世界范围内的国际商事仲裁领域的立法及实践的协调统一。

修订后的《国际商事仲裁示范法》分为8章,共36条,其主要内容包括以下方面。

(1)本法所适用的范围是国际商事仲裁,即仲裁协议的双方当事人签订仲裁协议时其营业地处于不同的国家境内,或者由仲裁协议确定或依仲裁协议确定的仲裁地,或商事关系中重要债务的履行地,或与争议标的联系最为密切的地方等不在当事人营业所在地国家境内,或当事人双方已明确表示提交仲裁协议的标的与一个以上的国家有关的商事仲裁。

(2)合同中的仲裁条款和专门的书面协议均为仲裁协议。若一方当事人就仲裁协议所约定的事项向法院提起诉讼,受诉法院除认定该仲裁协议无效、失效或无法实行的以外,应责令有关当事人将该争议事项提交仲裁

---

① 谢石松:《国际民商事纠纷的法律解决程序》,广东人民出版社1996年版,第28页。
② 《国际商事仲裁示范法》通过我国香港地区的立法程序转化为新的香港法例第609章《仲裁条例》在香港地区实施。
③ 张月娇:《国际经贸法律评析与运用》,中国对外经济贸易出版社1997年版,第23页。

解决。此外，即使受诉法院正在进行审理，也仍然可以基于仲裁协议而开始或继续进行有关的仲裁程序，并作出裁决。

（3）仲裁庭的组成人数及有关仲裁员的选定都由当事人自行约定。当事人未约定仲裁庭人数的，应由3名仲裁员来组成仲裁庭。当事人未就仲裁员的选定达成协议的，由3名仲裁员组庭时，应由双方当事人各自选定1名仲裁员，然后再由被选定的两名仲裁员协商指定第3名仲裁员；若他们不能就第3名仲裁员的人选达成一致协议，或当事人约定由独任仲裁员审理案件的，应由有关国家为适用本法而指定的某一特定法院或某些法院或其他有权机关来依法指定仲裁员。

（4）当事人就仲裁庭无管辖权的抗辩应在提交答辩陈述之前提出。当事人这种抗辩的权利，并不因为他已经选定仲裁员或者已经参与选定仲裁员这一事实而受到影响。仲裁庭有权对其本身有无管辖权的问题作出裁决。如果仲裁庭决定其具有管辖权，有关当事人可以在法定期限内就该项决定向有关法院提出请求。在该项请求未获该有关法院裁定以前，有关仲裁庭可以继续有关的仲裁程序，直至作出裁决。

（5）仲裁庭应依据当事人所约定的规则来进行，若当事人未就仲裁规则作出约定，则仲裁地点、仲裁程序中所使用的语言，是否进行口头审理等程序性问题，均由仲裁庭来决定。仲裁庭应保证双方当事人享有平等的地位。在仲裁庭审理过程中，仲裁庭或经过仲裁庭同意的任何一方当事人可以请求有关法院协助获取证据。

（6）庭审结束后，仲裁庭应依据当事人所选择使用的法律，或在当事人未选择法律时，依据仲裁庭认为可适用的冲突规范所确定的法律，或者在当事人明确授权的情况下，依据"公允和善良原则"，并依照合同条款，参照可适用于该有关交易的国际贸易惯例，对有关争议作出裁决。在此，除非存在相反的约定，当事人所选择的解决争议的法律应指实体法，而不包括冲突规范。

（7）仲裁庭作出裁决后，当事人一方在收到裁决书之日起3个月内，如果认为该项裁决存在《国际商事仲裁示范法》第34条第2款第1项所规定的四种情形之一时，有权向有关的法院申请撤销该项裁决；如果依据裁决地所在国法律之规定，有关争议不得通过仲裁方式解决，或该项裁决与裁决地国家的公共秩序相抵触时，有关法院可以依职权而裁定撤销该项裁决。

（8）除了存在第 36 条所规定的几种情形之一之外，不论裁决是在哪个国家作出，有关的仲裁裁决都应得以承认其约束力，有管辖权的法院应依据当事人的申请而予以执行。当事人在申请承认及执行仲裁裁决时，除应提交书面的申请书外，还应提交已生效的仲裁裁决和据以作出裁决的仲裁协议的正本或经证明无误的副本。如果上述文件不是用执行地国的官方文字作出时，还应提交执行地国家的官方文字作出并经认证无误的译本。

我国《仲裁法》在制定过程中也曾参考了《国际商事仲裁示范法》，如《仲裁法》第 2 条和第 3 条关于仲裁范围的规定，即与《国际商事仲裁示范法》第 1 条第 1 款有关；《仲裁法》第 19 条关于仲裁协议独立性，与《国际商事仲裁示范法》第 7 条第 1 款及第 16 条第 1 款有关。但总体来看，我国还不能算是《国际商事仲裁示范法》国家。

当事人意思自治是仲裁中的"帝王原则"，它体现在仲裁协议的有效性、仲裁地确认、仲裁员选择以及仲裁程序适用等诸多方面，但我国现行《仲裁法》对于当事人意思自治的限制过多。《仲裁法》第 13 条规定了严格的仲裁员任职资格，第 25 条规定了仲裁机构将仲裁员名册送达当事人的义务。虽然仲裁法没有明确规定必须在名册中选择仲裁员，但实际上当事人只能在名册上选仲裁员。《国际商事仲裁示范法》第 16 条第 1 款规定仲裁庭可以对其管辖权，包括对关于仲裁协议的存在或效力的任何异议作出裁定。根据我国《仲裁法》的规定，仲裁庭的管辖权由仲裁机构来决定，这一做法与国际上的通行实践不符。

为了防止当事人以管辖权异议为手段恶意拖延仲裁时间，《国际商事仲裁示范法》第 16 条第 2 款规定，管辖权异议应当在第一次答辩前提出。第 3 款规定允许当事人在收到仲裁庭的初步裁决后 30 天内请求法院作出决定，为当事人对仲裁庭的裁决提供了可以求助于法院的救济渠道。在发生管辖权异议时，我国法律要求仲裁程序应当先停下来等待法院判决，而《国际商事仲裁示范法》则没有这种规定。

由于临时仲裁的合法性在我国《国际商事仲裁法》中没有确立，因此，只能采取在国外仲裁但在国内开庭的方式，这体现了立法与实践的严重脱节。《国际商事仲裁示范法》第 14 条专门规定了因回避之外事由更换仲裁员的情形，即如果仲裁员辞职或当事人约定委托终止，都可更换仲裁员，将更换仲裁员的权利赋予当事人或仲裁员自己。我国《仲裁法》对此没有明确的规定，在实践中，主要仲裁机构的仲裁规则都将更换的权利交给仲裁员自己或者是仲裁机构，没有考虑当事人有对仲裁员实施有效监督的权利。

第三节　国际仲裁立法

就一个国家而言，可基于仲裁是否具有涉外因素，将仲裁分为国内仲裁与国际仲裁（涉外仲裁）。然而，不论对仲裁如何分类，它都不是在真空中进行的，其必定是在某一特定国家的主权管辖范围内进行的；对于仲裁协议的有效与否的认定，必须依据某一国家的法律；在国际商事仲裁中，在一国境内作出的裁决需要到外国法院申请承认及执行也是司空见惯的。[①] 因此，国际商事仲裁制度首先要受到有关国内法的约束。

世界各国大多数以专门立法的方式来调整仲裁法律关系，但是在涉及对仲裁裁决的承认及执行事项时往往与各该国的民事诉讼法有关。自从20世纪80年代以来，全世界至少有数十个国家及地区相继制定了新的仲裁法或者对仲裁法进行了重大修改，其基本趋势是减少法院对仲裁程序的干预，尊重当事人的意思自治。[②] 这些国家和地区包括法国、英国、意大利、加拿大、澳大利亚、荷兰、西班牙、瑞士、比利时、保加利亚、墨西哥、瑞典、德国、爱尔兰、马耳他、巴西、印度、泰国、新西兰等。此处仅择若干有代表性的国家的仲裁立法作简单介绍。

一、英国

英国是世界上最早颁布仲裁法的国家之一。在英国现代的仲裁立法历史上，先后制定了多部仲裁法。其中，1950年《仲裁法》被称为英国仲裁法的"主法"（Principal Act）；1975年颁布的《仲裁法》主要是为了适应

---

① 郭寿康、赵秀文：《国际经济贸易仲裁法》，中国法制出版社1995年版，第24页。
② Christian buehring-Uhle. Arbitration and Mediation in International business. *Kluwer Law International*，1995，p.59.

英国参加《纽约公约》后实施该公约的需要；此后 1979 年《仲裁法》对 1950 年《仲裁法》作了若干重要修订，再加上大量的法院判例，构成了英国长达 40 余年的仲裁制度。[①]　目前英国实施的是 1996 年通过并于 1997 年 1 月 31 日起生效的《仲裁法》。

在英国的长期法律传统中，法院的管辖权不允许当事人以任何方式予以剥夺是其重要原则。基于这一原则，英国法院对于仲裁的态度是显而易见的，法院可以对仲裁行使广泛的监督权，特别是根据其作为"主法"的 1950 年《仲裁法》第 21 条（1）款规定，对于仲裁审理中产生的任何法律问题及仲裁裁决或其中的任何部分，法院有权下令仲裁庭以所谓的特殊案件的形式加以说明，由高等法院对其作出判决。[②]　这样，当一项仲裁在英国实施的话，仲裁程序可随时被当事人依据这一法律条款而中止，须等待法院对此作出判决后方可继续。再者，法院的审级决定了一项判决的最终发生法律效力可能要进行多达 5 个审级，故势必造成金钱和时间的极大浪费。[③]　由于英国法院对仲裁的过多干预，导致当事人不愿选择英国的仲裁机构以解决争议，影响了英国在国际商事仲裁的地位。因此，1979 年在对《仲裁法》作修订时，英国废止了对仲裁中的法律问题必须提交法院解决的"特别案件说明程序"（1979 年《仲裁法》第 1 条第 1 款）；如果一项仲裁协议为非英国的国内仲裁协议，则当事人有权以订立"排斥协议"方式来排斥法院的管辖权，包括对仲裁中的法律问题的管辖（1979 年《仲裁法》第 3 条第 3 款）。[④]

英国于 1996 年重新制定了《仲裁法》。之所以采取这种方式来改革仲裁制度的直接背景乃是英国全面参与了起草联合国国际贸易法委员会《国际商事仲裁示范法》。《国际商事仲裁示范法》通过后，英国就面临了是否要接受该示范法的抉择。在经过广泛征求意见的基础上，英国决定制定一项革命性的仲裁法，最大限度地反映《国际商事仲裁示范法》的

---

　　① 杨良宜：《国际商务仲裁》，中国政法大学出版社 1997 年版，第 545 页。

　　② ［英］施米托夫：《国际贸易法文选》，赵秀文译，中国大百科全书出版社 1993 年版，第 603 页。

　　③ ［英］施米托夫：《国际贸易法文选》，赵秀文译，中国大百科全书出版社 1993 年版，第 608 页。

　　④ 全国人大常委会法制工作委员会民法室、中国国际经济贸易仲裁委员会秘书局：《中华人民共和国仲裁法全书》，法律出版社 1995 年版，第 661 页。

观点。英国新《仲裁法》于 1997 年 1 月 31 日起生效，自新法生效之日起，1950 年、1975 年和 1979 年的《仲裁法》以及 1988 年的《消费者仲裁协议法》同时废止。然而，在 1996 年《仲裁法》生效前已开始的仲裁案件，其中有的还将花费多年才能结案，故仍将适用 1950—1979 年所颁布的《仲裁法》。

英国 1996 年《仲裁法》的重大改变主要体现在以下几个方面。

第一，《仲裁法》的基本宗旨是尊重当事人的意思自治，使他们的争议通过仲裁程序迅速获得解决，法院对于仲裁的作用主要在于必要的支持而非不当的干预，这构成了新仲裁法区别于以往仲裁法的基本原则。除非是属于强制性的条文，当事人可以对绝大部分仲裁程序进行更改。

第二，健全了被申请人拒绝指定仲裁员的缺席机制。由于在英国临时仲裁仍十分流行，临时仲裁的许多方面有赖于仲裁员。而当事人规避仲裁的手段之一就是不作为，即拒不指定仲裁员，致使仲裁无法进行。在此情况下，另一方当事人不得不求助法院的帮助。1996 年《仲裁法》健全了被申请人拒绝指定仲裁员时的指定仲裁员的机制，只要申请人满足了《仲裁法》所规定的程序及相应的时限，就可以将自己所指定的仲裁员作为审理案件的独任仲裁员，组成仲裁庭。

第三，扩大仲裁庭的权力。仲裁庭有权决定自己的管辖权、认定是否存在一项有效的仲裁协议、决定仲裁的程序、采取临时措施，等等。

第四，明确规定了时限的计算方法，以避免在时限计算方面的不明确而导致程序无效或者当事人故意规避参与仲裁程序。

第五，取消了 1979 年《仲裁法》曾对国内仲裁与国际仲裁采用的两元制度，实行内外一致的制度。只要存在仲裁协议，即使是英国本土的仲裁，此项仲裁仍是强制性的（Mandatory）。1979 年《仲裁法》主要在中止法院程序及当事人排除向法院上诉的权利两方面，对国际仲裁的当事人给予更大的自主权。1996 年修订时取消了国际仲裁与国内仲裁分列的规定，其缘由就在于新《仲裁法》的基本精神是尊重当事人意思自治和减少法院的干预，在此前提下继续采用内外有别政策就缺乏存在的基础。在新《仲裁法》中，法院对仲裁的主要作用是满足当事人以仲裁方式解决争议的愿望，协助仲裁庭履行仲裁的职权。

二、美国

美国的《联邦仲裁法》于 1926 年起实施，各州亦制定了州的仲裁法，其中 9 个州以《国际商事仲裁示范法》为蓝本制定了本州的仲裁法。美国于 1970 年成为 1958 年《承认及执行外国仲裁裁决公约》的缔约国。为实施该公约，美国国会在 1926 年《联邦仲裁法》中增加了第二章的补充规定（第 201—208 条），使美国仲裁立法与公约保持一致。

美国《联邦仲裁法》制定于 20 世纪 20 年代，在那时已经十分明确的规定："在任何海事或者商事契约中，为了用仲裁方式解决可能由于契约引起的或者由于拒绝履行契约全部或者部分引起的争议所的书面规定，又或者将由于这种契约引起的，或者由于拒绝履行契约引起的现在的争议提交仲裁的书面协议都是有效的、不可撤销和有强制性的"（第 2 条）。因此，美国的国内立法较早地支持当事人采用仲裁方式解决争议，使仲裁免于处处受制于英国式的法院干预。根据该《仲裁法》第 10 条之规定，仲裁员具有广泛的权力，甚至有权依诉讼程序中规定的方式传唤当事人、命令当事人提交证据、要求证人出庭作证；如果证人拒绝作证，仲裁庭有权请求法院强迫出庭或者对拒绝出庭者给予处罚。由此观之，尽管英国和美国均属普通法系国家，但是两国在此问题上的做法却大相径庭。

美国仲裁法的重要特点之一在于判例法对仲裁制度的发展和完善发挥了极为重要的作用。在可仲裁性问题、有瑕疵的仲裁协议之完善以及公共政策问题上，联邦最高法院及其他联邦法院通过一系列案件的判决，确立了对当代国际商事仲裁具有深远意义的法律原则。因此，作为普通法系的主要代表，美国法院的判例构成美国仲裁法的重要渊源。如果外国法院在处理由美国仲裁机构（如美国仲裁协会）所作出的仲裁裁决时或判断仲裁协议的效力等事项时，就不但要考虑作为成文法的联邦仲裁法，更要考察法院的有关判例，否则就不可能全面理解美国的仲裁法。

在公共政策问题上，法院认为在援引公共政策为理由拒绝承认及执行外国仲裁裁决时，违反本国强行法的国际商事仲裁裁决未必违反本国的公共政策。基于这一认识，法院对于公共政策从严解释，使本国当事人难以援引公共政策作为理由来拒绝执行外国仲裁裁决。

　　美国系联邦制国家，联邦和各州均制定了仲裁法，因此在特定情况下，两者有可能产生法律的冲突。对于美国的仲裁制度，必须了解两者的某些差异。1989 年美国最高法院所审理的"伏尔泰信息科学公司诉小利兰·斯坦福大学董事会"（Volt Information Sciences，Inc. v. Board of Trustees of Leland Stanford Junior University）一案便是此类法律冲突的典型。伏尔泰公司与小利兰·斯坦福大学订立了由前者为后者安装电子信息系统的合同，合同约定以仲裁方式解决一切争议，且合同中载入了美国通用承包商协会标准合同的若干条款，其中法律适用条款规定："本合同受项目所在地法律支配"。在履约过程中，双方当事人因额外工程的补偿费问题发生争议，伏尔泰公司依据仲裁条款提请仲裁，小利兰·斯坦福大学则在加利福尼亚州（加州）高等法院以欺诈和违约为由提起诉讼。在同一诉讼中，原告还要求另两家公司（与原告无仲裁协议）给予补偿。伏尔泰公司提出动议要求加州高等法院强迫小利兰·斯坦福大学参加仲裁，而小利兰·斯坦福大学反过来则又依据加州《民事诉讼法典》第 1281 条第 2 款（c）的规定请求法院裁定停止仲裁程序。与联邦仲裁法不同，加州的《民事诉讼法典》规定，如果仲裁协议当事人一方同时为与第三方有关诉讼程序的当事人一方，而争议发生于同一交易或一系列相关的交易，则法院有权拒绝执行仲裁协议并判令所有当事人参加诉讼。

　　加州高等法院拒绝了伏尔泰公司的动议，并裁定暂缓仲裁程序。加州上诉法院支持了加州高等法院的判决。联邦最高法院所作出的终审判决亦支持了加州法院的判决，联邦最高法院的判决书指出，尽管本案的起因为州际商业活动，按一般的理解应适用联邦法，但如果当事人约定其仲裁协议受加州法律支配时，加州的民事诉讼法并不能因为与联邦仲裁法不一致而不予适用。①

三、法国

　　长期以来，法国一直对仲裁制度给予特别的关注。1980 年 5 月 14 日和 1981 年 5 月 12 日法国颁布了第 80—354 号法令和第 81—500 号法令，

---

　　①　Yearbook Commercial Arbitration. Volume XV - 1990，*Kluwer*，1990，pp.131 - 141.

分别调整国内仲裁和国际仲裁问题。此后，关于国际仲裁的第 81—500 号法令被载入《民事诉讼法典》第五编和第六编（1492—1507 节）。由此法国成为国际上将国内仲裁与国际仲裁制度通过立法方式分立的主要国家之一。

第 81—500 号法令对国际仲裁的定义为"涉及国际交易利益的仲裁"。依据这一定义，即使争议的双方当事人均为法国人，只要争议标的、法律关系等具有国际因素，由此进行的仲裁仍视为国际仲裁。该法令给予当事人以广泛的自主权，包括选择仲裁的程序法。唯一的限制是所选择的法律不得违反法国法中的强制性规则和公共政策。

法国参加了 1958 年《纽约公约》、1961 年《关于国际商事仲裁的欧洲公约》以及 1965 年《华盛顿公约》。

在法国，人们最熟悉的并非是国际商会国际仲裁院。实际上，法国建立了许多受理各类争议的常设仲裁机构，例如由巴黎商会所设立的专门处理商品交易纠纷的巴黎仲裁院、由巴黎律师协会设立的法国仲裁协会和巴黎海事仲裁院，等等。①

第四节　中国仲裁立法

一、中国仲裁立法的历史沿革

中国的涉外仲裁始于 20 世纪 50 年代中期。1954 年我国政务院通过了《关于在中国国际贸易促进委员会内设立对外贸易常设仲裁委员会的决定》，根据这一决定，中国国际贸易促进委员会于 1956 年正式设立了对外贸易仲裁委员会，并制定了《中国国际贸易促进委员会对外贸易仲裁委员会仲裁程序暂行规则》。1958 年 11 月，我国国务院通过了《关于在中国国际贸易促进委员会内设立海事仲裁委员会的决定》，根据这一决定，中国国际贸易促进委员会于 1959 年年初正式成立了海事仲裁委员会，并制定了

---

① Axel Boesch. *Provisional Remedies in International Commercial Arbitration*. Walter de Gruyter & Co. , 1994，p.255.

相应的仲裁规则，由此开始了我国的涉外经济贸易仲裁事业。我国的涉外仲裁从一开始就遵循国际通行的民间仲裁、自愿仲裁、一裁终局的原则。

作为一种制度，中国的国内仲裁肇始于20世纪80年代。1981年12月，全国人大常委会颁布《中华人民共和国经济合同法》，规定经济合同发生纠纷时，当事人任何一方均可以向国家规定的合同管理机关申请调解或仲裁。此后，1983年8月22日，国务院发布了《中华人民共和国经济合同仲裁条例》，规定经济合同仲裁机关是国家工商行政管理局和地方各级工商行政管理局设立的经济合同仲裁委员会，由此成为国内仲裁的开端。然而，直至1995年，我国的国内仲裁却长期并未实行国际上以及我国涉外仲裁普遍接受的原则和做法。仲裁机构隶属于各级行政部门，层层设立，处处设立，全国所设立的各类仲裁委员会多达数千个，其中仅设立于各级工商行政管理局内的经济合同仲裁委员会就不下3 400多个，① 其他的仲裁机构涉及一般经济合同仲裁、技术合同仲裁、房地产纠纷仲裁、消费者争议仲裁、劳动争议仲裁、版权纠纷仲裁、证券期货仲裁，等等。各类仲裁机构无不隶属于有关的政府部门，并采取了一系列与我国涉外仲裁制度大相径庭的做法，故导致一系列不可克服的弊端。

第一，国务院发布的《中华人民共和国经济合同仲裁条例》确定了以诉讼制度为蓝本的管辖制度，规定了地域管辖和级别管辖，根据各类合同的连接点确定应由何处的仲裁委员会管辖，依据争议标的大小据以确定由哪一级仲裁委员会管辖，甚至上级仲裁机关有权办理下级仲裁机关管辖的案件，也可以把自己管辖的案件交下级仲裁机关办理。

第二，当事人的意思自治在我国的国内仲裁中并不起作用。当事人无权选择仲裁员，由于规定了地域管辖和级别管辖，当事人在很大程度上亦无权选择仲裁机构；在某些场合，有的法规甚至规定了强制仲裁，即使当事人未约定以仲裁方式解决争议，也必须先通过仲裁处理，将仲裁变成了行政处理的代名词。②

第三，由于仲裁机关隶属于各级行政机关，而仲裁员大多是政府官员。在进行仲裁时，行政机关的下级服从上级的特点使得仲裁庭无法独立

---

① 吴焕宁：《我国〈仲裁法〉浅议》，《仲裁与法律通讯》1995年第3期，第6页。
② 目前的劳动争议仲裁仍然采取强制仲裁的方式，而且没有"指定仲裁员"一说。

仲裁，影响了裁决的公正性。

第四，上述国内仲裁的根本缺陷，导致一裁终局的原则在相当长的一段时间内未得到贯彻。《中华人民共和国经济合同仲裁条例》第33条规定："当事人一方或者双方对仲裁不服的，在收到仲裁决定书之日起十五天内，向人民法院起诉；期满不起诉的，仲裁决定书即发生法律效力。"允许当事人对仲裁裁决重新提起诉讼，使争议的解决变成"一次仲裁，两次诉讼"的冗长程序，耗时费力又浪费金钱，根本失去了仲裁的意义。这种"一裁两审"的做法直至《中华人民共和国经济合同法》修改时才得以改变。

据不完全统计，截至1994年，全国一共有14部法律、82项行政法规和192个地方性法规中规定了以仲裁方式解决争议，这些法律所规定的仲裁制度形式多样，仲裁机构和仲裁立法的不统一，已经严重影响了我国仲裁制度的声誉，也不能适应社会主义市场经济建设的需要。为了适应我国改革开放和建立社会主义市场经济体制的新形势，制定一部与国际通行做法接近的仲裁法就成了刻不容缓的事情。

自1991年8月起，全国人大常委会法制委员会开始仲裁法的起草工作，进行了大量的调查研究工作，总结了我国仲裁工作尤其是涉外仲裁工作的经验，收集了国外仲裁法和仲裁规则的大量资料，多次召开各方面人士参加的座谈会，于1993年3月起草了仲裁法征求意见稿。其后，经过多次修改，终于在1994年8月31日的第八届全国人大常委会第九次会议上通过了《中华人民共和国仲裁法》（简称《仲裁法》）。这是我国第一部单行的仲裁法律，是我国仲裁史上的一个里程碑。《仲裁法》明确规定了我国仲裁制度的基本原则，比较妥善处理了仲裁机构、仲裁程序和仲裁监督等一系列重要问题，标志着一个初步适应我国改革开放需要、与国际通行做法接近的仲裁法律体系已经诞生。由于这部法律是在我国从计划经济体制向社会主义市场经济体制转型的过程中制定的，难免带有某些过渡时期的痕迹，并在新形势下产生了一系列新问题。

《仲裁法》于1995年9月1日起生效。该法正式实施后，除劳动争议仲裁和农业承包合同纠纷的仲裁外，一切与《仲裁法》不一致或相抵触的涉及仲裁的规定全部废止或修改。在此之后，2009年8月27日第十一届全国人民代表大会常务委员会第十次会议对《仲裁法》进行了第一次修正，将原第63条中的"民事诉讼法中第二百一十七条第二款"修改为"民事诉讼法第二百一十三条第二款"；第70条、第71条中的"民事诉讼法第二百六十条第一款"修改为"民事诉讼法第二百五十八条第一款"。2017年9月1日第十二届全国人民代表大会常务委员会第二十九次会议对《仲裁法》进行了第二次修正，对有关仲裁员资格条件的部分条文件进行了修改，将第13条第2款修改为："（一）通过国家统一法律职业资格考试取得法律职业资格，从事仲裁工作满八年的"；（三）"曾任法官满八年的。"

二、我国仲裁法所确立的基本原则

我国《仲裁法》吸取了世界各国仲裁法以及联合国国际贸易法委员会所制定的《国际商事仲裁示范法》的长处和精华，并根据我国国情，确立了若干与国际惯例接近的仲裁制度的基本原则。这些基本原则既适用于国内仲裁，又适用于涉外仲裁。

（一）当事人自愿仲裁原则

我国《仲裁法》第4条规定："当事人采用仲裁方式解决纠纷，应当双方自愿，达成仲裁协议。没有仲裁协议，一方申请仲裁的，仲裁机构不予受理。"第17条第3款进一步规定："一方采取胁迫手段，迫使对方订立仲裁协议的，"仲裁协议无效。

自愿原则是整个仲裁制度赖以生存的基石。当事人将争议交付仲裁，必须依据仲裁协议，而且这种仲裁协议必须是当事人自愿的结果。换言之，在缔结仲裁协议的过程中，任何一方当事人不得利用自己在经济、社会地位方面的优势，强迫另一方当事人签订仲裁协议。考虑到我国过去国内仲裁程序中当事人意思自治原则未受到充分尊重，《仲裁法》强调自愿仲裁是十分必要的。事实上，即使在《仲裁法》颁布后，我国有的机关仍然未切实遵循这一原则。例如，要求当事人将仲裁作为解决机构间证券争议的唯一方式，而不允许当事人将争议通过诉讼解决；[①] 而当两个证券经

---

① 《证券争议仲裁有规可循》，《上海证券报》1994年10月22日；《证券争议仲裁如何进行》，《上海证券报》1994年11月5日。

营机构之间实际争议发生后，因其合同中未约定交付仲裁，其中一方向上海市中级人民法院起诉时，另一方当事人也果真依据违反《民事诉讼法》的规定及《仲裁法》精神的文件对法院的管辖权提出抗辩。最终，我国最高人民法院于 1996 年 12 月 18 日作出批复，明确指出：证券经营机构之间以及证券经营机构与证券交易场所之间因股票发行或者交易引起的争议，只要双方当事人间没有仲裁协议或仲裁协议无效，一方向人民法院起诉，人民法院可以受理。[①]

当事人自愿仲裁在我国《仲裁法》中还体现在以下各方面：

第一，当事人有权选择解决争议的仲裁委员会，不受地域的限制，也不存在类似法院诉讼的级别管辖制度。就涉外仲裁而言，中外当事人还可以选择外国的仲裁机构来解决争议。

第二，当事人在实际发生争议后，有权选择仲裁员或者委托仲裁委员会主任代为指定仲裁员。当事人自行选择其所信赖的仲裁员，并由他们组成的仲裁庭作出裁决，是当事人能自愿履行裁决的内在基础。[②]

第三，当事人有权约定仲裁审理的方式。在一般情况下，仲裁应当开庭审理案件，但开庭时采取的是不公开审理的方式。然而，如果当事人自愿约定，仲裁庭审理案件可以不开庭，以书面方式审理并作出裁决；也可以自愿约定在开庭审理时采取公开开庭的方式。

第四，在仲裁程序中仲裁庭若进行调解，必须获得当事人的一致同意，若当事人不愿接受调解，仲裁庭不得以任何方式向当事人施加压力以使其接受调解。如果当事人通过调解达成和解，他们有权要求仲裁庭在制作裁决书时不附具理由。而在一般情况下仲裁庭作出裁决必须附具理由，倘若裁决不附具理由并非基于当事人的协商一致者，在某些国家将被视为仲裁程序不当，裁决有可能被撤销或者拒绝承认及执行。

（二）独立仲裁原则

我国《仲裁法》第 8 条规定："仲裁依法独立进行，不受行政机关、社会团体和个人的干涉。"第 14 条则进一步规定："仲裁委员会独

---

① 法函〔1996〕180 号。

② 全国人大常委会法制工作委员会民法室、中国国际经济贸易仲裁委员会秘书局：《中华人民共和国仲裁法全书》，法律出版社 1995 年版，第 19 页。

立于行政机关，与行政机关没有隶属关系。仲裁委员会之间也没有隶属关系。"

《仲裁法》的这两条规定阐明了独立仲裁原则的各个侧面。

第一，仲裁委员会必须与行政机关不存在法律上、经济上的隶属关系。尽管在我国国内仲裁委员会的组建过程中，有关政府机关发挥了主导作用，由政府的法制办公室或法制局来主持当地仲裁委员会的组建，然而一旦仲裁委员会成立，它就必须独立于行政机关。否则，如果仲裁委员会由行政机关组建，又隶属于该行政机关，将使仲裁委员会在事实上蜕变为受制于行政的第二"审判机关"。所以，《仲裁法》特别强调仲裁委员会必须独立于行政机关。从我国目前的政治体制来看，要使各地的仲裁委员会真正做到独立仲裁，有赖于从中央到地方的各级政府约束自己的行为。

第二，仲裁委员会之间不存在上下级关系，没有什么上级仲裁委员会与下级仲裁委员会之分。即使中国仲裁协会与各地的仲裁委员会之间也并非行政方面的上下级关系，而仅是行业协会与其成员之间在仲裁业务方面指导、协助关系。仲裁委员会之间的相互独立，不但是仲裁委员会区别于法院的主要标志，也是仲裁制度另一重要原则——"一裁终局"的基本要求。

第三，在具体审理当事人所提交的纠纷时，仲裁庭和仲裁员都必须独立履行其仲裁的职权，任何机关、社会团体或者个人不得干预或者影响仲裁程序。即使是仲裁委员会也不得干预仲裁庭独立审理案件的自主权，要求仲裁庭就具体案件按照仲裁委员会的意志裁决案件。仲裁委员会对仲裁庭实施监督的方式只能是监督仲裁员公正行使仲裁职权，对于违反仲裁员执业道德或者违反法律的仲裁员予以惩戒，而不能直接影响仲裁员审理案件。

（三）一裁终局原则

《仲裁法》第9条明确规定："仲裁实行一裁终局的制度。裁决作出后，当事人就同一纠纷再申请仲裁或者向人民法院起诉的，仲裁委员会或者人民法院不予受理。"

一裁终局是国际上普遍实行的一项仲裁的原则，我国以往的涉外仲裁制度也严格地遵循这一原则。例如，早在 1982 年颁布的《中华人民共和国民事诉讼法（试行）》第 193 条就规定了"经中华人民共和国的涉外仲裁机构裁决的案件，当事人不得向人民法院起诉"。经修订的 1991 年《中华人民共和国民事诉讼法》第 259 条再次重申了在涉外仲裁的这一原则。同时，2007 年《中华人民共和国民事诉讼法》第 255 条、2012 年《中华人民共和国民事诉讼法》第 271 条、2017 年《中华人民共和国民事诉讼法》（简称《民事诉讼法》）第 271 条也均保留了这一原则。

此次通过的《仲裁法》确认一裁终局的原则同时适用于国内仲裁和涉外仲裁，有助于维护仲裁的权威性。

三、仲裁的适用范围

（一）仲裁适用范围的一般规定

仲裁的适用范围系指仲裁作为解决争议的一种方式可适用于解决哪些争议，不能解决哪些争议。争议的可仲裁性是仲裁的适用范围的等同语。

以往我国法律对于仲裁的适用范围从未作过一般的界定，而是就具体的争议作出相应的规定。例如，《民事诉讼法》第 271 条规定："涉外经济贸易、运输和海事中发生的争议，当事人在合同中订有仲裁条款或者事后达成书面仲裁协议，提交中华人民共和国涉外仲裁机构或者其他仲裁机构的，当事人不得向人民法院起诉。"

在此次起草《仲裁法》时，我国人大常委会参照国际上的通行做法，对仲裁的范围作出了一般的界定。《仲裁法》第 2 条和第 3 条分别采用列举和排除两种方法，确定了仲裁的范围。

《仲裁法》第 2 条规定："平等主体的公民、法人和其他组织之间发生的合同纠纷和其他财产权益纠纷，可以仲裁。"第 3 条则规定："下列纠纷不能仲裁：（一）婚姻、收养、监护、扶养、继承纠纷；（二）依法应当有行政机关处理的行政争议。"

分析我国《仲裁法》的这两条规定可知：

第一，仲裁可以解决的仅限于平等主体的当事人之间的有关争议，即当事人有权自行处分的事项可通过仲裁解决。如果当事人之间的法律地位是上级与下级的关系则不在此列。因为行政机关代表国家依法处理行政事务时与公司企业或者个人所产生的争议，因其主体不平等，不得提交仲裁解决，只能由法院依据行政诉讼程序加以审理并作出判决。

第二，涉及婚姻、家庭、继承等与人身关系有关的纠纷不能仲裁。此类纠纷虽然属于民事纠纷，然而这类纠纷往往涉及非当事人能够自由处分的人身关系，且常常会涉及其他利害关系人的权利或者义务。例如，婚姻纠纷的当事人在要求离婚时，往往涉及对子女的扶养问题，此类纠纷只能由法院依法判决，即使婚姻登记机关也仅在当事人就子女扶养及家庭财产分割完全达成一致的前提下，才能准予登记离婚。人身关系涉及公民的基本权利和利益，在绝大多数国家认为属于国家公共政策范围的事项，不得由民间机构予以处理。

第三，平等主体的当事人之间的合同纠纷及其他财产权益纠纷，因其源于当事人得自由处分的权利和利益的纠纷，可以交付仲裁解决。

（二）关于仲裁的范围的法理分析

迄今为止在我国法律界，对仲裁的范围问题尚未引起足够重视，除了从事涉外仲裁业务的专业人士之外，司法界事实上并未就此问题展开过认真的法理上的探讨。鉴于这一问题的法律后果与仲裁协议的效力以及裁决的执行密切相关，笔者认为应该结合我国涉外仲裁及其他国家商事仲裁的实践，从法理上分析《仲裁法》所规定的仲裁的范围，以期对此问题获得比较符合当前国际商事仲裁发展趋势的见解。[1]

1. 仲裁的范围的立法比较

《仲裁法》第2条所规定的"合同纠纷"可以仲裁，自然不会发生歧义。合同纠纷是民商事关系中最普遍的纠纷，况且在合同中通常载有仲裁条款，发生纠纷后即依据仲裁条款交付仲裁。就合同纠纷而言，其范围是无法穷尽的，只要存在多少种民事或商事的交往形式，就可产生多少种合同。正如本书讨论国际商事仲裁的"商事"问题时，就已列举了数十种商业交易的方式。

可是，《仲裁法》第2条所述之"其他财产权益纠纷"，对其内涵及外

---

① 陈治东：《论我国涉外仲裁的可仲裁性问题》，《法学》1997年第6期，第60—64页。

延的理解，显然存在着不确定性，迄今为止尚未见到立法机关的权威立法解释。①

自从《仲裁法》颁布后，有的学者认为，"其他财产权益纠纷"主要是指海事、房地产、产品质量、知识产权领域的侵权纠纷。② 显然，依此观点，侵权行为引发的争议为可仲裁解决的事项在仲裁的范围之内。

然而也有的学者认为，侵权纠纷属于不可交付仲裁解决的事项。例如，在《仲裁法》生效后的 1996 年，就有人撰文道："涉外经济合同如果事先订有仲裁条款或者争议发生后达成书面仲裁协议的，合同纠纷就必须提交给条款或协议中选定的仲裁机构进行仲裁。法院不能受理有仲裁协议的合同纠纷案件。但是，如果对方有利用合同进行欺诈的侵权行为，我方当事人叮不以合同纠纷提起仲裁，而以侵权赔偿提起诉讼，只要侵权行为发生地在中国领域内，我国法院就有管辖权。这是我方当事人不要轻易放弃的权利。"③ 这段文字清楚地表明了作者的意思：若一般的合同争议，只要存在仲裁条款，法院不得受理；但是，若一方当事人在缔约或者履约过程中实施了侵权行为，只要侵权行为地在中国，即使存在仲裁条款，当事人及法院均不受仲裁协议的约束，我国法院仍然可以进行管辖。因此侵权行为是否属于仲裁的范围，特别是在违约与侵权相竞合的情况下，即侵权行为因履行合同而产生时，合同中的仲裁条款是否仍然有效问题就值得进行深入探讨。

对于仲裁的范围，1958 年《纽约公约》第 2 条第 1 款、《国际商事仲裁示范法》第 7 条的提法都是"契约性与非契约性争议"。笔者认为，这一提法与我国《仲裁法》相比较，两者显然存在细微的区别。从争议所涵盖的范围考察，"非契约性争议"所涵盖的范围显然大于"其他财产权益纠纷"。倘若对于这些细微的差别不加关注，极有可能演变成我国仲裁制度中的一个主要的漏洞。

"非契约性争议"一词，通常系指合同纠纷以外的其他纠纷。侵权纠

---

① 事实上，我国全国人民代表大会及其常务委员会从未就通过的法律作过立法解释，由此导致在实践中司法机关或行政机关作出与立法精神相悖的解释已经成为我国法制建设过程中亟待解决的缺陷之一。

② 全国人民代表大会常委会法制工作委员会民法室、中国国际经济贸易仲裁委员会秘书局：《中华人民共和国仲裁法全书》，法律出版社 1995 年版，第 17 页。

③ 施正康：《经济诉讼，不要忽视管辖权》，《上海投资》1996 年第 6 期。

纷是非契约性纠纷最普遍的非契约性纠纷，它既包括财产性的非契约性争议，又包括非财产性的非契约性争议。由于使用"非契约性"的定语，从争议的范围和性质来说，并不仅局限于与财产有关的争议，即使争议属于不涉及财产关系的侵权纠纷，也应视为在仲裁的范围之内。换言之，若提交仲裁的争议属不涉及财产权益的侵权行为，仅要求加害方停止侵权行为，此类争议属于《纽约公约》所确定的可仲裁事项。因此，使用"非契约性争议"的提法明确地将大部分侵权行为所产生的争议列入仲裁的范围。

然而"财产权益纠纷"一词，将可交付仲裁解决的争议的性质限定于与财产有关的事项，与财产无涉的争议则不在此列。众所周知，在现实生活中有大量争议并不一定与财产有直接关系。例如，民事关系中的侵害公民名誉权、公民隐私权等侵权行为，如果加害方并不以此追求财产目的，而受害方在采取法律行动时仅要求停止侵害，不要求损害赔偿，这就与财产权益纠纷完全无关。若按我国《仲裁法》第2条的规定并作严格的解释，显而易见，因其不属合同纠纷和财产权益纠纷，故不能采取仲裁方式来解决。

此外，即使在"财产权益"本身，仍有值得探讨和解释之必要。以非契约性财产权益纠纷为例，财产权益本身就需要加以界定。因为"财产"一词按我国的一般理解仅指有形的财产，而"资产"是既包括有形的物，又包括无形资产，例如知识产权以及不涉及知识产权的商誉等。因而，若对"财产权益纠纷"从严解释，则无形资产的纠纷不在其列。退一步说，即使将"财产权益纠纷"作广义的解释，问题也并未最终解决。例如著作权人的权利既有涉及财产权的出版权、使用权和获得报酬权，又包括署名权、修改权等与人身权相联系的权利。我国《著作权法》第10条规定："著作权包括下列人身权和财产权……"。倘若某项侵权行为仅侵害了著作权人的人身权，如何来认定当事人能否将此争议交付仲裁的问题？若从广义的财产权角度考虑，著作权人的人身权和财产权均属于知识产权这一广义财产权的一部分，故此类仅涉及人身权的侵权之争议属于可仲裁事项；然而，若从《著作权法》本身的规定来考察，显然侵害著作权人的署名权、发表权、修改权等与人身权相联系的侵权行为争议不属于"财产权益纠纷"，只能推定它们不属我国《仲裁法》所规定的可以仲裁方式解决的事项。但是，按照《纽约公约》的规定，此类不带有财产权益的非契约性争议却在仲裁的范围之内。由此可见，在我国现行《仲裁法》规定下，并未全面解决仲裁的范围问题。[①]

2. 仲裁的范围法理分析之实践意义

关于仲裁的范围问题的分析，并非出于纯粹的法理探讨的需要或者是在死抠字眼。研究这一问题的实践意义在于，我国的司法实践已从 20 世纪 80 年代的"中国技术进出口公司诉瑞士工业资源公司"一案中确定了侵权争议不可仲裁，这一判决对我国法院处理此类争议继续产生影响。在该案中，有关法院认为，被告利用合同进行欺诈，构成了侵权，故不能适用合同中的仲裁条款，双方不受所设立的仲裁条款的约束。[②]

姑且不论此案的是非曲直，也不论此案发生于 20 世纪 80 年代的特殊情况，仅从法院否认仲裁条款效力的法理进行分析，有些问题是值得探讨的。因为法院在合同明确规定仲裁的情况下接受侵权之诉，其立论基础是：尽管合同中载有仲裁条款，但因案件的性质被认定为侵权行为，故仲裁条款无效，法院可以行使管辖权。显而易见，我国法院的这一理论的合乎逻辑的结论是：侵权行为属于不能通过仲裁解决的事项，仲裁条款因侵权行为而失效。该案判决曾在《最高人民法院公报》上全文转载。这样，尽管我国的《仲裁法》已经生效，然而该法在可交付仲裁的争议事项的规定上语焉不详，仍将使各地法院可以依据上述先例作出侵权行为不可仲裁的裁定。而这种对于仲裁范围的认识，无疑是与我国所参加的《纽约公约》的精神是有差距的，并将影响我国涉外仲裁制度国际化的进程。

随着我国经济全方位地对外开放，引发国际性商业纠纷的可能性在增加，特别是国际社会对知识产权保护及制止各种不正当竞争行为愈来愈重视。贸易、投资等过程中的知识产权因素将愈加重要，而商业活动中的各种不正当竞争行为形式也愈来愈复杂，由此产生的合同纠纷与侵权行为竞合的现象也将增多。通常在国际性的商业交往中当事人普遍在合同中约定以仲裁方式解决争议，但是在违约与侵权行为竞合时，争议事项是否在仲裁的范围之内，有关争议能否通过仲裁方式加以解决，此类判断将直接影

[①]　陈治东：《论我国涉外仲裁的可仲裁性问题》，《法学》1997 年第 6 期，第 60—64 页。

[②]　《最高人民法院公报》1989 年第 1 期；马守仁：《中国近年涉外涉港澳案件》，中国城市经济社会出版社 1990 年版，第 300—309 页。

响当事人之间争议的合理迅速解决，故仲裁的范围绝非与实践无关的纯理论问题，而是对仲裁协议的效力、裁决的执行都有重大意义的事项。

鉴于我国《仲裁法》对可仲裁解决的争议事项的原则规定与1958年《纽约公约》的规定在内涵上不完全一致，而过去的司法实践更是明确将侵权行为排除在仲裁的范围之外，所以在实际发生纠纷时，需要最高人民法院根据我国所参加的国际公约，充分借鉴各国在此问题上的有益经验及发展趋势，通过法律适用的解释，作出合乎时代发展趋势的解释。唯此，才能促进我国涉外经济贸易仲裁事业的发展，使我国的涉外仲裁机构真正成为有国际影响的商事仲裁中心。

四、涉外仲裁的特别法律制度

（一）确立涉外仲裁特别制度的现实考虑

在起草《仲裁法》的过程中，立法者面临的一个现实问题：肇始于20世纪50年代的涉外仲裁早就与国际惯例接轨，而国内仲裁却与国际惯例差距甚远。倘若不顾实际，追求国内仲裁和涉外仲裁的完全统一，将遇到诸多矛盾。如果完全统一仲裁制度，首先就面临究竟是涉外仲裁往国内仲裁靠拢，还是国内仲裁往涉外仲裁靠拢的问题。若是前者，就意味着设立于中国国际商会的涉外仲裁机构与以地域为基础设立仲裁委员会的规定不符，前者必须解散，其结果是我国两代人耗费40余年心血发展起来的富有中国特色的涉外仲裁制度及其声誉毁于一旦；若是后者，因为不分内外，所有的仲裁机构均可以受理涉外仲裁业务，就必须在短时期内使我国所有仲裁机构的仲裁水平都提高到以中国国际贸易仲裁委员会为代表的涉外仲裁的水平，否则将难以当此重任。就目前的国情而言，这显然是不切实际的。其次，作为仲裁制度的一个重要方面便是司法监督问题，尤其是法院在当事人申请撤销仲裁裁决或者在执行程序中请求法院拒绝执行裁决，法院将依据何种标准。由于我国已经参加了1958年《纽约公约》，承担了有关的国际责任，既然国内仲裁与涉外仲裁追求统一，在此统一的仲裁制度中，我国人民法院就不得不摒弃长期以来实行的对国内裁决进行事实与法律有关实体问题的审查，这又是我国的法院难以接受的。

基于这些考虑，全国人大法律委员会在向全国人大常委会作关于《中华人民共和国仲裁法（草案）》审议结果的报告时指出："一些委员和有关部门提出，涉外仲裁有其特点，需要作出特别规定。建议增加'涉外仲裁的特别规定'一章，对涉外仲裁机构的组织设立、聘任外籍仲裁员、涉外仲裁中的财产保全、证据保全、涉外仲裁裁决不予执行的条件、对外国仲裁裁决的承认和执行等问题作出规定。"① 在正式通过的《仲裁法》中，就单列了"涉外仲裁的特别规定"一章（第65—73条），共9条。

（二）涉外仲裁的特别制度与国内仲裁之比较

1. 涉外仲裁机构的设立

《仲裁法》第66条规定："涉外仲裁委员会可以由中国国际商会组织设立。"如前所述，中国国际经济贸易仲裁委员会和中国海事仲裁委员会均由中国国际商会设立，这是中国国际贸易促进委员会经国务院批准从1987年起采用的另一名称。中国国际商会是我国的民间贸易团体，相当于外国的商会或工商会。《仲裁法》授权其组织设立涉外的仲裁委员会，无疑是符合世界上大多数国家设立仲裁机构的方式的。鉴于中国国际经济贸易仲裁委员会及中国海事仲裁委员会的机构比较健全，其仲裁方式符合《仲裁法》之规定，故它们均不存在重新组建的问题。

对于国内仲裁委员会，《仲裁法》第10条规定："仲裁委员会可以在直辖市和省、自治区人民政府所在地的市设立，也可以根据需要在其他设区的市设立，不按行政区划层层设立。仲裁委员会由前款规定的市的人民政府组织有关部门和商会统一组建。"1994年11月，国务院办公厅发布《关于重新组建仲裁机构和筹建中国仲裁协会筹备工作的通知》，首先在北京、上海、天津、广州、西安、呼和浩特和深圳7个城市进行试点，此后筹建仲裁委员会的工作扩及全国。按照《仲裁法》第79条规定，自该法施行之日起不符合法律规定的仲裁机构应该终止。

《仲裁法》关于国内仲裁委员会组建设立之规定，改变了过去仲裁机构按行业、按行政区划、按级别设置的弊端。然而，美中不足的是，该法一方面在第14条规定仲裁委员会独立于行政机关，另一方面又规定它们由

---

① 全国人大常委会法制工作委员会民法室、中国国际经济贸易仲裁委员会秘书局：《中华人民共和国仲裁法全书》，法律出版社1995年版，第153页。

政府组织有关部门和商会统一组建。当我国商会本身的建置和职能尚不健全的情况下，一个完全由政府出面所建立的仲裁委员会，是难以实行"仲裁委员会独立于行政机关"的愿望。①

2. 仲裁员的资格及聘任

《仲裁法》第 67 条规定："涉外仲裁委员会可以从具有法律、经济贸易、科学技术等专门知识的外籍人士中聘任仲裁员。"

涉外仲裁的当事人一方或双方是外国或我国香港、澳门、台湾地区的法人或自然人，他们处于跟中国（大陆）截然不同的商业环境和法律制度之下。正因如此，在我国所颁布的不少法律法规中对于涉外商业活动的管制均给予特别的考虑，即使对港澳台地区的客商通常也比照涉外规定予以处理。处理涉外纠纷有时还涉及外国法或国际公约及惯例的适用，法律规定涉外仲裁委员会可以从外籍人士中聘任仲裁员，不但有利于外国或者我国港澳台地区当事人在更大范围内指定仲裁员参与审理仲裁案件，有助于案件的公正审理，有助于外国当事人对仲裁制度及我国港澳台地区当事人对祖国大陆仲裁的信任，有利于提高我国涉外仲裁在国际上的信誉，有利于促进我国涉外仲裁现代化和国际化进程，而且还有利于我国改革开放政策的执行和对外经济贸易关系的发展。② 至于涉外仲裁委员会内中国仲裁员的条件则仍然适用《仲裁法》第 13 条的规定。

《仲裁法》第 13 条规定了中国籍仲裁员的聘任条件，即他们应该是取得法律职业资格、从事仲裁工作满 8 年；从事律师工作满 8 年；曾任法官工作满 8 年；从事法律研究、教学工作并具有高级职称；具有法律知识、从事经济贸易等专业工作并具有高级职称或者具有同等专业水平的人员。由此可知，首先，仲裁员的任职条件对专业背景、工作经历等作了具体规定，仲裁员不是一种荣誉称号，而是要履行法律规定的公正客观解决当事人争议的重要职责。其次，该法规定的"曾任法官工作满 8 年"，表明现任法官不得被聘为仲裁员。这一规定有助于作为国家机关的法院与作为民间社团的仲裁委员会相互独立，以及法院对仲裁的独立监督。最后，法律所规定的作为仲裁员的条件相当严格，与我国《法官法》和《检察官法》中

---

① 吴焕宁：《我国〈仲裁法〉浅议》，《仲裁与法律通讯》1995 年第 3 期，第 9 页。
② 程德钧：《中国仲裁法关于涉外仲裁的特别规定》，《仲裁与法律通讯》1995 年第 3 期，第 4—5 页。

确定的法官和检察官的任职资格相比较，其任职条件要严格得多。这是中国仲裁制度的特殊国情。但在此条件下，我国《仲裁法》又赋予人民法院对国内仲裁实施非常广泛的司法监督权。人民法院可以对国内仲裁裁决的撤销和不予执行进行审查。这似乎让人难以理解。

3. 仲裁规则

《仲裁法》第73条规定："涉外仲裁规则可以由中国国际商会依照本法和民事诉讼法的有关规定制定。"在国际上，仲裁规定一般由设立仲裁机构的商会组织制定。我国《仲裁法》的规定既符合这一惯例，又尊重了我国涉外仲裁的实际。

《仲裁法》第15条规定了国内仲裁委员会的仲裁规则应由拟议中组建的中国仲裁协会制定。在中国仲裁协会成立之前，各地新组建的仲裁委员会均制定了暂行的仲裁规则。

4. 撤销裁决及不予执行裁决的条件

当事人申请撤销裁决的，应当向作出裁决的仲裁委员会所在地的中级人民法院提出申请；当事人申请撤销裁决的，应当自收到裁决书之日起6个月内提出；在提出申请时应提交仲裁裁决书及证明存在撤销事由的基本证据。

当事人申请撤销仲裁裁决的理由应属于法律规定的法定情形之内，人民法院对国内仲裁裁决的审查以《仲裁法》第58条为依据，对涉外仲裁裁决的审查以《中华人民共和国民事诉讼法》（以下简称《民事诉讼法》）《民事诉讼法》第258条为依据，人民法院对上述法定情形之外的理由不予审查。

人民法院对仲裁程序的审查以仲裁法规定的仲裁程序和当事人选择的仲裁规则为依据，并不依据《民事诉讼法》中的有关程序规定来审查仲裁程序的合法性；人民法院审理后认为裁决存在法定撤销情形的，应当裁定撤销裁决；认为可以由仲裁庭重新仲裁的，则通知仲裁庭重新仲裁；仲裁庭拒绝重新仲裁的，人民法院应当裁定撤销裁决。

《仲裁法》第58条规定："当事人提出证据证明裁决有下列情形之一的，可以向仲裁委员会所在地的中级人民法院申请撤销裁决：（一）没有仲裁协议的；（二）裁决的事项不属于仲裁协议的范围或者仲裁委员会无权仲裁的；（三）仲裁庭的组成或者仲裁的程序违反法定程序的；（四）裁决所根据的证据是伪造的；（五）对方当事人隐瞒了足以影响公正裁决的证据的；（六）仲裁员在仲裁该案时有索贿受贿，徇私舞弊，枉法裁决行为的。人民法院经组成合议庭审查核实裁决有前款规定情形之一的，应当裁定撤销。人民法院认定该裁决违背社会公共利益的，应当裁定撤销。"

《仲裁法》第63条规定："被申请人提出证据证明裁决有民事诉讼法第二百一十三条第一款规定的情形的，经人民法院组成合议庭审查核实，裁定不予执行。"

第70条规定："当事人提出证据证明涉外仲裁裁决有民事诉讼法第二百六十条（已修订为第二百五十八条）第一款规定的情形之一的，经人民法院组成合议庭审查核实，裁定撤销。"

《民事诉讼法》第258条规定："对中华人民共和国涉外仲裁机构作出的裁决，被申请人提出证据证明仲裁裁决有下列情形之一的，经人民法院组成合议庭审查核实，裁定不予执行：（一）当事人在合同中没有订有仲裁条款或者事后没有达成书面仲裁协议的；（二）被申请人没有得到指定仲裁员或者进行仲裁程序的通知，或者由于其他不属于被申请人负责的原因未能陈述意见的；（三）仲裁庭的组成或者仲裁的程序与仲裁规则不符的；（四）裁决的事项不属于仲裁协议的范围或者仲裁机构无权仲裁的。人民法院认定执行该裁决违背社会公共利益的，裁定不予执行。"

5. 法院司法监督的管辖权

《仲裁法》所确立的涉外仲裁特别制度的重要环节之一是法院的管辖权。由于涉外仲裁本身的特点是具有涉外因素，相对于一般国内案件情况比较复杂，若处理不当将对我国的声誉造成负面影响，因此该法以及《民事诉讼法》所规定的对涉外仲裁行使司法监督权时，其基本管辖法院是中级人民法院。涉外仲裁程序中的证据保全及财产保全，应由中级法院根据当事人的申请作出是否保全的裁定（《仲裁法》第68条、《民事诉讼法》第272条）；涉及仲裁裁决的执行，则应由被申请人住所地或者财产所在地的中级法院行使管辖权（《民事诉讼法》第273条）。

对于国内仲裁的司法监督，则根据不同的情况由不同级别的法院管辖。对当事人所提出的证据保全申请，应由证据所在地的基层法院管辖（《仲裁法》第46条）；涉及财产保全申请，仲裁委员会应当将当事人的申请依照《民事诉讼法》的有关规定提交有管辖权的法院（《仲裁法》

第 28 条），并未直接规定法院的管辖级别。这就意味着将视申请保全的金额由不同级别的法院作出是否保全的裁定，若保全的金额较小，则由基层法院管辖。由于我国法院体系中涉及争议金额的案件的管辖级别由各省、自治区和直辖市高级法院予以确定，再者各地区经济发展水平存在差异，在甲地某一争议应由基层法院管辖，很可能在乙地应由中级法院管辖。当事人申请强制执行仲裁裁决，也应依照《民事诉讼法》的有关规定提出（《仲裁法》第 62 条）。因此，国内仲裁裁决的执行仍然要基于执行的标的依照《民事诉讼法》的管辖权规定来确定具体的法院。

（三）关于涉外仲裁的法律思考

我国《仲裁法》在作出"涉外仲裁的特别规定"时，并未就什么属于涉外仲裁作出明确的定义。尤其是在涉外仲裁机构及涉外仲裁规则的组建及制定者的授权条款方面，均采用"可以"（May）一词："涉外仲裁委员会可以由中国国际商会组建"；"涉外仲裁规则可以由中国国际商会依照本法和民事诉讼法的有关规定制定"。采用"可以"这样很不严谨的立法词语，已经在中国的仲裁界引起了分歧意见，并产生了法律解释原则、法律解释权及立法权限等一系列深刻的法律问题。

我国《仲裁法》已单列专章规定涉外仲裁委员会的组建、仲裁规则、裁决撤销或者不予执行的条件等重要事项。该法第 66 条明确授权中国国际商会组建涉外仲裁委员会，照理讲，不会产生对这项规定的模糊认识。然而《仲裁法》一颁布，各地在组建地方的仲裁委员会过程中，认为法律并未特别规定涉外仲裁委员会"必须"（Shall）由中国国际商会组建，而是采用"可以"这一具有选择性的词语，这就意味着除了中国国际商会所组建的涉外仲裁委员会以外，其他根据该《仲裁法》所组建的仲裁委员会均有权受理一切涉外仲裁案件。法律未禁止这些仲裁委员会受理涉外案件。况且，各仲裁委员会之间应该通过竞争来提高其知名度和信誉。受这一说法的影响，甚至某些内陆城市所设立仲裁委员会的仲裁规则（暂行）规定可以受理包括海事海商争议在内的涉外仲裁案件。

当新组建的仲裁委员会为了受理涉外仲裁案件而试图从《仲裁法》的"可以"一词中寻找法律依据时，1996 年 6 月 8 日国务院办公厅发布《关于贯彻实施〈中华人民共和国仲裁法〉需要明确的几个问题的通知》①（简称《国办通知》），其第 3 条规定："新的仲裁委员会的主要职责是受理国内仲裁案件；涉外仲裁案件的当事人自愿选择新组建的仲裁委员会仲裁的，新组建的仲裁委员会可以受理；新组建的仲裁委员会受理的涉外仲裁案件的仲裁收费与国内仲裁案件的仲裁收费应当采用同一标准。"这一通知无疑在中国仲裁界引起极大的震动，因为它属于《仲裁法》生效后中国官方首次表明的态度，为各地新组建之仲裁委员会受理涉外仲裁案件的依据作了法律方面的诠释。因此，笔者认为有必要对《国办通知》从我国的立法和法律解释原则等法理学角度加以剖析，以求得对《仲裁法》精神的正确理解。

作为立法和法律解释的原则，应该是依照立法者的法律地位确定法律的等级，下一级立法机关的立法不得违反上一级立法机关所通过的法律；国务院制定的行政法规不得违反我国最高权力机关全国人民代表大会及其常务委员会通过的法律，依次类推。作为法律解释的原则，特别法优先于一般法，特别法未作规定的，可适用一般的规定。无论是立法还是法律的解释，都必须由有权立法或者解释法律者行使这些权力。

依照这些基本原则，我国《仲裁法》是由最高权力机关全国人民代表大会常务委员会制定的，属于仅次于宪法的第二等级的法律。对于这一法律的任何补充、修改、完善、解释只能由全国人大常委会进行，任何行政部门均未获得法律的授权对法律进行解释或者修改。现在以《国办通知》方式来解释全国人大常委会所通过的法律，尤其是以办公厅这样的并非一级行政组织的名义出现，其法律效力究竟如何是值得深思的。

《仲裁法》将涉外仲裁单列为第七章"涉外仲裁的特别规定"，第 65 条明确规定："涉外经济贸易、运输和海事中发生纠纷的仲裁，适用本章规定。本章没有规定的，适用本法其他有关规定。"这条规定体现了特别法优先于一般法的原则。当该法第 65 条明确规定"涉外仲裁委员会可以由中国国际商会组织设立"时，就清楚地表明了立法者的真实意思是：涉外经济贸易、运输和海事中发生纠纷的仲裁，由本条所述之中国国际商会所组建的仲裁委员会受理。人们不可能从第 65 条和 66 条规定中引申出"《仲裁

---

① 国办发〔1996〕22 号。

法》没有禁止新组建的仲裁委员会受理涉外案件，因而就是允许这样做"的结论。假如立法者的真实意思是让所有的仲裁委员会受理涉外仲裁案件，且仲裁不分内外，那么，在该法中再作"涉外仲裁的特别规定"实属多此一举。在中国法律制度下，涉及自然人或者法人的权利时，其权利的滥觞是法律的授权。凡是法律明文规定特定人具有某种权利的（例如《中华人民共和国对外贸易法》关于外贸权的取得），该特定人方才具备此项权利能力和行为能力，而不能认为法律未明文规定特定人不准享有某种权利，所以该特定人当然就可以享有此项权利。假定法律未明确"禁止"其他仲裁委员会受理涉外仲裁案件，所以其他仲裁委员会就可以受理此类案件可以成为一项理由的话，那么同理，两家国内公司约定将它们之间发生的纯国内经济纠纷提交外国仲裁机构解决，在法律上也完全能够成立，因为翻遍《仲裁法》的条文，也找不到一条"禁止"两家中国公司将其争议交付外国仲裁机构仲裁的规定。

作为法律的精神，当它为了处理特殊事项而作了特别规定后，这一特别规定，不论其用语为"必须"抑或"可以"，均不表明这些特别规定能够适用于受该法调整的其他方面；反之，若立法者认为某些一般规定可以适用于受特别规定调整的事项，则该法律的一般规定在与特别规定无抵触的条件下可予以适用。我国的许多法律，如《民事诉讼法》《公司法》等都基于这一原理来处理有关涉外的事项。例如，经修订的 2004 年《公司法》第 18 条、2018 年《公司法》第 217 条规定："外商投资的有限责任公司适用本法，有关中外合资经营企业、中外合作经营企业、外资企业的法律另有规定的，适用其规定。"《公司法》与外商投资企业的法律在公司成立条件、公司权力机构等许多事项不一致，故在这些事项方面外商投资的有限责任公司只能适用外商投资的法律，而不适用《公司法》的规定。然而，在召开公司董事会的程序、公司董事及经理人员对公司的效忠义务等许多方面，有关的外商投资企业法律法规中均未作明确的规定，在此情况下外商投资的有限责任公司可适用《公司法》的相关条款。再如，《仲裁法》所规定的涉外仲裁裁决的撤销程序并未涉及应由哪一类法院行使管辖权，根据该法第 65 条之规定，可以适用《仲裁法》第 58 条的相关规定，即应由仲裁委员会所在地的中级人民法院受理。然而，我们不能将该法第 58 条所规定的人民法院审查国内仲裁裁决的 6 种情形扩大适用于涉外仲裁。既然《仲裁法》的立法者——全国人大常委会认为"涉外仲裁有其特点，需要作出特别规定"，立法意图是从仲裁机构及其组建者、仲裁规则及其制定者、仲裁的司法监督的管辖权以及监督事项方面，都有别于国内仲裁。尽管"涉外仲裁的特别规定"一章在立法时所用的措词是"可以"而不是"必须"，但不能就此推理出这样的结论：既然法律使用的是"可以"一词，那么任何仲裁机构均"可以"受理涉外案件。

诚然，《国办通知》所规定的新组建的仲裁委员会受理涉外案件的前提是"涉外仲裁案件的当事人自愿选择"，这似乎遵循了当事人意思自治原则，新组建的仲裁委员会受理涉外仲裁案件，完全是当事人自主选择的结果。然而，就在《国办通知》下达后，一些地方政府立即向当地的各部门发出指示，规定一切格式合同中必须载入仲裁条款，不论国内抑或涉外案件，均应交付新组建的仲裁委员会仲裁解决。在此情况下，"涉外仲裁案件的当事人自愿选择"，不过是当事人为了做成商业交易而不得不听命于当地政府指示的形式罢了。在此情况下，当事人意思自治的精神到底在多大程度上得到尊重是值得怀疑的。联想到近年来有一些国家机关通过行政权力试图垄断或者已经垄断法律服务、咨询服务、会计服务、资产评估服务、税务咨询等专业服务的做法，这种担忧并非多余。

笔者认为，为了真正贯彻实施"依法治国"的原则，作为立法者在制定任何法律时，应使用明确的法律语言，确切表述立法者的意图。一旦法律的个别条款与实践产生了脱节现象，应尽可能通过立法解释的方式予以修正。遗憾的是，作为我国有权对法律作出立法解释的唯一机构——全国人大常委会迄今为止尚未对任何一项法律作过任何一件立法解释。当立法的缺陷或漏洞已经成为导致实践中混乱局面的缘由时，是很难要求行政来"依法治国"的。反之，作为执法者的政府首先负有严格依据宪法和法律行事的义务。而我国立法体制上的下级法与上级法相抵触、地方法与中央法相抵触、无权立法的行政部门内部文件效力高于法律法规的现象普遍存在，实有必要检讨我国现行立法体制应如何完善的问题。

第三章

重要的常设国际商事仲裁机构

第一节　中国的涉外仲裁机构

一、中国涉外仲裁机构的历史沿革

（一）中国涉外仲裁机构产生的背景

1949年10月1日中华人民共和国中央人民政府成立后，虽然当时一些西方国家在经济上对中国实行"封锁禁运"政策，但中国与西方国家之间的贸易并未断绝。作为民间机构的中国国际贸易促进委员会在促进与西方国家的贸易交往过程中发挥了重要的作用。既然有贸易交往，就不可避免地产生纠纷。因当时中国没有专门的涉外仲裁机构，一旦有争议，只能到国外仲裁，这在当时的政治环境下无疑是十分困难的。有的交易因为外国公司坚持要在外国的仲裁机构解决纠纷而影响成交。例如，1953年中国畜产公司与英国油饼油籽公司以电报成交29吨绵羊毛，电报成交后，英国公司将印好的书面确认书寄给中国公司复查并签字。确认书规定该笔交易若发生争议，应由英国的布兰福特沃尔协会仲裁。中国公司对在英国仲裁一事感到不安，然而又苦于国内没有专门的涉外仲裁机构。鉴于这些情况，设立中国自己的涉外仲裁机构成为客观的需要。[1]

---

[1]　陶春明、王生长：《中国国际经济贸易仲裁——程序理论与实务》，人民中国出版社1992年版，第1—2页。

（二）中国涉外仲裁机构的产生

1954 年 5 月 6 日，中央人民政府政务院在第 215 次政务会议上通过《中央人民政府政务院关于在中国国际贸易促进委员会内设立对外贸易仲裁委员会的决定》。根据该决定，中国国际贸易促进委员会（简称中国贸促会）于 1956 年 3 月 31 日举行的第四次委员会会议上通过了《中国国际贸易促进委员会对外贸易仲裁委员会仲裁程序暂行规则》。中国贸促会从外贸、商业、工业、运输、保险及法律方面的人士中选任 21 位委员组成对外贸易仲裁委员会第一届委员会，并由这些委员兼任仲裁员。1956 年 4 月 2 日，由知名人士冀朝鼎主持了对外贸易仲裁委员会第一届委员会第一次会议，会议推荐他为对外贸易仲裁委员会主席，法学家周鲠生和戴修瓒为副主席。对外贸易仲裁委员会正式成立，开始受理案件。

1958 年 11 月 21 日，国务院通过《关于在中国国际贸易促进委员会内设立海事仲裁委员会的决定》。基于这一决定，中国贸促会于 1959 年 1 月制定并通过了《中国国际贸易促进委员会海事仲裁委员会仲裁程序暂行规则》，并从航海、海上运输、对外贸易、保险和法律方面的专门人士中选任委员和仲裁员，处理涉外和国际的海上运输及保险、海上船舶救助的报酬、海上船舶碰撞、海上船舶的租赁或代理四方面的海事海商争议案件。

至此，中国有了自己的常设涉外仲裁机构。因海事仲裁除了案件性质以外，其他方面与涉外经济贸易仲裁并无二致，故以下的内容均以中国的涉外经济贸易仲裁为主。

（三）中国涉外经济贸易仲裁机构的发展

从对外贸易仲裁委员会成立到 1979 年年底的 20 多年中，由于中国对外贸易的数量相当有限，外界对该仲裁机构也不甚了解。1956—1966 年，对外贸易仲裁委员会总共受理了 27 宗对外贸易争议案件；1967—1979 年年底共裁决了 11 件案件，另外还调解解决了 60 件争议案。[①] 所有的争议均源于国际贸易。

1978 年年底，党的十一届三中全会决定实行经济体制改革和对外开放

---

① 陶春明、王生长：《中国国际经济贸易仲裁——程序理论与实务》，人民中国出版社 1992 年版，第 3—5 页。

的政策。作为这一重大战略决策的一部分，我国开始引进外国资本在中国设立中外合资经营企业，引进外国技术及外国银行贷款，同时也向外国派出劳务人员承接工程项目等。换言之，我国的对外交往已不仅仅局限于贸易，而是全方位、多形式的开放。为了适应这一新形势，国务院于1980年2月26日发布通知，决定将中国国际贸易促进委员会对外贸易仲裁委员会改名为中国国际贸易促进委员会对外经济贸易仲裁委员会，受理案件的范围扩大到有关中外合资经营、外国来华投资建厂、中外银行相互信贷等各种对外经营合作方面所发生的争议。1980—1988年，对外经济贸易仲裁委员会正式受理的案件不断增加，其争议的性质、案情的复杂性和涉及的争议金额都是前所未有的。以受理案件的数量为例，1985年该仲裁委员会受理37件、1986年为75件、1987年为129件、1988年为162件。这些数字已使对外经济贸易仲裁委员会的受案数量跃居世界各国常设仲裁机构的第二位。

当深圳经济特区建立以后，为了适应特区对外经济贸易发展的需要，对外经济贸易仲裁委员会于1984年4月在深圳特区设立了办事处，就近受理争议案件。深圳特区办事处的特邀仲裁员有8名是在我国港澳地区法律界和工商界的知名人士中聘请的。深圳特区办事处的设立以及其成功运作，为仲裁委员会在其他地区设立分支机构、拓展仲裁业务提供了可资借鉴的经验。

20世纪80年代中国对外开放程度的进一步深入和扩大，促进了对外经济贸易仲裁委员会仲裁事业的蓬勃发展。对外经济贸易仲裁委员会的业务范围扩大了，经验丰富了，信誉也日渐提高，仲裁委员会不但有能力受理中外当事人之间的争议，也有能力受理两方均为外国当事人的争议案件。然而，制定于20世纪50年代、已适用了30余年的《仲裁程序暂行规则》已远远不能满足实际需要。在此情况下，国务院于1988年6月21日批准将中国国际贸易促进委员会对外经济贸易仲裁委员会改名为"中国国际经济贸易仲裁委员会"（China International Economic and Trade Arbitration Commission，CIETAC），并授权中国贸促会根据中国法律及中国参加的国际公约，参照国际惯例，起草新的仲裁规则，其受理案件的范围进一步扩大为中外当事人之间、外国当事人之间和中国当事人之间具有涉外因素的一切国际经济贸易争议。

1989—1990 年，中国国际经济贸易仲裁委员会（简称仲裁委员会）根据业务发展的需要和为了便利当事人就近解决争议，将深圳办事处升格为深圳分会，在上海设立了中国国际经济贸易仲裁委员会上海分会。当时，设在北京的仲裁委员会及深圳和上海两个分会适用统一的仲裁规则，但仲裁员名册并不统一，总会和深圳、上海分会各自备有独立的仲裁员名册。

1994 年 4 月 1 日，中国国际经济贸易仲裁委员会开始使用统一的仲裁员名册，从而结束了仲裁委员会及其分会有三个不同的仲裁员名册的历史。此后，仲裁委员会 1994 年 6 月 1 日起生效的仲裁规则明确规定，仲裁委员会及其分会是一个统一的整体。仲裁委员会设在北京，仲裁委员会设主任、副主任、秘书长和负责日常工作的秘书局（在上海分会和深圳分会设秘书处）。除此以外，仲裁委员会还设立了专家咨询委员会和仲裁研究所两个机构，前者负责仲裁程序和实体上的重大疑难问题的研究和提供咨询意见，组织仲裁员交流经验，对仲裁规则进行修订以及对仲裁委员会的工作和发展提出建议等；后者的职能是充分利用仲裁委员会历年积累的经验和资料，研究开发仲裁资料，收集和传播仲裁信息，为仲裁理论研究和实务工作服务。

中国国际经济贸易仲裁委员会目前备有由 418 名仲裁员组成的仲裁员名册，其中有来自世界 26 个国家的外籍仲裁员和我国香港特别行政区的仲裁员共 137 名。[①]

仲裁委员会总会和分会的区别仅是受理案件的地点和开庭审理案件的地点不同，总会和分会使用同一名称，即中国国际经济贸易仲裁委员会，适用同一个仲裁员名册和同一个仲裁规则。

40 余年来，仲裁委员会依据事实和法律，尊重当事人的仲裁意愿，参照国际惯例，公正合理地解决了约 6 000 件国际经济贸易争议，[②] 有效维护了中外当事人的合法权益，为我国的对外开放事业作出了很大的贡献，并在国际上建立了良好的声誉。进入 20 世纪 90 年代以来，中国国际解决贸易仲裁委员会受理的案件数激增，从 1991—1997 年的 7 年间，年平均受理新案 608 件（1991 年 217 件、1992 年 267 件、1993 年 486 件、1994

---

① 《国际商报》1998 年 1 月 10 日。

② 《国际商报》1998 年 4 月 11 日。

年 829 件、1995 年 902 件、1996 年 778 件、1997 年 723 件），涉及数十个国家和地区的当事人，其中一部分案件的双方当事人均为外国当事人。[①]就受理案件和审结案件的数量而言，中国国际经济贸易仲裁委员会从 1993—1997 年连续 5 年受理案件居世界首位。近年来除了货物买卖合同争议和外商投资合同争议外，其他如融资租赁、建筑工程、房地产、知识产权、代理及"三来一补"等类型的争议逐年增加。由于中国是 1958 年联合国《承认及执行外国仲裁裁决公约》的缔约国，中国国际经济贸易仲裁委员会所作出的裁决可在世界上 100 多个国家和地区获得承认和执行。迄今为止，其裁决已经在美国、日本、德国、法国、加拿大、新西兰、泰国等国家得到承认和执行。

中国国际经济贸易仲裁委员会还同许多国家的仲裁机构开展了广泛的业务合作，并订立了仲裁合作协议。迄今为止，中国国际经济贸易仲裁委员会已经与日本海运集会所海事仲裁委员会、法国全国工业产权局、意大利仲裁协会、瑞典斯德哥尔摩商会、香港国际仲裁中心、新加坡国际仲裁中心、瑞士仲裁协会、奥地利联邦经济商会仲裁中心、德国仲裁委员会、泰国仲裁局、蒙古国工商会仲裁委员会等签订了仲裁合作协议。[②] 中国国际经济贸易仲裁委员会的崛起打破了由发达国家垄断国际仲裁的局面，为全球的仲裁发展做出了巨大贡献。

《中国国际商事仲裁年度报告（2017）》显示，2017 年，全国仲裁机构受案量继续保持高速增长，涉外仲裁案件的数量稳步上升，中国国际经济贸易仲裁委员会受理仲裁案件总计 2 298 件，同比增长 5.36%，其中，涉外、涉港澳台地区案件 476 件，占中国国际经济贸易仲裁委员会全部受理案件的 20.7%。一方为境外当事人的 288 件；双方均为境外当事人的 42 件；双方虽然均为中国内地当事人，但因合同履行地、签订地或者合同标的物在中国境外等原因而统计在涉外案件中的有 146 件。

司法部有关 2017 年中国仲裁的统计数据显示，2017 年，共有 60 家仲裁委员会受理涉外、涉港澳台地区案件 3 188 件，占案件总数的 1.3%，与 2016 年基本持平。其中，涉港地区案件 1 405 件，涉澳地区案件 307

---

① 中国国际经济贸易仲裁委员会：《仲裁与法律通讯》各期；《国际商报》1998 年 4 月 11 日。
② 中国国际经济贸易仲裁委员会等：《仲裁与法律通讯》1994 年第 4 期，第 2 页；中国国际经济贸易仲裁委员会等：《仲裁与法律通讯》1996 年第 3 期，第 1 页。

件，涉台地区案件 308 件，其他涉外案件 1 168 件。①

此外，中国国际经济贸易仲裁委员会的案件当事人来自 60 个国家，主要当事人来自美国、加拿大、巴西、墨西哥、德国、英国、法国、意大利、奥地利、荷兰、南非、俄罗斯、澳大利亚、印度、日本、韩国、新加坡等。②

（四）中国国际经济贸易仲裁委员会"内战"和分家

2012 年，中国国际经济贸易仲裁委员会和其上海分会（简称上海分会）之间发生了一场"内战"。

2012 年 2 月 3 日，中国国际贸易促进委员会（中国国际商会）修订通过了 2012 年版《仲裁规则》，并于 2012 年 5 月 1 日实施。2012 年 4 月 30 日，上海分会发布公告称其为独立的仲裁机构，自 2012 年 5 月 1 日起施行自行制定的仲裁规则，并组建其仲裁员队伍和颁布《仲裁员名册》。中国国际经济贸易仲裁委员会后刊发《声明》，称上海分会成立分会委员会、制定章程和仲裁规则以及聘请仲裁员的行为无效，分会必须适用中国国际经济贸易仲裁委员会 2012 年版《仲裁规则》。

本次纷争缘起于上海分会对中国国际经济贸易仲裁委员会"改革"的不满，主要体现在双方对 2005 年版《仲裁规则》修改上的分歧。上海分会对 2012 年版《仲裁规则》的不满主要体现在三个原则性问题上，包括派出机构的定性问题（第 2 条第 1 款）、案件的管理分工问题（第 2 条第 6 款）和裁决书的盖章问题（第 47 条第 4 款）。上海分会在修改过程中认为其修改意见没有得到充分吸纳，而中国国际经济贸易仲裁委员会最终"强行"颁布了 2012 年版《仲裁规则》。

中国国际贸易促进委员会/中国国际商会于 2012 年 2 月 3 日修订并通过了 2012 年版《仲裁规则》，于 2012 年 5 月 1 日实施。上海分会基于对上述三个原则性问题的不满，决定另起炉灶，成立分会委员会，宣称上海分会是"独立的仲裁机构"，在短期内迅速制定上海分会《仲裁规则》，并组建其仲裁员队伍和颁布上海分会《仲裁员名册》。

---

① 参见《中国国际商事仲裁年度报告（2017）》。
② 参见《中国国际商事仲裁年度报告（2017）》。

中国国际经济贸易仲裁委员会于 2012 年 4 月 24 日发出公告，称"贸仲及其分会是统一的仲裁委员会，适用统一的《仲裁规则》和统一的《仲裁员名册》"，并于 2012 年 5 月 1 日刊发《致全体仲裁员的公开信》，对个别分会的不当行为予以批评，以正视听，并经中国贸促会（中国国际商会）授权，刊发《声明》，郑重声明上海分会成立分会委员会、制定章程和仲裁规则以及聘请仲裁员的行为无效，分会必须适用中国国际经济贸易仲裁委员会 2012 年版《仲裁规则》。

2012 年 8 月 1 日，中国国际经济贸易仲裁委员会再次发表公告，宣布从当天起中止对上海分会和华南分会接受仲裁申请和管理仲裁案件的授权，要求当事人约定将争议提交上海分会或华南分会仲裁的，自 2012 年 8 月 1 日起应向中国国际经济贸易仲裁委员会申请仲裁。该公告发布后，上海分会和华南分会于 2012 年 8 月 4 日联合发表声明表示反对。10 月 22 日，华南分会发布公告，宣布更名为"华南国际经济贸易仲裁委员会"（简称华南贸仲），同时使用"深圳国际仲裁院"的名称，自 12 月 1 日起启用新版《仲裁规则》和《仲裁员名册》。2013 年 4 月 17 日，上海分会宣布更名为"上海国际经济贸易仲裁委员会"（简称上海贸仲），同时启用"上海国际仲裁中心"的名称，自 2013 年 5 月 1 日起启用新版《仲裁规则》和《仲裁员名册》。

"内战"和分家引发大量请求确认仲裁协议效力、申请撤销或者不予执行仲裁裁决等仲裁司法审查案件。2015 年 7 月 15 日，最高人民法院作出《关于对上海市高级人民法院等就涉及中国国际经济贸易仲裁委员会及其原分会等仲裁机构所作仲裁裁决司法审查案件请示问题的批复》（法释〔2015〕15 号文），批复最终明确了华南贸仲和上海贸仲系依法设立的仲裁机构，可以根据当事人签订的仲裁协议受理案件，[①] 解决了三家仲裁机构之间的仲裁管辖权和裁决效力等问题。

（五）中国国际经济贸易仲裁委员会在外国法上的法律地位

2019 年 2 月 25 日，美国纽约南区法院法官杰西·马修·弗曼根据

---

① 刘敬东、任雪峰：《对有关仲裁裁决司法审查案件的请示批复的理解与适用》，《人民司法》2015 年第 19 期，第 26 页。

《美国法典》第 28 篇第 1782 条的规定，应当事人的申请要求在涉外诉讼中采用证据开示要求，驳回中国国际经济贸易仲裁委员会（以下简称 CIETAC）案件当事人原告依照《美国法典》第 28 篇第 1782（a）条提出的调取证据申请，理由是中国国际经济贸易仲裁委员会系民间仲裁机构，并非第 1782（a）条规定下的外国法庭或国际法庭（法院的结论是，本案所涉及的中国国际经济贸易仲裁委员会的仲裁不属于第 1782（a）条所指的外国或国际法庭的程序。因此，原告诉求应当被驳回。）。①

本案原告作为中国国际经济贸易仲裁委员会案件的当事人，为了推进在中国国际经济贸易仲裁委员会的仲裁案件，于 2018 年 12 月 5 日向美国纽约南区法院提出申请，请求对作为非仲裁当事人的德意志银行证券、JP 摩根证券、美林、美银证券公司和摩根士丹利（统称为"承销商"）调取证据，用于中国国际经济贸易仲裁委员会的仲裁程序。

本案原告的法律依据是《美国法典》第 28 篇第 1782（a）条。该条规定，地区法院可以应利害关系人的申请，对辖区内人作出命令，要求其提供文件或其他物品，以供在外国或国际法庭的程序中使用（根据利害关系人的申请，被申请人居住或被发现居住地区的法院可以要求被申请人提供文件或其他物品，以供在外国或国际法庭的程序中使用）。这条关于为外国法院或国际法庭调取证据的规定事实上具有司法协助的性质。② 依照本条提出申请，申请人须满足三个门槛要求：① 被申请的人必须居住或设立于受理申请的地区；② 必须用于外国或国际法庭的程序；③ 申请人必须是外国法庭或利害关系人。③ 因此，本案的争议焦点就在于中国国际经济贸易仲裁委员会这一仲裁机构是否属于第 1782（a）条规定下的外国法庭或国际法庭。

---

① In Re-application of Hanwei Guo for an Order to Take Discovery for Use in a Foreign Proceeding Pursuant to 28 U. S. C. 1782（2019），No.18－MC－561（JMF）.

② In Re-letter of Request from Amtsgericht Ingolstadt, Fed. Republic of Germany，82 F.3d 590，592（4th Cir. 1996）. saying "Twin Aims of Providing Efficient Means of Assistance to Participants in International Litigation in Our Federal Courts and Encouraging Foreign Countries by Example to Provide Similar Means of Assistance to Our Courts".

③ In Re-accent Delight Int'l Ltd.，869 F.3d 121，128（2d Cir. 2017），saying that "（1）the Person From whom Discovery is Sought Must Reside or be Found in the District in which the Application was Made；（2）the Discovery must be for Use in a Foreign Proceeding before a Foreign（or International）Tribunal；（3）the Applicant Must be Either a Foreign Tribunal or an Interested Person."

　　美国纽约南区法院法官认为，中国国际经济贸易仲裁委员会并不属于第1782（a）条规定下的外国法庭或国际法庭，其理由如下：第一，中国国际经济贸易仲裁委员会管辖权完全来自仲裁程序当事人的私人协议。第二，中国国际经济贸易仲裁委员会允许当事人选择自己的仲裁员，而不是由国家指定。为此，中国国际经济贸易仲裁委员会备有一份超过1 400名核准仲裁员的名单，包括400多名来自中国境外的仲裁员，且当事人并不限于从名单中选择仲裁员。第三，仲裁员的裁决"是终局的，对双方都有约束力"。第四，中国国际经济贸易仲裁委员会强调其"独立性和公正性"，指出其"独立于（中国）行政机关，在处理案件时不受任何行政干预"。第五，中国国际经济贸易仲裁委员会公布了其效率和成本效益，指出"大多数中国国际经济贸易仲裁委员会仲裁案件可在6个月内完成"。这一点很重要，法院认为，如果仲裁案件当事方能够根据第1782（a）条在美国进行取证，中国国际经济贸易仲裁委员会的效率优势将受到损害。[①]关于原告补充提出的中国政府在理论上（如果不是实践上）对中国国际经济贸易仲裁委员会仍有一定的权力，而且根据中国法律，中国国际经济贸易仲裁委员会的裁决在中国法院受到一定审查和执行等理由，法官认为，大多数民间仲裁仍受到法院的司法审查及执行审查，这是正常的，并不因此使其成为政府主办的裁决机构。综上，法官认为，CIETAC性质上更接近于民间仲裁机构，不是政府仲裁庭，或是其他政府主办的裁决机构。

　　美国最高法院在英特尔公司诉美国超微半导体公司案（2004）［Intel Corp. v. Advanced Micro Devices，Inc.，542 U. S. 241（2004）］（以下简称"英特尔案"）一案中首次对第1782条作出解释。在本案中，欧共体竞争总司（Directorate-General for Competition of the Commission of the European Communities）案件当事人请求美国法院开示证据。在论证欧共体竞争总司是否属于第1782条中的法庭（Tribunal）时，最高法院首次提出，欧共体的决定最终可由初审法院和欧洲法院审查，国会（提出扩大相关条文的解释）是为了在国外行政程序或准司法程序中，为美国司法协助提供可能性（法院指出，国会将这一变化理解为"在海外的行政和准司法程序中提供美国司法协助的可能性"）。此外，法院还提出，源自法律审

---

　　① In National Broadcasting Co. v. Bear Stearns & Co.，165 F.3d 184，(2d Cir. 1999).

查条款中的"法庭"（Tribunal）包括"仲裁庭"（Arbitral Tribunal），并得出结论，欧共体竞争总局在某种程度上作为初审裁决者，属于第1782条中的法庭。值得注意的是，法院虽然指出条款中"法庭"包括"仲裁庭"，但并未明确此处的定义包含"民间仲裁机构"（Private Arbitral Tribunals）。有法官认为，美国最高法院在本案作出的结论并不与前述的第二和第五巡回法院的观点相悖。对于最高法院在"英特尔案"中对第1782条中"法庭"作出的解释，不同法院对此存在不同的见解，从而导致美国法院总体上在该问题上仍存在较大分歧。

纽约南区法院的结果受美国第二巡回上诉法院审理的"国家广播公司诉贝尔斯登公司案"〔National Broadcasting Co. v. Bear Stearns & Co., 165 F.3d 184（2d Cir. 1999）〕这一先例（NBC案）的拘束。美国第二巡回上诉法院认为"外国或国际法庭"一词含糊不清，通过对其立法过程的考察，认为该条立法本意是涵盖政府仲裁庭或政府间仲裁庭、传统法院和其他国家主持的裁决机构，不包括民间当事方设立的仲裁机构，因为这些仲裁并非在该条要求的法庭中进行。因此，"由设在法国巴黎的国际商会管理的民间商事仲裁"不是第1782（a）条意义上的"外国或国际法庭的程序"。如依据第1782（a）条为在民间仲裁中使用证据开出先河，将破坏仲裁的一个重要优势，即效率和成本效益，与联邦支持仲裁的司法政策相抵触。除非第二巡回上诉法院推翻这一先例，或是美国最高法院推翻这一先例，否则向纽约南区法院申请调查取证用于域外商事仲裁（包括中国仲裁）并不容易。

二、中国国际经济贸易仲裁委员会的仲裁规则

在中国国际经济贸易仲裁委员会（当时为对外贸易仲裁委员）于1956年成立之时，中国国际贸易促进委员会于1956年3月31日通过了《中国国际贸易促进委员会对外贸易仲裁委员会仲裁程序暂行规则》，其一直适用至1988年年底。

1988年9月12日，中国国际贸易促进委员会（中国国际商会）第一届第三次委员会会议通过了《中国国际经济贸易仲裁委员会仲裁规则》，并于1989年1月1日起实施。

1994 年 3 月 17 日，中国国际贸易促进委员会第二届第一次常务委员会会议修订并通过了新的仲裁规则，于 1994 年 6 月 1 日起生效。

1995 年，根据我国《仲裁法》生效的实际情况，为了使仲裁规则符合该法的规定，中国国际商会于 1995 年 9 月 4 日修订并通过了 1995 年《中国国际经济贸易仲裁委员会仲裁规则》，并于同年 10 月 1 日起施行。

1998 年 4 月 10 日，中国国际经济贸易仲裁委员会和中国海事仲裁委员会召开第十四届委员会第一次联席会议，审议了《中国国际经济贸易仲裁委员会仲裁规则（修改草案）》，4 月 28 日，该修改草案经中国国际商会审查批准，并于 5 月 10 日起正式实施。此次修改的目的是使中国国际经济贸易仲裁委员会的仲裁更符合国际化和现代化的要求，并更体现尊重当事人意愿的精神。在此规则施行前已经受理的案件，仍适用受理案件时的仲裁规则，但双方当事人同意的，也可适用 1998 年规则。

特别值得一提的是，1995 年《仲裁规则》以及此前的所有规则都规定，凡当事人同意将争议提交给中国国际经济贸易仲裁委员会仲裁的，均视为同意按照中国国际经济贸易仲裁委员会的仲裁规则进行仲裁。然而，1998 年《仲裁规则》第 7 条规定，凡当事人同意将争议提交中国国际经济贸易仲裁委员会仲裁的，均视为同意按照中国国际经济贸易仲裁委员会仲裁规则进行仲裁；但是，当事人另有约定，且其约定与强制性规定不相抵触的，从其规定。这就意味着，此条修订条文为中国国际经济贸易仲裁委员会采用当事人所约定的其他仲裁规则（例如《联合国国际贸易法委员会仲裁规则》）奠定了基础。这是仲裁委员会走向国际化的典型体现。

2000 年 9 月 5 日，中国国际贸易促进委员会/中国国际商会根据《仲裁法》和有关法律的规定以及原中央人民政府政务院的决定[①]和国务院的通知[②]及批复[③]修订并通过新的仲裁规则，2000 年 10 月 1 日起施行。2000 年仲裁规则最大的特点是将中国国际经济贸易仲裁委员会的仲裁规则从一个涉外仲裁规则演进为一个兼适用国内与涉外仲裁案件的统一仲裁规则，

[①]　指原中央人民政府政务院《关于在中国国际贸易促进委员会内设立对外贸易仲裁委员会的决定》（1954 年 5 月 6 日政务院第 215 次政务会议通过）。

[②]　指国务院《关于将对外贸易仲裁委员会改称为对外经济贸易仲裁委员会的通知》。

[③]　指国务院《关于将对外经济贸易仲裁委员会改名为中国国际经济贸易仲裁委员会和修订仲裁规则的批复》（1988 年 6 月 21 日）。

以顺应时代发展。

2005 年 1 月 11 日，中国国际贸易促进委员会/中国国际商会根据《仲裁法》和有关法律的规定以及原中央人民政府政务院的决定和国务院的通知及批复，中国国际经济贸易仲裁委员会通过了仲裁规则的第 7 次修订，并于 2005 年 5 月 1 日开始实施。与 2000 年中国国际经济贸易仲裁委员会仲裁规则相比，2005 年的仲裁规则无论形式上还是实体上都有突破和创新。在形式上，新规则借鉴国际商会仲裁院、斯德哥尔摩商会仲裁院、伦敦国际仲裁院等机构的做法，将条款整合归类，每个条文均标明主题，并对条下各款加上编号，一目了然，方便查阅。实体上，仲裁委员会为加速自身的现代化和国际化以及提升服务品质，努力做到在程序中增加当事人的自主性和灵活性，加强仲裁程序管理，提高裁决效率以确保裁决公正。

自 2012 年 5 月 1 日起，中国国际经济贸易仲裁委员会新修订的《中国国际经济贸易仲裁委员会仲裁规则（2012 年）》正式实施。与《2005 年仲裁规则》和更早实施的仲裁规则相比，2012 年仲裁规则有较大变化，更接近当代国际仲裁实践，更有利于维护仲裁的公平、高效，也更加维护当事人的意思自治。

2014 年 11 月 4 日，中国国际贸易促进委员会修订并通过了《中国国际经济贸易仲裁委员会仲裁规则（2015 年）》，对《中国国际经济贸易仲裁委员会仲裁规则（2012 年）》进行了修订。2015 年规则于 2015 年 1 月 1 日起施行。此版体现了国际化、服务化和高效化的特点，既吸收借鉴了国际仲裁的积极成果，又结合了中国国际经济贸易仲裁委员会自身的实践和客观情况。2015 年版规则的很多创新将在实践层面带来重大影响，有助于更好地满足当事人的需要，并显著提高中国国际经济贸易仲裁委员会仲裁的国际化水平。

（一）受案范围

1998 年《仲裁规则》第 2 条规定：中国国际经济贸易仲裁委员会以仲裁的方式，独立、公正地解决产生于国际或涉外的契约性或非契约性的经济贸易等争议，包括国际的或涉外的争议；涉我国香港特别行政区、澳门特别行政区或台湾地区的争议；外商投资企业相互之间以及外商投资企业与中国其他法人、自然人及（或）经济组织之间的争议；涉及中国法人、自然人及（或）其他经济组织利用外国的、国际组织的或我国香港特别行政区、澳门特别行政区、台湾地区的资金、技术或服务进行项目融资、招投标、工程建筑等活动的争议；中华人民共和国法律、行政法规特别规定或特别授权由仲裁委员会受理的争议。此项规定是为了与国务院证券委员会 1994 年 8 月 26 日证委发（1994）20 号文件相呼应。该文件正式指定中国国际经济贸易仲裁委员会为处理证券经营机构之间、证券经营机构与证券交易场所之间所发生的证券争议仲裁机构。[①]

中国国际经济贸易仲裁委员会决定扩大受案范围，将中外合资经营企业、中外合作经营企业、外商独资企业以及其他外来资金项目公司之间和它们与其他中国法人或经济组织之间的争议纳入中国国际经济贸易仲裁委员会的案件受理范围，这是为了适应在华投资的外商投资解决纠纷的需要。在此之前，外商投资企业希望中国国际经济贸易仲裁委员会受理它们之间以及它们与其他中国经济组织之间的经济纠纷，以期实现公平的解决结果。但是，囿于当时的条件，中国国际经济贸易仲裁委员会未予受理。尽管如此，仍有不少外商投资企业在其与中国企业的合同中订有将争议提交中国国际经济贸易仲裁委员会解决的仲裁条款。

2000 年《仲裁规则》第 2 条第 2 款在对所解决争议的列举中，除保留了原来的第（一）至（五）项外，又增加了第（六）项："当事人协议由中国国际经济贸易仲裁委员会仲裁的其他国内争议。"这从根本上改变了中国国际经济贸易仲裁委员会仲裁规则仅为涉外仲裁规则的定性，而将其性质演变为解决涉外及国内的经济贸易等争议的仲裁规则。因为所增加的第（六）项可以是完全与涉外因素无涉的国内争议，只要争议双方约定由中国国际经济贸易仲裁委员会仲裁，就可使用中国国际经济贸易仲裁委员会的仲裁规则。

2005 年《仲裁规则》对受案范围规定的变化使得仲裁委员会可以受理下列争议案件：国际的或涉外的争议案件；涉及香港特别行政区、澳门特别行政区或台湾地区的争议案件；国内争议案件。

2012 年《仲裁规则》规定为仲裁委员会根据当事人的约定受理契约性或非契约性的经济贸易等争议案件，包括国际或涉外争议案件；涉及香港

[①]　关于国务院证券委员会此项文件所引发的法律问题，将在本书第十章进行评述。

特别行政区、澳门特别行政区及台湾地区的争议案件；国内争议案件。

2015 年《仲裁规则》有关受案范围同 2012 年《仲裁规则》。

1998 年《仲裁规则》规定，仲裁委员会有权对仲裁协议的存在、效力以及仲裁案件的管辖权作出决定。合同中的仲裁条款应视为与合同其他条款分离且独立存在的条款，附属合同的仲裁协议也应视为与合同其他条款分离且独立存在的一个部分；合同的变更、解除、终止、失效或无效以及存在与否，均不影响仲裁条款或仲裁协议的效力。然而，1998 年《仲裁规则》规定，如果当事人对仲裁协议的效力有异议的，如果一方当事人请求仲裁委员会作出决定，另一方当事人请求人民法院作出裁定，则由人民法院审理。

2000 年《仲裁规则》规定仲裁委员会有权对仲裁协议的存在、效力以及仲裁案件的管辖权作出决定。当事人对仲裁协议的效力有异议的，如果一方请求仲裁委员会作出决定，另一方请求人民法院作出裁定，则由人民法院审理。

2005 年《仲裁规则》规定仲裁委员会有权对仲裁协议的存在、效力以及仲裁案件的管辖权作出决定。如有必要，仲裁委员会也可以授权仲裁庭作出管辖权决定。

2012 年《仲裁规则》、2015 年《仲裁规则》的此部分相关规定无改动。

根据 1998 年《仲裁规则》第 12 条规定，当事人可以约定将争议提交中国国际经济贸易仲裁委员会在北京仲裁，也可以约定在其上海分会或深圳分会仲裁。此处的上海分会或深圳分会不但是各分会的所在地，也是审理案件的仲裁地。如果当事人未作选择，仅在仲裁协议中约定将争议提交中国国际经济贸易仲裁委员会仲裁，则由申请人选择在北京或在上海分会或深圳分会仲裁。

2000 年《仲裁规则》规定双方当事人可以约定将其争议提交仲裁委员会在北京进行仲裁，或者约定将其争议提交仲裁委员会深圳分会在深圳进行仲裁，或者约定将其争议提交仲裁委员会上海分会在上海进行仲裁；如无此约定，则由申请人选择，由仲裁委员会在北京进行仲裁，或者由其深圳分会在深圳进行仲裁，或者由其上海分会在上海进行仲裁；作此选择时，以首先提出选择的为准；如有争议，应由仲裁委员会作出决定。

2005 年《仲裁规则》第 2 条规定双方当事人可以约定将其争议提交仲裁委员会在北京进行仲裁，或者约定将其争议提交仲裁委员会华南分会在深圳进行仲裁，或者约定将其争议提交仲裁委员会上海分会在上海进行仲裁；如无此约定，则由申请人选择，由仲裁委员会在北京进行仲裁，或者由其华南分会在深圳进行仲裁，或者由其上海分会在上海进行仲裁；作此选择时，以首先提出选择的为准；如有争议，应由仲裁委员会作出决定。

2012 年《仲裁规则》规定当事人可以约定将争议提交仲裁委员会或仲裁委员会分会/中心进行仲裁；约定由仲裁委员会进行仲裁的，由仲裁委员会秘书局接受仲裁申请并管理案件；约定由分会/中心仲裁的，由所约定的分会/中心秘书处接受仲裁申请并管理案件；约定的分会/中心不存在或约定不明的，由仲裁委员会秘书局接受仲裁申请并管理案件。如有争议，由仲裁委员会作出决定。

2015 年《仲裁规则》规定当事人可以约定将争议提交仲裁委员会或仲裁委员会分会/仲裁中心进行仲裁；约定由仲裁委员会进行仲裁的，由仲裁委员会仲裁院接受仲裁申请并管理案件；约定由分会/仲裁中心仲裁的，由所约定的分会/仲裁中心仲裁院接受仲裁申请并管理案件。约定的分会/仲裁中心不存在、被终止授权或约定不明的，由仲裁委员会仲裁院接受仲裁申请并管理案件。如有争议，由仲裁委员会作出决定。

（二）仲裁程序

1. 1998 年《仲裁规则》

申请人提出仲裁申请时，应提交书面的仲裁申请书及相关的证据及证明材料，并且按仲裁委员会制订的仲裁费用表预缴仲裁费。仲裁申请书及相关的证据等书面文件应依当事人的人数及仲裁庭的人数确定，如双方当事人均为一人并且仲裁庭由三位仲裁员组成，则申请人所提交的材料应一式五份（对方当事人持一份，三位仲裁员各持一份，另一份由仲裁委员会保留）。

仲裁委员会在收到仲裁申请书及附件材料后，认为手续完备可以受理的，将立即向被申请人发出仲裁通知，随附仲裁规则所规定的各种文件；同时应将此通知送交申请人，并指定秘书局（处）的一名人员负责该仲裁案件的程序管理工作。

　　双方当事人应各自在收到仲裁通知之日起 20 天内指定一名仲裁员，或者委托仲裁委员会主任指定。

　　被申请人应在收到仲裁通知之日起 45 天内提交答辩书及有关证明文件。如果有反请求者，应在收到仲裁通知书之日起 60 天内以书面方式提出，除非仲裁委员会认为有适当理由应给予适当延长，否则超过此 60 天的期限，被申请人就丧失反请求的权利。这一点对于被申请人来说是至关重要的。假如被申请人不提出反请求，在该仲裁程序中其最好的结果是仲裁庭全部驳回申请人的仲裁请求，但对被申请人所遭受的损失（如果有的话）将无法考虑。若被申请人认为由于申请人的过错导致其损失，故依仲裁规则提出反请求时，反请求要与仲裁请求一并审理。这样，经过审理若事实确如被申请人之反请求所述，且有关的法律及合同条款亦支持其反请求的要求的话，被申请人的权益就可能通过反请求得以保护；否则，超过反请求期限时被申请人一方只能另行提出新的仲裁请求，将耗费时日和金钱。

　　被申请人不提交书面答辩，申请人对被申请人的反请求不提交书面答辩，均不影响仲裁程序的进行。

　　在仲裁过程中，当事人有权根据实际需要提出财产保全申请或者证据保全申请。当事人提出财产保全申请，仲裁委员会将此申请提交给被申请人住所地或者其财产所在地的中级人民法院作出裁定；当事人提出证据保全申请，仲裁委员会将当事人的申请提交证据所在地中级人民法院作出裁定（1998 年《仲裁规则》第 23 条）。显然，就财产保全和证据保全而言，只有标的物在中国境内时，保全申请才有实际意义。而且，仲裁委员会仅起到传递当事人保全申请的作用，并无权裁定是否应予以保全，更不负责实际对财产或证据实施保全措施，或者对有关的财产或证据履行保管之责。

　　2. 2000 年《仲裁规则》

　　2000 年《仲裁规则》仲裁程序自仲裁委员会或其分会发出仲裁通知之日起开始。申请人提出仲裁申请规定同 1998 年《仲裁规则》规定，应提交书面的仲裁申请书及相关的证据及证明材料，并且按仲裁委员会制订的仲裁费用表预缴仲裁费。

　　2000 年《仲裁规则》提前了仲裁程序开始的时间，其第 13 条规定，仲裁程序自仲裁委员会或其分会发出仲裁通知之日起开始起算。从理论上说，仲裁程序开始是当事人表达由仲裁解决争议的意愿的结果，即源于当事人的意思自治，而仲裁机构发出仲裁通知应该是仲裁程序中的一个步骤、一个环节，是仲裁机构行使管理仲裁程序的行为。2005年《仲裁规则》将仲裁程序开始的时间修订为"从仲裁委员会或其分会收到仲裁申请书之日起开始"，这不仅符合通行的国际惯例，还可以避免仲裁工作人员工作拖拉，有利于仲裁效率的提高。不同之处在于，当事人申请财产保全，仲裁委员会应当将当事人的申请提交被申请人住所地或其财产所在地的人民法院作出裁定；当事人申请证据保全，提交证据所在地的人民法院作出裁定（与1998年《仲裁规则》相比不再要求中级法院）。

3. 2005年《仲裁规则》

2005年《仲裁规则》规定被申请人应在收到仲裁通知之日起45天内向仲裁委员会秘书局或其分会秘书处提交答辩书。仲裁庭认为有正当理由的，可以适当延长此期限。

与2000年《仲裁规则》相比不同之处在于，被申请人如有反请求，应当自收到仲裁通知之日起45天内以书面形式提交仲裁委员会。仲裁庭认为有正当理由的，可以适当延长此期限。被申请人提出反请求时，应在其反请求书中写明具体的反请求及其所依据的事实和理由，并附具有关的证明文件。被申请人提出反请求，应当按照仲裁委员会制订的仲裁费用表在规定的时间内预缴仲裁费。仲裁委员会认为被申请人提出反请求的手续已完备的，应将反请求书及其附件发送申请人。申请人应在接到反请求书及其附件后30天内对被申请人的反请求提交答辩。

新增最低限度的正当程序标准，加强仲裁庭对案件的管理权。依据2005年《仲裁规则》第29条的规定，除非当事人另有约定，仲裁庭可以按照其认为适当的方式审理案件。在任何情况下，仲裁庭均应公平和公正地行事，给予各方当事人陈述与辩论的合理机会。2005年《仲裁规则》还进一步规定仲裁庭可以根据案件的具体情况采用询问式或辩论式审理案件，可以在认为必要时发布程序指令、发出问题单、举行庭前会议、召开预备庭制作审理范文书等。完善仲裁庭在仲裁程序中的管理权已经成为仲裁制度发展的一个趋势。国际上以《联合国国际商事仲裁示范法》为代表，明确规定了仲裁庭进行仲裁所应遵守的最低限度的正当程序要求，除此之外，仲裁庭有适当进行仲裁的权力。

　　同时，当事人申请财产保全的，仲裁委员会应当将当事人的申请转交被申请财产保全的当事人住所地或其财产所在地有管辖权的法院作出裁定（与 2000 年版比较增加了财产所在地管辖权的法院）。当事人申请证据保全的，仲裁委员会应当将当事人的申请转交证据所在地有管辖权的法院作出裁定。（2000 年版为证据所在地法院）。

　　4. 2012 年《仲裁规则》

　　2012 年《仲裁规则》规定仲裁程序自仲裁委员会秘书局收到仲裁申请书之日起开始。与 2005 年《仲裁规则》相比，不同之处在于仲裁委员会受理案件后，秘书局应指定一名案件秘书协助仲裁案件的程序管理工作。

　　同时，新增了有关合并仲裁的相关规定：经一方当事人请求并经其他各方当事人同意，或仲裁委员会认为有必要并经各方当事人同意，仲裁委员会可以决定将根据本规则进行的两个或两个以上的仲裁案件合并为一个仲裁案件，进行审理。决定合并仲裁时，仲裁委员会应考虑相关仲裁案件之间的关联性，包括不同仲裁案件的请求是否依据同一仲裁协议提出，不同仲裁案件的当事人是否相同，以及不同案件的仲裁员的选定或指定情况。除非各方当事人另有约定，合并的仲裁案件应合并于最先开始仲裁程序的仲裁案件。

　　当事人依据中国法律规定申请保全的，仲裁委员会秘书局应当依法将当事人的保全申请转交当事人指明的有管辖权的法院。新增了有关临时措施的有关规定：经一方当事人请求，仲裁庭依据所适用的法律可以决定采取其认为必要或适当的临时措施，并有权决定请求临时措施的一方提供适当的担保。仲裁庭采取临时措施的决定，可以程序令或中间裁决的方式作出。

　　5. 2015 年《仲裁规则》

　　2015 年《仲裁规则》中新增有关多份合同的仲裁的规定。申请人就多份合同项下的争议可在同一仲裁案件中合并提出仲裁申请，但应同时符合多份合同系主从合同关系、多份合同所涉当事人相同且法律关系性质相同、争议源于同一交易或同一系列交易、多份合同中的仲裁协议内容相同的条件。

　　同时，新增了有关追加当事人的相关规定：在仲裁程序中，一方当事人依据表面上约束被追加当事人的案涉仲裁协议可以向仲裁委员会申请追加当事人。在仲裁庭组成后申请追加当事人的，如果仲裁庭认为确有必要，应在征求包括被追加当事人在内的各方当事人的意见后，由仲裁委员会作出决定。仲裁委员会仲裁院收到追加当事人申请之日视为针对该被追加当事人的仲裁开始之日。任何一方当事人就追加当事人程序提出仲裁协议及（或）仲裁案件管辖权异议的，仲裁委员会有权基于仲裁协议及相关证据作出是否具有管辖权的决定。在仲裁庭组成后决定追加当事人的，仲裁庭应就已经进行的包括仲裁庭组成在内的仲裁程序征求被追加当事人的意见。被追加当事人要求选定或委托仲裁委员会主任指定仲裁员的，双方当事人应重新选定或委托仲裁委员会主任指定仲裁员。仲裁庭的组成应按照本规则第 29 条的规定进行。

仲裁委员会应考虑各方当事人的意见及相关仲裁案件之间的关联性等因素，包括不同案件的仲裁员的选定或指定情况。除非各方当事人另有约定，合并的仲裁案件应合并至最先开始仲裁程序的仲裁案件。仲裁案件合并后，在仲裁庭组成之前，由仲裁委员会仲裁院就程序的进行作出决定；仲裁庭组成后，由仲裁庭就程序的进行作出决定。

当事人依据中国法律申请保全的，仲裁委员会应当依法将当事人的保全申请转交当事人指明的有管辖权的法院。根据所适用的法律或当事人的约定，当事人可以依据《中国国际经济贸易仲裁委员会紧急仲裁员程序》（本规则附件三）向仲裁委员会仲裁院申请紧急性临时救济。紧急仲裁员可以决定采取必要或适当的紧急性临时救济措施。紧急仲裁员的决定对双方当事人具有约束力。经一方当事人请求，仲裁庭依据所适用的法律或当事人的约定可以决定采取其认为必要或适当的临时措施，并有权决定由请求临时措施的一方当事人提供适当的担保。

（三）仲裁庭的组成

1. 1998 年《仲裁规则》

在普通程序中，仲裁庭由 3 位仲裁员组成。双方当事人各自选定一名或者委托仲裁委员会主任指定，第三名仲裁员由双方当事人共同选定或共同委托仲裁委员会主任指定。若双方当事人未能在收到仲裁通知书之日起 20 天内就第三名仲裁员人选达成一致意见或共同委托仲裁委员会主任指定，则应由仲裁委员会主任指定第三名仲裁员。第三名仲裁员担任仲裁庭的首席仲裁员。

根据1998年《仲裁规则》的规定，被选定的仲裁员与案件有个人利害关系的，应当自行向仲裁委员会披露并请求回避。当事人对被选定或指定的仲裁员的公正性和独立性有怀疑时，可以书面向仲裁委员会提出回避的请求，但应说明回避请求的具体事实和理由，并举证。对仲裁员回避请求应在第一次开庭之前以书面形式提出；如要求回避事由的发生和得知是在第一次开庭审理之后，则可以在最后一次开庭终结之前提出。仲裁员是否回避，由仲裁委员会主任作出决定。

2. 2000年《仲裁规则》

规定仲裁庭由1名或3名仲裁员组成。除非当事人另有约定或本规则另有规定，仲裁庭由3名仲裁员组成。当事人从仲裁委员会提供的仲裁员名册中选定仲裁员。当事人约定在仲裁委员会仲裁员名册之外选定仲裁员的，当事人选定的或根据当事人之间的协议指定的人士经仲裁委员会主任依法确认后可以担任仲裁员、首席仲裁员或独任仲裁员。当事人收到仲裁委员会转交的仲裁员的声明书及（或）书面披露后，如果以仲裁员披露的事实或情况为理由要求该仲裁员回避，则应于收到仲裁员的书面披露后10天内向仲裁委员会书面提出。逾期没有申请回避的，不得以仲裁员曾经披露的事项为由申请该仲裁员回避。

除"如果一方当事人申请回避，另一方当事人同意回避申请，或者被申请回避的仲裁员主动提出不再担任该仲裁案件的仲裁员，则该仲裁员不再担任仲裁员审理本案"规定的情形外，仲裁员是否回避，由仲裁委员会主任作出终局决定并可以不说明理由。

新增了多数仲裁员继续仲裁程序的相关规定：在最后一次开庭终结后，如果3人仲裁庭中的一名仲裁员因死亡或被除名而不能参加合议或作出裁决，另外两名仲裁员可以请求仲裁委员会主任按照第27条的规定替换该仲裁员；在征求双方当事人意见并经仲裁委员会主任同意后，该两名仲裁员也可以继续进行仲裁程序，作出决定或裁决。仲裁委员会秘书局应将上述情况通知双方当事人。

3. 2005年《仲裁规则》

申请人和被申请人应当各自在收到仲裁通知之日起15天内选定一名仲

裁员或者委托仲裁委员会主任指定。当事人未在上述期限内选定或委托仲裁委员会主任指定的，由仲裁委员会主任指定。首席仲裁员由双方当事人在被申请人收到仲裁通知之日起15天内共同选定或者共同委托仲裁委员会主任指定（1998年版的《仲裁规则》为20天）。

双方当事人可以各自推荐1—3名仲裁员作为首席仲裁员人选，并将推荐名单在15天的期限（2000年版的《仲裁规则》为20天）内提交至仲裁委员会。双方当事人的推荐名单中有一名人选相同的，为双方当事人共同选定的首席仲裁员；有一名以上人选相同的，由仲裁委员会主任根据案件的具体情况在相同人选中确定一名首席仲裁员，该名首席仲裁员仍为双方共同选定的首席仲裁员；推荐名单中没有相同人选时，由仲裁委员会主任在推荐名单之外指定首席仲裁员。双方当事人未能按照上述规定共同选定首席仲裁员的，由仲裁委员会主任指定。

4. 2012年《仲裁规则》

申请人和被申请人应各自在收到仲裁通知后15天内选定或委托仲裁委员会主任指定一名仲裁员。当事人未在上述期限内选定或委托仲裁委员会主任指定的，由仲裁委员会主任指定。第三名仲裁员由双方当事人在被申请人收到仲裁通知后15天内共同选定或共同委托仲裁委员会主任指定。第三名仲裁员为仲裁庭的首席仲裁员。

与2005年《仲裁规则》相比，不同之处在于仲裁员的选定或指定。仲裁委员会制订统一适用于仲裁委员会及其分会/中心的仲裁员名册；当事人从仲裁委员会制订的仲裁员名册中选定仲裁员（2005年版的《仲裁规则》为当事人从仲裁委员会提供的仲裁员名册中选定仲裁员）。

双方当事人可以各自推荐1—5名（2005年版的《仲裁规则》为1—3名）候选人作为首席仲裁员人选，并按照15天期限提交推荐名单。双方当事人的推荐名单中有一名人选相同的，该人选为双方当事人共同选定的首席仲裁员；有一名以上人选相同的，由仲裁委员会主任根据案件的具体情况在相同人选中确定一名首席仲裁员，该名首席仲裁员仍为双方共同选定的首席仲裁员；推荐名单中没有相同人选时，由仲裁委员会主任指定首席仲裁员。双方当事人未能按照上述规定共同选定首席仲裁员的，由仲裁委员会主任指定首席仲裁员。

新增仲裁文件的提交与交换相关规定：当事人的仲裁文件应提交至仲

裁委员会秘书局。仲裁程序中需发送或转交的仲裁文件，由仲裁委员会秘书局发送或转交仲裁庭及当事人，当事人另有约定并经仲裁庭同意或仲裁庭另有决定者除外。

新增指定仲裁员的考虑因素的有关规定：仲裁委员会主任根据本规则的规定指定仲裁员时，应考虑争议的适用法律、仲裁地、仲裁语言、当事人国籍，以及仲裁委员会主任认为应考虑的其他因素。

5. 2015 年《仲裁规则》

仲裁庭由 1—3 名仲裁员组成。除非当事人另有约定或本规则另有规定，仲裁庭由 3 名仲裁员组成。

新增紧急仲裁员制度：2015 年《仲裁规则》规定了紧急仲裁员制度，中国国际经济贸易仲裁委员会是继斯德哥尔摩仲裁中心、新加坡国际仲裁中心、香港国际仲裁中心、国际商会仲裁院等国际仲裁机构之后采取紧急仲裁员制度的第一家中国大陆仲裁机构。其第 23 条规定：根据所适用的法律或当事人的约定，当事人可以依据《中国国际经济贸易仲裁委员会紧急仲裁员程序》（2015 年《仲裁规则》附件三）向仲裁委员会仲裁院申请紧急性临时救济。紧急仲裁员可以决定采取必要或适当的紧急性临时救济措施。紧急仲裁员的决定对双方当事人具有约束力。

紧急仲裁员制度是国际商事仲裁中的一项新制度，当事人在需要紧急性临时救济而在仲裁庭尚未组成的情况下能够申请紧急性临时救济，其作用是使当事人在仲裁程序之初获得紧急救济，对证据、财产或行为进行保全，或者提供其他类型的紧急性临时救济。而组成后的仲裁庭有权修改、中止或终止紧急仲裁员的决定。

紧急仲裁员决定对双方当事人具有约束力。现在这一制度主要适用于中国国际经济贸易仲裁委员会香港仲裁中心。根据《香港仲裁条例》的规定，紧急仲裁员作出的决定与法院命令具有同等效力，而且该制度具有前瞻性。当事人可以依据执行地国家或地区有关法律规定向有管辖权的法院申请强制执行。中国内地法律对紧急仲裁员制度还未制定相关法律，在当事人有约定情形下，可以根据约定启动紧急仲裁员机制，但紧急仲裁员决定在内地法院的强制执行效力尚不确定，但是至少可以从道义上约束有关当事人。

（四）审理

1. 1998 年《仲裁规则》

仲裁案件一般应当开庭审理，仲裁庭第一次开庭审理的日期应在开庭前 30 天通知双方当事人。但第一次开庭后的再次开庭的通知，就不受此 30 天期限的限制，即使如此，由于案件全部都涉及外国当事人，仲裁庭仍要给双方当事人以合理的准备时间。当事人有正当理由的，最迟应在开庭前 12 天以书面形式向秘书局（处）提出；是否延期，应由仲裁庭作出决定。

当事人约定了开庭地点的，案件的审理应当在约定的地点进行。当事人未作约定的，凡由仲裁委员会受理的案件应在北京开庭审理，经仲裁委员会秘书长同意，也可在其他地点进行审理；由仲裁委员会分会受理的案件应在各该分会所在地进行，经分会秘书长同意，也可在其他地点进行审理（第 35 条）。这就意味着，中国国际经济贸易仲裁委员会审理案件可以在其机构所在地以外的地点进行，更方便当事人将争议交付中国国际经济贸易仲裁委员会仲裁解决。

仲裁庭开庭审理时，一方当事人不出席，仲裁庭可以进行缺席审理和作出缺席裁决。

在仲裁庭开庭审理时，双方当事人对其请求或反请求负有举证之责；同时，当事人也有权对当事人另一方所提交的证据进行质证。

仲裁庭认为有必要时，也可以自行调查事实，收集证据，并且就案件中的专门问题向专家咨询或者指定鉴定人进行鉴定。专家报告或鉴定报告的副本应送交双方当事人，给予他们对此提出意见的机会；当事人甚至有权在仲裁庭同意的条件下，要求专家或鉴定人参加开庭，并对其报告作出解释。由于中国国际经济贸易仲裁委员会是一民间机构，不具有国家执法机关的强制力，因此，仲裁庭自行调查事实和收集证据的可能性很小。

在仲裁庭审理过程中，如果双方当事人有调解的意愿，仲裁庭可以按照其认为合适的方式进行调解。尽管仲裁与调解相结合是中国涉外仲裁的一大特色，但是这种调解完全建立在当事人自愿的基础之上，仲裁庭不得以任何方式施加影响强迫当事人接受调解。在调解过程中任何一方当事人提出终止调解或者仲裁庭认为已无调解成功的可能时，应当立即停止调解，继续开庭审理直至作出裁决。

如果当事人在仲裁庭主持下调解成功或者自行达成和解的，双方当事人应当签订书面和解协议；当事人可以申请撤案，也可以请求仲裁庭根据此书面和解协议的内容作出裁决书结案。

2. 2000 年《仲裁规则》

仲裁庭应当开庭审理案件。但经双方当事人申请或者征得双方当事人同意，仲裁庭也认为不必开庭审理的，仲裁庭可以只依据书面文件进行审理并作出裁决。仲裁案件第一次开庭审理的日期，经仲裁庭商业仲裁委员会秘书局决定后，由秘书局于开庭前 30 天通知双方当事人。当事人有正当理由的，可以请求延期，但必须在开庭前 12 天以书面形式向秘书局提出；是否延期，由仲裁庭决定。

第一次开庭审理以后的开庭审理的日期的通知，不受 30 天期限的限制。当事人约定了仲裁地点的，仲裁案件的审理应当在约定的地点进行。除非当事人另有约定，由仲裁委员会受理的案件应当在北京进行审理，经仲裁委员会秘书长同意，也可以在其他地点进行审理。由仲裁委员会分会受理的案件应当在该分会所在地进行审理，经该分会秘书长同意，也可以在其他地点进行审理。

如果双方当事人有调解愿望，或一方当事人有调解愿望并经仲裁庭征得另一方当事人同意的，仲裁庭可以在仲裁程序进行过程中对其审理的案件进行调解。仲裁庭可以按照其认为适当的方式进行调解。仲裁庭在进行调解的过程中，任何一方当事人提出终止调解或仲裁庭认为已无调解成功的可能时，应停止调解。在仲裁庭进行调解的过程中，双方当事人在仲裁庭之外达成和解的，应视为是在仲裁庭调解下达成的和解。经仲裁庭调解达成和解的，双方当事人应签订书面和解协议；除非当事人另有约定，仲裁庭应当根据当事人书面和解协议的内容作出裁决书结案。

3. 2005 年《仲裁规则》

除非当事人另有约定，仲裁庭可以按照其认为适当的方式审理案件。在任何情形下，仲裁庭均应公平和公正地行事，给予各方当事人陈述与辩论的合理机会。仲裁庭应当开庭审理案件，但经双方当事人申请或者征得双方当事人同意，仲裁庭也认为不必开庭审理的，仲裁庭可以只依据书面文件进行审理。除非当事人另有约定，仲裁庭可以根据案件的具体情况采用询问式或辩论式审理案件。

仲裁案件第一次开庭审理的日期，经仲裁庭决定后，由秘书局于开庭前 20 天通知双方当事人。当事人有正当理由的，可以请求延期开庭，但必须在开庭前 10 天以书面形式向秘书局提出；是否延期，由仲裁庭决定。第一次开庭审理后的开庭审理日期及延期后开庭审理日期的通知，不受 20 天的限制。

新增当事人在仲裁委员会之外通过协商或调解达成和解协议的，可以凭当事人达成的由仲裁委员会仲裁的仲裁协议和他们的和解协议，请求仲裁委员会组成仲裁庭，按照和解协议的内容作出仲裁裁决。除非当事人另有约定，仲裁委员会主任指定一名独任仲裁员组成仲裁庭，按照仲裁庭认为适当的程序进行审理并作出裁决。具体程序和期限不受本规则其他条款限制。如果双方当事人有调解愿望，或一方当事人有调解愿望并经仲裁庭征得另一方当事人同意的，仲裁庭可以在仲裁程序进行过程中对其审理的案件进行调解。仲裁庭可以按照其认为适当的方式进行调解。

新增有关撤回申请和撤销案件的规定：当事人可以向仲裁委员会提出撤回全部仲裁请求或全部仲裁反请求。申请人撤回全部仲裁请求的，不影响仲裁庭就被申请人的反请求进行审理和裁决。被申请人撤回全部仲裁反请求的，不影响仲裁庭就申请人的仲裁请求进行审理和裁决。在仲裁庭组成前撤销案件的，由仲裁委员会秘书长作出决定；在仲裁庭组成后撤销案件的，由仲裁庭作出决定。当事人就已经撤回的仲裁申请再提出仲裁申请时，由仲裁委员会作出受理或者不受理的决定。

4. 2012 年《仲裁规则》

开庭审理的案件，仲裁庭确定第一次开庭日期后，应不晚于开庭前 20 天将开庭日期通知双方当事人。当事人有正当理由的，可以请求延期开庭，但应于收到开庭通知后 5 天内提出书面延期申请；是否延期，由仲裁庭决定。新增当事人有正当理由未能按 5 天期限提出延期开庭申请的，是否接受其延期申请，由仲裁庭决定。再次开庭审理的日期及延期后开庭审理日期的通知及其延期申请，不受 5 天期限的限制。

开庭审理的案件，证据应在开庭时出示，当事人可以质证。不同之处：对于书面审理的案件的证据材料，或对于开庭后提交的证据材料且当事人同意书面质证的，可以进行书面质证。书面质证时，当事人应在仲裁庭规定的期限内提交书面质证意见（2005 年版的《仲裁规则》为当事人开庭后提交的证据材料，仲裁庭决定接受但不再开庭审理的，可以要求当事人在一定期限内提交书面质证意见）。

同时，与 2005 年《仲裁规则》相比，不同之处还在于仲裁庭可以就案件中的专门问题向专家咨询或指定鉴定人进行鉴定。专家和鉴定人可以是中国或外国的机构或自然人。仲裁庭有权要求当事人，当事人也有义务向专家或鉴定人提供或出示任何有关资料、文件或财产、货物，以供专家或鉴定人审阅、检验或鉴定。专家报告和鉴定报告的副本应转交当事人，给予当事人提出意见的机会。任何一方当事人要求专家或鉴定人参加开庭的，经仲裁庭同意，专家或鉴定人应参加开庭，并在仲裁庭认为必要时就所作出的报告进行解释（2005 年版的《仲裁规则》为专家报告和鉴定报告的副本应送给双方当事人，给予双方当事人对专家报告和鉴定报告提出意见的机会。任何一方当事人要求专家或鉴定人参加开庭的，经仲裁庭同意后，专家或鉴定人可以参加开庭，并在仲裁庭认为必要和适宜的情况下就他们的报告作出解释）。

新增程序中止的相关规定：当事人请求中止仲裁程序，或出现其他需要中止仲裁程序的情形的，仲裁程序可以中止。中止程序的原因消失或中止程序期满后，仲裁程序恢复进行。仲裁程序的中止及恢复，由仲裁庭决定；仲裁庭尚未组成的，由仲裁委员会秘书长决定。

在撤回申请和撤销案件条文下增加第 2 款规定："（二）因当事人自身原因致使仲裁程序不能进行的，可以视为其撤回仲裁请求。"

2015 年《仲裁规则》同 2012 年版。

（五）裁决

1. 1998 年《仲裁规则》

仲裁庭应当在组庭之日起 9 个月内作出仲裁裁决书。但如有正当理由，经仲裁庭要求和仲裁委员会秘书长同意，可以延长该期限。

仲裁裁决应当根据事实，依照法律和合同规定，参照国际惯例，并遵循公平合理原则作出。

仲裁裁决书应依多数意见作出；若不能形成多数意见时，依首席仲裁员的意见作出。持有不同意见的仲裁员可以在裁决书上署名，也可以不署名。在不影响裁决书效力的前提下，持有不同意见的仲裁员可以将其不同意见附具在裁决书主文之后。仲裁庭在必要时，可在仲裁过程中就案件的任何问题作出中间裁决或部分裁决。

仲裁庭有权在裁决书中裁定败诉方应当补偿胜诉方为办理案件所支出的部分合理费用，其中包括但不限于律师费及为调查证据所支付的合理费用，但补偿金额最多不超过胜诉方胜诉金额的 10％。《仲裁规则》的这一规定无疑是在中国法律制度中的一个突破，它不仅有助于制止当事人随意提请仲裁，而且对胜诉方（通常为争议中的受害者）来说也是公平合理的；否则，即使胜诉方在实体事项上胜诉了，可是因败诉方的违约或侵权行为导致仲裁，其为了维护自身的合法权益而不得不付出额外的，有时甚至是巨额的办案费用，却无法获得补偿，未免不公。

2. 2000 年《仲裁规则》

仲裁庭应当在组庭之日起 9 个月内作出仲裁裁决书。在仲裁庭的要求下，仲裁委员会秘书长认为确有必要和确有正当理由的，可以延长该期限。

由 3 名仲裁员组成的仲裁庭审理的案件，仲裁裁决依全体仲裁员或多数仲裁员的意见决定，少数仲裁员的意见可以作出记录附卷。仲裁庭不能形成多数意见时，仲裁裁决依首席仲裁员的意见作出。除非仲裁裁决依首席仲裁员意见或独任仲裁员意见作出，仲裁裁决应由多数仲裁员署名。持有不同意见的仲裁员可以在裁决书上署名，也可以不署名。

仲裁庭有权在裁决书中裁定败诉方应当补偿胜诉方因为办理案件所支出的部分合理的费用，但补偿金额最多不得超过胜诉方胜诉金额的 10％。任何一方当事人均可以在收到仲裁裁决书之日起 30 天内就仲裁裁决书中的书写、打印、计算上的错误或其他类似性质的错误，书面申请仲裁庭作出更正；如确有错误，仲裁庭应在收到书面申请之日起 30 天内作出书面更正，仲裁庭也可以在发出仲裁裁决书之日起 30 天内自行以书面形式作出更正。该书面更正构成裁决书的一部分。

如果仲裁裁决有漏裁事项，任何一方当事人均可以在收到仲裁裁决书之日起 30 天内以书面形式请求仲裁庭就仲裁裁决中漏裁的仲裁事项作出补充裁决。如确有漏裁事项，仲裁庭应在收到上述书面申请之日起 30 天内作出补充裁决，仲裁庭也可以在发出仲裁裁决书之日起 30 天内自行作出补充裁决。补充裁决构成原裁决书的一部分。当事人应当依照仲裁裁决书写明的期限自动履行裁决；仲裁裁决书未写明期限的，应当立即履行。一方当事人不履行的，另一方当事人可以根据中国法律的规定，向中国法院申请执行；或者根据 1958 年《承认及执行外国仲裁裁决公约》或者中国缔结或参加的其他国际条约，向外国有管辖权的法院申请执行。

3．2005 年《仲裁规则》

作出裁决的期限有所变化。仲裁庭应当在组庭之日起 6 个月内作出裁决书。（2000 年的《仲裁规则》为 9 个月）在仲裁庭的要求下，仲裁委员会主任认为确有正当理由和必要的，可以延长该期限。

任何一方当事人均可以在收到裁决书之日起 30 天内就裁决书中的书写、打印、计算上的错误或其他类似性质的错误，书面申请仲裁庭作出更正；如确有错误，仲裁庭应在收到书面申请之日起 30 天内作出书面更正。仲裁庭也可以在发出裁决书后的合理时间内自行以书面形式作出更正。该书面更正构成原裁决书的一部分。如果裁决有漏裁事项，任何一方当事人可以在收到裁决书之日起 30 天内以书面形式请求仲裁庭就裁决中漏裁的仲裁事项作出补充裁决；如确有漏裁事项，仲裁庭应在收到上述书面申请之日起 30 天内作出补充裁决。仲裁庭也可以在发出裁决书后的合理时间内自行作出补充裁决。该补充裁决构成原裁决书的一部分。当事人应当依照裁决书写明的期限履行仲裁裁决；裁决书未写明履行期限的，应当立即履行。一方当事人不履行裁决的，另一方当事人可以根据中国法律的规定，向有管辖权的中国法院申请执行；或者根据 1958 年联合国《承认及执行外国仲裁裁决公约》或者中国缔结或参加的其他国际条约，向有管辖权的法院申请执行。

4．2012 年《仲裁规则》

仲裁庭应在组庭后的 6 个月内作出裁决书。经仲裁庭请求，仲裁委员会秘书长认为确有正当理由和必要的，可以延长该期限。新增第三项："程序中止的期间不计入 6 个月裁决期限。"

仲裁庭应当根据事实和合同约定，依照法律规定，参考国际惯例，公平合理、独立公正地作出裁决。当事人对于案件实体适用法有约定的，从其约定。当事人没有约定或其约定与法律强制性规定相抵触的，由仲裁庭决定案件实体的法律适用。仲裁庭在其作出的裁决书中，应写明仲裁请求、争议事实、裁决理由、裁决结果、仲裁费用的承担、裁决的日期和地点。当事人协议不写明争议事实和裁决理由的，以及按照双方当事人和解协议的内容作出裁决书的，可以不写明争议事实和裁决理由。仲裁庭有权在裁决书中确定当事人履行裁决的具体期限及逾期履行所应承担的责任。裁决书应加盖"中国国际经济贸易仲裁委员会"印章（原为"裁决书应加盖仲裁委员会印章"）。

由 3 名仲裁员组成的仲裁庭审理的案件，裁决依全体仲裁员或多数仲裁员的意见作出。少数仲裁员的书面意见应附卷，并可以附在裁决书后，该书面意见不构成裁决书的组成部分。仲裁庭不能形成多数意见时，裁决依首席仲裁员的意见作出。其他仲裁员的书面意见应附卷，并可以附在裁决书后，该书面意见不构成裁决书的组成部分。除非裁决依首席仲裁员意见或独任仲裁员意见作出并由其署名，裁决书应由多数仲裁员署名。持有不同意见的仲裁员可以在裁决书上署名，也可以不署名。

仲裁庭有权根据案件的具体情况在裁决书中裁定败诉方应补偿胜诉方因办理案件而支出的合理的费用。仲裁庭裁定败诉方补偿胜诉方因办理案件而支出的费用是否合理时，应具体考虑案件的裁决结果、复杂程度、胜诉方当事人及（或）代理人的实际工作量以及案件的争议金额等因素。

当事人应依照裁决书写明的期限履行仲裁裁决；裁决书未写明履行期限的，应立即履行。一方当事人不履行裁决的，另一方当事人可以依法向有管辖权的法院申请执行。

2015 年《仲裁规则》同 2012 年版。

（六）简易程序

1. 1998 年《仲裁规则》

1998 年《仲裁规则》规定：凡是争议金额不超过人民币 50 万元的，或者虽超过此数额但当事人约定或者书面同意的，一律适用简易程序审理案件。

在适用简易程序时，除非当事人已经共同选定或者共同委托仲裁委员会主任指定一名独任仲裁员，否则仲裁委员会主任应在当事人收到仲裁通知书之日起 15 天期满时，立即指定一名独任仲裁员成立仲裁庭审理案件。

被申请人提交答辩书以及反请求的期限均为 30 天，自收到仲裁通知书之日起算。

对于开庭审理的案件，仲裁委员会秘书局（处）应在开庭前15天将开庭日期通知双方当事人。但是，仲裁庭也可以决定只依据当事人提交的书面材料和证据进行书面审理。

除非仲裁庭认为确有必要并经仲裁委员会秘书长同意，对于开庭审理的案件，应在开庭审理之日起30天内作出裁决书；书面审理的案件，应当在仲裁庭成立之日起90天内作出裁决书。因此，在采用简易程序的情况下，大大缩短了审理期限，有利于小额争议的迅速解决。

2. 2000 年《仲裁规则》

2000 年《仲裁规则》规定：除非当事人另有约定，凡是争议金额不超过人民币50万元的，或争议金额超过人民币50万元，经一方当事人书面申请并征得另一方当事人书面同意的，适用简易程序。申请人向仲裁委员会提出仲裁申请，经审查可以受理并适用简易程序的，仲裁委员会秘书局应立即向双方当事人发出仲裁通知。除非双方当事人已从仲裁委员会仲裁员名册中共同选定了一名独任仲裁员，双方当事人应在被申请人收到仲裁通知之日起15天内在仲裁委员会仲裁员名册中共同选定或者共同委托仲裁委员会主任指定一名独任仲裁员。双方当事人逾期未能共同选定或者共同委托仲裁委员会主任指定的，仲裁委员会主任应立即指定一名独任仲裁员成立仲裁庭审理案件。

被申请人应在收到仲裁通知之日起30天内向仲裁委员会提交答辩书及有关证明文件；如有反请求，也应在此期限内提出反请求书及有关证明文件。仲裁庭可以按照其认为适当的方式，审理案件；可以决定只依据当事人提交的书面材料和证据进行书面审理，也可以决定开庭审理。

对于开庭审理的案件，仲裁庭确定开庭的日期后，仲裁委员会秘书局应在开庭前15天将开庭日期通知双方当事人。如果仲裁庭决定开庭审理，仲裁庭只开庭一次。确有必要的，仲裁庭可以决定再次开庭。开庭审理的案件，仲裁庭应在开庭审理或再次开庭审理之日起30天内作出仲裁裁决书；书面审理的案件，仲裁庭应当在仲裁庭成立之日起90天内作出仲裁裁决书。在仲裁庭的要求下，仲裁委员会秘书长认为确有必要和确有正当理由的，可以对上述期限予以延长。

3. 2005 年《仲裁规则》

2005 年《仲裁规则》规定：除非当事人另有约定，凡争议金额不超过人民币 50 万元的，或争议金额超过人民币 50 万元，经一方当事人书面申请并征得另一方当事人书面同意的，适用简易程序。新增内容：没有争议金额或者争议金额不明确的，由仲裁委员会根据案件的复杂程度、涉及利益的大小以及其他有关因素综合考虑决定是否适用本简易程序。申请人向仲裁委员会提出仲裁申请，经审查可以受理并适用简易程序的，仲裁委员会秘书局或其分会秘书处应向双方当事人发出仲裁通知。适用简易程序的案件，成立独任仲裁庭审理案件。

被申请人应在收到仲裁通知之日起缩短为 20 天内向仲裁委员会提交答辩书及有关证明文件；如有反请求，也应在此期限内提交反请求书及有关证明文件。仲裁庭认为有正当理由的，可以适当延长此期限。申请人应在收到反请求书及其附件后同样缩短为 20 大内对被申请人的反请求提交答辩。

对于开庭审理的案件，仲裁庭确定开庭日期后，仲裁委员会秘书局或其分会秘书处应在开庭前 15 天将开庭日期通知双方当事人。同时增加了"当事人有正当理由的，可以请求延期开庭，但必须在开庭前 7 天书面向仲裁庭提出。是否延期，由仲裁庭决定"的内容。仲裁庭只开庭一次审理，确有必要的除外。增加了第一次开庭审理后的开庭审理日期及延期后开庭审理日期的通知不受 15 天限制的规定。

仲裁庭应当在组庭之日起 3 个月内作出裁决书。在仲裁庭的要求下，仲裁委员会主任认为确有正当理由和必要的，可以对上述期限予以延长。仲裁请求的变更或反请求的提出，不影响简易程序的继续进行。经变更的仲裁请求或反请求所涉及争议的金额超过人民币 50 万元的，除非当事人约定继续适用简易程序，简易程序变更为普通程序。

4. 2012 年《仲裁规则》

2012 年《仲裁规则》规定：除非当事人另有约定，凡争议金额不超过人民币 200 万元，或争议金额超过人民币 200 万元，但经一方当事人书面申请并征得另一方当事人书面同意的，适用简易程序（原为人民币 50 万元）。没有争议金额或争议金额不明确的，由仲裁委员会根据案件的复杂程度、涉及利益的大小以及其他有关因素综合考虑决定是否适用简易程序。申请人提出仲裁申请，经审查可以受理并适用简易程序的，仲裁委员会秘书局应向双方当事人发出仲裁通知。

除非当事人另有约定，适用简易程序的案件，由独任仲裁庭审理。仲裁庭可以按照其认为适当的方式审理案件；可以决定只依据当事人提交的书面材料和证据进行书面审理，也可以决定开庭审理。

被申请人应在收到仲裁通知后 20 天内提交答辩书及证据材料以及其他证明文件；如有反请求，也应在此期限内提交反请求书及证据材料以及其他证明文件。申请人应在收到反请求书及其附件后 20 天内对被申请人的反请求提交答辩。当事人确有正当理由请求延长上述期限的，由仲裁庭决定是否延长；仲裁庭尚未组成的，由仲裁委员会秘书局作出决定。

对于开庭审理的案件，仲裁庭确定第一次开庭日期后，应不晚于开庭前 15 天将开庭日期通知双方当事人。当事人有正当理由的，可以请求延期开庭，但应于收到开庭通知后 3 天内提出书面延期申请；是否延期，由仲裁庭决定。再次开庭审理的日期及延期后开庭审理日期的通知及其延期申请，不受 15 天期限的限制。

仲裁庭应在组庭后的 3 个月内作出裁决书。经仲裁庭请求，仲裁委员会秘书长认为确有正当理由和必要的，可以延长该期限。程序中止的期间不计入上述 3 个月的裁决期限。

仲裁请求的变更或反请求的提出，不影响简易程序的继续进行。经变更的仲裁请求或反请求所涉争议金额分别超过人民币 200 万元的案件，除非当事人约定或仲裁庭认为有必要变更为普通程序，继续适用简易程序。

5. 2015 年《仲裁规则》

除非当事人另有约定，凡争议金额不超过人民币 500 万元，或争议金额超过人民币 500 万元但经一方当事人书面申请并征得另一方当事人书面同意的，或双方当事人约定适用简易程序的，适用简易程序。即由原来的人民币 200 万元调整到 500 万元，这是考虑了我国经济总量发展形势，以及中国国际经济贸易仲裁委员会受理案件标的金额逐年增加的趋势。没有争议金额或争议金额不明确的，由仲裁委员会根据案件的复杂程度、涉及利益的大小以及其他有关因素综合考虑决定是否适用简易程序。

仲裁请求的变更或反请求的提出，不影响简易程序的继续进行。经变更的仲裁请求或反请求所涉争议金额分别超过人民币 500 万元的案件，除非当事人约定或仲裁庭认为有必要变更为普通程序，继续适用简易程序。

中国国际经济贸易仲裁委员会于 2012 年 9 月在香港设立了中国国际经

济贸易仲裁委员会香港仲裁中心。第六章"香港仲裁的特别规定"明确规定：中国国际经济贸易仲裁委员会香港仲裁中心管理案件的程序适用法为香港仲裁法等法律；其裁决为香港裁决；当事人可以在中国国际经济贸易仲裁委员会仲裁员名册外选定仲裁员；仲裁收费实行机构管理费与仲裁员报酬分别收取的国际惯常做法。这些新增规定体现了中国国际经济贸易仲裁委员会仲裁规则的开放性、国际化特点。

三、香港国际仲裁中心（HKIAC）

（一）香港国际仲裁中心机构介绍

1997 年 7 月 1 日，香港主权回归中国，成为中华人民共和国的一个特别行政区。根据"一国两制"的原则，香港的法律制度至少保持 50 年不变，香港保留独立的立法、行政和司法权。作为处理商事争议的仲裁机构，亦完全独立于中国的其他地区，也不受《中华人民共和国仲裁法》关于设立仲裁机构的规定的约束。所以，香港仲裁机构在法律地位上非常特殊：从国籍上讲，它是中国的仲裁机构；然而，它不但有别于依据《仲裁法》所组建的国内仲裁委员会，也有别于设立于中国国际商会之下的涉外仲裁委员会。

香港国际仲裁中心（Hong Kong International Arbitration Centre，HKIAC）是成立于 1985 年的常设仲裁机构，是一家受限制担保并按香港公司法注册的民间的非营利性公司，在香港特别行政区政府支持下由律师事务所、专业机构等共同设立的，但它不受政府的影响或控制。香港国际仲裁中心由商人和专业人士组成的理事会（Council）作为管理机构，其中包括来自香港法学会和香港律师协会的代表。仲裁事务由理事会下属的管理委员会通过仲裁中心秘书处进行管理。秘书长由一名律师担任，他还是仲裁中心的行政负责人和登记人（Registrar）。

香港国际仲裁中心受理区内和国际案件。所谓的区内案件，是指在仲裁协议中未作任何明示或默示方式规定该争议将在香港以外的任何国家或地区进行仲裁，且在仲裁开始时，签署仲裁协议或提出仲裁申请的当事人中没有一方是外国的自然人或居住在香港以外地区的自然人，或者是外国公司或法人，或在香港以外地区没有主营业所的公司或法人的案件。仲裁中心备有专门处理区内仲裁案件的仲裁规则，以及与此相配套的指南以协助当事人和仲裁员的仲裁行为。就国际仲裁而言，是指一方或双方当事人具有外国国籍或在香港无住所的自然人，或者是外国注册或在香港无主要营业地的公司或法人的案件。香港国际仲裁中心对本港仲裁制订了《本港仲裁规则和仲裁指南》（1993 年 4 月 1 日起生效），然而它并未制定自己的国际仲裁规则，当事人有权自由选择适用支配国际仲裁的仲裁规则，不过仲裁中心推荐当事人使用《联合国国际贸易法委员会仲裁规则》。香港国际仲裁中心《本地仲裁规则》的初版于 1993 年 4 月 1 日生效。起草香港国际仲裁中心《本地仲裁规则》时，《香港仲裁条例》还区分两个不同的制度，即国际仲裁制度和本地（或为非国际仲裁制度）。国际制度采纳了《联合国国际贸易法委员会仲裁规则》（UNCIGTRAL 示范法），而本地仲裁遵从的是英国 1950 年、1975 年和 1979 年的《英国仲裁法》，还包括一些参照新加坡《国际仲裁法》（第 143A 章）和 1996 年《英国仲裁法》的规定。[①]

2014 年的《本地仲裁规则》修改并取代了 2012 年的《本地仲裁规则》和 1993 年的《本地仲裁规则》，供寻求一套正式和方便的香港临时仲裁程序的当事人使用。规则规定应尽可能地尊重当事人有关程序的意图，但也确保仲裁员在当事人不能约定程序或不能配合时，有足够的权力推动程序。采用香港国际仲裁中心《本地仲裁规则》，并不必然意味着《香港仲裁条例》附件 2 的任何部分（包括以前的《仲裁条例》中所谓的"本地"规定）即适用于此规则下的仲裁。是否适用，取决于仲裁协议的规定。当事人希望的如是更为规范的仲裁，可考虑适用香港国际仲裁中心 2013 年《机构仲裁规则》；如当事人希望的仲裁地在香港境外，则不应适用此规则。[②]

香港国际仲裁中心备有国际和本港的仲裁员名单。根据香港法律，审理区内案件的仲裁庭由独任仲裁员组成，对国际案件应由 3 名仲裁员组成仲裁庭，除非当事人另有约定。若当事人无法就仲裁庭的指定达成一致意

[①] 参见香港国际仲裁中心官网，http：//www. hkiac. org/zh-hans/arbitration/rules-practice-notes/domestic-arbitration-rules-1993，最后访问日期：2019 年 2 月 1 日。

[②] 参见香港国际仲裁中心官网，http：//www. hkiac. org/zh-hans/arbitration/rules-practice-notes/domestic-arbitration-rules-1993，最后访问日期：2019 年 2 月 1 日。

见，可以申请香港高等法院协助指定仲裁庭，也可以请香港国际仲裁中心作为仲裁庭的指定机构。

在香港国际仲裁中心仲裁，仲裁庭一般在开庭时采用普通法系国家传统的对抗式询问证人的方式。在开庭之前，双方当事人应至少于开庭前 15 天将自己拟提出的证人的姓名和地址，该证人作证的主题及作证时所使用的语言等情况通知仲裁庭和对方当事人。开庭时双方律师询问并盘问证人，仲裁庭也可以询问证人。证人的证据也可以经其签名的书面文件提出。对证据的可接受性、关联性、实质性以及重要性由仲裁庭决定。此外，仲裁庭可以应一方当事人的要求作出决定，采取必要的保全措施；也有权指定专家提出有特定问题的专家报告。当然，香港的仲裁制度给予当事人极大的自主权，只要当事人选择了仲裁应予以适用的程序，仲裁庭的作用是掌握依据该选定的程序主持仲裁，此时仲裁程序可以不遵循香港最高法院的规则或者证据规则。①

香港国际仲裁中心研究的主要统计数据显示如下。

(1) 香港国际仲裁中心的平均仲裁费用为 117 045 美元，仲裁费用的中位数为 62 537 美元。

(2) 香港国际仲裁中心仲裁的平均时长为 16.2 个月，时长中位数为 14.3 个月。

香港国际仲裁中心的独特之处在于向当事人提供按小时收费或参照从价收费（ad Valorem System）（根据争议的价值）支付仲裁庭费用的选择权。有趣的是，香港国际仲裁中心的研究显示，尽管"绝大多数香港国际仲裁中心仲裁庭是按小时收费"，但从价制度下的仲裁费用更便宜。

2018 年 8 月 24 日，上海国际经济贸易仲裁委员会（上海国际仲裁中心）主任与香港国际仲裁中心秘书长代表两机构签署了仲裁领域的两地合作协议。上海国际经济贸易仲裁委员会将与香港国际仲裁中心本着互利互信的原则，以共同推动两地国际仲裁及其他争议解决方式的发展为目标开展深入合作，包括积极交换仲裁资讯和研究成果、合作举办专业论坛活动，以及共享法律专家及仲裁员资源、互荐仲裁员、互相提供庭审设施便利等具体合作事项。

---

① Pacific Rim Advisory Council. *International Arbitration/Mediation Handbook*，1993.

（二）香港国际仲裁中心仲裁规则

在香港国际仲裁中心审理或由香港国际仲裁中心管理的仲裁中，当事人可以自由选择程序规则。香港国际仲裁中心为本地仲裁、简易形式仲裁、小额索偿仲裁、书面仲裁和电子交易仲裁制定了几套规则，当事人可自由选用。2008 年，香港国际仲裁中心推出了香港国际仲裁中心《机构仲裁规则》，自 2008 年 9 月 1 日起生效，该规则主要参考瑞士规则，采取由机构"轻微"管理的模式。此后，经历了 2013 年、2018 年两次修订。

1. 香港国际仲裁中心《机构仲裁规则（2008）》

（1）适用范围。如果仲裁协议（无论是争议发生前还是发生后签订）约定使用该规则，那么该规则适用；如果约定"由仲裁中心管理的"仲裁，或有含义相同的表述，在满足不违反当事人真实意愿的前提下，该规则也适用。该规则并不妨碍仅选择香港国际仲裁中心为指定机构，或请求香港国际仲裁中心提供某些管理服务，但不选择适用该规则。香港国际仲裁中心《机构仲裁规则》取代 2005 年 3 月 31 日起生效的香港国际仲裁中心《国际仲裁管理程序》，除非当事人于 2008 年 9 月 1 日前已协议选择适用该管理程序。在香港国际仲裁中心《机构仲裁规则》生效后，若仲裁协议约定仲裁适用《联合国国际贸易法委员会仲裁规则》并由香港国际仲裁中心管理，则香港国际仲裁中心应为指定机构，而香港国际仲裁中心秘书处将建议当事人适用香港国际仲裁中心《机构仲裁规则》。

（2）仲裁协议。仲裁是以约定为基础的争议解决方式，除非当事人有仲裁约定且约定的条件充分，否则仲裁员无权裁决争议。没有仲裁协议，仲裁庭不会接受仲裁申请。香港有关仲裁协议形式的规定基本符合《联合国国际商事仲裁示范法》第 7 条第（2）款的规定："仲裁协议应是书面的。协议如载于当事各方签字的文件中，或载于往来的书信、电传、电报或提供协议记录的其他电讯手段中，或在申诉书和答辩书的交换中当事一方声称有协议而当事他方不否认即为书面协议。在合同中提出参照载有仲裁条款的一项文件即构成仲裁协议，如果该合同是书面的而且这种参照足以使该仲裁条款构成该合同的一部分的话。"可见，书面形式的仲裁协议不仅仅局限于合同的形式，对提单及电子数据交换形式的仲裁协议的效力也予以肯定，这比较符合当今世界日益网络化趋势；不仅仅局限于传统的纸张合同的形式。仲裁协议通常涵盖由某一特定合同"引起的或与之有关的"

争议，这一定义范围很宽，足够涵盖与交易有关的侵权争议（如错误陈述），这就使仲裁庭有权同时解决合同和侵权争议。

（3）仲裁语言。原则上，当事人可自由选择仲裁语言。在香港国际仲裁中心，目前有部分案件完全以中文（普通话）作为仲裁语言，随着内地案件的增加，选择中文（普通话）作为仲裁语言的当事人也会越来越多。实践中，当事人应考虑自己的语言、合同使用的语言、可能用什么语言作证，以及仲裁语言对选择仲裁员的限制。为节省仲裁费用支出，当事人一般应避免同意用两种语言仲裁，因为如果这样，所有提交的文件必须有两种文本，开庭时口头陈述和证据必须翻译，外加各方要确定翻译是否准确，会使仲裁费用增加很多。如果当事人没有约定仲裁语言，那么，仲裁庭组成后将首选决定仲裁程序中应使用的一种或几种语言，此决定适用于仲裁申请书、答辩书和任何进一步的陈述，如需开庭审理，同样适用于开庭审理适用的语言。此外，如果仲裁申请书或答辩书所附的任何文件和在仲裁程序中提交的任何补充文件或证据是原文，那么，仲裁庭有权指令当事人同时提交双方约定的或仲裁庭决定的一种或几种仲裁语言的文本。

（4）仲裁员的确认。根据香港国际仲裁中心《机构仲裁规则》的规定，所有仲裁员，均应始终保持公正及独立于当事人。若当事人国籍不同，独任仲裁员或首席仲裁员不得由与任何一名当事人的国籍相同的人士担任，除非当事人另有书面约定。这是对仲裁员最基本的要求，也是规则中的唯一要求，因此，虽然香港国际仲裁中心有仲裁员名册，但当事人可以找任何人做仲裁员，并不限于仲裁员名册，该名册只是由仲裁中心指定仲裁员时使用。仲裁员在审裁案件过程中，要履行下列义务：促使争议公正和迅速地解决，避免不必要的费用；公平和公正地对待各方当事人；给予各方当事人合理的机会陈述其案；根据争议的具体情况，采用适当的程序，以避免不必要的拖延和费用。

指定仲裁员后，还要经过一个确认程序。根据规则，所有指定的独任仲裁员或3人仲裁庭的成员，或由当事人指定，或由仲裁员指定，均须由香港国际仲裁中心理事会确认，指定经确认后才生效。若不确认某位仲裁员，香港国际仲裁中心理事会无义务说明理由。这有利于香港国际仲裁中心对仲裁质量的管理和控制。在仲裁员人数上，如果当事人未约定仲裁员人数，应一方请求，香港国际仲裁中心理事会将决定案件应提交独任仲裁员还是 3 人仲裁庭。在做决定时，理事会将考虑争议金额、请求的复杂程度、当事人的国籍、争议所涉行业、业务或专业的相关惯例、有多少合适的仲裁员可供选择、案件是否急迫等因素。在决定仲裁员人数前，理事会允许仲裁的其他各方向秘书处提交简短书面意见，提出他们认为恰当的人数和理由，在秘书处发出征求意见的通知后 14 日内未收悉任何意见，理事会将作出决定。案件若适用简易程序，案件应提交独任仲裁员，除非仲裁协议规定了 3 人仲裁庭。若仲裁协议规定了 3 人仲裁庭，秘书处将建议当事人将案件提交独任仲裁员。若当事人不同意将案件提交独任仲裁员，3 位仲裁员的收费应按香港国际仲裁中心《机构仲裁规则》所附的《仲裁收费和费用表》确定，这使得 3 人仲裁庭审理适用简易程序的案件比独任仲裁员审理要花费更多。

（5）仲裁庭的组成。若争议提交 3 人仲裁庭，除非当事人另有约定，仲裁庭应按下述方式组成：各方各指定一名仲裁员。若一方未能在收到另一方指定仲裁员的通知之日起 30 日内或当事人约定的期限内指定，则由理事会指定第二名仲裁员。按上述方式指定的两名仲裁员应指定第三名仲裁员出任仲裁庭的首席仲裁员。若未能在第二名仲裁员确认后 30 日内或当事人约定的期限内指定，则由中心理事会指定首席仲裁员。在任何情况下，指定的仲裁员都必须满足独立、公正、国籍条件的规定。

（6）仲裁程序。下面主要介绍香港机构仲裁程序几个典型制度和做法。根据仲裁规则提交仲裁。启动仲裁是非常重要的环节，因为启动一项仲裁涉及相关的时限问题（包括诉讼时效），并且当事人启动仲裁程序后往往会排除将同一争议事项提交法院的可能性。

若当事人及其代理人有意在《香港国际仲裁中心机构仲裁规则》项下启动仲裁，需根据其第 4.1 款的规定向香港国际仲裁中心提交一份《仲裁通知》。该《仲裁通知》有如下作用：一是将仲裁请求提交至有管辖权的仲裁庭进行裁决；二是通知被申请人及中心仲裁程序已启动；三是给予被申请人初步考虑仲裁答辩及反请求的机会。依据第 2.16 款及 4.1 款的相关规定，《仲裁通知》需使用书面形式。但第 4 条规定，该《仲裁通知》无须采用特定的格式撰写，也无须签署或公证。只要确保《仲裁通知》包含第 4.3 款中所列举的必要内容，其形式可以是多样的。另外，申请人可自行决定如何提交该《仲裁通知》及其辅助材料。多数申请人在实践中会选择提交简短的书面《仲裁通知》，并在其中注明保留其进一步主张的权利。《仲裁通知》应使用当事人约定的仲裁语言书写并提交。若当事人未就仲裁语言达成一致意见，则该《仲裁通知》应使用英语或中文提交。

《香港国际仲裁中心机构仲裁规则》第 4.3 款细化了《仲裁通知》中的内容要求，并确保《仲裁通知》中包含足够的信息使中心及被申请人可据此进一步推进仲裁程序。具体而言，根据第 4.3 款的规定，《仲裁通知》应包含以下内容。

① 将争议提交仲裁的请求；

② 各方当事人及其代理人的名称、（所能知道的）地址、传真号码及（或）电子邮件地址；

③ 所援引的仲裁协议的复本；

④ 引发争议或与争议有关的一份或多份合同或其他法律文件的复本，或指明该合同或其他法律文件；

⑤ 仲裁请求的基本性质的描述及所涉金额（如有）；

⑥ 寻求的救济或补救；

⑦ 若当事人事先未约定仲裁员人数，建议的仲裁员人数（1 名或 3 名）；

⑧ 申请人有关提名第 7 条所述的独任仲裁员的建议或任何评述，或根据第 8 条提名的一位仲裁员；

⑨ 根据第 44 条的规定，披露是否存在资助协议和任何出资第三方的身份；

⑩ 确认仲裁通知及其所附的辅助材料的复本已经或正在依注明的一种或几种方式同时向被申请人传送。

香港国际仲裁中心通常要求一份完整的《仲裁通知》应包含上述第 4.3 款中列举的所有信息。香港国际仲裁中心有时也会在某些信息缺失的情况下继续推进程序，并要求申请人将该等缺失信息补齐。提交不完整的《仲裁通知》将会导致第 4.6 款规定的相关后果。

《香港国际仲裁中心机构仲裁规则》不要求当事人的代理人证明其代理权限，例如提交授权委托书，除非仲裁庭或中心要求其提供相关证明。仲裁庭及中心在实践中很少要求当事人代理人提供其代理权限的相关证明。

香港国际仲裁中心接受寄送至邮寄地址、传真及电邮的《仲裁通知》。申请人在实践中通常会使用电邮的方式向香港国际仲裁中心寄送《仲裁通知》的复本，并配合使用亲自递送、挂号信或快递的方式将《仲裁通知》的复本送达香港国际仲裁中心。电邮的方式可有效避免送达的延迟，被越来越多的当事人所采用。除此之外，一些当事人仍会使用邮寄或传真的方式以确保《仲裁通知》能够有效地送达。通常情况下，香港国际仲裁中心将会于收到《仲裁通知》之日起 1—2 个工作日内向当事人寄送第一封信函。

待申请人确认已依据《香港国际仲裁中心机构仲裁规则》第 4.3（j）款的规定向被申请人寄送《仲裁通知》后，其另需提供将《仲裁通知》成功送达被申请人的核实文件以证明被申请人签收文件的确切日期。该确切签收日期关系到以下日期的确定：① 被申请人提交《对仲裁通知的答复》的截止日期；② 当事人就仲裁庭收费方式是否能协商一致的截止日期。

申请人所提供的核实文件类型包括：① 邮件送达后的回执；② 传真的送达报告；③ 快递的投递记录；④ 亲自递送所收到的回执。这些核实文件应显示确切的签收日期、具体的签收人以及确切地址或号码。

提交仲裁通知的同时，申请人应按香港国际仲裁中心设定的，并于《仲裁通知》提交之日公布于其网站上的金额缴付受理费。香港国际仲裁中心现行受理费为 8 000 港元。该受理费主要用于香港国际仲裁中心对《仲裁通知》的审核以及与当事人就如何推进仲裁程序进行沟通。根据《香港国际仲裁中心机构仲裁规则》附录一第 1.2 段的规定，该受理费是不予退还的，除非香港国际仲裁中心在例外情形下根据其完全自由裁量权另作决定。若当事人最终撤回了其仲裁申请，香港国际仲裁中心对该受理费亦不予退还。

申请人可通过三种途径支付受理费，即使用支票、银行转账或 PayPal 来支付。香港国际仲裁中心的官网上载有更多关于支付方式的详细内容用以参考。申请人应于付款后向香港国际仲裁中心提供载有付款人、当事人名称及其他有用信息的付款凭证以便于查找该款项。若申请人未在规定的期限内缴付受理费，香港国际仲裁中心可要求申请人在适用的期限内进行补缴。若申请人在该期限内仍未补缴受理费，则香港国际仲裁中心会告知当事人由于《仲裁通知》未予有效提交，故本仲裁将视为尚未依香港国际仲裁中心《机构仲裁规则》第 4.6 款的相关规定启动。

一旦确认被申请人已切实收到了《仲裁通知》，香港国际仲裁中心原则上将会要求当事人平均分摊本中心的管理费：① 香港国际仲裁中心管理费的预付款；② 仲裁庭费用及开支的预付款。香港国际仲裁中心通常会要求当事人于被申请人收到《仲裁通知》之日起 15 日内缴付首期预付款。该实践是为了确保香港国际仲裁中心及仲裁庭尽早地获得费用担保，以便在当事人于仲裁程序早期即达成和解的情况下亦能收取费用。香港国际仲裁中心在所有预付款未缴付完毕前通常不会将案卷材料转递至仲裁庭。

香港国际仲裁中心管理费的金额主要依据《机构仲裁规则》附录一按照涉案金额的比例进行计算。[①] 由于香港国际仲裁中心的大部分工作均在仲裁程序的起始阶段（自仲裁程序的启动至仲裁庭组成）完成，因此香港国际仲裁中心将全额收取管理费作为首期预付款用以支付其工作。香港国际仲裁中心现在通常会向当事人每一方收取 50 000 港元作为预付款用以支付独任仲裁庭的费用。同时，若碰到由 3 位仲裁员组成的合议庭时，香港国际仲裁中心通常会向每一方收取 100 000 港元作为预付款。

仲裁庭的权力：仲裁庭组成后，第一件事是与当事人召开程序会议，发出指令，确定仲裁程序时间表，并将时间表提供给当事人和香港国际仲裁中心秘书处。直到开庭前，仲裁庭有很多权力管理仲裁程序，包括要求申请人提供仲裁费用保证、要求被申请人提供争议款项保证、指令披露文件、决定中间措施和决定提供证据的方式，等等。

管辖权异议制度：如果被申请人对仲裁庭的管辖权有异议，可以提出管辖权抗辩，主张仲裁协议无效或不涵盖仲裁中请求的事项，这类抗辩不得迟于仲裁答辩书提出。仲裁庭将决定其是否有管辖权，通常这将作为初步争议点解决。如果仲裁庭认定其具有管辖权，任何一方可在仲裁庭作出认定后 30 天内，向原讼法庭上诉，原讼法庭的决定不能再上诉。上诉期间，仲裁继续进行。

仲裁费用保证制度：如果仲裁庭裁决申请人败诉并应负担被申请人的仲裁费用，如果申请人不履行，被申请人的仲裁费用就得不到补偿。为了

---

① 香港国际仲裁中心在网站上提供了在线计费的计算器供当事人使用。

避免这种情况的发生，仲裁规则设定了仲裁费用保证制度。如果被申请人能证明申请人财务状况差，可能无力负担被申请人的仲裁费用，就可以要求申请人提供仲裁费用保证。不像诉讼，仲裁中不能仅仅因为申请人是非香港居民，就要求其提供仲裁费用保证。指令申请人提供费用保证，相比诉讼，在仲裁中更为少见。

诉辩状书澄清制度。申请人在申请书中列出其主张，被申请人针对申请书提出答辩书，或同时向申请人提出反诉。申请人可针对被申请人的答辩提出答复书，或针对被申请人的反诉提出答辩。为澄清到底有什么争议事项，一方当事人可以要求对方进一步澄清，或要求对方针对诉辩状书中提出的事项提供细节。

不参加仲裁不必然败诉：这是一个仲裁与诉讼区别的地方。如果被申请人不参加仲裁，仲裁庭仍应审理争议（或是开庭或是书面审理），以审核申请人能否证明其案，不像诉讼，仲裁庭无权因一方未予答辩，即裁决其败诉。

文件披露制度：当事人披露和允许对方检查其与争议有关的文件的程序，称为文件披露。文件披露是香港仲裁程序的一个典型步骤，这类似于诉讼中的庭前证据交换制度。不像法院诉讼，在仲裁中，当事人并不当然有权要求宽泛的文件披露。仲裁庭通常会指令文件披露，尽管不是必需的。文件披露的范围，或者由当事人商定，或者由仲裁庭决定。仲裁庭有权指令当事人披露所有相关文件，无论对其有利还是不利。

保密特权原则：这是与文件披露相对应的一个制度，是指在文件披露程序中，与"保密特权"相关的文件可不予披露。一是法律意见特权，该特权保护的是客户和律师间为提供和接收法律意见而发生的通信。这类通信可以不披露，该特权只可由客户放弃。二是诉讼特权，该特权保护的是为准备诉讼，或预见到诉讼而制备的文件。这类文件可不予披露。这一特权同样适用于为准备仲裁而准备的文件。诉讼特权不仅仅限于律师和客户间的通信，因此，保护的范围较法律特权更广。该特权只可由为其准备文件的当事人放弃。三是"无损权利"特权，该特权保护的是当事人（或其律师）间为协商解决争议而发生的通信。这类通信可不予披露。不论当事人是否正式声明相关文件或讨论"无损权利"特权保护，这一特权都适用，该特权只有经当事各方同意才可放弃。除保密特权规则外，仲裁庭不受法院诉讼中适用的严格的证据规则的约束，其有权决定哪些证据可以接受及证据在认定事实中的证明力。

一名或数名专家：仲裁庭可私下会见任何适当地指定的专家。专家应就仲裁庭所需决定的特定问题，向仲裁庭提出书面报告。仲裁庭应将其制备的专家任务书送交当事各方。当事各方应向专家提供其所要求的任何有关信息，或提供其所要求的任何有关文件或物品供其检验。当事人与专家就所要求的信息或文件或物品是否相关发生争议，应交仲裁庭裁决。收到专家报告后，仲裁庭应将副本发送当事各方，并给当事各方针对报告提出书面意见的机会。当事人有权查验专家在报告中所依据的任何文件。在提交报告后，经任何一方当事人请求，专家应出庭，接受当事人当场讯问。任何一方当事人均可指派专家证人出庭，就争议事项作证。

（7）审裁争议的准据法。如果合同规定在香港仲裁，并不必然导致合同也必须由香港法管辖，即合同的准据法不必依仲裁地确定。在合同争议中，仲裁庭会适用合同的准据法来决定实体问题，程序问题由《仲裁条例》和适用的仲裁规则确定。如果合同的准据法是外国法，而仲裁庭不熟悉，仲裁庭会要求当事人提供专家意见，以确定适用的外国法。如果合同没有规定准据法，仲裁庭应决定适用什么法，这通常是作为一个初步争议点解决。选择的准据法通常是与合同有最密切联系的国家的法律。合同规定在香港仲裁，一般会是仲裁庭考虑适用香港法的一个重要因素。而侵权争议的准据法，则由仲裁庭通过香港法律冲突规则确定，因此，侵权争议的准据法可能会不同于合同的准据法。

（8）仲裁裁决。若是3人仲裁庭，仲裁庭的任何裁决或其他决定应按多数仲裁员的意见作出。若没有多数意见，按首席仲裁员一人的意见作出。经仲裁庭事先授权，首席仲裁员可独自决定程序问题。除终局裁决外，仲裁庭有权作出临时裁决、中间裁决或部分裁决。如合适，仲裁庭可在非终局的裁决中裁定费用。裁决是书面的、终局的，对当事各方有约束力，当事各方有义务立即履行。裁决包含其所依据的理由，由仲裁员签署，并载明作出裁决的日期和地点。若是3人仲裁庭，而其中一名或两名仲裁员未签署，裁决中将载明未签署的理由。除仲裁庭有权留置裁决的情况外，仲裁庭将由仲裁员签署并加盖仲裁中心印章的裁决原件送交当事人和仲裁中心秘书处。若当事人在裁决作出前和解了结争议，仲裁庭将发出指令终止仲裁程序，或者，经双方当事人请求和仲裁庭认可，根据和解内容作出和解裁决。对这类裁决，仲裁庭无须说明理由。若在裁决作出前，因上述以外的任何原因，不再需要或不再可能继续仲裁，仲裁庭会发出终止仲裁程序的指令。然后，仲裁庭将由仲裁员签署的终止仲裁程序的指令或和解裁决送交当事人和仲裁中心秘书处。和解裁决也是书面的、终局的，对当事各方有约束力，当事各方有义务立即履行。

（9）仲裁费用。按《仲裁收费和费用表》的第 3 条确定，或按由指定一方当事人和被指定的仲裁员（就 3 人仲裁庭中的第三名仲裁员而言，由各方当事人和第三名仲裁员）商定的收费办法确定，由当事人选择。确定仲裁庭收费的方法，应在仲裁通知日期起 30 日内通知香港国际仲裁中心秘书处。若当事人未能在此期限内商定确定仲裁庭收费的方法，则应按指定一方当事人和被指定的仲裁员商定的收费办法收费。法律代理和协助费用，由仲裁庭参酌案件情况，自行裁决由哪一方负担，或者，如其认为合理，裁决由当事各方分担。除了该情况，除非仲裁庭另有决定，仲裁费用原则上应由败诉一方负担。但是，若仲裁庭认为合理，也可以裁决由当事各方分担全部或部分。

仲裁庭组成后，香港国际中心秘书处将要求当事各方缴付相等的金额，作为仲裁费用的预付款。若要求的费用预付款未能在收到要求后 30 日内缴足，香港国际仲裁中心秘书处应通知当事各方，以便由任何一方缴付。若仍未缴付，仲裁庭可指令中止或终止仲裁程序，或按其认为恰当的形式继续仲裁。香港国际仲裁中心和仲裁庭有权留置仲裁庭作出的裁决，以确保当事人缴付相关仲裁费用。①

2. 香港国际仲裁中心《机构仲裁规则（2013）》

2013 年香港国际仲裁中心推出了一套新的、世界水准的《机构仲裁规则》。新规则的出台，是基于之前的 2008 年《机构仲裁规则》的实践经验、数轮向公众征求意见、香港国际仲裁中心规则修改委员会的评议及与仲裁律师、仲裁员和其他利益相关者的广泛探讨。新规则汲取了用户的反馈，以期强化香港国际仲裁中心能为当事人和专业人士提供的服务，并确保香港国际仲裁中心的规则能持续反映国际仲裁界的最佳现代实践。

---

① 参见香港国际仲裁中心《机构仲裁规则（2008）》。

2013 年的香港国际仲裁中心《机构仲裁规则》延续了 2008 年的传统，在以 2006 年瑞士《国际仲裁规则》为蓝本的"轻微管理"的框架下，采纳和发展了最佳实践，在更为"放手"的联合国国际贸易法委员会《仲裁规则》模式和其他机构常见的更具规范的机构管理模式之间，找到了平衡。这种"轻微管理"模式尊重当事人的意思自治——这一直是香港仲裁的根本特征，同时，也能使当事人专注于争议的实质问题，而非程序的技术细节。①

3. 香港国际仲裁中心《机构仲裁规则（2018）》

香港国际仲裁中心于 2017 年 8 月启动了对 2013 年规则进行修订的程序。在汲取了国际仲裁最新的发展趋势、使用者的反馈意见以及过去的案件管理经验后，香港国际仲裁中心考虑对 2013 年规则进行修订。

香港国际仲裁中心于 2018 年 9 月 27 日公布了修订的《2018 年仲裁规则》，于 2018 年 11 月 1 日生效。《2018 仲裁规则》的主要特点及修改内容如下。

（1）增加了有关第三方资助（Third Party Funding，TPF）的规定。第三方资助无疑是国际仲裁界近几年来发展最快的实践之一。香港立法委于 2017 年正式通过立法，允许在香港进行的仲裁与调解程序使用第三方资助。《2018 年仲裁规则》迎合了该趋势，加入了大量有关第三方资助的规定，可谓本次修订最大的特点。根据规则，各方需在仲裁通知以及仲裁通知的答复中披露第三方资助的情况；新增当事人也需要在追加申请书中披露其是否受到资助。此外，该披露义务也适用于紧急仲裁程序。要求无论仲裁开始前后达成的第三方资助都需要告知仲裁庭和香港国际仲裁中心，需披露的内容包括资助的事实以及资助者的身份。

（2）就高效处理多主体多合同的纠纷，作出了全新的探索。① 明确提及交叉请求（Cross-Claim）的概念。《2018 年仲裁规则》在请求（Claim）、反请求（Counterclaim）以及抵消答辩（Set-off Defence）之外，第一次加入了交叉请求的概念。交叉请求是指共同申请人或共同被申请人之间提出的仲裁请求。如申请人 A、B 与被申请人 C 的案件中，申请人 A 向申请人 B 提出某主张，则两者无需另行提起仲裁，可直接一并审理。

---

① 参见香港国际仲裁中心《机构仲裁规则（2013）》。

② 放宽了在多份合同中提起单一仲裁程序的标准。对于在多份合同中提起的单一仲裁程序，《2013 年仲裁规则》要求导致仲裁的各仲裁协议分别约束仲裁所有的当事人。《2018 年仲裁规则》则直接取消了这一要求。该修订将有助于最大限度地在同一程序中解决所有争议。③ 引入"平行程序"（Concurrent Procedure）。即便某些案件确无法合并审理，根据《2018 年仲裁规则》，如果多个案件是由同一仲裁庭审理且多个程序涉及共同的法律或事实问题，则仲裁庭可平行地进行数个程序，例如适用相同的时间表、接受相同的书面陈词，并分别作出裁决等。如此，可最高效且经济地解决争议。④ 删除了简易程序案件不得合并审理且不得多份合同单个仲裁的规定。《2018 年仲裁规则》删除了除各方同意外，简易程序案件不得合并审理且不得多份合同单个仲裁的限制。此变化为进一步提高程序效率增加了可能性。

（3）引入"初期决定程序"（Early Determination Procedure）。自新加坡国际仲裁中心于 2016 年开始首次使用初期决定程序（又称早期驳回程序）后，[①] 香港国际仲裁中心此次也将该程序纳入规则之中。该程序的引入可以提早驳回请求和抗辩，将有助于防止当事方随意提起毫无根据的请求或者答辩意见以扰乱仲裁程序，并拖延案件进度。《2018 年仲裁规则》规定，当事方可以向仲裁庭申请，要求仲裁庭对于：① 明显缺乏依据的法律或事实问题；② 明显在仲裁庭管辖权之外的法律或事实问题；或③ 即便该法律或事实问题可被认定为正确的，仲裁庭仍无法做出支持某主张的裁决，作出初期决定。当事方作出初期决定申请后，仲裁庭需在 30 天内决定案件是否进入初期决定程序；如进入该程序，仲裁庭需在 60 天内作出指令或裁决。

（4）填补了《2013 年仲裁规则》的数处空白。《2018 年仲裁规则》在如下方面进一步明确了如下程序问题。① 明确了仲裁开始后各方才约定仲裁员人数时的"选人"方法。《2013 年仲裁规则》笼统规定了当事方选择仲裁员的程序，即在仲裁通知以及对仲裁通知的答复中指定。但实践中许多仲裁协议中并未明确仲裁员人数，各方常在仲裁开始后才就仲裁员人数

---

① 新加坡国际仲裁中心在 2018 年共收到 17 份早期驳回申请。在 2016—2018 年，共有 22 起早期驳回申请。

达成一致。《2018 年仲裁规则》则明确将仲裁开始前各方约定仲裁员人数和仲裁开始后约定仲裁员人数的程序相区分。② 明确了无特别约定时，组庭前应使用何种语言交流。两版规则共同规定如无约定，应由仲裁庭确定仲裁语言。但仲裁开始至仲裁庭组成通常要经过一段时间。《2018 年仲裁规则》明确了当仲裁协议并未约定仲裁语言，且仲裁庭尚未组成时，各方应使用英语或中文进行交流。③ 明确了当事方在仲裁开始后意图寻求调解或其他争议解决手段时，对仲裁程序的安排。《2018 年仲裁规则》第 13.8 条明确规定，仲裁开始后，如各方同意寻求其他手段解决争议，仲裁庭（紧急仲裁庭）可应任一方的要求，暂停仲裁程序，并可在任一方的要求下恢复。此规定给其他争议解决手段留足了空间，并确定了"以打促谈"战略实施的规则基础。④ 增加了一方拒不付仲裁费用，致使另一方为其垫付时的处理方法。根据《2013 年仲裁规则》，如一方（通常是被申请人）未缴足香港国际仲裁中心要求的预付款，香港国际仲裁中心将要求其中的一方或另一方缴足。如未能缴足，则仲裁庭可指令中止或终止仲裁。在实践中，不提起反请求的被申请人往往拒绝支付 50％ 的仲裁费用，而申请人则不得不代缴以保证仲裁的进行。《2018 年仲裁规则》明确规定，如一方代缴，则仲裁庭可应代缴方请求，就退还该款项作出裁决。目前尚不确定仲裁庭是否可依据该规定先行作出一项就仲裁费用支付的裁决。

（5）缩短或限定了多项程序的时限。① 确定了提交追加当事人申请的最晚期限。《2013 年仲裁规则》规定，希望追加新增当事人的一方当事人应向香港国际仲裁中心提交追加申请，香港国际仲裁中心可设定提交该申请的期限。《2018 年仲裁规则》作出了修改，规定除特殊情况之外，任何追加申请的提交不得晚于答辩书的提交。此处修改排除了当事方随意提起追加当事人申请以拖延仲裁程序的可能。② 限定仲裁庭制作裁决书的时间。仲裁庭宣布审理终结后应制作裁决书。《2013 年仲裁规则》并未就制作裁决书的时间做任何限定。《2018 年仲裁规则》则明确规定仲裁庭必须在宣布审理终结 3 个月内制作并出具裁决书，且必须在宣布审理终结时，通知当事人及香港国际仲裁中心其预计发出裁决的日期。③ 缩短了任命仲裁员的时限。《2018 年仲裁规则》将部分情况下，各方任命仲裁员的时限从 30 日缩短至 15 日。

（6）全面更新了紧急仲裁员程序（Emergency Arbitrator Procedure）

的规定。《2018 年仲裁规则》对紧急仲裁员程序的更新体现在以下方面：① 明确允许当事人在提交仲裁通知之前提交紧急仲裁程序申请。《2018 年仲裁规则》规定紧急仲裁申请可在提交仲裁通知之前、同时或之后提交，即当事人可先行通过紧急仲裁，解决急迫的问题后再行提交仲裁通知（7 日之内必须提交仲裁通知，否则紧急仲裁程序终止）。② 缩短了各项时限。《2018 年仲裁规则》将香港国际仲裁中心任命紧急仲裁员的期限从 2 天缩短至 24 小时，将紧急仲裁员死亡后任命替补仲裁员的时限从 2 日缩短至 24 小时，将作出紧急决定、指令或裁决的期限有原有的 15 天缩短至 14 天。③ 将紧急仲裁救济的适用标准与法律效力与临时措施（Interim Measures）相统一。《2018 年仲裁规则》规定，关于临时措施的规定（第 23.2—23.8 条）将经过必要的调整（Mutatis Mutandis），适用于紧急仲裁程序，且任何紧急仲裁裁决将与临时措施有相同的法律效果。

除上述之外，《2018 年仲裁规则》修订也体现出科技发展对仲裁程序的帮助。第 3.1 条新增了一条传送书面文件的方式，各方可以将任何文件上传到各方同意的在线数据库中。①

（三）香港仲裁的其他选项

在我国香港地区进行商事仲裁，主要是指在香港国际仲裁中心仲裁。这可以分两种情况。

一是香港仲裁机构（或临时仲裁庭）在我国香港地区，适用我国香港地区的法律仲裁。对于机构仲裁而言，通常是香港国际仲裁中心管理案件，如果当事人没有选择其他仲裁规则，那么适用香港国际仲裁中心仲裁规则。对于临时仲裁而言，仲裁规则是当事人创设的规则，通常参照联合国国际贸易法委员会仲裁规则。在程序法方面，香港作为仲裁地，如果当事人没有另行选择，那么香港当地有关仲裁的程序性法律，包括《香港仲裁条例》等成文法和判例法都将适用于仲裁。实体法也是香港法。

二是香港仲裁机构（临时仲裁庭）在香港，适用香港以外的法律仲裁。由于在香港仲裁，如果不是当事人另有选择，或者仲裁庭另有决定，香港的仲裁法等有关程序法律将得到适用。实体法则可能取决于当事人的

---

① 参见香港国际仲裁中心《机构仲裁规则（2018）》。

合同约定。对于香港的仲裁机构管理的仲裁而言，除非另有选择，香港仲裁机构的规则将适用于仲裁程序。

除了香港国际仲裁中心之外，在香港进行商事仲裁还可以有其他安排。比如，香港以外的仲裁机构（临时仲裁庭）在香港，适用香港法律仲裁；香港以外的仲裁机构（临时仲裁庭）在香港，适用香港以外的法律仲裁；任何仲裁机构（临时仲裁庭）在香港之外的地点适用香港法仲裁；任何仲裁机构（临时仲裁庭）在香港之外的地点仲裁，但是在香港开庭。

香港以外的仲裁机构管理的仲裁，例如国际商会仲裁院、伦敦国际仲裁院等管理的案件，适用这些机构自身的仲裁规则审理案件，与香港的仲裁规则无关。由于是在香港仲裁，香港就成为仲裁地。如果不是当事人另有选择或者仲裁庭另有决定，香港仲裁法等有关程序法律将得到适用。同时，香港法还将作为实体法适用。

仲裁规则为机构自身规则或临时仲裁中创设或选择的规则。由于仲裁地不在香港，故除非当事人选择，香港法不是仲裁的程序法。但是，香港法是实体法，是判断当事人违约或侵权的法律依据。

任何仲裁机构（或临时仲裁庭）在香港之外的地点仲裁，但是在香港开庭。当事人仍然有可能选择了参照香港机构的仲裁规则审理案件，也有可能选择适用香港仲裁法。

在国际仲裁当中，仲裁地是一个法律概念，关系仲裁地仲裁法的适用、仲裁地公共政策的适用、仲裁地法院采取保全措施的权力、法院受理上诉或者撤销裁决的管辖权，等等。仲裁开庭地点是纯粹的地理概念，没有任何法律后果。

第二节　国际性商事仲裁机构

一、国际商会国际仲裁院简介

目前在世界上常设的国际商事仲裁机构数以百计，较著名的也有十几个。然而，除了一个例外，其他的常设国际商事仲裁机构均隶属于某个国家，就其性质而言，实际上是一国的涉外仲裁机构。

迄今为止，独立于任何国家、民间性的常设国际商事仲裁机构只有设在法国巴黎的国际商会国际仲裁院（International Chamber of Commerce International Court of Arbitration）。该仲裁院附设于国际商会，其主要职责是根据其仲裁规则，通过仲裁的方式解决国际性的商事争议，促进国际商业活动正常进行。国际商会国际仲裁院成立于 1923 年，现已经发展成为世界上最重要的国际商事仲裁机构。截至 1996 年年底，总共有 800 多个仲裁案件正在审理之中，涉及当事人所属国以及由当事人所指定的仲裁员国籍则超过 100 个国家。因此，它是典型的国际性的商事仲裁机构。涉及的当事人来自世界各国，参与审理案件的仲裁员来自世界各国。

自从其 1923 年成立至今，它已经审理了 6 700 个国际商事仲裁案件，无论就案件数目、争议所涉金额、案件的种类还是争议所涉及的国家数目，该国际仲裁院均无可争辩地名列世界第一。由于国际商会国际仲裁院是当今国际社会中最负盛名的仲裁机构，因此，凡是有国际商会"标记"的裁决书，均受到世界各国的广泛接受，其裁决书在各国的承认及执行时，受到大多数法官的信赖。据仲裁院秘书处的统计，其裁决 90% 以上均由当事人自动履行。在其将近 100 年的历史中，国际商会国际仲裁院共处理了 23 000 件国际仲裁案件，涉及 142 个国家和地区的当事人。截至 2017 年年底，存案平均争议标的金额为 1.35 亿美元。①

根据 2018 年英国伦敦玛丽皇后学院和美国伟凯律师事务所（White & Case）共同发布的《2018 年国际仲裁调查》（the 2018 International Arbitration Survey）显示，77% 的受访者首选国际商会国际仲裁院作为仲裁机构，体现了国际商会国际仲裁院作为仲裁机构的优势地位。

国际商会国际仲裁院于 2019 年 6 月 11 日公布了 2018 年仲裁案件统计情况。2018 年国际仲裁院共管理了 842 件案件，是新收案件第二高的年份。这些案件涉及 135 个国家的 2 282 个当事方。其中，美国、法国和巴西的当事人占比最高，土耳其和阿联酋当事人首次跻身前 10。新收案件平均标的金额为 4 500 万美元，新收案件标的总金额为 360 亿美元。到 2018

---

① 参见 "10 年间 419 家中国内地当事人选择 ICC"，https：//baijiahao. baidu. com/s? id=1608049059992686760&wfr=spider&for=pc，最后访问日期：2019 年 2 月 24 日。

年年底，所有在审案件标的总金额为 2 030 亿美元。2018 年国际商会国际仲裁院核准 599 项裁决，创下新纪录。逾期裁决数量从 2016 年的 54％下降到 2018 年的 38％。

国际商会国际仲裁院自诞生之初至今，曾经对其仲裁规则作了多次修订，现在适用的是 1998 年 1 月 1 日起生效的《国际商会仲裁规则》（Rules of Arbitration of the International Chamber of Commerce）。[①] 该仲裁规则是国际商会自 1975 年以来对仲裁规则所作的最重要的、实质性的修订。

正如国际商会国际仲裁院主席罗伯特·布林纳（Robert Briner）所指出的，这次修订的背景是在过去的 20 年间，经济全球化和国际贸易飞速增长的情况下，仲裁业已成为解决国际商事争议的主要方式；而《纽约公约》在全球范围内的普遍接受、各国逐渐消除对仲裁所设的障碍，特别是联合国国际贸易法委员会《国际商事仲裁示范法》所倡导的法律制度统一化进程，更使仲裁获得广泛的承认。在此情况下，有必要对实施了 20 年之久的仲裁规则作实质性的修订，以满足时代的要求。[②]

国际商会国际仲裁院采取了更多的举措以提高效率、透明度和多样性。根据 2017 年出台的《快速程序规定》，金额低于 200 万美元的争议将在 6 个月内得到解决，并将适用较低的收费标准，除非双方同意退出此类程序。这些规定使国际商会国际仲裁院能够以高效和符合成本效益的方式为更多的用户提供服务。

2017 年以来，《国际商会说明》包括关于申请迅速确定没有意义的索赔或抗辩的指导意见。虽然这类程序在仲裁中很少用到，但能为当事人节省大量费用和时间。此外，最新版本的《国际商会说明》澄清了允许法庭秘书执行的任务类型，包括起草给当事方的信函和编写程序令草案以及某些裁决的程序和事实部分，这有助于确保行政秘书的作用更加明确、一致和透明。几年前作出的另一项修改使当事方能够要求国际商会国际仲裁院就其关于质疑、替代、合并和初步管辖权的裁决提供理由，从而提高国际商会国际仲裁院裁决的透明度。

[①] The ICC International Court of Arbitration Bulletin. The New 1998 ICC Rules of Arbitration，Special Supplement.

[②] The ICC International Court of Arbitration Bulletin. The New 1998 ICC Rules of Arbitration，Special Supplement.

　　对于 2019 年 1 月 1 日之后作出的裁决，有一项重要的创新，即推定国际商会国际仲裁院可以在其通知后不少于两年的时间内公布该裁决的全部内容。各方有机会反对公布其全部或部分裁决和各种措施，包括对裁决的修订。这些措施将酌情确保保密。

　　2017 年《国际商会规则》要求，签署的职权范围应当在文件转交仲裁庭之日起 1 个月（而不是两个月）内提交秘书处。仲裁员还面临着越来越大的压力，他们应在最后一次实质性听证会或书面意见后 3 个月内（3 人仲裁庭）或两个月内（独任仲裁员）向国际商会国际仲裁院提交裁决草案以供审查。国际商会国际仲裁院 2016 年开始通过降低费用的方式对不遵守规定的仲裁员进行制裁。2019 年版本的《国际商会说明》也为仲裁员的选择过程增加了一些可选工具。一方当事人现在可以要求秘书处支持提名程序，联系潜在的仲裁员，以检查经验、可用性和利益冲突。在法院作出任命时，当事各方现在可在使用清单方法上达成一致。特别是后者将提高这一进程的透明度。2019 年版本的《国际商会说明》还详细说明了确保仲裁员独立性和公正性的强化议定书。仲裁员不仅要披露争议各方当事人，而且要具体披露与结果有关的非当事人。至于投资仲裁，则鼓励潜在的仲裁员披露他们担任律师、仲裁员或专家的所有投资条约案件。

二、国际商会国际仲裁院现行的仲裁规则

（一）国际商会国际仲裁院《仲裁规则》

　　国际商会国际仲裁院现行的《仲裁规则》共 35 条，并有 3 个附录，其中，附录一为国际仲裁院的章程；附录二为国际仲裁院内部规则；附录三为仲裁开支和费用。现将该仲裁规则内容简介如下。

1. 国际商会国际仲裁院的组织

　　根据《仲裁规则》的附录一，尽管仲裁院附设于国际商会，但它是自主机构，在执行其职能时完全独立于国际商会及其他组织。仲裁院成员由国际商会各国家委员会（National Committee）根据一国一名的原则提名，然后由国际商会理事会（Council of the ICC）决定。目前仲裁院成员总共 56 名，均为各国的法律专家或解决商事争议方面的专家。仲裁院成员也必须独立于各国的国家委员会。国际商会理事会根据国际商会执行局（the

Executive Board of the ICC）的提名，任命仲裁院主席，并从仲裁院成员中任命副主席。仲裁院还设立了若干专门委员会以及秘书处，由秘书长主持仲裁院的日常工作。

仲裁院本身并不直接审理案件，而是确保其《仲裁规则》的正确实施，并根据需要向国际仲裁委员会提出修改《仲裁规则》的建议，以便提交给国际商会执行局和理事会批准。

由于仲裁院主席、副主席和秘书处工作人员具有特殊的工作性质，根据仲裁院的内部规则（Internal Rules），他们不能在提交给仲裁院的仲裁案中担任仲裁员或代理人；同时仲裁院也不能直接指定仲裁院的成员共同担任仲裁员或指定他们为独任仲裁员或首席仲裁员，但当事人自愿并获仲裁院批准者，不在此列。

2. 国际商会国际仲裁院的仲裁程序

国际商会国际仲裁院长期以来一直同时受理国际性和国内的商业争议，但其过去的仲裁规则并未明确反映。此次新规则规定，基于当事人仲裁协议的授权，它也可以受理非国际性的商事争议。

当事人申请仲裁，应向仲裁院秘书处提交书面的仲裁申请书（Request for Arbitration），秘书处应通知申请人和被申请人已经收到该文件的日期，收到仲裁申请书之日为仲裁程序开始之日。仲裁申请书中除了其他必备事项外，还应载明仲裁员的人数以及所指定的仲裁员以及关于仲裁地点、可适用的法律以及仲裁所使用的语言等方面的建议。

被申请人应在收到仲裁申请书之日起 30 天内提交答辩状（Answer），如有反请求，亦应在 30 天内提出。在有反请求的情况下，申请人应在收到反请求之日起 30 天内就反请求作出答辩。

如果当事人对仲裁协议是否存在、仲裁协议的效力及其范围提出异议，只要仲裁院认为依据本仲裁规则的初步（Prima Facie）证据应当进行下去，则仲裁程序就应继续进行下去，在此情况下，有关管辖权的任何决定都应由仲裁庭作出；反之，若仲裁院认为仲裁协议的存在或效力不足以使其行使管辖权，则由仲裁院自己通知所有当事人。在此情况下，当事人均保留向有管辖权的法院作出仲裁协议有效与否的判决的申请。

当事人声称合同无效或者不存在，不影响仲裁庭行使管辖权。仲裁庭应继续审理当事人的实体事项，尽管最终该合同可能不存在或者无效。

如果当事人未约定仲裁庭人数，应由独任仲裁员组成仲裁庭，除非仲裁院认为争议授权其指定 3 名仲裁员。在独任仲裁员的情况下，若被申请人在收到申请人的仲裁申请书之日 30 天内，双方未能就独任仲裁员人选达成一致，应由仲裁院指定，该独任仲裁员的国籍应不同于争议双方当事人的国籍。如果仲裁庭由 3 名仲裁员组成，双方当事人应分别在其仲裁申请书及答辩书中各指定 1 名仲裁员；若当事人未指定，则应由仲裁院指定。第三名仲裁员为仲裁庭的主席，除非当事人就其指定程序作出约定并且符合仲裁规则第 9 条之规定，否则亦应由仲裁院指定。第三名仲裁员的国籍通常应不同于争议双方当事人之国籍。

仲裁庭组成后，只要申请人已按秘书处确定的金额缴付了仲裁预付金之后，仲裁院秘书处应立即将所有文件移交给仲裁庭。

除非当事人就仲裁庭开庭地点作出选择，否则应由仲裁庭决定在其认为合适的任何地点开庭或举行会议。如果当事人未就仲裁所使用的语言作出约定，应由仲裁庭决定仲裁庭所使用的语言，但是仲裁庭在决定使用何种语言时，应充分考虑各种情况，包括合同所使用的语言。

如果当事人未选择解决争议所应适用的法律，仲裁庭有权决定适用其认为合适的法律。在任何情况下，仲裁庭应考虑合同条款及相关的贸易惯例。如果当事人明确授权的话，仲裁庭应有权进行友谊仲裁，即依据公平合理原则作出裁决。

仲裁庭一收到秘书处移交的卷宗，就应起草一份文件以限定其审理事项（Terms of Reference），包括双方当事人姓名、地址；当事人请求事项及索赔的金额；仲裁庭认为争议所涉的法律问题；仲裁员的姓名、背景和地址；仲裁地点；可适用的程序规则，例如授权仲裁庭进行友谊仲裁或依据公平合理原则裁决，等等。该审理事项应由当事人及仲裁庭共同签署。在收到卷宗之日起两个月内仲裁庭应将经签署的审理事项交仲裁院。如当事人拒绝在审理事项上签字，该审理事项就必须经仲裁院批准。

在签署或者由仲裁院批准了审理事项后，任何一方当事人就不得再提出新的仲裁请求或者反请求。

在开庭审理后，若仲裁庭认为双方当事人均已经充分地出庭陈述，就应宣布庭审结束，并告知秘书处其将要起草完裁决并将裁决书交仲裁院审核的大致日期。在此情况下，任何一方当事人均不得再要求进行辩论或提交新的证据，除非获得仲裁庭的许可。

仲裁庭应在签署或仲裁院批准审理事项之日起 6 个月内作出裁决。如果仲裁庭由 3 名仲裁员组成，裁决依多数意见作出；若不能取得多数意见，则应由仲裁庭主席的意见作出。在签署裁决书之前，仲裁庭应将其裁决书草案提交仲裁院审核。仲裁院可以对裁决书的形式提出修改意见，也可在不影响仲裁庭决定权的前提下，提请仲裁庭注意实体问题。在裁决书的形式未获仲裁院批准之前，仲裁庭不得发出裁决书。仲裁院通过这项独特的裁决书"审核"程序，保证了裁决书在整体上紧凑清晰、内容有条理、逻辑与形式一致和谐。一宗案件的裁决在最终由仲裁员签署之前，仲裁院通常会将终局裁决稿送回仲裁员进行澄清和修正至少三遍。①

在作出裁决之日起 30 天内，仲裁庭可以自行对裁决书中的计算、打印错误作出修改；当事人也有权在收到裁决书之日起 30 天内要求仲裁庭对此作出修改或者请求对裁决书进行解释。仲裁庭对裁决所作的修改及解释应采用补遗方式（Addendum），它构成仲裁裁决之一部分。

（二）国际商会国际仲裁院《当事人和仲裁庭在国际商会规则下参与仲裁程序的指引》

2017 年 3 月 1 日，国际商会国际仲裁院最新的仲裁规则正式实施，同时，为指导全球的当事人、律师、仲裁员参与国际商会国际仲裁院仲裁程序，国际商会国际仲裁院在当天发布了新版《当事人和仲裁庭在国际商会仲裁规则下参与仲裁程序的指引》（简称《指引》）。

《指引》就《国际商会规则》下进行的仲裁向当事人和仲裁庭提供了实际指导，并概述了国际商会国际仲裁院的做法。2018 年 10 月 25—26 日在巴黎举行的国际商会国际仲裁院年度工作会议上，根据国际商会国际仲裁院主席亚历克西斯·穆雷（Alexis Mourre）和秘书处的提议，对最新情况进行了讨论。

修订后的《指引》主要包括以下要点。

---

① ［美］尼科拉斯·C. 尤尔玛：《国际仲裁条款的拟定》，《仲裁与法律通讯》1993 年第 1 期，第 38 页。

（1）仲裁员和候选仲裁员的披露（第 24 段）。《指引》明确，不仅应当披露当事人及其关联公司，而且还应当披露与仲裁结果有利害关系的非当事人。关于这方面，《指引》强调了秘书处在仲裁开始时确定"相关实体"清单的做法。这种做法的目的是协助准仲裁员为其披露做准备。然而，秘书处所确定的上述实体并不一定意味着该实体与范围或披露有关，也不意味着对秘书处未指明的其他非缔约方无须进行披露。最后，应由候选仲裁员评估是否应披露非当事人。如《指引》所指出的，候选仲裁员如有疑问，可与秘书处联系①。

（2）与仲裁庭组庭有关的服务（第 32—33 段）。根据《国际商会规则》，各方当事人可以协商指定一名独任仲裁员或首席仲裁员，由国际商会法院确认。在这种情况下，《指引》指出，秘书处可通过提出可能的候选人或提供关于已确定候选人的非机密信息来协助各方当事人。

在双方当事人未就指定一名独任仲裁员或首席仲裁员达成协议的情况下，将由国际商会法院来指定。但是，在某些情况下，允许当事人参与选择仲裁员。为此，各方当事人可商定，在秘书处的参与下指定仲裁员，特别是通过提供名单方式进行委任。②

（3）透明度。《指引》包含了两项重要的创新。

第一，从 2019 年 7 月 1 日起，在国际商会国际仲裁院网站上公布的有关仲裁庭组成的现有信息的基础上将公开所涉行业和当事人的代理律师，进行完善（第 36 段）。

第二，自 2019 年 1 月 1 日起作出的所有裁决，可在发布之后两年，根据选择退出程序原则予以公布（第 40—46 段）。当事人可以约定更长或更短的期限。当事人可以随时反对公布裁决书，或者要求对裁决书进行审查或者修订。在这种情况下，将不公布裁决，或者按照当事人协议进行处理或修订之后公布。

在作出裁决通知时，以及任何公布裁决之前，将告知当事人这一具体做法以及他们提出异议的权利。在有保密协议的情况下，秘书处将征求他

---

① 参见"当事人与仲裁庭在国际商会仲裁规则下参与仲裁程序的指引"，https：//iccwbo. org/dispute-resolution-services/arbitration/rules-of-arbitration/.
② 参见"当事人与仲裁庭在国际商会仲裁规则下参与仲裁程序的指引"，https：//iccwbo. org/dispute-resolution-services/arbitration/rules-of-arbitration/.

们的特别意见。秘书处还可决定在某些行业部门或敏感案件征求其具体意见，不予公布。①

（4）数据保护（第 80—91 段）。《指引》中有一个全新的章节专门涉及遵守《欧洲联盟一般数据保护条例》（GDPR）的规定。《指引》特别明确，如果同意参加国际商会国际仲裁院的仲裁，当事人、代理人、仲裁员、行政秘书、证人、专家以及可能以任何身份参与仲裁的任何其他个人，他们的个人资料将被收集、转移、存档，并视情况予以公布。

《指引》还提醒各方当事人，他们有义务确保上述个人了解并同意使用其个人数据。为此，仲裁庭应在仲裁过程中的适当时候提醒当事人和仲裁的其他参与者，他们的数据可能被使用，并提醒他们根据《通用数据保护条例》的规定请求改正或禁止使用这些数据。特别鼓励在职权范围中列入一项具有此种效力的条款，秘书处可以推荐一项示范条款。②

（5）基于条约仲裁和法庭之友的意见（第 139—143 段）。国际商会国际仲裁院管理越来越多投资者诉国家的仲裁案件，《指引》在这方面提出了进一步的指导意见。一是为了透明起见，鼓励候选仲裁员在其简历中披露他们作为仲裁员、专家或律师参与的基于条约的案件的完整清单。二是当事人可以在国际商会仲裁中约定全部或部分适用《贸易法委员会透明度规则》（简称《规则》），在这种情况下，秘书处可以作为存储地。至于国际商会国际仲裁院对裁决草案的核阅，鉴于投资仲裁的特殊性，基于条约的裁决将在该领域具有具体经验的国际商会仲裁院委员在内的全体会议上进行审查。还规定，基于条约的裁决可在发布后 6 个月内公布，而不是适用于其他裁决的两年。三是《指引》明确指出，根据《规则》第 25（3）条，仲裁员有权在与当事各方协商后听取法庭之友的意见。③

（6）行政秘书的职责（第 183—188 段）。《指引》先前的版本有时被认为对可能委托给行政秘书的任务有不适当的限制。修订后的《指引》明确，行政秘书可在仲裁庭的控制下，履行诸如起草信函和代表仲裁庭发送

① 参见"当事人与仲裁庭在国际商会仲裁规则下参与仲裁程序的指引"，https：//iccwbo.org/dispute-resolution-services/arbitration/rules-of-arbitration/.
② 参见"当事人与仲裁庭在国际商会仲裁规则下参与仲裁程序的指引"，https：//iccwbo.org/dispute-resolution-services/arbitration/rules-of-arbitration/.
③ 参见"当事人与仲裁庭在国际商会仲裁规则下参与仲裁程序的指引"，https：//iccwbo.org/dispute-resolution-services/arbitration/rules-of-arbitration/.

信函等任务，并为仲裁庭审查程序令草案以及裁决的事实部分（如程序摘要、事实年表和当事人立场的摘要）做好准备。然而，绝对不允许任何仲裁庭将其决策职能的全部或部分委托给秘书，秘书的任务在任何情况下都不得免除仲裁员亲自审阅文件的义务。①

三、国际商会国际仲裁院裁决在我国的承认和执行

国际商会国际仲裁院在中国境内作出的裁决能否在中国获得承认与执行在学界引起了广泛争议。

2009 年 4 月 22 日，宁波市中级人民法院对国际商会国际仲裁院于 2007 年在中国境内作出的仲裁裁决予以承认与执行，这是我国首次承认与执行国际商会国际仲裁院在中国境内作出的仲裁裁决，在学界和实务界引发了关于国际商会国际仲裁院在我国作出的裁决是否属于《承认与执行外国仲裁裁决公约》（简称《纽约公约》）里的"非内国裁决"的广泛争议。

对于国际商会国际仲裁院适用国际商会仲裁规则在我国境内作出的裁决性质应当如何认定，以及应当适用什么样的法律规则承认与执行此裁决，在我国的实践中亦有偏差。"宁波工艺品公司案"作为承认与执行国际商会国际仲裁院在中国作出裁决第一案，具有重大意义。有学者称："中国法院承认和执行外国仲裁机构在其境内作出的仲裁裁决是值得肯定的进步，它一改中国对在其境内外国仲裁机构仲裁的防卫姿态"。②

2003 年 1 月 23 日，宁波市工艺品进出口有限公司（简称宁波工艺品公司）与瑞士 DUFERCO S. A.（简称瑞士公司）在宁波订立了买卖冷轧钢的合同。合同中的仲裁条款规定："一切因执行本合同或与本合同有关的争执，应由双方通过友好协商解决。如经协商不能得到解决时，应提交设在中国北京的国际商会仲裁委员会，按照《联合国国际货物销售公约》进行仲裁。③ 裁决是终局的，对双方当事人均有拘束力。仲裁费用由败诉

---

① 参见 "当事人与仲裁庭在国际商会仲裁规则下参与仲裁程序的指引"，https：//iccwbo. org/dispute-resolution-services/arbitration/rules-of-arbitration/.

② Peter Thorpe. Duferco v. Ningbo Arts and Craft Import and Export Co —— first ICC Arbitral Award enforced in China. *International Arbitration Law Review*，69，2009.

③ 赵秀文：《国际商事仲裁现代化研究》，法律出版社 2010 年版，第 79—81 页。

方承担，但须服从（仲裁）委员会裁决。"

合同在履行中发生争议，2005 年 9 月 12 日瑞士公司将争议提交国际商会国际仲裁院，新加坡独任仲裁庭书面审理了此案。在案件审理过程中，仲裁庭向宁波工艺品公司送达了《审理事项书》和《临时时间表》，这些文件均送达给宁波工艺品公司，后者签收了文件，但没有提交任何答辩，也未对仲裁庭的管辖权提出任何异议。独任仲裁庭于 2007 年 9 月 21 日在北京作出裁决，裁定宁波工艺品公司败诉并向瑞士公司支付 234 568.23 美元。宁波工艺品公司没有执行裁决。2008 年 2 月 27 日，瑞士公司根据《纽约公约》向浙江省宁波市中级人民法院申请承认与执行国际商会国际仲裁院所作的裁决。法院受理了瑞士公司的申请。

本案中涉及程序的有如下主要争议点。第一，国际商会国际仲裁院做出了判处宁波公司赔偿的裁决的理由是根据联合国国际货物销售合同公约规定的关于"接收货物和支付货款"义务的条款，宁波工艺品公司没有正当理由不到瑞士公司提取应提的货物，没有正当理由不支付这批货物的金额，因此，宁波工艺品公司违反了联合国国际货物销售合同公约；在产生纠纷时，杜弗克公司已经尽到了协商的义务，给予了宁波工艺品公司合理的通知，而宁波工艺品公司收到通知后不予理睬，故杜弗克公司有理由宣告合同解除并要求损害赔偿。[①] 第二，宁波工艺品公司向宁波中级法院提出不予执行的请求，主要理由有：国际商会国际仲裁院在中国境内仲裁违反了中国现行法律规定；双方在仲裁条款中的真正意思是将争议提交"中国国际经济贸易委员会"仲裁解决，所以国际商会国际仲裁院对此案缺乏管辖权。

法院经审理后认为，宁波工艺品公司未在期限内对仲裁协议的效力提出异议，且国际商会国际仲裁院已在仲裁裁决中作出仲裁条款有效的认定，根据最高人民法院《关于适用〈中华人民共和国仲裁法〉若干问题的解释》第 13 条的规定，当事人在仲裁庭首次开庭前没有对仲裁协议的效力提出异议，而后向人民法院申请确认仲裁协议无效的，人民法院不予受理。仲裁机构对仲裁协议的效力作出决定后，当事人向人民法院申请确认仲裁协议效力或者申请撤销仲裁机构的决定的，人民法院不予受理，所以

---

① 赵秀文：《从宁波工艺品公司案看我国法院对涉外仲裁协议的监督》，《时代法学》2010 年第 5 期。

宁波工艺品公司关于国际商会国际仲裁院没有管辖权的异议不能成立。①
法院认为本案裁决属于《纽约公约》项下的非内国裁决，经审理后认为不
存在公约规定的不予执行的情形，并于 2009 年 4 月 22 日裁定承认与执行
该国际商会国际仲裁院裁决。

宁波中级法院承认和执行国际商会国际仲裁院作出的裁决原因是宁
波公司在仲裁过程中的不作为，无论是国际商会国际仲裁院规则、中国
仲裁法还是联合国国际贸易法委员会仲裁规则，当事人在仲裁中未提出
管辖权异议就视为仲裁院具有管辖权，宁波工艺品公司代理人辩称仲裁
协议无效显然是不成立的。除此之外，对此裁决的质疑主要集中在该裁
决是否应当被认定为"非内国裁决"并依据《纽约公约》获得承认与执
行以及宁波中级法院是否有权力认定其为"非内国裁决"。

国内学者对此存在较大争议。否定派学者认为，本案裁决不属于非内
国裁决，我国目前的立法框架下不承认非内国裁决。根据最高人民法院
《关于执行我国加入的〈承认及执行外国仲裁裁决公约〉的通知》第 1 条规
定："根据我国加入该公约时所作的互惠保留声明，我国对在另一缔约国
领土内作出的仲裁裁决的承认与执行适用该公约。该公约与我国民事诉讼
法有不同规定的，按照公约的规定办理。对于在非缔约国领土内作出的仲
裁裁决，需要我国承认与执行的，应该按照民事诉讼法第 204 条的规定办
理。"我国法院只承认与执行在另一缔约国领土内作出的仲裁裁决，在我
国境内作出的仲裁裁决应当排除在外，该类外国仲裁机构在我国作出的仲
裁裁决应当按照内国仲裁裁决进行承认和执行。② 还有学者认为，一个案
件能否认定为"非内国裁决"应当由中国立法机关或者最高人民法院作出
裁定，宁波中级法院承认与执行该裁决的行为属于越权行为。如果中国司
法机构直接认定该裁定为"非内国裁决"，就是对中国司法主权的放弃，
实践中非常危险。③ 我国法院将无法管辖这一类裁决的撤销之诉，而仲裁
机构所在地国也会因为仲裁地为中国而不能对该类裁决进行撤销审查，一

---

① 中华人民共和国浙江省宁波市中级人民法院《民事裁定书》（2008）甬仲监字第 4 号。
② 杨弘磊：《中国内地司法实践视角下的〈纽约公约〉问题研究》，法律出版社 2006 年版，
第 93—94 页。
③ 杨玲：《仲裁机构法律功能批判——以国际商事仲裁为分析视角》，《西北政法大学学
报》2016 年第 2 期。

且仲裁中存在程序错误，当事人就无法申请法院撤销该仲裁裁决，只能申请法院不予承认和执行仲裁裁决。[①]

肯定派学者认为，国际商会国际仲裁院在中国作出的裁决既不是我国裁决，也不是外国裁决，而是《纽约公约》项下的"非内国裁决"。非内国裁绝不是在《纽约公约》其他缔约国境内作出的仲裁裁决，不适用我国作出的互惠保留声明，但是外国仲裁机构依据其仲裁规则在我国境内作出的仲裁裁决，同样是在作为《纽约公约》缔约国境内作出的裁决，可以根据《纽约公约》本身的规定承认与执行该裁定。因为从《纽约公约》本身的措词看，它既适用于外国仲裁裁决的承认与执行，也适用于非内国裁决的承认与执行。[②]时任最高人民法院副院长的万鄂湘也认为"中国既已成为《纽约公约》的缔约国，因此国外仲裁机构做出的裁决在中国执行是具有可行性的"。[③]

随着国际商事贸易的迅速发展，越来越多的人更倾向于选择以国际仲裁作为解决争端的方式，那么国际仲裁庭作出的裁决能否在内国得到承认就成了焦点问题。为了解决这个问题，首先要探讨《纽约公约》的背景、宗旨和在我国的适用情况，以及承认与执行仲裁裁决的法律依据。

解决国际商会国际仲裁院在我国境内所作裁决的承认和执行问题最大的困难在于对裁决国籍的定性，究竟是认定为我国国籍的裁决还是外国国籍的裁决、哪国对该裁决具有司法审查权等问题都存在难以克服的法律障碍。目前，我国仲裁裁决主要有"外国仲裁裁决""国外仲裁机构的裁决""国内仲裁裁决""涉外仲裁裁决"和"港台裁决"。[④] 在现有的法律框架下，将国际商会国际仲裁院在我国境内依照国际商会国际仲裁院仲裁规则作出的裁决归入任一类仲裁裁决都存在问题。

首先，此类裁决不符合《纽约公约》规定中的"外国仲裁裁决"。其次，也不是国外仲裁机构的裁决，根据《民事诉讼法》的规定[⑤]推断出，

[①]　王婧：《国际商会仲裁院在中国仲裁效力几何》，《法制日报》2009 年 7 月 9 日。

[②]　赵秀文：《中国仲裁市场对外开放研究》，《政法论坛》2009 年第 6 期。

[③]　万鄂湘：《〈纽约公约〉在中国的司法实践》，《法律适用》2009 年第 3 期。

[④]　参见《中华人民共和国仲裁法》第 63 条、第 71 条、第 72 条；《中华人民共和国民事诉讼法》第 217 条、第 259 条、第 260 条、第 269 条；《关于内地与香港特别行政区关于相互执行仲裁裁决的安排》第 7 条；1998 年《最高人民法院关于认可台湾地区民事判决的通知》第 9 条。

[⑤]　参见《中华人民共和国民事诉讼法》第 283 条："国外仲裁机构的裁决，需要中华人民共和国人民法院承认和执行的，应当由当事人直接向被执行人住所地或者其财产所在地的中级人民法院申请，人民法院应当依照中华人民共和国缔结或者参加的国际条约，或者按照互惠原则办理。"

我国是以仲裁机构的设立地而非仲裁裁决的作出地点作为判断仲裁裁决国籍的标准，因此，也有学者借助此条规定认定国际商会国际仲裁院在中国作出裁决的国籍应为国际商会国际仲裁院设立地国，即法国的裁决。[①] 但是这个推断与《纽约公约》的规定矛盾，这与我国对外国仲裁机构在我国进行仲裁的现实估计不足有关。再次，"国内仲裁裁决"是指没有任何涉外因素的仲裁裁决，显然也不能归于此类。最后，将此类裁决定性为"涉外仲裁裁决"也缺乏直接的法律依据。因为在现有仲裁体制下，只有由中华人民共和国涉外仲裁机构作出的仲裁裁决才被视为"涉外仲裁裁决"。[②] 相比之下，将国际商会国际仲裁院在我国境内作出的裁决认定为"非内国裁决"是比较合适的选择，毕竟它符合在被请求承认与执行地作出和不被我国视为内国仲裁裁决这两个条件。此类裁决向我国寻求承认与执行，我国法院可以将其认定为"非内国裁决"按照公约的规定予以处理。虽然国际上鲜有把在本国领域内作出的裁决识别为"非内国裁决"，但在我国相关法律完善以前，只能依赖法院对公约的规定作扩大解释，将外国仲裁机构在我国境内作出的裁决纳入公约适用的范围。同时，这种做法还体现出支持仲裁的政策，有利于树立我国的仲裁形象。[③] 但是，如果将其定性为"非内国裁决"，也会面临一定的法律障碍。

第三节　主要的外国常设商事仲裁机构

一、瑞典斯德哥尔摩商会仲裁院

斯德哥尔摩商会仲裁院（Arbitration Institute of the Stockholm Chamber of Commerce，SCC）成立于 1917 年，属于斯德哥尔摩商会的一个机构，但在职能上它是独立的。

瑞典的仲裁制度历史悠久，有一大批精通国际商事仲裁的专家；特别

---

①　王婧：《国际商会仲裁院在中国仲裁效力几何》，《法制日报》2009 年 7 月 9 日。

②　陈力：《ICC 在我国作出裁决的承认和执行——兼论〈纽约公约〉视角下的"非内国裁决"》，《法商研究》2010 年第 6 期。

③　李霁：《论国际商会示范仲裁条款在中国的效力——实证分析和理论探讨》，《北京仲裁》2007 年第 2 期。

是瑞典在政治上属中立国，在20世纪70年代的冷战时代，瑞典与各国均保持着良好的关系，因当时的东西方公司企业都拒绝通过对方国家的法院或仲裁机构解决可能产生的争议，故首先是美国与苏联公司签订的贸易合同中都选择在斯德哥尔摩商会仲裁院仲裁，由此使之发展成为解决东西方贸易争议的理想机构。此外，瑞典先后参加了1927年日内瓦《关于执行外国仲裁裁决公约》及1958年联合国《承认及执行外国仲裁裁决公约》，这样，凡是斯德哥尔摩商会仲裁院的仲裁庭所作的裁决，可以在世界上许多国家得到承认及执行。中国自20世纪70年代起大量引进外国的成套设备，在这些贸易合同中如果约定将争议提交第三国仲裁机构仲裁的，一般均优先考虑在该院仲裁。即使进入80年代后，中国国际经济贸易仲裁委员会已经逐步建立起国际声誉，但涉及一些大型的中外合资、中外合作项目，外国当事人仍然将斯德哥尔摩商会仲裁院作为争议解决的第一选择。

该仲裁院设有3名委员组成的委员会，委员由商会的执行委员会任命，任期3年。3名委员中1人充当主席，由对解决商业纠纷富有经验的法官担任，1人须为执业律师，1人则由商界享有声望的人士担任。每名委员各配备一名副职，副职具有与其所代表的正式委员相同的资格。委员会按多数票决定有关事宜，如未形成多数，主席有投票决定权。委员会的决定是最终的，商会不得复审。仲裁院设有秘书处，其秘书长必须是律师。

斯德哥尔摩商会仲裁院现行的仲裁规则是1988年1月1日起生效的仲裁规则，其特点是给予当事人充分的灵活性和仲裁庭充分的自主权，该规则第1条规定，在斯德哥尔摩商会仲裁院仲裁，不仅可以适用该仲裁院的仲裁规则，也可以适用当事人所约定的其他仲裁规则。正因为如此，仲裁院的仲裁规则在一些具体的期限等事项，都未作明确规定。例如，对于被申请人提交答辩书及反请求的期限，关于仲裁开庭审理的通知期限等事项，均未作规定。

根据该仲裁规则，如果当事人约定将争议交付该仲裁院解决，但未商定仲裁员的人数，仲裁庭应由3名仲裁员组成。在当事人约定由独任仲裁员仲裁的，独任仲裁员由仲裁院指定。在其他情况下，则由双方当事人各自选定同等数目的仲裁员，然后由仲裁院指定1名仲裁员担任仲裁庭主席。如果当事人未在规定期限内选定仲裁员，则应由仲裁院指定。

一旦仲裁庭组成并且当事人已经缴齐保证金，仲裁院应立即将案件移交给仲裁庭。

仲裁庭应当开庭审理案件，除非当事人已经就仲裁程序中使用的语言作出约定，否则由仲裁庭决定仲裁所使用的语言；仲裁庭开庭的时间长短及举证方式等问题，均由仲裁庭决定。尤其是关于证据，按仲裁庭的要求，当事人应当对其提交的证据作出陈述，具体说明每一证据他们想证明什么，并应当出示其证据的书证。如果仲裁庭认为当事人提交的证据并非其所要求的或与本案无关，或仲裁庭认为可以通过其他途径以更简单的方式或以更少的花费即可求得证明，则仲裁庭可以拒绝接受该已提交的证据。

仲裁裁决至迟在案件移交给仲裁庭之日起一年内作出。应一方当事人要求，仲裁庭可以就个别争议点或部分争议，作出单独裁决。如任何一方反对，则只能在有特殊理由时才能作出部分裁决。如一方当事人已部分承认了申诉的请求，则仲裁庭可以就已承认部分作出裁决。

仲裁裁决作出后，如裁决中有明显的计算错误或抄写错误，应由仲裁庭予以改正。如当事人在收到裁决书之日起 30 天内提出请求，仲裁庭可以对本应在裁决书中决定而未予决定的问题作出决定。如当事人在收到裁决书之日起 30 天内提出请求，仲裁庭可以就此裁决作出书面的解释。仲裁庭采取任何此类行动之前，应当给予当事人机会发表意见。

2016 年 2 月，斯德哥尔摩商会仲裁院发布研究报告显示最新的费用和仲裁时长。斯德哥尔摩商会仲裁院根据 2010 年斯德哥尔摩商会仲裁院《仲裁规则》管理的 80 个案例在 2007—2014 年间发布了裁决。

斯德哥尔摩商会仲裁院研究报告的主要统计数据包括以下方面。

（1）独任仲裁员案件和 3 名仲裁员案件的费用中位数分别为 33 096 欧元和 167 021 欧元。

（2）仲裁时长的中位数为 13.5 个月。[①]

二、美国仲裁协会

（一）美国仲裁协会简介

美国仲裁协会（American Arbitration Commission，AAA）成立于 1926

---

① 参见斯德哥尔摩商会仲裁院官网网址，https：//sccinstitute. com/.

年，是由美国仲裁社团和美国仲裁基金会在纽约合并成立的一个民间性的、非营利性的组织。其总部设在纽约，并在美国其他 35 个主要城市设立分支机构，其中仅在美国的太平洋沿岸各州，如旧金山、洛杉矶、圣地亚哥、西雅图等城市设立了美国仲裁协会的亚太中心，每个中心均设有数个仲裁庭。[①]在美国仲裁协会成立后，其他一些仲裁机构也陆续并入该协会，例如 1964 年全美纺织业仲裁协会并入该协会。此外，纽约证券交易所、商品交易所等经济组织还授权将有关本行业的争议交由美国仲裁协会解决。

美国仲裁协会由从全美国各行业和各社会团体中选出的董事领导，并由精通仲裁和法律的专职人员管理。整个仲裁协会有 50 000 余名仲裁员和调解员，每年办案量达 60 000 余宗。

美国仲裁协会的宗旨是：开展对仲裁的研究；根据仲裁法不断完善仲裁规则；通过仲裁、调解及其他非诉讼手段（Alternative Dispute Resolution，ADR），解决国内及与国际经济交往中发生的各种争议；培训仲裁员；参与社会选举工作。

美国仲裁协会受理的争议范围十分广泛，特别是在国内争议方面，涉及人身伤害、商业纠纷、劳动争议、承包工程合同争议、证券争议、专利争议、车辆保险赔偿纠纷、消费者争议和国际商事纠纷等。美国仲裁协会每年处理的国内仲裁案件大约是 13 000—15 000 件。与此相适应，美国仲裁协会备有供当事人选择的 60 余种仲裁规则，包括商事仲裁规则、建筑业仲裁规则、专利仲裁规则等。[②] 为了处理国际商事争议，美国仲裁协会则备有相应的《国际仲裁规则》（International Arbitration Rules），其最新的版本是 1991 年 3 月 1 日生效的。美国仲裁协会还设立了国际争议解决中心（ICDR），负责管理美国仲裁协会的所有国际事务，有 19 名专门的国际案件经办人（Case Manager）。尽管国际争议解决中心专门负责国际性案件，但在财务、人力资源和技术支持方面享用美国仲裁协会的机构资源。国际争议解决中心每年处理的国际仲裁案件是 1 000 件左右。除了依照其自己的仲裁规则进行仲裁外，美国仲裁协会还提供根据《联合国国际贸易

---

① 1993 Pacific Rim Advisory Council.
② 美国仲裁协会仅在纽约州每年就有 30 万件仲裁案件，主要涉及交通事故与保险赔偿，这与纽约州一个特别的法律规定有关，即有关交通事故与车辆保险的纠纷都要通过仲裁解决，而不是诉讼解决。

法委员会仲裁规则》进行仲裁的服务，并于 1981 年 3 月 1 日制定了为此服务的程序规定。此后，2000 年 9 月 1 日生效的美国仲裁协会国际仲裁规则 AAA 规则是现行规则，其全称为《商事争议解决程序（包括仲裁与调节规则）》（Commercial Dispute Resolution Procedures）。

美国仲裁协会在美国社会生活中具有重要的影响。它积极参与立法活动，专门设立了法律部，研究法律问题，向立法和行政部门提供咨询意见，编辑仲裁理论刊物，推广采用非诉讼方式解决各类纠纷。近 20 年来，美国仲裁协会充分运用调解方式解决争议，每年调解处理案件数以千计。据美国仲裁协会统计，约 80%～90% 的调解案件都能调解成功。美国仲裁协会不但是一个重要的争议解决机构，而且还是重要的教育机构，它运用自己所拥有的丰富的专业书籍、音像资料和实践经验，以研讨会或培训班的方式培训调解员，其中仅 1992 年内，就培训了 4 000 余名调解员。经过美国仲裁协会培训的调解员遍布于 36 个地区的分支机构。

美国仲裁协会在处理劳资纠纷及其他纠纷的过程中，作出了卓越的贡献，在其历史上曾协助解决了多起重大的劳资纠纷，因而获得了联邦政府的大力支持。例如，20 世纪 60 年代美国劳资纠纷剧增，肯尼迪政府签署命令，要求联邦机构为解决纠纷建立仲裁程序，此项行政命令创制了劳动争议仲裁的固定形式，在美国仲裁史上占有重要地位。

同时，美国仲裁协会本身的发展也是与政府的支持分不开的。美国仲裁协会成立之初的活动限于纽约。然而在美国联邦政府反托拉斯机构与垄断全美国剧院的电影制片商争议案中，联邦法官作出判决，将电影制片与发行分开，并要求美国仲裁协会解决制片商与放映商的争议。该案涉及全美国 31 个城市，为此，在司法部的要求下，美国仲裁协会在全国各地设立 31 个分支机构。这样，直到 20 世纪 40 年代初美国仲裁协会才发展成为全国性的、最有影响的仲裁机构。[①]

（二）美国仲裁协会《国际仲裁规则》要点

1. 仲裁申请

根据仲裁规则的规定，申请仲裁的当事人应将书面的仲裁通知

---

① 蔡鸿达：《美国仲裁协会发展简述》，《仲裁与法律通讯》1995 年第 6 期，第 3—5 页。

（Notice of Arbitration）送交仲裁协会行政管理人（Administrator）和索赔的对方当事人。自仲裁协会收到仲裁通知书之日，仲裁程序即为开始。申请人的仲裁通知中可就仲裁员人数、仲裁的地点及仲裁的语言等实现提出建议。

在仲裁程序开始后的 45 天内，被申请人应向申请人和任何其他当事人以及仲裁协会行政管理人提交书面的答辩书（Statement of Defense）。如果仲裁员已经任命，行政管理人应将答辩书转交仲裁庭。在提交答辩书的同时，被申请人可以提出反诉或提出抵消仲裁协议所牵涉的任何索赔。对此，申请人亦应在 45 天内提交答辩书。

对于申请人建议的关于仲裁员人数、仲裁地点和仲裁的语言等事项，被申请人应在 45 天内答复行政管理人、申请人和其他当事人。

除非仲裁庭认为不适当，否则，当事人有权在仲裁程序中修改或补充仲裁请求、反请求或答辩。

2. 仲裁庭的组成

如果当事人未对仲裁员的人数未作约定，应由仲裁协会的行政管理人指定一名独任仲裁员审理案件，除非行政管理人认为因案件争议金额大、案情复杂或者案件的其他情形，由 3 名仲裁员组成仲裁庭更为适当。

当事人可以共同约定指定仲裁员的程序，并应将该程序通知行政管理人。如果仲裁开始后 60 天内，各方当事人不能就指定仲裁员的程序共同达成一致，或不能共同指定仲裁员，行政管理人应在各方当事人书面要求下，指定仲裁员和首席仲裁员。如果当事人共同约定了指定仲裁员的程序，但未在该程序规定的期限内指定仲裁员，行政管理人应在各方当事人的书面要求下行使程序规定的职权。在此情况下，行政管理人可指定一名与各方当事人国籍不同的仲裁员。

如果在对仲裁员的公正性和独立性产生正当的怀疑的情况时，当事人应在收到该仲裁员任命通知后 15 天内，或在其知悉产生要求回避情况后 15 天，将要求回避的通知交行政管理人。一收到要求回避通知，行政管理人应通知其他当事人此项回避的要求。如一当事人对仲裁员提出要求回避，另一方当时表示同意接受，该仲裁员应当离职；若另一方当事人不同意要求回避，或被提出要求回避的仲裁员没有离职，行政管理人应自行对此项回避要求作出决定。

仲裁庭有权对其管辖权，包括对仲裁协议的存在和效力提出的任何异议进行裁决。对请求的可仲裁性提出异议不得迟于仲裁开始后的 45 天内；对于反诉所涉及的可仲裁性问题提出异议，不得迟于提出反诉后的 45 天内。

3. 审理

除非当事人另有约定，仲裁案件均应开庭审理。仲裁庭至少应在首次开庭审理前 30 天将有关开庭的日期、时间、地点通知各方当事人。各方当事人至少应在开庭审理前 15 天将其邀请出庭的证人姓名和地址，证人提供的证词所涉及的问题和使用的语言通知仲裁庭和其他当事人。仲裁庭认为有必要的话，可以指定专家对仲裁庭提出的特定问题作出书面报告，并提交给各方当事人。专家应视为证人，在庭审过程中可以由双方律师询问。

应任何一方当事人的要求，仲裁庭认为有必要时，可以对争议标的采取任何临时性措施，包括对成为争议标的的货物的保管在内，诸如将货物交由第三方保管或出售易腐坏的货物。临时措施以中间裁决的方式，仲裁庭可要求当事人为这些措施提供费用担保。当事人中任何一方要求采取临时性措施，不认为与仲裁协议的规定有抵触，或认为对仲裁协议的放弃。

4. 仲裁裁决

仲裁庭应及时作出裁决，裁决是终局的。除非当事人同意无需说明理由，仲裁庭应说明裁决所依据的理由。如由 3 名仲裁员组成的仲裁庭作出裁决，而其中一名仲裁员不能签字时，应在裁决书中说明是否已给予该仲裁员签字的机会。裁决是保密的，仅在各方当事人同意或法律有此规定的情况下，方可公开其裁决。

仲裁庭作出裁决，应适用当事人所选择的实体法；若当事人未作选择，仲裁庭应适用其认为适当的法律。涉及合同争议的仲裁，除应按照合同条款外，仲裁庭应考虑适用于该合同的贸易惯例。除非当事人授权，仲裁庭不得决定友好和解或根据公平原则裁决。

美国仲裁协会规则主要涉及仲裁程序的合并、加入第三方以及加速程序，这些都是原版本规则中没有的，从而使得国际争议解决中心能够与最优的国际实践接轨。但是，修改也引入了一些独一无二的规定，包括指定一名"合并仲裁员"来决定案件是否应当合并。比如，当事人已经广泛采用"ICDR 清单方式"（国际争议解决中心根据当事人要求仲裁员具备的专业能力、行业经验、语言能力、特定国籍等因素，结合其对案件的审查，向当事人发出含有多名候选人的清单，由当事人根据其偏好进行排序，最终合并排名最高的候选人将被邀请作为仲裁员），但在原版本规则中这一方式并未得到明确。新规则解释了这一方式，因此增加了这一案件管理方式的透明度。

三、英国伦敦国际仲裁院

（一）伦敦国际仲裁院简介

伦敦国际仲裁院（London Court of International Arbitration，LCIA）成立于 1892 年 11 月 23 日，原名为伦敦仲裁会（London Chamber of Arbitration），1903 年改名为伦敦仲裁院，1975 年该仲裁院与皇家特许仲裁员协会（1979 年改名为皇家仲裁员协会）合并，1981 年改为现名。根据伦敦国际仲裁院 2019 年 4 月 1 日公布的 2018 年案件统计数据显示，2018 年，其共受理了 317 件案件，案件数量连续 11 年增长。

伦敦国际仲裁院是由伦敦城市府、伦敦商会和皇家特许仲裁员协会三家共同组成的联合管理委员会管理。日常事务由皇家仲裁员协会负责，皇家仲裁员协会会长兼任仲裁院执行主席和秘书长。

伦敦国际仲裁院既处理国内商事仲裁，也处理国际商事仲裁案件。由于英国在处理海上货物运输和保险争议方面积累了丰富的经验，所以许多国际海事纠纷的当事人选择该在仲裁院仲裁。根据伦敦国际仲裁院 2019 年 4 月 1 日公布的 2018 年案件统计数据，2018 年受理案件类型纠纷主要是银行和金融业（29%）、能源及资源业（19%）和运输及商品业（14%）。其目前实施的仲裁规则是 1985 年 1 月 1 日起生效的《伦敦国际仲裁院仲裁规则》，也允许当事人相互约定按《联合国国际贸易法委员会仲裁规则》的程序仲裁，但要指定该院为指定仲裁员的机构。若当事人需要伦敦国际仲裁院提供事务性的服务，亦应在仲裁协议中载明。

伦敦国际仲裁院备有供当事人选择的仲裁员名单，仲裁员从 30 多个国家具有丰富经验的专家中选聘。如果当事人未就仲裁员人选达成一致意见，则由仲裁院主席从仲裁员名单中指定。凡是涉及不同国籍的当事人之间的商事纠纷，独任仲裁员或由奇数仲裁员组成的仲裁庭之首席仲裁员必须由不同于争议双方国籍的第三国仲裁员充任。由于国际化水平高，伦敦国际仲裁院将近 80％的当事方来自英国以外，英国当事方占 20％左右。此外，2018 年受理的案件中英国法管辖的比例占 76％。

2017 年 10 月，伦敦国际仲裁院更新了关于其管理案件的费用和仲裁时长的报告。该数据包括根据规则管理的 224 项仲裁，其最终裁决于 2013 年 1 月 1 日—2016 年 12 月 31 日期间达成。显著统计数据如下。

（1）伦敦国际仲裁院仲裁费用的中位数为 97 000 美元。

（2）伦敦国际仲裁院仲裁时长的中位数为 16 个月。①

（二）伦敦国际仲裁院仲裁规则要点

1. 仲裁审理的仲裁申请

当事人若愿意按本仲裁规则提起仲裁，应向仲裁院登记处提交一份符合规定的书面仲裁申请（Written Request），并向登记处确认申请书的副本已经送达其他当事人。登记处收到仲裁申请书的日期即为仲裁开始的日期。被申请人在收到仲裁申请书副本后 30 天内，应向仲裁院登记处提交答辩书（Response），并向登记处确认答辩书副本已送交另一方当事人。因此，根据伦敦国际仲裁院的仲裁规则，并非由仲裁院来负责有关仲裁申请书及答辩书的送达，而是由当事人自行送达。

2. 仲裁庭的组成

仲裁院通常任命独任仲裁员组成仲裁庭，除非当事人已经约定由 3 名仲裁员组成仲裁庭，或者仲裁院认为所有的情势需要由 3 名仲裁员组成的仲裁庭来审理案件。独任仲裁员或者首席仲裁员的国籍应不同于争议双方当事人的国籍。如果当事人同意由自己指定仲裁员，或者允许两个仲裁员或第三方指定仲裁员，如果仲裁院认为这项指定不合适或者不符合独立性或公正性，将拒绝任命被指定者。

伦敦国际仲裁院的摘要采取匿名形式，含有伦敦国际仲裁院仲裁员异议决定的背景，同时还有关于仲裁员异议分析和说理方面的深刻见解，对仲裁用户、代理律师和仲裁员提供了关于仲裁员行为的实践指南，并更容易理解伦敦国际仲裁院在决定撤换受异议的仲裁员时如何进行论理。当事

---

① 参见"伦敦国际仲裁院（LCIA）发布仲裁费用和仲裁时间的最新数据"，http：//www.ccpit.org/Contents/Channel_3466/2017/1011/891597/content_891597.htm，最后访问日期：2017 年 10 月 11 日。

人和仲裁代理人拟提出仲裁员异议时，应当考虑实质要点。

在对方仲裁当事人以及受异议的仲裁员被给予机会提交意见后，仲裁员异议由伦敦国际仲裁院委员决定。伦敦国际仲裁院受理异议通常需花费 27 天考虑撤换仲裁员的申请。

7 年间，伦敦国际仲裁院共受理了 1 600 多个案件，这意味着对仲裁员提出异议的案件不足 2%，且在提出仲裁员异议的案件中，只有 1/5 成功了，只占这一时间段伦敦国际仲裁院全部受理的案件 0.4%。

3. 仲裁的程序

当事人有权自行决定仲裁程序，而且他们受到鼓励自行决定此项程序。如当事人未作选择，在仲裁适用的法律的允许范围内，仲裁庭具有最广泛的自由裁量权以保证公正、经济和最终解决争议。当事人可以自行选择仲裁的地点。若无选择，仲裁的地点应为伦敦，或仲裁庭认为合适的其他地点。

审理仲裁案件一般应该开庭，除非当事人约定仅采用书面方式审理。在开庭前，仲裁庭可以向双方当事人提交一份问题清单，希望当事人给予特别的注意。此外，仲裁庭要求任何当事人通知将要出庭的证人的身份以及他们将要证明的事项和他们与争议的关系。但是仲裁庭有权自由决定是否同意证人出庭作证。

仲裁庭有权任命专家对特别问题作出报告，当事人亦有权要求专家在提交报告后出庭，接受当事人的询问以便证实有关的事项。

在开庭时，除非当事人另行约定或者法律的强制规范，仲裁庭享有十分广泛的权力，例如，确定解决合同纠纷以及确定仲裁协议的准据法；责令任何当事人将有关的财产或物品交仲裁庭或专家检验；责令任何一方当事人将其监管或控制下的任何财产或物品予以保管、贮存、销售或处理；可以责令任何当事人将有关的证物交另一方当事人检查，或者提供有关的文件的副本；等等。

在仲裁过程中，如果当事人以妥协、和解方式解决他们之间的争议，仲裁庭的权力即告结束，经要求仲裁庭通常可以同意以裁决方式将和解协议载入裁决。

4. 仲裁裁决

如果仲裁庭由 3 名仲裁员组成，裁决应由多数意见作出；如果不能形成多数意见，则按仲裁庭首席仲裁员的意见作出裁决，此时，首席仲裁员犹如独任仲裁员。

仲裁庭有权在仲裁期间内就不同的争议点作出若干个独立的终局裁决。裁决一经作出，自作出之日起即对所有当事人有约束力。如当事人同意按照本仲裁规则，就承担了毫不迟延地执行裁决的义务，并放弃了任何形式的上诉或诉诸法院或其他司法机关的权利。

四、瑞士苏黎世商会仲裁院

苏黎世商会仲裁院（Zurich Chamber of Commerce）是苏黎世商会下设的常设仲裁机构，创建于 1911 年。仲裁院既受理国内争议案件，也受理国际商事争议案件。由于瑞士在政治上属于中立国，所以不少国家的公司企业选择苏黎世商会仲裁院解决争议。该仲裁院目前所适用的是 1989 年 1 月 1 日起生效的《苏黎世商会国际仲裁规则》（International Arbitration Rules of Zurich Chamber of Commerce）。苏黎世商会推荐的仲裁条款为："由本协议引起的或与本协议有关的所有争议，包括其缔结、效力、修改和终止的争议，应由（或由三名仲裁员或独任仲裁员组成）仲裁庭排他性地根据苏黎世商会的国际仲裁规则进行裁决。"（可选择：仲裁庭的决定为终局决定，当事务方可根据国际私法第 192 条放弃对裁决的一切挑战）。①

五、日本商事仲裁协会

（一）日本商事仲裁协会简介

日本商事仲裁协会（The Japan Commercial Arbitration Association，JCAA）成立于 1950 年 3 月 14 日，是根据日本《民法典》第 34 条设立的社团法人。协会的宗旨是通过仲裁和调解的方式解决国内外商事争议，并尽可能避免商事争议，促进国内和国际贸易的发展。

---

①　"All disputes arising out of or in connection with the present agreement, including disputes on its conclusion, binding effect, amendment and termination, shall be resolved, to the exclusion of the ordinary courts by an Arbitral Tribunal (or by a three-person Arbitral Tribunal/a sole arbitrator) in accordance with the International Arbitration Rules of the Zurich Chamber of Commerce." (Optional: The decision of the Arbitral Tribunal shall be final, and the parties waive all challenge of the award in accordance with Art. 192 Private International Law Statute).

　　日本商事仲裁协会的职责包括仲裁、调解、提供避免商事争议的咨询意见，与国外仲裁机构交流和合作、管理仲裁员、从事国际商事仲裁的研究并出版协会的仲裁杂志、介绍解决商事争议的经验。协会还根据《联合国国际贸易法委员会仲裁规则》担任指派仲裁员的委派机构。[①]

　　协会目前使用的仲裁规则是 1992 年 10 月 1 日生效的《商事仲裁规则》。但是，当事人也可以选用《联合国国际贸易法委员会仲裁规则》。

（二）日本商事仲裁协会《商事仲裁规则》要点

1. 申请仲裁

　　申请仲裁的一方当事人应依据规则的规定提交书面仲裁申请书、仲裁协议副本、证据材料，例如当事人委托代理人则应提交代理人的姓名和地址及代理人的授权委托书等文件。当事人应在提请仲裁时预缴仲裁费。仲裁协会收到当事人书面仲裁申请的日期为仲裁程序的起始日。

　　仲裁协会确认仲裁申请符合仲裁规则的要求，应毫不迟延地将接受仲裁通知申请人和被申请人，并将仲裁文件副本寄送被申请人。同时，仲裁协会应指定一名秘书负责该案的行政事务。

　　日本仲裁协会将接受仲裁的通知发送给被申请人满 3 周之日被视为"基本日"（Basic Date）；若被申请人证明其收到通知的日期晚于此日期，则其实际收到仲裁通知的日期为"基本日"。

　　被申请人应在基本日起的 4 周内提交答辩书。仲裁协会经审查认为被申请人的答辩书明显地具有反请求的性质，应通知被申请人按反请求的要求提出反请求并缴纳费用。若被申请人欲提出反请求，则应在基本日起 6 周内提出。

　　当事人可对其仲裁申请或反请求以书面方式作出修改或补充。在仲裁庭已经组庭的情况下，应由仲裁庭在听取另一方当事人意见的前提下决定是否接受修改或补充。在提起仲裁程序之日起 30 日内和指定仲裁员前，申请人得以书面方式撤回仲裁申请。但是在其他情况下，申请撤回申请须获得被申请人的书面同意。

---

　　① Pacific Rim Advisory Council. *International Arbitration/Mediation Handbook*，1993；陶春明、王生长：《中国国际经济贸易仲裁——程序理论与实务》，人民中国出版社 1992 年版，第 334 页。

2. 指定仲裁员

日本商事仲裁协会备有仲裁员名单，但是当事人选派仲裁员并不限于此仲裁员名单。当事人可以书面协议方式指定一名或数名仲裁员，或者确定仲裁员人数、指定仲裁员的方法或者期限。如果当事人自行达成上述书面协议，应在"基本日"起3周内通知仲裁协会。

如果当事人在"基本日"起的3周内未通知仲裁协会有关仲裁员的人数，则仲裁庭应由独任仲裁员组成，除非其中任何一方当事人在"基本日"起的4周内书面要求3名仲裁员，并且仲裁协会也认为由3名仲裁员组成仲裁庭是适当的。

如果当事人协议仲裁庭应由一名仲裁员组成，当事人应共同指定该名独任仲裁员。若当事人未能在发出关于指定仲裁员起的通知之日起4周内指定仲裁员，则由仲裁协会指定一名不同于当事人国籍的仲裁员担任独任仲裁员。

若当事人决定由3名或3名以上奇数的仲裁员组成仲裁庭，双方当事人应在向仲裁协会发出有关仲裁员的通知之日起4周内各指定一名或同等数目的仲裁员；否则，应由仲裁协会按当事人约定的人数指定仲裁员。在多名仲裁员组成仲裁庭时，仲裁员们可以推选其中一名仲裁员作为首席仲裁员。

如果当事人指定的仲裁员不居住在日本，有关当事人应负担该仲裁员的仲裁开支，除非仲裁庭以不同的方式分担此项开支。如果由日本商事仲裁协会指定的仲裁员也不居住在日本，则由仲裁庭在裁决书中确定开支的分担。

3. 仲裁审理

仲裁开庭的时间和地点应由仲裁庭与当事人协商后决定，并由日本商事仲裁协会的职员立即通知各方。若开庭的时间超过一天，在可能的情况下应在第二天继续开庭。当事人可以请求变更开庭日期，除非仲裁庭认为存在无可避免的情势，否则仲裁庭可以变更开庭日期。经当事人书面请求，仲裁庭可以不开庭审理，而采用书面审理方式审理案件并作出裁决。

双方当事人对其请求和答辩负有举证之责。仲裁庭认为必要时，可以在开庭日以外的时间对有关书面证据进行审查，此时当事人应有机会出席。

仲裁庭的审理过程中有权向专家咨询、检查或调查与案件的有关的事实和证据，由此产生的费用由双方平等负担；如果产生的费用是因一方当事人的请求所致，则由请求方负担。

仲裁庭在认为当事人的陈述和证据已经提供完毕，仲裁程序的进行已经充分，足以作出仲裁裁决的话，应当向当事人宣告仲裁庭审终结。

4. 仲裁裁决

仲裁庭应在宣告仲裁庭审终结之日起 5 周内作出裁决，若仲裁庭认为出于案件的复杂性以及其他理由，可以将作出裁决的期限延长到不超过 8 周的合理期限。

仲裁裁决应附具理由，经当事人申请并且仲裁庭认为合适的话，仲裁庭可以将在仲裁过程中当事人达成的和解协议的内容载入仲裁裁决。裁决应由每一仲裁员签名和盖章。若仲裁员不在裁决上签名和盖章，裁决书中应说明理由。

在作出裁决后，负责该案的仲裁协会职员应毫不迟延地将裁决书的正本送交有管辖权的法院保存。

（三）新规则要点

日本商事仲裁协会修订了其《商事仲裁规则》及其《联合国国际贸易法委员会仲裁管理规则》。此外，还采用了一套新的单独的《互动式仲裁规则》，自 2019 年 1 月 1 日起生效。

《商事仲裁规则》是日本商事仲裁协会的主要商事仲裁规则。《商事仲裁规则》的主要修订包括以下各点。

（1）仲裁员的公正性。仲裁员必须调查任何可能影响其公正性和独立性的情况。仲裁员必须在任命时提交公正和独立声明，并披露可能使各方当事人对仲裁员的独立性或公正性产生"正当怀疑"的任何情况。

（2）仲裁庭秘书。规则明确规定，仲裁员不得将决定权下放给第三方，例如仲裁庭秘书。仲裁员只有在当事各方就仲裁庭秘书、其工作范围和报酬的表示同意的情况下才能任命仲裁庭秘书。

（3）不披露异议意见。规则禁止披露持异议意见的仲裁员的意见，其用意是使仲裁裁决更难以挑战。

（4）快速程序的修订。金额小于或等于 5 000 万日元（45 万美元）的纠纷将由独任仲裁员审理。金额较高的纠纷，如果当事方同意在仲裁早期使用快速程序，则可使用快速程序。快速仲裁原则上只在文件的基础进行审理，即不举行口头听证。仲裁员必须在任命后3个月内作出裁决。

（5）仲裁员费用。仲裁员每小时的固定费率为50 000日元（450美元），但根据案件标的金额规定了上限。此外，仲裁员超过150小时以上，每工作50小时，每小时费率可减少10%，不论争议的标的金额如何，最多可减少50%。但是，当事各方可以在仲裁庭组成之前（不是在仲裁庭组成之后）同意修正这些规定。

（6）管理费。新规则提高了机构的行政费用（申请人在提出仲裁请求时应支付），特别是标的金额较低的案件。最低收费为500 000日元（约合4 500美元），最高收费为2 500万日元（225 000美元）。

《管理规则》适用于由日本商事仲裁协会管理的联合国国际贸易法委员会仲裁。

《管理规则》的修订主要是为了提高仲裁员费用。除非日本商事仲裁协会另有决定并征得当事方同意，否则其管理的联合国国际贸易法委员会仲裁员每小时将获得500—1 500美元的报酬。如果所有当事方都同意，仲裁员也不需要等到仲裁结束后才付钱。提高这一标准是为了在审理时间较长的仲裁中能吸引到顶级仲裁员。而在这一高端领域，新费率明显高于其他机构的标准费率。《互动式仲裁规则》是日本商事仲裁协会推出的全新规则，其与《商事仲裁规则》相似，但又有所不同，具体体现在以下方面。

首先，仲裁庭的积极作用。《互动式仲裁规则》要求仲裁庭在审理期间两次通报对纠纷的初步意见，目的是减少不必要的工作、费用和时间。一是争议问题摘要。仲裁庭必须在仲裁过程中尽早就双方的立场以及仲裁中的事实和法律问题编写一份摘要，并就这份文件与当事方协商。二是初步意见说明。在就是否举行听证会以听取证人证词作出任何决定之前，仲裁庭必须向当事方提供一份书面摘要，说明其认为重要的事实、法律和其他事项，以及对这些事项的初步意见。然后，在仲裁庭决定是否有必要进行口头听证之前，当事方有机会发表意见。仲裁庭的意见不具约束力，双方可均同意不对任何仲裁员表达的初步意见提出异议。

其次，较低的固定仲裁员费率。与《商事仲裁规则》不同的是，《互动式仲裁规则》将根据争议标的金额确定仲裁员的费用。独任仲裁员案件的费用不等，金额低于 5 000 万日元的争议为 100 万日元，金额 100 亿日元以上的争议为 500 万日元。标准大大低于《商事仲裁规则》规定的仲裁员收费上限。

以上新规则自 2019 年 1 月 1 日起生效。这意味着 2019 年 1 月 1 日之前开始的日本商事仲裁协会仲裁将根据以往规则继续进行，除非当事方另有协议。2019 年 1 月 1 日或之后开始的仲裁将按照新规则，即使仲裁协议指定了以前的版本。当事方应在其仲裁协议中明确所适用的规则。如果仲裁协议仅提及"日本商事仲裁协会仲裁"则默认适用《商事仲裁规则》。

六、国际体育仲裁院及其仲裁程序

体育仲裁作为一种独立的体育纠纷解决机制，已经得到国际社会的普遍认可，特别是国际体育仲裁院（Court of Arbitration for Sports，CAS）的体育仲裁实践获得了国际社会的肯定。国际体育仲裁院是专门解决体育纠纷的国际性仲裁机构，由国际奥林匹克委员会于 1984 年建立，总部位于瑞士洛桑。其独立性与公正性受到广泛认可。

国际体育仲裁院的仲裁程序依其规则分为两类：一类为双方当事人基于仲裁协议提起的普通仲裁程序；另一类为一方当事人因不服特定体育联盟或协会作出的裁决而提起的上诉仲裁程序。

普通仲裁程序适用于一切因体育合同关系发生的争议案件，例如赞助合同、电视转播权合同、运动员转会合同等，以及涉及其他民事责任的体育纠纷案件，依据是当事人事先或事后达成的国际体育仲裁院仲裁条款或仲裁协议。上诉仲裁程序则适用于对有关体育机构作出的决定提出异议的案件，一般与比赛纪律有关，包括对兴奋剂事件的处罚、运动场暴力、裁判员滥用权利等。

2018 年 8 月 1 日，大连市中级法院裁定承认国际体育仲裁院于 2015 年 9 月 17 日所作的仲裁裁决，并对上述仲裁裁决的第二、三、五项予以执行，即申请人有权收取 441 276 美元和 50 000 欧元的本金；申请人有权以 5% 的年利率或 60.45 美元的日息对 441 276 美元的本金计收利息，并以 5% 的年利率或 6.85 欧元的日息对 50 000 欧元的本金计收利息。前述利息按天数计算（从 2014 年 10 月 24 日算起），直至被申请人有效完成支付；责令被申请人向申请人支付 3 000 瑞士法郎，作为对申请人发生的与仲裁程序有关的费用和成本的补偿。案件申请费人民币 500 元，由被申请人大连一方足球俱乐部有限公司负担。

在本案中，被申请人主张案涉仲裁裁决不应承认和执行，主要理由为：一是仲裁条款无效。① 双方之间的纠纷系委托合同纠纷，不属于体育相关纠纷，国际体育仲裁院无管辖权，裁决所处理的争议超出了仲裁机构的管辖范围；② 协议中英文文本差异巨大，对仲裁条款存在重大误解，不是真实意思表示，有违诚实信用原则。二是被申请人未收到国际体育仲裁院的有效、适当通知，导致未能申辩。

大连市中级法院认为：国际体育仲裁院基于合同关系、为解决合同纠纷而作出的普通程序仲裁裁决具有商事性质，包含在我国加入《纽约公约》时所作的商事保留范畴，国际体育仲裁院管辖权覆盖范围很广，只要是"与体育有关"的"原则性问题、金钱利益或其他利益"，只要双方当事人签订有效的仲裁协议，国际体育仲裁院均可受理；仲裁程序的"适当通知"应当遵从国际体育仲裁院仲裁规则之规定，根据国际体育仲裁院仲裁规则，仲裁程序通知可以通过快递、传真或电子邮件三者之任何一种形式进行，只要证实已被收悉即可。

第四章

国际商事仲裁的仲裁协议

第一节　仲裁协议概述

一、仲裁协议的含义

仲裁协议（Arbitration Agreement）系指双方当事人在合同中预先载明表示愿意将其在履行合同过程中发生的争议交付仲裁解决的一种条款，或者当事人在争议发生后，以其他方式达成的愿意提交仲裁的一种书面协议。根据我国《仲裁法》第16条的规定，仲裁协议包括合同中订立的仲裁条款和以其他书面方式在纠纷发生前或者纠纷发生后达成的请求仲裁的协议。《中国国际经济贸易仲裁委员会仲裁规则》（2014年修订，2015年1月1日起施行，以下简称"2015年CIETAC《仲裁规则》"）第5条将仲裁协议定义为当事人在合同中订明的仲裁条款或以其他方式达成的提交仲裁的书面协议。按照国际公约和世界各国仲裁法的规定，仲裁协议是仲裁机构受理争议案件的依据。

迄今为止，虽然世界各国的法律界对仲裁的性质提出了契约说、司法权说、混合说及自治说等一系列学说，但是，不论何种理论都承认当事人以仲裁方式解决争议的仲裁协议是仲裁得以进行的基础。在整个仲裁制度中，无论是国际商事仲裁抑或普通国内仲裁，仲裁协议都处于至关重要的位置，是整个仲裁制度的基石。[1] 仲裁协议的订立清楚地表明了当事人一

---

[1]　高菲：《论仲裁协议》，《仲裁法律与通讯》1995年第5期，第37页。

致同意将争议交付仲裁的自愿性，所有的仲裁机构也正是基于仲裁协议而取得对有关案件的管辖权，继而作出对当事人有约束力的裁决。各国的仲裁法以及各仲裁机构的仲裁规则都明确地规定了这一点。显然，仲裁协议是双方当事人自愿接受仲裁的唯一书面证据，若不存在仲裁协议，仲裁就无法进行。

二、仲裁协议的要素

首先，仲裁协议的主体是商事争议的双方当事人。

其次，仲裁协议必须是当事人"一致同意"。"一致同意"的法律效力表现在两个方面。第一，没有双方当事人的一致同意，仲裁协议就没有法律约束力，仲裁机构无权对当事人的争议进行仲裁；第二，双方一致同意的仲裁协议非经双方同意，不能因一方单方面地撤回而无效。

最后，仲裁协议所涉及的争议须是财产性的权益争议。一般而言，这类争议不仅包括合同关系而引发的争议，如买卖合同，而且还包括其他非合同关系而引起的争议，如产品责任、侵权行为而引发的争议。

三、仲裁协议的类型

根据存在的方式不同，仲裁协议可以分为三种。

（一）仲裁条款

仲裁条款（Arbitration Clause）是仲裁协议最通行的形式，是指双方当事人在自愿基础上，在订立的合同中包含有将合同争议提交仲裁的条款。仲裁条款是仲裁协议中最常见、最重要的一种类型。以合同条款方式订立的仲裁协议一般避免了签订独立仲裁协议的烦琐和复杂，对当事人而言较为方便和经济。

仲裁条款的内容详略不等。有的仲裁条款（通常在大型成套设备买卖合同、贷款合同、工程承包合同等）详细地规定了可以提交仲裁的事项、仲裁地点、仲裁机构、仲裁庭的组成方式和程序、仲裁裁决的效力及仲裁所应适用的法律、仲裁所使用的语言等内容。一旦争议实际发生，只要依据合同中的仲裁条款，即可迅速组成仲裁庭审理案件。由于当事人在订立合同时尚不能完全预见将来的商事争议，因此，大部分仲裁条款（特别在一般的货物买卖合同或者其他小额交易合同）十分简单，仅规定一旦因履行合同发生争议，双方当事人同意接受某仲裁机构或临时仲裁庭的仲裁，裁决是终局的，至于仲裁庭的组成方式，留待仲裁机构按其仲裁规则解决。其中特别是法律适用问题，对当事人的权利义务关系重大，是一个十分敏感的问题，然而在时间性要求很强的一般贸易过程中，当事人不可能在商务条款均达成一致意见的情况下仅因为法律适用问题而搁置整个交易。再者，对于一般的国际货物买卖来说，当前国际上存在若干调整国际货物买卖关系的国际公约或国际惯例，例如《联合国国际货物销售合同公约》《国际贸易术语解释通则》（2010）[①] 等，它们为大多数国家的商人们所接受。所以，载于小额国际货物买卖合同中的仲裁条款通常不涉及法律适用等方面内容。

越来越多的仲裁条款直接采用选定仲裁机构推荐的仲裁示范条款。

上海仲裁委员会建议当事人使用的仲裁条款是：凡因本合同引起的或与本合同有关的任何争议，均应提交上海仲裁委员会按照该会仲裁规则进行仲裁。仲裁裁决是终局的，对双方当事人均有约束力。

中国国际经济贸易仲裁委员会（简称 CIETAC）推荐的示范仲裁条款是：凡因本合同引起的或与本合同有关的任何争议，均应提交中国国际经济贸易仲裁委员会，按照申请仲裁时该会现行有效的仲裁规则进行仲裁。仲裁裁决是终局的，对双方均有约束力。

必须指出，仲裁委员会示范仲裁条款只是向有关当事人推荐的仲裁条款，只具有指导意义。但是示范条款本身不是仲裁协议或条款必须使用的文字，在仲裁程序中没有强制力和约束力。[②]

值得注意的是，我国不少外贸公司的标准合同的仲裁条款载于合同背面，规定发生争议提交中国国际经济贸易仲裁委员会仲裁解决。目前，从事国际贸易的进出口商已普遍采用传真方式达成合同，中外双方就合同内容取得一致意见后，一方当事人先在标准合同上签字后以传真至另一方，

---

①　2020 年版正在制定中。
②　参见本章第二节关于仲裁协议的形式要件和实质要件的论述。

对方收到此传真件后，签字或盖章再传真回来。但现行的科学技术尚无法将一份原件的正反两面同时传递给收件人，这样，当一方当事人在合同正面签字后传真至收件人时，收件人仅收到经签字的合同正面，载有仲裁条款的合同反面无法同时收到（有时发传真者根本就未传真过去）。若发生争议，作为仲裁的申请人就无法提供一份经双方当事人共同签字的合同正本，而双方共同签字的传真件背后却是空白的，并无仲裁条款。在笔者的仲裁实践中已经数次遇到此类情况。只是有关合同正面载有中英文的"本合同背面条款构成本合同不可分割的组成部分，与合同正面条款具有同等效力"的文字，加之当事人提供的其他旁证材料，中国国际经济贸易仲裁委员会作出决定，认为仲裁委员会具有管辖权。虽然这些案件都由仲裁委员会行使了管辖权并作出裁决，但是从证据角度考察，尤其是涉及裁决的域外承认及执行，对此类仲裁条款是否存在确实值得探讨。因此，我们应当对中国外贸公司以传真方式达成的此类标准合同所引发的仲裁条款问题予以特别的关注。

（二）仲裁协议

仲裁协议是指在争议发生之前或之后，双方当事人在自愿的基础上订立的且单独订立的将争议提交仲裁解决的一份书面文件。仲裁协议独立于当事人之间的合同而独立存在，无论在形式还是内容上，都被视为独立的契约。仲裁协议一般是由双方当事人未在合同中订立仲裁条款的情形下订立的。当事人在合同中订有仲裁条款之后也可能订立仲裁协议，对已有的仲裁条款进行补充或修订。仲裁协议一般比较详尽。在实践中，仲裁条款是较为普遍的形式，因为商事争议发生后，案情通常较为复杂，利害关系明显，争议双方比较难以达成仲裁协议。在争议发生之后订立仲裁协议的方式并不可取。

《国际商事仲裁示范法》（2006 年修订）第 7 条第（1）款规定："仲裁协议"是指当事人同意将他们之间一项确定的契约性或非契约性的法律关系中已经发生或可能发生的一切争议或某些争议交付仲裁的协议。仲裁协议可以采取合同中的仲裁条款形式或单独的协议形式。①

---

① 联合国国际贸易法委员会就仲裁协议的定义通过了两个备选案文，此处引用的是备选案文一。备选案文二为："'仲裁协议'是指当事人同意将其之间一项确定的契约性或非契约性的法律关系中已经发生或可能发生的一切争议或某些争议交付仲裁的协议。"备选案文二未对仲裁协议的形式作出规定。

交付仲裁的协议（Submission Agreement）是其中主要的表现形式，它是在争议发生之后由当事人签订的、表示愿意把已经发生的争议交付仲裁解决的协议，它是独立于商业合同的一项专门协议。因其是在争议发生后且单独签订的，所以其对当事人的效力、独立性等问题，学者有不同意见。

我国《仲裁法》不仅承认仲裁条款，而且承认仲裁协议。《仲裁法》第16条规定：仲裁协议包括合同中订立的仲裁条款和以其他书面方式在纠纷发生前或纠纷发生后达成的请求仲裁的协议。

（三）其他文件中包含的仲裁条款

当事人之间的商事行为除了通过合同方式加以固定外，还可能通过信函、电报、电传、传真或其他书面的方式进行，这些文件可以表达当事人之间通过仲裁方式解决争议的意图。

与上述的仲裁条款和仲裁协议相比，这些文件更具有灵活性。首先，它可以灵活地存在于商事交易的各个阶段，既可以存在于争议发生之前，也可以存在于争议发生之后，甚至可以在争议发生之中进行。其次，它不仅集中于某一份文件，而且还分散于当事人之间多次往来的书面文件之中。

在实践中，国际海上运输的提单中也经常载入仲裁条款。众所周知，提单并非当事人之间的合同，仅是存在海上运输合同的证明。提单是一种单方面的法律文件，提单由承运人单方面签字，并非是双方当事人共同签署的。从提单的形式以及提单签署的过程来看，似乎不符合一般的包括仲裁条款在内的合同的形式及缔结之程序。在此情况下，按有些国家的判例，提单上所载的仲裁条款被认为不能构成约束双方当事人的有效的仲裁条款；然在其他一些国家认为提单上的仲裁条款可以约束当事人。

在实践中，当事人一方以书信或电报、传真等方式向另一方表示仲裁的意思，对方当事人未明确表示同意与否，这是否就构成了该方对仲裁的默示的接收？各国的司法实践并不一致。因为按照一些国家的合同法以及《联合国国际货物销售合同公约》的规定，一方当事人对于他方以书面方式提出的以订立合同为目的之要约，不一定必须采取同样的书面方式全部接收才算达成合同，只要一方当事人作出行为表示同意他方的要约，即构成承诺，合同就告成立。① 这就表明，合同是可能通过当事人的行为来达成的。问题在于，若他方当事人的要约中载有仲裁条款，此项仲裁条款是否有效，能否约束当事人？从合同法角度分析，合同已经成立；若合同成立的方式能够延伸到仲裁条款，则该通过行为达成的合同中的仲裁条款亦成立。然而，按照1958年联合国《承认及执行外国仲裁裁决条约》（简称《纽约公约》）第2条第2款关于仲裁协议必须为书面形式的规定，显然合同的成立并不导致仲裁条款同样也成立。特别考虑本章后面将要述及的仲裁条款的独立性问题，默示不构成对仲裁条款的认可，无疑是合理的。从世界各国实践来看，除了极少数国家外，大多数国家都不承认仲裁条款可以通过合同的默示成立而达成。② 涉及仲裁协议时，仍然需要当事人的明示同意。

值得注意的是，仲裁协议的这一形式要求并非是指当事人必须在同一份载有仲裁条款的文件上签字方才有效。如果一方当事人的函电、备忘录、通知等文件中表明发生争议时应交付仲裁解决，而相对人也以书面方式接受了此类文件的内容，并未对仲裁问题明确表示异议，足以构成一份有效的仲裁协议；或者一方当事人在法院起诉时（尽管存在前述的文件），而相对人以存在仲裁协议为理由对法院的管辖权提出书面的异议，在此情况下，双方当事人应受仲裁协议约束是显而易见的。

例如，江西省五金矿产进出口公司与香港山川海河公司于1990年3月18日订立售货合同，合同背面条款规定：凡因执行本合约或有关本合约所发生的一切争执，在中国国际贸易促进委员会对外贸易仲裁委员会（中国国际经济贸易仲裁委员会的原名，以下简称CIETAC）仲裁。因发生滞期费的争议，江西五矿公司于1991年6月30日起诉于武汉海事法院。香港公司答辩称："其与江西五矿公司的任何争执应提交中国国际贸易促进委员会对外贸易仲裁委员会仲裁。"武汉海事法院于1992年2月26日作出民事裁定书，认为双方的滞期费争议应按合同背面的仲裁条款处理，故驳回了原告的起诉。此后，原告江西五矿公司向CIETAC提请仲裁，香港公司亦指定了仲裁员。然而，在仲裁庭组成后，香港公司又致函

---

① 《联合国国际货物销售合同公约》第18条第1款。
② 赵威：《国际仲裁法理论与实务》，中国政法大学出版社1995年版，第105页。

CIETAC，认为双方当事人并未就此项交易签有书面合同，亦未达成任何仲裁协议，因此仲裁无依据。CIETAC 于 1992 年 11 月 14 日就此仲裁管辖权异议作出管辖权的决定，确认该案滞期费争议是申请人与被申请人之间的售货合同有关的争议，该合同已经实际履行，被申请人给武汉海事法院的书面答辩书中确认了售货合同中的仲裁条款对双方当事人的约束力，而武汉海事法院基于被申请人的请求作出裁定，指令将合同项下的滞期费争议交付仲裁。因此，CIETAC 对该案有管辖权。在收到 CIETAC 的决定后，被申请人提交了对仲裁案件的实体答辩意见。1993 年 8 月 23 日，仲裁庭作出终局裁决，裁决被申请人赔偿申请人之经济损失及利息损失，并承担仲裁费。申请人随即向香港法院申请执行裁决，然而香港公司以当事人无仲裁协议、CIETAC 无管辖权、仲裁庭的组成或其仲裁程序违反了仲裁地法——中国法律为理由，要求香港法院拒绝执行。

香港最高法院认为，申请人提交的包括仲裁条款在内的书面合同以及被申请人书信和被申请人提交武汉海事法院的答辩，这些材料完全符合 1985 年《国际商事仲裁示范法》第 7 条关于确定书面仲裁协议的规定。尽管《纽约公约》第 2 条对"书面协议"的定义较为狭窄，但也不是排他性的，并且也不妨碍适用 1985 年《国际商事仲裁示范法》第 7 条第 2 款的相关规定。对香港公司的第二个理由，法院也予以驳回。据此，香港最高法院驳回了被申请人的拒绝执行 CIETAC 裁决的请求。[①]

本案的焦点在于：滞期费通常产生于运输合同争议，双方当事人订立的是货物买卖合同，然而货物买卖合同涉及运输亦属平常〔在双方约定到岸价格（CIF）的条件下，卖方应负责运输〕，争议肯定是因执行买卖合同而产生的。香港公司以存在仲裁条款为由否认法院的管辖权，又以滞期费的争议无仲裁条款为理由否认 CIETAC 的管辖权，违背了不可反言（Estop）的原则。事实上，其给武汉海事法院的异议书就构成了接受仲裁条款约束明确的意思表示。武汉海事法院正确地作出驳回起诉的裁定，香港最高法院灵活地适用了《国际商事仲裁示范法》（虽然它并非法律）的精神，执行了 CIETAC 的裁决。这一案件充分说明，仲裁协议并非仅局限于双方共同签字的书面协议，也包括通过信函交换和当事人接受仲裁管辖

---

①　中国国际经济贸易仲裁委员会：《仲裁研究所简报》1996 年第 3 期。

的书面表示，均构成有效的仲裁协议。

就上述三类不同形式的仲裁协议的效力而言，世界绝大多数国家的法律均承认三者具有同等效力。只要双方当事人在合同中订有仲裁条款，在争议发生后，任何一方都可以依据仲裁条款提起仲裁，而无须另行签订专门的协议。再者在实践中，一旦发生争议，当事人之间的关系紧张，很难就仲裁协议的内容（尤其是仲裁地点）达成一致意见。因此，国际上都倾向于在国际商业合同中订立仲裁条款，以便在实际发生争议时避免重新谈判仲裁协议的麻烦，尽快将争议交付仲裁。

四、仲裁协议的法律效力

仲裁裁决的效力是指仲裁协议在仲裁中对有关当事人和机构的法律作用或约束力。综合国际公约及大多数国家法律的规定，仲裁协议的法律效力主要体现在以下几方面。

（一）对当事人的法律效力

仲裁协议对当事人的作用基本上包括两方面。

首先，如果当事人之间存在仲裁协议，双方当事人均受到仲裁协议的约束，应以仲裁方式解决他们之间的争议，不得向法院起诉。换言之，一旦当事人缔结了仲裁协议，就不应就仲裁协议所约定的争议事项向法院起诉。例如，我国《民事诉讼法》（2017 年修正）第 271 条第 1 款规定："涉外经济贸易、运输和海事中发生的纠纷，当事人在合同中订有仲裁条款或者事后达成仲裁协议，提交中华人民共和国涉外仲裁机构或者其他仲裁机构的，当事人不得向人民法院起诉。"仲裁协议当事人的基本义务是不采用与仲裁这种自愿解决争议的方式相抵触的其他争议解决方式。

其次，如果当事人一方不履行仲裁协议的义务，例如发生争议后他将此项争议提交法院，另一方当事人有权请求法院驳回该项诉讼，判令该方当事人将此项争议交付仲裁解决。仲裁协议是当事人意思自治的体现，既然是一种协议，故而将争议交付仲裁亦被视为一种契约义务，当然它有别于普通的商务合同下的义务：一般合同当事人的契约义务通常不能专门予以强制执行，特别在普通法系国家更是如此，合同一方当事人违反契约义务时，合同另一方的救济方式只能请求损害赔偿；法院通常不会支持当事人提出的要求违约方实际履行（Specific Performance）的诉讼请求。而对于违反仲裁协议的救济方式就是另一方当事人有权根据仲裁法或民事诉讼法的规定，要求法院判令强制履行仲裁协议。[①] 只要仲裁协议是有效的，法院就必须驳回起诉，判令当事人将案件交付仲裁解决。

需注意，保险公司根据保险合同赔偿了被保险人，从而取得代位求偿权时，在英国法上，保险公司只能以受保人的名义，根据原合同的仲裁条款向第三人提出索赔。中国的保险公司如果贸然依据国内法，漠视原来合同的仲裁条款，以保险公司的名义在法院向第三人提起诉讼，第三人可根据《纽约公约》在中国法院申请中止诉讼程序或者在仲裁地的外国法院申请止诉禁令。

（二）对仲裁机构的法律效力

仲裁以当事人的自愿为基础，因而仲裁机构受理案件的前提条件就是必须存在表示自愿交付仲裁的书面证明——仲裁协议。一切仲裁机构在受理当事人的仲裁申请时，必须首先审查申请人所提交的仲裁文件中是否包含有仲裁协议，并且审查该仲裁协议至少在形式上是否有效。如果当事人未能提供存在仲裁协议的初步证据，任何仲裁机构将不会受理案件。

仲裁协议的效力主要表现在仲裁员可以根据仲裁规则启动仲裁程序。仲裁协议对仲裁机构和仲裁员的管辖权也产生了一定的限制，即仲裁协议对仲裁机构的法律效力还表现在约束其审理争议的范围。当事人订立的仲裁协议，通常规定"凡是因履行本合同而发生的或与本合同有关的一切争议应提交仲裁解决"，这就表明当事人通过该项仲裁协议确定了仲裁的范围。申请人向仲裁机构提出仲裁申请或被申请人提起反请求，其内容均须在仲裁协议所约定的范围之内，不得超出仲裁协议所限定的范围；而仲裁庭所作裁决的事项也必须限于这一范围。根据各国仲裁法的规定，若仲裁裁决的事项超过仲裁协议所规定的范围，将不属仲裁协议所授权解决的事

---

① ［英］施米托夫：《国际贸易法文选》，赵秀文译，中国大百科全书出版社 1993 年版，第612 页。

项，或者依法不属可以仲裁解决的事项载入仲裁裁决，法院可依当事人的请求而全部或部分撤销裁决；或者在一方当事人申请承认及执行裁决时，依法拒绝承认和执行该裁决。如《纽约公约》第 5 条第 1 款第 3 项规定，若被申请执行仲裁裁决之一方当事人举证证明"裁决所处理之争议非为交付仲裁之标的，或不在其条款之列，或裁决载有关于交付仲裁范围之外事项之决定者"，缔约国法院可以拒绝承认和执行该裁决。

（三）对法院的法律效力

一项有效的仲裁协议对法院的法律效力主要表现在排除法院的管辖权，即使仲裁协议的一方当事人将有关争议在法院起诉，法院也应拒绝受理案件，或者根据另一方当事人的请求，裁定终止司法诉讼程序，把有关争议案发还仲裁机构审理。《纽约公约》第 2 条第 3 款规定："当事人就诉讼事项订有本条所称之协定者，[①] 缔约国法院受理诉讼案件，应当依一方当事人的请求，命当事人提交仲裁。"根据该公约，凡当事人已就争议解决方式达成了有效的书面协议，就排除了法院的管辖权。世界上大多数国家的仲裁法或民事诉讼法均承认当事人有权以仲裁协议方式排除法院对争议的管辖权，连过去强调法院绝对管辖权的英国，也不得不在其 1979 年的仲裁法中确认当事人可以订立"排除协议"。因而，仲裁协议对法院的法律效力主要排除法院的司法管辖权，而不是授予法院何种特别的权力。

在述及仲裁协议的此项法律效力时，必须指出以下几点。

首先，仲裁协议的此项法律效力，与当事人在诉讼中的协议管辖性质和范围有本质的区别：根据各国的法律或司法实践，即使有关国家的法律允许当事人协议管辖法院，这种协议管辖不得与有关国家的专属管辖权相抵触，否则，该协议管辖的选择无效；但是当事人以仲裁协议来排斥法院的管辖权，对于可由当事人自由处分的商事性质的纠纷而言，很大程度上可以排斥法院对此类争议的专属管辖。例如，涉及不动产的争议，各国的法律均规定由不动产所在地法院管辖，当事人选择了不动产所在地以外的法院，所作出的判决是肯定不为不动产所在地法院所承认；但他们以仲裁

---

① 指仲裁协议。

协议选择不动产所在地以外的仲裁机构来解决纠纷，在大多数国家的法律制度下则是允许的。因此，在仲裁制度中并不存在类似于诉讼制度中的地域管辖、专属管辖或者级别管辖。

其次，仲裁协议排除法院管辖权的效力并非绝对的，在特定条件下法院仍保留了对争议进行审查和监督的管辖权，而且是最终的司法管辖权。如果当事人所订立的仲裁协议存在瑕疵，或者对仲裁协议的效力发生异议，在此情况下，法院的司法权仍将发挥决定性的作用。例如，当事人仅在合同中规定"凡是发生争议，应提交双方同意的仲裁机构仲裁解决"。这是一项仲裁协议，然而按照一些国家的法律很可能被视为一项无法执行的仲裁协议。一旦实际发生争议，假如双方当事人不能就具体的仲裁机构达成一致，任何一方当事人均有权向有管辖权的法院起诉。所以，我国《仲裁法》第20条规定："当事人对仲裁协议的效力有异议的，可以请求仲裁委员会作出决定或者请求人民法院作出裁定。一方请求仲裁委员会作出决定，另一方请求人民法院作出裁定的，由人民法院裁定。"

再次，仲裁的民间性质决定了它不可能游离于一国之法律制度而独立存在。仲裁协议排除法院的管辖权，主要是指法院对涉及争议是非曲直的实体问题不再进行审理，仅在此范围内，仲裁协议排除法院管辖权的法律效力是合理的。除此之外，为了使仲裁程序顺利进行以及使当事人履行仲裁裁决，法院的协助是必不可少的。对于仲裁程序中当事人一方为了使仲裁庭明了案件事实，或者为了防止另一方当事人毁灭证据以及隐匿资产，可以请求法院，也只能通过法院进行证据保全或财产保全措施。根据一些国家的《仲裁法》规定，当仲裁庭的组庭发生困难时，当事人有权向法院申请帮助指定仲裁员。例如，《法兰西共和国仲裁法》（1980年5月8日关于仲裁〔80〕354号法令）第4条规定："发生争执后，假如仲裁法庭之成立遇到当事人一方造成的困难或在执行指定仲裁员的方式中遇到困难，则由大审法院院长指定仲裁员或诸仲裁员。但是，假如协定明确规定由商事法院院长指定者，则由商事法院院长指定之。"[①] 至于在仲裁庭作出裁决后败诉方不履行裁决所规定的义务，当事人欲申请强制执行裁决时，判断是

[①]　中国社会科学院法学研究所民法研究室：《外国仲裁法》，中国社会科学出版社1982年版，第236页。

否应予以执行的权力，以及采取强制措施实际执行裁决等司法行为，更是非法院莫属。所以，一项有效仲裁协议排斥法院管辖权的效力很大程度上仅在于纠纷的实体法律关系的审理，至于为了确定实体权利义务而必需的程序方面的事项，仲裁制度有赖于法院的支持和监督。仲裁协议也是法院认定仲裁机构是否对争议具有管辖权的依据。

（四）承认和执行仲裁裁决的依据

一项有效的仲裁协议是法院承认和执行仲裁裁决或强制执行仲裁裁决的依据。根据我国《仲裁法》的规定，法院可以因仲裁协议无效而应一方当事人的请求撤销仲裁裁决。有关的国际条约及各国的仲裁法都规定，如果一方当事人拒不履行仲裁裁决所规定的义务，另一方当事人有权申请法院强制执行该项仲裁裁决。在提出申请时，当事人除了应向法院提供裁决书以外，还必须提供据以作出裁决的仲裁协议。《纽约公约》第4条规定："为了使裁决能在另一缔约国得到承认和执行，申请人应该在申请时提供：（1）经正式认证的裁决正本或经正式证明的副本；（2）仲裁协议正本或经正式证明的副本。"而依据同一公约第5条第1款第1项之规定，若仲裁协议无效，可以构成受理申请案的法院拒绝执行仲裁裁决的理由。可见，仲裁协议不但是仲裁机构取得对争议案件管辖权的依据，也是法院执行裁决的依据之一。法院在执行裁决时，要求申请人提供仲裁协议，是为了审查仲裁庭是否获得当事人的书面授权、裁决内容是否超出仲裁协议所确定的范围、裁决事项是否具有可仲裁性，等等，以便作是否予以承认和执行的裁定。

仲裁协议的有效性在国际商事仲裁中还有其特有的复杂性。A法域法院依据法院地法认定仲裁条款无效，B法域仲裁庭依据仲裁地法认为仲裁条款有效，并作出仲裁裁决。仲裁裁决的获胜方在A法域申请承认和执行该裁决，A法域法院该如何处理？

根据《纽约公约》的规定，司法主权本身不是一个独立的拒绝承认和执行的理由。比如，《纽约公约》第2条第3款规定，缔约国在存在有效仲裁条款时不得由法院受理相关争议。此外，《纽约公约》还有第5条第2款（乙）项的公共利益原则例外。

在域外仲裁和内地诉讼平行程序的情形下，可以考虑适用的是国际礼让（Comitas Gentium）原则，[①] 以解决管辖权冲突问题。

首先，在涉外诉讼领域，我国《民事诉讼法》允许跨境平行程序的存在，不排除域外有管辖权的司法机关审理内地法院也有管辖权的案件。具体而言，《民事诉讼法司法解释》第 533 条规定："中华人民共和国法院和外国法院都有管辖权的案件，一方当事人向外国法院起诉，而另一方当事人向中华人民共和国法院起诉的，人民法院可予受理。判决后，外国法院申请或者当事人请求人民法院承认和执行外国法院对本案作出的判决、裁定的，不予准许；但双方共同缔结或者参加的国际条约另有规定的除外。外国法院判决、裁定已经被人民法院承认，当事人就同一争议向人民法院起诉的，人民法院不予受理。"该条的合理解释是两方面：第一，如果内地法院作出判决在先，可以拒绝受理当事人申请承认和执行外国法院判决的申请，但是有国际条约规定的除外。第二，如果外国法院作出判决在先，并且该判决得到了我国法院的承认，内地法院就不能就同一争议行使管辖权。

其次，在涉外案件中，即使内地法院有管辖权，也不一定会行使管辖权。《民事诉讼法司法解释》第 532 条规定了在一定条件下内地法院可以裁定驳回原告的起诉，告知其向更加方便的外国法院提起诉讼。这说明我国法院是尊重外国法院的，也反映在承认和执行的环节。对于专属管辖，我国法律也允许以境内仲裁的方式解决，而不行使管辖权。

在仲裁和诉讼平行程序的情形下，国际礼让原则也是可以适用的依据。这主要是因为仲裁权传统上被视为准司法权，仲裁裁判权是司法权让渡的结果。仲裁裁决和法院判决都有国籍属性。《纽约公约》的基本原则是鼓励缔约国尽可能地认可仲裁协议的效力，承认和执行外国仲裁裁决。

[①] 国际礼让说是指以国际礼让为适用外国法依据的国际私法学说，其代表人为优利克·胡伯（Ulrik Huber）。他的主要观点有"胡伯三原则"，又称"礼让三原则"。具体而言：① 任何主权者的法律必须在其境内行使，且必须约束其臣民，而在境外则无效。② 凡居住在其境内的，包括常住的与临时居住的人，都可视为该主权者的臣民。③ 如果每一国家的法律已在其本国的领域内实施，根据礼让，行使主权权利者也应让它们在内国境内保持其效力，只要这样做不损害自己及其臣民的权利或利益。胡伯的上述学说中的第三项指明了适用外国法的依据和条件，由此确立了"国际礼让说"。这一学说首次表明国际私法的国内法性质，即解决法律冲突可以适用外国法，但内国是出于礼让和自身的考虑才承认外国法的域外效力的，同时还要求外国法不能损害本国主权及其臣民的利益。荷兰学派的观点实际上包含了现代国际司法上的一项基本原则：是否承认外国法的域外效力及是否适用外国法，完全取决于各国主权的考虑。外国法只有在内国获得承认时，才能在内国发生效力。

缔约国有义务遵守公约的基本精神。由于仲裁相比司法具有比较弱化的社会和公共利益属性，因此，国际礼让原则的适用更有空间。

依照国际礼让原则，在涉外仲裁和国内诉讼平行程序发生时，可以考虑以下因素：一是内地法院依法认定涉外仲裁条款在中国内地法下无效，该认定只限于中国内地，不影响域外仲裁庭根据仲裁地法律行使管辖权。二是内地法院认定涉外仲裁条款在中国法下无效，可以享有管辖权。但是，该管辖权的行使受到一定的限制，例如涉外仲裁裁决已经做出，则需根据《纽约公约》不行使管辖权。三是如果内地法院已经就实体争议作出判决，涉外仲裁裁决与判决有冲突，内地法院可以援引公共利益条款拒绝承认和执行域外仲裁裁决中有冲突的部分。四是如果实体争议没有进入法院审理程序，法院应该根据《纽约公约》只审查拒绝承认和执行的理由。如果内地法院就实体争议的审理正在进行中，法院可以根据国际礼让原则的相互性，结合实体审理程序启动的先后顺序等因素进行综合衡量，判断是否有违公共利益。

（五）对从合同的效力

主协议的仲裁条款能否及于补充协议项下的争议是仲裁中常见的问题。司法实践一般从补充协议与主协议在形式和内容方面是否可分进行判断。以下案例表明，这一问题应由仲裁庭实体审理决定。

在"张某、钱某（申请人）诉天津君某祺股权投资合伙企业（有限合伙）（被申请人）"一案中，申请人张某、钱某申请称：《关于北京华夏科创仪器技术有限公司之增资及转股合同》（简称《增资及转股合同》）与《增资及转股合同补充协议二》（简称《补充协议》）在主体、内容和客体上存在差异，后者是本案的申请人和被申请人之间成立的新协议。双方发生的争议是基于《补充协议》的内容，《增资及转股合同》中争议解决条款的范围不适用于《补充协议》的争议。故请求依法确认申请人张某、钱某与被申请人君某祺企业签署的《增资及转股合同》中的仲裁协议之效力不及于双方签订的《补充协议》，北京仲裁委员会对（2018）京仲案字第 3882 号仲裁案没有管辖权。

被申请人君某祺企业答辩称：申请人的理由不属于人民法院审理确认仲裁协议效力案件的审查范围，也不存在《中华人民共和国仲裁法》第 17

条和第 18 条规定的事项；申请人向法院提出的理由也曾向北京仲裁委员会提出，且北京仲裁委员会已复函由仲裁庭对管辖异议作出决定；因产生的争议是因《增资及转股合同》"而引起或与之相关的任何争议"，北京仲裁委员会有权管辖。综上，请求驳回申请人的请求。

北京第四中级法院经审查查明：张某、钱某、君某祺企业于 2012 年 2 月 14 日在《增资及转股合同》上签字，第 70 条约定，各方应尽力通过友好协商解决因本合同而引起或与之相关的任何争议。如在任何一方向其他各方发出通知之日起的 7 日内不能通过协商解决争议，则该争议（包括有关本合同有效性或存续性的争议）应提交北京仲裁委员会，根据仲裁时该会现行有效的仲裁规则在北京仲裁。第 71 条约定，仲裁裁决是终局的，对双方都有约束力。张某、钱某、君某祺企业于 2015 年 7 月 2 日签订《补充协议》，该协议未对争议解决事项进行约定。

君某祺企业依据《增资及转股合同》中约定的仲裁条款于 2018 年 11 月 1 日以张某、钱某为仲裁被申请人，将各方基于上述合同所引起的争议向北京仲裁委员会提起仲裁，该仲裁委员会于 2018 年 11 月 9 日受理本案。后张某、钱某持本诉申请理由向北京仲裁委员会提出管辖异议。同年 12 月 12 日，北京仲裁委员会作出《关于管辖异议的复函》，认为"需要对本案相关实体内容进行审理后才能作出决定，故本会依据仲裁规则第 6 条之规定，决定待本案仲裁庭组成后，授权本案仲裁庭对被申请人所提出的管辖权异议作出决定"。

法院认为：当事人可以向人民法院申请确认仲裁协议效力的案件是指当事人在合同中订立有仲裁条款和以其他书面方式在纠纷发生前或者发生后达成仲裁协议后，当事人对该协议的效力有异议，而向人民法院申请确认其效力的案件。本案中，双方当事人对《增资及转股合同》中明确约定的仲裁条款无异议，而是针对《补充协议》是否适用该仲裁条款存有争议。该争议的实质涉及仲裁案件实体审理范畴，并非确认仲裁协议效力案件的审查范围。且张某、钱某已经持本诉申请理由向北京仲裁委员会提起管辖异议，亦经该委复函处理。

法院认为，申请人张某、钱某提出的确认其二人与被申请人君某祺企业签署的《增资及转股合同》中的仲裁协议之效力不及于双方签订的《补充协议》，北京仲裁委员会对（2018）京仲案字第 3882 号仲裁案没有管辖权的请求，法院不予支持。依照《中华人民共和国仲裁法》第 16 条、第 17 条、第 18 条、第 20 条，《中华人民共和国民事诉讼法》第 154 条第 1 款第 11 项规定，裁定如下：驳回申请人张某、钱某的申请。

以私募股权投资为例，受目标公司上市考核要求等因素的影响，投资人签订投资协议外往往还会与目标公司或/和目标公司的控股股东另行签订补充协议，就目标公司无法实现经营业绩或经营目标时的股权回购或现金补偿事宜作出安排。投资协议中约定的争议解决条款（以仲裁为例）能否及于补充协议？对于这一问题，比较多的情况是从投资协议和补充协议之间的关系加以判断，即两者之间是否具有可分性。如在"湖南华厦建筑有限责任公司与常德工艺美术学校不服执行裁定申诉案"中，最高人民法院指出："……存在主合同与补充协议的情形时，当事人在主合同中约定其争议纠纷由仲裁机构解决，对于没有约定争议纠纷解决方式的补充协议可否适用该约定，其关键在于主合同与补充协议之间是否具有可分性。"①

如何判断主协议和补充协议是否可分？可以从形式和实质两个方面进行把握。从形式方面看，一般主要看补充协议有无就其"补充性"作出约定，如在前述案例中法院指出："此后双方当事人于 2008 年 3 月 20 日签订的补充协议明确约定双方已于 2007 年 12 月 28 日签订了合同，为完善条款，对未尽事宜和可能出现的新问题补签该补充协议，且明确约定'所签补充协议与前签协议有同等效力'。"实质方面，一般主要从合同内容方面进行判断。如在"郑某、李某申请撤销仲裁裁决特别程序民事裁定书"中，广州市中级人民法院指出："《湖南贵某步工贸有限公司增资协议之补充协议》是对《湖南贵某步工贸有限公司增资协议》补充约定，两者均是针对湖南贵某步工贸有限公司增资一事，为不可分割的有机整体。"②

在本案中，法院认为《补充协议》是否适用该仲裁条款实质涉及仲裁案件实体审理范畴，并非确认仲裁协议效力案件的审查范围。这里面涉及确认仲裁协议效力案件的审查范围和仲裁庭的实体审理范围两个问题。对于前者，司法实践中的主要争议在于申请确认不存在仲裁协议或仲裁协议对特定当事人没有约束力是否属于确认仲裁协议效力案件的审查范围。最

---

① （2015）执申字第 33 号。
② （2018）粤 01 民特 358 号。

高人民法院在《关于对湖南省高级人民法院就申请人湖南省人民政府、湖南省交通厅与被申请人凯旋国际投资（澳门）有限公司、湖南凯旋长潭西线高速公路有限公司申请确认仲裁协议效力一案请示的复函》中明确表示"申请人请求人民法院确认仲裁协议对申请人和被申请人之间的纠纷是否具有约束力，对于此类案件，人民法院应当作为确认仲裁协议效力案件予以受理"。[①] 从本案情况看，最高人民法院的这一复函似乎并未起到定分止争的作用。对于仲裁条款是否及于《补充协议》的问题，北京仲裁委员会已经作出《关于管辖异议的复函》，表示需由仲裁庭实体审理决定。最高人民法院《关于确认仲裁协议效力几个问题的批复》仅对"一方当事人申请仲裁机构确认仲裁协议效力，另一方当事人请求人民法院确认仲裁协议无效"的情形进行了规定，现行法律并未就一方当事人先后向仲裁机构提出管辖异议、人民法院申请确认仲裁协议效力的情形进行规定。本案例法院在仲裁机构作出需由仲裁庭实体审理决定的意见后，认为"该争议的实质涉及仲裁案件实体审理范畴""且张某、钱某已经持本诉申请理由向北京仲裁委员会提起管辖异议，亦经该委复函处理"，体现了人民法院对仲裁机构决定的尊重以及进行的司法监督的克制。

第二节　仲裁协议的要素及效力的确定

仲裁协议的形式要件与仲裁协议的实质要件一起构成一项仲裁协议得以成立的要件。因仲裁的类型不同，相应地对仲裁协议所必须具备的实质要件也有所不同，例如机构仲裁通常要求在仲裁协议中载明仲裁机构名称，而临时仲裁则无此要求，然而对于仲裁协议之形式要件，则两者是相同的。

一、仲裁协议的形式要件

仲裁协议的形式要件系指仲裁协议的表现形式。仲裁协议对确定仲裁

[①] （2016）最高法民他 70 号。

管辖权、维护正常的商事程序具有重要的意义，因此，国际公约和各国法
律对仲裁协议的形式有比较严格的规定。

（一）书面形式

《纽约公约》第 2 条第 2 款指出："称'书面协定'者，谓当事人所签订
或在互换函电中所载明之契约仲裁条款或仲裁协定。"《国际商事仲裁示范
法》（2006 年修订）第 7 条第 1 款规定："仲裁协议可以采取合同中的仲裁
条款形式或单独的协议形式。"该条第 2—6 款则进一步指出："仲裁协议应
为书面形式。仲裁协议的内容以任何形式记录下来的，即为书面形式，无
论该仲裁协议或合同是以口头方式、行为方式还是其他方式订立的。电子
通信所含信息可以调取以备日后查用的，即满足了仲裁协议的书面形式要
求；'电子通信'是指当事人以数据电文方式发出的任何通信；'数据电文'
是指经由电子手段、磁化手段、光学手段或类似手段生成、发送、接收或
储存的信息，这些手段包括但不限于电子数据交换、电子邮件、电报、电
传或传真。另外，仲裁协议如载于相互往来的索赔声明和抗辩声明中，且
一方当事人声称有协议而另一方当事人不予否认的，即为书面协议。在合
同中提及载有仲裁条款的任何文件的，只要此种提及可使该仲裁条款成为
该合同一部分，即构成书面形式的仲裁协议。"①

与上述公约和示范法一样，中国法律要求仲裁协议是书面的。口头形
式的仲裁协议和约定是得不到中国法律承认的。当然，如果当事人通过语
音通话达成了将彼此之间争议提交仲裁解决的协议，并且通过书面的通话
记录等方式加以整理，经双方当事人互相书面签字确认，双方当事人之间
的仲裁协议也是可以得到认可的。在实践中也发生了当事人口头达成的在
录音、录像等音像材料中将双方愿意通过仲裁方式解决争议的意思表示加
以记录的实际案例。尽管音像资料是固有形式，在证据学上可以被视为物
质证据，但依我国《仲裁法》的规定，音像资料不宜被作为仲裁协议的变
相载体。

仲裁条款和仲裁协议并不存在书面形式认定的问题。此处所要讨论的

---

① 联合国国际贸易法委员会就第 7 条通过了两个备选案文，此处引用的是备选案文一仲裁
协议的定义和形式。备选案文二未对仲裁协议的形式作出规定。

书面形式的认定主要是针对第三种类型的仲裁协议，即其他文件中包含的仲裁协议的认定。

双方当事人通过来往函件、电文缔结仲裁协议的过程一般是由一方当事人将其希望订立的仲裁协议向对方当事人发出建议函，如果对方当事人表示同意，则将表示接受的意图传达给对方当事人。往来函件或电文一般要几个回合。提出方和建议方互相提出修改意见，并且加以接受。

1. 传真中包含的仲裁协议

在仲裁协议的书面认定方面值得讨论的是双方以传真方式确认仲裁协议。笔者欲通过下列案件展开讨论。

申诉方和被诉方在 1991 年 11 月通过传真方式达成了购买柠檬酸的货物销售合同。申诉方同意以 920 美元的单价向被诉方购买 203.5 吨柠檬酸，并将在 1992 年 2 月开出不可撤销的、可转让和分割的信用证。双方约定 1992 年 3 月底为装运期。

合同签订之后，申诉方于 1992 年 1 月通过银行开出了不可撤销的信用证（但不是可转让和可分割的）。被诉方在货物供应方提高价格之后，与申诉方协商提高合同中的价格条款。之后，双方达成备忘录，将货物单价从 920 美元增加到 925 美元。双方同时确认备忘录是合同的组成部分。备忘录签署之后，被诉方又以传真方式向申诉方提出再次提高单价的要求。申诉方通过传真拒绝了被诉方的这一要求。

被诉方在装船期过后仍未送货，申诉方随之向中国国际经济贸易仲裁委员会深圳分会提出了仲裁请求。

被诉方的律师在仲裁过程中就通过传真方式达成的合同的有效性提出了质疑。被诉方认为，根据中国《涉外经济合同法》第 7 条的规定，当事人就合同条款以书面形式达成协议并签字，即为合同成立。通过信件、电报、电传达成协议，一方当事人要求签订确认书的，签订确认书，方为合同成立。最高人民法院《关于适用〈涉外经济合同法〉若干问题的解答》就无效的经济合同的认定列举了 9 种情况，其中第 5 种即为合同未用书面形式的无效。而传真方式不是中国法律承认的书面形式。①

仲裁庭拒绝了这一主张。仲裁庭通过调查发现，被诉方在标准合同上

---

① 《涉外经济合同法》已被 1999 年 10 月 1 日施行的《合同法》所取代。

填写了地址和公司名称并签字盖章后传真给申诉方。这表明双方当事人都认识到书面合同的存在。双方在合同上签字并盖章和通过传真达成合同并没有实质性的差别，传真只是通知的一种方式。

从字面解释看，《涉外经济合同法》所列的合同书面形式中没有包括传真。但是联系《涉外经济合同法》订立之时的 1985 年，不难发现传真机在中国并不普及，至少没有成为一种普遍使用的通信工具。而事实上，传真是电报和电传改进后的一种通信方式，一般比电报和电传具有更高的清晰度。因此，将传真认定为书面形式是符合立法意图和宗旨的。

针对被诉方提出的传真方式并不可靠的争论，仲裁庭认为由于双方当事人都没有对仲裁涉及的合同的真实性产生疑问，因此，可靠性的争论并无太大的意义。当然，传真的文件很容易被复印而伪造，但是，这并不妨碍传真作为书面证据。

根据实践中产生的问题，中国国际经济贸易仲裁委员会在 2005 年修订《仲裁规则》时即明文规定，当事人通过传真、电子数据交换和电子邮件等可以有形地表现所载内容的形式达成的仲裁协议也是可以获得承认的书面协议。

相关的问题还包括当事人是否应当在传真上反签；有没有必要交换有原始签名的正本文件等。一般认为，凡在传真、电传、电报中含有的仲裁协议有书面证据的都可以被认为是达成了有效的仲裁协议。

书面证据一般是在商事交往过程中双方当事人的联系或接触材料。在一个案件中，一方向对方发出传真称："关于我社与贵公司之间就冷轧钢板货款一事，请贵公司尽快按照双方订立的还款协议办理。否则，我社只有被迫按照还款协议第 4 条之规定向中国涉外仲裁机构（中国国际经济贸易仲裁委员会）提请仲裁解决。以上请于 1994 年 9 月 28 日以前传真回复。"接获传真的一方在 1994 年 9 月 26 日答复称："如贵公司坚持仲裁，我公司只能奉陪。"中国国际经济贸易仲裁委员会根据这两份传真认定仲裁协议有效并予以受理。①

中国业已加入《纽约公约》，其第 2 条第 2 款规定："书面协定谓当事人所签订或在互换函电（Exchange of Letters or Telegrams）中所载明之

---

① 中国国际商会仲裁研究所：《典型国际经贸仲裁案例》，法律出版社 1999 年版，第 527 页。

契约公断条款或公断协定"，对文件是否需要交换作出专门的规定，但我国《仲裁法》和 2015 年中国国际经济贸易仲裁委员会《仲裁规则》对此都没有明确说明。

2. 电子邮件中包含的仲裁协议

与合同书面形式相关的问题是电子邮件的使用及其在合同订立过程中的确认。

中国在立法上已经承认电子邮件作为合同签订的一种方式。《合同法》第 10 条规定：当事人订立合同，有书面形式、口头形式和其他形式。而《合同法》第 11 条进一步规定，《合同法》所指的书面形式包括合同书、信件和数据电文（包括电报、电传、传真、电子数据交换和电子邮件）等可以有形表现所载内容的形式。《合同法》第 16 条规定，采用数据电文形式订立合同的，要约和承诺到达的时间以数据电文进入收件人指定特定系统的时间为到达时间，未指定特定系统的，该数据电文进入收件人的任何系统的首次时间，视为到达时间。

通过电子邮件方式提交仲裁文书的法律效力还取决于国内法或仲裁规则的规定。瑞士最高法院新案例：仅以电子方式提交上诉状但未同步邮寄，不得启动国际体育仲裁院上诉程序。2018 年 9 月 12 日，瑞士最高法院在第 4A238/2018 号案件中维持了国际体育仲裁院（CAS）的裁决，即如果上诉状是在时限内通过电子邮件提交，但未按照《国际体育仲裁院规则》的要求在最后期限内提交纸质版，则不予启动上诉程序。根据《国际体育仲裁院规则》（第 R31（3）条）的规定，以电子方式提交上诉状有效，但亦须在有关时限的下一个工作日，以快递方式送交国际体育仲裁院办事处，否则国际体育仲裁院不得进行上诉审理。在本案中，上诉人在时限内通过电子邮件和传真提交了上诉状，但未能在随后的第一个工作日结束前提交纸质本。上诉人的律师在 13 天后寄出了上诉状纸质本，解释说：拖延是由于"秘书的一个不幸失误"。国际体育仲裁院办公室作出决定，拒绝启动上诉程序。上诉人对这一决定提出异议，辩称不允许进行上诉程序的决定侵犯了其根据《国际私法》第 190 条第 2 款（d）项享有的陈述权，并违反了《国际私法》第 190 条第 2 款（e）项规定的公共政策，理由是国际体育仲裁院办公室在适用其规则时过于形式主义。瑞士最高法院驳回了对国际体育仲裁院裁决的挑战，指出上诉人的陈述权没有受到侵犯，因为上诉人有机会解释拖延的原因。瑞士最高法院还驳回了关于公共政策的主张，认为国际体育仲裁院在严格适用《国际体育仲裁院规则》第 R31（3）条的要求方面并没有过于形式主义。

（二）对仲裁协议的其他要求

1. 提供仲裁协议原件

申请人向仲裁机构提出仲裁请求时，不仅必须具有仲裁协议或仲裁条款，而且该仲裁协议或条款必须是原件。中国国际经济贸易仲裁委员会就曾经处理过以下案件。

一家香港公司向中国国际经济贸易仲裁委员会提出仲裁请求，根据是保存于某海关档案室的一份编号为 01 的买卖合同复印件，该合同有一仲裁条款。申请人同时称，该合同复印件是在办理另一起仲裁案件时仲裁庭在某海关调查时获得的，并在被通知的情况下了解到还有这份合同的事实。但是，申请人又称合同的原件已丢失，合同签订时的细节，如时间、地点、经办人员都已不详。被申请人，一家厦门贸易公司称，与香港公司之间确实有一份编号为 01 的买卖合同，但是并不是申请人提供的复印件。两份文件内容不相同。

仲裁委员会作出管辖权裁定，认为申请人没有提供充分的材料证明仲裁协议或条款的有效存在，因此对本案没有管辖权。[①]

2. 对格式合同中仲裁协议的确认

越来越多的商事交易的当事人会使用含有仲裁条款的格式合同。这类条款或者在合同的正文中，或者在合同的背面，或者在合同之外的一份单独的文件中。第一种情况的仲裁条款的有效性没有承认方面的问题。而后两种情况值得讨论。提供标准合同一方可能会通过传真的方式将格式合同的各页传真给对方，而缺页的情况又时常发生。例如购销合同，提供标准合同的卖方将订货单和标准合同传真给买方，买方可能以没有收到完整的标准合同而主张合同不成立或者关键条款无效。

提供格式合同的一方应当在合同首页标明关键性的提示，如本订货单

---

① 中国国际商会仲裁研究所：《典型国际经贸仲裁案例》，法律出版社 1999 年版，第 515—517 页。

上的术语和条件受背面合同条款的约束。而接受格式合同的一方应当对首页上的任何提示尽合理的注意义务。格式合同接受一方通常应当承担要求获得完整合同的义务。

与标准合同有关的另一个问题是合同的合法性。这主要是指提供标准合同的一方在合同中不合理地强加对方不合理的义务，排除对方主要权利的或者免除自己的义务或责任。根据我国《合同法》第40条的规定，这类合同条款是无效的。但是，仲裁条款不太会因为这样的原因而归于无效。

在有的案例中，当事人不仅使用标准合同订立仲裁条款，而且还手写另外订立仲裁协议。为此，中国国际经济贸易仲裁委员会作出了仲裁协议手写条款的效力高于格式条款的裁决。

二、仲裁协议的实质要件

仲裁协议的实质要件系指使仲裁协议依法有效或者仲裁机构认可的仲裁协议必须具备的内容。

仲裁协议是仲裁机构受理案件、仲裁庭审理案件的基础，也是当事人申请法院强制执行裁决的依据之一。仲裁协议订得适当与否，往往关系争议能否及时、公正、合理地处理。因此，双方当事人必须非常谨慎地订立仲裁条款，以相关法律为依据，对仲裁事项作出相关的约定。当事人也可以通过平等协商，就仲裁作出更加详细的约定。虽然国际条约和各国的国内法并未就一项有效的仲裁协议应具备哪些要素作出统一的强制性规定，但一般认为，仲裁协议主要涉及请求仲裁的意思表示、提交仲裁的事项、仲裁机构及（或）仲裁地点、仲裁规则和裁决的效力等要素，其中请求仲裁的意思表示及提交仲裁的事项是最根本的要素。

（一）请求仲裁的意思表示

请求仲裁的意思表示是指当事人各方请求仲裁的明确的意思表示。根据有关的国际条约及各国国内法之精神，这种意思表示必须采用书面形式。请求仲裁的意思表示是仲裁协议的基本要素。首先，请求仲裁的意思表示必须是双方共同的意思表示，而不是一方的表示；必须是双方真实的意思表示，而不是在外界力量影响之下的意思表示；必须是有利害关系的双方当事人之间的意思表示而非其他任何人的意思表示。当事人以仲裁方式解决纠纷的意思表示还可能通过第三方的非当事人进行转达。根据上海市高级人民法院的解释，这类意思表示是无效的。[①] 其次，在现代仲裁制度中，请求仲裁的意思表示必须明确、肯定，符合仲裁一裁终局的本质，以及具有排除法院管辖权力的效力而不得有任何的模棱两可、语意不清或似是而非。[②]

（二）提交仲裁的事项

提交仲裁的事项系指争议的范围，即当事人确定向仲裁机构提交何种性质的争议。当事人在仲裁协议中约定的仲裁事项可以是特定的，例如发生质量纠纷而由仲裁机构仲裁；也可以是泛指的，例如本合同履行中发生的纠纷由仲裁解决。

当事人在订立合同或仲裁协议时经常在仲裁事项上发生问题。当事人或者在仲裁协议中只约定仲裁方式而未约定仲裁事项，或者因为缺乏预见性而对仲裁事项的约定过窄，或者约定的较为模糊，在争议发生之后可能会引起歧见，或者约定的仲裁事项与仲裁请求提出的实际事项不一致，例如仲裁事项本为质量纠纷而实际提交仲裁的事项却是货款纠纷。

针对上述情况，一方面，在订立协议之初，当事人在协议中约定以仲裁方式解决争议，然而不可能在订约时预知今后将发生的争议的性质，如果当事人希望尽量将争议交付仲裁解决的话，在约定提交仲裁的事项方面就不应在仲裁协议中作任何限制。另一方面，当事人可以订立仲裁补充协议。如果双方对仲裁事项不能达成一致，而订立补充协议的，仲裁协议或条款就可能无效。为了避免仲裁协议所包括的仲裁事项过窄，仲裁协议可以采用较为宽泛的规定，避免使用限制性的词句。惯常的说法是："一切产生于合同或与合同有关的争议……"。这种表述比"根据合同产生的一切请求或者在履行合同中产生的一切争议请求"更加全面。

之所以如此，是因为仲裁庭的管辖权源自双方当事人之间签订的仲裁协议，当事人提交的仲裁请求事项或反请求事项必须在仲裁协议所约

---

① 参见《上海高级人民法院与上海仲裁委员会工作协调讨论会纪要》，1996 年 1 月 11 日沪高法〔1996〕3 号通知。

② 高菲：《论仲裁协议》，《仲裁与法律通讯》1995 年第 5 期，第 38 页。

定的范围之内，仲裁庭审理案件的争议事项也必须在当事人请求或反请求的范围之内，否则仲裁机构就无权对争议进行仲裁。对于当事人之仲裁协议未规定之事项，或者当事人在仲裁文书中未明确提出之请求及反请求事项，或者虽经当事人明确提出请求，但经过审查该请求事项在仲裁协议所约定范围之外，仲裁庭亦无权越俎代庖而主动去进行审理并作出裁决。如果仲裁庭就仲裁协议所约定的仲裁事项之外的争议作出裁决，势必因仲裁庭超越权限而导致所作之裁决无效或部分无效，影响其裁决的法律效力。

还有一种比较特殊的情况。仲裁程序开始之后，出现了仲裁开始时不存在的新争议。理论上讲，仲裁庭对新的争议没有管辖权。但是，有些争议比较特殊，比如租赁合同有租金问题、贷款合同有利息问题等。如果仲裁的时候合同并没有终止，一方不履行就会有新的争议。仲裁条款的约定对仲裁庭是否对此类新的争议有管辖权至关重要。此外，仲裁程序中双方当事人达成和解协议，在履行和解协议时产生的争议对仲裁庭而言是新的争议。如果在部分和解裁决中的仲裁条文写明新的争议由原来的仲裁庭处理，仲裁庭就有管辖权。

当然，在当代的国际商事仲裁实践中，越来越多的争议属于侵权争议，例如欺诈、不正当竞争、垄断、侵犯知识产权等，倘若此类侵权争议与合同争议竞合，此时仲裁协议是否将侵权争议包含在仲裁协议之内，当事人能否基于此仲裁条款提请仲裁，在各国的实践中尚有分歧。在中国的司法实践中，曾经有判例认为它们不包括在仲裁协议的范围之内，[①] 因为这涉及仲裁理论上的可仲裁性问题，本书后文将进行专门论述。不过当前的趋势是将履行合同过程中产生或与合同有关的侵权争议视为在仲裁协议的仲裁事项之内。

我国《合同法》第 42 条规定："当事人在订立合同过程中有下列情形之一，给对方造成损失的，应当承担损害赔偿责任：（一）假借订立合同，恶意进行磋商；（二）故意隐瞒与订立合同有关的重要事实或者提供虚假情况；（三）有其他违背诚实信用原则的行为。"我国理论和实务界大多将这

---

① 《最高人民法院公报》1989 年第 1 期；马守仁：《中国近年涉港澳案件》，中国城市经济社会出版社 1990 年版，第 300—309 页。

一条称为缔约过失责任，国外将其称为先合同责任。关于缔约过失责任的性质，有的将其界定为准合同责任，也有的将其视为侵权责任。

关于缔约过失责任和仲裁条款的关系，我国最高法院在"恒顺船务有限公司与上海浦东发展银行股份有限公司保证合同纠纷申诉案"之中表示：缔约过失责任不同于违约责任和侵权责任，但也是一种合同责任。恒顺船务所主张的缔约过失责任属于因保函产生或者与保函有关的争议，应当适用双方选择的仲裁方式解决。①

实务中，也有法院认为缔约过失责任不适用合同约定的仲裁条款。佛山市中级法院认为，本案系上诉人认为因被上诉人的过错导致双方之间未能签订关于涉讼 B4 仓库的建设施工合同，请求被上诉人承担缔约过失责任，赔偿上诉人损失而提起的诉讼，故本案纠纷性质系缔约过失责任纠纷，而非建设工程施工合同纠纷。因此，本案纠纷不应适用设计采购施工合同中的仲裁条款，而应根据合同纠纷案件的管辖规定确定管辖。②

（三）仲裁机构

在临时仲裁的条件下，仲裁协议无须载明仲裁机构，但应约定仲裁庭的组庭方式。因为临时仲裁的特点在于不通过常设机构的行政及后勤支持来进行仲裁，也没有现成的仲裁规则来规定仲裁庭的组成方式，当事人未约定仲裁庭组庭方式，势必造成因无法组成仲裁庭而延误争议的解决。

在机构仲裁的条件下，所有常设仲裁机构的仲裁规则通常规定，除非当事人在其仲裁协议中明确表示将争议提交给该仲裁机构解决，否则即使当事人在仲裁协议中明确表示交付仲裁解决的意思，有时甚至已确定了仲裁地点但未明示仲裁机构名称，有关仲裁机构仍将拒绝受理案件。因此，当事人在仲裁协议中所约定的机构仲裁必须确实存在，或者至少可依常理推定其确实存在。

目前，各国仲裁立法对于仲裁机构是否属于仲裁协议必备要件的规定

---

① （2016）最高法民申 2318 号。
② （2017）粤 06 民终 502 号。

有所不同。

　　自从英国于1979年修订仲裁法以后，英国法院对当事人约定以仲裁方式解决海商海事案件的态度是非常宽松的，一个模糊且简短的表达如"伦敦仲裁"或"伦敦仲裁条款"即可。[①] 换言之，在英国的法律制度下，仲裁协议中的仲裁机构并不构成使之有效的法定要件之一。

　　美国《联邦仲裁法》关于有效、不可撤销和可以执行的仲裁协议第2条规定："在任何海事或者商事契约中，为了用仲裁方式解决可能由于契约引起的或者由于拒绝履行契约全部或者部分引起的争执所作的书面规定，或者由于将这种因契约而引起的，或者由于拒绝履行契约引起的争执提交仲裁的书面协议都是有效、不可撤销和有强制性的，但具有法律或者衡平法所规定之撤销理由者除外。"从立法本身分析，美国仲裁法对于仲裁协议的实质要件，既未要求当事人约定具体的仲裁机构，也未规定仲裁协议若缺少除仲裁意愿之外内容即为无效的仲裁协议。换言之，若仲裁协议中未载明仲裁机构，或者约定的仲裁机构并非唯一的，即所谓"浮动仲裁协议"或者"选择性仲裁协议"，它未必就可以被视为无效的。反之，立法的不明确留给了法院极大的自由裁量的余地。这样，如果法官们对于仲裁无知，甚至为了某种目的而滥用法律给予的司法监督权，那么仲裁立法上的原则性又完全可以成为仲裁制度的一大缺陷。所幸的是，美国司法实践的基本态度是尊重当事人的意思自治，认为仲裁法所包含的美国联邦政策精神是，涉及商务的任何形式的协议中所包含之仲裁条款均为可执行的，法院遇有不够明确的仲裁协议，只要该仲裁协议表明了当事人的仲裁意愿，法院的责任是协助当事人实现其意愿，通过争议解决方式来促进国际贸易的发展。

　　在中国，《仲裁法》要求仲裁协议必须具备三个要求，即请求仲裁的意思表示；仲裁事项；选定的仲裁委员会。据此，当事人在仲裁协议未明确仲裁机构的，仲裁协议无效。尽管国际商事仲裁通常在常设仲裁机构之外承认临时仲裁机构的合法性。但是，根据我国《仲裁法》规定，这类由双方当事人直接在仲裁协议中指定仲裁员，约定仲裁程序，自行组成临时仲裁庭进行仲裁的方式并不能得到法律上的承认。

----

　　① 高菲：《论仲裁协议》，《仲裁与法律通讯》1995年第5期，第40页。

（四）仲裁地点

仲裁地点是进行仲裁程序和作出仲裁裁决的地点。在国际商事仲裁中，当事人一般有权选择仲裁地点。由于仲裁地点和仲裁所适用的程序法和该地点所在国的冲突规则有着密切的联系，特别是仲裁地点还直接关系仲裁裁决的司法承认和执行，因此，仲裁地点在仲裁协议中具有相当重要的作用。

就仲裁机构和仲裁地点的关系而言，一般地，如果当事人明确规定了仲裁机构的名称，通常也就确定了仲裁地点，因为仲裁机构肯定与特定的地点相联系。然而，某些情况下也可能仲裁机构与仲裁地点不一致。例如，依据《国际商会国际仲裁院仲裁规则》（2017 年修订）之规定，当事人可以约定提请该仲裁院仲裁，但仲裁地点在其他地点，这样两者是不一致的；也有可能当事人仅规定了仲裁地点却未载明具体的仲裁机构名称，在此情况下，仲裁地点是一个至关重要的因素，甚至具有比仲裁机构本身更重要的意义。

首先，确定仲裁地点直接关系争议归何国管辖的问题。在国际商业活动中，双方当事人分别位于不同的国家，相对于特定的仲裁机构而言，当事人更为熟悉仲裁地点。尤其在临时仲裁的情况下，因为不存在仲裁机构，若当事人未明示仲裁依据何种仲裁程序规则进行时，就必须依照仲裁地的法律来确定可能适用的仲裁程序问题。众所周知，一般情况下涉及仲裁协议的效力、当事人提请仲裁的时效等程序事项，应该适用仲裁地的法律加以判断，而仲裁地之法律有可能与当事人本国法律相距甚远。例如，按照《纽约公约》第 5 条第 1 款第 1 项的规定，若当事人举证证明仲裁协议无效的话，受理执行申请案件的法院就有权拒绝承认及执行该仲裁裁决。在此处判断仲裁协议是否有效，如果当事人未选择适用的法律，就应依仲裁地之法律，而不是依据受理执行案件法院所在地之法律。基于这一规定，如果一项国际买卖合同的当事人仅约定争议交付伦敦仲裁，假定争议发生后英国伦敦国际仲裁院受理案件，并由当事人所指定的仲裁庭作出裁决；当这一裁决向中国法院申请承认及执行时，如果一方当事人依据我国《仲裁法》之规定认为仲裁协议未选定仲裁机构（这是我国《仲裁法》第 16 条关于有效仲裁协议必备要件之一），因而属无效仲裁协议，中国法院就会面临依据何国法对仲裁协议之效力进行认定的问题。若依中国法律，此项仲裁协议因缺乏"选定的仲裁委员会"这一法定要件而无效；然依据仲裁地英国的法律，此项仲裁协议并未违反当地法律而为有效。在此情况下，基于《纽约公约》的规定，中国法院必须遵循该公约关于确定仲裁协议效力准据法之规定。换言之，必须依据英国的法律认定仲裁协议有效。仲裁地点对于整个仲裁制度的意义可见一斑。

其次，如前所述，在不少国家或地区仅设立一个或极为有限的仲裁机构，仲裁机构与特定区域相联系，当讲到"在斯德哥尔摩仲裁"，一般指"在瑞典斯德哥尔摩商会仲裁院仲裁"；讲到"在苏黎世仲裁"，通常也认为就是在"瑞士苏黎世工商会仲裁院仲裁"。尤其是涉及国际航运、各种商品期货交易等领域，商人们经过数百年的实践早已形成惯例，而交易合同亦成为格式化了。凡是发生争议，一般愿将它们提交给伦敦、芝加哥等少数几个交易场所设立的专门仲裁机构解决。因此，当商人们约定在特点地点仲裁解决其争议时，尽管未指明相关的仲裁机构，但人所共知的行业惯例足以使这一行业内的商人们理解所指的仲裁地点就是该地点的行业仲裁机构。在此情况下，如果当事人一方在争议实际发生时试图以仲裁机构约定不明确为理由，拒绝参加仲裁程序，几乎是难以如愿的。

最后，仲裁地点的重要性在于影响实体法的适用。如果当事人未在合同中明示应适用的实体法，作为一项国际私法的原则，审理案件的仲裁庭将适用所在地的冲突规范来确定应予援用的实体法，例如《国际商事仲裁示范法》（2006 年修订）第 28 条第 2 款就规定："当事人没有指定任何适用法律的，仲裁庭应当适用其认为适用的法律冲突规范所确定的法律。"因为对于仲裁庭而言，当事人未选择实体法时，仲裁庭所熟悉的冲突规范通常是仲裁地的冲突规范；如果当事人的营业地或者国籍不同，同样不可能适用当事人一方的冲突规范来确定实体法；如果组成仲裁庭的各位仲裁员来自不同的国家，任何情况下不能设想依据各位仲裁员所熟悉的本国冲突规范来确定应适用之实体法，唯一可行的方式只能按仲裁地的冲突法来确定。

在某些情况下，当事人未确定解决争议的准据法，仲裁庭将直接适用仲裁地的实体法来进行裁决。

在实践中，当事人在合同中可能同时约定两个仲裁地，如何确定仲裁地？美国第十一巡回上诉法院在"西班牙马西克公司诉安德洛墨达蒸汽船公司"（Internaves de Maxico S. A. de C. V. v. Andromeda Steamship Corp.）一案中指出，仲裁协议本质上是当事人之间的合同，应该依照合同法解释，仲裁地的确定属于仲裁协议的解释问题。根据美国法律，二审法院可以重新予以审查。在本案中，当事人在租约中同时约定适用英国法伦敦仲裁和适用美国法纽约仲裁。二审法院认为，仲裁协议产生的问题应该根据合同法原则解决。美国联邦仲裁法规定，除了存在法律或衡平法规定的撤销合同理由外，任何海事商业合同的书面仲裁协议都应当是有效的、不可撤销的联邦政策，仲裁属于合同约定事务的基本原则。根据联邦仲裁法第 2 章的规定，不论约定仲裁地是否在美国境内，法院应该要求当事人在仲裁协议约定的地点进行仲裁。在约定仲裁地不明确的情况下，仲裁法第 1 章规定，法院有权且仅可要求在法院辖区内进行强制仲裁。对仲裁地约定是否明确进行解释应该遵循五大合同法原则：第一，合同用语原则。合同所使用的实际用语是各方选择纠纷解决地点意图的最好证据。[1] 第二，合同条款内恰原则。对合同解释时，应该按照使其各个条款均发生效力并且相互和谐的方式进行解释。[2] 第三，内在解决机制有限原则。如果合同存在冲突条款，但是合同本身规定了解决纠纷的方法，应该适用合同本身规定的冲突处理规则。[3] 如果合同存在解决冲突的条款，那么合同就不是模糊和不明确的。[4] 第四，特殊条款优先原则。当合同中的一般条款受到某些特别条款的影响，解释规则就是特别条款优于一般条款。[5] 第五，真实本意原则。由于当事人偶尔会产生意思表示错误，合同在订立过程中也可能会出现笔误或打印错误的情况，合同应该尽量按照接近于实际情况进行解释。[6] 明显的表面错误不会导致合同的模糊不明确。[7] 在本案中，当事人在合同的第一部分通过在标题为"法律与仲裁"中手写"适用英国法，在伦敦仲裁"；在第二部分，当事人通过划掉第 19 条所附的条款，单独保

---

[1]　Rose v. M/V "Gulf Stream Falcon", 186 F.3d 1345, 1350 (11th Cir. 1999).

[2]　In re FFS Data, Inc. 776 F.3d 1299, 1305 (11th Cir. 2015) (quoting Mastrobuono v. Shearson Lehman Hutton, Inc., 514 U. S. 52, 63 (1995)).

[3]　Columbia Cas. Co. v. S. Flapjacks, Inc., 868 F.2d 1217, 1221 n.1 (11th Cir. 1989).

[4]　Latham v. Sentry Ins., 845 F.2d 914, 916 - 17 (11th Cir. 1988).

[5]　Goldberg v. Bear, Sterns & Co., 912 F.2d 1418, 1421 (11th Cir. 1990).

[6]　Georgia R. R. Bank & Tr. Co. v. Fed. Deposit Ins. Corp., 758 F. 2d 1548, 1551 (11th Cir. 1985).

[7]　Begner, 428 F.3d at 1006.

留 19（b）款（适用美国法，在纽约仲裁）的方式，表现了选择在纽约进行仲裁的意图。当事人在这两个部分的意思表示产生了合同内部冲突。当事人在合同中增加了一个冲突条款以解决此类冲突，"在出现合同规定不一致的情况下，第一部分的条款应优于第二部分对于此类问题的规定"。显然，在矛盾条款皆为有效的情况下，各方应当受到冲突条款的调整，并且第一部分的条款应该优于第二部分的条款。[1]

（五）仲裁程序规则

仲裁程序规则是指当事人及仲裁庭在仲裁的整个过程中应遵循的程序规则，它包括仲裁机构的管辖权；仲裁申请的提起、答辩的方式及相应的期限；仲裁员的指定和仲裁庭的组成仲裁审理；仲裁裁决的作出及其效力等内容。不同的仲裁规则对仲裁案件的审理或多或少地产生某种影响，例如，不同的仲裁规则对于仲裁员的指定及仲裁庭的组成方式可能有所不同。由于仲裁员的国籍、本国的法律传统、文化背景、专业素质等均有差异，由不同的仲裁员所作出的仲裁裁决有可能存在细微的差异，有时甚至是实质性的差异。因此当事人在订立仲裁协议时，应明确规定仲裁应适用的仲裁规则，以便当事人及仲裁庭遵循执行，使仲裁程序顺利进行。

目前，各常设仲裁机构均制定了自己的仲裁规则，例如《瑞典斯德哥尔摩商会仲裁院仲裁规则》《瑞士苏黎世工商会仲裁院仲裁规则》《中国国际经济贸易仲裁委员会仲裁规则》《美国仲裁协会国际商事仲裁规则》等。此外，一些国际组织也制定了若干仲裁规则，供各国的当事人选用，例如《联合国国际贸易法委员会仲裁规则》《联合国远东及亚洲经济委员会仲裁规则》等。通常当事人选择在哪个仲裁机构仲裁，就必须按该机构所制定的仲裁规则进行仲裁，当事人选择该仲裁机构就不必载明适用何种仲裁规则；但有的仲裁机构允许当事人自由选择其认为合适的仲裁规则，例如在瑞典斯德哥尔摩商会仲裁院及香港国际仲裁中心仲裁，当事人有权选用其他仲裁规则。在此情况下，仲裁机构与调整仲裁程序的仲裁规则可以分开。

---

[1]　Internaves de Mexico S. A. de C. V. v. Andromeda Steamship Corp., No.17-12164 (11th Cir. 2018).

（六）仲裁裁决效力

仲裁裁决的效力是指仲裁裁决是否具有终局性，对当事人是否具有拘束力，当事人能否向法院或其他机构申请变更裁决。

如前所述，仲裁的特点在于一裁终局，不得上诉。且绝大部分国家的法律及仲裁机构的仲裁规则均规定，仲裁裁决具有终局效力，对双方当事人均有拘束力，当事人任何一方不得向法院上诉或向任何行政机关申诉。例如《德国民事诉讼法》第1040条规定："裁决对当事人具有法院终局和有约束力判决的效力。"1989年1月1日起生效的《瑞士联邦国际私法典》第190条第1款规定："裁决自送达之日起即为终局的。"我国《仲裁法》确立的是仲裁一裁终局制。仲裁机构作出的仲裁裁决具有终局性，当事人不能就同一纠纷向法院提起诉讼。在仲裁规则方面，比如《联合国国际贸易法委员会仲裁规则》第32条第2款规定："裁决应以书面为之，并且是终局的和对当事人双方均有拘束力，双方承担立即履行裁决的义务。"中国国际经济贸易仲裁委员会《仲裁规则》第60条规定："仲裁裁决是终局的，对双方当事人均有约束力。任何一方当事人均不得向法院起诉，也不得向其他任何机构提出变更仲裁裁决的请求。"

当事人在仲裁协议中规定裁决为终局的，在某些法律制度下，法院可以在相关程序中对仲裁裁决行使司法权，此时该项规定对裁决的效力会产生一定影响，甚至是实质性的影响。因为仲裁机构是不会接受当事人得以继续向法院上诉的争议案件的。然而，按照某些国家的法律，只有当事人在仲裁协议中明确约定是终局的，方才视为该裁决是终局的，否则仍允许向法院上诉。例如，当事人可以根据香港的仲裁条例对仲裁裁决中的法律问题向当地的法院提起上诉。如果当事人在仲裁协议中约定仲裁裁决的终局性，法院的司法干预则可以避免。又如《法国民事诉讼法典》第1482条规定："除非当事人在仲裁协议中放弃了他们的上诉权，仲裁裁决可以上诉。"尽管该《法典》第1481条第1款的规定是仲裁裁决不可成为异议的标的或上诉到最高上诉法院，从1482条之规定，显然要求当事人在仲裁协议中载入这一内容。

值得注意的是，仲裁裁决的终局效力与在特定条件下的被撤销或被拒绝执行并不矛盾。因为就裁决的终局效力而言，是指当事人不得基于对实体问题（如认定的事实或法律适用）的不满向法院起诉，要求变更或撤销裁决；或者在胜诉方向法院申请强制执行时，被申请一方试图以实体问题请求法院拒绝执行该裁决。这是各项国际条约及绝大多数国家立法所确立的原则。但是，涉及程序性事项的缺陷，或者在仲裁开始时双方当事人就是否存在有效的仲裁协议的争议，法院仍然保留一定的司法监督权。

（七）仲裁协议实质要件之小结

仲裁协议的实质要件不止上述六项，其他如仲裁庭的组成、解决争议的准据法、仲裁所使用的语言、仲裁费的承担等事项，均可列入仲裁协议之内。

在仲裁庭组成上，当事人可以选择由 3 名仲裁员组成的仲裁庭或者决定采用只有一名仲裁员的独任制。在选定仲裁员方面，当事人可以各自选定或者委托仲裁委员会主任指定第三名仲裁员为首席仲裁员；当事人约定由一名仲裁员成立仲裁庭的，可以由当事人共同选定或者共同委托仲裁委员会主任指定仲裁员。在仲裁程序方面，当事人可以约定是否开庭仲裁，双方可以通过仲裁协议约定不开庭而作出仲裁裁决。双方还可以约定是否公开仲裁，等等。

在准据法的选择上，当事人可以在仲裁协议中约定解决争议的准据法。但是，根据我国《合同法》第 126 条的规定，在中华人民共和国境内履行的中外合资经营企业合同、中外合作经营企业合同、中外合作勘探开发自然资源合同适用中国法律。当事人在仲裁协议中另作规定会被视为无效。

在仲裁所使用的语言上，实践中一般允许当事人自行约定仲裁使用的语言。

在仲裁费的承担上，由于我国《仲裁法》允许当事人约定仲裁费用的缴纳，因此，当事人可以在仲裁协议中规定仲裁费用负担的方法。

当然，是否将这些事项载入仲裁协议，完全视当事人对双方商业交易规模、复杂程度等的基本估价以及对于商事仲裁制度的认识。不过，一项仲裁协议只要具备了提交仲裁的明确意思表示、仲裁的事项以及选定的仲裁机构，不论其为合同中的仲裁条款抑或争议发生后缔结的提交仲裁的协议，仲裁庭都可以毫无困难地据此取得对案件的管辖权，并作出仲裁裁决。

从列举的仲裁协议的实质要件可知，即使具备了所有上述内容，也仅能在程序上保证争议得以通过仲裁方式解决，并且在仲裁过程中不至于发生不必要的法律障碍，至于如何裁定各方当事人的权利义务，即仲裁庭依据何种实体法来确定案件的是非曲直并未解决。由于适用不同的实体法，可能导致不同的审理结果，当事人在拟定仲裁协议时往往难以就此达成一致意见。作为变通办法，当事人将此问题留待仲裁庭解决。当然，倘若仲裁协议能载明仲裁所应适用的实体法，则对迅速、公正解决争议不无好处。

现在，几乎所有的常设国际商事仲裁机构都向各国当事人推荐在其商务合同中载入标准的仲裁条款，当事人使用了此类标准的仲裁条款，至少可以避免投诉无门或者为完善仲裁条款不得不诉诸法院的情形。

三、中国国际经济贸易仲裁委员会认可的仲裁协议的内容

我国《仲裁法》要求的仲裁协议的基本内容并不完全适用于当事人提交中国国际经济贸易仲裁委员会仲裁而达成的仲裁协议。这主要是因为以下原因：

首先，中国国际经济贸易仲裁委员会独立于根据《仲裁法》规定所确立的仲裁机构。《仲裁法》也明确允许涉外仲裁适用专门的规则。

其次，中国国际经济贸易仲裁委员会与根据《仲裁法》所确立的仲裁机构可能具有相同的仲裁地点。

再次，中国国际经济贸易仲裁委员会的仲裁规则具有相对的独立性，因此，当事人应当加以选择或明确。

根据2015年中国国际经济贸易仲裁委员会《仲裁规则》的规定，除了当事人应当表示愿意仲裁的意思表示之外，必须指定中国国际经济贸易仲裁委员会作为仲裁机构，同时还应有接受该仲裁委员会现有仲裁规则约束的意思表示。

当事人在选择中国国际经济贸易仲裁委员会作为仲裁机构时，必须根据中国国际经济贸易仲裁委员会的《仲裁规则》订立仲裁协议。根据一般的实践，当事人应当将下列要点包括在仲裁条款或协议中。

第一，仲裁地点。由于中国国际经济贸易仲裁委员会除在北京之外，

在上海、天津、浙江、湖北、福建、深圳、香港等地也有分会。因此，当事人如果倾向于某一仲裁地点，应该在仲裁协议中加以注明，以避免产生争议，增加不确定性。

当事人在仲裁协议中未选定仲裁地点时，仲裁委员会通常以当事人首先提出申请的分会受理，进行仲裁。这可以由以下案例说明。

一家美国公司与中国工厂签订中美合资有限公司合同，设立合资企业。合同第 19 条规定：双方发生的争议，协商不能解决时，应提交中国国际经济贸易仲裁委员会进行仲裁。双方在合资过程中产生争议，美国合资方向中国国际经济贸易仲裁委员会深圳分会提请仲裁，深圳分会受理了案件。中国合资方向仲裁委员会深圳分会提交了抗辩书，对仲裁地点提出异议。

双方主要的争议集中在仲裁协议对仲裁地点的约定是否明确，以及深圳分会对本案是否有权受理。中方辩称：根据中国国际经济贸易仲裁委员会《仲裁规则》第 11 条的规定：仲裁委员会设在北京，仲裁委员会分会是仲裁委员会的组成部分。深圳分会与仲裁委员会北京并不相同。因此，仲裁协议是明确的，有权审理本案的应该是设在北京的中国国际经济贸易仲裁委员会，而非其下设的深圳分会。仲裁委员会认为，由于双方没有在仲裁条款中约定仲裁地点，而提出仲裁申请的美国合资方首先向仲裁委员会深圳分会提出仲裁申请，因此仲裁地点应该是仲裁委员会深圳分会，仲裁程序应当继续进行。

中国国际经济贸易仲裁委员会深圳分会作出以上裁定的主要依据是争议发生时，中国国际经济贸易仲裁委员会《仲裁规则》第 12 条[1]在这个问题上的规定，双方当事人可以约定将其争议提交仲裁委员会北京进行仲裁，或者约定将其争议提交仲裁委员会深圳分会在深圳进行仲裁，或者约定将其争议提交仲裁委员会上海分会在上海进行仲裁；如无此约定，则由申请人选择，由仲裁委员会在北京进行仲裁，或者由其深圳分会在深圳进行仲裁，或者由其上海分会在上海进行仲裁。作此仲裁时，以首先提出选择的为准；如有争议，应由仲裁委员会作出决定。[2]

---

[1]　中国国际经济贸易仲裁委员会《仲裁规则》(1995、1998、2000 年)中的该条规定相同。

[2]　中国国际商会仲裁研究所：《典型国际经贸仲裁案例》，法律出版社 1999 年版，第 503—504 页。

　　当事人通常会认为仲裁地点应该是争议发生地或者在争议发生地邻近的分会所在地。例如，设立在上海的合资企业双方会考虑将合资企业纠纷提交给中国国际经济贸易仲裁委员会上海分会进行仲裁。这样考虑的主要原因是节省仲裁费用。但是，如果选择上海作为仲裁地，就有可能选择在上海的仲裁员组成仲裁庭。从公正的角度看，这样的安排对当事人之间争议的公正解决并不非常有利。因此，仲裁地点可以与争议地点相互分离。换言之，在上述假设的情况下，合资企业双方可以选择北京或深圳作为仲裁地。

　　当事人在签订仲裁协议时还应注意仲裁地点与开庭地点是不相同的两个概念。2015 年中国国际经济贸易仲裁委员会《仲裁规则》第 36 条规定：当事人约定了开庭地点的，仲裁案件的开庭审理应当在约定的地点进行，当事人未在仲裁委员会规定的期限内预缴差旅费、食宿费等有关实际费用的除外。除非当事人另有约定，由仲裁委员会仲裁院或其分会/仲裁中心仲裁院管理的案件应分别在北京或分会/仲裁中心所在地开庭审理；如果仲裁庭认为必要，经仲裁委员会仲裁院院长同意，也可以在其他地点开庭审理。

　　仲裁委员会仲裁院院长同意在不同于分会所在地的地点审理案件通常是出于有利于收集证据、实地调查、检验货物等需要的考虑。一般只要双方当事人对仲裁地点达成一致，并且缴纳一定的费用，仲裁庭、仲裁委员会仲裁院院长会同意。《仲裁规则》将最终决定仲裁地点的权力授予仲裁委员会仲裁院院长的规定也经常遭到质疑。这类决定应当完全根据当事人的需要而决定。

　　第二，仲裁语言。2015 年中国国际经济贸易仲裁委员会《仲裁规则》第 81 条第 1 款规定：当事人对仲裁语言有约定的，从其约定；当事人对仲裁语言没有约定的，以中文为仲裁语言。仲裁委员会也可以视案件的具体情形确定其他语言为仲裁语言。考虑到将争议提交中国国际经济贸易仲裁委员会进行仲裁的双方当事人主要是外国投资者和在中国境内的中外合资、合作企业或者是独资企业，因此，英语是比较便利和容易沟通的语言。在仲裁协议中指定除中文之外的工作语言是必要的。

　　第三，仲裁庭的组成。许多当事人在仲裁协议中详细地规定仲裁员的产生办法。2015 年中国国际经济贸易仲裁委员会《仲裁规则》采纳的仲裁庭方式是独任仲裁员制和包括 3 名仲裁员在内的集体制，因此，当事人有必要在仲裁协议中选定其中的一种。除非当事人希望采用不同于独任制和 3 名仲裁员组成仲裁庭的方式，例如，由 5 名仲裁员组成仲裁庭，一般不必重复仲裁规则的具体表述。

第四，仲裁员的指定。指定仲裁员的主要问题是国籍问题。由于当事人一方或双方可能来自不同的国家，因此，选择不同于其中一方当事人国籍的仲裁员对于维护仲裁的公正就显得较为重要。

第五，准据法。除了中国法律规定的强行法之外，一般认为当事人可以选择解决争议的准据法。这也被认为是中国国际经济贸易仲裁委员会优于根据《仲裁法》设立的地方仲裁机构的一个较为明显的特点。

第六，仲裁规则。当事人选择中国国际经济贸易仲裁委员会作为解决争议的仲裁机构，也就表明当事人接受中国国际经济贸易仲裁委员会的仲裁规则。同时，根据中国国际经济贸易仲裁委员会的仲裁规则，当事人也可以对仲裁规则另行约定。同地方仲裁机构统一使用一个仲裁规则相比，中国国际经济贸易仲裁委员会的规则具有一定的灵活性。

四、仲裁协议效力的确定

国际商事仲裁普遍接受的做法是由审理案件的仲裁员或仲裁庭对仲裁协议的有效性作出判断。退而求其次，有些仲裁机构，如国际商会，会作出初步的裁决，决定仲裁程序是否进行，而最后决定权由仲裁庭作出。

虽然仲裁机构作出的裁决是最终的，法院在确定仲裁协议效力中也发挥一定的作用。但是，通常只能由该国法院进行有限度的审查。例如，在瑞士，只有瑞士联邦最高法院才有权对仲裁机构的裁决作出审查。

根据我国《仲裁法》和仲裁实践，在中国有权对仲裁协议的效力加以确认的有两个机构，即仲裁机构和受诉法院。

（一）仲裁机构对仲裁协议有效性的确认

根据我国《仲裁法》第 20 条的规定，当事人对仲裁协议效力有异议的，可以请求仲裁委员会作出决定。仲裁机构由此取得了确认仲裁协议有效性的权力。

2015 年中国国际经济贸易仲裁委员会《仲裁规则》第 6 条规定：仲裁

委员会有权对仲裁协议的存在、效力以及仲裁案件的管辖权作出决定。有评论指出：对同一个案件的管辖权不进行双重审查，而且仲裁委员会通常将管辖权争议作出紧急事项处理。这种机制被认为能够有效地减少费用和加快程序。①

显然，这种审查制度也有利于维护仲裁机构的权威，因为仲裁庭的解散不会影响仲裁委员会作出决定的效力。当然消极的影响是仲裁员以及仲裁庭的权威和活动能力受到了仲裁机构的限制，而且表现出比较强的依赖性。值得注意的是，仲裁庭对仲裁机构的这种依赖性还表现在许多方面。例如，2015 年中国国际经济贸易仲裁委员会《仲裁规则》第 23 条规定，当事人依据中国法律申请临时保全时，仲裁委员会应当将申请转交给有管辖权的人民法院作出裁定。换言之，仲裁员和仲裁庭无权作出临时保全的决定，除非当事人依据《中国国际经济贸易仲裁委员会紧急仲裁员程序》申请紧急性临时救济，紧急仲裁员可以决定采取必要或适当的临时性救济措施。

在仲裁机构对仲裁协议有效性的审查中，逻辑上不发生歧义是一个重要标准。这可以在以下的案例中得到说明。

深圳一家公司与一家香港公司于 1994 年签订了联营出口协议书。该协议书中订明如下条款：双方如对本协议发生争议，原则上应协商解决，协商不能解决，则仲裁解决，仲裁地为深圳。

双方发生合同争议后，深圳公司于 1995 年 1 月向深圳市工商行政管理局经济合同仲裁委员会提起仲裁。在香港公司提出合同一方是境外公司而应作为国际经济贸易纠纷之后，深圳公司主动撤回了仲裁申请，并在深圳市工商行政管理局经济合同仲裁委员会作出撤案决定后，向中国国际经济贸易仲裁委员会深圳分会提出仲裁申请。香港公司在接到仲裁通知后，对管辖权提出异议。主要理由是联营出口协议书中的仲裁条款不符合中国国际经济贸易仲裁委员会《仲裁规则》中的示范仲裁条款，而且仲裁条款指定仲裁机构不明确。

中国国际经济贸易仲裁委员会深圳分会认为，仲裁委员会推荐的示范

① 王生长：《斯德哥尔摩商会仲裁院仲裁规则与中国国际经济贸易仲裁委员会仲裁规则的比较》，《国际仲裁期刊》1992 年第 4 期，第 106 页。

条款本身并不是强制性的要求。仲裁委员会受理本案在《仲裁法》生效之前，因此不适用仲裁法，而应适用中国国际经济贸易仲裁委员会仲裁规则。联营出口协议书约定了在深圳进行仲裁。尽管该仲裁条款中双方当事人未对仲裁机构予以明确约定，但从案件的实际情况看，当事人对仲裁机构的选择是确定的。当时，深圳只有中国国际经济贸易仲裁委员会深圳分会和工商行政管理局内设置的经济合同仲裁委员会，而受理国际经济贸易纠纷的涉外仲裁机构只有中国国际经济贸易仲裁委员会分会。[①]

（二）受诉法院对仲裁协议有效性的确认

双方当事人在订立仲裁协议后，如果一方当事人就协议的效力向法院提起诉讼，受诉法院有权对仲裁协议的效力作出认定。受诉法院在认定仲裁协议无效的情况下可以审理案件。如果法院认定仲裁协议有效，一方当事人提起的诉讼就会被驳回，当事人仍应通过仲裁解决争议。

（三）法院与仲裁机构对仲裁协议有效性行使确认权的冲突

实践中经常发生一方当事人请求仲裁委员会认定仲裁协议的效力，而另一方当事人请求法院作出裁定。根据中国《仲裁法》的规定，在这种情况下，法院的认定是最终的。《仲裁法》第 20 条明确规定，当事人对仲裁协议的效力有异议的，可以请求仲裁委员会作出决定或者请求人民法院作出裁定。一方请求仲裁委员会作出决定，另一方请求人民法院作出裁定的，由人民法院裁定。

最高法院所作的司法解释对这个问题作了进一步的说明。如果仲裁机构先于法院接受申请并且作出决定，法院不应当受理。[②]

上海市高级法院认为，上海仲裁委员会对仲裁协议效力的异议请求依法作出决定后，当事人再向法院提出异议请求的，法院不予受理。[③]

上海市高级法院的解释在中国法院的司法实践中具有普遍性。厦门市中级法院在下列案件中作出了类似的裁定：厦门信达股份有限公司与雅捷

---

① 中国国际商会仲裁研究所：《典型国际经贸仲裁案例》，法律出版社 1999 年版，第 493—494 页。

② 最高人民法院《关于确认仲裁协议效力几个问题的批复》（法释〔1998〕27 号）第 3 条。

③ 《上海市高级人民法院与上海仲裁委员会工作协调讨论会纪要》（1996 年 1 月 11 日沪高法〔1996〕3 号通知）。

实业有限公司于 1993 年在厦门签订了一份买卖 1 500 吨钢材的中英文对照合同。但是中英文合同对仲裁条款的表述不同。中文合同中手写：争议应提交双方同意的美国具有法律效力的仲裁机构按有关国际仲裁条例进行仲裁，仲裁地点在美国。英文的格式合同则规定：争议应提交中国国际经济贸易仲裁委员会仲裁解决，仲裁地点在北京。

1996 年 3 月，双方当事人在货物到达厦门后对货物质量问题发生纠纷，但未达成新的意思表示一致的仲裁协议。信达公司向中国国际经济贸易仲裁委员会申请仲裁，而雅捷公司依据合同仲裁条款中文的表述提出管辖权异议。信达公司在对管辖权异议的答辩中要求中国国际经济贸易仲裁委员会驳回雅捷公司的异议。1996 年 8 月，中国国际经济贸易仲裁委员会最后作出了仲裁协议手写条款的效力高于格式条款，支持雅捷公司的管辖权异议的决定。1996 年 8 月，信达公司在隐瞒了中国国际经济贸易仲裁委员会已经对仲裁管辖权作出认定的事实，而向厦门市中级法院申请确认合同仲裁协议中文条款无效，英文条款有效。庭审过程中，信达公司提交了中国国际经济贸易仲裁委员会作出的管辖权决定书，表明中国国际经济贸易仲裁委员会对合同争议没有管辖权。

厦门市中级法院认为信达公司在收到仲裁机构有关本案管辖权决定之后，又向法院申请确认仲裁协议的效力，该申请不符合《仲裁法》第 20 条和《民事诉讼法》（1991 年）第 140 条第 1 款（11）项的规定，裁定驳回信达公司请求确认仲裁协议效力的申请。

厦门市中级法院的司法实践将当事人请求确认仲裁协议效力同《民事诉讼法》（1991 年）第 15 章特别程序的规定提出起诉或申请的案件一样，具有非讼请求之性质，不属于当事人之间的实体争议的范围。这一点在诉讼法上具有突破意义。

为了避免法院与当地仲裁机构在仲裁协议有效性确认方面的重复审理的问题，上海市高级法院要求法院和上海仲裁委员会在受理当事人对仲裁协议效力提出的异议请求作出裁定、决定后，应及时发送对方，以免发生重复受理。①

---

① 《上海市高级人民法院与上海仲裁委员会工作协调讨论会纪要》（1996 年 1 月 11 日沪高法〔1996〕3 号通知）。

但是，如果仲裁机构还未作出裁决时，法院是否能够受理。最高法院的解释规定，在仲裁机构接受申请后尚未作出决定时，法院应予受理，同时通知仲裁机构终止仲裁。这一规定进一步明确了法院在确认仲裁协议效力方面的主导权力。[①]

另外一种值得注意的情况是，一方当事人就合同纠纷或者其他财产权益纠纷申请仲裁，另一方当事人对仲裁协议的效力有异议，请求人民法院确认仲裁协议无效，并就合同纠纷或者其他财产权益纠纷起诉的，人民法院受理后，应当通知仲裁机构中止仲裁。[②]

人民法院作出仲裁协议有效或者无效的裁定后，将裁定书副本送达仲裁机构。仲裁机构根据法院的裁定恢复仲裁或者撤销仲裁案件。[③]

最高法院的司法解释进一步规定：法院依法对仲裁协议作出无效的裁定后，另一方当事人拒不应诉的，法院可以缺席判决；原受理仲裁申请的仲裁机构在人民法院确认仲裁协议无效后仍不撤销其仲裁案件的，不影响人民法院对案件的审理。[④] 显然，最高法院在仲裁机构和法院确认仲裁协议效力的权力分配和排列上，将法院的司法管辖权优先于仲裁机构的权限，并设置在仲裁机构的仲裁权之上。

如果一方当事人向人民法院起诉时未声明有仲裁协议，人民法院受理后，另一方当事人提交了仲裁协议，而对方又未对仲裁协议的效力提出异议，这时人民法院会驳回起诉，而不会自动地对仲裁协议的效力进行裁定。法院通常只会在当事人对仲裁协议效力发生争议，并且根据《民事诉讼法》规定的程序正式向法院提出书面异议的情况下，才会裁定受理，并且对仲裁协议的效力作出认定。此外，需要注意的是，另一方当事人向法院提交仲裁协议的时间应该在答辩期间内提出。

当事人对仲裁协议效力的异议提出时间也是重要的问题。如果双方当事人发生争议后，已经向仲裁委员会提出仲裁的请求，而其中的一方对仲裁协议的效力有异议，根据中国《仲裁法》的规定，该方当事人只能在仲裁庭的首次开庭前提出。换言之，当事人不能在仲裁庭进行首次开庭后的

---

① 最高人民法院《关于确认仲裁协议效力几个问题的批复》（法释〔1998〕27号）第4条。
② 最高人民法院《关于确认仲裁协议效力几个问题的批复》（法释〔1998〕27号）第4条。
③ 最高人民法院《关于确认仲裁协议效力几个问题的批复》（法释〔1998〕27号）第4条。
④ 最高人民法院《关于确认仲裁协议效力几个问题的批复》（法释〔1998〕27号）第4条。

过程中提起异议。这有利于仲裁庭顺利地进行仲裁。

第三节　有瑕疵的仲裁协议及其处理

一、无效的仲裁协议与有瑕疵的仲裁协议

在各国的立法上，并不存在所谓无效的仲裁协议与有瑕疵的仲裁协议之分。考察现代各国仲裁立法及相关的国际条约，一项仲裁协议如果明确表示当事人有仲裁意愿及提交仲裁的争议事项，只要当事人具有完全的行为能力、仲裁协议之签署没有胁迫等导致其无效的因素，以及所提交仲裁解决的争议事项具有可仲裁性，该仲裁协议即为有效，认定仲裁协议有效的条件是相当宽泛的。① 所以，上述所列举的仲裁协议的实质要件并非是指使仲裁协议有效而必须具备的内容，仅仅指一项有效且明确的仲裁协议最好载入的内容。当然，如果存在国内仲裁立法明文规定的协议无效的情形，仲裁协议无效。下面以我国《仲裁法》为对象，逐一分析《仲裁法》规定的仲裁协议无效的情形。

（一）《仲裁法》规定的仲裁协议无效的情形

1. 约定的仲裁事项超出法律规定的仲裁范围的

可仲裁性是各国仲裁法都规定的要件。《纽约公约》也规定仲裁的事项必须是有法律所允许采用仲裁方式来处理的事项。各国仲裁法所限定的不可仲裁事项主要处于公共政策的考虑。一般而言，婚姻、监护、收养、扶养等亲属、婚姻法律关系和反托拉斯、破产等争议是不可仲裁的。

中国《仲裁法》在原则上将可仲裁事项限定在合同纠纷和财产权益纠纷。而《仲裁法》进而用列举的方式排除了不可仲裁的事项。《仲裁法》第 3 条规定："下列纠纷不能仲裁：（一）婚姻、收养、监护、扶养、继承纠纷；（二）依法应当由行政机关处理的行政争议。"另外，《仲裁法》

---

① 参见《承认及执行外国仲裁裁决公约》第 2 条、《联合国国际商事仲裁示范法》第 7 条、《德国民事诉讼法典》第 1027 条、《瑞士国际私法典》第 178 条，等等。

第 77 条规定："劳动争议和农业集体经济组织内部的农业承包合同纠纷的仲裁，另行规定。"换言之，尽管这两类争议可以通过仲裁的方式解决，但是有其他的法律加以规范，不受《仲裁法》的约束。根据中国的劳动法律制度，劳动争议一般由独立的劳动仲裁机构进行仲裁。

问题是，由劳动关系引发的商事争议是否专属于劳动仲裁机构仲裁。比如，一家外商投资企业的技术人员或销售人员离职而转入另一家同属于同一生产领域的竞争企业任职，两个公司因保护商业秘密而引起争议。在这种情况下，双方可否订立仲裁协议将争议提交根据仲裁法设立的仲裁机构进行仲裁。根据中国仲裁实践，这类争议还是被视为劳动争议而由劳动仲裁机构仲裁。

2015 年中国国际经济贸易仲裁委员会《仲裁规则》第 3 条对可仲裁性的表述是："契约性或非契约性的经济贸易等争议。"1987 年最高法院《关于执行我国加入的〈承认和执行外国仲裁裁决公约〉的通知》第 2 条也规定："根据我国加入该公约时所作的商事保留声明，我国仅对按照我国法律属于契约性和非契约性商事法律关系所引起的争议适用该公约。"

一些中国当事人或律师认为仲裁是处理合同争议的，因此，侵权争议不属于可仲裁事项。实践中，履行合同中涉及的侵权行为都是合约性侵权，必须与合同其他条文，比如免责条款、时效条款和赔偿金条款等一并调整，接受仲裁管辖。

2006 年《国际商事仲裁示范法》对"商事"一词作广义的解释，包括契约性及非契约性的一切商事性质的关系所引起的种种事项。"经济贸易交易"与国际商事仲裁中的"商事交易"的表述比较接近。

关于"商事"的含义，1987 年最高法院《关于执行我国加入的〈承认和执行外国仲裁裁决公约〉的通知》第 3 条的解释是："所谓'契约性和非契约性商事法律关系'，具体是指由于合同、侵权或者根据有关法律规定而产生的经济上的权利义务关系，例如货物买卖、财产租赁、工程承包、加工承揽、技术转让、合资经营、合作经营、勘探开发自然资源、保险、信贷、劳务、代理、咨询服务和海上、民用航空、铁路、公路的客货运输以及产品责任、环境污染、海上事故和所有权争议等，但不包括外国投资者与东道国政府之间的争端。"

根据一般理解，判定专利的效力，或者在判定专利或商标侵权的经济赔偿时的争议也不能通过仲裁的方式解决。随着中国改革开放的深入，商事争议的种类也有扩大化的趋势，而这些争议是否能够通过仲裁方式解决在法律上和实践上并不清楚。例如，证券交易发生的争议能够通过仲裁解决。《股票发行与交易管理暂行条例》第79条规定：与股票发行或者交易有关的争议，当事人可以按照协议的约定向仲裁机构申请调解、仲裁；第80条规定：证券经营机构之间以及证券经营机构与证券交易场所之间股票的发行或者交易引起的争议，应当由证券委批准设立或者指定的仲裁机构调解、仲裁。

国务院证券委员会在1994年8月发文指定中国国际经济贸易仲裁委员会为证券仲裁机构。中国国际经济贸易仲裁委员会可以仲裁证券经营机构之间以及证券经营机构与证券交易场所之间因股票的发行或者交易引起的争议。[1] 证监会1994年10月将中国国际经济贸易仲裁委员会受理证券争议案件的范围扩大到其他与股票的发行或者交易有关的争议，包括非合同争议。[2] 上述规定于1999年12月21日被废止，证券委员会并未指定新的处理证券争议的仲裁机构。

最高法院在1997年4月向国家计委国外资金利用司发文，确认中国国际经济贸易仲裁委员会对由于广西来宾电厂B厂建设经营转让（BOT）项目的特许权协议、购电协议、燃料供应与运输协议产生的有关各方之间的争议有仲裁管辖权。

目前中国在法律和行政法规层面对基于区块链技术的比特币的概念、法律属性、交付流转等问题，尚未作出明确规定。2018年，深圳国际仲裁院裁决肯定了比特币的财产属性，并依法予以保护。仲裁庭认为，私人间订立的比特币归还契约并未违反法律法规效力性强制性规定，不应认定为无效；中国法律法规并未禁止私人持有及合法流转比特币；尽管比特币存在于网络虚拟空间，在占有支配以及权利变动公示方法等方面存在特殊性，但并不妨碍其可以成为交付的客体；在法律法规就比特币予以定性前，仲裁庭无法正向认定其为《民法总则》第127条规定的"网络虚拟财产"，但可以从反向认定其既不是由货币当局发行的货币，亦不是法定货

---

[1]　参见国务院证券委员会《关于指定中国国际经济贸易仲裁委员会为证券争议仲裁机构的通知》（证委发〔1994〕20号）。

[2]　证监会《关于证券争议仲裁协议问题的通知》（证监发字〔1994〕139号）。

币的电子化，不产生利息；比特币不是法定货币，并不妨碍其作为财产而受到法律保护。①

虽然上述商事争议的可仲裁性已经明确，但是有关反垄断、反不正当竞争、破产及清算等争议的可仲裁性尚不清楚。根据一般理解，由于这些争议主要涉及国家宏观经济政策和法律调控，因此，政府部门倾向于司法机构介入，而不赞成由仲裁机构仲裁解决。

支持国际商事仲裁的法域一般支持可仲裁事项的扩大，欺诈、受贿等非法行为、②专利侵权、违反竞争法等事项也不影响仲裁管辖权，只要合同中有仲裁条文。法律唯一的限制是两个方面：其一，仲裁庭不能针对这些非法行为作出惩罚性的决定，因为这是刑事范畴，不属于合同争议；其二，仲裁员的裁决对非合同缔约方的第三方没有约束力。

与可仲裁性相关的是强行法是否可以排除个别仲裁，否定仲裁协定效力。在美国，一些案件争议的焦点是雇员签订仲裁协议后是否还可以起诉雇主。

诞生于 20 世纪初的《美国联邦仲裁法》（Arbitration Act，简称《仲裁法》）和《美国国家劳动关系法》（National Labor Relations Act，简称《劳动关系法》）已经共存了一个世纪，鲜有不协调之处。

以"安永会计师事务所诉莫里斯"一案为例，莫里斯是安永会计师事务所的一名初级会计师。在入职之初，莫里斯与安永签订的劳动合同中包括了争议解决条款，该条款规定："双方的任何争议皆通过个别仲裁（Individualized Arbitration）的方式解决，雇员可以选择仲裁机构，并可以通过仲裁获得任何由法院裁判所获得的救济"。这里的"个别仲裁"是指雇员各自的索赔请求要通过单独的仲裁程序进行。在工作过程中，莫里斯逐渐感觉这份工作做得并不如意。因为安永将初级会计师和专业会计师混同对待，既要求莫里斯加班，又不支付相应的加班费。莫里斯认为这种做法违背了《公平劳动标准法》（the Fair Labor Standards Act）和部分加州法律，因此向法院提起诉讼。

被告安永认为，与雇员签订的劳动合同中的仲裁条款是有法律效力

① 深圳国际仲裁院："深国仲案例精选比特币仲裁案"，http：//www. legaldaily. com. cn/Arbitration/content/2018-10/26/content _ 7677066. htm，最后访问时间：2019 年 2 月 2 日。
② 金鑫：《论法国刑事规范对国际商事仲裁的影响》，《青海社会科学》2018 年第 5 期。

的，莫里斯不得起诉安永，须执行仲裁条款，进行个别仲裁；然而，莫里斯认为其诉讼属于代表全国范围劳工的集体诉讼，符合《劳动关系法》的相关规定，法院应拒绝执行仲裁条款，受理其诉讼。联邦地区法院支持了安永的动议，判决驳回起诉，执行仲裁协定。在上诉过程中，第九巡回上诉法院却推翻了地区法院的判决。上诉法院认为，《仲裁法》虽然总体上要求全国各法院执行仲裁协定，但本规定还附带一个"保留条款"（Saving Clause），对违法的仲裁协定进行了限制。上诉法院认定涉案仲裁协议违背了《劳动关系法》的相关规定，因此，法院可以拒绝执行仲裁协定。最终该案被上诉至美国联邦最高法院。有关《仲裁法》"保留条款"的效力、《劳动关系法》和《仲裁法》的关系等问题，最高法院逐一进行了分析。

在《仲裁法》颁布前，美国法院对仲裁的态度并不友善，当事人之间缔结的仲裁协议经常会被法院拒绝执行。然而，仲裁迅速、灵活等优势逐渐被社会认可，美国国会也认为需要通过立法的方式对仲裁进行保护。因此，国会在1925年制定了《仲裁法》，要求法院放弃对仲裁的敌对态度，转而认定仲裁协议的有效性、不可撤销性和可执行性。

从立法意图看，国会特别指出当事人所选择的仲裁程序应当得到法院的尊重和执行。也就是说，法院必须极为严谨地执行仲裁协议中的各条款，比如当事人所选择的仲裁机构、仲裁所适用的规则等。然而，《仲裁法》中的"保留条款"却对这种绝对保护设置了一定程度上的限制。该条款规定于《仲裁法》第2节（《美国联邦法典》第9编第2节），法院可以通过援引"存在于成文法或衡平法中用于撤销任何合同的事由"（upon such Grounds as Exist at Law or in Equity for the Revocation of any Contract）来拒绝执行仲裁协定。将"保留条款"适用到本案中时，上诉法院认为，雇主与雇员之间的仲裁协定指定了仲裁的方式为"个别仲裁"（Individualized Arbitration），不符合《劳动关系法》所保护的雇员"协同行动"（Concerted Activity）的权利，因此存在成文法上的撤销事由，应适用上述"保留条款"拒绝执行仲裁协定。

最高法院却认为其存在根本上的错误，指出只有当可以适用于"任何"合同的撤销事由出现时，《仲裁法》第2节的"保留条款"才能起作用，以此实现法律对仲裁协定和其他类型合同的平等对待。最高法院认为，如果当事人希望通过适用"保留条款"进行抗辩，诸如"欺诈、胁迫和不合情理"（Fraud，Duress or Unconscionability）这些普遍适用于各类合同的抗辩事由是能够得以援引的，但如果抗辩事由仅仅是适用于仲裁的或者仅仅是源于具体仲裁协议中存在争议的事实，那么将无法得到援引。在本案中，原告所提出的"仲裁协定有违《劳动关系法》"事由并非适用于任何合同，仅适用于仲裁协定，因此"保留条款"从源头上是无法得到适用的。

最高法院通过对《仲裁法》本质的剖析，解决了本案的核心问题，明确了"保留条款"无法得到适用。但原告抛出了一个更加犀利的观点，《劳动关系法》旨在取代《仲裁法》的部分规定，因此仲裁协议不合法。

根据美国传统的"三权分立"体系，法院的职责是解释法律的内容而非选择应该制定和实施什么内容的法律，即法院是"释法者"而非"立法者"。在遇到两部法律存在交叉时，法院没有挑选法律的自由，只能尽力使两部法律同时适用，除非国会明确表示后法替代前法的规定。因此，此处判断《仲裁法》的规定是否被《劳动关系法》所取代的关键，就是厘清后法中关键条文的真实含义中是否存在取代前法的明确意图。考察本案中原告所提及的《劳动关系法》第7节（《美国法典》第29编第157节）规定，该法保护劳工"自我组织的权利，组建、加入或协助劳工组织的权利，通过自己选择的代表进行集体谈判的权利，以及为集体谈判或其他互助、保护而参与其他协同行动的权利"。原告认为，本案中《仲裁法》所保护的"个别仲裁"，不符合该条所保护的劳工"协同行动"的权利，因此，该规定须被取代。

最高法院认真研究了《劳动关系法》第7节以及上下文的内容，进行了缜密的分析。首先，从总体上看，第7节所强调的是对于组织工会和集体谈判权利的保护。也就是说，如果雇员们组织工会来与雇主谈判是否适用仲裁，这种权利是应得到保护的。但该条并未明确提及是否排除"个别仲裁"，也未提及"集体活动程序"，甚至都没有暗示取代《仲裁法》规定的意愿。其次，从"协同活动"出现的位置考虑，该权利位居各具体权利之后，出现在整个第7节的最末尾，这种更为一般性的概念应该被理解为与前项各具体事项具有实质上的相似性。因此，"其他协同活动"也应理解为雇员在工作场所从事类似自由结社等行为，而非强调与司法相联系的集体诉讼。再次，从整部法律的结构角度看，《劳动关系法》上下文密切相关，对于第 7 节中所列举的各类权利都详细规定了配套制度，如认定谈判代表、雇员和雇主间谈判的义务、劳工组织的罢工和纠察等，甚至对于依照《劳动关系法》本身进行了行政裁决程序该法也进行了规定，但对于本案所涉及的集体诉讼，该法却只字未提。如果"协同活动"真的包括集体诉讼，那么为何本法对除此之外的各类权利事无巨细，单单遗漏了此项权利呢？这很难自圆其说。

通过第 7 节原文及其上下文的分析，难以看出本案所涉及的集体诉讼属于该节所明确保护的雇员之"协同活动"。那么，是否会由于国会立法的不缜密，而导致其暗含的"排除仲裁"的立法意图没有准确表达呢？最高法院认为，国会在立法实践中，已经不止一次明确地展示了如何"排除仲裁"，比如"只有在……情况下，仲裁方可适用""任何争议前的仲裁协议皆为无效、不可执行"等。因此，将问题归结于暗示意图没有得到表达，也是不合理的。

基于上述分析，最高法院认为，当事人组织和参与"集体诉讼"并不属于《劳动关系法》所保护的"协同活动"，国会也并无通过《劳动关系法》取代《仲裁法》相关规定的意图。仲裁协议应当依照其原定内容严格执行。最终，最高法院撤销上诉法院的判决，发回下级法院重审，且须按照最高法院的意见进行审理。

2. 无民事行为能力人或者限制民事行为能力人订立的仲裁协议

订立仲裁协议的主体必须具有法定资格，即主体的合格性。

无论是自然人还是法人只有具备了完全的行为能力，才能签订仲裁协议，否则签订的仲裁协议无效。根据中国的《民法总则》，自然人年满 18 周岁具有完全行为能力，16 周岁以上不满 18 周岁的，如以自己的劳动收入为主要生活来源，视为具有完全行为能力。显而易见，如果一个不满 16 周岁的中国公民是不具备签订仲裁协议的行为能力的。

法人的完全民事行为能力自其注册之日起具备。

在涉外仲裁中，外国当事人的行为能力的判定应当依据当事人的本国法而定。

与此相关的是，代表当事人签订仲裁协议的当事人是否经过合法有效的授权，具备有效的代理权。在特定的情况下，一方可以要求对方提供董事会决议或者股东会决议。

3. 一方采取胁迫手段迫使对方订立的仲裁协议

根据中国《仲裁法》，当事人采用仲裁方式解决纠纷应当自愿达成仲裁协议。《仲裁法》第 17 条第 3 款规定的消极要件可以是仲裁协议积极要件的重要补充，从而更加有利于保护商事仲裁的自愿性原则。

根据中国法律的一般规定，所谓胁迫是指一方当事人以威胁加害另一方当事人或其亲友的生命健康、名誉、荣誉或财产等为手段，迫使另一方当事人不得不接受苛刻条件而作出违背其真实意思的行为。

（二）实践中其他无效的仲裁协议

在实践中当事人因各种缘故往往起草一些内容相互矛盾、含义模糊或者约定不明确的仲裁协议，其典型表现为以下方面。

（1）当事人在签订格式合同时在多元争议解决条款中未作出选择。

（2）当事人表示可以将争议提交仲裁解决，又可以通过诉讼解决。

（3）当事人约定以仲裁方式解决争议，同时又规定对仲裁裁决不服可向法院上诉。

（4）当事人仅规定了仲裁意愿及可提请仲裁的事项，未选定仲裁机构。

（5）当事人仅选择仲裁地点，未选定仲裁机构。

（6）当事人选择的仲裁机构实际上并不存在。

（7）当事人在仲裁协议中所写明的仲裁机构名称称谓不准确。

（8）当事人同时约定在两个或两个以上仲裁机构仲裁，例如规定发生争议可提交 CIETAC 仲裁，或者瑞典斯德哥尔摩商会仲裁院仲裁。

（9）选定的仲裁机构与其适用的仲裁规则相矛盾。

（10）当事人之间的特殊约定无效或者与法律有冲突。

（11）当事人在没有涉外因素纠纷中约定外国仲裁协议。

凡此种种情况在中国的涉外实践中屡见不鲜；相反，载明了本章第二节所列各项内容的仲裁协议实属罕见。在此情况下，中国涉外仲裁机构和法院都面临一系列问题：约定不规范的仲裁协议是否必然为无效的仲裁协议？无效的仲裁协议与有瑕疵的仲裁协议是否存在区别？如果前两个问题的答案是肯定的话，行使司法审查权的法院应对此持何种态度？一言以蔽之，是否存在有瑕疵但有效的仲裁协议？

笔者认为，一项有效的仲裁协议应具备当事人双方真实的仲裁意愿及仲裁事项（当然仲裁的事项必须为法律所允许的）两个要件。一项明确的仲裁协议肯定是有效的，但一项有效的仲裁协议未必非常明确具体。这已为不少国家的司法实践所证实，各国的学者对此亦有评述。[①] 著名的国际贸易法专家施米托夫教授在评述有严重缺陷，即不够明确的仲裁条款时指出，即使英国1950年《仲裁法》使仲裁制度严格受制于法院的环境下，"英国法院意识到，仲裁条款与合同中其他条款的性质不同，因而在解释该条款时，将比对合同其他条款的解释更为宽容，只要可以这样做，他们就试图赋予该仲裁条款以商业上的效力。"[②] 所以，有瑕疵的仲裁条款确实是一个现实。

笔者认为，对于有瑕疵的仲裁协议应该具体情况具体分析。某些有瑕疵的仲裁协议因违反了仲裁制度的基本原则，显然是无效的；然而其他一些仲裁协议仅在具体事项方面不够明确，若因细微的瑕疵而轻易认其定为无效，则将影响仲裁制度之发展，也不利于保护当事人的仲裁意愿之实现。

在上述各种情况中，第一种仲裁协议以越来越多的商事合同都使用标准的格式合同为背景。格式合同中包括了争议解决条款，并且提供了两种或者更多的选择，任由当事人自由选择。如果当事人在签订标准合同时忽视了争议解决条款的多元性，而未作出选择，则仲裁条款就是无效的协议。例如，上海市房屋土地管理局向房屋租赁合同的双方当事人提供了房屋租赁合同标准格式合同，以便双方当事人根据实际情况和需要，填写制订租赁合同。该格式合同中有一条争议解决条款，允许双方当事人通过选择的方式选择仲裁或者诉讼。如果当事人在订立合同中对该条款未加注意而未作选择，那么合同的争议解决条款就不能被认定为有效的仲裁协议。

第二种情况违背了仲裁与诉讼必须二者择一的基本要求，故为无效仲裁协议。

第三种情况违反了或裁或审、一裁终局的仲裁制度基本原则，显属无效的仲裁协议。

---

① ［英］施米托夫：《国际贸易法文选》，赵秀文译，中国大百科全书出版社1993年版，第614页；康明：《试论对内容不明确仲裁协议的处理》，载黄进：《国际私法与国际商事仲裁》，武汉大学出版社1994年版，第198页。

② ［英］施米托夫：《国际贸易法文选》，赵秀文译，中国大百科全书出版社1993年版，第614页。

第四种仲裁协议中当事人未约定仲裁机构，如果其争议源于某种特定交易，或者争议双方当事人所在国是同一的，仍然存在将争议交付仲裁的可能性；反之，假如双方当事人分处两国，仲裁的可能性就微乎其微了。

第五种情况实践中较为常见。一般而言，仲裁地点与仲裁机构的地址是一致的。根据中国《仲裁法》的规定，国内仲裁委员会一般以所在地作为仲裁委员会的名称。在这种情况下，当事人仅指定仲裁委员会而没有约定仲裁地点并不影响确定仲裁机构。[①] 但是，随着中国《仲裁法》的颁布和仲裁机构在各个主要城市的相继成立，原先仅在仲裁条款或协议中通过确定仲裁地点而选定仲裁委员会的方式就变得不适宜。例如，仲裁条款若仅规定"将争议提交上海的仲裁机构仲裁"就容易引起歧义。因为，在上海既有根据《仲裁法》而成立的上海仲裁委员会，又有原有的中国国际经济贸易仲裁委员会上海分会。[②] 根据《仲裁法》的规定，这样的仲裁条款就可能因未指定仲裁机构而被认定无效。这种情况会集中发生在北京、上海、深圳等少数几个设有一个以上仲裁机构的城市。以指定仲裁地点作为指定仲裁机构的表述也可能引起另外一种情况。如当事人如果仅约定将争议提交河北省的仲裁机构仲裁，也可能因为未确定具体的城市仲裁委员会而无效。因为在河北省迄今已有包括石家庄仲裁委员会、唐山仲裁委员会在内的诸多仲裁机构。在"朱国辉诉浙江省义乌市对外经济贸易公司国际货物买卖合同纠纷"一案中，合同仲裁条款仅约定仲裁地点，而对仲裁机构没有约定。纠纷发生后，双方当事人就仲裁机构没有达成补充协议。对此，最高法院认为，本案所涉的仲裁协议无效，浙江省金华市中级人民法院可以受理本案。[③]

---

① 目前，国内仲裁没有仲裁规则的可选择性的局面已经变化，如北京仲裁委员会和上海仲裁委员会仲裁规则引入"紧急仲裁员""临时措施"等国际商事仲裁制度，但青岛仲裁委员会等仲裁机构的仲裁规则对此尚未涉及。

② 在认定选定仲裁委员会是否明确的问题上，上海的司法机构也采取了较为宽松的态度。上海各级法院一般认为只要在逻辑上不发生歧义，如果当事人在仲裁协议中使用了上海仲裁委员会、上海仲裁机构、上海有关部门仲裁、向本合同签订地的经济合同仲裁机关申请仲裁（签订地在上海）等，都会被认定为对上海仲裁委员会的选定是明确的。如果当事人在仲裁协议中仅约定由国家或法律规定的仲裁机构、仲裁委员会仲裁，或者通过仲裁或诉讼解决，或者在上海仲裁委员会成立后的 1995 年 9 月 6 日后仍订明原仲裁机构的名称，当事人之间必须订立补充协议，达不成补充协议的，仲裁协议无效。参见《上海市高级人民法院与上海仲裁委员会工作协调讨论会纪要》（1996 年 1 月 11 日沪高法〔1996〕3 号通知）。

③ 最高人民法院《关于仅选择仲裁地点而对仲裁机构没有约定的仲裁条款效力问题的函》（法函〔1997〕36 号）。

与之相类似的是，当事人在仲裁协议中约定："因执行本协议发生争议，由双方协商解决，协商不成，双方同意向当地仲裁委员会申请仲裁。"

辽宁省抚顺市中级法院曾处理过这类案件。双方当事人签订建设工程施工合同，工程所在地为吉林省吉林市，而合同双方当事人住所地为辽宁省抚顺市。基于此，法院认为合同中约定的"当地"不具有唯一性，仲裁协议对仲裁委员会约定不明确的，在当事人未达成补充协议的情况下，仲裁条款应属无效。①

有观点指出，仲裁协议未载明仲裁地或仲裁机构的情况下，判断仲裁协议有关仲裁委员会的约定是否明确，在某种意义上讲是把握解释尺度、体现法院对仲裁支持力度的问题。以"当地仲裁委员会"为例，一份合同项下的"当地"可能有多种语境，包括但不限于当事人住所地、合同签订地、合同履行地、标的物所在地等。所以，当事人所称"当地"究竟是指住所地、合同签订地、合同履行地及标的物所在地中的哪一项，需要进一步的解释和判断。尽量让仲裁协议有效是目前国际商事仲裁实践中关于仲裁协议效力认定的新趋势，即"与其使之无效，不如使之有效"。具体到本案中，虽然当事人约定的"当地"至少有住所地和合同履行地两种可能，但本着尽量尊重当事人仲裁本意，以及尽量使仲裁协议有效的初衷，将"当地"理解为当事人住所地也无不可。②

甘肃省高级人民法院基于"有利于仲裁协议有效"的原则，在相似案件中裁定仲裁协议有效："本案中，双方当事人约定由当地仲裁委仲裁，双方当事人的注册登记地均在兰州，而兰州仅有一个仲裁机构，即兰州仲裁委员会，故根据上述规定，双方当事人在合同中仲裁条款的约定应认定为有效约定。"③

第六种仲裁协议在实践中并不少见，当事人对仲裁机构不熟悉，使得该仲裁协议无法执行。然而，从当事人的行为能力、仲裁的真实意愿、交付仲裁的事项等方面考察均与法律精神不悖，很难将其归入无效仲裁协议之列，只能说它们是无法执行的。例如，仲裁协议规定，当事人发生的与

---

① 辽宁省抚顺市中级人民法院（2018）辽04民初101号民事裁定书。
② "合同中约定的'当地'不具有唯一性，仲裁协议无效（抚顺中院）"，https://mp.weixin. qq. com/s/7kgGKKkfg4zwdkpFDuVlFQ，最后访问日期：2019年2月9日。
③ 甘肃省高级人民法院（2016）甘民申1096号民事裁定书。

合同有关的争议提交给中国国际经济贸易仲裁委员会珠海分会仲裁。而中国国际经济贸易仲裁委员会在珠海并没有分会。

第七种情况产生的原因与第六种仲裁协议相似。订立商事合同的当事人通常会对交易术语和条件进行商业上的权衡和考虑，而忽视或者不具备法律文件起草方面的专业能力。实际上即使律师也未必一定熟知仲裁机构的准确名称和称谓，在此情况下仲裁协议所约定的仲裁机构的名称五花八门。

从仲裁协议的法定要件考察，即使仲裁机构的名称不准确，有时人们仅依常识也能推断出当事人所指的仲裁机构。所以，对此类仲裁协议应该视为有效但有瑕疵的仲裁协议。

例如，甲乙两公司订立四份来料加工合同，并约定仲裁条款：如有争议应提交北京中国国际贸易促进委员会对外贸易仲裁委员会，并按其仲裁暂行规则进行仲裁。双方在合同履行中发生争议。甲公司以乙公司为被告向上海市某区法院提起诉讼。乙公司分别向该区法院和上海市中级法院提出管辖权异议。上海市中级法院作出裁定，认定该案应由中国国际经济贸易仲裁委员会进行仲裁，并裁定撤销区人民法院作出的裁定。甲公司随之向中国国际经济贸易仲裁委员会提起仲裁，仲裁委员会根据来料加工合同的仲裁条款受理了该仲裁案件。乙公司在仲裁委员会送达仲裁通知后提出了管辖权异议。乙公司提出，来料加工合同中包括的仲裁条款指定北京中国国际贸易促进委员会对外贸易仲裁委员会为仲裁机构，但该机构在合同签定时已经不存在，因此根据仲裁法的规定，该仲裁条款无效，中国国际经济贸易仲裁委员会对本案没有管辖权。中国国际经济贸易仲裁委员会认为来料加工合同中指定的中国国际贸易促进委员会对外贸易仲裁委员会与现在的中国国际经济贸易仲裁委员会为同一机构。仲裁委员会历经数次更名，但其隶属关系、性质、职能等事项均没有改变，因此该仲裁条款有效，中国国际经济贸易仲裁委员会对本案具有仲裁管辖权。[①]

值得说明的是，法院在认定仲裁协议对仲裁机构指定的是否明确时有很大的伸展空间。以下案件的情况可见一斑。

---

① 中国国际商会仲裁研究所：《典型国际经贸仲裁案例》，法律出版社 1999 年版，第 489—490 页。

　　台湾富源企业有限公司与厦门维哥木制品有限公司于 1995 年 4 月在厦门市签订了柏木板购销合同。合同约定由维哥公司向富源公司出售 600 立方米的柏木，单价为每立方米 160 美元。价格条件离岸价（FOB）厦门，质量需经验货。合同第 7 条约定：双方进行友好协商解决或以国际商会仲裁为准。富源公司在开出总金额 96 000 美元的信用证后，在对维哥公司提供货物进行检验时发现质量不合格。随之向厦门市开元区（现思明区）法院起诉，请求维哥公司返还货款 31 180 美元，并赔偿损失 27 520 美元，判令维哥公司支付验货费用 98 000 港元和公证费 3 000 港元。维哥公司在提交答辩状期间对法院管辖权提出异议，认为双方在合同中约定了争议解决办法，请求法院依法驳回富源公司的起诉。

　　开元区（现思明区）法院在对管辖权异议进行审查时认为：原被告尽管在合同中对解决合同纠纷的方式作了约定，但未明确具体的仲裁机构。这是因为合同指定的国际商会属于哪个国家或地区并不确定。根据开元区法院的理解，国际商会可以是一个国家的国际商会，例如法国国际商会、中国国际商会等。此外，国际商会本身并不是仲裁机构。法院以仲裁条款无效而驳回了维哥公司的管辖权异议，并受理案件。

　　维哥公司不服一审裁定，向厦门市中级法院提起上诉，并指出双方合同约定了以国际商会仲裁为准。根据仲裁法的规定，这一约定应该是有效的。

　　厦门市中级法院认为当事人在合同中已经约定了由国际商会作为仲裁机构。国际商会是国际性民间组织，总部在巴黎，在许多国家设有分会。如果当事人在仲裁协议中指明国际商会，并且在"国际"两字前面没有冠以任何国家或地区的名称，在后面也没有加上"某国分会"字样，应当认定就是指总部设在巴黎的国际商会。根据《国际商会调解与仲裁规则》规定：国际商会仲裁院是附属于国际商会的国际仲裁机构，并且是执行该仲裁规则的唯一仲裁机构。《仲裁规则》第 8 条又规定：双方当事人约定提交国际商会仲裁时，应视为事实上接受本规则。因此，当事人指定国际商会就是指定国际商会仲裁院作为仲裁机构，因此仲裁条款有效。厦门市中级法院撤销了开元区（现思明区）法院民事裁定，驳回富源公司的起诉。[①]

----

① 最高人民法院中国应用法学研究所：《人民法院案例选》，人民法院出版社 1997 年版，第 206—208 页。

　　第八种仲裁协议属于所谓的"浮动的仲裁协议",从本质上讲,它具备了各国仲裁法所规定的几乎全部要件,仅在指定的仲裁机构方面,使两个仲裁机构都可以管辖。一旦发生争议,虽然可能引起两个仲裁机构之间的再次选择问题,当事人依据此类仲裁协议当事人并非不能交付其中之一仲裁,故此类仲裁协议应该归结为有效但有瑕疵的仲裁协议。过去,如果当事人约定了浮动仲裁协议且其中之一为中国的涉外仲裁机构,中国的涉外仲裁机构将拒绝受理案件。① 不过,现在最高人民法院已经在司法解释中确认,当事人约定争议可交付中国国际经济贸易仲裁委员会或者瑞典斯德哥尔摩商会仲裁院的仲裁条款为有效的仲裁条款。当事人可选择两者之一仲裁,以先提起仲裁的为准。②

　　在第九种情况下,有的仲裁机构允许当事人选择不同于本机构的仲裁规则,有的则不允许。例如,在1998年5月10日之前,中国国际经济贸易仲裁委员会的仲裁规则均规定,当事人选择在该仲裁委员会仲裁,就必须依照其仲裁规则进行仲裁程序,若当事人一方面愿将争议交付给其解决,另一方面又约定应适用其他仲裁规则的话,中国国际经济贸易仲裁委员会将拒绝接受案件,当事人的这种选择是无法执行的。但是,按照1998年修订的中国国际经济贸易仲裁委员会《仲裁规则》第7条规定,如果当事人另有约定并且仲裁委员会同意的,可依当事人所约定的仲裁规则进行仲裁。这就意味着当事人可以约定依据《联合国国际贸易法委员会仲裁规则》或其他仲裁规则,只要中国国际经济贸易仲裁委员会同意即可。这一规定使得中国国际经济贸易仲裁委员会朝着国际化方面迈出了实质性的一步。目前适用的2015年中国国际经济贸易仲裁委员会《仲裁规则》第4条第3款规定,当事人约定将争议提交仲裁委员会仲裁,但对本规则有关内容进行变更或约定适用其他仲裁规则的从其约定,但其约定无法实施或与仲裁程序适用法强制性规定相抵触者除外。当事人约定适用其他仲裁规则的,由仲裁委员会履行相应的管理职责。

　　第十种仲裁协议反映了当事人之间的约定与中国仲裁法强制性规定之间的矛盾,即当事人为了达成一定的妥协或者为了反映特定的要求而经常

---

① 赵威:《国际仲裁法理论与实务》,中国政法大学出版社1995年版,第83页。
② 最高人民法院《关于同时选择两个仲裁机构的仲裁条款效力问题给山东省高级人民法院的函》(法函〔1996〕176号)。

在仲裁协议中作出特殊的约定，而这些约定通常与中国的仲裁法律与实践不相一致。实践中，这类约定与中国法律强制性规定相抵触的，仲裁协议会被认定为无效。

第十一种情况是越来越多的境内企业将争议提交外国仲裁，其中包括没有涉外因素的纠纷约定外国仲裁。我国《民事诉讼法》第 271 条、[①]《合同法》第 128 条都没有授权当事人将没有涉外因素纠纷提交外国仲裁。我国其他法律也没有明确规定。各级法院的司法惯例是将此类仲裁协议定性为无效。[②]

在"领先仿生医疗器械（上海）有限公司（再审申请人、一审被告、二审上诉人，简称领先）诉爱耳时代医疗科技（北京）股份有限公司（被申请人、一审原告、二审上诉人，简称爱耳）"一案中，领先因与爱耳买卖合同纠纷一案，不服上海市第二中级法院（2017）沪 02 民终 9941 号民事裁定，向上海市高级法院申请再审。领先认为，我国法律并未禁止将不具有涉外因素的争议提请境外仲裁机构仲裁，领先向爱耳提供的是进口产品，部分交易标的物在境外，故本案具有涉外因素。依照《民事诉讼法》第 206 条的规定，领先请求上海市高级法院进行再审。

上海市高级法院指出，根据我国相关法律规定，涉外经济贸易发生的纠纷，当事人可以约定提交我国涉外仲裁机构或者其他仲裁机构仲裁。本案中，爱耳和领先依据我国法律登记设立，经营地在中国境内，属于中国企业法人，因此，本案在当事人主体上不存在涉外因素。按照《经销商协议》的约定，领先进口相关产品后向爱耳提供，再由爱耳在境内销售，故双方当事人的交易标的物不具有涉外因素，且双方当事人涉及的法律关系没有涉外因素。在系争《经销商协议》实际履行期间，协议项下的部分产

---

①　《民事诉讼法》第 271 条仅授权涉外纠纷提交外国仲裁。理论上讲，第 271 条是管理性强制性规范，未禁止无涉外因素纠纷提交外国仲裁。文义解释也支持这样的观点，该条规定授权涉外经贸、海事、运输纠纷的当事人可将争议提交外国仲裁，对无涉外因素纠纷能否提交外国仲裁未作明确规定，不能直接从反面推出其禁止无涉外因素纠纷提交外国仲裁。《合同法司法解释二》第 20 条规定的是，导致合同无效的是效力性强制规范而非管理性强制规范。换言之，违反管理性强制性规范不能认定合同无效。

②　最高人民法院《关于江苏航天万源风电设备制造有限公司与艾尔姆风能叶片制品（天津）有限公司申请确认仲裁协议效力纠纷一案的请示的复函》（〔2012〕民四他字第 2 号）；北京朝来新生体育休闲有限公司申请承认和执行外国仲裁裁决案（2013）二中民特字第 10670 号；最高人民法院《关于北京朝来新生体育休闲有限公司申请承认大韩商事仲裁院作出的第 12113—0011 号、第 12112—0012 号仲裁裁决案件请示的复函》（〔2013〕民四他字第 64 号）。

品在香港交付给爱耳公司的客户，但是该实际履行行为并未改变双方当事人的基础法律关系，故二审法院认为本案纠纷不具备涉外因素，双方当事人约定提请涉外仲裁机构仲裁的条款应属无效，并裁定一审法院应予受理爱耳的起诉，具有事实和法律的依据，并无不当。领先的再审申请不符合《民事诉讼法》第 206 条第 6 项的情形，不予支持。[①]

上海市高级法院的裁定是我国仲裁立法及司法偏重仲裁司法权属性以及对我国仲裁市场保护的体现，[②] 认为商事仲裁的权力来源于法律授权和司法机关的司法权让渡。2017 年 1 月最高法院发布《关于为自由贸易试验区建设提供司法保障的意见》，其中第 9 条规定："在自贸试验区注册的外商独资企业相互之间约定商事争议域外仲裁的，不应仅以其不具有涉外因素为由认定相关仲裁协议无效。"这是更加尊重当事人意思自治和仲裁自主性的体现。

二、对有瑕疵的仲裁协议的处理

即便当事人所起草的最好的仲裁协议，但根据后来的发生的事件也有可能被证明是有缺陷的。如果当事人同属一国，尚且可依据本国的法律予以完善，只要有关的法官对仲裁制度有较深的理解，不难通过对仲裁协议的司法监督来满足当事人的仲裁愿望；若涉及国际商事争议，若干有瑕疵的仲裁协议常常对争议的解决造成一系列程序上的障碍，有时当事人甚至面临投诉无门的境地。

对于有瑕疵的仲裁协议如何处理，直接关系当事人仲裁意愿的能否实现及仲裁制度能否健康发展。而处理此类仲裁协议最有效的途径是法院的协助。对此，施米托夫教授在分析了有缺陷的仲裁协议及避免这些缺陷的方式与手段时有十分精辟的论断："在仲裁条款的起草中，完善只是一个相对的概念。为此，重要的是所有对仲裁条款进行解释的有关人员，特别是法官，应该牢牢记住，仲裁条款是合同中的一个特殊种类的条款，应该首先考虑的总是实施当事人关于通过仲裁解决他们之间争议的意图。在解

---

① 　上海市高级人民法院民事裁定书，（2018）沪民申 921 号。
② 　张珍星：《无涉外因素纠纷约定外国仲裁协议无效的司法惯例剖析》，《对外经济贸易大学学报》2018 年第 4 期。

释仲裁条款时，这的确是一条重要的规则。对该规则的唯一限制只能是基于公共政策的要求。"①

既然某些有瑕疵的仲裁协议并非无效的仲裁协议，特定条件下经过当事人自己或第三方的协助下，仍能成为仲裁机构受理案件的基础。因此，重要的是首先应该区分无效的仲裁协议以及有瑕疵的仲裁协议，其次对于有瑕疵的仲裁协议如何进行处理，而处理的基本精神应是尊重当事人订立仲裁协议时的意愿，而非考虑在争议发生后当事人之间就仲裁协议的瑕疵存在异议，以便促使当事人通过仲裁方式解决国际商事仲裁。

（一）当事人自行完善

不明确或有瑕疵之仲裁协议是由当事人所订立，因而对其完善的最佳办法仍是由当事人自行对其进行完善，如果仲裁协议规定既可仲裁又可诉讼解决争议，双方可另行约定仅采用仲裁方式解决争议；若仲裁协议未载明仲裁机构，双方可协商一个都能接受的仲裁机构；等等。然而，在实践中争议未发生时，当事人通常是不会注意仲裁协议的瑕疵的；一旦争议实际发生，若协商无法解决，双方已无信任感，再谈对仲裁协议完善事宜，不说其可能性阙如，也是困难重重。

中国《仲裁法》允许当事人对不合格的仲裁协议进行补充，从而使仲裁协议有效。根据仲裁法，当事人可以通过订立补充协议方式修改仲裁协议，从而使仲裁协议有效的情形只限于仲裁事项或仲裁委员会的约定不明确。换言之，如果双方当事人在仲裁协议中的选择仲裁的意思表示不明确，那么通过补充的方式也未必能够使仲裁协议有效。

就仲裁事项而言，当事人在订立仲裁协议时可能并不完全预见争议的性质和种类。例如，购销合同的双方当事人可能只预见会发生付款纠纷或质量纠纷，而不能预见双方发生了信用证纠纷。如果原来的仲裁协议只是规定将双方质量纠纷提交仲裁解决，而将信用证纠纷排除在外时，双方必须通过补充仲裁协议而使仲裁机构对信用证纠纷也有管辖权。②

---

① ［英］施米托夫：《国际贸易法文选》，赵秀文译，中国大百科全书出版社 1993 年版，第626 页。

② 《上海市高级人民法院与上海仲裁委员会工作协调讨论会纪要》（1996 年 1 月 11 日沪高法〔1996〕3 号通知）。

就仲裁机构而言，有时当事人故意对仲裁机构的规定留有一定的不确定性，留待当事人在争议发生后具体讨论。例如有的仲裁协议规定：争议由处理经济合同争议的仲裁机构处理。在争议发生后，当事人才会进一步考虑如何选择仲裁机构。通常，公平和成本的因素在选择仲裁机构时比较重要。当事人一般选择双方当事人施加影响较弱、仲裁程序便利、成本较低的机构。

（二）仲裁机构帮助完善

作为当事人之外的第三方，仲裁机构可以使用各种方式来帮助当事人完善其有瑕疵的仲裁协议。例如，当事人约定了两个仲裁机构，若当事人向其中之一提起仲裁，该仲裁机构可向另一方当事人征询是否愿意接受仲裁，如愿意，就可以受理案件。再如，仲裁协议约定适用的仲裁程序规则与有关仲裁机构的不符，在当事人提请仲裁时可向当事人说明，若当事人愿意明示接受该仲裁机构的规则，则仲裁机构也可以受理有关案件。

仲裁机构帮助完善仲裁协议的作用是十分有限的，因为此时仲裁机构本身的管辖权就是不确定的，在管辖权问题未确定前，仲裁机构并无任何强制性的权力，它的帮助是否奏效，完全依赖当事人的意愿以及有关仲裁机构在解决国际商事争议方面的声誉。

（三）法院的协助

在完善有缺陷的仲裁协议方面，法院的协助具有任何机构或个人所不可替代的作用和权威性。法院的协助是在当事人对仲裁协议之效力发生异议时，通过司法监督权来对有瑕疵的仲裁协议进行效力的认定，或者依据立法精神直接指定当事人将争议交付有关仲裁机构解决。

当有瑕疵的仲裁协议交付给法院以后，法官对仲裁制度的认识及态度是至关重要的，而法官的认识及态度在很大程度上是一国法律精神的体现，这一点在以成文法为主体的大陆法系国家更加如此。在普通法系国家，法官则有更大的裁量权。因此，尽管英国1950年《仲裁法》规定法院可对仲裁行使广泛的监督管辖权，但在解释仲裁协议时，英国法官尽可能充分地重视双方当事人的意思。例如，在两个保险经纪人之间订立了分道扬镳的协议，仲裁条款只包括"适当的仲裁条款"字样。英国上诉法院在关于仲裁条款是否有效的裁定引用塞尔曼（Salman）法官的话时指出："当然不能说此合同中没有适当的仲裁条款，依我看，也不能从合同的商业观念上撤销这一条款。如果当事人不就仲裁员达成一致，他们可以援引 1950 年《仲裁法》中的条款，由法院指定一名仲裁员。"[1]

在美国，法院对于仲裁制度的态度总体是支持的，从立法方面看，1926 年《联邦仲裁法》并无特别之处，然而在实践中遇到需要法院行使司法监督权的场合，美国法院认为联邦法律和政策赋予仲裁以优先管辖权，法院的作用是充分尊重当事人的仲裁意愿，促进国际商业交易的发展。因此，美国法院在一系列重大问题上作出的判决以推动当事人采用仲裁方式解决其商事争议。例如，在"尼加拉瓜诉美国 SFC 公司"一案中，[2] 1981 年 1 月 9 日，尼加拉瓜政府与美国 SFC 公司为处理香蕉业国有化以后的合同关系，签订了一份"意向备忘录"，该文件中载有仲裁条款，称"本备忘录协议中所产生的一切争议……应提交双方同意的机构或通过国际仲裁程序如伦敦仲裁协会的规则来解决"。1987 年双方发生争执，尼加拉瓜政府在美国加利福尼亚州的法院起诉，指责 SFC 公司及其母公司违反上诉法律文件所规定的应在 5 年时间内从尼加拉瓜购买上千万美元物资的义务，要求法院强制将该案交付国际仲裁，并在仲裁期间停止诉讼程序。但受理案件的地区法院以简易程序判决 SFC 公司胜诉。尼加拉瓜政府不服，上诉美国联邦第九巡回法院。经审理，该上诉法院判决撤销地区法院的判决。第九巡回上诉法院一致认为：美国政府倡导的以仲裁方式解决合同争议的政策排除了地区法院对一切争议的判决。如果当事人同意签订了一个有仲裁约定的文件，则所有的有关违反协议的问题应当交付仲裁解决；任何形式的协议中所包含的仲裁条款均应予以执行；仲裁条款与载有仲裁条款的文件是可分割的，除非存在着明显的相反意愿；即使后来仲裁员裁定合同的其他部分无效，其仲裁条款也应予以执行；根据联邦最高法院的精神，当国际性公司约定仲裁解决争议时，它们事实上是试图约定一个解决一切争议的场所。此类协议应该受到高度尊重，因为它们既是选择场所的条款，又是选择法律适用的条款，从而在各地区法律多变的情况下

---

[1]　Hobbs Padgett & Co.（Reinsurance）Ltd. v. J. C. Kirkland Ltd., *Loyds Report*, volume 2, p.547.

[2]　高菲：《论仲裁协议》，《仲裁与法律通讯》1995 年第 5 期，第 41—45 页。

亦能达到稳定性和可预见性。

从第九巡回法院对该案的判决可知，法官对于"意向备忘录"① 那样一份本身效力有疑问的法律文件中所载的不够明确的仲裁意向，仍然认为它构成一份有效的仲裁协议。该法院的法官们指出，地区法院认为备忘录中的条款"缺乏确定性"从而损害了其执行性，但他们坚持认为，哪怕当事人之间只有一点点的仲裁意向，也必须完全予以执行，在国际争议中尤其应该如此。按照联邦法的规定，有关仲裁问题的范围的任何疑义必须按有利于仲裁的精神作出解答，不管合同用词本身是否有问题，也不管是否有弃权、延误或者对可仲裁性提出异议。

在一项涉及中国公司的判决中，美国加利福尼亚州再次对仲裁机构不确定的仲裁条款作出有利于仲裁的解释。1985 年，中国机械设备进出口公司（China National Machinery & Equipment Import & Export Corporation）与美国宝鑫尼亚公司（Bauhinia Corporation）在履行合同方面发生争议。在该中方提供的标准合同中，双方约定："凡因执行本合同所发生的一切争议，双方应通过友好协商解决。如提交仲裁则在北京进行，有关争议应提交中国国际贸易促进委员会对外经济贸易仲裁委员会根据中国国际贸易促进委员会对外贸易仲裁委员会仲裁程序暂行规则进行仲裁。仲裁裁决是终局的，对双方有约束力。如果仲裁在其他地方进行，由每一方指定一名仲裁员，被指定的仲裁员推举一名第三者共同组成仲裁庭，双方应接受该仲裁庭的裁决为终局的。"显然，该仲裁条款属于那种选择性的仲裁条款。宝鑫尼亚公司首先在加州法院起诉，中国机械设备进出口公司以合同中订有仲裁条款为由对法院的管辖权提出抗辩。受理该案的法院认为，合同中订有仲裁条款，法院不应予以管辖；但仲裁条款存在选择性，未订立明确的仲裁地点，仲裁无法进行，在此情况下，法院必须停止诉讼程序，并根据美国《联邦仲裁法》之 206 条（1958 年《纽约公约》）指定当事人在加州按当地的仲裁程序组成临时仲裁庭进行仲裁。② 在此案中，法官并非以仲裁地点不确定为理由，径直宣告该仲裁条款无效，而是本着促成以仲裁解决争议的精神，指定当事人交付临时仲裁。诚然，美国法官未指定在中国

---

①　中国的实践是否认意向书的法律拘束力。

②　Yearbook Commercial Arbitration, *Kluwer Law and Taxation Publishers*，1990，Volume XV‑1980，pp.550‑555.

仲裁仍属遗憾，因为毕竟仲裁条款中已经具体列举了中国涉外仲裁机构的名称，而另一个仲裁地尚未具体列明。不管怎样，停止诉讼程序，裁定让双方当事人将争议交付仲裁解决，至少表明了法院积极支持仲裁的态度。

三、仲裁协议的失效

与仲裁协议的无效不同，仲裁协议的失效是指原本有效的仲裁协议因为特定仲裁事项的完结或者当事人放弃仲裁意思而失去法律效力的情况。仲裁协议失效的直接法律效果是仲裁协议对当事人的约束力和对法院司法管辖的排他力都不复存在。当事人或者重新订立仲裁协议，或者选择诉讼。仲裁协议失效通常表现在三个方面。

（一）因当事人变更或放弃仲裁而使仲裁协议失效

当事人在订立仲裁协议之后，经双方当事人的一致同意而决定不再通过仲裁的方式解决彼此间的争议。有效的仲裁协议经由当事人的合意而失效。

当事人合意放弃仲裁既可以通过一致表示而达成，也可以通过事实行为而放弃。当事人达成仲裁协议后，一方向法院起诉并且没有声明有仲裁协议，法院受理后，另一方没有在首次开庭前对法院受理该案提出异议。根据仲裁法的规定，另一方不提出异议即被视为放弃仲裁协议，法院可以继续受理并进行审理。这种情况就是默示放弃仲裁。因为提出起诉的一方在有仲裁协议的情况下仍然向法院提起诉讼，明确地表明放弃仲裁；而另一方在开庭前对法院管辖权又不提出异议，说明当事人有放弃仲裁协议的意思。这样，默示行为反映了双方放弃仲裁的合意。

（二）仲裁裁决被当事人履行或通过法院加以执行而使仲裁协议失效

当事人根据仲裁协议将彼此间的争议提交有管辖权的仲裁机构进行仲裁，并且获得仲裁裁决。当事人自觉履行了仲裁裁决，或者一方当事人通过法院执行了裁决，仲裁协议指定仲裁事项得到解决。当事人如果就仲裁协议规定的仲裁事项再次向仲裁机构提起仲裁，或者向法院起诉的，仲裁委员会或法院就会拒绝受理，仲裁协议也因此而失效。

必须指出的是，如果仲裁裁决是中间裁决或部分裁决，则仲裁协议直至仲裁机构作出最终裁决之前仍然有效。

（三）仲裁裁决被执行法院撤销或不予执行而使仲裁协议失效

当事人将争议交由仲裁协议指定的仲裁机构仲裁而获得仲裁裁决后，其法律效力并未稳定。这是因为一方当事人可以向法院提起撤销仲裁裁决的请求，或者胜诉方不能获得仲裁裁决规定的权益而向法院提出执行的请求。如果法院根据法律认定撤销仲裁裁决，或者拒绝执行仲裁裁决，根据我国《仲裁法》的规定，当事人应当重新达成仲裁协议申请仲裁，或者向法院提起诉讼。在这两种情况下，原来有效的仲裁协议就会失效。

第四节　仲裁协议的独立性问题

一、仲裁协议独立性问题的产生背景

仲裁协议有合同中的仲裁条款、仲裁协议、其他文件中包含的仲裁条款三类，三者都是针对主合同的法律关系而起作用。换言之，不论仲裁协议或条款的形式如何，它们都反映了双方当事人愿意将有关的合同争议交付仲裁解决的意愿。因此，仲裁协议、其他文件中包含的仲裁条款具有从属于主合同的性质。

如前所述，仲裁协议中交付仲裁的协议（Submission Agreement）是最普遍的方式，这种协议与主合同分别订立，况且订立该协议时双方的纠纷已经发生。显而易见，该项专门的仲裁协议特别表明了当事人不愿诉诸司法程序而自愿交付仲裁解决的意愿，订立协议的时间、内容和形式均彻底独立于主合同。各国法律都确认其有效性不受主合同效力的影响，即使争议双方当事人订立的商业合同无效或失效，仲裁庭仍可以依据该提交仲裁的协议对案件行使管辖权，并最终作出裁决。就其他文件中包含的仲裁条款而言，其形式和内容一般也独立于主合同，因此，主合同无效、终止或变更不会使得仲裁条款无效或失效。

然而，对于以合同中的仲裁条款方式出现的仲裁协议，就产生了一个问题：如果主合同从一开始就是无效的或者丧失了效力，作为合同条款之一的仲裁条款是否仍然有效？换言之，当事人是否能够依据一份无效合同中的仲裁条款提交仲裁，仲裁机构是否能够取得对争议的管辖权？

过去的传统观点是，仲裁条款是与主合同不可分离的一部分，主合同无效，合同中的仲裁条款理所当然也归于无效。遇有当事人对主合同的有效性问题提出异议，只要当事人仍试图以仲裁方式解决争议，则首先应由法院对合同的效力及仲裁条款的效力作出决定。这种观点的主要理由在于：作为主合同组成部分的仲裁条款是针对合同的法律关系而起作用的，既然主合同不存在，那么附属于合同的仲裁条款就因此丧失了存在的基础，即所谓"皮之不存，毛将焉附"。在此情况下，仲裁庭就根本无法基于该无效合同中的仲裁条款来采取任何行动，仲裁庭无法从一个真空（Vacuum）中取得合法资格来对合同效力、仲裁庭的管辖权以致案件的是非曲直问题说三道四。也正是基于此传统观点，英国法官麦克米兰爵士于1942年在"海依曼诉达尔文斯有限公司"案（Heymann v. Darwins Ltd.）中判决道："如果根本不存在一项合同，就完全不存在作为该合同一部分的仲裁协议。"这一判决可谓是传统观点的经典之作。

随着商人们越来越倾向于采用仲裁方式来解决国际商事争议，仲裁协议效力须依附于主合同的观点和实践也受到了国际社会越来越强烈的批评，各国的普遍看法是，这种观点存在的根本缺陷已到了非抛弃不可的地步。考虑到以仲裁条款所表现的仲裁协议极为普遍，如果合同当事人一方在他方提请仲裁时主张主合同无效，仲裁庭就不得不先让当事人取得法院对合同有效的判决才得以开始仲裁程序，那么整个仲裁制度就失去了存在的基础。在此背景下，人们提出了仲裁协议独立性的理论。

仲裁条款独立性理论在确立之后也经历了从相对到绝对，从有条件到无条件的过程。一开始，仲裁条款只有在原合同有效而被解除或终止时才会被认定有效。如果主合同自始无效，仲裁条款就不能被认为有效。现在，普遍接受的观点是，主合同自始无效也不影响仲裁条款的效力。

与仲裁协议独立性问题紧密相连、不可分离的另一个问题是权限。这一问题系指在一方当事人依仲裁协议将争议提交仲裁后，另一方当事人对仲裁协议的效力提出异议、对仲裁庭的管辖权提出抗辩时，仲裁庭是否具有权限对仲裁协议的效力及其自身的管辖权作出决定。仲裁协议的独立性是权限问题的前提，权限问题是仲裁协议独立性的必然后果：如果仲裁协议不具备独立性，则仲裁庭对于一切争议的事项的管辖权就无从谈起，仲裁庭的管辖权首先得依赖法院对仲裁协议是否有效作出认定后方能确定；反之，解决了仲裁协议独立性问题，则仲裁庭理所当然地有权对其自身的管辖权及仲裁协议的效力作出决定。

二、仲裁协议独立性的理论概述

仲裁协议的独立性，又称为仲裁协议的"分离性"（Separability）或"自治性"（Autonomy）。

这一理论的基本精神认为，尽管仲裁条款是合同的一部分，但该条款与其他各条款有着完全不同的性质。合同其他条款规定的是当事人之间相互承担的义务，而仲裁条款规定的不仅仅是一方当事人对另一方当事人的义务。它是双方当事人的协议对第三方的授权，即如果产生了有关一方当事人对另一方当事人承担的义务的争议，这些争议应由他们共同约定的第三方解决。因此，仲裁条款的效力不应该受到主合同的制约，合同的无效或者失效并不因此影响合同中的仲裁条款的效力，它是可以与合同相分离的、独立存在的条款，仲裁庭可以行使对合同争议的管辖权，即使仲裁庭最终裁定合同无效，仲裁庭基于该无效合同中的仲裁条款所取得的管辖权不受影响。

使仲裁条款受制于合同效力的理论仅从一般的逻辑上考虑，似乎不无道理：有效的仲裁条款不可能产生于无效的合同。然而，从仲裁制度的历史发展及法律角度加以考察，就会发现其无法克服的缺陷，而仲裁协议独立性（分离性、自主性）的理论有其存在的合理基础。

首先，两个当事人在订立合同时约定将可能产生的争议交付仲裁解决，通常他们在合同中的仲裁条款写明"任何与本合同有关的或者因履行本合同所产生的争议应通过仲裁方式解决"等词语，以表达他们不愿将任何争议用其他方式解决的真实意图。若认定此处所述之"任何与本合同有关的或者因履行本合同所产生的争议"已经排除了就合同是否有效问题而产生的争议，显然曲解了双方当事人在签订合同时的真实意思。[①] 从仲裁

---

① 丁伟、陈治东：《冲突法论》，法律出版社 1996 年版，第 330 页。

条款与其他合同条款的性质区别可知，当事人订立仲裁条款之目的是为了将包括合同效力在内的争议交付仲裁解决，如果当事人的仲裁意思表示中含有排斥仲裁庭对合同效力争议进行审理的意思，当事人就必须明示。

其次，假如一方当事人可以通过声称主合同从一开始就无效或已经不再有效，从而规避另一方当事人提起的仲裁程序；假如任何一方当事人可以通过断言仲裁协议无效，从而可以达到剥夺仲裁庭管辖权之目的，这样，对于载有仲裁条款的合同一方当事人而言，他永远有机会仅简单地声称合同无效而解除其参与仲裁的义务。一旦出现这种情况，在国内商业活动中，另一方当事人尚且可以求助于国内法院的司法干预，迫使对方参与仲裁。仅此而已，就足以使仲裁的优点——迅速、灵活、节省时间受到极大的损害。可是，在国际商业交往中，即使以损害仲裁的优越性为代价，也未必找得到另一种使仲裁程序得以继续的救济措施。其原因在于，国际社会迄今尚未建立起一个跨国法院来处理此类问题。如果仲裁协议效力从属于主合同的理论能够成立的话，为解决此类基于主合同效力的仲裁协议效力之争议，当事人仍免不了求助于本国法院或外国法院。既然每一项仲裁条款的效力是不确定的，其效力最终仍然有求于司法程序来确认，那么，以仲裁方式处理商事纠纷的意义就丧失殆尽了。正如有学者指出的那样，仲裁条款在合同中应具有相对特殊的独立性。一方面，它因主合同的订立而订立，并随主合同的全部履行而终止；另一方面，其效力又具有特殊性和独立性，即它不仅不因主合同的履行发生争议或被确定为无效而失效，反而正因此得以实施，发挥其救济手段的作用。①

最后，根据有关的国际条约及绝大多数国家的立法规定，在当事人向法院申请执行仲裁裁决时，法院对裁决的实体事项不进行审查。合同效力的认定属于实体事项，相应法院也不应对仲裁庭关于合同效力的裁决提出异议。但是，如果仲裁条款的独立性不能成为一项原则的话，必然导致法院在审查是否应予执行裁决时，首先去审查每一项申请执行案所涉合同的效力，将此作为执行仲裁裁决的先行问题。若经审查认为主合同有效，随之合同中的仲裁条款亦有效，在此基础上再考虑是否承认与执行的问题；若主合同被仲裁庭裁定为无效，则其中的仲裁条款亦归于无效，仲裁裁决

---

① 李双元、谢石松：《国际民事诉讼法概论》，武汉大学出版社 1990 年版，第 556—557 页。

就会因此而无效。这样，将仲裁庭的管辖权基于合同本身的效力之上，而合同的有效性与否则须依赖于法院的判断，就失去了仲裁存在的基础。

综上所述，仲裁条款的独立性理论确实并非纯学理之争，它对于仲裁制度的存在具有至关重要的意义。

三、仲裁条款独立性原则的法律依据

鉴于仲裁条款独立性问题的意义重大，近数十年来这一理论已在不少国际条约或国际性文件中充分体现出来，并载入了一些国家的仲裁法或民事诉讼法。

在世界银行主持下于1965年所通过的《解决国家与他国国民间投资争端公约》第41条第1款规定："法庭（仲裁庭——作者注）应是其本身权限的决定人。"同条第2款又规定："争端一方提出的反对意见，认为该争端不属于中心的管辖范围，或因其他原因不属于法庭的权限范围，应由法庭加以考虑，并决定是否将其作为先决问题处理，或与该争端的实质问题一并处理。"可见，该公约明确规定仲裁条款的效力不受争端一方的反对而受到影响。仲裁庭有权对自己的管辖权问题作出裁决。

《欧洲国际商事仲裁公约》第5条（关于仲裁管辖权的抗辩）第3款规定："管辖权有问题的仲裁员有权继续进行仲裁，并对自己的管辖权作出决定，并能决定仲裁协议或者包括此协议在内的合同是否存在或者有无效力，但应受仲裁法所规定的以后的司法监督。"

《国际商事仲裁示范法》第16条第（1）款规定："仲裁庭可以对它自己的管辖权包括对仲裁协议的存在或效力的任何异议，作出裁决。为此目的，构成合同一部分的仲裁条款应视为独立于其他合同条款以外的一项协议。仲裁庭作出关于合同无效的决定，不应在法律上导致仲裁条款的无效。"须知，该示范法是在联合国国际贸易法委员会主持下，由包括中国在内的近60个国家的专家共同起草的，它代表了世界上主要国家的法律思想和实践。

一些国家的国内法明确规定了仲裁条款具有独立性，并将其上升为一项必须遵循的法律原则。特别值得一提的是，1996年《英国仲裁法》第7条明确规定："除非当事人另有约定，不能因为一个协议的无效、不存在

或已经失效，而将构成该协议一部分的仲裁条款视为无效、不存在或已经失效。该协议应被视为可分割的协议。"①

瑞士《联邦国际私法典》第 178 条第 3 款规定："主合同无效或仲裁协议涉及的纠纷尚未发生不得作为否认仲裁协议有效性的理由。"②

《西班牙仲裁法》第 8 条规定："合同无效并不一定意味着附件仲裁协议的无效。"③

《比利时司法典》指出，仲裁庭作出的合同无效的决定不应在法律上导致合同中的仲裁条款的无效。

《美国联邦仲裁法》规定：如果当事人争议的问题不是仲裁条款的订立和遵守，联邦法院应该命令当事人将争议提交仲裁。

上述国际公约、一些国家的仲裁法都认了仲裁条款的独立性原则。因此，虽然合同从一开始就属无效或者合同因各种缘故而失去效力，作为合同一部分的仲裁条款并不因此而失效。换言之，这一事实并不能剥夺仲裁庭依据包含在该合同中的仲裁条款对此案件的管辖权。当然，仲裁庭行使管辖权的前提是，具有足以证明该仲裁协议存在的初步证据。

除了国际公约和国内法以外，2013 年《联合国国际贸易法委员会仲裁规则》第 23 条第 1 款规定："仲裁庭有权力对其自身管辖权作出裁定，包括对与仲裁协议的存在或效力有关的任何异议作出裁定。为此目的，构成合同一部分的仲裁条款，应视为独立于合同中其他条款的一项协议。仲裁庭作出合同无效的裁定，不应自动造成仲裁条款无效。"

国际商会国际仲裁院于 2017 年 3 月 1 日起生效的《国际商会仲裁规则》第 6 条第 9 款也规定："除非另有约定，否则，只要仲裁庭认为仲裁协议有效，仲裁庭不因任何合同不存在或合同无效的主张而停止对案件的管辖权。即使合同可能不存在或者无效，仲裁庭仍继续享有管辖权，以决定当事人各自的权利并对其请求和抗辩作出裁定。"

2014 年《伦敦国际仲裁院仲裁规则》第 23.2 条规定：构成或拟构成另一合同一部分的仲裁条款，应视为独立于该合同的仲裁协议。仲裁庭裁定该合同不存在、无效或不具有效力不应在法律上导致该仲裁条款不存在、

---

①　中国国际经济贸易仲裁委员会等：《仲裁与法律通讯》1997 年第 2 期，第 43 页。
②　程德钧：《涉外仲裁与法律》（第 1 辑），中国人民大学出版社 1992 年版，第 579 页。
③　中国国际经济贸易仲裁委员会等：《仲裁与法律通讯》1997 年第 1 期，第 49 页。

无效或不具有效力。

中国法律较早地承认了仲裁条款的独立性，并且将仲裁条款独立性原则的适用范围逐渐扩大。1985 年的《涉外经济合同法》第 35 条规定：合同约定的解决争议的条款不因合同的解除或者终止而失去效力。1986 年中国在批准《联合国国际货物销售合同公约》接受了仲裁条款独立性的原则，其第 81 条规定：宣告合同无效不影响合同中关于解决争端的任何规定。因此，在涉外经济合同领域，仲裁条款的独立性是得到承认的。

最高法院在 1992 年颁布的《适用〈中华人民共和国民事诉讼法〉若干问题的意见》中规定，涉外经济合同的解除或者终止，不影响合同中仲裁条款的效力。当事人一方因订立仲裁条款的涉外经济合同被解除或者终止向人民法院起诉的，不予受理。

1995 年《仲裁法》第 19 条对仲裁条款独立性原则作了进一步的规定：仲裁协议独立存在，合同的变更、解除、终止或者无效不影响仲裁协议的效力。这样，仲裁法就将仲裁条款独立性原则从涉外经济合同纠纷扩展到一切通过仲裁方式解决商事纠纷的合同。

1999 年颁布的《合同法》对仲裁协议独立性问题的立法沿袭了上述法律所确立的原则。《合同法》第 57 条规定，合同无效、被撤销或者终止的，不影响合同中独立存在的有关解决争议方法的条款的效力。

中国国际经济贸易仲裁委员会《仲裁规则》明确承认仲裁条款独立性原则。1994 的《仲裁规则》规定：合同中的仲裁条款应视为与合同其他条款分离的、独立存在的条款，附属于合同的仲裁协议也应视为与合同其他条款分离的、独立存在的一个部分；合同的变更、解除、终止、失效或无效，均不影响仲裁条款或仲裁协议的效力。1995 年修订的《仲裁规则》不仅承认合同的变更、解除、终止、失效或无效不影响仲裁条款或仲裁协议的效力，而且承认合同的存在与否也不影响仲裁条款的效力。1998 年、2000 年修订的《仲裁规则》全盘保留了 1995 年修订的条款。2005 年《仲裁规则》再次修订时，还承认了合同转让、未生效、被撤销均不影响仲裁条款或仲裁协议的效力。2012 年、2014 年《仲裁规则》修订时保留了 2005 年修订的条款。2014 年《仲裁规则》第 5 条第 4 款规定，合同中的仲裁条款应视为与合同其他条款分离的、独立存在的条款，附属于合同的仲裁协议也应视为与合同其他条款分离的、独立存在的一个部分；合同的变更、解除、终止、转让、失效、无效、未生效、被撤销以及成立与否，均不影响仲裁条款或仲裁协议的效力。

仲裁规则并非法律，为了使仲裁得以进行，仲裁条款的独立性无疑是各仲裁机构必须主张的。然而，假如仲裁规则的规定得不到各国法律的首肯，则其裁决的效力就得不到保证。而事实上，诸多常设国际商事仲裁机构的卓有成效的努力已经为世界各国普遍接受，这从另一侧面印证了仲裁条款独立性理论已发展成为一项普遍性的法律原则。

四、仲裁协议独立性原则在实践中的运用

仲裁协议的独立性原则不仅反映在国际公约、各国的国内法以及仲裁机构的仲裁规则之中，而且也在一系列的实际案例中反复运用。

（一）临时仲裁的实践

在 1982 年的"埃尔夫·阿奎泰纳（伊朗）公司诉伊朗国家石油公司"［Elf Acquitaine（Iran）v. National Iranian Oil Company］一案中独任仲裁员伯恩哈德·戈马德（Bernhard Gomard）专门就仲裁协议的独立性问题作出先行裁决。该案的起因是，法国埃尔夫公司于 1966 年与伊朗国家石油公司签订勘探和生产石油的协议，协议中载有仲裁条款，规定在发生纠纷时将由独任仲裁员处理；同时又规定："在作出裁决时，仲裁员不受任何特别法律规则的限制，但应有权在考虑公平和普遍承认的法律原则、特别是国际法原则的基础上作出裁决。"1978 年，因偿还投资及石油价格问题，双方发生纠纷。1980 年 8 月 11 日，伊朗石油公司通知埃尔夫公司，根据伊朗革命委员会的法令，1966 年的协议从一开始就无效。埃尔夫公司依据该协议中的仲裁条款，请求丹麦最高法院院长指定仲裁员，后者指定戈马德教授为独任仲裁员。伊朗石油公司对仲裁员的权力提出异议。对该案的审理首先应解决以下两个问题。

第一，根据协议中的仲裁条款所指定的仲裁员是否有权就其作为仲裁员的权限作出决定？

第二，即使协议一方当事人对合同效力提出异议，协议中的仲裁条款

是否享有自主性，使之成为双方当事人之间仲裁的基础？

对于第一个先决事项，戈马德教授指出，仲裁员有权就权限问题作出决定，这是有关仲裁的公约以及不少仲裁裁决所承认的国际仲裁的基本原则。

对于第二个先决事项，他的结论是，仲裁条款不受主合同效力之影响是普遍接受的国际仲裁的法律原则，并被各项关于仲裁的国际公约广泛接受。如果事实表明在当事人之间从未存在过有效的仲裁协议则另当别论。然而，本案的事实却非如此。所以，仲裁条款的自主性原则已作为国际仲裁的原则被广泛地适用于国际仲裁。

基于上述理解，戈马德教授认为："仲裁条款仍然约束双方当事人，伊朗国家石油公司声称该协议从一开始就无效丝毫不影响其效力。而这个结论决不排除仲裁员在以后就该项石油勘探和生产协议是否有效问题作出裁决。"①

（二）机构仲裁的实践

从 20 世纪 50 年代以来，国际商会国际仲裁院的不少仲裁案涉及仲裁条款的独立性争议。1959 年的第 1024 号裁决根据国际商会仲裁规则指出：被诉方声称主合同的无效或不存在，并不导致仲裁员无权审理案件。1968 年的第 1526 号裁决明确接受了仲裁协议的分离性原则，该裁决认为："无论是分别订立的还是包含在它所适用的法律文件中的，仲裁协议总是显示其完全的法律自主性，这一自主性使其免受该法律文件一旦失效时的不利影响。"此后国际商会国际仲裁院的大量案例均确认了仲裁条款的独立性原则。

与中国涉外仲裁机构仲裁规则完全承认仲裁条款独立性原则相一致，涉外仲裁机构的仲裁实践采取仲裁条款绝对独立原则。

仲裁申请人一家日本公司与被申请人一家中国公司签订了买卖合同。合同约定：发生的争议将交由中国国际经济贸易仲裁委员会仲裁。被申请人在中国国际经济贸易仲裁委员会受理案件后，以申请人没有根据合同需

---

① 　Yearbook Commercial Arbitration. *Kluwer Law and Taxation Publishers*，1986，Volume XI，pp.97 - 105.

经电传或传真加以确认的方式对合同未作书面确认为由，对仲裁管辖权提出异议。仲裁委员会在对管辖权作出的部分裁决中指出，仲裁条款是独立的，合同是否有效或者成立不影响仲裁委员会的管辖权。①

合资公司的中外双方根据签订的中外合资有限公司合同中的仲裁条款向中国国际经济贸易仲裁委员会提出仲裁请求。在仲裁程序进行过程中，被申请人指出，合资企业合同第 7 条规定的经营范围包括餐饮、酒吧和电子游戏机（Electronic Game Machines and Gambling Tables）等。根据中国法律的规定，赌博是非法活动而被禁止，因此，双方签订的合资合同因此而无效，合同中的仲裁条款也应无效。

仲裁委员会认为，根据仲裁法和其仲裁规则，无论合同是否有效，合同中的仲裁条款的效力不受合同其他部分的影响，因此，仲裁委员会对本案仍有管辖权。②

中国国际经济贸易仲裁委员会采纳的仲裁条款绝对独立原则比仲裁法规定的适用范围广。后者未对合同不存在时的仲裁条款的有效性作出规定。换言之，国内非涉外仲裁机构根据仲裁法并没有必要在当事人合同根本不存在的情况下承认仲裁条款的效力。1995 年国务院推荐的《仲裁委员会仲裁暂行规则示范文本》第 5 条仅规定合同的变更、解除、终止或者无效不影响仲裁协议的效力。上海仲裁委员会于 2018 年通过的上海仲裁委员会《仲裁规则》第 6 条也只是规定合同的变更、转让、解除、终止、未生效、无效、被撤销等不影响仲裁协议的效力。可以预见，国内仲裁在合同不存在情况下的仲裁条款效力问题是有待于实践来验证的。

（三）外国的司法实践

几乎所有发达国家的司法实践和仲裁实践表明，仲裁协议的独立性原则都得到承认，法国、瑞士、瑞典、荷兰、比利时、德国、美国等国的实践都在不同程度上支持了这一原则。美国最高法院在 1967 年著名的"第一颜料公司诉弗拉特和康克林公司（Prima Paint v. Flood and Conklin

---

① 全国人大常委会法制工作委员会民法室、中国国际经济贸易仲裁委员会秘书局：《中华人民共和国仲裁法全书》，法律出版社 1995 年版，第 89 页。
② 中国国际商会仲裁研究所：《典型国际经贸仲裁案例》，法律出版社 1999 年版，第 511—512 页。

Co.）"一案中解释 1926 年《美国仲裁法》时指出："作为联邦法的原则，仲裁条款是与包含它的合同'相分离'的。如果当事人并未断言仲裁协议本身是由于欺诈（Fraud）而订立的，那么，一项广泛的仲裁条款将可以作为对以欺诈手段所签订的合同争议进行仲裁的依据。"① 美国最高法院的这一判决词的意思十分清楚地表明，如果当事人仅认为合同是由于一方当事人受到另一方当事人的欺诈而订立，但并未主张仲裁条款本身是在受欺诈的情况下签订的，那么，尽管当事人以合同的欺诈性为理由拒绝仲裁，该仲裁条款仍然有效，仲裁机构仍然可以进行仲裁，继而作出仲裁裁决。

瑞典法院在"诺尔雪针织品有限公司诉佩尔·佩尔松有限公司"一案中，也就仲裁条款的独立性问题表明立场。该针织品公司从被告处购买了若干机器设备，销售合同中载有仲裁条款。在佩尔·佩尔松公司交货后，诺尔雪公司发现机器不符合同规定，故要求解除这笔交易。卖方虽同意不继续提供附加设备，但拒绝收回机器。当买方在法院提起诉讼时，卖方以存在仲裁为理由提出抗辩。然而买方称由于欺诈及不合理行为，该买卖合同是无效的；既然仲裁条款构成合同之一部分，因此买方当然不受该条款的约束。初审法院以不具有管辖权为由驳回该案。瑞典最高法院在上诉审时确认了初审法院的判决，认为："无论该合同在其他方面能否执行，其中的仲裁条款是有约束力的。"②

（四）中国的司法实践

中国司法机构对仲裁条款独立性原则的态度最早可在上海市高级法院审理的中国技术进出口总公司（简称中技公司）诉瑞士工业资源公司（简称瑞士公司）侵权损害赔偿纠纷上诉案中窥见一斑。

中技公司于 1984 年同美国旭日开发公司签订了钢材购销合同。在美国旭日开发公司无力履约的情况下，中技公司同意由瑞士公司作为合同的卖方。中技公司在 1985 年开出了信用证，瑞士公司随后提交单据付款。之后，中技公司一直没有收到货物。于是，中技公司于 1986 年向上海市中级法院提出侵权损害赔偿之诉，请求法院裁决瑞士公司赔偿损失。法院经过

---

① Prima Paint v. Flood & Conklin, 338 US 395，402（1967）.
② 赵威：《国际仲裁法理论与实务》，中国政法大学出版社 1995 年版，第 129 页。

两年的审理最终裁定中技公司胜诉。

　　瑞士公司认为，双方签订的钢材购销合同有仲裁条款，法院没有管辖权受理案件。而上海市高级法院认定：瑞士公司在无货的情况下，仍称货物已在装运港备妥待运，从而得以与中技公司签订合同。根据当时适用的涉外经济合同法，采取欺诈或胁迫手段订立的合同无效。合同无效，仲裁条款随之无效。而利用合同进行欺诈超出了合同履行的范围，已经构成了侵权。双方的争议也不再仅仅是合同权益的争议，而是侵权损害赔偿纠纷。中技公司可以不受仲裁条款的约束，有权向法院提起诉讼。法院也具有管辖权。①

　　根据法院审理本案时所适用的《涉外经济合同法》的规定，合同约定的解决争议的条款不因合同的解除或者终止而失去效力。由此可见，当时有效适用的法律采取的主要原则是仲裁条款独立性原则主要适用于主合同被解除或终止的情况。因此，上海市高级法院在合同自始无效时不承认仲裁条款的效力也并无严重的不适当。

　　但是，如果本案发生在仲裁法颁布之后，若法院仍然以合同无效为由，否认仲裁条款的效力，那么，在法律适用和认定上就是错判。

　　仲裁协议的独立性还表现在无论合同是否成立，均不影响仲裁协议的效力。

　　在"江建军与王石金申请确认仲裁协议效力"一案中，2015年7月10日，作为乙方的王石金与作为丙方的江建军签订协议书，该协议第10条约定："凡因本合同引起的或与本合同有关的任何争议，均应提交中国国际经济贸易仲裁委员会，按照申请仲裁时该会现行有效的仲裁规则在深圳进行仲裁。"协议书中"甲方（签字）"处空缺。

　　申请人江建军主张，江建军与王石金之间未达成仲裁协议。协议书包括甲方、乙方、丙方（担保人）三方当事人，其中乙方签字人为王石金、丙方（担保人）签字人为江建军，甲方一栏无人签字。协议书第11条约定："本合同于三方当事人签署日生效。"由于甲方未在协议书上签字或者盖章，因此协议书未完成签署，既未成立也未生效，对当事人当然无效。

　　被申请人王石金认为：协议书第10条的约定有明确请求仲裁、仲裁事

---

　　① 《中华人民共和国最高人民法院公报》1989年第1期，第26—28页。

项、选定的仲裁委员会的意思表示，符合《仲裁法》第16条关于仲裁协议内容的规定；此外，江建军与王石金曾签署过一份《关于两千万股中国北大荒（HK00039）股票的变更约定》，其中江建军承认协议书已经生效且实际履行，故可以认定江建军签署变更约定的行为是认可仲裁协议的效力；即便协议书不成立，仲裁协议也是有效的，根据《仲裁法》第19条第1款规定，仲裁协议独立存在，合同的变更、解除、终止或者无效都不影响仲裁协议效力；《仲裁法司法解释》第10条第2款规定，当事人在订立合同时就争议达成仲裁协议的，合同未成立不影响仲裁协议的效力。

法院认为，在对仲裁协议效力进行司法审查时，不应以协议书是否有效为前提，而是依据《仲裁法》第16条关于仲裁协议内容的规定进行审查。协议书第10条的约定有明确的仲裁意思表示、仲裁事项和仲裁委员会，符合仲裁法规定的仲裁协议合法有效的形式要件和实质要件，且本案中不存在仲裁协议无效之情形，应认定为合法有效的仲裁条款。江建军的主张不能成立，应予驳回。

有评论认为，仲裁协议具有独立性，这种独立性的体现之一便是仲裁协议的效力应独立判断。根据《仲裁法》第16条的规定，一项有效的仲裁协议应包含请求仲裁的意思表示、仲裁事项及选定的仲裁委员会三项内容。仲裁协议本身作为一项合意，是当事人之间的一致意思表示，所以，"请求仲裁的意思表示"应当也是当事人一致意思表示的内容之一。本案法院认为"协议书第10条约定有明确的仲裁意思表示"，但是法院并未进一步明确当事人如何就"仲裁意思"达成了一致，仅凭借协议书第10条的内容本身或许并不足以表明当事人已经就此形成了"一致"的意思表示。[①]

综上所述，仲裁协议的独立性已经从一种学说上升为一项法律原则，虽然还不能说此项原则已在任何国家的任何场合都接受为一项普遍原则（事实上任何法律原则均无法做到这一点），但是国际商事仲裁的立法和实践毕竟清楚地证明这一原则在国际商事仲裁领域中的支配地位。理解这一原则的意义，并且依据此项原则处理国际商事仲裁实践中频繁发生的

---

① "仲裁机构未对其管辖权作出实质认定的，当事人有权向法院申请确认仲裁协议的效力（北京四中院）"，https://mp.weixin.qq.com/s/1Xar5Wr5yNS-FSiXJjWqMQ，最后访问日期：2019年2月9日。

合同无效与仲裁条款的效力争议是一切与此有关的人员，尤其是法官的基本素质。

第五节　中国仲裁制度下的仲裁协议

我国《仲裁法》以一章的篇幅专门规定了与仲裁协议有关的事项，包括仲裁协议的必备内容、无效的仲裁协议、仲裁协议的独立性原则、仲裁协议效力的司法监督等。仲裁协议的要件及效力问题在本章第二节、第三节中已有讨论，此处不赘述。

一、确定仲裁协议效力的管辖权

《仲裁法》第 20 条规定："当事人对仲裁协议效力有异议的，可以请求仲裁委员会作出决定或者请求人民法院作出裁定。一方请求仲裁委员会作出决定，另一方请求人民法院作出裁定的，由人民法院裁定。"最高法院《关于确认仲裁协议效力几个问题的批复》第 3 条规定："当事人对仲裁协议的效力有异议，一方当事人申请仲裁机构确认仲裁协议效力，另一方当事人请求人民法院确认仲裁协议无效，如果仲裁机构先于人民法院接受申请并已作出决定，人民法院不予受理；如果仲裁机构接受申请后尚未作出决定，人民法院应予受理，同时通知仲裁机构终止仲裁。"《仲裁法解释》第 13 条规定："仲裁机构对仲裁协议的效力作出决定后，当事人向人民法院申请确认仲裁协议效力或者申请撤销仲裁机构的决定的，人民法院不予受理。"

当事人协议选择国内仲裁机构仲裁后，一方对仲裁协议的效力有异议请求人民法院作出裁定的，由该仲裁委员会所在地的中级人民法院管辖。当事人对仲裁委员会没有约定或者约定不明的，由被告所在地的中级人民法院管辖。①

---

① 最高人民法院《关于当事人对仲裁协议的效力提出异议由哪一级人民法院管辖问题的批复》（法释〔2000〕25 号）。

从立法的规定可知，中国仲裁机构所享有的自裁管辖权是有限度或者不完全的自裁管辖权，尽管仲裁机构亦有权就仲裁协议的效力作出决定，但法院对仲裁协议效力的认定具有优先权。换言之，仲裁机构只有在当事人未向法院申请确认仲裁协议效力或仲裁机构在法院受理当事人确认仲裁协议效力申请前已经做出管辖权决定的情形下，才享有自裁管辖权。

（一）仲裁机构未对仲裁协议的效力做出实体认定的情况

实践中可能存在的情况是，就仲裁协议效力纠纷，仲裁庭可能先于法院受理案件，但并未就仲裁协议的效力作出实体裁决，此时，当事人是否有权向法院申请确认仲裁协议的效力？

北京市第四中级人民法院曾就类似案件作出判决，认为在上述情况下，当事人可以依据《仲裁法》第 20 条向人民法院申请确认仲裁协议的效力。在"江建军与王石金申请确认仲裁协议效力"一案中，仲裁委员会于 2018 年 9 月 10 日作出了（2018）中国贸仲京（深）字第 007074 号《SZF20180047 号债务偿还协议争议案》决定，认为仲裁庭应当在进行实体审理后才能决定仲裁委员会是否对本案具有管辖权，且仲裁程序继续进行。北京市第四中级法院认为，仲裁委员会并未对其管辖权作出实质性认定，在此情况下，当事人可以依据《仲裁法》第 20 条关于"当事人对仲裁协议的效力有异议的，可以请求仲裁委员会作出决定或者请求人民法院作出裁定"之规定，向本院申请确认协议书中仲裁协议的效力。① 由此可见，《关于确认仲裁协议效力几个问题的批复》第 3 条及《仲裁法解释》第 13 条所规定的"决定"应当是一项实质性认定，也就是说，应当是一项有关有或无管辖权的决定。正因如此，上述案件中北京市第四中级人民法院依然有权受理申请人的确认仲裁协议效力的申请并就其申请作出裁定。②

《仲裁司法审查规定》第 2 条规定，申请确认仲裁协议效力的案件，由仲裁协议约定的仲裁机构所在地、仲裁协议签订地、申请人住所地、被申请人住所地的中级人民法院或者专门人民法院管辖。

---

① 北京市第四人民法院（2018）京 04 民特 379 号民事裁定书。
② "仲裁机构未对其管辖权作出实质认定的，当事人有权向法院申请确认仲裁协议的效力（北京四中院）"，https：//mp. weixin. qq. com/s/1Xar5Wr5yNS-FSiXJjWqMQ，最后访问日期：2019 年 2 月 9 日。

（二）仲裁协议未载明仲裁地或仲裁机构的情况

在实践中，当事人仅在仲裁协议中规定若发生纠纷在应××省仲裁机构仲裁，此类情况不少见，今后也肯定不会杜绝。此时，虽然可以依据《仲裁司法审查规定》第2条规定，确定此类案件可以由仲裁协议约定的仲裁机构所在地、仲裁协议签订地、申请人住所地、被申请人住所地的中级人民法院或者专门人民法院管辖。但司法解释没有明确的问题是，如何确定具体的仲裁委员会所在地？众所周知，依据《仲裁法》规定可知，在一个省内仲裁机构不止一个。例如，在江苏省内就可在南京、苏州、无锡、常州、南通、扬州等10多个省辖市分别设立仲裁委员会，在此情况下又应如何确定仲裁机构的所在地？一个思路是，即使仲裁协议未载明仲裁地或仲裁机构，依据《仲裁司法审查规定》第2条，可以确定有管辖权的法院。

（三）申请确认不存在仲裁协议的情况

"没有仲裁协议"是《仲裁法》第58条第1款第1项规定的法定撤销仲裁裁决的理由。《仲裁法司法解释》第18条规定："仲裁法第58条第1款第1项规定的'没有仲裁协议'是指当事人没有达成仲裁协议。仲裁协议被认定无效或者被撤销的，视为没有仲裁协议。"没有仲裁协议是指没有达成仲裁协议。仲裁协议被认定无效或者被撤销则是指双方存在仲裁协议，但协议触发了仲裁法中无效事由或存在合同法中可撤销事由。从法律适用的后果看，仲裁协议被认定无效或被撤销与当事人之间没有仲裁协议并无不同。

目前，《仲裁法》及司法解释皆未就申请确认不存在仲裁协议的情况作出明确规定。如果自然人代他人在合同上签字，法院会视为不存在仲裁协议。[①] 有观点指出，这一问题的解决需要协调法院审查仲裁协议效力的范围和撤裁阶段法院审查是否存在仲裁协议的关系。[②]

早在2006年，最高人民法院在《关于对湖南省高级人民法院就申请人湖南省人民政府、湖南省交通厅与被申请人凯旋国际投资（澳门）有限公

---

① "阳潇诉成都富力地产开发有限公司"，四川省成都市中级人民法院（2018）川01民特284号。

② "合同中约定的'当地'不具有唯一性，仲裁协议无效（抚顺中院）"，https：//mp.weixin. qq. com/s/7kgGKKkfg4zwdkpFDuVlFQ，最后访问日期：2019年2月10日。

司、湖南凯旋长潭西线高速公路有限公司申请确认仲裁协议效力一案请示的复函》中指出："申请人请求人民法院确认仲裁协议对申请人和被申请人之间的纠纷是否具有约束力，对于此类案件，人民法院应当作为确认仲裁协议效力案件予以受理。"① 有判例贯彻了最高人民法院的意见，认为仲裁协议是否存在的异议属于申请确认仲裁协议效力案件的审查范围。②

然而，各地法院对于关于确认仲裁效力案件是否包括确认未达成仲裁协议、确认没有仲裁协议的态度仍然有所分歧。例如，广州市中级人民法院认为确认未达成仲裁协议不属于法院对仲裁协议效力异议案件的审查范围。③ 又如，北京市第四中级人民法院及北京市第二中级人民法院倾向于认为申请确认不存在仲裁协议不属于申请确认仲裁协议效力案件的审查范围，应通过撤销仲裁裁决程序予以纠正。④

另外一个相关问题是，当事人在仲裁程序中没有提出"没有仲裁协议"的抗辩，在撤销程序中是否可以提出。《仲裁法司法解释》第 27 条规定："当事人在仲裁程序中未对仲裁协议的效力提出异议，在仲裁裁决作出后以仲裁协议无效为由主张撤销仲裁裁决或者提出不予执行抗辩的，人民法院不予支持。"这里仅指出"未对仲裁协议的效力提出抗辩"，没有包括"没有仲裁协议"的情况，此条规定是否适用呢？被申请人如果在仲裁程序中没有提出"没有仲裁协议"的抗辩，或者没有参加仲裁程序，并不导致当事人之间产生仲裁协议，当事人显然可以在撤销程序或不予执行程序中提出该项事由，而法院有最终确认权。

（四）确定涉外仲裁协议效力的司法管辖权问题

《合同法》第 128 条规定，涉外合同的当事人可以根据仲裁协议向中国仲裁机构或者其他仲裁机构申请仲裁。以我国《中外合资经营企业法》为

---

① （2016）最高法民他 70 号。

② 镇江市中级人民法院（2016）苏 11 民特 23 号民事裁定书："当事人申请法院确认不存在的仲裁协议，也应属于确认仲裁协议效力案件的范围……"。

③ 广州市中级人民法院（2017）粤 01 民特 713 号民事裁定书、广州市中级人民法院（2017）粤 01 民特 1328 号民事裁定书。

④ 北京市第四中级人民法院（2018）京 04 民特 274 号民事裁定书、北京市第四中级人民法院（2018）京 04 特 287 号民事裁定书、北京市第二中级人民法院（2017）京 02 民特 97 号民事裁定书、北京市第四中级人民法院（2016）京 04 民特 27 号民事裁定书、北京市第四中级人民法院（2015）四中民（商）特字第 327 号民事裁定书。

代表的外商投资企业法律法规亦规定，当事人有权选择中国的涉外仲裁机构解决他们之间的争议，也有权选择外国的（包括第三国）仲裁机构。这样，对仲裁的司法监督又将面临新的问题：中国法律关于有效仲裁协议的条件比不少国家的条件严格得多，如果仲裁机构所在地法院有权对仲裁协议效力作出裁定，就必须考虑国内外对仲裁协议效力的不同态度所引起的一系列相关问题。

1. 当事人约定在中国涉外仲裁机构仲裁的仲裁协议效力认定问题

在人民法院对仲裁协议效力有最终决定权这一规定上，中国《仲裁法》是不分内外的，换言之，不论是国内仲裁抑或涉外仲裁，均应适用这一原则。[①]

事实上，在中国国际经济贸易仲裁委员会所受理的众多涉外案件中，当事人仅在仲裁条款中规定"凡发生争议，应提交中国涉外仲裁机构仲裁解决"，或者规定"凡发生争议，应提交中国国际贸易促进委员会仲裁解决"等，诸如此类的仲裁协议屡见不鲜。此类仲裁协议，就前者而言，当事人未指明仲裁机构的具体名称；关于后者，尽管中国国际经济贸易仲裁委员会和中国海事仲裁委员是中国国际贸易促进委员会（中国国际商会）的附属机构，但国际贸促会本身并非仲裁机构。在当事人将仲裁地或仲裁机构定于中国的情况下，按照上述笔者建议的确定管辖权的原则，无疑应由这两个仲裁委员会所在地北京市中级人民法院行使管辖权。按照现行的《仲裁法》第 18 条之规定，对此类未明确规定仲裁委员会及仲裁委员会名称称谓不全的仲裁协议，法院是很容易以"仲裁协议对仲裁委员会约定不明确"为理由，认定其为无效的仲裁协议。如果中国法院真的作出这样的认定，虽然是令人遗憾的结果，但至少还使得当事人可立即求助于有管辖权的法院以判断是非曲直。

然而问题的复杂性还不止于此。基于前述"国办通知"的精神，使仲裁机构所在地法院认定仲裁协议效力的管辖权原则在特定情况下根本无法实施。若中外双方当事人仅在合同中规定"凡发生争议，均应提交中国涉外仲裁机构仲裁解决"时，如何来判断该"中国涉外仲裁机构"之所在地？依据"国办通知"的精神，所有新组建的仲裁委员会都可以受理涉外

[①] 《中华人民共和国仲裁法》第 65 条。

仲裁案件；假如依据是否受理涉外案件作为衡量标准，则全国新组建的仲裁委员会均可视为涉外仲裁委员会。反之，如果依据设立涉外仲裁委员会的组织机构作为判断标准，则中国的涉外仲裁委员会只有中国国际商会所设立的两个仲裁委员会符合此标准，那么，其他新组建的仲裁委员会受理涉外案件就缺乏法律基础。从现实情况看，恐怕中国更多的地方希望采用前一标准，以便为当地仲裁委员会受理涉外经济贸易案件提供合法的理由。这样，此类仲裁协议所指的"涉外仲裁机构"是完全不确定的，一切仲裁机构都属"涉外仲裁机构"实际就等于在中国没有涉外仲裁机构，人们亦就无法判断该"涉外仲裁机构"的实际所在地。一旦发生了对于此类仲裁协议效力的争议，也就无法申请特定的人民法院对该仲裁协议的效力作出裁定，导致管辖权的消极冲突；或者当事人双方住所地的法院均主张对有关仲裁协议效力进行认定的管辖，即所谓的管辖权积极冲突。

2. 当事人约定在外国仲裁的仲裁协议效力认定问题

我国法律允许中外当事人选择中国的涉外仲裁机构或外国的仲裁机构解决纠纷。中国进出口公司与外国公司所签订的仲裁协议中约定在"瑞典斯德哥尔摩商会仲裁"或"国际商会仲裁"等属于普遍现象，而未用其全称"瑞典斯德哥尔摩商会仲裁院仲裁"或"国际商会国际仲裁院仲裁"。在此情况下，如果按中国《仲裁法》的精神以及中国法院的实践来裁定此类仲裁协议的效力，恐怕其后果是不言而喻的，况且其法律依据肯定也是十分有力的，即此类仲裁协议未按《仲裁法》选定仲裁委员会。

然而，如果中外双方当事人约定由某外国的仲裁机构解决争议，或者仅规定凡是发生争议因由被申请人所在国仲裁机构进行仲裁，并未实际载明仲裁机构名称，或者其仲裁协议所指定的仲裁机构名称称谓并不完整时，就不可避免地产生一系列法律问题，它们包括：一是当事人约定在外国仲裁机构仲裁，但仲裁机构的名称不明确，应由哪个国家的法院对仲裁协议的效力进行认定？二是有关的法院应依据什么标准，换言之，适用何国法律对此仲裁协议效力作出裁定或判决？三是假定当外国法院依其本国法律、判例或有关国际公约认定此类仲裁协议为有效，外国仲裁机构又据此作出仲裁裁决后，外国当事人到中国法院申请承认及执行时，中国法院如何来认定此类仲裁协议之效力？

就上述第一个问题，各国法院之间不存在级别高低之分，因此，如果中外当事人分别在不同的国家提起仲裁和诉讼，完全可能就是否存在有效的仲裁协议问题得出截然相反的结论。

由此引申出来的第二个问题，即法律适用问题。众所周知，对同一法律事实或法律关系适用不同的法律将可能导致截然不同的结果。《纽约公约》对于有效仲裁协议的内容并未作严格的限定，其第 2 条第 1 款规定仅要求，当事人以书面协议将可通过仲裁方式解决的事项的特定法律关系所产生的争议提交仲裁，每一个缔约国就应该承认这种协议。诚然，仅按照该公约条款来判断仲裁协议的效力，确有一定难度。不过按照不少国家的实践，仅规定有仲裁地或者仅规定了仲裁机构所隶属的商会组织等事项的仲裁协议的内容虽不够具体，但完全可执行的（Enforceable）。不够明确的仲裁协议与无效的仲裁协议是有区别的。当实际发生争议时，外国当事人依据上述不够明确的仲裁协议在有关的仲裁机构提起仲裁时，中国当事人若要以仲裁机构约定不明确作为仲裁协议无效的理由，在许多国家是不会被接受的。迄今为止，世界许多国家法院的实践是，只要当事人在合同中规定要以仲裁方式解决争议，即使仲裁协议规定的仲裁机构名称不全或者不够明确，本着尊重当事人意思自治原则，法院通常都认定仲裁协议有效。法院的任务是帮助当事人实现以仲裁方式解决争端的愿望，而并非是在仲裁协议规定不十分明确时，径直将案件收归法院审理。

在"中轻三联国际贸易有限公司申请确认仲裁协议效力"一案中，北京市第四中级人民法院适用新加坡法律认定仲裁协议有效的做法体现了这一态度。①

中轻三联公司和塔塔公司于 2015 年 3 月签署了《销售合同》，第 17 条中文译文为："凡因执行本合约或与本合约有关的发生的一切争议应由合约双方友好协商解决。如果不能协商解决，应提交新加坡国际贸易仲裁委员会按照美国的仲裁规则进行仲裁，仲裁裁决的是终决的，对双方都有约束力。"2016 年 8 月，塔塔公司依据《销售合同》中上述仲裁条款向新加坡国际仲裁中心提起仲裁。2016 年 9 月 22 日，新加坡国际仲裁中心正式受理由塔塔公司提起的仲裁申请。2016 年 9 月 28 日，新加坡国际仲裁中心向双方当事人发出确认受理通知。2017 年 5 月 5 日，中轻三联公司向北

---

① 北京市第四中级人民法院（2017）京 04 民特 23 号民事裁定书。

京市第四中级人民法院申请确认上述仲裁协议无效。

法院认为，本案被申请人塔塔公司系在香港特别行政区注册成立的企业法人，依据最高人民法院《关于适用〈中华人民共和国民事诉讼法〉的解释》第551条规定，[①] 本案参照适用涉外民事诉讼程序的特别规定进行审查。本案属于涉外仲裁协议效力认定，对涉外仲裁协议效力审查，应按照《中华人民共和国涉外民事关系法律适用法》第18条规定，[②] 以及《仲裁法司法解释》第16条的规定，[③] 确定本案适用的准据法。本案中，当事人没有约定对涉外仲裁协议的效力审查所适用的法律，故应优先适用仲裁机构所在地法律或者仲裁地法律。当事人在《销售合同》第17条中明确作出提交新加坡国际贸易仲裁委员会的意思表示，虽然在表述上新加坡国际贸易仲裁委员会并非新加坡任何一家仲裁机构的明确具体名称，因约定的名称错误导致无法对仲裁机构确切认定，但根据约定内容可以认定当事人有明确选择仲裁的意思表示，并且可以推定为当事人认可在新加坡法律框架内进行仲裁。依据《中华人民共和国涉外民事关系法律适用法》及相关司法解释的规定和当事人仲裁条款约定内容，本院认为仲裁地应认定为新加坡，确定本案仲裁协议效力所应适用的准据法为新加坡法。根据查明的新加坡法律的规定，本仲裁协议可以认定有效。从《纽约公约》内容、国际商事仲裁的发展趋势到对我国司法解释的规定进行分析，[④] 放宽对仲裁协议效力要求，尽量使仲裁协议有效，不仅有利于尊重当事人选择仲裁作为解决争议方式的本意，而且有利于促进和支持仲裁的发展，为国际商事仲裁营造良好的法治环境。根据法院在仲裁司法审查中持支持和鼓励仲裁的司法理念，以及在涉及国际商事仲裁中尽量确认仲裁协议有效的原则，

---

① 人民法院审理涉及我国香港、澳门特别行政区和台湾地区的民事诉讼案件，可以参照适用涉外民事诉讼程序的特别规定。

② 当事人可以协议选择仲裁协议适用的法律。当事人没有选择的，适用仲裁机构所在地法律或者仲裁地法律。

③ 对涉外仲裁协议的效力审查，适用当事人约定的法律；当事人没有约定适用的法律但约定了仲裁地的，适用仲裁地法律；没有约定适用的法律也没有约定仲裁地或者仲裁地约定不明的，适用法院地法律。

④ 根据《仲裁司法审查规定》第14条规定："人民法院根据《中华人民共和国涉外民事关系法律适用法》第十八条的规定，确定确认涉外仲裁协议效力适用的法律时，当事人没有选择适用的法律，适用仲裁机构所在地的法律与适用仲裁地的法律将对仲裁协议的效力作出不同认定的，人民法院应当适用确认仲裁协议有效的法律。"上述规定在适用仲裁机构所在地法律与适用仲裁地法律对仲裁协议效力产生不同认定的情况下，选择适用使仲裁协议有效的法律作为准据法，就体现了法院在仲裁司法审查中支持仲裁协议有效的原则。

并结合上述涉及仲裁协议效力法律适用的分析，法院认定涉案的仲裁协议有效。

这样，一旦外国仲裁机构作出裁决并且基于《纽约公约》向中国法院申请承认及执行时，要回答第三个问题就又回到中国法院对仲裁协议效力的确认。依据《纽约公约》之规定，据以认定仲裁协议效力的法律，首先并非是法院地国的法律，而是当事人所选择的法律；若无选择，则适用裁决地的法律。在此情况下，中国法院能否套用中国《仲裁法》第18条规定来确认仲裁协议无效，继而拒绝承认及执行该外国仲裁裁决，这是值得深思的。中国法院处理此类案件的方式将直接关系《纽约公约》缔约国仲裁裁决能否在中国境内获得承认和执行的重大问题。所以，认定仲裁协议效力的标准并非管辖权问题，然而管辖权确实会影响对于仲裁协议效力的判断，并继而影响整个仲裁制度。

3. 与涉外仲裁协议效力有关的实践

上述问题牵涉复杂的国际民商事案件的管辖权（仅对仲裁协议的效力进行认定的管辖权）和法律适用问题。事实上，在中国的实践中早已发生了此类纠纷，曾经在中国以至整个国际商事仲裁界颇为引人瞩目，并引起广泛讨论的香港锐夫动力有限公司（Revpower Limited，简称锐夫公司）与上海远东航空技术进出口公司之间的仲裁与诉讼相冲突的纠纷便是此类复杂问题的典型。①

美国罗氏企业有限公司（Ross Engineering Corporation）的香港独资公司锐夫公司于1988年6月与上海远东航空技术进出口公司（简称远东公司）订立了生产工业电池的补偿贸易协议。在履行协议过程中双方发生争议，锐夫公司于1991年6月29日按协议中的仲裁条款在瑞典斯德哥尔摩商会仲裁院（简称SCC）提起仲裁，并指定韦特（J. Gillis Wetter）为仲裁员。远东公司认为锐夫公司无权将争议提交仲裁，因为它未能遵守协议第14条规定的程序，但是，远东公司仍于1991年10月21日指定美国纽约大学法学院柯恩教授（Jerome A. Cohen）为仲裁员。同年11月13日，SCC指定拉姆（Lars Rahmn）为首席仲裁员，共同组成仲裁庭审理此案。

---

① 赵秀文：《从锐夫动力公司案看仲裁管辖原则》，《仲裁与法律通讯》1996年第6期，第4—16页。

远东公司聘请了美国贝克·麦肯齐国际律师事务所（Baker & Mckenzie）合伙人莫石（Michael J. Moser）律师为代理人，并对仲裁庭之管辖权提出了异议。

1992 年 6 月 17 日，仲裁庭在斯德哥尔摩首次开庭，双方当事人均到庭，主要解决仲裁管辖权及其他先决问题。1992 年 7 月 15 日，仲裁庭作出临时裁决，认定仲裁庭对申诉人的仲裁申请有管辖权；支配当事人之补偿贸易协议的法律为中华人民共和国法律。此后，在双方当事人交换的书面材料中，锐夫公司指责远东公司违约，要求索赔 4 823 070 美元；而远东公司则在答辩状中拒绝任何赔偿，并提出反诉，向锐夫公司索赔 3 948 837 美元。1993 年 1 月 29 日，SCC 驳回远东公司的反诉，理由是该公司未按 SCC 决定就其反诉金额提供担保。

然而，就在仲裁庭就确定开庭审理事项的过程中，远东公司却在上海市中级人民法院起诉。远东公司的仲裁代理人莫石律师于 1993 年 4 月 21 日通过传真向仲裁庭作出如下陈述：上海市中级人民法院根据远东公司的申请，已决定对仲裁庭正在审理中的补偿贸易协议争议一案行使管辖权；仲裁庭应认识到，上海市中级人民法院作出的关于补偿贸易协议中的仲裁条款无效的判决，将妨碍据此条款作出的裁决在中国境内的承认及执行；远东公司认为继续进行仲裁程序已毫无意义，故要求中止仲裁程序。

但是，仲裁庭在适当通知双方当事人的情况下，于 1993 年 6 月 14—6 月 18 日开庭对案件进行了缺席审理，并于 1993 年 7 月 13 日作出支持申诉人请求的裁决书。由于远东公司拒绝执行此裁决，锐夫公司遂依据《纽约公约》于 1993 年 12 月向上海市中级人民法院申请承认及执行该裁决。上海市中级人民法院和上海市高级人民法院分别于 1995 年 5 月和同年 7 月才作出裁定，驳回远东公司针对同一纠纷所提起的诉讼。

本案的关键在于，SCC 受理仲裁申请的依据是当事人补偿贸易协议中的仲裁条款，而远东公司在仲裁庭作出具有管辖权的临时裁决的情况下，仍将同一纠纷提交法院，且上海法院受理了此案，由此引发了仲裁与法院的管辖权积极冲突。这种表面上的管辖权冲突，归根结底集中在仲裁协议有效性的认定方面。仲裁庭受理仲裁案件的基础是存在有效的仲裁协议；而中国法院受理当事人的诉讼必须以认定仲裁协议无效为前提，否则就与中国《民事诉讼法》（1991 年）第 257 条之规定相悖，也不符合中国《仲裁法》的基本精神。由于本案争议当事人所属国（地区）以及仲裁机构所在地瑞典均为《纽约公约》的缔约方，因此，不论是 SCC 还是中国法院均应遵循该公约的规定确定仲裁协议是否有效，即使中国法院受理了远东公司的诉讼，在确定法院对本案是否有管辖权时，也应适用《纽约公约》予以认定。

另外，当事人的仲裁协议规定在瑞典仲裁的情况下，远东公司向 SSC 提出管辖权异议，且就实体问题提出反诉，瑞典的仲裁庭作出有管辖权的临时裁决后，中国法院再受理案件的依据是什么，仍然是个问题。中国《民事诉讼法》（1991 年）第 257 条规定，法院不应受理当事人约定交由仲裁解决的争议。即使按现行的《仲裁法》① 第 20 条之规定，仲裁委员会和法院均有权对仲裁协议的效力作出决定和裁定，如果当事人已经向仲裁机构提出了管辖权的抗辩，应视为丧失了向法院重新提出仲裁协议效力的抗辩的权利，而只能通过此后的撤销程序或者拒绝承认及执行外国仲裁裁决的方式作为救济。更何况《仲裁法》第 20 条所规定的对仲裁协议效力认定时的法院管辖权优越于仲裁机构的情况，只适用于当事人约定在中国仲裁的情况；倘若当事人约定在外国仲裁机构仲裁，法院裁定优越于仲裁机构决定的原则就未必适用，即外国仲裁机构未必受中国法院的管辖。

"锐夫公司诉远东公司"一案是近年来中国处理涉外仲裁问题时教训最多的一个案件。这一案件的处理过程中所发生的种种情况值得深思。就《仲裁法》第 20 条关于认定仲裁协议效力的管辖权的规定而言，实际上只适用于当事人约定在中国仲裁（包括涉外仲裁）的情况；如果中外当事人约定在外国仲裁机构仲裁，当事人就仲裁协议的效力发生争议时，一方向外国仲裁机构作出决定，另一方却请求中国法院作出仲裁协议无效的裁定，在此情况下，中国法院的管辖权是否仍然优先于外国仲裁机构，外国仲裁机构是否必须等待中国法院作出仲裁协议有效的裁定后方能受理案件是值得探讨的。特别是如果外国仲裁机构认定仲裁协议有效，而中国法院裁定仲裁协议无效的情况下，中国法院的裁定实际上并不可能影响外国仲裁机构继续依据其仲裁协议有效的决定而进行的仲裁程序。这种情况的出

---

① 这里仅为了探讨《仲裁法》所涉及的对仲裁协议效力进行认定时的管辖权问题，该案发生于《仲裁法》颁布之前，当然不能适用该法律的规定。

现，很大程度上是因为基于不同的管辖权而产生的仲裁程序法的冲突，以及因适用不同的程序法作出截然相反的结论。对于此类冲突，中国法律界尚缺乏足够的研究和认识，特别是缺乏对当代国际仲裁的基本精神的理解，再加上近年来不断膨胀的地方保护主义，导致一些基层法院不能正确处理涉外以及外国仲裁的有关事项，既影响了中国司法制度的形象，更损害了数十年才建立起来的中国涉外仲裁的声誉。

有鉴于此，中国最高法院为了督促各级地方法院严格执行中国法律及中国所承担的国际义务，决定采取异乎寻常的、自上而下的监督措施。

二、恶意规避仲裁条款的程序处理

原告将非仲裁协议当事人列为被告及第三人，并在开庭前撤回对上述协议非当事人的起诉，达到规避仲裁条款的目的。

本案的上诉人（原审被告）为王维铭，澳大利亚国籍；被上诉人（原审原告）为祁宝华，是我国台湾地区居民。祁宝华先以王维铭、Hinford International Limited（汉弗国际有限公司）、北京环球佳平医疗投资咨询有限公司为被告，将翰德康（北京）医疗投资管理咨询有限公司列为第三人向北京市东城区人民法院提起诉讼。在案件审理期间，祁宝华于2017年11月9日申请撤回对 Hinford International Limited（汉弗国际有限公司）、北京环球佳平医疗投资咨询有限公司以及翰德康（北京）医疗投资管理咨询有限公司的起诉。北京市东城区人民法院于2017年11月15日开庭审理本案，并缺席判决。

北京市第二中级法院认为，在原审原告祁宝华撤回对前述当事人的起诉后，本案的当事人为祁宝华与王维铭，祁宝华据以提起本案诉讼的《股权转让协议》系祁宝华与王维铭两方签订，在该协议的法律适用和争议解决条款中约定："在本协议的解释和履行过程中如发生争议，协议各方首先应协商解决，如协议未果，任何一方可以向中国国际经济贸易仲裁委员会/香港国际仲裁中心申请仲裁解决，仲裁地点在北京/香港，根据该会届时有效的仲裁程序和规则进行仲裁。"

一审法院在未将原审原告祁宝华起诉变更情况通知给原审被告王维铭的情况下，于2017年11月15日开庭审理本案，并缺席判决，剥夺了王维铭就人民法院受理该案提出异议的权利。因此，一审判决严重违反法定程序，依照《中华人民共和国民事诉讼法》第 170 条第 1 款第（4）项规定，裁定如下：（1）撤销北京市东城区人民法院（2016）京 0101 民初 6 号民事判决；（2）本案发回北京市东城区人民法院重审。[①]

在本案中，原审原告祁宝华据以提起本案诉讼的《股权转让协议》系祁宝华与王维铭两方签订，该协议中载有仲裁条款。该条款的有效存在排除了法院对本案纠纷的管辖。但是，原审原告先将非仲裁协议当事人列为被告及第三人，并在开庭前撤回对上述协议非当事人的起诉，达到规避仲裁条款的目的。

这一做法或诉讼技巧并不少见，但少有法院给出处理意见。本案的裁定则明确了此种情况下，一审法院负有将起诉变更情况告知原审被告的义务，并保障其提出主管异议的权利，否则构成严重违反法定程序，并应予以发回重审。这对于在诉讼中隐匿仲裁条款或是恶意规避仲裁条款的当事人以及审理法院而言都具有重要启示意义。

三、最高人民法院关于仲裁协议效力的报核制度

为了加强对法院在仲裁协议有效性问题上行使司法管辖权进行限制，1995 年 8 月 28 日，中国最高法院向各地高级法院下达《关于人民法院处理与涉外仲裁及外国仲裁事项有关问题的通知》（简称《通知》）。该《通知》之目的是"为严格执行《中华人民共和国民事诉讼法》以及我国参加的有关国际公约的规定，保障诉讼和仲裁活动依法进行"。为了实现这目标，最高法院决定建立报告制度。就仲裁协议而言，《通知》第 1 条规定："凡起诉到人民法院的涉外、涉港澳和涉台经济、海事海商纠纷案件，如果当事人在合同中订有仲裁条款或者事后达成仲裁协议，人民法院认为该仲裁条款或者仲裁协议无效、失效或者内容不明确无法执行的，在决定受理一方当事人起诉之前，必须报请本辖区所属高级人民法院进行审查；如果高级人民法院同意受理，应将其审查意见报最高法院。在最高法院未作答复前，可暂不予受理。"

[①]　北京市第二中级人民法院（2018）京 02 民终 8902 号民事裁定书，2018 年 12 月 20 日。

中国最高法院的此项《通知》，是对基层人民法院对仲裁协议效力行使司法监督权时进行自上而下的内部监督，防止基层法院随意认定涉外仲裁协议无效，而将此权力置于最高法院。这一报告制度虽然有效制约了全国各地较普遍存在的地方保护主义，保障了中国履行《纽约公约》的义务，但是由于区别对待国内仲裁与涉外仲裁而颇受诟病。

以深化多元化纠纷解决机制改革为契机，于 2017 年 12 月 26 日发布了最高人民法院《关于仲裁司法审查案件报核问题的有关规定》（简称《报核规定》），比照审查涉外仲裁协议效力的内部报告制度，将拟作出的否定国内仲裁协议的裁定也纳入报核的范围之内，指引国内仲裁向涉外仲裁"并轨"。《报核规定》指出，各中级人民法院或者专门人民法院办理非涉外涉港澳台仲裁司法审查案件，经审查拟认定仲裁协议无效的，应当向本辖区所属高级人民法院报核；待高级人民法院审核后，方可依高级人民法院的审核意见作出裁定。高级人民法院经审查拟同意中级人民法院或者专门人民法院认定仲裁协议无效，在案件当事人住所地跨省级行政区域或以违背社会公共利益为由不予执行或者撤销中国内地仲裁机构的仲裁裁决的情形下，应当向最高法院报核，待最高法院审核后，方可依最高法院的审核意见作出裁定。[①]

---

① 沈伟：《我国仲裁司法审查制度的规范分析——缘起、演进、机理和缺陷》，《法学论坛》2019 年第 1 期。

第五章

国际商事仲裁的仲裁员和仲裁庭

仲裁制度区别于诉讼的显著特点在于，处理当事人间纠纷的仲裁员通常是由当事人从社会各界的知名人士中自行选定的。由这些仲裁员所组成的仲裁庭不同于法院的审判庭，仲裁庭永远是临时性的，一旦作出裁决，仲裁庭即告解散。尽管仲裁员被当事人选定，在履行仲裁员的职责时是以某个常设仲裁机构的名义行事，然而他们在人事关系上并不从属于该常设仲裁机构。仲裁员和仲裁庭的这种鲜明特点，加之各仲裁机构对于仲裁员道德规范的约束，或许是仲裁员作为民间人士能够独立、公正处理国际商业纠纷的基本保证。

第一节 仲 裁 员

一、仲裁员的资格

仲裁员（Arbitrator）是根据当事人的仲裁协议，在法律和仲裁规则许可的范围内，以其专业知识和判断能力审理当事人之间的纠纷，并作出对当事人有拘束力的仲裁裁决的人。

基于仲裁的民间特性，仲裁员并非犹如法官那样是一种专门职业，他们可以是商人、律师、会计师、教授，也可以是工程技术人员或者某一工商领域的专家，或者一位宗教界的神职人员，甚至仅是一位德高望重的普通公民。一旦他们被当事人指定为仲裁员且他们也愿意接受此项指定，即以仲裁员的身份处理有关纠纷。待案件审理完毕作出裁决后，他们仍然是原先的普通人身份，与当事人没有任何法律上的关系。因此，除了特殊情况外，各国法律对于仲裁员一般并不作严格的资格限制。综观各国法律，仲裁员的资格涉及一般要求以及特殊要求两方面问题。

（一）仲裁员的一般要求

在世界各国，法律通常并不规定哪些人可以被当事人选定为仲裁员，作为仲裁员的一般要求是必须为具有完全的行为能力的自然人，或者未受过刑事处分，或者未被开除公职，等等。未成年人、无行为能力或限制行为能力者不得担任仲裁员。仲裁员具有完全的行为能力，是任何有法律效力的民事行为的基本要求；未受过刑事处分或者不属于被开除公职者，是担任仲裁员的职业道德所必须具备的条件。

为了体现仲裁的公正性和国际性，许多国家的法律都允许外国人担任仲裁员、参加在本国的仲裁程序。例如，《荷兰民事诉讼法典》第 23 条规定："任何有法律行为能力的自然人可被指定为仲裁员。除非当事人另有约定，任何人不应由于国籍的原因而妨碍指定。"《法国民事诉讼法典》第 1451 条规定："仲裁员的任职可委任给一个自然人，他必须有行使民事权利的完全行为能力。"但少数国家，仍然不允许外国人作为仲裁员参与在本国审理的仲裁案。例如，虽然《日本仲裁立法》规定外国人可以在日本举行的仲裁程序中担任仲裁员，日本国际商事仲裁协会的仲裁员名册中也包括有不同国籍的公民，但是《日本国际商事仲裁协会仲裁规则》第 15 条第 2 款规定："除当事人另有约定外，在指定为仲裁员时实际上未居住在日本的人，不得担任仲裁员。"也有的国家，例如捷克等国对外国人担任仲裁员采取对等原则，凡是某一国家允许捷克公民担任该国的仲裁员，则捷克也允许该国公民担任捷克的仲裁员。但是，有的国家对仲裁员的资格方面含有某些歧视性规定，例如规定妇女不得担任仲裁员，或者已婚妇女担任仲裁员时，应获得丈夫的同意。

因各国法律仅规定了仲裁员的最低要求，并无职业方面的限制，由此产生了法官是否可以被当事人选定为仲裁员审理仲裁案件问题。由于法官的特殊身份，仲裁程序中的诸多方面，例如确认仲裁协议的效力、保全措施、撤销裁决及执行裁决等都要通过法院行使司法监督权才能实现，如果在任法官参与仲裁程序可能使法院行使司法监督权时处于尴尬的境地。此外，因在任法官的卷入，会使法院先入为主，也不利于法院公正地审理。所以，《奥地利民事诉讼法典》第 578 条规定："司法官员在其司法职务的任期内不得接受指定作为仲裁员。"阿根廷、荷兰的仲裁立法均有类似规定。还有许多国家虽未明令禁止，但在实践中不允许法官成为仲裁员。而有些国家则赞成法官可以作为仲裁员。我国《仲裁法》第 13 条规定的仲裁员应具备的条件中，规定"曾任审判员满 8 年的"，这就意味着中国法律不允许在任法官担任仲裁员。

不论是谁作为仲裁员，法律对他们最基本的要求便是公道正派，能够作出独立判断的人。就法律而言，对仲裁员的资格不作过多的限制；但在国际商事仲裁中，当事人在指定仲裁员时，肯定还要考虑有关人士的专业知识和解决争议的能力及经验。所以，法律规定的最低资格仅意味着某人具备被当事人指定为仲裁员的可能性，实践中当事人对仲裁员的资格要求比法律规定高得多。

（二）仲裁员的特殊要求

仲裁员的职责为解决纠纷，对当事人的权利义务关系影响甚大。不论案件的性质如何，都会涉及相应的法律问题，需要精通法律的人士参与才可能保证程序正当以及正确适用法律。因大多数国家都不允许法官担任仲裁员，故专门从事法律服务的律师以及从事法学教学的法学教授便成为当事人或者专门指定机构的首选对象。在各国实践中，假如仲裁庭是由独任仲裁员组庭的，通常由律师担任独任仲裁员；在 3 名仲裁员组成的仲裁庭中，也至少有一名律师或具有法律专长的人作为仲裁员。当然，若处理特殊类型的案件时，例如涉及复杂的金融争议时，一般就要求有金融方面的专家担任仲裁员；处理工程建设方面的纠纷，需要熟悉工程技术或者工程监理方面的专家作为仲裁员。当然，这些特殊要求未必是法律上的强制性要求，而是当事人指定或者仲裁员指定时的特殊考虑。

目前国际上一些常设仲裁机构，例如美国仲裁协会、日本商事仲裁协会以及我国的中国国际经济贸易仲裁委员会和中国海事仲裁委员会，为了保证仲裁的质量，同时也为当事人提供方便，都设有自己的仲裁员名单，从本国或者世界各国的专业人士中遴选出具有高尚道德品质，并在法律、工商、金融、科学技术方面具有公认能力的人列入仲裁员名单之中，供当事人选用。这样，对这些仲裁机构而言，仅列入仲裁员名单的人士才有可能被当事人指定审理案件；不在仲裁员名单之列者就不得被指定，尽管他或者她符合法律规定的仲裁员资格。各仲裁机构对列入其仲裁员名单的各类专家也要定期进行培训，以提高办案质量。

此外，类似于英国的皇家特许仲裁员协会（Chartered Instituted of Arbitrators）是一种特殊的仲裁员组织。它本身并非是常设仲裁机构而仅是一个仲裁员组织，它在世界许多国家和地区都设有分支机构，会员来自世界 70 多个国家和地区的法律、海运、银行、保险、建筑等方面的专家。他们必须经过该仲裁员协会的训练和实践才可以被列入有关国家仲裁机构的仲裁员名册。

我国《仲裁法》对仲裁员的资格也作了相当严格的规定，对可以被聘任为仲裁员的人士的工作经历等有具体的要求。

二、仲裁员的选定方式

仲裁员的选定（Appointment of Arbitrators）[①] 方式关系当事人的切身利益，由谁以及以怎样的方式选定仲裁员，是仲裁程序中最关键的事项。因为不同的仲裁员对同一问题的看法可能存在差异，由此存在对当事人不同的审理结果。在目前世界各国仲裁制度下，仲裁员的选定方式各不相同，归纳起来，大致可分为以下几类。

（一）由当事人直接选定

由当事人直接选定仲裁员是选定仲裁员的最基本方式，也是当事人意思自治原则的基本体现。这种方式一般在双方当事人均有意参与仲裁时采用，通常由申请人在提起仲裁申请时选定一位仲裁员，被申请人在接到仲裁通知后亦在规定的期限内选定一位仲裁员。如果在设有仲裁员名单的仲裁机构仲裁，当事人必须在仲裁员名单内选定；否则，当事人有权在符合

---

① 在英文中，不论是当事人还是仲裁机构和法院选定仲裁员，均称为"Appointment"，但中文的表达方式似有区别。凡是当事人自己选择的，称为"选定"；凡是由仲裁委员会选定的，称为"指定"。有中文译文使用"任命""指派"或"委任"等词语。

仲裁员任职资格的所有人中间自由地选定仲裁员。现在世界各国的仲裁法以及各仲裁机构的仲裁规则都规定首先由当事人自行直接选定仲裁员。

当事人也有可能在仲裁协议中约定仲裁员的资格限制条件。这有可能产生争议。在英国的"安联保险和天狼星国际保险公司诉托尼斯塔公司"（Allianz Insurance and Sirius International Insurance Corporation v Tonicstar Limited）［（2018）EWCA Civ 434］一案中，仲裁协议对仲裁院资质规定如下："除非当事人另有协议，否则仲裁庭应由具有不少于 10 年保险和再保险经验的仲裁员组成"。被申请人指定一名大律师作为仲裁员。申请人则根据《英国仲裁法》第 24 条的规定，以不符合仲裁协议规定的资质为由要求法院解除该名仲裁员，认为尽管该名仲裁员有 10 多年的保险和再保险法律经验，但是并非"保险和再保险"经验。一审法院同意解除该名仲裁员的请求。上诉法院认为，仲裁协议的规定没有要求仲裁员必须有保险和再保险"行业"的经验，条款没有对经验进行限制性的规定。本案涉及的再保险合同条款已经在 2018 年作了修改，减少了歧见的可能性。新版规定是："仲裁员应是具有至少 10 年保险或再保险'行业'经验的人员（包括退休人员），或者是为该行业服务的律师或其他专业顾问。"

在仲裁庭由 3 名仲裁员组成的情况下，有少数国家仲裁法以及若干仲裁机构的仲裁规则规定双方当事人各选定一位仲裁员后，双方当事人可共同选定第三名仲裁员作为首席仲裁员。例如，我国《仲裁法》第 31 条规定："第三名仲裁员由当事人共同选定或者共同委托仲裁委员会主任指定。第三名仲裁员是首席仲裁员。"根据该法的这一规定，《中国国际经济贸易仲裁委员会仲裁规则》也作了相应的修改以适应法律的要求。其他国家例如《比利时司法法典》第 1685 条、1998 年 1 月 1 日生效的《国际商会国际仲裁院仲裁规则》第 8 条第 4 款也有类似的规定。不过，由当事人自行选定首席仲裁员的方式仅是个别现象。其原因在于，发生争议后双方当事人的关系恶化，相互缺乏信任感，任何一方提出的首席仲裁员人选，另一方从心理上往往认为该首席仲裁员的人选或许与对方存在某种特殊关系，尽管实际上有关人选无论从道德品质还是专业背景及经验方面都无可指责，另一方当事人仍不愿接受。所以，在中国国际经济贸易仲裁委员会每年受理的数百件纠纷案中，由当事人共同协商直接选定第三名仲裁员作为首席仲裁员的是非常难得的现象。

（二）由仲裁机构指定

常设仲裁机构的优越性之一在于，若当事人未能选定仲裁员时，仲裁机构有权按照其仲裁规则代为指定，以早日组成仲裁庭审理案件。仲裁员由仲裁机构指定仲裁员包括三种情况：一是在由多位仲裁员组成的仲裁庭中为当事人指定仲裁员；二是在多位仲裁员组成的仲裁庭中指定首席仲裁员；三是指定独任仲裁员。

1. 为当事人一方指定仲裁员

仲裁机构为当事人一方指定仲裁员的情况，一般发生在被申请人接到仲裁通知后拒绝参加仲裁，当然就不愿意选定一位仲裁员。在此情况下，根据一些国家的法律以及仲裁机构的仲裁规则，应由仲裁机构的负责人代为指定。

我国《仲裁法》第 32 条规定："当事人没有在仲裁规则规定的期限内约定仲裁庭的组成方式或者选定仲裁员的，由仲裁委员会主任指定。"《中国国际经济贸易仲裁委员会仲裁规则》（2015 年版）第 27 条也规定："申请人或者被申请人应各自在收到仲裁通知后 15 天内选定或者委员会仲裁委员会主任指定一名仲裁员。当事人未在上述期限内选定或委托仲裁委员会主任指定的，由仲裁委员会主任指定。"

美国仲裁协会《国际仲裁规则》第 6 条第 3 款规定："如仲裁开始后 60 天内，各方当事人不能就指定仲裁员的程序共同达成一致，或不能共同指定仲裁员，协会行政管理人应由各方当事人书面要求下，指定仲裁员和首席仲裁员。"

2. 指定首席仲裁员

由仲裁机构为多名仲裁员组成的仲裁庭指定首席仲裁员，是当前各国各仲裁机构的普遍做法。其优点就是避免当事人自行选定首席仲裁员时经常遭遇的僵局，迅速组成仲裁庭以便尽早进入仲裁程序。机构指定仲裁员由该机构的负责人（仲裁院院长、仲裁委员会主席等行政管理者）办理。在这方面，有的仲裁规则要求首先由当事人自行选定或者共同委托仲裁机构指定，若当事人未在规定期限内自行选定或者共同委托仲裁机构指定，则由仲裁机构予以指定。

　　但是，不少国际商事仲裁机构的仲裁规则都采用更为便捷的方式，即一旦当事人各方指定一位仲裁员后，立即由仲裁机构指定第三位仲裁员，作为仲裁庭首席仲裁员。例如《斯德哥尔摩商会仲裁院规则》第 5 条规定："如果当事人已同意争议由一名独任仲裁员仲裁，则该独任仲裁员由仲裁院指定。在其他情况下，当事人各指定同等人数的仲裁员，仲裁院指定一名仲裁员担任首席仲裁员。"《意大利仲裁协会仲裁规则》第 9 条第 3 款规定："如果当事人约定，争议应由 3 名仲裁员解决，每一当事人应分别在仲裁请求或答复中指定一名仲裁员。如果当事人一方未能这样做，则应由仲裁院指定。将作为仲裁庭首席仲裁员的第三位仲裁员，应由仲裁院指定。"《伦敦国际仲裁院仲裁规则》第 3 条第 3 款规定："如果是 3 人仲裁庭，仲裁院将指定一名而不由当事人指定的仲裁员担任首席仲裁员。"中国国际经济贸易仲裁委员会的《1994 年仲裁规则》也是采用这种方式指定首席仲裁员，为了符合我国《仲裁法》的规定，从 1995 年 10 月 1 日起采用前述之方式。

　　在仲裁实务中，仲裁机构基于某种规定事由更换首席仲裁员的情形比较常见。不论如何，首席仲裁员的更换应遵照法定程序进行，符合仲裁法规定仲裁程序和当事人选定的仲裁规则要求；否则，涉案裁决可能违反法定程序，存在被法院依法撤销的可能。

　　在"申请人天水市兴业担保有限责任公司（简称兴业担保公司）诉被申请人天水田驰果业有限责任公司（简称田驰公司）、李某、段某"一案中，兴业担保公司称，天水仲裁委员会（简称天水仲裁委）仲裁庭组成程序违法，导致作出的（2017）天仲裁字 12 号仲裁裁决书对案件事实认定错误，裁决损害了申请人的合法权益，请求依法撤销。①

　　关于上述申请人因与被申请人保证合同纠纷一案，天水仲裁委受理后于 2017 年 9 月 27 日向申请人送达了（2017）天仲开通字第 12 号开庭通知书及（2017）天仲开通字第 12 号仲裁庭组庭通知书。该组庭通知书载明：由申请人选定的仲裁员姚彦军，被申请人未选定仲裁员，由仲裁委员会主任指定仲裁员赵某为被申请人一方仲裁员，申请人与被申请人未共同选定首席仲裁员，由仲裁委员会主任指定杨某担任首席仲裁员，上述三人组成

---

① 甘肃省天水市中级人民法院（2018）甘 05 民特 3 号。

仲裁庭审理本案。2017 年 10 月 16 日开庭前，因首席仲裁员杨某有事主动退出案件审理，天水仲裁委临时指派王某担任该案首席仲裁员。根据《天水仲裁委员会仲裁规则》第 27 条的规定，仲裁委主任决定更换仲裁员的，参照该规则第 22 条、第 23 条的规定重新选定或指定仲裁员。

天水仲裁委在本案中没有依据我国《仲裁法》及《天水仲裁委员会仲裁规则》中变更仲裁员的明确规定，组织申请人与被申请人参与选定和变更首席仲裁员王某，严重违反了法定程序，剥夺了申请人的程序利益，该违法行为影响了案件的正确裁决，符合撤销仲裁裁决的法定条件。

本案的焦点为涉案仲裁庭的组成是否存在违反法定程序的情形。《仲裁法》第 31 条第 1 款规定："当事人约定由三名仲裁员组成仲裁庭的，应当各自选定或者各自委托仲裁委员会主任指定一名仲裁员，第三名仲裁员由当事人共同选定或者共同委托仲裁委员会主任指定。第三名仲裁员是首席仲裁员。"第 37 条第 1 款规定："仲裁员因回避或者其他原因不能履行职责的，应当依照本法规定重新选定或者指定仲裁员。"《天水仲裁委员会仲裁规则》第 22 条第 3 款规定："首席仲裁员按照下列方式之一产生：（一）由双方当事人共同选定；（二）由双方当事人书面委托各自选定的仲裁员共同选定；（三）由双方当事人共同委托本会主任指定；（四）由双方当事人各自推荐1至5名仲裁员作为首席仲裁员人选。推荐名单有 1 名相同的，为双方当事人共同选定的首席仲裁员；有 1 名以上相同的，由本会主任根据案件的具体情况在相同人选中指定；没有相同人选的，由本会主任在推荐名单之外指定。"

由于首席仲裁员在仲裁庭无法形成多数意见时拥有对仲裁裁决的决定权，因此，首席仲裁员在案件仲裁过程中处于重要地位，其更换应严格按照上述规定办理，否则将可能影响案件的公正裁决。本案中，仲裁庭原首席仲裁员为杨某，在其不能履行职责需进行更换的情况下，应严格依照上述规定重新产生首席仲裁员。本案仲裁卷宗内没有当事人选定或委托仲裁委主任指定王某为首席仲裁员的证据，也没有仲裁委依据当事人提出推荐名单的规定确定王某为首席仲裁员的材料，而且关于王某为首席仲裁员的仲裁庭组庭通知书上未注明 3 名仲裁员产生方式，也没有任何一方受送达当事人在该通知书上签字。因此更换王某为首席仲裁员不符合《仲裁法》及相关《仲裁规则》的规定。本案中存在仲裁庭的组成违反法定程序的情形，而该问题可能影响案件的公正裁决，故本案中兴业担保公司以仲裁庭组成违反法定程序为由要求撤销涉案仲裁裁决的意见成立。

由于本案仲裁裁决存在仲裁庭组成违反法定程序这一撤销仲裁裁决的法定情形，法院依照《中华人民共和国仲裁法》第58条、59条、60条规定，裁定撤销天水仲裁委员会（2017）天仲裁字12号仲裁裁决。

此案涉及违反法定程序的认定。根据《仲裁法》第58条第1款第（3）项的规定，当事人提出证据证明仲裁裁决存在仲裁庭的组成或者仲裁的程序违反法定程序情形的，人民法院应将仲裁裁决撤销。《仲裁法司法解释》第20条规定："仲裁法第五十八条规定的'违反法定程序'，是指违反仲裁法规定的仲裁程序和当事人选择的仲裁规则可能影响案件正确裁决的情形。"最高人民法院《关于人民法院办理仲裁裁决执行案件若干问题的规定》第14条第1款又规定："违反仲裁法规定的仲裁程序、当事人选择的仲裁规则或者当事人对仲裁程序的特别约定，可能影响案件公正裁决，经人民法院审查属实的，应当认定为民事诉讼法第237条第2款第3项规定的'仲裁庭的组成或者仲裁的程序违反法定程序的'情形。"相较而言，后者除了将"可能影响案件正确裁决"调整为"可能影响案件公正裁决"外，还新增了"当事人对仲裁程序的特别约定"这一内容。虽然后者系针对执行仲裁裁决作出的专门规定，但实践中不少法院认为，后者亦可参照适用于撤销仲裁裁决的司法审查当中。[①]

关于更换首席仲裁员的指定问题，《天水仲裁委员会仲裁规则》第22条规定："首席仲裁员按照下列方式之一产生：（一）由双方当事人共同选定；（二）由双方当事人书面委托各自选定的仲裁员共同选定；（三）由双方当事人共同委托本会主任指定。（四）由双方当事人各自推荐1—5名仲裁员作为首席仲裁员人选。推荐名单有1名相同的，为双方当事人共同选定的首席仲裁员；有1名以上相同的，由本会主任根据案件的具体情况在相同人选中指定；没有相同人选的，由本会主任在推荐名单之外指定。"

---

① 在"北京市科力华食品有限公司与EKC工业（天津）有限公司申请撤销仲裁裁决民事裁定书"（〔2018〕京04民特536号）中，北京市第四中级人民法院指出，"虽然本案系撤销仲裁裁决审查程序而并非不予执行仲裁裁决审查程序，但《中华人民共和国民事诉讼法》第二百三十七条第二款关于不予执行国内仲裁裁决的规定与《中华人民共和国仲裁法》第五十八条关于撤销国内仲裁裁决的规定基本一致，故最高人民法院前述司法解释在撤销国内仲裁裁决案件中应予适用"。

但是，对于当事人未能按照上述规定共同选定首席仲裁员时该如何处理的问题，《天水仲裁委员会仲裁规则》并未规定。①《仲裁法》第32条规定："当事人没有在仲裁规则规定的期限内约定仲裁庭的组成方式或者选定仲裁员的，由仲裁委员会主任指定。"从本案裁定书披露的有关"申请人与被申请人未共同选定首席仲裁员，由仲裁委员会主任指定杨某担任首席仲裁员"的内容来看，原首席仲裁员是由仲裁委员会主任指定。虽然，《天水仲裁委员会仲裁规则》未规定这种情况下首席仲裁员的产生方式，但是由仲裁委员会主任指定的方式符合通行的仲裁实践以及仲裁法的规定。

　　《仲裁法》第37条规定："仲裁员因回避或者其他原因不能履行职责的，应当依照本法规定重新选定或者指定仲裁员。"根据该规定，如果仲裁员是由仲裁委员会主任指定产生的，那么，更换仲裁员的方式应当与原产生方式一致，即由仲裁委员会主任指定。从本案裁定书披露的有关"在未经当事人共同选定或委托仲裁委员会主任指定的情况下，天水仲裁委主任指定王某为该案首席仲裁员参与了案件仲裁"的内容来看，本案重新产生首席仲裁员的方式是由仲裁委员会主任直接指定。《天水仲裁委员会仲裁规则》第27条规定："本会主任决定更换仲裁员的，参照本规则第22条、第23条的规定重新选定或指定仲裁员。"第23条是有关"组成仲裁庭的期限"的规定，在此不做讨论。如前文所述，我国《仲裁规则》第22条规定首席仲裁员需要由当事人共同选定或共同委托仲裁委员会主任指定，或者由仲裁委员会主任依据当事人提出的推荐名单确定。《天水仲裁委员会仲裁规则》第22条并未规定当事人未能选定首席仲裁员时，首席仲裁员的产生方式。这种规定缺失表面上可能导致在依据第27条更换仲裁员时，缺少仲裁委员会主任直接指定首席的规则依据。但是，如上所述，仲裁委员会主任指定的方式符合《仲裁法》的规定。根据本案裁定披露的信息，本案仲裁庭组成所存在的问题在于仲裁委员会未能将仲裁庭的更换事宜书面通知当事人。《仲裁法》第33条规定："仲裁庭组成后，仲裁委员会应当将仲裁庭的组成情况书面通知当事人。"这种规定同样适用于更换仲裁员

---

①　《中国国际经济贸易仲裁委员会仲裁规则》（2015版）第27条第（4）款规定："双方当事人未能按照上述规定共同选定首席仲裁员的，由仲裁委员会主任指定首席仲裁员。"《北京仲裁委员会仲裁规则》（2015版）第19条第（4）款规定："双方当事人未能依照上述规定共同选定首席仲裁员的，由主任指定。"

的情形。①

3. 指定独任仲裁员

以独任仲裁员的方式解决争议已为许多国家普遍采用，许多仲裁机构的仲裁规则都以独任仲裁员审理案件作为首选。《国际商会国际仲裁院仲裁规则》第 8 条第 2 款规定："如果当事人未就仲裁员人数达成一致，仲裁院应指定一名独任仲裁员，除非仲裁院认为争议需要指定 3 名仲裁员。"《德国仲裁委员会仲裁规则》第 6 条规定："如果当事人未在被诉人收到申诉书后 30 天之内就独任仲裁员达成协议，委员会主席在一方当事人申请的情况下，应指定独任仲裁员。"其他如伦敦国际仲裁院和美国仲裁协会均以独任仲裁员审理案件作为首选。

在我国，除非符合特别的条件或者当事人明示的同意，否则仲裁庭应由 3 名仲裁员组成的仲裁庭审议。中国国际经济贸易仲裁委员会在处理凡争议金额不超过人民币 500 万元，或争议金额超过人民币 500 万元但经一方当事人书面申请并征得另一方当事人书面同意的，或双方当事人约定适用简易程序的采用简易程序，除非当事人已就独任仲裁员人选达成一致，否则简易程序应由仲裁委员会主任指定的独任仲裁员审理。②

（三）由法院指定仲裁员

在临时仲裁的条件下，如当事人无法就选定仲裁员的方式达成一致，而且他们也未明确授权某个机构代为指定仲裁员，按照一些国家的仲裁法或者民事诉讼法的规定，应一方当事人的申请，由有管辖权的法院指定仲裁员，审理案件。例如，《德国民事诉讼法典》第 1029 条规定："如双方当事人均有权指定仲裁员，首先指定的一方应书面告知另一方当事人其所指定的仲裁员，并要求该另一方当事人在一周内指定仲裁员。如在上述期限内未指定仲裁员，应有关当事人的请求，有管辖权的法院得作出指定。"《瑞士联邦国际私法典》第 179 条规定："仲裁员的指定、解职或替换应依

---

① 北京仲裁委员会、中国国际经济贸易仲裁委员会仲裁规则均有类似规定。《北京仲裁委员会仲裁规则》第 23 条第（4）款规定："被更换的仲裁员由当事人选定的，当事人应当自收到通知之日起 5 日内，重新选定；由主任指定的，主任另行指定。重新选定或者指定仲裁员后 5 日内，本会将重新组成仲裁庭通知发送当事人。"

② 《中国国际经济贸易仲裁委员会仲裁规则》第 58、28 条。

当事人之间的协议。如无该协议，该事项应提交仲裁庭所在地法院；法院应比照适用州法中官员仲裁员的指定、解职或替换的规定。如果法院被要求指定一名仲裁员，法院应予指定，除非初步审理表明当事人之间没有仲裁协议。"其他如《比利时司法法典》第 1684 条、《法国民事诉讼法典》第 1454 条、《荷兰民事诉讼法典》第 1027 条、1996 年《英国仲裁法》第 17—28 条，等等，都有法院帮助指定仲裁员或者替换仲裁员等职权的规定。

法院指定仲裁员的重要问题是管辖权，一般应由当事人向仲裁地的法院提出指定仲裁员的申请。假如当事人的仲裁协议已明确约定了仲裁地点，当然毫无问题。可是，若仲裁协议未载明仲裁地点，法院的管辖权本身就值得怀疑了。在此情况下，恐怕唯一的途径只能放弃仲裁而改求诉讼解决了。

意大利最高法院的新近裁决明确了关于州法院干预仲裁程序的立场，即州法院关于任免仲裁员的决定具有终局性。意大利《民事诉讼法》第 815（3）条规定，州法院对仲裁员免职的裁定，一裁终局，不能上诉。《宪法》第 111 条规定，不能对仲裁员的免职提出上诉，因为州法院的裁定令基本上是行政性质的，只是就程序本身的进行而言的一项职能和工具措施。意大利法律是大陆法系比较惯常的做法。瑞士法律规定，法院任命仲裁员的做法没有任何补救办法，法院对仲裁员适格问题所作的是"最终裁决"。

（四）由仲裁员选定首席仲裁员

如果仲裁庭由 3 名仲裁员组成，当事人的仲裁协议约定由各方当事人选定一名仲裁员，然后由当事人所选定的仲裁员共同选定第三名仲裁员作为仲裁庭的首席仲裁员，在实践中亦颇为流行。许多仲裁规则也规定可采用这种方式组成仲裁庭，例如，《联合国国际贸易法委员会仲裁规则》第 7 条第 1 款规定："在任命 3 名仲裁员时，则当事人应各自任命一名仲裁员，并由此两名仲裁员选择将充当仲裁法庭首席仲裁员的第三名仲裁员。"其他如《德国仲裁委员会仲裁规则》第 5 条、《伦敦国际仲裁院仲裁规则》第 3 条、《加拿大不列颠哥伦比亚国际商事仲裁中心国际商事仲裁与调解程序规则》第 7 条、《新加坡国际仲裁中心仲裁规则》第 8 条，都规定了可由当事人选定的仲裁员选定第三名仲裁员作为首席仲裁员。

在采用这种方式选定仲裁员时，为防止在首席仲裁员人选问题上久拖不决，各仲裁机构的仲裁规则通常规定一个明确的期限，超过期限达不成一致，即由仲裁机构行政负责人予以指定。

（五）由指定机构指定仲裁员

指定机构（Appointing Authority）系指根据法律、仲裁规则或者当事人的约定，帮助当事人指定仲裁员、组成仲裁庭的机构或者个人。作为指定机构通常并不限于仲裁机构，有的国家仲裁法规定由法院作为指定机构。

根据一些仲裁规则的规定，如当事人未能就仲裁庭的组成方式达成一致，可由一个指定机构来指定仲裁员，甚至指定机构还要由其他人来提名。例如，设在荷兰海牙的处理国家间争议的国际常设仲裁院（the Permanent Court of Arbitration），其国际局的秘书长（the Secretary-General of the International Bureau）同意如果当事人未能就指定机构达成协议时，将根据《联合国国际贸易法委员会仲裁规则》提名一个指定机构或者直接指定独任仲裁员。在过去的实践中，秘书长曾接受了数十项此类请求，其处理的第一项请求便是著名的伊朗—美国索赔案，秘书长指定了荷兰最高法院作为指定机构。涉及的当事人包括美国与伊朗、德国与中国香港地区、法国与美国、德国与希腊、印度与尼泊尔、意大利与美国、法国与西班牙、突尼斯与法国、匈牙利与意大利等国的当事人。[①]

三、仲裁员与当事人的关系

仲裁应当事人之间的仲裁协议而产生。毋庸置疑，当事人在仲裁程序中的关系具有契约的性质。但是，自然人接受争议当事人之选定或者仲裁机构及法院的指定成为仲裁员，审理当事人之间的争议，他们与当事人之间是何种法律关系并未引起人们的广泛关注。然而，仲裁员可以民间人士

---

① Alan Redfern and Martin Hunter. *Law and Practice of International Commercial Law*, Sweet & Maxwell，1991，pp.483 - 484.

的身份处理涉及重大商业利益甚至是国际商业利益的纠纷，其作出的仲裁裁决在大多数情况下一裁终局，当事人与仲裁员之间的法律关系值得探究。

在普通法系国家，当事人与仲裁员的关系通常被视为一种服务合同关系。然而，这种服务合同有别于当事人为聘用律师、工程师等专业人士所签订的服务合同。当事人希望此类专业人员在提供专业服务时，订立合同是理所当然的。可是，当事人作出选定仲裁员的行为时，并未意识到他（她）是在与仲裁员签订一份合同。所以，这种契约关系充其量只能称之为"准契约"关系。

大陆法系的国家对当事人与仲裁员之间的关系并无比较统一的观点，综合大陆法系国家，如法国、德国、意大利等国学者的观点可谓众说纷纭。德国和意大利认为仲裁员与当事人之间是提供智力服务的契约关系，当仲裁员接受当事人之选择并通知了当事人后，两者就建立了契约关系；在法国，有些学者认为两者的关系是契约关系，而另一些学者则认为仲裁员是在履行一种公共职务；还有的学者的观点是当事人与仲裁员的关系属于委任关系。

比较两大法系国家的主要观点，占主导地位的还是契约关系。当事人选择仲裁员后，若仲裁员接受了当事人之选择，两者之间就建立了契约关系。既然属于契约关系，仲裁员就不存在必须接受当事人选择的义务；相反，即使仲裁员接受了当事人之选择后，若有合理的理由，仍然可以辞去仲裁员的职责。然而这种契约关系是特殊的服务关系，即通过仲裁员的智力服务去解决当事人的纠纷。当然，若完全以契约关系说明当事人与仲裁员的关系，或许还不能解决全部问题，如果首席仲裁员是由仲裁机构或者由法院指定的，至少他（她）与当事人之间并不存在选择与接受选择的契约关系。

四、仲裁员的行为准则

仲裁被广泛运用于解决国际商事争议，其独立、公正、迅速、及时的优越性很大程度上依赖于仲裁员的个人品质和专业知识。然而作为一种制度，若单纯依赖个人的道德和素质的约束显然是不够的。为此，一些专业协会以及仲裁机构自己制订了一系列仲裁员的行为规范以约束仲裁员的行为。这些行为准则，虽然不能如仲裁规则那样被法院援引作为拒绝执行仲裁裁决或撤销裁决的理由，但由于其内容涉及基本的法律制度和公众最基本的法制观念，如果仲裁员行为不端，法院往往将援引本国法律中的公共秩序保留条款对仲裁员的行为予以审查，从而影响裁决的秩序。[①] 所以，仲裁员除了本身的道德约束以及仲裁机构行为规范的约束外，事实上也受到各国法律的间接约束。

目前在国际商事仲裁界影响较广泛的是国际律师协会（International Bar Association，IBA）所制定的《国际仲裁员行为准则》（Ethics for International Arbitrators）；美国仲裁协会（AAA）和美国律师协会（American Bar Association，ABA）联合制订的《商事争议中仲裁员的行为道德规范》。

（一）国际律师协会的国际仲裁员行为准则要点

《国际仲裁员行为准则》是由国际律师协会于1985年和1986年分别在新加坡和纽约召集国际会议期间草拟的。该行为准则不同于美国仲裁协会和美国律师协会所制定的道德规范，规定不论采用何种指定方式所指定的仲裁员，均遵循同样的行为准则。

1. 基本原则

仲裁员应勤勉和高效地为当事人公正而又妥善地解决争议，并且毫无偏袒，始终如一。

2. 接受指定

候选仲裁员只有在确信自己能不偏袒地履行职责、对仲裁的语言具备足够的熟练程度，并且有足够的时间和精力履行职责时，才能接受当事人的指定。

3. 偏袒的构成

仲裁员与一方当事人有姻亲或血亲关系、与当事人或者可能成为重要证人的人现存的直接或者间接的商业关系、候选仲裁员的家庭成员、他的公司或任何商业伙伴与一方当事人有商业来往的情况下，都可能对争议的

---

① 陈敏：《仲裁员的行为规范》，《仲裁与法律通讯》1994年第3期，第28页。

结果有重要的利害关系，当事人均可能对仲裁员的公正性和独立性产生存有偏袒的印象。

4. 披露之义务

候选仲裁员应当披露：与争议一方当事人或其代理人、证人的所有以往的或现存的商业关系；与任一当事人或任一已知可能成为仲裁中重要证人者的重要社会关系的性质和持续期；与任一同一仲裁庭成员的以往关系的性质；等等。仲裁员披露之义务贯穿整个仲裁过程。

5. 与当事人的联络

对于当事人就指定仲裁员事宜与候选仲裁员进行联络，候选仲裁员应查明，另一方当事人或其他仲裁员是否同意自己被接洽的这种方式，并应将首次会谈的实质内容书面或口头通知另一方当事人或其他仲裁员；在仲裁的全过程，仲裁员应当避免与任何一方当事人或其代理人就案件单独接触；若一仲裁员获悉同一仲裁庭的其他仲裁员与当事人有不正常的接触，应通报其余仲裁员，并共同决定应采取何种行动；除非其他方当事人在场，否则仲裁员都不应直接或间接地接受仲裁当事人的礼物或实质性的款待。

6. 酬金

仲裁员不应单方面与当事人就酬金或费用进行讨论并达成协议。

7. 勤勉尽职之义务

仲裁员应拿出当事人合理要求给予的时间和精力考虑全部案情，并尽力以恰当的方式进行仲裁。

8. 仲裁员参与和解

若当事人请求或者同意仲裁庭所提出的建议，仲裁庭作为一个整体可同时向双方当事人提出和解建议。

9. 保密

仲裁审理以及裁决书本身的内容应当永久保密，除非当事人另有约定。

国际律师协会在 2014 年发布了《关于国际仲裁利益冲突问题指南》，试图增加仲裁业标准的确定性和统一性。国际商会国际仲裁院在 2016 年 2 月通过了新的关于披露仲裁院潜在利益冲突指南。

（二）美国仲裁协会和美国律师协会的仲裁员道德规范要点

1. 仲裁员应维护仲裁程序的廉正和公平

仲裁员不得谋求自己被当事人选定。只有确信具有足够的时间，才能接受当事人的指定。在接受指定之后或者在担任仲裁员的整个期间，仲裁员应当避免与当事人建立金钱、商业、职业、家庭或社交联系，或谋求金钱或私利，也不得接受当事人的礼物或实质性的款待。仲裁员应严格按照仲裁规则行事。

2. 仲裁员应披露可能影响公正或可能造成不公平或偏袒印象的任何利害关系或亲属关系

要求担任仲裁员的人士在接受指定之前披露与仲裁结果有任何直接或间接的金钱方面或个人方面的利害关系；可能影响公正或造成不公平或偏袒影响的所有现存的或以往的金钱、商业、职业、家庭或社交方面的关系；要求担当仲裁员的人士披露他们与任何一方当事人或其律师，或已知将充当证人的任何个人的所有前述情况。除非仲裁机构的规则或惯例规定了披露的其他程序，否则披露应对各方当事人进行。当指定的仲裁员超过一名时，他们应把已披露的利害关系和亲属关系相互通报。

3. 仲裁员不得私下与当事人接触以应避免不公平或偏袒的印象

仲裁员不应于另一方不在场的情况下与任何一方当事人讨论案件，除非为了讨论是否愿意接受指定问题。如果与一方当事人的接触是为了讨论诸如确定开庭时间和地点，或者为了程序而进行的协调等，仲裁员应立即将讨论的内容通告其他当事人，并且给不在场的当事人表达意见的机会。仲裁员与任何一方当事人的书面联络都应该同时把通信的副本寄给其他当事人。

4. 仲裁员应公平而勤勉地实施仲裁程序

仲裁员应不偏不倚地进行仲裁，并在程序的全部阶段中平等和公允地对待所有当事人，根据实际情况尽可能迅速结案。仲裁员对当事人及其律师、证人应当耐心有礼，并促使程序中所有参与人效法之。仲裁员应给所有当事人以开庭时间和地点的适当通知，使之有机会出庭陈述意见。如果一方当事人在收到适当通知后未出庭，仲裁员应依当事人的仲裁协议、当事人商定的规定或者法律继续进行仲裁。如果案情需要，仲裁员应召集证人、索取文件或其他证据。仲裁员可建议当事人讨论和解结案的可能性，除非应各方当事人的请求，否则仲裁员不应出席或参加和解协商。仲裁员不应向任何一方当事人施加压力以求和解。

5. 仲裁员应以公正、独立和审慎之方式作出裁决

仲裁员应独立行使裁决权，公正地决定问题，而不应允许外界压力影响决断，更不能将裁决的职责托付他人。除非当事人就争议问题达成协议，并且仲裁员认为和解条件恰当，仲裁员才可以应当事人的请求将协议写入裁决书。

6. 仲裁员应忠于职责的信托关系及保密义务

仲裁员与当事人存在着信托关系，无论何时，都不应利用仲裁程序中获取的情况谋求私利，或为他人谋利、抑损他人利益。仲裁员应对有关仲裁程序和决定的所有问题保密。在收取酬金的仲裁案件中，仲裁员不得与当事人就报酬的数额进行接触或讨价还价，以维护仲裁程序的廉正和公允。

7. 非中立仲裁员的道德约束

尽管绝大多数国家的法律和仲裁机构的规则都规定，由数名仲裁员组成的仲裁庭的仲裁员都应该是中立的，但在某些法律制度下由当事人所指定的仲裁员为"非中立仲裁员"，即当事人所指定的仲裁员可以偏向该方当事人，而第三名首席仲裁员作为中立的仲裁员。作为非中立仲裁员，应当承担道德义务。

非中立仲裁员可偏向指定他们的当事人，但在其他方面有义务真诚、廉正和公平地尽职，不应当卷入当事人或证人的拖延策略和干扰行为，也不应向其他仲裁员作不真实的或使人误解的报告。

当事人所指定的非中立仲裁员应当向各方当事人、其他当事人披露本规范第 2 点要求披露的私利和关系，但是，如果并非指定其一方当事人要求其回避时，该仲裁员无须回避。

本规范第 3 点关于不得私下与当事人接触的限制规定，非中立仲裁员只要首先将就案件的任何事项与指定他们的当事人的接触，通知其他仲裁员和当事人就不受此项限制；非中立仲裁员可与当事人商讨第三名仲裁员的人选；非中立仲裁员与指定其的当事人关于本规范所允许的事项进行书面联络时，无须将副本寄送其他当事人或仲裁员。

当事人指定的非中立仲裁员亦应遵守规范第 5 点的全部义务。

关于公正、独立和审慎作出裁决的第 5 点义务，非中立仲裁员同样予以应当遵守，但是允许非中立仲裁员倾向于作出有利于指定他们的当事人

的裁决。

在不受关于仲裁员报酬规定约束的前提下，非中立仲裁员亦应遵守规范第 6 点的全部义务。

（三）中国国际经济贸易仲裁委员会之仲裁员行为规范

中国国际经济贸易仲裁委员会之所以能够在国际确立其声誉，很大程度上是因为仲裁委员会制订的仲裁员行为规范得到了严格遵守。中国国际经济贸易仲裁委员会在其仲裁规则中对仲裁员的行为作出了原则性规定，此外，还专门制定了《中国国际经济贸易仲裁委员会仲裁员行为规范》（简称《仲裁员行为规范》）。

值得注意的是，《仲裁员行为规范》并不构成仲裁规则之一部分，它仅是仲裁员的行为准则，属于一种单方面的规范。当事人选定中国国际经济贸易仲裁委员会及其仲裁规则，并不表明仲裁员守则如同仲裁规则那样同时可约束被选定的仲裁员以及仲裁当事人。因此，仲裁员守则不能作为法院拒绝执行裁决所引用的依据，更不应导致对仲裁员进行追索。① 该《仲裁员行为规范》的要点如下。

1. 基本原则

仲裁员应根据事实、依照法律、独立公正地审理案件。根据我国的仲裁立法和仲裁实践，仲裁员全部都是中立仲裁员。不论是当事人指定的仲裁员，抑或是仲裁委员会主任指定的仲裁员均遵循同样的行为准则。

2. 与当事人接触的行为准则

列入中国国际经济贸易仲裁委员会仲裁员名册的仲裁员，凡是事先与当事人一方讨论过案件或提供过咨询意见的，不得接受当事人的指定担任该案的仲裁员。在仲裁的全过程中，仲裁员不得接受当事人的馈赠，不得单独会见当事人一方或者讨论案件的情况或者接受有关案件的材料。当事人向仲裁员提交的任何材料均应通过仲裁委员会秘书局（处）转交。但是，在仲裁过程中仲裁庭进行调解时，仲裁员与当事人一方单独会见则不在此限。

3. 披露情况

仲裁员认为与案件有利害关系或者其他可能影响公正审理案件的情

---

① 陈敏：《仲裁员的行为规范》，《仲裁与法律通讯》1994 年第 3 期，第 34 页。

况，应当向仲裁委员会披露，这些关系和情况包括亲属、债务、财产与金钱关系、业务及商业关系等。如果存在这些利害关系和可能影响公正审理案件的情况，候选仲裁员应当主动申请回避。

4. 公平、独立地实施仲裁程序

仲裁员应严格按照仲裁规则的程序审理案件，应当给予当事人充分陈述意见的机会。在开庭审理时，仲裁员不得出现倾向性，应注意提问和表达意见的方式，避免对关键问题过早作出结论。仲裁员提问应本着查证事实的目的进行提问，避免偏向或者诱导性提问。

5. 勤勉、审慎地履行职责

仲裁员若无法保证以充分的时间和精力审理案件，就不应当接受当事人的选定或仲裁委员会主任的指定。一旦接受指定，就必须勤勉地履行职责，合理安排时间，保证开庭时间不受其他安排的影响。在仲裁庭审结束后，若认为案情已经清楚，仲裁员应当尽早在规定的期限内作出裁决。

6. 保密义务

仲裁员应当严格保守仲裁机密，不向外界透露任何有关案件实体和程序的情况，包括案情、审理过程、仲裁庭会议等情况。仲裁员在撰写文件、发表讲演或进行其他学术活动提及某案件时，应作适当处理，以使外界无法辨认案件和案件当事人。在案件进行过程中，关于仲裁庭合议的情况等也必须予以保密，不应让当事人知晓。

7. 报酬

当事人将案件交付中国国际经济贸易仲裁委员会仲裁，应根据仲裁规则之规定缴纳相应的仲裁费，仲裁费由仲裁委员会统一收取，仲裁员与当事人不得就报酬问题进行接触。仲裁员除了从仲裁委员会秘书局（处）获取合理报酬外，不得从任何一方当事人收取任何其他费用。

五、仲裁员责任问题

当事人选定仲裁员处理因国际经济贸易所发生的争议，是基于对仲裁员专业知识和道德素养的信赖。倘若仲裁员行为不端或者过失，肯定将影响裁决的公正性。仲裁员是否应对其在仲裁过程中的故意或者过失行为承担个人的法律责任（Personal Liability），即为仲裁员的责任问题，迄今为止，世界各国的法律、理论和实践均存在很大差异。关于仲裁员责任的理论大致分为三种学说：无限责任论、豁免责任论和有限责任论。大陆法系国家坚持无限责任论，理论基础在于仲裁具有契约性；英美法系国家坚持豁免责任论，理论基础在于仲裁是司法让渡司法权的产物，因此具有司法性。从仲裁性质的角度推导出仲裁员应负的责任，是一种合乎逻辑的思路。但是，仲裁的性质并非是契约性和司法性非此即彼，而是两者兼具。这就决定了无限责任论和豁免责任论的解释力都不如有限责任论。事实上，从国际实践来看，越来越多原先采取仲裁员绝对豁免责任论的国家逐渐采用有限豁免责任理论，[①] 同时，无限责任论也并不绝对，因此关于仲裁员责任理论的世界潮流应该是向着有限责任论演进。

　　中国学界主要坚持有限责任论。[②] 关于仲裁员责任的研究也沿着两条路径：一是探寻仲裁员责任制度的法理基础，具体内容包括：[③]仲裁契约性是仲裁员契约责任的基础；法律规定是仲裁员法律责任的基础；仲裁司法性是仲裁员责任豁免的基础；仲裁契约性和仲裁司法性是仲裁员责任有限豁免的基础。二是探讨仲裁员责任的具体内涵，主要内容是将仲裁员责任形式具体分为两大类：法律责任，具体包括民事责任[④]（违约责任、侵权责任）、刑事责任（《刑法》第399条"枉法仲裁罪"）、[⑤] 行政责任；[⑥] 非法

[①]　刘晓红：《确定仲裁员责任制度的法理思考——兼评述中国仲裁员责任制度》，《华东政法大学学报》2007年第5期。

[②]　邓瑞平、易艳：《商事仲裁责任制度简论》，《重庆大学学报》（社会科学版）2005年第1期。

[③]　刘晓红：《确定仲裁员责任制度的法理思考——兼评述中国仲裁员责任制度》，《华东政法大学学报》2007年第5期。

[④]　文芳：《论仲裁员民事责任——试构建我国仲裁员责任体系》，《黑龙江省政法管理干部学院学报》2010年第6期。

[⑤]　2006年6月29日第十届全国人大常委会第22次会议通过《刑法修正案（六）》，决定设立枉法仲裁罪，对依法承担仲裁职责的人员在仲裁活动中故意违背事实和法律作出枉法裁决的行为追究刑事责任。

[⑥]　是否应负行政责任，在理论上尚有争议。比如，有学者认为仲裁案件的审理和裁决与行政行为无关，故仲裁责任的类型不应包括纯粹的行政责任（与仲裁审理和裁决无关的其他方面可能存在行政责任，例如非法设立的仲裁机构被依法撤销）。但对仲裁员而言，可能存在行政性的责任，例如，仲裁员因《仲裁法》第34条第4项规定的行为，情节严重的，或者《仲裁法》第58条第6项规定的情形，仲裁委员会应将其除名。这些规定实质上是一种行政性的责任。参见邓瑞平、易艳：《商事仲裁责任制度简论》，《重庆大学学报》（社会科学版）2005年第1期。但是，更多的观点认为，因为仲裁机构并非行政机构，仲裁员与仲裁当事人之间也是平等民事关系，所以仲裁员的法律责任并不涉及行政责任。参见文芳：《论仲裁员民事责任——试构建我国仲裁员责任体系》，《黑龙江省政法管理干部学院学报》2010年第6期；刘晓红、李超、范铭超：《国际商事与贸易仲裁员（公断人）责任制度比较——兼评中国商事贸易仲裁员责任制度》，《世界贸易组织动态与研究》2012年第3期。

律责任，包括道德责任和行业责任。①

（一）仲裁员责任豁免论

在普通法系国家，有关的法律制度基于仲裁的"准司法"性质而赋予仲裁员个人法律责任的豁免（Immunity）。特别是在美国，仲裁员免受当事人追诉的豁免权几乎是绝对的。② 美国联邦最高法院曾指出，仲裁员免责是为鼓励以仲裁方式解决争议的一项重要的联邦政策，在国际商事领域尤其如此。根据这些国家的理论，仲裁作为准司法活动，发挥着与司法诉讼相近的作用。因此，如果法官在行使司法权时享有司法豁免，那么同样解决纠纷的仲裁员在履行其职责过程中应自然地延伸到仲裁领域。

在普通法系国家，仲裁员与当事人之间的关系被视为契约关系。既然是一种契约关系，人们就会提出，为什么仲裁员的疏忽可以受到法律的保护，而其他专业人士（如律师、会计师、建筑师）却要承受被追诉的风险。对于这种异议，持仲裁员责任豁免观点的人士的观点如下。

首先，仲裁作为"准司法"活动具有类似于司法诉讼的特性，仲裁员依法裁决、裁决得以强制执行的权力，一方面来自当事人的授权，另一方面来自国家法律的授权。因此，仲裁员执行法律应当犹如法官那样受到保护，使之免受任意干扰。

其次，即使仲裁员享受责任豁免，万一仲裁员在仲裁时有恶意或者严重疏忽而影响公正裁决时，当事人仍可以通过申请撤销裁决或不予执行等程序获得司法补救。因此，不必通过追究对仲裁员个人的法律责任来达到保护当事人合法权益的目的。

再次，允许当事人可以仲裁员的行为提起诉讼或者指控，将使仲裁裁

---

① 2002 年 7 月 11 日，国务院法制办发布《关于进一步加强仲裁员、仲裁工作人员管理的通知》，可以视作是对商事贸易仲裁员行业责任的规定。按照通知规定，仲裁员的重大违法违纪事件需建立报告制度，并对除名的违法违纪仲裁员实行"禁入"制度——任何仲裁委在任何时候不得再聘请。考虑到我国实行的是指定仲裁员名册制，除名事实上意味着该仲裁员终身被禁。尽管此项措施虽极为严厉，但就性质上还应该认定为是自律性质的纪律处分。参见刘晓红、李超、范铭超：《国际商事与贸易仲裁员（公断人）责任制度比较——兼评中国商事贸易仲裁员责任制度》，《世界贸易组织动态与研究》2012 年第 3 期；萧凯：《从富士施乐仲裁案看仲裁员的操守与责任》，《法学》2006 年第 10 期。

② Alan Redfern & Martin Hunter. *Law and Practice of International Commercial Arbitration*. Sweet & Maxwell，1991，p.266.

决处于不确定的状态，损害仲裁一裁终局的性质。

最后，如果使仲裁员承受个人的法律责任，任何人将拒绝接受当事人的指定，承担仲裁员的职责。这样，将危及仲裁制度的存在。①

责任豁免论有其合理的成分，但是也有许多争议。

第一，仲裁毕竟不同于诉讼的"准司法"，传统的仲裁"司法权理论"遭到了抨击。② 仲裁员的权能与法官不可同日而语。从权力来源看，法官是由国家任命或者选举产生的司法公务人员，具有公法性质，其职务行为应受法律特殊保护；而仲裁员是基于专业知识和个人品质得到当事人的信任而由其选择，权力更具有私法性质，不应受到法律过多的保护。从约束机制看，法官虽享有司法豁免权，但仍受到选举、弹劾等制度的严格约束，这在某种程度上构成豁免责任的有效平衡；相比之下，仲裁员的纪律约束就不如法官严格，更多地依赖于仲裁员自身道德和素质。从活动程度看，法官的司法活动受实体法和程序法的双重控制，英美法国家法官还要受到先前判例的影响；而仲裁员一般仅受仲裁规则的指引，主要凭借个人经验和专业知识从事仲裁审理，没有固定的、必须遵循的实体规则。此外，法官的司法活动除在特定情况下不公开审理外，一般需公开审理；相反，仲裁活动大多不公开进行。程序上的区别表明仲裁员受到的监督和制约要比法官小得多。

第二，以仲裁法或仲裁规则关于当事人权力救济程序的设计作为仲裁员责任豁免论的依据也值得商榷。首先，当事人权力救济程序的规定只是一种补救措施，而不是预防措施，没有从根本上阻止仲裁员不公或者故意不当行为；其次，从效果上看，这些程序在客观上能够排除不合适的仲裁员，但不能为受到侵害的当事人提供有效的损害补偿。当事人除了希望获得公正的裁决之外，还希望其损失能得到赔偿，恢复因仲裁员不当行为导致的经济损失；再次，对仲裁裁决如何进行司法控制尚无国际公约作出统一的规定和调整。对仲裁员作出错误裁决的补救程序并非是一项公认的在各国通行的制度。例如，法国、日本及丹麦等国允许当事人在某种情形下

---

① Alan Redfern & Martin Hunter. *Law and Practice of International Commercial Arbitration*. Sweet & Maxwell, 1991, p.267；韩健：《国际商事仲裁法的理论与实践》，法律出版社1993年版，第147页。

② 韩健：《国际商事仲裁法的理论和实践》，法律出版社1993年版，第27、278、147页。

向法院上诉；但罗马尼亚等国就排除了当事人追诉于法院的可能性，即使是基于程序性或者管辖权问题向法院提出的诉讼也被排除在外。①

第三，"责任论"可能产生的消极影响尚未发生，既没有出现当事人频繁诉讼仲裁员，干扰仲裁员仲裁活动的情况，也没有仲裁员因被不当诉讼而辞职或有能力的专家拒绝出任仲裁员的实际案例。因此，认为仲裁员责任制度会妨碍仲裁发展的想法是一种主观推断。在仲裁中也存在着一些可能被当事人利用干扰仲裁进程的具体制度，例如异议程序，但是不能因某一制度具有一定的消极作用而否认其存在的合理性和必要性。

就目前英美国家仲裁立法看，仍然吸收仲裁员责任豁免的理论。《美国加利福尼亚州民事诉讼法典》第1280条第1款规定："仲裁员根据制定法或契约仲裁时，与法官一样豁免于民事责任。"

（二）仲裁员有限豁免论

在奥地利、澳大利亚、德国和挪威等国，在仲裁员责任问题上主张的是有限豁免论（Qualified Immunity）。② 这一理论的基本点在于，仲裁员在一定范围内享有责任豁免。但是，如果仲裁员的故意或者重大过失（Gross Negligence）导致其未能履行其接受指定时当事人所赋予的职责，可能要对其不当行为所遭受的损失负法律责任，因此，有限豁免与有限责任实际上是同一理论的不同侧面。判断仲裁员是否应当承担法律责任标准是根据仲裁员在履行其职责时是否尽到了适当的谨慎。例如《奥地利民事诉讼法典》规定，仲裁员未能履行其在接受指定时所承担的职责或未在适当的时间里履行其职责，则要对由此给当事人造成的损失承担责任。

在仲裁员责任有限豁免的条件下，仲裁员的故意（例如欺诈、接受贿赂）应承担责任，自不待言；关于仲裁员的重大过错，主要表现在程序上的过错和契约上的过错两方面。③

① 韩健：《国际商事仲裁法的理论和实践》，法律出版社1993年版，第27、278、147页。
② Alan Redfern & Martin Hunter. *Law and Practice of International Commercial Arbitration*. Sweet and Maxwell，1991，p.267.
③ 沈伟：《仲裁员责任论》，《仲裁与法律通讯》1996年第6期，第28页。

程序上的过错，例如仲裁员在处理与自己有利害关系的案件时，未按照仲裁规则的规定予以披露，并申请回避；仲裁员未能在仲裁规则规定的期限内作出裁决；等等。

契约上的过错，例如仲裁员在仲裁过程中无正当理由退出仲裁，违反了其与当事人在接受指定时所产生的契约关系；仲裁员违反保密义务，泄漏了当事人的商业秘密或商业信誉；等等。

综合这些国家的法律规定，有限豁免论的主要内容有以下几方面。

第一，有限豁免以仲裁员享有责任豁免为前提。

第二，有限豁免以仲裁员承担过错责任为限度。所谓过错责任是指契约一方违反合同规定义务，不履行合同时，以过错作为确定责任的要件和依据。在考察违约者的违约行为时要分析当事人的主观过错。

第三，有限豁免限定了仲裁员享受豁免的范围，即明确了承担民事责任的事项。

（1）程序上的限制。仲裁规则是仲裁员应当遵守的程序规则，若违反就构成过错。① 仲裁员在处理与自己有利害关系的案件中未能自动退出，实际上破坏了仲裁员程序有效进行，作出对当事人不公的裁决的可能性就会增大。② 仲裁员未能及时作出裁决。当事人基于仲裁方式具有比诉讼更为有利的快速、及时的特点，将彼此间的纠纷递交仲裁员解决。仲裁员因过错未能在规定仲裁期限内作出裁决的应负责任。

（2）契约上的限制。由于仲裁员与当事人之间存在着特殊的契约关系，作为契约当事人，仲裁员负有契约法上的诚实信用、实际履行等义务，一旦违反，应负责任。① 仲裁员在仲裁过程中有过错。当事人主要用仲裁员的专业知识和法律知识作为依据选择仲裁员，这是双方产生契约关系的条件。如果仲裁员未能保证质量地完成仲裁任务，发生事实认定或法律适用上地明显差错，则违反了与当事人之间的契约义务，应负责任。② 仲裁员中途退出仲裁庭。仲裁员一旦接受仲裁委任，就承担公正裁决的责任，这也是其应负的契约义务。如果在未结束仲裁前拒绝继续参加正在进行的仲裁程序，就违反了该义务，仲裁员应对由此产生的损失负责。③ 违反保密义务。仲裁程序不公开进行是国际商事仲裁的一项基本原则。当事人选择仲裁方式解决争议也有保守商业秘密的考虑。仲裁员由于过错在解密期限之前未履行保密义务，致使当事人商誉或经营活动受到影响或损害的应负责任。

上述国家关于仲裁员责任的规定以及仲裁员与当事人之间的契约关系为仲裁员责任理论提供了实践和理论依据。尽管英美等国的许多判例采取了仲裁员豁免的观点，但更多的是出于公共政策的考虑，强调一般事件或轻微过失不承担责任，同时对于仲裁员在仲裁过程中恶劣的欺诈、受贿或过错行为仍需承担责任。南非、澳大利亚等国对过错和过失的责任都作了不同的区分。犯有过失但能诚实和善意地履行职责的仲裁员可享受免除责任权，但完全背离职责的仲裁员则不能免除。因此，有限豁免论是"豁免论"和"责任论"的折中，吸收了两者的合理成分，既具有操作性也有现实性，为部分国家所接受。

（三）仲裁员责任论

法国、西班牙和瑞典等少数国家奉行仲裁员责任理论。但是，即使在这些国家的法律制度下，实践中以仲裁员的过失来追究仲裁员的赔偿责任的，仍受到严格限制。

（四）仲裁员与当事人之间的法律关系——前提性问题

仲裁员责任制度争议的焦点集中在仲裁的法律性质，即仲裁员权力来源及法律属性。分析这一争议点的基本前提是正确分析仲裁员与当事人之间的法律关系，现有学说主要有以下几种。

1. 准契约关系说

有学者认为仲裁员与当事人之间存在着契约关系，但是这种契约又有别于律师、建筑师契约。当事人在指定仲裁员时没有任何真正形式的契约存在的构成准契约。[1] 准契约说能够有效地说明仲裁员对当事人主张费用的权利，因为英美契约法上有所谓的偿还请求权制度，一方当事人可依契约关系要求另一方当事人支付其提供法律裁判的一定金额的仲裁费用。

但是，"准契约说"有三个漏洞：其一，其依据的理由——仲裁员与当事人之间不存在真正形式的合同并不能成立。有些国家仲裁法律的规定，仲裁员与当事人之间应签订合同。如《法国民事诉讼法》要求仲裁员与争

---

[1]　郭寿康、赵秀文：《国际经济贸易仲裁法》，中国法制出版社 1993 年版，第 88 页。

议双方当事人之间共同签署一项协议，内容包括仲裁员的指定方式。这表明仲裁员和当事人可以存在有形的合同。其二，该说除说明当事人支付费用外，并不能说明其他关系。特别是当事人可因契约的不确定性任意中止合同关系，然而这一做法与仲裁活动的实际运作不相适应。依各国仲裁通例，当事人一旦选定仲裁员，非法定原因不得任意撤换。其三，英美法系的"准契约"有特定的含义，它的产生条件是一方在明知对方给予某种利益时，期望就该利益的价值得到报偿而不提供此种报偿的意图。① 因此，准契约当事人之间不存在明示或事实上的默示合意，它是一个等同于不当得利基本原理的不同表述，而非契约形式问题。

2. 特殊身份说

仲裁员不以审判为职业，只有在当事人或有关机构指定为某一案件的仲裁员并明示同意或接受时，才以特定的类似于法官的身份行使裁决权，与当事人形成特定的身份关系。这种关系的特殊之处在于，仲裁员身份的不可替代性；身份关系的相对固定性；身份持续性和阶段性。双方基于特殊身份而产生的权利义务与契约关系下的权利义务相比也有特殊性。但是，身份说的最大缺陷就是无法说明仲裁员的权力来源以及仲裁员与当事人之间法律关系发生的原因。

3. 契约说

契约说是普遍认同的学说。具体又分为两种：一是委任契约说，认为当事人与仲裁员就仲裁事项及仲裁员权限达成的一致属于委托契约的具体内容，当事人指定仲裁员是委托行为，仲裁员对争议事项作出接受仲裁费用视为酬金权，② 仲裁员是受雇人，而当事人为雇佣人。奥地利民诉法采用此观点。二是服务契约说，把仲裁员的仲裁活动视为向当事人提供智力服务的服务性契约。

笔者认为，准契约说和身份说都不能说明双方的法律关系，只有契约说较符合实际情况。契约说的难点主要是说明契约成立的意思自治和仲裁员义务的性质两个问题。① 当事人和仲裁员虽然无具体的契约，但是双方都以行为方式默示意思表示一致，在这一意思表示过程中，当事人指定是

---

① 王军：《美国合同法判例选编》，中国政法大学出版社 1995 年版，第 4 页。
② 赵威：《国际仲裁法理论与实务》，中国政法大学出版社 1995 年版，第 161 页。

要约，仲裁员的接受是以默许的方式表示的承诺。这种默示合同在瑞典等国的法律中得到了认可。[①] 也有国家要求仲裁员作明示表示，如荷兰对被选人接受仲裁员任命有书面认可的法定要求。在首席仲裁员指定过程中也表明了这种默示关系，当事人各自认定一名仲裁员，再由其共同推选第三名仲裁员，此时应认定当事人与第三名仲裁员之间存在默示的间接的意思表示。特别是在实践过程中，当事人推选的仲裁员在选择第三名仲裁员时还会与当事人讨论，征求意见，更表明有合意的过程。[②] 仲裁员义务系由国家法律或特定规则规定，但是真正使其在具体案件中承担这种义务，由法律义务变为现实义务的前提是当事人的具体委任。仲裁员的义务是针对特定的当事人而言的，很难想象仲裁员的法律义务和作用会不通过个案裁决而发生现实影响和效果。因此，法律义务有契约义务的痕迹。

仲裁员和当事人之间存在着特殊的契约关系，其特点可归纳为以下几点。

第一，双方默示意思表示一致。在通常情况下，仲裁法或者相关的仲裁规则仅规定了仲裁员的产生方法，尤其是规定了当事人对仲裁员的选任方法。例如我国《仲裁法》第 31 条规定："当事人约定由 3 名仲裁员组成仲裁庭的，应当各自选定或者各自委托仲裁委员会主任指定一名仲裁员，第三名仲裁员由当事人共同选定或者共同委托仲裁委员会主任指定。第三名仲裁员是首席仲裁员。当事人约定由一名仲裁员成立仲裁庭的，应当由当事人共同选定或者共同委托仲裁委员会主任指定仲裁员。"《中国国际经济贸易仲裁委员会仲裁规则（2015 版）》（简称《新贸仲规则》）第 26 条规定："（一）仲裁委员会制定统一适用于仲裁委员会及其分会/中心的仲裁员名册；当事人从仲裁委员会制定的仲裁员名册中选定仲裁员。（二）当事人约定在仲裁委员会仲裁员名册之外选定仲裁员的，当事人选定的或根据当事人之间的协议指定的人士经仲裁委员会主任依法确认后可以担任仲裁员。"从表面上看，在仲裁员的选任过程中，当事人是处于主导地位的，仲裁员仅仅处于被动选择的地位，这似乎是一种不平等的交易，不具有契约的一般属性。然而实质上，当事人对仲裁员的选任过程恰恰是一个典型的合同交易过程。此种典型的合同交易过程表现为：仲裁员以加入仲裁名

---

① 谭兵：《中国仲裁制度研究》，法律出版社 1995 年版，第 112 页。

册的形式，将自己的姓名、专长等信息在名册中予以公布，以吸引当事人选择自己作为具体案件的仲裁员，为当事人提供自己的智力服务，这实质上是一种要约邀请。当事人在仲裁员名册中选择仲裁员的过程就是要约行为，而一旦当事人选定具体仲裁员后，依照惯例，视为该仲裁员接受当事人的要约，这就是承诺。这一过程完整地体现了合同交易的所有要素，只不过当事人和仲裁员的意思一致是通过惯例达成的，这是一种默示的意思表示一致。

第二，双务合同。仲裁员有按照仲裁程序规则公平仲裁的义务并有收取仲裁费用的权利，当事人有支付费用的义务，但有要求公正仲裁的权利。按照我国《合同法》第 400 条的规定，仲裁机构仅就仲裁员的选任及其对仲裁员的指示承担责任，而审理和裁决过程中发生的责任应由仲裁员承担。仲裁员不同于专门供职于仲裁机构的工作人员，他（她）只是仲裁机构雇用的独立服务提供者。如果仲裁员在履行独立服务合同过程中违反了法律或与当事人间的特殊服务合同，应承担个人责任，而不应将责任归咎于仲裁机构。① 这就表明，为当事人提供仲裁服务的主体是仲裁员而非仲裁机构，所以此服务合同当事人双方为仲裁当事人和具体的仲裁员。仲裁当事人支付一定的费用购买仲裁员的专业服务，仲裁员向仲裁当事人提供智力服务以获取报酬。合同当事人双方互负对待给付义务。

第三，服务对象具有特殊性。由于仲裁服务合同的当事人一方是仲裁当事人双方，所以，无论仲裁当事人双方在利益上存有何种冲突，仲裁员都必须为仲裁当事人双方提供无差别的服务。仲裁当事人双方利益的冲突性决定了仲裁服务对象的特殊性，也决定了仲裁员必须"公道正派、不偏不倚"。

（五）中国仲裁制度中的仲裁员责任问题

大陆法系国家的仲裁员民事责任制度有效地保证了仲裁质量，促使仲裁员更为负责地履行职责。但是应当看到，仲裁员责任制度在国际上还未有统一和普遍的标准，"豁免论"和"责任论"也没有完全分离，而是一

---

① 邓瑞平、易艳：《商事仲裁责任制度简论》，《重庆大学学报》（社会科学版）2005 年第 1 期。

定程度的互相吸收。与仲裁员保持独立性一样，"责任论"也同样重要。两者都以保证仲裁活动公平有效为目的，但两者功效不同。前者是保证仲裁员不受司法干扰，保持仲裁员的特性；后者是保证仲裁员负责、公正地行使职责。从这个意义上讲，后者是前者的保障和约束机制，降低仲裁员滥用职权的可能性。为了保护仲裁员独立性地从事仲裁，当事人权利救济可以有所限制，即只有用尽其他救济方法时，才允许当事人对仲裁员提起诉讼，同时还可对仲裁员辅之以一定的职业道德和纪律规范。我国法律关于仲裁员责任的规定较为分散，尚未成体系。我国《仲裁法》第 38 条规定："仲裁员有本法第 34 条第 4 项规定的情形，情节严重的，或者有本法第 58 条第 6 项规定的情形的，应当依法承担法律责任，仲裁委员会应当将其除名。"对于此处的"法律责任"作何理解，主要分为两大派别。

一派是将此处的法律责任进一步细分为"民事责任、行政责任、刑事责任"三类，再做逻辑推理，将行政责任剔除这一责任体系之外，认为此处的法律责任就是民事法律责任和刑事法律责任。民事法律责任又分为违约责任和侵权责任两类。违约责任所关注的是仲裁员与仲裁当事人之间事实存在的服务合同关系；侵权责任关注的重心是仲裁员的主观过错以及此种过错对仲裁当事人所造成的损失。违约责任和侵权责任的责任承担方式就是以金钱的形式赔偿损失。至于具体的赔偿额度是以仲裁员所获报酬为限还是以仲裁当事人所受实际损失为限，存有争论。刑事法律责任最直接的依据就是《刑法》第 399 条的枉法仲裁罪。但是有观点认为，仲裁具有契约性的性质，其管辖权是当事人选择和授予的，受理的都是民商事纠纷案件，在此基础上的法律责任自然应是民事责任，其不具备刑事责任所要求的严重社会危害性，[1] 所以此处的法律责任仅仅是指民事责任。

有观点认为，从当时的立法背景和立法文献加以考查，我国现行《仲裁法》规定的仲裁员责任是指仲裁员的行政责任和刑事责任，而不是民事责任。[2] 在当时的情况下，规定仲裁员依法承担行政责任和刑事责任应该是可行的，因为当时的仲裁机构都是行政机构内部的附属机构，仲裁从业

---

[1]　陈忠谦：《论枉法仲裁罪的设立当缓》，载广州仲裁委员会：《仲裁研究》（第 7 辑），法律出版社 2006 年版，第 2 页。
[2]　石现明：《略论我国仲裁员和仲裁机构民事责任制度的构建》，《理论与改革》2011 年第 4 期。

人员属于行政编制；当时的刑法没有确立罪刑法定原则，而是可以类推定罪。但是随着时间的推移和情况的变化，现在要追究仲裁员的行政责任和刑事责任已经不具有操作性。对于行政责任，我国的商事仲裁机构现在都已经完全脱离行政机关而成为独立的民间性事业单位法人，仲裁员在仲裁活动中以个人名义实施民间裁判行为，不可能追究其行政责任。对于刑事责任，根据《刑法》现在可以追究仲裁员刑事责任的情形仅限于仲裁员有枉法仲裁的行为。对于仲裁员私自会见当事人或当事人的代理人、接受当事人或其代理人的请客送礼、索贿受贿、徇私舞弊等行为，由于仲裁员既不是公司企业工作人员又不是国家机关工作人员，不符合公司企业人员受贿罪的主体要件，[①] 难以追究其刑事责任。

对于有学者主张《仲裁法》第38条规定的法律责任应为民事责任，笔者认为在既没有与仲裁员签订任何形式的书面合同又没有任何法律法规对仲裁员与当事人间的合同关系予以确认、对仲裁员应向当事人承担的义务作出明确规定的情况下，当事人在实践中是否能要求仲裁员承担民事责任值得怀疑。即使当事人能依据这些条款要求仲裁员承担民事责任，但对于仲裁员民事责任的归责原则、承担民事责任的范围和程度等具体问题亦都缺乏明确的法律规定。

笔者认为，问题的关键不在于刑事责任是否属于此处的法律责任，而是要看《刑法》第399条对仲裁实践的影响是有利还是不利的。现实中有因为枉法仲裁而入罪的案例，但是数量较少，所以还很难从实证的角度去评价《刑法》第399条的实际作用。[②] 但是从社会心理层面来讲，枉法仲裁入罪，对于存心枉法仲裁的不良仲裁员来说，还是有一定威慑作用的。总之，《刑法》第399条不应成为当下争论的重点，我们暂可以将其置于一旁，静观其实际效果。当下所要讨论的重点是仲裁员的民事责任。

另一派是抛开对法律责任的分类，仅仅强调法律责任的字面意思，即

---

① 《刑法》第163条第1款；《刑法》第385条。
② 浙江省天台县人民法院（2013）台天刑初字第277号刑事判决书（王某枉法仲裁案），判决被告人王某犯枉法仲裁罪，免予刑事处罚。海南省海口市美兰区人民法院（2012）美刑初字第649号刑事判决书（卢某受贿案），被告人卢某被诉枉法仲裁罪，但被判决为受贿罪，免予刑事处罚。海口市龙华区人民法院（2012）龙刑初字第602号刑事判决书（王康某受贿案），被告人王康某被诉枉法仲裁罪，但被判决为受贿罪，判处有期徒刑1年。

法律责任意指法律明确规定的责任。[①] 如果法律规定了民事责任，则此处的法律责任就是民事责任；如果法律规定了刑事责任，此处的法律责任就是刑事责任；如果法律规定了行政责任，此处的法律责任就是行政责任。此种思路以法律的明确规定为依据，通过研究《仲裁法》可知，在此种思路之下，仲裁员责任不存在民事责任和行政责任。因为《仲裁法》中没有关于仲裁员民事责任和行政责任的明确规定。《仲裁法》第 13 条规定了仲裁员的任职资格，并未规定责任制度。第 38 条规定，仲裁员私自会见当事人、代理人或者接受当事人、代理人的请客送礼的，情节严重的（第 34 条第 4 款）；或在仲裁该案时有索贿受贿、徇私舞弊、枉法裁决行为的（第 58 条第 6 款），应当依法承担法律责任，仲裁委员会应当将其除名。依此分析，我国法律规定仲裁员承担的是法律责任而非民事责任，责任要件是违反法律规定，责任范围仅限于受贿、徇私舞弊、接受请客送礼等不正当行为，责任条件是情节严重。依据体系解释可知，《刑法》第 399 条所规定的枉法仲裁罪可以适用于仲裁员责任体系中，所以仲裁员的责任实际上就是刑事责任。秘鲁的仲裁立法对仲裁员的刑事责任也有规定，其《民事诉讼法》第 577 条规定：仲裁员在接受任职后不在规定的期限内做出裁决的，应对当事人遭受的损失负责。此种责任包括刑事责任。[②] 这说明了仲裁员责任包括刑事责任，但仲裁员责任是否仅限于刑事责任？回答是否定的，通过对《澳门本地仲裁法》第 13 条第 5 款解释可知，如果仲裁员违反回避义务，并积极推进仲裁，仲裁员将承担由此给当事人造成的经济损失。[③] 这是典型的民事责任。所以，仲裁员的责任并不以刑事责任为限。

　　实践中由于仲裁员承担法律责任的案件极少，这也增加了从实践层面辨明"法律责任"内涵的难度。在 2006 年的富士施乐仲裁案中，仲裁员戚某因私下会见当事人并接受宴请，后被国务院法制办通报除名。国务院法制办随后向全国各仲裁委下发通知，"如有聘任戚某担任仲裁员的，应予除名，今后亦不得再聘任"。戚某成了仲裁法实施以来首个被仲裁界终身

---

　　① 刘晓红：《确定仲裁员责任制度的法理思考——兼评述中国仲裁员责任制度》，《华东政法大学学报》2007 年第 5 期。

　　② 黄雅屏：《浅析仲裁员之责任制度（上）》，《仲裁研究》2005 年第 3 期。

　　③ 詹礼愿："试评中国内地与港澳台仲裁员责任制度"，http://www.gzac.org/info_view.asp? VID=244，最后访问日期：2013 年 10 月 17 日。

禁入的仲裁员。

《仲裁法》第 38 条只规定了"除名"制度，但是本条并未明确"除名权"由谁行使。国务院法制办向全国"通报除名"，这是否就能说明国务院法制办就是"除名权"的行使主体？回答同样也是否定的，国务院法制办于 2002 年发布的《关于进一步加强仲裁员、仲裁工作人员管理的通知》规定："仲裁委员会在对违法违纪的仲裁员依法作出除名决定后，应在 10 日内通过省级人民政府法制机构（或商会）将名单报送国务院法制办公室，由国务院法制办公室通报全国仲裁机构和有关部门。被除名的仲裁员同时受聘于几家仲裁委员会的，其他仲裁委员会在接到国务院法制办公室通报的 10 日内必须予以除名。对除名的仲裁员，任何仲裁委员会在任何时候不得再聘请。"依此规定可知，做出除名决定的主体是被除名对象所在的仲裁委员会，只不过仲裁委员会在做出除名决定之后要向国务院法制办报告，国务院法制办再向全国通报。国务院向全国通报的意义不在于说明其对涉案仲裁员享有除名权，而是要告知涉案仲裁委员会之外的仲裁机构不能聘请被除名的仲裁员，以实现涉案仲裁员"全面禁入"制度的初衷。所以，具体的仲裁委员会是仲裁员除名权的实际享有者。

《仲裁法》第 11 条规定："仲裁委员会应当具备下列条件：（一）有自己的名称、住所和章程；（二）有必要的财产；（三）有该委员会的组成人员；（四）有聘任的仲裁员。仲裁委员会的章程应当依照本法制定。"依照我国《民法通则》的规定，仲裁委员应该是一个独立的法人。《仲裁法》第 14 条规定："仲裁委员会独立于行政机关，与行政机关没有隶属关系。仲裁委员会之间也没有隶属关系。"这说明我国在法律上承认仲裁机构是一个民间自治机构，所以仲裁委员会所享有的"除名权"应当是行业责任的范畴，即"除名权"不是《仲裁法》第 38 条规定的法律责任。

然而，在现实中，仲裁委员会在我国并不完全具有民间性。其设立、运行都离不开政府的干预。例如《仲裁法》第 10 条第 2、3 款规定："仲裁委员会由前款规定的市的人民政府组织有关部门和商会统一组建。设立仲裁委员会，应当经省、自治区、直辖市的司法行政部门登记。"在仲裁委员会的仲裁费用与报酬的财务管理方面，除了少数机构是自收自支外，多数仲裁委的收费是被国家财政作为预算外或者预算内资金，实行收支两条线管理。资金使用上的依赖性也再次验证了当下我国仲裁委员会的非民间性。① 如果仲裁委员会不具有完全的民间性，那么，其对仲裁员的除名处罚也很难被解读为行业责任。这一难以调和的矛盾，都将矛头指向了"中国仲裁协会"。《仲裁法》第 15 条第 2 款规定："中国仲裁协会是仲裁委员会的自律性组织，根据章程对仲裁委员会及其组成人员、仲裁员的违纪行为进行监督。"如果由中国仲裁协会行使对仲裁员的除名权，那么前述矛盾就可以化解。然而，由于种种原因，中国仲裁协会至今也未成立。尽管中国仲裁协会缺位，但是行业责任应该是仲裁员责任体系的应有之义。

通过前述分析可知，我国现阶段仲裁员的责任体系应该包括民事责任、刑事责任和行业责任。其中关于刑事责任的探讨暂且可以放置一旁，而行业责任的真正确立最终有赖于中国仲裁协会的建立。中国仲裁协会搁置已多年，何时能成立并不可知。所以，当下最有可能的就是构建仲裁员的民事责任体系。

仲裁员民事责任在理论上有违约责任和侵权责任两类，但是仅仅从这两个抽象的概念并不能推导出具体的责任类型。比较适当的做法就是从我国现有的仲裁规则中，提炼出具体的违约或侵权的类型，再将这些具体类型归入违约责任或侵权责任体系之中。其中最为典型的仲裁规则就是《新贸仲规则》，其第 24 条规定："仲裁员不代表任何一方当事人，应独立于各方当事人，平等地对待各方当事人。"这可以看成是关于仲裁员民事责任的一般规定，即对仲裁员中立性的一般要求。《贸仲规则》第 31、32、38 条第 2 款分别规定了仲裁员的披露义务、回避义务和保密义务。当某一件具体案件的仲裁员被确定后，则关于仲裁员的披露义务、回避义务和保密义务就自动被订入仲裁员和仲裁当事人之间的服务合同之中。如果仲裁员有违此种义务，则不管仲裁员的这种违约行为是否给仲裁当事人造成损失，其均应承担违约责任。判断仲裁员是否违约的标准在于仲裁员在客观上是否违反了披露义务、回避义务和保密义务，这是一种客观归责原则。仲裁员对于披露义务、回避义务和保密义务的违反负有主观过错的，则应当承担侵权责任。因为侵权责任的精髓在于对行为人主观过错的惩罚。区分仲裁员违约责任和侵权责任的关键在于判断仲裁员是否负有主观过错，

---

① 萧凯：《从富士施乐仲裁案看仲裁员的操守与责任》，《法学》2006 年第 10 期。

如果有主观过错，则为侵权责任，如果没有主观过错，则为违约责任。当仲裁员违反披露义务、回避义务和保密义务并负有主观过错时，不论此种行为是否给仲裁当事人造成实际损失，仲裁员均应承担侵权责任。①

　　确立仲裁员民事责任制度应当区别对待仲裁员和仲裁机构的司法行为和非司法行为（契约行为）。对于仲裁员和仲裁机构就争议事实的认定、对法律的解释和适用、对仲裁管辖权以及仲裁程序事项作出决定具有司法性质的行为，仲裁员和仲裁机构应当享有民事责任豁免，除非仲裁员和仲裁机构在作出该等行为时存在故意和重大过失。对于仲裁员认定事实和适用法律方面存在的不公正或错误，如果有权的法院或仲裁机构并没有撤销或变更仲裁裁决，即使事实上给当事人造成了损失，仲裁员和仲裁机构也不应当承担民事赔偿责任。对于他们为履行仲裁服务合同而为的不具有司法性质的作为或不作为，即违反合同义务的行为，例如仲裁员无故辞职、拒绝参加仲裁程序、拒绝作出裁决、拖延作出裁决、违反约定泄露当事人的秘密、丢失毁损当事人提交的重要证据等，则不管其是否具有故意或过失，都应当承担民事责任。②

　　承担违约责任和侵权责任的具体方式，笔者认为以赔偿损失为主，具体的赔偿额度应该以仲裁当事人的实际损失为限。因为实际损失有可能会多于仲裁当事人支付给仲裁员的报酬。从法经济学的角度来讲，这增加了仲裁员违约或者侵权的成本，从而抑制了仲裁员违法行为的产生。

　　具体而言，仲裁员承担民事责任的形式主要有解除合同和赔偿损失两种。当事人与仲裁员解除合同即是撤换仲裁员。撤换仲裁员之救济方式及其适用情形，现行《仲裁法》已经有明确具体的规定，可以继续保留。而其中的损害赔偿责任对仲裁当事人来说意义更加重大。仲裁员和仲裁机构的民事赔偿责任限度问题还影响到有效保护当事人利益、增强当事人对我国商事仲裁的信心与降低仲裁员和仲裁机构的责任风险、保持仲裁员和仲裁机构的独立性和公正性、吸引高素质的人才加入仲裁员队伍等各个方面。对于仲裁员民事赔偿责任限额问题，可以仲裁员收取的仲裁费用

---

① 石现明主张，对仲裁员民事赔偿责任限额问题应当区分不同的情况作出不同规定，原则上应当以仲裁员收取的仲裁费用为限。参见石现明：《略论我国仲裁员和仲裁机构民事责任制度的构建》，《理论与改革》2011 年第 4 期。

② 石现明：《略论我国仲裁员和仲裁机构民事责任制度的构建》，《理论与改革》2011 年第 4 期。

为限。

对于因仲裁员违约或侵权行为而使得仲裁裁决被撤销或被宣告无效的，由于当事人的实体权利还可以得到司法或仲裁救济，其所遭受的损失仅限于为仲裁而支付的仲裁费用和律师代理费用，故仲裁员的民事赔偿责任应当仅限于当事人支付的仲裁费用、合理的律师代理费用和当事人因为仲裁而发生的其他合理支出。对于仲裁员和制裁机构违反其与当事人的约定不按时作出裁决、无故辞职或不参加仲裁程序、泄露当事人的商业秘密、丢失损毁当事人提交的证据，或者有索贿受贿、徇私舞弊、枉法裁决等行为的，则应当赔偿当事人可以证明的全部实际损失。[①]

仲裁员的责任牵涉非常复杂的法律、社会、文化，甚至道德问题。从仲裁制度的产生和发展可知，它深深植根于民间的惯例，仲裁员受到的道德约束事实上比受到法律的约束强烈得多。考察中国法律发展历史可以知悉，试图以某种法律责任来约束执法人员的行为未必能够如愿。因此，想以建立仲裁员的民事责任来规范仲裁员的行为，同样也很可能事与愿违。所以，有的学者提出，就目前中国的现状而言，不宜刻意要求仲裁员承担责任。因为中国的仲裁委员会不论其为涉外抑或国内的均为民间机构，不是商业企业，不以营利为目的。仲裁委员会的裁决可以直接在法院得到执行，其准司法性质是显而易见的。故不能将仲裁员所进行的解决争议的行为视为类似于其他社会中介机构那样提供的专业服务，需要对其过失承担民事责任。类似于外国的仲裁员提供专业服务的理论在中国从来就没有被承认过。[②] 对仲裁员在履行职责时的不端行为所引起的责任而言，如果涉及《仲裁法》第58条所述的收受贿赂等行为，即使普通人也属不可为之举，其性质上已经转化为刑事问题了，并非一般民事责任所能解决的。依中国当前的国情，若通过立法规定仲裁员的民事责任，那么其对于中国仲裁制度的作用完全有可能与新设的仲裁裁决撤销程序一样，负面效应远大于正面效应。[③]

当然，仲裁员身负法律所赋予的准司法性质的重要职责，在准予免责

---

① 石现明：《略论我国仲裁员和仲裁机构民事责任制度的构建》，《理论与改革》2011年第4期。

② 陈敏：《仲裁员的行为规范》，《仲裁与法律通讯》1994年第3期，第35页。

③ 关于撤销仲裁裁决的程序，将在本书第九章论述。

的前提下，理所应当恪守基本的职业道德和行为规范。

第二节　仲　裁　庭

一、仲裁庭的组成

仲裁庭（Arbitral Tribunal）是根据当事人合意或者其他有权指定仲裁员的机构所指定的仲裁员组成的，具体负责对已交付仲裁的争议事项进行审理并作出裁决的组织。

如果是临时仲裁，则当事人所选定的仲裁员组成仲裁庭就直接审理案件。若属机构仲裁，则当事人所约定的仲裁机构并不直接审理案件，而是由当事人或仲裁机构指定的仲裁员组成的仲裁庭处理纠纷，由仲裁机构的秘书处提供行政服务，待作出裁决后，仲裁庭便告解散。

如前所述，仲裁庭可以由一名仲裁员组成独任仲裁庭，也可以由多名仲裁员（通常是 3 名或者更多的奇数）组成的合议仲裁庭。

在各国的仲裁立法以及常设仲裁机构的仲裁规则中，由一名仲裁员组成的独任仲裁庭仍是较普遍采用的方式，而不论争议标的有多大。例如《国际商会国际仲裁院的规则》规定，当事人双方未约定仲裁员人数时，除非仲裁院认为有理由应由 3 名仲裁员组成仲裁庭审理，否则应当指定一名仲裁员组成独任仲裁庭审理案件。

多名仲裁员的合议仲裁庭通常由 3 名仲裁员组成，3 名仲裁员的仲裁庭组庭方式各不相同，一般做法是：双方当事人各选定一名仲裁员，再由双方选定的仲裁员共同指定或者由仲裁机构指定第三名仲裁员作为仲裁庭的首席仲裁员组成仲裁庭。合议仲裁庭的优点在于，各方当事人均选定一位仲裁员，通常该名仲裁员比较熟悉指定方当事人的法律、文化和商业背景，这有助于增强当事人对仲裁的信心和信任感；就仲裁庭而言，由不同背景的仲裁员参与审理，当事人的情况更容易被仲裁庭所理解，从而避免某些可能产生的误解。[①] 所以，尽管 3 名仲裁员的仲裁庭费用较高，但是

[①]　赵威：《国际仲裁法理论与实务》，中国政法大学出版社 1995 年版，第 163—164 页。

当事人仍然更倾向于接受这种组庭方式。

二、仲裁员的回避、异议及仲裁庭的重新组织

在当事人指定仲裁员以后以及在仲裁庭组成过程中，有许多因素可能导致被指定的仲裁员无法立即履行其职责，比如，因仲裁员不符合仲裁员的资格而被当事人请求回避；因为仲裁员拒绝执行仲裁员的任务；因病或死亡等原因无力继续从事履行仲裁职责。这样，即使仲裁庭已经组成，仍有必要替换仲裁员以重新组成仲裁庭。

（一）仲裁员的回避和异议的理由

仲裁员的回避系指被当事人指定作为仲裁员的人士因具有不能参与特定案件审理的情况，该人士主动提出或者经另一方当事人的异议不担任审理特定案件的仲裁员。

可见，仲裁员的回避可能是主动的，也可能是被动的。前者是被指定为仲裁员的人士认为自己与案件有利害关系，不适合担任本案的仲裁员，故请求不担任审理本案的仲裁员；后者是在某位人士已经被指定为仲裁员，但另一方当事人对该名仲裁员的公正性和独立性有怀疑，以书面方式并附具相关证据提出要求该名仲裁员不参加审理本案的仲裁庭，如理由成立，则该仲裁员应退出仲裁庭，不再担任仲裁员的职责。

仲裁员的回避和异议制度是确保仲裁公正性和独立性的重要方法。由于仲裁员通常由当事人自行选定，在一般情况下，当事人更倾向于选定自己熟悉的甚至与案件的胜负有切身利益的人士担任仲裁员。若双方当事人所选定的仲裁员都与当事人存在某种利害关系，毫无疑问将难以保证裁决的公正性。正因如此，各国的法律以及仲裁机构的仲裁规则都规定仲裁员有义务披露可能影响公正性和独立性的情形；如果有充分的证据，任何一方当事人有权对另一方所指定的仲裁员提出异议，要求回避。如果在指定以后发现己方所指定的仲裁员存在行为不端或其他不适合担任仲裁员的情况，亦有权提出回避的请求。

仲裁员没有披露关键信息会导致裁决的撤销。日本最高法院在一起判例中指出，现行《日本仲裁法》第 18（4）条规定的仲裁员应披露所有可

能导致对仲裁员的公正性和独立性产生怀疑的信息。这种总括性或者预先放弃将来潜在的冲突并不能满足现实需求。披露的事实既要仲裁员所知悉，又要具有合理可能性的可查明事实。日本三洋株式会社与美国经销商签订的三洋空调经销协议，其中仲裁条款约定在日本商事仲裁协会仲裁，适用日本商事仲裁协会仲裁规则，由 3 位仲裁员组成仲裁庭，仲裁地点在大阪。尽管有仲裁协议，但美方仍在美国提起诉讼。根据日本商事仲裁协会仲裁规则的规定，仲裁庭的每个仲裁员应该提交公正性和独立性的声明。由于仲裁庭作出了有利于三洋株式会社的裁决，故美方在日本法院提起诉讼申请撤销仲裁裁决。美方主张 3 人仲裁庭中的一位新加坡仲裁员在仲裁开始后，仲裁程序进行过程中又代理了一家关联公司与该争议无关，但同样是该经销商参与的一个独立的仲裁案件。仲裁员没有披露此信息。该仲裁员认为，仲裁员所在的律师事务所律师可以在与本仲裁案件无关的事项中向本仲裁案件的当事人提供咨询意见或者代理该方或者其关联公司。日本地方法院驳回了经销商提起的异议，美方上诉后，最高法院改变了下级法院的裁定，撤销了仲裁裁决。最高法院指出，仲裁员不能以未知为由作为披露免责的理由。仲裁员负有采取行动履行调查职能以便于让所披露的信息易于公众知悉的义务。①

　　在立法方面，《荷兰民事诉讼法典》第 1033 条第 1 款规定："如果存在对仲裁员的公正和独立产生合理疑问的情况，可对仲裁员提出异议。"1989 年《瑞士国际私法典》第 180 条第 1 款规定："仲裁员可被提出异议：如果他不符合当事人的协议要求；如果当事人协议的仲裁规则规定了提出异议的理由，或者如果存在对他的公正性产生合理疑问的情形。"此外，如 1988 年保加利亚《国际商事仲裁法》第 14 条、德国《民事诉讼法典》第 1032 条第 1 款、日本《民事诉讼法典》第 792 条第 1 款等均规定了仲裁员的回避条件。

　　当前，几乎所有的仲裁规则都对仲裁员的回避作了明确规定。《联合国国际贸易法委员会仲裁规则》第 10 条第 1 款规定："如遇足以使人们对任何仲裁员的公正或独立引起正当怀疑的情况存在，可对该仲裁员提出异

---

　　①　The Supreme Court's decision in Japanese, available at http：//www. courts. go. jp/app/files/hanrei_jp/306/087306_hanrei. pdf.

议。"《美国仲裁协会国际仲裁规则》第 8 条第 1 款规定："如存在对仲裁员的公正性和独立性产生正当的怀疑的情况时，一方当事人得要求该仲裁员回避。"

在我国，《仲裁法》第 34 条采取列举的方式对仲裁员回避的情形作了具体规定："仲裁员有下列情形之一的，必须回避，当事人也有权提出回避申请：（1）是本案当事人或当事人、代理人的近亲属；（2）与本案有利害关系；（3）与本案当事人、代理人有其他关系，可能影响公正仲裁的；（4）私自会见当事人、代理人，或者接受当事人、代理人的请客送礼的。"《中国国际经济贸易仲裁委员会仲裁规则》第 32 条的规定则类似于其他国家的立法及仲裁机构的原则性规定，指出，被选定或被指定的仲裁员，与案件有个人利害关系的，应当自行向仲裁委员会披露并请求回避；当事人对被选定或者被指定的仲裁员的公正性和独立性产生具有正当理由的怀疑时，可以书面向仲裁委员会提出要求该仲裁员回避的请求，但应当说明提出回避请求所依据的具体事实和理由，并举证。从实践中看，我国《仲裁法》所列举的情况显然可以被视为"与案件有个人利害关系"或者不能保持"公正性和独立性"的。

实践中，"与本案有利害关系"是根据个案事实和实际情况决定的，《仲裁法》和相关司法解释没有给出明确说明。有案件指出，仲裁员和案件有利害关系是指"案件处理结果与仲裁员有法律上的利害关系"。[①] 在"赣州市黑马建筑劳务有限公司诉沧州献荣华建筑器材有限公司"一案中，申请人以首席仲裁员和另一仲裁员与被申请人的代理人曾经是同一律师事务所律师，应当回避而没有回避为由申请撤销仲裁裁决。法院指出，律师依托律师事务所进行执业活动，是我国对律师执业管理的要求，同一律师事务所的律师之间，执业活动是独立的，申请人未提供证据证实仲裁员与被申请人的代理人之间存在所谓的"师徒关系"以及管理和被管理、制约与被制约或者其他影响仲裁员独立公正仲裁的其他关系，申请人主张仲裁员应该回避而未回避，无充分的法律依据和事实根据。[②]

[①] （2018）鲁 05 民特 2 号。

[②]　"赣州市黑马建筑劳务有限公司诉沧州献荣华建筑器材有限公司"，河北省沧州市中级人民法院（2018）冀 09 民特 70 号。

在其他案件中，法院认定"曾经的同事"不属于法定应当回避的范围。① 有些法院会审查首次开庭时仲裁庭有无进行明确的告知并征求当事人的意见，并指出，"本院基于对×××仲裁员所作出的说明与承诺内容的确信，在没有证据证明其存在因不依法披露信息而导致影响公正仲裁的情形的，本院认为仲裁庭组成程序以及本案仲裁程序符合仲裁法和仲裁规则的规定"。②

在"安徽霍邱农村商业银行股份有限公司户胡支行诉东证融通投资管理有限公司"一案中，③申请人认为，北京仲裁委员会再次指定同一仲裁员为本次仲裁庭的首席仲裁员，同一仲裁员会尽力维持前一次仲裁的观点和理由，存在明显利害关系。北京市第四中级人民法院不支持申请人的观点，认为申请人没有向法院提交证据，其理由系主观推测，缺乏事实和法律依据，关联案件前案仲裁员继续担任本案仲裁员并不必然违反法定程序，不存在利害关系。大连市中级法院在类似的案件中指出，"没有相关的法律规定关联案件不能由同一仲裁员审理，故对该项主张，本院不予支持"。④ 上海市第一中级人民法院在一起案件中指出，"×××所称的仲裁员与案件有利害关系，指的是仲裁员同时参与两个关联案件的审理，其处理结果是否公平的问题，并不构成有利害关系的仲裁员回避问题"。⑤

在英国的一起案件中，英国上诉法院维持了高级法院拒绝解除被质疑有失公正性的仲裁员之判决。在一起保单仲裁案件中，首席仲裁员的身份无法协商一致，法院委任了该名仲裁员。在委任前，该名仲裁员披露了曾在美国丘博保险集团作为当事人的多个仲裁案件中担任仲裁员的情况，包括美国丘博保险集团指定其为共同仲裁员，并且其目前在另外两个美国丘博保险集团参与的未决案件中担任仲裁员。该仲裁员随后在另一个因相同事件发生的与瑞士越洋钻探公司仲裁案件中接受了美国丘博保险集团的制定。任命前，仲裁员向瑞士越洋钻探公司披露了其在哈里伯顿公司案件中以及向哈里伯顿公司作出披露的美国丘博保险集团仲裁案件的指定情况。

---

① （2018）甘 02 民特 1 号。
② （2015）晋市法民初字第 79 号。
③ （2018）京 04 民特 463 号。
④ （2018）辽 02 执异 1148 号。
⑤ （2014）沪一中民四（商）撤字第 81 号。

瑞士越洋钻探公司没有提出异议。仲裁员之后在瑞士越洋钻探公司的另一个索赔案件中接受了指定。这些指定没有向哈里伯顿公司披露。哈里伯顿公司以没有完全披露为由要求仲裁员辞职。哈里伯顿公司依据的关于首席仲裁员的行为引起偏见的三个要素是：首先，他在瑞士越洋钻探公司仲裁案件中接受多次任命；其次，他没有向哈里伯顿公司披露该等任命；最后，他们没有对公正性被挑战予以回复。法院驳回了撤换仲裁员的申请，指出仅存在仲裁员在一个相同当事人的多个关于相同或重叠仲裁案件中接受任命的事实本身并不会引起偏见。[①]

《国际仲裁中的利益冲突指南》第 3.1.5 条"仲裁员目前或其关联机构，且与本案争议相关的仲裁中担任仲裁员"规定，上述案件情形属于橙色清单事项，只要仲裁员予以披露，除非当事人及时反对，否则即视为其已接受该仲裁员。

申请人也可从仲裁的"一裁终局"原则提出主张。《仲裁法》第 9 条第 1 款规定，"仲裁实行一裁终局的制度。裁决作出后，当事人就同一纠纷再申请仲裁或者向人民法院起诉的，仲裁委员会或者人民法院不予受理。"如何界定"同一纠纷"，仲裁法及其相关司法解释并未对此进行规定。实践中，仲裁庭会参照《民诉法解释》第 247 条有关"重复诉讼"的构成要件予以识别，包括：（1）当事人相同；（2）诉讼标的相同；（3）后诉与前诉的诉讼请求相同，或者后诉的诉讼请求实质上否定前诉裁判后果。《民诉法解释》第 248 条规定："裁判发生法律效力后，发生新的事实，当事人再次提起诉讼的，人民法院应当依法受理。"如果前后两案的属性不同，比如前案是损失赔偿顺序，后案是补充赔偿责任，那么责任范围不同，不违反"一事不再理"原则或构成"重复仲裁"。

在国外，仲裁员回避也是由个案决定的。印度高等法院认为，《印度 1996 年仲裁法》没有对被指定仲裁员为当事方前雇员的情形进行规定，仅因其"前雇员"的身份就该名仲裁员审理案件的公正性和独立性产生正当怀疑缺乏依据。根据《印度 2015 年仲裁与调解法修正案》第 12(1)（a）条和《附件 5》第 1、31 条规定，当仲裁员是现任雇员时，对其公正性和独立性具有充分怀疑；当仲裁员为当事方前雇员时，仅在其离职

---

① Halliburton v Chubb〔2018〕EWCA 817.

之日起 3 年内的情况下才对其产生正当怀疑。

当事人申请仲裁员回避，是否被接受应由各仲裁机构根据自己的仲裁规则决定。《国际商会国际仲裁院仲裁规则》规定，仲裁庭是对仲裁员所提异议理由的唯一裁决者。而《中国国际经济贸易仲裁委员会仲裁规则》第 32 条则规定，仲裁员是否回避由仲裁委员会主任作出决定。

（二）申请仲裁员回避的期限

当事人申请回避应当在一定期限内提出，否则将视为放弃申请回避的权利，即使提出申请，也不会被有关仲裁机构所接受。各仲裁规则对申请回避的期限规定各不相同，通常当事人应在仲裁庭首次开庭之前提出回避的申请；如果存在回避的情形是在首次开庭审理后才知悉的，应当在最后一次开庭审理终结之前提出。

需要指出的是，当事人仲裁员申请回避未必一定针对另一方当事人所选定的仲裁员，有时还可能针对己方所选定的仲裁员。当事人对自己所选定的仲裁员提出异议的事由必须是在指定仲裁员后才发生或者知悉的，如果当事人在指定仲裁员之前已经得知这些情况但当时未提出异议，在指定仲裁员后又以这些早已知悉的事由为依据对该名仲裁员提出回避申请，这种异议往往不能成立。所以，《联合国国际贸易法委员会仲裁规则》第 10 条第 2 款规定："当事人对自己任命的仲裁员，只能根据在任命后所知的理由提出异议。"

（三）仲裁庭的重新组织

如果仲裁员生病、死亡、辞职等原因导致其不能履行职责，或者因当事人提出异议被仲裁机构采纳，就会产生更替仲裁员（Replacement of Arbitrator）、重新组成仲裁庭的问题。

重新组成仲裁庭一般应当根据原指定仲裁员的程序补选仲裁员，以便重新组成仲裁庭审理有关争议。《联合国国际贸易法委员会仲裁规则》第 13 条规定，任命或者选择一名仲裁员应通过适用任命或选择原仲裁员的程序。《中国国际经济贸易仲裁委员会仲裁规则》第 33 条规定，仲裁员因回避或者由于其他原因不能履行职责时，应按照原指定仲裁员的程序，重新产生替代的仲裁员。

仲裁庭的重组属于仲裁程序中的特殊变化，这一变化会对仲裁庭审理的结果产生如下影响。

若仲裁庭重组发生于开庭之前，就审理案件而言，因所有的仲裁员共同参与了庭审，故该仲裁庭的裁决是在当事人之陈述和辩论被全体仲裁员听取的情况下作出的，显然并无不当之处。

假如仲裁庭的重组发生在首次开庭审理之后，新更替的仲裁员并未参加首次开庭审理，对案件的了解程度显然有别于其他仲裁员。在此情况下，重新组成的仲裁庭对以前已进行的审理是否需要重新进行，各国仲裁法以及仲裁规则一般规定由重新组成的仲裁庭自行决定，也有的仲裁立法和仲裁规则对此并未提及。考虑到仲裁程序的正当要求，当事人有权在仲裁庭的庭审时充分陈述和辩论，也有权使其陈述和辩论意见被全体仲裁员所了解。如果仲裁庭中一位仲裁员未参加先前进行的审理，未听取当事人的陈述和辩论或者证人的证词，当事人就可能基于程序不当而对裁决提出异议。所以，重新组成的仲裁庭通常应该重复以前进行的审理；如果独任仲裁员或者首席仲裁员被更替，则必须重复进行以前的程序。《联合国国际贸易法委员会仲裁规则》第14就是这样规定的。《中国国际经济贸易仲裁委员会》仅规定由仲裁庭决定，并未明确规定独任仲裁员或首席仲裁员更替的特殊情况。

基于上述理由，笔者认为，我国的仲裁程序中只要发生了仲裁员更替的情形，都应该重复进行审理程序，除非双方当事人以出面方式明确授权新组成的仲裁庭可不必重复。

三、仲裁庭的权力、责任和义务

（一）仲裁庭的权力

仲裁庭的权力是由当事人或者由有关的法律授权的。[①] 当事人的授权显然来自当事人之间的仲裁协议或者在开始仲裁程序时的其他文件，例如国际商会国际仲裁院的审理事项。法律的授权则由法律明确规定仲裁庭所

---

① Alan Redefern & Martin Hunter. *Law and Practice of International Commercial Arbitration*. Sweet & Maxwell, 1991, pp.257 - 259.

具有的权力，或者授权法院协助仲裁庭在仲裁过程中实施其权力。仲裁庭的权力范围是十分广泛的，例如确定管辖权、确定仲裁程序性事项以及对实体争议作出终局裁决等。

1. 确定仲裁庭管辖权的权力

仲裁庭的管辖权基于当事人仲裁协议的授权，然而，在仲裁协议不够明确的情况下，仲裁庭是否有权确定自己的管辖权是一尚有争议的问题。有的国家法律规定，凡是对仲裁协议的效力存有异议，应由法院确定协议之效力以便确认仲裁庭是否对案件有管辖权。另一些国家的法律规定，仲裁庭有权对自己的管辖权之存在或者仲裁协议之效力作出决定，但最终的权力取决于法院。联合国国际贸易法委员会的《国际商事仲裁示范法》第 17 条明确规定仲裁庭有权对自己的管辖权作出决定。这样，在以该示范法为蓝本制定仲裁法的国家或多或少会支持仲裁庭确定自身管辖权的实践。中国国际经济贸易仲裁委员会仲裁规则规定，确定仲裁庭管辖权之权力在仲裁委员会而不在仲裁庭本身，不过要受到法院最终的司法监督权的制约。仲裁庭对案件管辖权之决定，通常以中间裁决或临时裁决方式作出。

2. 确定仲裁程序性事项的权力

仲裁庭在具体审理案件的过程中，需要处理大量的程序性事项，除非当事人已经对相关事项已经作出明确的约定，例如确定仲裁开庭审理的地点、确定仲裁所使用的语言，这些均为非常重要的问题。倘若当事人未事先约定，根据国际商会国际仲裁院的规定，各国仲裁法或仲裁机构之仲裁规则授权仲裁庭可就专门问题委托专家进行鉴定或审计、确定仲裁应予适用的实体法、传唤证人、收集证据等。按照有些国家的法律规定，仲裁机构甚至有对争议标的采取强制措施、强迫证人出庭等方面的权力。例如，美国《联邦仲裁法》第 7 条规定："不论是否依照本法所指定的仲裁员全体或者过半数，都可以用书面传唤任何人出席作证，并且可以命令提出被认为是案件实质证据的簿册、记录、证件或者文件。……如果被传唤作证的人拒绝或拖延出席，仲裁员全体或者过半数向所在地区的美国法院，请求强迫他出庭，或者按照美国法院关于保证证人出席或者处罚拖延、拒绝出庭的规定，给予处罚。"

3. 作出裁决的权力

仲裁庭在经过审理后，依据法律、惯例甚至公平合理原则作出裁决是行使其权力的表现形式；特别是其终局裁决，属于解决纠纷的最终决定，体现了仲裁庭履行其职责的基本方面。当事人自愿将争议交付仲裁，即为了求得这样一份确定各自是非曲直的裁决书。仲裁庭拥有此项权力是不言而喻的。

争议事项具有可仲裁性是仲裁机构受理案件并启动仲裁程序的前提。《仲裁法》第2、58条规定："平等主体的公民、法人和其他组织之间发生的合同纠纷和其他财产权益纠纷，可以仲裁""当事人提出证据证明裁决有下列情形之一的，可以向仲裁委员会所在地的中级人民法院申请撤销裁决：……（二）裁决的事项不属于仲裁协议的范围或者仲裁委员会无权仲裁的……"。参照最高人民法院《关于人民法院办理仲裁裁决执行案件若干问题的规定》第13条的规定，裁决的事项不具有可仲裁性属于"裁决的事项不属于仲裁协议的范围或者仲裁机构无权仲裁的"情形之一。

《公司法》在2005年修订时首次对公司僵局引起的公司解散问题进行了规定，第183条（现第182条）规定："公司经营管理发生严重困难，继续存续会使股东利益受到重大损失，通过其他途径不能解决的，持有公司全部股东表决权百分之十以上的股东，可以请求人民法院解散公司。"《公司法解释二》第1条进一步明确："单独或者合计持有公司全部股东表决权百分之十以上的股东，以下列事由之一提起解散公司诉讼，并符合公司法第一百八十二条规定的，人民法院应予受理……。"问题是，《公司法》第182条有关"可以请求人民法院解散公司"的规定是否排除了仲裁机构对公司解散案件的主管权限？进一步而言，前述规定中的"可以"是"应当"的意思，还是就是"可以"的意思？

有观点认为，《公司法》第182条的规定"并未排除当事人约定将公司解散争议提交仲裁解决"，具体可见（2011）沪二中民四（商）撤字第9号民事裁定书。与之相反，最高法院在〔2011〕民四他字第13号复函中明确表示："根据《中华人民共和国公司法》第一百八十一条的规定，仲裁机构裁决解散公司没有法律依据，属于无权仲裁的情形。"

以下案例中，最高法院再次重申了"现行法律并未赋予仲裁机构解散公司的裁决权"。①

---

① （2016）最高法民再202号。

再审申请人中海石油化学股份有限公司（简称中海石油公司）因与被申请人山西华鹿阳坡泉煤矿有限公司（简称阳坡泉煤矿）、山西华鹿热电有限公司（简称华鹿热电公司）解散纠纷管辖权异议一案，不服山西省高级法院民事裁定，① 向最高法院申请再审。最高法院于 2015 年 12 月 27 日作出（2015）民申字第 2860 号民事裁定，提审本案。

中海石油公司向山西省忻州市中级人民法院提起诉讼称：该公司通过受让华鹿热电公司持有的阳坡泉煤矿 49％的股份，成为阳坡泉煤矿的股东，华鹿热电公司仍持有阳坡泉煤矿 51％的股权。自 2010 年阳坡泉煤矿发生透水事故停产以及华鹿热电公司与中海石油公司委任的阳坡泉煤矿董事、总经理、矿长发生激烈冲突以来，华鹿热电公司作为控股股东，一直未能有效解决相关争议，对中海石油公司数次提出召开阳坡泉煤矿董事会及股东会会议、聘任新的总经理和矿长、恢复生产等提议置之不理，致使阳坡泉煤矿一直处于瘫痪状态。同时，阳坡泉煤矿因欠付中国工商银行股份有限公司河曲支行贷款本息约 3 亿余元而被法院强制执行，法院决定对阳坡泉煤矿全部财产进行拍卖，拍卖完成后阳坡泉煤矿将因失去全部资产而丧失生存基础。鉴于阳坡泉煤矿长期不能召开董事会和股东会，公司决策完全失灵，经营管理发生严重困难，且因执行程序将丧失赖以正常营业的全部资产，中海石油公司的利益受到严重损害，且通过其他途径不能解决，符合法律及司法解释规定的强制解散条件。中海石油公司请求：（1）依法判决解散阳坡泉煤矿；（2）判令阳坡泉煤矿承担本案全部诉讼费用。

阳坡泉煤矿、华鹿热电公司提出管辖权异议称：首先，阳坡泉煤矿公司章程中明确约定，本章程各方发生的与本章程有关的任何争议，均应提交中国国际经济贸易仲裁委员会仲裁解决。章程第 95 条规定了公司解散的情形。其次，阳坡泉煤矿所有财产数额巨大，财产评估数额达 17.06 亿元。按照级别管辖，应当由山西省高级法院审理，请求将本案移送中国国际经济贸易仲裁委员会或山西省高级法院审理。

一审法院认为：根据《中华人民共和国公司法》第 183 条，最高人民法院《关于适用〈中华人民共和国公司法〉若干问题的规定（二）》

---

① （2015）晋立商终字第 26 号。

第1、24条,《中华人民共和国民事诉讼法》第26条的规定,因公司解散提起的诉讼,由公司住所地人民法院管辖。本案阳坡泉煤矿的住所地为山西省河曲县鹿固乡阳坡泉村,故一审法院对本案有管辖权。依照《中华人民共和国民事诉讼法》第26、127条规定,裁定:驳回阳坡泉煤矿和华鹿热电公司对本案管辖权提出的异议。

阳坡泉煤矿、华鹿热电公司不服一审裁定,向山西省高级法院提起上诉称:华鹿热电公司及中海石油公司在阳坡泉煤矿的公司章程中明确约定,本章程各方(包括但不限于公司及股东)发生的与本章程有关的任何争议,均应提交中国国际经济贸易仲裁委员会仲裁解决。同时章程中还规定了公司解散的情形,显然本案是与公司章程相关的争议,应当提交中国国际经济贸易仲裁委员会仲裁。另外,阳坡泉煤矿所拥有的财产数额巨大,评估数额达17.06亿元,如果本案应当由法院管辖,根据级别管辖规定,也应当由山西省高级法院审理。阳坡泉煤矿、华鹿热电公司请求:依法撤销一审裁定,将本案移送中国国际经济贸易仲裁委员会仲裁,或者将本案移送山西省高级法院审理。

二审法院认为:华鹿热电公司和中海石油公司系阳坡泉煤矿的股东,阳坡泉煤矿公司章程第108条约定:"本章程各方(包括但不限于公司及股东)因执行本章程所发生的或与本章程有关的任何争议,首先应争取友好协商解决。如果争议发生后30日内协商解决不成,则任何一方可将有关争议提至中国国际经济贸易仲裁委员会,按照申请仲裁时该仲裁委员会现行有效的仲裁规则进行仲裁。仲裁地点在深圳。该仲裁裁决是终局的,对双方均有约束力。"章程第95条规定了公司解散的情形。依据《中华人民共和国仲裁法》第16条"仲裁协议包括合同中订立的仲裁条款和以其他书面形式在纠纷发生前或者纠纷发生后达成的请求仲裁的协议"和第5条"当事人达成仲裁协议,一方向人民法院起诉的,人民法院不予受理,但仲裁协议无效的除外"的规定,本案当事人已经达成了仲裁协议,本案纠纷应当依照约定的方式,依法向中国国际经济贸易仲裁委员会申请仲裁解决。一审法院受理本案不符合法律规定,应当予以纠正。阳坡泉煤矿和华鹿热电公司的上诉理由成立,二审法院予以支持。依照《中华人民共和国民事诉讼法》第169条第1款、170条第1款第2项、171条、175条、124条第2项和最高人民法院《关于适用〈中华人民共和国民事诉讼法〉的解释》

第208条第3款的规定，裁定：(1) 撤销忻州市中级人民法院 (2014) 忻中商初字第82-1号民事裁定；(2) 驳回中海石油公司的起诉。

中海石油公司不服，申请再审称：根据《中华人民共和国公司法》第180条第5项的规定，人民法院依据该法第182条依股东请求解散公司属于人民法院管辖事项，未赋予仲裁机构解散公司的权力，仲裁机构无权进行仲裁。最高人民法院《关于适用〈中华人民共和国公司法〉若干问题的规定（二）》第24条规定，解散公司诉讼案件由公司住所地人民法院管辖，亦未规定仲裁机构有权进行管辖。最高人民法院《关于撤销中国国际经济贸易仲裁委员会（2009）CIETACBJ裁决（0355）号裁决案的请示的复函》〔(2011) 民四他字第13号〕第2条明确答复："根据《中华人民共和国公司法》第一百八十一条的规定，仲裁机构裁决解散公司没有法律依据，属于无权仲裁的情形。"

虽然阳坡泉煤矿的公司章程中约定了可将争议提交仲裁机构仲裁，但《中华人民共和国仲裁法》第2条规定："平等主体的公民、法人和其他组织之间发生的合同纠纷和其他财产权益纠纷，可以仲裁。"而本案中，中海石油公司作为阳坡泉煤矿的股东申请解散公司，涉及公司主体资格的消灭，具有一定的身份性和公共性，不属于仲裁事项范围。因此，本案仍只能由法院管辖，公司章程中的管辖约定并无法律效力。中海石油公司依据《中华人民共和国民事诉讼法》第200条第6项的规定申请再审，请求：(1) 依法撤销二审裁定；(2) 依法维持一审裁定。

华鹿热电公司提交意见称：公司与中海石油公司在阳坡泉煤矿的公司章程中明确约定，本章程各方（包括但不限于公司及股东）发生的与本章程有关的任何争议，均应提交中国国际经济贸易仲裁委员会仲裁解决。根据《中华人民共和国仲裁法》第5条、第16条的规定，人民法院不应受理本案。二审法院要求中海石油公司依法申请仲裁，适用法律正确。本案由中国国际经济贸易仲裁委员会仲裁解决，有助于节省司法资源，查清案件事实，切实保护当事人的合法权益。华鹿热电公司请求驳回中海石油公司的再审申请。

最高人民法院认为，《中华人民共和国公司法》第182条规定："公司经营管理发生严重困难，继续存续会使股东利益受到重大损失，通过其他途径不能解决的，持有公司全部股东表决权百分之十以上的股东，可以请求人民法院解散公司。"第 180 条规定："公司因下列原因解散：……
（五）人民法院依照本法第一百八十二条的规定予以解散。"据此，在公司
陷入僵局、公司自治已无法实现的情况下，符合条件的股东可以请求人民
法院解散公司。现行法律并未赋予仲裁机构解散公司的裁决权。因仲裁机
构裁决解散公司没有法律依据，即便阳坡泉煤矿的公司章程规定了公司解
散事宜，且约定因执行本章程所发生的或与本章程有关的任何争议均可提
请中国国际经济贸易仲裁委员会进行仲裁，其有关公司解散的仲裁协议亦
不能发生相应的法律效力。华鹿热电公司有关本案应提交仲裁解决，人民
法院不应受理的主张不能成立。

《中华人民共和国民事诉讼法》第 26 条规定："因公司设立、确认股东
资格、分配利润、解散等纠纷提起的诉讼，由公司住所地人民法院管辖。"
最高人民法院《关于适用〈中华人民共和国公司法〉若干问题的规
定（二）》第 24 条规定："解散公司诉讼案件和公司清算案件由公司住所地
人民法院管辖。公司住所地是指公司主要办事机构所在地。公司办事机构
所在地不明确的，由其注册地人民法院管辖。基层人民法院管辖县、县级
市或者区的公司登记机关核准登记公司的解散诉讼案件和公司清算案件；
中级人民法院管辖地区、地级市以上的公司登记机关核准登记的公司解散
诉讼案件和公司清算案件。"阳坡泉煤矿的住所地为山西省河曲县鹿固乡
阳坡泉村，核准登记的公司登记机关为山西省工商行政管理局，故本案应
由山西省忻州市中级人民法院管辖。鉴于公司解散纠纷的管辖应当适用上
述特殊规则，华鹿热电公司有关阳坡泉煤矿的资产评估数额达 17.06 亿元，
本案应由山西省高级人民法院审理的主张依法不能成立。

综上，二审法院裁定驳回中海石油公司提起的司法解散公司之诉，要
求其向中国国际经济贸易仲裁委员会申请仲裁，适用法律错误，应予纠
正。一审法院裁定驳回阳坡泉煤矿和华鹿热电公司提出的管辖权异议正
确，应予维持。依据《中华人民共和国民事诉讼法》第 170 条第 1 款第 2
项之规定，裁定如下：（1）撤销山西省高级人民法院（2015）晋立商终字
第 26 号民事裁定；（2）维持山西省忻州市中级人民法院（2014）忻中商初
字第 82-1 号民事裁定；（3）本案由山西省忻州市中级人民法院进行审理。

一般认为，公司解散涉及公司法人资格的消灭，不仅对公司股东产生
影响，还将对公司职工以及外部债权人等多方主体产生影响，具有一定的

身份性和公共性，不属于仲裁事项范围。① 也就是说，公司解散不仅仅涉及仲裁当事人之间的"合同纠纷和其他财产权益纠纷"。在本案例中，最高法院也指出，"即便阳坡泉煤矿的公司章程规定了公司解散事宜，且约定因执行本章程所发生的或与本章程有关的任何争议均可提请中国国际经济贸易仲裁委员会进行仲裁，其有关公司解散的仲裁协议亦不能发生相应的法律效力"。

中外合资、合作企业中，合资、合作协议通常都约定有仲裁条款。《中外合资经营企业法》第 16 条规定："合营各方发生纠纷，董事会不能协商解决时，由中国仲裁机构进行调解或仲裁，也可由合营各方协议在其他仲裁机构仲裁。"《中外合作经营企业法》第 26 条规定："中外合作者履行合作企业合同、章程发生争议时，应当通过协商或者调解解决。中外合作者不愿通过协商、调解解决的，或者协商、调解不成的，可以依照合作企业合同中的仲裁条款或者事后达成的书面仲裁协议，提交中国仲裁机构或者其他仲裁机构仲裁。"有疑问的是，终止或解除合资、合作协议是否等同解散合资、合作企业本身？最高法院在（2015）民提字第 89 号民事裁定书中指出："本案中巨化集团以公司僵局为由以公司为被告诉至法院要求司法解散公司，与其股东之间纠纷导致合营合同终止而解散公司并不相同，后者属于合同纠纷……而前者属于公司组织法上的诉讼……"。事实上，终止或解除合资、合作协议并不能等同于解散合资、合作企业，就像公司设立以后，不能再通过解除公司设立协议解散公司一样，解除合资、合作协议，通常并不能起到解散合资、合作企业的效力。2019 年 3 月 15日，十三届全国人大二次会议表决通过了《外商投资法》。《外商投资法》第 42 条规定："本法自 2020 年 1 月 1 日起施行。《中华人民共和国中外合资经营企业法》《中华人民共和国外资企业法》《中华人民共和国中外合作经营企业法》同时废止。"

（二）仲裁庭的责任

从某种意义上说，仲裁庭的责任归根到底是每一位仲裁员的责任，即

---

① （2017）京 03 民终 11323 号民事判决书；（2013）宝市中法民三初字第 00001 号民事判决书。

对仲裁员与仲裁案件有关的行为或不作为所应承担的责任。[①] 但是，仲裁员个人的责任并不能完全等同于仲裁庭的责任，仲裁庭这一临时组织在履行其审理案件作出裁决的过程中还存在其他责任。假定某一国家的法律规定，仲裁员应对疏忽大意或者故意导致当事人的金钱或名誉损失应承担民事赔偿责任，即使裁决是仲裁庭作出的，赔偿的义务人并非仲裁庭而是要落实到仲裁员个人。所以，仲裁庭的责任并非指其对当事人的损失所承担的民事责任，而是指仲裁庭所承担的谨慎、勤勉地履行仲裁职责的责任。

从当事人对仲裁庭设定的责任而言，在临时仲裁的条件下，被当事人指定的仲裁员在接受此项指定之前，有责任对当事人之间的仲裁协议进行认真审查，确定当事人是否对仲裁庭作出裁决的期限等有特殊的要求，以便作出是否接受指定的决定。一旦接受指定，有关的仲裁庭就必须严格依照当事人规定进行审理并作出裁决。在仲裁过程中，如果当事人提出要求仲裁庭前往争议的现场（例如建设工地）查看，以便直观地了解争议的性质或程度，如果某一仲裁员认为自己无法前往而当事人坚持此项提议，该仲裁员除了辞职以外无其他选择。

虽然基于仲裁员民事责任豁免的理论，直接参与审理案件的仲裁员可对其疏忽大意造成当事人的损失免责，然而有关的仲裁机构却会因此而遭受巨大的名誉损失。所以，仲裁机构除了对仲裁员提出行为规范方面的要求外，还对仲裁员履行职责的集合体，即仲裁庭提出了特别的要求。以国际商会国际仲裁院为例，《仲裁规则》要求仲裁庭须履行以下职责：起草审理事项（Terms of Reference）；在限定的期限内作出裁决；将裁决书的草案提交给仲裁院核阅（Scrutiny）；等等。而中国国际经济贸易仲裁委员会则要求仲裁庭在规定的期限内作出裁决；要求仲裁庭根据事实，依照法律和合同规定，参考国际惯例，并遵循公平合理原则，独立公正地作出裁决；在签署裁决前，应当将裁决书草案提交仲裁委员会；等等，这无疑属于仲裁庭的集体责任。

就各国法律而言，对仲裁庭所设定的责任主要就是以合理的谨慎、勤勉态度履行仲裁员的职责。

---

① 郭寿康、赵秀文：《国际经济贸易仲裁法》，中国法制出版社 1995 年版，第 98 页。

第六章
国际商事仲裁的程序性事项

　　国际商事仲裁过程中，涉及一系列的程序性事项，包括仲裁程序的启动、仲裁管辖权、仲裁地点选择、仲裁使用的语言、仲裁文书的送达、仲裁审理范围的确定、财产保全或证据保全的处理、证据的收集、审理、仲裁审理期间的调解，等等。

　　在国际商事仲裁中，仲裁的启动有默示和明示两种途径。默示的启动是一方只需向对方表达意图即可，但若仲裁条文有明示约定仲裁机构及适用有关仲裁规则，或明示约定适用联合国贸发会《国际商事仲裁示范法》，就必须严格按照有关规则，通常启动仲裁需要具有"明确争议详情、金额与要求的其他救济，当事人与法律代表的联络地址与通信办法"等10项要求，才能视为有效的启动仲裁程序。[①] 有效的启动对时效保护和仲裁程序具有重要意义。

　　在国际商事仲裁中，法院也可以基于当事方之间的有效仲裁协议，决定中止诉讼程序，明确规定中止程序的条件。法院基于案件管理的考虑对于中止程序的准予或者解除拥有固有管辖权。这一固有管辖权的目的不仅是为了有效防止当事人利用诉讼程序排除仲裁协议，而且也为了当事人更加有效地解决争议。法院解除中止程序的自由裁量权并不受制于或者取决于约束当事方申请恢复诉讼的条件，无论解除中止程序的条件是否满足，法院保留解除中止程序的一般自由裁量权。[②]

---

　　① "国际仲裁管辖权十大争议问题"，https：//mp. weixin. qq. com/s/ZVc6z2NgJFCL _ AI4r5TRaw，最后访问日期：2019 年 2 月 14 日。

　　② Gulf Hibiscus Limited v Rex International Holding Limited and another〔2019〕SGHC 15.

考虑到有关事项的相对重要程度，本章限于论述保全措施、证据以及仲裁程序中的调解问题。

第一节　仲裁程序中的保全措施

一、保全措施概述

仲裁保全程序中的权力包括仲裁保全裁定作出权和仲裁保全裁定执行权，其中后者属于法院的固有权限，具有专属性，以强制性的执行措施为核心内容。

仲裁保全程序中的权力配置情况和合理程度，以及仲裁程序和财产保全机制的良好衔接，不仅决定了仲裁程序的效率和民事保全程序的功能实效，而且在一定程度上弥补了保全制度整体上比较偏重法院诉讼而忽视其他纠纷解决机制作用的现实缺陷。

（一）保全措施的含义

保全措施包括财产保全和证据保全两类。

财产保全是指在仲裁庭作出最终裁决之前，为了防止有关当事人的财产被隐匿、转移、变卖，或者为了保存争议标的物之价值，保证将来发生法律效力的仲裁裁决得到全面执行，从而保证胜诉方当事人及时获得应有的损害赔偿，经当事人申请，由法院或仲裁庭对有关当事人的特定财产所采取的一种临时性的强制措施。

证据保全是指在仲裁庭的仲裁审理程序终结前，经当事人申请，由法院或仲裁庭对那些可能灭失，或者以后难以取得的证据所采取的一种临时性强制措施。[①]

对"保全措施"一词，各个国家的立法或者法学家所使用的术语名

---

① 谢石松：《国际民商事纠纷的法律解决程序》，广东人民出版社 1996 年版，第 145 页；陶春明、王生长：《中国国际经济贸易仲裁——程序理论与实务》，人民中国出版社 1992 年版，第 139 页。

目繁多，例如 Interim Measures of Protection（临时保全措施）；[①] Conservatory Measures（保全措施）；Interlocutory Injunctions（临时禁令）；[②] Provisional Remedies、Provisional Relief（临时救济）；[③] 等等。

（二）保全措施的意义

对争议一方当事人的财产或证据采取保全措施是国际商事仲裁中一项重要的法律行为。一宗国际商事仲裁案件的审理通常至少耗时半年，长者达 1—2 年以上。在如此长的期间内，对双方当事人的争议标的物、当事人本身的法律地位和资产情况以及争议所涉及的证据，均可能产生一些意想不到的变化，对当事人的权益可能产生实质性的影响。实施保全措施的作用在于以下方面。

一是若一项争议因针对鲜活商品的品质而发生，进口方拒绝收取其认为品质低劣的商品，将其存放于海关的仓库。若不及时处理，尚有一定使用价值的整批货物将可能全部腐烂变质，损失扩大。[④] 所以，对于此类货物的处理不可能等待裁决作出后进行，在进口方不采取行动的情况下，出口方有权申请采取必要的保全措施。

二是当事人提起仲裁申请到作出裁决的期间，如果当事人出于规避承担败诉后的赔偿责任的意图，使其有充足的时间以各种方式变卖、转移其资产，最终导致仲裁庭作出裁决后，胜诉方无法通过执行程序满足其债权。为防止胜诉后的债权落空，若能够扣押对方当事人的财物，无疑可使裁决的执行获得某种保证。

三是在商事仲裁程序中，一些重要的证据如合同、往来函电、公司财务账册、公章、印鉴等，对于仲裁庭认定事实并作出公平合理的裁决，具有决定性意义，此类证据的灭失，会增加仲裁庭审理的困难。采取有效的保全措施，防止证据的灭失，有利于仲裁庭对争议事实的了解，有利于作

---

① Alan Redfern & Martin Hunter. *Law and Practice of International Commercial Arbitration*. Sweet & Maxwell，1991，p.306.

② Mauro Rubino-sammartano. *International Arbitration law*. Kluwer，1990，p.345.

③ Axel Boesch. *Provisional Remedies in International Commercial Arbitration*. Walter de Gruyter & Co.，1994，p.3.

④ 当然，按照《联合国国际货物销售合同公约》及其他国家的买卖法，进口方有采取必要措施以减少损失的义务。

出公平的裁决。

　　鉴于仲裁过程中的保全措施对事实认定、裁决执行的有效作用，故几乎所有国家的仲裁法或民事诉讼法均规定在一定条件下，当事人可以申请对有关的财产或证据实施保全措施。[①]

　　另一方面，一旦法院裁定准许执行申请人的保全措施申请，对另一方当事人的财产实施扣押、冻结，虽然只是临时性措施，但是却足以构成在整个仲裁程序中的一个重大胜利，使申请人在仲裁过程中处于有利的地位。特别是另一方当事人的银行账户被冻结或者不动产被查封，将影响其商业信誉，对其经营带来巨大的财务上的压力，很可能迫使其在仲裁程序中接受申请人的请求。这一潜在的优势往往导致当事人滥用（Abuse）保全措施以图寻求对其有利的裁决。[②] 若不加限制地滥用此项强制措施，极有可能使另一方当事人的合法权益受到不应有的损害，有时被申请人一方商业信誉上的损害要比裁决规定其向申请人所做的金钱赔偿的数额更难以估价。有鉴于此，各国的法律也对实施保全措施提出种种限制性条件，并对决定保全措施的权限以及实施机关作出明确的规定。

　　我国正处于社会转型期，各种矛盾纠纷大量增加，社会诚信体系尚未完善，诉争当事人拒不出庭、恶意转移和藏匿财产、拒不履行法律义务的情形屡屡出现，导致诉讼文书送达难、财产查找难等问题在诉讼程序中日益突出。这类问题在仲裁程序中也同样存在，并且相当严重。为此，仲裁与财产保全机制的有效衔接，有利于保证仲裁裁决的顺利执行，也有利于保护仲裁申请人的合法权益，对从源头缓解执行难、维护司法权威有重要作用。如何通过及时、高效的财产保全措施推动解决上述问题就显得尤为紧迫。

　　然而，仲裁财产保全率低、仲裁机构与法院信息沟通不畅、各法院处理仲裁保全的标准不统一、程序烦琐等不少问题的存在，严重制约着仲裁机制功能的质效。如何提高仲裁财产保全案件的效率、完善保全程序、统

[①]　Axel Boesch. *Provisional Remedies in International Commercial Arbitration*. Walter de Gruyter & Co., 1994. 仅该书就详细叙述了澳大利亚、奥地利、比利时、巴西、加拿大、德国、法国、希腊、爱尔兰、韩国、卢森堡、墨西哥、摩洛哥、荷兰、挪威、菲律宾、英国、新加坡、南非、西班牙、瑞典、瑞士、土耳其、美国等国的保全制度立法。

[②]　Axel Boesch. *Provisional Remedies in International Commercial Arbitration*. Walter de Gruyter & Co., 1994，p.5.

一办案标准，完善仲裁财产保全机制具有必要性和紧迫性。[①]

二、保全措施的实施

（一）保全措施的实施条件

综合各国立法以及有关仲裁机构之仲裁规则的规定，保全措施的实施，须同时满足以下几项条件。[②]

第一，保全措施必须由当事人提出书面申请。仲裁有别于诉讼，在诉讼程序中，如果法庭认为确有必要，有权按其职权自行采取保全措施；然而仲裁必须由当事人提出申请，否则，仲裁庭或者法院不会主动作出保全措施的决定。例如，《瑞士联邦国际私法法典》第 183 条第 1 款规定："除非当事人已另有约定，仲裁庭可以根据一方当事人的请求，作出临时性或保护性措施的裁定。"

第二，申请保全措施要求正当的理由。当事人申请保全措施时，一般要求对另一方当事人的财产、双方共有的财产或者与争议有密切关系的财产或证据采取扣押、冻结等强制性措施，限制或禁止当事人对财产的处分。实施了保全措施后，另一方当事人之民事行为可能会受到影响，甚至被迫中断。因此，保全措施事关重大，申请人必须具有正当的理由，方能合法地申请仲裁庭或法院作出决定。一般而言，正当理由指由于另一方当事人的行为或其他原因，有可能使裁决无法执行，或者与争议的发生关系密切的证据可能灭失而影响裁决。当事人的行为属于主观的原因，例如，当事人正在或试图采取转移、变卖、隐匿争议的财产，抽逃资金，毁灭证据等，以此使裁决作出后无法执行，或者使仲裁庭难以正常审理案件。所谓其他原因主要指客观上的原因，例如争议的标的物为鲜活食品等，如果不及时处理将导致腐烂、变质或死亡，为减少损失客观上需要及时采取合理的方式加以处理。不论是当事人的行为抑或客观原因，都应该有事实根据，而不是基于主观臆断。

[①]　"仲裁程序中财产保全机制之完善"，https://mp. weixin. qq. com/s/DVDvs-2c5lnljJftk3yNqg，最后访问日期：2019 年 1 月 31 日。

[②]　陶春明、王生长：《中国国际经济贸易仲裁——程序理论与实务》，人民中国出版社 1992 年版，第 139—140 页。

第三，申请人应当提供担保。当事人申请对另一方当事人采取保全措施，其基本意图是保护自身的合法权益。然而其"合法权益"是否成立，尚待仲裁庭作出裁决。如果经过仲裁庭的审理后认定，申请保全措施之一方当事人并无保全的必要，或者裁决其败诉，则因其保全申请对另一方当事人所造成的损失，必须承担相应的申请保全不当的赔偿责任。为了平等地保护争议双方的合法权益，防止保全措施被滥用，通常由作出是否采取保全措施决定的仲裁庭或法院责令申请人提供相应的担保，一旦申请保全有错误，就以其担保作为对另一方当事人的赔偿；申请人若不愿提供担保，有权决定是否采取保全措施的仲裁庭或法院应驳回其申请。

（二）决定及实施保全措施的机构

对当事人的财产或财务账册等证据实施保全措施，在任何国家都属于法律上的强制性措施，必须由依法有权采取此类强制性措施的机构作出决定并按法定程序予以实施。目前，大致可归纳为两种情况。

1. 由法院作出保全措施的决定

一些国家的仲裁法或民事诉讼法规定，只有该国法院有权决定是否批准当事人提出的保全措施的申请，并实施具体的保全措施，仲裁机关或仲裁员均无权决定，更无权实施保全措施。这些国家包括奥地利、巴西、丹麦、芬兰、希腊、意大利、摩洛哥、土耳其、新加坡、泰国、日本、新西兰等国。[①]

2. 由仲裁庭和法院作出保全措施的决定

澳大利亚、比利时、加拿大、英格兰、法国、爱尔兰、卢森堡、墨西哥、荷兰、苏格兰、西班牙、瑞典、瑞士、美国等国家的法律规定，在规定法院拥有绝对的保全措施决定权的前提下，如果符合法律规定的条件，仲裁庭亦有权决定采取保全措施。这就是所谓的"并存的权力"（Concurrent Authority）。

但是，大部分国家的法律对仲裁庭决定保全措施作出各种限制性条件。例如，瑞典法律规定如果当事人的仲裁协议载明，仲裁员有权授予保

---

① Axel Boesch. *Provisional Remedies in International Commercial Arbitration*. Walter de Gruyter & Co., p.199；Mauro Bunino-sammartano. *International Arbitration Law*. Kluwer，1991，pp.345 - 348.

全措施，但以不针对瑞典当事人或者位于瑞典的财产为限。这样，在瑞典进行的仲裁程序中，仲裁员决定采取保全措施的前提条件就有两项：一是必须有当事人明确约定；二是不得针对瑞典的当事人或位于瑞典的财产。基于这两项限制，仲裁员决定采取保全措施已经显得毫无实际意义了，除非外国的法院认可一宗在瑞典进行的仲裁案中仲裁庭所作出保全措施的决定，这种可能性是微乎其微的。再如，1986 年《加拿大商事仲裁法》第 17条规定，仲裁员仅对争议标的物决定采取保全措施，或者为保全措施提供担保。除此之外，仲裁员就不得采取任何其他的保全措施。

也有国家的立法规定应当将仲裁程序的保全决定权全部或部分前移至仲裁庭。例如《德国民事诉讼法》第 1041 条规定，当事人无其他约定时，仲裁庭依一方当事人的申请可以命令采取对争议标的所必要的暂时措施或保全措施。

3. 我国目前保全措施的决定和实施现状

我国由人民法院对财产保全申请进行审查，并决定是否采取财产保全措施以及采取何种措施。

最高人民法院《关于人民法院执行工作若干问题的规定（试行）》（简称《执行规定》）第 3 条规定："人民法院在审理民事、行政案件中作出的财产保全和先予执行裁定，由审理案件的审判庭负责执行。"最高人民法院《关于人民法院办理财产保全案件若干问题的规定》（简称《财产保全规定》）第 2 条规定："由立案、审判机构作出的裁定，一般应当移送执行机构实施；符合紧急保全的，也可由裁定作出部门直接行使实施权。"根据《执行案件立结案意见》第 5 条的规定，执行财产保全裁定的，案件类型代字为"执保字"。仲裁财产保全裁定的作出和实施，相关法律均没有明确规定，参照诉讼保全程序，一般应由立案庭作出裁定，移送执行部门执行。[①]

综观各国法律不难得出结论。首先，除了在有限的范围内保留了仲裁庭与法院的"并存权力"以外，绝大多数国家法律都将决定保全措施的权力授予法院。所以，就保全措施而言，在许多场合下并不存在仲裁庭的单

---

① "仲裁程序中财产保全机制之完善"，https://mp.weixin.qq.com/s/DVDvs-2c5lnljJftk3yNqg，最后访问日期：2019 年 1 月 31 日。

独决定权。

其次，即使一些国家法律授权仲裁庭作出保全措施的决定，但实施此项决定的权力仍然保留在法院而非仲裁庭。换言之，仲裁庭作出采取保全措施的决定，若当事人不履行，申请人还需要向法院申请强制实施（Enforcement），仲裁庭本身不得采取任何强制性行动。所以，对于仲裁庭，保全措施的决定权和实施权是相分离的，而对法院来说，两者是统一的。

最后，在国际商事仲裁程序中，不论仲裁庭抑或法院决定采取保全措施，其效力仅限于仲裁地所在国的领域内，超出此限度就牵涉国家之间的法院判决或仲裁裁决（临时裁决、中间裁决）之承认及执行的复杂关系。法院决定保全措施通常采取命令、裁定或判决方式，仲裁庭的决定一般采取中间裁决的方式，简言之，它们属于法院判决或仲裁裁决。本国法院是否会执行外国的判决或裁决，完全依赖两国是否存在有关的双边协定或互惠关系。由于迄今为止尚未建立起相互执行外国判决的普遍性制度，若试图根据《纽约公约》寻求执行中间裁决，因为此类裁决并非属于终局的（Final），故难以获得承认及执行。

（三）保全措施的方式

保全措施的方式，各个国家的规定有所不同，一般可采取的措施包括扣留（Seizure、Retain）被申请人的动产或不动产；冻结（Freezing）银行账户或者银行存款；向银行颁发禁止令（Injunction），禁止支付信用证项下的货款；查封（Preservation）当事人的账册、印章等证据；命令一方当事人对争议标的进行处理（Specific Performance）；等等。

一般情况下，如果由仲裁庭决定采取的保全措施，仅限于直接对争议当事人的财产或证据作出决定；如果需要涉及第三者（例如要求银行冻结账户、暂缓支付信用证项下的货款）只能由法院决定。所以，有的学者认为要区分保全措施（Conservatory Measures）和临时禁止令（Interlocutory Injunctions）的不同含义以及对当事人的不同后果。

三、法院决定保全措施的法律意义

在国际商事仲裁程序中，由法院决定并且执行保全措施一直属有争议的问题，存在两种截然相反的观点。一种观点认为，当事人约定将争议交付仲裁，意在排除法院的管辖，故它不仅排除法院对案件实体问题的管辖，而且排除法院对保全措施的管辖。当事人向法院申请采取保全措施，是违反仲裁协议的。另一种观点则认为，仲裁协议仅剥夺了法院对实体事项的管辖权，但并未排除法院对保全措施的管辖权。[①] 在各国的实践中，法院对此的判决亦大相径庭。

1974 年美国联邦第三巡回上诉法院在"麦可利·蒂里"一案[②]判决道：如果法院颁发一项扣留命令，这是与纽约公约的范围相抵触的。

同样是美国法院，在"卡罗来纳电力和电灯公司"一案中，[③] 法官却指出，必须强调的是，法院决定采取保全措施是有利于仲裁程序而不是为仲裁程序设置障碍。

在 1986 年的"大西洋希神"一案中，[④] 法国最高法院指出，1965 年《华盛顿公约》并不排除国家法院作出保全措施的命令，这一权力只能被当事人的明示协议而排除。

然而，1984 年印度孟买高等法院在"雷卢塞加电力公司诉通用电力公司和国际商会"案[⑤]以及 1986 年瑞士日内瓦法院审理的"曼因诉圭亚那共和国"案，[⑥] 当事人向法院申请禁止令均遭有关法院的拒绝。

分析上述案例可知，各国法院自己对法院作出保全措施的决定也是意见相左的。考虑到仲裁的民间性质，仲裁机构自己制定的仲裁规则不可能与本国的法律相抵触，即使仲裁规则规定仲裁庭有权采取保全措施，若这一规定与本国法律不符，就没有实际意义。所以，仲裁庭一般都倾向于在此问题上不采取与法院不一致的行动。

再就仲裁的性质考察，如果仲裁庭的保全措施专门针对仲裁之当事人

[①]　Mauro Rubino-Sammartano. *International Arbitration Law*. Kluwer，1991，p.356.

[②]　Ceat S. p. a. v. McCreary Tire & Bubber Company. US Court of Appeal，3rd Circuit，July 8，（1974）.

[③]　Carolina Power and Light Company v. Gie Uranex. US District Court of California，N. D. September 26，（1977）.

[④]　Mauro Bubino-Sammartano. *International Arbitration Law*. Kluwer，1991，p.356.

[⑤]　Mine v. Republic of Guinea，Tribunal of Geneva Canton. March 13（1986），*Yearbook Commercial Arbitration*，1987，p.514.

[⑥]　Renusagar Power Co. Ltd（India）v. General Electric Company（US）and The International Chamber of Commerce，Supreme Court（India）. August 16，（1984），*Yearbook Commercial Arbitration*，1985，p.431.

一方，因为当事人交付仲裁的约定并不排除仲裁庭采取此类行动权力尚在情理之中；若牵涉对第三方发布禁止令等决定，要求有关的第三方作为或不作为，该第三方与仲裁庭没有任何约定或授权，这种要求本身就超出了当事人协议授权仲裁庭管辖的范畴，强调仲裁庭作出决定的观点也难自圆其说。

当前国际商事仲裁的发展趋势是弱化法院的监督和审查作用，强化法院对仲裁的支持和协助作用。[①] 由法院决定并执行保全措施，恰是法院对仲裁的强有力的支持和协助，这是与发展趋势并行不悖的。故不能机械地从弱化法院的监督和审查作用出发，反对法院采取保全措施。

正是这些原因，一般说来，当事人在仲裁程序中提请法院对涉讼（仲裁）的财产或证据采取保全措施不视为对仲裁协议的违背。正如联合国国际贸易法委员会《国际商事仲裁示范法》第9条规定："在仲裁程序进行前或进行期间，当事人一方请求法院采取临时保护措施和法院准许采取这种措施均与仲裁协议不相抵触。"《联合国国际贸易法委员会仲裁规则》第26条第9款也规定："当事人中任何一方向司法机关要求采取临时措施不得被认为与仲裁协议的规定有抵触或认为是对该协议的摒弃。"

四、中国涉外仲裁程序中的保全措施

（一）中国涉外仲裁程序中保全措施的法律基础

在中国的涉外经济贸易仲裁过程中，保全措施也是当事人经常使用的一种保证裁决得以执行的手段。

我国《民事诉讼法》是我国处理仲裁程序中保全措施的主要法律依据。1995年生效的《仲裁法》则进一步规定了财产保全和证据保全两类保全措施，并对国内仲裁与涉外仲裁规定了不同的管辖法院。

关于涉外仲裁中的证据保全，《仲裁法》第68条规定："涉外仲裁的当事人申请证据保全的，涉外仲裁委员会应当将当事人的申请提交证据所在地的中级人民法院。"

关于涉外仲裁中的财产保全，《仲裁法》未作规定，但在《民事诉讼

---

① 朱克鹏：《论国际商事仲裁中的法院干预》，《法学评论》1995年第4期，第51页。

法》第四编"涉外民事诉讼程序的特别规定"的第 272 条规定："当事人申请采取保全的，中华人民共和国的涉外仲裁机构应当将当事人的申请，提交被申请人住所地或者财产所在地的中级人民法院裁定。"

至于具体的保全措施，则由法院依据《民事诉讼法》关于执行的有关规定办理。

（二）中国涉外仲裁机构的保全措施规定

根据我国《民事诉讼法》和《仲裁法》的规定，中国国际经济贸易仲裁委员会和中国海事仲裁委员会在各自的仲裁规则中均作了相应的保全措施的规定。

1995 年 10 月 1 日生效的《中国国际经济贸易仲裁委员会仲裁规则》第 23 条规定，当事人申请财产保全，由仲裁委员会将当事人的申请提交给被申请人住所地或其财产所在地的人民法院作出裁定。

由于中国国际经济贸易仲裁委员会于 1998 年 5 月对其仲裁规则作出修订，扩大了受理案件的范围，从而产生了不同性质的仲裁，即不但受理中外当事人之间发生的、涉外经济贸易关系中的争议，而且受理外商投资企业之间、外商投资企业与中国企业之间的纠纷，这些纠纷传统上被视为两个中国法人之间的纠纷，不具有涉外因素。1998 年修订的《仲裁规则》第 23 条规定：当事人申请财产保全，仲裁委员会应当将当事人的申请提交给被申请人住所地或其财产所在地的人民法院作出裁定；当事人申请证据保全，仲裁委员会应当将当事人的申请提交证据所在地的人民法院作出裁定。至于具体提交哪一级法院则视案件的性质具体处理，如属传统的涉外仲裁案件，则仍然依据《民事诉讼法》和《仲裁法》之规定，提交相关的中级人民法院；对于传统上不视为涉外案件的保全措施申请，则根据有关争议标的之数额及地方法院的管辖级别，提交具有管辖权的法院作出裁定。而 2015 年版的仲裁规则并未对这方面内容作出规定。

（三）保全措施的申请程序

根据上述法律及仲裁规则，应遵循如下的程序：

第一，根据《仲裁法》第 28 条的规定，仲裁中的财产保全必须由仲裁当事人提出申请；根据《财产保全规定》第 3 条的规定，仲裁当事人不能直接向人民法院递交财产保全申请书，而必须通过仲裁机构向人民法院提交申请，仲裁委员会应将当事人的财产保全申请按照民事诉讼法的有关规定提交人民法院；根据《民事诉讼法》第101条的规定，符合条件的还可以在申请仲裁前保全。[①] 凡是当事人申请财产保全或证据保全措施，应当在仲裁过程中将保全申请递交给涉外仲裁机构，而不能直接向法院申请。

第二，根据《中国国际经济贸易仲裁委员会仲裁规则》的规定，当事人申请保全并无特别的时间的限制，只要在仲裁庭作出裁决之前，都可以提出申请。但是，不同于法院的诉讼，在仲裁程序中提出保全申请仅限于已经提起仲裁程序，而不存在"仲裁前保全"之说。对此，有人认为应增加"仲裁前保全"的做法，因为在特殊紧急情况下，仲裁程序中的保全措施通过仲裁委员会传递，再由人民法院立案审查，作出裁定，几次周转，耗时颇多，往往难以起到迅速扣留被申请人财物的作用。不过现行法律未允许在仲裁前申请保全，特别是假定允许仲裁前的保全，将牵涉复杂的法院与仲裁委员会之间的协调事宜，至少在目前中国的现状下，其现实性是较小的。

第三，涉外仲裁委员会收到申请后，对于是否应当保全、申请保全的范围是否与案件有关，一概不予审查或决定，因为这并非是法律赋予仲裁机构的权力。仲裁机构的责任仅是立即将当事人的申请提交给有管辖权的人民法院，由后者依法作出裁定。在法院依法采取保全措施后，仲裁机构对于有关的财产或证据不承担任何保管之责任。

第四，收到仲裁机构提交的当事人的保全申请后，有关法院应当依据《仲裁法》和《民事诉讼法》的规定，作出相应的裁定。如果认为申请是合法的，一般应要求申请人提供担保后作出准予保全的裁定，然后采取必要的措施对被申请人的财产或证据实施保全；如果申请人拒绝提供担保，应当裁定驳回保全申请；若法院经审查认为申请保全的财产与争议毫无关系或者存在其他不符合法律的情形，则应裁定驳回申请。

第五，根据《仲裁法》第28条第3款和《民事诉讼法》第105条之规

---

① "仲裁程序中财产保全机制之完善"，https://mp. weixin. qq. com/s/DVDvs-2c5lnljJftk3yNqg，最后访问日期：2019 年 1 月 31 日。

定，申请有错误的，申请人应当赔偿被申请人因保全所遭受的损失。

由上可知，是否保全的决定权属于法院的绝对权力，仲裁机构在保全措施中唯一的作用是传递当事人保全申请的文件。至于法院采取强制措施后扣押财产的保管，以及当事人申请保全的财产不属系争的财产或者保全的范围超过合理的限度，由此导致被申请人或第三方的损失，一概与仲裁机构无关。

（四）仲裁财产保全的管辖和实施

1. 仲裁财产保全的管辖

最高人民法院《关于实施〈中华人民共和国仲裁法〉几个问题的通知》和最高人民法院《关于人民法院办理仲裁裁决执行案件若干问题的规定》对国内仲裁作出明确规定，一般由被申请人住所地和被申请保全的财产所在地基层人民法院作出裁定并执行。属于涉外仲裁案件，依据《民事诉讼法》第272条规定，由被申请人住所地或者财产所在地的中级人民法院作出裁定。①

仲裁财产保全管辖和裁决执行管辖也不一致。国内仲裁财产保全由被申请人住所地或者被申请人的财产所在地的基层人民法院管辖。关于仲裁案件的执行，由被执行人住所地或者被执行的财产所在地的中级人民法院管辖，确有必要的，按规定经上级人民法院批准，可以指定基层人民法院管辖。由此可见，仲裁财产保全管辖和仲裁裁决执行管辖法院在很多情况下会有不一致，导致保全法院与执行法院分离，增加了法院之间以及法院与仲裁机构之间的信息沟通成本，降低了仲裁机制的运作效率。

2. 申请保全所需材料

最高人民法院《关于人民法院办理财产保全案件若干问题的规定》第1条列举了保全申请书应当载明的事项。当事人、利害关系人申请财产保全，应当向人民法院提交申请书，并提供相关证据材料。申请书应当载明下列事项。

（1）申请保全人与被保全人的身份、送达地址、联系方式；

（2）请求事项和所根据的事实与理由；

---

① 最高人民法院《关于人民法院执行工作若干问题的规定（试行）》第11、12条。

（3）请求保全数额或者争议标的；

（4）明确的被保全财产信息或者具体的被保全财产线索；

（5）为财产保全提供担保的财产信息或资信证明，或者不需要提供担保的理由；

（6）其他需要载明的事项。

法律文书生效后，进入执行程序前，债权人申请财产保全的，应当写明生效法律文书的制作机关、文号和主要内容，并附生效法律文书副本。

但是，人民法院对仲裁保全申请材料审查标准却不一致。《财产保全规定》第3条规定了当事人在仲裁过程中申请财产保全的，应当通过仲裁机构向人民法院提交申请书及仲裁案件受理通知书等相关材料。但是在实践中，法院对于当事人提交哪些仲裁保全申请材料的要求不同，审查标准也不统一，并且当事人和仲裁机构也无法通过公开渠道获取各个法院对于提交仲裁保全申请材料的标准。仲裁案件当事人通过仲裁机构向仲裁保全法院提交材料往往无法一次性满足保全法院的要求，而法院以保全申请材料不符合要求为由直接退回材料、不予立案的情况时有发生，不利于当事人的权利保护。

3. 仲裁保全裁定的作出和实施

人民法院对财产保全申请进行审查，决定是否采取财产保全措施以及采取何种保全措施。《执行规定》第3条指出，人民法院在审理民事、行政案件中作出的财产保全和先予执行裁定，由审理案件的审判庭负责执行。《财产保全规定》第2条规定，由立案、审判机构作出的裁定一般应当移送执行机构实施。符合紧急保全的，也可由裁定作出部门直接行使实施权。

根据《民事诉讼法》第101条的规定，申请人申请保全应当提供担保，不提供担保的，裁定驳回申请。申请人在人民法院采取保全措施后30日内不依法提起诉讼或者申请仲裁的，人民法院应当解除保全。第103条规定，财产保全采取查封、扣押、冻结或者法律规定的其他方法。人民法院保全财产后，应当立即通知被保全财产的人。财产已被查封、冻结的，不得重复查封、冻结。

根据最高人民法院《关于执行案件立案、结案若干问题的意见》第5条规定，执行财产保全裁定的，案件类型代字为"执保字"，按照立案时间的先后顺序确定案件编号，单独进行排序。

相关法律没有明确规定仲裁财产保全裁定的作出和实施，参照诉讼保全程序，一般由立案庭作出裁定，移送执行部门执行。

4. 当事人的权利救济

仲裁当事人对人民法院财产保全的裁定不服，可以向人民法院申请复议，复议期间不停止裁定的执行。当事人申请诉前保全后没有在法定期间起诉或者申请仲裁，给被申请人、利害关系人造成损失的，申请人应当赔偿被申请人因财产保全所遭受的损失。[①]

（五）我国涉外仲裁保全措施法律与实务之分析

从 1982 年我国《民事诉讼法（试行）》建立了处理涉外仲裁程序中保全措施的制度至今，已有 30 多年。在此期间正式颁布了《民事诉讼法》和《仲裁法》，基本上沿袭了 1982 年《民事诉讼法（试行）》规定的模式，即仲裁机构作为传递机构，法院作出裁定并实施强制措施，错误由申请人承担。2017 年修正颁布的《民事诉讼法》第 272 条规定，当事人申请采取保全的，中华人民共和国的涉外仲裁机构应当将当事人的申请，提交被申请人住所地或者财产所在地的中级人民法院裁定。2017 年《民事诉讼法》规定沿袭了之前 2012 年《民事诉讼法》的规定，即仲裁机构是为了独立、公正、高效地解决平等主体的公民、法人和其他组织之间发生的合同纠纷和其他财产权益纠纷而设立的，我国《民事诉讼法》和《仲裁法》等均未赋予仲裁机构行使财产保全这一限制当事人强制措施的权利，只有法院享有决定是否实施强制措施的权力。从这一制度的实际适用情况来看，从总体上讲，效果是比较好的。

但是，随着我国进入了社会主义市场经济建设的新时代，对外开放的深度和广度以及涉外仲裁的数量和复杂性与 20 世纪八九十年代初的情形相比，不可同日而语。就保全措施的具体做法而言，都规定在 20 世纪 90 年代初制定的《民事诉讼法》之中，难免有不敷实际需要之虞。从实践看，亦存在不少有待改进之处。

第一，在现行的制度下，当事人申请仲裁程序的保全措施必须在提起

---

① 《仲裁法》第 28 条。

仲裁之后，且必须通过仲裁机构的传递。由于这两项前提条件的限制，在一般情况下，从提出申请到法院实际执行保全措施至少耗时 10—15 天，这样，被申请人有充裕的时间转移、隐匿资产。所以，有人建议我国是否也应设立仲裁前的保全措施。笔者认为这一建议值得考虑。之所以如此，是因为许多国家的制度并不一定要求仲裁机构来传递申请文件，当事人可在提请仲裁的同时直接向法院申请；有的国家允许仲裁员直接作出是否决保全的决定，相对来说比较迅速及时，故我国可以考虑增设相应程序，并且协调存在有效仲裁协议不得向法院起诉的原则与仲裁前的保全措施之间的关系。

第二，《仲裁法》第 28 条第 3 款规定：申请有错误导致被申请人因财产保全所遭受的损失由申请人承担。但是，在实践中，申请人会出于故意或过失对案外人的财产进行保全；法院也可能因为疏忽而错误扩大了保全的范围，甚至对案外人的财产实施强制措施，且凡是法院作出裁定后，更难以纠正。保全申请固然是当事人提出的，但是否准予保全以及实际的保全措施均由法院根据法律的授权作出。保全措施是申请人的意志与法院代表的国家意志的结合，并且后者起主导作用。[1] 这样，因保全有错误而导致被申请人以及无关的第三方的损失，就必须根据过错责任确定由谁承担民事赔偿责任。

第三，我国诉讼制度和仲裁制度中的保全的客体是财产和证据，换言之，都是针对特定的"物"采取的措施。然而，实践中需要采取强制措施的并不仅限于"物"，往往牵涉需要当事人之一或者第三方作为或者不作为，比如要求银行暂停支付一笔应付款或信用证项下的货款、要求房地产登记部门不得办理特定房产的过户转让手续。这样，以"物"为对象的财产保全和证据保全未必可以涵盖全部强制措施的内容。以完善我国诉讼法和仲裁法中的保全制度为视角，笔者认为应将"行为"纳入保全的客体之列。因为在普通法系和大陆法系的主要国家都建立起相应的制度。在普通法系的英国和美国，设有临时禁止令（Provisional Injunction）的程序，这一程序的意义在于原告向法院申请签发临时禁止令后，被告不得继续实施不法行为，必须停止实施威胁性的行为，从而使判决利益在案件审理终结

---

① 林义全：《试论财产保全不当的赔偿》，《云南法学》1996 年第 4 期，第 41 页。

前得以保全。在大陆法系国家，设立存在假处分制度是为了保全债权人非金钱请求的诉求之强制执行，而禁止就争议物为某种强制处分或就争议的法律关系规定暂时状态的特别程序，目的与英美法系国家的禁止令是相似的。我国迄今未设立禁止令或类似程序，即使涉及停止侵权行为的请求，法院保全措施的归类仍是财产保全，显然与要求停止某种行为的实际不符。在现行制度下，要求第三方不得实施某种行为，人民法院一般以"协助执行通知书"方式要求有关部门进行。笔者认为，对涉及行为的禁止措施，我国应设立"临时禁止令"的程序，有关的司法文书更确切的名称应是"禁止令"（Injunctions），以充分体现法律的权威和尊严。

第四，在我国的司法实践中，无论法院处理诉讼中的保全还是诉前保全，一般都要从实体方面对案件进行初步的审查，然后才作出裁定。可是法院处理仲裁程序中的保全申请仅凭仲裁机构转来当事人的一份保全申请书，法院对案件情形完全不了解，却要作出是否同意保全的裁定。而且，仲裁机构和保全法院如何对接及共享信息也缺乏明确规定，有一定的盲目性。

《仲裁法》第28条仅规定了仲裁机构收到当事人财产保全申请后提交人民法院，但并没有规定仲裁机构提交的期限。《民事诉讼法》第101条第2款规定：人民法院接受申请后必须在48小时内作出裁定。《财产保全规定》第3条同时规定了人民法院裁定采取保全措施或者裁定驳回申请的，应当将裁定书送达当事人，并通知仲裁机构。但对于仲裁机构和法院之间如何高效对接，法律和司法解释并未涉及。实务操作上可能因审查和移送效率问题，无法及时采取保全措施，而对于法院作出的采取保全措施裁定或驳回保全申请的裁定的情况，由于缺少具体明确的信息共享机制，仲裁机构也无从全面掌握。[①] 倘若要求当事人提供相关的仲裁申请文书进行审查则于法无据，而且存在法院对实体问题进行审查之嫌，似处于两难之间。

第五，我国商事仲裁机构没有权力作出财产保全决定。按照现有规定，申请人向有管辖权的法院提交保全申请需要通过仲裁机构向人民法院

---

① "仲裁程序中财产保全机制之完善"，https://mp. weixin. qq. com/s/DVDvs-2c5lnljJftk3yNqg，最后访问日期：2019年1月31日。

提交。具体而言，申请人将保全材料先行提交到仲裁机构，仲裁机构认为基本符合《财产保全规定》的形式要求的，再出具公函，将保全申请一并移送有管辖权的人民法院，再由人民法院审查，作出是否保全的裁定。对于情况紧急、被申请人存在转移财产风险的，仲裁机构能否自行决定也并无例外规定。这种做法增加了中间环节，如前文所述，中间环节和沟通成本的增加将影响财产保全措施的效果。

根据 2018 年 12 月 5 日施行的《最高人民法院国际商事法庭程序规则（试行）》和《关于确定首批纳入"一站式"国际商事纠纷多元化解决机制的国际商事仲裁及调解机构的通知》，北京仲裁委员会、北京国际仲裁中心等 5 家仲裁机构作为首批纳入最高人民法院"一站式"国际商事纠纷多元化解决机制。这 5 家机构受理的标的额人民币 3 亿以上或者其他有重大影响的国际商事纠纷案件，当事人可以在申请仲裁前或者仲裁程序开始后，直接向最高人民法院国际商事法庭申请证据、财产或者行为保全；在仲裁裁决作出后，还可以向最高人民法院国际商事法庭申请撤销或者执行仲裁裁决。在这些案件中，当事人可以直接将相关材料移交最高人民法院，直接获得保全裁决，提高了仲裁保全对接的效率，从而为境内外商事主体提供优质、高效的多元化争议解决服务，保障当事人的合法权益是对保全制度的一次创新。

第六，有关仲裁保全的法律、司法解释等规定相对分散。关于仲裁财产保全的相关规定目前散见于《仲裁法》《民事诉讼法》、最高人民法院《关于适用〈中华人民共和国民事诉讼法〉的解释》（简称《民事诉讼法》司法解释）、《执行规定》《财产保全规定》《仲裁裁决执行规定》等法律或司法解释，规定太过分散，影响仲裁财产保全机制的完整性，不利于人们对法规的识别与援引。[①]《民事诉讼法司法解释》第 27 条规定：当事人申请诉前保全后没有在法定期间起诉或者申请仲裁，给被申请人、利害关系人造成损失引起的诉讼，由采取保全措施的人民法院管辖。当事人申请诉前保全后在法定期间内起诉或者申请仲裁，被申请人、利害关系人因保全受到损失提起的诉讼，由受理起诉的人民法院或者采取保全措施

[①] "仲裁程序中财产保全机制之完善"，https://mp.weixin.qq.com/s/DVDvs-2c5lnljJftk3yNqg，最后访问日期：2019 年 1 月 31 日。

的人民法院管辖。

第二节　仲裁程序中的证据

在仲裁程序中，证据的收集及审查是作出公正裁决的重要一环。国际商事仲裁中证据的收集和审查具有鲜明的特点。

国际商事仲裁中获取的证据和认证无法适用于诉讼或国内仲裁同样的规则。法院的诉讼必须受本国证据法的支配；置于一国的法律制度之下的国内仲裁，虽不同于诉讼，但仲裁员很大程度上受到本国法律传统的影响，仲裁庭通常运用本国中的证据原则来收集和审查证据。然而在国际商事仲裁中，当事人来自不同国家和地区，仲裁员在不同的法律制度下接受教育和训练，其法律、文化、专业背景的差异导致各位仲裁员的证据理念明显存在差异，证据的理念差异使仲裁员判断证据是否"合理""可信"的标准有所不同。[1] 不能设想一位来自大陆法系国家的律师能了解并熟练运用普通法系的证据规则审理国际商事争议案件；反之亦然。这样，国际商事仲裁的仲裁庭无法运用统一的证据规则，在证据规则的运用方面赋予仲裁员较大的自由裁量权（Discretion）。所以，国际商事仲裁程序中的证据规则是相当灵活的，仲裁庭可以接受任何其认为有关的证据，不必严格受制于某一特定国家的证据规则的约束。然而在一些基本制度方面，国际商事仲裁仍不可能完全脱离各国证据规则的框架。

此外，一些国际性的专业团体意识到国际商事仲裁程序存在证据规则不统一的缺憾，故起草了供各仲裁机构参考使用的证据规则。例如，国际律师协会于 1983 年 5 月 28 日制定了《国际律师协会支配国际商事仲裁提供及采纳证据的补充规则》（International Bar Association Supplementary Rules Governing the Presentation and Reception of Evidence in International Commercial Arbitration），即 1983 年《IBA 证据规则》，[2] 对

---

① 艾宏、邢修松：《国际商事仲裁程序中的"证据规则"》，《仲裁与法律通讯》1996 年第 3 期，第 20—21 页。

② Ronald Bernstein et al. *Handbook of Arbitration Practice*. Sweet & Maxwell, 1998, pp. 889-892.

该规则的适用、证据的提供、证人、程序的范围、仲裁员的权力等作出了较明确的确定。《国际商事仲裁取证规则》，即 1999 年《IBA 证据规则》对 1983 年《IBA 证据规则》进行了重大修订，在最近的几年里，国际商事仲裁证据规则的成文化进一步活跃，许多国际组织或仲裁机构开始制定仲裁证据规则。而在 2010 年，国际律师协会对 1999 年《IBA 证据规则》进行了局部修订，更名为《国际仲裁取证规则》，即 2010 年《IBA 取证规则》，[①] 也是目前最新的取证规则。

当下国际仲裁的逐渐普通法化，为了使仲裁能够独立、公正、高效地解决发生的纠纷，仲裁人员需要一套可供选择的证据规则。2018 年 4 月 8 日，《国际仲裁取证规则（草案）》，即《布拉格规则》颁布。《布拉格规则》与上述《IBA 规则》具有相同的功能，都为国际仲裁中的取证提供指引。但与《IBA 取证规则》在方式上相反，其遵循究问制（Inquisitorial）的方法，使仲裁庭在仲裁程序中发挥了更为积极的推动作用。以往仲裁程序中，耗时和耗费过多归责于证据开示、过多事实和专家证人、在冗长庭审中进行交叉询问这三方面原因。

《布拉格规则》工作组针对这三点进行了批判和改进：（1）对证据开示将受更多限制。《布拉格规则》的起草者旨在防止大量的证据开示，根据第 4.1 条确立了作为一般规则的规定，即"仲裁庭应避免出现大量的证据开示，包括任何形式的电子取证"。此外，第 4.2 条规定，当事人不能请求"一类类别的文件"，而只能请求特定文件。因此，根据《布拉格规则》的规定，例如"关于×××的所有文件、会议纪要、说明文件和备忘录等"证据开示请求将不予允许。（2）将证人是否出庭作证的决定权授予了仲裁庭。区别于所有《IBA 规则》，《布拉格规则》完全由仲裁庭决定哪些证人需要被审问，仲裁庭收到另一方当事人的意见后，将决定哪些是开庭需要的证人。第 5.3 条规定的另一种方式是仲裁庭通知当事人哪些证人应作证，因为他们可以协助仲裁庭解决争议。这个程序很可能会限制证人的数量。（3）没有明确排除交叉盘问的规定。从《布拉格规则》的字里行间中可发现该规则支持仲裁员对证人进行盘问。根据第 5.6 条规定，对事实证

---

① 崔起凡：《国际商事仲裁证据规则之晚近成文化现象述评》，《国际商务研究》2013 年 5 期。

人的盘问应在仲裁庭的指示和控制下进行。此外，第 3.1 条、第 5.6 条、第 7 条、第 9 条、第 12 条规定明确了仲裁庭在确立事实、取证和适用法律规定的程序中应发挥更积极的作用，《布拉格规则》对《IBA 规则》在实践中提出了很大的挑战。[①]

在国际商事仲裁程序中，可以作为证据的除了以各种方法所获取的书面文件和口头证词之外，还可以包括一切以现代科学手段所记载的文字、图片、电子数据等。当然，在 20 世纪 90 年代兴起的电子数据交换（EDI）等交易方式下，证据的获取及其认定与飞速发展的科学技术及商业活动的要求还极不适应。

就仲裁庭获取证据的方式而言，大致可归纳为两方面，即仲裁庭直接获取证据和通过法院协助获取证据。

一、仲裁庭直接获取证据

（一）当事人提供证据

当事人应当对自己的主张提供相应的证据，即"谁主张，谁举证"，这是各国诉讼法上关于证据规则的基本原则，也是国际商事仲裁程序方面的基本原则。当事人提供证据分为两种情况：一是当事人主动提供；二是应仲裁庭的要求而提供。

当事人在提起仲裁申请或者对他方当事人提起的仲裁申请进行答辩时，对于己方的主张负有举证的责任。各仲裁机构的仲裁规则均对此有相应的规定。例如，《联合国国际贸易法委员会仲裁规则》第 24 条规定："一、当事人各方对其申诉或答辩所依据的事实应负举证之责。二、仲裁庭倘认为适当，得要求一方当事人在法庭规定的限期内将其意图提出支持申诉书或答辩书内所陈述的争议事实的有关文件摘要或其他证据提交该庭和另一方当事人。三、在仲裁程序进行中的任何时期，仲裁庭得要求当事人在该法庭规定的限期内提供书证、物证或其他证据。"该条第 1 款表明当事人举证是其基本义务；第二款和第三款显然属于仲裁庭要求当事人提供证

---

① "布拉格规则——国际仲裁中取证规则"，https://mp.weixin.qq.com/s/DGeijEG03C TMQu GyElgrrQ，最后访问日期：2019 年 2 月 9 日。

据的情况。其他例如《美国仲裁协会国际仲裁规则》第 20 条、1998 年 1 月 1 日生效的《伦敦国际仲裁院仲裁规则》第 15 条、[①] 1998 年 5 月 10 日生效的《中国国际经济贸易仲裁委员会仲裁规则》第 38 条都有类似的规定。

在仲裁程序中，当事人一方向仲裁庭所提出的证据，必须同时提供给对方当事人。

（二）专家证据

专家证据是指在仲裁过程中具有特定专门知识的人员根据当事人或者仲裁庭的请求，就争议涉及的专业问题所提出的看法。[②]

专家证据在国际商事仲裁程序中具有相当重要的作用，有时甚至是决定性的作用。所谓的专家既可以是个人，也可以是机构，而且在实践中以后者居多。在国际贸易纠纷中，对于商品品质和数量的争议往往需要由一个独立的商品检验机构或者政府的法定检验机构（例如著名的瑞士公证行、中国进出口商品检验局、美国联邦食品与药品管理署、美国保险人实验室）提供的商品检验报告作为仲裁庭认定事实的依据。现在，绝大多数仲裁机构的仲裁规则均授权仲裁庭具有在其认为必要时指定专家的权力。例如，《联合国国际贸易法委员会仲裁规则》第 27 条第 1 款规定："仲裁庭得指定专家一人或数人对有待该庭决断的某些争论问题提出书面报告。"又如《伦敦国际仲裁院仲裁规则》第 21 条第 1 款规定："除非当事人另有书面约定，仲裁庭可以就特定问题指定一名或数名中立的和独立于当事人的专家向仲裁庭作出报告；可以要求当事人一方向专家提供有关的信息或者使其接触有关的文件、货物、样品、财产或者场所，以供专家进行检查。"

与当事人提供的证据一样，专家的检验报告、鉴定报告或者其他类似文件的副本也必须送交双方当事人，给予双方当事人就此提出意见的机会。应一方当事人的请求，仲裁庭认为合适的话，可以邀请专家在庭审时就有关问题作出说明和解释。

① Ronald Bernstein et. *Handbook of Arbitration Practice*. Sweet & Maxwell, 1998, pp.810 - 811.
② 郭寿康、赵秀文：《国际经济贸易仲裁法》，中国法制出版社 1995 年版，第 120 页。

（三）证人证言

证人证言作为国际商事仲裁程序中的证据，既可以是书面的，也可以是口头的。

依照绝大多数国家的法律，仲裁庭只能传唤自愿作证的证人，只能提取有关证人自愿提交的证据，仲裁庭无权强迫证人作证或出示有关的证据。如果有关的证人拒绝作证或提交对于认定案件事实具有实质意义的证据，在有关证人所在地或证据所在地法律允许的前提下，仲裁庭可以应一方当事人的请求或者依职权申请有管辖权的法院予以协助；否则，仲裁庭对此是无能为力的。但在个别国家，例如美国，其《联邦仲裁法》赋予仲裁庭强迫证人作证的权力。该法第 7 条规定："不论是否依照本法所指定的仲裁员全体或者过半数，都可以用书面传唤任何人出庭作证，并且可以命令提出被认为是案件实质证据的簿册、记录、证件或者文件。如果被传唤作证的人拒绝或者拖延出席，仲裁员全体或者过半数所在地区的美国法院，根据请求，可以强迫他出席，或者按照美国法院关于保证证人出席或者处罚拖延、拒绝出席的规定，给予处罚。"因此，在美国《联邦仲裁法》的仲裁制度下，证人作证或者提交有关证据构成证人的法定义务；而根据其他国家法律，公民仅对诉讼程序中的作证有法定义务。

由于国际商事纠纷当事人具有跨国性质，仲裁地点或许是当事人所属国之外的第三国，证人亲自出庭作证颇为不便；尤其是国际商业交往一般均以书面方式联系，证人证言的证据力相对较弱，所以，在当前的国际商事仲裁中，仲裁庭不强求证人出席庭审，通常采用证人以书面陈述方式提供证据。

（四）仲裁庭自行调查证据

在强调当事人举证责任的前提下，一些仲裁机构的仲裁规则规定，仲裁庭认为有必要时，可以自行调查证据。例如《美国仲裁协会商事仲裁规则》第 33 条和《伦敦国际仲裁院仲裁规则》第 13 条都规定仲裁庭有权自行调查。《联合国国际贸易法委员会仲裁规则》和《国际商会国际仲裁院仲裁规则》对仲裁庭自行调查未作规定，但是前者规定当事人有义务使仲裁庭所指定的专家接触任何与案件有关的信息，以便进行检查，可视为仲裁庭有权自行调查证据。

因为仲裁机构的民间性质，所以，仲裁机构的调查取证一般仅限于直接针对当事人的现场勘验等少数调查证据的方式，而且在现场勘验时应当通知双方当事人一起到现场。仲裁庭无权前往与当事人无关的第三方进行调查取证，除非有关的第三方同意协助配合。

（五）根据"得出结论"原则所获取的证据

在国际商事仲裁程序中，当事人拒绝提供证据，通常仲裁庭是无权强迫其提供的，当事人仅提供其希望提供的证据。《国际律师协会支配国际商事仲裁提供及采纳证据的补充规则》第 4 条第 1 款规定："每一当事人应提交基于其所希望依据的全部文件材料"（Each Party shall Make Production of Documents in Respect of all Documentation on which Such Party Desires to Rely），即体现了这一精神。

若当事人一方合理地指出另一方当事人持有对判明争议具有实质性意义的证据，而后者拒绝提供，虽然仲裁庭无权对该方当事人的拒绝出示证据给予任何处罚或者采取其他强制措施，但是仲裁庭可以从当事人的拒绝合作行为中得出对该方当事人不利的相反结论，有关当事人将承受由此所产生的风险。例如，在著名的"INA 公司诉伊朗伊斯兰共和国"一案中，被申请人未遵照仲裁庭的命令提供其作为专家报告基础的文件材料，结果仲裁庭作出了相反的推论，并且给伊朗政府的专家报告以很小的证据力。[①]在另一个仲裁案中，一位仲裁员深刻地阐明了当事人拒绝出示证据可能招致的后果，他指出："本案被申请人认识到应向对方当事人提交董事会会议记录，但却不向仲裁庭提交构成董事会记录组成部分的董事会报告。据此，仲裁庭被迫推定，该报告一经提出，即产生对被申请人不利的证据效果。当一方当事人拥有对本案明显有关的证据，并且明知提出此等证据有助于仲裁庭审理案件，但如该方仅为支持自己的主张，而非为澄清事实选择性地出示证据，那么该方便自招风险，因为仲裁庭将就该当事人拒不出

---

① Alan Redfern and Martin Hunter. *Law and Practice of International Commercial Arbitration*. Sweet & Maxwell，1991，pp.332 - 333.

示证据的内容自作结论。"①

二、法院协助获取证据

在国际商事仲裁程序中，由法院协助获取证据大致通过两种方式实施：一是应一方当事人的申请，法院对涉案的证据采取保全措施；二是在仲裁程序中根据仲裁庭的请求，强制非当事人的证人出庭作证或者以法院取证的方式询问证人，作为仲裁的证据。

至于法院以强制措施迫使证人作证，各国的立法存在相当大的差异。瑞士、瑞典、美国、加拿大、荷兰、比利时等国法律都规定了法院对仲裁庭请求协助获取证据的责任。从国际商事仲裁的地位考察，上述国家均为国际商事仲裁较发达的国家，在当代国际商事仲裁中发挥着举足轻重的影响和作用，而且这些国家的法院都对仲裁持积极支持的态度，所以作出这样的规定是顺理成章的。例如，1986 年 8 月 10 日生效的《加拿大商事仲裁法》第 25 条规定："仲裁庭或者仲裁庭许可的一方当事人可以请求加拿大的主管法院协助取证。法院可以根据其职权并按照取证规则满足此请求。"1986 年 12 月 1 日生效的《荷兰民事诉讼法典》第 1041 条第 2、3、4款对法院协助作了更为明确具体的规定："如果证人不愿出庭，或者虽已出庭但拒绝作证，仲裁庭可以允许提出请求的一方当事人在仲裁庭决定的期间内申请地方法院指定一名委员法官，由他来询问证人。询问应按普通法院程序同样的方式进行。地方法院的书记员应给予仲裁员参加询问证人的机会。地方法院的书记员应毫不迟延地向仲裁庭和当事人发送一份询问笔录。仲裁庭可将仲裁程序中止至收到询问笔录之日。"1989 年 1 月 1 日生效的《瑞士国际私法法典》第 184 条第 2 款也规定："需要国家当局协助取证的，仲裁庭或者征得仲裁庭同意的一方当事人可以请求仲裁庭所在地的法院予以协助。该法院应适用自己的法律。"《美国联邦仲裁法》第 7条、1985 年 5 月 27 日修订的《比利时司法法典》第 1696 条等都允许当事

---

① 吴焕宁、李敏：《国际商事仲裁中证据的获取和法院的协助》，《仲裁与法律通讯》1997 年第 3 期，第 25 页。

人或者法院协助获取证据。[①]

三、中国涉外仲裁程序中的证据获取

在《仲裁法》颁布之前，我国涉外仲裁机构在仲裁过程中并不存在可直接依据的解决证据问题的法律，长期以来一直由仲裁机构自行制定的仲裁规则作为依据，并参照适用《民事诉讼法》关于证据的规定。[②]《仲裁法》就一般的国内仲裁和涉外仲裁作出较具体的规定，涉外仲裁机构，例如中国国际经济贸易仲裁委员会亦对其仲裁规则作了相应的修订。

（一）当事人举证

《仲裁法》第 43 条第 1 款规定，当事人应当对自己的主张提供证据。2015 年 1 月 1 日施行的《中国国际经济贸易仲裁委员会仲裁规则》第 41 条也规定："当事人应当对其申请、答辩和反请求所依据的事实提供证据加以证明，对其主张、辩论及抗辩要点提供依据。"

显然，我国法律和仲裁机构的规则要求当事人自己举证，这是与所有国家的法律及其他仲裁机构的规则是完全一致的。但是迄今为止，中国尚未颁布证据法，即使法院的诉讼也未建立起严格的证据原则，更何况现行的法律未充分保护当事人（委托律师）调查取证的权利，以及要求有关单位和个人必须提供证据或者作证的法定义务，当事人举证的落实在某些场合确有难度。

（二）仲裁庭获取证据

《仲裁法》第 43 条第 2 款规定了仲裁庭认为有必要时，可以自行收集证据。从此条规定可知，仲裁庭自行调查取证属于仲裁庭自由裁量的权力而非仲裁庭的义务，即使仲裁庭行使了这一权力，当事人的举证义务也并未免除。由于该法仅规定仲裁庭可以自行收集证据，并未规定当仲裁庭收

---

① 上述法律均引自全国人大常委会法制工作委员会民法室、中国国际经济贸易仲裁委员会秘书局：《中华人民共和国仲裁法全书》，法律出版社 1995 年版。

② 程德钧、王生长、康明：《国际惯例和涉外仲裁实务》，中国青年出版社 1993 年版，第 227 页。

集证据时有关的单位或个人拒绝提供证据或者拒绝作证的处理方式，但也找不到任何其他相关法律对仲裁庭调查取证的支持，故从法理上分析，这条规定并无实际意义。

2015年版《中国国际经济贸易仲裁委员会仲裁规则》第43条专门就仲裁庭自行调查证据的方法作出详细规定：（1）仲裁庭认为必要时，可以调查事实，收集证据。（2）仲裁庭调查事实、收集证据时，可以通知当事人到场。经通知，一方或双方当事人不到场的，不影响仲裁庭调查事实和收集证据。（3）仲裁庭调查收集的证据，应转交当事人，给予当事人提出意见的机会。在仲裁庭自行收集证据时，认为必要时应通知双方当事人到场。经通知而一方当事人或双方当事人不到场的，仲裁庭自行调查事实和收集证据的行动不受影响。在实践中，仲裁庭自行调查仅限于查看争议当事人的场所，例如工程项目的现场、争议标的物的存放地等。

当然，在必要时仲裁庭可以走访政府部门如各地的外经贸管理机关、海关、进出口商品检验机构等进行咨询，不过此时这些机关仅出于支持仲裁的意愿而提供参考性意见，并非法律意义上的作证。参考性的意见不能作为证据使用，充其量可以作为仲裁庭认定证据时考虑的一种因素。

在仲裁程序中，是否同意当事人证据调取申请的决定权在仲裁庭。[①]在"北京易驾卓阳科技有限公司（申请人）诉致导科技（北京）有限公司"一案中，申请人请求人民法院依法撤销北京仲裁委员会于2018年11月30日作出的（2018）京仲裁字第2468号仲裁裁决书。

申请人指出，北京仲裁委员会（简称北仲）未准许申请人关于提请到财政部国库司调查民航华北七地区管理局及中国民航科学技术研究院购置事故调查处置和应急装备项目的有关真实情况的调查取证申请，仲裁程序违法。法院在裁定中指出："关于仲裁程序违反法律规定。北京仲裁委员会《仲裁规则》第33条规定：'当事人申请且仲裁庭认为必要，或者当事人虽未申请，但仲裁庭根据案件审理情况认为必要时，仲裁庭可以自行调查事实、收集证据。'仲裁程序中，是否同意当事人的调取证据申请决定权在仲裁庭。北仲根据案件审理情况未同意申请人的调取证据申请并不违反法律法规及《北京仲裁委员会仲裁规则》，故对申请人该项申请撤销仲

---

① （2018）京04民特532号。

裁裁决的理由，本院不予支持。"

　　申请人还指出，被申请人致导公司在仲裁程序中隐瞒了足以影响公正裁决的证据，致导公司向仲裁庭隐瞒了其聘用的律师事务所为主管部门财务部国库司法律顾问及其律师与相关部门工作人员关系紧密，从而导致被申请人在向财政部投诉和举报的过程中受到某种因素操纵影响的证据。双方的协议合同是胁迫所作，尤其是协议没有实质履行，销售合同的设备也不符合中标项目所需。

　　法院指出："关于被申请人致导公司在仲裁程序中是否隐瞒了足以影响公正裁决的证据。被隐瞒的证据的认定标准为，该证据属于认定案件基本事实的主要证据；该证据仅为对方当事人掌握，但未向仲裁庭提交；仲裁过程中知悉存在该证据，且要求对方当事人出示或者请求仲裁庭责令其提交，但对方当事人无正当理由未予出示或者提交。申请人认为，致导公司向仲裁庭隐瞒了其聘用的律师事务所作为主管部门财务部国库司法律顾问及其律师与相关部门工作人员关系紧密，从而导致被申请人在向财政部投诉和举报的过程中受到某种因素操纵影响的证据。本院认为，申请人在仲裁程序中已经向仲裁庭提交相关证据调取申请，但是仲裁庭驳回其申请。申请人易驾公司亦未能提出证据证明符合被隐瞒的证据的认定标准的情形，故根据民事诉讼举证规则，易驾公司应承担举证不能的法律不利后果。故对申请人该项申请撤销仲裁裁决的理由，本院不予支持。"

　　当事人在仲裁中向仲裁庭申请调取证据的做法较为常见。仲裁机构的仲裁规则也会对此作出专门的规定，一般交由仲裁庭自行决定。如北仲《仲裁规则》第 33 条和中国国际经济贸易仲裁委员会（简称贸仲）《仲裁规则》第 43 条规定。实践中，仲裁庭准许证据调取申请的情形较为少见，更多的是仲裁庭不予同意当事人证据调取申请的情形。即便仲裁庭准许当事人的证据调取申请，仲裁庭最终能否实际调取到证据也不确定。[①] 仲裁庭不予同意当事人证据调取申请情形下，仲裁庭有时会单独就不予调取证据作出一项书面决定；仲裁庭有时也会在裁决书中一并

---

　　① 在（2018）辽 02 民特 229 号裁定书中，法院指出："至于其权衡考量后作出的不予调取证据的决定是否适当，法院并无权干预。"

就不予调取证据作出说明。在司法审查实践中，申请人常常会以仲裁庭不予同意证据调取申请违反法定程序为由申请撤销或不予执行仲裁裁决。法院的意见较为一致，是否准予证据调取属于仲裁庭的审理权限，法院通常不予干涉。①

与当事人申请调取证据相关联的一项撤销或不予执行仲裁裁决的事由是"对方当事人隐瞒了足以影响公正裁决的证据"。根据《关于人民法院办理仲裁裁决执行案件若干问题的规定》第16条的规定，隐瞒证据应同时满足下述要求：（1）该证据属于认定案件基本事实的主要证据；（2）该证据仅为对方当事人掌握，但未向仲裁庭提交；（3）仲裁过程中知悉存在该证据，且要求对方当事人出示或者请求仲裁庭责令其提交，但对方当事人无正当理由未予出示或者提交。尤其是第（3）项要求，申请人必须在仲裁中曾要求对方出示或者请求仲裁庭责令对方提交该证据。这意味着向仲裁庭申请调取证据在一定程度上成为申请人后续主张对方隐瞒证据的前置要求。本案进一步提高了隐瞒证据的适用条件，"申请人在仲裁程序中已经向仲裁庭提交相关证据调取申请，但是仲裁庭驳回其申请"，也就是说，即使申请人在仲裁程序中曾请求仲裁庭责令对方提交该证据，但仲裁庭驳回申请人请求的，其将来不得就该证据再主张对方隐瞒证据。在本案中，法院同时指出"申请人易驾公司亦未能提出证据证明符合被隐瞒的证据的认定标准的情形"，但如果申请人确实证明对方当事人构成隐瞒证据，涉案仲裁裁决是否应予撤销或不予执行？如果撤销或不予执行，如何协调仲裁庭的审理权限（是否准予证据调取申请）和法院司法监督权限之间的关系？本案中法院没有给出答案。

（三）专家证据

《仲裁法》第44条第1款规定，仲裁庭对专门性问题认为需要鉴定的，可以交由当事人约定的鉴定部门鉴定，也可以由仲裁庭指定的鉴定部门鉴定。因此，在中国所进行的仲裁，不论其为涉外的抑或国内的案件，专家

---

① 在（2018）粤01民特691号裁决中，法院指出："李洪杰提出向广州市公安局天河区分局天河南派出所的调查取证申请，仲裁庭已发出《协助调查函》但未获书面回复。"在（2017）京02民特171号裁决中，法院指出："仲裁庭在审理该案中亦对山西豫隆公司的调取证据申请进行了回应，裁决书亦写明检验机构拒绝提供检验报告。"

证据的获取并不一定要以当事人的同意为条件，对于是否要指定专门机构鉴定以及交给哪一个专门机构鉴定，仲裁庭具有自由裁量权。

2015 年版《中国国际经济贸易仲裁委员会仲裁规则》第 44 条规定："仲裁庭可以就案件中的专门问题向专家咨询或者指定鉴定人进行鉴定。专家和鉴定人可以是中国的或外国的机构或自然人。仲裁庭有权要求当事人，而且当事人也有义务向专家或鉴定人提供或出示有关资料、文件或财产、货物，以供专家或鉴定人审阅、检验及鉴定。"正如前文所述，当事人拒绝提供或出示有关资料、文件时，仲裁庭并无权对有关当事人采取强制措施或者予以处罚，但仲裁庭可以从当事人拒绝合作的行为中得出对其不利的结论。

在我国的涉外仲裁过程中，中国国际经济贸易仲裁委员会为了对中外合资合同或中外合作合同纠纷进行仲裁，常常就当事人的出资状况、合资或合作企业的经营状况等，委托会计师事务所或审计师事务所进行审计，作出验资报告或审计报告。为了确定作为外国投资者出资而进口的设备和物料的价值，根据国家财政部和国家进出口商品检验局 1994 年 5 月 1 日起生效的《外商投资企业资产鉴定管理办法》的规定，必须由设在各地的进出口商品检验局出具的价值鉴定报告为依据。

根据中国国际经济贸易仲裁委员会《仲裁规则》第 44 条第 3 款的规定，在仲裁庭指定的专家及（或）鉴定人提出专家报告和鉴定报告后，仲裁庭应将副本送交双方当事人，给予当事人对专家报告和鉴定报告提出意见的机会。任何一方当事人要求专家及（或）鉴定人参加开庭的，经仲裁庭同意后，专家及（或）鉴定人可以参加开庭，并在仲裁庭认为必要和适宜的情况下就他们的报告作出解释。

（四）法院协助获取证据

我国《仲裁法》第 46 条和 68 条分别规定了国内仲裁和涉外仲裁当事人申请证据保全的做法。凡是在证据可能灭失或者以后难以取得的情况下，当事人可以申请证据保全。当事人申请证据保全的，如果属于国内仲裁案件，仲裁委员会应当将当事人的申请提交证据所在地的基层人民法院；如果属于涉外仲裁案件，仲裁委员会应当将当事人的申请提交证据所在地的中级人民法院。分析这两条规定可得出以下结论。

第一，申请证据保全的出发点是防止证据的灭失或以后难以取得，并非帮助一方当事人的取证。当事人无权申请法院协助调查对方当事人资金情况，法院保全的证据只限于申请人证据清单上列举的法院认为可以保全的证据，特别是法院的保全措施通常为扣留有关的证据、在有关的证据贴上法院封条。这些证据是否可以为申请人所用是值得怀疑的，所以从严格意义上说，它并非是一种获取证据的方式。

第二，根据案件性质的不同，采取保全措施的法院管辖的级别也不同。涉外仲裁由证据所在地的中级法院管辖，而国内仲裁由证据所在地基层法院管辖。

第三，当事人申请保全必须在提出仲裁申请之后或者同时进行，不存在仲裁前申请证据保全的可能性。当事人应当向仲裁委员会提出，由仲裁委员会将该保全申请提交给证据所在地的法院。所以，当事人不得直接向法院申请保全，仲裁庭也不得自行向法院申请保全。鉴于仲裁委员会的职权或者义务是提交当事人的申请，既不对当事人的申请是否合理进行审查，也不具体执行保全措施，更不得自行请求法院协助对有关证据进行保全，所以，仲裁委员会充其量是一个转递机构。故类似于财产保全措施，一些学者认为限制当事人仲裁前申请保全以及仲裁机构对申请的审查权，对提高仲裁的效率是不利的。[①]

第四，虽然该法未对证据保全的执行作具体规定，但可以认为法院将适用《民事诉讼法》关于财产保全的方式执行。

为了与《仲裁法》的规定以及中国国际经济贸易仲裁委员会扩大受案范围相适应，1998 年 5 月 10 日生效的《中国国际经济贸易仲裁委员会仲裁规则》第 23 条第 2 款规定，当事人申请证据保全，仲裁委员会应当将当事人的申请提交证据所在地的人民法院作出裁定。1998 年的《仲裁规则》第 2 条规定了中国国际经济贸易仲裁委员会可以受理外商投资企业相互之间以及外商投资企业与中国其他法人、自然人及（或）经济组织之间的争议；中国法律、行政法规特别规定或特别授权由仲裁委员会受理的争议。2005 年版《仲裁规则》对先前仲裁规则规定的管辖范围进行了概括，

[①] 吴焕宁、李敏：《国际商事仲裁中证据的获取和法院的协助》，《仲裁与法律通讯》1997 年第 3 期，第 27 页。

第3条规定，仲裁委员受理下列争议案件：（1）国际或涉外的争议案件；（2）涉及我国香港特别行政区、澳门特别行政区或台湾地区的争议案件；（3）国内争议案件。2012年版《仲裁规则》第3条新增了一款规定：仲裁委员会根据当事人的约定受理契约性或非契约性的经济贸易等争议案件。最新的2015年版《仲裁规则》对受案范围的规定大体沿袭2012年《仲裁规则》的规定。然而，目前司法界意见仍坚持认为此类纠纷不具备涉外因素，故该规则仅规定仲裁委员会将申请提交证据所在地法院作出裁定，至于具体案件中由哪一级法院对保全申请进行管辖，则由仲裁委员会考虑案件的性质，按照我国《民事诉讼法》以及《仲裁法》的相应规定提交有管辖权的法院。

第三节　选择性复裁程序

一、选择性复裁程序含义

一些国际仲裁机构已经吸收了选择性复裁程序，具体而言，就是允许或不禁止仲裁内部上诉制度。美国、英国、新加坡、我国香港地区的法律也认可当事人作此类选择。

我国香港地区《仲裁条例》规定了当事人质疑裁决的权利，[1]《仲裁条例》附表2中的第5条明确了当事人可以就法律问题对仲裁裁决提出上诉，且法院可决定将裁决发还仲裁庭重新考虑。

（5）根据本条审理上诉时，法院可命令：

（a）确认裁决；

（b）变更裁决；

（c）将全部或部分裁决送交仲裁庭，以便根据法院的决定重新审议；

（d）全部或部分撤销裁决。

当事人也可以向仲裁庭提出复裁。

（6）如果裁决全部或部分汇交仲裁庭重新审议，仲裁庭必须就汇交的

---

[1]　香港《仲裁条例》（第609章）第73条。

事项作出新的裁决：

（a）在发出减免令之日起 3 个月内；

（b）在法院可指示的更长或更短的期间内。

新加坡《仲裁法》规定，当事方可以就法律问题（Question of Law Arising out of an Award Made in the Proceeding）对仲裁裁决提出上诉。

2019 年 2 月 21 日，深圳国际仲裁院 2019 年新版仲裁规则（简称《SCIA 2019 规则》）正式施行。《SCIA2019 规则》在中国内地首次引入了选择性复裁程序。《SCIA2019 规则》第 68 条及《选择性复裁程序指引》明确了除适用快速程序的案件外，当事人约定就《仲裁规则》第八章下作出的裁决可以向仲裁院提起复裁的，从其约定，但前提是仲裁地法律不禁止。

二、选择性复裁程序的价值

商事仲裁的优势是一裁终局，有效节约当事人的交易成本。但是，这一优势也会成为劣势，阻碍当事人通过一定的机制或程序，更正裁决可能的错误，进而阻碍法律原则的发展。建立一定的上诉机制，可以形成一种仲裁自我纠错机制，以此保护当事人权益和仲裁作为争端解决机制的权威性和正确性。但是，学术界和司法界对选择性复裁程序的理解和认知并不一致。

曾担任英格兰及威尔士首席大法官（Lord Chief Justice of England and Wales）的汤姆斯勋爵在一次演讲中指出，因为法院发展和解释法律的能力已经减少，早期为了使仲裁更具吸引力而引入的对上诉的限制，现在正对英国商业法的发展产生长期的不利影响。在过去 20 年里，伦敦仲裁案件在呈指数增长的情况下，意味着载入法律汇编的复杂跨境商业纠纷判例有所减少。他建议激活英国《仲裁法》第 69 条，赋予英国作为仲裁地的仲裁案件当事人在没有合同另有约定的相反情况下有限地就一些法律问题提起上诉的权利。[1]

① Tonderai Nyandoro，Why the English Right to Appeal an Arbitral Award on a Point of Law is not Anachronistic?"，available at http：//arbitrationblog. kluwerarbitration. com/2016/05/30/english-right-appeal-arbitral-award-point-law-not-anachronistic/，30 May，2015.

但是，汤姆斯勋爵的同事萨维尔勋爵和伯纳德·艾德爵士持不同的观点，认为即使激活第 69 条，也未必就能增加上诉案件的数量，因为当事人选择仲裁的目的就是为了一裁终局。①

支持汤姆斯勋爵观点的学者认为，仲裁程序的复杂性更加需要司法化，②即上诉机制。仲裁复杂性表现在越来越多的仲裁案件有多个当事人参加，涉及多份合同，并且越来越多地涉及主权国家。第 69 条规定的程序在复杂仲裁案件中应该有市场需求。③第 69 条的价值还在于发展普通法，这在"嘉能可国际公司诉印度尼西亚 PT 特拉物流公司（英格兰与威尔士高等法院 2016 年第 82 号）"〔Glencore International AG v PT Tera Logistic Indonesia（2016）EWHC 82（Comm）〕一案中得到了体现。本案涉及《仲裁法》第 14（4）条中"所有争议"（all Disputes）这一术语的范围。被申请人在作出抗辩的时候并没有提出所有的诉求，被申请人的指定仲裁员通知是否能够有效地中止时限。在上诉程序中，上诉人反对仲裁庭的观点，认为此类补充请求没有中断实效的效果。然而，法官不认同这样的观点，认为本案的问题有市场和公共秩序的重要性。如果没有 69 条，法官也没有机会对这一法律问题有更进一步的了解和认知。

一裁终局和"所有争议"即使在我国的仲裁实践中也是有争议性的问题。在"张某诉晋城市金广源购物广场有限公司"一案中，④张某要求依法撤销晋城仲裁委员会（2017）晋仲字 400 号裁决书。张某和金广源于 2015 年 10 月 30 日签订了《金广源购物广场租赁合同书》，第 13 条第 2 项约定："因本合同发生的一切争执，由甲乙双方友好协商解决，不能解决的，提请晋城仲裁委员会裁决。"2017 年 4 月 18 日，金广源提起仲裁，要求裁决张某支付租金并赔偿自仲裁立案之日起的同期银行贷款利息损失

① Tonderai Nyandoro. Why the English Right to Appeal an Arbitral Award on a Point of Law is not Anachronistic?"，available at http：//arbitrationblog. kluwerarbitration. com/2016/05/30/english-right-appeal-arbitral-award-point-law-not-anachronistic/，30 May, 2015.

② Remy Gerbay. "Is the End Nigh Again? An Empirical Assessment of the 'Judicialization' of International Arbitration"，American Journal of International Arbitration Gerbay, Remy, Is the End Nigh Again? An Empirical Assessment of the 'Judicialization' of International Arbitration（2014），available at SSRN：https：//ssrn. com/abstract＝2656624.

③ William H. Knull, III & Noah D. Rubins. "Bettubg the Farm on International Arbitration：Is It Time to Offer an Appeal Option?"，（2000）11（4），American Review of International Arbitration.

④ （2018）晋 05 民特 72 号。

至租金足额还清之日止，以及电费、暖气费等。晋城仲裁委员会受理案件后，经过审理，于 2017 年 11 月 7 日作出（2017）晋仲裁字 175、189 号仲裁裁决。双方均没有提出撤销之诉。同年 11 月 22 日，金广源再次根据合同约定的仲裁条款，向晋城仲裁委员会提请仲裁，要求本案申请人张某参照同一时期位于同一楼层的租金标准向其支付租金。晋城仲裁委在 2018 年 8 月 20 日作出了（2017）晋仲裁字 400 号决定书，驳回张某提出的管辖权异议。法院认为，第 175 号、第 189 号仲裁裁决发生法律效力，双方并没有达成新的仲裁协议，金广源就租金提请的仲裁请求，晋城仲裁委员会再次受理的行为违反了《仲裁法》第 9 条关于"一裁终局"的规定，程序违法，裁定撤销晋城仲裁委员会第 400 号裁决书。

本案中，金广源提出第 175 号、第 189 号裁决仅认定"被申请人自 2015 年 10 月 1 日至 2017 年 2 月 12 日实际租赁申请人一楼 115 和 116 商铺应当支付租金，未对应当支付租金的数额进行裁决，即未进行实体裁决。400 号裁决书则是根据第三方对租金数额的鉴定结论，对租金之请求作出了实体处理。因此，仲裁庭没有违反一裁终局"原则。

我国最高人民法院在（2012）民四他字第 57 号复函中表示，《仲裁法》第 9 条中的"一裁终局"仅指同一纠纷不能两次被受理，至于仲裁裁决是否与在先的法院判决、仲裁裁决在先决问题的认定上有所不同则属于实体问题，法院无权审查。结合《仲裁法》第 21 条有关"当事人申请仲裁应当符合下列条件：（一）有仲裁协议；（二）有具体的仲裁请求和事实、理由；（三）属于仲裁委员会的受理范围"的规定来看，已经裁决的事项似乎不应"属于仲裁委员会的受理范围"更加合适。换言之，已经裁决的事项不再具有可仲裁性。这样就和最高法院《关于人民法院办理仲裁裁决执行案件若干问题的规定》第 113 条有关"下列情形经人民法院审查属实的，应当认定民事诉讼法第 237 条第 2 款第 2 项规定的'裁决的事项不属于仲裁协议的范围或者仲裁机构无权仲裁的'情形……（二）裁决的事项属于依照法律规定或者当事人选择的仲裁规则规定的不可仲裁事项的；……"的规定有所对应。《仲裁法》第 58 条第 1 款第 2 项"从仲裁委员会无权仲裁"的角度看待"重复仲裁"也是一种可以考虑的路径。

1996 年英国《仲裁法》只规定了有限的上诉理由。根据第 69 条的规定，除非仲裁双方有相反的协议，否则可以法律错误为由，对仲裁裁决提出上诉，并须获得英国高等法院批准予以上诉许可。这种上诉相对并不常见，因为当事各方往往通过仲裁协议或适用的具体仲裁规则，排除了就法律问题提出上诉的权利。

我国香港地区《仲裁条例》（第 609 章）附表 2 第 5 条对"广泛重要"的问题和其他问题作出了区别。如果问题具有"广泛重要性"，寻求上诉许可的一方必须证明，仲裁庭的裁决至少会令人有重大疑问。凡涉及广泛重要的法律问题，法院通常只有在对其正确性有严重怀疑时才会允许上诉。如果问题不是"广泛重要"的，那么提出上诉的当事方必须达到较高的门槛，证明仲裁庭的裁决是"明显的错误"。这一区别规定在《仲裁条例》附表 2 第 5 条中的第（9）款。

（9）不得准许进一步上诉，除非，（a）该问题非常重要；（b）由于其他一些特殊原因，该问题应由上诉法院审议。

几乎所有香港仲裁裁决都是最终而具有约束力的。一个预设的立场是，仲裁各方无权就法律问题提出上诉。目前，对仲裁裁决的挑战是根据《仲裁条例》第 81 条向高等法院原讼法庭提出撤销裁决的申请。原讼法庭不得援引事实或法律上的错误作为撤销裁决的理由，而允许撤销裁决的理由均与程序公平或公共政策问题有关。

但是，如果当事人希望有更广泛的上诉权利和更大程度的法院介入，他们必须在仲裁协议中明确列出这些权利（根据《仲裁条例》第 100 条，这些权利自动适用于合约）。相反，在英国法律下，当事人享有就法律问题提出上诉的潜在权利。香港《仲裁条例》附表 2 载有选择行使此等权利的条文，其中第 5、6 条允许就法律问题对仲裁裁决提出上诉。如果当事人进一步针对原讼法庭的裁决提出上诉，可向原讼法庭申请向上诉法庭或终审法院提出上诉的许可。①

商事交易当事方在订立合约时，一般不知道可选择加入相关条款。由于仲裁协议没有提供任何上诉的可能性，所以他们在试图对有争议的裁决提出上诉时就会陷入困境。此外，即使在仲裁协议中加入了选择条款，当

---

① 刘洋：《对仲裁裁决的上诉权是否对商业社会具有吸引力？》，《香港律师会会刊》2019 年第 2 期。

事人仍然受限于原讼法庭对上诉许可所作的狭义解释。显然，对于特别复杂的案件，当事人在仲裁条款中约定上诉权利，不仅有利于当事人的权利保护，而且也有利于推动商业法律原则的发展。

第四节　仲裁程序中的调解

仲裁与调解，都以当事人的自愿为基础，但在本质上属于两种截然不同的争议解决程序。仲裁与调解相结合是中国涉外仲裁机构进行仲裁时的独特做法，是对国际商事仲裁制度的一个贡献。国际商事仲裁的实践表明，在仲裁过程中实行调解，通过调解程序终结纠纷，具有特殊意义。

一、仲裁程序中的调解及其特点

（一）仲裁程序中的调解与独立调解程序的区别

当前，不少国家的立法都建立了独立的调解制度，一些常设仲裁机构在进行仲裁的同时也制定了专门的调解规则，或者将调解规则与仲裁规则合一，以规范调解程序。例如，国际商会原先的仲裁规则是与调解规则合一的，《国际商会调解和仲裁规则》（1988 年 1 月 1 日起生效），联合国国际贸易法委员会也制定了单独的调解规则。有些国家甚至建立了专门的调解机构，例如 1987 年成立的北京调解中心（总部设在北京）和北京—汉堡调解中心（总部设在汉堡），并制定了相应的调解规则。这些调解机构在解决国际商事纠纷方面也发挥了积极的作用。[①] 但是，不论是基于《国际商会调解和仲裁规则》所进行的调解，还是根据专门调解机构制定的调解规则所进行的调解都属于独立的调解程序，即它们均与仲裁程序没有关系。主持调解的是双方当事人所指定的等额的调解员，调解员的指定不可能通过指定机构的帮助。独立的调解程序无论其成功与否，均不表明争议的当然最终解决：即使调解成功，双方达成了和解协议，调解员制作的调

---

① 程德钧：《涉外仲裁与法律》（第 1 辑），中国人民大学出版社 1992 年版，第 107—115 页。

解书也不具备强制执行的法律效力。一旦其中之一反悔，唯一的补救措施就是继续提起仲裁或诉讼。如果调解失败，整个调解程序终结。当事人有权根据合同中的仲裁条款或者另行签订的仲裁协议将争议交付仲裁解决；如无仲裁协议，可交付法院审理。如果当事人在调解失败后交付仲裁，双方当事人所指定的参与调解的调解员不得担任审理该案仲裁员，甚至不得在仲裁程序中充任当事人的代理人或顾问，也不得作为证人出庭作证。例如《国际商会调解和仲裁规则》第 10 条规定："除非双方当事人同意，调解员不得在以后对于调解程序涉及的争议事项有关的仲裁程序或诉讼程序中充任仲裁员或任何一方的代理人或法律顾问。双方当事人应互相保证以后在任何此类程序中不得要求调解员充当证人。"

仲裁程序中的所进行的调解属于仲裁的有机组成部分，属于法律解决的范畴。在仲裁程序的进行过程中直至作出裁决之前，只要当事人自愿，任何时候都可以进行调解。仲裁程序中的调解是在仲裁庭的主持下进行的，而这个仲裁庭可能并非完全由当事人自行委派的仲裁员所组成的（若一方当事人未根据仲裁规则指定仲裁员，仲裁机构或法院有权为其指定一位仲裁员，首席仲裁员的指定在很大程度上并非当事人直接指定的）。如果调解成功，仲裁庭可以根据调解达成的和解协议制作裁决书，而裁决书具有强制执行的法律效力。若调解失败，仲裁庭就依法作出裁决书，不存在另行组成仲裁庭的问题。此外，仲裁程序中的调解不论是否成功，都标志着当事人的争议通过裁决已经成为已决案，当事人不得就同一争议重新提起任何诉讼或仲裁等程序。

（二）仲裁程序中的调解与当事人和解的区别

虽然仲裁程序中的调解与当事人在仲裁程序的自行和解（Settlement）都在仲裁过程中进行，但调解是在仲裁庭主持下在仲裁庭内进行；而和解是当事人自己在仲裁庭外进行，仲裁员不参与其中。当事人自行达成和解协议后，一般以撤回仲裁申请结案，仲裁庭根据仲裁规则作出准予撤案的决定。与独立的调解程序所达成的调解书一样，当事人自行和解达成的和解协议也不具有强制执行的效力；若一方不执行和解协议的规定，唯一的补救办法只能是向有关的仲裁机构再次提起仲裁程序，或在仲裁机构拒绝受理时诉诸有管辖权的法院。

二、中国涉外仲裁程序中的调解

（一）涉外仲裁程序中调解的法律基础之评析

1995 年的《仲裁法》第 49—52 条对仲裁程序中的调解以及当事人的自行和解作出了规定。因该法第七章"涉外仲裁的特别规定"未对涉外仲裁程序中的调解作特别规定，故可以适用第 49—52 条的一般规定。这些规定的基本精神是：仲裁庭在作出裁决前可以先行调解；当事人自愿调解的，仲裁庭应当调解。调解不成功的，应当及时作出裁决。通过调解，当事人达成协议的，仲裁庭应当制作调解书或者根据协议的结果制作裁决书。调解书与裁决书具有同等法律效力。当事人在提起仲裁后，通过自行和解达成协议的，可以请求仲裁庭根据和解协议作出裁决书，也可以撤回仲裁申请。当事人达成和解协议撤回仲裁申请后反悔的，可以根据仲裁协议重新申请仲裁。调解书须经双方当事人签收后，方才发生法律效力；在签收调解书之前当事人反悔的，仲裁庭应当及时作出裁决。

我国《仲裁法》规定仲裁程序中的调解必须以当事人的自愿为前提。因为调解是比仲裁更强调当事人的自愿性，在一些国家的法律或常设仲裁机构的仲裁规则中，即使当事人交付仲裁或进行调解尚需进一步的明示同意，否则即为程序不合法，所以，仲裁程序中的调解需要当事人的明示的同意。

仲裁程序中的调解由仲裁庭主持，这有别于当事人在仲裁过程中的自行和解。

调解成功，仲裁庭应根据当事人达成的协议制作调解书或者裁决书，两者具有同等法律效力。然而，法律一方面规定调解书和裁决书均由仲裁庭作出，且具有同等法律效力，但在另一方面却规定调解书的生效以当事人签收为条件，这是自相矛盾的。因为仲裁庭作出的调解书在当事人反悔之前，仍然是调解书而非其他毫无意义的文件。若当事人经过调解达成了协议，并由仲裁庭作出调解书，当事人拒绝签收，仲裁庭作出调解书就不发生法律效力，似不可理解。仲裁程序中进行调解的目的就是为了在分清是非的基础上，促使当事人互谅互让，求同存异，迅速解决纠纷。作为商业社会的基本道德规范之一是"约定必须信守"，现代国际条约法的基本原则"条约必须信守"便是从商业社会的规范发展而来的。而现行法律却允许当事人在达成协议后并经仲裁庭作出调解书后，仍有反悔的可能性。由此观之，调解书的法律效力是不确定的，或者说是相对的，即只有在当事人全部签收的情况下，它才与裁决书的法律效力相同。

当事人在仲裁程序中自行和解成功，若申请撤回仲裁，则此项仲裁案不视为一件既决案，仍有可能依据原仲裁协议提请仲裁。反之，如果和解成功后请求仲裁庭依据和解协议的内容作出裁决书，则案件成为已决案，当事人不得就同一标的再提起其他程序，除非存在《仲裁法》规定的裁决应予以撤销的情形。

（二）中国国际经济贸易仲裁委员会的调解

中国国际经济贸易仲裁委员会在其 60 余年的涉外仲裁实践中，遵循双方当事人自愿；仲裁庭主持；查清事实、分清是非以及当事人协商一致的原则①进行了卓有成效的调解，解决了大量复杂的涉外经济纠纷。据统计，在 1984 年以前，该仲裁机构约 50％的仲裁案件是通过调解促使当事人达成和解解决的；直至 20 世纪 90 年代初，该仲裁机构调解结案的比重有所下降，但每年调解结案的数量仍占全年结案数的 30％左右。② 但是，在一些年份调解结案的比重有下降的趋势，1996 年中国国际经济贸易仲裁委员会审结的 797 件案件中，仅 48 件是调解结案的。③ 1997 年中国国际经济贸易仲裁委员会审结的 766 件涉外仲裁案中，当事人调解结案的为 41 件。2017 年中国国际经济贸易仲裁委员会受理的 2 298 件案件中，涉外案件有 476 件；④ 2018 年，中国国际经济贸易仲裁委员会受理仲裁案件总计 2 962 件，同比增长 28.89％，其中涉外案件 522 件（双方均为境外当事人案件 36 件），同比增长 9.66％。⑤ 调解结案数量的减少，并不表明调解

---

①　陶春明、王生长：《中国国际经济贸易仲裁——程序理论与实务》，人民中国出版社 1992 年版，第 137 页。

②　陶春明、王生长：《中国国际经济贸易仲裁——程序理论与实务》，人民中国出版社 1992 年版，第 136 页。

③　程德钧：《中国国际经济贸易仲裁委员会 1996 年年度工作报告》，《仲裁与法律通讯》1997 年第 1 期，第 31 页。

④　参见中国国际经济贸易仲裁委员会网：http：//www. cietac. org. cn/index. php？ m＝Article&a＝show&id＝15804，最后访问日期：2019 年 2 月 8 日。

⑤　参见中国国际经济贸易仲裁委员会网：http：//www. cietac. org. cn/index. php？ m＝Article&a＝show&id＝15804，最后访问日期：2019 年 2 月 8 日。

的不成功，表明了当事人的权利意识日渐提高，希望仲裁庭对争议各方的权利义务关系作明确的认定。仲裁员也顺应当事人的愿望，不强求调解，一旦调解不成或者调解无望，立即依据法律及合同作出裁决，更体现了尊重当事人意愿的精神。

中国国际经济贸易仲裁委员会除了在仲裁程序中采取仲裁与调解相结合的方式进行调解以外，还与其他国家的仲裁机构建立了联合调解机制，成功地解决了一些国际经济贸易纠纷。

1998 年 5 月 10 日生效的中国国际经济贸易仲裁委员会《仲裁规则》从第 45—50 条对仲裁程序中的调解以及当事人自行和解作了较明确的规定。2015 年 1 月 1 日起施行的《仲裁规则》在第 47 条中对仲裁与调解相结合部分作了详细规定，共有 10 款规定。

在仲裁过程中经过双方当事人的同意，仲裁庭可以对案件进行调解。调解的方式不受限制，仲裁庭可以按照其认为合适的方式进行。该仲裁委员会以往的实践是，在庭审的事实调查基本结束，进行法律辩论之前，征询当事人意见。如果当事人同意调解，则暂停仲裁的程序，关闭录音设备，停止记录。调解的方式大致有三种：仲裁庭与双方当事人一起共同磋商；仲裁庭与双方当事人分别磋商，分别征求各方当事人的意见和调解方案；双方当事人自己磋商。[①]

在调解过程中，任何一方当事人提出终止调解或者仲裁庭认为调解已无成功的可能时，应立即停止调解，转入仲裁程序，直至作出最终的裁决。

经仲裁庭调解，当事人达成和解的，双方当事人应签署书面的和解协议（Settlement Agreement）；除非当事人另有约定，仲裁庭应当根据当事人书面和解协议的内容作出裁决书结案，没有《仲裁法》所规定调解书。相比较而言，中国国际经济贸易仲裁委员会的规定比《仲裁法》更切合实际。因为涉外仲裁的一部分裁决将在域外申请承认及执行，基于《纽约公约》申请其他缔约国法院承认及执行仅限于裁决书；对于调解书，其他国家是不接受承认及执行调解书的请求的，调解书在域外既没有法律效力又无执行的法律基础。

---

① 程德钧：《涉外仲裁与法律》（第 1 辑），中国人民大学出版社 1992 年版，第 111 页。

如果调解不成功，任何一方当事人均不得在其后的仲裁程序中援引对方当事人或者仲裁庭在调解过程中发表过的、提出过的、建议过的、承认过的以及愿意接受过的或否定过的任何陈述、意见、观点或建议，作为其请求、答辩等的依据。

综上所述，中国国际经济贸易仲裁委员会在仲裁程序中的调解必须当事人完全自愿，它不属裁决前的必经程序；调解也必须在查明事实、分清是非、公平合理及实事求是的基础上进行，促使当事人互相谅解，达成和解。

第五节 金融纠纷的非诉讼调解机制
——基于上海的实证研究①

2012 年年初，国家发改委在发布的《"十二五"时期上海国际金融中心建设规划》中明确提出："十二五"期间，上海国际金融中心建设的总体目标之一是："基本形成符合发展需要和国际惯例的税收、信用和监管等法律法规体系，以及具有国际竞争力的金融发展环境。"具有国际竞争力的金融发展环境不仅应该包括前置性的规制工具选择，而且应该包括后置性的比较有效的金融纠纷解决体系。

20 世纪以来，纠纷解决机制的多元化逐渐演变为发展趋势，得到迅速发展和广泛认同。② 例如，英国 20 世纪 90 年代启动民事司法改革，在后来形成的 1999 年版的《民事诉讼规则》（Civil Procedure Rules）中强调替代性纠纷解决机制的使用。从 1999 年《伍尔夫改革法案》（Woolf Reforms）颁布至今，英国本土的替代性纠纷解决机制得到了快速发展。这种快速发展的背景是当事人愿意以自主、快速和低成本的方式来解决他们的纠纷。调解可以使得当事人受益，通过约定得到无法通过法院判决达到的结果。对这类案件的解决，法院的效率和司法公正都取决于在案件审结之前的处理情况。降低司法系统的运作出本也是出于公共利益和国

---

① 本节部分内容，详见余涛、沈伟：《游走于实然与应然之间的金融纠纷非诉讼调解机制》，《上海财经大学学报》2016 年第 1 期。

② 范愉：《司法制度概论》，中国人民大学出版社 2004 年版，第 397 页。

家利益的考虑。① 替代性纠纷解决机制不是司法系统的替代系统，而是互补系统，这一定位也使得替代性纠纷解决机制能够得到法院的支持和认可。

调解是多元化解纠机制中的一种。从这个角度而言，上海金融纠纷调解机制的建设总体上符合解纠机制的发展趋势。按照调解与诉讼的关系，可将调解进一步划分为诉讼调解和非诉讼调解。以调解主体为标准，非诉讼调解又可分为人民调解、仲裁调解、行政调解、行业协会调解、第三方专业调解，等等。这些非诉讼调解机制都可被用来解决金融纠纷。但是，国外的金融纠纷调解机制形成经验表明金融纠纷调解机制更多的依靠行业协会或者第三方专业调解等自主调解。② 此处讨论的非诉讼调解是指行业调解和第三方专业调解。上海金融纠纷非诉讼调解机制建设的重心也在这两种调解机制之上。③

总体上看，我国学界对金融纠纷非诉讼调解机制的研究主要聚焦于应然层面的制度解释，缺少实然层面的针对制度运作现实的分析和解读，由此导致的问题表现在以下三方面。

首先，应然的视角决定了金融纠纷调解机制的设计主导和建设推力主要来自公权力机构或准公权力机构，而非当事人的真实需求。这主要是因为调解的合法性源自作为公权力的司法权的让渡和承认，以及调解的功能性在于弥补司法权的缺失和有效应用。例如，保险纠纷非诉调解自 2004 年诞生以来，从全国性的保险业协会到区域的保险同业公会都建立了比较全

---

① Paul Fenn, Neil Richman, Dey Vencappa. The Impact of the Woolf Reforms on Costs and Delay. *CRIS Discussion Paper Series*, 2009. 1.

② 在金融混业经营与混业监管的趋势下，原有的行业性调解机制被相应地整合为统一的金融纠纷调解机制。最为典型的是英国的金融申诉专员制度，在整合保险业、银行业、证券业调解机制基础上形成一种综合性的金融纠纷解决机制。独立的第三方专业性调解机制以 2011 年成立的香港金融纠纷解决中心为代表，实质上是在金融纠纷市场中建立的一种偏市场化的金融纠纷解决机制，为金融消费者提供有偿的金融解纠服务。

③ 2010 年 6 月，中国银行业协会制定了《关于建立金融纠纷调解机制的若干意见（试行）》，要求各会员单位参照执行。上海银行同业公会随后成立了金融消费者权益保护专委会，专门负责本区域内的银行纠纷调解机制的建设与运行工作。2011 年 1 月，上海经贸商事调解中心成立，为当事人在贸易、投资、金融、证券、知识产权、技术转让、房地产、工程承包、运输、保险等领域的各类纠纷提供解纠服务。2012 年 12 月，最高人民法院和中国保险监督管理委员会联合发布《关于在全国部分地区开展建立保险纠纷诉讼与调解对接机制试点工作的通知》。上海市保险业建立了上海市保险合同纠纷人民调解委员会。除了上海经贸商事调解中心是第三方专业调解机制之外，其余的都是行业性的纠纷调解机制。

面的纠纷调解机制。保险纠纷非诉调解机制兴起的一个深刻背景就是国际
社会上对非诉讼纠纷解决机制的重视与强调。[①] 我国学界在制度安排和设
计的供给逻辑下，通常的研究路径是在做简要的国别制度比较研究之后，
无一例外地认为我国应该引入国外的先进经验。[②] 同时，由于后现代主义
与我国古代调解传统的耦合，进一步加剧了学界对调解文化的盲目信任和
崇拜。[③] 这种纯理论推演忽略了保险纠纷非诉调解的现实状况，尤其忽视
了当事人对非诉调解规则的内生性需求。时至今日，尚无学术成果对保险
纠纷的实际运作效果进行实然层面的检验。但与保险纠纷诉讼调解制度建
设类似的制度设计和理论思路却扩展到银行、[④] 证券[⑤]等领域，重复着在保
险纠纷领域上演的制度供给逻辑以及后现代主义所带来的虚无的文化
自信。

其次，学者惯于从应然角度当然地认为对非诉调解协议进行司法确认
"有效解决了以人民调解协议为代表的非诉调解协议缺少权威性、确定性
和强制性的问题"。[⑥] 这里的逻辑仍然是司法机构对调解让渡司法权，调解
分享司法权。事实上，在我国法律语境中，仅有《人民调解法》项下的人
民调解协议才能被司法确认。[⑦]

近年来，中国司法机关尝试扩大调解主题范围。最高人民法院、司法
部于 2017 年 10 月 16 日发出《关于开展律师调解试点工作的意见》（司发
通〔2017〕105 号），在 11 个省市，允许一名或多名律师以调解员名义，
作为中立第三方主持调解，协助纠纷各方当事人通过自愿协商达成协议解
决争议。根据《民事诉讼法》《仲裁法》和《人民调解法》的规定，司法
机关现在只认可由人民法院、仲裁机构、人民调解委员会以机构名义作出

---

① 唐力、毋爱斌：《法院附设诉前调解的实践与模式选择——司法 ADR 在中国的兴起》，《学海》2012 年第 4 期。

② 程金华：《中国行政纠纷解决的制度选择——以公民需求为视角》，《中国社会科学》2009年第 6 期。

③ 姚志坚：《法制现代化进程中的法院调解——对我国法院调解重兴现象的法理分析》，《南京社会科学》2005 年第 6 期。

④ 朱小川：《银行业消费者投诉途径及非诉争端解决机制——以英美等国为例》，《金融理论与实践》2013 年第 8 期。

⑤ 胡改蓉：《证券纠纷解决机制多元化的构建》，《华东政法大学学报》2007 年第 3 期。

⑥ 王俊友、常志峰：《大调解视野下非诉调解协议司法确认机制的定位与进路》，《公民与法》2012 年第 12 期。

⑦ 《人民调解法》规定：当事人经法定机构——人民调解委员会调解达成的调解协议，才具有法律约束力。

的调解协议，对于由人民调解委员会达成的调解协议还需经法院司法确认方具有强制执行力。即便是对人民调解协议的司法确认仍然被人诟病，原因是对调解协议加以司法确认的目的在于对协议效力的保证，而非对调解的替代。① 同时，对非诉调解协议进行司法确认的成果却没有及时借鉴和吸收"司法确认"制度在设计和运作中存在的教训。

实际上，对非诉调解协议进行司法确认的做法必须建立在对司法的强制性和调解的自愿性有机结合和准确把握之上。抛开对非诉调解协议的教义学依据不论，司法与调解基本原理的异质性就决定了不能对非诉调解协议进行简单的司法确认，强制性与自愿性的张力不仅会扭曲调解的一般规律，而且还会成为不当调解案件大量出现的原因，更会违背利用非诉调解方式实现诉讼分流的原初目标——对非诉调解协议的司法确认只不过是将矛盾打包转移至法院的强制执行程序，并未在实质上减少法院的压力。对于当事人来说，在形式上似乎降低了"获取正义"的门槛，提高了纠纷解决效率，实际上这种将矛盾从左口袋放入右口袋的做法又变为当事人获取正义的障碍，影响了纠纷解决的效率。

再次，对金融纠纷诉讼调解的研究呈现出两极化的趋势。其一，研究相对滞后，通常以国外制度作为研究对象和参照系，多数作品处于对国外相关经验进行译介性介绍②或者论证金融纠纷非诉调解意义和合理性的阶段。③ 其二，研究过于超前，这主要表现为基于自由市场理念利用非诉调解机制对"金融消费者"权益保护的研究方面。④ 目前，金融消费者仍是一个内涵及外延都模糊不定的政策性概念，很难被纳入以金融抑制为理论框架的金融法律体系之中。造成这种既有滞后又有超前的矛盾主要可以归因于对金融纠纷非诉调解机制的研究脱离了中国金融纠纷非诉调解的现实，未能对金融纠纷非诉调解的"实然"状态予以准确把握。不当的超前

---

① 潘剑锋：《论司法确认》，《中国法学》2011 年第 3 期。

② 参见李婧：《我国台湾地区金融消费者保护制度的最新发展及启示》，《政治与法律》2011 年第 12 期；刘颖：《日本金融 ADR 制度：发展与评价》，《现代日本经济》2012 年第 4 期；柳鸿生：《澳大利亚金融消费纠纷非诉调解机制借鉴》，《中国经济周刊》2015 年第 4 期。

③ 董新义：《论金融纠纷的行业与诉讼联动调解》，《法律适用》2011 年第 12 期。

④ 参见杜晶：《"金融消费者"的界定及其与金融投资者的关系》，《中国青年政治学院学报》2013 年第 4 期；杨东：《论金融服务统合法体系的构建——从投资者保护到金融消费者保护》，《中国人民大学学报》2013 年第 3 期；马建威：《金融消费者法律保护：以金融监管体制改革为背景》，《政法论坛》2013 年第 6 期；吴弘：《金融纠纷非诉解决机制的借鉴与更新——金融消费者保护的视角》，《东方法学》2015 年第 4 期。

或滞后的研究加大了成果转化的难度，使得学术研究重复集中在应然层面，而忽视实然效果。

笔者试图对这一研究视角的失衡做实然回归，强化金融纠纷解纠机制理论研究的本土色彩，坚持实证方法，对上海金融纠纷非诉调解机制运行中所存在的问题进行宏观上的诊断，并提出具有应对性的纠偏对策。本节选择上海作为研究对象的主要原因在于上海是中国的经济中心，金融生态最为发达，上海金融纠纷非诉讼调解机制所存在的问题基本上可以比较准确和全面地反映我国金融纠纷非诉讼调解机制已经存在或者可能存在的问题。这些问题的解决对于建立全国性的或者区域性的金融纠纷非诉讼调解机制具有重要的示范意义。

一、上海金融纠纷非诉讼调解机制存在的问题

（一）第三方调解机制的虚置

上海经贸商事调解中心[①]（简称调解中心）自 2011 年 1 月成立至 2012 年 2 月，"共接待各类商事调解纠纷案件 10 起；咨询 5 起，其中出具咨询意见书 3 起；正式立案 3 起，其中办结 1 起，尚在办理 1 起，申请人撤回申请 1 起；协助法院工作 2 起"。[②] 2014 年全年，调解中心共受理 109 件案件，其中金融借款合同纠纷 58 件。[③] 调解中心从成立到 2014 年，其收案数有较大幅度增长。但是如果将其与上海市 2014 年金融商事纠纷一审收案数（54 586 件）[④] 相比，调解中心的收案数显然很少。更为重要的是，截至 2015 年，到调解中心调解的案件主要是法院的诉前调解。[⑤] 这说明，促

[①] 上海经贸商事调解中心经上海市商务委、上海市社团局批准，于 2011 年 1 月 8 日正式成立，是独立的第三方商事调解机构。根据 2014 年 6 月 6 日上海市社会团体管理局对调解中心更登记决定书回复可知，调解中心在法律性质上属于"非营利性社会服务活动的社会组织"。但是，考察调解中心的运作模式，尤其是收费模式后，笔者认为调解中心属于市场化的调解机构，其"非营利性"的性质使其区别于一般的公益性组织。

[②] http://stj. sh. gov. cn/Info. aspx? ReportId = 1d6cf938-e9c4-43ec-870f-4a559045e12f，最后访问日期：2014 年 9 月 25 日。

[③] 王凤梅、谢珊娟："上海经贸商事调解中心已成'中国经验'"，http：//www. jfdaily. com/zt/2040 _ 781/114/201505/t20150520 _ 1524244. html，最后访问日期：2015 年 9 月 5 日。

[④] 参见《2014 年度上海法院金融商事审判情况通报》。

[⑤] 王凤梅、谢珊娟："上海经贸商事调解中心已成'中国经验'"，http：//www. jfdaily. com/zt/2040 _ 781/114/201505/t20150520 _ 1524244. html，最后访问日期：2015 年 9 月 5 日。

使调解中心收案数增长的原因并非是纯市场因素（即在没有任何外力作用下，由当事人主动选择将纠纷诉至调解中心），而是在法院的介入或帮助下，才使得该机制的收案数有所增长。换言之，如果没有法院的干预，调解中心的市场接受度将面临严峻挑战。作为一个"始终遵循市场规律，自收自支，自负盈亏"的"民非"机构，调解中心在2014年共"收取调解费用共计111万元人民币，接受捐赠220.1万元人民币"。① 如此规模的营收与"遵循市场规律，自收自支，自负盈亏"的定位有很大反差，这进一步说明了调解中心利用率低的现状。当初的构想——"它将为国内企业组织以及在沪的国际企业组织和机构的商事纠纷提供快捷、高效、经济、灵活的服务，与当事人双方制定'案结事了'的解决方案"② 因实务界对该平台需求不足而未能实现。

即便如此，仍有学者呼吁要建立上海金融调解中心。③ 上海市政府在2014年9月15日发布的《关于本市进一步促进资本市场健康发展的实施意见》中更强调，要在上海"设立第三方金融纠纷调解中心，建立公平、公正和高效的纠纷解决机制，多元化解决资本市场纠纷。"④

（二）证券调解机制违反了供求关系理论

我国证券纠纷诉讼经历了驳回起诉、暂不受理、有条件受理等阶段。⑤ 因为法院各种公开或不公开的"司法政策"而得不到受理的案件，不见得比诉至法院的案件数量少，⑥ 在诉讼渠道不畅通的情况下，非诉调解机制应该蓬勃发展，以弥补诉讼机制的缺位。然而，直至2012年6月，中国证券业协会才发布《中国证券业协会证券纠纷调解工作管理办法（试行）》。2013年12月，上海证监局指导上海市证券同业公会设立证券纠纷调解专业委员会，旨在解决证券纠纷。证券纠纷调解机制对证券纠纷

① "上海经贸商事调解中心：填补商事纠纷调解空白"，http：//www.wtoutiao.com/p/s10CjC.html，最后访问日期：2015年9月5日。

② http：//www.scmc.org.cn/，最后访问日期：2014年10月11日。

③ http：//www.law-lib.com/hzsf/lw_view.asp? no＝12465&page＝2，最后访问日期：2014年9月30日。

④ http：//sjr.sh.gov.cn/shjrbweb/html/shjrb/xwzx_jryw/2014-09-15/detail_101256.htm，最后访问日期：2014年9月30日。

⑤ 于寅生：《论证券集团诉讼与我国证券诉讼制度的完善》，《经济研究导刊》2015年第9期。

⑥ 黄韬：《中国法院受理金融争议案件的筛选机制评析》，《法学家》2011年第1期。

解决市场需求的迟钝反应，至少说明调解并不是市场主体最为迫切的制度需求。更何况中国国际贸易促进委员会调解中心以及上海经贸商事调解中心可以为证券纠纷提供调解服务。如果这两个纠纷调解中心再与上海市证券行业调解机制竞争案源的话，那么后者的实际功用将会被进一步削弱。

上海市证券业协会为何建立证券纠纷调解机构呢？可能的解读是上海市证券行业调解机制的设计是由某些非市场的力量主导，因为"通过自上而下的命令强制推行调解制度肯定是中国当前调解制度发展的直接动力"。① 这种制度设计的内在逻辑表明上海金融纠纷调解机制的建设正在上演某种有利于制度设计者的资源争夺战，而置市场需求于不顾。

（三）司法确认非诉调解协议的法理缺失

我国法律和司法解释仅规定了对人民调解协议可以进行司法确认。2002 年最高人民法院颁布的《关于审理涉及人民调解协议的民事案件的若干规定》第 1 条规定："经人民调解委员会调解达成的、有民事权利义务内容，并由双方当事人签字或者盖章的调解协议，具有民事合同性质。当事人应当按照约定履行自己的义务，不得擅自变更或者解除调解协议。"2010 年施行的《人民调解法》第 33 条第 1 款规定："经人民调解委员会调解达成调解协议后，双方当事人认为有必要的，可以自调解协议生效之日起三十日内共同向人民法院申请司法确认，人民法院应当及时对调解协议进行审查，依法确认调解协议的效力。"截至目前，《民事诉讼法》及其他法律并未规定法院可以对第三方调解协议和行业调解协议进行司法确认。

2009 年最高人民法院《关于建立健全诉讼与非诉讼相衔接的矛盾纠纷解决机制的若干意见》20 条规定："经行政机关、人民调解组织、商事调解组织、行业调解组织或者其他具有调解职能的组织调解达成的具有民事合同性质的协议，经调解组织和调解员签字盖章后，当事人可以申请有管辖权的人民法院确认其效力。"第 25 条规定："人民法院依法审查后，决定

---

① 王福华：《调解发展的国际潮流与中国机遇》，载［澳］娜嘉·亚历山大：《全球调解趋势》（第 2 版），王福华等译，中国法制出版社 2011 年版，第 1 页。

是否确认调解协议的效力。确认调解协议效力的决定送达双方当事人后发生法律效力，一方当事人拒绝履行的，另一方当事人可以依法申请人民法院强制执行。"2012 年最高人民法院发布的《关于扩大诉讼与非诉讼相衔接的矛盾纠纷解决机制改革试点总体方案》第 11 条规定："落实调解协议的司法确认制度。经人民调解委员会调解达成协议的，当事人根据《中华人民共和国人民调解法》第 33 条的规定共同向人民法院申请确认人民调解协议的，人民法院应当依法受理。经行政机关、商事调解组织、行业调解组织或者其他具有调解职能的组织调解达成的协议，当事人申请确认其效力，参照《最高人民法院关于人民调解协议司法确认程序的若干规定》办理。"2012 年最高人民法院、中国保险监督管理委员会联合发布的《关于在全国部分地区开展建立保险纠纷诉讼与调解对接机制试点工作的通知》，规定了当事人可以申请法院对保险纠纷调解协议进行司法确认。这些规范性文件说明最高人民法院等有扩大适用司法确认范围的倾向和趋势。

最高人民法院《关于司法解释工作的规定》第 6 条规定："司法解释的形式分为'解释'、'规定'、'批复'和'决定'四种。"这说明，前述"意见""方案"和"通知"等规范性文件并不属于司法解释的范畴。第 5 条又规定："最高人民法院发布的司法解释，具有法律效力。"这种有限列举的方式否定了"意见""方案"和"通知"的法律效力。所以，对行业调解协议和第三方专业调解协议进行司法确认的做法的法理基础存疑。

二、上海金融纠纷非诉讼机制失灵的原因

（一）金融消费者对非诉调解机制的主动接受度较低

图 6-1 表明，自 2010 年至今，金融商事案件的调撤率逐年下跌。剔除客观调解不能（例如缺席判决等）之外，"诉调对接制度的不断推进和完善，使得部分案件在诉前即获解决"。这里有一个不可忽视的因素：法院等其他机构对金融消费者选用非诉调解机制具有的决定性影响。如果剔除各种"诉调对接"和"委托调解"机制的影响，那么当事人主动选用非诉调解机制的情况可能就少之又少了。根据公开数据显示，上海市法院 2012

年受理证券纠纷类一审案件仅有 49 起，2013 年有 76 起，2014 年有 246 起。[①] 这说明，证券诉讼在上海市仍占少数。按理说，大量证券纠纷会导致调解机制的受案数有井喷式发展；然而，2013 年上海证券纠纷调解机制年办案量仅为 3 起，而且其中两起还是中国证券业协会纠纷调解中心转办案件，只有 1 起是投资者来电投诉。[②] 造成这种反差的合理解释就是金融消费者对非诉调解机制的主动接受度较低，进入非诉调解的金融商事纠纷案件主要是通过法院等渠道接入的，而非当事人的主动选用。

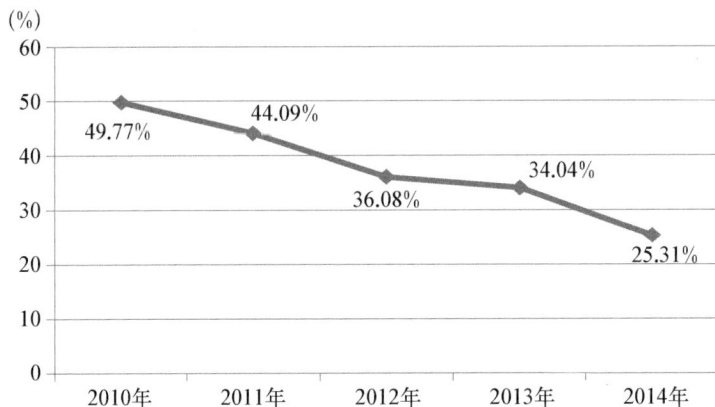

图 6-1　2010—2014 年上海法院一审金融商事案件调撤率情况[③]

（二）金融消费者对诉讼方式的偏好压制了非诉调解的生长空间

根据表 6-1 可知，2010—2013 年，上海市金融消费者[④]作为原告的一审纠纷收案数的绝对数量逐年上升，年均增长率为 51.4%。一审原告为金

---

① 参见《上海法院证券、期货、信托纠纷案件审判情况通报》和《2014 年度上海法院金融商事审判情况通报》。

② "稳步推进证券纠纷调解工作　成功调解 3 起证券纠纷"，http://www.ssacn.org.cn/SSACN/SSACN_SITE/ViewArticle.aspx? id=6159，最后访问日期：2015 年 9 月 5 日。

③ 参见《2014 年度上海法院金融商事审判情况通报》。

④ 金融消费者在中国是一个尚有争议的概念。借用消费者保护的概念，界定金融消费者应坚持的核心理念是倾斜保护。由于金融交易双方存在巨大的信息不对称以及"金融抑制"，交易双方的地位处于不平等状态，金融消费者处于交易劣势地位。以金融消费者保护作为金融规制依据和政策出发点在中国金融语境中存在难以克服的实现障碍。参见马建威：《金融消费者法律保护：以金融监管体制改革为背景》，《政法论坛》2013 年第 6 期；杨东：《论金融服务统合法体系的构建——从投资者保护到金融消费者保护》，《中国人民大学学报》2013 年第 3 期；李婧：《我国台湾地区金融消费者保护的最新发展及启示》，《政治与法律》2011 年第 12 期。

融消费者案件数量相对于一审金融纠纷案件总量的相对数量也呈上升趋势。金融消费者作为原告的一审纠纷收案数的绝对量和相对数量逐年增长的现实，说明金融消费者选择诉讼途径维护权益的意识逐渐加强。

表 6-1　2010—2013 年一审原告为金融消费者的案件情况统计①

年　份	2010	2011	2012	2013
一审原告为金融消费者的案件数量	515 件	660 件	1 089 件	1 754 件
一审金融纠纷案件收案数量	8 850 件	9 818 件	17 526 件	22 987 件
一审原告为金融消费者的案件占一审金融纠纷案件收案数的比例	5.82%	6.72%	6.21%	7.63%
一审原告为金融消费者案件的年增长率	——	28.16%	65.00%	61.07%

金融消费者对诉讼的偏好与对非诉调解的低接受度形成了鲜明对比。金融消费者越来越强烈的诉讼维权意识，压制了原本就比较薄弱的非诉调解的生长空间。

（三）金融机构对诉讼方式的偏好

以银行业纠纷为例，涉银行纠纷通常包括两类：银行卡纠纷和金融借款合同纠纷。在 2011—2014 年四年间，这两类纠纷的一审收案数占金融商事案件一审收案数的比例分别是 80.45%、83.98%、89.27% 和 90.64%。②

选择银行业为例予以说明，是因为涉银行纠纷占据了金融商事纠纷的绝大多数，具有代表性。对于占据金融商事纠纷绝对比例的涉银行纠纷的当事人之一——银行的态度进行分析，基本上代表了金融机构对诉讼的态度。

有学者以 48 家银行或其分支机构为调研对象，以问卷调查方式研究了银行的解纠机制选项，调查结果详见表 6-2。

---

① 根据《2010—2013 年上海法院涉金融消费者权益纠纷案件审判情况通报》整理而成。
② 参见《2014 年度上海法院金融商事审判情况通报》和《2014 年度上海法院金融商事审判情况通报》。

表6-2　银行选择解纠方式的比例（偏好）①

解纠方式	协商②	调解	仲裁	诉讼	协商与仲裁	协商与调解	协商与诉讼	三种以上的方式
选择解纠方式的银行数量（家）	7	1	1	13	1	5	6	14
选择不同解纠方式的银行占银行总数的比例(%)	14.58	2.08	2.08	27.08	2.08	10.42	12.5	29.17

表6-2说明，只有极少数银行选择采用调解的解纠方式，大多数银行更倾向于用诉讼的方式解决纠纷。调解在银行业纠纷中并不受欢迎，③不是金融机构的制度需求，这在一定程度上影响或限制了调解机制功能的发挥。

（四）我国法制建设经验主义合理性传统促使对调解进行大规模司法确认

非诉调解协议履行与否，主要依赖于当事人的自愿。为了提高调解协议的履行率，实践中的普遍做法就是对其进行司法确认，以赋予其强制执行力。④对非诉讼调解协议进行司法确认的做法虽然没有明确的法律依据，但是我国有权机关并没有完全禁止这种做法，这主要是因为我国有法律试行和制度试点的传统。法律试行和制度试点的意义在于，一方面它能预先测定社会上各方面的利益要求，保证我国社会秩序的相对稳定性；另一方面能估量法律公布后的社会影响和实施，便于立法和执法机关就种种反馈

①　于朝印：《商业银行金融仲裁：困境与出路——基于山东省调研案例》，《西部金融》2013年第4期。

②　这里的"协商"实际上就是"和解"。

③　本处虽然引用的基于山东省的调研数据，并不能完全代表上海市的情况。但是因为我国商业银行基本都是遵循"总行——级分行—二级分行—支行"的运作模式，这种运营网络覆盖全国。各银行内部都有严格的汇报制度，具体的涉诉、纠纷解决情况等都须上报。上级银行再根据下级银行反映的情况制定统一的应对规则。在这样的架构中，银行在应对纠纷解决的规则选择上具有趋同性。因此，山东银行业的纠纷解决取向基本上可以代表或者至少反映上海银行业的纠纷解决态度。

④　刘敏：《论诉讼外调解协议的司法确认》，《江海学刊》2011年第4期。

信息（意见）做出积极地回应，收集必要的立法和执法信息。[①] 对非诉讼调解协议进行司法确认的正当性基础不在于制度的合法性，而在于我国自改革开放以来所坚持的制度建设的经验主义合理性。邓小平曾说："有些问题，中央在原则上决定以后，还要经过试点，取得经验，集中集体智慧，成熟一个，解决一个。"[②] 早在 1987 年，深圳特区就尝试土地使用权有偿转让制度，我国 1982 年《宪法》是禁止对土地使用权进行转让的。由于这种试探性的做法带了巨大实益，在 1988 年修改宪法的时候，我国就明确承认了土地使用权可以依法转让。[③] 如今对非诉讼调解协议进行司法确认的做法，正是秉承了我国改革开放以来，制度建设边干边学，不断改进的经验主义路径。深谙中国法制建设规律的"制度企业家"们，为了追求制度创新收益，都争先恐后地推进了对非诉讼调解协议进行司法确认的实践。

三、解决上海金融纠纷非诉调解机制失灵的路径

（一）解决上海金融纠纷非诉调解机制失灵的路径

上海金融纠纷非诉讼调解机制的建设不应该把重心放在建立新的调解机制或平台上，而是应该把重心放在如何整合和重配现有的平台资源，提高现有调解机制的利用效率。理论界及实务界对诸如建立上海金融纠纷调解中心之类的建议应该保持克制。具体来说，可行的路径包括以下几点。

第一，不要急于建立新的独立的第三方纠纷调解机制或平台，应充分发挥上海经贸商事调解中心的作用。调解中心的调解范围包括当事人之间在贸易、投资、金融、证券、保险、知识产权、技术转让、房地产、工程承揽、运输以及其他商事等领域的争议。[④] 按照这样的设计，现有的金融纠纷基本都可以在该中心得到解决。正如前文所述，上海经贸商事调解中心并没有发挥预想的效用，造成了资源的浪费。上海市当下金融纠纷调解

---

① 谢乃煌、丘国中：《法律试行的成本效益分析》，《政法学刊》2011 年第 1 期。

② 《邓小平文选》（第 2 卷），人民出版社 1994 年版，第 341 页。

③ 张建伟：《"变法"模式与政治稳定性——中国经验及其法律经济学含义》，《中国社会科学》2003 年第 1 期。

④ http：//stj. sh. gov. cn/Info. aspx？ ReportId = 6e31dfab-8366-4052-aca4-2b1642dd08c9 最后访问日期：2014 年 11 月 1 日。

工作的重点之一应该是由监管机构适当地将金融纠纷引导至该中心进行解决。

第二，不要急于建立新的行业类的纠纷调解机制，重点利用和发展已建成的保险纠纷、银行纠纷以及证券纠纷调解机制。一方面，这可以逐步改变既有制度规则供过于求的现状，提高现有制度的运行效率，以降低制度的运行成本；另一方面，也可以在这三个比较成熟的领域进行纠纷调解机制的试验，摸索出一套兼具效率与公平的纠纷调解机制，为期货、信托等其他纠纷调解机制的建立积累经验。当然，保险、银行以及证券纠纷也可以提交至上海经贸商事调解中心进行解决。有些学者建议应先在我国各金融领域建立起行业性的申诉专员制度，在时机成熟时过渡到统合型的申诉专员制度。[①] 金融申诉专员制度包括了调解制度。按照这一逻辑，该建议支持我国建立行业性调解机制。但是，这种思路仍然罔顾了我国金融纠纷解决机制效率低下的现实，故不可取。

（二）金融纠纷非诉讼调解激励机制的设置

1. 行业性调解机制的激励及其误区的避免

市场性的调解机制应该有市场性的激励方法。行政性的调解机制，则应该有行政性的激励方法。"我国行业组织历史悠久，但近代以后的发展不如欧洲那样具有自治性，而是在官府的控制下发挥作用。"[②] 不论从人员配置还是经费来源来讲，我国行业组织遵循的基本是行政化的运作规律。在对行业协会性的金融纠纷调解机构的考评也体现了行政化的考评模式。最重要的表现就是行业协会性的金融纠纷调解机构所提供的调解服务相当于是一种公共产品，这种服务的价格不能根据市场机制决定。监管部门需要保证行业性纠纷调解机构有充足的经费、人员配备等。由于我国行业协会的行政化特性，这些协会通常背负了行政机构的某些功能使命。因此，我国行业协会性的调解机制的工作目标至少有以下两点。

第一，为金融消费者提供调解服务。该目标所遵循的基本准则是尊重与维护调解的基本原理和规律，严格依照调解的自愿性和处分性原则为当

[①]　杨东：《论我国证券纠纷解决机制的发展创新——证券申诉专员制度之构建》，《比较法研究》2013年第3期。

[②]　孙笑侠：《论行业法》，《中国法学》2013年第1期。

事人提供调解服务。在具体的制度规则方面，行业性的纠纷调解机制一方面要坚持金融消费者启动纠纷调解机制的免费原则，另一方面则应采取调解机制启动和终止的单方强制原则。换言之，启动和终止都应由金融消费者单方决定，金融机构必须接受。就裁决结果而言，应对金融机构有单方约束力，只要金融消费者接受调解结果，则金融机构必须接受；金融消费者不接受调解结果，可以继续启动其他救济机制。这种制度设计是贯彻对金融消费者倾斜保护理念的重要体现。①

第二，贯彻落实政府的社会管理目标。该目标所遵循的基本逻辑是，必须维护政府社会管理目标的实现，将国家的大政方针落实到具体的调解实践中。实际上，这两个目标在特定的条件下可能会相互冲突。尤其是在我国建设和谐社会的大环境下，前一目标极容易被后一目标所裹挟。调解的过程实际上就是纠纷当事人双方达成合意的过程。通常，纠纷解决者对合意的结果更为期待，也更为主动，而纠纷当事人却常常处于被动的状态，以勉强甚至消极的态度去接受纠纷解决者的这种"偏好"。② 如果行业性的调解机构被赋予维稳等目标，则会进一步强化其对当事人达成调解合意的期待，纠纷当事人在调解的过程就会显得更加被动。这有可能危害调解的任意性和处分性原则，最终扭曲调解的基本原理。因此，对行业性的纠纷调解机制的激励更应该注重服务对象的评价，而不应该把社会管理目标的实现作为其主要的考核标准和激励机制。

2. 市场化调解机制的激励及政府的适度干预

上海经贸商事调解中心是上海目前最主要的市场化的纠纷调解机构。该中心之所以"空转"，根本原因就在于这种制度缺乏应有的市场基础，并没有形成调解作为一种优化选择机制的运作环境。在金融纠纷调解市场，最主要的两个主体是服务提供者和金融消费者。要解决金融纠纷调解市场疲软的问题，应该从两个主体着手。

第一，市场对服务提供者的最大激励莫过于能够从其所提供的服务中获取相应的利润。《上海经贸商事调解中心收费办法》（试行）详细规定了

① 杨东：《论我国证券纠纷解决机制的发展创新——证券申诉专员制度之构建》，《比较法研究》2013 年第 3 期。
② 赵旭东：《民事纠纷解决中合意形成机制的检讨与反思——以当事人视角下的合意为中心》，《法学家》2014 年第 1 期。

案件登记费以及调解费的收费方式和标准。这实际上是服务提供者提供相应调解服务的价格指引，也是促使服务提供者进入调解市场的核心动力所在。上海经贸商事调解中心的收费方式与 2011 年在香港成立的香港金融纠纷解决中心的收费方式极为相似，例如香港金融纠纷解决中心向金融消费者提供解纠服务的价格大约是在 4 小时以内的，收取 1 000 港元或者 2 000 港元，超出 4 小时的则以每小时 750 港元或 1 500 港元的标准收取，① 而上海经贸商事调解中心则是每小时最低收费在 3 000 元以上。② 就服务价格来看，上海要比香港贵。有学者跟踪考察了香港金融纠纷解决中心自其成立后的半年内的运行情况，发现中心收案量偏少，主要原因之一就是服务费用的价格定得过高。③ 价格机制在调解资源配置与利益分配功能上的失灵，必须由政府采用法律、行政等非价格手段对价格进行管制和调整。④ 上海经贸商事调解中心收案量过小的原因之一也是因为服务价格太高，金融消费者的调解服务需求与制度供给之间出现了偏差。因此，政府对于上海经贸商事调解中心服务定价机制需要有适度干预，对调解服务收费实行价格上限管制，以激励金融消费者对该平台的选择。

　　第二，金融消费者的主要目的是能够从调解市场中购买到质优价廉的调解服务，能够高效地解决纠纷。但是在金融纠纷调解市场形成的初期，金融消费者对这种新型的市场化的解纠方式尚难以接受，金融消费者的纠纷服务消费意识尚未形成，在一定程度上影响了上海经贸商事调解中心的运行。上海经贸商事调解中心完全市场化运行的前提条件并不成熟，市场机制的失灵应该由政府之手予以矫正。具体的做法：其一，该机制的初创运行阶段不能完全靠服务收费制度支撑，中心应该适当降低服务费率，监管机构为调解中心向市场化过渡提供一定的资金支持。例如香港金融纠纷解决中心成立费用及前三年（2012 年 1 月 1 日—2014 年 12 月 31 日）的运营经费由政府、金管局和证监会提供；2015 年 1 月 1 日起，中心运营经费

---

　　① 杨东、文诚公：《香港金融纠纷解决机制的新发展及其对内地的启示》，《首都师范大学学报（社会科学版）》2013 年第 3 期。

　　② http://www.scmc.org.cn/application.aspx? CID=13，最后访问日期：2014 年 10 月 2 日。

　　③ 杨东、文诚公：《香港金融纠纷解决机制的新发展及其对内地的启示》，《首都师范大学学报（社会科学版）》2013 年第 3 期。

　　④ 赵凌云：《经济学通论》，北京大学出版社 2005 年版，第 97 页。

由金融机构提供，并按公平及公正的方式进行分担。① 其二，监管机构、行业协会等应加强对市场化的调解机制的宣传，有意识地引导和鼓励金融消费者进入市场化的解纠市场，培养金融消费者的调解服务消费意识，提高金融消费者对该机制的认可度。

（三）对接调解协议与仲裁裁决是强化调解协议效力的有效途径

1. 调解协议与仲裁裁决对接的先例

为了克服履行调解协议自愿性低的缺陷，现实中发展出了调解协议与仲裁裁决相对接的做法。深圳证券期货业纠纷调解中心《调解规则》第17条规定："当事人达成调解协议的，为使调解协议的内容具有可强制执行的法律效力，任何一方当事人可依据调解协议中的仲裁条款，申请深圳国际仲裁院根据其仲裁规则的规定，按照调解协议的内容依法快速作出仲裁裁决。"深圳证券期货业纠纷调解中心的特色就在于通过仲裁裁决的形式来保证调解协议的强制执行效力，这不仅保证了调解协议在国内通过法院的力量得到强制执行，而且可以依照联合国《关于承认及执行外国仲裁裁决公约》在149个国家得到强制执行。②

深圳证券期货业纠纷调解中心与一般的调解仲裁对接模式都将调解作为仲裁的前置性程序，无法达成调解协议的，则直接转入仲裁模式。这与一般的调解仲裁结合模式的根本性区别在于仲裁机构对待成功的调解协议的态度上，深圳模式可以直接根据调解协议的内容制作仲裁裁决书；而一般的调解仲裁结合模式中并不能根据调解协议的内容制作仲裁裁决书，如果一方当事人反悔，则另一方当事人只能请求法院对调解书进行司法确认或者重新通过仲裁、诉讼等其他途径维权。显然，仲裁机构直接依据调解协议的内容制作裁决书的方式能够制止当事人在解纠过程中出现的反复，进而提高解纠效率。

2. 调解协议与仲裁裁决对接的法理解读

深圳证券期货业纠纷调解中心将调解协议与仲裁裁决对接起来的前提是尊重当事人的意思自治，并不违背金融调解的基本运作规律。

---

① 孙天琦：《港台加拿大金融消费纠纷第三方调解机制及启示》，《西部金融》2013年第8期。
② http://www.sfdrc.cn/CN/DetailPub.aspx?NodeCode=101036002&id=100000063291129，最后访问日期：2014年9月26日。

　　首先，就调解协议与仲裁裁决的对接时点来看，调解中心制作调解协议后，直至当事人协议内容履行完毕之前，当事人都可以在平等协商的基础上，提请深圳国际仲裁院依据调解协议的内容制作仲裁裁决。在提请深圳国际仲裁院依据调解协议的内容制作仲裁裁决书的整个过程中，当事人的履行合意并没有破裂。而对调解协议的司法确认是在当事人的履行合意破裂之后，司法权才强势介入，此时当事人对调解协议的履行已经完全没有共识了。换言之，调解协议与仲裁裁决的对接是在当事人合意的基础上进行的，而法院对调解协议的司法确认是在当事人合意破裂之后进行的。

　　其次，就纠纷当事人在对调解协议和仲裁裁决相对接以及对调解协议进行司法确认中所扮演的角色来看，当事人的充分合意在前者的情况下起到了决定性作用，如果没有当事人的合意，调解协议是不可能成为仲裁裁决书依据的，在这一过程中，当事人的自愿性和处分性得到了充分尊重；而在后者的情况下，只有当事人不履行或者不完全履行协议内容时，才能提起司法确认，提请司法确认的往往只是纠纷当事人一方的单方行为，并不存在当事人双方的合意，也就是说，仅仅由当事人一方的行为即可启动国家强制力的介入。

　　最后，现代商事仲裁与调解的趋同性为两者在制度机理方面的嫁接提供了天然的便利条件，但又不会因此而混同两者的基本制度价值和运作机理。在国际商事仲裁领域，仲裁意思自治原则的适用范围不断扩大，选用准据法解决仲裁协议的有效性（当事人行为能力问题除外）以及决定仲裁适用的程序法。当事人享有高度的意思自治是当代国际商事仲裁发展的重要趋势。[①] 调解和仲裁的共同特点就在于高度的意思自治性。调解的意思自治性贯穿于整个调解过程，包括调解协议的履行与否都由纠纷当事人自我决定；仲裁意思自治与调解意思自治的本质差别就在于仲裁方式的一裁终局性和仲裁裁决的强制性。《仲裁法》第 9 条规定：仲裁实行一裁终局的制度。裁决作出后，当事人就同一纠纷再申请仲裁或者向人民法院起诉的，仲裁委员会或者人民法院不予受理。最高法院在（2012）民四他字第 57 号复函中曾表示，《仲裁法》第 9 条中的"一裁终局"仅指同一纠纷

[①]　杜新丽：《国际民事诉讼与商事仲裁》，中国政法大学出版社 2009 年版，第 152—153 页。

不能两次被受理，至于仲裁裁决是否与在先的法院判决、仲裁裁决在先决问题的认定上有所不同则属于实体问题，法院无权审查。调解和仲裁解纠过程的趋同性越来越强，解纠结果的性质将在根本上决定调解与仲裁的区别。将调解协议与仲裁裁决进行对接，也仅仅是基于纠纷当事人的自我处分权，给纠纷当事人提供了一种新的可选的解纠方式。实际采取何种解纠方式，当事人仍有最终的决定权。

对非诉讼调解协议进行司法确认的做法虽然有经验主义的合理性，但缺陷也很明显：多元立法主体（包括最高人民法院、保监会、银监会、证监会等）的利益存在多元化，"可能会造成法律冲突和互相矛盾，并且各地方、各部门有可能形成地方保护主义，破坏法律的统一性、完整性，造成公众预期混乱，进而造成一些跨地区、跨部门的交易因规则混乱而无法达成契约。"① 本质上，这说明非诉讼调解协议的司法确认欠缺合法性。将调解协议与仲裁裁决相对接的做法可以避免这种合法性缺失，提升调解协议的法律效力。

3. 调解协议与仲裁裁决对接的现实基础及路径

将金融纠纷调解协议与仲裁裁决对接起来，一方面可以借助仲裁方式的一裁终局性和仲裁裁决的强制性解决调解协议效力软弱的问题；另一方面也能顺应纠纷解决国际化的需求。在上海建设国际金融中心的进程中，金融纠纷也必然呈现国际化趋势。上海应建立起有效的国际化的纠纷解决机制以顺应现实的需求。上海可以考虑建立调解协议与仲裁裁决对接制度。在硬件方面，上海国际仲裁中心已经建立了一套成熟的运行规则，基本可以保证相应的制度供给。此外，可以借助上海经贸商事调解中心的既有构架，在其调解规则中增添依据调解协议的内容提请上海国际仲裁中心制作仲裁裁决书的条款即可。在软件方面，经过多年的发展，上海国际仲裁中心"以独立、公正、专业、高效的仲裁服务为当事人解决争议，在国内外享有较高的声誉"。② 总之，上海具备建立调解协议与仲裁裁决相对接的条件。

---

① 张建伟：《"变法"模式与政治稳定性——中国经验及其法律经济学含义》，《中国社会科学》2003 年第 1 期。

② http://www.cietac-sh.org/About.aspx?tid=2，最后访问日期：2014 年 9 月 26 日。

四、结语

一项制度的建立，必须考虑不同价值之间的平衡。金融纠纷调解机制的建立也应处理好制度效率价值和公正价值的关系。效率价值主要表现为要有一定数量的调解机制以供纠纷当事人进行选择；公平价值主要表现为调解机制的建设必须着眼于纠纷解决的效果。具体来说，金融纠纷调解机制的建立应遵循以下四个标准：第一，有多种解纠方式可供金融消费者选择适用；第二，金融消费者能够很方便地启动解纠机制；第三，解纠机制能够低成本且高效率的运行；第四，解纠效果能获得金融消费者的认同。前三个标准可称为形式标准，主要是为了制度效率价值的实现，最后一个标准可称为实质标准，主要是为了保证制度公平价值的实现。从理论上看，上海市金融纠纷非诉调解机制在数量基本可以做到为金融消费者提供了足够的解纠渠道，也考虑到要使金融消费者能够便利地启动相应的救济机制。但是，现有的调解机制忽略了对后两条标准的追求。目前的解纠机制和平台占用了大量的公共资源，但却起不到解纠的实际作用。究其原因是制度设计忽略了供求规律的基本逻辑，导致制度平台虚置和空转。

正如前文分析，应然的逻辑是权力配置，而实然的逻辑是市场资源配置。上海金融纠纷调解机制的总体供应远大于市场对其的需求。现实需求的不足至少说明制度供求过剩，已有机制的运行成本比较高，制度资源浪费情况比较严重。上海市金融纠纷非诉调解机制处于初创期，制度运行效果如何还有待日后的跟踪评估。上海市金融纠纷非诉调解机制在现阶段亟须解决的问题是整合现有制度资源，提高现有制度的利用效率，同时要采用调解协议与仲裁裁决相对接的方式避免公权力对调解机制运作机理的异化。

第七章

国际商事仲裁的法律适用

国际商事仲裁的复杂性在于，争议的当事人、法律关系、争议标的等因素中必定有一项或数项具有国际因素，仲裁庭为了解决争议，必须根据一定的法律原则，这也是许多国家仲裁立法以及一些国际公约的要求。然而，如果仲裁程序的当事人未明确约定解决争议应依据哪一个国家的实体法，仲裁庭将面临确定实体法适用的问题。尤其复杂的是，在特定情况下仲裁程序并不绝对从属于一国的司法制度，仲裁所依据的程序法可能有别于仲裁地的法律，由此产生仲裁的程序法适用的特殊问题。此外，对仲裁所赖以存在的基础——仲裁协议——的效力，各国的立法及司法实践亦有所区别，这又直接影响到仲裁裁决的效力问题。因此，国际商事仲裁所要解决的法律适用问题较其他争议解决方式复杂得多。

第一节　国际商事仲裁的程序法适用

一、仲裁程序法的适用原则

（一）仲裁程序法的含义

仲裁程序法是支配仲裁的程序法律规范的总称，通常，它包含在各国仲裁法、民事诉讼法等程序法中，在普通法系国家司法判例也构成仲裁程序法的一个组成部分。[①]

在国际商事仲裁中，仲裁程序法是仲裁程序合法、公平进行的法律保证，但在具体的仲裁过程中，如果属于机构仲裁，仲裁机构和当事人一般直接遵循的是仲裁规则。显然，仲裁机构的仲裁规则都必须符合仲裁程序法的基本原则制度，否则因仲裁规则与仲裁程序法不一致，将可能导致仲裁裁决的无效；在临时仲裁的条件下，当事人可以自行拟订与仲裁程序法相吻合的仲裁程序规则，当然仲裁庭也可以直接依据一国的仲裁程序法确定的原则进行仲裁。

（二）仲裁程序法适用的一般原则

根据国际私法上的"场所支配行为"的原则，在某个国家进行的诉讼，必须适用法院地国的程序法，迄今为止，尚无任何一个主权国家允许当事人在诉讼程序中选择程序法；而在诉讼中为了解决争议实体权利义务纠纷，则可以由当事人自行选择准据法（只要不违反法院地国的强行法），法院也可以在当事人未作选择的情况下，依据本国之国际私法规范选择合适的处理实体纠纷的准据法。

以国际私法的"场所支配行为"原则推广适用于国际商事仲裁，则认为仲裁的行为亦必须受仲裁地法律的支配，整个仲裁程序必须完全符合仲裁地的法律，否则，仲裁裁决将因此而丧失法律效力。换言之，仲裁的法律效力来源于仲裁地的法律。

就一般意义而言，仲裁地的程序法与仲裁程序的关系确实是至关重要的，而且在某些情况下是密不可分的。从仲裁协议效力的认定、仲裁文书的送达、仲裁员的资格和权利义务、仲裁员的指定及回避、仲裁程序中的临时措施、证据的收集和使用、裁决的形式，等等，无不受制于仲裁地的法律。即使在裁决作出后，仍然可能在撤销程序中受到仲裁地法院的司法审查，法院的司法监督通常还是限于仲裁程序是否存在不符合仲裁地程序法的缺陷。因此，直接适用仲裁地法作为支配仲裁程序的法律，无疑具有重要的现实的意义，从而成为仲裁庭的首选目标。[②]

[①]　本章第二节涉及的仲裁协议的法律适用，从严格意义上分析也属于仲裁程序法的适用问题。考虑到仲裁协议的特殊作用，另列一节，专门进行论述。

[②]　高菲：《仲裁案件的法律适用》，《仲裁与法律通讯》1997年第3期，第13—14页。

由于仲裁地法与仲裁程序的不可割裂的关系，所以，许多常设仲裁机构的仲裁规则都规定，凡是当事人选择该仲裁机构仲裁，就必须适用该仲裁机构之仲裁规则。而有关的仲裁规则，无不基于当地的程序法制定。这样，只要选择了仲裁机构，就等于必须适用仲裁地的程序法。例如，中国国际经济贸易仲裁委员会仲裁规则（2015）第 4 条第 2 款规定："当事人约定将争议提交仲裁委员会仲裁的，视为同意按照本规则进行仲裁。"这样，依照当事人的仲裁规则，当事人提交中国国际经济贸易仲裁委员会仲裁时，既然无权选择仲裁规则，当然选择不同于仲裁地的程序法更不现实。

事实上，即使在一些允许仲裁当事人自行选择仲裁程序法的国家，一旦当事人未作明示的选择，仲裁地法也肯定是仲裁庭首先考虑适用的法律，理由如前所述。

近年来，香港国际仲裁中心和新加坡国际仲裁中心都在上海成立了代表处，进行机构和仲裁规则的推广，以便吸引更多的当事人选择使用这些仲裁机构的服务。一些当事人为了便利起见，选择国内的仲裁机构或仲裁地，同时选择适用外国仲裁机构的仲裁规则。

如果选择中国的仲裁机构，同时约定适用国际商会或者香港国际仲裁中心的仲裁规则，只要是在意思自治基础上达成的仲裁协议，且不违反公共政策，这样的约定就有效。问题是操作层面的，因为国内仲裁机构未必熟悉或愿意适用境外仲裁机构的仲裁规则。

目前对于选择国内仲裁地点，但是选择外国仲裁机构管理或者适用外国仲裁机构的仲裁规则仍存有争议。原因是仲裁地点在中国，原则上应该适用《仲裁法》，而《仲裁法》又不承认外国仲裁机构，这样就带来仲裁条文是否自我否定而无效的管辖权问题。

（三）当事人选择仲裁程序法

法律适用是要解决实体法的适用，即在当事人未作明确选择的情况下，由法庭或仲裁庭通过某些法律原则确定应适用特定国家的实体法。

然而，国际商事仲裁的特殊性表现在其当事人自愿性和仲裁庭的民间性。既然整个国际商事仲裁制度的基础是当事人意思自治精神，那么在当事人自愿交付仲裁的前提下，限制当事人自行选择仲裁所适用的程序法，确实是难以自圆其说的。这就产生了国际商事仲裁的程序法适用问题，也即当事人能否自由地合意选择仲裁程序法的问题。

基于仲裁的当事人意思自治之基本精神，以《纽约公约》、联合国国际贸易法委员会《国际商事仲裁示范法》为代表的国际性文件，以及不少国家的仲裁法或者民事诉讼法均允许国际商事仲裁当事人合意选择仲裁程序。这些国家的仲裁机构也允许当事人选择适用其他仲裁程序规则。

1. 国际性文件

《纽约公约》第5条第1款间接地表明了仲裁当事人选择仲裁程序法的权利。其中第4项规定："仲裁机关之组成或仲裁程序与各造间之协议不符，或者无协议而与仲裁地所在国法律不符者"，受理承认及执行裁决的法院有权拒绝承认及执行有关的裁决。显而易见，在判断仲裁庭之组成以及仲裁程序是否合乎法律时，所依据的法律（程序法）首先是当事人各方协议选择的法律；若当事人未达成合意时，才援引仲裁地所在国法律。

《国际商事仲裁示范法》关于"程序规则的确定"的第19条第1款规定："以服从本法的规定为准，当事各方可以自由地就仲裁庭进行仲裁所应遵循的程序达成协议。"在此，当事人在不违背该示范法之强行规定的情况下，可自由地协议选择仲裁的程序，此种程序既指有关仲裁机构的仲裁规则，又包括某一特定国家的程序法，甚至还包括当事人认为应予以特别关注的程序事项专门达成的共识。

2. 各国国内法

《法国民事诉讼法典》第1494条第1款规定："仲裁协议可以通过直接规定或援引一套仲裁规则来明确仲裁应遵循的程序；它也可以选择特定的程序法为准据法。"这是典型的当事人意思自治原则的体现，与上述《国际商事仲裁法》规定的精神完全一致。

《德国民事诉讼法典》第1042条第3款规定："除此之外，当事人得自由决定或援引一套仲裁规则而决定程序，除非本编有强制性规定。"第4款规定："当事人没有约定，且本编也没有规定，则仲裁庭应以其认为适当的方式进行仲裁。"这就表明，如果当事人明确协议约定仲裁所应遵循的程序，则依照当事人合意选择的程序；否则，应由仲裁员自行确定，当事人合意优先。显然，根据《德国民事诉讼法典》的精神，在德国进行的仲裁可以不适用德国的程序法。

瑞士在其《瑞士联邦国际私法法典》第182条第1款规定："当事人可

以直接或按照仲裁规则确定仲裁程序；他们也可以按其选择的程序法进行仲裁程序。"①

　　除了上述国家外，英国、日本、阿根廷、南斯拉夫等国家均允许当事人合意选择仲裁的程序法。

　　在中国，真正意义上的仲裁制度始于 1995 年，以《仲裁法》的生效为标志。然而该法根本未触及法律适用问题。适用于仲裁的程序法与仲裁地无关，无疑是仲裁所特有的情形，但在我国，人们对此的认识十分有限。在我国述及法律适用时，通常是从狭义上来理解的，即认为法律适用主要是指实体法的适用，程序法的适用无从谈起。不过，从上述《纽约公约》及《国际商事仲裁示范法》的规定以及一些国家的立法来看，仲裁地法与仲裁程序所适用的程序法在某些情况下的分离是我国法院在处理外国仲裁裁决的承认及执行时必然面临的新问题。此外，在当前国际商事仲裁尊重当事人意思自治的一般趋势下，我国涉外仲裁如何解决当事人合意选择其他的仲裁规则，也需要在立法方面作相应的考虑和调整。中国国际经济贸易仲裁委员会在《仲裁规则》第 7 条明确规定：当事人可以选择仲裁规则，此乃顺潮流之举，可以进一步增强中国国际经济贸易仲裁委员会的国际性。不过从法理上分析，在当事人约定在中国仲裁但适用外国的仲裁程序规则，尚需法律的支持及中国法院的认可。其原因在于，除了《联合国国际贸易法委员会仲裁规则》等少数例外，绝大多数仲裁规则均是由某一国家的仲裁机构基于其本国程序法制定的。假定我国国际经济贸易仲裁委员会基于当事人之合意，适用了此类仲裁程序规则，涉及此类涉外仲裁裁决之撤销以及执行的司法审查时，我国法院是否会将其不同于我国《仲裁法》的程序规则视为判断仲裁程序正当性的依据，尚难预料。尽管有学者认为，鉴于《仲裁法》第 16 条未将仲裁规则的适用列为仲裁协议的必备要件，按照当事人意思自治的基本原则，这样的约定应理解为有效。② 笔者完全赞同这一观点，既然我国的政府机关可以从《仲裁法》未明文禁止新组建仲裁委员会受理涉外案件这一点，推理出国内仲裁委员会可以接受中外当事人自愿交付的涉外仲裁案件的结论。那么同理，我国《仲裁法》

---

① 引自全国人大常委会法制工作委员会民法室、中国国际经济贸易仲裁委员会秘书局：《中华人民共和国仲裁法全书》，法律出版社 1995 年版。
② 王生长：《中国仲裁的新发展》，《仲裁与法律通讯》1997 年第 2 期，第 32—33 页。

也未明文禁止当事人选择仲裁所适用的程序规则，尽管该仲裁规则很可能以某一外国的仲裁法程序法为基础。但是，笔者也意识到，要使尊重当事人意思自治这一市场经济社会的基本法律精神和法律原则深深扎根于我国的立法及司法实践，特别是做到全国司法的统一性，毕竟不能一蹴而就。

3. 司法实践对当事人选择程序法的态度

许多国家的司法实践都已承认了当事人有权自行选择仲裁适用的程序法。例如，一家法国公司与一家突尼斯公司订立石油运输合同。该合同是一份格式租船合同，包含有将争议交付伦敦仲裁的仲裁条款。因发生争议，当事人指定的仲裁员决定，适用法国的实体法解决争议。当事人在英国法院申请撤销裁决。英国上议院（House of Lord）判决裁决合法，因为当事人在仲裁条款中约定其实体关系应受特定国家的法律支配，而仲裁程序受另一国法律支配，仲裁庭必须适用当事人曾经提及的实体法，尽管它与程序法不同。

突尼斯公司向法国法院申请承认及执行该项伦敦作出的裁决，并获得了执行。于是法国公司向巴黎上诉法院（Paris Court of Appeal）上诉。法国公司指出，突尼斯公司先前指定的仲裁员不具备双方当事人所约定的担任仲裁员的条件，突尼斯方当事人指定替代仲裁员的时间已经超过仲裁协议规定的期限。在此情况下，根据仲裁协议之规定，另一仲裁员应作为独任仲裁员进行仲裁程序。显然，仲裁庭的组成方式与仲裁协议不符。但是，巴黎上诉法院判决道，因为这份裁决书是外国裁决，异议理由不成立。法国公司又以裁决未附具理由（Lack of Reasons）以及仲裁庭组庭方式瑕疵等原因，继续上诉于法国最高法院（Court of Cassation）。法国最高法院驳回了上诉，指出替换仲裁员是合法的，并未延误期限，而且根据英国程序法裁决不附具理由是允许的。

这样，英国法院和法国法院均十分正确地承认了当事人选择程序法的意思自治原则。

在该案以后，[①] 许多国家的法院又作出了大量判决支持当事人自行选

---

① Companie d'Armement Maritime v. Compagnie Tunisienne de Navigation，March 18 (1980)，Rev. Arb. 1980，p.496.

择仲裁程序法。特别值得一提的是，英国法院素以不愿适用其他国家程序法而著称于世，从 20 世纪 80 年代起也改变了这一僵硬的态度，承认了当事人在英国进行的仲裁可以适用外国的程序法。英格兰高等法院（High Court of England）于 1985 年在一起诉讼案件中指出："如认为仲裁程序必须从仲裁地的国内法获得其权威性，那是一种谬误。当然，通常仲裁程序的有效性及权限是源于仲裁地之国内法。适用的法律通常是却未必一定是仲裁程序所在地的法律。英国法与其他绝大多数外国法律制度一样，可以对发生于本国的仲裁程序实施某些控制措施而不论其程序法是什么，英国法并不拒绝仲裁程序适用不同的程序法的可能性。"①

4. 当事人自主选择程序法的限制

在当前世界各国仲裁制度比较普遍地规定对仲裁裁决进行程序性事项进行司法审查的情况下，各国法院对仲裁的控制差不多仅局限于程序性缺陷。程序性问题的复杂性就在于：一方面它作为一般司法制度中的程序问题；另一方面正当程序常常构成一国公共秩序的重要部分，违反了本国的正当程序原则（尽管按照其他国家的程序法是合法的）的裁决，既可能被裁决地法院基于程序不适格而撤销，又可以以违背公共秩序为理由被法院撤销。相比较而言，程序法对国家的敏感性更强。是故，当事人选择仲裁地所在国以外的程序法应该慎之又慎。

事实上，《纽约公约》第 5 条第 1 款第 4 项赋予当事人选择程序法的权利，在裁决的撤销程序中无法对当事人有任何实质性的意义。之所以如此，是因为仲裁裁决的撤销差不多属于仲裁地法院的专属管辖权，迄今为止尚无一项专门处理裁决撤销的国际公约，仲裁地法院常常会适用本国程序法来判断裁决的程序合法性；当仲裁地法院撤销仲裁裁决后，在任何公约缔约国的执行程序中，该项裁决均属于无效的裁决，当事人并不能基于公约允许当事人选择仲裁程序法的规定，在裁决执行阶段对仲裁地法院撤销裁决提出什么异议；最后，公约仅调整裁决执行地国之外的国家所作出的裁决之承认及执行，并不处理仲裁地所在国内的裁决之执行问题，后者通常属于内国裁决（除德国、法国等少数国家将在本国进行但适用外国程序法的裁决视为外国裁决），应受本国程序法的支配。

---

① Mauro Rubino-Sammartano. *International Arbitration Law*. Kluwer，1990，p.282.

二、仲裁程序法适用的"非地方化"学说

在传统的国际商事仲裁中，仲裁地法在确定仲裁员的资格、组成仲裁庭、进行仲裁程序以及实体法的适用等问题上拥有无可争辩的权威。[1] 然而，随着以仲裁方式解决国际商事争议的普遍化以及制度本身的国际化，仲裁的当事人和仲裁庭与仲裁地的关系之确定存在偶然性，当事人或者仲裁机构选择某一地点作为仲裁的地点，很可能纯粹是出于中立的考虑或者对当事人便利的考虑，丝毫不是为了将仲裁程序置于仲裁地法律制度之下。在此情况下，仲裁地程序法自然适用于仲裁程序的原则就受到了挑战，一些西方学者提出了国际商事仲裁的"非地方化"学说。

（一）"非地方化"学说的含义及其产生

国际商事仲裁的"非地方化"学说基本观点是，国际商事仲裁不应受到互有差异，有时可能是不适宜国际商事仲裁的仲裁地国内法的约束，当事人以及仲裁庭均可以适用仲裁地以外的程序规则作为规范国际商事仲裁的程序法。

"非地方化"理论主要为仲裁庭适用仲裁地以外的程序法提供理论依据，使之在偶然性选择仲裁地点时，免受仲裁地法当然适用的束缚。所以，尽管有学者将这一理论涵盖程序法和实体法两方面，笔者认为它主要甚至唯一应该讨论的是程序法"非地方化"的问题。因为对实体事项的外国法适用早就不是什么新问题，即使必须依据本国程序法审理涉外案件的各国法院，也必须在一定程度上适用外国的实体法；冲突规范的存在就是为了研究内国法院或仲裁机构适用外国实体法的问题，以妥善处理涉外的民事和商事纠纷。

"非地方化"学说源于 20 世纪 60 年代的两个著名国际仲裁案："阿美石油公司"案和"德士古"案。

在"沙特阿拉伯诉阿拉伯美国公司"（Saudi Arabia v. Aramco）一案

---

[1]　许光耀：《论非仲裁地化对国际商事法律适用的影响》，《法学评论》1995 年第 2 期，第 43 页。

中，① 1955 年，沙特阿拉伯与阿拉伯美国石油公司（Arabian American Oil
Company，简称阿美公司）订立一份协议，根据此项协议，阿美公司获得
开采石油的 30 年优先权；此后，沙特阿拉伯又与其他公司订立了相同的协
议。阿美公司认为新协议与其优先权存在抵触，故将此争议交付临时仲裁
庭在瑞士日内瓦仲裁。仲裁庭认为，鉴于沙特阿拉伯的主权豁免，仲裁庭
在仲裁时不可能对一个国家强行适用不同于其本国的程序法，因此决定适
用国际法。这是在国际商事仲裁中在程序法适用的方面依据"非地方化"
理论作出的第一个案例。

在 20 年后的"德士古海外石油公司和加利福尼亚石油公司诉阿拉伯利
比亚共和国政府"[Texaco Overseas Petroleum Company（US）and
California Asiatic Oil Company（US）v. The Government of the Libyan
Arab Republic]中，② 审理该案的独任仲裁员也认为当事人的意图是仲裁
应与仲裁地法院的管辖保持一定的距离。该独任仲裁员同样支持前述案件
中仲裁员表达的"将仲裁提交给某一特定国家，然该国法律一般是但并非
必然是仲裁进行地的国家的法律"的观点。仲裁的程序规则应由当事人协
议决定，这是国际法的一项原则，如果当事人未就程序问题达成协议，那
么程序规则也可以由仲裁庭来作决定，而不受仲裁地法的影响。

这两个案件在程序法的适用上冲破了程序问题必须受制于仲裁地法的
原则。尽管两案具有特殊性，即当事人之一均为主权国家，仲裁员感到对
此类案件适用不同于主权国家本国的程序法存在法律上的障碍，最终决定
适用不同于仲裁地法的国际法，但毕竟首次冲破了仲裁程序自然且强制性
地适用仲裁地法的传统原则的藩篱。"非地方化"的理论起源于以国家为
一方当事人的商事仲裁，随着实践的发展，这一理论逐步发展为主要适用
于一切私人间的国际商事仲裁的一种学说。

（二）国际商事仲裁"非仲裁地化"学说的理论分析

传统的仲裁地法自然适用原则的基本理由在于仲裁地的程序法自然适
用于仲裁程序，对当事人具有确定性和可预见性，并且也有助于仲裁裁决

---

① International Law Reports，(1963) 27，ILR 117.
② Yearbook Commercial Arbitration，1979，Vol. IV，at 177.

的承认及执行。关于前者，因为仲裁地的法律可以为仲裁提供明确的程序上的规则，这些规则会受到相应法院的监督，以保证其稳定性和严肃性。如果当事人在仲裁过程中需要法院的帮助，不能设想仲裁地的法院会适用其他国家或者国际性的规则来行事。关于后者，1958 年《纽约公约》将裁决的承认及执行与仲裁地法律紧密地联系了起来。其第 5 条第 1 款第 5 项规定，若仲裁裁决被仲裁地所在国或裁决所依据法律的国家的主管机关撤销或停止执行，则执行地国法院可以拒绝承认及执行有关的仲裁裁决。这样，判断仲裁裁决是否具备承认及执行的条件，很大程度上取决于仲裁地的法律。

　　然而，伴随着仲裁制度的国际化趋势，当事人意思自治精神受到了各国法律越来越有力的支持，且仲裁地点的选择越来越具有偶然性。例如，作为最著名的国际商事仲裁机构国际商会国际仲裁院，其大部分仲裁案件的审理并非在仲裁院的所在地法国巴黎，而是由当事人自行选择的国家或者由仲裁院仅出于便利选择的有别于当事人的第三国。即使当事人选择设于法国巴黎的国际商会仲裁，根本不是说当事人对法国的程序制度有多么了解，而纯粹是认为其国际仲裁院的资格及仲裁规则足以保证公正仲裁。在此情况下，一项国际商事仲裁的当事人、当事人的争议可能与仲裁地毫无关系，某一国家之所以被当事人或者仲裁庭选定为仲裁地，并非是当事人或仲裁庭试图将整个程序置于该国法律控制之下，纯粹是一种偶然因素。因此，人们怀疑仲裁程序是否必须适用仲裁地的程序法；如果仲裁地国与仲裁案件毫无关系，当事人选择其他程序法或者仲裁员决定适用非仲裁地的程序法，仲裁地国就没有必要对此类案件进行干预。特别值得指出的是，《法国民事诉讼法典》在关于国际仲裁的第五篇第 1494 条规定："仲裁协议可以通过直接规定或援引一套仲裁规则来明确仲裁应遵循的程序；它也可以选择特定的程序法为准据法。如果协议没有规定，仲裁员应通过直接适用或援引法律或一套仲裁规则来确立所需的程序规则。"此条规定无疑是对国际商事仲裁"非地方化"最直接的支持。依照这一条款，在法国所进行的国际仲裁，当事人可以约定仲裁所应遵循的程序法，仲裁员也有权确立其认为合适的程序规则，在此，当事人或仲裁员完全可以排除对法国程序法的适用。再如 1989 年 1 月 1 日起生效的《瑞士国际私法法典》第十二章国际仲裁第 182 条规定明确地体现了程序法"非地方化"的学说。

该条规定："（1）当事人可以直接地或者按照仲裁规则确定仲裁程序，他们也可以按其选择的程序法进行仲裁程序；（2）当事人没有确定程序的，仲裁庭应当根据需要，直接或者按照法律或者仲裁规则，确定仲裁程序；（3）无论选择何种程序，仲裁庭应当确保平等地对待双方当事人，以及在辩论的程序里对当事人的权利进行审理。"

此外，仲裁员区别于法官的特点在于，法官的权力源于国家，然而仲裁员的权力却来自当事人的仲裁协议，仲裁明显地具有私人的性质。作为法官，他们不可能在本国境外执行公务，在履行其审判职能时必须适用本国程序法是不言而喻的，但仲裁员却很可能到本国境外执行仲裁事务，且极有可能组成仲裁庭的数位仲裁员均非仲裁地的公民，要强制性地适用他们所不熟悉的仲裁地程序法似乎勉为其难。因此赞成"非地方化"学说的人们主张，仲裁应置于"超国家的准则和权力"之下，而不必严格地受制于仲裁地的程序法是更为合适的考虑。

主张"非地方化"的学者们认为，由于国际商事仲裁的跨国性质，裁决作出后，若败诉方不自动执行裁决，一般均需要在败诉方所在国或其财产所在国申请承认及执行，执行地国的法律对裁决的法律效力有最终的影响，所以，对仲裁程序的任何法律控制应来自执行地国的法律。

"非地方化"学说的提出确实有其合理内核。然而，这一学说也存在着难以克服的理论上的缺陷。其基本缺陷在于，若使仲裁脱离特定的国内法将导致仲裁的法律地位的不确定性，"飘浮"（Floating）于无法预料的各种法律制度之间。① 而现行的国际条约对仲裁裁决在仲裁地的有效性视为可以承认及执行的首要条件的之一。例如，1957 年的一起案例，被申请人南斯拉夫未参加仲裁程序，仲裁庭在瑞士的瓦特州（Vaud）进行并作出缺席裁决。申请人根据该州法律在法院进行了裁决的登记。被申请人南斯拉夫即在该州法院提起撤销裁决之诉。法院未撤销裁决，而是将裁决发回登记的申请人，理由是该裁决不是瓦特州《民事诉讼法典》第 516 条意义上的仲裁裁决。申请人因无法在瑞士申请执行裁决，又在荷兰申请执行裁决，海牙上诉法院同样拒绝执行该项裁决。法院认为，虽然《纽约公约》第 5 条第 1 款第 4 项赋予当事人自由支配仲裁庭的组成及仲裁程序的事项，

---

① 　Mauro Rubino-sammartano. *International Arbitration Law*. Kluwer，1990，p.288.

但裁决必须根据《纽约公约》第 5 条第 1 款第 5 项规定被认为是受某一国家法律的调整。既然瓦特州法院不认为该裁决是受该州《民事诉讼法典》的支配，那么，本法院认为该裁决不属于《纽约公约》所规定的在另一缔约国领土内作出的裁决，故不能适用《纽约公约》来处理承认及执行事宜。[①]

此外，尽管仲裁是独立于诉讼的一种独立程序，鉴于仲裁的民间性质，国家司法权的支持是必不可少的。在仲裁开始时，当事人对仲裁协议的效力发生争议必须由法院依法对仲裁协议的效力作出认定；当事人在仲裁程序中申请财产保全等临时措施，仲裁庭是否有权采取此类强制措施完全依赖于有关的法律，若法律仅授权法院采取此类措施（例如中国的法律制度），法院接受当事人的保全申请，亦将依据本国法予以审查；至于在仲裁裁决的撤销和不予执行的程序中的法律适用，更是非本国程序法莫属，除非是存在国际公约。倘若仲裁脱离了特定的内国法律体系，事实上仲裁程序的进行是十分困难的，有时甚至影响裁决的效力。

最后，主张此学说的学者所提到可以普遍适用的"超国家的准则和权力"并未创立。这样，如果当事人未明确选择程序规则，难以设想仲裁庭（主要是临时仲裁庭）自己临时制定一套程序规则以应付急用。正因如此，即使该学说的倡导者对国际仲裁的这一特殊性在实践中能产生多大的影响也表示怀疑。[②]

（三）国际商事仲裁中的程序软法

在现有国际条约、各国国内仲裁法和仲裁机构的仲裁规则之外，国际组织和仲裁机构编纂的国际商事仲裁程序软法逐渐成为国际商事仲裁中的"最佳实践"。

联合国贸易法委员会于 1996 年推出《关于组织仲裁程序的说明》，为在仲裁程序期间作出决定的事项提供了清单，以帮助仲裁执业人员对仲裁规则、仲裁使用的语言和仲裁地点以及与保密有关的问题作出决定，还涉

---

① Albert Jan Van Den Berg. *The New York Arbitration Convention of 1958*. Kluwer, 1981, p.41.

② Jan Paulsson. Delocalization of International Commercial Arbitration: When and Why It Matters. *International & Comparative Law Quarterly*, (1983) 32 (1), pp.53 - 61, p.57.

及诸如庭审的实施、取证以及对裁决的备案或下达可能提出的要求等，可以在临时和机构仲裁中使用。

国际律师协会在 1983 年针对国际仲裁中的证据问题制定《证据规则》，并于 1999 年和 2010 年进行了两次修订。2010 年将其更名为《国际仲裁取证规则》，2004 年发布《国际仲裁中利益冲突指导原则》并在 2014 年修订，2010 年发布《国际仲裁条款起草准则》，2013 年发布《国际仲裁当事人代理指引》。

国际商会仲裁委员会于 2007 年发布《控制仲裁时间与成本的方法》，英国特许仲裁员协会在 2007 年公布《国际商事仲裁中当事人专家的使用指南》，国际冲突预防与解决协会 2009 年公布《国际商事仲裁书证披露与证人提供指南》。美国仲裁协会和美国律师协会在 2004 年采用了《商事争议中仲裁员道德守则》，明确规定仲裁员应该中立，只有在当事人协议的情况下，允许一方当事人指定非中立的仲裁员。

软法不是仲裁规则的一部分，是仲裁规则中没有涉及的或者当事人享有意思自治的部分。软法只有在当事人选定后才适用。当事人可以自主决定全部（部分）或选择性适用。仲裁规则和程序软法有冲突时，仲裁庭应该适用程序软法。如果当事人没有选择，程序软法只是参考，不具有约束力。①

三、国际商事仲裁之仲裁协议的法律适用

仲裁协议之法律适用，主要解决依据哪一国法律来确定仲裁协议的效力问题。当事人订立仲裁协议意在解决可能发生的或已经发生的争议；然而，因种种缘故，当事人对仲裁协议本身的效力常常引发争议，适用不同的法律将对仲裁协议的效力产生实质性影响，这反过来又会影响实体争议的解决。

从严格意义上讲，国际商事仲裁之仲裁协议的法律适用亦属于一般的程序法适用范畴。考虑到仲裁协议在整个仲裁制度中的基石作用，故对此进行专门论述。

---

① 严红：《国际商事仲裁软法探究》，《社会科学战线》2016 年第 10 期。

（一）仲裁协议的法律冲突

在国际商事仲裁中，当事人具有不同的国籍或住所地，国际商业交易合同的缔结和履行又往往牵涉几个国家，存在数个联系因素（连接点）是十分正常的。在此情况下，仲裁协议是否合法有效受到诸多因素的影响，例如当事人的缔约能力、仲裁协议的形式、仲裁协议内容的合法性以及仲裁条款的独立性，等等。而适用不同国家的法律都可能对其中的任何一项问题作出截然不同的结论。

就仲裁协议的内容而言，我国《仲裁法》第16条规定了有效仲裁协议的三要素，即请求仲裁的意思表示、仲裁事项和选定的仲裁委员会。若当事人在仲裁协议未选择仲裁机构且在争议发生后无法补充达成协议，则该仲裁协议无效。然而，波罗的海国际航运公会推荐并被国际上广泛使用的"波尔的姆1939"定期租船合同的仲裁条款仅规定，本租约项下的任何争议须提交伦敦仲裁，由船东及租船人各指定一位仲裁员，假如仲裁员不能达成一致意见，则由他们指定的首席仲裁员决定，仲裁员或首席仲裁员的裁决是终局的并对双方有约束力。[①] 若适用我国《仲裁法》，此类仲裁条款因未约定仲裁机构而无效，然而，按照英国的仲裁法或者绝大多数国家的法律，这肯定是一项有效的仲裁条款。这就表明，适用于仲裁协议的各国法律存在着冲突，产生冲突的根源在于各国对仲裁协议的必备要件的要求有所不同。仲裁协议准据法的法律冲突对国际商事仲裁产生的影响是深远的，倘若各国在承认及执行外国仲裁裁决时，坚持完全适用本国法律来判断仲裁协议之效力，必然成为这一制度的根本法律障碍。

（二）仲裁协议法律适用的特殊性

在国际商事仲裁中，如果当事人未就法律适用问题达成任何一致意见，那么完全由仲裁庭确定仲裁应适用的合适的法律。这就意味着，当事人将程序法和实体法的选择权都赋予仲裁庭，此时的法律适用，既包括解决实体纠纷的实体法，也可能包括指导仲裁程序的程序法。如前所述，尽管存在程序法适用的"非地方化"理论并且也在一定范围内已付诸实施，占统治地位的仍然是程序法适用的是仲裁地法。至于实体法的适用，仲裁

---

① 李海：《论涉外仲裁协议的准据法》，《仲裁与法律通讯》1995年第5期，第31页。

庭可以依据最密切联系原则等适用各种可适用的法律规范。

问题在于，假如当事人的仲裁协议明确约定了解决合同争议应适用某一国的法律，此项选择是否当然涵盖了适用于仲裁协议的法律；假定有关国家的法律对于某类合同的法律适用有强制性规定，[①] 这种强制性适用的法律是否包含了关于仲裁协议准据法，人们对此是有分歧意见的。分歧意见集中于一点，即在当事人仅作一般的法律适用的选择时，仲裁庭是否必须整体适用某一个国家的实体法和程序法，还是可以分别适用不同的法律。从理论上分析国际商事仲裁的这一特殊性具有重要意义。

首先，基于仲裁协议与主合同相分离的独立性原则，仲裁协议的效力并不受主合同效力的影响。主合同的无效、失效，并不影响合同中解决合同效力争议的仲裁条款的效力，这已经成为国际社会普遍的共识。这样，根据确定合同效力的实体法认定一项合同是无效的，却未必导致合同中的仲裁条款的无效，当事人仍然有权将合同争议交付仲裁庭解决，仲裁庭对合同无效争议仍然存在合法的管辖权，除非仲裁协议是通过胁迫手段签订的。就合同争议的实体法适用范围而言，是将仲裁条款排除在外的，因为仲裁条款被视为一种独立于主合同的单独协议，属于程序法调整的范围。例如，依照中国的现行法律，一个未取得进出口权的公司与外商签订外贸合同，该合同肯定属无效合同；如该合同中的仲裁条款规定在中国国际经济贸易仲裁委员会仲裁，仲裁委员会将依据我国的《仲裁法》来判断该仲裁条款的效力，只要仲裁条款符合法律规定形式和内容，就可以受理案件并根据国家有关进出口权的法律作出裁决。这就表明，即使在一国内部，针对合同的实体法与针对仲裁协议效力的法律是有所区别的。

其次，当事人选择了解决国际合同争议的某一特定国家的实体法，在涉及当事人的缔约能力等事项，仍然需要适用外国法律来确认。当事人的行为能力依其属人法已成为当代世界各国法律的普遍性规定。[②] 这就说明，当事人自行选择了解决合同争议的实体法，并不排斥仲裁庭对当事人缔约

---

① 例如，我国《合同法》规定对三类合同强制适用中国法，参见本章第二节关于实体法适用部分。

② 韩德培：《国际私法新论》，武汉大学出版社 1997 年版，第 235—238 页；丁伟：《冲突法论》，法律出版社 1996 年版，第 108 页。当然，为了维护本国当事人的利益，对于外国当事人的属人法认为该当事人无行为能力，而依行为地法认为该当事人有行为能力者，不少国家规定应适用行为地法。

能力作认定时适用有别于该准据法的其他国家法律。相对而言，当事人缔结一项有效合同的行为能力与缔结仲裁协议的行为能力并非完全等同。一项有效的国际商业合同受到各种特别法律的制约，例如依照我国现行的法律，许多涉外合同的缔结需要获得政府的特别授权，当事人需要特别的行为能力；可是，同样依据中国的法律，即使仅具有一般民事行为能力的中国法人也完全有权订立一项有效的仲裁协议。尤其值得强调的是，一些国家的立法或司法解释意见都认为，当事人选择了法律，仅指实体法而不包括程序法。例如，我国最高人民法院于 1987 年 10 月 19 日发布的《关于适用〈涉外经济合同法〉若干问题的解答》第 2 条指出：当事人协议选择的或者人民法院按照最密切联系原则确定的处理合同争议所适用的法律是指现行的实体法，而不包括冲突法规范和程序法。《涉外民事法律关系适用法》第 9 条规定："涉外民事关系适用的外国法律，不包括该国的法律适用法。"联合国国际贸易法委员会《国际商事仲裁示范法》第 28 条第 1 款、①《不列颠哥伦比亚 1986 年国际商事仲裁法》② 和一些国际商事仲裁机构的仲裁规则也均有类似的规定。显然，当事人选择了解决合同争议的准据法，在许多国家并不能由此推断当事人的法律选择包括了程序法，包括对仲裁协议效力之认定的程序法通常有别于当事人约定的实体法，除非仲裁地也在实体法所指引的国家进行。

最后，正如笔者在前面讨论仲裁程序法适用的"非地方化"倾向时指出，这一学说并非为普遍接受的原则，仲裁程序适用仲裁地法仍然是占主导地位的理论、法律和实践。国际商事仲裁的特点之一就在于仲裁地与当事人在合同中约定的解决合同争议的准据法的国家常常不一致，A、B 两国当事人约定在 C 国仲裁，适用 A 国法律（国际融资合同一般规定适用贷款银行所在地的法律，我国《合同法》规定，在中华人民共和国境内履行的中外合资经营企业合同、中外合作经营企业合同、中外合作勘探开发自然资源合同适用中华人民共和国法律）是一普遍现象。假如认为，合同中规定了解决争议必须适用 A 国法律，就意味着在 C 国所进行的仲裁也必须

---

① 联合国国际贸易法委员会《国际商事仲裁示范法》第 28 条第 1 款规定："仲裁庭应当依照当事人选择的适用于争议实体的法律规则对争议作出决定。除非另有表明，指定适用某一国家的法律或法律制度应认为是直接指该国的实体法而不是其法律冲突规范。"
② 《不列颠哥伦比亚 1986 年国际商事仲裁法》第 30 条第 2 款规定："除非另有明示，否则，当事人指定的某一国家的任何法律或法律制度应被认为直接指该国实体法而不是冲突法规则。"

适用 A 国的仲裁程序法，等于将原本仅在一定范围内讨论及实施的"非地方化"学说在特定条件下上升到一条绝对的法律原则，这显然是不符合实际的。目前的现实是，只有少数国家的立法明文允许当事人选择程序法，绝大多数国家仍然坚持程序问题必须适用仲裁地的法律。

综上所述，即使在当事人选择了解决合同争议的准据法情况下，并不表明仲裁庭必然适用该准据法所指国家的程序法，两者的适用是可以分离的，且在一定条件下必然是相分离的。既然如此，当一项外国裁决在本国申请承认及执行时，本国法院就应该考虑当事人关于实体法的选择不包括程序法的现实来判断其仲裁协议效力的影响。

（三）仲裁协议准据法统一化努力的现状

既然仲裁协议的法律适用对仲裁制度有如此重要的意义，那么应统一各国在此问题上的规定。退而求其次，即使不能直接就仲裁协议所有事宜确立一项统一的规范，各国就仲裁协议法律适用的冲突规范达成一项普遍性的公约亦不失为有实际意义的成果。然而，除了 20 世纪 50 年代末的《纽约公约》在仲裁裁决承认及执行阶段对仲裁协议的法律适用作出规定外，国际社会迄今并未出现一项可资适用的普遍性公约。

《纽约公约》第 5 条第 1 款第 1 项的规定是从侧面规定执行地法院在审查当事人提出的仲裁协议无效时，应当适用哪一国法律。从该项的规定可知，法院首先应当适用当事人所选择的仲裁协议的准据法；其次，在当事人未选择的情况下，适用仲裁地法律。在此，公约条款明确规定当事人选择的法律并非是一般意义上的法律，而是适用于仲裁协议的准据法，因此，当事人在争议解决条款中所作出的法律适用的约定未必构成对仲裁协议准据法的选择。

不论《纽约公约》对于仲裁协议法律适用如何规定，公约并未根本上解决仲裁协议的法律冲突问题。究其原因，在于公约的这些规定必须在裁决作出后及执行时方能加以援用。对于在仲裁程序开始时或者裁决撤销程序中当事人就仲裁协议效力提出的异议，该公约就无能为力了。此时，通常法院将会适用仲裁地的法律来判断仲裁协议的效力是不言而喻的。

值得一提的是，1961 年《关于国际商事仲裁的欧洲公约》对于仲裁协议的法律适用作了更为具体的规定。其第 6 条第 2 款规定："当缔约国的法院对仲裁协议的存在或有效性予以判决时，它们将据适用于当事人的法律，对当事人的能力进行判决。至于其他问题，则应（1）根据当事人将仲裁协议交付管辖的法律；（2）在缺乏这方面规定时，根据应作出裁决的仲裁地的法律；（3）在缺乏当事人将其仲裁协议受何法律管辖的说明，而在问题已提交某个法院又未能明确裁决将在何地作出时，根据受案法院的冲突规则具有管辖权的法律。"①

与《纽约公约》相比较，《关于国际商事仲裁的欧洲公约》无疑是大大地前进了一步。就现实意义来说，《纽约公约》专门处理公约裁决在缔约国的承认及执行事宜，即公约所确立的仲裁协议法律适用的原则，仅在最后阶段得以发挥其作用；反观后者，它属于一般的国际商事仲裁公约，故能适用于整个仲裁程序，包括在仲裁程序的起始阶段当事人基于仲裁协议无效而对管辖权提出的异议。当然，前者是全球性的公约，后者限于在欧洲国家范围内适用，其普遍性有限。

第二节　国际商事仲裁的实体法适用

在国际商事仲裁中，解决了程序法之后，还必须确定实体法。实体法的适用直接关系当事人的权利和义务，适用不同的法律很可能产生截然不同的结果。例如，我国原有的《涉外经济合同法》不承认口头的涉外合同，而一些普通法系国家却在一定条件下承认口头合同的有效性；《联合国国际货物销售合同公约》第 11 条也规定："销售合同无须以书面订立或书面证明，在形式方面也不受任何其他条件的限制。销售合同可以用包括人证在内的任何方法证明。"这样，发生于中国公司与外国公司之间的国际贸易合同形式的争议，对确定当事人的责任而言，正确适用法律无疑对当事人至关重要。当事人以口头确定所有成交条件，按照英国法或者《联合国国际货物销售合同公约》的规定，或许合同已经成立；而依据中国《涉外经济合同法》以及中国对公约所作的声明保留，合同尚未成立。显然，适用不同的法律将直接关系当事人的责任、权利和义务。

---

① 丁建忠：《外国仲裁法与实践》，中国对外经济贸易出版社 1992 年版，第 386 页。

一、当事人自行选择实体法

在国际商事仲裁中，当事人自行选择解决争议的实体法，即当事人意思自治原则早已成为世界各国普遍接受的法律适用原则。世界上各法系的代表性国家，如英国、美国、澳大利亚、德国、法国、奥地利、瑞典、瑞士、比利时、西班牙、荷兰、日本等国都肯定当事人意思自治原则。所以，仲裁庭依据当事人约定的准据法解决争议是审理国际商事仲裁案件的仲裁庭的首选。

关于当事人自行选择实体法的规定，通常载于各国的国际私法（冲突法）、民事诉讼法、仲裁法等法律中；此外，在《国际商事仲裁示范法》等国际性文件中都强调仲裁庭首先应依照当事人选择的准据法对争议作出裁决。例如，《国际商事仲裁示范法》第28条第1款规定："仲裁庭应按照当事各方选定的适用于争议实体的法律规则对争议作出决定。"《联合国国际贸易法委员会仲裁规则》第33第1款规定："仲裁庭应适用当事人双方预先指定的适用于争端实质的法律。"

当事人约定的解决争议的实体法，不仅可以选择某一国内法，也可以选择有关的国际公约或国际惯例，甚至可以选择一般法律原则作为实体法。特别是在国际贸易、贸易支付和运输领域存在着《国际贸易术语解释通则》（INCOTERMS 1990）、《跟单信用证统一惯例》（Uniform Customs and Practice for Documentary Credits，ICC Publication No.500）等大量的行之有效的国际惯例。在贸易纠纷中，只要当事人在国际货物买卖合同中出现价格术语就足以表明当事人此作为确定权利义务的实体法。

在实体法适用方面，当事人意思自治的主要例外包括以下几点。

首先，当事人不得为了规避某一强行法而选择其他国家的法律，否则，当事人的选择便属无效。例如，赌博在中国属禁止之行为，当事人为规避中国法律，在其购买赌博器具的交易合同中约定适用某一视赌博为合法的国家或地区的法律（如美国的内华达州；摩纳哥；我国澳门地区），显然这种选择在中国是无效的。假如当事人的案件在中国仲裁，仲裁庭肯定拒绝适用当事人所选择的有关法律。假定在中国境外仲裁并依当事人自行选择的法律作出合同有效的裁决，该裁决将因违反中国的公共秩序（社会公共利益）而无法获得中国法院的承认及执行。

其次，不少国家的法律要求当事人选择的法律至少应与合同之履行存在某种必要的联系，诸如合同缔结地法律、合同履行地法律、当事人住所地或法人登记地法律，等等。

最后，当事人选择的作为解决争议的准据法（Proper Law），通常理解为实体法（Substantive Law）而不包括程序法。而在另一些国家却认为既包括实体法，又包括程序法。从《国际商事仲裁示范法》的规定可知，除非明确规定了程序法问题，否则当事人所约定的法律仅指解决争议的实体法。

二、仲裁庭选择可适用的实体法

在许多情况下，国际交易的当事人在其合同中根本不约定解决争议的实体法。之所以如此，可能因为双方都坚持适用本国法律而无法达成一致意见，或者当事人认为实体法选择属敏感问题，情愿将它留给仲裁庭去解决而不愿耗费时间于此，也有可能当事人根本就从未意识到实体法选择的重要性。

若当事人未作实体法适用的选择，仲裁庭将依据各种间接或直接的方式选择实体法。

（一）依据"最密切联系因素原则"确定准据法

一般而言，国际商事仲裁的仲裁庭将首先依据"最密切联系原则"（Most Closest Connection）确定实体法。具体来说，仲裁庭应分析合同的各种客观联系因素，以便寻找出与某个国家关系最密切、最真实的因素，最终选定与合同联系最密切的国家的实体法。

现在世界上许多国家采用最密切联系原则选择准据法。

在英国，考察合同的联系因素可包括合同当事人的国籍或住所地、合同订立地、合同履行地、合同所使用的语言、货物装运地、支付所使用的货币，等等。

在美国，也主张采用"最密切联系原则"确定可适用的准据法。可考虑的因素更为广泛，除了类似于英国的联系因素外，还要考虑与交易有关的许多并非直接与交易有关的因素如政府的政策及相对利益等。这样，仲裁员具有更多的自由裁量权。

1989《瑞士联邦国际私法法典》第 187 条第 1 款规定：仲裁庭依当事人选择的法律进行裁决；未作选择的，依与争议有最密切联系的法律裁决。

"最密切联系原则"已被其他数十个国家的立法所吸收，并被 1980 年欧洲共同体《关于合同债务的法律适用公约》和 1985 年《关于合同债务的法律适用公约》采纳。

"最密切联系原则"代表了合同准据法理论的发展趋势，它作为当事人意思自治原则的补充而被广泛运用于合同领域，并从合同领域被引入侵权行为等领域作为法律适用的依据。[①]

（二）依据仲裁庭认为合适的冲突法规则选实体法

在国际商事仲裁过程中，如果当事人未决定适用何种实体法来解决其争议，仲裁庭应依据某种冲突法规范来指引仲裁庭选择实体法。然而，若仲裁员来自不同的国家，仲裁地也仅出于方便的考虑而被选定，由不同国籍仲裁员组成的仲裁庭就无法援用仲裁员们共同熟悉的冲突规范。正如拉里夫教授（Lalive）所指出的：对国际仲裁员而言，并不存在可资借取冲突法规则的法院地法。[②] 简言之，仲裁庭有别于法庭，无法直接依据法院地的冲突规范指引应适用的实体法，或者因其中的一名或多名仲裁员对拟援用的冲突法规则毫不了解，难以正确选择实体法。这一观点在许多国际仲裁案件中为各国的仲裁员所接受。一位瑞士联邦法官作为独任仲裁员审理案件，他在确定可适用的实体法时深刻地阐明了法院地法与仲裁的关系，指出：鉴于仲裁的本座（Seat）在瑞士，似乎可以适用瑞士国际私法作为法院地法以确定可适用于解释及履行协议的实体法。然而，根据一些著名的国际私法专家的意见，仲裁员的权力是由当事人的共同意愿所授予，他并非受到仲裁地冲突规范的约束。与国家的法官不同，法官必须以其名义确认国家的冲突法规范，而仲裁员必须考虑当事人的共同意愿，必须使用

[①] 丁伟：《冲突法论》，法律出版社 1996 年版，第 190 页。

[②] Mauro Rubino-Sammartano. *International Arbitration Law*. Kluwer 1990，p.258.

普遍使用的各种学说和判例法的联系因素，而不必考虑国家的特性（National Peculiarities）。[1]

鉴于上述障碍，许多国际性文件都规定仲裁庭有权直接依据其认为合适的冲突法规则来确定实体法。《关于商事仲裁的欧洲公约》第 7 条规定："如当事人未指明准据法，仲裁员应基于其认为可适用的冲突规则适用准据法。"《联合国国际商事仲裁示范法》第 28 条第 2 款规定："如当事人各方没有任何规定，仲裁庭应适用它认为可以适用的法律冲突规则所确定的法律。"

（三）依据"直接适用方法"确定应适用的实体法

1. "直接适用方法"的含义

"直接适用方法"系指仲裁庭在决定可适用的实体法时，不必借助于某种严格的冲突法规则，而直接根据案情的需要确定应适用的实体法。

"直接适用方法"是适应国际商事仲裁灵活简便特性的一种适用实体法的理论。一些西方学者提出此学说的依据是，如果仲裁庭必须依据某种冲突法规则来确定实体法的话，当事人无法预知仲裁庭将适用冲突法规则，更无法预知冲突法规则将指引仲裁庭去适用何国的实体法。通过间接的方式（通过冲突法规则）适用实体法，对于仲裁的结果具有不确定性和不可预见性。故与其赋予仲裁庭自由适用其认为合适的冲突法规则来确定实体法，还不如赋予仲裁庭直接确定仲裁实体法的自由裁量权。既然允许仲裁庭适用其认为可适用的或适当的冲突规则，目的在于保证实体法适用的合理和适当，那么就没有必要要求仲裁员必须采用冲突法的方式。[2]

"直接适用方法"学说的支持者认为，依据冲突法规则适用实体法既麻烦又复杂，而且实际结果与仲裁员依据"直接适用方法"确定的实体法几乎是殊途同归。再者，仲裁庭在运用"直接适用方法"时，他们所考虑的与合同争议有关的因素，与依据冲突规范所使用的联系因素亦很相似，例如合同缔结地、合同履行地、当事人住所地、仲裁地，等等。特别是国

---

[1]　Alan Redfern & Martin Hunter. *Law and Practice of International Commercial Arbitration*. Sweet & Maxwell, 1991，p.126.

[2]　朱克鹏：《国际商事仲裁法律适用理论的新发展——"直接适用方法"理论与实践评析》，《仲裁与法律通讯》1997 年第 1 期，第 11 页。

际商事仲裁所要解决的纠纷起源于国际商业交易，在这些交易中各国商人存在大量的贸易惯例，例如实体法的选择严格受制于冲突法规则，这些普遍接受的贸易惯例很可能被不适当地忽视，以至于难以公平地解决争议。"直接适用方法"可以摆脱冲突法机械和烦琐的局限性，通过比较和分析，直接确定最合适的实体法。

2."直接适用方法"的运用

从 20 世纪 60 年代开始，"直接适用方法"的理论被一些国家的立法及仲裁机构的仲裁规则所吸收，并且在一些国际商事仲裁案件中加以运用。

《法国民事诉讼法典》第 1496 条规定："仲裁员应当根据当事人选定的法律规则决定争议；无此选择的，他应根据他认为适当的规定决定争议。"在此，法律并未要求仲裁员依据冲突法来决定实体法。《荷兰民事诉讼法》第 1054 条第 2 款规定："如果当事人选择了法律，仲裁庭应按照当事人选择的法律规则作出裁决。没有选择法律的，仲裁庭应根据其认为适用的法律规则作出裁决。"

常设仲裁机构是"直接适用方法"理论的积极支持者，这显然是能够理解的。在实体法适用方面，仲裁庭当然不希望像法庭那样仅拘泥于仲裁地的冲突规则来确定实体法，而"直接适用方法"为此提供了理论依据。此外，仲裁机构在制定仲裁规则时，要求类似于支配法院诉讼的程序法或者冲突法那样，规定采用某一国家的冲突规则，显然是不现实的。所以，不少仲裁机构的仲裁规则都采纳了"直接适用方法"确定法律适用问题。1998 年 1 月 1 日起生效的《国际商会国际仲裁院仲裁规则》第 17 条第 1 款规定："当事人应自由地约定由仲裁庭适用的对争议实体的法律规则。如无此类协议，仲裁庭应适用其认为合适的法律原则。"1991 年 3 月 1 日起生效的《美国仲裁协会国际仲裁规则》第 29 条第 1 款规定："仲裁庭应适用当事人指定的应适用于争议的一个或几个实体法。各方当事人未有此项指定时（即未选择实体法），仲裁庭应适用他认为适当的一个或几个法律。"其他如加拿大《不列颠哥伦比亚国际商事仲裁中心国际商事仲裁与调解程序规则》、意大利《米兰仲裁院国际仲裁规则》等都体现了这一法律适用方法。

在一系列仲裁案例中，仲裁员也以"直接适用方法"确定实体法并据以作出裁决。例如，国际商会国际仲裁院第 2654 号裁决、第 4434 号裁决都由仲裁员考虑了与合同争议的各种因素后，直接适用有关的实体法作出裁决。①

　　3. "直接适用方法"之简评

　　在国际商事仲裁程序中，仲裁庭运用"直接适用方法"确定实体法，具有简便灵活的特点。传统方法的前提是：首先确定程序法（包括冲突法规则）适用的问题，然后才依据冲突法规则的指引，确定解决争议实体问题的准据法。众所周知，这是一个复杂的程序。现在，"直接适用方法"避免了传统的烦琐复杂而间接地确定实体法适用程序，对于迅速、及时、公平地解决跨国当事人的商事纠纷无疑是有积极作用的。

　　实体法适用的"直接适用方法"与程序法适用的"非地方化"都是为了适应国际商事仲裁的发展而应运而生的。"非地方化"理论为了避免因偶然选择仲裁地点，从而武断地使仲裁程序受制于仲裁地法律；"直接适用方法"则是在确定实体法时摒弃僵硬的冲突规范的约束，尤其是避免了需要确定可适用的冲突法规则的复杂过程，从而使仲裁庭得以在多方面、全方位地考虑与争议有关的因素（包括吸收冲突规范的有益原则）基础上，直接确定应适用的实体法，作出更合乎维护正常商业交往的公平裁决。

　　然而，"直接适用方法"与"非地方化"理论一样并非完美无缺。它同样存在不确定性和不可预见的缺陷，完全依赖仲裁员的主观判断，特别是依据这种方法确定实体法时，可考虑的因素毫无节制，赋予仲裁员过多的自由裁量权，其结果极可能导致类似或相同的案情在不同的仲裁庭得出的结论大相径庭。正因如此，联合国国际贸易法委员会的《国际商事仲裁示范法》及其1985年《仲裁规则》均未采纳这一理论来规定实体法适用的原则。例如《国际商事仲裁示范法》第28条第2款规定："如当事各方没有任何规定，仲裁庭应适用它认为可以适用的法律冲突规则所确定的法律。"这表明，仲裁庭仍然必须依据冲突规范来确定应适用的实体法，而不能直接适用法律作出裁决。

三、中国涉外仲裁的实体法适用问题

　　我国《仲裁法》未对法律适用问题作出任何规定。为了明确涉外民事

---

① Mauro Rubino-Sammartano. *International Arbitration Law*. Kluwer 1990，pp.264 - 265.

关系的法律适用，合理解决涉外民事争议，维护当事人的合法权益，我国于 2010 年 10 月 28 日正式颁布《中华人民共和国涉外民事关系法律适用法》，自 2011 年 4 月 1 日生效。此法颁布之前，就涉外仲裁而言，如果牵涉涉外的经济贸易合同纠纷，就得参考我国《涉外经济合同法》所确定的法律适用方法；就涉外侵权行为而提起的仲裁得依据《民法通则》的法律适用原则；因涉外票据所发生的争议须依照《票据法》所确立的法律适用规则。可见，我国涉外仲裁的法律适用原则和方法没有统一的立法，散见在不同的法律之中。在此仅以涉外合同争议为基础探讨我国涉外仲裁的法律适用问题。

（一）涉外合同争议实体法适用的立法

1. 依当事人意思自治选择实体法

我国《涉外民事关系法律适用法》第 41 条规定："当事人可以协议选择合同适用的法律。"《合同法》第 126 条也作了同样的规定。这一规定表明，我国与世界上大多数国家一样，在立法上确立了意思自治原则。

《涉外民事关系法律适用法》第 5 条规定："外国法律的适用将损害中华人民共和国社会公共利益的，适用中华人民共和国法律。"《合同法》第 7 条规定，当事人订立、履行合同，应当遵守法律、行政法规，尊重社会公德，不得扰乱社会经济秩序，损害社会公共利益；第 52 条第 4 项规定，损害社会公共利益的合同系绝对无效合同。除《合同法》外，我国另有不少民商立法都提及公共利益，但何谓"社会公共利益"，法律、法规乃至司法解释都未予明确，学界亦存在分歧。① 就"社会公共利益"分析，它与其他国家的"公共政策"和"公共秩序"和"善良风俗"等并无二致。值得注意的是，在我国的实践中，存在着将此扩大解释的倾向，因为"利益"二字往往与商业利益、地方的商业利益相联系，在政企不分的情

---

① 王利明教授认为，"社会公共利益是指关系到全体社会成员的利益"，"在我国，一般认为社会公共利益主要包括两大类，即公共秩序和公共道德两个方面"。崔建远教授认为，"社会公共利益'是一个不确定的概念，通常指不特定多数人的利益，凡是我国社会生活的政治基础、公共秩序、道德准则和风俗习惯等，均可列入其中"。梁慧星教授认为，"中国现行法所谓'社会公共利益'及'社会公德'，在性质和作用上与公序良俗原则相当，'社会公共利益'相当于'公共秩序'，'社会公德'相当于'善良风俗'，但考虑到'社会公共利益'和'社会公德'非法律规范用语，及与国际接轨的要求，应改采通用法律概念"。

况下，企业利益往往被视为地方政府的利益，由此作出与地方企业利益不一致即为与公共利益不一致的结论。

同时，根据最高人民法院《关于适用〈中华人民共和国涉外民事关系法律适用法〉若干问题的解释（一）》，我国法律有适用强制性的规定，从而排除外国法的适用，这也是对当事人意思自治原则的限制。例如，有涉及我国禁运和封锁、劳动者权益保护、食品或公共卫生安全、环境安全、反垄断或反倾销、涉及国家根本经济利益的外汇管制和价格管制等影响金融安全的规则等情形的，会被视为公共利益强制性规则而直接适用强制性规定。[①] 另外，为了支持仲裁，防止地方保护主义，最高人民法院逐步限制对公共政策的解释，违反我国强制性法律也不一定构成违反公共政策。例如，最高人民法院在 ED&F 曼氏（香港）案复函中指出违反我国法律的强制性规定不完全等同于公共政策的违反。[②]

2. 适用与合同有最密切联系的国家的法律

《涉外民事关系法律适用法》第 41 条规定，当事人可以协议选择合同适用的法律。当事人没有选择的，适用履行义务最能体现合同特征的一方当事人经常居所地法律或者其他与该合同有最密切联系的法律。这种将特征性履行方法与最密切联系原则作为两个平行的选择法律方法的做法，在学术界存在争论。一般认为，"特征履行"是实施最密切联系原则，即确定最密切联系地的一种方法，而不是单独的选择法律方法。

合同种类繁多，不同性质的合同如何确定最密切联系地，我国法律没有作出明确规定。2007 年，最高人民法院发布《关于审理涉外民事或商事合同纠纷案件法律适用的若干问题的规定》，其第 5 条规定了 17 类合同确定为最密切联系地的做法，虽然该《规定》已被废止，但司法实践中仍在适用第 5 条关于确定合同最密切联系地的规定。

（1）买卖合同，适用合同订立时卖方住所地法；如果合同是在买方住所地谈判并订立的，或者合同明确规定卖方须在买方住所地履行交货义务的，适用买方住所地法。

---

① 最高人民法院《关于适用〈中华人民共和国涉外民事关系法律适用法〉若干问题的解释（一）》第 10 条。

② 最高人民法院《关于 ED&F 曼氏（香港）有限公司申请承认和执行伦敦糖业协会仲裁裁决案的复函》，最高人民法院〔2003〕民四他字第 3 号。

（2）来料加工、来件装配以及其他各种加工承揽合同，适用加工承揽人住所地法。

（3）成套设备供应合同，适用设备安装地法。

（4）不动产买卖、租赁或者抵押合同，适用不动产所在地法。

（5）动产租赁合同，适用出租人住所地法。

（6）借款合同，适用贷款人住所地法。

（7）保险合同，适用保险人住所地法。

（8）融资租赁合同，适用承租人住所地法。

（9）动产质押合同，适用质权人住所地法。

（10）建设工程合同，适用建设工程所在地法。

（11）仓储、保管合同，适用仓储、保管人住所地法。

（12）保证合同，适用保证人住所地法。

（13）委托合同，适用受托人住所地法。

（14）债券的发行、销售和转让合同，分别适用债券发行地法、销售地法和转让地法。

（15）拍卖合同，适用拍卖举行地法。

（16）行纪合同，适用行纪人住所地法。

（17）居间合同，适用居间人住所地法。

但是，如果合同明显地表明另一个国家或地区的法律比上述规定的法律有更加密切的联系，人民法院应该适用另一国家或地区的法律。

3. 三类特殊涉外合同的法律适用

原则上，根据我国《合同法》的规定，在中国境内履行的中外合资经营企业合同、中外合作经营企业合同、中外合作勘探开发自然资源合同，适用中国法律。这三类涉外合同的法律适用属于强制性规范，不允许当事人自行选择，这是当事人意思自治原则的限制和例外。

由于《公司法》和三资法①分立，三资法包含有一些强制性的规则，例如股东股权转让受限于优先受让权、全体董事同意、股东股权比例以及禁止保底条款等诸多限制。《中外合资经营企业法》规定："合营各方

---

① 三资法系《中外合资经营企业合同法》《中外合作经营企业合同法》《中外合作勘探开发自然资源合同法》的简称。

按注册资本比例分享利润和分担风险及亏损。"如果合同规定违反了这一规定是否有效？当事人经常的做法是通过签订境外股权转让协议等方式进行规避。境外协议中的争端解决条款也会选择其他法域的准据法和境外仲裁条款一起打包。在境外仲裁或境内裁决执行或撤销程序中，一个特殊的法律问题就是当事人选择其他法域的法律作为准据法是否有效？

关于第一个问题，依据《合同法》第 52 条规定，有下列情形之一的，合同无效：(1) 一方以欺诈、胁迫的手段订立合同，损害国家利益；(2) 恶意串通，损害国家、集体或者第三人利益；(3) 以合法形式掩盖非法目的；(4) 损害社会公共利益；(5) 违反法律、行政法规的强制性规定。《合同法司法解释二》第 14 条规定，《合同法》第 52 条第 (5) 项规定的"强制性规定"是指效力性强制性规定。区分效力性强制性和管理性强制性规定的意义在于，违反管理性强制性规定也不构成对公共秩序的违反。那么哪些是效力性强制性规定，哪些是管理性强制性规定？学术界并无定论。

韩世远在《合同法总论》一书中指出："公法规范多为强制性规定，当事人的约定如果违反这些规定，很可能被认定无效。当然在解释适用时必须探究被违反的法律规范的立法目的，而不能简单机械地'一刀切'。这样，有的可能被认定为无效，有的则应认定为可撤销，有的可通过合同解除制度解决。择其要点：(1) 违反宪法有关公民基本权利的规定。《中华人民共和国宪法》第二章规定了公民的基本权利和义务，如果当事人的合同中有条款限制了其中的公民的基本权利则应当认定为无效。(2) 违反刑法。如果当事人缔结合同从事犯罪活动则当然无效，这是各国的通例。(3) 违反经济行政法的强制性规定。当事人的交易行为应当遵守经济行政法的有关规定，例如金融法、税法、竞争法等。《合同法》第 211 条第 2 款规定：'自然人之间的借款合同约定支付利息的，借款的利率不得违反国家有关限制借款利率的规定。'当事人在从事交易、缔结合同时如果违反了经济行政法的有关规定，其合同的效力如何，这是一个取决于法律解释的问题。"①

王利明在《论无效合同的判断标准》一文中认为："对两类规范的区分首先涉及法律解释问题，法律法规明确规定违反强制性规定将导致合同

---

① 韩世远：《合同法总论》（第 3 版），法律出版社 2011 年版。

无效或不成立的，该规定属于效力规范。法律法规虽然采取了'应当''必须'等表示，但法律法规明确规定违反该规定不导致合同无效的，则该规定属于一般的强制性规范，而非效力性规范。如果法律法规没有明确规定违反禁止性规定将导致合同无效或不成立，在此情况下，必须借助其他手段"。①

笔者认为，在判断合同无效时，应对《合同法》第 52 条第 5 项加以限缩解释，只能限制为效力性的强制性规范。但在法律没有对规范的后果作出明确规定时，应当以公序良俗作为检验某一规范是否为强制性规范的重要依据。具体来说，违反公序良俗包括两个方面的内容。① 损害公共秩序。所谓公序就是指公共秩序，它主要包括社会公共秩序和生活秩序。史尚宽认为，公共秩序是指"社会之存在及其发展所必要之一般秩序"。而德国学者西米蒂斯认为，公共秩序是指现存社会的秩序。对公共秩序的维护，在法律上大多有明确的规定，危害社会公共秩序的行为通常也就是违反强行法规定的行为。但有时法律规定并不可能涵盖无余，因此，凡订立合同危害国家公共安全和秩序，即使没有现行的法律规定，也应当被宣告无效。② 违背善良风俗。所谓良俗，也称为社会公共道德，它是指由社会全体成员所普遍认许、遵循的道德准则。在德国司法实践中，善良风俗是指"所有有公平、正义思想的人的尊严感"。善良风俗的认定应采取一种应适用于整体法律交往的一般化标准。通常道德规范涉及的范围非常宽泛，并不是任何违反公共道德的行为都导致合同无效，只有那些内容严重违反公共道德的合同，才能被宣告无效。具体来说，包括以下几种情况：一是危害婚姻法、损害正常的家庭关系秩序的行为。例如，双方离婚后约定禁止一方当事人生育、约定断绝亲子关系，夫妻在离婚时约定禁止任何一方在离婚后再婚。二是违反有关收养关系的规定。例如，收养人和送养人在达成收养协议时约定送养人收取一定的报酬，或禁止收养的子女的姓氏随送养人。三是违反性道德的行为，例如有偿性服务合同等。四是赌债偿还合同。五是贬损人格尊严和限制人身自由的合同。六是限制职业选择合同。七是违反公平竞争的行为。八是违反劳动者保护的行为。九是诱使债务人违约的合同。十是禁止投诉

---

① 王利明：《论无效合同的判断标准》，《法律适用》2012 年第 7 期。

的合同。

王轶在《合同效力认定的若干问题》一文中提出以下观点："第一种区分方法叫形式的区分方法，即从禁止性规范的形式入手来进行区分。有一些禁止性的规范它是禁止任何人在任何时候、任何地点，以任何方式从事某类交易行为，这种禁止性规范在我们国家以往民事司法实践中通常被认定成为效力性的规定。这种禁止性规范的特点是绝对不允许某种类型的合同行为出现，比如说买卖毒品、雇凶杀人、拐卖妇女等。在法律法规中效力性的规定是非常少见的。还有一种禁止性规范或者是禁止特定人从事某类交易，或者是禁止在特定地点从事某类交易，或者是禁止在特定的时间从事某类交易，或者是禁止以特定方式从事某类交易。这种禁止性规范是我们现行法律和行政法规上比较常见的禁止性的规范。交易行为本身不是法律所禁止的，法律所禁止的是特定人去做、特定的时间去做、特定的地点去做，或者以特定的方式去做，这种禁止性规范在我们国家以往的民事司法实践中通常认为是管理性的禁止性规范。违反效力性禁止性规范的合同行为绝对无效，违反管理性禁止性规范通常不影响合同行为的效力。能不能根据法律条文的文字来判断是不是一个效力性规定？尽管禁止性规范大多数是用'不得'这样的表述方法，但'不得'这个词的背后并不总对应着一个效力性规定。第二种区分方法叫作实质的区分方法。要求法官、检察官、律师能够妥当地运用法律解释方法去确定法律条文的含义。区分效力性和管理性规定需要运用历史的解释和目的解释方法去分析和判断禁止性规范的规范目的。我们所面对的这个禁止性规范究竟是不是以直接维护公共利益为目的，如果一个禁止性规范经过我们运用历史解释和目的解释的方法，发现它是以直接维护公共利益为目的，那它就是效力性的禁止性规范，比如禁止买卖假证、禁止买卖妇女。这种禁止性规定都是直接维护公共利益的，只要有买卖假证的行为就会损害公共利益，只要有买卖妇女的行为就会损害公共利益，这是效力性的禁止性规范。管理性的禁止性规范是我们运用历史解释和目的解释方法以后发现，这种禁止性的规范是以维护管理秩序为目的。扰乱管理秩序并不能说一定损害公共利益，只能说存在着损害公共利益的可能性。"[①]

[①]　王轶：《合同效力认定的若干问题》，《国家检察官学院学报》2010 年第 5 期。

　　第二个问题有所定论。就强行法而言，当事人不能通过选择其他法域准据法的方式来规避中国法的适用。

　　1979 年全国人民代表大会通过了《中外合资经营企业法》，这是规范中外合资经营企业的基本法律。该法第 2 条第 1 款规定："中国政府依法保护外国合营者按照经中国政府批准的协议、合同、章程在合营企业的投资、应分得的利润和其他合法权益。"第 2 款规定："合营企业的一切活动应遵守中华人民共和国法律、法规的规定。"《中外合资经营企业法》生效以来几经修改，但该法第 2 条规范的事项始终未改变，反映了中国立法管理、规范合资企业的基本立场。一是合资企业应经中国政府"批准"；二是合资企业的一切活动（包括股权转让、合同变更等事项）应"遵守"中国法律、法规的规定。根据国家主权原则，中国法律具有严格的域内效力，凡在中国境内从事合资经营活动，任何自然人、法人（包括中国人、外国人、无国籍人）、任何行为都受《中外合资经营企业法》等中国法律的管辖。中国法律同时具有严格的域外效力，在中国境外从事涉及中国境内合资经营活动的中国自然人、法人都受《中外合资经营企业法》等中国法律的管辖。

　　1983 年国务院颁布《中外合资经营企业法实施条例》，其第 15 条规定："合营企业合同的订立、效力、解释、执行及其争议的解决，均应当适用中国的法律。"该行政法规是中国第一个明文规定合资企业合同应当适用中国法律的行政法规。2014 年国务院修改该条例，对条文进行调整，原条例第 15 条已调整为现行条例的第 12 条。

　　1985 年全国人大常委会通过了《涉外经济合同法》，其第 4 条规定："订立合同，必须遵守中华人民共和国法律，并不得损害中华人民共和国的社会公共利益。"第 5 条第 1 款规定了涉外合同法律适用的一般原则："合同当事人可以选择处理合同争议所适用的法律。当事人没有选择的，适用与合同有最密切联系的国家的法律。"第 5 条第 2 款则规定了涉外合同法律适用的特殊原则："在中华人民共和国境内履行的中外合资经营企业合同、中外合作经营企业合同、中外合作勘探开发自然资源合同，适用中华人民共和国法律。"尽管该法因 1999 年现行《合同法》的通过而被废止，但该法第 5 条第 2 款的规定原封不动地被移植到《合同法》中，成为现行《合同法》的第 126 条第 2 款。

1986 年全国人民代表大会通过《民法通则》，其在第一章基本原则中对法律适用作出原则性规定。第 6 条规定："民事活动必须遵守法律，法律没有规定的，应当遵守国家政策。"第 7 条规定："民事活动应当尊重社会公德，不得损害社会公共利益，扰乱社会经济秩序。"第 8 条第 1 款规定："在中华人民共和国领域内的民事活动，适用中华人民共和国法律，法律另有规定的除外。"第 2 款规定："本法关于公民的规定，适用于在中华人民共和国领域内的外国人、无国籍人，法律另有规定的除外。"第 145 条第 1 款规定："涉外合同的当事人可以选择处理合同争议所适用的法律，法律另有规定的除外。"鉴于前述《涉外经济合同法》第 5 条第 2 款对合资合同适用中国法律已经"另有规定"且持续有效，《民法通则》第 145 条无需对合资合同适用中国法律重复作出规定。

1999 年，全国人民代表大会通过《合同法》，该法第 126 条第 1 款规定："涉外合同的当事人可以选择处理合同争议所适用的法律，但法律另有规定的除外。涉外合同的当事人没有选择的，适用与合同有最密切联系的国家的法律。"第 2 款规定："在中华人民共和国境内履行的中外合资经营企业合同、中外合作经营企业合同、中外合作勘探开发自然资源合同，适用中华人民共和国法律。"这是中国现行法律中有关合资合同一律适用中国法律的有效规定。

2010 年全国人大常委会通过《涉外民事关系法律适用法》，该法在不违反《民法通则》《合同法》规定的情况下，对涉外民事关系的法律适用作出了规定。其第 2 条第 1 款规定："涉外民事关系适用的法律，依照本法确定。其他法律对涉外民事关系法律适用另有特别规定的，依照其规定。"第 4 条规定："中华人民共和国法律对涉外民事关系有强制性规定的，直接适用该强制性规定。"第 5 条规定："外国法律的适用将损害中华人民共和国社会公共利益的，适用中华人民共和国法律。"鉴于前述《合同法》第 126 条第 2 款对合资合同一律适用中国法律已"另有特别规定"，且该规定持续有效，《涉外民事关系法律适用法》无需就此事项作出重复规定。

2017 年全国人民代表大会通过了《民法总则》。鉴于民法典的编纂是一项规模宏大的系统工程，且根据民法典编纂的立法计划，已经通过的《民法总则》及正在编纂的民法典各分编中不纳入冲突法规范，不对涉外民事关系法律适用作出规定。《民法总则》第一章"基本规定"中对此作了衔接性规定。该法第 11 条规定："其他法律对民事关系有特别规定的，依照其规定。"值得注意的是，《民法总则》实施至今，前述《民法通则》、《合同法》《涉外民事关系法律适用法》仍为中国现行有效的法律。

除现行法律、行政法规明确规定合资合同一律适用中国法律外，中国相关的行政法规、规章及其他规范性文件中亦不乏有关三类特殊涉外合同之债准据法制度的规定。如 2006 年 8 月 8 日商务部、国务院国有资产监督管理委员会、国家税务总局、国家工商行政管理总局、中国证券监督管理委员会、国家外汇管理局发布的《关于外国投资者并购境内企业的规定》第 22 条规定："股权购买协议、境内公司增资协议应适用中国法律。"第 24 条规定："资产购买协议应适用中国法律。"2009 年 6 月 22 日商务部发布的《关于外国投资者并购境内企业的规定》第 22 条、第 24 条亦作出了相同的规定。

除法律、行政法规外，最高人民法院各时期的司法解释与审判实践严格秉持合资合同（包括合资企业股权转让合同）一律适用中国法律的立场。

1987 年最高人民法院《关于适用涉外经济合同法若干问题的解答》（法［经］发〔1987〕27 号）第 2 条（关于处理涉外经济合同争议的法律适用问题）第（3）项规定："在中国境内履行的中外合资经营企业合同、中外合作经营企业合同、中外合作勘探开发自然资源合同，必须适用中国法律，当事人协议选择适用外国法律的合同条款无效。"随着《合同法》的实施，根据《最高人民法院予以废止的 1999 年年底以前发布的有关司法解释目录（第三批）》，该司法解释自 2000 年 7 月 25 日起废止。根据最高人民法院的说明，该司法解释废止的原因是《合同法》生效后《涉外经济合同法》已废止，基于《涉外经济合同法》的司法解释不再适用。但是，这并不意味着合资合同适用中国法律的规定有任何改变。

2007 年最高人民法院《关于审理涉外民事或商事合同纠纷案件法律适用若干问题的规定》（法释〔2007〕14 号）第 8 条列举了中华人民共和国领域内履行的 9 类合同一律适用中华人民共和国法律，其中包括中外合资经营企业合同、中外合资经营企业股份转让合同。根据最高人民法院《关于废止 1997 年 7 月 1 日至 2011 年 12 月 31 日期间发布的部分司法解释和司法解释性质文件（第十批）的决定》，该司法解释自 2013 年 4 月 8 日起废止。该司法解释废止并不意味着最高人民法院有关合资合同适用中国法律的立场有所改变。

2010 年发布了最高人民法院《关于审理外商投资企业纠纷案件若干问题的规定（一）》（法释〔2010〕9 号）。鉴于该司法解释仅规范"外商投资企业在设立、变更等过程中产生的纠纷"，仅涉及实体性、程序性规定，与法律适用无涉，故未就外商投资企业纠纷案件的法律适用作出规定。

2012 年发布了最高人民法院《关于适用〈中华人民共和国涉外民事关系法律适用法〉若干问题的解释（一）》（法释〔2012〕24 号）。鉴于在前述《合同法》第 126 条第 2 款已对合资合同一律适用中国法律作出特别规定的情况下，《涉外民事关系法律适用法》无需就此事项作出重复规定，对该法的适用进行解释的法释〔2012〕24 号自然不会对合资合同的法律适用作出规定。为避免歧义，其第 3 条第 2 款特别规定："涉外民事关系法律适用法对涉外民事关系的法律适用没有规定而其他法律有规定的，适用其他法律的规定。"鉴于《合同法》第 126 条第 2 款已对合资合同一律适用中国法律作出特别规定，按照该条规定，合资合同的法律适用应适用《合同法》第 126 条第 2 款的规定。该司法解释第 6 条进一步规定："中华人民共和国法律没有明确规定当事人可以选择涉外民事关系适用的法律，当事人选择适用法律的，人民法院应认定该选择无效。"该司法解释第 10 条规定："应当认定为强制性规定的情形，涉及中华人民共和国社会公共利益、当事人不能通过约定排除适用、无需通过冲突规范指引而直接适用于涉外民事关系的法律、行政法规的规定，人民法院应当认定为涉外民事关系法律适用法第四条规定的强制性规定。"该司法解释第 19 条同时规定："涉及香港特别行政区、澳门特别行政区的民事关系的法律适用问题，参照适用本规定。"

需要特别说明的是，根据中国的法律体系和立法体制，最高人民法院的司法解释不具有造法性功能，凡与现行法律规定相抵触的司法解释无效。根据全国人民代表大会通过的《立法法》第 104 条规定，最高人民法院、最高人民检察院作出的属于审判、检察工作中具体应用法律的解释，应当主要针对具体的法律条文，并符合立法的目的、原则和原意。司法解释应当自公布之日起 30 日内报全国人民代表大会常务委员会备案审查。根据全国人大常委会通过的《监督法》第 31 条规定："最高人民法院、最高人民检察院作出的属于审判、检察工作中具体应用法律的解释，应当自公布之日起三十日内报全国人民代表大会常务委员会备案。"该法第 32 条、

第 34 条对于国家机关、和社会团体、企业事业组织以及公民认为司法解释同法律规定相抵触时如何提请全国人大常委会审查，如何修改、废止同法律规定相抵触的司法解释作出了具体规定。有鉴于此，在中国立法体制、备案审查制度下，司法解释不能也不可能与现行有效的法律规定相抵触。

4. 适用国际条约

1986 年《民法通则》第 142 条第 2 款规定："中华人民共和国缔结或者参加的国际条约同中华人民共和国法律有不同规定的，适用该国际条约的规定。但中华人民共和国声明保留的条款除外。"事实上，迄今为止我国所参加的与合同有关的多边国际公约仅 1980 年《联合国国际货物销售合同公约》（简称 CISG）一项，我国在参加公约时，对公约第 1 条第 1 款（b）项关于国际私法规则导致适用以及第 11 条关于合同无须以书面形式订立这两项规定，声明保留。然而，根据我国于 1999 年施行的《合同法》的规定，合同可以任何方式（包括口头、书面或行为方式）订立，这和公约第 11 条已无区别。2013 年 1 月 16 日，根据我国《缔结条约程序法》及《联合国国际货物销售合同公约》有关规定，我国政府向联合国秘书处递交撤回对《联合国国际货物销售合同公约》第 11 条及与第 11 条内容有关规定所作保留的声明。该撤回于 2013 年 8 月 1 日开始生效。自此，以我国当事人为一方订立的国际货物买卖合同，除非双方当事人特别说明，否则《联合国国际货物销售合同公约》将自动予以适用。《联合国国际货物销售合同公约》在仲裁中的可适用性是一个争论的问题，中国国际经济贸易仲裁委员会的通常实践是自动或者直接使用《联合国国际货物销售合同公约》。根据联合国国际贸易法委员会《贸易法委员会关于〈联合国国际货物销售合同公约〉判例法摘要汇编》（2012 年版）记载，《联合国国际货物销售合同公约》优先于对国际私法的援用。[1] 根据第 1 条第（1）款（a）项所列的标准，在当事人的营业地所在的国家是不同的缔约国时，《联合国国际货物销售合同公约》"直接地"或者"自动地"适用，即无须援用国际私法的规则。[2] 我国原对外经济贸易部《关于执行联合

---

[1] UNCITRAL. *UNCITRAL Digest of Case Law on the United Nations Convention on Contracts for the International Sales of Goods* (2012 edition), p.4.

[2] UNCITRAL. *UNCITRAL Digest of Case Law on the United Nations Convention on Contracts for the International Sales of Goods* (2012 edition), p.4.

国国际货物销售合同公约应注意的几个问题》也持同样的立场，即我国承担执行公约的义务，根据《联合国国际货物销售合同公约》第 1 条（1）款的规定，货物买卖合同如不另做法律选择，合同规定事项将自动适用有关规定，发生纠纷或诉讼也根据《联合国国际货物销售合同公约》处理。① 只有在《联合国国际货物销售合同公约》没有规定的事项，例如合同效力问题，仲裁庭才能依照最密切联系原则适用相关准据法。但是，实践中，有仲裁庭却从国际私法规则入手，非自动地使用《联合国国际货物销售合同公约》。例如，有仲裁庭根据冲突法规范，认定中国法与本案合同有最密切联系适用中国法；同时由于双方营业地所在国为《联合国国际货物销售合同公约》缔约国，双方没有约定排除《联合国国际货物销售合同公约》的适用，仲裁庭因此决定适用《联合国国际货物销售合同公约》。②

　　中国政府通过核准参加《联合国国际货物销售合同公约》之后，并没有制定国内法转化《联合国国际货物销售合同公约》的内容。通说认为，《联合国国际货物销售合同公约》纳入我国法律体系是"当然纳入说"，无须另外以法律予以转变为国内法。③ 这样，《联合国国际货物销售合同公约》一经加入，就成为中国法律体系的一部分，法院和仲裁机构在符合条件的场合直接适用《联合国国际货物销售合同公约》。④ 这说明仲裁实务不宜以中国《合同法》为主，兼用《联合国国际货物销售合同公约》补充的区分主次的适用方法。如果当事人在合同中指引某国法，而该国也是《联合国国际货物销售合同公约》的缔约国，主流的观点是，除非当事人特别明确指示了某国国内的买卖法，否则合同指引缔约国法律，被认为包括了《联合国国际货物销售合同公约》。⑤ 有学者将此适用称为"间接选择"。⑥《联合国国际货物销售合同公约》咨询委员会持相同观

---

① 1987 年 12 月 4 日（87）对经贸法字第 22 号。
② 韩世远：《CISG 在中国国际商事仲裁中的适用》，《中国法学》2016 年第 5 期。
③ 李浩培：《条约法概论》，法律出版社 2003 年版，第 314 页。
④ 《民法通则》第 142 条第 2 款肯定了中国缔结或者参加的国际条约具有"法源"地位，确立了我国民事法律内部的效力层次：国际条约高于或者优先于一般民事法律。
⑤ Peter Schlechtriem & Petra Butler. *UN Law on International Sales*. Springer-Verlag, 2009, p.15.
⑥ Andre Janssen & Matthias Spilker. *The Application of the CISG in the World of International Commercial Arbitration*. Rables, 2013, p.77.

点。^① 因此，当事人如果在合同中明确约定"适用中国法律"的，一般不应解释为这是排除《联合国国际货物销售合同公约》的适用。

此外，还要正确领会《联合国国际货物销售合同公约》第 1 条第（1）款（a）项"自动适用"的真意。例如，营业地在中国的买方和营业地在美国的卖方之间的国际货物销售合同产生纠纷，如果仲裁庭在受理纠纷时，应当视《联合国国际货物销售合同公约》既是中国法的一部分，也是美国法的一部分，是共同法，符合条件时应当自动适用，无须考虑国际私法因素。

中国对《联合国国际货物销售合同公约》第 1 条第（1）款（b）项的保留，在当事人选择中国法为适用法时，《联合国国际货物销售合同公约》的适用问题就有争议。一种观点认为，在《联合国国际货物销售合同公约》适用框架下，《联合国国际货物销售合同公约》第 1（1）（a）条是优先于冲突规则适用的，如果当事人营业地均在《联合国国际货物销售合同公约》缔约国，仲裁庭可以直接根据《联合国国际货物销售合同公约》第 1（1）（a）条确定《联合国国际货物销售合同公约》的适用。此时需要考察的是《联合国国际货物销售合同公约》第 6 条的排除《联合国国际货物销售合同公约》规则。如果选择任何缔约国的法律都不代表排除《联合国国际货物销售合同公约》，则《联合国国际货物销售合同公约》可以适用。如果不符合《联合国国际货物销售合同公约》第 1（1）（a）条适用条件，以意思自治作为国际私法规则导向中国法，由于中国做了第 1（1）（b）条的保留，则不能适用《联合国国际货物销售合同公约》。^②

中国对《联合国国际货物销售合同公约》第 1 条第（1）款（b）项的保留，主要是为了确保营业地在中国的中国法人和营业地不在缔约国的外国法人之间的贸易合同适用中国的《涉外经济合同法》。随着《合同法》取代《涉外经济合同法》，该保留已时过境迁，应当撤回，以便实现中国对《联合国国际货物销售合同公约》的适用能够与国际完全接轨。

5. 适用国际惯例

我国《民法通则》第 142 条第 3 款明确规定："中华人民共和国法律和中华人民共和国缔结或者参加的国际条约没有规定的，可以适用国际惯

① 韩世远：《CISG 在中国国际商事仲裁中的适用》，《中国法学》2016 年第 5 期。
② 刘瑛：《论 CISG 在国际商事仲裁中的适用》，《山西大学学报（哲学社会科学版）》2018 年第 2 期。

例。"采用这一原则对于弥补我国现行法律之不足，具有积极意义。但是，根据我国的立法精神，适用国际惯例必须以我国法律和缔结或参加的国际条约对合同当事人争议的问题未作规定为前提。

（二）我国涉外仲裁实践中实体法适用的若干问题

2015年1月1日起生效的《中国国际经济贸易仲裁委员会仲裁规则》第49条规定："仲裁庭应当根据事实和合同约定，依照法律规定，参考国际惯例，公平合理、独立公正地作出裁决。当事人对于案件实体适用法有约定的，从其约定。当事人没有约定或其约定与法律强制性规定相抵触的，由仲裁庭决定案件实体的法律适用。"

从该规则的规定来看，它并非属于严格的法律适用方法或者解决法律适用的冲突规范。由于依法作出裁决属于仲裁庭应尽的职责，所以从这条规定丝毫看不出仲裁庭在当事人未作选择时将如何适用法律。但中国国际经济贸易仲裁委员会和中国海事仲裁委员会在近十几年的涉外仲裁实践中，也基本遵循最高人民法院2007年发布的《关于审理涉外民事或商事合同纠纷案件法律适用的若干问题的规定》所确定的法律适用方法来选择解决涉外合同争议的准据法。例如，在当事人未作法律选择的情况下，中国国际经济贸易仲裁委员会通常依据"最密切联系"方法选择准据法，此时，合同缔结地、合同履行地等均为仲裁庭考虑的联系因素。在一个仲裁案中，中国买方与德国卖方就镀锌班品质争议交付中国国际经济贸易仲裁委员会仲裁。该合同的履行地在我国香港地区，货物到达我国香港地区后，中国买方将该批镀锌板又转卖到中国境内另一家公司。后因镀锌板质量低劣被中国境内公司的另一家公司拒收，所以仲裁时，中国买方要求退货，并提供了证明镀锌板存在品质问题的证据。仲裁庭的调查也确认了货物的严重缺陷。这样，能否支持中国买方退货的仲裁请求，则取决于应适用的法律。鉴于货物买卖合同的履行地为我国香港地区，依据我国香港地区法律，如果买方作出了对卖方交付货物的所有权相抵触的行为（如已将卖方的货物据为己有、转卖或者已经使用了该货物），买方就无权提出退货的请求。据此，仲裁庭驳回要求退货的请求，裁决将该批货物降价处理。[1] 至

---

[1]　赵威：《国际仲裁法理论与实务》，中国政法大学出版社1995年版，第204—205页。

于在涉及国际货物买卖以及信用证的争议，由于我国在这些领域基本上没有立法，仲裁庭适用有关的国际惯例，例如国际商会制定的《国际贸易术语解释通则》和《跟单信用证统一惯例》等。

由于仲裁规则仅规定要依据法律作出裁决，固然可以理解为依照我国《涉外民事关系法律适用法》所确立的法律适用原则来决定应适用的实体法；但同时又可理解为仲裁员有权自行决定应适用的实体法，即直接适用法律而不拘泥于冲突规范的指引。

从中国国际经济贸易仲裁委员会（简称贸仲）近年来受理案件的类型分析，涉及外商投资企业合同纠纷在相当长一段时间内占相当大的比例。1996 年在其受理的 778 件仲裁案中，合资合作合同纠纷为 259 件，占 33.3%；1997 年受理的 723 件仲裁案中，合资合作合同纠纷为 245 件，占受理案件总数的 33.84%。[①] 近年来，合资合作纠纷案件数量大幅减少。根据中国国际经济贸易仲裁委员会 2017 年度报告显示，该机构 2017 年度受理案件总计 2 298 件，合资合作企业合同纠纷仅受理 34 件。尽管如此，公平合理地处理外商投资企业合同纠纷，对于保护中外投资者的合法权益，改善我国投资环境都具有现实意义。由于《涉外民事关系法律适用法》和《中外合资经营企业法》《中外合作经营企业法》及其实施细则等都明确规定适用中国法律，中国国际经济贸易仲裁委员会在处理此类合同纠纷时，从一般意义上讲，是有法可依的。

然而，外商投资企业合同纠纷的性质错综复杂，其所涉及的法律关系众多，须受到各个等级、不同部门的法律法规的调整。特别是我国的立法体制尚不完善，下一级法规、规章与上一级法律法规相抵触的现象。这对于中国国际经济贸易仲裁委员会的各仲裁庭在确定应适用的实体法时明显增加了难度。

此外，仲裁机构与法院不同，它不可能对法律适用问题作出任何比较统一的、可以拘束各仲裁庭的适用原则。各仲裁庭对同一类争议仅因为对政府部门的规章或规范性文件的法律效力的观点不同，可能导致法律适用的不统一。例如，针对 1990 年中国对外经济贸易合作部和国家工商行政管

---

① 《中国国际经济贸易仲裁委员会 1996 年年度工作报告》，《仲裁与法律通讯》1997 年第 1 期，第 31 页；《中国国际经济贸易仲裁委员会 1997 年年度工作报告》，《仲裁与法律通讯》1998 年第 2 期，第 11 页。

理局共同发布的《关于承包经营中外合资经营企业的规定》,[1] 仲裁界对于这一文件的法律性质的观点迥异,有的认为它属于行政法规,所规定的合资企业承包合同经批准生效的程序,有关当事人必须遵守;有的认为它的性质是行政规章,不具备行政法规的效力,承包合同当事人只是约定将合资企业的经营权在一定期限内交由承包者行使,对合资合同并未构成重大变更,故承包合同不能仅因其未经批准而被确认为无效。[2] 在我国涉外仲裁实践中,因承包经营合同引发的纠纷不在少数,仲裁员对该规定的法律性质的不同看法,最终会影响对有关承包合同效力的认定。

　　适用我国法律来处理外商投资企业合同争议的困难还在于,我国以往在立法时法律之间相互不衔接,同一法律名词具有不同的内涵。以公司制度为例,我国《公司法》第 217 条规定:"外商投资的有限责任公司和股份有限公司适用本法;有关外商投资的法律另有规定的,适用其规定。"迄今在华建立的 30 余万家外商投资企业,绝大多数为有限责任公司,而有关的外商投资企业法规在公司资本、权力机构、表决制度、企业清算等规定都有别于《公司法》的有关制度。这样,一旦涉及外商投资企业诸如董事会的召集程序、董事长的职权等公司制度的问题,仲裁庭必须首先考虑在什么情况下可以适用《公司法》的比较完善的规定,它与外商投资企业法律法规有何区别。尤其是中外合作企业合同争议,因合作双方(尤其是中方)的合作条件不折算成股权,分配方式可由当事人自行约定,虽然绝大多数中外合作经营企业均采用有限责任公司形式,其实并非是规范的有限责任公司。然而实际情况往往是:绝大多数的合作企业合同规定设立有限责任公司,却又在合同中规定由合作一方向另一方支付"定额补偿金""保底收益"等五花八门的收益分配方式,也有的合同规定由合作企业向其中一方合作者支付上述费用。这种收益分配的方式从《中外合作经营企业法》及其《实施细则》可以找到相应的法律依据,两者都有明文规定:中外合作者依照合作企业合同的约定分配收益或者产品,承担风险和亏损。这条规定将收益分配的方式、比例等都交由当事人自行约定,而不是严格地根据公司制度的原则依照各方当事人的出资比例分享。究竟是合作

---

　　① 该规定于 2016 年 11 月被废止,目前尚无新的规定代替该规定。

　　② 郭晓文:《中国国际经济贸易案例分析》(第 2 卷:投资争议),三联书店(香港)有限公司 1997 年版,第 122—124、130—131 页。

企业向合作一方支付相应收益，还是合作一方向另一方承担支付相应收益的义务，法律界的意见也不统一，① 这势必将影响裁决的统一性。

值得注意的是，仲裁规则规定仲裁庭在裁决时应遵循公平合理原则。按照联合国国际贸易法委员会《国际商事仲裁示范法》第 28 条第 4 款的规定，仲裁庭只有在当事各方明确授权的情况下，才应按照公平合理原则或作为友好调解人作出决定。《联合国国际贸易法委员会仲裁规则》第 33 条第 2 款也规定："仲裁庭仅在当事人双方明白授权和适用于仲裁程序的法规同意这种仲裁时，方得运用友好仲裁或按公平和善良的原则进行仲裁。"基于此，仲裁庭是无权自行依据公平合理原则作裁决的，仅在当事人另行特别授权的前提下方得进行。然而中国国际经济贸易仲裁委员会的规定是仲裁庭可以自行决定采用此原则。笔者认为，遵循公平合理原则作出裁决，在我国法律尚不健全、法律条文过于原则而缺乏操作性的条件下是非常重要的。但是问题是，当法律有明确规定的情况下，仲裁庭是否也可以适用此项原则？换言之，如果仲裁庭认为按照法律规定来处理有关争议，可能对一方当事人明显不公平，是否可以转而适用公平合理原则作出裁决，或者依法兼采公平合理原则予以处理，可能各个仲裁庭的看法是难以取得统一的。在当前中外合资经营企业合同争议中，当事人为出资不到位或者出资超过合同规定期限所引发的争议非常普遍。依据对外经济贸易合作部和国家工商行政管理局《中外合资经营企业合营各方出资的若干规定》（简称《若干规定》），当事人一方向另一方索赔违约金和损失，依赖己方是否属于法律上的守约方。若一方当事人向合资企业缴付了全部认缴出资额，仅比合同规定晚了数天；另一方当事人根本未出资。前者是否属于守约方，是否有权行使向另一方的索赔权？若依上述《若干规定》和合资合同，缴足资本的一方也未必属于"守约方"，也就丧失了向另一方要求违约金和赔偿的权利，原因在于其出资比合同晚了几天。② 若依据公平合理原则，该方当事人仅因为数天的延误丧失这种权利，甚至也被视为

---

① 陈治东：《我国外商投资企业公司制度若干法律问题之剖析》，载陈安：《国际经济法论丛》（第 1 卷），法律出版社 1998 年版，第 164—168 页。

② 依照该《规定》第 7 条规定：合营一方未按照合营合同的规定如期缴付或者缴清其出资的，即构成违约。经催告逾期仍未缴付或者缴清的，视同违约方放弃在合营合同中的一切权利，自动退出合营企业。该《规定》被废止后，《中外合资经营企业法》及《中外合资经营企业法实施条例》中已无类似规定。

"违约方"显然是极不公平的。仲裁实践中，对于是依法还是依据公平合理原则来处理，结果就完全不一样。

综上所述，在中国的涉外仲裁中，实体法的适用尚存在诸多问题有待进一步探讨和研究。

司法部规划高等学校法学教材

陈沈
治伟
东 著

商事仲裁法

国际视野和中国实践

下 卷

Commercial Arbitration Law

Global Context and China Practice

上海交通大学出版社
SHANGHAI JIAO TONG UNIVERSITY PRESS

目 录
Contents

第八章
国际商事仲裁裁决

大多数的仲裁程序以仲裁庭作出仲裁裁决而结束。除了起诉撤销裁决或其他救济手段外，裁决是终局和有约束力的。本章主要讨论与仲裁裁决有关的一些法律问题。

第一节 仲裁裁决的种类

仲裁裁决（Arbitral Award）是仲裁庭按照仲裁规则在仲裁过程中或者仲裁审理终结后，就任何程序性事项或者就当事人提出的实体请求所作出的书面决定。专门规定承认和执行仲裁裁决的《纽约公约》规定："'仲裁裁决'一词不仅指专家选派之仲裁员所作裁决，亦指当事人提请仲裁之常设仲裁机关所作裁决。"《国际商事仲裁示范法》最后文本也对裁决的概念作出规定。在起草小组的建议文本中，"裁决"是指处理所有提交给仲裁庭处理的问题的最终裁决和任何其他仲裁庭最后决定的实体、仲裁庭能力或程序问题的决定。后者只在仲裁庭定义为裁决时为裁决。[1] 根据我国《仲裁法》的有关规定，仲裁裁决可以被理解为仲裁庭在对当事人有关争议进行仲裁的过程中或者在审结后，对请求事项作出的书面决定。

必须指出的是，仲裁裁决与仲裁过程中的程序指令是有区别的。仲裁

---

[1] Broches. Recourse against the award: Enforcement of the Award, UNCITRAL's Project for a Model Law on International Commercial Arbitration. *ICCA Congress Series* No.2 (1984), p.208.

庭可以根据仲裁法的规定在仲裁进行中对一些事项作出决定，并通知当事人。例如，《仲裁法》第41条规定，当事人有正当理由的，可以在仲裁规则规定的期限内请求延期开庭，仲裁庭决定是否延期。这些情况还包括交换书面证据、文件的制作和进行听证安排。但这类决定不具备裁决的地位。

就仲裁裁决所解决的问题而言，不但涉及实体性事项，而且也可以仅解决程序性事项。按仲裁裁决的性质和效力来分类，可以分为中间裁决、部分裁决和终局裁决三类。此外，依据当事人是否全部参加仲裁程序作为分类标准，可以将仅有一方当事人出庭情况下所作出的裁决归结为缺席裁决；将基于当事人和解协议所作出的裁决归结为合意裁决。

按照不同的标准，在仲裁过程中一般会有下列不同种类的仲裁裁决。

一、中间裁决

中间裁决（Interlocutory Award），又称为临时仲裁（Interim Award or Preliminary Award）指在仲裁过程中应当事人请求并经仲裁庭同意，或者仲裁庭认为有必要时，对案件的程序性事项所作出的一种裁决。例如，关于管辖权的中间裁决能够缩短或简化整个仲裁程序。因此，中间裁决是仲裁庭可以用来解决程序性问题并且加快仲裁裁决的有效工具。《联合国国际贸易法委员会仲裁规则》第21条和《解决国家和国民之间投资争议仲裁公约》第41条以及瑞士等国的仲裁法都鼓励并采纳这类仲裁裁决。中国国际经济贸易仲裁委员会也采纳和运用中间裁决。《中国国际经济贸易委员会仲裁规则》第57条规定：仲裁庭认为必要或者当事人提出经仲裁庭同意时，可以在仲裁过程中的任何时候，就案件的任何问题作出中间裁决或部分裁决。《仲裁法》对中间裁决未作规定。中间裁决一般是在案件未作出最终裁决前，对案件的一些重要问题必须予以澄清而又来不及在最终裁决决定的情况下，由仲裁庭作出的。

在仲裁程序中，仲裁庭常会遇到一系列程序性问题亟待解决，例如，在仲裁机构受理案件后，一方当事人就管辖权提出异议，仲裁机构作出决定认为其有管辖权时，将依据仲裁规则组成仲裁庭，并授权仲裁庭在仲裁过程中若发现新的证据时就管辖权问题作出裁决；为了收集证据，仲裁庭决定委托中立的第三方对争议标的进行鉴定、检测；为了确定当事人的债权债务，仲裁庭委托会计师或审计师进行财务审计，以便为责任划分和损害赔偿提供财务资料；在处理因鲜活商品交易引起的纠纷中，为了减少损失，仲裁庭要求当事人采取措施保存或出售容易腐烂变质的商品，以防止损失进一步扩大，等等。所有此类仲裁程序中由仲裁庭决定采取的措施都可以中间裁决方式作出决定。根据中国仲裁法和仲裁实践，关于管辖权、适用法律和责任分割等程序性的决定，一般称作决定或书面通知。比如，《仲裁法》第 24 条规定：仲裁委员会在收到仲裁申请书之日起 5 日内，认为符合受理条件的，应当受理，并通知当事人；认为不符合受理条件的，应当书面通知当事人不予受理，并说明理由。这种书面通知或决定取代了中间裁决。

在中国涉外仲裁领域，中间裁决比较普遍适用于下列情况：① 要求当事人合作采取措施，保存或出售容易腐烂、变质、贬值的货物，防止损失的进一步扩大；② 要求当事人合作和采取措施，为仲裁庭亲自监督或委派专家监督下的设备调试和试生产提供保障条件；③ 要求当事人合作和采取措施，组织清算委员会对企业的债权债务进行清算，为责任划分和损害赔偿的确定提供基础。[①] 在中国国际经济贸易仲裁委员会的仲裁实践中，中间裁决通常处理仲裁的程序性事项，例如仲裁庭的管辖权问题、确定是否接受当事人的补充请求或者仲裁反请求、确定法律适用问题，等等。

中间裁决一般会在裁决中写明裁决是临时的。中间裁决的缺点是它可能给当事人提请司法复审留有余地。由于一方或双方当事人在仲裁过程中要求司法当局撤销或承认中间裁决，司法干预就成为可能。法院一般确认仲裁庭就当事人提交仲裁的一部分请求事项作出的裁决。中国涉外仲裁程序中的中间裁决不具有终局性。根据《中国国际经济贸易仲裁委员会仲裁规则》第 57 条规定，任何一方当事人不履行中间裁决并不影响仲裁程序的继续进行，也不影响仲裁庭作出终局裁决。

国外中间裁决的对象一般包括以下三个方面：管辖权问题、适用法问题和争议分割。仲裁庭作出中间裁决的另一种可能性是分割责任和总量，

[①]　王存学：《中国经济仲裁和诉讼手册》，中国发展出版社 1993 年版，第 314 页。

将一方的部分责任从全部诉争中分离开来。如果仲裁庭能够将一方的责任从整个事实中分离出来，仲裁庭就可以专门对该方的责任作出中间裁决，而这样的中间裁决也能够促使双方当事人就整个争议达成解决方案。这就间接地减少了仲裁庭对双方主张进行量化处理（通常是为了获得证据或专业评价而要求会计师和技术专家等参加仲裁程序）的成本。

在英国的仲裁实践中，仲裁庭一般以中间裁决方式解决程序性问题。[①] 许多常设国际商事仲裁机构的仲裁规则中都规定仲裁庭有权作出此类裁决。例如《联合国国际贸易法委员会仲裁规则》第 32 条第 1 款规定："除作出最终裁决外，仲裁庭亦有作出临时性的、中间的或部分的裁决之权。"就该仲裁规则所示，似乎中间裁决与临时裁决是两种不同的裁决，然而，在不同的法律制度下这两种称呼是经常混用的，有时甚至与部分裁决也交叉使用。有商事仲裁专家曾经指出，各种法律制度对部分裁决给予不同的称呼，例如临时的（Interim）、中间的（Interlocutory）、分离的（Separate）和部分的（Partial）裁决。[②] 显而易见，对于这些词语的使用并非界限十分清晰。我国《仲裁法》对中间裁决未作规定。

中间裁决是帮助仲裁庭作出最终裁决，或者澄清事实及收集证据的重要手段和有效方法。中间裁决所处理的问题并不涉及仲裁对当事人仲裁请求的实体决定，却对仲裁庭作出最终裁决具有非常重要的作用，在特定情况之下，中间裁决委托的第三方进行审计、鉴定报告，成为仲裁庭作出最终裁决的唯一依据。中间裁决的性质虽然不是终局的，但它毕竟包括了仲裁庭要求当事人作为或者不作为的决定，当事人也应遵照执行。如果当事人一方拒不执行中间裁决，那么由于该方当事人的原因造成的后果，通常由该方当事人承担。[③] 但是中间裁决通常不具有强制执行效力，也不需要由法院来执行，当事人不履行的，仲裁庭可以在终局裁决里就此划分责任。

在临时仲裁中以中间裁决方式解决程序性问题尤为重要。临时仲裁的特点在于不具备常设仲裁那样的仲裁规则，当事人的提交仲裁协议中又往

---

① Alan Redfern and Martin Hunter. *Law and Practice of International Commercial Arbitration*. Sweet & Maxwell，1986，p.285.

② Mauro Rubino-sammartano. *International Arbitration Law*. Kluwer，1990，p.405.

③ 程德钧、王生长、康明：《国际惯例和涉外仲裁实务》，中国青年出版社 1993 年版，第230—231 页。

往不会规定仲裁庭有权作出何种类型的裁决。在此情况下，倘若仲裁庭遇到当事人所提出的管辖权异议等程序性先决问题，必须依据一国的仲裁法或者相应的民事诉讼法的规定，首先作出中间裁决，确定该仲裁庭是否具有管辖权；否则，仲裁程序就无法进行下去。

二、部分裁决

部分裁决（Partial Award），又称先行裁决，指在仲裁过程中对整个争议中的一个或者数个问题的事实和法律问题已经审理清楚，为有利于继续审理其他的争议事项，仲裁庭先行作出的对某一个或者数个问题的终局性的裁决。《仲裁法》第 55 条规定：仲裁庭仲裁纠纷时，其中一部分事实已经清楚，可以就该部分先行裁决。

在仲裁实践中，部分裁决与中间裁决经常混用，中国的一些学者对此两种裁决从内涵到外延的理解和表述亦各不相同。[1] 有人认为，部分裁决和中间裁决有本质上的不同。部分裁决是仲裁庭对某一个或者几个问题已经审理清楚后，出于保护当事人利益的需要而对这些问题作出的终局性的裁决，而中间裁决并不具有强制的执行力。[2] 也有的观点认为，中间裁决指有关程序问题的裁决，部分裁决是实体性裁决。[3]

笔者认为，部分裁决和中间裁决具有一定的相似性，两者都是最终裁决之前作出的决定，在对某些问题的认定上在某种程度上又都是最终的，因为它们在某些问题上对当事人都有约束力。显然，强制力并不是两者的实质性区别。实践中很难区分部分裁决和中间裁决的差异，通常是可以互换的。已有的国际仲裁规则也没有作出严格清晰的区分。《联合国国际贸易法委员会仲裁规则》仅规定：除作出最终裁决外，仲裁庭亦有作出临时的（Interim）、中间的（Interlocutory）或部分的（Partial）裁决之权。在大陆法系国家的仲裁实践中，部分裁决处理部分实体问题，而中间裁决（临时裁决）处理程序问题还是比较普遍的做法。

---

① 赵威：《国际仲裁法理论与实务》，中国政法大学出版社 1995 年版，第 214—216 页；陶春明、王生长：《中国国际经济贸易仲裁——程序理论与实务》，人民中国出版社 1992 年版，第 67—68 页；韩德培：《国际私法新论》，武汉大学出版社 1997 年版，第 768—769 页。

② 郭寿康等：《国际经济贸易仲裁法》，中国法制出版社 1999 年版，第 128 页。

③ 韩健：《现代国际商事仲裁法的理论和实践》，法律出版社 1993 年版，第 259—262 页。

　　根据中国仲裁法和仲裁实践，部分裁决通常用在下列情况：① 仲裁所涉争议本来是分阶段进行的，当事人提出几项仲裁请求。例如，当事人购买了数批货物，并且对这些货物的质量都有争议，向仲裁机构提出了不同的仲裁请求。仲裁庭完全查清所有事项需要等待很多时间。在这种情况下，在不影响其他仲裁请求事项的前提下，仲裁庭对一些仲裁请求作出裁决。② 仲裁庭在仲裁过程中要求当事人采取恰当的措施，配合仲裁庭的顺利进行。例如，协助仲裁庭委派专家审计账目。① ③ 仲裁庭根据已经掌握的事实，可以对当事人提交仲裁的某一项仲裁请求作出责任归属等原则性的结论，但是还不能对赔偿数额等事项作出具体裁决。在这种情况下，仲裁庭先作出部分裁决。②

　　中国涉外仲裁一般在下列问题上使用部分裁决决定：① 决定合同是否成立或有效；② 决定合同的准据法；③ 决定请求或反请求是否成立；④ 在仲裁过程中将责任或定量的问题分离；⑤ 在相对复杂、费时和冗长的仲裁案件中，将责任从总量中分离，或者决定违约方的责任和支付给受害方的赔偿；⑥ 一方承认另一方的请求或反请求的一部分，并同意该部分从其他请求事项中分离开来决定。从法律效果上看，部分裁决是终局的，更加接近最终裁决，是最终裁决的一部分，而中间裁决则是部分裁决和最终裁决的铺垫。但是总的来看，中间裁决和部分裁决都是为了仲裁庭作出更好的最终裁决。

　　由于部分裁决是仲裁庭对实体问题作出的决定，故一经作出即具有法律约束力，它在性质上与最终裁决一样，两者唯一的区别只是部分裁决是在审理终结前作出的，而最终裁决应在审理终结后作出。已经在部分裁决中决定的事项，在最终裁决中就不得再次进行裁决，尤其是对部分裁决已经决定的有关争议的定性及违约责任的分担原则，最终裁决不能与此相抵触。

三、最终裁决

　　最终裁决（Final Award）是仲裁庭在对整个案件审理终结之后，就全

---

① 黄进等：《仲裁法学》，中国政法大学出版社 1997 年版，第 143 页。
② 谭兵：《中国仲裁制度研究》，法律出版社 1995 年版，第 245 页。

部提交仲裁的争议事项所作出的终局性的裁决。仲裁庭作出最终裁决，就意味着仲裁员已经履行完毕其职责，他们对争议不再享有任何管辖权，仲裁庭与当事人之间在仲裁过程中所产生的法律关系亦不复存在。最终裁决一经作出，除了对裁决的文字或者计算错误进行更正、修改或者补充之外，整个案件的仲裁程序即告终结。与部分裁决不同，最终裁决对当事人提交仲裁的争议的所有事项和问题都作出了决定。由于部分裁决是最终裁决的一部分，两者在内容上不应当抵触。

一项有效的最终裁决会产生多方面的法律效果。

首先，有效的裁决具有既判力。《仲裁法》第 57 条规定，裁决书自作出之日起发生法律效力。各国法院和仲裁机构都承认裁决在实体上是它所决定问题的正确方法。仲裁庭彻底完成了其使命。仲裁庭与当事人之间因仲裁而产生的关系也就此结束。任何一方当事人不得以不服仲裁裁决而向法院上诉或向行政机关寻求其他方式的救济。由于仲裁裁决的既判力作用，根据"一事不再理"的原则，任何当事人就不得再就同一争议交付任何法院或者仲裁机构解决。《民事诉讼法》第 273 条规定："经涉外仲裁机构裁决的，当事人不得向人民法院起诉。"

其次，最终裁决具有据以向法院申请强制执行的效力，这是最终裁决与中间裁决的本质区别。因中间裁决仅解决程序性事项而非实体性争议，在法律上通常不存在需要执行的金钱标的，故当事人不能据此向法院申请对另一方当事人进行强制执行。例如，仲裁庭作出的对特定案件具有管辖权作了中间裁决后，若一方当事人再就同一案件诉诸法院，另一方当事人至多得以中间裁决要求法院裁定驳回起诉，却无法请求法院裁定让有关当事人必须参加仲裁程序。

鉴于最终裁决具有上述法律效力，为了避免当事人产生对裁决本身性质的异议，继而影响其强制执行力，仲裁庭一般应对具有终局性质的裁决书上注明"本裁决为最终裁决，对双方当事人均有约束力"此类限定性词语。

最终裁决排除了当事人诉诸其他法律手段解决争议的可能性，具有排他的法律效果。当事人不得对同一争议、同一标的、同一事实和理由再次向仲裁机构提起仲裁。仲裁机构和法院不得受理当事人的请求。最终裁决对当事人的权利义务产生直接的执行效果。当事人有法律上的义务执行裁决。如果负有履行义务的一方当事人未按照裁决书所写明的期限自动履行裁决，另一方当事人可以按照法律的规定，向法院申请强制执行。

四、缺席裁决

缺席裁决（Default Award）是指在一方当事人经合法通知而又无正当理由不到庭的情况下，仲裁庭在仲裁过程中或者审理终结后所作出的仲裁裁决。从法律性质来分析，缺席裁决并非一种独立的裁决类型。换言之，缺席裁决并不会产生与其他类型的裁决相区别的法律后果或者处理不同的事项。中间裁决、部分裁决以及最终裁决都可以在一方当事人缺席的情况下作出。

在商事仲裁中经常会发生一方缺席或拒绝参加仲裁程序的情况。这种缺席可能发生在程序开始之初，也可能在程序进行过程中发生。在这种情况下，仲裁庭如果无权继续仲裁，仲裁庭的任务也因一方的缺席而变得难以完成，仲裁程序可能夭折。此处的一方当事人既可能是被申请人，也可能是被申请人提出反请求时，申请人缺席仲裁庭审。

各国的仲裁法以及常设仲裁机构的仲裁规则均规定，一方当事人经合法通知而又无正当理由不参加仲裁程序，或者在仲裁过程中无理由中途退出仲裁，仲裁程序不受影响，仲裁庭有权作出缺席裁决。1996 年《英国仲裁法》第 41 条第 4 款（b）项规定："仲裁庭在该当事人缺席的情况下，可以继续程序的进行，在当事人未提供任何书面证据或其他材料的情况下，在现有的证据材料的基础上作出裁决。"1998 年 1 月 1 日起生效的《国际商会国际仲裁院仲裁规则》第 6 条第 3 款规定："如果当事人的任何一方拒绝或不参加仲裁程序或仲裁的任何一个阶段，则不能因此而影响仲裁程序的继续进行。"无疑，当事人之任何一方为规避仲裁而不出庭，在法律上不影响仲裁庭作出缺席裁决。

根据我国《仲裁法》的规定，在下列情况下，仲裁庭可以作出缺席裁决。

（1）被申请人无正当理由不到庭的。申请人向仲裁庭递交申请后，仲裁庭应当将申请书副本送达被申请人并同时书面通知开庭时间和地点。如果被申请人收到书面通知后，无正当理由而未到庭的，仲裁庭可以依法作出裁决。

（2）被申请人未经仲裁庭的许可而中途退庭的。被申请人在开庭审理的过程中，虽然有正当理由需要退庭，但必须经仲裁庭许可，否则仲裁庭将依照仲裁规则进行缺席裁决。

《中国国际经济贸易仲裁委员会仲裁规则》第 39 条第 2 款规定："被申请人无正当理由开庭时不到庭的，或在开庭审理时未经仲裁庭许可中途退庭的，仲裁庭可以进行缺席审理并作出裁决。"

众所周知，仲裁庭管辖权的基础在于当事人的合意，仲裁一裁终局的基本要求是其程序正当，即双方当事人均获得参加仲裁的适当通知，有权充分陈述己方的观点和意见，有权对相对方当事人的证据进行质证，等等。而在实际仲裁程序中，一方当事人拒不参加仲裁，势必给仲裁庭的审理工作带来困难，甚至对仲裁庭所作出的缺席裁决的效力也可能产生不确定性。因此，仲裁庭对一方当事人不参加仲裁的案件的审理，应给予特别的关注。如果仲裁庭作出一个有利于参加仲裁一方的裁决，仲裁庭就必须考虑是否给予另一方足够的机会参加仲裁、是否严格遵循了仲裁规则、是否通过有效的通信和联络渠道接触过缺席一方，否则作出的裁决极易被司法机关撤销。为了达到该目的，仲裁庭一般会尽可能地让缺席一方清楚地知晓案件的进程以及不参加开庭的后果。在缺席裁决中，仲裁庭也会用足够的篇幅解释其对本案是非曲直的判断和认知，从而表明裁决是公正合理的，没有受到一方缺席的影响。仲裁庭应严格依照法律或者仲裁规则所规定的送达程序和方式，向缺席当事人（Defaulting Party）送达仲裁庭组庭通知和仲裁开庭通知；在开庭后，要及时向缺席当事人转达开庭时一方当事人提供的新的书面证据以及申辩情况，给予缺席当事人适当的时间以使其有可能进行书面的答辩，并通知其若不进行书面的答辩或者要求再次开庭的话，仲裁庭将作出缺席裁决；最后，仲裁庭在实际制作裁决书时，除了一般裁决书应具备的事项外，还应当详细说明仲裁庭所依据的程序以及给予缺席当事人参加仲裁的一切和适当的机会，并且表明仲裁庭已经真正理解了案件的事实。[①] 仲裁庭还必须保留与送达和通知有关的一切证据，

---

① Alan Redfern and Martin Hunter. *Law and Practice of International Commercial Arbitration*. Sweet & Maxwell，1986，p.288.

以便一方当事人在申请法院强制执行时作为程序正当（Due Process）的证据。否则，若一方当事人不参加仲裁而仲裁庭处理程序有瑕疵，当胜诉方在向法院申请承认及执行裁决时，作为败诉方的缺席当事人将以程序不当为抗辩理由请求法院拒绝予以承认及执行，这不但属于各国法律所规定的可以拒绝执行裁决的情形，在实践中也往往会得到法官的同情。中国仲裁法要求仲裁庭给予双方当事人书面通知就是保证了当事人在仲裁程序中被适当地通知。

在缺席仲裁的情况下，由于没有缺席一方的出庭质证和答辩，仲裁庭在作出缺席裁决时会被迫扮演更为积极的角色。仲裁庭不是就一方提出的主张作出简单认可，而是决定其主张是否合理。为此，仲裁庭会自己检验参加一方所作的陈述，并且收集证据，对争议作出裁决。

五、合意裁决

合意裁决（Consent Award）是指仲裁庭基于当事人在仲裁程序中达成的和解协议所作出的仲裁裁决。同民事诉讼一样，商事仲裁的当事人在仲裁过程中也可以自行解决其争议。

我国《仲裁法》允许当事人和解，以协议方式终止仲裁程序。《仲裁法》第49条规定："当事人达成和解协议的，可以请求仲裁庭根据和解协议作出裁决书。"该条还允许当事人通过调解方式达成协议。达成调解协议的，仲裁庭应当制作调解书或者根据协议的结果制作裁决书。

在现代的国际商事仲裁中，不少仲裁机构鼓励双方当事人以和解方式解决其争议，例如中国的中国国际经济贸易仲裁委员会采用仲裁与调解相结合的做法解决争议，收到了良好的效果。这种仲裁与调解相结合的争议解决方式还被联合国国际贸易法委员会起草的《国际商事仲裁示范法》所吸收，其第30条第1款规定："如果在仲裁程序中当事人各方和解解决争议，仲裁庭应当终止仲裁程序，而且如果当事各方提出请求而仲裁庭并无异议，则应按和解的条件以仲裁裁决书的形式记录此和解。"此外，《联合国国际贸易法委员会仲裁规则》第34条第1款亦作了相同的规定。

在当事人达成和解协议结束其争议时，当事人可以直接执行和解协议，并且撤回仲裁，也可以要求仲裁庭根据和解协议的内容，制作一份裁决书，此项裁决书可以不说明裁决的理由。此类裁决即为合意裁决。仲裁庭基于当事人和解协议制作合意裁决书，既符合仲裁须尊重当事人意思自治的原则，又使当事人通过和解协议所取得的意思表示有了强制执行的保障。

双方当事人的和解协议和调解协议是合意裁决的基础。但是，调解书与和解协议的法律效力有所不同。由于调解书具有与仲裁裁决相同的法律效力，因此，调解书的生效确定了双方当事人的权利义务关系，并且使仲裁程序终结。调解书一旦生效，当事人不得就同一事实和理由重新向仲裁机构提出仲裁申请或者向法院起诉。胜诉方也可以向有管辖权的法院执行调解书。

和解书的法律效力不及调解书。根据仲裁法的规定，如果仲裁庭根据当事人的和解书制作了仲裁裁决，那么和解书具备了裁决的效力。但是，当事人也可以选择在和解书达成之后撤回仲裁申请。在这种情况下，一方当事人若对和解协议不满，可以根据仲裁协议申请仲裁。和解协议中处于有利地位的一方为了增强和解书的执行效果，应当要求仲裁庭根据和解书的内容作出仲裁裁决。

当事人双方就争议达成和解意味着在法律效果上撤销了仲裁庭的强制功能，并且终止了整个仲裁程序。如果双方当事人达成了解决争议的协议，这就间接地要求仲裁庭根据双方的意愿结案，并且撤销和终止了先前赋予仲裁庭的管辖权和司法权力。

在仲裁裁决中包括双方的和解意愿是当事人都乐见的事情。一个原因是，和解可以使一方当事人继续履行合同（例如支付金钱）的责任，另一方就更加容易执行仲裁裁决；另一个原因是，合意裁决总是包含了双方希望得到的东西，既包括确定的仲裁程序的结果，又包括将来继续合作的可能性。

六、补充裁决

仲裁机构在作出最终裁决后，即完成了当事人授权的仲裁权力。但是，有时仲裁庭会因为种种原因对当事人提交仲裁的部分请求事项没有作出裁决，当事人有权要求仲裁庭或仲裁机构对漏裁的事项作出补充裁决。

必须指出，中国国际经济贸易仲裁委员会规定的补充裁决针对的事项是当事人请求仲裁的事项之一或一部分，而不是仲裁裁决上的书写、打印、计算上的错误。补充协议的效力等同于最终裁决，并且应当作为最终裁决的一部分。①

北京仲裁委员会等国内仲裁机构在补充裁决之外，还规定了补正裁决。北京仲裁委员会设定的补正裁决是针对裁决书中的文字、计算错误或者仲裁庭已经裁决但在裁决书中遗漏的事项。② 上海仲裁委员会将中国国际经济贸易仲裁委员会采用的补充裁决和北京仲裁委员会规定的补正裁决一并规定为补充裁决。上海仲裁委员会采用的补充裁决包括对裁决书中的文字、计算错误或者遗漏的事项。③

第二节　仲裁裁决的作出期限

一、仲裁裁决期限

为了加速仲裁程序，确保仲裁双方当事人的经济利益，避免仲裁程序的过度拖延，商事仲裁确定了仲裁裁决期限。

仲裁裁决的期限是指仲裁庭在一定时间内必须作出裁决。在期限到达时，仲裁庭的权限或授权就会终止，并且对作出一有效的裁决没有管辖权。在时限存在的情况下，仲裁庭必须注意时限或者在时限结束前延长时限。中国的仲裁实践并没有授权当事人在仲裁协议或者仲裁条款中明确规定时限的做法。时限通常由仲裁机构规则设定。

在国际商事仲裁中，仲裁庭作出裁决的时间关系到仲裁机构审理案件的效率和费用，关系仲裁当事人的商业利益。若因仲裁庭审理案件迟迟不作出裁决，不仅使整个程序拖延而导致仲裁费用增加（有的仲裁机构以仲裁庭耗费的时间来计算当事人应付的仲裁费及仲裁员报酬），而且还使争议当事人的权利义务关系一直处于不确定状态，影响当事人的商业活动。

---

① 《中国国际经济贸易仲裁委员会仲裁规则》第 54 条。
② 《北京仲裁委员会仲裁规则》第 52 条。
③ 《上海仲裁委员会仲裁规则》第 58 条。

因而，一些国家的仲裁法规对仲裁庭作出裁决的期限作出明确的规定；各常设国际商事仲裁机构的仲裁规则也限定了仲裁庭作出裁决的期限。

二、具体规定

《西班牙仲裁法》第 30 条规定："除非当事人另有约定，仲裁员必须自其接受解决争议条款或自仲裁庭最后一个仲裁员被替换之日起 6 个月内作出裁决。这个期限只有经过当事人协议才能得以延长，并在第一个 6 个月期限届满前通知到仲裁员。如果期限届满后裁决还未作出，仲裁协议将不再有效，并将争议正式提交法院。"法律如此明确地规定仲裁庭作出裁决的期限，并且指出如超过此期限而仲裁庭未获得当事人的协议延长之通知，则连仲裁协议本身的效力都将失去，在各国的立法中实为罕见。问题在于，即使法律未明确规定，各仲裁机构为了提高仲裁的效率，增强其信誉，也都会作出相应的规定。而仲裁庭未经适当批准而逾期作出裁决，本身属于程序不当，成为败诉方请求法院拒绝承认及执行裁决的抗辩理由。

在仲裁规则方面，《中国国际经济贸易仲裁委员会仲裁规则》分别对一般程序和简易程序的仲裁裁决期限作了规定。对于一般程序的仲裁案件，仲裁庭应当在组庭之日起 9 个月内作出仲裁裁决书。对于简易程序的案件又分为两种情况：开庭审理的案件，仲裁庭应当在开庭审理或再次开庭审理之日起 30 日内作出裁决；书面审理的案件，仲裁庭应当在仲裁庭成立之日起 90 日内作出裁决。《中国国际经济贸易仲裁委员会仲裁规则》第 48 条规定较为灵活，即经仲裁庭请求，仲裁委员会仲裁院院长认为确有正当理由和必要的，可以延长该期限。国内仲裁机构对一般程序的仲裁案件设定的裁决期限一般只有 4 个月。《深圳仲裁委员会仲裁规则》规定：仲裁裁决应当在仲裁庭组成之日起 4 个月内作出。但是，这 4 个月不包括仲裁庭对专门性问题进行审计、评估、鉴定的期间。[①] 北京仲裁委员会也设定了仲裁裁决的期限为 4 个月，而 4 个月的期间也不包括仲裁庭对专门性问题作出鉴定的时间。[②] 上海仲裁委员会规定的裁决期限比较特别：仲裁庭

[①] 《深圳仲裁委员会仲裁规则》第 61 条。
[②] 《北京仲裁委员会仲裁规则》第 47 条。

应当在组成或成立之后的 4 个月内作出裁决；但是，如果一方或双方当事人在境外的，仲裁庭则可在 9 个月内作出裁决。[①]

对于特殊情况之下，仲裁期限的延长，各个仲裁委员会规定的程序也不相同。深圳和北京仲裁委员会要求首席仲裁员或独任仲裁员在特殊情况时，提请仲裁委员会主任批准，可以延长裁决期限。[②] 上海仲裁委员会要求仲裁庭报仲裁委员会主任批准，而延长期限。[③]

国内仲裁机构对简易程序设定的裁决期限有很大的不同。上海仲裁委员会规定：适用简易程序的仲裁案件，应自仲裁庭组成之日起两个月内作出裁决；有特殊情况需要延长仲裁期限的，由仲裁庭报经主任批准。[④] 北京仲裁委员会区分了国内争议和涉外争议，并设定了不同的期限。其仲裁规定：仲裁庭应当自仲裁庭组成之日起 75 日之内作出裁决；涉外案件，仲裁庭应当自组庭之日起 6 个月内作出裁决；有特殊情况需要延长的，由首席仲裁员或独任仲裁员提请秘书长批准，可以适当延长。[⑤] 深圳仲裁委员会要求仲裁庭在简易程序中自仲裁庭组成之日起 2 个月（涉外案件 3 个月）内作出仲裁裁决。[⑥] 可见，国内仲裁机构在仲裁裁决期限上的规定有很大的不同，并没有统一的规则。当事人需要根据相关仲裁机构的仲裁规则，了解裁决期限的差异。

三、强制时限的缺陷

商事仲裁在 2—9 个月内完成并不是不可能。但是对一些案件来说，这个时限显得较为紧迫。结果是，即使当事人并非故意拖延程序，仲裁庭在如此之短的时间内作出仲裁裁决极有可能造成仲裁庭没有给予另一方充分的时间陈述案情的情形。这样的裁决极易被一方当事人要求撤销或者在执行程序中主张无效。胜诉一方就会发现严格的时限一方面促成了争议的快速解决，另一方面却造成了更为严重的拖延。

[①] 《上海仲裁委员会仲裁规则》第 52 条。
[②] 《深圳仲裁委员会仲裁规则》第 61 条；《北京仲裁委员会仲裁规则》第 47 条。
[③] 《上海仲裁委员会仲裁规则》第 52 条。
[④] 《上海仲裁委员会仲裁规则》第 63 条。
[⑤] 《北京仲裁委员会仲裁规则》第 68 条。
[⑥] 《深圳仲裁委员会仲裁规则》第 81 条。

第三节　仲裁裁决的形式和内容

仲裁裁决的形式和内容对裁决的效力及执行具有重大意义。裁决的形式通常是各国仲裁法中强制性规定的一个内容，不符合执行地国强制性法律规定的裁决将难以得到顺利执行。[①]

《国际商会仲裁规则》第 26 条要求"仲裁员应……尽力保证裁决能依法执行"。由于仲裁裁决在某些情况下可能被一方当事人在法院提起异议，或者在执行过程中被执行地法院拒绝承认和执行，故存在着对仲裁裁决提出异议和救济的可能性。因此，仲裁裁决应具备有效性，即形式和内容的合法性。

一、仲裁裁决的形式

综观有关仲裁的国际公约、各国仲裁法以及所有仲裁机构的仲裁规则的规定，仲裁裁决必须符合一定的形式要件。

《中国国际经济贸易仲裁委员会仲裁规则》第二章第四节对仲裁裁决的形式要求是：首先，裁决书以书面形式作出。其次，裁决书应当包括下列内容：仲裁请求；争议事实；裁决理由；裁决结果；仲裁费用的负担；裁决的日期和地点。再次，仲裁员署名。最后，裁决书应当加盖仲裁委员会印章。仲裁庭可以根据当事人的请求，在仲裁裁决中不注明争议事实和裁决理由。

《联合国国际贸易法委员会仲裁规则》第 32 条规定：仲裁裁决必须采用书面形式；裁决书必须附具理由；裁决书应由仲裁员签名并载名裁决作出的日期和地点；如果 3 名仲裁员组成的仲裁庭审理案件，而其中一名仲裁员未在裁决书上签名，就必须陈述缺少其签名的理由。在国际商事仲裁的实践中仲裁员不签名问题则是频繁发生的。仲裁员未在裁决书上签名或

[①]　程德钧、王生长、康明：《国际惯例和涉外仲裁实务》，中国青年出版社 1993 年版，第233 页。

者拒绝在裁决书上签名，可能因有关仲裁员的死亡或者因疾病而无行为能力（这种情况较为罕见），也有可能源于一位仲裁员不愿使指定其担任仲裁员的一方当事人失望而拒绝签名，或者一位仲裁员认为多数仲裁员的行为使其的意见未能充分表达出来，或者多数仲裁员拒绝其表达不同意见（Dissenting Opinion）的权利。① 由于仲裁员就裁决事项达不成一致意见的不在少数，若法律严格规定裁决必须经全体仲裁员签名方为有效的话，无疑会使仲裁制度无法适应解决争议的需要。

现在的普遍趋势是，大多数国家规定裁决书以全体仲裁员签名为原则，多数仲裁员签名为例外。换言之，一般情况下仲裁书应由仲裁员一致同意裁决内容并签名；若仲裁庭未能就裁决达成一致意见时，裁决根据多数仲裁员的意见作出，持反对意见的仲裁员可以拒绝在裁决书上签名；若由 3 位仲裁员组成的仲裁庭不能依据多数仲裁员的意见作出裁决，则裁决按首席仲裁员的意见作出。在此情况，不同意裁决的仲裁员可以拒绝在裁决书上签字。例如，我国《仲裁法》第 53 条规定："裁决应当按照多数仲裁员的意见作出"；第 54 条进一步规定："裁决书由仲裁员签名，加盖仲裁委员会印章。对裁决持不同意见的仲裁员，可以签名，也可以不签名。"法国《民事诉讼法典》第 1473 条规定："裁决由所有仲裁员签名。但是，如果少数仲裁员拒绝签名，其他仲裁员应提及此事，裁决应有如同所有仲裁员均已签名的同样效力。"

中国国际经济贸易仲裁委员会并没有要求所有的仲裁员都在裁决书上签字。其《仲裁规则》规定，裁决是根据首席仲裁员或独任仲裁员的意见作出的，只要首席仲裁员或独任仲裁员签名即可。除此之外，多数仲裁员应当签名。持有不同意见的仲裁员可以签名，也可以不签名。多数仲裁员的签字或者首席仲裁员的签字就足以达到裁决有效的目的。这种要求不会使不赞成仲裁庭主流意见的仲裁员可以通过简单地拒绝签字的方式而阻挠仲裁程序的进行。

国内仲裁机构对仲裁裁决的形式要求与中国国际经济贸易仲裁委员会规则相近。例如，《上海仲裁委员会仲裁规则》第 53 条规定，对裁决持不同意见的仲裁员可以签名，也可以不签名。类似的规定还包括《北

---

① Mauro Rubino-Sammartano. *International Arbitration Law*. Kluwer，1990，p.423.

京仲裁委员会仲裁规则》第 48 条、《深圳仲裁委员会仲裁规则》第 66 条。

中国法律和上述仲裁规则的规定表明，裁决书只要多数仲裁员签署即为有效，对少数仲裁员不签署，不必说明原因。事实上，中国的法律传统是：法院判决或仲裁裁决从来不显示法官或仲裁员的不同意见。然而，有的国家法律规定，在裁决书是由多数仲裁员签名的情况下，只有在该裁决书附有未签字的仲裁员曾经参加仲裁的证明时，该项裁决书在法律上才为有效。否则，持不同意见的仲裁员未在仲裁裁决上签名，裁决书又无相应的说明和证据，很难证明该仲裁员是否参加了案件的审理工作。这样，一旦此类裁决提请法院承认及执行，被申请人极可能以"仲裁程序与仲裁规则不符"为由，从而请求法院拒绝承认及执行。

仲裁裁决的形式问题还会涉及文字问题。仲裁裁决的语言一般是仲裁工作语言或者是当事人方便使用的语言。《纽约公约》第 4 条第 2 款规定，在外国仲裁裁决要求承认和执行的过程中必须附上官方见证的裁决翻译文本。中国国际经济贸易仲裁委员会许可当事人选择仲裁中的工作语言，因此，根据当事人的要求，裁决书文本也可以使用当事人约定的语言。但是，国内仲裁机构作出的仲裁裁决通常由中文制成，当事人要求英文或其他外语作出的可能性不大。变通的方式是由仲裁机构指定一家翻译机构，对仲裁庭作出的裁决翻译成相应的语言。

二、仲裁裁决的内容

仲裁裁决的内容因不同的类型而有所区别。同仲裁裁决的形式一样，裁决的内容主要由仲裁协议或仲裁准据法确定。仲裁协议一般规定仲裁裁决是终局的，对双方当事人都有约束力。裁决应当处理所有提交仲裁的，并且未经中间裁决或部分裁决处理的事项。仲裁协议还可能规定仲裁费用及其支付方式等问题。仲裁协议还会要求裁决注明理由。最终裁决一般应包括以下几方面内容。

（一）裁决书首部

裁决书首部包括仲裁委员会的名称；仲裁申请人和被申请人的名称及

法定地址，当事人所委托的代理人；裁决书编号。

（二）裁决书主文

在裁决书主文部分，应说明一系列程序性事项，阐明事实和法律问题，并对当事人的请求和反请求作出支持或驳回的决定。

1. 一般程序性事项

首先，仲裁庭受理案件的根据。写明仲裁庭根据双方当事人签订的合同中的仲裁条款或者在争议发生后达成的提起仲裁的协议和申诉人提出的书面仲裁申请受理本案。

其次，仲裁庭的组成。写明根据仲裁规则的规定，组成以首席仲裁员和仲裁员组成的仲裁庭。裁决书可以说明两名仲裁员分别是由哪方当事人指定的，首席仲裁员如何产生；如果仲裁庭是由独任仲裁员组成，应当写明独任仲裁员的产生方式。

再次，仲裁庭的审理情况。写明仲裁庭审阅了当事人递交的申诉、答辩文件及证明材料；开庭审理的时间和地点，是否书面审理；双方当事人及其仲裁代理人出庭或者缺席的情况；仲裁文书、通知和证据的提交、转发和送达情况。

如果必要，仲裁庭应该在这部分就下列问题加以说明。

（1）仲裁庭对本案管辖权认定的情况；

（2）对于当事人提出请求而采取的保护性措施的情况；

（3）任何中间或部分裁决的作出和执行的情况；

（4）仲裁庭通过实地调查而收集到的证据或通过专家得出的结论情况；

（5）仲裁庭调解的情况。

2. 特殊程序性事项

如果仲裁程序中发生当事人对仲裁庭的管辖权或者仲裁员提出异议、提出财产保全措施或证据保全措施申请、仲裁庭指定专家或鉴定人等情况，裁决书主文还应就以下事项作出说明。

（1）说明仲裁庭就争议管辖权作出决定的情况；

（2）说明仲裁机构就仲裁员回避作出决定的情况；

（3）说明对当事人保全措施申请的转交法院的情况；

（4）说明中间裁决、部分裁决的作出及执行情况；

（5）仲裁庭实地调查、聘请专家或指定鉴定人收集证据的证据。

3．案情

说明案件的基本事实，双方当事人争议发生的经过，申请人的仲裁请求事项或者反请求的事项，双方当事人的主张和观点。

（1）阐明当事人争议的主要事实、案情和证据。例如，双方当事人合同的约定，发生争议的时间、地点和经过等。

（2）申诉人的仲裁请求事项及其理由、主张、观点。

（3）被诉人是否答辩，答辩的理由和主张。

4．仲裁庭的意见

仲裁庭的意见属于仲裁裁决书主文部分最重要的内容，通常包含裁决所依据的法律、对当事人主张和观点的分析和判断、对仲裁请求的支持或驳回、对仲裁费（仲裁员报酬）和律师费的分担意见，等等。

仲裁庭的意见，即裁决的理由（Reasons），国际性的法律文件及各国仲裁法均规定除非裁决依当事人的和解协议作出，或者当事人明示裁决不必附具理由，否则裁决必须附具理由，不附理由的裁决无效。例如，联合国《国际商事仲裁示范法》第31条第2款规定："裁决应说明它所根据的理由，除非当事各方协议不要说明理由或该裁决时根据第30条的规定按和解条件作出的。"1996年《英国仲裁法》第52条第4款规定："裁决书应附具理由，除非它是一个依据和解协议作出的裁决书或当事人之间同意省去理由部分。"我国《仲裁法》第54条规定："裁决书应当写明仲裁请求、争议事实、裁决理由……。当事人协议不愿写明争议事实和裁决理由的，可以不写。"所以，裁决书载明理由属于各国认定有关裁决书效力的普遍要求；同时，基于仲裁的当事人意思自治原则，若当事人协商一致，则可以不载明裁决理由。

5．裁决

根据仲裁庭对当事人仲裁事项的意见，仲裁庭会在这部分对当事人提出的各项仲裁事项作出终局性的决定，对当事人的请求和反请求作出支持或驳回的决定。如果金钱责任涉及参加仲裁的几位当事人，仲裁裁决必须清楚地写明承担支付责任的当事人以及当事人之间的责任分配，例如连带责任或单独责任。同时，仲裁庭还会对仲裁费用的数额和双方当事人对仲裁费用和律师费用的分担作出规定。

（三）裁决书尾部

裁决书尾部须特别注明本裁决是终局裁决。一般应包括仲裁员的签名（或者说明少数仲裁员持不同意见及其签名）、裁决的日期和地点、需加盖仲裁机构的印章。

第四节　仲裁裁决的理由

一、仲裁裁决的理由

仲裁员在仲裁裁决中写明仲裁的理由必须是公正、正义的。[①] 中国《仲裁法》《中国国际经济贸易仲裁委员会仲裁规则》和国内主要仲裁机构，例如北京、上海、深圳仲裁委员会的《仲裁规则》都要求裁决附上理由。从这个意义上说，没有充分说明理由的裁决不符合裁决的形式要求。但是，《仲裁法》和这些《仲裁规则》都允许当事人要求仲裁庭作出的裁决不说明理由。

中国国际经济贸易仲裁委员会仲裁庭可能根据当事人达成的和解协议而制作仲裁裁决。这种情况下制作的仲裁裁决相对比较简单，主要的区别是仲裁庭不会对裁决理由作出具体的解释。仲裁庭可以在裁决时对当事人达成的和解协议的一些内容作出修改。同时，仲裁庭有权自己决定当事人如何支付和分配仲裁费用。

仲裁裁决理由的陈述有很大的差异性。有的非常简短，只是包含了一个简单的说明，例如仲裁庭接受一方的证据，同时拒绝另一方的证据；或者仲裁庭主要依据某一国家在这个问题上的准据法，等等。在许多专业性问题上，仲裁庭陈述理由的余地很小。比如，关于产品是否达到一般质量标准，即使有经验的贸易法方面的仲裁员也不可能在这个问题上写出长篇

---

① Bingham. Reasons and Reasons for Reasons: Differences Between a Judgment and an Arbitral Award. *Arbitration Journal*，1998（4），p.141.

累牍的理由；但是，仲裁庭会写明权威商检机构的检验标准和结果。有的仲裁裁决理由因为案情复杂或仲裁请求事项众多比较冗长，仲裁庭会竭尽所能、详尽地陈述它对双方当事人提交证据和争论答辩的意见，并概述结论。一般来说，仲裁庭会以尽可能精炼的篇幅陈述其裁决的理由，并且以争议的性质决定陈述的必要性。

二、仲裁裁决的有效性

在《仲裁法》制定和颁布之日前，中国仲裁实践中对仲裁裁决生效时间并不确定。中国国际经济贸易仲裁委员会和中国海事仲裁委员会的裁决是自裁决作出之日起生效，而技术合同仲裁机构作出的裁决是自裁决送达之日起生效。为此，《仲裁法》第 57 条统一规定：裁决书自作出之日起生效。

仲裁裁决必须清晰和有效。如果裁决不清晰，当事人可以要求仲裁庭解释仲裁裁决，澄清有关问题。裁决有效是指仲裁庭必须对争议的问题作出了有效的决定。仲裁庭应当使用肯定语气，如"裁决""命令""决定"或者其他类似的用语。

裁决也不能要求当事人进行违法活动，或者从事任何与公共政策相违背的活动。仲裁庭也不能在裁决中对当事人未向仲裁庭授权的事项作出任何指示。

第五节　仲裁裁决的作出和核阅

一、仲裁裁决的作出

根据中国国际经济贸易仲裁委员会《仲裁规则》第 48 条的规定，由3 名仲裁员组成的仲裁庭审理的案件，仲裁裁决依全体仲裁员或多数仲裁员的意见决定，少数仲裁员的意见可以作出记录附卷。

中国国际经济贸易仲裁委员会采用的是"一人一票"原则。仲裁庭的每位仲裁员在作出仲裁裁决时都有一票投票权。首席仲裁员和普通仲裁员在投票权上没有区别。只有在仲裁庭不能形成多数意见时，首席仲裁员的意见才起到决定性的作用。仲裁裁决应依首席仲裁员的意见作出。但是，实践中这种情况很少发生。

《仲裁法》第53条规定的仲裁裁决的作出也是按照多数仲裁员的意见，少数仲裁员的不同意见可以记入笔录。仲裁庭不能形成多数意见时，裁决应当按照首席仲裁员的意见作出。

二、仲裁裁决的核阅

仲裁裁决的审核（Review）在大多数的情况下是指仲裁地国家法院或者胜诉方要求承认和执行裁决的国家法院的审核。

中国仲裁制度中极具特色的是仲裁委员会在仲裁庭作出最终裁决前对裁决进行核阅的制度。中国国际经济贸易仲裁委员会授权仲裁委员会对仲裁庭作出的仲裁裁决的形式问题进行合理的审查。根据其《仲裁规则》第51条的规定，仲裁员在签署仲裁裁决书之前将草案提交仲裁委员会，而仲裁委员会可以对裁决书的形式问题提请仲裁员注意。尽管仲裁规则并没有强制要求仲裁员接受仲裁委员会的建议，并对裁决草案进行修改，根据中国国际经济贸易仲裁委员会的一般实践，仲裁庭通常会接受仲裁委员会的意见而对裁决草案进行形式上的修改。

国内多数仲裁机构，例如上海仲裁委员会、北京仲裁委员会并没有接受和采纳这种核阅制度。但是，深圳仲裁委员会规定的核阅制度比中国国际经济贸易仲裁委员会更加全面。《深圳仲裁委员会仲裁规则》规定：仲裁庭应在签署裁决书之前将裁决书草案提交仲裁委员会；在不影响仲裁庭独立裁决的情况下，仲裁委员会可以就裁决书的有关问题提请仲裁庭注意。由于仲裁规则并没有对"有关问题"作出界定，因此，可以推测"有关问题"可以包括裁决草案的形式和内容。这样，深圳仲裁委员会采用的核阅制度就更加接近国际商会的核阅制度。

《国际商会仲裁规则》第21条规定：仲裁员应于签署裁决（无论是部分的或是最后的）前将裁决草案提交仲裁院；仲裁院可以就裁决的形式提出修改，在不影响仲裁员自由裁决权的情况下也可以就裁决的实体问题提醒仲裁员的注意；裁决在仲裁院未就其形式批准之前不得签署。这条规则规定了两种不同的复核标准：一种是针对形式上的复核，国际商会仲裁院可以对此作相应的修改；另一种是针对实体问题的复核，仲裁院会提醒仲裁员的注意。

这种程序存在着程序上的不公开性。因为在仲裁委员会在对仲裁裁决进行核阅的过程中，当事人并没有参与和陈述的机会。仲裁委员会的介入在一定程度上影响了当事人的意思自治。因为，仲裁员是经当事人选择并授权而对仲裁事项作出裁决，仲裁委员会并没有这种授权。

但是应当承认，核阅制度的目的是可取的，对整个仲裁程序有利。仲裁庭所作的仲裁裁决的形式受到一定程度的控制会更加促进裁决的可执行性。仲裁委员会可能会在核阅裁决的过程中发现一些程序性的问题，将一些程序上的瑕疵告知仲裁庭，以便在裁决最后作出之前对此采取一定的救济手段。在这种情况下，核阅制度更有利于胜诉方。

第六节　仲裁裁决的解释、修改或补充

在一般情况下，一旦仲裁庭作出最终裁决，就意味着仲裁庭履行完毕其职责，仲裁庭随之解散。然而，如果当事人认为裁决书的内容存在不清楚之处，或者裁决书中的文字或计算有误，或者裁决书对当事人的请求事项有遗漏，则有权在收到裁决书之日起的一定期限内请求仲裁庭予以解释、修改或补充。在此情况下，当事人所提出的此类要求并非是对最终裁决一裁终局性质的否定，恰是对最终裁决终局性的完善和补充，使之有机会弥补裁决的缺陷。

《联合国国际贸易法委员会仲裁规则》第35条规定："在收到裁决后30天内，任何一方当事人，经通知他方，得要求仲裁庭就该裁决进行解释。仲裁庭应于收到要求后45天内作出书面解释。此项解释应构成裁决的一部分……。"第36条规定："在收到裁决书后30天内，任何一方当事人，经通知他方，得要求仲裁庭更正任何计算上的错误，任何誊写或打字上的错误，或其他类似性质的错误。仲裁庭在送达仲裁裁决后30天内亦得自行作出上述更正。此项更正应以书面形式作出……。"第37条规定："在收到裁决后30天内，任何一方当事人，经通知他方，得申请仲裁庭就其在仲裁程序中已经提出而在仲裁裁决内遗漏未提及的要求事项作出补充裁决。如

仲裁庭认为要求一项补充的裁决时合理的并认为补充原裁决中遗漏部分无须继续任何其他听证或提示证据时，应在收到该要求后 60 天内完成其裁决"。其他例如《美国仲裁协会国际仲裁规则》《伦敦国际仲裁院仲裁规则》等都有类似的对裁决进行解释、更正或补充的规定。

我国《仲裁法》第 56 条也规定："对裁决书中的文字、计算错误或者仲裁庭已经裁决但在裁决书中遗漏的事项，仲裁庭应当补正；当事人自收到裁决书之日起 30 日内，可以请求仲裁庭补正。"

实践中对更正范围的限制有扩大化的倾向。《中国国际经济贸易仲裁委员会仲裁规则》第 53 条规定：当事人可以就裁决书中的书写、打印、计算上的错误或其他类似性质的错误，要求仲裁庭作出更正。此外，更正还涉及对裁决遗漏事项处理的问题。当事人可以申请仲裁庭就其在仲裁程序中已经提出而在仲裁裁决内遗漏未提及的要求事项作出补充裁决。

当事人提出修改请求的应当是书写、打印或计算上的错误。一般也包括对裁决中的誊抄或标点符号错误。但是，当事人认为书写、打印或计算上的不合适或不恰当的不在其列。

至于更正仲裁裁决的方式，各仲裁规则有不同的制度和规定。包括中国国际经济贸易仲裁委员会在内的许多常设国际商事仲裁机构的仲裁规则，都规定当事人可以在规定的期限内要求仲裁庭对裁决书中书写、打字、计算或其他类似性质的错误作出修正，对遗漏的事项作出补充裁决；仲裁庭也有权自行在规定期限内对裁决书作出修正或补充。当事人可以书面形式请求仲裁庭就仲裁裁决中漏裁的仲裁事项作出补充裁决。

当事人要求仲裁庭修改、补充、更正仲裁裁决也会受到一定的限制。我国《仲裁法》要求当事人自收到裁决书之日起 30 日内可以请求仲裁庭补正。《中国国际经济贸易仲裁委员会仲裁规则》也有类似的规定。如果确有漏裁事项，仲裁庭应在收到上述书面申请之日起 30 天内作出补充裁决，仲裁庭也可以在发出仲裁裁决书之日起 30 天内自行作出补充裁决。书面的更正及补充裁决构成原裁决书之一部分。

至于仲裁庭如何更正当事人提出的错误，中国国际经济贸易仲裁委员会《仲裁规则》和《仲裁法》并没有具体规定。一般认为，仲裁庭行使自由裁量权，有权作出决定是否更正以及如何更正裁决。换言之，仲裁庭并不一定必须根据当事人的请求对裁决作出修改。

第七节　仲裁的核对与登记

按照一些国家的法律规定，裁决书作出后，还必须在规定的期限内向本国指定的法院将有关的仲裁裁决以及据以作出此项裁决的仲裁协议履行相应地归档（Filing）或登记（Registration），才使该项裁决获得终局的法律效力。具有这一要求的国家包括日本、韩国、印度尼西亚、斯里兰卡、埃及、科威特、沙特阿拉伯、意大利、德国、葡萄牙等国。按照德国法规定，裁决必须向当地法院交存，如果仲裁程序在外国进行须按照德国程序法执行，这样，该项裁决才被视为德国的国内裁决。另有一些国家的法律规定，若仲裁裁决要获得执行，就必须履行登记手续。例如，根据意大利法规定，若裁决是在意大利作出并在当地执行，就必须在裁决作出之日起一年内在法院登记，若该项裁决要到外国执行，则不须登记。[1]《瑞士国际私法典》第 193 条规定：① 各方当事人可以自费向仲裁庭所在地的瑞士法院交存一份裁决书。② 根据一方当事人的请求，该法院应证明裁决书的可执行性。③ 根据一方当事人的请求，仲裁庭应证明裁决已按照本法的规定作出，此证明与归档的裁决书具有同等效力。

由于一些国家法律对于裁决有此要求，所以，有的常设仲裁机构的仲裁规则也规定裁决作出后应向法院登记。例如，《联合国国际贸易法委员会仲裁规则》规定归档或登记，仲裁庭应在法律规定期限内遵照办理。

当然，绝大多数国家的法律对此并无要求。同时，许多学者对一些国家的此项强制性要求持强烈的异议。基于《纽约公约》的承认及执行外国仲裁裁决的唯一要求是裁决对当事人有拘束力，这种拘束力往往是一经作出便已存在，除非有关国家允许当事人在有限的范围内对裁决提出异议。若对裁决的可执行性再增加额外的登记手续，实质上类似于裁决的执行需要"双重执行许可证"制度，不利于裁决的域外承认及执行。考虑到一些国家的特别要求，对中国当事人而言，如果仲裁是在外国进行的，出于执行方面的考虑，当事人必须注意当地法律对裁决交存或登记的要求。

---

[1]　Mauro Rubino-Sammartano. *International Arbitration Law*. Kluwer，1990，p.459.

第九章

国际商事仲裁裁决的撤销

撤销仲裁裁决（Cancellation of Award）是指仲裁裁决存在法律规定的情形，由当事人申请并经法院审查核实，判决或裁定予以撤销，使之归于无效的一种特殊程序。

第一节　撤销仲裁裁决的含义

经过仲裁庭的审理并作出最终裁决后，国际商事仲裁的胜诉方总是希望败诉方毫不迟延地履行该项裁决。当事人交付仲裁的意图就在于获得一项对双方当事人均有拘束力的裁决，当事人应履行裁决是任何仲裁协议的隐含的条件（Implied Term）。[①] 此外，世界各国众多的仲裁机构在其仲裁规则中均明确无误地规定裁决"应是终局的，并对当事人有拘束力"以及"当事人有义务毫不迟延地履行裁决"等词语。

然而，仲裁制度有别于调解等其他民间性争议解决方式的特点在于，裁决的结果未必能使双方当事人都满意，仲裁程序的结果总是当事人各有胜负。在此情况下，败诉方常常千方百计对裁决提出异议（Challenge），试图使该裁决无法执行，甚至撤销该裁决。此外，即使仲裁的胜诉方也未必一定对裁决完全满意。比如，胜诉方提请仲裁时要求获得很高的损害赔

[①]　Alan Redfern & Martin Hunter. *Law and Practice of International Commercial Arbitration.* Sweet & Maxwell 1991, p.416.

偿额，但仲裁庭仅支持其中的一部分，与当事人在提请仲裁时的预期值差距颇大，故胜诉方亦可能希望通过某种司法途径来改变这一后果。

　　鉴于仲裁的民间性质，仲裁机构的规则及仲裁裁决中的"终局"及"拘束力"等词语未必当然就具备法院终审判决那样的拘束力；裁决是否产生完全的既判力的后果，还必须依赖裁决作出地的法律制度。各国为了防止因仲裁程序不当导致当事人的利益或者本国根本法律制度受损，均在一定程度上允许当事人对仲裁裁决提出异议，如果当事人所提出的异议理由确实成立，法院将撤销有关的裁决，使之失去执行力，此即所谓的裁决撤销制度。著名的国际商事仲裁专家范登伯格称之为"使裁决无效"（Annulment of Award）。[①]

第二节　拒绝执行裁决与撤销裁决之区别

　　从上述撤销裁决的定义可知，无论当事人向法院申请撤销仲裁裁决，抑或在一方当事人申请承认及执行仲裁裁决，另一方当事人请求法院拒绝承认及执行该项裁决，法院经过审查认为裁决应予以撤销或者应拒绝予以承认及执行，其后果是类似的，即有关的裁决对当事人均不产生法律上的拘束力。撤销裁决和拒绝执行裁决具有共同点。例如，它们都需要参加仲裁的当事人的一方向法院提出；再如，它们都影响仲裁裁决的法律效力。

　　撤销裁决和拒绝执行裁决是两个相互联系的概念。撤销裁决和拒绝执行裁决的关系表现在被修改的仲裁裁决的可执行性方面。不被撤销的仲裁裁决因为具有终局性而应被法院承认和执行。如果裁决没有被宣告无效而只是在某种程度上被作了一定的修改，那么裁决的法律地位则取决于修改的方式。如果法院将裁决重新发回仲裁庭并要求仲裁庭改动裁决，那么新的裁决就会取代旧的裁决而可以被承认和执行。然而，如果法院本身通过发布判决的方式修改裁决，那么判决本身就应当替代裁决而被承认和

---

　　① 1958 年《纽约公约》所使用的措词是："Set Aside"。See Alber Jan van den Berg. *INTERNATIONAL ARBITRATION IN THE 21ST CENTURY: TOWARDS "JUDICIALIZATION" AND UNIFORMITY?*. Transnational Publishers, Inc. 1994，p.133.

执行。

但是，撤销裁决和拒绝执行裁决的差异性是主要的。在法律上撤销裁决与拒绝执行裁决属于两种截然不同的制度。两者的区别主要表现在下列几个方面。

一、当事人之区别

撤销仲裁裁决的目的是显而易见的。一方当事人希望通过撤销程序而使裁决无效，或者在某种程度上作出有利于该方的改变。一方在执行地法院提起承认和执行之诉的目的是为了使仲裁裁决发生最终的法律效力。如果裁决被法院承认和执行，裁决就会最终具有法律效力。撤销裁决之诉则是为了使裁决失去法律效力。从这个意义上说，执行裁决与撤销裁决的最大区别是：前者是主动的法律行动，而后者是被动的法律行为。

申请法院承认及执行裁决的当事人，必定是仲裁程序中的胜诉方，因此，就双方当事人在这一程序中的地位而言，仲裁的胜诉方永远是执行程序中的申请人（原告），仲裁的败诉方永远处于执行程序的被申请人（被告）的地位。设立承认及执行程序的宗旨是为了在败诉方不自动履行裁决书所规定的义务时，给予胜诉方专门的司法救济手段。若胜诉方的申请获得法院的支持，则仲裁裁决中所载明的胜诉方的权利及败诉方的义务通过法院的强制力得以实现。胜诉方即使对有关裁决的结果并不满意或者不完全满意，也不能寻求已裁决之外的利益。

撤销裁决的提出可以是参加国际商事仲裁的双方当事人中任何一方，既可以是申诉方，也可以是被诉方。认为裁决不公的任何一方都可以提出撤销裁决的要求。向法院申请撤销仲裁裁决的当事人是法律所给予仲裁胜诉方及败诉方同样的司法救济权利。

仲裁裁决撤销制度对胜诉方和败诉方都非常重要。败诉方可以在拒绝执行仲裁裁决之前，先通过仲裁裁决撤销机制保护自己的权利。对胜诉方而言，撤销裁决机制是对仲裁机构所作裁决合法性和合理性提出质疑的唯一机会。胜诉方提出撤销裁决的通常原因是其仲裁请求没有得到完全的满足。比如，当事人要求仲裁机构裁决对方赔偿一定数额的损失，而仲裁裁决仅要求对方支付为数很少的金钱。

当事人任何一方认为裁决的作出违反了仲裁地法律的有关规定，例如胜诉方认为仲裁裁决的作出是因为仲裁庭的程序不当致使其索赔请求未得到应有的支持，败诉方认为仲裁庭未提供其充分陈述的权利以至于作出错误的仲裁裁决，在诸如此类的情况下，任何一方当事人均有权向法院提起撤销仲裁裁决的程序。

二、管辖法院之区别

受理撤销仲裁裁决之诉的法院必须对仲裁裁决有管辖权，而只有仲裁地法院有这方面的管辖权。而仲裁一方当事人要求承认和执行仲裁裁决的请求只能向仲裁执行地的法院提起。同样的，能够接受承认和执行裁决请求的法院也只能是执行地的法院。

仲裁的胜诉方申请法院承认及执行一项裁决，通常是为了获得仲裁裁决中所规定的其可以享受的金钱或其他物质方面的权利。与此相适应，从便利管辖的角度考虑，胜诉方必须在败诉方所在地法院或者败诉方财产所在地法院申请裁决之承认及执行。在当前经济全球化的情况下，一个公司的资产可能散布于世界各地，所以从理论上讲，胜诉方可以向多个国家的法院申请承认及执行一项裁决，只要败诉方在各该国拥有财产且在单个国家的财产不足以满足该项裁决的金额。

当事人申请撤销仲裁裁决，不论是谁提起程序，均应该在裁决作出地法院提出申请，裁决作出地（Country of Origin）具有排他的管辖权，这已经构成国际上普遍接受的原则。[①] 因为裁决作出地与整个仲裁程序有最密切的关系，仲裁庭审理案件作出裁决，无不在该国的法律制度的影响之下，[②] 仲裁程序是否正当，均应依照该国的法律进行判断。尤其是在临时仲裁程序中，除非当事人之间就该项临时仲裁应适用的仲裁规则作了明确的约定，否则整个仲裁程序均应直接依据仲裁地的仲裁法进行。所以，裁决作出地法院对撤销裁决案件具有排他管辖权是理所当然的。下述 1990 年

---

① Albert Jan van den Berg. *INTERNATIONAL ARBITRATION IN THE 21ST CENTURY: TOWARDS "JUDICIALIZTION" AND UNIFORMITY?*. Transnational Publishers, Inc. 1994, p.136.
② 目前，在国际商事仲裁中存在程序法的"非地方化"的说法，然而这一学说在很大程度上仍是一种理论。

美国纽约南区联邦法院的一项判决曾非常准确地阐明了确立这项原则的理由。

美国国家标准电力公司（简称标准电力公司）与布里兹石油股份有限公司（简称布里兹公司）的合同中规定："本合同受纽约州法律支配，并按纽约州法律进行解释"。双方发生争议后，由国际商会仲裁院受理了当事人的仲裁申请，仲裁地点根据当事人的选择于墨西哥城。当仲裁庭作出裁决后，标准电力公司在美国纽约南区联邦法院（U. S. District Court for the Southern District of New York）起诉要求法院撤销该裁决。布里兹公司在该法院提起反诉，声称法院对撤销裁决无管辖权，并要求法院基于 1958 年《纽约公约》承认及执行裁决。标准电力公司坚持认为纽约法院对撤销裁决有管辖权的主要理由是，根据《纽约公约》第 5 条第 1 款（5）项之规定，本案"裁决所依据法律之国家"是指一国的实体法，本案中由仲裁员所适用的实体法为纽约州法，因此纽约法院对此撤销裁决有管辖权。纽约法院驳回了标准电力公司的申请，指出："公约第 5 条第 1 款（5）引起纠纷的词语'裁决所依据法律之国家之主管机关'绝对系指程序法而非实体法；更精确地说，系指仲裁所依据的仲裁程序法制度或者机制，而非在本案适用于合同的实体法。在本案，当事人服从墨西哥的程序法。因而，行为地或仲裁地在墨西哥，适用的程序法是墨西哥程序法，根据公约只有墨西哥法院才有权将该裁决撤销。"①

该法院的判决揭示了仲裁地、仲裁地法与仲裁裁决之间的密切关系，从而有助于对仲裁地法院对撤销裁决案件的绝对管辖权的理解。

三、法律效力之区别

撤销仲裁裁决使仲裁裁决丧失了法律效力。但是，被执行地法院拒绝承认和执行的裁决仍然是有法律效力的裁决。拒绝承认和执行仲裁裁决的效果是裁决在执行地不能发挥其法律效力。法院拒绝执行仲裁裁决和撤销仲裁裁决都会产生一定的法律后果，相比较而言，撤销裁决所产生的法律

---

① International Standard Electric Corp. v. Bridas Sociedad Anonima Petrolera. *Yearbook Commercial Arbitration* 1993，p.639.

效力要复杂得多。

　　首先，法院拒绝承认及执行一项仲裁裁决后，根据"一事不再理"的一般法律原则，通常就意味着当事人之间的争议无法再通过其他程序予以解决。在执行程序中，法院无权自行中止程序以便让当事人或者原仲裁庭采取任何其他解决争议的行动。但是，法院的执行程序将会受到其他法院的撤销裁决程序的影响。

　　即使当事人撤销裁决的申请得到法院支持，也不意味着他们之间的争议就此了结，就不能以其他方式和途径来解决。根据各国的法律规定，在裁决被撤销后，当事人可以重新达成一项仲裁协议将争议交付仲裁，也可以在法院起诉以求得诉讼解决，甚至在审查撤销裁决的请求时，如果法院认为适当且当事人一方也要求暂停撤销程序时，可以给予仲裁庭一个机会重新进行仲裁程序或者采取仲裁庭认为能够消除请求撤销裁决的理由的其他行动。[①] 例如，我国《仲裁法》第 9 条就规定："裁决被人民法院依法裁定撤销或者不予执行的，当事人就该纠纷可以根据双方重新达成的仲裁协议申请仲裁，也可以向人民法院起诉。"该法第 61 条也规定我国法院在受理撤销裁决之申请后，认为可以由仲裁庭重新仲裁的，可通知仲裁庭在一定期限内重新仲裁，并裁定中止撤销程序。

　　其次，因执行裁决与撤销裁决属两种程序，由不同的法院管辖，提起相应程序的当事人也有所不同，就可能发生胜诉方向败诉方所在地（或其财产所在地）法院申请承认及执行裁决，而败诉方在裁决作出地法院申请撤销裁决的并行管辖（Concurrent Jurisdiction）的情形。在此情况下，就产生了并行管辖何者为先的问题。一些国家的国内法明确规定撤销程序优先于执行程序，但有关仲裁的国际公约并未直接对此作出规定。1958 年《纽约公约》第 5 条第 1 款（5）项规定，如果当事人能够举证证明"裁决对各造尚无拘束力，或业经裁决地所在国或裁决所依据法律之国家之主管机关撤销或停止执行者"，接受执行申请的法院可以拒绝承认及执行该项裁决。由此观之，当一方提起承认及执行程序，另一方提起撤销程序，就表明该项裁决在裁决作出地的拘束力尚不确定，故接受执行申请的法院将等待裁决作出地对裁决的效力作出判决，以便对是否承认及执行该项裁

[①]　联合国国际贸易法委员会《国际商事仲裁示范法》第 34 条第 4 款。

决。这样，实际上也意味着撤销程序优先于执行程序。在此意义上考察，裁决作出地法院的撤销仲裁裁决的判决（裁定）具有某种域外效力。当然，在国际商事仲裁的条件下，由于接受执行申请的法院在法律上并不受制于裁决作出地法院，即使裁决在作出地法院被撤销，只要执行地法院认为此项撤销理由不充分，仍然可以判决承认及执行该项裁决。法国法院在处理此类实务时已有相应判例。

第三节　撤销仲裁裁决的理由

申请人请求法院撤销仲裁裁决的理由不外乎实体性问题和程序性问题两大类。

一、作为撤销裁决理由的实体性问题

认定事实及适用法律等实体问题是否能够作为撤销裁决的理由是引起广泛争议的话题。即使在我国，对于法院是否应该对仲裁裁决的实体问题进行司法审查亦存在激烈的争论。[①] 在一些强调绝对司法权的国家，例如英国，长期的观念是当事人对裁决的任何不满均可以上诉于法院，即法院不仅可以审查仲裁程序是否正当，而且也应该对事实和法律进行司法监督。例如1979年《英国仲裁法》第1条第2款规定："任何关于依据仲裁协议所作裁决的法律问题，应向高等法院上诉。"在英国过去的仲裁制度中，仲裁员差不多只能审理事实问题，除少数例外情况，仲裁员不能解决法律问题，即使触及了法律问题，也将构成当事人向法院上诉的充分理由。

英国法律的规定及法院对裁决进行程序和实体的"双重监督"做法受到了广泛的批评，也构成英国在国际商事仲裁中的地位下降的主要原因。

---

① 参见陈安：《中国涉外仲裁监督机制评析》，《中国社会科学》1995年第4期；陈安：《再论中国涉外仲裁的监督机制及其与国际惯例的接轨——兼答肖永平先生等》，《仲裁与法律通讯》1998年第1期；肖永平：《也谈我国法院对仲裁的监督范围——向陈安先生请教》，《仲裁与法律通讯》1997年第6期。

有鉴于此，尽管 1996 年修订的《仲裁法》仍保留了 1979 年《仲裁法》关于对裁决中法律问题上诉的权利，但作了进一步限制。1996《仲裁法》第 69 条规定，当事人如欲就裁决的法律问题上诉于法院，必须得到其他当事人的同意或者取得法院的许可。能得到法院许可上诉的条件如下。

第一，有关问题的判决将实质性地影响一方或多方当事人的权利；第二，有关问题是仲裁庭根据请求作出裁决的；第三，裁决所依据的事实基础为仲裁庭对有关事项的裁决有明显错误，或该事项具有普遍的公共重要性，仲裁庭的裁决至少有严重的疑问；第四，尽管当事人约定通过仲裁解决争议，但在各种情况下由法院对此事项作出判决是公平和适当的。此外，仲裁协议的当事人有权事先排除对法律问题上诉的权利。由于这一系列限制性条件，当事人在实践中要就裁决中的法律问题诉诸法院是十分困难的。由于 1996 年《英国仲裁法》取消了国内仲裁与国际仲裁分野的机制，法律的基本精神从法院广泛监督转为以尊重当事人意思自治及限制司法监督权为主，所以，基于 1979 年《仲裁法》英国法院对国际仲裁持更宽容的态度，无疑对整个仲裁制度产生积极影响。在此情况下，即使法院受理当事人的撤销裁决之申请，其根本态度也是可预料的。正如英国法官迪普洛克（Diplock）在"布雷默·瓦茨坎造船机械厂诉南印度航运有限公司"（Bremer Vulkan Schiffbau und Maschine v. South India Shipping Corporation Ltd.）一案中指出："仲裁当然应当服从法律的管制，但此项管制不能损害仲裁的契约本质。"[①]

综观世界上大陆法系和普通法系主要国家的仲裁法或者民事诉讼法，可以看出不少国家的立法均规定了裁决撤销的制度。在大陆法系的代表国家，例如《法国民事诉讼法典》第 1482—1485 条、《德国民事诉讼法典》第 1041—1043 条、《奥地利民事诉讼法典》第 595—596 条、《瑞士联邦国际私法》第 190—191 条、《意大利民事诉讼法典》第 829—830 条都载有此类规定。普通法系的代表国家，例如美国《联邦仲裁法》第 10 条、澳大利亚《新南威尔士商事仲裁法》（1984 年）第 42 条亦规定了裁决撤销制度。然而，仔细分析这些规定所包含的法院可以应当事人申请撤销裁决的原因

---

① ［英］施米托夫：《国际贸易法文选》，赵秀文译，中国大百科全书出版社 1993 年版，第638 页。

几乎均属程序性的原因，而非实体性问题。

诚然，美国《联邦仲裁法》第10条规定的可作为撤销裁决的情形中包括"裁决以贿赂、欺诈或者不正当的方法取得"及"仲裁员全体或者任何一人显然有偏袒或者贪污情形"，但这绝不表明法院可以审查实体问题，恰好说明这两项都并非什么"实体事项"，而属于仲裁员（或者当事人）的行为及道德缺陷；或者裁决过程未满足正当程序（Due Process）的基本要求。因为所谓的法院基于实体问题撤销仲裁裁决，换言之，法院对仲裁裁决进行实体问题的司法监督指对仲裁的认定事实或者适用法律错误进行的审查。反观美国《联邦仲裁法》之规定，如果裁决是通过当事人欺诈或行贿、仲裁员受贿、贪污方式取得的，在任何法律制度下都属于违反本国的公共秩序及基本道德的行为，情节严重者还要受到刑事处罚，根本不属于什么实体错误；假如裁决是以不正当方法取得的，即违反了美国司法制度中最为关注的"正当程序"原则，毫无疑问，这才属于程序性瑕疵。尤其值得注意的是，美国的法律需要通过法院的解释才能加以适用，而美国法院从20世纪80年代以来的一系列判例在"可仲裁性"从宽解释、对公共秩序保留从严解释，以法院判决促进仲裁的根本精神表现得淋漓尽致，对当代国际商事仲裁发展所发挥的作用同样是有目共睹的。所以，我们不能拘泥于法律条文，更重要的是理解当代世界各国对仲裁裁决进行实体审查的基本趋势。

至于所有国家法律中规定的"公共利益"或者"公共秩序"作为撤销仲裁裁决的理由，迄今为止尚无一个国家愿意放弃"公共利益""公共秩序"这一最终的保险阀。然而，是否可将一国的"公共秩序"视为该国法院对仲裁裁决进行"实体审查"是值得商榷的。

二、作为撤销裁决理由的程序性问题

各国仲裁法中关于程序性理由作为撤销裁决的规定大同小异，概括起来主要包括以下这几类理由。[1]

---

[1] Albert van den Berg. *INTERNATIONAL ARBITRATION IN THE 21ST CENTURY: TOWARDS "JUDICIALZATION" AND UNIFORMITY?*. Transnational Publishers, Inc. 1994, p.135.

（1）缺乏有效的仲裁协议；

（2）违反了正当程序原则；

（3）仲裁庭越权裁决；

（4）仲裁庭的组成以及仲裁程序与仲裁规则不符；

（5）仲裁裁决的形式无效，涉及仲裁裁决未签字以及不附具理由；

（6）仲裁裁决违反公共秩序或者裁决事项不得以仲裁方式解决。

也有的外国学者将撤销的理由归纳为以下四大类。[①]

（1）裁决本身的缺陷；

（2）仲裁庭的管辖权问题；

（3）仲裁程序性缺陷；

（4）仲裁裁决违反作出地国家的公共秩序。

由上可知，这些理由与1958年《纽约公约》第5条所列举的关于拒绝承认及执行外国仲裁裁决的情形基本是一致的。从某种意义上讲，过去世界各国仲裁法在此问题上日渐趋于统一化，这正是《纽约公约》影响的产物。此外，联合国国际贸易法委员会《国际商事仲裁示范法》的通过也对各国仲裁制度中关于撤销裁决的理由限于程序性缺陷范围之内产生了深远的影响。1996年《英国仲裁法》可以说是此类典型。为了使读者更清楚地理解在撤销裁决问题上《国际商事仲裁示范法》所体现的现代国际商事仲裁的基本精神，笔者认为有必要将该示范法涉及撤销裁决的条款全文引证如下。

第34条申请撤销作为对仲裁裁决唯一的追诉

（2）仲裁裁决只有在下列情况下才可以被第6条规定的法院撤销：

（A）提出申请的当事一方提出证据证明：

（a）第7条所指的仲裁协议的当事一方欠缺行为能力；或根据当事各方所同意遵守的法律，或未订明有任何这种法律，则根据本国法律，上述仲裁协议是无效的；

（b）未将有关指定仲裁员或仲裁程序的事情适当地通知提出申请

---

① Alan Redfern & Martin Hunter. *Law and Practice of International Commercial Arbitration*. Sweet & Maxwell 1991, p.434.

的当事一方，或该方因其他理由未能陈述其案情；

（c）裁决处理了不是提交仲裁的条款所考虑的或不是其范围以内的争议，或裁决包括有对提交仲裁以外的事项作出的决定，但如果对提交仲裁的事项所作的决定与对未提交仲裁事项所作的决定能分开的话，只可以撤销包括有对未提交仲裁的事项作出决定的那一部分裁决；

（d）仲裁庭的组成或仲裁程序与各方的协议不一致，除非这种协议与当事各方不能背离的本法的规定相抵触，或当事各方并无此种协议，则与本法不符；

（B）法院认为：

（a）根据本国的法律，争议的标的不能通过仲裁解决；

（b）该裁决与本国的公共政策相抵触。

这些规定十分清楚地表明，《国际商事仲裁示范法》所规定的、当事人可据以申请撤销裁决的情形仅限于程序性事项。考虑到已有数十个国家以该示范法为蓝本制定了本国仲裁法，表明其基本精神已经被许多国家所接受。

仲裁程序的缺陷涵盖的范围比较广泛，包括了仲裁员未尽披露之责。

日本最高法院曾于2018年3月因为仲裁员未披露关键信息而撤销仲裁裁决。最高法院认为，现行《日本仲裁法》第18（4）条规定的仲裁员披露过于总括性，并不能满足现实需求。而披露的事实既是要仲裁员所知悉的，也是要具有合理可能性的可查明事实。最高法院引入了一项新的法律标准。

首先，日本《仲裁法》第18（4）条规定的仲裁员总体披露义务是不充分的（Insufficient）；其次，仲裁员不能以未知为由作为披露免责的理由。相反，仲裁员负有采取行动履行调查职能以便于让所披露的信息易于公众知悉。

尽管日本是1958年《纽约公约》的缔约国，但是仲裁裁决在日本也不是直接予以执行，而是给当事方提供了多种途径寻求执行。最高法院的新标准要求仲裁员信息披露的"合理性"标准可能会导致仲裁裁决在日本执行时面临障碍。

最高法院新标准对仲裁员的利益冲突披露进行评价，这些措施便于仲裁员和当事方在日本保护其裁决。对仲裁当事方和仲裁员而言，有以下几点变化。

（1）避免总括性/一揽子的"预先放弃"（Aviod Blanket Advance Waivers）。

最高法院认为"预先放弃"（Advance Waivers）的潜在冲突在日本现行法律体系下是无效的。并且，在某种程度上，仲裁过程中的这种潜在冲突需要仲裁员进行披露。

（2）保留冲突相关的事实记录（Maintain Factual Records Regarding Efforts Taken to Check Conflicts）。

（3）尽早审查仲裁员披露事由（Review Arbitrator Disclosures Early）。

（4）做好裁决执行将经历程序复杂的准备（Prepare for a Complicated Enforcement Process）。①

英国的一些案例为理解仲裁程序瑕疵提供了有益的素材。

英国商事法院在 2018 年 11 月 30 日就"弗利伍德漫游者有限公司诉 AFC FYLDE 有限公司"请求撤销仲裁裁决一案作出判决。本案原被告都是足球俱乐部，接受英格兰足球总会的管理。被告与一名职业足球运动员签订劳动合同。但是，在合同履行期间，球员加入原告的足球俱乐部。被告以运动员根本违约为由，提起仲裁，要求其赔偿损失。被告依据《英格兰足球总会规则》规定提起仲裁。在仲裁过程中，被告提出增加仲裁请求，根据《国际足联球员身份及转会规定》第 17 条规定请求原告赔偿损失。仲裁员在 2017 年 7 月 24 日作出裁决。

原告主张仲裁员的行为构成"严重不合规行为"，有足够的证据证明仲裁员在仲裁过程中，擅自与英格兰足球总会工作人员就案件争议问题进行了邮件沟通，且在没有将沟通内容通知双方当事人并进行讨论的情况下做出裁决，违反了《仲裁法》第 33（1）条仲裁员职责的规定，构成第 68（2）（a）规定的"严重不合规行为"（Serious Irregularity）。法院认为，首先，由于在进行相关调查并收集信息时，仲裁员未与双方当事人分

---

① The Supreme Court's decision（in Japanese），available at http：//www. courts. go. jp/app/files/hanrei _ jp/306/087306 _ hanrei.pdf.

享该信息，且未给其机会做相关陈述，故仲裁员的行为违反了《仲裁法》第33条规定的相应职责，此种不规范操作构成第68（2）（a）规定的"严重不合规行为"。其次，如果将其调查资料向双方当事人公布，并给予其机会进行相关陈述，其最后很有可能会得出完全相反的结论，因此，此种失职行为导致了"事实上的不公正"（Substantial Injustice），构成68（2）（a）规定的"严重不合规行为"。

法院认为案件发回重审是法院最低限度地干预仲裁程序，可以为当事人节省开支。此外，本案仲裁员的失职仅属于狭义范围，仲裁员可将与英格兰足球总会之间争议邮件的内容进行披露，再由双方当事人各自考量。最后，不存在任何证据显示本案仲裁员存在任何偏见，或质疑其专业能力，所以应当将本案发回重审。[①]

2018年5月3日，英国高等法院在其"SCM海外金融公司诉Raga建设公司"（SCM Financial Overseas Ltd v Raga Establishment Ltd）一案判决中，拒绝基于严重不当行为事由撤销裁决，由于本案仲裁地位于伦敦，仲裁庭直接适用《伦敦国际仲裁院规则》作出了裁决，而未等待对仲裁庭所处理的争议可能具有重要影响的国内法院诉讼程序的结果。

该院的判决是有重要影响的，因为其强调了仲裁庭被赋予的按其认为适当的方式处理仲裁程序过宽的自由裁量权，并表明了根据《1996年仲裁法》第68条成功发起挑战具有很高的门槛。该判决还提供了关于仲裁与诉讼之间关系的言论，以及假如一方当事人选择仲裁将面临裁判不一致的风险。

根据购销协议，Raga建设公司（Raga）同意向SCM海外金融公司（SCM）出售其在UAT的股份，UAT持有ESU 100%的股份。ESU转而持有乌克兰最大固定电话运营商之一乌克兰电信公司约93%的股份。ESU获得的乌克兰电信公司股份是根据私有化协议从乌克兰国家财产基金（SPFU）处购得的，该协议要求ESU有义务向乌克兰电信公司的业务进行投资，并向乌克兰国家输送受保护的电信网络（投资和网络义务）。

UAT股份的收购价为8.6亿美元，应由SCM分三期支付。UAT股份

---

① Fleetwood Wanderers Limited v. AFC FYLDE LIMITED, available at http：//www. bailii. org/ew/cases/EWHC/Comm/2018/3318. html.

的主要价值体现在间接持有的乌克兰电信公司股份。SPA 中规定了 ESU 对乌克兰电信公司的股份享有所有权，以及 Raga 将确保 ESU 遵守其在私有化协议下的义务。

在出售股份后（但在所有分期付款被支付前），SPFU 发布了一份报告，声称 ESU 违反了投资和网络义务，并建议将乌克兰电信公司的股份返还给国家。Raga 根据《伦敦国际仲裁院规则》在伦敦启动了向 SCM 提起的仲裁程序，请求其支付 SPA 项下到期的未付分期款项。SCM 主张，ESU 已违反了投资和网络义务，这些违约行为导致乌克兰电信公司的股份被没收的风险。SCM 声称，Raga 对 ESU 遵守其义务作出了错误陈述，这使得 SCM 有权解除 SPA，并且由于没收其完全没有得到合同履行的对价。

在仲裁庭审开始前不久，SPFU 向乌克兰法院对 ESU 提起诉讼，声称 ESU 违反了投资和网络义务，并请求退回乌克兰电信公司股份。在仲裁庭开庭审理的最后陈述中，SCM 敦促仲裁庭延期作出裁决，理由是乌克兰法院的判决将与本仲裁中的争议问题具有高度相关性。Raga 主张裁决不应被延期，而且 SPFU 在乌克兰的诉讼与本案无关。

仲裁庭拒绝等待乌克兰法院的判决，并作出了部分最终裁决，该裁决驳回了 SCM 的案件，并作出有利于 Raga 的裁决。仲裁庭继续进行裁决的理由是，尽管与乌克兰法院的判决是有关联的，但仲裁庭仍应根据其获得的证据作出裁决。等待乌克兰的判决可能会导致长期的不确定性，并对各方不利。

因此，根据乌克兰法律方面的专家证据，仲裁庭认为 Raga 并未违反 SCM 声称的投资和网络义务。在作出该结论时，仲裁庭认为乌克兰法院并未作出任何对这一争议问题有重大影响的决定。

该裁决作出后的 3 个月内，乌克兰法院做出了一项判决，认定 Raga 违反了投资和网络义务，并下令没收乌克兰电信公司的股份。SCM 根据仲裁法第 68 条下严重不当行为的规定向法院申请撤销裁决。SCM 案件中，在不予同意延期裁决方面，仲裁庭违反了该法第 33 条的一般义务。

仲裁庭被指违反仲裁法第 33 条下的一般职责而对该裁决提起异议的问题，法院意见如下。

（1）在确定仲裁庭是否违反一般职责时，必须评估仲裁庭在作出该裁决时所作的行为。裁决作出后最终发生什么与不当行为的问题无关（尽管其可能与实质性的不公正问题有关）。

（2）对裁决异议的当事人必须证明仲裁庭的不公正性，而不仅仅是当事人或其律师犯下的错误。

（3）仲裁庭的一般职责是为双方当事人提供一个合理的机会来陈述案情，并采取能够提供解决争议的公正方法的程序。这些标准并不是过分苛刻的标准。即使不完美的程序也可能是"公平的"。

（4）仲裁庭必须避免不必要的延期（根据仲裁法的制定目的），即使该不必要的延期不会造成损害。

（5）在程序性裁决的公正性受到质疑的情况下，法院可以审查仲裁庭的决定理由，但最终的问题还是取决于该裁决是否客观公正。

（6）与是否存在不当行为的问题相反，实质性的不公正可能是现在发生的或是将来发生的。

（7）没有必要证明如若不是由于不当行为，结果会有所不同。如果可能存在不一样的结果，则将存在实质性的不公正。

（8）选择仲裁的当事人可能面临仲裁庭与法院或不同仲裁庭之间裁判不一致的固有风险。风险产生的这一事实本身并不等同于实质性的不公正。

该院认为，乌克兰的判决虽然对仲裁庭没有约束力，但其可能成为仲裁中极为重要的证据。该院还认为，仲裁庭作出不予延期裁决直至获得进一步证据的决定构成对一般责任的违反。不延期的决定是否构成违反职责将取决于案件的所有情况（在裁决时进行评估），包括证据的性质和重要性、证据的可得性、可能导致的延期时长以及对反对延期的当事人造成的延期损害。

法院认为，本案仲裁庭在未经等待乌克兰判决而继续作出裁决方面没有违反其一般职责。虽然存在支持延期裁决的因素，包括乌克兰判决的证据价值，但也存在一些因素是反对延期的，特别是 Raga 将因潜在的长时间延期而遭受的损害。重要的是，在裁决作出时，仲裁庭并未被提供有关乌克兰法院诉讼可能持续时间的信息。

尽管仲裁庭有权决定暂时延期裁决，以便进一步了解乌克兰诉讼的期间长度，但仲裁庭也有权进行裁决而不这样做。因此，仲裁庭继续裁决的决定并非不公平。

　　法院驳回 SCM 申请的决定有以下几个原因值得关注，其确认了关于延期裁决的程序性裁决是否能够构成对一般职责的违反，并使该裁决可依据相关法律提起异议。法院认为，仲裁庭与法院或两个仲裁庭之间裁判不一致的风险是仲裁固有的风险。因此，仲裁庭的程序性裁决的公平性或不公平性将根据该固有的风险进行评估。法院赋予了仲裁庭决定是否延期裁决的过宽自由裁量权，尽管仲裁庭决定延期裁决，但是乌克兰的判决将具有重大意义，并至少在短期内，仲裁庭也不可能受到批判。相关统计资料证实了这一情况，自 2015 以来，向法院提交的超过 100 个申请中，只有 3 个申请获得了支持。

　　撤销仲裁裁决的门槛一般比较高。新加坡高等法院的案例说明，仲裁当事人以对方未披露重要信息为由请求撤销仲裁裁决被法院驳回。2019 年 3 月 13 日，在 "BVU v BVX〔2019〕SGHC 69" 一案中，仲裁当事人以仲裁胜诉方 BVX 未传唤某些证人作证和披露某些内部文件为由，请求法院撤销仲裁裁决。新加坡高等法院认定，向对方当事人的员工签发传票是 BVU 企图根据新的文件重新仲裁争议案情的一部分，其是以欺诈和公共政策为由请求撤销裁决，这种行为相当于滥用程序（给 E 的传票是供应商企图根据新文件重新仲裁纠纷的实质内容的一部分，首先是根据相当恶毒的欺诈指控和公共政策得到报酬）。国际仲裁中对当事人披露文件和其他证据的要求较低，故驳回当事人撤销仲裁裁决的请求。

　　上诉法院在本案中认为，发出的传票是供应商企图根据新的文件重新仲裁争端是非的一部分，首先以相当虚假的欺诈指控和公共政策为由撤销裁决，这种行为相当于滥用程序，供应商正寻求通过对案件的秘密上诉重新审理仲裁纠纷。当引入新的证据来证明撤销阶段的欺诈行为时，申请人必须证明，为什么在仲裁时，新的证据不可用或无法通过合理的努力获得。

　　与某些普通法司法管辖区的诉讼不同，在没有法庭命令的情况下，参与仲裁程序的当事人没有一般责任披露所有文件。披露义务通常较窄，正如国际律师协会规则所规定的那样。此外，当事人没有传唤事实证人的积极义务。虽然法庭能够作出不利的推论，即发现证人的证据会产生重大结果，但不利推论的结果并不常见。

第四节　申请撤销裁决的期限

当事人对仲裁裁决提起撤销程序，必须在法律规定的期限内进行。仲裁裁决的撤销仅是在极个别的情况下法律赋予当事人的一种特别司法救济制度，而非一种类似于诉讼中的上诉那样的常规程序。当前世界各国的仲裁立法中的司法监督之基本精神是保证当事人以仲裁方式解决其争议，若法律规定的提起撤销裁决的期限过长，将使裁决的法律效力长期处于不确定状态，不利于维护合法当事人的利益。所以，各国法律规定的提起撤销程序的期限相对于裁决承认及执行的期限而言要短得多。

例如，1996 年《英国仲裁法》第 70 条规定，申请撤销的期限为裁决作出之日起 28 天内，而当事人申请承认及执行裁决的期限是 6 年；《法国民事诉讼法典》第 1505 条规定的期限为通知裁决及其执行许可后的 1 个月内；《比利时司法法典》第 1707 条规定的申请期为裁决通知之日起 3 个月内；《荷兰仲裁法》第 1064 条规定，撤销申请可在裁决一旦具有既判力时提出，在裁决交存地方法院登记官 3 个月后，申请权即告取消；美国《联邦仲裁法》第 12 条规定，撤销裁决的请求必须在仲裁裁决提交或者送达后 3 个月内通知对方当事人或其代理人，而对于承认及执行裁决的期限长达 3 年。[①] 因此，当事人考虑提起撤销程序必须注意有关国家的申请期限。

第五节　裁决撤销制度之评述

首先，各国法律制度中允许当事人对仲裁裁决提出异议，并在满足特定条件的情况下予以撤销的程序，绝非否认仲裁的一裁终局性。恰恰相反，综观现代各国的仲裁制度，仲裁裁决的既判力获得法律及司法实践越来越强有力的支持，当事人试图以滥用裁决撤销程序来改变裁决，在法制

---

① 本章相关法律均引自全国人大常委会法制工作委员会民法室、中国国际经济贸易仲裁委员会秘书局：《中华人民共和国仲裁法全书》，法律出版社 1995 年版。

健全的国家通常是难以实现的。正如著名的国际商事仲裁专家范登伯格在考察各国的成文法及案例法后得出的结论：当前国际上有一种趋势，即当事人总是试图将一项国际商事仲裁裁决予以撤销，但在绝大多数国家这种试图的成功是鲜有所闻的。[①]

其次，现代国际商事仲裁的趋势是限制法院对仲裁进行司法监督的范围。由于仲裁受到"撤销裁决"及"拒绝承认及执行"的"双重司法监督"（Double Judicial Review），关于是否需要继续保留撤销裁决制度的纷争持续至今。虽然这一制度延续至今，并且在《国际商事仲裁示范法》这类国际性规范性文件中得以体现，但是法院不进行实体事项审查已成为各国立法的基本趋势。特别值得一提的是，一些国家的立法甚至允许当事以协议方式排除法院对仲裁裁决进行撤销的司法审查。换言之，法院对裁决的这种司法审查并非绝对。例如，1989 年 1 月 1 日生效的《瑞士联邦国际私法典》第 192 条第 1 款规定："各方当事人在瑞士均无住所、惯常居所或营业设施的，他们可以通过仲裁协议中的明示声明或其后的书面协议，排除所有的撤销程序，或者将该程序限制于第 190 条第 2 款所列理由中的一个或几个。"显然，在满足两项条件的情况下，瑞士法律允许当事人彻底排除法院就撤销裁决的司法管辖权，即使第 190 条第 2 款所列举的程序性事项也允许不受制于法院的司法审查。再如，1985 年 3 月 27 日修订的《比利时司法法典》第 1717 条规定："仅当仲裁裁决所决定争议的至少一方当事人具有比利时国籍或居住在比利时的自然人或者是在比利时成立或有分支机关或有营业处所的法人时，比利时法院才能受理撤销的申请。"考虑到瑞士和比利时（尤其是瑞士）均为国际商事仲裁中心，这些规定势必会对当事人选择仲裁地点产生影响。

最后，如前所述，尽管各国法律均保留了裁决撤销制度，各国法院在实际运用这一制度进行司法审查时是相当谨慎的。尤其是援用公共秩序保留作为撤销裁决的理由，因各国经济、政治、法律、道德、宗教、风俗等方面的存在巨大差异，使之成为最没有确定性的法律手段。若裁决作出地法院动辄援用公共秩序保留条款来撤销本国仲裁机构或在本国境内所作出

---

① Albert van den Berg. *INTERNATIONAL ARBITRATION IN THE 21ST CENTURY: TOWARDS "JUDICIALZATION" AND UNIFORMITY?*. Transnational Publishers, Inc. 1994，p.133.

的裁决，不仅使国际商事仲裁无法顺利进行，而且还将严重损害本国仲裁机构的信誉，从而最终影响本国与其他国家之间的经济贸易关系。所以，各国法院一般对公共秩序作严格的、狭义的解释及适用。国际商事仲裁专家范登伯格在考察了全世界至 1994 年为止已报道的、基于《纽约公约》所提起承认及执行国际仲裁裁决的 500 多件申请案，其中仅 30 余件申请案的被申请人提出裁决在作出地法院被撤销或者正在进行撤销程序，以此作为法院应拒绝承认及执行的理由。然而，在这 30 余件与撤销裁决有关的案件中，只有 3 件最终被法院撤销，且尚无一件是基于公共秩序保留原因被撤销。[①] 显然，撤销裁决的制度不能被视为一种可随意使用的否认仲裁裁决的手段。

第六节　中国的仲裁裁决撤销制度

综观主要国家的法律制度，各国对仲裁进行控制的主要法律手段集中表现为对裁决的撤销或复议制度。撤销仲裁裁决是当事人根据法律规定的情形向法院提出请求，法院审查核实后撤销仲裁庭已经作出的仲裁裁决的一种特殊的程序。

尽管仲裁裁决的胜诉方和败诉方都可以要求撤销仲裁裁决，但是通常的情况是败诉方提起裁决的撤销程序，对仲裁庭作出的仲裁裁决的法律效力提出异议。当事人可以根据相关法律制度的规定而采取不同的行动，或者直接向法院提起诉讼要求宣布裁决无效，或者提出请求法院将裁决发回仲裁庭修改。

国际商事仲裁通常使用对裁决行使用"追索权"（Recourse）的概念，这个概念在大陆法系国家也被普遍采用。但是"追索"不足以宽泛到涵盖当事人所有的目的。中国《仲裁法》使用的是较为宽泛和相对具有包容性的术语"撤销"。"撤销"一词包括了要求法院判定裁决无效和修改裁决的追索权，同时表达了当事人推翻仲裁裁决的努力，并以此区别于对执行裁

---

① Albert van den Berg. *INTERNATIONAL ARBITRATION IN THE 21ST CENTURY: TOWARDS "JUDICIALZATION" AND UNIFORMITY?*. Transnational Publishers, Inc. 1994, p.162.

决的抵制。

对仲裁裁决采用撤销程序进行司法监督，是我国 1995 年 9 月 1 日起生效的《仲裁法》新建立的一项新的仲裁制度。在此之前，我国法院对仲裁行使司法监督权的方式主要表现在两方面：一是对仲裁协议的效力进行判断；另一方面是在执行裁决阶段，即在胜诉方当事人请求法院强制执行仲裁裁决时，在被申请人（败诉方）举证证明裁决存在《民事诉讼法》规定的不予执行的情形时，裁定不予执行该项裁决。所以，《仲裁法》生效前中国法院对仲裁裁决的司法监督基本上属于被动型的，即只有在胜诉方提出执行申请的情况下，法院才能对仲裁裁决进行司法监督；若裁决不存在执行问题（如确认之诉的裁决就不存在执行的需要），即使当事人对该裁决不满，也没有其他程序可以改变裁决所产生的法律后果。

《仲裁法》生效后，除了仍然保留着的上述司法监督程序外，还增加了裁决撤销程序，即在裁决作出后，法院可以通过撤销裁决和不予执行两种程序对裁决进行司法监督，形成了"双重监督"。

《仲裁法》中设立撤销制度的目的主要可以归结为两点。

第一，它可以赋予中国法院有限的权力以监督在中国境内进行的仲裁程序，从而保证仲裁活动不违反合理程序和法律的要求。

第二，设定仲裁裁决的"撤销"制度反映了司法制度对商事仲裁活动以一定的监督、控制和约束的意图。

《仲裁法》设置申请撤销仲裁裁决程序对于确保仲裁裁决的合法性和正确性具有积极的作用。

首先，这一监督机制有利于维护当事人的合法权益。仲裁机构在作出仲裁裁决后，如果当事人对仲裁员操守、仲裁程序或者仲裁裁决的合理性不满，有权根据法律规定向司法机构提出撤销裁决的请求。从这个意义上说，仲裁裁决的撤销制度为当事人提供了一个对仲裁裁决不服的有效的救济机制。

其次，这一监督机制有利于保证仲裁机构的公正仲裁。仲裁机构的仲裁活动相对于法院的审判活动而言具有较大的独立性。通过法院对仲裁裁决合法性的合理介入能够在一定程度上促进仲裁员、仲裁庭和仲裁机构合法、公正地进行仲裁活动，维护仲裁制度的合法性。

允许国内法院根据有限的授权撤销仲裁裁决是国际上已经普遍化的实

践。中国的立法与国际通常做法并不冲突。但是，司法机构对商事仲裁机构作出的仲裁裁决施加司法控制在某种程度上会干扰或影响仲裁制度的独立性。由于我国立法方面的不足以及执法人员对仲裁制度认识的滞后，在《仲裁法》生效后短短的数年间，这些缺陷迅速膨胀，使这一新设的司法监督程序演变成制约我国仲裁制度，尤其是涉外仲裁制度的实质性障碍。

一、中国设立撤销仲裁裁决程序的立法精神

（一）设立撤销裁决程序的立法精神

在 1994 年第八届全国人民代表大会常务委员会第九次会议审议《中华人民共和国仲裁法（草案）》时，全国人大常委会法制工作委员会主任作了该（草案）的说明："法院对仲裁的监督方式，主要表现在两个方面，一是不予执行，一是撤销裁决。不予执行的程序，民事诉讼法已有规定。规定申请撤销裁决的程序，有利于保护当事人的合法权益，减少仲裁工作中的失误，美国、德国、法国、日本等许多国家都有这样的程序。"[①]

显然，"有利于保护当事人的合法权益，减少仲裁工作中的失误"，即主要是加强对仲裁一裁终局权力的监督，防止仲裁权的滥用，是我国《仲裁法》设立裁决撤销程序的根本宗旨。

（二）关于仲裁法中设立裁决撤销程序的讨论

在该法的起草过程中，对于是否应该设立裁决撤销程序，有关部门及专家存在着截然相反的意见。

反对意见认为，仲裁制度中撤销仲裁裁决程序实质上是法院对仲裁实施的一种监督。仲裁法要规定的执行程序也是对仲裁实施的一种监督。既然有执行程序，就没有必要再规定撤销仲裁裁决程序，对仲裁实行双重监督。规定撤销仲裁裁决程序，实际上造成又裁又审，不符合或裁或审、一裁终局的基本要求。

持肯定意见的则认为：第一，赋予法院对仲裁必要的监督权，能够促

---

① 全国人大常委会法制工作委员会民法室、中国国际经济贸易仲裁委员会秘书局：《中华人民共和国仲裁法全书》，法律出版社 1995 年版，第 152 页。

使仲裁庭公正地审理案件，有利于提高仲裁机构的信誉。第二，撤销程序使双方当事人都能够得到保护。第三，世界上多数国家的仲裁法关于申请撤销裁决的情形与法院不予执行仲裁裁决的情形是有区别的。第四，在仲裁法中规定申请撤销仲裁裁决的程序，符合仲裁制度本身的需要，符合国际社会发展的趋势，也和世界上多数国家的仲裁法的规定相一致。[①]

笔者认为，诚如本章前文所介绍的，各主要法系代表性国家的仲裁法或相关法律确实都规定了撤销裁决的程序，甚至有的国家的审查内容中还包括了对裁决法律问题的实体审查。因此，当我国在制定统一的仲裁法时，应参考和借鉴外国的立法经验。

可是，若认为在仲裁法中载入了撤销裁决程序就是"符合国际社会发展的趋势"也未必如此。包括中国学者在内的许多著作和文章、大量的外国法院判决说明，当代国际商事仲裁的基本趋势是尊重当事人的仲裁愿望，法院监督作用的着眼点从在裁决实体内容上进行监督以维护法律的统一性和公正性转向从程序上保证仲裁的公平进行；从全面干预转向重点原则的监督。[②] 远的不说，仅以国际上最强调绝对司法管辖权的英国为例，其确立了法院管辖权不容贬损的原则，长期以来，英国法院对仲裁制度实行从程序到实体的全面审查及监督，甚至仲裁员的指定发生困难亦由法官来指定。然而，其1979年《仲裁法》已经朝着仲裁制度的现代化迈出了实质性的一步，承认仲裁员对事实认定具有终局效力，法院不再对上诉案件的事实认定进行审查；允许当事人在国际商业合同中以仲裁协议的形式预先规定排除法院司法复审。其1996年《仲裁法》吸收了1985联合国国际贸易法委员会《国际商事仲裁示范法》的精神，更显示了革命性的变化，例如在取消国内仲裁与国际仲裁分野的同时，将1979年《仲裁法》仅适用于国际仲裁的更宽容的制度延伸适用于整个仲裁领域而不是走回头路。所以，倘若要说国际社会发展的趋势，以《国际商事仲裁示范法》为代表的立法趋势才是真正的发展趋势。

[①]　全国人大常委会法制工作委员会民法室、中国国际经济贸易仲裁委员会秘书局：《中华人民共和国仲裁法全书》，法律出版社1995年版，第56—57页。

[②]　郭晓文：《中国涉外仲裁裁决撤销制度中存在的问题及其立法完善》，载陈安：《国际经济法论丛》（第1卷），法律出版社1998年版，第416页。关于外国法院的判决，因数量不胜枚举，故无法引证。但是本书在各章节所引用的案例，尤其是第十章将要论述的仲裁裁决承认及执行的案例，完全可以从侧面说明了这一观点。

进一步说，一项法律制度并非仅仅指由立法机关所制定的法律法规，法律法规需要由执法机关的执行或者由司法机关的审判活动来体现其权威性和价值，这也是众所周知的。诚然，不少国家的立法中均设有仲裁裁决的撤销程序，若在司法实践中随意使用甚至成为保护地方利益的手段，必将使此项仅在有限条件下予以适用的程序演变成仲裁制度中的一个致命的漏洞。然而，《国际商事仲裁示范法》所列举的可以作为撤销仲裁裁决的各种情形中，在涉及对不明确仲裁协议的处理、对争议事项可仲裁性及公共秩序作为拒绝执行的理由的解释，人们已经看到了仲裁制度来自法院的强有力支持。就这些问题而言，事实上有关国家的法律均未有什么泾渭分明的条款，法官手里拥有极大的自由裁量权。所以，倘若法院要以执行某项外国仲裁裁决将违背本国外交政策而解释成公共秩序的理由也在情理之中，但有关外国法院并未如此行事，并在此基础上提出"国际公共秩序"的学说。至于涉及证券争议能否交付仲裁解决，若依据本国证券法及证券交易法之法定管辖之规定，视之为不可仲裁解决的法定管辖事项更是理所当然的。然而有关法院在深刻分析了当代国际商业活动对于仲裁的实际需要，在区分国际商业与国内商业的不同特性后，认为涉及国际商业的证券争议可以仲裁方式解决，随后将此原则延伸至国内仲裁。[①] 这一系列例子都说明，法律制度不仅仅是僵死的法律条文，法律制度的确立需要法官根据当前发展作出符合时代精神的解释和判决，它们无疑是我国在立法时更应注意借鉴和吸取的重要方面。

由于我国在起草仲裁法过程中片面强调了法院对仲裁的司法监督权，而忽视了对法院自身的监督，也忽视了由仲裁机构和仲裁员特点所决定的自律精神及行为规范对公正仲裁的深刻影响。所以，1995年《仲裁法》中的某些缺陷成为某些地方法院滥用权力、曲解法律精神，继而偏袒一方当事人利益的护身符。由此，"保护当事人合法权益，减少仲裁工作的失误"的宗旨就难以实现。特别是考虑到我国涉外仲裁机构所作的仲裁裁决将承受中国法院的双重司法监督，撤销裁决的程序已经在某种程度上嬗变为败诉方可随意加以利用、阻碍当事人在胜诉后申请外国法院承认及执行裁决

[①] 本书第四章的"仲裁协议"以及第十章的"承认及执行仲裁裁决"两章介绍有关案例充分说明了司法实践对立法发展的重要性。

的一种手段。这一后果恐怕是我国的立法者在引入撤销仲裁裁决程序时始料未及的。

二、撤销仲裁裁决方式

中国《仲裁法》允许当事人对仲裁裁决提起撤销之诉。

（一）起诉

撤销裁决程序在中国被称为撤销裁决之诉。法院会对仲裁庭作出的仲裁裁决进行审查；合议庭可以在认为仲裁庭所作裁决有错误时作出决定。

当事人利用起诉程序对仲裁庭作出的裁决提出质疑的原因是多样的，大致可以分两大类：一是当事人对裁决的实质问题提出异议，即认为裁决有法律或事实上的错误；二是当事人认为仲裁庭在进行仲裁活动的过程中有程序性的错误，例如当事人没有被给予充分的机会陈述自己的观点或解释自己的立场。一些学者就把这两类原因区分为针对实质性问题的普通上诉或普通追索和以程序问题为由的特别上诉或特别追索。[①]

当事人向有管辖权的法院提出撤销裁决之诉的主要目的是撤销仲裁裁决的效力。如果申请成功，裁决就会落空。但是，与《民事诉讼法》规定的上诉程序不同，民事诉讼中的当事人不服一审判决或裁定的，即可依照法定程序向上级法院提起上诉，当事人提起上诉不以有否证据为前提；而仲裁当事人提出申请撤销裁决时必须要有证据证明裁决具有法定的缺陷。当然，这些证据能否得到法院的认可，是由法院最后审查而定的。

（二）移送

国际商事仲裁中的"移送"制度主要是指当事人提出申请要求法院根据相关的法律将仲裁裁决移送给仲裁庭修改。

这一程序主要可以适用于包含有仲裁庭能够修改的错误裁决，它能够

---

① 韩健：《现代国际商事仲裁法的理论与实践》，法律出版社 1993 年版，第 275 页。

使裁决免于完全无效。例如，仲裁庭对当事人没有提交仲裁的争议作出了裁决。在这种情况下，对裁决的部分修改要比完全撤销裁决更为可行和合理。这既能使得裁决处于基本有效的状态，又能节省当事人为重新启动新的仲裁程序而支付例外的金钱和时间。

在中国仲裁法律制度框架内，"移送"制度并不是当事人可以向有管辖权法院直接提起的独立的补救制度，而是存在于撤销裁决之诉程序的法律框架之内的对撤销裁决之诉的一种救济性的补充制度。在一方当事人提出合适请求的情况下，法院在认为可行的情况下，决定由仲裁庭重新仲裁，并通知仲裁庭在一定期限内重新仲裁。

法院在通知仲裁庭重新仲裁后，原来的撤销裁决之诉就暂时中止。但是，法院向仲裁庭发出的重新仲裁的通知也不具有强制性，即仲裁庭并没有义务重新仲裁。在这种救济性的补充制度不发挥作用、仲裁庭拒绝重新仲裁时，法院才可以通过裁定的方式恢复撤销程序，最终撤销裁决。中国《仲裁法》规定的"仲裁庭重新仲裁"与《示范法》的规定并不相同。《示范法》第34条第4款规定：法院被请求撤销裁决时，如果适当而且当事一方也要求暂时停止进行撤销程序，则可以在法院确定的一段时间内暂时停止进行，以便给予仲裁庭一个机会重新进行仲裁程序或采取仲裁庭认为能够消除请求撤销裁决的理由的其他行动。

法院给予仲裁庭重新修改仲裁裁决的机会是法院保护仲裁法律秩序的重要措施。

三、撤销仲裁裁决的理由

现代商事仲裁裁决撤销制度有趋同化（Convergence）的倾向。其中一个重要方面是各国都不同程度地限制法院撤销裁决的标准。这一方面是因为1927年的《日内瓦公约》和1958年的《纽约公约》对各国仲裁制度的统一化起到了很大的作用。虽然这两个公约主要在承认和执行仲裁裁决方面发挥了一体化的作用，但在撤销仲裁裁决方面并没有特别的建树。不可否认，这两个公约至少为承认和执行国际仲裁裁决制定了最低限度的国际化标准。这些标准在一定范围内也被吸收为撤销裁决的标准。一些接受《纽约公约》的国家在接受其设定的承认和执行外国裁决标准的同时也将其作为撤销裁决的标准。例如，法国撤销裁决的标准与承认和执行外国裁决的标准是相同的。① 与此同时，各国为了实现发展国际商事仲裁的目的，对仲裁采取更加宽容的态度。

我国撤销仲裁裁决的程序遵循内外有别的"双轨"制度，在撤销裁决的理由方面也区别对待。

（一）由当事人举证证明撤销的仲裁裁决的情形

1. 撤销国内仲裁裁决的情形

依照《仲裁法》第 58 条规定，如果当事人能够举证证明，国内仲裁裁决有下列情形之一的，可以被人民法院裁定撤销：第一，没有仲裁协议的；第二，裁决的事项不属于仲裁协议的范围或者仲裁委员会无权仲裁的；第三，仲裁庭的组成或者仲裁的程序违反法定程序的；第四，裁决所根据的证据是伪造的；第五，对方当事人隐瞒了足以影响公正裁决的证据的；第六，仲裁员在仲裁该案时有索贿受贿、徇私舞弊、枉法裁决行为的。

《民事诉讼法》第 237 条第 2 款关于不予执行国内仲裁裁决的规定与《仲裁法》第 58 条关于撤销国内仲裁裁决的规定基本一致。最高人民法院于 2018 年 3 月 1 日发布实施的《关于人民法院办理仲裁裁决执行案件若干问题的规定》也可以在撤销国内仲裁裁决案件中参照适用。

第一，以没有仲裁协议为由而撤销裁决的目的是保护当事人的意思自治原则。仲裁庭的管辖权直接来自当事人之间的仲裁协议或条款。如果当事人之间没有仲裁协议或条款，而仲裁庭又受理仲裁请求，那么仲裁庭进行的仲裁活动和随之作出的仲裁裁决就会因仲裁庭不具有管辖权而无效。这时的仲裁裁决就是完全在没有管辖权的基础上作出的。

仲裁庭没有管辖权可以由不同的原因引起。除了当事人之间没有仲裁协议或条款之外，仲裁协议或条款不合法或者缺少法定的要件而得不到仲裁地法律的认可也是仲裁庭没有管辖权的一个原因。

仲裁庭通常有权根据仲裁规则的授权，在具备一定能力的情况下，通过作出临时裁决或最终裁决的方式就管辖权问题作出决定。但是，这样的

---

① French Decree Law No.81－500 of May 12，1981，Articles 1502，1504.

决定在法律上对法院是没有约束力的。法院可以重新考虑管辖权问题，并在一方当事人要求的情况下作出自己的决定。一旦法院认为仲裁庭没有管辖权，它就可以采取两种行动：一是如果仲裁地是法院地时，法院就可以司法介入应一方当事人的请求而撤销裁决；二是如果仲裁地与法院地不同，法院可以拒绝承认和执行裁决。

第二，以裁决的事项不属于仲裁协议的范围或者仲裁委员会无权仲裁为由而撤销裁决主要针对仲裁机构超越管辖权而作出的裁决（Extra Petita）。《仲裁法》对仲裁委员会"越权"只作狭隘的解释。根据规定，法院只会在两种情形下适用该理由撤销裁决：一是仲裁庭未经当事人授权而作出裁决；二是仲裁委员会对法律排除仲裁解决的商事争议作出的裁决。

在第一种情况下，关于"越权"的理解主要取决于"仲裁事项"这一术语。仲裁庭对当事人没有提交仲裁的事项作出裁决就构成了"越权"。当事人在仲裁协议中对仲裁事项的约定是确定仲裁庭职权范围的基础。一般而言，仲裁庭只能在仲裁协议的约定框架内行使裁决的权力。因此，仲裁法没有赋予仲裁机构对未提交仲裁事项作出裁决的法律权力。

第二种情况主要涉及"可仲裁性"的问题。根据中国《仲裁法》规定，仲裁机构不能对继承、婚姻、收养、监护、扶养等争议事项进行仲裁。如果一仲裁机构对这类争议作出裁决，法院就有权撤销裁决。此外，中国法律只授权特别的仲裁机构对特定的事项进行仲裁，例如证监会授权中国国际经济贸易仲裁委员会仲裁与证券交易有关的争议事项，如果一地方仲裁委员会在未经授权的情况下，对当事人提交的此类争议加以裁决，法院就可以以该仲裁委员会对此类争议不具有可仲裁性而撤销裁决。

法院在适用本条时不会审查仲裁裁决的是非曲直和实体问题；法院不会因为当事人主张仲裁庭适用的准据法错误、解释案情或推理错误而撤销裁决。

第三，"仲裁庭的组成或者仲裁的程序违反法定程序的"这一理由可以简称为"程序性问题"。公平、合适地进行仲裁程序是商事仲裁的一个基本要求。仲裁程序必须遵循仲裁法和仲裁委员会仲裁规则规定的程序性标准（Procedural Standards）。这个要求的目的是为了保证当事人在程序过程中被平等地对待，并且给予充分的机会发表与争议有关的事实和法律方面的意见。

仲裁程序的合法性并没有精确的定义，一般包括：仲裁庭是否合适组成；仲裁员在法定回避的情形之下是否未予回避而继续参加仲裁；当事人是否给予合理的通知以便参加庭审活动；仲裁机构是否在规定期限内将文件或材料送达当事人；当事人是否获得了充分的陈述或辩论的机会；等等。

与普通法系国家由司法机构对"公正程序"行使自由裁量权不同，中国司法机关主要根据立法规定进行裁量。

一些法院以仲裁裁决书送达超过规定期限、不符合仲裁程序、违反国务院办公厅国办发〔1995〕38 号《关于进一步做好重新组建仲裁机构工作的通知》（简称国办发〔1995〕38 号文）规定为由，裁定撤销仲裁裁决。最高人民法院在 1997 年 4 月 6 日颁发的《关于不得以裁决书送达超过期限而裁定撤销仲裁裁决的通知》 ﹝法（1997）120 号﹞指出，国办发〔1995〕38 号文第 3 条规定中提到的 6 个月期限指的是仲裁机构作出仲裁裁决的期限，不包括送达仲裁裁决的期限。法院以仲裁裁决送达超过 6 个月规定期限、不符合仲裁程序，裁定撤销仲裁裁决既无法律依据，也不利于保护当事人合法权益。

在"孙峣峰（申请人）诉浙江中远担保投资有限公司、蔡敏波等（被申请人）撤销仲裁裁决"一案中，申请人申请撤销仲裁裁决。法院认定，因浙江中远担保投资有限公司的仲裁申请及台州仲裁委员会寄送的仲裁规则、仲裁员名册、仲裁庭组成通知、开庭通知等邮件中均将收件人误写为"孙晓峰"，导致相关邮件因"原址查无此人"被退回，无法有效送达给孙峣峰。仲裁委员会未尽到应尽的合法有效通知义务，仲裁庭径行进行缺席审理，应属违反法定程序。[①]

《仲裁法》第 22、23 条规定，当事人申请仲裁应当向仲裁委员会递交仲裁协议、仲裁申请书及副本，其中仲裁申请书应当载明当事人的姓名、性别、年龄、职业、工作单位和住所等信息。台州仲裁委员会《仲裁规则》第 10 条规定："当事人为自然人的，应载明姓名、性别、年龄、民族和住所以及有效通信方式（包括邮政编码、电话、传真、电子信箱或其他

---

① （2019）浙 10 民特 1 号。

电子通信方式等，下同）。"《仲裁规则》第 12 条规定："本会自受理案件之日起 10 日内，将受理通知书、本规则、仲裁员名册、仲裁庭组成方式及仲裁员选定书发送申请人，并将应裁通知书、本规则、仲裁员名册、仲裁庭组成方式及仲裁员选定书和仲裁申请书副本及其附件发送被申请人。"实践中，仲裁机构一般会根据申请人提交的仲裁申请书、证据材料上所列被申请人的信息向被申请人邮寄仲裁通知书、仲裁规则、仲裁员名册等文件。本案中，相关仲裁材料第一次没有妥投、"查无此人"。法院裁定没有提供关于后续的进一步信息。

《仲裁法》第 58 条规定，当事人提出证据证明裁决的仲裁程序违反法定程序的，法院应当将该裁决予以撤销。《仲裁法解释》第 20 条明确违反法定程序是指违反仲裁法规定的仲裁程序和当事人选择的仲裁规则可能影响案件正确裁决的情形。关于缺席审理，《仲裁法》第 42 条规定："被申请人经书面通知，无正当理由不到庭或者未经仲裁庭许可中途退庭的，可以缺席裁决"；《仲裁规则》第 42 条规定："被申请人经书面通知，无正当理由不到庭或者未经仲裁庭许可中途退庭的，仲裁庭可以进行缺席审理。"由此可知，缺席审理是否符合法定程序要求的关键在于仲裁被申请人是否经有效通知。

《仲裁规则》第 81 条规定："向当事人或者其代理人发送的仲裁文书、通知、材料等，如经当面送交受送达人或者邮寄至受送达人或者对方当事人提供的受送达人的营业地点、注册地、经常居住地、身份证载明地址、户籍地址、当事人约定的送达地址或者其他通信地址，即视为已经送达。"根据这一规定，判断是否有效送达应当以收件地址为标准，而非以收件人为标准。本案裁定书披露，仲裁被申请人也即本案申请人曾在《金融合同债务催收及诉讼、执行法律文书送达地址、方式确认书》中确认过送达地址。根据《仲裁规则》第 81 条的规定，仲裁机构将仲裁文书邮寄至仲裁被申请人确认过的送达地址即视为有效送达，尽管收件人姓名存在错误。在此情形下，仲裁机构进行缺席审理似乎并不存在仲裁被申请人未经有效通知违反法定程序的情形。

第四，证据是仲裁庭查明案件真实情况，确定双方当事人的责任界限，并且以此作出裁决的根据。当事人向仲裁庭提供的证据和仲裁庭通过自己取证收集的证据都必须是真实的。如果证据是伪造的，而仲裁庭根据这样的证据作出裁决，裁决的合法性和准确性就不存在。因此，这样的仲裁裁决应当被撤销。

《仲裁法》规定的这条理由仅仅要求证据是"伪造"的。但是，有时仲裁庭作出裁决所依据的证据并不是伪造的，而裁决依据的证据是不合适的。在这种情况下，仲裁裁决也可能存在瑕疵。但是，当事人不能以这样的理由向法院提起撤销裁决之诉。这可以从《仲裁法》的修订过程中得出结论。

全国人大常委会法制工作委员会在 1994 年 6 月 28 日将《仲裁法（草案）》提请第八届全国人大常委会第八次会议审议。该草案第 56 条规定：当事人提出证据证明有下列情形之一的，可以向仲裁委员会所在地的中级人民法院申请撤销裁决。当时该条的第 4 款规定："认定事实的主要证据不足的。"在对草案进行审议时，一种观点认为，将"认定事实的主要证据不足的"作为可以撤销裁决的理由不符合仲裁制度的基本要求。人民法院对仲裁裁决只应审查程序问题，而不应进行实体审查。如果法院可以基于"认定事实的主要证据不足的"撤销裁决，一裁终局原则就不可能得到保证。全国人大法律委员会采纳了这种意见，经常委会审议通过，该条理由更改为"裁决所根据的证据是伪造的"。[①]

尽管当事人不能根据这条理由对依据不合适证据而作出的裁决提出撤销之诉，也不能充分避免仲裁庭在仲裁程序中不合理使用证据。但是，由于"伪造"比"不合适"更加客观，使得法院容易操作和判断，从而在客观上又避免了法院不恰当地介入仲裁程序，有利于维护仲裁程序的独立性。

第五，对方当事人隐瞒了足以影响公正裁决的证据。全国人大常委会法制工作委员会在 1994 年 6 月 28 日提请第八届全国人大常委会第八次会议审议的《仲裁法（草案）》第 56 条第 5 条理由是"适用法律确有错误的"。《仲裁法》最后稿将该条修改为现在的理由，即"对方当事人隐瞒了足以影响公正裁决的证据的"。这一修改表明《仲裁法》没有授权法院对仲裁庭作出裁决的法律适用问题加以审查的权力，维护了仲裁的独立性和一裁终局制。

---

① 参见宋汝芬：《对申请撤销裁决应当如何规定》，《法制日报》1994 年 10 月 9 日，第 6 版。

这条理由主要为了避免仲裁庭根据不充分的证据作出裁决的可能性。所谓"足以影响公正裁决的证据"是在作出仲裁裁决的众多因素中对仲裁庭的最后结论起到决定性作用的证据。最高法院《关于人民法院办理仲裁裁决执行案件若干问题的规定》第16条规定："对方当事人向仲裁机构隐瞒了足以影响公正裁决的证据的"是指："（一）该证据属于认定案件基本事实的主要证据；（二）该证据仅为对方当事人掌握，但未向仲裁庭提交；（三）仲裁过程中知悉存在该证据，且要求对方当事人出示或者请求仲裁庭责令其提交，但对方当事人无正当理由未予出示或者提交。"

法院一般持有这样的观点，"一方当事人向仲裁庭隐瞒了足以影响公正裁决的证据，应同时具备两个条件：一是一方当事人手中并不掌握、但有充分证据证明对方当事人持有对其不利的证据而其拒不提供，此为前提条件；二是该证据至关重要，对裁决的结果足以产生影响。构成该情形，当事人主观上要有隐瞒的故意，客观上存在隐瞒而拒不交出、致使仲裁庭无从掌握的行为。"[①]

在"李某、大庆大璞某文化传播有限公司申请撤销仲裁裁决特别程序"一案中，[②] 申请人主张被申请人在仲裁中隐瞒了案外人王某系被申请人工作人员身份的真实情况。本案法院也认定仲裁时被申请人未向仲裁庭说明王某系其母亲的事实，可"视为"其向仲裁委员会隐瞒了足以影响案件公正裁决的证据。"视为"本身属于一种主观认定上的拟制。法院明知本案被申请人隐瞒王某系其母亲的事实并不属于隐瞒证据的情形，但出于一定的法律政策上的考虑，将其作为隐瞒证据的情形予以处理。本案法院进一步指出，"在这种情况下，本院无法认定李某与王某之间借贷关系的真实性，无法进一步认定李某、大庆大璞公司向邱某借款存在真实的客观基础"。

当事人提供的证据在仲裁庭对争议事项得出结论和在裁决的过程中发挥着不同的作用。有的仅说明案件的事实，例如时间、地点等，但有的决定了当事人的责任划分、是非曲直等。如果仲裁庭不掌握后一种证据，仲裁庭可能得出片面结论，得出错误裁决。根据《仲裁法》的规定，隐瞒了

[①] 佩尔优节能科技股份有限公司、江源泉与四川正荣节能投资有限公司不予执行仲裁裁决执行裁定书（北京市第一中级人民法院（2015）一中执异字第859号）。

[②] 案号（2018）黑06民特8号。

足以影响公正裁决的证据的一方必须是"对方当事人"，即向法院提出撤销裁决之诉的一方的相对方。由于可以向法院撤销裁决之诉的一方可以是仲裁案件的申诉方和被申诉方，因此，隐瞒了足以影响公正裁决的证据的"对方当事人"可能是被申诉方或申诉方。问题是如果仲裁案件的申诉方（或被诉方）以各种理由（不同于"对方当事人隐瞒了足以影响公正裁决的证据"）提出撤销裁决之诉，法院认定申诉方（或被诉方）提出的理由都不成立，但是申诉方（或被诉方）自己隐瞒了足以影响公正裁决的证据，法院能否根据本条理由撤销裁决。如果严格按照《仲裁法》的规定，法院无权撤销裁决，因为"对方"并没有"隐瞒了足以影响公正裁决的证据"。显然，《仲裁法》的这条规定有失全面。

第六，仲裁员在仲裁该案时有索贿受贿、徇私舞弊、枉法裁决行为。这条规定主要针对仲裁员的行为缺陷，包括仲裁员的贪污受贿、徇私舞弊和枉法裁决。这条规定的目的是避免仲裁员的这些行为发生在仲裁程序中，损害商事仲裁的公正性。

"索贿受贿"是指仲裁员在仲裁案件的过程中非法索要或非法接受当事人钱物或其他不正当利益的行为。"徇私舞弊"是指仲裁员为了谋取私利或为了报答一方当事人已经或承诺给予自己的某种利益，在仲裁案件时弄虚作假的行为。

"枉法裁决"接近于美国司法实践中的"明显漠视法律"（Manifest Disregard of the Law）。尽管"枉法裁决"这一术语的并没有被定义或界定过，但是可以确认的是它不仅仅单纯指代仲裁员对法律的错解或误解。从字面上理解，"枉法"暗示着仲裁员了解法律法规的存在，但是仍然决定忽视或者不加以注意，具有主观上的意图。基于这样的分析，"枉法裁决"表明仲裁员故意错误适用法律、曲解法律法规的行为。

《仲裁法》没有列举除"索贿受贿""徇私舞弊""枉法裁决"行为之外的不当行为。但是，可以想象，"枉法裁决行为"可以宽泛到覆盖所有的仲裁员的不合适的行为。比如，仲裁员未遵守其公正义务、欺诈、不当行为和明显不公。根据《仲裁法》第 34 条和第 38 条的规定，仲裁员私自会见当事人、代理人，或者接受当事人、代理人的请客送礼的，并且情节严重的，仲裁委员会应当将其除名。显然，这些行为也可以视为"枉法裁决"的行为。

关于仲裁员不当行为的举证责任应由提出此类主张的当事一方承担。提出该理由的当事人必须证明仲裁员在审理本案件的过程中有上述行为。当事人应当有清楚和具有说服力的证据表明仲裁员的上述行为的存在。

当事人是否应当证明仲裁员的这些行为影响了仲裁裁决的结果？换言之，当事人是否应当说明仲裁员的行为与被提起异议的仲裁结果之间存在着必然的联系？对于这个问题，《仲裁法》和最高人民法院没有作出说明。从以下的案例可以看出，法院会自行判断仲裁员的行为与仲裁裁决结果之间的关系。

一家深圳公司与韩国一家株式会社之间订立了甲苯购销合同，并于 1996 年 6 月向中国国际经济贸易仲裁委员会提出仲裁请求。在仲裁审理过程中，深圳公司对一仲裁员提出回避请求，理由是该仲裁员与韩国公司的仲裁代理人是师生关系。而仲裁委员会调查后发现，该仲裁员只是在该代理人读书期间教授过课程，没有其他证据可以证明仲裁员和该代理人之间存在着影响案件公正审理的利害关系，故作出了仲裁员不予回避的决定。1997 年 8 月，仲裁庭作出了终局裁决。深圳公司于同年 10 月向北京市第二中级人民法院申请撤销该裁决，并且提交了该仲裁员是韩国公司代理人研究生导师的证据。深圳公司指出：仲裁员是代理人的研究生导师是一种相当熟悉和范围极其狭隘的师生关系，足以影响仲裁员公正和独立地作出仲裁裁决，而仲裁委员会决定该仲裁员不回避使得仲裁庭的组成违反了法律和仲裁机构的仲裁规则。但是，法院认为该仲裁员与代理人之间的师生关系会影响仲裁公正地进行没有法律和事实的依据，深圳公司提出的撤销裁决之诉的理由不能成立，应予驳回。[①]

在这个案件中，法院认可当事人与仲裁员之间可以存在一定的关系，只要这样的关系不会影响仲裁程序的公正性。

法院已经在案件中表明，"裁决书（实际应为仲裁庭）是否存在错误推测、仲裁结果是否正确，均不属于《仲裁法》第 58 条规定的撤销国内仲裁裁决案件的审查范围"。[②]

[①]　中国国际商会仲裁研究所：《典型国际经贸仲裁案例的评析》，法律出版社 1996 年版，第 543—544 页。

[②]　北京金桥投资有限公司等与益硕控股有限公司等申请撤销仲裁裁决民事裁定书［北京市第四中级人民法院（2018）京 04 民特 23 号］。

2. 撤销涉外仲裁裁决的情形

中国法院撤销涉外仲裁裁决的理由与撤销国内仲裁裁决的理由并不相同。这是因为《仲裁法》第七章"涉外仲裁的特别规定"将当事人提出的撤销涉外仲裁裁决的理由指向了《民事诉讼法》第 274 条规定的法院拒绝承认和执行涉外仲裁机构作出的裁决的理由。经该法所援引的《民事诉讼法》第 274 条第 1 款规定的可以撤销裁决的情形包括以下几类。

（1）当事人在合同中没有订有仲裁条款或者事后没有达成书面仲裁协议的；

（2）被申请人没有得到指定仲裁员或者进行仲裁程序的通知，或者由于其他不属于被申请人负责的原因未能陈述意见的；

（3）仲裁庭的组成或者仲裁的程序与仲裁规则不符的；

（4）裁决的事项不属于仲裁协议的范围或者仲裁机构无权仲裁的。

必须指出，涉外仲裁裁决的当事人在提出撤销裁决之诉时，必须就民事诉讼法第 274 条规定的条件收集证据，加以证明，而非《仲裁法》第 58 条规定的条件。

3. 撤销仲裁裁决的情形之比较

与法院撤销国内仲裁裁决的理由相比，撤销涉外仲裁裁决有以下几点值得注意。

（1）上述涉及两类仲裁的可撤销裁决的情形有部分相同或类似，例如关于没有仲裁协议、裁决的事项不属于仲裁协议的范围或者仲裁机构无权仲裁的、仲裁庭的组成或者仲裁程序不符合法定程序（仲裁规则）的。此外，两者的本质区别在于，国内仲裁包含了事实的认定问题，即法院可以基于实体问题的缺陷撤销仲裁裁决，而涉外仲裁中并不能审查事实问题。法院合议庭可以根据裁决所根据的证据是伪造的或者对方当事人隐瞒了足以影响公正裁决的证据或者仲裁员在仲裁该案有索贿受贿、徇私舞弊、枉法裁决行为的三个理由撤销国内仲裁。但是，法院不能根据这三个理由撤销涉外仲裁机构作出的仲裁裁决。此外，可撤销国内仲裁裁决的情形之一牵涉仲裁员的道德问题在涉外仲裁中并不包含在内。毫无疑问，法律减少撤销涉外裁决的理由反映了避免干预涉外仲裁的倾向，代表了国际商事仲裁的趋势，在客观上增强了涉外仲裁裁决效力的可预见性。同时，由于法院干预涉外仲裁的可能性的减小，涉外仲裁机构在证据收集、确认和仲裁员行为操守方面的要求也必须相应提高，从而有效保证了仲裁机构的良好运作和断案能力，保护当事人的合法权益。

上述这些情形都必须由当事人举证证明，人民法院只能根据当事人所举证的特定情形判断该情形是否成立，进而作出撤销与否的裁定。换言之，若当事人基于没有仲裁协议而提出要求撤销裁决的，法院经审查核实认为存在有效的仲裁协议，就必须作出驳回请求的裁定，而不能再就当事人未提及的诸如仲裁庭组成等其他情形进行审查。尤其是对于涉外仲裁裁决的撤销，法律仅规定可以对程序问题进行审查，法院不得先就实体问题进行审查，若认为实体问题（事实和法律适用）与法院的看法不一致，再倒过来寻找仲裁程序方面的是否存在瑕疵，继而撤销裁决。

（2）关于没有仲裁协议作为撤销裁决之理由。严格地讲，这一规定并不科学，不存在仲裁协议与仲裁协议无效为两个并不完全等同的概念。按照现行法律规定，可理解为凡是存在仲裁协议，该仲裁协议即为有效之仲裁协议。可是根据《仲裁法》第 17 条和第 18 条规定，在 5 种情况下所订立的仲裁协议无效。无论是撤销裁决抑或要求法院拒绝执行裁决，当事人举证证明没有仲裁协议与仲裁协议无效，其举证责任的负担是不同的。若要证明没有仲裁协议，提出撤销裁决的申请人一方不必（也不可能）证明一样并不存在的东西，故应由声称存在仲裁协议的一方当事人负举证之责，这就是举证责任的转移。反之，要证明仲裁协议无效，应由提出撤销裁决之一方当事人证明该项仲裁协议的订立存在《仲裁法》第 17 条或第 18 条所规定的情形之一，即当事人无行为能力、仲裁协议是通过胁迫手段达成的、仲裁协议未约定仲裁委员会，等等，因这些情形致使仲裁协议归于无效，基于此仲裁协议所作出的仲裁裁决应予撤销。

（3）与《国际商事仲裁示范法》第 34 条第 2 款设定的撤销裁决理由相比，中国法律撤销涉外裁决的理由有特殊之处。例如，《民事诉讼法》第 274 条第 1 款第 4 项规定的"仲裁机构无权仲裁的"事项。关于裁决的事项超越仲裁协议或者仲裁机构无权仲裁，属于仲裁庭超越权限以及争议事项的可仲裁性问题。尽管这两种情形都是仲裁庭审理了本不该审理的事项，但是两者的性质截然不同：裁决事项超出仲裁协议的范围，其性质是仲裁庭所审理的事项与国家法律法规不悖，但是当事人并未以仲裁协议方式授权仲裁庭处理这些争议。例如，当事人将中外合资企业合同争议提交仲裁庭解决，但是仲裁庭审理了不属于合资合同争议的知识产权争议并作出裁决，显然属于超越了当事人的仲裁协议的范围。换言之，这是仲裁庭的越权行为。仲裁庭审理了仲裁机构无权仲裁的争议，属于违反国家强行法的行为。我国《仲裁法》第 3 条规定了涉及婚姻、收养、监护、扶养、继承纠纷以及应由行政机关处理的行政案件不能仲裁，若仲裁庭审理了此类争议，便违反了国家的法律而导致裁决的无效。这样，在越权审理的情况下，依照联合国国际贸易法委员会《国际商事仲裁示范法》以及其他一些国家法律的规定，假如裁决事项可以相分离，应予以撤销的仅是超越仲裁协议范围所作出的部分裁决，并非整个裁决；而在后者的情况下，因裁决与强行规定相抵触，整个仲裁裁决归于无效，故应撤销整个裁决。正因此缘故，关于仲裁机构无权仲裁的情形，各国法律都规定应由法院来认定而非当事人的举证。我国法律将其列为由当事人举证的情形似有不妥之处。

此外，《仲裁法》也没有将仲裁协议当事人的行为能力作为撤销裁决的理由。这会在具体适用上发生一定的问题。如果一方当事人以在其本国行为能力的缺陷而主张裁决无效，作为一向维护协议有效性的中国法院会采取何种态度就成为一个未知数。

另一个突出的问题是《仲裁法》也没有规定在仲裁裁决可分割的情况下，法院能否只撤销无效的裁决而应仍然保持有效的部分裁决。关于这个问题，《国际商事仲裁示范法》其实早已有了定论。

（4）关于仲裁庭的组成违反法定程序（仲裁规则），即强制性规则在这两种仲裁裁决的撤销程序中扮演了不同的角色。《仲裁法》将"仲裁庭的组成或者仲裁的程序违反法定程序的"作为撤销国内仲裁裁决的理由；而《民事诉讼法》规定的相关理由是"仲裁庭的组成或者仲裁的程序与仲裁规则不符的"。显而易见，在国内仲裁活动中，仲裁程序必须适用《仲裁法》设定的"法定程序"，否则完全可能构成撤销仲裁裁决的依据。但是，在涉外商事仲裁中，不遵守强制性程序并不必然地导致涉外仲裁裁决的撤销；相反，仲裁庭不遵守仲裁机构规则却可能导致裁决的撤销。这说明在涉外仲裁过程中，涉外仲裁机构拥有更大的自主权。

法院在具体审理撤销涉外裁决之诉时，主要依照仲裁规则判断仲裁庭是否违反了程序性规则。这可以在下列案件中得到说明。

1994 年 2 月，粤商发展有限公司（简称粤商）经柏康公司介绍与粤海企业（巴黎）有限公司（简称粤海）在香港签订了一份冷轧钢板的销售合同。该合同约定：粤海向粤商销售 4 859.5 吨冷轧钢板，价格条件为中国黄埔 297 美元/吨，总额为 1 443 271.5 美元，付款条件为买方在卖方向买方提交装船单证日起 50 天内将货款回到卖方指定账户，逾期计付利息。

1994 年 3 月 24 日，粤商在粤海送来的要求确认收到合同项下的全套正本单据的确认书上签字盖章。粤海先后收到三笔由他人支付的合同项下货款。但是，粤商尚未结清 988 626.26 美元。粤海于 1995 年 11 月向中国国际经济贸易仲裁委员会申请仲裁，要求申请人向其支付尚未结清的货款和利息，并负担仲裁费。

1995 年 11 月 15 日，中国国际经济贸易仲裁委员会深圳分会受理了仲裁案件。1999 年 12 月 18 日组成仲裁庭。1996 年 2 月 15 日和 1996 年 7 月 8 日，仲裁庭两次开庭审理。粤商公司曾经三次书面申请要求仲裁庭对本案进行调查取证，但是均未被采纳。1996 年 9 月 13 日，粤商向仲裁庭提出延长审理期限的申请。而仲裁庭答复：粤商向仲裁庭提出延长审理期限的日期超过了仲裁庭规定的提交补充材料的期限，仲裁庭已经就此案作出裁决，裁决书正在打印之中，对于粤商的请求不予考虑，并作出 96 深仲结字第 99 号裁决，要求粤商公司缴清欠款并支付利息，同时承担仲裁费用。

粤商向深圳市中级人民法院提出了撤销裁决之诉。其理由是：仲裁庭在裁决前没有给予其充分陈述案情及意见的机会，在取证方面处于非常不利的地位。在粤商多次要求仲裁庭调查取证、保全证据和延期审理的情况下，仲裁庭仍然拒绝延期审理要求。这些都违反了仲裁规则的具体规定。

法院在审理过程中认为，仲裁委员会在受理了仲裁申请后，依据当时的（1995 年）仲裁规则组成仲裁庭并审理了案件。《仲裁规则》第 38 条规定：当事人应当对其申诉、答辩和反诉所依据的事实提出证据。当事人必须对自己提出的主张或请求提出相应的证据，否则应当承担败诉的法律责任。第 38 条同时又规定：仲裁庭认为必要的，可以自行调查事实、收集证据。法院以此认定：对事实的举证责任首先在当事人。当事人举证困难的，仲裁庭认为必要的才自行收集和调查证据。但是，仲裁庭不一定必须收集证据。关于延期审理，《仲裁规则》第 33 条规定：当事人有正当理由的可以申请延期，但必须在开庭前 12 天以书面的方式向秘书局提出。从本案仲裁庭的审理情况看，仲裁庭于 1996 年 2 月 5 日和 1996 年 7 月 8 日两次开庭，应当认为已经给予双方当事人充分的陈述意见的机会。而粤商在 1996 年 9 月 13 日再次向仲裁庭提出延期审理的要求是不符合仲裁规则要求的。仲裁庭拒绝延期审理并且作出裁决是合法的。根据这些分析，法院最后认定粤商以仲裁庭在裁决前未给予其充分陈述案情及意见的机会为由，申请撤销裁决的请求不能成立。

从法院审理该撤销裁决之诉案件的情况看，法院充分考虑了仲裁规则的具体规定，并且将审理案件的情况与此作比较，判断仲裁庭的仲裁程序是否合适和合法。但是，法院在撤销仲裁裁决案件中具体实践"仲裁庭的组成或者仲裁的程序与仲裁规则不符"的原则时亦存在着过于严格执行和解释的倾向。这可以在下面的案件中得到说明。①

海中宝水产贸易有限公司（简称海中宝公司）与香港通恒（亚洲）有限公司（简称通恒公司）于 1995 年 8 月签订了"中国深圳对外贸易货物进口合同"，合同约定通恒公司向海中宝公司提供鱼货。合同履行过程中，海中宝公司以通恒公司提供的鱼货与合同样品不符为由，根据进口合同中的仲裁条款，向中国国际经济贸易仲裁委员会深圳分会提出仲裁请求，要求通恒公司退还合同定金并且赔偿损失。在仲裁程序进行过程中，海中宝公司申请财产保全，广州中级人民法院将通恒公司提交的鱼货作为样品封存于海中宝公司内。

由于双方的争议主要集中在通恒公司供应的鱼货是否与合同约定的相符，仲裁庭决定委托一鉴定机构对货物进行鉴定。秘书处于 1996 年 3 月 26 日将仲裁庭的这个决定书面通知双方当事人："根据双方意见，仲裁庭决定送检的冷冻鱼以广州中级人民法院封存的通恒公司提交的鱼货为准，并由专家出具鉴定报告书。"仲裁庭同时决定由东海研究所鉴定鱼货，并且为了保证鉴定的公正性而未向双方当事人提及鉴定单位。

在海中宝公司将广州中级人民法院封存的通恒公司所交的鱼货提交给负责此事的仲裁员时，通恒公司为了防止海中宝公司调换样品而另行向仲

---

① 中国国际私法学会、武汉大学国际法研究所：《中国国际私法与比较法年刊》(1998)，法律出版社 1998 年版，第 451—453 页。

裁员提交了一包鱼货。该仲裁员认为双方提供的鱼货有很大的区别，因此，自行决定将两包鱼货一同交付鉴定。东海研究所对两包鱼货同时进行了检查，得出了相同的鉴定结论。

仲裁庭根据鉴定结论于 1996 年 11 月作出了不利于海中宝公司的仲裁裁决。海中宝公司向深圳中级人民法院提出撤销裁决之诉。其理由是，仲裁庭决定将广州中级人民法院封存的货物进行鉴定，但仲裁员却自行将通恒公司提供的货物连同法院封存的货物一起交给鉴定机构进行鉴定，从而违反了仲裁程序。深圳中级人民法院认定：仲裁庭已经书面决定根据当事人的意见将广州中级人民法院封存的鱼货委托给东海研究所进行鉴定。但负责此事的仲裁员在送检时却改变仲裁庭的决定私自将通恒公司提交的货物一起交付鉴定，违反了法律规定。根据《民事诉讼法》第 260 条第 1 款第 3 项、《仲裁法》第 58 条第 1 款第 3 项和第 70 条的规定，裁定撤销深圳分会的仲裁裁决。①

从本案的实际情况看，仲裁员根据仲裁庭的决定在将广州中级人民法院封存的货物交付鉴定的同时，还接受了通恒公司提供的货物并且一起送交鉴定。从程序上看，仲裁员的做法的确与仲裁庭的决定不相一致。

但是，有以下几点值得讨论。首先，仲裁员的做法在当时的情况下可以理解。从仲裁员的角度看，由于不是专业人士，因此很难确定两件货物的差别。为了稳妥起见而将两件货物同时交付鉴定。第二，鉴定机关对两件货物的鉴定结论是一致的。第三，仲裁庭最后作出仲裁裁决的依据是鉴定机关对不同货物相同结论。换言之，仲裁庭并没有只依据通恒公司提供货物的鉴定结论作出裁决。这样，仲裁裁决的依据是合法的。第四，仲裁员对送交鉴定的货物作出不是实质性的更改并没有影响裁决和整个程序的不公正。鉴于这样的分析和理解，受理仲裁裁决撤销之诉的法院最后作出撤销裁决的决定是不妥当的。法院对法律的认识不全面。特别需要指出的是，法院撤销裁决的依据除了《民事诉讼法》第 260 条之外，还有《仲裁法》第 58 条。由于《仲裁法》第七章"涉外仲裁的特别规定"将涉外仲裁从仲裁体系中划分出来，因此，《仲裁法》第 58 条规定的撤销仲裁裁决的条件应该仅适用于国内仲裁裁决。显然，法院在适用法律上有误。

---

① 此处为当时法院撤销仲裁庭裁决依据，现已变为《民事诉讼法》第 274 条。

　　《仲裁法》第 31 条、第 32 条规定，组成仲裁庭的仲裁员，应当由当事人选定或者委托仲裁委员会主任指定，除非当事人不按照仲裁规则之规定选定仲裁员。这是当事人的根本权利和自愿仲裁的体现，也是当事人之所以信任仲裁制度的基础之一。如果组成仲裁庭的仲裁员不符合法律规定或者仲裁规则的规定，就动摇了仲裁制度的基础，理应予以撤销。

　　涉外仲裁裁决撤销的理由在程序性问题上更加明确。《民事诉讼法》不仅列举了"仲裁庭的组成或者仲裁的程序与仲裁规则不符的"情形，而且还规定了"被申请人没有得到指定仲裁员或者进行仲裁程序的通知，或者由于其他不属于被申请人负责的原因未能陈述意见的"诸多情况。而后一项规定充分保护了当事人被"合理通知"的权利，有利于维护当事人的程序公平。而涉及仲裁程序违反法定程序（仲裁规则）以及第 274 条第 1 款第 3 项所规定的情形，均属于仲裁违反了正当程序原则。正当程序是诉讼和仲裁均须严格遵循的原则，仲裁程序的开始、仲裁庭的组成、仲裁文件的送达、证据的取得方式及质证、裁决作出的期限、裁决的形式要件等都必须严格依据仲裁规则行事。我国司法制度"重实体，轻程序"的观念根深蒂固，民事审判不依诉讼法的现象比比皆是。例如，我国司法实践中判决书不需要附具理由，也从未有人提出过异议。可是，仲裁裁决书不附具理由就构成仲裁程序不当，法院可以撤销裁决。假如由不附具理由的法院裁定来撤销不附理由的裁决，未免具有讽刺意味。所以，为了依法行使法律所赋予的司法监督权，当前我国特别应该关注的是法院如何从中国涉外仲裁制度中，借鉴严格遵守仲裁规则的做法和态度。因为涉外仲裁裁决不仅要受到中国法院的司法监督，更重要的是其中相当部分要到国外申请承认及执行，世界上 100 多个国家的法律或《纽约公约》都规定仅对裁决进行程序事项的审查，而一些法制健全的国家对于正当程序的要求比我国高得多。当然，就我国涉外仲裁机构而言，也必须进一步学习和参考其他国际仲裁机构的经验，特别关注证据规则等程序问题，以提高仲裁的质量。

　　另外，实质性审查问题也值得关注。中国《仲裁法》和《民事诉讼法》是否赋予了法院对涉外仲裁裁决进行实质性审查。根据《仲裁法》第 70 条的规定，当事人提出证据证明涉外仲裁裁决有《民事诉讼法》第 258 条（现为第 274 条）第 1 款规定情形之一的，人民法院合议庭可以撤销裁决。而《民事诉讼法》第 274 条第 1 款仅仅列举了四个程序性原因，"社会公共利益"条款出现在第 274 条第 2 款。因此，法院在受理涉外仲裁裁决撤销之诉案件时只能对第 274 条第 1 款所列举的四项程序性理由进行审查，也就是进行程序性审查。

国家司法机构对仲裁裁决施加控制的程度和范围，即控制仲裁裁决法律效力的法律依据以及对国际和国内仲裁裁决的区别对待是仲裁理论和实务中经常发生争论的焦点。就控制范围看，中国仲裁法律采纳了各国通常的做法，即对国内仲裁采取更加严格的控制，将对裁决进行审查的事项从程序性扩大到实质性；而在涉外仲裁裁决撤销理由中没有列举"社会公共利益"一项，有效地避免了法院对涉外裁决进行实质性审查。

这里还需澄清的另外一个重要问题是，国内仲裁机构受理的具有涉外因素的仲裁案件的仲裁裁决的撤销是否适用《民事诉讼法》规定的理由，抑或适用《仲裁法》规定的理由。《仲裁法》第七章"涉外仲裁的特别规定"第 65 条指出：涉外经济贸易、运输和海事中发生的纠纷的仲裁，适用本章规定。本章没有规定的，适用本法其他有关规定。

《仲裁法》第七章继而规定：当事人提出证据证明涉外仲裁裁决有《民事诉讼法》第 274 条第 1 款规定的情形之一的，经人民法院组成合议庭审查核实，裁定撤销。由于国内仲裁机构也能够受理涉外案件，因此，涉外仲裁裁决除了由涉外仲裁机构作出外，亦有可能是由国内仲裁机构作出的。

笔者的结论是，涉外仲裁裁决主要取决于纠纷的涉外性，而不取决于受理仲裁案件的仲裁机构的涉外性。国内仲裁机构作出的涉外仲裁裁决的撤销理由应当适用《民事诉讼法》的规定。

（二）由法院认定的撤销仲裁裁决的情形

对于国内仲裁裁决，《仲裁法》第 58 条第 3 款规定："人民法院认定该裁决违背社会公共利益的，应当裁定撤销。"这一规定授权法院，若经过审查后认为裁决违背了我国的社会公共利益，可以基于本身的认定，裁定撤销裁决。"社会公共利益"原则，即公共政策（或称"公共秩序"）要求仲裁裁决与中国法律制度的基本原则相一致。

中国很早就有关于公共政策的立法。1985 年颁布的《涉外经济合同法》第 4 条规定："订立合同，必须遵守中华人民共和国法律，并不得损害中华人民共和国的社会公共利益。"该法第 9 条规定："违反中华人民共和国法律或者社会公共利益的合同无效。"

1987 年生效的《民法通则》基本确立了"社会公共利益"的重要地位。其第 150 条规定："依照本章规定适用外国法律或者国际惯例的，不得违背中华人民共和国的社会公共利益。"

《民法通则》之后的法律和法规基本上沿袭了其确定的"社会公共利益"原则。例如，1991 年修订的《民事诉讼法》第 268 条规定："人民法院对申请或者请求承认和执行的外国法院作出的发生法律效力的判决、裁定，依照中华人民共和国缔结或者参加的国际条约，或者按照互惠原则进行审查后，认为不违反中华人民共和国法律的基本原则或者国家主权、安全、社会公共利益的，裁定承认其效力，需要执行的，发出执行令，依照本法的有关规定执行。违反中华人民共和国法律的基本原则或者国家主权、安全、社会公共利益的，不予承认和执行。"

但是，中国法律关于"社会公共利益"的规定非常特别。从《民法通则》的规定看，公共秩序制度高于国际惯例和法定适用的外国法律。然而，法律对"国际惯例"没有特别的解释，对"社会公共利益"高于"国际惯例"的标准也没有说明。

从《民法通则》和《民事诉讼法》的规定看，中国的"社会公共利益"主要适用客观标准，即以"社会公共利益"是否违反中华人民共和国法律为标准。

从《仲裁法》修订的过程来看，中国立法机构最后排除了法院对仲裁裁决进行实体审查的可能。这是因为《仲裁法》最后稿删除了"认定事实的主要证据不足的"和"适用法律有错误的"两条理由。但是《仲裁法》却仍然保留了"裁决违背社会公共利益的"理由。虽然《仲裁法》没有对法院具体适用公共政策标准以撤销仲裁裁决的方式作出规定，但是，中国法院通常会使用实体审查方式适用公共政策原则。为了判断仲裁员适用法律和分析法律是否违反或与公共政策冲突，法院会对仲裁裁决的是非曲直作实质性的审查。法院只有在认为仲裁裁决清楚地违反公共政策或者与之相互冲突或背离时，裁决才可能被撤销。

在判断仲裁裁决是否违反了公共政策时，法院会衡量仲裁裁决是否与法律制度的基本原则相冲突；如果执行裁决，维护当事人利益的法律措施是否与普遍接受的法律要求相冲突。无论如何，"公共秩序"原则的适用使一裁终局原则打了折扣。可以肯定的是，实质性审查制度在现代国际商事仲裁制度中已经成为没落的方式。

公共秩序是一个不断发展变化的概念。国际商事仲裁存在着国际公共秩序和国内公共秩序的差别。国际公共秩序的概念是由法国法发展而来的，并且体现在法国民事诉讼法中。法国法认识到存在着两个层次的公共秩序：国内公共秩序只关注本国的利益和风俗，而国际公共秩序的限制相对较少。但是，在本质上两者并没有很大的差异。在许多国家这两个概念是互相借用的。[①] 而且就仲裁而言，这种区分并没有太大的意义。唯一的实践作用是某些国内公共秩序的考虑会适当地让位于国际公共秩序。由于没有严格的国际公共秩序的定义，这样的实践作用也不能充分地体现。更困难的是，国际公共秩序本身就连对基本的道德问题的态度也是不明朗的。但是，从更加全球化的视角看，国际公共秩序的提出是对公共秩序概念的一个发展，对进一步推动国际商事仲裁有正面的意义。中国没有区分国际公共秩序和国内公共秩序的差别。

尽管在《民事诉讼法》第274条第2款也有同样"社会公共利益"的规定，但是在《仲裁法》第70条中并未引用《民事诉讼法》第274条第2款。这是否意味着我国法院对涉外仲裁裁决的司法审查时，不会依据"社会公共利益"作为撤销裁决的理由。若从法理的角度分析，答案显然是肯定的。因为《仲裁法》第58条仅对撤销国内仲裁裁决的情形作出规定，关于涉外仲裁裁决应予以撤销的情形是通过该法第70条援引《民事诉讼法》第274条第1款来解决的，法律并未引用《民事诉讼法》第274条第2款。在此条件下，《民事诉讼法》274条第2款的规定只能适用于不予执行涉外仲裁裁决，而不能适用于撤销裁决。

可是，若依据《仲裁法》第65条"涉外经济贸易、运输和海事中发生的纠纷的仲裁，适用本章规定（指第七章，下同）。本章没有规定的，适用本法其他有关规定。"似乎可以依据此条规定，在处理涉外仲裁裁决的

---

① "美国最高法院对谢克诉阿尔韦托-卡尔弗公司案的裁决"（The U. S. Supreme Court Decision in Scherk v. Alberto-Culver Co.），417 U. S. 506（1974）.

撤销时，适用第58条第3款的"社会公共利益"原则裁定撤销。不过，从立法技术分析，《仲裁法》留下如此之多的不确定问题，立法过于原则的弊端可见一斑，在今后的立法时确实有待改进。笔者认为，法院援用社会公共利益作为撤销裁决的理由必须慎之又慎。撤销程序由仲裁地法院行使管辖权，中国仲裁机构置于与中国法院同样的法律体制之下，很难设想中国的仲裁机构会作出违反中国公共秩序的裁决。我们更应该警惕的倒是当前较普遍存在的滥用社会公共利益原则作为保护当地商业利益的倾向，将一切与法院观点不同、当地企业不利的裁决一概视为违反社会公共利益。

在"李某、大庆大璞某文化传播有限公司诉邱某"一案中，申请人请求依法撤销大庆仲裁委员会（2017）庆仲（裁）字第442号仲裁裁决书。申请人指出，其与被申请人之间没有借款事实，被申请人设下"套路贷"陷阱，逼迫申请人就范。[①] 此外，被申请人隐瞒了足以影响公正裁决的证据，仲裁裁决应当撤销。黑龙江大庆市中级人民法院认为无法认定申请人向被申请人借款存在真实的客观基础，不排除申请人在违背真实意愿的情况下签订该借款合同的可能性。如确认该仲裁裁决并使其发生法律效力，可能将严重侵害申请人的合法权益，违背公平正义，损害社会公共利益。法院决定撤销仲裁裁决。对于本案纠纷，双方可以依据《仲裁法》第9条规定，重新达成仲裁协议进行仲裁，也可以向人民法院提起诉讼。黑龙江高级人民法院审核后，核准撤销仲裁裁决。[②]

社会公共利益关系全体社会成员的利益，为社会公众所享有，为整个社会发展存在所需，具有公共性和社会性，不同于合同当事人的利益。本案法院认定"如确认该仲裁裁决并使其发生法律效力，可能将严重侵害申请人的合法权益，违背公平正义，损害社会公共利益"，但是法院依据的是《仲裁法》第58条第1款第5项有关隐瞒证据的规定而撤销涉案仲裁裁决。此外，本案中，法院提到的"×××之间借贷关系的真实性"和"申请人向被申请人借款存在真实的客观基础"显然不是法院司法审查应予以审查的事项，法院在具体司法实践中明显有政治法律因素的考虑，将本案

---

① 本案是民间借贷纠纷。最高人民法院在2018年8月1日发布《关于依法妥善审理民间借贷案件的通知》要求各级法院在审理民间借贷案件时要加大对借贷事实和证据的审查力度，切实提高"套路贷"诈骗等犯罪行为的警觉，避免违法犯罪人员借助民事诉讼程序实现非法目的。

② （2018）黑06民特8号。

作为隐瞒证据的情形予以处理，法官有造法之嫌。

最高人民法院对公共利益的裁量是比较严格的，总体上采取的是有利于仲裁的司法态度。2008年7月25日，卡斯特公司就其与TCL公司之间的纠纷在新加坡提起仲裁。TCL公司作为被申请人参与了仲裁程序，并提出了反请求。2009年1月4日，TCL公司向广东省中山市中级法院提起确认仲裁条款无效之诉。2011年12月20日，中山市中级法院裁定所涉仲裁条款在中国法下无效。2010年12月23日和2011年1月27日，该案域外仲裁庭作出两份最终裁决。2011年4月15日，卡斯特公司向中山市中级法院提出承认和执行域外仲裁庭作出的两份最终裁决的请求。

2013年10月10日，最高人民法院在批复中认定："仲裁裁决的作出时间早于我国法院裁定的生效时间，况且TCL公司在仲裁程序中未提出仲裁条款无效的异议，反而向仲裁庭提出了反请求，仲裁庭据此确定仲裁条款效力与管辖权，符合仲裁地法律和仲裁规则，并不存在侵犯我国司法主权的情形；本案中，外国仲裁裁决和我国法院生效裁定对同一仲裁条款效力的认定虽然存在冲突，但尚不足以构成违反我国公共政策的情形。"

2011年5月20日，浩普公司率先向法院就实体纠纷提起诉讼，瑞士魏克控股有限公司以存在仲裁条款为由提出管辖权异议。2012年3月30日，江苏省泰州市中级法院认定该仲裁条款无效，并将协议无效的认定情况通过邮寄的方式通知国际商会仲裁院。2012年8月17日，瑞士魏克控股有限公司提出上诉。2012年12月11日，江苏省高级法院裁定案涉仲裁条款无效，案件正式进入实体审理阶段。2015年4月15日和2015年6月16日，江苏省高级法院就实体争议两次开庭审理，并于2016年4月26日作出一审判决。

2011年11月4日，国际商会仲裁院接受瑞士魏克控股有限公司提出的仲裁申请，并于2012年1月12日依据当时有效的《国际商会仲裁规则》第14条第1款确定仲裁地为我国香港地区。2012年11月2日作出了中间裁决，认定仲裁协议有效。2014年7月18日，国际商会仲裁院作出终局裁决，并于11月27日作出终局补充裁决，裁决浩普公司承担一系列责任。2014年12月9日，瑞士魏克控股有限公司向泰州市中级法院申请承认和执行国际商会仲裁裁决。

2016年3月22日，最高人民法院在批复中认定：（中国内地法院）

于 2012 年 12 月 11 日作出（2012）苏商外辖终字第 0012 号民事裁定，认定涉案仲裁条款无效，该裁定已经发生法律效力。涉案仲裁裁决是仲裁员在认定涉案仲裁条款有效的前提下作出的，在内地执行该仲裁裁决将与人民法院的上述生效裁定相冲突，违反内地社会公共利益，人民法院可根据相关规定裁定不予执行涉案仲裁裁决。

最高人民法院在卡斯特案的批复中提到了四点考虑的因素：① 仲裁裁决的作出时间早于内地法院裁定的生效时间；② TCL 公司在仲裁程序中未提出仲裁条款无效的异议；③ TCL 公司向仲裁庭提出了反请求；④ 仲裁庭据此确定仲裁条款效力与管辖权，符合仲裁地法律和仲裁规则。此外，最高法院高晓力法官在学术论文中谈及最高法院在作出卡斯特案批复时的考量，最高法院考虑到在拒绝承认和执行外国仲裁裁决的阶段对仲裁协议效力的认定没有法院地法适用余地，又考虑中国法院作出认定仲裁协议无效的裁定在仲裁裁决作出之后，因而认为该案所涉仲裁裁决不构成违反中国公共政策的情形。

最高人民法院在浩普投资案批复中主要提到两点因素：① 内地法院认定仲裁条款无效早于域外仲裁裁决的作出；② 涉案仲裁裁决是仲裁员在认定涉案仲裁条款有效的前提下作出的，在内地执行该仲裁裁决将与内地法院的生效裁定相冲突。

在卡斯特案中，中山市中级法院于 2011 年 12 月 20 日在确认仲裁协议效力程序中裁定所涉仲裁条款在内地法下无效。此时，TCL 公司可能在另案中向有管辖权的内地法院就实体争议诉讼。但是，该案域外仲裁庭早在 2010 年 12 月 23 日和 2011 年 1 月 27 日已经作出两份最终裁决，且承认与执行程序也在 2011 年 4 月 15 日由中山市中级法院审理。也就是说，中山市中级法院审理承认和执行该案域外仲裁裁决时，内地法院审理的确认仲裁协议效力程序都还未审结，更谈不上审理实体争议。

浩普投资案则与卡斯特案大不相同。首先，泰州市中级法院直接受理的是当事人之间的实体争议，其对仲裁条款效力的审理是在管辖异议程序中附带进行的。其次，泰州市中级法院先于国际商会裁定仲裁条款无效，确认了其在 2011 年 5 月受理该实体争议的管辖权，并将裁定结果正式通知了国际商会仲裁院。再次，2014 年 12 月 9 日，瑞士魏克控股有限公司向泰州市中级法院申请承认和执行国际商会仲裁裁决时，江苏省高级法院已经正式审理案件实体争议近两年时间（自 2012 年 12 月 11 日江苏省高级法院裁定仲裁条款无效时起算），并在瑞士魏克控股有限公司申请的承认和执行程序审查期间完成开庭审理，案件辩论终结（2015 年 6 月 16 日，江苏省高级法院进行最后一次开庭审理）。

在浩普投资案中，域外仲裁庭不仅晚于内地法院受理案件，也晚于内地法院就仲裁条款的效力作出认定，更在收到内地法院关于仲裁条款认定无效的正式通知后仍然继续推进仲裁程序，甚至没有信息表明仲裁庭就此问题给予当事人充分陈述的机会，并就此问题作出一个正式决定（如果有正式决定，当事人一般在仲裁地法律下可能有救济的程序）。从国际礼让原则的角度来看，该案中的域外仲裁庭没有对内地法院进行礼让，内地法院裁定不予承认和执行该域外仲裁裁决在一定意义上是对等的。

如果内地法院已经依法就实体争议作出判决，而域外仲裁裁决的内容与内地法院判决冲突，则可以在明确认定相关域外仲裁裁决与内地法院生效裁判既判力相冲突的基础上，援引公共利益条款拒绝承认和执行域外仲裁裁决中相冲突的部分。这也是永宁制药案体现的中国法院的司法立场。

永宁公司在 2002 年 8 月 6 日向济南中院起诉某合资公司。某合资公司对法院管辖权提出异议，主张有关争议提交国际商会仲裁解决。济南市中级法院审查认为，永宁公司所诉纠纷适用合资合同中的仲裁条款，故裁定驳回管辖异议。诉讼中，永宁公司向法院申请财产保全并获得准许。2003 年 4 月 9 日，济南市中级法院判决支持了永宁公司的诉讼请求，同年 7 月 23 日，山东省高级法院作出终审判决，维持了一审判决。此外，在 2003—2005 年，永宁公司和某合资公司的多项实体争议均进入济南市中级法院的诉讼程序中，且结果均为永宁公司胜诉。2004 年 9 月 3 日，某合资公司一方向国际商会仲裁院提出仲裁，之后获得胜诉裁决。

最高法院在 2008 年 6 月 2 日的批复中认定："在中国有关法院就济南永宁制药股份有限公司与合资公司济南—海慕法姆制药有限公司之间的租赁合同纠纷裁定对合资公司的财产进行保全并作出判决的情况下，国际商会仲裁院再对济南永宁制药股份有限公司与合资公司济南—海慕法姆制药有限公司之间的租赁合同纠纷进行审理并裁决，侵犯了中国的司法主权和中国法院的司法管辖权。"

尽管最高人民法院在永宁制药案中使用的语词是"侵犯了中国的司法

主权和中国法院的司法管辖权"，但这里的"侵犯"可能和域外仲裁裁决与中国法院生效判决的既判力冲突。[①]

在永宁制药案中，内地法院已经就实体争议作出了生效判决，而域外仲裁庭之后依然作出与之相悖的仲裁裁决，无论是从既判力时间范围层面还是客观范围层面，域外仲裁裁决都与内地法院生效判决相冲突。因此，该案中最高法院的认定是一个运用既判力理论的典型案例。

四、撤销仲裁裁决的程序性规定

（一）有管辖权的法院

依据《仲裁法》第58条规定，当事人申请撤销仲裁裁决，不论其为国内裁决抑或涉外裁决都应该向仲裁机构所在地中级人民法院提出。这一规定是与世界各国关于撤销程序的受诉法院的规定是一致的。

我国法院接收当事人的申请后，应当组成合议庭审查核实，不能采用独任制，适用简易程序。撤销仲裁裁决的请求应向有管辖权的法院提出的。一般而言，有管辖权的法院一般是仲裁机构所在地的法院。当事人向没有管辖权的法院提起撤销裁决之诉，人民法院不予受理。

对国内仲裁机构所作的仲裁裁决，当事人可以向仲裁委员会所在地的中级人民法院申请撤销裁决。因为《仲裁法》第58条要求仲裁委员会加盖仲裁机构的印章，所以决定仲裁机构所在地并不是一件困难的事情。问题是，仲裁委员会在必要时将仲裁地点由仲裁委员会所在地改为仲裁委员会所在地之外的其他地点进行仲裁时，如何确定对撤销裁决之诉有管辖权的法院。《仲裁法》和最高人民法院的司法解释对于这个问题没有明确的解释。如果严格依照《仲裁法》的规定，即使仲裁庭在不同于仲裁委员会所在地进行仲裁，当事人也应该在仲裁委员会所在地的中级人民法院提起撤销裁决之诉。

《仲裁法》将国内仲裁裁决的撤销与涉外仲裁裁决的撤销作区分处理。涉外仲裁裁决撤销规定在《仲裁法》的"涉外仲裁的特别规定"一章。

[①] 《最高人民法院对山东省高级人民法院关于不予承认和执行国际商会仲裁院仲裁裁决的请示的复函》（〔2008〕民四他字第11号），2008年6月2日。

《仲裁法》第70条规定：当事人提出证据证明涉外仲裁裁决有《民事诉讼法》第274条第1款规定的情形之一的，经人民法院组成合议庭审查核实，裁定撤销。但是，《民事诉讼法》第274条也没有规定人民法院的级别管辖问题。《民事诉讼法》第274条规定：对中华人民共和国涉外仲裁机构作出的裁决，被申请人提出证据证明仲裁裁决有下列情形之一的，经人民法院组成合议庭审查核实，裁定不予执行。实际上，《仲裁法》援引《民事诉讼法》的条款是当事人申请执行涉外裁决条件的条款。再反观《仲裁法》第70条，不难发现该条规定是涉外仲裁裁决撤销条件，而非级别管辖问题。因此，对涉外仲裁裁决撤销之诉有管辖权的法院仍然适用《仲裁法》的一般规定，即当事人应当向仲裁委员会所在地的中级人民法院提起撤销之诉。

由于中国涉外仲裁机构——中国国际经济贸易仲裁委员会有上海和深圳两分会，因此，涉外仲裁裁决撤销之诉管辖权法院的确定还会涉及仲裁机构分支机构的裁决。一般的做法是有管辖权的法院应该是仲裁委员会分会所在地的中级人民法院。

《纽约公约》第5条第1款第5项规定：裁决对各当事人尚无拘束力，或业经裁决地所在国或裁决所依据法律之国家之主管机关撤销或停止执行者，可拒绝承认及执行裁决。这表明《纽约公约》本身是认可仲裁裁决被仲裁地国之外的国家撤销的。中国《仲裁法》和仲裁实践没有这样的规定和做法。

（二）当事人和所需文件

由于申请撤销裁决是当事人采取的积极行动，因此，《仲裁法》及其他法律并没有对当事人提出申请的行为能力设定任何限制。无论是仲裁提起方或被提起方都可以申请撤销仲裁裁决。如果仲裁涉及多方当事人，任何一个当事人都可以单独提出撤销请求，也可以与同属一方的其他当事人共同提出申请。按照最高人民法院的意见，一方当事人向人民法院申请撤销裁决的，人民法院在审理时，应当将对方当事人列为被申请人。[①]

---

① 《最高人民法院关于审理当事人申请撤销仲裁裁决案件几个具体问题的批复》（法释〔1998〕16号）。

　　与承认和执行仲裁裁决程序不同，申请撤销裁决的举证责任是由申请方承担的。如果申请方提出的证据足以证明存在着一个或数个撤销裁决的理由，那么法院就可以撤销裁决而不论裁决所涉其他裁决方的意见或观点。

　　《仲裁法》没有详细规定提出撤销裁决的一方应当递交的法律文件。在实践中，当事人一般向法院递交下列文件。

　　（1）书面的撤销裁决的申请。在该申请中，当事人应注明各方的姓名、地址、法人代表和代理律师；请求的救济手段；撤销裁决的依据和证据以及当事人的签名和盖章。

　　（2）申请方申请撤销裁决的原件。

　　（3）申请人授权委托律师的书面授权书。

　　（4）一般来说，这些文件应该是中文的。

　　2019年3月，最高人民法院《关于适用〈中华人民共和国企业破产法〉若干问题的规定（三）》（简称《规定（三）》）首次以司法解释的方式规定破产管理人可以考虑以存在虚假仲裁为由向人民法院提出撤销仲裁裁决的申请。作为一项基本原则，《规定（三）》第7条要求破产管理人必须确认已经生效的法律文书确定的债权。生效的法律文书可作为民事执行的依据。生效的法律文书通常包括人民法院出具的判决书、裁定书、调解书，仲裁庭作出的仲裁裁决书、仲裁调解书，以及公证机关出具的公证债权文书等。[①] 作为前述原则的例外，破产管理人有权在特定情况下通过适当的途径，以适当的方式重新确定债权，其中包括：破产管理人有权决定就虚构债权债务而形成的仲裁裁决；向受理破产申请的人民法院申请撤销或者不予执行该仲裁裁决。

　　破产管理人是指在破产案件中，在法院的指挥和监督之下全面接管破产财产并负责对其进行保管、清理、估价、处理和分配的专门机构。《破产法》第13条规定："人民法院裁定受理破产申请的，应当同时指定管理

---

　　① 第7条规定："已经生效法律文书确定的债权，管理人应当予以确认。管理人认为债权人据以申报债权的生效法律文书确定的债权错误，或者有证据证明债权人与债务人恶意通过诉讼、仲裁或者公证机关赋予强制执行力公证文书的形式虚构债权债务的，应当依法通过审判监督程序向作出该判决、裁定、调解书的人民法院或者上一级人民法院申请撤销生效法律文书，或者向受理破产申请的人民法院申请撤销或者不予执行仲裁裁决、不予执行公证债权文书后，重新确定债权。"

人。"第 22 条规定："管理人由人民法院指定。"第 25 条列举了管理人履行职责的清单，其中包括接管债务人的财产、印章和账簿、文书等资料，调查债务人财产状况，管理和处分债务人的财产，代表债务人参加诉讼、仲裁或者其他法律程序等重要职责。破产管理人在破产案件的债权确认和财产分配中处于核心地位，扮演重要角色。

《仲裁法》第 9 条第 2 款规定："裁决被人民法院依法裁定撤销或者不予执行的，当事人就该纠纷可以根据双方重新达成的仲裁协议申请仲裁，也可以向人民法院起诉。"此款规定表明，仲裁裁决被撤销或被裁定不予执行后，就该仲裁裁决所涉及的纠纷而言，裁决内容和仲裁协议对当事人都失去了拘束力，当事人之间的债权债务关系又回到了仲裁前的原点，他们之间的债权债务纠纷需要重新确定或裁判。如果破产企业作为当事人一方的仲裁裁决被法院撤销，破产企业在该裁决下的债权债务也需要重新确定或裁判。破产管理人对破产企业的债权债务有审查、确认、追回、保全之责。若发现破产企业与债权人存在恶意串通、虚构债权债务并通过虚假仲裁来减损破产财产和损害其他利益攸关方利益的行为，出于正确履行职责的法定要求，破产管理人有必要采取措施予以制止或补救。

问题在于，如果破产管理人履行职责采取前述措施，它是以自己的名义还是以破产企业的名义向受理破产申请的人民法院申请撤销仲裁裁决？《仲裁法》第 58 条（国内仲裁）和第 70 条（涉外仲裁）都规定"可以"向法院提出撤销仲裁裁决申请的是"当事人"，即受仲裁协议约束的仲裁程序参与方。未参加仲裁程序的案外人是否"可以"向法院提出撤销仲裁裁决的申请，《仲裁法》没有规定。

如果破产管理人以破产企业的名义向法院提出撤销仲裁裁决的申请，则属于管理人在《破产法》第 25 条所述"诉讼"或"其他法律程序"中行使代表权，代表破产企业对其曾经参加过仲裁程序而获得的仲裁裁决提出效力性异议，请求法院裁定消灭该仲裁裁决的效力。在该撤销程序中，虽然破产管理人的意见与破产企业先前的造假恶意之间存在些许尴尬，但从程序正义来看，破产企业的撤裁申请还是符合《仲裁法》对适格"当事人"要求的。

如果破产管理人以自己的名义向法院提出撤销仲裁裁决的申请则存在着管理人是否具有独立的诉讼当事人资格问题。《破产法》似未赋予管理人此等资格。《规定（三）》第7条可否理解为最高人民法院允许管理人以自己的名义提出撤裁申请呢？该条规定，管理人有证据证明债权人与破产企业恶意通过仲裁的形式虚构债权债务的，应当提出撤裁申请。但对于管理人以谁的名义提出撤裁申请，该条没有进一步明确。因此，关于管理人能否以自己的名义提出撤裁申请的问题，仅凭此条规定尚无法确定。

撤销仲裁裁决构成对仲裁效力的否定，影响仲裁作为解决具体争议方式的效率和威信，因此，联合国贸法会和各国立法机关在设计仲裁裁决撤销制度时均持慎重、克制的态度。以联合国《国际商事仲裁示范法》为例，其第34条为当事人申请撤销仲裁裁决严格限定了条件：提出撤裁申请的应是仲裁当事人一方；当事人举证申请撤裁的情形必须是有限度的程序性事项；撤裁申请的提交受3个月除斥期间的限制。不过，在撤裁程序中，受理法院认为裁决违反公共政策的，可以主动依职权裁定撤销。

在撤销裁决问题上，我国现行《仲裁法》基本上与联合国示范法保持了一致。现行法律并未赋予案外人申请撤销仲裁裁决的权利，如果案外人申请撤销仲裁裁决，人民法院一般不会受理。最高人民法院《关于对崇正国际联盟集团有限公司申请撤销仲裁裁决人民法院应否受理的复函》（〔2001〕民立他字第36号）已经明确："《中华人民共和国仲裁法》第七十条规定的'当事人'是指仲裁案件的申请人或被申请人，崇正国际联盟集团有限公司并非V19990351号仲裁案件的申请人或被申请人，该公司不具备申请撤销该仲裁裁决的主体资格，故对该申请人民法院不予受理。"但是也有个别地方法院尝试另辟蹊径，悄然为案外人申请撤销仲裁裁决打开方便之门。例如，陕西省高级人民法院《关于审理涉及国内民商事仲裁案件若干问题的规定（试行）》[①] 第23条规定："案外人对仲裁裁决书、调解书确定的执行标的物主张权利，可以在知道或者应当知道仲裁裁决作出之日起3个月内，向仲裁机构所在地的中级人民法院申请撤销。"

对于虚假仲裁而言，即便不设立案外人申请撤销终裁裁决制度，人民法院在审理当事人撤裁申请或者执行申请时也可以采取主动，审查认定该仲裁裁决是否违反了社会公共利益而予以撤销或不予执行。虚假仲裁是当事人虚构债权债务关系并恶意利用仲裁之便达到损害他人或社会公共利益

---

① 陕高法〔2010〕374号。

目的的行为，该行为的实质与欺诈无异。现代仲裁法律制度对欺诈和虚假仲裁都可采取"零容忍"的态度，将欺诈和恶意造假行为纳入实体性公共政策的范围之内予以审查。从这个意义上讲，《规定（三）》第 7 条允许破产管理人在特定情况下（有证据证明存在虚假仲裁情况）以破产企业的名义向受理破产申请的法院提出撤销仲裁裁决申请，是值得肯定的。同理，案外人以存在虚假仲裁为由申请撤销仲裁裁决似有其现实合理性。

但是，如果进而对案外人申请撤销仲裁裁决的必要性做扩大理解，将仲裁程序是否违规、实体裁决是否存在瑕疵等情形也作为允许案外人申请撤裁的理由则与国际通行做法不符。

（三）申请期限及作出裁定期限

《仲裁法》第 59 条规定：当事人申请撤销仲裁裁决，应当自收到仲裁裁决书之日起 6 个月内提出。

撤销裁决之诉通常是紧迫的事情。我国《仲裁法》第 59 条只允许当事人在收到仲裁裁决之后的 6 个月内提出。如果仲裁庭在发出仲裁裁决之后又发出补充裁决或者是纠正裁决中错误的决定，那么 6 个月的期限可以从当事人收到补充裁决或者是纠正裁决错误的决定之日起起算。根据《仲裁法》第 60 条的规定，人民法院应当在受理撤销裁决申请之日起两个月内作出撤销裁决或者驳回申请的裁定。

当事人申请撤销仲裁裁决的期限是案件受理条件，而非案件裁判条件。案件受理条件是法院受理案件所需满足的要件，案件裁判条件则是当事人请求能否获得法院支持的要件，比如《仲裁法》第 58 条和《民事诉讼法》第 274 条规定的条件。案件受理之后，法院如果发现不符合受理条件或申请人的主张无法获得支持的，法院应裁定驳回申请。根据最高人民法院《关于审理仲裁司法审查案件若干问题的规定》第 7 条、8 条规定，法院应当裁定不予受理，已经受理的应当裁定驳回申请。如果当事人申请撤销仲裁裁决在收到裁决书 6 个月之后才提出撤裁申请，将不符合案件受理条件，法院应该根据案件具体情况作出是否受理的处理。

案件受理之后，法院发现不符合受理条件或者申请人的主张无法获得支持的，法院均应裁定驳回申请。根据《关于审理仲裁司法审查案件若干问题的规定》第 8 条，人民法院立案后发现不符合受理条件的，裁定驳回申请……当事人对驳回申请的裁定不服的，可以提起上诉。第 20 条规定：人民法院在仲裁司法审查案件中作出的裁定，除不予受理、驳回申请、管辖权异议的裁定外，一经送达即发生法律效力。当事人申请复议、提出上诉或者申请再审的，人民法院不予受理，但法律和司法解释另有规定的除外。从法条上理解，这两条规定中的驳回申请所指并不相同。前一条所指的是程序审查后驳回申请，后一条是实体审查后的驳回申请。前一种情况，法律允许当事人可以提起上诉，后一种情况人民法院对当事人申请复议、提起上诉或者申请再审不予受理。原因是仲裁司法审查属于特别程序，一裁终局，申请人无权向上一级法院提起上诉。

在撤裁案件中，因不符合案件受理条件被驳回申请的，当事人可以上诉。这在北京市第四中级人民法院受理的中联信诺投资基金管理（北京）有限公司（简称中联公司）诉应奕彬一案中得到印证。[①] 本案中，中联公司以北京仲裁委违反法定程序，未尽告知义务，只有中联公司没有收到包括仲裁通知和仲裁裁决书等任何法律文件，对被申请仲裁的情况毫不知情，未能参加任何法定程序为由，申请撤销仲裁裁决。法院查实，仲裁裁决于 2017 年 1 月 11 日邮寄，但是中联公司在 2018 年 5 月 9 日向法院递交撤销仲裁裁决申请书，超过 6 个月时限。中联公司关于撤销裁决的申请不符合法律规定的受理条件。

如果当事人在规定期限内没有向有管辖权的法院提起撤销裁决之诉，当事人就在事实上认可了裁决的法律效力，并且放弃了撤销裁决的权利。但是，败诉方仍然可以通过拒绝执行裁决的方式排除裁决的效力。

对于 6 个月的期限，有的学者认为这是"为了减少和正确解决当事人之间的纠纷，稳定社会经济秩序，促进社会主义经济建设"。[②] 但是只要对照一下本章前面所列各国法律规定的申请撤销的期限，并对照一下我国《仲裁法》第 59 条规定申请撤销的 6 个月期限，就可以发现我国的撤销裁决期限之长是与这一宗旨背道而驰的。不少国家所规定的期限是收到裁决书之日起 30 天甚至更短，我国的异议期使得裁决在长达 6 个月的期间处于不确定状态。

---

① （2018）京 04 民特 134 号。

② 全国人大常委会法制工作委员会民法室、中国国际经济贸易仲裁委员会秘书局：《中华人民共和国仲裁法全书》，法律出版社 1995 年版，第 58 页。

依照《仲裁法》第 60 条规定，法院应当在受理撤销裁决申请之日起两个月内作出撤销裁决或者驳回申请的裁定。这一期限属于法定期限，而且该法未规定法院可以延长该期限。换言之，如果法院作出撤销裁定或者驳回裁定的日期超过此期限，该项裁定就应属无效。从法律角度分析，对当事人提出申请的要求是在收到裁决书之日起的 6 个月内，逾期则丧失此项权利；对法院而言，要求法院作出裁定的期限是在受理申请之日起的两个月内，否则将使一方当事人遭受损失。所以，正如民事诉讼法同时约束当事人和法院在诉讼中所产生的关系一样，在撤销程序中，当事人和法院都必须同样受到约束。

（四）申请撤销裁决及裁定撤销裁决的法律效力

按照《仲裁法》第 64 条规定，一方当事人申请执行裁决，另一方当事人申请撤销裁决的，人民法院应当裁定中止执行程序。换言之，在两种程序并行时，撤销程序优越于执行程序。在实践中，即使执行程序发生于外国时亦然，因为对裁决的效力尚有疑问的裁决，受理执行申请的外国法院是不会予以执行的。例如，中国国际经济贸易仲裁委员会深圳分会在 1996 年作出一项裁决，胜诉方当事人依据《纽约公约》向香港高等法院申请执行败诉方财产。败诉方当事人随即向深圳市中级人民法院申请撤销裁决，深圳市中级人民法院受理申请后，作出中止执行的裁定，并寄送香港法院。香港法院依据《纽约公约》第 5 条第 1 款（5）项的规定，停止了执行程序，直至深圳法院作出驳回撤销裁决申请的裁定后，才恢复执行程序。①

如果裁决被法院裁定撤销，则该裁决归于无效，不但该裁决在中国或者其他国家无法执行，而且还导致当事人原签署之仲裁协议也失去效力，当事人不可能基于原仲裁协议再试图以仲裁方式解决纠纷。《仲裁法》第 9 条第 2 款明确规定，裁决被人民法院依法裁定不予执行的，当事人就该纠纷可以根据双方重新达成的仲裁协议申请仲裁，也可以向人民法院起诉，即原仲裁协议不可能作为新的仲裁程序的依据。

在撤裁案件中，因不符合案件受理条件被驳回申请的，当事人可以

---

① 郭晓文：《中国涉外仲裁裁决撤销制度中存在的问题及其立法完善》，载陈安：《国际经济法论丛》（第 1 卷），法律出版社 1998 年版，第 412 页。

上诉。

总而言之，中国法院所作出的撤销中国涉外仲裁机构裁决的裁定，可能产生域外效力，正是此缘故，我国法院对于当事人申请撤销裁决应谨慎行使。

（五）费用

最高人民法院在1998年发文要求法院按照非财产案件收费标准计受理撤销裁决之诉案件的费用。[①] 根据1989年最高人民法院发布的人民法院收费标准，法院受理非财产案件的费用是每件10—50元。[②] 此外，当事人也应当承担鉴定、公告、翻译所实际发生的费用。[③]

法院有权决定由哪方当事人承担程序费用。仲裁一方当事人向法院提出撤销裁决申请时，法院可要求申请方先支付费用。[④]

五、中国撤销仲裁裁决的实践及其评述

撤销仲裁裁决这一新程序的实际效果尚有待检验。不过，我国某些地方法院在审理当事人的撤销裁决申请时所作出的若干裁定，表明法律界和仲裁界在起草仲裁法过程中所表现出来的担忧并非杞人忧天。

自《仲裁法》于1995年9月1日生效至1997年11月，据中国国际经济贸易仲裁委员会秘书局不完全的统计，我国法院已经裁定撤销2项涉外裁决，裁定中止撤销程序、通知仲裁庭重新仲裁的涉外裁决有6件。[⑤] 如此之高的比例实为罕见。两件已裁定撤销的仲裁案均由中国国际经济贸易仲裁委员会深圳分会作出，由广东省深圳市中级人民法院裁定撤销的。由此引发了我国仲裁界和法律界人士就法院对待涉外仲裁的基本态度，以及法院是如何适用《仲裁法》和《民事诉讼法》处理撤销程序等一系列程序

---

① 《最高人民法院关于审理当事人申请撤销仲裁裁决案件几个具体问题的批复》（法释〔1998〕16号）。
② 最高人民法院《人民法院诉讼收费办法》第5条，1989年9月1日实施。
③ 最高人民法院《人民法院诉讼收费办法补充规定》第1条。
④ 《最高人民法院关于审理当事人申请撤销仲裁裁决案件几个具体问题的批复》（法释〔1998〕16号）。
⑤ 赵健：《关于撤销裁决程序的几个问题》，《仲裁与法律通讯》1998年第1期，第32页。

原则问题的广泛关注。为了彻底研讨我国撤销仲裁裁决制度的根本问题，以求清楚的答案，笔者不得不以较大篇幅来介绍案情及法院裁定的具体内容，并以此作为法理研究的基础。

（一）撤销涉外仲裁裁决实例

1993 年香港振裕染印织造有限公司（简称振裕公司）与广城印染有限公司（简称广城公司）签订《承包经营合同》，因发生争议，广城公司提请中国国际经济贸易仲裁委员会深圳分会仲裁，仲裁庭依多数意见于 1996 年 7 月 1 日作出有利于广城公司的裁决。败诉方振裕公司于 1996 年 8 月 7 日向深圳市中级法院提出撤销裁决的申请。其申请理由如下。

> 仲裁委员会在申请人未按规定预缴仲裁费的情况下，接受并审理其请求，既违反法律关于仲裁规则之规定，亦有失公允。仲裁申请人（广城公司）在仲裁过程中几经变更和增加仲裁请求，但仲裁委员会秘书处仅在其提起仲裁时预缴了人民币 785 481 元，此后并没有要求申请人补缴仲裁费。仲裁庭在手续不完备的情况下审理了申诉人（广城公司）增加的仲裁请求，并在裁决书中作出了裁决。这种情况违反了《仲裁法》第 76 条"当事人应当按照规定缴纳仲裁费用"的规定，并违反了《仲裁规则》第 14 条第 4 项的规定，即申诉人提出仲裁申请时应"按照仲裁委员会制定的仲裁费用表的规定预缴仲裁费"。[1]

深圳市中级法院于 1996 年 8 月受理了败诉方撤销裁决的申请，经过六个多月的审理，直至 1997 年 2 月 18 日作出裁定，采纳了撤销程序之申请人的前述理由，该裁定内容如下。

> 本院认为，申诉人向深圳分会提出仲裁申请时按请求数额缴纳了仲裁费。此后，申诉人数次变更仲裁请求，并明确增加请求数额共计

---

[1] 郭晓文：《中国涉外仲裁裁决撤销制度中存在的问题及其立法完善》，载陈安：《国际经济法论丛》（第 1 卷），法律出版社 1998 年版，第 419 页。

人民币 1 839.2 万元人民币。申诉人对增加的请求并未缴纳仲裁费，仲裁庭亦未责令其缴纳。根据《中华人民共和国仲裁法》、1994 年《仲裁规则》以及《仲裁委员会收费办法》的有关规定，仲裁庭对增加的请求依法不予审查，但该案仲裁庭却对此进行了审理并作出了裁决。此行为超出了仲裁申请的范围，申请人据此要求本院撤销该案仲裁裁决，符合法律规定，本院应予支持。……根据《中华人民共和国民事诉讼法》第 260 条第 1 款第 4 项、《中华人民共和国仲裁法》第 70 条的规定，拟裁定如下：撤销中国国际经济贸易仲裁委员会深圳分会〔96〕深国仲字第 54 号裁决。①

笔者认为深圳法院的此项撤销裁定或许仅是个案，然而"麻雀虽小，五脏齐全"，这一典型案例确实产生了对我国整个《仲裁法》的立法精神及原则、深圳法院处理本案的方式和裁定本身的法律依据进行研究的必要性。

（二）撤销仲裁裁决的若干程序性问题

1. 撤销程序是否存在相对人问题

在深圳中级法院审理香港振裕公司作为申请人所提起的撤销程序中，仅有申请人一方当事人，而没有被申请人作为程序中的相对人。从我国《仲裁法》的相关条款来看，也找不到有关相对人的规定。众所周知，在一般的民事诉讼中，当事人不服一审判决的上诉，尽管是针对法院判决而言，但在司法程序中则由一审程序的相对人作为上诉的相对人。然而，在法院对撤销仲裁裁决的案件进行审理时，却完全没有相对人，无论是仲裁委员会还是仲裁的另一方当事人都不是撤销程序的当事人，它们甚至不属于法定证人。受理申请的法院仅凭申请人之一面之词和单方面举证就可以作出裁定，失之偏颇也就在所难免。

同时，根据我国《民事诉讼法》规定，法院在诉讼中需认定的证据，必须经过当事人的质证，未经质证的证据不得予以采信。这是任何法治国家的基本诉讼原则。可是在撤销程序中因为没有相对人，就不必经过质证

---

① 深圳市中级人民法院（1997）深中法经二初字第 050 号民事裁定书。

环节。在撤销程序缺乏相对人的情况下，肯定对法院全面准确地认定事实真相和作出正确裁定产生了不可忽视的负面影响。这一立法上的疏忽必须通过法律修订予以修补。

2. 撤销程序的期限问题

《仲裁法》第 59 条和第 60 条分别规定了当事人申请撤销裁决的期限（收到裁决书之日起 6 个月）以及法院作出裁定的期限（受理申请后两个月）。法律上的期限并非仅针对当事人而言，诉讼法属于指导当事人和法院处理诉讼事宜的强行法范畴。当事人超过诉讼时效一天，就丧失了诉权或者胜诉权；在仲裁程序中，仲裁庭逾期作出裁决可以构成法院撤销该裁决的理由。既然如此，在法律非常明确规定了作出裁定的期限，而且法律未规定法院可以延长此期限的前提下，深圳市中级法院在逾期四个多月后再作出的裁定，其效力何在？通过深圳市中级法院的这项裁定，我国《仲裁法》规定的"人民法院应当在受理撤销裁决申请之日起两个月内作出撤销裁决或者驳回申请的裁定"也就形同虚设，成了一纸空文。

3. 撤销程序不当的司法救济问题

深圳市中级法院的逾期裁定撤销了有关的涉外仲裁裁决，然而对于仲裁的胜诉方当事人广城公司而言，因此项裁定对其实体权益的损失十分巨大，可是在现行的中国法律制度中，该方当事人却无法通过正常的法律程序寻求任何补救措施。其原因就在于，《仲裁法》未允许当事人对法院的裁定向上一级法院进行上诉。我国最高人民法院于 1997 年 4 月 23 日发布了《关于人民法院裁定撤销仲裁裁决或驳回当事人申请后能否上诉问题的批复》（法复〔1997〕5 号）明确规定，对法院作出的撤销裁决的裁定不得上诉。

基于现行仲裁法不允许在撤销程序中存在相对人，广城公司根本不属于撤销程序的当事人一方，也就与该裁定书毫无关系，根本没有理由就一份"与己无关"的法律文书提起其他诉讼程序。

《仲裁法》确立撤销裁决的程序是为了"有利于保护当事人的合法权益，减少仲裁工作中的失误"，可是，对于法院不当裁定造成当事人合法权益的损害，当事人却无法获得救济，显然有违立法者初衷。

假如我国法律引入撤销裁决程序的宗旨确如前文所述，那么必须明确的一点是：撤销裁决仅是在极端情况下予以适用的特殊司法手段，法院对仲裁行使司法监督权的基本点在于使仲裁得以解决当事人之间的纠纷，并通过相应的执行程序实现裁决规定的当事人的权利义务。正是基于这种考虑，一些国家为了维护仲裁的权威性，作了与我国截然相反的规定，凡是法院判决执行一项仲裁裁决，此项判决不得再上诉；反之，若法院驳回当事人强制执行裁决之申请，则允许当事人上诉。例如《德国民事诉讼法典》第 1042 条规定："对宣告裁决可执行的申请，无须初步口头听审即可以命令方式作出决定。……对宣告令可以提出异议，如提出异议，宣告裁决可执行的决议应由判决决定，该判决不得上诉。……对驳回强制执行令申请的决定，可立即提出上诉。"再如，《法国民事诉讼法典》第 1488、1489（处理国内仲裁）和 1504 条（处理国际仲裁）分别规定：给予执行许可的命令不得以任何方式上诉；拒绝给予执行许可的命令可在通知后一个月内上诉；国际仲裁中在法国作出的仲裁裁决可按第 1502 条规定的理由提起撤销之诉。执行该裁决的命令不得以任何方式上诉。[①] 两相对照，我国立法精神之差距一目了然。

世界各国司法制度对于民事诉讼都规定了至少两个审级，当事人不服法院的判决（裁定或者其他类似文件）有权上诉。各国立法之所以规定若干审级，就在于法院行使管辖权属于国家的强行管辖，法院不可能不出错，故必须通过上一级法院的上诉程序来纠正下一级法院的错误。现在我国法律却剥夺了当事人的上诉权，实际就意味着法院对仲裁的监督权永远是正确的，上诉是多此一举。否则，不准上诉的规定就令人难以理解了。当然，鉴于法律不允许相对人的出现，即使法律规定有上诉程序，受撤销裁定影响的另一方当事人仍与此无关，仍然无法通过上诉程序来改变撤销裁决之裁定的错误。

（三）撤销仲裁裁决的理由和司法审查的范围

深圳市中级法院撤销〔96〕深国仲结字第 54 号裁决书的唯一理由是：仲裁委员会少收了仲裁费，违反了《民事诉讼法》第 260 条第 1 款第 4 项之规定。[②]

---

① 全国人大常委会法制工作委员会民法室、中国国际经济贸易仲裁委员会秘书局：《中华人民共和国仲裁法全书》，法律出版社 1995 年版，第 625—628 页。
② 深圳市中级人民法院（1997）深中法经二初字第 060 号民事裁定书。

　　姑且不论仲裁委员会是否有"应该收但少收了仲裁费"这一事实。笔者认为，对深圳市中级法院裁定的法律依据进行分析，无法在仲裁费与法律规定的情形之间建立何种联系。《民事诉讼法》274 条第 1 款第 4 项规定的原文为："裁决的事项不属于仲裁协议的范围或者仲裁机构无权裁决的。"这项规定包含两种情形。其中的"仲裁机构无权裁决的"指法律规定的不能交付仲裁解决的事项，亦即裁决的事项不具备可仲裁性。鉴于所述之仲裁案审理了两家公司就承包合同所产生的纠纷，符合我国《仲裁法》第 2 条关于"平等主体的公民、法人和其他组织之间发生的合同纠纷和其他财产权益纠纷，可以仲裁"的规定，不存在我国《仲裁法》第 3 条所规定的不得交付仲裁的问题，显然不能适用法律的这一部分。这样，《民事诉讼法》第 274 条第 1 款第 4 项只剩下"裁决的事项不属于仲裁协议的范围"可作为深圳法院裁定撤销裁决的唯一依据。可是，稍加分析即可知道这显然不能成立。

　　众所周知，深圳市中级法院认定"此行为超出了仲裁申请的范围"，[①]与法律所称之"裁决的事项不属于仲裁协议的范围"性质大相径庭。在此，该项裁定本身偷换了一个重要的概念，以"裁决超出了仲裁申请的范围"替换了法律规定的"裁决的事项不属于仲裁协议的范围"。

　　裁决超出仲裁申请的范围，表示仲裁庭对于当事人未在仲裁申请书中提出的事项进行了审理并作出裁决，假如仲裁申请人仅要求被申请人支付违约金，但仲裁庭除了就违约金请求作出裁决外，还裁决当事人之间的合同终止，而申请人并未要求仲裁庭裁决终止合同。显然，这属于仲裁裁决超出了仲裁申请的范围。判断仲裁庭是否超越仲裁申请的范围的标志，是当事人仲裁申请书中的仲裁请求事项（Claims）。若仲裁庭就仲裁申请书所提出的请求包括补充的请求及变更的请求进行审理，就未超越仲裁申请（至于其中一项或数项请求事项属于法律规定的不能以仲裁方式解决的，则另当别论）。

　　我国仲裁实践中，对于"超裁"这一撤销理由的适用是非常宽泛并且模糊的。"超裁"从字面可以理解为仲裁委员会超越权限作出仲裁裁决。实践中，"超裁"行为既包括超越法定仲裁范围，也包括超过仲裁请求，

---

　　① 即法院所称的仲裁庭对于未缴仲裁费的仲裁请求进行的审理。

前者是《仲裁法》第 58 条第 2 款所明文规定的撤裁情形，后者则是根据司法实践得出的撤裁理由，也是当事人自由处分权和自愿原则的体现，所以"超裁"已经成为当下撤销仲裁裁决的案件中的一个重要理由之一。

仲裁裁决是在当事人合法意愿的基础上作出的，并不能凭空捏造或者凌驾于仲裁请求之上的。仲裁审理中一旦出现被认定为"超裁"的情形，就很可能直接导致仲裁裁决的结果被裁定撤销、不予执行或重新裁决。这样的仲裁结果增加了司法机关的负累、浪费了司法资源，同时降低了纠纷解决的效率。

以某电缆公司与某科技公司发生合同纠纷为例。根据仲裁条款，电缆公司申请仲裁，请求某科技公司返还其 2 012 652.65 元的喜爱牌电缆，如不能返还，应赔偿其损失 2 814 030.22 元。后仲裁委员会作出某科技公司赔偿某电缆公司 1 597 668 元损失的裁决。某科技公司向法院申请撤裁理由之一是仲裁裁决与某电缆公司的仲裁请求事项不一致。

某中级人民法院指出，由于仲裁庭明确不支持申请人赔偿损失请求情况下驳回某电缆公司主张损失的请求，所以裁决某科技公司支付某电缆公司 1 597 668 元的裁决不可能是损失赔偿，因此，该笔款项的性质及其构成与申请人仲裁请求不符。此外，仲裁庭也没有对是否返还 2 012 652.65 元的喜爱牌电缆作出裁决。中级人民法院以此认定仲裁委员会程序违反法律规定，撤销了仲裁委员会作的裁决。

本案仲裁裁决被撤销的主要原因和依据在于仲裁裁决结果与仲裁请求不一致，超出了当事人请求的裁决范围。仲裁裁决的范围必须在法律和当事人的"双层授权"之下，即不能超越法律所允许的范围，该仲裁委员会作出的裁决中，该笔款项与当事人提出仲裁请求的款项已经不是同种性质，该仲裁委员会在超出仲裁请求范围的情况下越俎代庖作出仲裁裁决，侵害了当事人的自由处分权，是无根据的仲裁裁决，应当依法予以撤销。

首先，法律规定的"裁决的事项不属于仲裁协议的范围"指仲裁庭审理的争议并非属于当事人双方之间仲裁协议所约定的争议，此时的判断标准应是当事人之间的仲裁协议（Arbitration Agreement），即应考察仲裁协议约定哪些争议可以交付仲裁。假如仲裁协议仅规定中外合资经营企业合同纠纷可以交付仲裁，而与此同时当事人又签订了一份技术转让协议，但该协议未约定仲裁条款。当事人一方在就合资合同争议提请仲裁的同时，将违反技术转让协议的争议一并提出仲裁请求。在此情况下，若仲裁庭受理了案件并对技术转让协议有关的争议作出裁决，尽管裁决的所有事项确实在当事人的仲裁申请范围之内，但因合资合同的仲裁协议不能涵盖技术转让协议争议，这才属于法律所规定的"裁决的事项不属于仲裁协议的范围"的情形。在本案中，法院之所以认定中国国际经济贸易仲裁委员会深圳分会的该项裁决书应予以撤销，就在于仲裁庭审理了据称为"未缴纳仲裁费的补充请求事项"，而按照（1997）深中法经二初字第060号民事裁定书认定的事实，没有一句话证明仲裁申请人广城公司在仲裁程序中提出的补充请求事项被排斥在《承包经营合同》的仲裁条款之外。这就说明，法院无法认定《承包经营合同》之仲裁条款已排除了补充请求事项有关的争议。更何况，我国《仲裁法》规定仲裁委员会有权决定自身的管辖权，《中国国际经济贸易仲裁委员会仲裁规则》第4条也规定，仲裁委员会有权对仲裁协议的存在、有效性及仲裁案件的管辖权作出决定。

其次，按照深圳市中级人民法院的上述逻辑，即使仲裁庭审理的补充仲裁请求涉及的争议的性质不属于仲裁协议所约定之争议，只要当事人缴纳了这部分仲裁费或者仲裁庭责令当事人缴纳了相应的仲裁费，这些争议就纳入了仲裁协议的范围之内，此项裁决也就不应该裁定撤销了。这样，深圳市中级人民法院将仲裁费与仲裁协议所涵盖的范围联系起来，将仲裁费视为决定仲裁协议范围的标志。但是即使寻遍我国《仲裁法》和《民事诉讼法》的规定也无从找出可以支持该项裁定的规定。

再次，深圳中级法院的裁定认为，仲裁委员会应该收取而未收相应的仲裁费违反了中国国际经济贸易仲裁委员会之1994年《仲裁规则》以及《仲裁委员会收费办法》的有关规定。关于《仲裁委员会收费办法》是国务院法制局为新组建的国内各地区仲裁委员会拟订并由国务院办公厅印发的，并不适用于处理涉外仲裁的中国国际经济贸易仲裁委员会。若基于《中国国际经济贸易仲裁委员会仲裁规则》，法院只能得出与其结论完全相反的结论。该《规则》第58条明确规定："仲裁庭有权在仲裁裁决中裁定双方当事人最终应向仲裁委员会支付的仲裁费和其他费用。"这就表明，只要在合理的范围之内，仲裁庭具有确定仲裁费数额及分担的自由裁量权（正如我国法院的诉讼中也存在的诉讼费减免等做法）。仲裁庭考虑到仲裁申请人已经缴纳了785 481元人民币（这绝对不是一笔小数）仲裁费，而其变更仲裁请求时提出了有前提条件的选择性仲裁请求。^① 仲裁庭认为其后来的选择性变更请求的前提条件并未出现，并未加大争议的金额，而仲裁庭在其裁决书中分别以"不属本案的管辖范围"和"不属于申诉人和被诉人之间的法律关系"等为由予以驳回，所以，不另行增加仲裁费无疑是在情理之中，亦符合《仲裁规则》第 58 条之规定。在此情况下仲裁庭的行为何错之有。

最后，假定仲裁委员会少收了仲裁费确实可以构成法院撤销裁决的理由，那么，深圳市中级法院就无法解释其在受理同样的撤销涉外仲裁裁决申请时，为何该法院收取的诉讼费相差如此悬殊。本案裁定书的最后一行为："本案受理费人民币 200 元由振裕公司负担。"同样是深圳市人民法院，该院以（1996）深中法经二初字第 078 号民事裁定书撤销了中国国际经济贸易仲裁委员会深圳分会〔96〕深国仲结字第 122 号仲裁裁决，而该裁定书的最后规定："本案受理费人民币 15 510 元，由申请人海中宝公司承担。"^②比较两宗均被深圳市中级法院撤销的案件，前者涉及的争议标的比后者大得多，按法院认定的争议标的为 9 978 万元人民币。然而，法院对前者收取受理费 200 元，而对后者收取 15 510 元，两者相差 75 倍，从该法院的两次裁定书中似乎无法判断其收取 200 元或 15 510 元是合理的。

（四）撤销裁决的合理性考虑

在所引用的上述案例中，深圳市中级法院以所谓的"应该收取但是少收了仲裁费"为理由，裁定全部撤销一项涉及数千万元争议金额的涉外仲裁裁决。即使是从法院认定的事实中，也不难发现仲裁庭对于当事人已全部缴纳仲裁费的那部分的仲裁请求所作之裁决有任何瑕疵；换言之，当事人依据有效仲裁协议提出了多项仲裁请求，仲裁庭对已经缴纳仲裁费的大部分请求所作的裁决毫无《民事诉讼法》第 274 条第 1 款所列举的应予以撤销的情形，应视为有效的部分裁决。^③ 基于公平合理的原则，对这部分

① 深圳市中级法院的裁定书也确认了广城公司的变革仲裁请求是带有选择性的。
② 关于对该撤销案的评析，参见郭晓文：《中国涉外仲裁裁决撤销制度中存在的问题及其立法完善》，载陈安：《国际经济法论丛》（第 1 卷），法律出版社 1998 年版。
③ 此处所述之"部分裁决"并非作为裁决分类意义上的部分裁决，而是指裁决的一部分。

裁决理所应当予以保留。可是，深圳市中级法院将可以分割的、有效的裁决部分一并撤销。即使法院认定的少收仲裁费确实可以构成撤销裁决的理由，这一裁定的合理性仍值得深思。前述《国际商事仲裁示范法》第34条第2款A项（c）规定："裁决处理了不是提交仲裁的条款所考虑的或不是其范围以内的争议，或裁决包括有对提交仲裁以外的事项作出的决定，但如果对提交仲裁的事项所作的决定与对未提交仲裁的事项所作出的决定能分开的话，只可以撤销包括有对未提交仲裁的事项作出决定的那一部分裁决。"这项规定再清楚不过地阐明了区别对待裁决、只撤销不符合法律的部分裁决的公平合理的精神。可是我国的《仲裁法》在引进裁决撤销程序的同时，却将此有利于平等保护当事人利益的原则搁置一边，未免令人遗憾。其结果是，使法院可以不顾已经认定裁决的绝大部分并无不当之处的前提下撤销整个裁决。如果说深圳市中级法院认为仲裁庭"少收"仲裁费作出仲裁裁决是损害了本案的败诉方利益的话，法院撤销整个裁决则使已经遭受巨额损害的仲裁申请人（胜诉方）雪上加霜，损失更加惨重。

综上所述，这一简单的案件暴露了我国《仲裁法》撤销裁决制度的诸多不完善之处。然而，立法中的缺陷与我国一些地方法院的执法水平相结合，使得立法中本来细微的缺陷扩张了。撤销仲裁裁决是比拒绝执行裁决更为严厉的一种监督程序，这一程序对仲裁制度所产生的影响远大于不予执行裁决的程序，因此总结我国司法实践中暴露出来的问题具有重要的作用。北京市第二中级法院（1996）二中经初字第83号民事裁定书便是这方面有典型意义的案例。法院对于当事人提出的申请撤销中国国际经济贸易仲裁委员会上海分会的（96）沪贸仲字第038号裁决书，在正确地分析了仲裁当事人之一的双重身份（既是合资企业的总经理，又是个人投资者）的基础上，认定裁决书针对其不同身份作出的裁决，未违反法律；申请人提出的裁决违反社会公共利益，于法无据，故驳回当事人提出的撤销裁决之申请。[①] 总结我国司法实践中暴露出来的在公正、廉洁和高效等方面的不足问题，及时修改《仲裁法》，或者通过我国最高人民法院的司法解释改进撤销裁决司法审查制度已经刻不容缓。

---

① 中国国际经济贸易仲裁委员会：《仲裁研究所简报》1996年第3期。

六、撤销仲裁裁决之诉的后果

申请撤销仲裁裁决程序的属性是什么？《民事诉讼法》第 15 章"特别程序"规定的适用特别程序的案件有选民资格案件、宣告失踪或者宣告死亡案件、认定公民无民事行为能力或者限制民事行为能力案件、认定财产无主案件、确认调解协议案件和实现担保物权案件，但并不包括申请撤销仲裁裁决的案件。撤裁案件在性质上属于非讼程序。这是因为撤裁程序本身不涉及当事人之间的实体权利、义务的处理。《民事诉讼法》用列举的方式将特别程序案件予以规定，并没有将撤裁案件包括在内。全国人大制定的法律和最高人民法院颁布的司法解释并未将申请撤销仲裁裁决的案件确定为特别程序案件。《关于人民法院案件案号的若干规定》作为统一规范人民法院案件案号的编制、使用与管理而制定的规范性文件，也没有将撤裁案件案号归类于特别程序案件。[①]同时，从案件管理角度看，法院一般都适用特别程序来处理撤裁案件。有法院指出，"法律赋予人民法院的撤销仲裁裁决权，只是一种司法监督权，并应适用特别程序审理"；[②]"对于申请撤销仲裁裁决案件的司法审查程序不同于诉讼程序，应适用特别程序"；[③]"申请撤销仲裁裁决案件应适用特别程序"。[④]

由于提起撤销裁决理由的不同以及法院处理上的差异，撤销裁决之诉案件的结果是不同的。

法院的裁定可以几种不同的方式出现。根据《仲裁法》第 60 和 61 条的规定，法院可能因确认裁决的效力而作出驳回申请的裁定；或者因为通知仲裁庭在一定期限内重新仲裁而裁定中止撤销程序；或者由于认为裁决错误而裁定撤销裁决。

（一）撤销裁决

人民法院受理撤销仲裁裁决之诉的申请后，经审查核实当事人提出申请所依据的理由成立的，应当在两个月内裁定撤销该裁决。

---

① 但是，也有法院认为案件不能因使用的案号而确定其性质。
② （2014）庆商特字第 6 号。
③ （2013）州民特字第 1 号。
④ （2016）浙民终 307 号。

　　一旦仲裁裁决被法院认定为无效，那么裁决在中国就不可能被执行。在这种情况下，获得仲裁胜利而在撤销之诉中败诉的一方就会处于非常难堪的境地。因为仲裁协议已经因已作出了裁决完成了其应有的程序而致失效，那么依照原来的仲裁协议而另行仲裁的可能性就不存在，而另行进行司法救济的可能性也会因为时限的原因而大打折扣。

　　如果裁决是以程序性问题为由而被撤销的，那么仲裁胜诉但撤销之诉败诉的一方仍会处于尴尬的地步。由于仲裁协议仍然有效，当事人必须回到初始状态，重新开始仲裁程序。

　　随着中国商事仲裁程序的日臻完善和成熟，在仲裁程序中处于不利的一方完全有可能利用仲裁规则的设定而故意设置程序性的缺陷从而为裁决之后的撤销裁决之诉提供充分的理由。基于此，仲裁当事人必须考虑仲裁过程中的程序性问题。

　　提出撤销裁决之诉的申请方希望通过这样的诉讼撤销裁决或者至少从这样的法律程序中获得有利的东西。在国际商事仲裁中，有最后决定权的法院总是非常谨慎地行使撤销裁决的权力。通常只是在极为个别的情况下撤销仲裁裁决。这基本上是国际商事仲裁界的趋势。尽管法院可以根据法律规定的情况撤销裁决，但是除非这些法定的情况严重地影响裁决的效力，否则法院是不会轻易而为之的。

　　撤销仲裁裁决的后果是多方面的。首先，仲裁裁决在仲裁地国家失去了法律效力和作用。其次，根据《纽约公约》第5条1款5项的规定，在公约缔约国内，这样的裁决也不可能得到承认和执行。再次，在仲裁裁决被法院撤销的情况下，当事人就纠纷而制定的原来的仲裁协议就不再具有仲裁程序方面的约束力，即当事人不能够再以该仲裁裁决为由要求仲裁。当事人须根据《仲裁法》第9条的规定，重新达成仲裁协议申请仲裁。

　　如果中国仲裁机构作出的仲裁裁决，其裁决事项超出当事人仲裁协议的范围，或者不属于当事人申请仲裁协议约定的范围，或者不属于当事人申请仲裁的事项，并且上述事项与仲裁机构作出裁决的其他事项是可分的，人民法院可基于当事人的申请，在查清事实后裁定撤销该超裁部分。①

---

　　① 最高人民法院《关于我国仲裁机构作出的仲裁裁决能否部分撤销问题的批复》（法释〔1999〕16号）。

由此可见，法院可以部分撤销仲裁裁决。

如果当事人对人民法院撤销仲裁裁决的裁定不服申请再审，人民法院是否应当受理？根据最高人民法院的司法解释，人民法院不应当受理。①

（二）驳回撤销仲裁裁决的申请

如果人民法院经审查，未发现仲裁裁决具有法定可被撤销的理由的，应在受理申请之日起两个月内作出驳回申请的裁定。

根据《仲裁法》第60条规定，法院只能在撤销裁决和驳回申请之间做一种选择。法院不能自行调解。根据最高人民法院的规定，撤裁案件是特别程序立案，特别程序案件是不能调解的。② 在"河南光山农村商业银行股份有限公司诉信阳市大通房地产开发有限公司"一案中，申请人申请撤销裁决，但是法院以调解方式结案。法院认定以调解方式结案属于违法，应予纠正，原申请撤销仲裁裁决案件未予裁决，应按照特别程序继续审理。③

（三）重新仲裁

中国关于重新仲裁的制度的法律依据是《仲裁法》第61条的规定："人民法院受理撤销仲裁裁决的申请后，认为可以由仲裁庭重新仲裁的，通知仲裁庭在一定期限内重新仲裁，并裁定中止撤销程序。仲裁庭拒绝重新仲裁的，人民法院应当裁定恢复撤销程序。"

重新仲裁制度首先是由一些国家的仲裁法创立的。印度1940年《仲裁法》规定法院可以依据一定的理由将裁决发回重新仲裁。英国1950年《仲裁法》也规定了法院将裁决发回仲裁庭重审的制度。1958年的《联合国国际商事仲裁示范法》第34条第4款同样有重新仲裁的制度规定。

从理论上讲，《仲裁法》确立的"重新仲裁"机制是弥补仲裁裁决缺

---

① 1999年2月，最高人民法院关于《当事人对人民法院撤销仲裁裁决的裁定不服申请再审人民法院是否受理问题的批复》。

② 最高人民法院《关于人民法院民事调解工作若干问题的规定》第2条规定："对于有可能通过调解解决的民事案件，人民法院应当调解。但适用特别程序、督促程序、公示催告程序、破产还债程序的案件，婚姻关系、身份关系、确认案件以及其他依案件性质不能进行调解的民事案件，人民法院不予调解。"撤裁案件属于"依案件性质不能进行调解"的案件。

③ （2018）豫15民再67号。

陷、防止仲裁裁决完全无效的有效方法。为了尽可能地减少法院在仲裁裁决效力上的干预，仲裁庭也会将重新仲裁，这是补救仲裁裁决的最后的机会。

但是，除了撤销程序本身存在的缺陷，我国《仲裁法》规定的与撤销程序有关的重新仲裁事宜，因语焉不详，亦需要立法机关对此进一步完善及补充。

《仲裁法》第61条规定，人民法院受理撤销裁决的申请后，认为可以由仲裁庭重新仲裁的，通知仲裁庭在一定期限内重新仲裁，并裁定中止撤销程序。仲裁庭拒绝重新仲裁的，人民法院应当裁定恢复撤销程序。

虽然法律规定了重新仲裁，但是这一做法的具体实施将面临一系列需要解决的法律问题。

1. 启动重新仲裁机制的情形

在何种情况下仲裁庭可以对已经作出裁决的案件重新仲裁？整部《仲裁法》只有第61条规定重新仲裁制度。而这一条只规定"（法院）认为可以由仲裁庭重新仲裁"的主观标准。法院在审查裁决是否应该撤销的过程中，认为可以由仲裁庭重新仲裁的，其前提必须是有关的裁决存在法律所规定的可以撤销的情形之一，否则要求仲裁庭重新仲裁就无从谈起。由此观之，按法律的原意，重新仲裁就意味着原裁决在法院作出撤销裁定之前事实上就被视为无效。在中国的仲裁制度中，一项基本原则是仲裁庭的裁决"一裁终局"。尽管当事人申请撤销，在法院作出撤销裁定之前，该裁决仍是有效的。而现行的规定似乎是未经法院判决，裁决就已失效。

由于第61条规定的重新仲裁制度是与申请裁决撤销之诉相互联系，因此，确定启动重新仲裁的理由应当与申请裁决撤销之诉的程序相互联系。

如果一方当事人申请撤销裁决的理由是当事人并没有仲裁协议或者当事人提交仲裁的争议是不可仲裁的，或者裁决的事项超出了仲裁协议规定的仲裁事项的范围，在这些情况下，法院不应该选择重新仲裁的机制。这是因为仲裁机构在上述情况下对当事人提出的仲裁请求没有管辖权。法院裁定重新仲裁也没有实际意义。

如果法院认定仲裁庭作出的仲裁裁决违背了社会公共利益，法院不会将案件重新发回至有严重违法情形的仲裁庭重新仲裁。

如果当事人以"仲裁员在仲裁该案时有索贿受贿、徇私舞弊、枉法裁决行为"的理由向法院提出撤销裁决之诉，法院也可能不会要求重新裁决，因为法院会认为仲裁庭在作出裁决方面存在过错。

从实践的角度看，如果当事人以"裁决所依据的证据是伪造的"或"对方当事人隐瞒了足以影响公正裁决证据的"或者"被申请人未得到进行仲裁程序的通知或其他不属于其负责的原因未能陈述意见（对涉外仲裁而言）"为由向法院提出撤销裁决之诉，法院可能裁定重新仲裁。这主要是因为法院会考虑到仲裁庭重审更加有利于收集证据，而仲裁裁决作出过程中的证据缺陷可以通过另行提交证据、重新认定证据和事实的方式得到补救，被申请人陈述意见的机会也可以在重新仲裁过程中得到救济。

"仲裁庭的组成或者仲裁的程序违反法定程序的（国内仲裁裁决）"以及"仲裁庭的组成或者仲裁的程序与仲裁规则不符的（涉外仲裁裁决）"的两种情形相对比较复杂。法院应当区分"仲裁庭的组成"和"仲裁程序"的合法性。

如果仲裁庭的组成是违反法定程序或仲裁规则的，例如，当事人没有得到指定仲裁员的有效的通知；仲裁员本身不符合仲裁法规定的任职条件和资格；仲裁员明知或应知自己与案件有利害关系却不披露或回避，那么，仲裁庭的组成就应当被认定为无效，将案件重新发回该仲裁庭重新仲裁就不合适。

反之，仲裁庭组成之后，在审理案件的仲裁程序中发生了不合法的情形，法院可以发回重审，而仲裁程序中的缺陷在以后的重新仲裁的过程中可以得到补救。

2. 重新仲裁的审理范围

鉴于受理撤销裁决之诉的法院决定是否开始重新仲裁程序，而法院也知晓当事人提出撤销裁决之诉，因此，法院在决定开始重新仲裁程序而将裁决发回仲裁庭重新仲裁时会指出重新仲裁的范围。这可以在以下案件中得到说明。

一家海南公司与一家台湾公司于1995年6月在海口市共同成立合营企业，在经营管理和出资方面发生了争议。台湾公司根据合资企业合同中的仲裁条款向中国国际经济贸易仲裁委员会提请仲裁。仲裁庭于1997年2月作出裁决。

海南公司于 1997 年 6 月向北京市第二中级人民法院提起撤销裁决之诉。该公司指出：海南公司与台湾公司只在合资合同中订有仲裁条款。而仲裁委员会对两公司其他合同也作出了裁决。这些合同，包括仲裁协议，是由海南公司的代理人在没有合法授权的情况下与台湾公司订立的。根据中国法律这部分合同和争议所依据的仲裁协议因代理人的无权代理而无效。仲裁庭作出的裁决缺乏法律依据。北京市第二中级人民法院作出裁定，认为中国国际经济贸易仲裁委员会（97）贸仲字×号裁决书中部分裁决事项不属于仲裁协议的范围，依照《仲裁法》第 61 条的规定，裁定中止撤销程序，由仲裁委员会进行重新仲裁。①

如果法院以同一理由要求仲裁庭重新仲裁，仲裁庭在重新仲裁过程中发现了与该理由不同的其他错误，仲裁庭能否对这些错误或瑕疵进行重新仲裁？由于重新仲裁是法院根据当事人提出的请求而开始的程序，因此，当事人在撤销裁决之诉中提出的理由和法院由此认定的重新仲裁的理由应当是仲裁庭重新仲裁的原因。仲裁庭在重新仲裁中发现了新的问题应当通过其他方式解决。

法院决定让仲裁庭重新仲裁，仅在有限的情况下才可行。凡是仲裁协议无效、裁决事项不可交付仲裁、裁决有违公共政策等均不存在重新仲裁的可能性。《民事诉讼法》第 274 条第 1 款规定，只有在仲裁庭的组成、通知的送达、仲裁程序、裁决事项不属于仲裁协议的范围等方面瑕疵的情况下，才可能重新仲裁。也就是说，第 274 条第 1 款第 4 项的"裁决的事项不属于仲裁协议的范围"，这表明即使重新仲裁得以如愿的话，因裁决的事项超出了仲裁协议的范围，要将此类事项纳入重新审理的范围，是否应另行达成仲裁协议？此外，在重新仲裁时，当事人能否变更、修改仲裁请求事项均有待澄清。

3. 重新仲裁的主体

仲裁不同于诉讼的特点在于仲裁庭是由当事人指定的仲裁员组成的，仲裁员通常不隶属于仲裁委员会，故仲裁庭具有临时性。一旦裁决作出，当事人又未在规定期限内要求仲裁庭对裁决的文字、计算、漏裁事项作改

---

① 中国国际商会仲裁研究所：《典型国际经贸仲裁案例评析》，法律出版社 1999 年版，第 547 页。

正或补充，仲裁庭的职责即告终止。在此情况下，法院要求仲裁庭重新仲裁，是由原仲裁庭进行仲裁还是重新组成仲裁庭仲裁？倘若是原仲裁庭，从法律上讲已经不复存在；若重新组成仲裁庭，这就意味着重新开始仲裁程序。

《仲裁法》并没有确定重新仲裁的操作主体。但第 61 条指出由法院"通知仲裁庭在一定期限内重新仲裁"，而且前提是"可以由仲裁庭重新仲裁"。

这样理解的实际意义有两点。其一，仲裁庭有能力重新仲裁是法院考虑启动重新仲裁程序的前提要件。换言之，如果仲裁庭的组成不合法，法院也不能要求该仲裁庭重新仲裁。这再次说明法院应当区分"仲裁庭的组成"和"仲裁程序"的合法性。其二，重新仲裁应该由仲裁庭而非仲裁委员会决定。

由此，我们可以进一步得出结论：在任何情况下，重新仲裁应当由原仲裁庭进行，而不是由仲裁委员会重新组成仲裁庭进行仲裁。

由原来的仲裁庭而非由仲裁委员会重新组建仲裁庭重新仲裁的结论还可以从实际的操作中得到验证。假如是由仲裁委员会重新组建仲裁庭，那么，在法院"通知仲裁庭"之时根本没有仲裁庭可以被法院通知，而仲裁法也应当规定"通知仲裁委员会"而非"仲裁庭"。

从仲裁理论看，重新仲裁都应该是由原来的仲裁机构进行。这是因为仲裁庭的组成方式和仲裁员任职就是由当事人直接或间接地选定的，由原仲裁庭重新仲裁维护了当事人的意思自治原则。

但是，在实践中的确有法院向仲裁委员会发出重新仲裁通知的案例。1997 年 7 月，北京市第二中级人民法院下发裁定，认为中国国际经济贸易仲裁委员会（97）贸仲字×号裁决书中部分裁决事项不属于仲裁协议的范围，依照《仲裁法》第 61 条的规定，裁定中止撤销程序，由仲裁委员会进行重新仲裁。①

4. 重新仲裁的程序

《仲裁法》没有对重新仲裁的程序作出规定。但是，如前所述，重新

---

①　中国国际商会仲裁研究所：《典型国际经贸仲裁案例评析》，法律出版社 1999 年版，第547 页。

仲裁应由原仲裁庭进行，因此，该仲裁庭组成前的程序不必重复。除非原仲裁庭的组成人员中有不能履行职责（如丧失行为能力）而需更换的。

重新仲裁是否应该重新开始所有的仲裁程序这取决于当事人提起撤销裁决之诉的理由和法院的认定情况。如果当事人以"被申请人未得到进行仲裁程序的通知"要求撤销裁决而法院因此要求仲裁庭重新仲裁，仲裁程序应当从头进行，包括仲裁庭向被申请人发送仲裁通知、选定仲裁员，等等。

由于重新仲裁制度的宗旨就是由仲裁庭更正程序上的错误或瑕疵，重新仲裁程序原则上只是弥补或更正原来程序中仲裁庭组庭后的错误部分，也就是仲裁庭开庭审理案件开始的一部分程序。

原来仲裁程序中的合法部分应当与重新仲裁中的程序共同构成了案件的仲裁活动。

5. 重新仲裁裁决

必须说明的是，仲裁庭作出的仲裁裁决具有一裁终局的法律效果。《仲裁法》第 9 条规定："裁决作出后，当事人就同一纠纷再申请仲裁或向人民法院起诉的，仲裁委员会或者人民法院不予受理。"但是，一旦进行重新仲裁程序后，原来的裁决就面临着被法院撤销或被重新仲裁所作的新裁决修正的局面。

原来仲裁庭作出的仲裁裁决的内容可能被重新仲裁的裁决完全更改，也可能被部分修改。在上述案件中，原仲裁庭于 1997 年 12 月重新仲裁，维持了原主合同项下的裁决事项，剔除了其他文件项下不属于仲裁庭审理与裁决的事项。

可以肯定的是，原来的仲裁裁决已经不具有终局性的法律效力。从中可以看出，重新仲裁所作的裁决与仲裁庭原来作出的裁决关系是取代的关系。重新仲裁已经使得当事人不能以原来仲裁裁决向法院申请执行。

6. 仲裁庭重新仲裁的次数问题

重新仲裁裁决作出后，当事人能否再向人民法院提出撤销仲裁裁决之诉，而法院在认为仲裁庭可以的情况下，是否可以要求仲裁庭重新仲裁？

上海市高级人民法院认为，法院受理当事人撤销裁决之诉的申请后，认为可以由仲裁庭重新仲裁的案件，仲裁庭重新仲裁的次数限于一次，期限为 6 个月。^① 显然，当事人再次提出撤销裁决之诉只能产生两种情况：第一，法院驳回申请；第二，法院撤销裁决。当事人对重新裁决仍不服而向法院提出撤销的案件，人民法院对撤销重新裁决的案件，除当事人重新达成仲裁协议外，可由人民法院直接审理。^② 在任何情况下，法院都不会要求仲裁庭再次启动重新仲裁程序。

七、最高人民法院关于撤销裁决的报告制度

报告制度是中国司法审判机关内部就撤销涉外仲裁裁决而适用的程序。鉴于我国《仲裁法》立法上的疏漏要通过法律修订方式予以改进需耗费时日，而司法实践中发生的随意撤销我国涉外仲裁裁决对我国涉外仲裁制度产生的严重影响，为了严格执行我国《仲裁法》和《民事诉讼法》，保障诉讼和仲裁活动依法进行，我国最高人民法院于 1998 年 4 月 23 日向全国各省、自治区、直辖市高级人民法院，解放军军事法院发布了法〔1998〕40 号《关于人民法院撤销涉外仲裁裁决有关事项的通知》。

第一，凡一方当事人按照《仲裁法》的规定向人民法院申请撤销我国涉外仲裁裁决，如果人民法院经审查认为涉外仲裁裁决具有《民事诉讼法》第 260 条第 1 款规定的情形之一的，在裁定撤销裁决或通知仲裁庭重新仲裁之前，须报请本辖区所属高级人民法院进行审查。如果高级人民法院同意撤销裁决或通知仲裁庭重新仲裁，应将其审查意见报最高人民法院。待最高人民法院答复后，方可裁定撤销裁决或通知仲裁庭重新仲裁。

第二，受理申请撤销裁决的人民法院如认为应予撤销裁决或通知仲裁庭重新仲裁的，应在受理申请后 30 日内报其所属的高级人民法院，该高级人民法院如同意撤销裁决或通知仲裁庭重新仲裁的，应在 15 日内报最高人民法院，以严格执行《仲裁法》第 60 条的规定。

该《通知》限定了报告制度适用的范围，即只适用于撤销中国涉外仲裁裁决的法院裁定。显然，这一适用对象并不包括撤销外国仲裁裁决的法

---

① 《上海市高级人民法院与上海仲裁委员会工作协调讨论会纪要》（1996 年 1 月 11 日沪高法〔1996〕3 号通知印发）。

② 《上海市高级人民法院与上海仲裁委员会工作协调讨论会纪要》（1996 年 1 月 11 日沪高法〔1996〕3 号通知印发）。

院裁定。另外，根据《通知》的规定，除了原判法院之外，本辖区内的高级人民法院和最高人民法院都会参加到报告程序中。在我国目前的司法审判程序中，类似于这样两级复核制度的另外一种情况就是对死刑判决的复核报告制度。可以想见，这一报告制度的重要性。还需注意的是，报告制度的实质是审判监督制。因为《通知》要求所有的撤销裁决的裁定都必须由最高人民法院"答复"。显而易见，最高人民法院的"答复"就是其最终决定。因此这种报告制度无疑破坏了我国现行《仲裁法》和《民事诉讼法》已经建立起来的审级制度，它的特殊性非同寻常。

我国最高人民法院基于该《通知》建立了撤销涉外仲裁裁决的报告制度，这一报告制度与其1995年所发布的处理涉外仲裁裁决和外国仲裁裁决执行事宜的报告制度一样，对完善我国仲裁立法之不足，统一我国法院在撤销仲裁裁决时的做法具有十分积极的实际意义。尤其是该《通知》第2条规定了报告的明确期限——受理申请撤销裁决的人民法院如认为应予撤销裁决或通知仲裁庭重新仲裁的，应在受理申请后30日内报其所属的高级人民法院，该高级人民法院如同意撤销裁决或通知仲裁庭重新仲裁的，应在15日内报最高人民法院。这一时限的规定有利于增加报告制度的快捷性，避免法院的无故拖延。但是，值得注意的问题是，时限规定并没有对最高人民法院的答复期限作出规定。换言之，尽管有时限规定，但是仍然可能发生程序被拖延的可能性。无论如何，该时限规定与《仲裁法》第60条关于作出裁定的期限相呼应，对维护司法统一性及当事人的权益，维护我国涉外仲裁机构的声誉和提高我国涉外仲裁在国际上的地位均有积极意义。

八、撤销仲裁裁决的救济方法

这里所指的救济方法是在仲裁中获胜的一方在裁决被撤销之后为了保护其合法权益而采取的救济手段。在中国法律制度中，这样的救济手段主要包括三种。

（一）仲裁

只要当事人能够就仲裁达成新的协议，当事人就可以通过新的仲裁程序解决他们之间的争议。在起草新的仲裁协议时，当事人可以选择任何仲裁机构并决定任何与之有关的问题。

（二）诉讼

如果法院撤销裁决的决定未被推翻，当事人也未就争端解决方式达成新的协议，当事人可以通过法院开始诉讼程序。

关于申请撤销仲裁裁决案件的救济问题，最高人民法院在《关于人民法院裁定撤销仲裁裁决或驳回当事人申请后当事人能否上诉问题的批复》［法复〔1997〕5号〕中表示，"对人民法院依法作出的撤销仲裁裁决或驳回当事人申请的裁定，当事人无权上诉"。最高人民法院《关于当事人对人民法院撤销仲裁裁决的裁定不服申请再审人民法院是否受理问题的批复》［法释（1999）6号〕指出，当事人对人民法院撤销仲裁裁决的裁定不服申请再审的，人民法院不予受理。在《关于当事人对驳回其申请撤销仲裁裁决的裁定不服而申请再审，人民法院不予受理问题的批复》［法释〔2004〕9号〕，最高人民法院表示，"当事人对人民法院驳回其申请撤销仲裁裁决的裁定不服而申请再审的，人民法院不予受理"。在《关于人民检察院对撤销仲裁裁决的民事裁定提起抗诉，人民法院应如何处理问题的批复》［法释〔2000〕17号〕中，最高人民检察院表示，"检察机关对发生法律效力的撤销仲裁裁决的民事裁定提起抗诉，没有法律依据，人民法院不予受理"。前述批复、解释已将当事人通过上诉、申请再审和申请检察院抗诉的救济路径均已排除。

（三）审判监督程序

法院作出的撤销仲裁裁决的决定是最终的和不可推翻的，当事人不能通过上诉程序推翻决定。[①] 但是，《民事诉讼法》第 199 条规定：当事人对已经发生法律效力的判决、裁定认为有错误的，可以向原审人民法院或者上一级人民法院申请再审；第 198 条规定："各级人民法院院长对本院已经发生法律效力的判决、裁定、调解书，发现确有错误，认为需要再审的，

---

① 最高人民法院《关于人民法院裁定撤销仲裁裁决或驳回当事人申请后当事人能否上诉问题给广西壮族自治区高级人民法院的批复》（法复〔1997〕5号）。该批复同时指出了当事人无权上诉的法律依据是《民事诉讼法》第 140、141 条和《仲裁法》第 9 条第 2 款。

应当提交审判委员会讨论决定。最高人民法院对地方各级人民法院已经发生法律效力的判决、裁定、调解书，上级人民法院对下级人民法院已经发生法律效力的判决、裁定、调解书，发现确有错误的，有权提审或者指令下级人民法院再审。"这一规定为法院依职权启动再审程序，撤销仲裁司法审查类裁定提供了路径。当事人可以通过申诉的途径寻求法院依职权启动再审程序，进而获得相应的救济。"信阳大通房地产公司申请撤销民事调解书再审"一案①就是很好的证明。

根据中国《民事诉讼法》第 198 条规定，通常的审判监督程序可以是由当事人向撤销裁决的法院的院长或者是其上级人民法院（直至最高人民法院）提出，院长认为确有错误的可以提交审判委员会讨论决定，上级人民法院认为确有错误的可以提审或要求下级人民法院再审。根据《民事诉讼法》规定，当事人提出再审应当符合法定的要求。这些要求包括以下方面。

（1）有新的证据，足以推翻原判决、裁定的；

（2）原判决、裁定认定的基本事实缺乏证据证明的；

（3）原判决、裁定认定事实的主要证据是伪造的；

（4）原判决、裁定认定事实的主要证据未经质证的；

（5）对审理案件需要的主要证据，当事人因客观原因不能自行收集，书面申请人民法院调查收集，人民法院未调查收集的；

（6）原判决、裁定适用法律确有错误的；

（7）审判组织的组成不合法或者依法应当回避的审判人员没有回避的；

（8）无诉讼行为能力人未经法定代理人代为诉讼或者应当参加诉讼的当事人，因不能归责于本人或者其诉讼代理人的事由，未参加诉讼的；

（9）违反法律规定，剥夺当事人辩论权利的；

（10）未经传票传唤，缺席判决的；

（11）原判决、裁定遗漏或者超出诉讼请求的；

（12）据以作出原判决、裁定的法律文书被撤销或者变更的；

（13）审判人员审理该案件时有贪污受贿，徇私舞弊，枉法裁判行为的。

---

① （2018）豫 15 民再 67 号。

除了上述实体方面的要求外，当事人要求再审的，必须根据《民事诉讼法》第 205 条的规定，在撤销裁决之裁定之日起 6 个月内提起。

案件受理后发现不符合受理条件的和申请人的主张无法获得支持的，法院均应裁定驳回申请。《关于审理仲裁司法审查案件若干问题的规定》第 20 条规定："人民法院在仲裁司法审查案件中作出的裁定，除不予受理、驳回申请、管辖权异议的裁定外，一经送达即发生法律效力。当事人申请复议、提出上诉或者申请再审的，人民法院不予受理，但法律和司法解释另有规定的除外。"因此，实践中便有观点认为，根据前述规定，法院实体审查后认为申请人的主张无法获得支持进而裁定驳回申请的，申请人可以向上一级法院提起上诉。实际上，这一观点是很难成立的。一方面，不论实务还是学界通说均认为仲裁司法审查程序属于特别程序，一裁终局（法院审判监督除外）；另一方面，前述规定中的"驳回申请"应结合该规定第 8 条有关"人民法院立案后发现不符合受理条件的，裁定驳回申请……当事人对驳回申请的裁定不服的，可以提起上诉"的规定进行理解。显然，"驳回申请"是指案件受理后发现不符合受理条件的情形，并非实体审查后的驳回申请。

在"中联信诺投资基金管理（北京）有限公司与应奕彬申请撤销仲裁裁决"一案中，[①] 申请人提出撤销仲裁裁决请求时已经远远超出了裁决作出后 6 个月内的时限要求，不符合撤裁案件的受理条件，鉴于案件已经受理，法院最终裁定驳回申请人的申请并无不当。不过，在此情形下，法院有无必要就送达程序是否违法这一事由进行进一步的实体审查或许存在进一步探讨的空间。

---

① （2018）京 04 民特 134 号。

第十章
国际商事仲裁裁决的承认及执行

仲裁是以双方当事人的仲裁协议为基础的解决争议的方式，因此，败诉方通常能够自觉履行裁决所设定的义务。当事人在签订仲裁协议时，履行仲裁裁决被视为当事人的一种默示的承诺。因为无论是临时仲裁抑或常设仲裁机构所作出的裁决通常被赋予如同诉讼中的终审判决般的效力。然而假如败诉方拒不执行裁决，仲裁机构本身不具备强制执行裁决的权力，作出裁决的仲裁庭在作出裁决后亦已不复存在，故胜诉方只能提请有管辖权的法院承认裁决的效力，并强制执行。

第一节　仲裁裁决的承认及执行概述

国际商事仲裁的复杂性在于，仲裁程序要牵涉不同国家或地区的当事人，作出裁决的仲裁机构也分处各国，在处理当事人之纠纷时必须适用不同国家的法律以及有关的国际公约或国际惯例。这样，若仲裁程序的败诉方不自觉执行裁决时，对一个国家的法院而言，就将面临以下两种情况。

第一，本国的仲裁机构作出裁决，败诉方在国外（例如营业地在国外或败诉方具有外国国籍），且败诉方在仲裁机构所在地境内无可供执行的财产，由此产生了本国当事人如何到外国法院申请执行的问题。

第二，外国仲裁机构作出裁决，而败诉方在本国，本国法院将如何处理外国当事人依据外国仲裁裁决而提起的申请承认及执行裁决的事项。

上述两种情况归结到一点，即本国法院如何对待外国仲裁裁决。本国法院处理外国的仲裁裁决，不但关系双方当事人的切身利益，还涉及两个国家的利害关系，甚至涉及国家的主权。因此，许多国家的法律对承认外国仲裁裁决的效力、执行外国仲裁裁决都施加一些限制性条件，例如要求以互惠为基础或者以外国仲裁裁决不违反本国公共秩序为前提。此外，在执行程序也有所区别，若外国仲裁裁决不符合执行地国的要求，执行地国法院将拒绝予以执行。各国在承认与执行外国仲裁裁决的条件和程序方面存在的差异，无疑妨碍了国际商业活动的发展。有鉴于此，从 20 世纪初世界各国就努力试图建立一项统一的、普遍性的承认及执行外国仲裁裁决的国际制度。

承认是一个保护性的步骤。当事人要求法院对已经成立的仲裁机构就争议所作的裁决采取程序性的救济措施。于裁决有利的当事人会主张争议已得到解决，并且通过向法院递交裁决提出申请的方式，要求法院认可裁决的法律效力和裁决对双方当事人之间的约束力。

承认的作用就是使裁决获得司法上的认可和效力。如果裁决已经解答了在新的法院程序中提出的所有问题，法院的司法程序就会较快地得到执行，仲裁裁决也就获得了既判力。反之，如果裁决执行国的法院进行的执行程序中出现了一些仲裁裁决没有涉及的实质性或程序性的法律问题，被仲裁裁决解决的事项就会被重新提起。

承认的保护性还体现在对新的司法诉讼程序的有效防止，以保护获胜方的法律和商业利益。

执行是承认之后的步骤。与承认相比，当事人要求法院执行裁决意味着法院不仅需要承认裁决的法律效力，而且应当运用所有的法律强制力保证裁决的事项获得执行。

与承认相比，执行是积极的救济手段。执行裁决就是运用多种法律制裁手段，例如财产保全和冻结银行账户。如果被执行方是公司或其他类型的法人，执行的对象会集中在法人的财产上。在一定程度上，公司的法人代表也会承担相应的法律责任。

但是，执行不是承认之后的必然性程序。举例而言，一起国际贸易纠纷中的供货方提起仲裁要求买方支付已经接收货物的货款，该项请求被仲裁庭裁定不成立。买方可以在本国的法院提起承认该外国裁决的请求，以抗辩供货方的主张。法院对裁决的承认实际上就导致了供货方主张的驳回，而裁决本身又不需要加以执行。

　　仲裁区别于其他商事争端解决机制的一个显著特点是双方当事人都希望通过非司法的方式达成有拘束力的解决方案。当事人在仲裁协议中间接地表达了接受执行仲裁裁决的义务。仲裁机构的示范（推荐）条款包含了强调仲裁裁决拘束力的文字，仲裁机构的仲裁规则也强调当事双方执行裁决的义务。

　　尽管大多数的仲裁裁决是当事人通过自愿的方式加以执行的，但是败诉方不执行仲裁裁决的情况也较为普遍。胜诉的当事人可以请求法院执行仲裁裁决，这也是仲裁所具有的强制力的体现。仲裁裁决的作出并不意味着仲裁的终结。虽然申请承认和执行仲裁裁决通常发生在仲裁程序之外，无论是仲裁庭、当事方还是支配仲裁庭进行活动的仲裁机构都直接关注裁决的承认与执行。

第二节　外国仲裁裁决的认定

一、承认裁决与执行裁决的区别和联系

（一）承认及执行的含义及性质

　　仲裁裁决的承认（Recognition of Arbitral Award）是指国家的法院对仲裁机构所作出的具有约束力的裁决予以许可，并赋予其强制执行力的司法行为。

　　仲裁裁决的执行（Enforcement of Arbitral Award）是指在承认的基础上通过国家的强制力，使已经发生法律效力并取得了执行力的仲裁裁决得以实施的司法行为。

　　承认及执行是使仲裁裁决发生诉讼法上的效力，并且实施裁决所确定实体权利与义务的司法活动。仲裁庭所作出的终局裁决通常立即对当事人产生一定的法律效力，即当事人不得再就同一纠纷再提请仲裁或者诉讼程序，在当事人的实体法律关系方面产生了类似于法院判决的既决力作用。然而，因为仲裁裁决由民间的仲裁机构作出，就其强制力而言，不能等同于由国家司法机关作出的判决。如果当事人不自动履行裁决所设定的义

务，另一方当事人无法直接强制执行。例如，败诉方不自动履行裁决所规定的向胜诉方给付金钱的义务，胜诉方无权由仲裁机构直接向银行要求从败诉方的账户中划拨款项，而必须首先向有管辖权的法院申请承认裁决的效力，然后才可以请求法院采取强制措施予以执行。

仲裁裁决的承认及执行同时也是一国法院对仲裁行使司法监督权的过程。在这一过程中，法院被动（由当事人举证证明）或者主动地对仲裁程序的合法性及有效性进行审查，在特定条件下还对裁决所基于的事实和法律问题（例如中国国内仲裁裁决）进行审查和监督，以保证仲裁机构依法行使仲裁权，作出合法的裁决。

理论上，仲裁裁决自作出之日起发生法律效力。但是，如果当事人没有履行仲裁裁决规定的义务，裁决书的法律效力就不能真正地体现出来，裁决书也就是白纸一张。在败诉方不自愿执行仲裁裁决的情形下，胜诉方可以通过商业和法律途径执行裁决。有效的商业手段包括金融性质的处罚，维持已有的商业关系和利用未来的商业机会也会促使败诉方考虑执行裁决以便继续进行商业活动。而要求法院执行裁决就是有效的法律途径。

所谓执行仲裁裁决是指由于应当履行义务的一方不自动履行仲裁裁决规定的义务，对方向有管辖权的法院提出申请，通过司法途径对仲裁裁决进行强制执行，使当事人履行裁决规定的义务。执行仲裁裁决是保证仲裁裁决发生法律效力的重要程序，也是执行地国法院向仲裁提供强制力的重要方面。在一些国家，不执行法院作出的承认和执行仲裁裁决的裁定构成藐视法庭的行为，因为法院有权调查其命令是否已经得到遵守或被故意违反并就藐视法庭的诉请作出裁定。[①]

中国仲裁理论和实践中的执行制度比较复杂，可以划分为几个层次。第一，国内仲裁机构的仲裁裁决在境内执行；第二，国内涉外仲裁机构的仲裁裁决在境内执行；第三，外国仲裁裁决在中国境内的承认与执行；第四，境外（我国香港地区）仲裁裁决在中国境内的承认与执行；第五，国内涉外仲裁机构的仲裁裁决在境外（我国香港地区）执行；第六，国内涉外仲裁机构的仲裁裁决在国外执行。

本节将主要对前五种情况加以分析。

---

① 　M/S Lanco Amarkantak Power Ltd. v. A. P. Panda（97Wps/8560/2018）.

（二）承认与执行的区别和联系

与国内仲裁裁决的执行不同，外国仲裁裁决在执行地国法院或者可能要求执行，或者只要求承认，或者要求承认和执行裁决。

仲裁裁决的承认及执行是两个既有区别又有联系的两个概念和两种司法行为。

1. 承认与执行的区别

承认是仲裁裁决取得执行力的必经程序，是使仲裁裁决在法院地国取得如同内国法院之终局判决一样的既裁（决）效力，[①] 如果在内国当事人就同一争议另行提起诉讼或者采取其他程序，有关的权利人可以持此已获得承认的外国裁决作为抗辩理由。而执行是内国法院通过强制力使裁决确定的权利义务付诸实现的过程。承认是一国法院认可仲裁裁决效力的认可行为，是一种静态的行为；而执行则是一种动态行为，往往需要国家的司法机关采取强制性措施才得以实现。

任何外国裁决要在内国取得执行力必须首先得到内国法院的承认，然而，并非所有的裁决都要经过执行程序，只有含有给付内容且义务人不自动履行的仲裁裁决才需要执行。换言之，某些仲裁裁决根本不必经过执行这一步骤，例如基于确认之诉所作出的仲裁裁决仅获得法院承认，即可在法院地国发生类似已决判决的法律效力。当然，绝大多数的裁决是既需要承认又需要执行的，单纯的承认是极少数。

实践中的国外仲裁裁决的"承认"和"执行"通常被联系在一起。《纽约公约》也直接将"承认和执行外国仲裁裁决"联系在一起。但是，区分承认与执行仍然是一个重要的法律问题。

从法语言学的角度看，1927 年的《日内瓦公约》关于"承认或执行"的表述更加严谨和精确。因为一个外国裁决可能只被承认而未能被执行。而一个被执行国执行的外国裁决，客观上意味着裁决已被承认。从这个意义上说，"承认"与"执行"的区别是"承认"与"承认和执行"之间的区别。

2. 承认与执行的联系

承认及执行的性质均为国家的司法机关行使司法职权的行为。

---

① 谭兵：《中国仲裁制度研究》，法律出版社 1995 年版，第 318—319 页。

承认及执行相互依赖，承认是执行的前提，裁决只有获得法院的承认才取得法律上的强制执行力，才能采取进一步的强制措施予以执行；而执行裁决又是承认裁决的自然结果。[①] 在多数情况下，当事人要求内国法院承认一项外国仲裁裁决的目的在于保证对其有利的裁决能够顺利执行，实现裁决确定的事项。[②]

二、外国仲裁裁决的认定

一国法院在处理当事人提出的承认及执行裁决的有关事宜时，首先要认定仲裁裁决的国籍，即有关的裁决是法院地国的国内裁决，还是法院地国以外的外国裁决。之所以要作此认定，就在于对不同国籍的裁决将适用不同的法律，对外国仲裁裁决的承认和执行有比内国仲裁裁决的承认和执行更为严格的条件；即使当事人基于普遍适用的联合国 1958 年《纽约公约》所提出的承认及执行之申请，在若干具体条件方面仍内外有别。因此，认定仲裁裁决的国籍具有重要意义。[③] 然而，各国曾经一度认为由于仲裁裁决是当事人约定的产物而非国家机关作出的缘故，故难以与特定的国家相联系并赋予其国籍。但是，现在各国都接受这样一个现实：仲裁裁决必然从属于某个法律制度，使之具备特定的国籍。[④]

认定外国仲裁裁决必须依据一定的标准，这一标准将内国仲裁裁决与外国裁决加以区分。相比较而言，确定外国裁决的标准比确定外国判决更为复杂，因为法院判决是由某个国家法院依据本国法律赋予的司法审判权作出的，凡是由内国法院作出的判决为内国判决，反之，则为外国判决；而作出裁决的仲裁庭的组成人员是由当事人指定的，它不属于任何国家的司法机关的组成部分，有时裁决甚至由争议当事人之外的第三国仲裁庭作出。[⑤] 在此情况下，认定外国仲裁裁决的只能采用多种不同的标准。

---

① 谭兵：《中国仲裁制度研究》，法律出版社 1995 年版，第 318—319 页。
② 郭寿康、赵秀文：《国际经济贸易仲裁法》，中国法制出版社 1995 年版，第 143 页。
③ 谢石松：《国际民商事纠纷的法律解决程序》，广东人民出版社 1996 年版，第 164—165 页。
④ Mauro Rubino-Sammartano. *International Arbitration Law*. Kluwer，1990，p.15.
⑤ 郭寿康、赵秀文：《国际经济贸易仲裁法》，中国法制出版社 1995 年版，第 140—141 页。

（一）裁决作出地标准

裁决作出地标准又称为"领域标准"，指以仲裁裁决在何国作出为标准来区分内国仲裁裁决与外国仲裁裁决。凡是在内国领域作出的裁决即为内国裁决；反之，在国外作出的裁决就属于外国裁决。目前，大多数国家及有关国际公约采纳了这一标准。例如，1976年《瑞典仲裁法》第5条规定："在国外作出的仲裁裁决，即为外国仲裁裁决。在适用本法时，举行仲裁程序所在地的国家，即认为是作出仲裁裁决的国家。"1995年《瑞典仲裁法》第53条亦有同样的规定。显然，《瑞典仲裁法》将裁决作出地视为认定裁决国籍的唯一连接因素。可是，在世界各国的仲裁立法中，类似瑞典法这样明确地作出认定裁决国籍的尚无第二例。1958年《纽约公约》第1条第1款规定："仲裁裁决，因自然人或法人间之争议而产生且在声请承认及执行地所在国以外之国家领土内作出者，其承认及执行适用本公约。"

（二）非内国裁决标准

非内国裁决标准是指凡是依据内国法律认为不属于其内国裁决的仲裁裁决即为外国仲裁裁决。依据这一标准，有关国家有可能将在本国境内作出的一项仲裁裁决视为非内国裁决，并按照外国仲裁裁决的方式处理承认及执行事项。至于如何认定裁决为非内国裁决则完全由采纳此标准的国家自行决定。在起草《纽约公约》过程中，法国、德国、意大利、奥地利、比利时、荷兰、瑞典和瑞士8个国家曾提议公约采用此标准。现行的《纽约公约》第1条第1款的后半句"本公约对于仲裁裁决经声请承认及执行地所在国认为非内国裁决者，亦适用之"表明公约一方面采用裁决作出地标准，另一方面兼采非内国标准。现在法国和德国均采用这一标准。例如，根据法国法律规定，凡根据法国法以外的程序法所作出的裁决，不论其在法国还是在外国作出均被视为外国裁决。采用非内国标准时，裁决的作出地就不那么重要了，而进行仲裁程序时所适用的程序法（主要是仲裁法）便具有决定性意义。

（三）混合标准

混合标准是同时采用裁决作出地标准和非内国裁决标准作为认定外国

裁决的依据。1958 年《纽约公约》是典型的采用混合标准的一项国际公约，其第 1 条第 1 款规定："仲裁裁决，因自然人或法人间之争议而产生且在声请承认及执行地所在国以外之国家领土内作出者，其承认及执行适用本公约。本公约对于仲裁裁决经声请承认及执行地所在国认为非内国裁决者，亦适用之。"《公约》同时采用两种标准是为求得妥协，以便使更多的国家参加公约。就特定国家而言，同时采用两种标准者毕竟是极少数，据现有资料，前南斯拉夫可算一例。[①]

第三节　承认及执行外国仲裁裁决的国际制度

一、承认与执行国外仲裁裁决的国际法依据

国际商事仲裁裁决具有移转性。在一国仲裁机构作出的裁决必须在另一国的法律制度下也获得法律效力。在这方面，国际商事仲裁程序对国家法律制度的依赖在承认和执行制度中表露无遗。仲裁庭尽管拥有足够解决商事争议的权力，但却不具有法院拥有的强制力。只有国家的司法机关才能通过冻结银行账户或扣押财产等方式执行针对一方的裁决。由于国家主观上并不愿意将本来只赋予司法机构的强制力再赋予只具有私法性质的仲裁机构，因此，执行裁决也只能由执行地国的法院根据本国法律的规定进行。

各国的程序性规则有很大的不同。国际条约在这方面起到了统一的作用，将各国千差万别的规定统一为普遍适用的规则。

承认和执行国际仲裁裁决的国际化立法经历了相当长的时间。随着国际商事仲裁的不断发展，1923 年《仲裁条款议定书》及 1927 年《关于执行外国仲裁裁决的公约》越发显现出各自的历史局限性，特别是对承认和执行国际仲裁裁决的程序和条件规定表现出严重的滞后性。联合国为了顺应仲裁国际化的需要，于 1958 年制定并通过了《关于承认及执行外国仲裁

[①] 刘慧珊等：《外国国际私法法规选编》，人民法院出版社 1988 年版，第 150 页。

裁决公约》（简称《纽约公约》）。

《纽约公约》在 1927 年议定书的基础上取得了实质性的进展。它规定了更加简单和有效的仲裁裁决获得承认和执行的方法，比前两个公约更加广泛地赋予了仲裁协议的有效性效果。因此，《纽约公约》在国际商事仲裁界获得了很高的评价。有学者称之为"国际商事仲裁大厦赖以依靠的最为重要的擎天柱"；亦有学者认为"公约有可能是商事法国际立法的整个历史中最为有效的一个范例"。截至 2018 年 4 月，已有 159 个国家加入了该公约。

除了上述国际性条约之外，在外国仲裁裁决承认和执行领域还有《欧洲商事仲裁公约》《华盛顿公约》《巴拿马公约》和《阿曼公约》。地区性条约的主要作用是满足区域国家在经济和法律方面的共性需求，在《纽约公约》确定标准的基础上作出一些新的补充性的规定。可以肯定的是，《纽约公约》是目前最主要和基础性的国际性法律文件。

二、中国承认和执行外国仲裁裁决的国际法渊源

1986 年 12 月，全国人大常委会通过了《关于我国加入〈承认与执行外国仲裁裁决公约〉的决定》。1987 年 1 月 22 日，中国提出加入《纽约公约》的申请。该《公约》于 1987 年 4 月 22 日对中国生效。自此，《纽约公约》也成为我国承认与执行国际仲裁裁决的重要法源之一。裁决一方所在国是《纽约公约》缔约国的，可以根据《纽约公约》向中国有管辖权的法院提出执行裁决的申请。

中国在加入《纽约公约》时提出如下声明：① 中华人民共和国只在互惠的基础上对在另一缔约国领土内作出的仲裁裁决的承认和执行适用公约；② 中华人民共和国只对根据中华人民共和国法律认定为属于契约性和非契约性商事法律关系所引起的争议适用该公约。

《民事诉讼法》第 274 条规定："中华人民共和国缔结或者参加的国际条约同本法不同规定的，适用该国际条约的规定，但中华人民共和国声明保留的条款除外。"因此，原则上，除了中国声明保留的条款以外，中国加入或批准的国际条约在效力上优于国内法。国际条约可以在中国直接得到执行而不需要通过立法的方式补充到中国现有法律之中。

除了《纽约公约》之外，双边国际条约也是重要的国际法依据。目

前，我国已与 39 个国家签署了双边民商事司法协助条约，其中 36 个已生效，且普遍含有相互承认和执行仲裁裁决的内容，例如《中泰关于民商事司法协助和仲裁合作的协定》等。

在我国与一些国家订立的双边贸易、投资保护和司法协助的条约或协定中，规定有关于相互承认与执行对方国家仲裁裁决的条文。例如，1988 年《中华人民共和国和法兰西共和国关于民商事司法协助的协定》第 25 条规定："缔约双方应根据 1958 年 6 月 10 日纽约关于承认与执行外国仲裁裁决的公约相互承认与执行在对方境内作出的仲裁裁决。"就条文规定看，双边条约也仅作原则性规定，其法律作用仅是肯定和强化《纽约公约》的法律效力。双边政府协定的主要功能并不是为两国当事人之间的商事交易中发生的经济纠纷提供争端解决机制，因此，其中关于执行仲裁裁决的条文并不具备可操作性。

如果确有《纽约公约》之外的外国仲裁裁决需要在中国法院承认和执行的，完全可以依据互惠原则办理。中国法院对于互惠原则的理解正在从"事实互惠"向"推定互惠"转变，为更多的外国仲裁裁决提供了在中国法院寻求承认和执行的渠道。由于《纽约公约》成员国众多，中国法院至今尚无依据互惠原则承认和执行外国仲裁裁决的案例。中国法院对互惠原则的解释主要体现在法院执行外国法院民商事判决领域。[①]

(一)《关于仲裁条款的日内瓦议定书》

1923 年 9 月 24 日，在国际联盟主持下，16 个欧洲国家在瑞士日内瓦签订了《关于仲裁条款的日内瓦议定书》(简称《日内瓦议定书》)，这是国际第一项关于仲裁问题的公约，参加的国家有英国、法国、意大利、比利时、西班牙、挪威、日本、新西兰、印度等国家。《日内瓦议定书》主要是保证"在个缔约国司法权下的契约当事人，签订一项现有或者将来的争议的协议，同意将由于契约所发生的一切或任何争议，不论是商事问题或者其他可以用仲裁方式解决的问题，提交仲裁。"并且"不论仲裁是否在对当事人有无管辖权的国家内进行，缔约各国都承认协议是有效的"。关于仲裁裁决的执行，《日内瓦议定书》规定："缔约各国对于依照《议定

---

① 高晓力：《中国法院承认和执行外国仲裁裁决的积极实践》，《法律适用》2018 年第 5 期。

书》的规定，在本国境内作出的仲裁裁决，负责保证由本国有关机关依照本国法律的规定执行。"由此可知，《日内瓦议定书》仅要求各缔约国承认仲裁协议的效力，并保证依据本国法律执行在本国境内所作出的仲裁裁决。因此，从严格意义上讲，《日内瓦议定书》所确立的并非是真正的承认和执行外国仲裁裁决的国际制度。

（二）《关于执行外国仲裁裁决的日内瓦公约》

《关于执行外国仲裁裁决的日内瓦公约》（简称《日内瓦公约》）签订于 1927 年 9 月 26 日，其肯定了 1923 年《日内瓦议定书》中涉及仲裁决条款效力的内容，同时又规定，缔约国在其领土内对属于 1923 年《日内瓦议定书》范围的仲裁申请所作出的裁决，应该被认定具有拘束力，并应按照被请求履行该裁决的所在国当地程序法予以执行，但必须符合下列条件。

（1）裁决根据仲裁申请书作出，而申请书在有关法律之下是有效的；

（2）裁决的事项，在请求承认或者执行裁决所在国的法律之下是可以用仲裁方式解决的；

（3）作出裁决的仲裁庭是仲裁书所规定的，或者按照当事人所同意的形式组成，并且与有关仲裁程序的法律相符；

（4）裁决在作出裁决所在国内已成为终局；

（5）裁决的承认或者执行与申请承认或者执行所在国的公共秩序或者法律不相抵触。

此外，《日内瓦公约》还规定，在任何缔约国领土内作出的仲裁裁决，虽然具备了上述条件，但如果查明存在下列情况之一的，仍然可以拒绝承认和执行。

（1）裁决已在作出裁决的国家被撤销；

（2）仲裁进行的情形未及时通知请求执行裁决的被诉人，使之有充分时间提出意见，或者被诉人在法律上无行为能力，没有适当的代表出庭；

（3）裁决不曾处理仲裁申请书范围内的争议，或者裁决中含有对于仲裁申请书范围以外事项的决定。

在日内瓦签署的上述两项国际公约，为建立一套承认和执行外国仲裁裁决的统一国际制度奠定了基础。然而，就它们的适用范围、承认和执行的条件以及请求执行的程序而言，这两项公约都有不足之处，从而影响了它们的效力。

首先，这两项公约都以"互惠"为基础，即两国之间必须首先缔结一项双边协定，然后才能在各自的管辖范围内实施公约规定的义务。这样，公约的国际性就打了折扣，对非缔约国领土内作出的仲裁裁决无法适用公约的规定。

其次，《日内瓦公约》所列举的承认和执行外国仲裁裁决的 5 个条件是"必须具备"的，而且是否符合这些条件完全由法院调查，被执行人不负举证之责。因此，从执行裁决的条件分析，执行外国仲裁裁决比执行本国仲裁裁决严格得多。

最后，根据《日内瓦公约》请求执行的一方必须证明裁决在仲裁机构所在国是终局的。因此，在其申请执行时，必须先取得仲裁地国家司法机关的执行许可证，再请求执行地法院发出执行裁决的裁定，此所谓"双重执行许可证"制度无疑不利于仲裁裁决的迅速执行。

正是由于上述缘故，这项国际公约的影响范围比较有限。

（三）联合国 1958 年《承认及执行外国仲裁裁决的公约》

第二次世界大战后，国际商业活动的规模和形式以前所未有的速度扩大和增加，跨国商业活动的发展导致跨国商事争议的增加，人们越来越倾向于采用仲裁方式解决商事纠纷。而前两项在日内瓦所缔结的公约不足以提供一项普遍接受、简便的承认和执行外国仲裁裁决的国际制度，故客观上要求国际社会共同努力，以适应变化了的新形势。

为此，联合国经济和社会理事会于 1954 年 4 月 6 日通过第 520 号决议，决定成立由英国、苏联等 8 国代表组成的特别委员会，授权其拟定一份关于承认和执行外国仲裁裁决的新公约草案，供各国讨论。1958 年 5 月 20 日—6 月 10 日，来自世界各地 54 个国家的代表以及有关国际性研究机构和常设仲裁机构的代表，在美国纽约召开的联合国国际商事仲裁会议上讨论并通过了《承认及执行外国仲裁裁决公约》，因公约是在纽约通过的，故一般称之为 1958 年《纽约公约》。该公约于 1959 年 6 月 7 日生效。截至 2018 年 4 月，共有 159 个缔约方。① 但对于仅参加《日内瓦公

---

① "联合国《承认及执行外国仲裁裁决公约》成员国名单"，http：//www. sjzzc. gov. cn/html/news/2015/0717/2199. html.

约》而未参加《纽约公约》的国家，它们之间仍适用前者。

《纽约公约》吸收了前述两项日内瓦公约的基本内容，在此基础上有了重大发展。《纽约公约》成为当代有关承认和执行外国仲裁裁决的一项最全面、最重要的普遍性国际公约，它的通过并生效，标志着承认和执行外国仲裁裁决的国际制度的形成。

三、《纽约公约》所确立的承认及执行外国裁决的国际制度

（一）承认及执行外国仲裁裁决的范围

《纽约公约》第 1 条规定的可被缔约国法院承认和执行的外国仲裁裁决包括以下方面。

（1）由于自然人或法人间的争议而引起的仲裁裁决。

（2）在非执行地国家领土上作出的或执行国不认为是本国裁决的仲裁裁决。此项规定充分顾及各国在判断外国仲裁裁决的标准不一致的现实。《纽约公约》的此项规定就是为了兼顾不同的标准，以使公约在最大范围内得以适用。

（3）由临时仲裁庭或者常设仲裁机构所作出的裁决。《纽约公约》第 1 条第 2 款规定，《纽约公约》下的"仲裁裁决""不仅指专案选派之仲裁员所作裁决，亦指当事人提请仲裁之常设仲裁机关所作裁决"。《纽约公约》之所以这样规定，是考虑到过去和现在的仲裁不少是以临时仲裁方式进行的，故公约肯定了常设仲裁机构的地位，确保其作出裁决的法律效力。

（4）《纽约公约》第 10 条规定，任何国家签署、批准或加入公约时，可以声明，将公约扩延之国际关系由该国负责的一切或任何地区。依据此项规定，澳大利亚、法国、丹麦、德国、荷兰、英国、美国等分别发表声明，将公约的适用范围扩展到各自管辖下的海外领地或托管地或者国际法上的特别区域。

（5）《纽约公约》第 1 条第 3 款规定，各缔约国在参加该公约时可以发表声明，在承认和执行外国仲裁裁决时，须以互惠为条件，即只承认和执行缔约国所作出的裁决，对非缔约国领土内所作出的裁决将不按公约的规定办理，此所谓"互惠保留"；此外，各缔约国亦可声明，仅依照本国法律属于商事关系（不论其为契约性与否）所引起的争议适用该公约的规

定，对于非商事争议（劳动争议等）的裁决则不在此限，即所谓"商事保留"。在《纽约公约》的所有缔约国中，大部分国家对其中的一项或两项予以保留。

从《纽约公约》的适用范围分析，其范围是十分广泛的。以争议的性质而言，它不但适用于传统的因契约纠纷所作出的裁决的承认和执行，也适用于因非契约性争议所作出的仲裁裁决，它充分考虑到仲裁方式日益广泛地用于解决诸如船舶碰撞、知识产权侵权和不正当竞争等非契约性争议的趋势。从仲裁裁决作出的国家来看，可被承认和执行的裁决既包括缔约国的仲裁裁决，也包括非缔约国的仲裁裁决。由于公约的高度灵活性，可使大多数国家在不与本国法律抵触的前提下接受公约基本制度，因此，越来越多的国家参加了《纽约公约》。

（二）拒绝承认及行外国仲裁裁决的条件——被申请人举证

《纽约公约》并未直接规定各缔约国承认和执行外国仲裁裁决的具体条件，而是通过否定清单方式在第 5 条列举了拒绝承认和执行外国仲裁裁决的条件，且有关裁决是否存在《公约》第 5 条第 1 款所列举的可予以拒绝承认和执行的情形，其举证之责在被执行人方面。因此，《公约》的基础在于，各国法院应该承认及执行其他缔约国所作出的仲裁裁决，除非被申请人能举证证明存在《公约》第 5 条第 1 款所列举的可予以拒绝承认和执行的情形，否则，接受申请执行的所在国法院就不应该主动审查。

《纽约公约》第 5 条第 1 款规定，如果执行程序的被申请人能够举证证明外国仲裁裁决有下列情形之一者，被请求执行的法院可以依据被申请人的请求，拒绝予以承认和执行。

（1）仲裁协议的当事人无行为能力，或根据仲裁协议选择的准据法，或根据作出裁决国家的法律，该仲裁协议无效；

（2）被执行人未得到关于指定仲裁员或进行仲裁程序的适当通知，或由于其他原因不能对案件提出意见；

（3）裁决的事项超出仲裁协议所规定的范围；

（4）仲裁庭的组成或仲裁程序与当事人的协议不相符合，或在双方当事人无协议时，与仲裁地国家的法律不相符合；

（5）仲裁裁决对当事人尚未发生约束力，或者仲裁裁决已被仲裁地国家的有关当局撤销或停止执行。

上述 5 项可作为拒绝承认和执行外国仲裁裁决的理由，全部属于程序性事项。显而易见，即使被申请人要求法院拒绝执行有关的仲裁裁决，他也不得以事实不清或者适用法律不当等实体事项作为拒绝执行的理由。

（三）裁决的事项不具有可仲裁性及裁决内容违反公共秩序——法院认定

《纽约公约》第 5 条第 2 款规定，如果被请求承认和执行仲裁裁决的国家当局认为，按照该国的法律，裁决中的争议事项不适合以仲裁方式处理，或者认为承认和执行裁决有违该国的公共秩序，法院亦可以拒绝承认和执行该项裁决。该款所列举的可拒绝承认和执行裁决的事项应由法院认定。

1. 裁决中的争议事项不适合以仲裁方式解决

仲裁的事项不具有可仲裁性，是由接受申请的法院来审查的。公约本身并未具体规定哪些争议不可以通过仲裁方式解决，故有赖于法院依照本国法律或者司法实践加以确定。世界各国的法律制度的差异，导致在争议是否可以仲裁解决这一问题上的诸多分歧。因此，有必要对此进行详细论述，并探讨其一般趋势。

（1）争议可仲裁性的客观标准。纵观各国立法，决定争议是否具有可仲裁性主要由三个方面的因素决定。[①]

第一，争议的可争讼性。可争讼性确定了发生于当事人之间纠纷事项的性质，若争议可以通过诉讼的方式加以解决，那么也就可以纳入具有"准司法"属性的仲裁的调整范围。根据这一标准，认定公民民事能力案件和认定无主财产案件等非争讼案件以及专利、商标等知识产权权属确认案件就被排除在可仲裁事项范围之外。因为这些案件不是当事人之间发生的争议，而是一方申请人要求确认某种法律事实和权利的存在。例如，对可仲裁事项作广义理解的瑞典对法律上剥夺权利的判决问题、时效等争议的可仲裁性持否定态度。

第二，争议的可赔偿性。可赔偿性表明了争议的财产属性和私法属

[①] 陈治东、沈伟：《国际商事仲裁裁决承认与执行的国际化趋势》，《中国法学》1998 年第 2 期，第 113—114 页。

性。在诉讼范围内，有些争议可以通过诉讼的方式解决和确认，但是由于解决的结果只涉及法律状态和法律事实的存在而不能导致财产关系的发生。因此，许多不具有可赔偿性的争议诸如有关身份、家庭关系（收养、监护、婚姻）和选民名单等争议就被排除在仲裁范围之外。

第三，争议的可和解性。仲裁是当事人通过仲裁协议对彼此之间的争议自行选择的处理方式，这说明当事人对争议所涉的权利及其处理方式可以自主决定。因此，"可和解性"可称为"权利自主性"标准。这一标准在较多的国家法律规定中得到了体现。例如西班牙法律规定，法律允许将所有当事人具有处分权的私法案件提交给仲裁人处理。芬兰法律规定，只有属于可以和解的案件，仲裁协议才有效。奥地利《民事诉讼法》第557条规定："在当事人有权就争议的标的达成和解的范围内，规定某一法律争议应由……仲裁员解决的协议是有效的。"由于商事活动中当事人处分权利的主要方式是合同，因此，具体评判"可仲裁性"事项通常可依合同的存立为要件。凡当事人不能通过合同方式处分的争议，除非涉及下列所述之争议，通常不可交付仲裁。因此，根据各国法律的一般原则，不能通过合同方式解决的争议主要是专属于法院管辖或强制性规范调整的争议，例如刑事案件、行政案件等。

各国关于可仲裁事项的规定基本上采纳了上述标准。但是，某些国家的规定亦有例外。例如，南非法律允许当事人在得到法院认可的情况下，将关于私人身份事项、婚姻争执事项和涉及未成年人和无权利能力的人的事项提交仲裁。挪威法律规定，不动产所有权的争议不可仲裁。意大利法律排除了代理合同争议的可仲裁性。又由于不同国家在法律概念和认知上存在着明显的差异，各国关于可仲裁性的表述范围、对象就有不同。拉美一些国家将公共实体所签订的有关技术转让、投资和矿藏开发合同排除在商事关系之外。特别是在涉及反托拉斯问题、法人清算和破产、商业侵权以及惩罚性赔偿等方面的国际商事争议，各国司法实践还有争论。

（2）特殊争议的可仲裁性问题。1974 年，美国联邦最高法院在"谢尔克诉阿尔伯托-卡尔弗"案（Scherk v. Alberto-Culver Co.）中，否定了自己于 1953 年在"威尔科诉斯旺"案中所确立的"基于 1933 年《证券法》所产生的争议是不可仲裁的"原则，认为"谢尔克"案中的仲裁协议载于当事人之间的一份国际合同，依据美国的 1926 年《联邦仲裁法》的规定，国际关系中的仲裁协议应该具有约束力，是不可撤销的和可执行的。此后，美国最高法院在 1987 年的"谢尔逊/美国捷运公司诉麦克马洪"案（Shearson/American Express v. McMahon）中又一次重申了证券纠纷的可仲裁性。

许多国家都认为经济活动中不正当竞争的反托拉斯问题争议属于法院排他性的专属管辖权范围，否认其可仲裁性。这是因为，首先，这类争议具有重要意义，竞争是市场经济国家经济运行的根本特质，关系国家的根本利益。对一些西方国家而言，这是一个如同"战争与和平"一样重要的关系到"民主资本主义"的重要问题。① 为了保持经济活动的有序竞争，不少国家颁布了专门的反垄断法或反不正当竞争法，并将反垄断案件的管辖权赋予法院。其次，传统观念对民间性的仲裁机构持消极态度。法院惯有的立场是：反垄断问题的复杂性需要精炼的法律和经济分析，而简便、迅捷的仲裁方式和仅具备一般衡平观念的仲裁员不能胜任。再次，反垄断问题的重要性不能允许由民间社团选出的仲裁员特别是对内国法律知之甚少的外国仲裁员来解决。基于这一认识，美国、德国等西方国家曾一度不承认和执行包含反托拉斯因素的国际商事仲裁裁决。在公共政策问题上，法院认为援引公共政策为理由拒绝承认及执行外国仲裁裁决时，违反本国强行法的国际商事仲裁裁决未必违反本国的公共政策。基于这一认识，法院对于公共政策从严解释，使本国当事人难以援引公共政策作为理由来拒绝执行外国仲裁裁决。

然而，美国最高法院于 1985 年判决的"三菱汽车公司诉索勒·克莱斯勒-普利茅斯"（Mitsubishi Motors v. Soler Chrysler-Plymouth）案，首次认定反托拉斯案件是可以通过仲裁解决的事项。法院判决指出，美国反托拉斯法在本质上完全不禁止当事人同意用仲裁方式来解决此类"法定请求"，除非国会本身已表明这种法定权利争议排除仲裁，否则当事人必须受仲裁协议的约束。② 特别需要指出的是，美国法院已经将此项原则从国际交易扩大到国内交易范围。③

---

① American Safety，391 F.2d，pp.826 - 827.

② Mitsubishi Motors Corp. v. Soler Chrysler-plymouth，Inc. 505 US 3346 (1985).

③ GKB Caribe，Inc. v. Nokia-Mobira，Inc. and Cellular World，Inc. 4 International Arbitration Report (December 1989)，pp.8 - 9 and C 1 - 5.

　　关于破产案件，一般认为，美国纽约东部地区法院对"雷福托彻姆"案的判决确立了破产案件的可仲裁原则。[①] 从 20 世纪 90 年代早中期的司法实践看，破产争议的可仲裁性还有待分析。在"阿德拉保险公司诉纽约州保险公司监理官"的案件中，纽约州法院采取了与雷福托彻姆案不同的立场。[②] 百慕大的阿德拉公司与拿骚保险公司签订了三份含有仲裁条款的再保险合同。拿骚公司于 1984 年破产并进入清算程序，由纽约州保险公司监理官作为其清算人。监理官通过仲裁要求阿德拉公司支付其欠拿骚公司的保险费用，而阿德拉公司拒绝执行裁决。纽约州法院以争议不可仲裁而拒绝执行。尽管"阿德拉"案与"雷福托彻姆"案都是破产争议案，但两者在当事人和涉讼争议方面有着根本区别。前者是国际合同一方当事人和另一方的清算人关于清算事项的争议，后者是国际合同双方当事人对合同发生的争议。严格地讲，雷福托彻姆案仅仅涉及一方破产之后的债权人的财产争议，而阿德拉案实际上是阿德拉公司与监理官之间的争议。法院认为，《纽约公约》只适用于"商务关系"，而监理官代表了股东、投保人和一般公众的利益，其代表拿骚公司行使职权可能影响纽约州保险管理清算体系，法院对此有管辖权。因此，破产纠纷是否可以仲裁取决于争议的属性关系破产或清算程序的纠纷，因与裁决执行地国的程序法相关而不能仲裁。日本和澳大利亚关于破产争议不可交付仲裁的规定即是这个意义上的限制。在国际商事争议牵涉破产财产和破产程序中的债权人利益的争议仍是可仲裁的。

　　国际商事争议因具有侵权纠纷的性质而使可仲裁性问题变得相对复杂。所谓商业侵权即指商业活动中发生欺诈、串通共谋、产品责任等侵权行为。美国第二巡回上诉法院在"杰纳斯科公司"案的判决中确认了不当得利、欺诈等行为均属可仲裁的事项。[③] 杰纳斯科公司的高级管理人员与日本出口商共谋，让公司仅从后者进口不具有竞争性的高价产品。杰纳斯科公司在发现这一共谋行为后，以不当得利和侵权为名向法院提起诉讼。第二巡回法院推翻了地方法院关于侵权争议不可仲裁的判决。在"三井公

---

　　① 周成新:《美国法院适用 1958 年〈纽约公约〉公共政策抗辩条款的实践》,《法学评论》1992 年第 5 期。

　　② Ardra & Diloreto v. James P. Corcoran. Superinterndent of Insurance Company. *New York Law Journal*, 17 April 1990.

　　③ 丁伟、陈治东:《冲突法论》,河海大学出版社 1991 年版,第 336 页。

司诉艾尔孔公司"案中，墨西哥法院发出了认定产品质量引起的侵权争议是可以仲裁的中间判决，支持原告主张的法院无管辖权的抗辩。① 美国、瑞士和德国的法律也允许商事活动的当事人将产品质量引起的侵权争议作为仲裁事项交付仲裁。② 决定侵权案件可仲裁性的关键因素是侵权行为的起因，履约过程中的侵权行为应是可仲裁的。特别是《纽约公约》第 2 条第 1 款规定："当事人以书面协定（仲裁协议）承允彼此间发生或可能发生之一切或任何争议，如关涉可以仲裁解决事项之确定法律关系，不论为契约性质与否，应提交仲裁时，各缔约国应承认此项协定。"可见，此公约关于可仲裁事项的规定包括了侵权纠纷。

　　与商业侵权纠纷相关的另一个问题是惩罚性赔偿等属于强制性规范的争议是否属于可仲裁的范畴。美国第一上诉巡回法院在"瑞森公司诉自动商业系统公司"案中，确认仲裁员依据一般仲裁条款有权裁决惩罚性的损害赔偿。因为美国仲裁协会授权仲裁员在当事人协议范围内准予合理和公正的补偿或救济的规则包括惩罚性的损害赔偿。③ 在"里纳萨格诉联合电子公司"案中，印度最高法院也承认了包括惩罚性补偿的仲裁裁决。④ 本案的双方当事人签订了一份火力发电设备销售合同，约定发生争议提交国际商会仲裁。争议发生后，国际商会仲裁院的仲裁庭裁决美国联合电子公司胜诉，该公司要求印度孟买法院执行。里纳萨格公司以裁决支付 8% 复利的巨额赔偿金为由，主张不予执行。法院认为，由于仲裁协议约定纽约法是准据法，因此，以纽约法为基础的裁决尽管与印度法有关禁止复利的规定不相一致，也应执行。

　　（3）商事争议可仲裁性的一般趋势。若干国家关于可仲裁性问题的立法和司法实践表明，《纽约公约》确立的"可仲裁性"事项有扩大化的趋向。具体表现在：第一，传统的不可仲裁事项不断地向可仲裁方向演变。

---

　　① Mitsui Co. & Mitsui de Mexico SA. v. Alkon Textil SA. 三井公司根据订立的七份合同向阿尔孔公司出售机械产品，并由三井的机械人员安装在处于墨西哥境内的阿公司房产之上。由于三井公司提供的产品有质量问题使阿尔孔公司蒙受损失。
　　② ［日］谷口安平：《程序的正义与诉讼》，王亚新、刘荣军译，中国政法大学出版社 1996 年版，第 311—316 页。
　　③ Raytheon Company. v. Automated Business Systems，Inc. 参见程德钧：《涉外仲裁与法律》（第 1 辑），中国人民大学出版社 1992 年版，第 334—335 页。
　　④ Renusagar Power Co. v. General Electric Company. 8 ASA Bulletin. 8 Asa Bulletin (1990) p.315；Singhania & Co. News Letter，1990，p.4.

法院不再轻易地支持关于不可仲裁性的抗辩。第二，各国在裁决的执行过程中，区分国内国际两个范畴，对国际商事争议作不同的对待。法国法律将可仲裁事项限于因当事人能自由规定权利引起的一切争议，但这种限制不适用于国际仲裁协议。有的法院甚至认为："关于外国或跨国仲裁庭的能力和国际商业秩序中解决争议的可预见性的本能，需要我们执行当事人的协议和裁决，甚至这在国内范围内会产生相反的结果。"①

形成这一趋势的原因主要应归结于经济和法律的国际化。首先，世界经济的全球化发展趋势，使得国际商业的客体对象日渐扩大。以知识产权为例，技术产品的交易和特许经营、转让、独家销售等经济活动迅速扩展。根据国际商会的统计，约有20％的国际商事纠纷是与知识产权有关的。② 在这种态势下，为了服务于世界范围的商业和贸易，作为解决国际商事争议有力工具的仲裁方式无疑会在保护国际竞争和知识产权贸易领域发挥积极的作用。其次，经济活动的全球化使调整经济秩序的国际商事法律规范也出现了趋同化的势头。在世界贸易组织框架体系内的贸易、投资和知识产权领域的实体规范正逐步接近和协调。各国立法相同和相近能够缩小裁决作出国和裁决执行国的法律差别，弱化法律矛盾，为执行国法院执行外国仲裁裁决提供了较有利的法律环境。最后，各国在国际商事仲裁领域尊重国际公约和仲裁方式的法律效力，采取有利于仲裁的政策。正如美国法官在"卡瑞比"案中指出的："可仲裁性问题必须用有利于仲裁的健康的联邦政策加以考察，……任何与仲裁范围问题相关的疑问应当作出有利于仲裁的解答。"

值得注意的是，一些国家关于承认和执行外国仲裁裁决的立法对可仲裁性问题作了更为灵活的规定。例如，荷兰《民事诉讼法典》在拒绝承认和执行外国仲裁裁决的要件中舍弃了"可仲裁性"的要求。上述一系列判决清楚地表明，一些国家的法院对"可仲裁性"问题是放宽解释的，即只要在合同存在有效的仲裁条款，即使由于某些传统上属于"法定请求"的事项导致当事人之间的纠纷，即使争议的性质已超越纯的商业性质而扩及公法领域的违法行为，法院仍认为应通过仲裁方式解决，并将依据《纽约

---

① Mitsubishi Motors Corp. v. Chrysler-plymouth Inc. 474 US 614. *Yearbook Commercial Arbitration*. Vol XI, 1986，pp.555-556.

② Marc Blessing，President's Message. *ASA Bulletin* 4/1993，p.498.

公约》执行仲裁机构据此作出的仲裁裁决。所以，有的学者曾经针对美国关于"可仲裁性"问题的发展状况指出，在涉及承认及执行仲裁裁决时，被执行人提出的争议不可仲裁的抗辩已不具有多少生命力了。①

2. 裁决内容违反执行地国家的公共秩序

《纽约公约》第5条第2款规定，如果执行地法院查明承认和执行裁决将与该国的公共秩序相抵触，可以拒绝执行。以这一理由拒绝执行外国仲裁裁决，不必申请人举证证明，而由法院酌情审定。

公共秩序是各国国际私法中普遍存在的保留条款，虽然就其内涵而言，世界各国因政治、经济制度和法制传统的差异，对公共政策的理解和认定标准有差异。各国对"公共政策"的解释包括"道德规则""法律秩序""社会公共利益""善良风俗""国家制度的基本原则"等，表现出很强的弹性，缺乏统一、完整的解释和规范。从法律适用的角度看，伸缩性成为公共政策的缺点和不足。近年来，随着仲裁的广泛采用和国际商事仲裁制度统一化趋势的加强，《纽约公约》缔约国法院普遍放宽了执行外国仲裁裁决的条件，对于争议的可仲裁性作从宽的解释，唯独对公共秩序的解释则更为严格。在实施《纽约公约》的过程中，缔约国法院鲜见以公共秩序保留为理由而拒绝执行外国仲裁裁决的。一些缔约国认为，《纽约公约》中规定的公共秩序应是"国际性"的公共秩序（International Public Policy），而非执行地国的一般内外政策。换言之，即使执行裁决与执行地国的外交政策不一致，也未必构成公共政策的充分理由。例如，美国帕森斯公司（Parsons & Whittemore Overseas Company）为埃及建造一座纸板厂，为此派出技术人员去埃及工作。因1956的以色列与埃及的战争，埃及与美国一度断交，帕森斯公司提前撤回了技术人员。此后，根据美国国务院的通知，帕森斯公司单方面终止履行合同，并引用合同中的不可抗力条款为自己的行为辩护。埃及公司拒绝接受，并将争议交付国际商会仲裁院，仲裁庭作出了有利于埃及公司的裁决。埃及公司因美国公司拒绝履行裁决而诉于美国法院。帕森斯公司提出了若干抗辩理由，其中之一是：当美国与埃及两国关系恶化时，放弃在埃及的工程项目是帕森斯公司作为美国国民的一种义务。若法院执行一份由于其遵守美国政府政策而导致其败

---

① 韩健：《现代国际商事仲裁法的理论与实践》，法律出版社1993年版，第351页。

诉的仲裁裁决将违反美国的公共政策。美国法院驳回了被申请人帕森斯公司基于公共秩序的抗辩，指出："以美国与埃及近年来的争议作为主要原因而拒绝承认和执行裁决，将意味着把本来旨在狭小范围内适用的抗辩理由，变成整个公约确立的执行外国裁决制度中的一个主要漏洞。"① 这项法院判决深刻地阐明了公共秩序保留在作为拒绝承认和执行外国仲裁裁决的抗辩理由时，其适用范围是十分有限的。即使像两国外交关系中断这样的国家关系严重恶化事件，也不能解释为公共秩序。

公共秩序保留是世界各国都不愿放弃的抵制外国法适用以及拒绝执行外国仲裁裁决的限制性手段。但法院对此的解释持谨慎态度，从严掌握，确实制约了《纽约公约》关于公共秩序条款的效力范围。这对于各国履行公约义务、通过对外国仲裁裁决的普遍承认和执行、促进国际商业交流，无疑具有十分积极的现实意义。

因此，不少国家在处理仲裁裁决承认及执行过程中所涉及的公共政策问题时，表现出以下新趋势。

(1)区分国内和国际两个不同范畴的"公共政策"。一些国家的立法以及在承认和执行国际仲裁裁决的司法实践过程中提出了"国际公共政策"概念。例如，法国1981年的《民事诉讼法典》第1502条规定：承认或执行违反国际公共政策的，可拒绝承认和执行裁决。卢森堡以及墨西哥等拉美国家在审理案件过程中也吸收了国际公共政策的概念，并有相应的司法实践。尽管这种"国际性"的公共秩序的内涵尚不清晰，然而从《纽约公用》的宗旨考察，不难推断出同样的结论。否则，不同社会制度国家的法院能够执行不利于本国当事人利益的外国仲裁裁决就难以理解了。

"国际公共政策"的概念已有个案的实践。② 值得关注的事实是，越来越多国家的法院都倾向于认为，属于《纽约公约》的案件应当适用国际公共秩序。这种公共政策的国内、国际二元立法和司法实践表明，已有国家开始意识到国内商事仲裁与国际商事仲裁的差异和不同，对公共政策的适用设定了一定的界限，以便最终有利于国际经济贸易的发展。

(2)采用"客观"或"程度"标准。"公共政策"的"主观"标准是各

---

① Parsons & Whittemore Overseas Company，508 F.2d at 974.
② 韩健：《现代国际商事仲裁法的理论与实践》，法律出版社1993年版，第344页。

国运用"公共秩序"进行司法复审的传统做法。所谓"主观"标准，即当仲裁准据法本身规定违反法院地国公共政策或善良风俗原则时，裁决执行地法院就可以公共政策为由，拒绝承认和执行裁决。

与"主观"标准的随意性和可变性相比，"客观"标准更强调承认和执行外国裁决的结果和法律影响。依照此标准，执行国法院不能以外国裁决所适用法律与本国公共政策的不一致为由拒绝执行裁决，只有在承认和执行裁决会导致危害执行国利益的实质性后果的情况下，才能运用公共政策拒绝执行。基于"客观"标准的合理性，一些法院已经在具体案件中采纳了这一标准。①

一些国家还采用"程度"标准，力图对公共政策加以量化。例如，英国法律对仲裁裁决的可执行性规定有三个条件：送达依仲裁准据法是有效和有约束力的；仲裁裁决必须是终局的；没有压倒性地违反公共政策。第三个条件特别针对外国裁决的执行。② 德国的多项判例确认"只有在极端情形下"违反德国强行法才构成违反公共政策。③ 德国法规定，如承认裁决的结果将明显违背德国法的基本原则，特别是不符合基本法时，可拒绝执行。④ 虽然量化公共政策的努力还只是取得微小的成果，具体措词也有伸缩性理解的可能，但不可否认，各国对公共政策的限制有利于外国仲裁裁决的承认和执行。

（3）司法判例对公共政策的狭义解释。新近的一些判例表明了各国狭义解释公共政策的大趋势。具有代表性的是英国法院受理的"印度达密亚工业公司诉巴基斯坦国民银行"案。⑤ 国际商会仲裁庭作出了一项有利于印度公司的仲裁裁决。当事人在向英国法院申请执行时，印度和巴基斯坦两国正在交战。国民银行称，如果英国执行一个与其都有友好关系的两个敌对国家之间的裁决是违反公共秩序的。但是，这一主张被上诉法院拒绝。审理该案的约翰法官指出，没有理由认为执行有关私人争议的裁决会

---

① 有学者认为，违反执行地国法律的基点是判断仲裁员适用法律的行为，判断公共政策违反与否的重点是仲裁员适用法律对当事人产生的法律效果。Stephen L. Hayford. Law In Disarray: Judicial Standards For Vacatur of Commercial Arbitration Awards. *Georgia Law Review*，Vol. 30，1996，p.784.

② Robert Merkin. *Arbitration Law* (Chapter 17). Lloyd's of London Press Ltd. 1991.

③ 韩健：《现代国际商事仲裁法的理论与实践》，法律出版社 1993 年版，第 345 页。

④ 《德国民事诉讼法典》第 1044 条第 1 款 2 项。

⑤ Dalmia Dairy Industries Ltd. v. National Bank of Pakistan. (1987) 2 Lloyd's Rep.246.

妨碍公共秩序，公共政策不是英国的外交政策。相对"印度达密亚工业公司诉巴基斯坦国民银行案"而言，美国法院处理利比亚国家石油公司与太阳公司之间的裁决更能说明问题，① 因为该案直接牵涉执行国本国当事人。

1980 年，美国太阳公司（Sun Oil Company）与利比亚国家石油公司签订了产品分配协议，约定在利比亚进行石油出口计划。次年，美利两国发生冲突，当时的美国政府禁止从利比亚进口石油，太阳公司因未获得向利比亚出口技术和货物的许可证而以不可抗力为由终止了协议。利比亚国家石油公司便依据仲裁条款向国际商会申请仲裁，并要求美国法院执行对太阳公司不利的裁决。太阳公司称，执行裁决会违反美国的公共政策。因为执行裁决会使太阳公司遵守和支持美国政府指令和政策的行为处于不利的地位，其他公司不会再愿意支持政府的制裁计划，这会减少美国政府制定和执行政策的能力；执行裁决与美国反恐怖政策的要求相冲突；执行裁决会削弱国际社会反恐怖主义斗争的力量。法院认为，外交政策不是公共政策。尽管美利两国发生冲突，但政府没有对利比亚宣战和不承认利比亚政府。根据这些事实，法院不能得出结论，承认和执行裁决会违反美国最基本的道德观念。上述两案充分验证了一些国家司法实中的公共政策观，即"将公共政策抗辩作为狭隘的保护国家政治利益的工具，会严重削弱《纽约公约》的意图"。

对公共政策作狭义解释与《纽约公约》的立法意图是一致的。该《公约》起草小组向联合国大会提交的报告表明，《公约》对公共政策问题的规定的目的是为了使公共秩序保留仅仅在执行外国裁决会明显违反执行国法制的基本原则的范围内适用。

（4）公共政策的内容逐步定型和具体化。国际公共政策、客观化标准和狭隘解释都没有清楚地阐释公共政策的内容和范围，这就给具体适用留下了很大的余地，不利于保护裁决当事人的利益和限制法院的自由裁量权。一些国家逐渐向内容具体化和范围确定化的方向发展。澳大利亚法律规定公共政策的主要内容是欺诈、贪污和裁决形成过程中的显失公平。②

---

① National Oil Corporation v. Libyan Sun Oil Company，733 Federal Supplement，1990，pp.800 - 822.

② Australia International Arbitration Act，Section 19.

英国关于公共政策的理解是欺诈、违反自然正义和公共秩序。① 荷兰法院将违反包括公平原则在内的基本程序法原则视为公共政策。在阿姆斯特丹上诉法院受理的一起案件中，法院因裁决的一方当事人没有将递交给仲裁员的材料呈交给另一方当事人而认定违反公平原则，拒绝执行裁决。② 美国"帕森斯案"确立的公共政策标准是"法院地国最基本的道德和正义观念"（the Basic Notions of Morality and Justice）。③ 德国法院关于公共政策的认定更加具体。在执行"海兹诉亚考伯案"的裁决时，法院认为，只有在外国裁决存在严重影响德国公共和经济生活基础（Foundation of Public and Economic Life）的缺陷时，才能因德国公共政策原因而被拒绝。④ 而在另一起案件中，法院将《德国民事诉讼法》第 1025 条第 2 款的"显失公平"原则作为德国公共政策的一部分。该条规定，如果一方利用经济或社会地位的优势，在程序中对另一方占有优势，迫使另一方达成协议或接受条件，该协议应当无效。⑤

违反正当程序是否构成公共政策的一部分而成为拒绝执行裁决的理由，这需要深入地分析。这是因为，其一，程序平等是实体平等的基石和保障。有些国家甚至将正当程序作为公民基本权利而规定在宪法之中。这就使程序保障成为法律原则的有机组成。其二，国际商事仲裁因涉及跨国主体、客体和法律关系而使得仲裁过程中的程序问题非常复杂。例如，在国内仲裁中相对简单的文件送达，在国际仲裁中就有更大的难度，使得程序错误或不当更容易在国际仲裁活动中发生。其三，根据《纽约公约》第 5 条第 1 款的规定，仲裁庭组成和仲裁程序与仲裁协议或仲裁地法律不相符合时，当事人可以请求拒绝执行裁决。如果程序不当构成公共政策的

---

① Robert Merkin. *Arbitration Law* (Chapter 17). Lloyd's of London Press Ltd. 1991.

② Dennis Cambell. *Dispute Resolution Methods*. Graham & Trotman/Martinus Nijhoff，1994，p.297.

③ 有学者认为"最基本的道德和正义观念"的措词过于原则化而有可能被滥用。但美国法院审理的国际仲裁裁决执行案件中，几乎都重复了这一用语。太阳石油公司案件的判例也表明，法院在公共政策的考虑中遵循了这一术语。许多西方国家将"自然正义"作为重要的法律原则而普遍适用于众多案件。在公共政策领域也有类似的规定，例如希腊仍然保持这一规定。"自然正义"虽是一个抽象的概念，但一般可以理解为自然法的规则、普遍的公平原则、根本的正义原则、优良的道德观念或者公共福利的传统，等等。

④ SpA Ghezzi v. Jacob Boss Sohne. *Yearbook Commercial Arbitration* Vol. XV. 1990，pp.450-455.

⑤ German Assignee of a Shipping Company v. Japanese Shipyard. 35 Recht der Internationalen Wirtschaft，1989，pp.574-578.

一部分，无疑就是允许执行国法院主动去审查程序是否正当，而非被申请人举证证明，这样公共政策就有扩大化的可能。其四，各国关于仲裁程序和程序公正的规定和理解有所不同。在仲裁地视为程序公正的仲裁有可能在执行地国被认为违反公共政策。国际仲裁裁决的执行案中有相当一部分涉及程序不当问题。"考兹案"就是一例。[①] 德国考兹公司向瑞典木材公司购买木材，并且订立了格式合同。仲裁条款规定，双方共同指定一仲裁员。在不能达成一致的情况下，由各方各自指定一仲裁员。如果一方不能指定，应另一方的要求，仲裁员可由德国木材进口商协会指定。德国公司以瑞典公司未完全交货为由申请仲裁，并且要求该协会指定一名以上的仲裁员。在裁决执行过程中，瑞典公司称，由一方代行指定仲裁员的格式合同是违反瑞典公共政策的。而执行裁决的斯维亚卜诉法院却认为德国木材进口商协会指定被告的仲裁员不能被认为是不公正的，这种仲裁员组成方式与瑞典法的基本原则没有冲突。德国法院在"海兹案"中也有类似的认定。意大利的海兹公司获得了一份在意大利销售德国亚考伯公司产品的合同，并约定在国际商会仲裁。在执行裁决过程中，德国公司认为，裁决的作出超过了 6 个月作出的时限，故不应执行。德国上诉法院认为，仲裁员在延长期限时没有给被诉人陈述案情观点的机会，违反了正当程序。而德国最高法院认为，这一程序问题不构成违反公共和经济生活的基础，应予执行。在 20 世纪 70 年代末，许多法院对违反正当程序的案件以公共政策为名拒绝执行，[②] 而目前各国对涉及正当程序的案件不再一律以公共政策加以处理。这说明，尽管公正程序的标准主要取决于执行地国法律，但各国也不绝对认定违反本国公正程序即为违反公约的公正程序。各国在考虑公正程序问题时也考虑了国际性因素，公共政策在仲裁程序中的运用得到限制。

　　公共政策狭义化的实践揭示了各国对国际商事仲裁基本态度变化的深层次动因。首先，各国司法机构更加尊重当事人的意思自治。早期欧美国家不承认外国仲裁裁决的主要原因是认为法院管辖权不能因当事人的约定

---

①　Cordes GmbH v. Kvarnabo Timber AB（HD SO 146/86）.
②　韩健：《现代国际商事仲裁法的理论与实践》，法律出版社 1993 年版，第 318—319 页。

而任意变更和贬损。① 其立足点是否认当事人处理商事争议的能力和行为。随着跨国经济活动在国民经济中的地位的提升，越来越多的国家已经承认国际商事活动的内在运作规律和由此产生的商人自治法——国际惯例，作为其重要组成部分的国际商事仲裁自然得到了各国当局的重视和认可。其次，各国司法机构更加认同平等互利的商事规则。在美国涉及公共政策的裁决执行案中，反复强调"国际礼让的利益超过了当地法定的政策和主张"。② 纵观国际法史，这一由胡伯首创并成为英美国际私法基石的学说产生于资本主义工商业发展较早的荷兰，其背景就是为了适应国际商业的要求。③ 全球经济一体化的时代更需要平等互利的商事理念。从某种程度上说，一国承认外国仲裁裁决会为国际商务和贸易的健康发展提供了平等互利的环境和可能。

（四）承认和执行外国仲裁裁决的标准

《纽约公约》第3条规定，各缔约国应承认仲裁裁决具有拘束力，并且在承认和执行对方国家的仲裁裁决时，不应在实质上比承认和执行本国裁决提出更为麻烦的条件或征收更高的费用。由此观之，公约的规定类似于在承认和执行裁决方面各缔约国相互给予非歧视待遇，使各缔约国在承认和执行外国裁决时的条件和费用与处理本国仲裁裁决的条件和费用大致相同。

（五）承认和执行外国仲裁裁决的程序

《纽约公约》第4条规定，申请承认和执行裁决的当事人，应于申请时提供以下资料或文件。

（1）经正式认证的裁决正本或经正式证明的副本；

（2）据以作出裁决的仲裁协议正本或经正式证明的副本。

如果上述裁决或仲裁协议所用的文字为非承认和执行地所在国官方文

---

① 韩德培、韩健：《美国国际私法（冲突法）导论》，法律出版社1994年版，第309—310页。

② James P. Corcoran v. AIG Mutti-line. *New York Supplement*. 1989，pp.630 – 636.

③ 李双元：《国际私法》（冲突法篇），武汉大学出版社1987年版，第82—83页；丁伟：《冲突法论》，法律出版社1996年版，第22页。

字，申请的当事人应提出该文件的译本，译本应由官方或经过宣誓的翻译员或外交或领事人员的认证。

经审查合格的外国仲裁裁决，依执行国的法律程序予以执行。

四、拒绝承认和执行外国仲裁裁决的条件

各国法律对承认和执行外国仲裁裁决条件的规定有所差异。但是，大多数的《纽约公约》成员国都在立法和司法上以公约为标准进行操作。《纽约公约》拒绝承认和执行外国仲裁裁决的条件主要规定在第 5 条中。该条分为两款。第一款规定了须由被申请人举证证明的拒绝承认和执行的理由；第二款涉及违反法院地可仲裁地和公共秩序，法院可以自行决定依照这些条件拒绝执行裁决。

我国最高人民法院于 1987 年发布的《关于执行我国加入的〈承认与执行外国仲裁裁决公约〉的通知》（简称《通知》）第 1 条规定：根据我国加入该公约时所作的互惠保留声明，我国对在另一缔约国领土内作出的仲裁裁决的承认和执行适用该公约。该公约与我国《民事诉讼法（试行）》有不同规定的，按该公约的规定办理。

《通知》第 4 条规定：中国有管辖权的法院接到一方当事人的申请后，应对申请承认和执行的仲裁裁决进行审查，如果认为不具有《纽约公约》第 5 条第一、二两项所列情形，应当裁定承认其效力，并且依照《民事诉讼法》规定的程序执行。如果认定具有《公约》第 5 条第 2 项规定的情形，或者根据被执行人提供的证据证明具有第 5 条第 1 项所列的情形之一的，应当裁定驳回申请，拒绝承认及执行。

与《纽约公约》第 5 条在规定拒绝承认和执行仲裁裁决时使用"可以"这一非强制性的用词不同，最高人民法院的通知使用了"应当"一词。"可以"在事实上允许法院在认定裁决具有公约所列情形时仍然可以承认和执行裁决，而并不被要求必然拒绝承认和执行裁决。换言之，《纽约公约》允许裁决存在一定的缺陷，同时允许法院认可这样的缺陷。但是，《通知》规定的"应当"使中国执行法院在裁决具有公约所列情形时必须拒绝承认和执行。显然，两者有很大的不同。

（一）仲裁协议无效

《纽约公约》第 5 条第 1 款（甲）项规定："协定之当事人依对其适用之法律有某种无行为能力情形者，或该项协定依当事人作为协定准据之法律系属无效，或未指明以何法律为准时，依裁决地所在国法律系属无效者。"

从理论上说，当事人行为能力应以合同订立时的状态为准，而不应以合同执行时情形为准。有效的仲裁协议必须具有合法的形式，并且不得违反有关国家的强制性规定。问题是，判断仲裁协议有效性的准据法。根据《纽约公约》的规定，仲裁协议的有效性应以协议地法或者裁决地法律作为准据法，没有法院地法适用的余地。

一般来说，法院容易在确认是否存在仲裁协议的问题上作出正确的判断。例如"德国 S&H 公司和联发公司"一案中，被执行人提出双方所签订的合同书并没有仲裁条款，只是在合同条文之前加有含有仲裁之意的文字，不能作为解决争议的条款。执行法院认为，双方当事人在合同中约定的仲裁内容是双方当事人的意思表示，约定内容明确，仲裁条款应当成立。①

《纽约公约》认为只要仲裁条款在仲裁地法律下是有效的，仲裁庭的管辖权就拥有合法正当的来源，从而得到执行地法院的承认。换言之，中国法院不能以仲裁条款在内地法律下无效，而认定域外仲裁庭依据仲裁地法律违反公共利益，从而拒绝承认和执行域外仲裁裁决，这会实质性修改《纽约公约》项下的国际义务。

但是，中国法院在认定仲裁协议有效性方面也存在着一定的偏差。下面的案件可以加以说明。

这是一起涉及国际商会仲裁条款效力的案件。一家中国公司与瑞士一家公司签署的合同中含有这样的仲裁条款：由于本合同所发生的争议，应按照国际商会调解和仲裁规则最终解决，仲裁地点在伦敦。受理执行申请的海口市中级人民法院认为：当事人没有在合同中明确仲裁机构，而国际商会仲裁规则也并不仅仅为国际商会仲裁院独家使用，因此该仲裁条款对

---

① 中国高级法官培训中心、中国人民大学法学院：《中国审判案例要览》（1996 年经济审判暨行政审判卷），中国人民大学出版社 1997 年版，第 449—451 页。

仲裁机构的选定是不明确的。根据中国法律对仲裁协议的要求，不明确的仲裁协议或条款是无效的。[①]

根据纽约公约的规定，仲裁协议有效性应当以仲裁地国法律为准，在本案中应当以英国法律作为解释仲裁协议是否有效的依据。但是，受理本案的中国法院却以执行地国法律，即中国法律，作为判定仲裁协议有效性的依据。这与纽约公约的规定是不同的。

（二）违反正当的仲裁程序

《纽约公约》第 5 条第 1 项第 2 款规定：受裁决援用之一方未接获关于指派仲裁员或仲裁程序之适当通知，或因他故，致未能申辩者。

通常的理解是，本条的目的是为了保证及时地通知使得当事人有机会参加仲裁程序。香港高等法院曾经拒绝执行中国国际经济贸易仲裁委员会作出的一个仲裁裁决。被诉方口头通知中国国际经济贸易仲裁委员会希望在考虑专家报告之后在对案件作出评论，但是仲裁庭并没有提供这样的机会。被诉方又提出要求在开庭时能够援用更多的证据。仲裁庭没有对此作出回复。法官认为这样的情形足以不能使得当事方在案件中表达自己的观点和态度，已经构成了程序的"不当"。[②]

除了欺诈的因素外，有两种情况可能导致被援引裁决的一方不能提起案件。一种情况是"适当"的含义，是否属于"法律或技术上的不当"。大多数的《纽约公约》缔约国一般狭隘地解释《纽约公约》中的这一概念，违反本国的有关适当程序的定义并不必然地构成违反外国仲裁的适当程序。《纽约公约》的这条规定实质上排除了法院地国适当程序标准的适用。第二种情况是"或因他故，致未能申辩者"。不可抗力可以是其中一个原因。但是，该规定并不是为了给法庭管辖权以判定每一个程序性的仲裁规则，除非提出申诉的一方能够表明违反约定的规则导致了实质性的不公。

程序上违反仲裁条款规定并不必然导致不予执行的后果，还要看执行

---

① 王生长：《外国仲裁裁决在中国的承认和执行》，《国际经济法论丛》（第 2 卷），法律出版社 1999 年版，第 501 页。

② Parklito Investment Pty Ltd v Klockner East Asia Ltd（unreported），High Court of the Supreme Court of Hong Kong，4 January 1993.

地法院是否行使剩余裁量权，并执行存在瑕疵的仲裁裁决；尽管一国法院同意执行该仲裁裁决，但是否为他国司法机关认可并执行也未必一致，案件完全体现了一国司法机关对仲裁的态度。[①]

违反正当程序的抗辩在中国承认和执行外国仲裁裁决的实践中不易被执行法院接受。法院在以下案件中充分反映了这一点。

根据深圳贸易集团满洲里公司的委托，中国外运广东湛江公司（简称湛江外运）与塞浦路斯康特斯达公司（简称康公司）于 1993 年 1 月 12 日签订租船合同。合同约定：湛江外运作为租船人租用康公司所属的"卡里奥"（Kallio）装运钢材从罗马尼亚运往中国的湛江或上海港。本合同项下的争议应当通过友好协商解决。友好协商不成的，应提交伦敦仲裁。合同签订后，船舶从西班牙开往湛江，但是空等 22 天，湛江外运没有提供合同约定的货物。康公司自同年 4 月 13 日起通过律师 3 次向湛江外运要求赔偿。在第 3 次传真中，康公司列出 3 名伦敦的仲裁员供湛江外运选择其一，并称如湛江外运在 7 天内没有指定，康公司将向英国高等法院申请指定仲裁员。

同年 5 月 27 日，英国高等法院向湛江外运和满洲里公司发出传唤令，称康公司请求法院委派一名独任仲裁员对租船争议进行仲裁。如果中国公司不接受送达，法院将对仲裁员的委派作出判决和命令。1994 年 3 月 14 日，英国法院主事官秘书处通知康公司的代理律师事务所，称已经收到英国外交和联邦事务部传交来的向湛江外运送达传唤令的收据。之后，法院发出了委任仲裁员审理传唤通知书和命令书，委任布鲁斯哈里斯担任独任仲裁员。之后，仲裁员数次通知中国公司出庭，并给予时间要求回复。在湛江外运不出庭的情况下，仲裁员于 1996 年 8 月 13 日作出终局裁决，租船方应当赔偿 280 456.25 美元并加息，承担共 7 000 多英镑的仲裁费用。在康公司向广州海事法院提出执行之诉时，湛江公司以未能按仲裁庭规定的时间作出书面陈述和未能出庭充分申辩为由，要求不予执行。

执行法院认定：英国高等法院发出的指定仲裁员的传唤令、委任仲裁员审理的传唤通知书和其他程序命令均通过外交途径或用湛江外运的传真

---

① Sanum Investments Limited v. ST Group Co，Ltd〔2018〕SHO141.

号传达。由于湛江外运确实收到英国法院通过湛江市中级人民法院按外交途径代为送达的命令，湛江外运也通过英国律师参加仲裁程序并就仲裁事项提出抗辩。因此，湛江外运已经收到关于仲裁程序的通知，有充分的时间和机会提出抗辩。在仲裁庭审过程中，湛江外运委托的律师中途退出程序，自己也不参加仲裁庭的程序，是自身过失造成的，不是因为没有得到仲裁程序的适当通知造成的。因此，被执行人的抗辩不成立。[①]

（三）仲裁事项超出仲裁协议范围

《纽约公约》第5条第3项规定："裁决所处理之争议非为交付仲裁之标的或不在条款之列，或裁决载有关于交付仲裁范围之外事项之决定者，但交付仲裁事项之决定可与未交付仲裁之事项划分时，裁决中关于交付仲裁事项之决定部分得予承认及执行"。

仲裁协议的范围必须以适当的法律为依据加以判断。在仲裁员越权和对争议是非曲直的不正确决定之间只存在着极其微小的分界线。但是，仲裁庭已经决定的事项在承认和执行裁决阶段重新通过诉讼方式加以解决的可能性很小。如果仲裁庭的管辖权是建立在协议的基础上，并且作出了裁决，法院就不应该轻易地重新审理协议约定的事项，这是一个被普遍适用的原则。如果仲裁裁决确实包含了仲裁协议没有要求仲裁的事项，并且此类事项与仲裁事项是可分的，法院仍然应当承认和执行仲裁协议提及的事项部分。

（四）仲裁庭组成

《纽约公约》第5条第4项规定："仲裁机关之组成或仲裁程序与各造间之协议不符，或无协议而与仲裁地所在国法律不符者。"

这一规定的重要性是在很大程度上给予当事人自主权以决定仲裁应当以何种方式进行。该规定的最大问题可能是"仲裁地所在国法律"这一术语的界定。如果仲裁审理在几个国家进行，那么"仲裁地所在国"应该指裁决最后作出的国家。

①　《塞浦路斯康特斯达公司申请承认和执行伦敦独任仲裁员作出的仲裁裁决案》，《中国法律》1999年第10期。

如果仲裁庭组成与协议有完全的不同，法院自然会拒绝执行。当然，如果当事人约定的仲裁规则已经发生了变化，仲裁庭的组成也就应当以变更后的仲裁规则为准。在"中国南海石油联合服务公司深圳分公司"一案中，双方当事人约定的中国国际经济贸易仲裁委员会旧的仲裁规则被新规则取代，法院认为，在这种情况下，仲裁庭的组成应当以新的规则为准，尽管这有别于旧的规则。[①]

（五）仲裁裁决的拘束力

《纽约公约》第5条第5项规则规定："裁决对各方尚无拘束力，或业经裁决地所在国或裁决所依据法律之国家之主管机关撤销或停止执行者。"

在裁决地国没有获得承认和执行的仲裁裁决在外国是很难得到承认和执行的。因为这样的裁决在理论上讲是缺乏法律效力的。"拘束力"的规定与1927年的《日内瓦公约》规定有所不同。后者只要求裁决是"最终的"。按学者的解释，"最终的"意指裁决地的司法当局有许可证书或其他形式的证明文件，以便在裁决地和执行地都能发生效力。[②] 其他的理解包括裁决执行地法院要求的其他额外的形式要求，以及必要的审核程序。

"拘束力"一般只有在以下条件下才能构成：一是裁决是按照正常情形作出的；二是裁决符合必要的形式要件。裁决没有排除其他救济方法的可能性并不妨碍裁决的拘束力。

本条中"依据法律之国家"是一个模糊的术语。它既可以包括主要合同的法律，也可以包括仲裁地国的法律。理论上至少存在着这样的可能性，裁决以仲裁地所在国法律之外的法律而被提起异议。作为通例，承认和执行仲裁裁决的程序被限制在法院地国家。根据本条作出的裁决在被拒绝执行的情况下可能具有域外效果。此处的"法律"应当仅限于程序法，而不包括实体法。而且仅仅限于与仲裁进行有关的仲裁程序法。

---

① China Nanhai Oil Joint Service Corp Shenzhen Branch v Gee Lai Holdings Co. Ltd. (1995), *Yearbook*, Vol. XX p.287.

② See TV Firth. The Finality of a Foreign Arbitral Award. *Arbitration Journal* (1970) 25.

荷兰最高法院于 2017 年 11 月 24 日就申请承认和执行被俄罗斯法院撤销的仲裁裁决作出判决。尽管仲裁裁决被俄罗斯法院撤销，但是申请人马克西莫夫（Maximov）认为《纽约公约》第 5 条第（1）款（e）项的规定赋予荷兰法院就是否承认和执行仲裁裁决的自由裁量权。[①]

荷兰法院认为自由裁量权只能在特殊情况下行使，而构成这种特殊情况的事实和情况必须由申请人证明。根据仲裁地法院撤销裁决的情况，荷兰最高法院指出，如果仲裁地法院基于仲裁地法律撤销了仲裁裁决的理由：（a）既不符合《纽约公约》第 5 条第（1）款（a）项—（d）项所列理由；（b）也不符合国际标准，则存在特殊情况。此外，如果撤销裁决的判决不符合荷兰承认外国判决方面适用的（最低）标准，则可能存在特殊情况。根据已确立约一个世纪的判例法，这一例外包括在外国程序中违反正当程序的基本要求的情况。

本案上诉法院根据双方提供的俄罗斯专家证据严格评估了俄罗斯法院的诉讼程序，专家们一致认为，根据俄罗斯仲裁法，至少存在一个撤销裁决的有效理由，也就是关系仲裁员披露利益冲突的义务。荷兰最高法院认为符合《纽约公约》第 5 条第（1）款（D）项的规定。尽管在俄罗斯法院诉讼过程中发生了各种奇怪的事件，但上诉法院发现，马克西莫夫没有提供足够的证据证明他用尽了俄罗斯的所有救济途径以纠正程序上的错误，最终驳回了申请人承认和执行被撤销的仲裁裁决。[②] 该判决具有极其重要的国际影响。

（六）仲裁事项的可仲裁性

关于仲裁事项的可仲裁性即可仲裁性、争议的可赔偿性及争议的可和解性，在前述"争议可仲性的客观标准"中作了介绍，此不赘述。

在涉及破产、商业侵权以及惩罚性赔偿等方面的国际商事争议，各国司法实践还有争论。但是，各国仲裁立法和实践都有从宽解释的趋势。

例如，巴西对《仲裁法》进行了修订，允许政府利用仲裁解决与可转让的所有权人权益有关的争端，此后巴西又颁布第 8.465/15 号法令，明确

---

① Netherlands Supreme Court 24 November 2017，ECLI：NL：HR：2017：2992（Maximov/OJCS Novolipetsky Metallurgichesky Kombinat.

② Mathieu Raas and Robert J. van Agteren. April 4，2018 171.

规定仲裁可作为港口业争议解决方法之一。这一修订为纠纷的仲裁解决提供了可能。企业与巴西联邦政府及下属子公司的相关项目发生纠纷，双方历经国内行政及诉讼程序近 20 年而无法解决争议。

天平站股份公司和天平站桑托斯公司（天平集团）与作为另一方当事人的巴西圣保罗州港务局（CODESP）和巴西联邦政府（系 CODESP 的控股股东）之间的项目在 1998 年发生纠纷。纠纷主要是巴西圣保罗州桑托斯港集装箱码头租赁有关费用的支付问题。天平集团中标该码头的开发项目后指责巴西圣保罗州港务局没有进行关键性的基础设施改进，包括疏浚和拆除横跨码头的铁轨，并主张巴西圣保罗州港务局违反了特许权协议。因此，天平集团拒绝为使用码头支付特许权费，并与巴西圣保罗州港务局陷入长期争端，巴西圣保罗州港务局转而向天平集团收取 10 亿雷亚尔的费用。双方发生纠纷后，分别提起相关行政和司法程序提起若干程序，但纠纷没有得到完全解决。2015 年 9 月，双方当事人同意依照巴西—加拿大商会仲裁和调解中心规则设立仲裁庭，2017 年 11 月各方当事人及仲裁庭确立了审理范围。

2019 年 1 月 9 日，仲裁庭作出裁决，[①] 支持巴西圣保罗州港务局和巴西联邦政府对天平集团的大部分仲裁请求。仲裁法庭一致意见认为，不可能对租赁协议进行经济财政再平衡，天平集团应支付自 1998 年以来的特许权使用费。这笔款项将根据通货膨胀加截至付款日的利息加以调整。同时，还将支付下列费用：按租赁协议中应交纳押金的总金额的 1‰ 计算的违约金；天平集团应付未付的每月租金金额 2‰ 计算的违约金。仲裁庭下一步将就赔偿的具体数额作出裁决，圣保罗州港务局预计将从天平集团得到约 27 亿雷亚尔，作为 20 多年使用的费用补偿。

《纽约公约》第 2 条第 1 款规定，当事人以书面协定承允彼此间发生或可能发生之一切或任何争议，如果涉及可以仲裁解决事项之确定法律关系，不论为契约性质与否，应提交仲裁时，各缔约国应承认此项协定。可见，公约关于可仲裁事项的规定是比较宽泛的。中国法律关于可仲裁性问题的立法基本上与其他国家的立法吻合。迄今为止，笔者没有收集到有关

---

① Libra Terminais S. A. v the Dock Company of the State of São Paulo and the Federal Union, Center for Arbitration and Mediation of the Chamber of Commerce Brazil-Canada Arbitral Procedure No.78/2016/SEC7 (Partial Award, 7 January 2019).

中国法院以可仲裁性为由拒绝执行外国仲裁裁决的案例。

（七）公共政策

《纽约公约》第5条第1款第2项规定，裁决执行国认为承认或执行裁决有违该国公共政策的，可拒绝执行仲裁裁决。公共政策是拒绝外国裁决和判决的传统依据。同拒绝外国法一样，公共政策条文可以在所有与之有关的国际条约中都可以找到。

伸缩性是"公共政策"一大特点。由于各个国家政治、经济、文化、道德和社会制度各不相同，对公共政策的理解和认定标准就有差异。各国对"公共政策"的解释包括"道德规则""法律政策""法律秩序""社会公共利益""善良风俗""政府的重大利益""国家制度的基本原则"等，表现出很强的弹性，缺乏统一、完整的解释和规范。从法律适用的角度看，伸缩性也就成为公共政策的缺点和不足。

公共政策的基本功能是为了保护法院地国的基本政策和利益。有鉴于此，各国都将"公共政策"作为承认和执行外国仲裁裁决、保护执行国基本道德准则和政策的最后一道防线和"保护阀"。

随着国际商事仲裁的发展，各国在运用"公共政策"的过程中表现出一些趋向性的特点。比如，区分国内和国际两个不同范畴的"公共政策"采用"客观"或"程度"标准等。

"公共政策"的"主观"标准是各国运用"公共秩序"进行司法复审的传统做法。所谓"主观"标准，即当仲裁准据法本身的规定违反法院地国公共政策或善良风俗原则，仲裁裁决的执行国法院就可以公共政策为由，拒绝承认和执行裁决。与"主观"标准的随意性和可变性相比，"客观"标准更强调承认和执行外国仲裁裁决的结果和法律影响。依照此标准，执行国法院不能以外国裁决所适用法律与本国公共政策的不一致为由拒绝执行裁决，只有在承认和执行裁决会导致危害执行国利益的实质性后果的情况下，才能运用"公共政策"拒绝执行。

五、中国法院承认和执行国外仲裁裁决的实践

根据中国国际商会仲裁研究所在1997年进行的非官方的统计，约

有 92％以上的外国仲裁裁决得到了中国法院的承认和执行。[①] 就整体情况而言，中国承认和执行外国仲裁裁决的情况还是在可预期的控制范围之内。

（一）关于临时仲裁裁决的承认和执行

《纽约公约》第 1 条第 2 款规定，"仲裁裁决"一词不仅指专案选派之仲裁员所作裁决，亦指当事人提请仲裁之常设仲裁机关所作裁决。《纽约公约》将机构仲裁裁决和临时仲裁裁决都作为可以申请执行的对象。

临时仲裁又称特别仲裁，其特点是充分尊重当事人的意思自治。当事人可自行决定仲裁员的指定方法、管辖范围和仲裁地点，甚至自行约定程序规则。鉴于临时仲裁的灵活性，许多石油特许协议方面的仲裁都是以此方式进行的。[②]

从我国《民事诉讼法》第 237、274、283 条以及《仲裁法》第 58 条的规定看，只承认和执行机构仲裁，而未表明对临时仲裁裁决的态度。《合同法》第 128 条也只规定了机构仲裁，没有规定涉外合同的当事人能否根据仲裁协议在国外进行临时仲裁。但是，由于在国外进行的临时仲裁的合法性受仲裁地法律的管辖，加之《纽约公约》承认临时仲裁的效力，根据国际条约优于国内法的原则，涉外合同当事人在国外取得的临时仲裁裁决可以根据《纽约公约》的规定在中国境内得到承认和执行。

在"广州远洋运输公司（中国）诉美国公司"一案中，执行法院广州海事法院承认和执行了在伦敦组成的临时仲裁庭作出的仲裁裁决。这说明法院正确理解了《纽约公约》和《民事诉讼法》在临时仲裁规定上的差异和《纽约公约》对外国仲裁裁决的优先适用性。

最高人民法院《关于适用〈中华人民共和国民事诉讼法〉的解释》第 545 条规定："对临时仲裁庭在中华人民共和国领域外作出的仲裁裁决，一方当事人向人民法院申请承认和执行的，人民法院应当依照民事诉讼法

---

① 王生长：《外国仲裁裁决在中国的承认和执行》，《国际经济法论丛》（第 2 卷），法律出版社 1999 年版，第 499 页。陈敏：《外国人关心的中国仲裁问题》，《国际经济法论丛》（第 2 卷），法律出版社 1999 年版，第 529 页。

② 韩健：《现代国际商事仲裁法的理论与实践》，法律出版社 1993 年版，第 25 页。

第 283 条规定处理。"

（二）关于中国法院执行国外裁决的主动干预问题

中国法院在承认和执行国外仲裁裁决的过程中存在着一定的司法介入和干预的痕迹。笔者仅以下列案件为例加以讨论。

广州远洋运输公司与美国公司分别在 1988 年 10 月和 11 月签订了 3 份租船合同，合同规定双方将产生的纠纷交由英国伦敦仲裁，并适用英国法律。美方在租船合同的履约过程中没有按时支付租金，拖欠中方租金 200 万元。中方撤销了租船合同，并将争议递交给由双方指定仲裁员组成的临时仲裁庭仲裁。仲裁庭于 1989 年 8 月作出了有利于中方的裁决，要求美国公司支付 198 万美元及其利息和广州公司因仲裁支付的费用。

美方支付了部分款项，但在 1990 年 2 月起停止支付款项。中方了解到中国对外贸易运输公司曾于 1989 年 3 月向美国公司租船并欠有运费和延滞费 25 万美元，并且准备向美国公司支付。于是，广州远洋运输公司向广州海事法院提出执行仲裁裁决的申请，要求划拨中国对外贸易运输公司准备支付给美国公司的款项，作为美国公司债务的一部分。

法院组成的合议庭在对管辖权及《纽约公约》第 5 条规定的执行条件审查后裁定，承认伦敦临时仲裁庭作出仲裁裁决的效力，并划拨了运费和滞期费。

这是一起我国法院承认和执行外国仲裁裁决的成功案例，被诸多杂志和书籍广泛引用，以此表明我国作为《纽约公约》缔约国充分履行了国际义务。[①] 但是，就是这样一个成功的案例也暴露出我国法院在承认和执行过程中的程序性问题。

《纽约公约》第 5 条第 1 款规定，裁决唯有于受裁决援用之一造向申请承认及执行地之主管机关提交证据证明下列情形之一时，始得依该造之请求，拒予承认及执行。我国《民事诉讼法》第 274 条第 1 款也明确规定，对仲裁裁决，被申请人提出证据证明仲裁裁决有下列情形之一的，经人民

---

① 最高人民法院中国法研究所：《人民法院案例集》（第 1 集），人民法院出版 1992 年版，第 165 页。

法院组成合议庭审查核实，裁定不予执行。因此，《纽约公约》和我国《民事诉讼法》的基点是，除非被执行人能举证证明存在着法定列举的可予以拒绝承认和执行的条件，否则被申请执行所在国法院不应该主动审查。在该案中，法院在被申请执行人未举证的情况下，主动对《民事诉讼法》列举的情况进行对应审查，这是与法律规定相悖的。

中国法院在承认和执行国际商事仲裁裁决的过程中暴露的其他问题包括：法院因不同意仲裁裁决认定的赔偿数额而仅部分执行裁决；法院会因与仲裁庭在行政法规解释上的差异而不予执行裁决；法院在仲裁裁决的执行过程中无故拖延执行期限。①

法院主动对仲裁裁决进行程序审查实际上表现了中国司法机关对仲裁活动进行司法干预的惯有态度和立场。法院通常认为，由于仲裁员可能受到其认识上的局限以及其他方面因素的影响和限制，仲裁过程中存在着不正当行为或仲裁裁决存在错误，而法院的监督机制可以避免这种消极的不利后果。②

我国仲裁人员大多为法律或经济贸易实务的专家，而许多司法人员的专业教育还很薄弱。③ 仲裁机构作为民间组织，只有通过良好和高超的仲裁技巧才能赢得当事人的信任，因此，仲裁质量可以通过自我约束得到保证。另外，传统的绝对司法主义理论的市场愈发狭小，仲裁自治理论正被普遍接受。从《纽约公约》和我国《民事诉讼法》要求当事人自行举证的意图看，出发点是为了充分保护仲裁活动的独立性。因此，司法力量过于介入仲裁活动和仲裁裁决是不恰当和有害的，会危及仲裁这一争议解决机制的稳定性和权威性。

（三）地方保护主义的侵蚀

地方保护主义是中国司法制度中非常严重的问题。在中国承认和执行仲裁裁决的司法领域中，地方保护主义也是困扰中国法院依法执法、保护当事人权益的一个重要因素。法院为了保护地方当事人的经济和政治利

---

① Tang Houzhi. Arbitration Awards —— Challenge and Enforcement，ICFAI Conference，p.176.
② 高言、刘璐：《仲裁法理解适用与案例评析》，人民法院出版社 1996 年版，第 152 页。
③ Stanley Lubman. Setback for China-Wide Rule of Law. *Far Eastern Economic Review*，November 7，1996.

益，行使司法权力，干扰申请人的执行申请。

地方保护主义在法院执法中主要表现为：领导干部为维护本地区的不正当利益干扰依法办事；法院在办案中偏袒本地当事人，作不公正裁决或推卸责任；公安或检察机关插手经济纠纷案件，把合同、债务纠纷当作诈骗犯罪；机关或个人阻碍法院裁决的执行；等等。①

在"锐夫公司诉上海远东航空技术进出口公司"一案中，上海市中级人民法院在明显违反法律程序的情况下，为了保护地方当事人的利益，阻挠和干扰申请人的执行申请，充分反映出地方保护主义的严重性。

锐夫公司于 1988 年 6 月同当时下属于航天部的远东航空技术进出口公司（简称远东公司）签订了补偿贸易协议，生产工业电池和电池极板，协议标的额为 15.56 万美元。关于争议和索赔，协议第 14 条第 3 款规定，争议发生 60 天后，任何一方如果认为争议未通过友好协商方式解决，该方有权提出并要求瑞典斯德哥尔摩商会仲裁院在斯德哥尔摩按该院规章仲裁解决。双方在履行合同中发生争议，锐夫公司于 1991 年 7 月向斯德哥尔摩仲裁院提出仲裁。双方指定仲裁员组成仲裁庭。远东公司一开始以管辖权为由主张该争议不能仲裁。但是，仲裁庭于 1992 年 7 月拒绝了远东公司的抗辩。

在仲裁进行过程中，远东公司于 1993 年 3 月 25 日向上海市中级人民法院提起诉讼起诉，请求判令锐夫公司承担违约赔偿人民币 250 万元。尽管锐夫公司提出异议，法院在以后的两年内没有就管辖权问题作出最后决定。显然，上海市中级人民法院受理远东公司的起诉是不合适的，因为当事人的合同中有仲裁条款。法院对争议没有管辖权。

在上海市中级法院审理期间，瑞典斯德哥尔摩仲裁院于 1993 年 7 月 13 日作出最后裁决，由远东公司向锐夫赔偿 700 万美元。1993 年 11 月 6 日，锐夫公司向上海市中级人民法院申请执行裁决。上海市中级法院因本案争议在审而没有受理执行申请，并且不接受锐夫公司根据我国《民事诉讼法》而递交的申请费用。②

---

① See Chen Dejun, Michael Moser, Wang Shengchang. International Arbitration in the PRC: Commentary, Cases and Materials, Butterworths. *Asia Law & Practice*, 1995, pp.76-77.

② Henry J Uscinski. The Procedures For Enforcement of Arbitration Awards and Foreign Judgments in PRC, IFCAI Conference: Globalization and Harmonization of the Basic Notions in International Arbitration, pp.162-163; Alberto Mora. The Revpower Dispute: China's Breach of the New York Convention? Dispute Resolution in the PRC. *Asia Law & Practice*, 1992, pp.151-58.

上海市中级人民法院于 1995 年 5 月作出了驳回远东公司起诉的决定。[①]

第四节　若干国家承认及执行外国仲裁裁决的制度

一、美国承认及执行外国仲裁裁决的制度

（一）美国支配执行外国仲裁裁决的国内法

美国与 1970 年 9 月参加 1958 年《纽约公约》，为此，美国国会于 1970 年通过立法，将 1958 年《纽约公约》载入《美国法典》（United States Code）第九卷第 201—208 节，作为美国 1926 年《联邦仲裁法》的第二章。除了联邦法以外，各州均制定了承认及执行外国（外州）仲裁裁决的法律。

由于美国联邦法和各州法并列，所以当事人申请执行裁决时，既可以向联邦法院提出申请，也可以向有关州法院申请。但是，考虑到存在着 1958 年《纽约公约》以及联邦法院更加熟悉处理外国仲裁的执行事宜，当事人一般选择联邦法院。

（二）美国承认及执行外国仲裁裁决的程序

根据《美国法典》第九卷第 207 节之规定，向美国申请承认及执行外国仲裁裁决的时效为 3 年。当事人应向有管辖权的联邦地区法院提出申请要求确认裁决。

在确定管辖法院时，如果被申请人在法院所在地有住所或办公场所，有商业交易并在有关地区开立银行账号；或者在法院所在地出现，均被视为置于有关法院的管辖之下。

当事人在提请法院确认（Confirmation）裁决时，其申请书应包括一份简短的陈述以载明当事人各方、当事人的住所或主要营业地，并指明确

---

① 《上海高院驳回远东公司上诉》，《新民晚报》1995 年 7 月 28 日。

立法院管辖权的事实。该申请书还须扼要阐明仲裁协议及仲裁程序。此外，经过认证和见证的合同以及裁决书应作为申请书的附件。申请人在其"申请救助"（Request for Relief）中载明：申请人要求确认裁决；申请人要求法院作出与裁决一致的判决。

如果当事人文件不是英文应提供英文的译文。译员应是官方认可的，译文应进行公证以证明其准确性。

若当事人向联邦地区法院申请时，该法院将签发一份"传票"（Summons）连同申请人的申请书一起送达被申请人。

若被申请人提交答辩书认为裁决不应获得确认，该方当事人负有举证之责，以证明裁决存在1958年《纽约公约》第5条所列之可拒绝承认及执行的情形之一。如果被申请人未能举证证明裁决存在应拒绝予以承认及执行的情形之一的，法院将作出一项与裁决内容一致的判决，将外国裁决转化为内国判决加以执行。一旦仲裁裁决得到法院的承认及执行，申请人因提起执行案而支出的律师费及其他直接开支都由被申请人承担。此外，在申请执行裁决的过程中，如果符合一定的条件，当事人可以直接申请法院作出简易判决（Summary Judgment），这些条件包括：① 没有真正的重要争议点；② 申请人有权取得判决；③ 根据案件使用的准据法应作申请人胜诉的判决。

美国地方法院拒绝允许非仲裁当事人介入执行程序，尽管非当事人对裁决可能负有人格混同责任。[①] 法院认为，介入者没有资格干预执法程序，因为缺少宪法要求的事实上的损害和"实质利益"，不能为质疑仲裁裁决的有效性而介入联邦诉讼程序。

美国作为一个普通法系国家，判例在国家的法律制度中发挥着极为重要的作用。联邦地区法院所作出的判决可以在全美国各联邦地区法院加以援用，甚至在其他普通法系国家也可用以支持仲裁裁决的承认及执行。特别是美国法院长期以来所持的支持仲裁的态度，作出了许多影响深远的判决，在美国各法院的执行程序中均可加以援引。

从20世纪90年代以来，中国国际经济贸易仲裁委员会所作出的仲裁

---

① Eddystone Rail Co. v. Jamex Transfer Servs., LLC, No. 17 - cv - 1266（S. D. N. Y. Feb 7, 2018）.

裁决已有数项在美国的各联邦地区法院得到了承认及执行。[1]

二、英国承认及执行外国仲裁裁决的制度

（一）英国支配承认及执行外国仲裁裁决的国内法

英国现行的有关国内法是 1996 年《英国仲裁法》，[2] 该法第三部分"承认及执行外国仲裁裁决"专门处理与此有关的事宜。该法将外国的仲裁裁决分为两类：一类是《日内瓦公约》仲裁裁决的执行；另一类是《纽约公约》仲裁裁决的承认及执行。

根据该法，对于《日内瓦公约》仲裁裁决的执行，1950 年《仲裁法》第二部分"某些外国裁决的执行"仍然适用。而对《纽约公约》仲裁裁决的承认及执行，则适用该法第 100—104 条的规定。除了这些条款外，当事人还有权依据 1996 年《英国仲裁法》第 66 条之规定以及依据普通法承认及执行纽约公约的裁决。

英国于 1975 年 9 月 24 日参加 1958 年《纽约公约》，在参加公约时，作了互惠保留。为此，在 1996 年《英国仲裁法》规定："纽约公约裁决"是指根据仲裁协议，一方当事人是在纽约公约签字国境内（而非联合王国境内）所作出的仲裁裁决。因此，判断是否属于纽约公约裁决的标准是仲裁地点，不考虑裁决的签字地、递交地或送达地。

（二）英国承认及执行《纽约公约》裁决的程序

当事人申请执行《纽约公约》裁决，应提交已经生效的裁决书正本或经公证的裁决书副本；仲裁协议正本或经公证的仲裁协议副本。这些文件系外国语的，当事人必须提交经官方公证的译本，或经宣誓翻译人或外交部及领事代理人证明的译文。

对公约裁决承认及执行的管辖法院为高等法院或郡法院。

如果被申请人能证明裁决具有仲裁法第 103 条第 1 款规定的 5 种情形之一者（为《纽约公约》第 5 条第 1 款规定），法院可以拒绝承认及执行该

---

[1] 中国国际经济贸易仲裁委员会等：《仲裁与法律通讯》1993 年第 1 期、1997 年第 2 期；中国国际经济贸易仲裁委员会：《仲裁研究所简报》1998 年第 1 期。

[2] 中国国际经济贸易仲裁委员会等：《仲裁与法律通讯》1997 年第 3 期，第 46—59 页。

项仲裁裁决；或者裁决涉及的事项是不可仲裁的，或者承认及执行裁决与公共秩序相违背的不予执行。否则，法院就应承认此项裁决，并以法院判决或法院命令产生相同效力的方式，在英格兰、威尔士及北爱尔兰予以强制执行。

根据英国《仲裁法》第 103 条第 4 款规定，如果当事人申请执行的裁决中载有未提交仲裁的事项，如果提交仲裁的事项与未提交仲裁的事项可以相分离，则对于提交仲裁的事项仍可以予以承认及执行。这就表明，即使裁决的事项超出了仲裁协议的范围，只要裁决事项是可以分离的，法院亦不会因裁决的部分瑕疵而拒绝承认及执行整个仲裁裁决。

如果一方当事人在提请承认及执行外国仲裁裁决时，而另一方当事人在裁决作出地法院申请撤销或者中止，则英国法院认为合适的话，可以延期对裁决的承认及执行作出决定。

此外，执行程序的申请人可以要求被申请人提供担保，以保证裁决的执行。英国法院有权决定是否要求被申请执行人提供担保，以此确保裁决所规定的数额以及自然增长的利息。在决定是否命令提供担保以及提供何种担保时，英国法确定了两个非常重要的因素：① 法院会深入考虑主张裁决无效的证据力度，对裁决质疑理由的评估。如果裁决显然无效，法院会命令立即中止执行，而不是要求提供担保；如果裁决显然有效，法院会命令执行或要求提供担保。② 执行裁决的难易程度，考虑如果执行被延迟的话，是否导致执行更加困难。如果财产会发生转移或者在仲裁地法院撤销裁决的机会不大，那么法院可能要求担保。除非原告能够提供证据证明存在某种危险，即在延缓执行裁决期间，被告的行为将会致使裁决的执行变得更加困难，否则没有明显的理由说明法院为何应该行使裁量权命令提供担保。①

英国法院对公共政策标准的援引也较为严格。

英国商事法庭在 2017 年 2 月 17 日作出裁定执行中国国际经济贸易仲裁委员会的仲裁裁决。本案涉及国际货物销售合同争议，买方拒绝根据信

---

① 王芳："英国法院关于外国仲裁裁决执行异议中提供担保问题研究"，https：//mp. weixin. qq. com/s/a1vMt9D4KuwjDx2BF1JNUg；王芳：《英国承认和执行外国仲裁裁决制度研究》，中国政法大学出版社 2012 年版；WM Tupman. Staying Enforcement of Arbitral Awards under the New York Convention. *Arb Int*（1987）3.

用证支付卖方货款，理由是卖方提交的议付单据单存在欺诈，提单上的装运时间与实际装货时间不符。买方修改了信用装运时间，卖方递交了真实装运日期的提单，但买方还是终止合同，并在中国国际经济贸易仲裁委员会进行仲裁，仲裁裁决支持了卖方。买方根据英国《仲裁法》103（3）的规定，认为执行裁决支持信用证项下提供虚假单据会违反公共利益，主张信用证支付地欺诈例外原则。法院认为欺诈例外是信用证银行严格付款（单单一致和单证一致）义务的例外，其适用并不影响提供虚假单据的该方获得通常救济。法院认为，不适于审查案件实体问题和适用中国法的有关问题，并指出国际仲裁裁决的终局性是意义重大的公共利益，在本案中仲裁裁决"显而易见"超过了欺诈问题。①

三、日本承认及执行外国仲裁裁决的制度

（一）日本承认及执行外国仲裁裁决的法律依据

日本是 1923 年《日内瓦议定书》、1927 年《日内瓦公约》以及 1958 年《纽约公约》的缔约国。此外，日本还与许多国家签订了双边司法协助协定。日本在参加《纽约公约》时做了互惠保，故该公约缔约国境内作出的仲裁裁决，在日本的承认及执行按公约办理，否则依据日本国内法办理。

在国内法方面，日本承认及执行外国仲裁裁决的包括《民事诉讼法典》和《民事执行法》（The Civil Execution Act）等法律。

（二）承认及执行外国仲裁裁决的条件

对于非缔约国的外国仲裁裁决，如果裁决具有下述情形之一者，法院可以拒绝承认及执行：仲裁裁决责令当事人实施法律所禁止的行为；一方当事人在仲裁程序中未依据法律规定代理出庭的；仲裁庭未听取当事人意见的；仲裁裁决未附具理由的；裁决是非终局性的。但是，当事人有权通过

---

① Sinocore International Co Ltd. v RBRG Trading (UK) Ltd〔2017〕EWHC 251 (Comm) (17 Feb 2017)，〔2017〕1 Lloyd's Rep 375，〔2017〕1 CLC 601，〔2017〕EWHC 251 (Comm)，〔2018〕1 All ER (Comm) 576.

协议排除最后两项作为拒绝执行的理由。

第五节 中国执行仲裁裁决的条件与国内仲裁裁决的执行依据

一、中国执行仲裁裁决的条件

当事人向中国法院提出执行仲裁裁决的申请必须具备一定的条件。

（一）必须由胜诉的一方当事人提出申请

与撤销仲裁裁决程序一样，执行仲裁裁决的程序必须由参加仲裁的一方当事人提出，法院无权主动执行仲裁裁决。但是，与撤销裁决程序不同的是，只有胜诉方有权要求法院执行裁决。在撤销裁决的程序中，不满意裁决的胜诉方和反对裁决的败诉方都可以提起程序。

（二）当事人必须在一定的期限内提出

我国《仲裁法》第62条没有明文规定当事人提出执行之诉的期限，只是笼统的规定，一方当事人可以依照民事诉讼法的有关规定向人民法院申请执行。

1. 申请执行的期限

根据《民事诉讼法》第三编"执行程序"第219条规定，双方或一方当事人是自然人时，申请执行期限为1年；双方当事人是法人或其他组织的，申请执行期限为6个月。该期限从裁决书规定的履行期的最后一日起算；裁决书规定分期履行的，从规定的每次履行期间的最后一日起算。超过规定期限的，法院对当事人的执行申请可以不予受理。这些规定适用于中国法院执行国内、涉外和外国仲裁裁决。

2. 强制期限的缺陷

从实践操作的需要来看，法人或其他组织申请执行涉外仲裁裁决时，需要办理大量程序性手续，例如委托代理人、办理申请手续、进行法律公证，等等，6个月的期限过于仓促，对不熟悉中国诉讼法的外国当事人而言则更为不便。①

　　3. 申请执行期限的中断

　　申请执行期限由于出现一些情况而中断或中止，申请执行期限应当重新计算。下面的案件能够从一个方面说明申请执行期限重新计算的问题。

　　1990 年 2 月 5 日，厦门联发公司与德国 S&H 食品贸易有限公司（简称 S&H 公司）签订了订购 20 个集装箱中国芦笋的合同。其中第一批 10 个集装箱运期为 1990 年的 5 月，第二批 10 个集装箱运期为 1990 年 6 月。合同总则部分规定：合同一经签订，汉堡交易所商品协会的《业务协定》将视为合同的组成部分而生效。一切纠纷均由该协会的仲裁员或专家作出最终裁决。在 S&H 公司开出信用证后，联发公司将应该于 1990 年 5 月发运的 10 个集装箱实际只发运了 1 个，延误了其中的 9 个集装箱的发运。

　　1992 年 3 月 11 日，S&H 公司向汉堡交易所商品协会仲裁庭申请仲裁。仲裁庭根据双方的合同及商品协会业务规定的条款，于 1993 年 2 月作出第 17/92 号裁决书，裁决联发公司向 S&H 公司偿付 13 392 美元，外加 1992 年 4 月 6 日以来的利息并承担仲裁费。1993 年 8 月 9 日，S&H 公司以协议方式，授权其下所属的舒乐达公司处理与联发公司的债务争议。1993 年 9 月 1 日，联发公司和舒乐达就履行裁决书问题签订了协议，联发公司没有支付的 15 600 美元将在 1994 年 6 月 30 日前的新业务中扣除；若在该期限内双方没有达成新的业务，联发公司应向舒乐达支付该款项。在该期限到达时，双方没有达成新的协议，联发公司也没有支付 15 600 美元。

　　S&H 公司于 1994 年 12 月 29 日向厦门市中级人民法院申请承认和执行仲裁裁决。被执行人提出异议，申请人在裁决书生效后 19 个月才向法院申请执行，超过了《民事诉讼法》规定的申请执行期限，法院应该裁定不予执行。

　　法院认为，虽然仲裁裁决书生效超过两年，但是双方当事人在 1993 年 9 月 1 日（裁决书申请执行期限内）就如何履行该裁决书达成协议，并

———————
　　①　陈治东：《国际商事仲裁法》，法律出版社 1999 年版，第 365 页。

约定最后的履行期限为 1994 年 6 月 30 日。因此本案存在着时效中断的情况，申请执行期限应该从 1994 年 7 月 1 日起重新计算。人民法院没有接受被执行人的异议。[①]

申请执行人的申请是否超过申请执行期限涉及《民事诉讼法》中诉讼时效中断的问题。所谓诉讼时效中断是指我国《民法总则》第 159 条规定的一方当事人因提起诉讼、提出要求或者同意履行义务而使法律规定的进行诉讼行为的期限中断，从而使诉讼时效期间重新计算。

在本案中，双方当事人是法人，申请期限应该是 6 个月。但是当事人在 6 个月内没有向法院申请执行，双方自行协商并就如何履行仲裁裁决达成了协议，约定协议届满日期。这说明双方当事人达成了"同意履行"的意思表示（或者说是一方承认债务并提出延期履行的要求），另一方同意这样的债务偿还安排。双方当事人的协议安排符合《民事诉讼法》关于诉讼时效中断的规定。最高人民法院《关于适用〈民事诉讼法〉若干问题的意见》第 260、267 条规定，申请执行期限因达成执行中的和解协议而中止。而本案中的双方当事人并不是在执行中达成协议，而是在履行中达成协议，因此属于诉讼时效的中断而非中止。在该届满日期到达之后，一方没有履行，另一方 1994 年 12 月 29 日提出申请没有超过时效。

4. 超过申请执行期限的后果

超过申请执行期限，申请人就失去了要求人民法院强制执行裁决的权利。当事人申请执行没有超过法定期限的，有管辖权的法院不得以受移送时已超过法定期限为由而拒绝接受移送。[②]

（三）当事人必须向有管辖权的法院提出申请

当事人承认裁决的过程就是通过执行法院对裁决法律效力加以认可的过程。当事人可以选择执行地，但是不能选择具体的执行法院。这是因为执行国法律对级别管辖或专属管辖会有特别的规定。当事人执行裁决的过程一定是自行确定财产位置的过程。当事人需要做一定的调查工作，以便

---

　　① 中国高级法官培训中心、中国人民大学法学院：《中国审判案例要览》（1996 年经济审判暨行政审判卷），中国人民大学出版社 1997 年版，第 449—451 页。

　　② 最高人民法院《关于人民法院发现已经受理的申请执行仲裁裁决或不服仲裁裁决而起诉的案件不属本院管辖应如何处理问题的批复》［法（研）复〔1988〕8 号］。

确定执行请求的提起是一个还是一个以上。

1. 管辖权的级别问题

关于受理执行仲裁裁决之诉的法院管辖权级别问题，我国《民事诉讼法》第 224 条规定：法律规定由人民法院执行的其他法律文书，由被执行人住所地或者被执行的财产所在地人民法院执行。该法院一般是基层人民法院。如果涉案标的比较大或者在辖区内影响比较重大的，由中级人民法院执行。[①]

人民法院在受理当事人执行仲裁机关生效的仲裁裁决的申请后，如发现案件不属于法院管辖，可根据《民事诉讼法》的规定，将案件及时移送有管辖权的法院，并通知当事人。[②]

仲裁机构作出的国内仲裁裁决、公证机关依法赋予强制执行效力的公证债权文书，由被执行人住所地或被执行的财产所在地人民法院执行。[③]

2. 执行涉外仲裁裁决的法院管辖

根据我国《民事诉讼法》第 273 条规定，申请中国法院执行中国涉外仲裁机构裁决的须向被申请人住所地或财产所在地的中级人民法院提起。此处的一个重要问题是，如果根据仲裁法设立的各个地方的仲裁委员会受理了具有涉外因素的案件，并且作出仲裁裁决，这些裁决的执行应否适用于《民事诉讼法》规定的涉外仲裁裁决的执行程序。笔者认为，此处所指的涉外仲裁裁决不能广义地理解为所有与涉外因素有关的仲裁裁决。这些涉外因素包括：当事人的营业地在不同的国家或者一方当事人或者一方当事人是外国人、无国籍人；民事法律关系的设立、变更或消灭发生在国外；争议标的物位于国外；等等。

由于《民事诉讼法》第 273 条规定：经中华人民共和国涉外仲裁机构裁决的……，一方当事人不履行仲裁裁决的……向人民法院申请执行。因此，《民事诉讼法》规定的涉外仲裁裁决的执行只能狭义地解释为中国国际经济贸易仲裁委员会和中国海事仲裁委员会所作的仲裁裁决。

必须注意的是，尽管国务院曾经发文要求地方仲裁委员会主要受理国

---

① 《民事诉讼法》第 18 条。

② 最高人民法院《关于人民法院发现已经受理的申请执行仲裁裁决或不服仲裁裁决而起诉的案件不属本院管辖应如何处理问题的批复》〔法（研）复〔1988〕8 号〕。

③ 最高人民法院《关于人民法院执行工作若干问题的规定（试行）》。

内仲裁案件,[1] 但是，事实上地方仲裁委员会也受理了大量的原本属于中国国际经济贸易仲裁委员会受理的涉外案件。根据《民事诉讼法》的规定，这些由地方仲裁委员会受理的涉外案件仍然应该被视为国内仲裁裁决而适用相关的执行程序。

问题是随着 1998 年《中国国际经济贸易仲裁委员会仲裁规则》第 2 条的修改，中国国际经济贸易仲裁委员会的受案范围也逐渐扩展到国内争议（争议标的涉及涉外因素的除外）。如果针对这些争议所作的裁决也按照涉外仲裁裁决加以执行，显然与《民事诉讼法》和《仲裁法》的立法意图有悖。因此，从合理性的角度看，涉外仲裁机构所作的只涉及国内争议的裁决应当同国内仲裁机构所作的纯国内商事争议裁决一样，适用国内裁决执行标准。但是，对于这个问题有待最高人民法院的司法解释加以澄清。

3. 执行外国仲裁裁决的管辖法院

最高人民法院于 1987 年发布的《关于执行我国加入的〈承认与执行外国仲裁裁决公约〉的通知》对适用规则作了具体的规定。

申请我国法院承认和执行外国仲裁裁决的须向被执行自然人的户籍所在地或居所地、法人的主要办事机构所在地或被执行人的财产所在地的中级人民法院提起。法院授予中级人民法院对涉外裁决执行行使管辖权直接来源于《民事诉讼法》第 18 条的规定。

4. 执行仲裁裁决的专属管辖

法院的管辖权涉及法院的专属管辖问题。笔者以下述案例为例，加以说明。[2]

香港诺特鲁斯航运和贸易有限公司（Nautilus Shipping and Trading Ltd. 申请人）与中国吉林国际经济贸易开发公司（被申请人）于 1992 年 2 月 9 日签订了航次租船合同。申请人将轮船出租给被申请人。合同约定，自康斯坦丁港装运钢材到中国。合同附加条款第 38 条"仲裁条款"规定，任何船东和租家之间的争议，包括合同的效力、解释和中止问题均应

---

[1] 国务院办公厅《关于贯彻实施〈中华人民共和国仲裁法〉需要明确的几个问题的通知》（国办发〔1996〕22 号）。

[2] "诺特鲁斯航运公司申请承认和执行伦敦独任仲裁员作出的裁决被申请人提出管辖权异议案", 1998 年。

提交给在伦敦的三人仲裁，双方当事人各自委托一人，而第三人由已指定的两位仲裁员指定。仲裁地点在伦敦。

合同履行中，双方因滞期费等问题发生争议，申请人按照仲裁条款将争议提交伦敦仲裁机构仲裁。申请人委托伦敦仲裁员莫斯出任仲裁员。在被申请人没有委托仲裁员的情况下，莫斯仲裁员按照《英国仲裁法》第 7（B）节的规定，接受申请人的委托担任本案的独任仲裁员。仲裁庭于 1994 年 8 月 24 日作出仲裁裁决，被申请人应支付滞期费 123 401.38 美元及 1993 年 2 月 11 日—1994 年 8 月 24 日按年利率 5.5% 支付的利息和其他相关费用 2 261.6 英镑。

1995 年 2 月 6 日，申请人向大连海事法院递交了承认和执行伦敦仲裁机构的仲裁裁决申请书。被申请人辩称，被申请人的住所地和财产所在地均不在大连，该案不应由大连海事法院管辖，而应由长春市中级人民法院管辖。大连海事法院认为：租船合同纠纷属于海事案件。对于国外仲裁机构作出的海事案件终审仲裁裁决的承认和执行，海事法院具有专属管辖权。根据我国《民事诉讼法》第 38 条规定，大连海事法院驳回被申请人对本案管辖权方面的异议并立案执行。①

二、国内仲裁裁决的执行依据

（一）仲裁裁决不予执行的理由

根据我国《仲裁法》和《民事诉讼法》的规定，法院在受理执行裁决之诉后应当组成合议庭。合议庭应当进行审查核实，并在下列情况发生时裁定不予执行。

（1）当事人在合同中没有订有仲裁条款或者事后没有达成书面仲裁协议的；

（2）裁决的事项不属于仲裁协议的范围或者仲裁机构无权仲裁的；

（3）仲裁庭的组成或者仲裁的程序违反法定程序的；

（4）裁决所根据的证据是伪造的；

---

① 《民事诉讼法》第 127 条规定：人民法院受理案件后，当事人对管辖权有异议的，应当在提交答辩状期间提出。人民法院对当事人提出的异议，应当审查。异议成立的，裁定将案件移送有管辖权的人民法院；异议不成立的，裁定驳回。

（5）对方当事人向仲裁机构隐瞒了足以影响公正裁决的证据的；

（6）仲裁员在仲裁该案时有贪污受贿、徇私舞弊、枉法裁决行为的。①

此外，《民事诉讼法》第 237 条第 3 款还规定，法院认定执行裁决会违反社会公共利益的情况下裁定不予执行裁决。这赋予了法院对仲裁裁决进行实体审查的权力，干预了仲裁的独立性。

根据最高人民法院《关于适用〈中华人民共和国仲裁法〉若干问题的解释》第 18 条的规定，没有仲裁协议是指当事人没有达成仲裁协议。仲裁协议被认定无效或者被撤销的，视为没有仲裁协议。

最高人民法院《关于人民法院办理仲裁裁决执行案件若干问题的规定》第 13 条规定，下列情形经人民法院审查属实的，应当认定为民事诉讼法第 237 条第 2 款第 2 项规定的"裁决的事项不属于仲裁协议的范围或者仲裁机构无权仲裁的"情形：（1）裁决的事项超出仲裁协议约定的范围；（2）裁决的事项属于依照法律规定或者当事人选择的仲裁规则规定的不可仲裁事项；（3）裁决的内容超出当事人仲裁请求的范围；（4）作出裁决的仲裁机构非仲裁协议所约定。

第 14 条规定，违反仲裁法规定的仲裁程序、当事人选择的仲裁规则或者当事人对仲裁程序的特别约定，可能影响案件公正裁决，经人民法院审查属实的，应当认定为《民事诉讼法》第 237 条第 2 款第 3 项规定的"仲裁庭的组成或者仲裁的程序违反法定程序的"情形；

当事人主张未按照仲裁法或仲裁规则规定的方式送达法律文书导致其未能参与仲裁，或者仲裁员根据仲裁法或仲裁规则的规定应当回避而未回避，可能影响公正裁决，经审查属实的，人民法院应当支持；仲裁庭按照仲裁法或仲裁规则以及当事人约定的方式送达仲裁法律文书，当事人主张不符合民事诉讼法有关送达规定的，人民法院不予支持；

适用的仲裁程序或仲裁规则经特别提示，当事人知道或者应当知道法定仲裁程序或选择的仲裁规则未被遵守，但仍然参加或者继续参加仲裁程序且未提出异议，在仲裁裁决作出之后以违反法定程序为由申请不予执行仲裁裁决的，人民法院不予支持。

第 15 条规定，符合下列条件的，人民法院应当认定为《民事诉讼法》

---

① 《民事诉讼法》第 237 条。

第 237 条第 2 款第 4 项规定的"裁决所根据的证据是伪造的"情形：（1）该证据已被仲裁裁决采信；（2）该证据属于认定案件基本事实的主要证据；（3）该证据经查明确属通过捏造、变造、提供虚假证明等非法方式形成或者获取，违反证据的客观性、关联性、合法性要求。

实际案例表明，被申请人提出证据证明仲裁裁决所根据的证据系伪造的，经人民法院审查核实后，该裁定可不予执行。但是，被申请人依此前所签协议所载金钱数额与仲裁裁决认定数额不同为由，认为申请人所提交证据系伪造，故申请不予执行该仲裁裁决的，法院需综合审查仲裁庭审理情况后裁定。①

第 16 条规定，符合下列条件的，人民法院应当认定为民事诉讼法第 237 条第 2 款第 5 项规定的"对方当事人向仲裁机构隐瞒了足以影响公正裁决的证据的"情形：（1）该证据属于认定案件基本事实的主要证据；（2）该证据仅为对方当事人掌握，但未向仲裁庭提交；（3）仲裁过程中知悉存在该证据，且要求对方当事人出示或者请求仲裁庭责令其提交，但对方当事人无正当理由未予出示或者提交。当事人一方在仲裁过程中隐瞒己方掌握的证据，仲裁裁决作出后以己方所隐瞒的证据足以影响公正裁决为由申请不予执行仲裁裁决的，人民法院不予支持。

实务案例表明，一方当事人向仲裁庭隐瞒了足以影响公正裁决的证据必须同时具备两个条件：（1）一方当事人手中并不掌握、但有充分证据证明对方当事人持有对其自身不利的证据而其拒不提供，此为前提条件；（2）该证据至关重要，对裁决的结果足以产生影响。构成该情形，当事人主观上有隐瞒的故意，客观上存在隐瞒而拒不交出，致使仲裁庭无从掌握的行为。②

（二）执行国内裁决与撤销国内裁决条件的比较

与《仲裁法》规定的法院撤销仲裁裁决的法定事项相比，法院在执行裁决方面的审查权力更大。上述法定事项中在包括"没有仲裁协议""仲

---

① 《杨海峰与熊红绒申请承认与执行法院判决、仲裁裁决案件执行裁定书》，（2015）苏执复字第 00065 号。

② 《佩尔优节能科技股份有限公司、江源泉与四川正荣节能投资有限公司不予执行仲裁裁决执行裁定书》，京一中执异字第 859 号。

裁事项超出仲裁协议范围""仲裁庭组成和程序违反法定程序"和"仲裁员在仲裁过程中操守问题"之外，还包括了"隐瞒证据"和"伪造证据"两个理由。法院有可能对仲裁机构所作的仲裁裁决进行实质审查。

必须注意，上述规定仅仅是针对国内仲裁裁决而言的，法院对涉外仲裁裁决的执行问题另有规定。

执行本国仲裁机构的裁决和执行"外国"裁决也存在着重要的区别。执行外国裁决需要经过承认程序，主要是国家在双边或多边条约的基础上承担的国际法主体的义务。相对而言，许多国家执行国际性的裁决的程序与执行本国裁决的差别并不是很大。

三、申请不予执行仲裁裁决

（一）申请不予执行仲裁裁决的期限

根据《最高人民法院关于人民法院办理仲裁裁决执行案件若干问题的规定》第8条的规定：被执行人向人民法院申请不予执行仲裁裁决的，应当在执行通知书送达之日起15日内提出书面申请；有《民事诉讼法》第237条第2款第4、6项规定情形且执行程序尚未终结的，应当自知道或者应当知道有关事实或案件之日起15日内提出书面申请。

本条前款规定期限届满前，被执行人已向有管辖权的人民法院申请撤销仲裁裁决且已被受理的，自人民法院驳回撤销仲裁裁决申请的裁判文书生效之日起重新计算期限。

（二）案外人申请不予执行仲裁文书的条件

2018年3月1日正式实施的《关于人民法院办理仲裁裁决执行案件若干问题的规定》（简称《规定》）首次赋予案外人申请不予执行仲裁裁决的权利。

《规定》第9条规定，案外人向人民法院申请不予执行仲裁裁决或者仲裁调解书的，应当提交申请书以及证明其请求成立的证据材料，符合下列条件：

（1）有证据证明仲裁案件当事人恶意申请仲裁或者虚假仲裁，损害其合法权益；

（2）案外人主张的合法权益所涉及的执行标的尚未执行终结；

（3）自知道或者应当知道人民法院对该标的采取执行措施之日起 30 日内提出。

案外人申请不予执行仲裁裁决或者仲裁调解书，要符合一定条件，人民法院应当支持：案外人一般是权利或者利益的主体；案外人主张的权利或者利益合法、真实；仲裁案件当事人之间存在虚构法律关系，捏造案件事实的情形；仲裁裁决主文或者仲裁调解书处理当事人民事权利义务的结果部分或者全部错误，损害案外人合法权益。①

作为《规定》的配套解释文件，最高人民法院《〈关于人民法院办理仲裁裁决执行案件若干问题的规定〉理解与适用》指出："根据《规定》第 9 条，案外人申请不予执行的，应符合'三个条件'。"在实践中，更多的法院认为，《规定》第 9 条、第 18 条的各项要求是同时具备的关系，而非择一的关系。②

《规定》第 9 条第（3）项规定，案外人应当在自知道或者应当知道法院对该标的采取执行措施之日起 30 日内提出不予执行仲裁裁决的申请。但是《规定》没有对"知道或者应当知道"作具体解释。法院有时候在"无证据确切知晓案外人知道或者应当知道的情况下"，应作有利于对案外人的判断，方显司法解释赋予案外人通过申请不予执行仲裁裁决行使救济权利的本旨。③

最高人民法院甚至在个案中曾专门赋予案外人一项申请不予执行仲裁裁决的权利——综合考虑新的司法解释出台后普通民众的了解情况和理解程度以及王玮对于申请再审审查程序的合理期待等因素，为保护当事人的正当权益，最高人民法院赋予其在本裁定书发生法律效力之日起 30 日内向原执行法院申请不予执行案涉仲裁裁决的权利。

《规定》第 22 条第 3 款规定："人民法院基于案外人申请裁定不予执行仲裁裁决或者仲裁调解书，当事人不服的，可以自裁定送达之日起 10 日内向上一级人民法院申请复议；人民法院裁定驳回或者不予受理案外人提出

---

① 最高人民法院《关于人民法院办理仲裁裁决执行案件若干问题的规定》（法释〔2018〕5 号）第 18 条。
② （2018）冀 01 执异 314 号；（2018）湘 03 执异 17 号。
③ （2018）琼 97 执异 8 号。

的不予执行仲裁裁决、仲裁调解书申请，案外人不服的，可以自裁定送达之日起 10 日内向上一级人民法院申请复议。"

在"刘某、刘未某与娄底市中欧房地产开发有限公司（简称中欧公司）商品房买卖合同纠纷"一案中，案外人中国华融资产管理股份有限公司湖南省分公司（简称华融公司）申请不予执行娄底仲裁委员会娄仲星裁字〔2016〕12 号裁决。湖南省娄底市中级人民法院依法组成合议庭进行了审查。①

华融公司称，其系株山华府（华剑首郡）1 栋 2001 号房屋（简称案涉房屋）的抵押权人，且案涉房屋的权利人曾向华融公司作出承诺，自愿放弃对中欧公司已存在的延期交房等违约行为的追索，娄底仲裁委员会娄仲星裁字〔2016〕12 号裁决违反该承诺，损害了华融公司的合法权益，请求不予执行该裁决。

申请执行人刘某、刘未某辩称，华融公司没有提交其系案涉房产的抵押权人的证据，且陈述前后矛盾，而申请执行人与中欧公司签订了《商品房买卖合同》，办理了住房贷款合同，在房产部门进行了备案，华融公司不可能成为案涉房产的抵押权人；申请执行人没有参加选举过"华剑首郡业主委员会"，没有作出也没有授权向任何个人或组织作出自愿放弃对中欧公司已经存在的延期交房等违约行为的追索的承诺。

中欧公司述称，华剑首郡临时业主委员会支持和拥护娄底华剑首郡项目帮扶工作组的协调工作，为华剑首郡项目全体业主的整体利益，促进该项目增加融资以完成后续建设，作出自愿放弃对中欧公司已存在的延期交房等违约行为的追索的情况是真实的。

法院查明和认定如下，娄底仲裁委员受理申请人刘某、刘未某与被申请人中欧公司商品房买卖合同纠纷一案，于 2016 年 12 月 19 日作出娄仲星裁字〔2016〕12 号仲裁裁决书，裁决主要内容如下：刘某、刘未某与中欧公司签订的《商品房购买合同》有效且继续履行，中欧公司在本裁决书送达之日起 10 日内向刘某、刘未某支付逾期交房违约金 29 203.66 元及自 2016 年 6 月 1 日起至该房屋竣工验收合格之日止或申请人实际使用房屋之日止（两者以先到时间为准）每日支付 41.66 元违约金；驳回刘某、刘

---

① （2018）湘 13 执异 129 号。

未某的其他仲裁请求；本案仲裁费 5 000 元由中欧公司承担。因中欧公司未履行该裁决确定的义务，刘某、刘未某向本院申请强制执行，本院于 2017 年 3 月 2 日向中欧公司发出（2017）湘 13 执 32 号执行通知书。

娄底华剑首郡项目是中欧公司开发建设的商品房住宅项目，由于中欧公司资金链断裂，整个项目楼盘从 2014 年开始处于实质性停工状态。娄底市委市政府领导从"解难题、保稳定、促发展"大局出发，对华剑首郡项目情况及中欧公司经营状况进行了摸底调查，认为企业停工纯属资金断链，只要筹措到扫尾资金楼盘即可复工，后经研究成立娄底华剑首郡项目帮扶工作组（以下简称帮扶组），专门协调解决该项目复工存在的问题。

在帮扶组的多次组织协调下，各方最终主要达成以下共同意见：娄底工程建设有限公司同意承诺对华融公司此次增加的 5 300 万元资金专款用于项目后续建设，中欧公司前期拖欠的工程款暂时挂账；华剑首郡临时业主委员会同意承诺该项目复工前后均不影响项目的建设，在项目复工并进行销售后，以原约定的价格继续购买该房产并按约定支付购房款，放弃对该华剑首郡项目已存在的延期交房等违约行为的追索；在娄底建设工程有限公司与华剑首郡业主委员会按上述承诺出具承诺函后，华融公司同意由湖南五江轻化集团有限公司（简称五江集团）提供融资主体，继续增加 5 300 万元专项贷款用于华剑首郡项目后续建设；华剑首郡项目复工后，帮扶组组织相关政府部门协调工程建设中的各种矛盾，对在项目建设、销售、竣工期间发生的一切非法行为，积极配合有关部门依法从严打击，确保华剑首郡项目建设和销售顺利进行。

2016 年 11 月 18 日，华剑首郡临时业主委员会出具书面承诺，主要内容为：坚决支持和拥护帮扶组的工作，支持华融公司对五江集团融资平台增加 5 300 万元资金用于华剑首郡项目后续建设；在华剑首郡项目复工前后不影响项目建设，在该项目复工并进行销售后以原约定价格继续购买房屋并按约定及时支付购房款，自愿放弃对中欧公司已存在的延期交房等违约行为的追索。如不再购买原认购的房屋，则自愿将对中欧公司的债权置于华融公司的债权之后履行。目前，华剑首郡项目已经复工，后续工作正在进行中。

华剑首郡临时业主委员会即为华剑首郡业主维权委员会（简称维权委员会）。2015 年 4 月 25 日，在华剑首郡业主维权委员会筹备组（简称筹备组）的组织下，华剑首郡业主以推荐和自荐的方式产生王某、黄某、刘某等26名业主维权代表候选人。当日，通过公开投票在候选代表人中产生王某、黄某等14名正式代表。2015年4月26日，筹备组对选举结果进行了公示。2015年4月27日，维权委员会召开第一次全体会议，会上通过投票从上述14名正式代表中选举确定维权委员会组织机构，其中王某被选举为主任。

2016年4月期间，部分正式代表因各种原因退出代表资格，且5栋和6栋尚无业主代表，根据帮扶组的意见，维权委员会组织业主推荐补选了业主代表，5栋、6栋在补选后均有了本栋的业主代表，其中贺国某、贺某、黄某等5人补选为业主代表，同时维权委员会的组织机构也进行了改选。至此，维权委员会基本架构已形成，但在向娄底市房产局、娄星区大科办事处、大科居委会报备为业主委员会时，因各种原因手续目前没有办下来，维权委员会尚处于临时业主委员会的身份状态。但自2016年4月—2018年期间，维权委员会一直在履行正式业主委员会的相关职能，维权委员会组织机构成员王某等人多次应邀参加帮扶组召开的协调会议。在参与召开的协调会后，与会人员会将协调会精神及时传达给维权委员会讨论决策。

其中，关于华融公司融资事项，帮扶组于2016年11月2日召开的协调会议上达成"由五江集团提供融资主体向华融公司增加融资5 300万元，维权委员会同意承诺放弃对该华剑首郡项目已存在的延期交房等违约行为的追索"等共同意见后，维权委员会于2016年11月18日召开了全体会议，中心议题为华融公司融资和华剑首郡自救，部分非业主代表也列席参加了该次会议。同日，维权委员会以娄底市华剑首郡临时业主委员会的名义出具了"放弃对该华剑首郡项目已存在的延期交房等违约行为的追索等事项"等为主要内容的书面承诺。

法院认为，根据最高人民法院《关于人民法院办理仲裁裁决执行案件若干问题的规定》第18条的规定，案外人申请不予执行仲裁裁决或者仲裁调解书，符合下列条件的，人民法院应当支持：① 案外人系权利或者利益的主体；② 案外人主张的权利或者利益合法、真实；③ 仲裁案件当事人之间存在虚构法律关系，捏造案件事实的情形；④ 仲裁裁决主文或者仲裁调解书处理当事人民事权利义务的结果部分或者全部错误，损害案外人合法权益。

案外人华融公司称，其系案涉房屋的抵押权人。经查，案外人华融公司未提供证据证明其现为案涉房产抵押权人的情况，而申请执行人刘某、刘未某提供的商品房买卖合同及备案证明等证据材料记载，案涉房产已出售并备案，华融公司提出的该意见与上述证据证明的事实不符，本院不予采纳。

案外人华融公司还称，案涉房屋的权利人曾向华融公司作出承诺，自愿放弃对中欧公司已存在的延期交房等违约行为的追索，娄底仲裁委员会娄仲星裁字〔2016〕12 号仲裁裁决违反该承诺，损害了华融公司的合法权益。

经查，华融公司所称的承诺系维权委员会所作出。维权委员会系由华剑首郡业主推荐或自荐产生候选人，后经投票选举正式代表而产生，本系列仲裁裁决案的申请执行人黄某、刘某等部分业主还成为候选人参与了维权委员会的选举。维权委员会虽然目前处于临时业主委员会身份状态，但在参与帮扶组的协调工作中，所做出的承诺放弃对该华剑首郡项目已存在的延期交房等违约行为的追索等事项，系为华剑首郡项目获得融资以完成后续建设，符合华剑首郡项目业主的整体利益和申请执行人的长远利益。

娄底仲裁委员会娄仲星裁字〔2016〕12 号裁决对维权委员会曾向华融公司作出承诺放弃对中欧公司已存在的延期交房等违约行为的追索的事实没有涉及，裁决结果损害了案外人华融公司在维权委员会所作出的前述承诺下对华剑首郡项目进行融资中的合法权益，同时不利于华剑首郡项目后续建设的完成和当地经济发展及社会稳定，不符合业主的整体利益和申请执行人的长远利益。案外人华融公司提出的该异议意见成立，本院予以采纳。

依照《中华人民共和国民事诉讼法》第 154 条第 1 款第 11 项、最高人民法院《关于人民法院办理仲裁裁决执行案件若干问题的规定》第 18 条、第 22 条第 3 款的规定，裁定如下：不予执行娄底仲裁委员会娄仲星裁字〔2016〕12 号仲裁裁决。如不服本裁定，可以在本裁定书送达之日起 10 日内，向本院提交复议申请书，并按照对方当事人的人数提出副本，复议于湖南省高级人民法院。

我国《物权法》第 75 条、第 78 条分别规定："业主可以设立业主大会，选举业主委员会"，"业主大会或者业主委员会的决定，对业主具有约束力"。《物业管理条例》第 8 条、第 10 条分别规定："物业管理区域内全体业主组成业主大会"，"同一个物业管理区域内的业主，应当在物业所在地的区、县人民政府房地产行政主管部门或者街道办事处、乡镇人民政府的指导下成立业主大会，并选举产生业主委员会。"住房和城乡建设部《业主大会和业主委员会指导规则》第 3 条及娄底市《物业管理办法》第 19 条也规定："业主委员会由业主大会依法选举产生，履行业主大会赋予的职责，执行业主大会决定的事项，接受业主的监督"，"业主委员会由 5—11 人单数组成"。由此可知，业主委员会是由业主大会选举产生，而业主大会又是由全体业主组成。本案所涉及的"维权委员会""临时业主委员会"本身并非准确的法律概念，其所作出的决定能否约束业主，关键在于其是否经由业主大会依法选举产生。本案裁定书显示："在华剑首郡业主维权委员会筹备组（简称筹备组）的组织下，华剑首郡业主以推荐和自荐的方式产生王某、黄某、刘某等 26 名业主维权代表候选人。当日，通过公开投票在候选代表人中产生王某、黄某等 14 名正式代表……部分正式代表因各种原因退出代表资格，且 5 栋和 6 栋尚无业主代表，根据帮扶组的意见，维权委员会组织业主推荐补选了业主代表，5 栋、6 栋在补选后均有了本栋的业主代表……。"从以上内容来看，涉案维权或临时业主委员会是否"依法"产生确实存在一定的判断难度。

根据《关于人民法院办理仲裁裁决执行案件若干问题的规定》第 9、18 条的规定，案外人申请不予执行仲裁裁决除满足第 9 条规定的程序性要件外，还须满足第 18 条规定的实质要件，即案外人系权利或者利益的主体；案外人主张的权利或者利益合法、真实；仲裁案件当事人之间存在虚构法律关系，捏造案件事实的情形；仲裁裁决主文或者仲裁调解书处理当事人民事权利义务的结果部分或者全部错误，损害案外人合法权益。在本案中，既然维权或临时业主委员会的产生符合法律的相关规定，涉案仲裁裁决的执行如何损害了案外人华融公司的利益？这一点本案法院并未予以明确说明和阐述。案外人华融公司是仲裁被申请人中欧公司的债权人，涉案仲裁裁决有关"中欧公司在本裁决书送达之日起 10 日内向刘某、刘某某支付逾期交房违约金 29 203.66 元及自 2016 年 6 月 1 日起至该房屋竣工验收合格之日止或申请人实际使用房屋之日止（两者以先到时间为准）每日支付 41.66 元违约金"裁决事项的执行是否会导致中欧公司无力偿还华融公司 5 300 万元的债权，进而损害案外人华融公司的"合法权益"？另外，本案例法院所指"裁决结果损害了案外人华融公司在维权委员会所作出的前述承诺下对华剑首郡项目进行融资中的合法权益"中的"融资中的合法权益"究竟为何？此外，本案例法院还指出："裁决结果……同时不利于华剑首郡项目后续建设的完成和当地经济发展及社会稳定，不符合业主的整体利益和申请执行人的长远利益"。实际上，前述内容本身并非《关于人民法院办理仲裁裁决执行案件若干问题的规定》第 18 条规定的法院应支持案外人申请不予执行仲裁裁决的事由，本案中法院将其作为不予执行涉案仲裁裁决理由的合理性值得关注。

《关于仲裁司法审查案件报核问题的有关规定》第 2 条规定："各中级人民法院或者专门人民法院办理非涉外涉港澳台仲裁司法审查案件，经审查拟认定仲裁协议无效，不予执行或者撤销我国内地仲裁机构的仲裁裁决，应当向本辖区所属高级人民法院报核；待高级人民法院审核后，方可依高级人民法院的审核意见作出裁定。"尽管《关于仲裁司法审查案件报核问题的有关规定》的施行时间（2018 年 1 月 1 日）早于《关于人民法院办理仲裁裁决执行案件若干问题的规定》的施行时间（2018 年 3 月 1 日），但从这一规定的文义来看，法院支持案外人不予执行仲裁裁决申请的，其也应履行相应的报核程序。对于违反报核程序的后果，在（2018）赣执复 52 号裁定书中，江西省新余市中级法院裁定支持案外人不予执行仲裁裁决申请后，没有履行相应的报核程序，申请执行人依照复议程序向江西省高级法院申请复议，江西省高级法院最终以未经报核严重违反法定程序为由撤销了新余市中级法院的不予执行裁定，并裁定驳回案外人的不予执行申请。

（三）不予执行仲裁裁决申请被驳回的后果

被执行人申请不予执行仲裁裁决，对同一仲裁裁决的多个不予执行事由应当一并提出。不予执行仲裁裁决申请被裁定驳回后，再次提出申请的，人民法院不予审查，但有新证据证明存在《民事诉讼法》第 237 条第 2 款第 4、6 项规定情形的除外。

（四）对不予执行仲裁裁决案件的审查

人民法院组成合议庭对不予执行仲裁裁决案件，围绕被执行人申请的事由、案外人的申请进行审查；对被执行人没有申请的事由不予审查，但仲裁裁决可能违背社会公共利益的除外。

被执行人、案外人对仲裁裁决执行案件申请不予执行的，人民法院应当进行询问；被执行人在询问终结前提出其他不予执行事由的，应当一并审查。人民法院审查时，认为必要的，可以要求仲裁庭作出说明，或者向仲裁机构调阅仲裁案卷。

这里必须区分案件受理异议和执行异议。

《关于人民法院执行工作若干问题的规定（试行）》第18条就执行案件的受理条件进行了规定，其中"申请执行的法律文书有给付内容，且执行标的和被执行人明确"是案件受理条件之一。《民诉法解释》第463条规定："当事人申请人民法院执行的生效法律文书应当具备下列条件：（一）权利义务主体明确；（二）给付内容明确。"但是，关于不符合执行案件受理条件的处理，《关于人民法院执行工作若干问题的规定（试行）》第18条只规定了立案阶段发现不符合受理条件这一种情形，并未就立案后发现案件不符合受理条件的情形如何处理进行规定。该条规定："人民法院对符合上述条件的申请，应当在七日内予以立案；不符合上述条件之一的，应当在七日内裁定不予受理。"《关于执行案件立案、结案若干问题的意见》首次对这一问题作出了回应，其第20条规定："执行实施案件立案后，经审查发现不符合《最高人民法院关于人民法院执行工作若干问题的规定（试行）》第18条规定的受理条件，裁定驳回申请的，以'驳回申请'方式结案。"2018年3月1日起正式施行的《关于人民法院办理仲裁裁决执行案件若干问题的规定》对仲裁裁决执行案件中受理案件后发现不符合受理条件的处理作出了规定："仲裁裁决或者仲裁调解书执行内容具有下列情形之一导致无法执行的，人民法院可以裁定驳回执行申请；导致部分无法执行的，可以裁定驳回该部分的执行申请；导致部分无法执行且该部分与其他部分不可分的，可以裁定驳回执行申请……。"

执行异议是指在民事案件执行过程中，当事人、利害关系人认为执行行为违反法律规定并要求法院撤销或者改正执行行为的请求。《民事诉讼法》第225条规定："当事人、利害关系人认为执行行为违反法律规定的，可以向负责执行的人民法院提出书面异议。当事人、利害关系人提出书面异议的，人民法院应当自收到书面异议之日起十五日内审查，理由成立的，裁定撤销或者改正；理由不成立的，裁定驳回。当事人、利害关系人对裁定不服的，可以自裁定送达之日起十日内向上一级人民法院申请复议。"有观点认为，当事人、利害关系人可以提出异议的执行行为可归结为四类：① 执行法院所采取的执行措施。执行措施是指执行人员在实施强制执行时所采取的具体方法和手段；② 执行法院在强制执行时应当遵守的程序；③ 强制执行中作出的某些法律文书；④ 其他侵害当事人、利害关系人合法权益的执行行为。《关于人民法院办理执行异议和复议案件若干问题的规定》第 17 条对执行异议的后果进行了细化，"人民法院对执行行为异议，应当按照下列情形，分别处理：（一）异议不成立的，裁定驳回异议；（二）异议成立的，裁定撤销相关执行行为；（三）异议部分成立的，裁定变更相关执行行为；（四）异议成立或者部分成立，但执行行为无撤销、变更内容的，裁定异议成立或者相应部分异议成立。"

案件受理异议与执行异议是两项不同的异议。前者异议的核心在于执行案件并不符合案件受理条件，后者则是对法院的具体执行行为持有异议。两者的处理方式也不尽相同。前者在案件受理阶段发现不符合受理条件的，裁定不予受理；案件受理后发现不符合受理条件的，裁定驳回执行申请。后者则存在驳回异议、撤销或变更执行行为等多种可能。

（五）不予执行仲裁裁决案件审查的审限

人民法院对不予执行仲裁裁决案件的审查，应当在立案之日起两个月内审查完毕并作出裁定；有特殊情况需要延长的，经本院院长批准，可以延长 1 个月。

（六）不予执行仲裁裁决的裁定后果

依照《民事诉讼法》第 213 条的规定，人民法院对仲裁裁决依法裁定不予执行，当事人不服而申请再审的，没有法律依据，人民法院不予受理。①

---

① 最高人民法院《关于当事人因对不予执行仲裁裁决的裁定不服而申请再审人民法院不予受理的批复》（2008 年 12 月 16 日）。

人民法院裁定不予执行仲裁裁决后，当事人对该裁定提出执行异议或者复议的，人民法院不予受理。当事人可以就该民事纠纷重新达成书面仲裁协议申请仲裁，也可以向人民法院起诉。①

（七）不予执行仲裁裁决重复救济的禁止

当事人在仲裁程序中未对仲裁协议的效力提出异议，在仲裁裁决作出后以仲裁协议无效为由主张撤销仲裁裁决或者提出不予执行抗辩的，人民法院不予支持。②

当事人在仲裁程序中对仲裁协议的效力提出异议，在仲裁裁决作出后又以此为由主张撤销仲裁裁决或者提出不予执行抗辩，经审查符合《仲裁法》第 58 条或者《民事诉讼法》第 213、258 条规定的，人民法院应予支持。③

（八）仲裁裁决的执行

人民法院裁定仲裁裁决部分不予执行的，不予执行部分和其他部分不可分的，人民法院应当裁定不予执行仲裁裁决。④

法院执行仲裁裁决的申请，如果仲裁裁决的裁项内容不明确，法院会驳回。

在"徐健某（申请执行人）诉广州市晓锋房地产有限公司（异议人、被执行人）商品房买卖合同纠纷"一案中，⑤ 徐健某向法院申请执行中国广州仲裁委作出的（2016）穗仲案字第 3514 号仲裁案的仲裁裁决，裁决如下："一、广州市晓锋房地产有限公司与徐健某继续履行于 2015 年 4 月 2 日签订的《广州市商品房买卖合同》（预售）（编号：201504107349），广州市晓锋房地产有限公司配合徐健某办理广州市花都区新华街南石西路 1 号桃源盛世名苑（自编 3 栋 1 梯）1303 房的按揭贷款手续；二、对徐健某的其他仲裁反请求不予支持；三、本案鉴定费 15 226 元由广州市晓锋房地产有

---

① 最高人民法院《关于适用〈中华人民共和国民事诉讼法〉的解释》（法释〔2015〕5 号）。
② 最高人民法院《关于适用〈中华人民共和国仲裁法〉的解释》，第 27 条。
③ 最高人民法院《关于适用〈中华人民共和国仲裁法〉的解释》，第 27 条。
④ 最高人民法院《关于适用〈中华人民共和国民事诉讼法〉的解释》（法释〔2015〕5 号）第 477 条。
⑤ （2018）粤 01 执 4658 号；（2018）粤 01 执异 977 号。

限公司承担；本案反请求仲裁费 23 235 元由广州市晓锋房地产有限公司承担 18 745 元（该仲裁费已由徐健某预缴，本会不予退回，由广州市晓锋房地产有限公司迳付徐健某），由徐健某承担 4 687 元。"上述裁决生效后，因广州市晓锋房地产有限公司未履行义务，徐健某向法院申请执行，请求如下："广州市晓锋房地产有限公司继续履行与徐健某于 2015 年 4 月 2 日签订的《广州市商品房买卖合同》，广州市晓锋房地产有限公司配合徐健某办理广州市花都区新华街南石西路 1 号桃源盛世名苑（自编 3 栋 1 梯)1303 房的按揭贷款手续；广州市晓锋房地产有限公司向徐健某支付仲裁费 18 745 元。"法院于 2018 年 9 月 19 日以（2018）粤 01 执 4658 号立案执行。

2018 年 9 月 30 日，法院作出（2018）粤 01 执 4658 号《执行通知书》，责令广州市晓锋房地产有限公司在收到本通知书后立即履行如下义务：配合徐健某办理广州市花都区新华街南石西路 1 号桃源盛世名苑（自编 3 栋 1 梯）1303 房的按揭贷款手续；向徐健某支付执行款 18 745 元；交纳执行费 181 元。

根据双方异议、答辩意见，本案争议焦点在于（2018）粤 01 执 4658 号《执行通知书》责令广州市晓锋房地产有限公司配合徐健某办理广州市花都区新华街南石西路 1 号桃源盛世名苑（自编 3 栋 1 梯）1303 房按揭贷款手续是否正确。

最高人民法院《关于人民法院办理仲裁裁决执行案件若干问题的规定》第 3 条规定："仲裁裁决或者仲裁调解书执行内容具有下列情形之一导致无法执行的，人民法院可以裁定驳回执行申请；导致部分无法执行的，可以裁定驳回该部分的执行申请；导致部分无法执行且该部分与其他部分不可分的，可以裁定驳回执行申请。（一）权利义务主体不明确；（二）金钱给付具体数额不明确或者计算方法不明确导致无法计算出具体数额；（三）交付的特定物不明确或者无法确定；（四）行为履行的标准、对象、范围不明确；仲裁裁决或者仲裁调解书仅确定继续履行合同，但对继续履行的权利义务，以及履行的方式、期限等具体内容不明确，导致无法执行的，依照前款规定处理。"

本案中，（2016）穗仲案字第 3514 号裁决书裁决广州市晓锋房地产有限公司与徐健某继续履行于 2015 年 4 月 2 日签订的《广州市商品房买卖合同》，广州市晓锋房地产有限公司配合徐健某办理广州市花都区新华街南石西路 1 号桃源盛世名苑（自编 3 栋 1 梯）1303 房的按揭贷款手续。徐健某依据上述仲裁裁决，向法院申请广州市晓锋房地产有限公司继续履行与徐健某签订《广州市商品房买卖合同》以及广州市晓锋房地产有限公司配合徐健某办理广州市花都区新华街南石西路 1 号桃源盛世名苑（自编 3 栋 1 梯)1303 房的按揭贷款手续。法院作出（2018）粤 01 执 4658 号《执行通知书》，责令广州市晓锋房地产有限公司配合徐健某办理涉案房屋按揭贷款手续，但未对徐健某请求广州市晓锋房地产有限公司继续履行合同的执行申请作出处理。关于广州市晓锋房地产有限公司与徐健某继续履行合同的问题，仲裁裁决写明双方应继续履行合同，但对继续履行的权利、义务、方式、期限等均未予以明确。因（2016）穗仲案字第 3514 号裁决书未明确双方继续履行《广州市商品房买卖合同》的具体内容，该裁项无法执行，（2018）粤 01 执 4658 号《执行通知书》中未对徐健某要求继续履行合同的请求进行处理，并无不当。但双方继续履行《广州市商品房买卖合同》是办理购房按揭贷款手续的前提，该《执行通知书》在未对双方继续履行合同作出处理的情况下，责令广州市晓锋房地产有限公司配合徐健某办理涉案房屋按揭贷款手续，有所不妥。

就仲裁裁决要求广州市晓锋房地产有限公司协助办理按揭贷款手续的这一裁决项而言，过于抽象，广州市晓锋房地产有限公司的协助义务具体包含哪些内容难以明确。如徐健某在答辩意见中主张，广州市晓锋房地产有限公司协助办理按揭贷款手续的义务包括向按揭银行提供营业执照副本、法定代表人身份证明、规划图纸、商品房买卖合同原件、已付首期款发票原件及复印件等材料的义务，并根据按揭银行的需要加盖广州市晓锋房地产有限公司的公章及履行应由其履行的手续。首先，上述事项是否属于广州市晓锋房地产有限公司应该履行的配合办理按揭贷款手续的义务范围无法确定；其次，除上述义务之外，还有何者属于应由广州市晓锋房地产有限公司履行的义务也无法确定。因此，仲裁裁决要求广州市晓锋房地产有限公司协助徐健某办理按揭贷款手续的内容并不明确，该裁项本身也不具有可执行性。

综上所述，（2018）粤 01 执 4658 号《执行通知书》责令广州市晓锋房地产有限公司配合徐健某办理涉案房屋按揭贷款手续的处理有误，法院对此予以撤销；对徐健某请求广州市晓锋房地产有限公司继续履行与徐健某于 2015 年 4 月 2 日签订的《广州市商品房买卖合同》以及广州市晓锋房地产有限公司配合徐健某办理广州市花都区新华街南石西路 1 号桃源盛世名苑（自编 3 栋 1 梯）1303 房的按揭贷款手续的执行申请，法院依法予以驳回。此外，对于广州市晓锋房地产有限公司请求终结（2018）粤 01 执 4658 号案件执行的问题，不属于审查范围，应由（2018）粤 01 执 4658 号案件根据案件执行情况，依法作出处理，对广州市晓锋房地产有限公司该项异议请求，法院不作处理。

依照《中华人民共和国民事诉讼法》第 225 条、最高人民法院《关于人民法院办理执行异议和复议案件若干问题的规定》第 17 条第（3）项、最高人民法院《关于人民法院办理仲裁裁决执行案件若干问题的规定》第 3 条的规定，法院裁定如下：一、撤销（2018）粤 01 执 4658 号《执行通知书》中"责令广州市晓锋房地产有限公司配合徐健某办理广州市花都区新华街南石西路 1 号桃源盛世名苑（自编 3 栋 1 梯）1303 房的按揭贷款手续"的内容。二、驳回徐健某请求广州市晓锋房地产有限公司继续履行与徐健某于 2015 年 4 月 2 日签订的《广州市商品房买卖合同》以及广州市晓锋房地产有限公司配合徐健某办理广州市花都区新华街南石西路 1 号桃源盛世名苑（自编 3 栋 1 梯）1303 房的按揭贷款手续的执行申请。如不服本裁定，可以自本裁定送达之日起十日内，向广东省高级人民法院申请复议。

本案中，异议人主张"请求法院裁定驳回申请执行人要求履行（2016）穗仲案字第 3514 号仲裁裁决第一项的执行申请，终结（2018）粤 01 执 4658 号的执行"。法院认为"对于广州市晓锋房地产有限公司请求终结（2018）粤 01 执 4658 号案件执行的问题，不属于本案审查范围"。仅就异议人请求法院驳回申请执行人的执行申请而言，从异议人阐述的理由以及其援引《关于人民法院办理仲裁裁决执行案件若干问题的规定》第 3 条作为法律依据来看，异议人似乎主要或实质是对执行案件的受理持有异议，并未就法院的执行行为本身直接提出执行异议。同时，从申请执行人有关"认为申请执行的事项是明确具体，具有操作性及可执行性的，故请求法院支持徐健某的执行请求"的答辩意见来看，申请执行人似乎也是在针对案件受理异议进行答辩。但从"《执行通知书》责令广州市晓锋房地产有限公司配合徐健某办理广州市花都区新华街南石西路1号桃源盛世名苑（自编3栋1梯）1303房按揭贷款手续是否正确"的争议焦点归纳来看，法院似乎认为异议人是在针对《执行通知书》这一执行行为提出执行异议。从本案的最终裁定结果来看，法院既援引了执行异议的相关规定，例如《民事诉讼法》第225条、《关于人民法院办理执行异议和复议案件若干问题的规定》第17条，也援引了案件受理异议的相关规定，例如《关于人民法院办理仲裁裁决执行案件若干问题的规定》第3条。法院一方面撤销了（2018）粤01执4658号《执行通知书》中有关"责令广州市晓锋房地产有限公司配合徐健某办理广州市花都区新华街南石西路1号桃源盛世名苑（自编3栋1梯）1303房的按揭贷款手续"的内容，另一方面又驳回了申请执行人有关请求异议人配合办理按揭贷款手续的执行申请。这一处理方式既考虑了执行异议的问题，也考虑了案件受理异议的问题。

第六节　中国执行涉外裁决和承认及执行外国裁决制度

支配我国承认和执行仲裁裁决的程序、条件的国内法渊源主要是《仲裁法》和《民事诉讼法》。我国立法体例将仲裁分为三类：国内仲裁、涉外仲裁和外国仲裁裁决。相应地，仲裁裁决亦分为国内仲裁裁决、涉外仲裁裁决和外国仲裁裁决三类。

一、我国执行涉外仲裁裁决的制度

（一）我国执行涉外裁决的法律渊源

处理我国执行涉外仲裁裁决的法律渊源主要是《仲裁法》和《民事诉讼法》。

我国《民事诉讼法》第273条规定："经中华人民共和国涉外仲裁机构裁决，当事人不得向人民法院起诉。一方当事人不履行仲裁裁决的，对方当事人可以向被申请人住所地或者财产所在地的中级人民法院申请执行。"

《仲裁法》第71条规定："被申请人提出证据证明涉外仲裁裁决有民事

诉讼法第二百六十条第一款规定的情形之一的，经人民法院组成合议庭审查核实，裁定不予执行。"

由上可见，《民事诉讼法》第273条规定了受理涉外仲裁裁决执行申请的管辖法院；《仲裁法》本身并未直接规定我国涉外仲裁裁决执行的程序、不予执行的条件、管辖的法院等具体事项，故凡是申请执行，其具体制度必须遵循《民事诉讼法》的规定。

根据我国《仲裁法》第62条规定，一方当事人在另一方当事人不履行裁决时依照《民事诉讼法》的有关规定申请执行。因此，规范我国承认和执行仲裁裁决的程序、条件的内国法渊源主要是《民事诉讼法》。

中国立法体例将国际商事仲裁裁决分为涉外仲裁裁决和外国仲裁裁决两类。

对外国仲裁裁决，《民事诉讼法》规定，国外仲裁机构的裁决，需要中国法院承认和执行的，应当由当事人直接向被执行人住所地或者其财产所在地的中级法院申请，法院应当依照《民事诉讼法》第276条的规定根据中国缔结或者参加的国际条约，或者按照互惠原则办理。

最高人民法院于1987年发布的《关于执行我国加入的〈承认与执行外国仲裁裁决公约〉的通知》，还为中国法院执行非缔约国领土内作出的仲裁裁决提供了法律依据。其第1条规定，中国法院按照互惠原则办理非《纽约公约》缔约国仲裁机构所作的裁决。

所谓"按照互惠原则办理"是指如果《纽约公约》缔约国之外的国家仲裁裁决需要在中国得到承认和执行，如果该国与我国存在相互承认和执行仲裁裁决的互惠关系，中国法院在该仲裁裁决在形式上符合中国法律规定，执行裁决不违反中国法律的基本原则和社会公共利益，法院会裁定该仲裁裁决的效力，发出执行令，根据中国《民事诉讼法》的规定程序办理。

中国法律采用的绝对互惠主义，对互惠原则作了绝对化的界定，将互惠关系的存在作为承认和执行外国仲裁裁决的必要条件。

《纽约公约》规定的"互惠原则"包括两条，其中第1条第3款规定，任何国家得于签署、批准或加入本公约时……以承认及执行在另一缔约国领土内作出之裁决为限。《推广公约适用》的第10条的规定，任何国家在批准或加入本公约时可以声明其对哪些国家适用公约。依前条，一国只有在与裁决国之间存在双边条约或共同参加条约时，才承认和执行裁决国的裁决。而后者表明公约的互惠仅限于执行公约的范畴，至于非缔约国裁决的承认和执行条件由执行国自行决定。

如果缔约国在参加公约时未就互惠提出保留，执行国也可以按公约标准执行非缔约国裁决。从这个意义上说，《纽约公约》的互惠原则是相对原则，而非绝对原则。一国可以在与对方国家存在既存互惠关系的情况下，按互惠条件、方式和程序承认和执行非缔约国裁决。

显然，中国采用的绝对互惠主义与《纽约公约》的立法意图相比明显不足。

(二) 我国执行涉外仲裁裁决的条件

1. 立法规定

对我国涉外仲裁机构所作出的涉外仲裁裁决，如同其他国家的国内法及《纽约公约》的立法方式，《民事诉讼法》第 274 条第 1 款采用否定清单的方式规定了不予执行的条件。对中华人民共和国涉外仲裁机构作出的裁决，被申请人提出证据证明仲裁裁决有下列情形之一的，经人民法院组成合议庭审查核实，裁定不予执行：

(1) 当事人在合同中没有订有仲裁条款或者事后没有达成书面仲裁议；

(2) 被申请人没有得到指定仲裁员或者进行仲裁程序的通知，或者由于其他不属于被申请人负责的原因未能陈述意见；

(3) 仲裁庭的组成或者仲裁的程序与仲裁规则不符的；

(4) 裁决的事项不属于仲裁协议的范围或者仲裁机构无权仲裁的。

此外，《民事诉讼法》第 274 条第 2 款还规定：人民法院认定执行该裁决违背社会公共利益的，裁定不予执行。

2. 执行涉外仲裁裁决的适用标准

中国涉外仲裁机构作出的裁决在中国境内执行不是依据《纽约公约》的规定。尽管《纽约公约》第 1 条第 1 款允许缔约国可以依照公约执行不属于内国的裁决，中国在加入公约时提出过保留，只接受在一国领土内作出的仲裁裁决而在另一国申请承认和执行时承担公约规定的义务。[①] 因此，

[①] 《全国人民代表大会常务委员会关于我国加入〈承认及执行外国仲裁裁决公约〉的决定》，1986 年 12 月 2 日通过。

中国涉外仲裁机构作出的裁决在境内执行仍然受中国国内法的支配，而不以公约为依据。

《民事诉讼法》第 274 条规定的不予执行中国涉外仲裁机构作出的裁决的条件包括。

（1）当事人在合同中没有订有仲裁条款或者事后没有达成书面仲裁协议；

（2）被申请人没有得到指定仲裁员或者进行仲裁程序的通知，或者由于其他不属于被申请人负责的原因未能陈述意见；

（3）仲裁庭的组成或者仲裁的程序与仲裁规则不符以及裁决的事项不属于仲裁协议的范围或者仲裁机构无权仲裁；

（4）裁决的事项不属于仲裁协议的范围或者仲裁机构无权仲裁的。

只有被申请人提出证据证明仲裁裁决具有其中之一的情形，法院才可能拒绝执行。此外，法院可以主动依照职权审查仲裁裁决的执行是否违反社会公共利益。如果仲裁裁决的执行违反社会公共利益，法院裁定不予执行。

从中国法律规定的条件看，法院承认和执行国内仲裁裁决不仅包括程序性事项的审查，而且对认定事实和适用法律的实体问题也进行检查。相比较，我国承认和执行涉外仲裁裁决的标准较之国内裁决的条件宽松，法院只对仲裁裁决的程序性问题进行审查。但是，正如下文讨论的那样，中国法院在适用具体标准时会发生张冠李戴，将应当适用于执行国内仲裁裁决的标准用在执行涉外仲裁机构的裁决执行上。

3. 涉外仲裁裁决执行标准与《纽约公约》的比较

分析中国执行涉外仲裁裁决法源的参照系主要是《纽约公约》的承认和执行标准。这主要基于下列原因。

首先，尽管《纽约公约》第 5 条列举的审核事项与联合国《国际商事仲裁示范法》相比较存在着明显不足而有落伍之感，[①] 但作为国际商事仲裁裁决承认和执行的国际性立法文件，《纽约公约》仍是世界主要国家相继修订本国仲裁法的样板。我国在加入《纽约公约》后，国内立法应当与

---

① ［英］施米拖夫：《国际贸易法文选》，赵秀文选译，中国大百科全书出版社 1993 年版，第 678—679 页。

国际条约互相衔接，国内立法的成熟度也应以此为标准加以鉴定。其次，《纽约公约》第3条要求"各缔约国……承认或执行适用本公约之仲裁裁决时，不得较承认或执行内国仲裁裁决附加过苛之条件或征收过多之费用"。可见，公约的承认和执行标准对缔约国具有强制力。

我国《民事诉讼法》第274条所列举的审查事项限于程序事项，从而排除实体审查的可能性。这与世界上绝大多数国家法律持有的不违反程序规定的仲裁裁决具有可执行性而可通过一定途径获得承认与执行的做法相互一致。

此外，与《纽约公约》第5条规定的承认和执行外国仲裁裁决的条件相比，中国法律对国际仲裁裁决的承认标准亦有可取之处。例如《纽约公约》第5条第1款（乙）称："受裁决援用之一方未接获关于指派仲裁员或仲裁程序之适当通知，或因他故，致未能申辩者……。""或因他故"一说显失严格，被申请人可以作宽泛的解释而不利于实现与申请人的利益平衡。我国《民事诉讼法》第274条第2款规定则较为明确，"被申请人没有得到指定仲裁员或者进行仲裁程序的通知，或者由于其他不属于被申请人负责的援引未能陈述意见的"。这样，被申请人扩大解释程序不当的可能性就相对减小，可伸缩性的界限就有了客观的限定。

虽然中国执行涉外仲裁裁决的条件与国际公约的规定基本一致，并且在立法技术上不从正面明确承认和执行仲裁裁决的条件，而使用排除否定法以限制任意扩大化解释的可能性，但是，中国的立法仍然值得讨论，特别是仔细对比仍能发现一些不同。

一个重要的问题是地域标准的适用。

《纽约公约》及世界各国在国内外裁决的认定上主要采用"地域标准"和"非内国裁决标准"。前者指凡裁决在本国作出或仲裁程序在本国进行，该裁决为本国裁决，反之为外国仲裁裁决；后者指国内外仲裁裁决的划分以裁决准据法为依据，凡适用外国法的仲裁裁决可视为外国仲裁裁决，而不论裁决作出地或程序进行地。

中国于1987年加入《纽约公约》，但是1991年修订的《民事诉讼法》未采用"非内国裁决标准"标准。《民事诉讼法》有关内外仲裁裁决的划分仅采用了地域标准。其第237条规定的用语是"对依法设立的仲裁机构的裁决，……"；第274条规定称"对中华人民共和国涉外仲裁机构作出的裁决，……"；而第 283 条规定的是"国外仲裁机构的裁决，……"。依此，我国《民事诉讼法》的划界标准一目了然，严格采用了"地域标准"。

应当看到，由于仲裁活动主要有当事人自行选择仲裁机构和仲裁地点，因此，仲裁裁决地常具有偶发性，与仲裁指向的标的和纠纷与仲裁地点缺乏必然的关联。法国、德国等国家因此在立法和司法实践中皆认为，依外国法进行的仲裁不能作为本国仲裁对待。[①]

相比之下，我国《民事诉讼法》的规定就显得与《纽约公约》格格不入。1994 年 8 月通过的《仲裁法》仍然坚持"地域标准"。其第 58 条规定，"当事人……，可以向仲裁委员会所在地的中级人民法院申请撤销裁决。"这种与国际公约和惯例不相适应的规定必然会导致司法实践的混乱和法律适用及认定上的困难。

4. 中国法院执行涉外仲裁裁决的实践

据中国国际商会仲裁研究所不完全和非官方的统计，88% 以上的中国国际经济贸易仲裁委员会仲裁裁决得到了中国法院的承认和执行。[②] 但是，不可否认，中国涉外仲裁裁决执行中的法律和实践问题仍然存在一些问题，值得讨论。

（1）关于仲裁协议的问题。《纽约公约》第 5 条第 1 款（甲）项规定，协定之当事人依对其适用之法律有某种无行为能力情形者，或该项协定依当事人作为协定准据之法律系属无效，或未指明以何法律为准时，依裁决地所在国法律系属无效者。我国《民事诉讼法》第 274 条第（1）项条件是，当事人在合同中没有订有仲裁条款或者事后没有达成书面仲裁协议。

《民事诉讼法》只规定了没有仲裁条款或协议的情况，而未如《纽约公约》那样规定"协议无效"。从法律用语的角度看，后者更为严格。因为，仲裁协议无效和没有仲裁协议是两种互不兼容的情况，前者是包含后者的大概念。按《民事诉讼法》条文理解，只要有仲裁协议或条款，仲裁裁决即可成立，而事实是仲裁协议或条款会因不具备法律规定条件而无效。同时，由于跨国仲裁的当事人较为复杂，其法律资格应依属人法或居

---

① 韩健：《现代国际商事仲裁法的理论与实践》，法律出版社 1993 年版，第 288—289 页。
② 王生长：《外国仲裁裁决在中国的承认和执行》，《国际经济法论丛》（第 2 卷），法律出版社 1999 年版，第 499 页。

所地法，《民事诉讼法》对此未作规定显有不当。

中国法院在具体适用该标准时主要考虑是否有仲裁协议。这可以在以下的案件中得到说明。在三洋国际贸易公司（简称三洋公司）诉江苏省对外贸易公司（简称江苏外贸公司）案中，于 1987 年 9 月签订了一份购销制造乳胶手套合同。合同规定：三洋公司向江苏外贸公司出售乳胶手套制造设备，价款到岸价（CIF）南通 53 万美元，其中 75％的货款以信用证方式支付，25％的部分将以产品补偿。合同还规定：出现争议将提交中国国际经济贸易仲裁委员会仲裁。

三洋公司在合同签订后交付了设备，江苏外贸公司也支付了 75％的货款。但是，双方就设备投产后的产品质量和补偿价格等问题产生了争议。三洋公司与设备的实际用户江苏省滨海合成纤维厂（简称合成纤维厂）协商，并在 1988 年 3 月签订一份备忘录，对设备投产后所遗漏的问题作出规定，并将原来合同中约定的以产品补偿 25％货款的付款方式改为以现款方式在 1989 年 3 月分两次支付给三洋公司 14 万美元。江苏外贸公司作为原来合同的买方和用户的代理人在备忘录上签了字。但是，备忘录签字后，尽管三洋公司多次催缴，江苏外贸公司也未偿付。之后，三洋公司于 1990 年 1 月向中国国际经济贸易仲裁委员会提出仲裁请求。仲裁委员会于 1990 年 11 月作出裁决，要求江苏外贸公司于 1991 年 1 月 15 日之前分两次支付给三洋公司货款 132 500 美元，逾期利息为年利率 12.5％。

1991 年 2 月 21 日，三洋公司以江苏外贸公司没有履行裁决，而依照试行的《民事诉讼法》向北京市中级人民法院申请执行。在执行过程中，江苏外贸公司指出，设备的实际使用人是合成纤维厂，所有纠纷都应该由该厂承担。但是，执行法院认为江苏外贸公司是购销合同的一方当事人，因此应当受合同中仲裁条款的约束。①

在"菏泽仁达贸易服务有限公司曹县分公司诉海丰投资发展公司和李烟台"案中，深圳市中级人民法院裁定拒绝执行中国国际经济贸易仲裁委员会深圳分会作出的裁决。在执行程序中被告李烟台称其并没有签署合同，也没有参加仲裁程序，裁决书不应裁定其与另一被告一起承担付款和损害赔偿的连带责任。法院认为李烟台不是合同的当事人，不应该受仲裁

---

① 《人民法院案例选》（第 2 辑），人民法院出版社 1993 年版，第 142—143 页。

条款的约束。显然，法院的依据是被执行人不是裁决所涉的一方，仲裁协议和仲裁裁决都不应有效。①

（2）关于当事人被及时通知和充分行使陈述意见的权利。《民事诉讼法》第260条第2款列举了三种可能发生的情况，即被申请人没有得到指定仲裁员的通知；被申请人没有得到进行仲裁程序的通知；由于其他不属于被申请人负责的原因而未能陈述意见。

法院在具体判断这三种情况时，主要以事实和仲裁规则的具体规定为依据。这可以在下面的案例中得到说明。

中国租赁有限公司（简称中国租赁公司）、深圳中机工业发展中心（简称深圳中机）和香港黄华签订了一份中外合资经营企业合同。合同中的仲裁条款规定，有关合营企业内部争议包括合同的履行、股东之间的分配、合营企业的退股以及注册资本的抽回等引起的争议都应该交付给中国国际经济贸易仲裁委员会仲裁。董事会通过一项决议，由于深圳中机工业发展中心对贷款提供了反担保，因此，它应该承担合资企业50%的利润损失和贷款利息。但是深圳中机没有执行该决议。中国租赁公司随之向中国国际经济贸易仲裁委员会深圳分会提出仲裁。仲裁委员会秘书处将仲裁通知和申请人的仲裁请求送达给深圳中机，该中心也按照仲裁规则指定了仲裁员。

在1995年3月的第一次开庭中，深圳中机认为合资各方的争议是贷款担保方面的争议，而不是股东之间的争议，因此仲裁庭对该争议没有管辖权。仲裁委员会仍然认定其有管辖权。在深圳中机多次推迟开庭后，仲裁庭于1995年7月4日第二次开庭。由于深圳中机对管辖权仍有异议而未出庭。仲裁庭最后作出了有利于中国租赁公司的裁决，要求深圳中机赔偿800万美元的经济损失。

在深圳中机未能执行裁决之后，中国租赁公司向深圳市中级人民法院提出执行申请。但是，深圳中机以未能陈述案情、仲裁庭违反仲裁程序为由拒绝执行。法院认定，仲裁庭多次将开庭通知通知了深圳中机，虽然深圳中机没有参加第二次庭审，但是它已经被给予了充分陈述意见的机会。

---

① 王生长：《外国仲裁裁决在中国的承认和执行》，《国际经济法论丛》（第2卷），法律出版社1999年版，第500—501页。

仲裁庭并没有违反仲裁规则。①

　　法院在这个案件中表现出来的立场是狭隘地解释法律罗列的各种不予执行的理由。法院在具体裁量时以仲裁规则的具体规定为依据。法院在上述案件中采用的方法和逻辑在其他案件的具体裁定时也被采用。

　　在"西安新材料设备研究所诉日本新马康株式会社"一案中，被告在执行程序中辩称仲裁庭没有为其提供日文翻译，因此，其没有享有充分陈述意见的权利。最高人民法院根据报告制度回复执行法院（西安中级人民法院）时认定，中国国际经济贸易仲裁委员会在开庭过程中并没有禁止日本公司提供或要求翻译，而日本公司在庭审中没有提出提供翻译的要求。而日本公司在开庭前除提出书面答辩和反请求之外，庭审之后还提交了补充材料和证据对案情作了进一步的陈述。从整个案情看，被告已经给予了充分的陈述意见的机会。②

　　（3）关于仲裁程序问题。《民事诉讼法》第 260 条第（3）项条件是，仲裁庭的组成或者仲裁的程序与仲裁规则不符的。《纽约公约》第 5 条第 1 款（丁）项规定，仲裁机关之组成或仲裁程序与各造间之协议不符，或无协议而与仲裁地所在国法律不符者。可见，中国《民事诉讼法》采用狭义的标准，不承认当事人可自行约定仲裁程序，即仲裁裁决违背当事人之间的约定不会导致仲裁裁决被拒绝执行，同时，因为仲裁地国法律关于仲裁程序的规定不是中国法院在执行涉外裁决时应当考虑的因素，所以《民事诉讼法》的规定也排除了仲裁地国法律对仲裁程序的控制。

　　在这条标准中，判断仲裁庭的组成或者仲裁的程序是否与仲裁规则相符应当以案件仲裁审理过程中的仲裁庭组成或仲裁程序的合法性为标准。

　　在中国国际经济贸易仲裁委员会深圳分会对深圳东鹏实业有限公司与中国化工建设深圳公司合资经营合同纠纷案件仲裁过程中，陈某被当事人指定为该案的仲裁员，参加了开庭审理工作。之后，在新的仲裁员名册中陈某没有继续应聘为仲裁员。

　　最高人民法院认为陈某没有续聘为仲裁员只能约束仲裁机构以后审理

---

　　① 王生长：《外国仲裁裁决在中国的承认和执行》，《国际经济法论丛》（第 2 卷），法律出版社 1999 年版，第 503 页。
　　② 王生长：《外国仲裁裁决在中国的承认和执行》，《国际经济法论丛》（第 2 卷），法律出版社 1999 年版，第 504 页。

的案件，并影响陈某在这之前已经参加的合法成立的仲裁案件的审理工作。因此，陈某在仲裁裁决上的签字应当有效，法院应当根据当事人的申请对仲裁裁决书予以执行。[①]

《民事诉讼法》采用的狭义标准有利于执行法院对仲裁裁决的执行。因为仲裁规则对程序的约定比较完备和客观，法院行使自由裁量权的余地就相应减少。在中国国际商会仲裁研究所于 1994 年 10 月和 1997 年下半年进行的两次关于中国国际经济贸易仲裁委员会仲裁裁决执行情况的调查中，没有发现有法院根据《民事诉讼法》第 260 条第 3 项条件而拒绝执行的情况。[②] 但是仲裁程序是否有瑕疵并不是黑白分明，容易定性的。

在"岳阳圣发房地产开发有限公司（申请人）诉刘某（被申请人）"一案中，圣发公司申请不予执行岳阳仲裁委员会作出的岳仲决字〔2017〕647 号裁决。在圣发公司提出不构成合同违约的情况下，仲裁庭未就若不支持其免责抗辩，是否需要主张调整违约金进行释明的程序违法。法院指出，圣发公司向岳阳仲裁委员会关于购房户违约、请求解除合同以及迟延交房的责任在政府等抗辩意见，均含有己方未违约不应支付违约金的意思表示。依照《中华人民共和国合同法》第 114 条第 2 款关于"约定的违约金低于造成的损失的，当事人可以请求人民法院或仲裁机构予以增加；约定的违约金过分高于造成的损失的，当事人可以请求人民法院或仲裁机构予以适当减少"；以及最高人民法院《关于审理买卖合同纠纷案件适用法律问题的解释》第 27 条关于"买卖合同当事人一方以对方违约为由主张支付违约金，对方以合同不成立、合同无效或者不构成违约等为由进行免责抗辩而未主张调整过高违约金的，人民法院应当就法院若不支持免责抗辩，当事人是否需要主张调整违约金进行释明"的规定，当事人享有调整违约金的请求权，人民法院或仲裁机构应履行在法定的情形下行使调整违约金释明的义务。在本案中，岳阳仲裁委员会在圣发公司提出免责抗辩的情形下，未依法履行释明可以请求减少违约金的义务，导致圣发公司

---

① 最高人民法院《关于未续聘的仲裁员在原参加审理的案件裁决书上签名人民法院应当执行该仲裁裁决书的批复》。
② 王生长：《外国仲裁裁决在中国的承认和执行》，《国际经济法论丛》（第 2 卷），法律出版社 1999 年版，第 504 页。

未提供约定的违约金是否过高的证据，可能影响了案件公正裁决，符合《中华人民共和国民事诉讼法》第 237 条第 2 款规定的"违反法定程序"的情形。

仲裁庭应依照《中华人民共和国仲裁法》第 7 条关于"仲裁应当根据事实、符合法律规定，公平合理地解决纠纷"的规定审理民商事案件，被申请人辩称《仲裁法》没有对仲裁庭行使释明权作出规定，就不能认定程序违法的意见，法院不予支持。法院依照《中华人民共和国民事诉讼法》第 154 条第 1 款第 11 项、第 237 条第 2 款第 2 项、最高人民法院《关于适用的解释》第 477 条规定，裁定如下：不予执行岳阳仲裁委员会作出的岳仲决字〔2017〕647 号裁决。[①]

仲裁中的释明问题一直是一个非常具有争议性的话题，争议的关键是释明对于仲裁庭来讲是一项义务还是属于仲裁庭自己的一项审理权限。前者如本案法院所持观点，本案法院认为，仲裁委员会"未依法履行释明可以请求减少违约金的义务"。比较而言，后者逐渐成为目前司法实践中的主流观点。例如在一些案件中，法院明确指出，"如何进行释明是仲裁庭的权限范围""行使释明权是其行使仲裁职权的范围"。[②] 有些法院会进一步指出，仲裁庭如何行使释明权限并不属于法院司法审查的范围。"是否向当事人释明变更仲裁请求或驳回仲裁请求均属其实体裁量范围，并非人民法院的司法审查事项"，"释明权的行使问题是否妥当，并不属于撤销仲裁裁决的法定情形"。[③]

2018 年 3 月 1 日起施行的《关于人民法院办理仲裁裁决执行案件若干问题的规定》第 14 条第 1 款规定："违反仲裁法规定的仲裁程序、当事人选择的仲裁规则或者当事人对仲裁程序的特别约定，可能影响案件公正裁决，经人民法院审查属实的，应当认定为《民事诉讼法》第 237 条第 2 款第 3 项规定的'仲裁庭的组成或者仲裁的程序违反法定程序的'情形。"在上述案件中，仲裁委员会未就请求减少违约金进行释明是否违反法定程序（如果释明权的行使属于法院司法审查范围），关键还要看这一做法是否违反《仲裁法》和仲裁规则的规定。《仲裁法》没有就释明问题作出专

---

① （2018）湘 06 执异 262 号。
② （2017）沪 01 民特 830 号案；（2018）粤 01 民特 638 号。
③ （2018）渝 01 民特 198 号案；（2018）京 04 民特 283 号。

门规定。^① 在此情形下，仲裁委员会未予释明并未违反仲裁规则，^② 也未违反《仲裁法》有关仲裁程序的规定。虽然在法院指出仲裁机构应履行在法定的情形下行使调整违约金释明的义务，但实践中有观点认为，"仲裁与诉讼是两种不同的纠纷解决机制，二者所适用的法律并不完全相同"；^③ "仲裁庭未对违约金过高是否调整进行释明，仲裁程序严重违法问题，本院认为，该项撤销裁决理由，实质上是指向裁决实体的法律问题，依法不在本案审查范围之内"。^④

（4）关于仲裁庭越权的问题。根据仲裁实践，无权仲裁包括两类：一是仲裁机构未获得当事人的授权而行使裁判权。我国《民事诉讼法》第 260 条第 1 款第 4 项规定的"裁决的事项不属于仲裁协议的范围"就是此类无权仲裁。二是尽管当事人已经授权，但是法律明文禁止仲裁机构以仲裁方式解决相关争议。《纽约公约》第 5 条规定的"依该国法律，争议事项系不能以仲裁解决者"就是这种情形。我国《民事诉讼法》关于"仲裁机构无权仲裁"可以理解为是替代的规定。

在中国仲裁法的实践中，仲裁机构无权仲裁可能发生于下列情况。

第一，根据中国法律某些争议，例如婚姻、继承等不能通过仲裁方式解决。但问题是，我国《民事诉讼法》第 274 条第 2 款排除了"违背社会公共利益的裁决"作为法院主动认定的事项，而可仲裁性问题不在此列。

第二，仲裁机构受理了法律规定不属于其收案范围的争议。

我国《民事诉讼法》的规定与《纽约公约》第 5 条第 1 款（丙）项的上半部分规定基本一致，但是，不足之处是未就符合仲裁协议的裁决事项的既裁力作可分性的规定。《纽约公约》第 5 条第 1 款（丙）项规定："……但交付仲裁事项之决定可与未交付仲裁之事项划分时，裁决中关于交付仲裁事项之决定部分得予承认及执行。"虽然《民事诉讼法》的本项规定没有直接规定仲裁裁决可以部分执行，但是中国法院在具体执行时还是承认了裁决的可分性。

1985 年 6 月，香港华兴发展公司与由厦门东风橡胶制品厂、厦门轴承

---

① 《岳阳仲裁委员会仲裁暂行规则》没有对仲裁中的释明问题进行规定。
② （2018）京 04 民特 98 号。
③ （2017）渝 01 民特 1047 号。
④ （2017）京 04 民特 8 号。

厂、厦门经济特区建设发展公司组成的一方签订了《合资经营厦门橡胶塑制品有限公司合同》。厦门经济贸易委员会于 1985 年 10 月批准了该合营合同，合营企业于同年 12 月领取了营业执照。在以后 6 年的经营过程中，合营各方的合作很不协调，并且一致同意终止合同。由于对清算方案难以达成协议，关于终止合同的董事会决议也难以形成，并最终根据合营合同中的仲裁条款向中国国际经济贸易仲裁委员会提出仲裁申请。

仲裁庭作出两项裁定。首先，合营企业应当依法清算。其次，合营一方（被告之一）厦门东风橡胶制品厂应在一定期限内办理厂房过户手续，从而便于合资企业进行清算。

在厦门市中级人民法院执行裁决时，东风橡胶制品厂提供证据证明该厂房并不属于其所有。法院调查后发现，该厂房是违章建筑，没有办理过产权登记，不能执行。法院最后裁定，裁决第二项事项不予执行。[①]

本执行案件中另外一个值得注意的问题是，法院以《民事诉讼法》第 259 条和第 237 条第 4 项规定作为拒绝执行的依据。法院认为，仲裁庭"认定事实主要证据不足"，但是根据适用于涉外仲裁裁决执行的《民事诉讼法》第 274 条所列的四项理由都与本案的情况不同。根据第 259 条的规定："在中华人民共和国领域内进行涉外民事诉讼，适用本编规定。本编没有规定的，适用本法其他有关规定。"因此，应该适用《民事诉讼法》第 237 条第 4 项。

应该承认，法院的推理和逻辑有一定的道理。但是，《民事诉讼法》第 237 条所列的各项理由只应该适用于国内仲裁裁决，对涉外仲裁裁决不应适用。这应该是立法机关将涉外仲裁专列一章，并且区分国内仲裁和涉外仲裁执行标准的意图。如果按照厦门市中级人民法院的适用和解释，适用于国内仲裁裁决的执行标准，即实体和形式双重标准，就会适用于涉外仲裁裁决。显然，这与立法意图相悖。

此外，对于涉外仲裁裁决不予执行的理由，《民事诉讼法》第四编作了详细规定，而不是第 259 条所称的"没有规定"。因此，法院适用《民事诉讼法》第 237 条关于不予执行国内仲裁裁决的理由是不正确的。法院可以适用《民事诉讼法》第 274 条第 4 项，即"裁决的事项超越了仲裁协议

---

① 《人民法院案例选》（第 4 辑），人民法院出版社 1995 年版，第 136—137 页。

的范围"。

　　5. 公共政策标准在执行裁决过程中的适用

　　中国法院在执行涉外仲裁机构的仲裁裁决过程中对公共政策标准的适用是国内外关注的一个问题。

　　永宁案是中国法院以公共政策为由拒绝承认和执行外国仲裁裁决的具体个案。最高人民法院（2008）民四他字第 11 号给山东省高级人民法院的复函中指出，海慕法姆公司、玛格国际贸易公司、苏拉么媒体有限公司与永宁公司在合资合同中约定的仲裁条款仅仅约束合资合同当事人就合资公司之间的租赁合同纠纷。国际商会仲裁院在仲裁合资合同纠纷案件中，对永宁公司和合资公司之间的租赁合同纠纷进行了审理和裁决，超出了合资合同约定的仲裁协议范围。在中国有关法院就永宁公司和合资公司之间的租赁合同纠纷裁定对合资公司的财产进行保全并作出判决的情况下，国际商会仲裁院再对永宁公司和合资公司之间的租赁合同纠纷进行审理并裁决，侵犯了中国的司法主权和中国法院的司法管辖权。依据《纽约公约》第 5 条第 1 款丙项和第 2 款乙项的规定，应当拒绝承认和执行该案所涉仲裁裁决。①

　　在仲裁司法审查中，司法机关如何把握好尺度无疑是一门艺术，如果内地法院已经介入到实体争议的审理，则需要考虑国际礼让原则的互相性，结合"实体审理程序启动的先后顺序"等因素进行综合衡量，只有符合公共利益条款的高标准时才能够进行援引。当然，恪守国际礼让原则和正确适用既判力理论，不仅仅是让司法裁判有理有据，也是符合中国公共利益的司法政策选择。②

　　中国法院关于"社会公共利益"的实践是值得讨论的。

　　首先，中国法律关于"社会公共利益"的概念缺乏严格限定，缺少可操作性的法律框架。在已有的司法解释中，"社会公共利益"仍然是一个空白的领域。

　　其次，法院拥有很大的自由裁量权，对"社会公共利益"不加严格限

---

　　① 高晓力：《我国法院承认和执行外国仲裁裁决过程中运用公共政策分析》，《中国仲裁与司法》2009 年第 4 期。

　　② 杨挽涛、夏志毅：《司法主权问题在仲裁司法审查中的适用——基于国际礼让原则和既判力理论的分析》，https：//mp. weixin. qq. com/s/ctIRLeEGml _ qa1yRqL2eBA.

制。在上述案件中，法院没有具体解释如何判定"社会公共利益"的标准，也没有分析执行裁决对"社会公共利益"造成的影响。

实践中，法院为了保护被执行人的利益而广泛适用"社会公共利益"标准，任意扩大"社会公共利益"涵盖的范围。例如，江西省一中级人民法院在受理"香港新胜实业公司诉江西星伟建材工业有限公司执行案"后，以仲裁庭违背法定检验的规定，裁决一方安装调试不合格设备不能拒付信用证项下的货款为由，认定裁决违背"社会公共利益"。①

再次，更加重要的是，"社会公共利益"的解释和操作容易受到国内政治和经济大环境的影响。

法院对"社会公共利益"作出有利于地区经济利益解释的深层次原因是由于近年来中国司法机关在执法过程中存在着严重的地方保护主义倾向。随着改革的深入，不同地区为了在利益差别化和地区化中寻找获利优势而努力寻找权力保护。司法部门本身涉入经济利益而不能保持中立和独立的地位，司法部门对经济利益的渴求也促成了权力与经济利益的联合。中国司法领域蔓延的地方保护主义已经成为一大社会公害，它不仅侵蚀国家的社会结构，而且破坏了社会的整体利益。在承认和执行国际商事仲裁裁决方面，已经损害了国家对外开放和法治环境的声誉。

6. 关于涉外裁决的法理分析

我国《民事诉讼法》的规定大致与《纽约公约》所规定的条件相似。法律规定的基本精神是当事人必须自动履行仲裁裁决所规定的义务；如果当事人不履行，申请人可向人民法院申请强制执行。在执行程序中，法院不能主动审查该项裁决是否具有《民事诉讼法》第 274 条第 1 款所列之不予执行的情形，而必须由被申请人提出证据证明存在该条所列之情形之一者，才能由法院的合议庭作出不予执行的裁定。换言之，若被申请人不能举证证明，人民法院就应立即作出裁定予以强制执行。

1991 年通过的《民事诉讼法》第 273 条所述的"裁决"指"中华人民共和国涉外仲裁机构作出的裁决"。在此，判定裁决是否属于涉外的标志是"仲裁机构"的性质：如果仲裁机构属于该法所称之"中华人民共和国

---

① 赵健《论公共秩序与国际商事仲裁裁决的承认与执行》，载中国国际私法学会：《中国国际私法和比较法年刊》（第 2 卷），法律出版社 1999 年版，第 397 页。

涉外仲裁机构"，则其所作出的裁决为"涉外仲裁裁决"，应依照第 274 条规定的条件予以审查，并作出是否执行的裁定。反之，其他仲裁机构作出的裁决就不属法律所称之"涉外的裁决"。但是，我国最高人民法院对于涉外案件的认定是以当事人国籍、法律关系（法律事实）以及争议标的是否具有涉外因素作为标准的。这样，《民事诉讼法》与最高人民法院关于涉外仲裁裁决的认定标准就产生了差异。

《民事诉讼法》的这项规定是符合 1991 年时我国涉外仲裁的实际情况的。至少在 1996 年 6 月"国办通知"下达之前，我国的涉外仲裁机构尚是特指的，即附设于中国国际商会的中国国际经济贸易仲裁委员会和中国海事仲裁委员会。然而，我国《仲裁法》颁布于《民事诉讼法》之后，因《仲裁法》在立法语言上的缺陷，"国办通知"的下达以及国务院证监委会指定处理证券争议的仲裁机构更造成了国内各仲裁机构的业务相互交叉。新组建的国内仲裁委员会可以审理涉外仲裁案件，而中国国际经济贸易仲裁委员会可以受理纯国内的证券争议，以及 1998 年该仲裁委员会修改其仲裁规则时，规定可以受理外商投资企业之间及外商投资企业与其他中国企业之间的争议。在此情况下，基于《仲裁法》所确立的国内仲裁与涉外仲裁分野的制度，当我国的人民法院面对当事人所提起的申请执行裁决案时，其法律适用将产生一系列新课题。

（1）如果中外当事人将一项涉外争议案件提交给依据《仲裁法》第 10 条所组建的国内仲裁委员会审理，且该仲裁委员会亦作出了裁决。当事人向人民法院申请执行，此项裁决是否"涉外"？若依照《民事诉讼法》的规定，显而易见，该项裁决不是涉外裁决，其缘由在于：仲裁机构并非是该法以及《仲裁法》所称的涉外仲裁机构，尽管仲裁案件的当事人确实具有涉外因素。在此情况下，从法律适用而言，就不能适用《民事诉讼法》第 273 条和 274 条的规定，而只能适用《民事诉讼法》第 237 条。由此导致从管辖的法院及审查的标准都与涉外仲裁裁决大相径庭。反之，从争议当事人的主体考虑，有关案件定性为涉外案件是理所当然的。

（2）基于中国证监委 1994 年的授权，中国国际经济贸易仲裁委员会作为受理机构间证券争议的仲裁机构，然而迄今为止，人民币 A 股的发行及交易均不允许外商、外资涉足，即不存在涉外因素。一旦中国国际经济贸易仲裁委员会所作出一项涉及 A 股交易争议的仲裁裁决，当判定其性质时必将作出截然相反的结论，因其作出于中国国际经济贸易仲裁委员会这一"中华人民共和国涉外仲裁机构"，无疑属"涉外裁决"；若从争议的当事人、争议标的及争议所产生的法律关系分析，则应认定其为国内裁决。孰是孰非，若严格按照有关法律的规定来看似乎难以作出定论。

（3）1995 年 4 月 4 日，我国对外经济贸易合作部发布《关于设立外商投资性公司的暂行规定》（简称《暂行规定》），规定外商可以在中国境内设立独资或中外合资的投资性公司，即控股公司（Holding Company），该控股公司为中国法人。如果此类控股公司与中国企业或其他经济组织共同投资，组建合资企业，且其出资额不低于合资企业注册资本的 25%，则该成立的合资企业可以享受中外合资企业全部优惠待遇，其设立过程全部依据我国的外资企业法，并且颁发外商投资企业的批准证书和外商投资企业的营业执照。[①] 自从《暂行规定》颁布后，欧洲、美国和日本的跨国公司已经在中国各地成立数以百计的控股公司，并以此为投资主体，与其他中国公司开展业务。如果以控股公司为一方，以其他中国公司为另一方的合资合同发生纠纷，中国国际经济贸易仲裁委员会接受当事人之申请并作出裁决，我国法院将如何认定其性质？假定我国法院坚持以当事人国籍作为唯一的考虑因素，则此类合同不是涉外合同，争议不具有涉外因素，裁决亦非涉外裁决。然而，我国对外经济贸易合作部制定这一规定是为了适应我国在新形势下引进外资的特殊需要，是一种新的引进外资的方式。以这种方式建立的合资企业，所有的审判程序、投资准入、投资待遇全部适用我国现行的外商投资企业法律法规，唯一的例外只是外商并非直接与中国公司（企业）签订合同，而是通过其已在中国设立的控股公司签合同。如果拘泥于我国对公司国籍的认定标准，认为外商投资的控股公司是中国法人，它们再与其他中国法人组建合资企业，就属于中国法人与中国法人之间的交易，无涉外因素，应适用处理国内纠纷的法律，则不仅明显地与对外经贸部的《暂行规定》的精神背道而驰，而且将危及我国引进外资的事业。反之，若根据《暂行规定》，将外商投资的控股公司（中国法人）与中国公司企业为建立合资企业所订立的合同视为涉外经济合同，则与我国法院早就确立的关于涉外因素的认定标准以及相应的判例（中国国际工程

[①]　《中华人民共和国对外贸易经济合作部文告》1995 年 11 号。

咨询公司申请执行裁决、被裁定为无权仲裁不予执行案）相矛盾。中国的司法制度必须回答什么是"涉外因素"和"涉外裁决"这些基本问题。

7. 关于涉外裁决执行条件的法理分析

我国《民事诉讼法》第 274 条规定的人民法院不予执行裁决的条件，从表面来看与《纽约公约》第 5 条的规定非常相似，但仔细对比仍有若干实质性的差异。

（1）《民事诉讼法》第 274 条第 1 款第 1 项的条件是，"当事人在合同中没有订有仲裁条款或者事后没有达成书面仲裁协议"。《纽约公约》第 5 条第 1 款（甲）项就仲裁协议的规定是："协定之当事人依对其适用之法律有某种无行为能力情形者，或该项协定依当事人作为协定准据之法律系属无效，或未指明以何法律为准时，依裁决地所在国法律系属无效者。"《民事诉讼法》只规定了没有仲裁条款或协议的情况，而未像《纽约公约》那样规定以仲裁协议无效作为不予执行的情形。从法律用语的角度看，后者更为严格。因为，仲裁协议无效和没有仲裁协议是两种并不完全兼容的情况，前者是包含后者的大概念。按《民事诉讼法》条文之理解，只要有仲裁协议或条款，仲裁裁决即可成立，而事实是仲裁协议会因不具备法律规定条件而无效。

（2）《民事诉讼法》第 274 条第 1 款第 4 项规定："裁决的事项不属于仲裁协议的范围或者仲裁机构无权仲裁的"亦属于可不予执行的情形之一。这与《纽约公约》第 5 条第 1 款（丙）项的上半部分规定基本一致。但是，其不足之处体现在以下方面。

首先，此项规定未就符合仲裁协议的裁决事项的既裁力作可分性的规定，只要裁决的事项中存在超越仲裁协议的或不可仲裁的事项，就得拒绝执行整个裁决。由此观之，涉外仲裁稍有差池，必将殃及整个裁决的执行。反观《纽约公约》公约第 5 条第 1 条（丙）项规定，若交付仲裁事项之决定可与未交付仲裁之事项划分时，裁决中关于交付仲裁事项之决定部分得予承认及执行。这样，即使裁决中所裁的事项之一存在缺陷，也不至于导致整个裁决的无效。故公约的规定更为合理。

其次，《民事诉讼法》规定中最可争议的是有关"仲裁机构无权仲裁的"（可仲裁性问题）的认定。《纽约公约》第 5 条第 2 款将"依该国法律，争议事项系不能以仲裁解决者"作为承认及执行地所在国法院主动认定的情形。我国《民事诉讼法》第 274 条第 2 款仅将"违背社会公共利益的裁决"作为法院主动认定的事项，而可仲裁性问题不在此列，要由当事人举证证明。根据仲裁制度的基本原理，无权仲裁源于两种情况：一是仲裁机构未获得当事人的授权而行使裁判权；二是尽管当事人已经授权，但是法律明文禁止仲裁机构以仲裁方式解决相关争议。由于，《民事诉讼法》第 274 条第 1 款第 4 项规定的"裁决的事项不属于仲裁协议的范围"是第一类无权仲裁，因此，"仲裁机构无权仲裁"就可以理解为是可仲裁性问题的规定。"仲裁机构无权仲裁"从性质上说是一种滥用权力的越权行为，将此归类于由当事人负责举证的事项范围，加重了当事人的举证责任。

（三）涉外仲裁裁决的执行程序

仲裁裁决享有权利的一方当事人在对方当事人未能在规定期限内自觉履行裁决时，可以根据规定的程序向法院提出执行裁决的请求。

1. 申请执行

首先，提出执行请求一方应当向法院提交申请书，在申请书中说明申请人和被申请人的基本情况；申请执行的事项、理由和依据；执行标的物的名称、数量和所在地；被执行人的经济状况和可供财产的状况。当事人在必要时还应提供被执行人经济状况或财产状况的资料。

其次，当事人应当提交生效的仲裁裁决书的正本及仲裁协议和含有仲裁条款的合同正本。根据最高人民法院的解释，当事人可以向有管辖权的人民法院申请执行仲裁机构作出的调解书。[①] 这主要是因为在中国仲裁法律制度中，依据和解协议内容制作的调解书具有与仲裁裁决相同的法律效力。

申请人必须向法院递交营业执照副本和法定代表认得身份证明。实践中，法院还需要当事人提供裁决书送达回证复印件，此回证由作出裁决的仲裁委员会提供，并在回证的复印件上加盖该仲裁委员会的印章。

《纽约公约》第 4 条规定申请人申请承认和执行裁决时需要提交的材料包括：原裁决之正本或其正式副本；仲裁协定之原本或其正式副本；经过

---

① 最高人民法院《关于人民法院对申请强制执行仲裁机构的调解书应如何处理的通知》（法经复〔1986〕26 号），1986 年 8 月 20 日颁布。

公设或宣誓之翻译员或外交或领事人员认证的各该文件的执行国文字译本。《纽约公约》的成员方一般也以该条为蓝本规定本地域内的申请执行所需文件。例如，香港法院执行外国仲裁裁决只要求申请人提供英文版的仲裁协议和裁决书。①

根据我国法律的要求，申请执行人必须向法院递交申请执行书和据以执行的法律文书。申请执行书需要写明申请执行的事项和理由、被申请执行人拒不履行义务的事实和根据、需要执行的标的物的名称、数量及所在地、被申请执行人的经济状况和可供执行的财产状况。②

两者比较可见，我国要求当事人提供"被申请执行人的经济状况和可供执行的财产状况"超出了合理的范围，因为申请人未必知悉对方重要的商业资讯。

涉外仲裁裁决的执行程序方式与国内裁决的执行相比较并无二致。

根据《民事诉讼法》第三编"执行程序"第 219 条的规定，凡执行程序双方或一方当事人是自然人时，申请执行期限为 1 年；双方当事人是法人或其他组织的，申请执行期限为 6 个月。该期限从裁决书规定的履行期的最后一日起算；裁决书规定分期履行的，从规定的每次履行期间的最后一日起算。

我国规定的申请执行期限与一些国家的相关规定相比显得极为短促。美国仲裁法规定的裁决当事人申请在美国承认与执行裁决，可在裁决作出后的 3 年内提出；而英国法律更是将申请执行裁决的期限放宽到 6 年。从实践操作的需要看，法人或其他组织申请执行涉外仲裁裁决时，需要办理复杂的程序性手续，例如委托代理人，办理申请手续，对有关法律文件进行公证、认证和见证等，6 个月的期限过于仓促，对不熟悉中国诉讼法的外国当事人而言更为不便。超过申请执行期限，申请人就因丧失时效而失去获得人民法院强制执行裁决的权利。因此，我国法律应适当放宽申请期限，以有利于保护胜诉方的程序权利，进而保护和实现其实体权利。

2. 执行裁决的方式（执行措施）

执行程序的被申请人未能举证证明涉外裁决具有不予执行的情形，人

---

① 程德钧：《涉外仲裁与法律》（第 1 辑），中国人民大学出版社 1992 年版，第 261 页。
② 高言、刘璐：《仲裁法理解适用与案例评析》，人民法院出版社 1996 年版，第 162 页。

民法院应作出裁定，由法院的执行庭对被执行人的财产采取冻结、划拨银行存款，查封、扣押、拍卖、变卖被执行人应当履行义务部分财产等方式予以执行。执行过程主要按照《民事诉讼法》的规定进行。

法院执行仲裁裁决书或调解书主要由执行员进行。执行员接到申请书后会向被执行人发出执行通知，责令其在指定的期限内履行裁决书，否则强制执行。

法院强制执行措施包括：冻结、划拨被执行人的存款；要求被执行人交出财务或票证；扣留、提取被执行人履行义务部分的收入；查封、扣留、冻结、变卖、拍卖被执行人的财产；搜查被执行人及其住所或财产隐匿的地点；强制被执行人迁出房屋或退出土地或房产；要求被执行人一定的作为或不作为。最高人民法院于1987年发布的《关于执行我国加入的〈承认与执行外国仲裁裁决公约〉的通知》对适用规则作了具体的规定。法院依据《民事诉讼法》第四编"执行程序"对逾期不履行的被执行人采取查封、扣押、冻结、变卖其财产或划拨、转交其存款等方法予以执行。

法院执行裁决还会进行强制搜查。新近的一件执行案中，北京市中级人民法院根据三家申请执行人（其中两家是外国企业：瑞士食品规划与服务有限公司和日本欧力士株式会社）的申请，强制执行瑞典斯德哥尔摩商会仲裁院和中国国际经济贸易仲裁委员会终局裁决。法院执行人员对被执行人华阳技术贸易总公司强制搜查，并且将被执行人办公地点、四辆小轿车和账目予以查封。[1]

在执行过程中，法院还会考虑被执行财产的情况，采取不同的措施。在下面所讨论的案件中，法院采用了"托管"的方式，对被执行财产进行了有效的管理。[2]

中国银行、中国银行东京分行、日本樱花银行、日本第一劝业银行和日本三井信托银行5家银行组成的银团于1987年3月与奥林匹克饭店有限公司签订贷款协议和抵押协议，约定银团向饭店提供50亿日元的贷款，而饭店将整个饭店作为抵押物。中国银行等5家银行按照协议履行了全部放款的义务。但是，饭店没有按时偿还到期贷款本息。双方当事人就履行抵

---

[1] 《北京强制执行两起国际仲裁裁决—中国华阳技术贸易总公司被查封》，《法制日报》1999年9月3日，第1版。

[2] 《中华人民共和国最高人民法院公报》1999年第5期，第179—180页。

押协议发生争议。银团向中国国际经济贸易仲裁委员会提出仲裁申请。仲裁庭于 1994 年 9 月认定并裁决：抵押协议有效，银团有权根据协议对担保权益实行处分，用处分所得偿付饭店应付的本息 57.18 亿日元，银团律师费和财产保全费 32.99 万元人民币，仲裁费 18.58 万美元和 97.15 万元人民币。由于饭店不履行裁决，银团向北京市第一中级人民法院提出申请执行。

法院认为：仲裁裁决中所谓的"处分担保权益"就是实现抵押权。执行裁决就是要对抵押协议的标的抵押物——饭店的动产和不动产进行处分。法院为了不影响饭店的正常经营，顺利地对饭店财产进行清点核实，采用"托管方式"，将饭店委托给北京六合兴饭店管理，在指定期间内核查饭店资产。1998 年 11 月 18 日，法院根据六合兴饭店管理公司的报告，认定核查工作完成，将饭店的全部资产正式移交给银团。

这是一起标的数额特别巨大的执行案，法院通过"托管方式"，有效地管理了被执行财产，在执行上达到了良好的效果。

执行申请人发现被执行人有其他财产的，可以随时请求人民法院执行。被执行人没有按照仲裁裁决书指定的期间履行给付金钱义务的，法院可以要求被执行人加倍支付迟延履行期间的债务利息，没有履行其他义务的，应当支付延迟履行金。

我国法律并没有对申请承认（认可）及执行域外仲裁裁决能否申请财产保全作出明确规定。

大韩海运株式会社在申请承认与执行伦敦海事仲裁裁决中曾经提出财产保全申请，海口海事法院于 2016 年 8 月 30 日依据我国《民事诉讼法》第 100、102、103 条的规定，准许了大韩海运的财产保全申请，裁定依次对被申请人的银行资金及其在部分公司投资的股权在人民币 5.6 亿元的额度内进行冻结。[①] 被申请人海航集团不服该裁定，向海口海事法院提出复议，请求依法撤销（2016）琼 72 协外认 1 号民事裁定书，驳回大韩海运株式会社的保全申请，并由大韩海运株式会社承担保全费用。海口海事法院对海航集团的复议申请进行了审查，并于 2017 年 4 月 17 日作出（2016）琼 72 协外认 1 号民事裁定书，撤销海口海事法院的（2016）琼 72 协外

---

① （2016）琼 72 协外认 1 号民事裁定书。

认 1 号民事裁定，理由是没有法律明文规定。

在"华夏航运（新加坡）有限公司（申请人）诉东海运输有限公司（被申请人）"一案中，[①] 申请人华夏航运（新加坡）有限公司与被申请人东海运输有限公司于 2012 年 4 月 21 日签订租船合同，后发生纠纷，并在我国香港地区提交仲裁。仲裁庭作出第一次裁决后，申请人向广州海事法院申请认可和执行。该仲裁庭未对被申请人应予赔偿的法律费用金额进行审理和裁决，但裁决保留对该项争议的管辖权。2018 年 7 月 23 日，因协商未果，申请人就前述法律费用争议向同一仲裁庭提出仲裁申请。2018 年 9 月 28 日，该仲裁庭依照香港特别行政区《仲裁条例》作出第二次有关法律费用的终局裁决，裁决被申请人应向申请人支付：（1）首次仲裁法律费用 225 303.90 美元和 1 016 615 港元及其利息；（2）第二次有关法律费用仲裁的仲裁费用 90 000 港元及其利息。随后，申请人向广州海事法院申请认可和执行该仲裁裁决，并在广州海事法院受理认可和执行该仲裁裁决申请之前，特申请冻结被申请人设立在招商银行股份有限公司深圳总行处账号内的银行存款，以 281 491.70 美元为限。申请人以中国平安财产保险股份有限公司广东分公司出具的担保函提供担保，保证承担因申请保全错误而给被申请人或任何第三方造成损失的赔偿责任。

广州海事法院经审查认为，申请人在本院受理认可和执行香港仲裁裁决之前请求保全被申请人的相关财产，且已经提供充分担保，其申请符合相关法律规定，对申请人的申请应予准许。依照《中华人民共和国民事诉讼法》第 100、102、103 条第 1 款及最高人民法院《关于适用〈中华人民共和国民事诉讼法〉的解释》第 487 条第 1 款的规定，裁定如下：（1）准许申请人华夏航运（新加坡）有限公司的财产保全申请；（2）冻结被申请人东海运输有限公司设立在招商银行股份有限公司深圳总行处账号内的银行存款，以 281 491.70 美元为限，期限为 1 年。案件申请费 5 000 元，由申请人华夏航运（新加坡）有限公司负担。

3. 和解协议

双方当事人可以在执行过程中自行达成和解，并达成和解协议。在前文提到的"德国 S&H 公司和联发公司"一案中，双方当事人达成执行和

[①] 广州海事法院（2018）粤 72 财保 78 号民事裁定。

解协议，联发公司同意一次性支付给 S&H 公司人民币 8.7 万元。

被执行人没有履行和解协议的，法院可根据申请人的请求，恢复执行程序。

4. 不予执行

我国出台的涉及不予执行仲裁裁决的法律及司法解释多达 10 部、21 个法律条文，例如，《民事诉讼法》第 237 条第 2 款 "仲裁裁决不予执行的情形"，最高人民法院《关于人民法院办理仲裁裁决执行案件若干问题的规定》[法释〔2018〕5 号] 第 8 条 "申请不予执行仲裁裁决的期限要求"、第 9 条 "案外人申请不予执行仲裁文书的条件"、第 10 条 "不予执行仲裁裁决申请被驳回后不可在申请"、第 11 条 "对不予执行仲裁裁决案件的审查"、第 14 条 "仲裁庭的组成或者仲裁的程序违反法定程序的情形"，最高人民法院《关于适用〈中华人民共和国民事诉讼法〉的解释》[法释〔2015〕5 号] 第 477 条 "不予执行仲裁裁决"，等等。[①]

当事人向法院提出执行仲裁裁决的申请，并向法院提交所需的法律文件后，法院会根据《仲裁法》和《民事诉讼法》规定的条件对仲裁裁决进行审查。如果仲裁裁决具备不予执行的情况，法院会裁定驳回申请，拒绝承认和执行。

根据最高人民法院的司法解释，当事人如果认为法院对仲裁裁决作出的不予执行的裁定有错误而申请再审的，法院不予受理。[②] 最高人民法院作出这种解释是为了维护一裁终局制，避免形成又裁又审的局面。

人民法院在作出不予执行的裁定后，仲裁裁决是否仍然具有法律效力？《民事诉讼法》第 216 条只是规定仲裁裁决被人民法院裁定不予执行的，当事人可以根据双方达成的书面仲裁协议重新申请仲裁，也可以向人民法院起诉。而没有作正面回答。但是，从实践的角度看，如果当事人不能自觉履行裁决，而法院又不执行裁决，裁决就不再具有强制力。

当事人可以有以下几种选择。

（1）当事人可以根据达成的仲裁协议重新申请仲裁。这里值得讨论的

---

① 李舒、唐青林、吴志强："不予执行仲裁裁决的法律实务及注意事项"，https://mp. weixin. qq. com/s/D56rswfTpbLb9ltlkcjGtg.

② 最高人民法院《关于当事人因对不予执行仲裁裁决的裁定不服而申请再审人民法院不予受理的批复》（法复〔1996〕8 号），1996 年 6 月 26 日颁布。

问题是，重新申请仲裁的仲裁协议是否能够是原来的仲裁协议，还是必须由当事人重新达成。

《民事诉讼法》第261条只是要求根据双方达成的书面仲裁协议重新仲裁。换言之，当事人可以使用原来的仲裁协议要求仲裁。最高人民法院《关于适用〈中华人民共和国民事诉讼法〉若干问题的意见》规定：依照《民事诉讼法》第237条第2、3款的规定，人民法院裁定不予执行仲裁裁决后，当事人可以重新达成书面仲裁协议申请仲裁，也可以向人民法院起诉。① 这个规定的言外之意可以理解为在法院根据《民事诉讼法》第217条其他各款规定而拒绝执行裁决的，当事人可以不重新达成仲裁协议而申请仲裁。总之，中国法律在这个问题上的规定是不清楚的。但是必须注意的是，由于仲裁是一裁终局，原来的仲裁机构不会根据同样的仲裁协议进行第二次仲裁。

（2）当事人可以向人民法院起诉。例如《仲裁法》第9条第2款、《民事诉讼法》第237条第5款的相关规定。

（3）当事人可以向仲裁委员会所在地的中级人民法院申请撤销裁决。②

（4）由于对执行裁决之诉有管辖权的法院可能有几个，申请执行的当事人可以向另外一个有管辖权的法院再次申请执行。③

5. 仲裁裁决的中止执行

所谓仲裁裁决的中止执行是指法院在执行程序开始后，由于出现特定的原因而暂时停止执行程序，等到这种特定原因消除后再继续进行执行程序。

法定的中止执行仲裁裁决的情形是《仲裁法》第64条规定的，一方当事人申请执行裁决而另一方当事人申请撤销裁决。④

仲裁裁决的执行和仲裁裁决撤销有着一定的联系。撤销仲裁裁决的请求一旦未被许可，发生法律效力的裁决就会自然地进入执行阶段。因

---

① 最高人民法院《关于适用〈中华人民共和国民事诉讼法〉若干问题的意见》第278条。
② 《上海市高级人民法院与上海仲裁委员会工作协调讨论会纪要》（沪高法〔1996〕3号通知），1996年1月11日印发。
③ 宋航：《中国涉外仲裁裁决的执行实践中的问题》，载《中国国际私法与比较法年刊》（第2卷），法律出版社1999年版，第363页。
④ 最高人民法院《关于人民法院执行工作若干问题的规定（试行）》（法释〔1998〕15号）第102条第4款。

此，这两个程序之间有前后发展的关系。但是，两者更多地表现为差异性。裁决撤销程序的着眼点是一方当事人要求裁决在司法程序的干预下有所变化和更动，或者被完全否决。而裁决的执行则是以裁决的有效化为目标。通常发生的情况是，仲裁的胜诉方会申请执行，而败诉方会申请撤销裁决。

《仲裁法》第64条关于"一方当事人申请撤销裁决的，法院应当裁定中止执行"的规定对执行不利。这是因为一方当事人可以通过提起撤销裁决之诉而轻易地阻止另一方当事人的执行裁决的意图。《纽约公约》第6条规定：倘裁决业经……主管机关声请撤销或停止执行，受理援引裁决案件之机关得于其认为适当时延缓关于执行裁决之决定，并得依请求执行一造之声请，命他方提供妥适之担保。例如，2018年7月，在"宝钢工程技术集团有限公司诉中国化工集团有限公司"一案中，香港初审法院批准中止执行仲裁裁决。为确保裁决债权人的利益不受损害，中止执行的条件是裁决债务人提供担保。① 但由于《仲裁法》第64条没有要求申请撤销裁决的一方当事人提供担保，当事人可以轻易地提起撤销裁决之诉从而中止裁决的执行，以达到拖延裁决执行的目的。

为了对当事人的撤销裁决之诉加以约束，最高人民法院于1998年4月23日下发《关于人民法院撤销涉外仲裁裁决有关事项的通知》。该通知通过建立"报告制度"要求人民法院在审查认为涉外仲裁裁决具有《民事诉讼法》第274条第1款规定的情形之一的，在裁定撤销裁决或通知仲裁庭重新仲裁之前，须在受理申请后的30日内报请本辖区所属高级人民法院进行审查。高级法院同意撤销裁决或通知仲裁庭重新仲裁，应在15日内将其审查意见报最高人民法院。

此外，法院还可能在下列情形下中止执行。

（1）申请人表示可以延期执行的；

（2）案外人对执行标的提出确有理由的异议的；

（3）作为一方当事人的公民死亡，需要等待继承人继承权利或承担义务的；

---

① Baosteel Engineering & Technology Group Co. Ltd. v. China Zenith Chemical Group Ltd. [HCCT 7/2018].

（4）作为一方当事人的法人或者其他组织终止，尚未确定权利义务承受人的；

（5）人民法院认为应当中止执行的其他情形。[①]

由于上述原因，法院中止执行裁决的，还存在着变更裁决的问题。例如，广西壮族自治区高级人民法院在接受申请执行仲裁机构仲裁裁决过程中，被执行单位被撤销，依法应该由其业务主管部门承担责任。但是，对于应由谁作出裁定变更被执行单位的问题存在异议。一种意见认为：人民法院只能根据仲裁裁决确定的被执行人进行执行，无权擅自变更被执行人，而应将被执行单位被撤销的情况通知原来的仲裁机构，由其作出决定。另外一种意见认为：执行过程中被执行单位终结，属于执行上的程序问题，执行法院可以通过裁定变更被执行人的方式加以处理。最高人民法院支持第一种意见，认为执行法院应当中止执行，并且将有关情况通知原来的仲裁机构，待原仲裁机构确定新的被执行人后，人民法院再恢复执行。[②] 特别是《民事诉讼法》最后一项规定给予法院一定的自由裁量权，法院因此可以自行决定是否中止执行裁决。

6. 仲裁裁决的终结执行

所谓终结执行，是指法院在执行程序开始后出现了无法执行或继续执行程序没有必要的情况而结束执行程序。

一种情况是，法院裁定撤销裁决，法院执行程序已经没有法律依据，执行程序必须终结。[③] 其他可能发生的情况包括：被执行人已经死亡或破产，没有遗产或其他财产可供执行，没有其他公民或法人可以继续承担其义务；被执行的公民没有收入来源而不具备偿还能力。

7. 仲裁裁决的恢复执行

恢复执行是指对已经中止执行的裁决在中止原因消失后，法院继续执行程序。《仲裁法》第 64 条规定：撤销裁决的申请被驳回后，人民法院应当恢复执行程序。前述其他导致执行程序被中止的事项消失后，人民法院也应该裁定恢复执行程序。

---

① 《民事诉讼法》第 256 条。
② 《最高人民法院经济审判庭关于执行仲裁机构裁决过程中被执行单位被撤销需要变更被执行单位的应如何处理问题的答复》，1988 年 9 月 20 日颁布。
③ 《仲裁法》第 64 条。

8. 执行仲裁裁决的报告制度

在具体执行仲裁裁决过程中，人民法院已经充分认识执行涉外仲裁裁决和外国仲裁裁决对改善投资环境的重要意义。为了严格执行《仲裁法》和《纽约公约》的规定，最高人民法院在 1995 年 8 月 28 日颁发的《关于人民法院处理与涉外仲裁及外国仲裁事项有关问题的通知》（简称《通知》）中建立了"报告制度"。

该《通知》第 2 条规定，凡一方当事人向人民法院申请执行我国涉外仲裁机构裁决，或者向人民法院申请承认和执行外国仲裁机构的裁决，如果人民法院认为我国涉外仲裁机构裁决具有《民事诉讼法》第 274 条情形之一的，或者承认和执行的外国仲裁裁决不符合我国参加的国际公约的规定或者不符合互惠原则的，在裁定不予执行或者拒绝承认和执行之前，必须报请本辖区所属高级人民法院进行审查；如果高级人民法院同意执行或者拒绝承认和执行，应将其审查意见报最高人民法院。待最高人民法院答复后，方可裁定不予执行或者拒绝承认和执行。

从立法意图看，"报告制度"是为了鼓励和促进执行裁决。因为《通知》对于执行法院自行决定应当执行的案件没有要求向上级法院报告，而只要求执行法院对于不予执行的案件上报上级法院，由最高人民法院作出最后决定。"报告制度"要求下级法院在作出不予执行的裁定之前进行报告，而不是在裁定之后进行报告。这在制度设计上更加合理，避免了案件往复来回的可能性，并且有效节省这个程序中可能发生拖延的时间。

"报告制度"要求下级法院将不予裁定的案件逐级上报，其主要作用是抑制地方保护主义，[①] 将下级法院在处理仲裁裁决的执行事项时处于上级法院的监督之下，从而有效地防止不当处理涉外仲裁裁决影响我国涉外仲裁事业的声誉。

由于中国仲裁法律制度排除了当事人就法院拒绝承认和执行裁决裁定进行上诉的可能性，"报告制度"对于确保正确执法和维护当事人的合法利益具有重要意义。从实践层面看，"报告制度"已经在具体案件中得到运用。"报告制度"在防止下级法院滥用司法权力，提高执行涉外和国外仲裁裁决效率方面起到了积极的效果。

---

① Tang Houzhi. Arbitration Awards-Challange and Enforcement. ICFAI Conference，p.177.

但是，应当承认，最高人民法院的这一《通知》并不是立法，至多可视为法院内部管理规则，其效力是有限的。我国《民事诉讼法》中也没有有关"报告制度"的规定。因此，"报告制度"是法律外的解决和监督方式，可以对当事人产生积极的效果和有利的影响，但是没有为当事人提供直接的诉讼手段。另外，《通知》也没有规定具体的"报告"期限，这就给法院拖延执行提供了新的可能。此外，《通知》确立的"报告制度"仅仅适用于外国和涉外仲裁机构作出的仲裁裁决，不适用于国内仲裁裁决。从这个意义上说，在仲裁裁决方面，中国法院没有实行国民待遇，国外和涉外仲裁裁决在事实上受到更多的重视和关注，享受着"超国民待遇"。

9. 执行外国仲裁裁决的期限

我国《民事诉讼法》和《仲裁法》都没有规定法院作出执行裁定的期限和执行的最长期限。这使得当事人的执行申请长期搁置，影响了执行效果。

诺宝克货运服务股份有限公司（简称诺宝克）和中国航海技术咨询服务有限公司因租船合约争议而根据租船合约中的仲裁条款，向伦敦海事仲裁员协会申请仲裁。该协会根据相关仲裁条例，于1990年1月8日对诺宝克和中国航海技术咨询服务有限公司在1985年6月签订的租船合约争议作出最后裁决：租船方立即按合同规定的每天4 000美元向船东（诺宝克）支付123 652.40美元滞期费和该笔金额的利息。计息日期从1985年12月1日起至最终裁决日期止。租船方立即向船东支付14 748.60美元的运费和利息，利率每年10%，计息日期从1989年9月19日至最终裁决日期止。租船方自行承担仲裁费用和船东支付的仲裁费用。

裁决生效后，租船方没有自行履行裁决。诺宝克于1990年2月26日向被申请人所在地北京市中级人民法院送交了申请执行书和有关材料。北京市中级人民法院于1992年8月26日作出裁定，承认并执行伦敦海事仲裁员协会于1990年1月8日作出的裁决。在执行过程中双方达成和解协议，中国航海技术咨询服务公司同意支付16万美元。[①]

虽然本案中的裁决最终得到执行，但是一个突出的问题是执行法院用

---

① "诺宝克货运服务股份有限公司申请承认和执行伦敦海事仲裁员协会作出的海事仲裁裁决案"，国家法规数据库，1998年。

了整整多个月作出了承认和执行裁定，这无疑会影响执行的效果和保护当事人的利益。

最高人民法院《关于承认和执行外国仲裁裁决收费及审查期限问题的规定》从法律上解决了执行慢的问题。[①] 根据该《规定》，当事人依照《纽约公约》第 4 条规定的条件申请承认和执行外国仲裁裁决，受理申请的人民法院予以承认和执行的，应在受理申请之日起两个月内作出裁定，如无特殊情况，应在裁定后 6 个月内执行完毕；决定不予承认和执行的，须按最高人民法院《关于人民法院处理与涉外仲裁及外国仲裁事项有关问题的通知》的有关规定，在受理申请之日起两个月内上报最高人民法院。

最高人民法院对法院执行外国裁决设定期限是对《仲裁法》和《民事诉讼法》承认和执行制度的有效补充，有利于促进法院快速承认和执行外国仲裁裁决完善中国仲裁承认和执行制度。但是，该《规定》只适用于外国仲裁裁决，对涉外和国内仲裁裁决的执行没有规定执行期限。同时，对"特殊情况"也没有作出界定，给具体实施带来了一定的困难。

（四）我国承认和执行涉外仲裁裁决的实例及其分析

虽然存在各种问题，但是我国的立法所规定的条件基本符合当代国际商事仲裁的发展趋势。同时应看到，立法中存在的固有缺陷会伴随着司法体制中的矛盾一起影响我国的涉外仲裁制度。

1. 关于涉外仲裁机构的管辖权

中国国际工程咨询公司（简称咨询公司）与中外合作的北京丽都饭店（简称丽都饭店）于 1984 年和 1985 年签订了三份工程承包合同。双方约定，在执行合同过程中所发生的一切争议如协商不成，应提交在北京的中国国际贸易促进委员会对外经济贸易仲裁委员会仲裁。之后，咨询公司以丽都饭店长期拖欠工程款为由，于 1990 年向中国国际经济贸易仲裁委员会提出仲裁申请，要求支付拖欠的工程款并支付迟延付款的利息。仲裁委员会的仲裁庭进行审理后，于 1991 年 11 月 1 日作出（91）贸仲字第 2569 号裁决书，裁决丽都饭店应支付所欠工程款等计 85 171 美元及其利息 520 000 美元。在丽都饭店未履行仲裁裁决的情况下，咨询公司向北京

---

① 法释（1998）28 号，最高人民法院审判委员会 1998 年 10 月 21 日通过。

市中级人民法院提起执行申请。然而丽都饭店称，双方当事人都是中国法人，不属于仲裁委员会的受理范围，仲裁机构无权仲裁，请求法院不予执行此项裁决。对此，中国国际经济贸易仲裁委员会认为，丽都饭店是内地与香港合资经营企业，具有涉外因素；丽都饭店与咨询公司签订的工程承包合同订有仲裁条款，出现争议后，双方都自然接受了仲裁，且在仲裁过程中，双方均未提出异议，所以仲裁委员会可以受理，并有权进行仲裁。然而法院审查后同意被执行人的答辩，认为依据《民事诉讼法》第 274 条第 1 款第 4 项规定，应裁定不予执行裁决。①

　　本案的焦点，从表面上看涉及仲裁机构是否有权受理此项争议的仲裁案，然而其本质在于对"涉外因素"的认定标准。法院认为丽都饭店是在国家工商行政管理局申请注册登记的中外合资经营企业，属中国法人；而咨询公司也是中国法人，双方之间发生的工程承包合同纠纷纯属国内经济合同纠纷，不具有涉外因素，故不在中国国际经济贸易仲裁委员会仲裁案件的受理范围。

　　笔者认为，我国法院在认定法人国籍问题上应以公司登记注册地作为唯一的认定标准。各国衡量商事仲裁的"国际"或"涉外"性质主要有实质性联系因素和争议性质标准两种。前者指只要仲裁争议中当事人国籍、住所或居所、法人注册地及公司管理中心所在地、争议财产所在地等因素中的一个具有国际性，即可认为是涉外（国际）仲裁。后者指凡涉及国际商业利益的争议可以作为涉外（国际）仲裁的对象。② 虽然本案的双方当事人都是中国法人，但是争议标的是丽都饭店俱乐部工程、三栋六层公寓和三栋十五层公寓等项目，由于饭店是中外合资共同投资，因此，不能排除这样的可能，即争议标的涉及投资者的重大国际商业利益。"国际"或"涉外"仲裁都是相对于纯粹的"国内"仲裁而言的。在我国现行的法律制度下，外商投资企业虽被视为中国法人，然而其法律地位与一般国内企业截然不同。在此情况下，一方面对其可自由处分的争议解决问题上完全等同于国内企业；另一方面却对外商投资企业的待遇标准实行非国民待遇的差别待遇，未免于理不通。

---

① 最高人民法院中国应用法学研究所：《人民法院案例选》（民事、经济、知识产权、海事、民事诉讼程序卷），人民法院出版社 1997 年版，第 2154—2156 页。
② 李玉泉：《国际民事诉讼与国际商事仲裁》，武汉大学出版社 1993 年版，第 238—241 页。

从《仲裁法》生效至今，我国法律界在"涉外仲裁"问题上发生的诸多分歧意见，今后必然不断反映到我国法院的执行程序中来。尤其是涉及外资控股公司与中国公司的合资合同纠纷，倘若认定其为国内合同纠纷，适用《民事诉讼法》第237条的审查标准，即可以审查事实和法律适用，肯定会影响我国引进外资。上述关于拒绝执行裁决的裁定，已经由最高人民法院整理出版，对各地法院产生了极大的影响，它将构成法院处理同类案件不可逾越的法律障碍。

2. 关于社会公共利益作为不予执行裁决的条件

社会公共利益或者公共秩序作为拒绝秩序裁决的条件，仅在极狭窄的范围内予以适用，且通常针对外国的仲裁裁决。然而，在我国的实践中，有人却将它演化成保护当地企业利益的托词。河南开封开大服装有限公司合资合同争议案便是最典型的例子。

河南省服装进出口（集团）公司与开封市东风服装厂、大连国际贸易（香港）有限公司一起合资建立河南开大服装公司。合资合同约定，由河南省服装进出口公司负责合营公司的对美出口配额，合资企业的全部产品由河南省服装公司代理出口。合资合同履行发生争议，服装进出口公司以国家规定合资企业不得适用出口配额为由拒绝提供出口配额，并扣留了合资企业的出口结汇款，由此引发争议。开封东风服装厂根据合资合同中的仲裁条款向中国国际经济贸易仲裁委员会提起仲裁。仲裁庭裁决合资合同有效，河南省服装进出口公司应赔偿经济损失。裁决作出后，河南省服装进出口公司逾期不履行裁决，东风服装厂遂向郑州市中级人民法院请求执行。法院在对裁决进行审查后认为，依据国家现行政策、法规规定，如予以执行将严重危害国家的经济利益和社会公共利益，影响国家对外贸易秩序。故依照《民事诉讼法》第274条第2款的规定，裁定不予执行。[①]

这是一起涉及"社会公共利益"的典型案例。郑州市中级人民法院关于"社会公共利益"的认定是值得检讨的。一方面，我国"社会公共利益"概念因缺乏严格的有操作可能的法律规范而极易受政治和经济大气候

---

① 《是非曲直法律评说》，《法制日报》1992年11月16日；《改革开放呼吁法制软环境》，《人民日报（海外版）》1992年12月25日。

波动的影响，往往被视为我国某些地方法院拒绝执行涉外裁决或外国裁决最有力的手段。① 另一方面，在实践中，司法部门拥有很大的自由裁量权，对"社会公共利益"作广泛的应用，而不加严格限制。就以本案为例，法院竟以本地国有企业利益作为"国家的经济利益和社会利益"。这种理解不仅与国际社会缩小"公共政策"概念的趋势背道而驰，而且与我国法律制度的全国统一性原则背道而驰。法院将地区经济利益，甚至个别企业利益解释成"社会公共利益"的深层次原因是近年来我国执法过程中存在着严重的地方保护主义倾向。市场经济本质上是利益经济，不同经济主体以利益为行为尺度和价值取向。随着改革的深入，初级状态的市场秩序使多元化的利益分化格局开始显现，不同地区为了在利益差别化、集团化和地区化的趋势中寻找获利优势而努力寻找权力保护。原本作为远离交易环节和市场的司法部门应当保持中性和独立的色彩，但是，因为目前市场中行政机关与企业的紧密联系，使得司法机关成为可资利用的权力资源。司法部门对经济利益的渴求也促成了权力与商业利益的联合。我国司法领域蔓延的地方保护主义已经成为一大社会公害，它不仅侵蚀国家的社会结构，而且破坏社会的整体利益。在承认和执行涉外仲裁裁决方面已经损害了国家对外开放和法治环境的声誉。②

3. 关于涉外裁决司法审查的法律适用问题

我国《民事诉讼法》第四编从第259—283条为"涉外民事诉讼程序的特别规定"。这种立法体例是不少国家所采用的方式，因为国际民事诉讼具有不同于国内诉讼的特点和复杂性，需要特别的制度加以规范。包括中国在内的一些国家对涉外（国际）仲裁制度作出若干特别规定亦出于此考虑。如前所述，内外有别的仲裁制度的最终表现反映在对裁决进行司法审查的条件上：对国内裁决直接适用的是《民事诉讼法》第237条；对涉外裁决直接适用的是《民事诉讼法》第274条。至于第四编中未涉及的其他诉讼事项，例如管辖权的确定、执行方式、期限等，可依据《民事诉讼法》第259条之规定。这些都是人民法院在进行民事诉讼活动时的应遵循

---

① Henry J, Uscinski. The Procedures For Enforcement of Arbitration Awards and Foreign Judgments in PRC. IFCAI Conference. Globalization and Harmonization of the Basic Notions in International Arbitration. p.166.

② 陈治东、沈伟：《我国承认及执行国际仲裁裁决的法律渊源及其适用》，《法学》1997年第4期，第47页。

的适用法律的一般原则。然而实践中，有的地方法院却任意曲解法律，对应予执行的涉外仲裁裁决作出不予执行的裁定，不但不纠正，反而作为典型案例经验加以总结。

厦门市中级人民法院在受理申请人香港华兴发展公司申请强制执行中国国际经济贸易仲裁委员会（92）贸仲字第 2051 号裁决书时，被申请人厦门东风橡胶制品厂提出异议。法院的合议庭经审理后认为裁决书在认定事实上存在错误。因该案属于涉外纠纷，本应依据《民事诉讼法》第 274 条第 1 款的规定，即使存在着认定事实的错误，亦不属于可不予执行的情形。然而，法院认为虽然该法第 274 条关于涉外仲裁不予执行的 4 种情形不包括本案裁决的情形，但可以依照《民事诉讼法》第 259 条"在中华人民共和国领域内进行涉外民事诉讼，适用本编规定。本编没有规定的，适用本法其他有关规定"的规定，按照审查国内仲裁不予执行情形中"认定事实主要证据不足"，裁定该涉外仲裁裁决第二项不予执行。①

对仲裁裁决进行司法审查时是否包括实体事项，是我国涉外仲裁与国内仲裁的本质区别。《民事诉讼法》之所以对此作出不同的规定，就是考虑到涉外仲裁因具有涉外因素，而世界上大多数国家的立法、有关的国际条约以及联合国的示范法等均规定不作实体审查。我国全国人民代表大会在通过《民事诉讼法》时充分考虑到这些因素，第 274 条的规定基本上接近了有关的国际条约及各国的相关立法原则，故在审查涉外仲裁裁决的条件方面，丝毫不存在该法第 259 条所称之"本编没有规定的"情况，法律作了十分明确的规定。在《民事诉讼法》第 274 条如此明确清楚的规定面前，法院居然能够得出从第 259 条中引申出适用《民事诉讼法》第 237 条的结论，是令人难以置信的。

众所周知，作为法律适用或者司法解释的原则之一，特别法优越于一般法；在相同事项上特别法未作规定的，方才可以适用一般法的规定。《民事诉讼法》第 237 条的规定的人民法院在处理涉外民事诉讼问题时，只有在第四编未作规定的前提下，才可以适用该法的一般规定。《民事诉讼法》第 274 条再清楚不过地使用了"对中华人民共和国涉外仲裁机构作出

---

① 最高人民法院中国应用法学研究所：《人民法院案例选》（民事、经济、知识产权、海事、民事诉讼程序卷），人民法院出版社 1997 年版，第 2157—2159 页。

的裁决……"的措词，表明人民法院对中国涉外仲裁机构所作的裁决作出不予执行的裁定，必须适用本条的特别规定，彻底排除了任何适用《民事诉讼法》第237条的可能性。换言之，倘若当事人无法举证证明涉外裁决存在第274条所列举的情形之一者，人民法院就必须作出驳回被申请人的异议，裁定执行涉外仲裁裁决，而不能试图从第237条"寻找"不予执行裁决的所谓"理由"。假定立法者的本意是在审查涉外裁决时也应审查实体事项，就根本无必要另行规定第274条的内容，因为第237条与274条的本质区别就在于前者比后者多了关于实体问题的审查。

二、我国承认及执行外国仲裁裁决的制度

（一）我国承认及执行公约裁决的法律渊源

我国《民事诉讼法》第283条规定："国外仲裁机构的裁决，需要中国法院承认和执行的，应当由当事人直接向被执行人住所地或者其财产所在地的中级法院申请，法院应当依照中国缔结或者参加的国际条约，或者按照互惠原则办理。"这是我国法院承认和执行外国仲裁裁决的基本法律依据。

我国第六届全国人民代表大会常务委员会第十八次会议于1986年12月2日决定我国加入1958年《纽约公约》，该公约于1987年4月22日对我国生效。我国在加入该公约时，作了商事保留和互惠保留。

为了执行该项公约，我国最高人民法院于1987年4月10日向全国各地方高级人民法院、中级人民法院等发出《关于执行我国加入〈承认及执行外国仲裁裁决公约〉的通知》（简称《通知》），对适用公约作了具体规定。因此，我国法院承认及执行该公约其他缔约国境内作出的仲裁裁决，主要法律基础是1958年《纽约公约》，在具体的执行方式、期限等事项则依据我国《民事诉讼法》的有关规定。

此外，在《通知》第1条第2款中，最高人民法院还规定，对于在非缔约国领土内作出的仲裁裁决，需要我国法院承认和执行的，应按《民事诉讼法（试行）》第204条的规定办理。由于《民事诉讼法（试行）》已于1991年4月9日被废止，而在现行有效的《民事诉讼法》中，只有第283条最后一句"或者按照互惠原则办理"，故实际发生此类申请案件

时，我国法院将以个案方式办理。确为《纽约公约》之外的外国仲裁裁决需要在中国法院承认和执行的，依据互惠原则办理。中国法院对于互惠原则的理解正在从"事实互惠"向"推定互惠"转变，[①] 为更多的外国仲裁裁决提供了在中国法院寻求承认和执行的渠道。

特别需要指出的是，国外仲裁机构的裁决应该是指国外仲裁机构在中国境外所作的裁决。如果是在中国境内所作的裁决，那就不是《纽约公约》项下的裁决，自然也不能根据《纽约公约》在中国法院得到承认和执行。

（二）我国承认及执行公约裁决的具体制度

1.《纽约公约》在我国的适用范围

我国在参加《纽约公约》时，作了互惠保留和商事保留的声明。

就互惠保留而言，我国仅对在另一缔约国领土内作的仲裁裁决的承认及执行适用公约，该公约与我国民事诉讼法有不同规定的，按公约的规定办理。例如，《纽约公约》第1条第2款规定，"仲裁裁决"一词不仅指专案选派之仲裁员所作裁决，亦指当事人提请仲裁之常设仲裁机关所作裁决。公约将机构仲裁裁决和临时仲裁裁决都作为可以申请执行的对象。从我国《民事诉讼法》第274、283条以及《仲裁法》的规定看只涉及机构仲裁问题，而未表明对临时仲裁裁决的态度。鉴于临时仲裁的灵活性，许多石油特许协议方面的仲裁都是以此方式进行的。[②] 随着国际经济活动向民营化发展，许多原本属于国家垄断的，诸如大型基础设施建设等投资活动正逐渐转移给私营部门投资和开发，新型投资方式亦日渐兴起。在此过程中的争议都可能由临时仲裁的方式进行。我国参加《纽约公约》，就意味着承担了承认及执行其他缔约国作出的临时仲裁裁决的义务。只要公约的其他缔约国境内所作出的仲裁裁决，不论其为机构仲裁裁决，抑或临时仲

---

① 在中国广西南宁举行的第二届中国—东盟大法官论坛于2017年6月8日通过的《南宁声明》第7项规定：尚未缔结有关外国民商事判决承认和执行国际条约的国家，在承认和执行对方国家民商事判决的司法程序中，如对方国家的法院不存在以互惠为理由拒绝承认和执行本国民商事判决的先例，在本国国内法允许的范围内，即可推定与对方国家之间存在互惠关系。该项公示采取了"推定互惠"的标准，只要没有证据证明东盟成员国曾有以互惠为由拒绝承认和执行中国法院判决的先例，推定两国之间存在互惠关系。

② 韩健：《现代国际商事仲裁法的理论与实践》，法律出版社1993年版，第25页。

裁裁决，我国人民法院均有义务按照公约的规定予以承认及执行。

在依照公约规定承认及执行临时仲裁裁决方面，我国的司法实践中已经有了案例。1988年广州远洋运输公司与美国康奈狄克海运公司（Marships of Connecticut）签订了三份租船合同，将其所有的"马关海"号、"康苏海"号和"华铜海"号轮船租给后者。因康奈狄克海运公司未按期支付租金，广州远洋运输公司于1989年6月撤销了租船合同，并根据合同中的仲裁条款将纠纷交由英国伦敦仲裁。中美双方指定伦敦仲裁员组成了临时仲裁庭。该临时仲裁庭分别与1989年8月7日、8月15日和8月25日作出三份裁决书，裁决美方偿付租金1 985 975美元及其利息，并支付申请人因仲裁而支出的费用。仲裁后，美方支付了部分租金，自1990年2月起又停付租金，尚欠1 232 112美元。后来广州远洋运输公司了解到中国对外贸易运输公司曾于1989年3月向康奈狄克海运公司租用了"康苏海"号轮，并拖欠了各种费用共253 592美元，准备支付给美国康奈狄克海运公司。为此，广州远洋公司向广州海事法院提出执行仲裁裁决的申请，要求划拨中国对外贸易运输公司准备支付给美方的款项，作为美方偿还广州远洋公司债务的一部分。法院组成的合议庭在对管辖权及《纽约公约》第5条规定的执行条件审查后裁定，承认伦敦临时仲裁庭的三项仲裁裁决书的效力，并划拨了美方预期可在中国对外贸易运输公司得到的运费和滞期费给广州远洋公司。[①]

根据我国加入该公约时所作的商事保留声明，我国仅对按照我国法律属于契约性和非契约性商事法律关系所引起的争议适用该公约。所谓"契约性和非契约性商事法律关系"，具体是指由于合同、侵权或者根据有关法律规定而产生的经济上的权利义务关系，例如货物买卖、财产租赁、工程承包、加工承揽、技术转让、合资经营、合作经营、勘探开发自然资源、保险、信贷、劳务、代理、咨询服务和海上、民用航空、铁路、公路的客货运输以及产品责任、环境污染、海上事故和所有权争议等，但不包括外国投资者与东道国政府之间的争端。我国最高人民法院的这一《通知》与联合国国际贸易法委员会的《国际商事仲裁示范法》的精神是一

---

① 最高人民法院中国应用法学研究所：《人民法院案例选》（民事、经济、知识产权、海事、民事诉讼法卷），人民法院出版社1997年版，第2174—2178页。

致的。

但是，这一保留也把外国仲裁机构或者临时仲裁庭在中国领域外就东道国与投资者之间的投资争端作出的仲裁裁决排除在适用《纽约公约》的国外仲裁机构所作仲裁裁决的范围之外。

2. 公约裁决在我国承认及执行的条件

《纽约公约》规定的承认及执行公约的其他缔约国境内作出的裁决的条件与我国《民事诉讼法》所规定的执行我国涉外裁决的条件有所不同。因此，我国有管辖权的人民法院在接到一方当事人的申请后，应依照《纽约公约》的规定予以审查。如果根据被执行人提供的证据证明裁决具有《公约》第5条第1款所列情形之一的，或者认定裁决具有第5条第2款的情形之一的，我国法院应裁定驳回申请，拒绝承认及执行。

我国最高人民法院《通知》明确指出，对《公约》第5条第1款所列举的情形必须由当事人（即被执行人）举证证明；而对第5条第2款所列的情形才是法院自行认定的。这样，假如在一方当事人向我国人民法院申请承认及执行其他缔约国境内所作出的仲裁裁决时，被执行人未举证证明裁决具有《公约》第5条第1款所列之情形之一的，我国法院在任何情况下不得主动按照第5条第1款的规定对裁决进行审查。否则，就有违我国所承认的公约义务。

最高人民法院在1999年办理上海市高级人民法院就"麦考·奈浦敦有限公司申请承认和执行苏黎世商会仲裁庭仲裁裁决案"请示过程中，明确了这一司法方法。最高人民法院在《关于保罗·赖因哈特公司向湖北宜昌市中级人民法院申请承认和执行国际棉花协会在英国作出的仲裁裁决案给湖北省高级人民法院的复函》中指出，人民法院对仲裁裁决是否存在《纽约公约》第5条第1款拒绝承认和执行的情形，必须依当事人的请求进行审查，当事人未请求的，人民法院不予审查；对仲裁裁决是否存在《纽约公约》第5条第2款规定的违反情形及公共政策情形，人民法院则可以依职权主动审查。本案中，被申请人湖北清河防止股份有限公司未就《纽约公约》第5条第1款的情形提出不予承认和执行仲裁裁决的主张，你院依职权审查并拟依据《纽约公约》第5条第1款的规定不予承认和执行裁决缺乏相应的法律依据。

如果法院经审查有关裁决不具有《纽约公约》第5条所列的应拒绝承

认及执行的情形之一的，我国人民法院应作出裁定承认其效力，并按照我国《民事诉讼法》规定的程序执行。人民法院只有在存在《纽约公约》第 5 条规定的情形之一的，才能拒绝承认和执行外国仲裁裁决。

《纽约公约》第 4 条规定："一、申请承认及执行之一造，为取得欠条所称之承认和执行，应于声请时提具：（甲）原裁决之正本或其正式副本；（乙）第二条所称协定之原本或其正式副本。二、倘前述裁决或协定所用文字非为援引裁决地所在国之正式文字，声请承认及执行裁决之一造应备具该文件之此项文字译本。译本应由公设或宣誓之翻译员或外交或领事人员认证之。"该条是关于申请承认和执行外国仲裁裁决应当提交材料的规定。如果当事人向法院申请承认和执行外国仲裁裁决时，没有按照该条的要求提交相应材料的，法院应当要求其提交或补充提交，如果当事人确实无法提交相应材料的，法院不应受理，或者裁定驳回申请，而不是裁定拒绝承认和执行仲裁裁决。[①]

3. 我国承认及执行公约裁决的程序

依照《纽约公约》及我国《民事诉讼法》之规定，当事人欲向我国人民法院申请承认及执行其他缔约国境内作出的仲裁裁决，应于申请时提交原裁决之正本或其正式副本；仲裁协议之正本或其正式副本。如果这些文件所用之文字为其他国家文字，还必须将其翻译成中文，并经公证及认证。

当事人一方申请我国法院承认和执行公约仲裁时，向被执行自然人的户籍所在地或居所地、法人的主要办事机构所在地或被执行人的财产所在地的中级人民法院提起。

争议双方或者一方当事人是公民时，申请执行的期限是一年；双方当事人是法人或其他组织的，申请期限是 6 个月。如前所述，这一期限过于短促，不利于保护当事人的合法利益。

至于执行的方式等，完全按照与执行我国仲裁裁决一样的方式进行。

最高人民法院于 2015 年 1 月 30 日发布的《关于适用〈中华人民共和国民事诉讼法〉的解释》（简称《解释》）第 546 条明确区分了承认和执行程序，对外国仲裁裁决，需要中华人民共和国法院执行的，当事人应当先向人民法院申请承认；人民法院经审查裁定承认后，再根据《民事诉讼

---

① 高晓力：《中国法院承认和执行外国仲裁裁决的积极实践》，《法律适用》2018 年第 2 期。

法》第三编的规定予以执行；当事人仅申请承认而未同时申请执行的，人民法院仅对应否承认进行审查并作出裁定。

《解释》第547条规定，当事人仅申请承认而未同时申请执行的，申请执行的期间自人民法院对承认申请作出的裁定生效之日起重新计算，避免当事人因申请承认外国仲裁裁决的审查期间而对申请执行期间造成不利影响，尽可能不以超过申请期间为由拒绝执行外国仲裁裁决。

《解释》第548条规定，承认和执行外国仲裁裁决的案件，人民法院应当组成合议庭进行审查；人民法院应当将申请书送达被申请人；被申请人可以陈述意见。人民法院审查作出的裁定，一经送达即发生法律效力。

（三）我国承认及执行公约裁决的实践及其评述

首先，前述广州海事法院承认及执行英国伦敦作出的临时仲裁裁决，曾被视为我国法院承认和执行外国仲裁裁决的一起成功的案例，被许多杂志和书籍广泛引用，以此表明我国作为《纽约公约》缔约国充分履行了国际义务。但是，就是这样一个成功的案例也暴露出我国法院在承认和执行过程中的程序性问题。《纽约公约》第5条第1款规定，裁决唯有于受裁决援用之一方向申请承认及执行地之主管机关提交具有证据证明下列情形之一时，始得依该方之请求，拒予承认及执行。因此，《纽约公约》的基点是，除非被执行人能举证证明存在着法定列举的可予以拒绝承认和执行的条件，否则，被申请执行所在国法院不应该主动审查。在该案中，海事法院在被执行人未举证的情况下，主动对裁决进行审查。尽管最终作出了承认及执行公约裁决的裁定，但法院主动进行审查的做法是与《纽约公约》精神相悖的。人民法院主动对仲裁裁决进行程序审查实际上表现了我国司法机关对仲裁活动进行司法干预的惯有态度和立场。法院通常认为，由于仲裁员可能受到其认识上的局限以及其他方面因素的影响和限制，仲裁过程中存在着不正当行为或仲裁裁决存在错误。法院的监督机制可以避免这种消极的不利后果。笔者再三强调，司法力量过于介入仲裁活动和仲裁裁决是不恰当和有害的，会危及仲裁这一争议解决机制的稳定性和权威性。[①]

---

　　① 陈治东、沈伟：《国际商事仲裁裁决承认与执行的国际化趋势》，《中国法学》1998年第2期，第124页；陈治东、沈伟：《我国承认和执行国际仲裁裁决的法律渊源及其适用》，《法学》1997年第4期，第47页。

其次，前例我国法院承认及执行在伦敦作出的临时裁决，申请人是广州远洋运输公司，所针对的被执行人是外国公司，在此情况下执行裁决是可以理解的。然而在当前形势下，一旦申请人为外国公司而被执行人是当地的国有企业，情况将是如何，实难预料。上海市中级人民法院处理香港锐夫公司申请承认及执行瑞典斯德哥尔摩商会仲裁院的仲裁裁决的过程及方式，便是引人深思的一例。当香港锐夫公司在瑞典斯德哥尔摩商会仲裁院获得胜诉裁决后，依据《纽约公约》向上海市中级人民法院申请承认及执行裁决时，该法院以远东航空技术进出口公司诉香港锐夫公司一案尚在进行之中，故不受理锐夫公司的承认及执行裁决的申请。

问题在于，斯德哥尔摩商会仲裁院审理的纠纷与我国法院受理的纠纷是同一的，在仲裁条款有效的情况下，法院受理远东公司的诉讼案件的依据是什么？反之，若仲裁机构与法院所审理的并非同一纠纷的话，则我国法院不受理仲裁胜诉方当事人依据《纽约公约》所提起的执行案件的法律依据是什么？

尽管锐夫公司的仲裁裁决最终在法院驳回远东公司的诉讼的情况下被法院承认，但该案对我国司法制度所带来的负面影响是长远的，它在承认及执行《纽约公约》裁决方面损害了国家的对外开放政策和法治环境的声誉。①

三、处理涉外仲裁及外国仲裁的报告制度及法律思考

（一）法院内部的报告制度

鉴于我国所承担的国际义务，而各地法院在处理涉外仲裁及外国仲裁的过程中，对执行我国涉外仲裁裁决及外国仲裁裁决对我国法治建设、依法治国和改善投资环境的重要意义理解不深，我国最高人民法院于1995年8月28日颁发了《关于人民法院处理与涉外仲裁及外国仲裁事项有关问题的通知》（简称《通知》），②建立了人民法院处理涉外仲裁裁决和外国仲裁裁决的"报告制度"。其第2条规定："凡一方当事人向人民法院申请执行我国涉外仲裁机构裁决，或者向人民法院申请承认和执行外国仲裁机

---

① 陈治东、沈伟：《我国承认和执行国际仲裁的法律渊源及其适用》，《法学》1997年第4期，第47页。
② 法发〔1995〕18号。

构的裁决，如果人民法院认为我国涉外仲裁机构裁决具有《民事诉讼法》第 274 条情形之一的，或者承认和执行的外国仲裁裁决不符合我国参加的国际公约的规定或者不符合互惠原则的，在裁定不予执行或者拒绝承认和执行之前，必须报请本辖区所属高级人民法院进行审查；如果高级人民法院同意执行或者拒绝承认和执行，应将其审查意见报最高人民法院。待最高人民法院答复后，方可裁定不予执行或者拒绝承认和执行。"

这一报告制度的主要作用是抑制地方保护主义，将下级法院在处理仲裁裁决的执行事项时处于上级法院的监督之下，可以有效地防止不当处理涉外仲裁裁决及外国仲裁裁决而影响我国司法制度和涉外仲裁事业的声誉。自从该《通知》下达以后，通过各地高级人民法院和最高人民的审查，明显减少了各地法院错误裁定不予执行涉外仲裁裁决情况的发生，对维护我国涉外仲裁的地位和国际声誉起到了重要的保障作用。[①]

但是，应当承认，最高人民法院的这一《通知》并非立法，至多可视为法院内部的管理规则，其法律效力是有限的；《民事诉讼法》中没有此类"报告制度"的规定。因此，"报告制度"是法律外的解决和监督方式，可以对当事人产生积极的效果和有利的影响，但是尚未对当事人提供直接的诉讼手段。此外，《通知》也未规定具体的"报告"期限，这就为地方法院拖延执行涉外和外国裁决提供了新的可能。因此，在日后我国全国人民代表大会对《民事诉讼法》进行修订时，应将报告制度的内容做进一步完善，并载入法律，使之成为法院和当事人必须遵循的程序。

（二）关于承认及执行仲裁裁决的法律思考

我国一些地方法院在涉外仲裁裁决的执行以及外国仲裁裁决承认和执行过程中的发生的问题已经影响到司法机关和仲裁制度的信誉，是故，完善立法和执法体制迫在眉睫。

世界各国尽管承认与执行国际商事仲裁裁决所采取的方式不同，但均表现出国内、国际商事仲裁合流的趋势。我国将裁决分类为国内裁决、涉外裁决和外国裁决的立法体例过于繁杂，已经不适应执行商事仲裁裁决程

---

① 郭晓文：《中国涉外仲裁裁决撤销制度中存在的问题及其立法完善》，载陈安：《国际经济法论丛》（第 1 卷），法律出版社 1998 年版，第 428 页。

序简易化、条件宽松化的要求。特别是我国对国内仲裁裁决和涉外仲裁裁决实行差别制审查标准，已经成为世界仲裁法制中的个例。

作为执行仲裁裁决的具体法律制度，《民事诉讼法》是我国于 1993 年确定要建设社会主义市场经济制度之前颁布的，近年来在依据该法处理国内和涉外商业纠纷方面所遭遇的一系列问题，表明该法早已不适应实际需要。为弥补立法之不足，最高人民法院曾于 1994 年 12 月 12 日发布了《关于在经济审判工作中严格执行〈中华人民共和国民事诉讼法〉的若干规定》（简称《若干规定》）（法发〔1994〕729 号），就管辖、无独立请求权的第三人、财产保全和先予执行以及审限等事项作了许多补充性规定。例如，关于当事人对管辖权提出异议的，按照《若干规定》第 5 条，人民法院应在 15 日内作出异议是否成立的书面裁定，然而这一在 15 日内作出管辖权裁定的期限在司法实践中基本上未予执行，因为《若干规定》并非诉讼法，即使法院不照此办理，当事人也无权依据该《若干规定》寻求任何司法救济。

所以，重新修订《民事诉讼法》的有关条款已经成为重要的课题，应当对仲裁裁决的承认和执行制度进行整合。修改有关执行仲裁裁决的基本目标是实现裁决执行制度的现代化和国际化。所谓现代化是要充分保障和尊重商事仲裁的独立性和效率；所谓国际化是要以国际经济贸易合作的现实需要为平衡点，处理国内和国际仲裁裁决的关系。其基本思路是：以《纽约公约》和联合国国际贸易法委员会《国际商事仲裁示范法》为中心，吸收外国立法及实践的经验，统一国内、涉外仲裁裁决的审查标准（当然是取消对国内裁决的实体审查）和程序要求，界定"公共利益"概念和条件，限制法院未经被执行人举证而主动审查（就我国《民事诉讼法》第 274 条第 1 款及《纽约公约》第 5 条第 1 款事项而言）的做法。

至于克服执法中的地方保护主义，需要国内市场的成熟和法制建设的完善。剔除地方保护主义的诱因，关键是建立有序的市场运行机制和规则。特别在市场体制还不完善的初创阶段，司法部门更应当作为市场公平竞争的执法者，而不应成为竞争参与者。只有如此，才能在包括仲裁裁决承认和执行在内的执法过程中保持应有的独立品格。[①]

[①] 陈治东、沈伟：《我国承认和执行国际仲裁裁决的法律渊源及其适用》，《法学》1997 年第 4 期，第 48 页。

第七节　中国仲裁裁决在境外的承认和执行

一、中国仲裁裁决在境外的承认及执行

《仲裁法》第72条规定：涉外仲裁委员会作出的发生法律效力的仲裁裁决，当事人请求执行的，如果被执行人或者其财产不在中国领域内，应当由当事人直接向有管辖权的外国法院申请承认和执行。

由于中国是《纽约公约》的缔约国，因此中国涉外仲裁裁决在《纽约公约》缔约国境内的承认和执行不存在法律上的障碍。

根据《纽约公约》的规定，各缔约国相互承认外国仲裁裁决的拘束力并依照公约规定的各项条件予以执行。中国涉外仲裁裁决的当事人可直接向被执行人住所地或者可供执行财产所在地的外国法院提出申请。根据不完全的统计，中国涉外仲裁裁决已在加拿大、美国、英国、日本、新西兰、意大利、瑞士、澳大利亚等国家得到承认和执行。①

有些国家虽然没有参加《纽约公约》，但是中国涉外仲裁裁决仍然可以根据该国与中国签订的双边贸易、投资保护条约或司法协助协定中关于通过仲裁解决争议和承认与执行仲裁裁决的规定得到执行。仲裁地法院的承认与执行又会直接与国家的主权相联系，包含了许多强制性的公法力量。中国涉外仲裁裁决在外国的承认与执行地应当依照执行地法院的程序进行。

（一）中国涉外仲裁裁决在境外承认及执行的情况

中国涉外仲裁机构作出的发生法律效力的仲裁裁决，如果败诉方位于中国境外而不自动履行，且其在中国境内无可供执行的财产，胜诉方就必须到外国申请承认及执行，方能实现仲裁裁决所赋予的权利和利益。

我国《仲裁法》第72条和《民事诉讼法》第280条第2款规定，涉外仲裁机构作出的发生法律效力的仲裁裁决，当事人请求执行的，如果被执

---

① Chen Min. The Arbitration Act of the People's Republic of China，A Great Leap Forward. *Journal of International Arbitration*，1997（1），p.26.

行人或者其财产不在中国境内，应当由当事人向有管辖权的外国法院申请承认及执行。1998 年 5 月 10 日的《中国国际经济贸易仲裁委员会仲裁规则》第 63 条第 2 款规定，一方当事人不履行的，另一方当事人可以根据中国法律的规定，向中国法院申请执行；或者根据 1958 年《承认及执行外国仲裁裁决公约》或者中国缔结或参加的其他国际条约，向外国有管辖权的法院申请执行。

目前，已有 150 多个国家和地区参加了《纽约公约》，这就为外国法院承认及执行中国涉外仲裁机构之涉外仲裁裁决奠定了法律基础。当胜诉方向公约的其他缔约国法院申请承认及执行中国涉外仲裁裁决时，有关国家或地区的法院就必须依据公约规定审理当事人的执行申请。若被执行人未能提出《纽约公约》第 5 条第 1 款所规定的情形之一者，或者法院经审查不存在第 5 条第 2 款所列之情形者（仲裁事项不可以仲裁方式解决、违反公共秩序），法院就应按当地法律承认我国涉外仲裁机构裁决的效力，并依据当地法律规定的程序和方式予以执行。

自从 1989 年以来，中国国际经济贸易仲裁委员会所作出的仲裁裁决已有 100 多项在各国和地区获得承认及执行，其中包括美国、加拿大、新西兰、法国、德国、日本、澳大利亚、意大利国家和我国香港地区。[①] 这些承认及执行案，不仅使胜诉方当事人（主要是中国当事人）的合法权益得到了切实保护，而且同时也极大地提高了中国涉外仲裁制度和仲裁机构的国际声誉。

从现有的资料分析，中国国际经济贸易仲裁委员会裁决在境外获得承认及执行的数量和执行率远远超过在中国境内的执行率，而且未见外国法院以所谓"公共秩序"为理由拒绝承认及执行裁决。

根据相关数据库可以查实的信息显示，在 2000—2018 年，中国内地仲裁裁决在美国承认和执行的情况如下：在 21 件涉及中国仲裁裁决承认与执行的案件里，美国法院共承认和执行了 15 件裁决，整体承认率约占 71.4％。其中，中国国际经济贸易仲裁委员会作出的 12 件裁决被予以承认和执行。其他仲裁机构包括中国海事仲裁委（2 件被承认和执行）、重庆仲

---

① 中国国际经济贸易仲裁委员会等主办：《仲裁与法律通讯》1994 年第 4 期、1997 年第 5 期。

裁委（1 件被承认和执行）和青岛仲裁委（1 件被拒绝）。[①] 经分析，美国法院拒绝承认与执行中国内地仲裁裁决的理由主要涉及仲裁协议效力认定不当、[②] 仲裁首次通知不当、[③] 仲裁程序不当[④]等问题。整体来说，中国仲裁裁决在美国保持着较好的承认和执行情况。特别是 2018 年美国法院对重庆仲裁委裁决的承认[⑤]体现了境外法院对中国内地仲裁机构整体案件管理水平和公信力的认可。可见，即使是在法律传统存在较大差异的英美法系国家和地区，中国内地仲裁裁决也具有较高的认可度。

根据中国国际经济贸易仲裁委员会和上海国际经济贸易仲裁委员会的官方信息，两机构的仲裁裁决目前已经根据《纽约公约》在美国、英国、荷兰、德国、加拿大、日本、澳大利亚等 50 多个国家和地区得到承认和执行，公正性受到了广泛的肯定。除了上述数据外，2017 年加拿大法院承认和执行了石家庄仲裁委员会的仲裁裁决，[⑥] 2018 年英国、[⑦] 印度[⑧]也分别承认和执行了中国国际经济贸易仲裁委员会的仲裁裁决。

在已有案例中，当事人曾以"中国内地仲裁机构为中国的国家仲裁机构（State Arbitral Institution）"为由质疑贸仲等中国内地仲裁机构裁决的公正性。诸多判例显示，这种观点不被法院接受。2019 年 2 月 25 日美国纽约南区法院法官确认，中国国际经济贸易仲裁委员会并不属于政府仲裁庭或由政府主办的裁决机构，而是具有"独立性和公正性"的、"独立于行政机构，不受行政干预"的民间仲裁机构。[⑨] 另外，日本法院在一起承认和执行中国内地仲裁裁决的案件中也指出，根据《纽约公约》第 5

---

① 2000—2016 年中国内地仲裁裁决在美国承认与执行情况，参见杨育文：《中国仲裁裁决在美国法院的承认与执行（2000—2016）：问题与对策》，《国际法研究》2018 年第 1 期，第 112—128 页。

② China Minmetals Materials Imp. & Exp. Co. Ltd. v. Chi Mei Corp., 334 F.3d 274, 26 June 2003.

③ CEEF (Shanghai) Solar Science And Technology Co. Ltd. v. LUMOS LLC, 1: 14 - cv - 03118, 19 July 2016.

④ Calbex Mineral Ltd. v. ACC Resources Co. L. P., 90 F. Supp.3d 442, 13 March 2015.

⑤ Denver Global Products, Inc. v. Leon et al, 2018 WL 3433291, June 11 2018.

⑥ 石家庄仲裁委官网，http：//www. sjzzc. gov. cn/html/news/2017/0224/3162. html.

⑦ RBRG Trading UK Ltd v Sinocore International Co Ltd, 2018 EWCA Civ 838, 23 April 2018.

⑧ Ldk Solar Hi-Tech (Suzuhou) Co. Ltd v Hindustan Cleanenergy Ltd, EX. p.278/2015, 4 July 2018.

⑨ In Re Application Of Hanwei Guo For An Order To Take Discovery For Use In A Foreign Proceeding Pursuant To 28 U. S. C. §1782, 2019 WL 917076, 25 February 2019.

条，仲裁机构的性质并不属于拒绝承认和执行裁决的理由，并非判断裁决是否应当被执行的标准。因此，依据《纽约公约》规定和相关判例，以中国内地仲裁机构的机构性质为由阻滞仲裁裁决的执行不具有可行性。①

（二）《仲裁法》生效后涉外裁决域外承认及执行的新问题

在 1995 年 9 月 1 日之前，按照我国《民事诉讼法》及其他法律法规，涉外仲裁是特指的，即由中国国际经济贸易仲裁委员会及中国海事仲裁委员会所进行的仲裁，故其裁决的涉外性（国际性）亦是特指的。

可是我国新《仲裁法》既未明文禁止采用临时仲裁方式解决涉外争议，又未明文禁止除上述两个仲裁委员会以外的仲裁机构审理涉外仲裁案件。因此，在该法生效后，我国"涉外仲裁裁决"的域外承认及执行将面临潜在的不确定性，即由新组建的国内仲裁委员会审理并作出的具有涉外因素的仲裁裁决是否会获得《纽约公约》其他缔约国的承认及执行？作为《纽约公约》的基本要求，一项裁决欲在公约其他缔约国法院获得承认及执行，其首要条件是该项裁决按作出地法律是有效的。正如我国香港地区律师赛利·哈泼尔（Sally A. Harpole）②评论我国新仲裁法时指出的："鉴于新法（指《仲裁法》，笔者注）仅授权中国国际商会组建涉外的仲裁委员会，故由中国国际经济贸易仲裁委员会或中国海事仲裁委员会之外的仲裁机构作出的裁决的执行力，是有点模糊不清的。……《承认及执行外国仲裁裁决公约》缔约国法院一般将确认仲裁机构（Arbitral Authority）的组成及仲裁程序符合仲裁发生地国法律，作为执行裁决的前提条件。中国的民事诉讼法亦有类似要求。"③

由此观之，新组建的仲裁委员会受理涉外案件并作出裁决，其裁决的域外执行力究竟如何，尚难定论。从某种意义上分析，《纽约公约》要求所有缔约国承认及执行在另一缔约国境内所作出的仲裁裁决，并未明文规定仲裁机构的性质或者特定的仲裁机构。然而，当裁决作出地法律明文规

---

① Takao Tateishi. Recent Japanese Case Law in Relation to International Arbitration. *Journal of International Arbitration*，2000（4）：pp.63 - 75.

② 我国香港地区 Graham & James/Sly & Weigall 律师事务所律师。

③ Sally A. Harpole. International Arbitration in The People's Republic of China Under The New Arbitration Law. The ICC International Court of Arbitration Bulletin.

定涉外仲裁委员会由特定机构负责组建，仲裁规则由其制订时，其他仲裁委员会事实上已经被排除了受理此类案件的可能性。在此情况下，此类仲裁委员会作出的涉外仲裁裁决到其他缔约国申请承认及执行，有关缔约国法院是从我国《仲裁法》的角度抑或"国办通知"的角度来考察裁决的适法性，存在着不确定性。

有鉴于此，我国的最高立法机关应该对《仲裁法》的有关涉外仲裁问题作出立法解释。我国仲裁委员会作出的裁决被外国法院拒绝承认及执行，不论其为《仲裁法》所称之涉外仲裁委员会的裁决，还是国内仲裁委员会的裁决，都是名誉上的损失；对当事人而言，还影响其合法权利的实现。

二、香港特别行政区的仲裁裁决承认及执行的制度

（一）我国香港地区承认及执行外国仲裁裁决的法律依据

我国香港地区支配承认及执行仲裁裁决的主要法律渊源是其《仲裁条例》（Arbitration Ordinance）和1958年《纽约公约》。1997年7月1日前，香港适用《纽约公约》是基于英国参加公约时所作的延扩适用的声明。在香港主权回归中国前夕，我国政府声明，在1997年7月1日之后，《纽约公约》将扩大适用至香港地区。现在香港地区适用《纽约公约》执行其他缔约国仲裁裁决的法律依据是中国政府所作的声明，对我国香港地区而言，中国内地的仲裁裁决不再视为外国裁决了。

我国香港地区适用《纽约公约》的方式是将公约的内容载入其《仲裁条例》，将国际公约转化为当地法律，即《仲裁条例》第四篇，然后加以执行。

（二）《关于内地与香港特别行政区相互执行仲裁裁决的安排》的主要内容

除了前文讨论的执行国内仲裁裁决、涉外仲裁裁决和外国仲裁裁决之外，中国承认和执行裁决制度中还存在着内地和香港（以及澳门和台湾）地区承认和执行的仲裁裁决的问题。这个问题的特殊性主要是因为在1997年7月1日香港回归中国后，在政治和主权上已经完全属于中国的一部分，

但是中国仍然将香港视为一个特殊的区域，例如来自香港的投资者在内地享受外国投资者的待遇。因此，内地和香港相互执行对方的仲裁裁决就不能简单地列入中国在执行仲裁裁决方面现存的三个相当独立的法律体系之中。

香港回归中国之前，香港地区与内地法院对对方作出的仲裁裁决是适用《纽约公约》相互予以执行的。这主要是因为当时管理香港地区的英国是公约的缔约国，并且将公约扩展到香港。香港回归后，由于内地和香港地区之间执行裁决已经成为一个主权国家内不同法律区域间司法协助的重要组成部分，[①] 原来的公约机制已经不能有效地存在下去，法律适用方面出现了真空。

根据香港基本法，最高人民法院与香港特别行政区政府于 1999 年 6 月21 日签订了《关于内地与香港特别行政区相互执行仲裁裁决的安排》（简称《安排》），[②] 其主要内容如下。

1. 有管辖权的法院

在内地与香港特别行政区作出的仲裁裁决，一方当事人不履行的，另一方当事人可以向被申请人住所地或财产所在地的有关法律申请执行。"有关法院"在内地是指被申请人住所地或者财产所在地的中级人民法院，在香港则指香港特别行政区高等法院。

如果被执行人住所地或其财产所在地处于内地不同的中级人民法院的管辖范围，则申请人可以在其中任何一个人民法院申请执行裁决。申请人没有必要在两个或两个以上的人民法院提出申请。

被申请人的住所地或财产所在地，既在内地又在香港的，申请人不得同时向两地的法院提出申请。只有一地法院执行不足以偿还债务时，当事人可以就不足部分向另外一地的法院申请执行。但是，两地法院先后执行的总额不得超过仲裁裁决的总额。

2. 所需文件

申请人向有关法院申请执行内地或香港作出的仲裁裁决的，应提交下

[①] 《就〈关于内地与香港特别行政区相互执行仲裁裁决的安排〉最高法院负责人答记者问》，《法制日报》2000 年 1 月 29 日，第 2 版。

[②] 1999 年 6 月 18 日最高人民法院审判委员会第 1069 次会议通过，法释〔2000〕3 号，2000 年 1 月 24 日最高人民法院公告公布。

列文书：执行申请书、仲裁裁决书和仲裁协议。向内地法院提起执行之诉的应该提交中文文件，裁决书或者仲裁协议没有中文文本的，申请人应当提交正式证明的中文译文。香港法院接受中英文文件。

3. 执行范围

内地法院执行香港仲裁机构作出的仲裁裁决不存在执行范围的问题，因为在香港只有一个仲裁机构。

但是，执行范围问题对香港法院而言比较复杂。在香港回归前，由于当时能够受理涉外和涉港澳案件的仲裁机构只有中国国际经济贸易仲裁委员会和中国海事仲裁委员会。因此，香港司法机构只能根据《纽约公约》承认和执行这两个仲裁机构作出的裁决。尽管在1995年9月1日内地《仲裁法》生效之后，各个地方的仲裁机构纷纷设立了地方的仲裁机构，香港法院也未对这些仲裁委员会作出的裁决加以执行。① 现在，《安排》规定，香港特别行政区执行内地根据《仲裁法》成立的180多家仲裁委员会的裁决。这些仲裁委员会的名单由国务院法制办公室通过国务院港澳事务办公室提供。

4. 执行条件

内地或香港作出的仲裁裁决在被申请人接到通知后，提出证据证明下列情况之一的，经检查核实，有关法院可裁定不予执行。

（1）仲裁协议当事人依对其适用的法律属于某种无行为能力的情形；该项仲裁协议依约定的准据法无效；未指明以何种法律为准时，依仲裁裁决地的法律是无效的。

（2）被申请人未接到指派仲裁员的适当通知，或者因他故未能陈述意见的。

（3）裁决所处理的争议不是交付仲裁的标的或者不在仲裁协议条款之内，或者裁决载有关于仲裁范围以外事项的决定的，但交付仲裁事项的决定可与未交付仲裁的事项划分时，裁决中关于交付仲裁事项的决定部分应当予以执行。

（4）仲裁庭的组成或者仲裁程序与当事人之间的协议不符，或者在有

---

① 《就〈关于内地与香港特别行政区相互执行仲裁裁决的安排〉最高法院负责人答记者问》，《法制日报》2000年1月29日，第2版。

关当事人没有这种协议时与仲裁地的法律不符的。

（5）裁决对当事人尚无约束力，或者未经仲裁地的法院或者按仲裁地的法律撤销或者停止执行的。

如果有关法院认定执行法律，争议事项不能以裁决方式解决的，则可不予执行该裁决。

这些标准基本上与《纽约公约》第 5 条所列标准相似，并且明确了裁决以及执行裁决的可分割性。《安排》同时规定，内地法院认定在内地执行该仲裁裁决违反内地社会公共利益，或者香港特区法院决定在香港特区执行仲裁裁决违反香港公共政策的，可以不予执行裁决。

例如 2018 年 10 月 18 日，香港一审法院以违反公共政策为由，拒绝承认中国广州仲裁委员会的裁决。法院给出的判决理由之一便是：在存在有效理由证明合同项下的保证担保义务可能违法的情况下，执行该裁决将违反香港的公共政策。[①] 如果仲裁庭在裁决中没有充分涉及违法性理由，比如合同的违法性问题、执行可能违反公共政策，香港法院将不会执行仲裁裁决。

以前，内地法院不承认和执行香港国际仲裁中心裁决的案例寥寥无几，但近来内地法院不承认和执行香港仲裁的案件逐渐增多，例如 2018 年 4 月的英属盖曼群岛商智龙二基金公司（IP Cathay II, L. P.）申请周某庭等申请认可和执行香港特别行政区仲裁裁决案 ［（2016）京 04 认港 2 号］，北京市第四中级法院拒绝认可和执行，同时这也是该院成立以来首例不予认可和执行香港国际仲裁中心裁决的案例。[②]

5. 申请期限

1997 年 7 月 1 日至《安排》生效之日因故未能向内地法院申请执行的，如果申请为法人或其他组织的，可以在《安排》生效后 6 个月内提出，如果申请人为自然人，可以在《安排》生效后 1 年内提出。

6. 特别规定

对于香港或内地法院在 1997 年 7 月 1 日至《安排》生效之日拒绝受理

---

① 张振安："香港法院以公共政策为由拒绝承认内地判决（香港案例）"，〔2018〕HKCFI 2342。

② 张振安："2018 年国内仲裁六大案例"，https：//mp. weixin. qq. com/s/KApzln-MRJdBe Ct4o4G0mw.

或者拒绝执行仲裁裁决的案件，当事人可以根据安排重新申请。

7. 适用范围

1997 年 7 月 1 日以后申请执行内地或香港作出的仲裁裁决根据《安排》执行。

自 1989 年之后，已经有 100 多个中国国际经济贸易仲裁委员会所作的仲裁裁决在香港地区得到强制执行。[①]

根据香港国际仲裁中心官网公布的信息显示，[②] 2009—2017 年，香港法院共执行内地仲裁裁决 81 件，不予执行 3 件，香港法院对于内地仲裁裁决持有较高认可度。在机构层面，贸仲（北京）在港执行仲裁裁决数居于首位，且未有案件不被认可与执行。华南国仲、北仲、广州仲裁委以及与华南国仲合并前的深圳仲裁委等仲裁机构也皆有仲裁裁决被认可与执行。公开数据显示，目前仅有广州仲裁委（2 件）和西安仲裁委（1 件）有案件未被认可和执行。

（三）香港承认及执行公约裁决的程序

香港执行公约裁决应通过诉讼等方式向香港高等法院（High Court）提出，并按照法院判决或者法院令的方式予以执行。在此执行程序中，申请执行裁决者为原告，被执行人为被告。当事人申请执行裁决应根据《纽约公约》提交公约所规定的仲裁裁决书正本或经认证的副本、仲裁协议正本或经认证的副本，所述文件均应翻译成英语。香港《仲裁条例》规定了几种英文译本制作的情况。香港律师事务所的一般做法是由律师事务所作出有关文件的英文译本，交由法院的翻译鉴定人员（Official Translators）审查验证后，即可作为正式文件使用。

高等法院在受理当事人以执行裁决为诉由的诉讼后，经初步审查认为符合法律规定者，即作出执行令或者判决。假如被告认为裁决不应予以执行，则必须在接到法院判决后 14 天内向法院提出答辩，否则法院的上述判决即告生效。法院在收到被告的答辩后，应向双方当事人发布命

---

① 韩健、宋连斌：《论"一国两制"下我国内地与港澳地区相互承认和执行仲裁裁决》，载中国国际私法学会：《中国国际私法和比较法年刊》（第 1 卷），法律出版社 1998 年版，第 417 页。

② 在统计时未考虑仲裁机构合并、分立可能对数据统计的影响。其中"贸仲（深圳）"的数据统计截止于 2012 年。http://www.hkiac.org/about-us/statistics/enforcement-awards/enforcement-awards-hong-kong-2017。

令，暂缓判决的执行，根据个案情况继续审理，直至作出是否执行的最终判决。

2018年7月，香港初审法院在审理一起仲裁案件时，批准中止执行仲裁裁决。为确保裁决债权人的利益不受损害，中止执行的条件是裁决债务人提供担保。[①] 这符合《纽约公约》第6条的规定："倘裁决业经……主管机关声请撤销或停止执行，受理援引裁决案件之机关得于其认为适当时延缓关于执行裁决之决定，并得依请求执行一造之声请，命他造提供妥适之担保。"

当事人申请强制执行仲裁裁决还应注意时效问题。

当事双方对向法院提交的仲裁裁决强制执行请求是否已过时效的问题发生争议，香港法院对此作出认定：根据《时效条例》第4（1）（c）条规定，当一方当事人请求对方履行仲裁裁决，对方违反该付款义务时，本案诉讼因由既已产生；而相关当事人却在诉因产生后超过6年方向香港法院请求强制执行该仲裁裁决，故其请求已过诉讼时效。[②]

2004年3月3日，SCG与CL签订了一份销售运输合同，并约定了仲裁条款。后双方发生争议，CL于2005年2月23日将争议提交香港国际仲裁中心（简称HKIAC）。2006年12月14日和2011年2月17日，仲裁庭依次作出两份裁决，命令SCG尽快向CL支付相关赔偿和费用。2011年3月18日和3月31日，CL向SCG请求其依据仲裁裁决履行付款义务，但未收到付款。2011年7月7日，CL向深圳市中级法院请求强制执行仲裁裁决。2015年3月30日，深圳市中级法院裁定驳回CL申请，CL向广东省高级人民法院提出上诉和再审申请。2016年3月1日，广东高院驳回了CL再审申请。[③]

2018年2月6日，CL又向香港法院提出仲裁裁决执行申请。2018年2月12日，香港发布命令准予了CL的申请。2018年6月6日，SCG向法院请求撤销该命令，理由是根据香港《时效条例》第4（1）（c）条

---

① Baosteel Engineering & Technology Group Co. Ltd. v. China Zenith Chemical Group Ltd. 〔HCCT 7/2018〕.

② By the plain reading and operation of section 4 (1) (c) of the Ordinance, the cause of action accrued to CL to enforce the Award in Hong Kong when SCG acted in breach of its obligation to make payment under the Award, and became time-barred after the expiration of 6 years.

③ CL v SCG 〔2019〕 HKCFI 398.

规定，上述申请已过诉讼时效。2018 年 7 月 24 日，时效问题（Question of Limitation）被法院认定为预先问题（Preliminary Issue）进行审理。

根据香港《时效条例》第 4（1）（c）条规定：以下诉讼，于诉讼因由产生的日期起计满 6 年后，不得提出（c）强制执行某项裁决的诉讼（如有关的原受仲裁协议并非借经盖印的文书作出者）。① 根据第 2（1）条的条文解释，该条中的"诉讼"（Action）包括"在法院进行的任何诉讼"（Any Proceedings in a Court of Law）。

本案的争议焦点是诉因（the Cause of Action）产生的具体日期如何计算。SCG 主张，考虑到其履行付款义务的合理期间（Reasonable Period），本案的诉讼时效应当从仲裁裁决作出 3 个月后开始起算，即 2011 年 5 月 17 日，因此，仲裁裁决执行请求在 2017 年 5 月 18 日就已过时效，即在 2018 年 2 月 6 日 CL 实际提出强制执行以前。② SCG 还主张，在 CL 向深圳中院请求强制执行时，本案诉因产生，即诉讼时效始自 2011 年 7 月 8 日，CL 在这种情况下也超过了时效。③

CL 对本案时效起算时间提出不同主张，认为虽然 CL 自 2011 年 3 月就开始请求 SCG 履行付款义务，但对方并未作出任何关于其责任和义务的答复，因此本案时效应从 2012 年 3 月 11 日，也就是 SCG 在深圳市中级法院诉讼程序中明确表示不受仲裁裁决约束之日起开始计算。④

香港高等法院不认同 CL 的上述观点，即只有当作为债务人的 SCG 明

---

① The following actions shall not be brought after the expiration of 6 years from the date on which the cause of action accrued, that is to say — (c) actions to enforce an award, where the submission is not by an instrument under seal.

② On behalf of SCG, it was argued that the limitation period commenced from 17 May 2011, 3 months from the date of the Award, which SCG argued was a reasonable time for SCG to pay and honour the Award, such that the limitation period would have expired on 18 May 2017 — prior to the application for enforcement made on 6 February 2018.

③ Alternatively, SCG argued that the latest time for the cause of action to accrue was 8 July 2011, when CL applied to the Shenzhen Court for enforcement of the Award, in which case the limitation period would have expired on 9 July 2017.

④ Despite demands having been made by CL for payment under the Award on 18 March 2011 and 31 March 2011, and payment not forthcoming, counsel argued that no inference can be made from SCG's lack of response as to whether it was disputing the Award and its liability and obligations thereunder. It was only on 11 March 2012, when SCG opposed CL's application for enforcement by disputing the tribunal's jurisdiction to make the Award, that SCG indicated "a clear intention not to be bound" by the Award. Only then, counsel argued, did the cause of action for enforcement accrue.

确表示不受仲裁裁决付款义务约束，诉因才因此产生。① 如果按照这一思路进行认定，那么作为债务人一方可通过对是否履行仲裁裁决付款义务一直持有模棱两可的态度，以无限期拖延债权人诉至法院的期限。② 法院还援引了英国上诉法官在"国际散货运输服务有限公司诉印度矿产和金属贸易公司〔1996〕1 All ER1017"一案中的观点，即6年时效自请求人有权执行裁决时开始起算。③

法院认定，在仲裁申请人 CL 请求 SCG 履行付款义务之日起21天后（实际能完成付款的合理期限），即2011年4月8日起，CL 即有权向法院请求仲裁裁决强制执行，故该日应是诉因产生之日，即2017年4月8日超过6年诉讼时效，④ 而 CL 却在2018年2月6日才向香港法院提出强制执行申请，故已过6年诉讼时效。

此外，CL 还主张内地法院诉讼程序中断了诉讼时效的计算，即法院在认定本案仲裁裁决时效问题时，还应考虑深圳市中级法院以及广东省高级法院的诉讼程序。因为根据《关于内地与香港特别行政区相互执行仲裁裁决的安排》第2条规定，申请人不得同时向内地和香港的法院提出仲裁裁决强制执行的申请。在本案中，CL 在内地法院的诉讼程序直至2016年3月1日方才正式结束。在此期间，根据《安排》第2条，其不能再向香港法院提出执行申请，所以应当认定诉讼时效在此期间中断。⑤

香港法院也驳回了这一主张，理由是无论是《安排》、相关《仲裁条

---

① I cannot accept the argument that the cause of action only accrues when SCG as debtor demonstrates a clear and unequivocal intention not to be bound by the Award and its obligations under the Award.

② "that will mean that as debtor, SCG can indefinitely defer and postpone the accrual of its creditor's cause of action, and delay its right to enforce the debt due under the Award, by expressing an equivocal stance as to whether or not it would honour the Award and its obligation to make payment."

③ "that the six-year limitation period began whenever the claimants became entitled to enforce the awards."

④ "One month after the publication of the Award, demand for immediate payment was made by CL's solicitors on 18 March 2011. On the facts of this case, a reasonable time for payment lapsed at the latest by 8 April 2011, 21 days after the date of the demand for payment. This takes into consideration the fact that the Award ordered payment 'forthwith', and the fact that SCG is a Mainland company and the demand was made for payment to be made to a bank account in Hong Kong. The six-year limitation expired on 8 April 2017."

⑤ CL argued that its accrual of the cause of action was suspended during the time when CL applied to the Shenzhen Court for enforcement on 7 July 2011, and that time only resumed running on 1 March 2016 when GHPC rejected CL's application for retrial of the enforcement proceedings.

例》以及《时效条例》本身都没有明文规定，仲裁裁决的执行时效不应在仲裁裁决胜诉方申请在内地执行期间继续计算。① 即使《安排》第 2 条禁止当事方在两地同时申请执行，CL 事实上也可自行终止在内地的执行程序，在相关时效到期前向香港法院申请执行，所以这一主张是站不住脚的。② 因此，香港高等法院认定，本案的执行请求已过诉讼时效。

在仲裁裁决执行时效的认定上，法院的观点是诉因的产生发生在债权人有权提出诉讼之日，而不是债务人明确拒绝履行义务之日。

（四）《关于内地与香港特别行政区法院就仲裁程序相互协助保全的安排》

为进一步完善内地和香港特区之间的区际司法协助体系，最高人民法院与香港特区政府律政司于 2019 年 4 月 2 日分别代表两地签署了《关于内地与香港特别行政区法院就仲裁程序相互协助保全的安排》（简称《仲裁保全安排》）。这是香港回归以来内地与香港特区之间有关司法协助的第七项安排。七项安排涵盖了婚姻家事、司法文书送达、委托取证、仲裁保全、协议管辖案件判决互认、仲裁裁决以及民商事判决认可和执行，基本实现了民商事领域司法协助安排的全面覆盖。

在仲裁领域，《仲裁保全安排》是 1999 年签署《关于内地与香港特别行政区相互执行仲裁裁决的安排》以来最重要的一项安排，也是内地和香港特区 20 年区际司法协助史上一个新的里程碑。《仲裁保全安排》共 13 条，对保全的范围、香港仲裁程序的界定、申请保全的程序、保全申请的处理等做出了规定。主要内容包括以下方面。

1. 申请保全的范围

向内地人民法院申请的保全，包括财产保全、证据保全、行为保全；向香港特区法院申请的强制令以及其他临时措施，包括责令当事人维持现状或者恢复原状、采取行动防止损害或者不采取可能造成损害的行动、保

---

① There is no express provision in the Arrangement, the relevant Arbitration Ordinance, or the Ordinance itself, that time limitation for enforcement of an arbitral award should not run during the period when a successful party to an arbitral award applies for enforcement on the Mainland.

② In the meantime, applicants will have to consider withdrawing and procuring determination of a pending application for enforcement on the Mainland, before applying for enforcement in Hong Kong prior to the expiry of the relevant limitation period.

全财产、保全与争议有关联性的证据等。①

2. 香港仲裁程序的界定

依据本《仲裁保全安排》提供的协助对象是针对平等主体之间以香港特别行政区为仲裁地并且由以下机构或者常设办事处管理的商事仲裁。

（1）在香港特别行政区设立或者总部设于香港特别行政区，并以香港特别行政区为主要管理地的仲裁机构；

（2）中华人民共和国加入的政府间国际组织在香港特别行政区设立的争议解决机构或者常设办事处；

（3）其他仲裁机构在香港特别行政区设立的争议解决机构或者常设办事处，且该争议解决机构或者常设办事处满足香港特别行政区政府订立的管理以香港特别行政区为仲裁地的仲裁案件宗数以及标的金额等有关标准。②

3. 申请保全的时间和管辖法院

依据本安排提供的协助，既包括仲裁程序进行中的保全，也包括受理仲裁案件前的保全。香港仲裁程序的当事人，在仲裁裁决作出前，可以参照《中华人民共和国民事诉讼法》《中华人民共和国仲裁法》以及相关司法解释的规定，向被申请人住所地、财产所在地或者证据所在地的内地中级人民法院之一申请保全。内地仲裁机构管理的仲裁程序的当事人，在仲裁裁决作出前，可以依据香港特别行政区《仲裁条例》《高等法院条例》，向香港特别行政区高等法院申请保全。③

4. 保全申请的提交和转交

内地仲裁程序的当事人应当依据香港特别行政区相关法律规定，直接向香港特别行政区高等法院提交保全申请、支持申请的誓章、附同的证物、论点纲要以及法庭命令的草拟本。香港仲裁程序的当事人在有关机构或者常设办事处受理仲裁申请后向内地法院提出保全申请的，应当由该机构或者常设办事处转递其申请。④

---

① 《仲裁保全安排》第 1 条。
② 《仲裁保全安排》第 2 条。
③ 《仲裁保全安排》第 3、6 条。
④ 《仲裁保全安排》第 3、7 条。

5. 关于保全申请的处理

内地人民法院和香港特区法院分别依照法院地法律对保全申请进行审查。内地法院可以依法要求申请人提供担保等。香港特区法院可要求申请人就将来可能发生的损害作出赔偿承诺，就对方当事人讼费和其他合理支出提供费用保证。经审查，当事人的保全申请符合被请求方法律规定的，被请求方法院应当作出保全裁定或者命令等。[①]

6. 安排与现有法律的关系

两地分属不同法系，法律规定差异较大，在求同存异的基础上，《仲裁保全安排》未规定的内容，不影响两地仲裁程序当事人根据对方法律已经享有的权利。内地仲裁机构、当事人根据香港特区《仲裁条例》《高等法院条例》等享有的权利，不因本安排而受减损。[②]

（五）内地与香港特别行政区的仲裁裁决相互承认及执行问题

我国于 1997 年 7 月 1 日起对香港恢复行使主权以后，香港与内地如何进行包括相互承认及执行仲裁裁决在内的司法协助，已经成为两地各界普遍关注的问题。[③]

如前所述，在相互承认及执行仲裁裁决方面，英国在加入《纽约公约》时作出声明，故该《公约》于 1977 年 4 月 21 日推广适用于香港。从此，香港法院对于《公约》的其他缔约国境内所作出的仲裁裁决之承认及执行适用该《公约》。此外，我国于 1986 年 12 月 2 日加入《纽约公约》，该《公约》于 1987 年 4 月 22 日对我国生效。这样，尽管香港属于中国的领土，但从 1987 年 4 月 22 日—1997 年 6 月 30 日，香港地区与我国内地相互承认及执行仲裁裁决的法律基础是《纽约公约》。1989 年 6 月 29 日，香港地区法院依据《纽约公约》的规定，认定中国国际经济贸易仲裁委员会于 1988 年 7 月 12 日作出的仲裁裁决为"公约裁决"，故判决强制执行之，这也是我国涉外仲裁裁决第一项在境外获得承认及执行。由于香港法制的普通法传统，香港高等法院的此项判决成为先例。自此以后，香港高

---

① 《仲裁保全安排》第 3、7、8 条。
② 《仲裁保全安排》第 11 条。
③ 肖志明：《一项急待解决的课题：香港与内地司法互助》，《仲裁与法律通讯》1997 年第 5 期，第 2 页。

等法院已顺利地承认及执行了中国国际经济贸易仲裁委员会作出的 100 多项仲裁裁决。[①] 香港法院和内地法院都有以"公共秩序"为理由拒绝承认及执行对方的案件。[②]

此外，我国某些省市的中级人民法院也已受理或执行了香港国际仲裁中心或临时仲裁庭作出的仲裁裁决。

1997 年 7 月 1 日，我国恢复了对香港行使主权。香港回归祖国后，《纽约公约》在香港继续适用。但是自那时起香港适用《公约》的基础是中国政府的声明。这样，对于《公约》其他缔约国仲裁裁决在香港的承认及执行，香港法院应依据该《公约》规定办理。然而，对于内地仲裁机构所作出的仲裁裁决或者香港仲裁机构所作出的仲裁裁决，因其属于一个国家内部不同地区的裁决，两地法院自然不能依照《纽约公约》的规定处理相互承认及执行事宜，由此导致从 1997 年 7 月 1 日起直至两地有关部门就相互承认及执行裁决事宜作出安排之前一段期间内，两地在此问题上产生了"真空期"。在此"真空期"内，内地和香港的仲裁裁决无法得到相互承认及执行。

例如，香港特别行政区高等法院于 1998 年年初一审驳回了承认及执行中国国际经济贸易仲裁委员会仲裁裁决的申请。法院驳回执行申请的理由主要为：第一，香港回归之后，在内地作出的、在香港申请执行的仲裁裁决不属于 1958 年《纽约公约》项下的仲裁裁决书，不能依该公约得到承认及执行。第二，上述裁决书也不能按照《香港仲裁条例》的规定通过将裁决书转化为简易判决书的方式加以执行，因为这种方式仅适用于在香港本地进行的仲裁。该判决书同时指出，在国内执行香港作出的裁决书也会有困难。[③] 笔者认为，香港高等法院是严格地遵循香港的法律制度处理此项裁决执行案的，这一结果是早就预料到的，然而似乎也是不该发生的。事实上，早在 1993 年我国的国际私法学者们就提出了这一可能发生的问题，笔者亦于 1996 年就指出："随着 1997 年 7 月 1 日起中国恢复对香港行使主权，香港将成为我国的一个特别行政区。在香港与其他国家的关系方面，

　　[①] 丁伟、陈治东：《冲突法论》，河海大学出版社 1991 年版，第 344—345 页。肖志明：《一项急待解决的课题：香港于内地的司法互助》，《仲裁与法律通讯》1997 年第 5 期，第 3 页。
　　[②] "关于以违反公共政策为由拒绝承认和执行外国及港澳台仲裁裁决的司法实践分析"，https：//www. sohu. com/a/158682324＿159412.
　　[③] 中国国际经济贸易仲裁委员会：《仲裁研究所简报》1998 年第 1 期。

因中国是《纽约公约》的缔约国，故香港法院依公约之规定承认及执行其他缔约国所作出的仲裁裁决是理所当然的。但是在中国内地与香港之间的承认及执行仲裁裁决的问题上，既不再是依据《纽约公约》相互承认及执行仲裁裁决的问题，又不能按照处理国内裁决的方式予以处理。因此，在此事项上需要我国立法机关作出特殊的规定。"① 然而，这些建议均未受到应有的重视，致使在此承认及执行产生了不该有的"真空期"。

同时，我国《民事诉讼法》第 239 条规定，申请执行的期限为两年。此规定既适用于法院判决，也适用于仲裁裁决的执行。假如在此期间两地的有关部门还未寻找出相互承认及执行的途径和模式，而此项裁决必须在内地承认及执行的话，若因超过申请执行期限而致使胜诉方丧失申请的权利，这对其显然是不公平的。②

从我国宏观大局分析，两地法院因缺乏必要的法律依据而相互拒绝承认及执行对方地区所作出的裁决，在一定程度上影响了"一国两制"在香港的顺利实现。

在《关于内地与香港特别行政区相互执行仲裁裁决的安排》这一文件的适用和解释方面，两地法院已经有一些成功的实践。在前文提到的"CL 诉 SCG"一案中，执行跨境仲裁裁决区别于其他一般执行时效案件。执行申请人以内地法院程序阻碍了香港执行程序为由，认为国内程序对时效具有中止的效力，这一观点并未被香港法院采纳。因为两地的执行程序并非绝对的冲突，当事人完全可以根据案件实情采取不同的诉讼策略。在本案中，执行申请人可以选择在内地诉讼程序不明朗的时候，及时撤销中止内地法院程序，再向香港法院申请强制执行。在该案中，由于执行申请人对仲裁裁决执行时效问题的忽视和拖延，再提起执行申请却已过诉讼时效，最终导致仲裁裁决执行无望。这对其他仲裁当事方及其代理律师无疑能起到重要的警示作用。

---

① 丁伟：《冲突法论》，法律出版社 1996 年版，第 369 页。
② 肖志明：《一项急待解决的课题：香港与内地司法互助》，《仲裁与法律通讯》1997 年第 5 期，第 3—4 页。

第十一章
中国商事仲裁与法院的互动

2017 年 12 月 26 日，最高人民法院（简称最高法院）发布了关于仲裁司法审查的两个司法解释，即最高人民法院《关于仲裁司法审查案件报核问题的有关规定》（简称《报核规定》）最高人民法院《关于审理仲裁司法审查案件若干问题的规定》（简称《仲裁司法审查规定》）；在此之前，最高法院于 2017 年 5 月 22 日发布了《关于仲裁司法审查案件归口办理有关问题的通知》（简称《归口办理通知》）；此后，最高法院于 2018 年 2 月 22 日发布了《关于人民法院办理仲裁裁决执行案件若干问题的规定》（简称《仲裁裁决执行规定》）。这些司法解释进一步完善了人民法院办理仲裁裁决执行案件以及处理仲裁裁决撤销、不予执行案件的规则，规范和优化了我国仲裁司法审查制度。

第一节 仲裁的司法审查制度①

本节以《报核规定》和《仲裁司法审查规定》为分析对象，结合《归口办理通知》《仲裁裁决执行规定》等司法解释，梳理我国仲裁司法审查制度的发展变迁历程，比较原内部报告制度与现报核制度的具体操作规则，进而分析我国现行的仲裁裁决司法审查制度的特点及瑕疵，从而更好地理解该制度安排。

---

① 本节部分内容发表于沈伟：《我国仲裁司法审查制度的规范分析——缘起、演进、激励和缺陷》，《法学论坛》2019 年第 1 期。

（一）仲裁司法审查制度的缘起与发展

1. 内部报告制度产生的背景

（1）克服地方保护主义。我国于 1986 年正式加入《承认与执行外国仲裁裁决公约》（简称《纽约公约》），并在 1995 年《仲裁法》实施以后初步建立了商事仲裁制度。在商事仲裁，特别是涉外商事仲裁的起步阶段，由于业务水平不足、地方保护主义严重等原因，部分地方法院对于仲裁裁决和仲裁协议的司法审查采取实质审查和程序审查并行的双重审查模式，法院深度介入仲裁活动，在一定程度上弱化了仲裁裁决的终局性和确定性，给仲裁和司法制度的总体信誉带来了负面影响。

法院以仲裁裁决违背"社会公共利益"为由，行地方保护主义之实，拒绝承认和执行仲裁裁决。由于法律对"社会公共利益"的内容没有作出明确界定，法官事实上享有很大的自由裁量权。实践中，曾经出现过法官滥用自由裁量权，对"社会公共利益"作过于宽泛的解释，甚至存在将本地某个国有企业的利益解释为"国家的经济利益和社会利益"的个案。

河南省开封市东风服装厂申请执行中国国际经济贸易仲裁委员会仲裁裁决案就是刻意混淆"公共利益"概念，拒绝承认及执行涉外仲裁裁决的案例之一。该案可追溯至 1989 年，争议发生后，中国国际经济贸易仲裁委员会裁决认定河南省服装进出口（集团）公司构成违约并赔偿经济损失，但在当事人向郑州市中级人民法院申请执行该仲裁裁决时，郑州市中级人民法院在裁定中认为："依据国家现行政策、法规规定，如予以执行将严重损害国家经济利益和社会公共利益，影响国家对外贸易秩序。依照 1991 年《民事诉讼法》第 260 条第 2 款规定，裁定仲裁裁决不予执行。"

最终案件层报至最高法院，1992 年 11 月 6 日，最高法院向河南省高级法院复函："经我院审查认为，郑州市中级人民法院以仲裁裁决的执行将严重损害国家经济利益和社会公共利益，影响国家对外贸易秩序为由，裁定不予执行，是不正确的。"案件经媒体披露后，舆论哗然。该案涉及涉外仲裁裁决，引起了最高法院对国际商事仲裁裁决执行问题的关注，[①] 被认为是催

---

① 参见姜业宏："我国仲裁裁决核报制度将内外并轨"，中国贸易新闻网，http://www.chinatradenews.com.cn/shangshi/201712/21/c8370.html，最后访问日期：2018 年 4 月 23 日。

生内部报告制度的直接导火线。①

（2）司法权有限让渡。仲裁法理论的核心是法院和仲裁机构的司法权划分问题。学界通常认为仲裁和其他替代性争端解决机制在本质上承担了法院解决民商事纠纷的功能，具有一定的司法属性。仲裁之所以能够存在并发挥法律效力，本质上是法院司法权让渡的结果。实践中，法院对仲裁的司法权让渡是不充分的。例如，我国可仲裁性事项范围相对狭窄，仲裁对法院的依赖程度相对较高。法院对仲裁制度可能存在天然的抗拒和不信任，这也解释了法院对仲裁协议和裁决进行司法审查的法理逻辑。

仲裁之所以受到司法权制约，还因为仲裁的自身局限性和法律公正性之间的冲突。② 一方面，依据我国 1995 年《仲裁法》第 40 条的规定，③ 仲裁庭审理案件以不公开审理为原则，以公开审理为例外。封闭进行的仲裁虽然有利于保护当事人的商业秘密，维护当事人商业信誉，但也容易引起对仲裁公正性的质疑。另一方面，仲裁员的专业和职业素质是保证仲裁结果公正的关键，但仲裁员作出的裁决受到主观经验和专业知识的限制，具有局限性。这些原因合理化了法院对仲裁的司法监督。

2. 内部报告制度的初步确立

最高法院于 1995 年 8 月 28 日发布了《关于人民法院处理与涉外仲裁及外国仲裁事项有关问题的通知》（简称《处理涉外及外国仲裁事项通知》），规定由最高法院行使不予执行涉外仲裁裁决以及拒绝承认和执行外国仲裁裁决的决定权，涉外仲裁裁决不予执行的内部报告制度和内外有别的"双轨制"仲裁司法审查制度初具雏形。

此后，最高法院于 1998 年 4 月 23 日发布了《关于人民法院撤销涉外仲裁裁决有关事项的通知》（简称《撤销涉外仲裁裁决通知》），将内部报告制度的适用范围扩展至撤销外国或涉外仲裁裁决的裁定。连同最高法院于 1998 年 11 月 14 日发布的《关于承认和执行外国仲裁裁决收费及审查期

---

① 陈治东、沈伟：《我国承认和执行国际仲裁裁决的法律渊源及其适用》，《法学》1997 年第 4 期。

② 江伟、肖建国：《仲裁法》，中国人民大学出版社 2016 年版，第 25 页。

③ 《仲裁法》第 40 条规定：仲裁不公开进行。当事人协议公开的，可以公开进行，但涉及国家秘密的除外。

限问题的规定》（简称《收费及审查期限规定》）和 2000 年 4 月 17 日发布的《关于审理和执行涉外民商事案件应当注意的几个问题的通知》，涉外仲裁裁决和仲裁协议司法审查的内部报告制度基本建立，一直延续并影响至今。

3. 仲裁司法审查制度改革

内部报告制度实施虽然有效保障了我国履行《纽约公约》的条约义务，但是区别对待国内仲裁与涉外仲裁的"双轨制"颇受诟病。此外，内部报告制度存在违反审级独立原则、违背诉讼原理等诸多问题。[①] 党的十八届四中全会决定中明确指出，要健全和完善多元化纠纷解决机制，完善仲裁制度，提高仲裁公信力。最高法院在 2016 年 6 月发布了《关于人民法院进一步深化多元化纠纷解决机制改革的意见》，要求加强人民法院与仲裁机构的对接，并表明了对仲裁制度改革积极支持的态度。[②]

以此为背景，《归口办理通知》明确规定国内及涉外仲裁司法审查案件均由涉外审判庭统一归口管理。《报核规定》比照涉外仲裁裁决的内部报告制度，将国内仲裁裁决也纳入报核的范围之内，指引国内仲裁向涉外仲裁"并轨"，由此，我国在涉外仲裁裁决和国内仲裁裁决司法审查上的"双轨制"已然成为历史。与此同时，《仲裁司法审查规定》进一步规范了仲裁司法审查实践中出现的，此前法律及司法解释又缺乏明确规定的问题。随后，《仲裁裁决执行规定》对于人民法院办理仲裁裁决执行案件及仲裁裁决撤销、不予执行案件的司法实践作了进一步的规制。这些司法努力是最高法院尊重商事仲裁和支持仲裁事业立场的具体体现，符合党的十八届四中全会决定中所确立的宗旨。

（二）仲裁司法审查制度的具体操作

1. 原内部报告制度与现报核制度的具体规则比较

二者异同详见表 11-1。

（1）适用范围：从涉外仲裁扩展至国内仲裁。《报核规定》将报核制度的适用范围扩展至国内仲裁。一是仲裁协议效力案件不再区分涉外与

[①] 朱科：《国际商事仲裁司法审查案件内部请示报告制度的转型》，《法学杂志》2017 年第 6 期。

[②] 任雪峰：《〈最高人民法院关于审理仲裁司法审查案件若干问题的规定〉解读》，《人民法治》2018 年第 3 期。

表 11-1　原内部报告制度与现报核制度的异同

比较项	原内部报告制度		现 报 核 制 度	
适用范围	(1) 确认涉外仲裁协议效力案件 (2) 拒绝申请执行我国涉外仲裁机构裁决或拒绝申请承认和执行外国仲裁机构裁决的案件 (3) 撤销我国涉外仲裁裁决或通知仲裁庭重新仲裁的案件		(1) 申请确认仲裁协议效力案件 (2) 申请撤销我国内地仲裁机构的仲裁裁决案件 (3) 申请执行我国内地仲裁机构的仲裁裁决案件 (4) 申请认可和执行香港特别行政区、澳门特别行政区、台湾地区仲裁裁决案件 (5) 申请承认和执行外国仲裁裁决案件 (6) 其他仲裁司法审查案件	
报告主体：案件管辖法院	确认外国或者涉外仲裁协议效力的案件	仲裁协议约定的仲裁机构所在地、仲裁协议签订地、申请人住所地、被申请人住所地的中级人民法院或者专门人民法院管辖（海事海商案件）	申请确认仲裁协议效力案件	相同
	申请执行或申请承认和执行涉外和外国仲裁裁决	被执行人住所地或者被执行的财产所在地的中级人民法院	相同①	
	申请撤销我国涉外仲裁裁决案件	仲裁委员会所在地的中级人民法院	无规定	
	无规定		申请撤销我国内地仲裁机构的仲裁裁决案件：仲裁委员会所在地的中级人民法院管辖	

---

①　申请认可和执行香港特别行政区、澳门特别行政区、台湾地区仲裁裁决案件管辖法院如下：申请认可和执行香港仲裁裁决由被申请人住所地或者财产所在地中级人民法院管辖。申请认可和执行澳门仲裁裁决由被申请人住所地、经常居住地或者财产所在地的中级人民法院管辖。申请认可和执行台湾地区仲裁裁决由申请人住所地、经常居住地或者被申请人住所地、经常居住地、财产所在地中级人民法院或者专门法院管辖。

比较项	原内部报告制度	现 报 核 制 度
报告主体：案件管辖法院	无规定	申请执行我国内地仲裁机构裁决或仲裁调解书案件：被执行人住所地或者被执行的财产所在地的中级人民法院管辖；特殊情况可由基层人民法院管辖①
		对不予执行仲裁裁决申请的审查，仍由中级人民法院管辖
		其他仲裁司法审查案件。例如，民事诉讼中因涉及仲裁协议效力而作出不予受理、驳回起诉、管辖权异议的裁定，当事人不服提起上诉，由二审法院按规定逐级报核
审核主体	高级人民法院、最高人民法院	相同
报告时间	（1）确认涉外仲裁协议效力案件：决定受理一方当事人起诉之前 （2）申请撤销我国涉外仲裁裁决案件：裁定撤销裁决或通知仲裁重新仲裁之前，受理申请后 30 日内报其所属的高级人民法院，该高级人民法院如同意撤销裁决或通知仲裁庭重新仲裁的，15 日内报最高人民法院	无规定
报核流程	无规定	下级法院报核时提交书面报告和案件卷宗材料；上级法院收到下级法院的报核申请后，认为案件相关事实不清的，可以询问当事人或退回下级法院补充查明事实后再报；上级人民法院应当以复函的形式将审核意见答复下级人民法院
处理结果	以最终审核主体的意见为准	相同

① 《仲裁裁决执行规定》第 2 条规定：当事人对仲裁机构作出的仲裁裁决或者仲裁调解书申请执行的，由被执行人住所地或者被执行的财产所在地的中级人民法院管辖。符合下列条件的，经上级人民法院批准，中级人民法院可以参照《民事诉讼法》第 38 条的规定指定基层人民法院管辖：（一）执行标的额符合基层人民法院一审民商事案件级别管辖受理范围；（二）被执行人住所地或者被执行的财产所在地在被指定的基层人民法院辖区内；被执行人、案外人对仲裁裁决执行案件申请不予执行的，负责执行的中级人民法院应当另行立案审查处理；执行案件已指定基层人民法院管辖的，应当于收到不予执行申请后三日内移送原执行法院另行立案审查处理。

否（第1条第1项）；二是明确报核制度同样适用于内地仲裁机构裁决的撤销和不予执行（第1条第2、3项）；三是兜底条款涵盖了其他仲裁司法审查案件，为将来可能出现的一些新类型案件留有余地。①

（2）管辖法院：各中级人民法院或专门人民法院。与原内部报告制度相比，现报核制度中确认仲裁协议效力案件的管辖法院有以下变化。

第一，统一了国内案件、涉外案件管辖权确定的标准。近年来，我国致力于建立国内、国际仲裁司法审查案件统一归口管理机制，将申请确认国内和涉外仲裁协议效力的案件区分不同的联结点确定管辖法院已不再适宜。最高法院于2006年8月23日发布的《关于适用〈中华人民共和国仲裁法〉若干问题的解释》（简称《仲裁法解释》）第12条在规定涉及海事海商纠纷仲裁协议效力案件的管辖问题时并未对国内案件和涉外案件进行区分。《仲裁司法审查规定》第2条的规定也统一确定管辖权的标准，采取了《仲裁法解释》第12条关于确定涉外仲裁协议效力和涉及海事海商纠纷仲裁协议效力案件的标准，而不再区分国内案件和涉外案件。②

第二，对于确认仲裁协议效力的案件，《仲裁司法审查规定》修正了《仲裁法解释》第12条可能出现的问题。《仲裁法解释》第12条对确认仲裁协议效力案件的管辖设定了两个层次：一是仲裁协议约定的仲裁机构所在地法院；二是仲裁协议签订地等其他连结点指引的法院。③然而，仲裁协议约定的仲裁机构所在地明确与否，往往是当事人主张仲裁协议无效的理由和案件的争议焦点。《仲裁司法审查规定》规定四个连接点指引的中级人民法院或专门人民法院中的任何一个均有管辖权，避免了在确定案件

---

① 例如，最高人民法院2016年12月30日发布的《关于为自由贸易试验区建设提供司法保障的意见》规定："在自贸试验区内注册的企业相互之间约定在内地特定地点、按照特定仲裁规则、由特定人员对有关争议进行仲裁的，可以认定该仲裁协议有效。"任雪峰：《〈最高人民法院关于审理仲裁司法审查案件若干问题的规定〉解读》，《人民法治》2018年第3期。

② 任雪峰：《〈最高人民法院关于审理仲裁司法审查案件若干问题的规定〉解读》，《人民法治》2018年第3期。

③ 《仲裁法解释》第12条规定：当事人向人民法院申请确认仲裁协议效力的案件，由仲裁协议约定的仲裁机构所在地的中级人民法院管辖；仲裁协议约定的仲裁机构不明确的，由仲裁协议签订地或者被申请人住所地的中级人民法院管辖。申请确认涉外仲裁协议效力的案件，由仲裁协议约定的仲裁机构所在地、仲裁协议签订地、申请人或者被申请人住所地的中级人民法院管辖。涉及海事海商纠纷仲裁协议效力的案件，由仲裁协议约定的仲裁机构所在地、仲裁协议签订地、申请人或者被申请人住所地的海事法院管辖；上述地点没有海事法院的，由就近的海事法院管辖。

管辖权时对"约定的仲裁机构是否明确"这一应该在受理案件后需要审查认定的问题先行作出认定。[①] 同时，为了解决可能产生的管辖冲突问题，第4条进一步规定，申请人向两个以上有管辖权的人民法院提出申请的，应由最先立案的人民法院管辖。[②]

第三，与原内部报告制度相比，现报核制度中仲裁裁决执行案件管辖进行了适当调整。一方面，坚持以中级法院管辖为原则；另一方面，若经上级人民法院批准且执行案件符合基层法院一审民商事案件级别管辖受理范围可以由被执行人住所地或者被执行财产所在地的基层法院管辖。管辖范围调整后，中级人民法院可以批准由基层法院直接管辖仲裁裁决执行标的较小的案件。事实上，根据对司法案例数据库中仲裁裁决执行案例的统计，对于该类案件的处理，中级人民法院与基层人民法院的比例大致为1∶10。也就是说，在司法实践中，仲裁裁决执行标的较小的案件大多被中级人民法院参照法院判决执行级别管辖的规定下放至基层法院。[③]

若被执行人或者案外人在基层法院受理仲裁裁决执行申请后提出不予执行仲裁裁决的申请，则对该不予执行申请的审查属于仲裁司法审查，基层法院无权对其进行审查。《仲裁裁决执行规定》规定，对不予执行申请的审查仍由中级人民法院负责，即使案件已指定基层法院管辖，也应移送原执行法院另行立案审查处理。该规定对应了最高法院在《仲裁司法审查规定》和《报核规定》中明确的仲裁司法审查管辖权集中于中级法院并逐级上报的制度，有利于对仲裁裁决司法监督审查尺度的统一，提升仲裁制度的稳定性和可预见性。

（3）审核主体："以上报省高级法院为原则，以层报最高法院为例外。"对于非涉外仲裁协议和仲裁裁决的司法审查采取"以上报省高级法院为原则，以层报最高法院为例外"的做法，有助于统一司法实践，符合仲裁裁决一裁终局的基本原则。特别是就以违背社会公共利益为由做出否定性裁

---

① 任雪峰：《〈最高人民法院关于审理仲裁司法审查案件若干问题的规定〉解读》，《人民法治》2018年第3期。

② 任雪峰：《〈最高人民法院关于审理仲裁司法审查案件若干问题的规定〉解读》，《人民法治》2018年第3期。

③ 戴月、赵天沅、项潇雁："支持与监督并行：新规下的仲裁裁决执行"，http://www.kwm.com/zh/cn/knowledge/insights/understanding-china-judicial-authority-s-policy-20180305，最后访问日期：2018年5月1日。

定并上报最高法院的案件而言，这一做法对于统一仲裁司法审查中"公共利益"的内容和范围有重大意义。①

（4）规范术语：从"涉外仲裁机构裁决"到"外国或港澳台仲裁裁决"。《仲裁司法审查规定》及《报核规定》的条文措词进一步规范。虽然《仲裁法》的相关规定认可了"涉外仲裁机构"的存在，②《民事诉讼法》的相关规定也沿用了这一称谓，③但在实践中，几乎所有的仲裁机构都同时受理国内案件和涉外案件，单独强调"涉外仲裁机构"这一概念并没有现实意义。《报核规定》分别将内外两种裁决表述为"内地仲裁机构裁决"以及"外国或港澳台仲裁裁决"，而不再使用《处理涉外及外国仲裁事项通知》等文件中使用的"我国涉外仲裁机构裁决"这一术语。这一定程度上反映了《仲裁法》实施以来，我国仲裁业发展的现状和趋势，也与国际商事仲裁惯例和实践相吻合。

2. 原内部报告制度的缺陷

根据数据统计，2016 年我国仲裁机构受理案件已超过 20.8 万件。④ 最高法院分析了 2013—2015 年各级法院撤销和不予执行国内外仲裁裁决的案件比例，在仲裁裁决被撤销的案件中，涉外案件占比 5.33%，国内案件占比 15.77%；⑤ 在仲裁裁决被裁定不予执行的案件中，涉外案件占比 0.14%，几乎可以忽略不计，而国内案件的比例达到 4.67%。⑥ 显然，最高法院审查涉外仲裁裁决的这个"最后一道闸口"对于维护仲裁裁决的执行和仲裁当事人权利保护的可预见性作用显著。一直以来，最高法院内部报告制度在提升我国履行《纽约公约》义务水平等方面也发挥了重要作用。总体而言，内部报告制度的实施效果显著，但仍存在诸多问题。

---

① 广州仲裁委员会："千呼万唤始出来——解读最高院两大仲裁司法审查解释"，https：//mp. weixin. qq. com/s/tPpYlCyefulvSE66TwEcdA，最后访问日期：2018 年 4 月 25 日。

② 《仲裁法》第 66 条规定：涉外仲裁委员会可以由中国国际商会组织设立。涉外仲裁委员会由主任一人、副主任若干人和委员若干人组成。涉外仲裁委员会的主任、副主任和委员可以由中国国际商会聘任。

③ 《民事诉讼法》第 274 条。

④ 姜业宏："我国仲裁裁决核报制度将内外并轨"，中国贸易新闻网，http：//www. chinatradenews. com. cn/shangshi/201712/21/c8370. html，最后访问日期：2018 年 4 月 23 日。

⑤ 姜业宏："我国仲裁裁决核报制度将内外并轨"，中国贸易新闻网，http：//www. chinatradenews. com. cn/shangshi/201712/21/c8370. html，最后访问日期：2018 年 4 月 23 日。

⑥ 姜业宏："我国仲裁裁决核报制度将内外并轨"，中国贸易新闻网，http：//www. chinatradenews. com. cn/shangshi/201712/21/c8370. html，最后访问日期：2018 年 4 月 23 日。

（1）执行不严。在实践中，并非所有拒绝承认或者不予执行仲裁裁决的涉外案件都严格按照内部报告制度被层报至最高法院。公开资料显示，至少就提单仲裁条款问题存在地方法院未上报即自行作出管辖权裁定的情形，最高法院对此作了批评。①

（2）耗时过长。②适用内部报告制度的案件往往经历时间冗长且极不确定，有违诉讼时效和时限原则。1998年《收费及审查期限规定》规定了一审法院应于受理之日起两个月内上报最高法院，但没有规定最高法院的审核期限。在司法实践中，从法院上报到获得批复往往需要一年以上甚至数年的时间。③在经历漫长等待以后，当事人或许只能得到不予执行仲裁裁决的裁定，为仲裁所做的努力前功尽弃，付出巨大的时间成本。

（3）欠透明性。内部报告制度是以最高院司法解释和内部工作文件的方式确立的。这些文件对内部报告的具体流程并无规定，最高法院通常以复函的形式回复地方各级人民法院对于涉外仲裁"否定性裁定"，即人民法院不予认可涉外或涉港澳台仲裁协议效力、撤销或不予执行涉外或涉港澳台仲裁裁决、拒绝承认和执行外国仲裁裁决的请示。最高法院作出复函过程的透明度也不高，一般不给出理由，且复核程序中当事人既无法发表意见，也无法获知案件进展。④对于案件当事人，内部报告制度的程序存在瑕疵。

（4）"内外有别"、标准不一。对于涉外、涉港澳台司法审查案件，依据内部报告制度的要求，否定性裁定必须报经本辖区高级人民法院审查，并最终报请最高法院答复后作出裁定。对于国内仲裁协议或裁决的司法审查，最终权限则主要由中级人民法院控制，仅少数省市借鉴涉外仲裁司法审查内部报告制度，规定相关中院在裁定撤销国内仲裁裁决或通知仲裁庭重新仲裁之前，须先报请相关高级人民法院进行审查。

① 广州仲裁委员会："仲裁司法审查的报核制度浅析（上）——报核制度的前世今生"，http：//www.sohu.com/a/218472744_740841，最后访问日期：2018年4月23日。
② 广州仲裁委员会："仲裁司法审查的报核制度浅析（上）——报核制度的前世今生"，http：//www.sohu.com/a/218472744_740841，最后访问日期：2018年4月23日。
③ 数据显示，2000—2015年公布的220起案件中，从提起报告程序到最高法院最终复函的时间平均分别为800多天（承认和执行仲裁裁决案件）；100多天（仲裁协议效力）以及500多天（撤销仲裁裁决案件）。时间最长的案件甚至长达7年。详见广州仲裁委员会："仲裁司法审查的报核制度浅析（上）——报核制度的前世今生"，http：//www.sohu.com/a/218472744_740841，最后访问日期：2018年4月23日。
④ 广州仲裁委员会："仲裁司法审查的报核制度浅析（上）——报核制度的前世今生"，http：//www.sohu.com/a/218472744_740841，最后访问日期：2018年4月23日。

仲裁司法审查制度的"内外有别"，从我国法院在涉外仲裁和国内仲裁案件中对公共政策或社会公共利益例外的适用情况便可见一斑。一方面，由于内部报告制度的存在，我国法院在审理承认或认可和执行外国及港澳台仲裁裁决的案件时，对公共政策例外的适用非常慎重，基本符合国际普遍实践和惯例，[①] 但另一方面，在对国内仲裁司法审查的过程中，法院适用社会公共利益例外的标准和尺度不一，侵害了司法公正和仲裁公信力。

内部报告制度建立和完善的过程也是国内仲裁机构发展的过程。伴随着仲裁机构受案数量的持续增长及社会大众对仲裁认可度的逐渐提高，将涉外仲裁和国内仲裁司法审查"并轨"的呼声亦不断高涨。

（三）我国现行仲裁司法审查制度的规范性评价

2017 年《仲裁司法审查案件》《报核规定》，连同《仲裁法》《民事诉讼法》（2017 年修正）、2008 年最高人民法院《关于适用〈中华人民共和国仲裁法〉若干问题的解释》（简称《仲裁法解释》）、2015 年《最高人民法院关于适用〈中华人民共和国民事诉讼法〉的解释》（简称《民事诉讼法解释》）、2018 年《仲裁裁决执行规定》一起，共同构建了我国仲裁司法审查制度的整体框架，体现了人民法院对仲裁鼓励支持和适度监督的原则。司法解释不断细化了内部报告制度，统一了司法审查的标准，提高了仲裁制度的可预见性，有利于节约仲裁资源和司法资源。虽然报核制度有所进步，但也仍存在问题。

1. 优化之处

（1）确认仲裁司法审查的法律适用原则。对于仲裁司法审查案件而言，准据法的选择至关重要。《仲裁司法审查规定》第 13—16 条明确规定了涉外仲裁协议效力案件的法律适用问题；第 17 条则明确规定了申请执行国内仲裁裁决

---

① 笔者使用北大法宝，检索涉及公共利益的仲裁案件。全文检索"涉外仲裁 * 公共利益—非涉外"，检索结果有 253 个案例。其中有 1 个案件为国内仲裁裁决执行案件。全文检索"涉外仲裁 * 公共秩序—非涉外"，检索结果有 27 个案例。在 4 个案例中，裁决书行文"严重违反社会公共法律秩序及公共利益"，与以上第 1 种检索结果有重复。另外，有 11 个案例为国内仲裁案件。全文检索"涉外仲裁裁决 * 公共利益—非涉外"，检索结果有 199 个案例。其中有 1 个案件为国内仲裁裁决执行案件。全文检索"涉外仲裁裁决 * 公共秩序—非涉外"，检索结果有 8 个案例。4 个案例中，裁决书行文"严重违反社会公共法律秩序及公共利益"，与以上第 3 种检索结果有重复。全文检索"涉外仲裁裁决执行 * 公共秩序—非涉外"，检索结果有 3 个案例。其中有 1 个案件为国内仲裁裁决执行案件。全文检索"涉外仲裁裁决执行 * 公共秩序—非涉外"，检索结果为 0。这些检索结果从一个侧面说明，法院在涉外仲裁案件中使用公共利益或公共政策的情况并不如实务界或理论界预设的那样多见。

和涉外仲裁裁决案件法律适用问题。

①仲裁条款独立性原则。基于《仲裁法》第19条所确立的仲裁协议独立性的原则，人民法院多年以来在司法实践中把握的准则是当事人约定仲裁协议适用的法律必须作出明确的意思表示，且当事人约定的合同适用的法律，不能当然视为确认合同中仲裁条款（协议）效力的法律。[①]《仲裁司法审查规定》第13条以司法解释的形式确认了这一准则。

②"有利于协议有效"原则。我国《涉外民事关系法律适用法》（简称《法律适用法》）第18条将确认涉外仲裁协议效力的准据法区分为两个层次：一是为当事人协议选择适用的法律；二是出现了两个并列选项，即仲裁机构所在地法律或者仲裁地法律，由此可能导致适用仲裁机构所在地法律与适用仲裁地法律认定仲裁协议效力的结果不同。[②]基于支持仲裁的原则，《仲裁司法审查规定》第14条引入了类似于《瑞士联邦国际私法》的"有利于协议有效"原则，[③]明确了仲裁机构所在地法律与仲裁地法律适用结果存在冲突时，应以确认仲裁协议有效的法律为准据法。

③通过仲裁规则认定仲裁协议的准据法。《仲裁司法审查规定》出台以前，当事人就仲裁协议的效力产生争议，未明确约定仲裁协议的准据法、仲裁机构所在地及仲裁地，但约定了仲裁规则时，司法实践中往往通过约定的仲裁规则确定仲裁机构所在地及仲裁地，进而确定仲裁协议的准据法。[④]《仲裁司法审查规定》第15条对上述做法予以确认。

④准确适用《纽约公约》确认仲裁协议的准据法。[⑤]人民法院审查涉外仲裁协议的效力，应当首先确认所适用的准据法。以往的司法实践中，对于承认和执行外国仲裁裁决的案件，存在人民法院混淆适用确认涉外仲裁协议效力案件的冲突规范而未依据《纽约公约》确定准据法的情况。在当事人没有选择适用于仲裁协议的法律，也没有明确约定的仲裁机构和仲裁地的情况下，对于确

---

①　任雪峰：《〈最高人民法院关于审理仲裁司法审查案件若干问题的规定〉解读》，《人民法治》2018年第3期。

②　任雪峰：《〈最高人民法院关于审理仲裁司法审查案件若干问题的规定〉解读》，《人民法治》2018年第3期。

③　广州仲裁委员会："千呼万唤始出来——解读最高法院两大仲裁司法审查解释"，https：//mp.weixin.qq.com/s/tPpYlCyefulvSE66TwEcdA，最后访问日期：2018年4月25日。

④　任雪峰：《〈最高人民法院关于审理仲裁司法审查案件若干问题的规定〉解读》，《人民法治》2018年第3期。

⑤　任雪峰：《〈最高人民法院关于审理仲裁司法审查案件若干问题的规定〉解读》，《人民法治》2018年第3期。

认涉外仲裁协议效力的案件,① 人民法院应当适用法院地法律,即我国境内的法律对仲裁协议效力作出认定;而对于申请承认和执行外国仲裁裁决案件,②《仲裁司法审查规定》第 16 条明确规定,人民法院应当根据《纽约公约》的规定,依据裁决地所在国的法律对仲裁协议效力作出认定。

⑤ 明确申请执行国内仲裁裁决和涉外仲裁裁决的法律适用。审查涉外仲裁裁决和国内仲裁裁决执行案件应适用的法律不同,为避免《民事诉讼法》相关条款表述不清引起歧义,③ 在《民事诉讼法》修改不易的情形下,《仲裁司法审查规定》第 17 条对该问题加以明确,即人民法院对申请执行我国内地仲裁机构作出的非涉外仲裁裁决案件的审查,适用《民事诉讼法》第 237 条的规定;④ 对申请执行我国内地仲裁机构作出的涉外仲裁裁决案件的审查,适用《民事诉讼法》第 274 条⑤的规定。⑥

(2)统一不予执行仲裁裁决案件的审查标准。就仲裁裁决执行案件而

---

① 依据《仲裁法解释》第 16 条、《法律适用法》第 18 条及《最高人民法院关于适用〈中华人民共和国涉外民事关系法律适用法〉若干问题的解释(一)》第 14 条的规定,确定准据法的原则是:(1)当事人约定适用的法律;(2)仲裁机构或仲裁地法律(《仲裁法解释》仅规定了仲裁地法律);(3)法院地,即我国内地的法律。

② 对于申请承认和执行外国仲裁裁决案件,同样可能涉及确认仲裁协议效力的问题。依据《纽约公约》第 5 条第 1 款(甲)项之规定,此时确定准据法的原则是:(1)当事人的属人法(对当事人的行为能力作出认定);(2)当事人选择的法律;(3)裁决地所在国法律。

③ 如前所述,《民事诉讼法》第 274 条沿用《处理涉外及外国仲裁事项通知》《仲裁法》等文件中"涉外仲裁机构裁决"的称谓,规定了对"涉外仲裁机构作出的裁决"不予执行的情形,但依据 1996 年 6 月 8 日国务院办公厅发布的《关于贯彻实施〈中华人民共和国仲裁法〉需要明确的几个问题的通知》第 3 条规定,我国现有的仲裁机构均可受理涉外和国内仲裁案件,"涉外仲裁机构"的称谓不再具有区别于"仲裁机构"的意义。该条文实际是关于不予执行涉外仲裁裁决情形的规定。

④ 《民事诉讼法》第 237 条规定:"对依法设立的仲裁机构的裁决,一方当事人不履行的,对方当事人可以向有管辖权的人民法院申请执行。受申请的人民法院应当执行。被申请人提出证据证明仲裁裁决有下列情形之一的,经人民法院组成合议庭审查核实,裁定不予执行:(一)当事人在合同中没有订有仲裁条款或者事后没有达成书面仲裁协议的;(二)裁决的事项不属于仲裁协议的范围或者仲裁机构无权仲裁的;(三)仲裁庭的组成或者仲裁的程序违反法定程序的;(四)裁决所根据的证据是伪造的;(五)对方当事人向仲裁机构隐瞒了足以影响公正裁决的证据的;(六)仲裁员在仲裁该案时有贪污受贿,徇私舞弊,枉法裁决行为的。人民法院认定执行该裁决违背社会公共利益的,裁定不予执行。裁定书应当送达双方当事人和仲裁机构。仲裁裁决被人民法院裁定不予执行的,当事人可以根据双方达成的书面仲裁协议重新申请仲裁,也可以向人民法院起诉。"

⑤ 《民事诉讼法》第 274 条规定:"对中华人民共和国涉外仲裁机构作出的裁决,被申请人提出证据证明仲裁裁决有下列情形之一的,经人民法院组成合议庭审查核实,裁定不予执行:(一)当事人在合同中没有订有仲裁条款或者事后没有达成书面仲裁协议的;(二)被申请人没有得到指定仲裁员或者进行仲裁程序的通知,或者由于其他不属于被申请人负责的原因未能陈述意见的;(三)仲裁庭的组成或者仲裁的程序与仲裁规则不符的;(四)裁决的事项不属于仲裁协议的范围或者仲裁机构无权仲裁的。人民法院认定执行该裁决违背社会公共利益的,裁定不予执行。"

⑥ 任雪峰:《〈最高人民法院关于审理仲裁司法审查案件若干问题的规定〉解读》,《人民法治》2018 年第 3 期。

言，由于内部报告制度的实施，涉外仲裁裁决执行的审查标准相对统一，国内仲裁裁决执行案件的裁判尺度却因为各地法院对法律（尤其是《民事诉讼法》第237条）理解的不同而有所差异。《仲裁裁决执行规定》进一步明确了《民事诉讼法》第237条下"无权仲裁""违反法定程序""伪造及隐瞒证据"的具体情形，统一了国内仲裁裁决不予执行案件的审查标准。

第一，《仲裁裁决执行规定》第13条明确了"无权仲裁"的四种情形：一是裁决事项超出协议范围；二是裁决事项属于法定或仲裁规则规定的不可仲裁的事项（超出仲裁机构案件受理范围）；三是裁决内容超出仲裁请求范围；四是作出裁决的仲裁机构非仲裁协议所约定。此规定弥补了《仲裁法》和《民事诉讼法》规定之不足，也与《纽约公约》第5条的规定相一致。为了确保仲裁裁决的可执行性，仲裁庭必须针对仲裁申请人的本请求和仲裁被申请人的反请求，在仲裁协议约定的仲裁事项范围内进行裁决，否则仲裁裁决将面临被裁定不予执行的风险。[①]

第二，《仲裁裁决执行规定》第14条明确了"违反法定程序"的三种情形：一是违反仲裁法的仲裁程序；二是违反约定选择的仲裁规则；三是违反当事人对仲裁程序的特别约定。约定的方式包括但不限于共同签署审理范围书、共同认可仲裁庭签发的程序令或者仲裁庭关于程序的决定、共同签署含有程序决定事项的庭审纪要等。[②] 仲裁的特点在于当事人享有高度的意思自治权，只要不违反强制性法律规定，当事人有权通过约定，自由设计仲裁程序。《仲裁裁决执行规定》第14条体现了对当事人意思自治的尊重和支持。

另外，《仲裁裁决执行规定》第14条第3款规定了国内首次入法的"放弃异议条款"，即当事人经特别提示知道或者应当知道适用的仲裁程序或仲裁规则未被遵守，但仍然参加或者继续参加仲裁程序且未提出异议，将被视为"放弃异议"。这一原则是国际商事仲裁中被普遍接受的原则，[③]

---

① 王生长："《仲裁裁决执行规定》的新意与隐忧"，https://mp.weixin.qq.com/s/gW9EXIY_6YaB4eUa-O8SoA，最后访问日期：2018年4月25日。
② 王生长："《仲裁裁决执行规定》的新意与隐忧"，https://mp.weixin.qq.com/s/gW9EXIY_6YaB4eUa-O8SoA，最后访问日期：2018年4月25日。
③ 《示范法》第4条；《英国仲裁法》第73条。放弃异议原则一般仅限于开庭前程序和庭审程序，《仲裁裁决执行规定》并没有对此加以明确和限制。

目的在于维护当事人意思自治及诚实信用，[①] 有助于降低法院对仲裁程序的干预程度，增加仲裁裁决的可执行性，保证仲裁的高效、稳定，提高司法效率和可预测性。

第三，《仲裁裁决执行规定》第 15 条和第 16 条分别规定了认定"伪造证据"[②] 和"隐瞒证据"[③] 的前提条件。被伪造或者被隐瞒的证据必须属于认定案件基本事实的主要证据。这杜绝了缺席仲裁程序的被申请人利用民事诉讼法的抽象性在执行程序中提出仲裁申请人隐瞒证据从而请求不予执行裁决等不合理情况的发生，体现仲裁的诚信原则。[④] 《仲裁裁决执行规定》还列举了若干申请不予执行仲裁裁决明显违反诚实信用原则的情形，[⑤]明确规定人民法院不予支持此类申请。上述条文解决了司法实践中《民事诉讼法》相应规定过于宽泛而导致的适用问题，统一了审查尺度，明晰了相关司法审查的标准。

（3）明确仲裁司法审查案件受理的相关问题。我国立法对于仲裁司法审查案件受理的相关问题缺乏明确规定，包括人民法院受理仲裁司法审查案件的条件、立案后发现不符合受理条件的处理方式及人民法院审查决定是否受理案件的期限。

关于人民法院受理仲裁司法审查案件的条件，《仲裁司法审查规定》第 5 条、第 6 条分别规定了申请确认仲裁协议效力、申请执行仲裁裁决案件应当提交的文件及内容要求，包括主体信息、仲裁协议或仲裁裁决的内容、具体的请求和理由等，即人民法院受理仲裁司法审查案件的条件。只

[①]　宋连斌：《仲裁司法监督制度的新进展及其意义》，《人民法治》2018 年第 3 期。

[②]　"伪造证据"的认定需同时满足下列三个条件：一是该证据已被采信；二是该证据为认定案件基本事实的主要证据；三是该证据的形成或获取方式非法，不符合客观性、关联性、合法性要求。

[③]　"隐瞒证据"的认定也需同时满足以下三个条件：一是该证据为认定案件基本事实的主要证据；二是该证据仅为对方当事人掌握，但未向仲裁庭提交；三是仲裁过程中知悉存在该证据，且要求对方当事人出示或者请求仲裁庭责令其提交，但对方当事人无正当理由未予出示或者提交。

[④]　金立宇："《最高人民法院关于人民法院办理仲裁裁决执行案件若干问题的规定》解读"，https：//mp. weixin. qq. com/s/N2SSa-dOPay-pds9jxTfzQ，最后访问日期：2018 年 4 月 25 日。

[⑤]　体现当事人意思自治及诚实信用要求的规定还有：被执行人申请不予执行仲裁裁决，对同一仲裁裁决的多个不予执行事由应当一并提出；人民法院对不予执行仲裁裁决案件应当围绕被执行人申请的事由、案外人的申请进行审查，对被执行人没有申请的事由不予审查，但仲裁裁决可能违背社会公共利益的除外；被执行人申请不予执行仲裁调解书或者根据当事人之间的和解协议、调解协议作出的仲裁裁决，人民法院不予支持，但该仲裁调解书或者仲裁裁决违背社会公共利益的除外。参见宋连斌：《仲裁司法监督制度的新进展及其意义》，《人民法治》2018 年第 3 期。

有提交满足上述规定的文件，当事人的申请才有被受理的可能；若提交的文件不符合上述规定，依据《仲裁司法审查规定》第 7 条规定，经人民法院释明后提交的文件仍然不符合规定的，应裁定不予受理。第 7 条同时明确，申请人向对案件不具有管辖权的人民法院提出申请，人民法院应当告知其向有管辖权的人民法院提出申请，申请人仍不变更申请的，裁定不予受理。[1]

《仲裁司法审查规定》第 6 条的适用范围仅限于申请执行内地仲裁裁决案件、申请承认和执行外国仲裁裁决案件，而不包括申请认可和执行港澳台仲裁裁决案件。从文义解释和体系解释的角度出发，对于申请认可和执行港澳台仲裁裁决案件，这两个条款仅具有参考意义，第 7 条规定的法律后果不适用于该类案件。[2]《仲裁司法审查规定》第 6 条还规定，当事人申请承认外国仲裁裁决的，应当提供申请书及裁决书正本或者经证明无误的副本、外文申请书、裁决书及其他文件应当提供中文译本。部分法院在实践中要求申请人提交公证、认证的境外文书，使得当事人申请承认和执行的成本大幅增加，并不符合《纽约公约》的相关规定。《仲裁司法审查规定》简化了承认与执行外国仲裁裁决应提供材料的要求，明确了承认与执行外国仲裁裁决申请不再需要公证认证程序。

对于人民法院应当如何处理立案后发现案件不符合受理条件的案件，《仲裁司法审查规定》第 8 条参照《民事诉讼法解释》第 208、212 条规定，立案后发现不符合受理条件的，应当裁定驳回申请。裁定驳回申请的案件，申请人再次申请并符合受理条件的，人民法院应予受理。该条进一步规定，当事人对于不予受理和驳回申请的裁定不服的，可以提起上诉。该规定主要是基于以下原因考虑：一是根据《民事诉讼法》第 154 条，不予受理、驳回起诉的裁定可以上诉，虽然仲裁司法审查案件的审查程序不同于普通程序，但就民事诉讼中人民法院所作的裁定而言，均应适用第 154 条的规定；二是 2015 年 7 月 1 日起施行的最高人民法院《关于认可和执行台湾地区仲裁裁决的规定》（简称《认可和执行台湾仲裁裁决规定》）中

---

[1]　任雪峰：《〈最高人民法院关于审理仲裁司法审查案件若干问题的规定〉解读》，《人民法治》2018 年第 3 期。

[2]　张清姬："一线法官眼中的仲裁司法审查新规亮点解析"，https：//mp. weixin. qq. com/s/oxYUm_e8YcZ3DO2o3fQfrg，最后访问日期：2018 年 4 月 23 日。

已有当事人可以对不予受理裁定提起上诉的规定。[①] 为保证司法解释规定的一致性和法律适用的统一性，亦应为其他仲裁司法审查案件提供相同的上诉机制。[②]

《仲裁司法审查规定》第 9 条规定了法院决定是否受理仲裁司法审查案件的审查期限为 7 日，且人民法院应当在受理仲裁司法审查案件后 5 日内向申请人和被申请人发出通知书，告知其案件受理情况及双方当事人的相关权利义务。

以上这些规定明确了不符合受理条件的情形及立案后发现案件不符合受理条件的处理方式，规定了法院审查决定是否受理案件的期限，填补了仲裁司法审查案件程序上的空白。

（4）明确仲裁司法审查案件中所作裁定效力的问题。[③] 对于仲裁司法审查案件中人民法院所作裁定何时生效的问题，《仲裁司法审查规定》第 20 条明确规定，除不予受理、驳回申请、管辖权异议三类裁定外，人民法院在审查仲裁司法审查案件中可能作出的裁定，[④] 一经送达即发生法律效力，均不允许当事人上诉、申请复议或者再审。这与《民事诉讼法》第 154 条及以往司法解释、批复的规定相一致。仲裁的突出特点之一是解决纠纷的高效性，这也是当事人选择通过仲裁方式解决争议的重要原因之一，若仲裁司法审查案件中上诉、复议、再审等程序设置过多，仲裁结果将长期处于不确定的状态，仲裁的高效性优势就无从谈起，背离了《仲裁法》第 9 条所确立的仲裁一裁终局原则。

（5）增加撤销仲裁裁决与不予执行仲裁裁决司法审查的程序衔接。根据《仲裁法》规定，申请撤销仲裁裁决与不予执行仲裁裁决两种救济程序双轨并行，提出申请的法定事由也大致相同。因此，对于同一法定事由，当事人有可能分别在申请撤销仲裁裁决与不予执行仲裁裁决两个救济程序中提出，受理法院有可能重复审查。

[①] 《认可和执行台湾仲裁裁决规定》第 8 条。

[②] 任雪峰：《〈最高人民法院关于审理仲裁司法审查案件若干问题的规定〉解读》，《人民法治》2018 年第 3 期。

[③] 任雪峰：《〈最高人民法院关于审理仲裁司法审查案件若干问题的规定〉解读》，《人民法治》2018 年第 3 期。

[④] 例如确认仲裁协议效力的裁定、是否撤销我国内地仲裁机构仲裁裁决的裁定、是否执行我国内地仲裁机构仲裁裁决的裁定、是否认可和执行港澳台仲裁裁决的裁定、是否承认和执行外国仲裁裁决的裁定、是否准许撤回申请的裁定等。

为提高审查效率，减少司法资源浪费，《仲裁法解释》第 25 条和第 26 条①首次规定了撤销仲裁裁决程序先于执行程序进行审查，同一抗辩理由在撤销程序中被驳回后不得在不予执行程序中再次引用。《仲裁裁决执行规定》对此予以适当补充，明确了两种仲裁司法审查程序的制度衔接。首先，撤销仲裁裁决与不予执行仲裁裁决两种救济程序并行时，前者居主导地位，② 由各级法院负责仲裁司法审查工作的专门业务庭审理。③ 其次，撤销仲裁裁决的申请被驳回后，被执行人可以再次提出不予执行申请，④ 提出申请的期限自法院驳回撤销仲裁裁决申请的裁判文书生效之日起重新计算。⑤ 最后，《仲裁裁决执行规定》第 20 条第 1 款重申了同一抗辩理由在两种程序中不得重复援引，⑥ 体现了受理两种救济程序的法院相互承认在先裁定的既判力，避免司法资源的浪费。

（6）扩大申请不予执行的主体范围。《仲裁裁决执行规定》出台以前，根据《仲裁法》第 63、71 条和《民事诉讼法》第 237、274 条的规定，⑦ 申请不予执行仲裁裁决的主体限于仲裁裁决的当事人或其权利义务的承继人。然而，由于当事人追逐私利的倾向性、社会诚信缺失及我国立法上案外人有效救济途径的空白，近年来虚假仲裁在我国呈现日益增多的态势，

---

① 《仲裁法解释》第 26 条规定，当事人向人民法院申请撤销仲裁裁决被驳回后，又在执行程序中以相同理由提出不予执行抗辩的，人民法院不予支持。

② 《仲裁裁决执行规定》第 20 条第 2 款规定，对于进入不予执行程序的案件，当事人申请撤销仲裁裁决被受理的，法院应当裁定中止不予执行程序，以撤销程序为主导：仲裁裁决被撤销或决定重新仲裁的，法院应当裁定终结执行，并终结对不予执行申请的审查；撤销仲裁裁决申请被法院驳回或者申请执行人撤回的，法院应当恢复对不予执行申请的审查。被执行人同时申请撤销仲裁裁决和不予执行仲裁裁决时，其撤回撤销仲裁裁决申请的，法院应当裁定终结对不予执行申请的审查，但案外人申请不予执行仲裁裁决的除外。参见刘炯、汤旻利、蔡文豪："仲裁裁决执行新规详解及实务贴士"，https://mp.weixin.qq.com/s/OCAD0vqV8DO0xxbj44N1LA，最后访问日期：2018 年 4 月 25 日。

③ 最高法院执行局负责起草和编订《仲裁裁决执行规定》，而撤销仲裁裁决案件的审理则由各级法院负责仲裁司法审查工作的专门业务庭负责。以上撤销程序为主的规定也体现了最高法院执行局出于有利于公正审理撤销仲裁裁决案件的考虑，将此类案件留在专门业务庭的态度。参见金立宇："《最高人民法院关于人民法院办理仲裁裁决执行案件若干问题的规定》解读"，https://mp.weixin.qq.com/s/N2SSa-dOPay-pds9jxTfzQ，最后访问日期：2018 年 4 月 25 日。

④ 刘炯、汤旻利、蔡文豪："仲裁裁决执行新规详解及实务贴士"，https://mp.weixin.qq.com/s/OCAD0vqV8DO0xxbj44N1LA，最后访问日期：2018 年 4 月 25 日。

⑤ 《仲裁裁决执行规定》第 8 条第 3 款。

⑥ 刘炯、汤旻利、蔡文豪："仲裁裁决执行新规详解及实务贴士"，https://mp.weixin.qq.com/s/OCAD0vqV8DO0xxbj44N1LA，最后访问日期：2018 年 4 月 25 日。

⑦ 被申请执行的当事人有权在执行程序中对执行申请提出抗辩，有权提出证据证明仲裁裁决存在有法定的不予执行情形，从而请求人民法院裁定不予执行。

仲裁当事人利用仲裁作为工具损害案外人合法权益的情况时有发生。[①]《仲裁裁决执行规定》首次明确赋予了案外人申请不予执行仲裁裁决的权利，其第 9 条[②]和第 18 条[③]分别规定了案外人申请不予执行仲裁裁决的程序条件和实质审查标准，[④] 第 22 条第 3 款还赋予了对审查结果不服的当事人、案外人进一步救济的权利。[⑤] 法院只有严格审查案外人提出的不予执行仲裁裁决或者仲裁调解书的申请，落实《仲裁裁决执行规定》第 18 条确立的证明标准，[⑥] 才能克服恶意或虚假仲裁，[⑦] 维护仲裁与司法的社会公信力。

（7）扩大申请承认与境内案件关联的外国仲裁裁决案件的管辖连结点范围。在近年来的司法实践中，被申请人住所地、财产所在地均不在我国境内的情形时有发生，而出于审理关联案件的需要，申请人又需要我国法院承认外国仲裁裁决的效力。在此种情形下，根据《民事诉讼法》第 283 条的规定，[⑧] 无法确定当事人申请承认外国仲裁裁决案件具有管辖权的法院。《仲裁司法审查规定》第 3 条填补了上述空白。从级别管辖的角度，该

---

① 参见李贤森：《现行法律框架内对虚假仲裁案外人权益保护的路径探讨》，《北京仲裁》2016 年第 1 期。

② 《仲裁裁决执行规定》第 9 条规定："案外人向人民法院申请不予执行仲裁裁决或者仲裁调解书，应当提交申请书以及证明其请求成立的证据材料，并符合下列条件：（一）有证据证明仲裁案件当事人恶意申请仲裁或者虚假仲裁，损害其合法权益；（二）案外人主张的合法权益所涉及的执行标的尚未执行终结；（三）自知道或者应当知道人民法院对该标的采取执行措施之日起三十日内提出。"

③ 《仲裁裁决执行规定》第 18 条规定："案外人根据本规定第九条申请不予执行仲裁裁决或者仲裁调解书，符合下列条件的，人民法院应当支持：（一）案外人系权利或者利益的主体；（二）案外人主张的权利或者利益合法、真实；（三）仲裁案件当事人之间存在虚构法律关系，捏造案件事实的情形；（四）仲裁裁决主文或者仲裁调解书处理当事人民事权利义务的结果部分或者全部错误，损害案外人合法权益。"

④ 王生长："《仲裁裁决执行规定》的新意与隐忧"，https：//mp. weixin. qq. com/s/gW9EXIY _ 6YaB4eUa-O8SoA，最后访问日期：2018 年 4 月 25 日。

⑤ 《仲裁裁决执行规定》第 22 条第 3 款规定："人民法院基于案外人申请裁定不予执行仲裁裁决或者仲裁调解书，当事人不服的，可以自裁定送达之日起十日内向上一级人民法院申请复议；人民法院裁定驳回或者不予受理案外人提出的不予执行仲裁裁决、仲裁调解书申请，案外人不服的，可以自裁定送达之日起十日内向上一级人民法院申请复议。"

⑥ 只有在第 18 条规定第一至四项条件均得到满足的情况下，案外人对仲裁裁决或者仲裁调解书的不予执行申请才能得到人民法院支持。可见，案外人申请不予执行的证明标准较高。参见金立宇："《最高人民法院关于人民法院办理仲裁裁决执行案件若干问题的规定》解读"，https：//mp. weixin. qq. com/s/N2SSa-dOPay-pds9jxTfzQ，最后访问日期：2018 年 4 月 25 日。

⑦ 王生长："《仲裁裁决执行规定》的新意与隐忧"，https：//mp. weixin. qq. com/s/gW9EXIY _ 6YaB4eUa-O8SoA，最后访问日期：2018 年 4 月 25 日。

⑧ 《民事诉讼法》第 283 条规定："国外仲裁机构的裁决，需要中华人民共和国人民法院承认和执行的，应当由当事人直接向被执行人住所地或者其财产所在地的中级人民法院申请，人民法院应当依照中华人民共和国缔结或者参加的国际条约，或者按照互惠原则办理。"

条规定要求承认外国仲裁裁决案件由中级以上人民法院管辖，① 相较于中级人民法院管辖的承认与执行外国仲裁裁决案件，确立了更高的管辖标准。由于关联案件的被申请人住所地、财产所在地均不在我国境内，该条增加了仲裁机构所在地（针对内地仲裁机构审理的案件）或受理关联案件（针对人民法院审理的案件）的人民法院作为确定管辖的标识和依据，即扩大了管辖连结点的范围。该规定虽然不适用于认可港澳台仲裁裁决案件，② 但反映了管辖连结点范围不断扩大的趋势。这样的规定有利于便利当事人，增加司法审查案件的可预见性，避免同类案件出现多个不同结果。③

2. 不足之处

《仲裁司法审查规定》及《仲裁裁决执行规定》的出台使得仲裁司法审查规则更具操作性。但是，《报核规定》同样存在不足，《仲裁司法审查规定》及《仲裁裁决执行规定》中的细化规则与既有规则亦有冲突或疏漏之处。④

（1）内外仍然有别。《报核规定》被认为是推进"双轨制"合并的重要举措。但是，报核制度仍然存在一定程度的"内外有别"：涉外案件仍然全部逐级上报至最高法院，非涉外案件大多数情况下则只上报至省高级法

---

① 受理关联案件的人民法院为基层人民法院的，申请承认外国仲裁裁决的案件应当由该基层人民法院的上一级人民法院管辖；受理关联案件的人民法院是高级人民法院或者最高人民法院的，由上述法院决定自行审查或者指定中级人民法院审查。

② 目前关于认可和执行港澳台地区仲裁裁决的管辖规定，分别散见于最高人民法院《关于内地与香港特别行政区相互执行仲裁裁决的安排》（简称《内地与香港相互执行仲裁裁决安排》）、最高人民法院关于《内地与澳门特别行政区相互认可和执行仲裁裁决的安排》（简称《内地与澳门认可和执行仲裁裁决安排》）和《认可和执行台湾仲裁裁决规定》。根据规定，申请认可和执行香港仲裁裁决由被申请人住所地或者财产所在地中级法院管辖；申请认可和执行澳门仲裁裁决由被申请人住所地、经常居住地或者财产所在地的中级法院管辖；申请认可和执行台湾地区仲裁裁决由申请人住所地、经常居住地或者被申请人住所地、经常居住地、财产所在地中级法院或者专门法院管辖。上述三个安排或规定对管辖的不同规定，除了管辖涉及两地磋商所达成的不同结果的影响外，安排或规定制订的时间也是一项重要因素。可以看出，就认可与执行港澳台地区仲裁裁决的案件，管辖连接点在不断扩大。参见张清姬："一线法官眼中的仲裁司法审查新规亮点解析"，https://mp.weixin.qq.com/s/oxYUm_e8YcZ3DO2o3fQfrg，最后访问日期：2018 年 4 月 23 日。

③ 广州仲裁委员会："千呼万唤始出来——解读最高院两大仲裁司法审查解释"，https://mp.weixin.qq.com/s/tPpYlCyefulvSE66TwEcdA，最后访问日期：2018 年 4 月 25 日。

④ 下述"内外仍然有别、报核制度的性质仍未明确、留下法院进行实质审查的空间"三点不足，参见广州仲裁委员会："仲裁司法审查的报核制度浅析（下）——《报核问题规定》的是与非"，http://www.sohu.com/a/219662209_740841，最后访问日期：2018 年 1 月 29 日。

院。因此，《报核规定》仅仅是缩小了内外仲裁裁决待遇差别。

合理的解释是，由于我国国内仲裁案件数量巨大（2016 年为 20.8 万件），[①] 如果国内仲裁司法审查案件同涉外仲裁司法审查案件一样都报核至最高法院，将给最高法院带来较高的工作压力，不但不利于最高法院审判功能的发挥，也可能会降低司法审查的效率。[②] 但在特定情形下，[③] 仍应向最高法院报核，并根据最高法院的审核意见作出裁定。《报核规定》致力于打破仲裁司法审查中的地方保护主义，反映了在适用公共秩序条款方面的审慎立场。

（2）存在着激励当事人法院选择的可能性。《仲裁司法审查规定》第 2 条所规定的对仲裁协议效力确认案件具有管辖权的法院多达 5 个，即仲裁机构所在地法院、仲裁协议签订地法院、申请人住所地法院、被申请人住所地法院以及专门人民法院。更充分的法院选择空间意味着更多滥用审查程序的可能。此外，可以想象的是，当事人可以通过选择管辖法院来回避仲裁机构所在地法院，"跨区域"申请将会成为常态。[④]

（3）报核制度的性质仍未明确。现行《报核规定》并未明确报核制度的性质。如果认为报核制度应当归属于上诉制度，则部分报核案件从中级人民法院层报至最高法院的过程，事实上经历了三审的程序，且剥夺了初审法院裁定的权力而最终以最高法院的意见为依据做出裁定，违背了我国宪法和法律规定的二审终审制度和审级独立原则。[⑤] 该问题在内部报告制度时期就已经存在，但若不修改现行法律，无法对其进行完善。

有建议认为，应该对内部请示报告制度中不予执行的裁决设置有限上诉程序不设再审程序；上诉只限于一审法院对仲裁拟作出否定性裁定的案件；审查的范围仅限于上诉人提出上诉且法律有规定的事由；审查程序参照民事诉讼法二审程序的规定。[⑥] 显然此类建议的逻辑是将内部报告制度

---

① 宋连斌：《仲裁司法监督制度的新进展及其意义》，《人民法治》2018 年第 3 期。

② 宋连斌：《仲裁司法监督制度的新进展及其意义》，《人民法治》2018 年第 3 期。

③ 依据《报核规定》第 3 条，此处包括两种情形：一是仲裁司法审查案件当事人住所地跨省级行政区域，二是以违背社会公共利益为由不予执行或者撤销我国内地仲裁机构的仲裁裁决。

④ 卢琦："最高法院仲裁司法审查新司法解释亮点解析"，https://mp.weixin.qq.com/s/toVs0iBxCqo19LmKJk3rfg，最后访问日期：2018 年 4 月 25 日。

⑤ 朱科：《国际商事仲裁司法审查案件内部请示报告制度的转型》，《法学杂志》2017 年第 6 期。

⑥ 朱科：《国际商事仲裁司法审查案件内部请示报告制度的转型》，《法学杂志》2017 年第 6 期。

完全纳入现有民诉法体系中，成为民事诉讼法的内生制度，而不是现有的法外纠错制度。

（4）留下法院进行实质审查的空间。《报核规定》第 5 条使用了"案件相关事实"一词，引发了学界对法院可能审查案件实体内容的担忧。也有观点认为，总结《仲裁法》和《民事诉讼法》的相关规定可以发现，仲裁裁决的司法审查限于程序性事项。相应地，在报核案件中，法院查明的"案件相关事实"也应以程序性事实为限。这种解释符合仲裁立法原意和仲裁制度内涵，但实践中法院的做法仍待考察。

（5）司法审查过程违背基本诉讼原理。法官中立、法官亲历、程序透明和当事人地位平等是诉讼的基本要求。但是，案件经报核制度在高级法院和最高法院司法审查期间，主要采取的是书面审查模式，双方当事人没有在报核程序中发表己方观点和意见的法定权利。即使存在案件事实不清的情况，上级法院也可以选择将案件退回下级法院而非必须询问当事人。[①]新的规定没有对此做充分改进，对最高法院的审查期限也没有补充规定，案件拖延现象可能依旧无法得到有效制约。

（四）司法解释的法释义学分析

1. 司法解释法释义学运用的可得结论

（1）"申请执行我国内地仲裁机构的裁决案件"应当作限缩性解释[②]。《仲裁司法审查规定》第 1 条第 2 项、《报核规定》第 1 条第 2 项关于"申请执行我国内地仲裁机构的仲裁裁决案件"的表述应当限缩解释为"申请不予执行我国内地仲裁机构的仲裁裁决案件"。

首先，《仲裁法》第 62 条、《民事诉讼法》第 237 条均规定，一方当事人不履行仲裁裁决的，对方当事人向有管辖权的人民法院申请执行的，受申请的人民法院应当执行。换言之，在对方当事人未申请不执行仲裁裁决时，受申请的人民法院应当直接执行而无需审查仲裁裁决，更无须依据《仲裁司法审查规定》第 11 条的规定组成合议庭并询问当事人或依《报核

---

① 《报核规定》第 5 条规定，上级人民法院收到下级人民法院的报核申请后，认为案件相关事实不清的，可以询问当事人或者退回下级人民法院补充查明事实后再报。

② 张清姬："一线法官眼中的仲裁司法审查新规亮点解析"，https://mp.weixin.qq.com/s/oxYUm_e8YcZ3DO2o3fQfrg，最后访问日期：2018 年 4 月 23 日。

规定》进入报核程序，这是法律赋予仲裁裁决与司法判决同等强制执行力的应有之义。

其次，如果无当事人提出不予执行仲裁裁决的执行程序被视为仲裁司法审查案件，将会导致司法解释的互相矛盾。以《仲裁司法审查规定》第 17 条为例，该条援引了《民事诉讼法》关于不予执行仲裁裁决的规定，应仅适用于当事人在执行程序中以仲裁裁决存在法定情形而申请不予执行仲裁裁决的执行异议程序，不应适用于仲裁裁决执行程序。又如《仲裁司法审查规定》第 10 条规定，仲裁司法审查案件的管辖权异议期间为 15 日，异议裁定可以提起上诉。最高人民法院《关于适用〈中华人民共和国民事诉讼法〉执行程序若干问题的解释》第 3 条规定，当事人对人民法院受理执行申请提出管辖权异议的期间是 10 日，对管辖权异议裁定不服的，可以向上一级人民法院申请复议。以上规定现行有效，且当然地适用于执行仲裁裁决。

（2）驳回不予执行仲裁裁决申请的裁定不得申请复议。驳回不予执行仲裁裁决申请的裁定并非《民事诉讼法》第 154 条规定的裁定类型，[1] 依据《仲裁司法审查规定》第 20 条规定，[2] 将其类型化的结果决定了该类裁定可否申请复议。

"驳回不予执行仲裁裁决申请的裁定"只在最高法院 2015 年 1 月 1 日实施的《关于执行案件立案、结案若干问题的意见》（简称《执行案件立结案意见》）第 10 条第 3 项规定中出现过。[3] 该条规定，当事人不服人民法院作出的不予执行仲裁裁决、驳回不予执行仲裁裁决申请的裁定，向上一级人民法院申请复议的，应予立案。可见，驳回不予执行仲裁裁决申请的裁定与不予执行仲裁裁决裁定一同出现，两者可视为实质结果相反的同一类型裁定。此时，依据《仲裁司法审查规定》第 20 条规定："驳回不予执行仲裁裁决申请的裁定"不属于不予受理、驳回申请、管辖权异议的裁

---

① 《民事诉讼法》第 154 条第 1 款规定："裁定适用于下列范围：（一）不予受理；（二）对管辖权有异议的；（三）驳回起诉；（四）保全和先予执行；（五）准许或者不准许撤诉；（六）中止或者终结诉讼；（七）补正判决书中的笔误；（八）中止或者终结执行；（九）撤销或者不予执行仲裁裁决；（十）不予执行公证机关赋予强制执行效力的债权文书；（十一）其他需要裁定解决的事项。"

② 《仲裁司法审查规定》第 20 条规定："人民法院在仲裁司法审查案件中作出的裁定，除不予受理、驳回申请、管辖权异议的裁定外，一经送达即发生法律效力。当事人申请复议、提出上诉或者申请再审的，人民法院不予受理，但法律和司法解释另有规定的除外。"

③ 笔者使用"北大法宝"法律法规数据库，全文检索"驳回不予执行仲裁裁决申请的裁定"，检索结果仅有 1 篇司法解释，即《执行案件立结案意见》。

定，一经送达即发生效力，当事人不得申请复议。这一结论似乎导致了《仲裁司法审查规定》与《执行案件立结案意见》的冲突，对于驳回不予执行仲裁裁决申请的裁定，前者规定不可复议，后者则反之；而《仲裁司法审查规定》第22条"法律和司法解释另有规定的除外"的规定，似乎又指向了《执行案件立结案意见》第10条的适用。依据最高人民法院《关于司法解释工作的规定》（法发〔2007〕12号）第6条，"司法解释"的外延应只包括"解释""规定""批复"和"决定"四种形式，而最高人民法院发布的"意见""通知"等规范性文件均不在此列。因此，《执行案件立结案意见》第10条之规定并非《仲裁司法审查规定》第20条"司法解释另有规定的除外"所指。① 因此，就效力位阶而言，应以《仲裁司法审查规定》为准，即驳回不予执行仲裁裁决申请的裁定不可复议。不可复议实际上加速了仲裁裁决的执行，有利于提高审查效率。

（3）已裁定不予执行的仲裁裁决对应部分的原仲裁协议无效。② 依据《仲裁法》第9条第2款、③《民事诉讼法解释》第478条的规定，④ 人民法院裁定不予执行仲裁裁决后，当事人可"就该纠纷"或者"就该民事纠纷"重新达成书面仲裁协议申请仲裁或向人民法院起诉。换言之，裁定不予执行的仲裁裁决已处理的纠纷对应部分的仲裁协议无效，而仲裁裁决未处理的部分，原仲裁协议的效力不受到不予执行裁定的牵连或影响。

《仲裁裁决执行规定》第22条第2款规定："人民法院裁定不予执行仲裁裁决的，当事人可以根据双方达成的书面仲裁协议重新申请仲裁，也可以向人民法院起诉。"此处删除了"就该纠纷"或者"就该民事纠纷"等限定语。在当事人仅就基础合同项下的部分纠纷提请仲裁，裁决书仅围绕当事人的本请求或反请求处理基础合同项下的部分纠纷时，容易造成一旦裁决书被裁定不予执行，则原仲裁协议整体失效的片面理解或错误认识。笔者认为，

---

① 朱华芳、郭萌："最高法院新规解析：2017年中国仲裁司法审查制度发展观察"，https：//mp. weixin. qq. com/s/VOfE5KgoDuXd9KS7yuVgVw，最后访问日期：2018年4月25日。

② 王生长："《仲裁裁决执行规定》的新意与隐忧"，https：//mp. weixin. qq. com/s/gW9EXIY_6YaB4eUa-O8SoA，最后访问日期：2018年4月25日。

③《仲裁法》第9条第2款规定，裁决被人民法院依法裁定撤销或者不予执行的，当事人就该纠纷可以根据双方重新达成的仲裁协议申请仲裁，也可以向人民法院起诉。

④《民事诉讼法解释》第478条规定，依照《民事诉讼法》第237条第2款、第3款规定，人民法院裁定不予执行仲裁裁决后，当事人对该裁定提出执行异议或者复议的，人民法院不予受理。当事人可以就该民事纠纷重新达成书面仲裁协议申请仲裁，也可以向人民法院起诉。

《仲裁裁决执行规定》与《仲裁法》第 9 条第 2 款的规定不一致并且产生歧义时，依据法律规范的效力位阶，应以《仲裁法》的规定为准。

（4）当事人隐瞒证据的审查标准降低。[①] 按照《仲裁法》第 43 条和《民事诉讼法》第 64 条所设立的证据规则，当事人对自己提出的主张，有责任提供证据。当事人及其代理人因客观原因不能自行收集的证据，或者仲裁庭认为有必要收集的证据，仲裁庭可以决定自行收集。《仲裁法》和《民事诉讼法》未对当事人课以主动提交对自己不利证据的义务，但双方当事人应配合仲裁庭依职权自行收集证据。若仲裁庭未从一方当事人处调取证据或者要求该方当事人披露证据，该方当事人未主动提交对自己不利的证据并不违法。对方当事人疏于向仲裁庭提出披露证据要求而无法取得对方掌控的于己有利的证据，应承担举证不能的后果。

《仲裁裁决执行规定》第 16 条第 1 款第（3）项的规定降低了当事人隐瞒证据的审查标准，不再将"请求仲裁庭责令被执行人提交证据"作为认定当事人向仲裁机构隐瞒足以影响公正裁决的证据的唯一必要路径，被执行人仲裁程序中要求对方当事人出示而其无正当理由未出示证据的情形，也被认定为隐瞒证据。这一规定在一定程度上偏离了《民事诉讼法》第 237 条第 2 款第（5）项的规定，实际上降低了被执行人申请不予执行仲裁裁决的门槛，加大了仲裁裁决被裁定不予执行的风险。

2. 司法解释的法释义学盲阈

（1）申请承认外国仲裁裁决关联案件的范围。[②]《仲裁司法审查规定》第 3 条扩大了申请承认与境内案件关联的外国仲裁裁决案件的管辖连结点范围，但并未明确规定何为"关联案件"，这也许会是将来适用本条规定的重点和难点所在。

（2）涉及仲裁协议效力上诉案件的报核标准。根据《报核规定》第 7 条的规定，在民事诉讼程序中，对因涉及仲裁协议效力而作出不予受理、驳回起诉、管辖权异议裁定的上诉案件，上诉法院审查认为仲裁协议"不成立、无效、失效、内容不明确而无法执行"的，应当逐级报核。

---

① 王生长："《仲裁裁决执行规定》的新意与隐忧"，https：//mp. weixin. qq. com/s/gW9EXIY _ 6YaB4eUa-O8SoA，最后访问日期：2018 年 4 月 25 日。
② 张清姫："一线法官眼中的仲裁司法审查新规亮点解析"，https：//mp. weixin. qq. com/s/oxYUm _ e8YcZ3DO2o3fQfrg，最后访问日期：2018 年 4 月 23 日。

与《报核规定》第 2 条、第 3 条以否定仲裁协议效力作为报核标准不同，第 7 条对仲裁协议不成立、无效、失效、内容不明确而无法执行作为不予受理、驳回起诉、管辖权异议裁定上诉案件的报核标准。不同的报核标准是否会引发实践中新的问题，值得研究。

有观点认为，应该以一、二审法院认定仲裁协议效力存在分歧作为上诉案件报核的标准。从《报核规定》的具体操作来看，报核的情形往往是由于法院与仲裁机构或法院之间对于仲裁协议效力的认定不一致。例如，一审法院认定仲裁协议有效而裁定不予受理、驳回起诉，二审法院经审查拟认定仲裁协议不成立、无效、失效、内容不明确无法执行，此时一、二审法院认定仲裁协议效力存在分歧，适用报核程序有利于协调法院对仲裁协议效力的认定。然而，在涉及仲裁协议效力的管辖权异议上诉案件中，相较于一、二审法院意见一致皆认为仲裁协议无效而需报核的情形，基于裁判尺度统一和法律适用正确的考虑，一审法院认定仲裁协议无效，而二审法院认定仲裁协议有效的情形似乎更有报核的必要。但依据《报核规定》第 7 条确定的标准，上述情况无需报核。[①]

（3）仲裁员回避程序纳入司法审查的必要性。[②]《仲裁裁决执行规定》第 14 条第 2 款规定，当事人主张"仲裁员根据仲裁法或仲裁规则的规定应当回避而未回避，可能影响公正裁决"，人民法院经审查属实的，可以认定存在"仲裁庭的组成或者仲裁的程序违反法定程序"情形，裁定仲裁裁决不予执行。

实践中，几乎所有仲裁机构的仲裁规则均明确规定了仲裁员应否回避的理由、决定程序及效力。仲裁机构就仲裁员回避问题持审慎态度，给予各方当事人和各仲裁员（包括被申请回避的仲裁员）合理机会发表意见。相较而言，在仲裁裁决执行程序中，涉事仲裁员既非当事人，亦不宜作为证人出席，接受合议庭询问，无法发表意见或自证清白。因此，法院未必比仲裁机构更适合对仲裁员应否回避的事项进行审查。另外，亦有仲裁规则就仲裁员回避决定的终局性作出规定。例如，中国国际经济贸易仲裁委员会 2015 年版《仲裁规则》第 32 条第（6）款规定："仲裁员是否回避，

---

① 张清姬："一线法官眼中的仲裁司法审查新规亮点解析"，https：//mp. weixin. qq. com/s/oxYUm＿e8YcZ3DO2o3fQfrg，最后访问日期：2018 年 4 月 23 日。

② 王生长："《仲裁裁决执行规定》的新意与隐忧"，https：//mp. weixin. qq. com/s/gW9EXIY＿6YaB4eUa-O8SoA，最后访问日期：2018 年 4 月 25 日。

由仲裁委员会主任作出终局决定并可以不说明理由。"此时，仲裁规则应视为当事人仲裁协议的组成部分，构成当事人合意的内容，受理法院对仲裁机构的终局决定重新进行审查，有违既判力原则。

（4）案外人申请不予执行仲裁裁决制度的适用范围、阶段、审理程序和审判组织。《仲裁裁决执行规定》虽然首次明确赋予案外人提出不予执行仲裁裁决申请的权利，创设了案外人申请不予执行制度，但该制度的局限和细节规定如何完善仍有待进一步研究。

首先，《仲裁裁决执行规定》未明确界定"案外人"的范围，结合其第18条的规定，可以认为案外人系仲裁裁决或调解书损害的权益的主体，借由"利益"界定"主体"。然而，《仲裁裁决执行规定》亦未明确保护案外人何种受损的"利益"——实体利益？精神利益？可能利益？抑或三者兼而有之？有观点认为，借鉴我国《民事诉讼法》中诉讼案外人的定义，可将案外人限制在"仲裁裁决直接损害其实体权益"的范围内。案外人概念的界定涉及主体资格问题，还需考虑降低滥诉风险与为更多人提供救济途径之间的平衡。[①]

其次，根据《仲裁裁决执行规定》的规定，案外人申请不予执行制度仅适用于虚假仲裁形成的仲裁裁决、仲裁调解书进入执行阶段之时。但实际上此类仲裁裁决、仲裁调解书可能并不会进入执行阶段，原因有三点：一是仲裁裁决、仲裁调解书可能仅具有确认性质，不存在可执行内容；二是如果虚假仲裁当事人已经产生恶意串通损害案外人的意图，一般会选择自行履行仲裁裁决或仲裁调解书，避免因案件进入执行阶段而使案外人启动救济程序的条件得到满足；三是就稀释债权型虚假仲裁而言，虚假仲裁裁决往往对接破产程序，但现行破产法律制度并未为案外人设计针对虚假仲裁裁决的有效救济路径。[②] 有观点认为，引入案外人申请不予执行制度作为应对实践中偶发的虚假仲裁的药方，缺少实证研究的基础，结果反而是留下更大的裁量空间，降低执行效率。[③] 基于仲裁契约性和司法性的双

[①]　参见李贤森：《现行法律框架内对虚假仲裁案外人权益保护的路径探讨》，《北京仲裁》2016年第1期。

[②]　朱华芳、郭佑宁："最高法院'亮剑'虚假仲裁：评析《最高人民法院关于人民法院办理仲裁裁决执行案件若干问题的规定》案外人申请不予执行制度"，https://mp.weixin.qq.com/s/J9XiwQ0T_QlrNWxe9a4fpw，最后访问日期：2018年4月25日。

[③]　宋连斌：《仲裁司法监督制度的新进展及其意义》，《人民法治》2018年第3期。

重属性、案外人提起诉讼的正当性和便于法院实体审理的考量，解决虚假仲裁的可行方案之一是在《民事诉讼法》现有的第三人撤销之诉的框架下，增设案外人撤销仲裁裁决之诉，[①] 以实现司法审查权与仲裁独立性之间的平衡，并且兼顾仲裁当事人与案外人的权益保护。

最后，《仲裁裁决执行规定》第 2 条第 3 款规定，案外人对仲裁裁决执行案件申请不予执行的，负责执行的中级人民法院应当"另行立案审查处理"。对"另行立案审查处理"一词，可产生不同的解读。就审查组织而言，案外人的申请可能由执行案件的同一合议庭一并审查，以减少司法资源的浪费，也可能由另行组成的合议庭审查。就审查程序的独立性而言，相应地，对案外人不予执行仲裁裁决的申请可能从属于已经开始的执行程序，也可理解为独立于执行程序而属于另一并行的司法审查程序。《仲裁裁决执行规定》没有对该问题给出明确的解答。以司法解释的方式创设一个全新的、不予执行的仲裁裁决机制，若无后续立法加以明确，则容易造成法官造法的现象，对现有仲裁立法体系的稳定性造成冲击。[②]

（5）香港特别行政区仲裁裁决的"认可"问题。与澳门特别行政区、台湾地区仲裁裁决的"认可与执行"不同，《内地与香港相互执行仲裁裁决安排》使用了"执行"香港特别行政区仲裁裁决的称谓，并无"认可"香港特别行政区仲裁裁决的提法。然而，《归口办理通知》《报核规定》《仲裁司法审查规定》适用的对象却指向香港特别行政区仲裁裁决的认可，由此可能导致的协调问题有待进一步澄清。[③]

（五）结语

中国的仲裁发展迅速，仲裁机构受案数量逐年递增。通过一系列司法解释，我国司法机关正在不断促进、强化对仲裁的司法支持，进一步规范对撤销和不予执行仲裁裁决案件的处理、仲裁裁决的司法审查程序等，同时也在进一步深化对可能存在的恶意仲裁、虚假仲裁等行为的监督。通过对仲裁裁决司法审查制度的法教义学研究，我国的司法系统能够提供相对

---

① 参见李贤森：《现行法律框架内对虚假仲裁案外人权益保护的路径探讨》，《北京仲裁》2016 年第 1 期。
② 王生长："《仲裁裁决执行规定》的新意与隐忧"，https：//mp. weixin. qq. com/s/gW9EXIY_6YaB4eUa-O8SoA，最后访问日期：2018 年 4 月 25 日。
③ 参见宋连斌：《仲裁司法监督制度的新进展及其意义》，《人民法治》2018 年第 3 期。

稳定的法律制度来促进外国或涉外仲裁裁决的有效执行。长期以来，外国投资者对于我国执行外国或涉外仲裁制度的质量和有效性的担忧可能更多地与我国缺少境外司法制度或早期拒绝执行外国仲裁裁决的司法实践有关。这是一个需要更多时间和司法判例来改变的固有观点。

仲裁裁决司法审查制度长期以来被看作是最高法院支持仲裁的制度安排，是最高法院通过执行仲裁裁决来控制仲裁结果的制度设计。这种"秘密通道"脱胎于地方法院依赖地方政府生存和发展的现实，是将地方法院与严密的行政控制隔离开来的唯一有效方法。从长远来看，由于目前地方法院在结构和专业上并不具备足够的司法审判能力以紧跟最高法院发起的支持裁决生效和仲裁执行的改革步伐，缺乏地方法院的合作仍会降低最高法院支持仲裁的倡议可能带来的溢出效应。只有地方法院越早实现其机构的独立性并且真正提升裁判的司法质量，执行仲裁裁决的司法机制才能得到更加有效的发展。

第二节　金融纠纷的诉讼调解机制
——法理分析和实证研究[①]

（一）问题的提出

1. 疯狂的诉讼调解运动

2008 年，最高人民法院确立了"调解优先，调判结合"的工作原则。[②]其中，"调解优先"是指在大调解背景下，调解人员及人民群众把调解作为解决矛盾纠纷的主要选择，各级各部门各阶层能够及时把矛盾纠纷消除在内部，解决在萌芽状态，努力实现"三不出、四提高、五下降"[③] 工作目标的一种解纷理念和解纷机制。

---

① 本节部分内容发表于沈伟、余涛：《金融纠纷诉讼调解机制运行的影响因素及其实证分析——以上海为研究对象》，《法学论坛》2016 年第 6 期。

② 李浩：《理性地对待调解优先——以法院调解为对象的分析》，《国家检察官学院学报》2012 年第 1 期。

③ "三不出"是指一般矛盾不出村；大的矛盾不出乡（镇）；疑难复杂矛盾不出县。"四提高"是指人民调解成功率提高；民事诉讼案件调解率提高；行政信访案件调解成功率提高；人民群众对调解工作的满意度提高。"五下降"是指群体性事件下降；民转刑案件下降；民事诉讼案件下降；涉法涉诉信访案件下降；集体上访数量下降。山东省临沂市兰山区司法局：《加强联调联动着力纠纷化解》，《人民调解》2012 年第 10 期。

2009 年，在全国法院调解工作经验交流会上，最高人民法院院长认为，调解不仅意味着"高质量审判"和"高效益审判"，更体现了法官化解矛盾纠纷、善于做群众工作的司法能力。① 2010 年最高人民法院制定了《关于进一步贯彻"调解优先、调判结合"工作原则的若干意见》，要求"充分发挥人民法院调解工作在化解社会矛盾、维护社会稳定、促进社会和谐中的积极作用"。2012 年修订的《民事诉讼法》不仅以司法确认的方式建立起了非诉讼调解的司法衔接机制，而且新增了民事案件的"先行调解"规定。

在"调解优先"的司法政策推动下，我国在保险、版权、医患等纠纷领域等纷纷建立起了诉调对接机制。2006 年 11 月，最高人民法院发布通知要求法院"强化诉讼调解，努力实现案结事了"。② 自此以后，上海市各级法院都积极贯彻最高人民法院的通知精神，"加大诉讼调解力度，在第一时间妥善化解社会矛盾"。③ 例如，上海市第二中级法院摸索创设出了"全过程调解""集体调解""第三方调解""以判促调""以诉前禁令、保全措施等促调解""以合作促调解"等多种调解方法。④ 这些调解方法都指向一个目标：案结事了。风靡全国的调解折射出制度设计者们对"调解"这一解纷方式的期许。

2. 诉讼调解现实功能的有限性

图 11-1 显示了在 2010—2014 年的 5 年间，上海市各级法院金融纠纷案件一审收案数连年增长的情况。可以预见的是，上海市未来的金融纠纷案件一审收案数将继续增加。

图 11-2 显示了 2010—2014 年上海市金融案件调撤率逐年下降的趋势。同样，根据调撤率的趋势线，调撤率在将来极有可能进一步降低。

因为调撤率包含了调解率和撤诉率，所以图 11-2 说明了在不考虑各年份调撤案件绝对数量的情况下，以调撤的方式处理案件的相对权重在下

---

① 陈菲："最高法院再提'调解优先'"，http：//news. xinhuanet. com/mrdx/2009-07/31/content_11803453. htm.，最后访问日期：2015 年 9 月 30 日。

② http：//www. lawyers. org. cn/info/585f245f8a264b51b525d295a9fef8fc，最后访问日期：2014 年 12 月 13 日。

③ 王斗斗："最高法要求法院强化诉讼调解努力实现案结事了"，http：//www. lawtime. cn/info/minshi/changshi/2011061233800. html，最后访问日期：2014 年 12 月 13 日。

④ 芮文彪、李国泉、姜广瑞：《创新调解方式不断提高知识产权诉讼调解水平——上海市二中院关于知识产权诉讼调解机制的调研报告》，《人民法院报》2013 年 4 月 25 日，第 8 版。

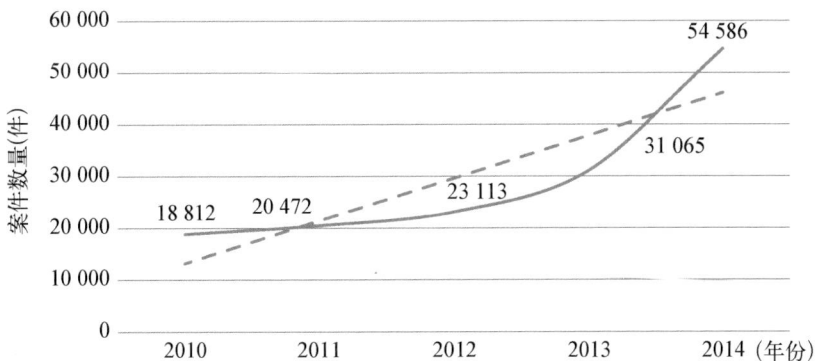

图 11‑1 2010—2014 年上海市各级法院金融商事案件一审收案件数①

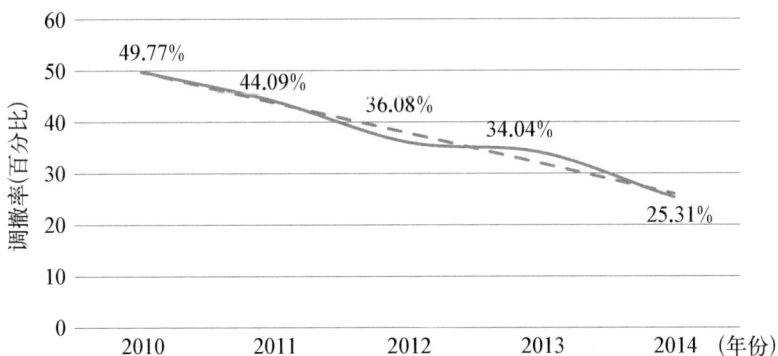

图 11‑2 2010—2014 年上海市各级法院金融商事案件调撤率②

降。但是，调撤率下降既有可能是调解率下降导致的，也可能是撤诉率下降导致的。那么，应该如何考察调解率呢？上海市高级法院公布的数据不全面，使得笔者很难对此作出精确判断，但是我们仍可从某些间接证据推断出上海市金融案件调解率的未来走势。

在调撤率下降的情况，可能出现的情况有以下三项。

第一，调解率下降，且撤诉率下降。在这种情况下，调解率相对于判决率来说是在下降的。

第二，调解率下降，且撤诉率上升，只不过是调解率下降的速度超过

———————

① 根据《2011 年度上海法院金融审判情况通报》《2012 年度上海法院金融商事审判情况通报》《2013 年度上海法院金融商事审判情况通报》和《2014 年度上海法院金融商事审判情况通报》整理而成。

② 参见《2013 年度上海法院金融审判情况通报》和《2014 年度上海法院金融商事审判情况通报》。

了撤诉率上升的幅度，最终使得两者结合起来的调撤率总体呈下降趋势，此时也能说明调解的功能在逐渐式微。

第三，调解率上升，且撤诉率下降，此时调解率上升的幅度小于撤诉率的下降幅度，使得两者之和呈下降趋势。在这种情况下，判决率和调解率都呈上升趋势。但是无论调解率如何上升，都不能在总体上扭转调撤率的下降趋势。这说明，在调撤率下降的大趋势下，调解率最终还是会下降的，进而说明了调解的功能在逐渐式微。

为了进一步说明调解率的下降趋势，笔者拟采用反证法对此做进一步论证。① 反证法所欲推翻的命题是：调撤率下降主要是因为撤诉率大幅下降导致的，而调解的作用是在增强的。这一命题又可以转化为，在撤诉率趋近于零的情况下，调解率是否会进一步增长，并最终扭转调撤率总体下降的趋势。这一假设成立吗？答案是否定的。其原因：一是因为法院绩效考核的重要指标之一就是调解率。公共选择理论认为，政府如果觉察某项行为对自己有利时，那么它会为自己的利益而行事。② 如果调解率真的在上升，那么法院应该乐于统计并公布这一数据，向外界宣扬其政绩以获得肯定与赞扬。二是金融消费者选择诉讼途径维护权益的意识正在逐渐加强。③ 在中国，调解没有经过现代形式化和程序化法治的洗礼，因此被认为是一种落后的文化遗存。④ 在这种情况下，调解率的上升与越来越多的消费者选择利用诉讼方式进行维权之间是相互矛盾的。所以，种种迹象表明，调解率上升、撤诉率下降的可能性很小。这也间接说明了上海市的金融纠纷调解率将继续呈下降的趋势。

综上，上海金融纠纷诉讼调解的制度功能总体上正在逐渐式微，与立法者和最高人民法院对诉讼调解所寄予的厚望形成鲜明反差。一方面，我们极力强调诉讼调解方式的运用；另一方面，在审判实践中诉讼调解并不

---

① 如果出现了调解率下降的情况，那就更能说明调解的作用在变小了。所以，此处只要证明调解率上升与现实不相符即可。如果证明了调解率不是呈上升趋势的，那就说明调解率是基本保持不变，或者是在下降。不论调解率基本保持不变，还是在下降，都能说明调解的相对重要性（相对于判决）在较低。

② See Jonathan R. Macey, Federal Deference to Local Regulators and the Economic Theory of Regulation: Toward a Public-Choice Explanation of Federalism, 76 Virginia Law Review 1990, p.265; pp.270 - 274.

③ 参见《2010—2013 上海法院涉金融消费者权益纠纷案件审判情况通报》。

④ 周永坤：《警惕调解的滥用和强制趋势》，《河北学刊》2006 年第 6 期。

具有制度设计者所预期的强大的解纷能力。那么为何会出现这么大的反差呢？到底是哪些因素促成或限制诉讼调解方式的运用？本节研究的主要目的就是为了检视并筛选能够影响金融纠纷诉讼调解机制运行的因素。

（二）理论预设

笔者对已有的相关或类似的研究进行梳理后认为，可能影响金融纠纷诉讼调解的因素可能包括本部分讨论的以下内容。本研究的目的就是想通过实证的方式，对前述理论预设进行逐一检验。

1. 金融消费者理念对诉讼调解方式选用的影响

当事人双方形式上的对等性是传统民商事交易及其纠纷解决的基本原则。随着社会经济的发展，严格坚持形式上的平等往往会侵犯弱势一方的权益。因此，理论界和实务界呼吁在具体纠纷解决或权益救济中，不仅要关注当事人的形式平等性，还要关注当事人的实质平等性。本节所言的实质平等是指在解决金融纠纷时，必须顾及金融消费者在专业知识、技能、财力、精力等方面的弱势地位，解纷者或者制度设计者应该有意识地为金融消费者"说话"，在纠纷解决程序中维护金融消费者的权益或者设计有利于金融消费者的内嵌式制度因素。现代诉讼制度强调形式合理性，诉讼当事人双方被抽象为完全对等的主体，讲求攻防意义上的对等性。诉讼作为以形式合理性优先为原则的现代法制主义的产物，代表着一种现实但带有某些弊端的有限正义。[①] 相对而言，调解有着诉讼所不具备的灵活性和弹性，追求的是相互矛盾的、主张的复数正确性与共存性。正是这种特性，使得黑白对立、泾渭分明的解纷主张被软化和相对化。这也意味着调解能够突破权利义务界分的绝对界限，为"不合法"的弱势一方提供救助。现实中也确实出现过通过诉讼调解的方式为弱势一方当事人提供救助的案例。

例如，依照《机动车交通事故责任强制保险条例》的规定，驾驶人未取得驾驶资格，发生交通事故而造成受害人的财产损失，保险公司可以不承担赔偿责任。在 2011 年的一则案例中，杨某无证驾驶无牌二轮摩托车与

---

① 郑成良：《法律之内的正义——一个关于司法公正的法律实证主义解读》，法律出版社 2002 年版，第 148 页。

罗某驾驶的货车在昌江县"石碌—昌化"路段相向行驶发生碰撞，杨某当场死亡。承办此案的法官从法理、情理、道德、法律关系等方面耐心细致地做通保险公司的思想工作，最终促使当事人达成调解协议——保险公司直接向杨某赔付交强险 11 万元。①

前述倾斜保护的法理和案例表明，诉讼调解能为弱势一方当事人（金融消费者）提供较多的便利与帮助。由此得出本节的理论预设之一：对金融消费者进行倾斜保护是促使法院对金融纠纷进行诉讼调解的动因之一。

2. 法院、法官对调解方式的有意识导控

在调解优先的司法政策影响下，调解率成为法官考核的重要指标之一，与法官的职级升迁、工资待遇密切相关。法院考核看重调解率，在本质上是为了实现对诉讼调解工作的数字化、绩效型管理，以便诉讼调解这一知识与权力相结合的产物能够被精细化衡量。但是，这种工具主义思想在权力与知识结合领域的运用却可能伤害司法自由裁量权与调解相结合而应遵守的价值理性。以调解率为核心的评价规则在本质上以效率价值为导向，与司法权所追求的公正公平的价值导向相矛盾。现实中甚至出现了对"零判决"的畸形追求，② 不仅严重违背调解和诉讼所暗含的基本规律，而且与国家现代化进程中所凸显的权利意识和正式解纷机制的广泛应用趋势相背离。③ 这种功能化组织安排的运转依靠的是一种"规训的逻辑"，这种逻辑可能促使法官为了追求高调解率，而不断地"刷数据"。④ 为了"刷数据"，"调解优先"抑或为强制调解或者变相强制调解，法官甚至放任难以履行甚至无法履行的调解协议的达成。⑤ 在先的理论及经验告诉我们，法院、法官对诉讼调解方式的有意识导控，是诉讼调解案件大量出现的重要原因。由此得出本节的理论预设之二：法官对诉讼调解方式的操控权是促使金融纠纷诉讼调解案件出现的重要原因。

---

① http://www.hkwb.net/news/content/2012-07/11/content_818193.htm? node=115，最后访问日期：2015 年 3 月 10 日。

② 佚名："南阳众法庭竞赛零判决 一法官称标准定得有点高"，http://hn.cnr.cn/fzpd/yw/200902/t20090219_505240604.html，最后访问日期：2015 年 9 月 30 日。

③ 川岛武宜：《日本人的法律意识》，岩波书店 1967 年版，第 199、202—203 页。

④ 李拥军、傅爱竹："'规训'的司法与'被缚'的法官——对法官绩效考核制度困境与误区的深层解读"，《法律科学》2014 年第 6 期。

⑤ 李浩："当下法院调解中一个值得警惕的现象——调解案件大量进入强制执行研究"，《法学》2012 年第 1 期。

3. 当事人的纠纷解决方式偏好

有学者认为我国的纠纷解决制度研究存在两种路径："自上而下"的制度供给路径，即主要对国外的类似制度进行简要介绍，并认为中国也应该引入并建立此种制度；"自下而上"的制度需求路径，即应对纠纷当事人的解纷需求，有针对性地为当事人提供纠纷解决制度。[①] 前者占主要地位，后者占次要地位。正是在制度供给路径的影响下，在很长的一段时间里，我国纠纷解决制度所关注的重点都是从规范意义上静态地分析纠纷解决制度，力求设计一套公正合理的解纷程序以及遴选出优秀的司法者等。但是这种"为民立法"的精英法制实践极有可能陷入"教鱼游泳"的泥淖。实际上，纠纷的解决并不是只有符合专业素质的法官、符合法治要求的规则即可，它是一个包括司法者、当事人、解纷规则在内的多种因素互动的结果。"研究、设计或改单一项司法制度，都不应仅仅关注一般的所谓司法原理，或仅仅关注审判者的改善，而必须同时关注这个案件中的诉讼者的特点，或是关注这项制度必须面对或即将面对的一般诉讼者的特点"，[②] 以及关照当事人的实际需求。故"自下而上"的制度需求逻辑自然成为本节的研究指导原则。将诉讼调解置于经济学的语境之下可知，在纠纷解决的市场中，当事人是解纷制度的购买者或需求者，解纷制度的制定者是制度产品的供给者。"需求决定供给，当人们在经济生活中对法律这种调整手段迫切需要并积极谋求法律秩序的维护时，法律供给就必然发生。"[③] 所以，金融纠纷诉讼调解制度的建立应该来源于当事人对该种制度的需求，进而可以得出本节的理论预设之三：当事人的纠纷解决方式偏好或需求在本质上决定了金融纠纷诉讼调解制度的兴衰成败。

4. 社会创新、创业对解纷方式的影响

有研究认为，一个更富有"原谅"精神的制度或社会，可以激励企业家的进取心，培育企业家精神。[④] 同理，纠纷解决制度也应该富有"原谅"精神，纠纷解决规则不能阻碍或扼杀社会创业与企业创新。与诉讼的"刚

---

① 程金华：《中国行政纠纷解决的制度选择——以公民需求为视角》，《中国社会科学》2009年第 6 期。
② 苏力：《司法制度的合成理论》，《清华法学》2007 年第 1 期。
③ 李莉：《法经济学与纠纷解决》，《河北法学》2008 年第 7 期。
④ 沈伟：《中国公司法真的能"孵化"私募投资吗？——一个基于比较法语境的法经济学分析》，《当代法学》2014 年第 3 期。

性"相比，调解恰恰具有强烈的"原谅"精神，暗合了企业家们之间的协商精神和对宽松制度环境的需要。调解的本质就是当事人双方本着互谅互让的精神，对彼此的过错予以有限度的原谅，最终对矛盾进行缓和化处理。这为当事人双方关系的修复，以及创业一方当事人重新参与社会再生产提供了一定的缓冲空间。在金融纠纷解决领域，调解的原谅精神使其能够容忍金融企业的某些失败或失误，而不会一刀切地强调责任的刚性，将具有潜力的金融企业提前扼杀。

具体来说，在审理金融案件时，"法院可以根据案件的特点，对生产经营较好，只是暂时存在资金困难的企业，从维护金融秩序的稳定和保护当事人的合法权益出发，应尽量采用调解方式予以解决，帮助债权人和债务人达成协议，互谅互让，共担风险，共渡难关"，[①] 避免让诉讼成为阻碍企业重生的因素。当前，国内互联网金融创业方兴未艾，调解机制所蕴含的"原谅"精神更加值得关注并应在制度设计中有所体现。由此得出本节的理论预设之四：富于"原谅"精神的诉讼调解机制更有利于创业企业的发展，诉讼调解的这一优势也是金融纠纷诉调案件大量出现的原因。

5. 案件的涉众性对解纷方式的影响

随着金融产品和服务与普通民众日常生活联系日益紧密，金融纠纷案件的涉众性日益增强（主要集中在保险和证券领域），[②] 对于涉诉人数众多，影响面广的案件应考虑采用调解的手段解决。因为受限于中国的特殊国情，判决的刚性很可能成为引发群体性事件的导火索。随着我国法制建设法典化的逐步实现，包括立法解释和司法解释技术的提高，"今后会更加强调法官严格适用法律，通过个案创制法律的需求和空间将会进一步受到限制"，[③] 法官的自由裁量权也会相应缩小，法律的实践刚性会进一步增强。在我国现阶段，司法公信力并不高，司法裁判往往被非理性的大众所俘获，一旦判决结果没有满足涉诉群体的目标，案件很容易演变成为群体性事件，并最终超越法律范畴，形成政治性事件。在这进退两难的境地

---

① 周湖勇：《新民事诉讼法对金融审判的积极影响及其推进》，《温州大学学报》（社会科学版）2013 年第 5 期。

② 参见《2013 年度上海法院金融审判情况通报》。

③ 范愉：《非诉讼纠纷解决机制（ADR）与法治的可持续发展——纠纷解决与 ADR 研究的方法与理念》，载公丕祥主编：《法制现代化研究》（第 9 卷），法律出版社 2004 年版，第 50 页。

中，法院应考虑为矛盾的解决争取更多的缓冲空间，诉讼调解就是相对较好的解决方式。在这类特殊的金融纠纷案件中，诉讼调解可以被当作群体当事人与政府间博弈的手段，[①] 让诉讼调解制度成为一种吸纳多方不满、缓释各方矛盾的弹性调节阀。此时，诉讼调解的主要目标是实现"事了"，以减轻群体性金融纠纷对社会经济秩序的冲击。由此得出本节的理论预设之五：诉讼调解方式适合解决群体性金融纠纷，故为了维护社会稳定，诉讼调解的方式在涉众型金融纠纷中大量运用。诉讼调解所特有的维护社会稳定的功能促使金融纠纷诉讼调解的案件大量出现。

6. 案件的特性对选用诉讼调解方式的影响

通常情况下，在金融交易市场中，交易双方之间的距离感比较强，当面交易和谈判的环节被标准格式化的交易模式阻断，当事人关注的焦点在于利益而非感情。由于交易的定型化和规模化的发展，使得不同交易主体只需遵守相同的交易规则即可。只要满足了这一条件，交易双方并不关心自己的交易对象的情况。交易关系的非人格化、技术化和定型化，使得当事人的合法权益与普遍性和明确性的交易规则之间发生了某种程度的等价转换和契合。金融纠纷发生后，交易双方并不会因为彼此（或亲密或疏远的）感情而放弃自己的利益。金融规则的明确性使得纠纷当事人双方能够依据规则计算各自的预期利益，追求自身利益最大化。逐利性决定了金融交易双方更加积极地采用能够最大限度地运用金融规则维护自身利益的方法，而最能实现这一目标的方法就是诉讼。所以，在金融纠纷解纷机制中，诉讼是最主要的解纷办法。金融交易的格式化决定了"欠债还钱"的简单事实和法律诉求，调解和仲裁等法外调解机制的使用空间相对有限。因此，从理论上讲，金融纠纷（不管是何种类型的纠纷，包括保险纠纷、银行纠纷、证券纠纷、期货纠纷、金融衍生品纠纷等）并不适合用调解的方式解决。由此得出本节的理论预设之六：金融纠纷的逐利本质和程式化交易模式决定了当事人双方的情感因素比较少，情感距离比较远，故该类纠纷不适合用诉讼调解的方式来解决，即金融纠纷的性质限制了诉讼调解方式的运用。

---

① ［澳］娜嘉·亚历山大：《全球调解趋势》（第 2 版），王福华等译，中国法制出版社 2011 年版，第 8 页。

（三）调研的时空坐标及技术性说明

1. 调研的时间范围

本节所涉及的访谈时间跨度为 2014 年 9 月—2015 年 9 月。本节所使用的统计报表的时间跨度为 2009 年至今。时间起点之所以定为 2009 年，是因为上海市浦东新区法院从 2009 年起开始发布保险类的审判白皮书。需说明的是，由于上海市高级法院从 2011 年起开始发布全市层面的金融商事审判通报，所以在全市层面的统计数据最早只能追溯至 2011 年。

2. 调研的空间范围

对上海市各区法院、第一中级法院（一中院）、第二中级法院（二中院）以及上海市高级法院的情况进行全方位的调研非笔者能力所及的目标。而且，考虑到上海市浦东新区法院审理金融纠纷类案件数量相对较多、样本数较大，[①] 以及法院层级因素可能带来的影响，笔者将调研对象的区域范围主要限定为：① 上海市浦东新区法院的金融纠纷解决实践；② 上海市高级法院的金融审判实践。对两者的调研主要通过书刊报纸、统计报表、个别访谈等方式进行。具体来说，上海市高级法院和浦东新区法院所发布的金融审判通报是本节研究的重要事实性材料；对浦东新区法院进行的实地考察与访谈将成为本节的补充性材料。此外，笔者还对其他区（如普陀区）法院的情况也进行了辅助性调研，下文亦将根据论述需要对以上材料加以利用。

3. 相关技术性说明

本节的访谈都是开放式访谈，没有固定的问卷。所有访谈问题都与本节理论预设部分的主题有关，访谈过程中笔者会视具体情况调整问题。本节的访谈编号体例为"IN14201"，其中"IN"代表访谈，"14"代表访谈的年份 2014 年，"2"代表被访谈人所在的行业领域，"01"代表被访谈人在访谈年份里的编号。本节的访谈领域分为六类："1"代表法院系统里的被访谈对象，比如法官；"2"代表金融机构，比如银行；"3"代表创业企

---

① 自 2011 年上海市高级法院发布金融商事审判通报以来，上海市浦东新区法院金融商事案件的一审收案数一直处于整个上海市各区县的前两位。2011—2014 年，浦东新区法院金融商事案件的一审收案数占整个上海市法院金融商事案件一审收案数分别达到了 28.43%、37.15%、36.21% 和 29.31%。参见《2011 年度上海法院金融审判情况通报》《2012 年度上海法院金融商事审判情况通报》《2013 年度上海法院金融商事审判情况通报》和《2014 年度上海法院金融商事审判情况通报》。

业，比如新生的互联网金融企业；"4"代表金融消费者，比如储户；"5"代表在仲裁机构中工作的人员；"6"代表学者。

本节对书刊报纸、统计报表、访谈材料的使用原则：第一，坚持实证研究方式的优先适用，即对前述问题进行实证性调研，考察这些因素在事实上与诉讼调解方式的选用是否存在联系以及存在何种联系。在不能做实证研究或者不适合做实证研究的情况下，笔者对相关问题做学理分析。这种学理研究是笔者在掌握某些间接证据的基础上，推断出相应结论。第二，保持调研来源的统一性，即对与上述主题有关的问题，笔者将首先调研浦东新区法院的情况。如果在浦东新区法院无法完成调研，那么再考虑采用对其他地区的调研情况，或是借鉴其他调研成果。

（四）影响金融纠纷诉讼调解的因素：一个实证性考察

1. 金融消费者理念对诉讼调解方式选用的影响

（1）金融消费者的概念界定。关于金融消费者的概念，法院人士认为界定金融消费者的核心要件有两点：一方面要符合《消费者权益保护法》中的消费者的定义；另一方面要与金融有关（IN15101，浦东新区法院）。这实际上是对金融消费者进行了最为简单的文义解读。但是，笔者并不认同这一界定。我国《消费者权益保护法》（简称《消保法》）第 2 条规定："消费者为生活消费需要购买、使用商品或者接受服务，其权益受本法保护。"通常，我们在学理上强调消费者"为生活"目的而消费的行为才受《消费者权益保护法》的保护。我们发现对消费者定义进行严格的要件定义后，绝大多数的金融纠纷当事人并非《消保法》所界定的消费者，因为几乎所有的金融类消费都不直接服务于当事人的"生活"。这意味着，本节所说的金融消费者并不能被纳入现行消保法体系进行保护。因此，本节意义上的金融消费者仅是学理上的概念。

通过对既有文献的梳理，笔者认为，金融消费者应具有的一个鲜明特征，或是这个身份标签可能带来的结果是，金融纠纷解决机制对其进行倾斜保护。[①] 从经济学意义上来说，"投资"与"消费"本是一对相互排斥的

---

① 杨东：《论金融服务系统合法体系的构建——从投资者保护到金融消费者保护》，《中国人民大学学报》2013 年第 3 期。

概念，投资是指牺牲或放弃现在可用于消费的价值以获取未来更大价值的一种经济活动；而消费则指换取社会产品来满足现实需要的行为。其中的隐义是，投资有风险，有获取更大价值的可能，也有减值的可能，但消费不存在仅因交换就会减值的可能，消耗则另当别论。① 随着社会经济的飞速发展和金融商品投资的大众化，一般投资者的地位越来越接近于消费者，而且与发行者、金融商品交易业者的信息不对称问题日益凸显，② 因此一般投资者应该按照"金融消费者"的标准对其进行保护。故而，本节将金融消费者界定为：在金融交易中处于弱势一方的主体。与此相对应的就是金融投资者，意指在金融交易中处于强势一方的主体。需要说明的是：① 在所有的金融交易中，不可能存在绝对对等的情况。在某种意义上，任何金融交易都是不平等的。只不过是在金融消费者存在的金融交易中，此种不对等表现得更为明显，甚至严重危及弱势一方权益，因此才会出现"倾斜保护"的现象。② 金融消费者既可以是自然人，也可以是法人。只要相关主体符合"弱势"的界定（比如是否具有专业知识、财力是否雄厚、营业规模和额度等都是具体的考量因素），就属于本节意义上的金融消费者。

（2）上海市司法实践对倾斜保护理念的贯彻。笔者对浦东新区法院进行调研后发现，最为典型的金融纠纷有两类：保险纠纷和银行纠纷。这两类案件的调撤率和判决率呈相反情形：保险纠纷的调撤率很高，判决率比较低，分别为74.05%和24.05%（此处以人身保险为例）；③ 银行纠纷的调解率比较低，判决率比较高，分别为38.64%和44.54%。④ 本节为了回答"是否存在因为需要贯彻对金融消费者倾斜保护的理念，加大了对诉讼调解方式的运用"，并将此问题细化为二：① 在判决占主导地位的情况下，法官断案是否遵循了倾斜保护理念，如何具体贯彻这一理念。② 在诉讼调解占主导地位的情况下，其是否遵循了倾斜保护理念，倾斜保护理念与诉

---

① 杜晶：《"金融消费者"的界定及其与金融投资者的关系》，《中国青年政治学院学报》2013年第4期。

② 杨东：《论金融服务统合法体系的构建——从投资者保护到金融消费者保护》，《中国人民大学学报》2013年第3期。

③ 参见《2011—2013年上海市浦东新区人民法院人身保险合同纠纷审判白皮书》。

④ 参见《2011—2013年度上海市浦东新区人民法院金融商事审判白皮书》（银行金融借款案件）。

讼调解的关系如何。

在判决占主导地位的情况下，法官贯彻了倾斜保护理念，具体贯彻方式有二：① 在涉金融消费者权益的案件审理中，无论是在对金融创新产品格式条款效力的认定，对金融机构履行相关监管规则、履行信息披露和风险告知义务的审查，还是在对举证责任的分配上，均体现出司法注重保护金融消费者合法权益的基本理念。[①] ② 发挥司法建议的作用，扮演监管"代理人"角色，起到保护消费者的功能。上海各级法院积极发挥金融审判的延伸职能，就 2010—2013 年 4 年间相关纠纷案件中反映出来的问题，共向金融监管部门和金融机构发出 96 件司法建议，提出严格业务操作流程、加强内控管理，履行信息披露和风险告知义务，明晰合同条款，健全金融消费者投诉受理机制，加强对创新业务的指导和监管力度等建议。[②]

上述事实可以佐证：倾斜理念的贯彻并不必然与诉讼调解相伴相生。不论是在诉讼程序中还是在诉讼程序外，法院或法官仍都有贯彻倾斜保护理念的空间。故而，本节的问题预设——因为需要贯彻对金融消费者倾斜保护的理念，所以就加大了对诉讼调解方式的运用并不成立。倾斜保护理念的贯彻与实施并不以诉讼调解方式的选用为前提。

在诉讼调解占主导地位的情况下，其是否遵循了倾斜保护理念，两者关系如何？[③] 2015 年 3 月 10 日，笔者的调研结果是："在诉讼调解实践中，并不存在所谓的'倾斜保护'，法官也不会把倾斜保护纳入考虑范围，更不存在只要运用调解，金融机构就一定会受损的情况"（IN15101，浦东新区法院）这一反馈说明，法官选择诉讼调解方式并不是因为法官具有倾斜保护理念或意识。对金融消费者的倾斜保护促进了诉讼调解方式的运用可能是学者在理论上的自我假设，而非现实存在或规律使然。前文所列举的"杨某无证驾驶无牌二轮摩托车"一案，仅是现实中出现的极为特殊的案例，体现了法官及保险人对被保险人的人道主义关怀，并不具有一般性。我们并不能根据现实中的某个个案就断定倾斜保护理念与诉讼调解之间存在因果关系。

---

① 参见《2010—2013 年上海法院涉金融消费者权益纠纷案件审判情况通报》。
② 参见《2010—2013 年上海法院涉金融消费者权益纠纷案件审判情况通报》。
③ 为何会出现诉讼调解占主导地位的情况，笔者将于后文分析。

2. 法院、法官对调解方式的有意识导控

2014 年 12 月 15 日，笔者在普陀区法院进行了一场开放式访谈。

问题一：与判决相比，法官是否倾向于采用调解的结案方式，为什么？得到的反馈是："与判决相比，法官当然愿意用调解。因为调解的方式有太多好处。比如，法官可以不写判决书，判决书不上网，自己面临的出错风险小；法院有调解率的指标考核，这与法官的职级升迁、薪金待遇密切挂钩；以诉讼调解方式结案的自动履行率比判决的自动履行率要高；结案比较快；等等。"（IN15102，普陀区法院）

问题二：法官是否存在变相的强制调解？得到的反馈是："首先对变相强制调解这个概念很难有明确界定。诉讼调解是在法官主持下进行的解纷活动，法官自身的价值判断和主观能动性在事实上的确对诉讼调解方式的运用产生了影响。这种影响在事实上也的确能够产生类似于强制调解的作用。因为法官在向当事人分析调解利弊和可能结果时，也可能事实上起到阻吓当事人采用判决方式的作用。比如，法官会向当事人分析判决败诉后所要承担的不利后果，或者带有倾向性地引导当事人对案件进行消极预测。诉讼调解的一般程式是，开庭后，法官首先会询问当事人双方是否愿意接受调解。如果当事人愿意调解，就直接进入调解程序；如果当事人不愿意调解，依当事人之间矛盾的尖锐程度而定，实在没有调解可能的，就直接进入审判程序；矛盾不是特别激烈尖锐的，则对当事人分析调解与判决的利弊，说服当事人采用调解方式。当事人不愿意接受调解的，则进入审判程序。总体来说，法官在诉讼调解过程中对整个程序的开启与运用有着很强的主导性。"（IN15102，普陀区法院）

2015 年 3 月 10 日，笔者在浦东新区法院访谈时，就此议题又设置了两个问题：① 请问法官在利用诉讼调解这一方式时，最大的动因是什么？② 您觉得影响调解成功的最主要的因素是什么？

关于第一个问题的反馈是："结案快，自动履行率高。"关于第二个问题的反馈是："影响诉讼调解最主要的因素是当事人愿意。"（IN15101，浦东新区法院）出于某些顾虑，IN15101 并未对笔者的问题进行深入回答，给出的信息也极为有限。该答案在某种程度上反映了法院、法官对当事人选用调解方式予以充分尊重，法官并不过多干预，当事人在诉讼调解的过程中处于主导地位。仅就这一调研反馈，可以得知现实中未必存在强制调解的情况。法官对诉讼调解方式的选用也是在遵循调解规律的基础上进行的，既合乎法理，也合乎学理。

对比 IN15101 和 IN15102 的反馈信息可知，两位被访谈人的说法在一定程度上存在矛盾：前者承认法官在诉讼调解过程中的控制力，后者坚持认为当事人在诉讼调解过程中具有最重要的控制力。到底哪位被访谈人的答复更贴近现实呢？且看下面一则案例。

2014 年 11 月份，笔者对一名信用卡使用者进行了访谈（IN14401，徐汇区）。受访者 IN14401 是上海交通大学凯原法学院（徐汇校区）的一名学生。

具体情况如下：IN14401 于 2014 年 11 月份在学校番禺路上的一家快餐店就餐，并用银行卡以刷卡的方式付款。消费当晚，IN14401 收到中国银行客服发来的短信，显示其在上海其他地区消费 3 000 元；约过了一分钟后，其又接收到消费 3 000 元的短信；在这一分钟之内，IN14401 联系银行客服挂失银行卡，但因为拨打电话耗时太久，最后导致卡内 8 000 多元现金全部被盗刷。事后，IN14401 找到中国银行上海交通大学校园支行要求赔偿。在多次交涉无果后，IN14401 准备起诉中国银行交大校园支行。IN14401 写好起诉书并递交至闵行区法院，在立案之前，法官告诉IN14401 最好能诉前调解。原因是：该案涉案金额小，诉讼成本高，最终的获赔的数额可能还是弥补不了损失；结案周期长，所耗时间成本太高等。在法官的斡旋下，银行和 IN14401 最后同意就此案进行诉前调解，并最终达成调解协议。

在该案中，法官对原告通过诉讼方式维权进行了利弊分析，最终说服了原告同意采用调解的方式解决信用卡纠纷。笔者重点了解了 IN14401 当时的心理状况。IN14401 说："法官的劝解的确给我带来了压力。法院说的是事实，当时为了这件事，我从徐汇到闵行（从徐汇校区到闵行校区，最便捷的交通方式是搭乘校车，单程耗时约 50 分钟左右；如果换乘其他交通工具，耗时则更长），跑了很多趟，很费时间精力，我都不抱希望了，只想早点解决问题。"这说明，法官对当事人采用诉讼方式的利弊分析，确实在事实上影响了当事人对调解方式的选择，这是一种"无形的强制"。本案或许能够给我们这样的启示：当事人双方虽未进入诉讼程序，但是仍然可以利用调解的方式解决金融纠纷。诉前调解和诉讼调解在本质上并无不同。如果说法官对诉前调解方式有着冲动性的追求，那么同样的追求也会出现诉讼调解中。因此，笔者认为在 IN15101 和 IN15102 之间，IN15102 的回答更贴近现实。如果法官"无形的强制"都能使得当事人选择调解的方式，那么"有形的强制"就更能迫使当事人选用调解的方式了。是故，我们可以得出这样的结论，法官对诉讼调解方式选用的操控力是诉讼调解方式选用的重要动因。

3. 当事人的纠纷解决方式偏好

（1）金融机构对法院判决的偏好。上海市金融纠纷中以金融借款合同纠纷和银行卡纠纷居多，两者之和占到一审金融纠纷收案数量的绝对比重，在 2011 年、2012 年、2013 年和 2014 年分别达到 75.05%、83.99%、86.16% 和 87.11%。① 可以推断，仅根据这两类纠纷中金融机构对纠纷解决偏好可以在一定程度上得出上海市金融机构的纠纷解决偏好。而在这两类金融纠纷中，银行又是最重要的涉案金融机构。② 实证研究对银行的解纷方式偏好进行了详细调研，发现绝大多数银行偏好利用诉讼的方式解决纠纷。具体数据及走势可见图 11-3。

图 11-3 传达的信息是，只有极少数银行选择采用调解（包括非诉调解和诉讼调解）的解纷方式，而大多数银行更倾向于用诉讼的方式解决纠纷。③

---

① 数据统计依据《2011 年度上海法院金融审判情况通报》《2012 年度上海法院金融商事审判情况通报》《2013 年度上海法院金融商事审判情况通报》《2014 年第一季度全市法院金融商事审判动态》和《2014 年第二季度全市法院金融商事审判动态》整理而成。

② 2014 年前两个季度中，涉及银行的金融案件占到整个一审收案数的 70.25%。仅就 2014 年前两个季度的数据，笔者尚难以推断出银行是未来金融纠纷最重要的涉案主体，因为数据的有限性不满足大数法则。虽然没有 2014 年之前的按照涉案主体统计数据，但是根据其他旁证，仍能推断出在 2014 年之前，银行也是上海金融纠纷涉诉的重要主体。比如，2011 年上海市法院向各金融机构报送的金融商事纠纷案件司法建议情况分别是：银行 21 件、保险公司 14 件、小贷公司 3 件、典当行 3 件、证券公司和金融租赁公司各 1 件。2012 年上海市法院向银行发送的司法建议的数量占整个司法建议数量的 47%，远远高于其他部门的司法建议数量。2013 年度上海市法院向银行发送的司法建议数量占司法建议总数的比例更是达到了 54.9%。这说明，自 2011 年以来，上海市金融纠纷案件中，银行一直是最重要的涉诉主体，这一趋势基本符合大数法则所要求的稳定性。可以预测的是，在未来的金融纠纷中，银行也会是最重要的涉诉主体。数据计算依据《2011 年度上海法院金融审判情况通报》《2012 年度上海法院金融审判情况通报》《2013 年度上海法院金融审判情况通报》《2014 年第一季度全市法院金融商事审判动态》和《2014 年第二季度全市法院金融商事审判动态》整理而成。

③ 本处虽然引用的是基于山东省的调研数据，并不能完全代表上海市的情况，但是因为我国商业银行基本都是遵循"总行——一级分行—二级分行—支行"的运作模式，这种运营网络覆盖全国。各银行内部都有严格的汇报制度，具体的涉诉、纠纷解决情况等都须上报。上级银行再根据下级银行反映的情况制定出统一的应对规则。这样，全国不同地区银行在应对纠纷解决的规则选择上具有趋同性。因此，山东银行业的纠纷解决态度基本上可以用来推测上海银行业的纠纷解决态度。

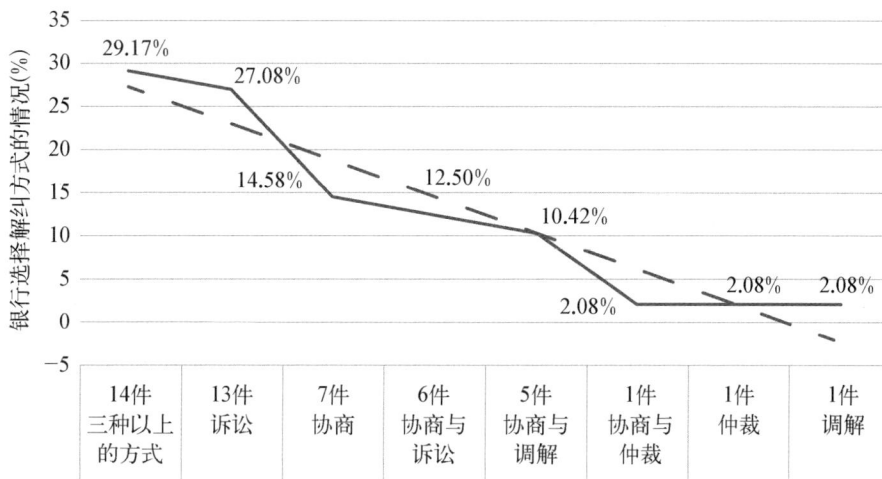

图 11-3 银行选择解纷方式的偏好（%）[①]

其他类似的研究也证实，在绝大多数金融纠纷案件中，银行、保险公司等金融机构是最主要的诉讼主体，"其提起诉讼多出于权利失效的担忧，或只是为了完善呆账核销的手续，甚至为了推卸业务风险的责任追究，因此金融机构通常更注重判决书形式而无意调解"。[②] 对金融机构来说，它们更有信心通过诉讼的方式来解决金融纠纷，因为在采用标准格式合同等专业化经营手段的情况下，金融机构所面临的法律风险明显降低，这也就意味着金融机构更加可能在诉讼中取胜；如果利用调解的方式解决纠纷，案件的处理结果就具有了不确定性，金融机构原本可以胜诉的案件，在调解中就未必，其所享有的权益就会或多或少地被打折扣，所获得的赔偿很可能就会变少、所承担的责任很可能就会变重。[③] 从金融机构诉讼支持者的律师和法务团队来说，他们也更习惯于运用诉讼的方式解决纠纷。[④] 这也促使了金融机构更加偏好用诉讼的方式解决纠纷。从经营策略来看，金融

[①] 图 11-3 的数据来源于于朝印的调研。参见于朝印：《商业银行金融仲裁：困境与出路——基于山东省调研案例》，《西部金融》2013 年第 4 期。

[②] 北京市第二中级人民法院项目组：《金融类纠纷案件审理中存在的问题及其对策》，《法律适用》2010 年第 10 期。

[③] 周荃：《人民法院委托行业协会调解的实践及其规制——以金融纠纷调解为视角》，《上海政法学院学报》2012 年第 1 期。

[④] Christine Chinkin. Educating Lawyers about Mediation. *Journal of Professional Legal Education* 43，43-49（1992）；黄文艺、宋湘琦：《法律商业主义解析》，《法商研究》2014 年第 1 期。

机构更喜欢稳定性和预见性更强的诉讼解纷方式，因为这可以为其未来的经营策略提供具有预见性的指引，进而可以降低经营风险[①]和减低管理层的责任。[②] 出于前述种种考虑，银行等金融机构都更加偏好于利用诉讼的方式解决纠纷。

（2）金融消费者对调解的"不偏好"。表 11-2 显示，一审案件原告为金融消费者的案件绝对数量和一审涉金融消费者权益纠纷收案绝对数量在逐年上升，并且前者占后者的权重也呈上升趋势。这说明金融消费者的维权意识在增强，可以预见的是，会有越来越多的金融消费者以原告的身份出现在涉诉案件中。通常情况下，维权意识与诉讼方式的选择在某种程度上具有关联性。[③] 金融消费者维权意识的高涨可能会导致判决率的进一步提高。这也意味着，金融消费者也越来越不偏好于利用调解的方式来解决纠纷。

表 11-2　2010—2013 年上海市一审案件原告为金融消费者的案件情况统计[④]

年　份	2010	2011	2012	2013	总计
一审原告为金融消费者的案件数量	515 件	660 件	1 089 件	1 754 件	4 018 件
一审涉金融消费者权益纠纷收案数量	8 850 件	9 818 件	17 526 件	22 987 件	59 181 件
一审原告为金融消费者的案件占一审金融纠纷案件收案数之比	5.81％	6.72％	6.21％	7.63％	6.79％

实证研究表明，在纠纷解决市场中，作为需求者的当事人双方（金融机构和金融消费者）对诉讼调解这一产品的需求不高，这在根本上制约了金融纠纷诉讼调解制度的利用率，影响了其发展壮大。

4. 社会创新、创业对解纷方式的影响

2015 年 3 月 11 日，笔者对 P2P 行业的一家资讯门户的一名法务人员

---

①　文海兴、张志：《仲裁与银行金融纠纷风险防范》，《中国金融》2010 年第 23 期。

②　类承曜：《国有商业银行改革的逻辑：一个政治经济学视角》，《中央财经大学学报》2009 年第 2 期。

③　胡玉鸿：《改革开放与民众法律意识的进化》，《苏州大学学报（哲学社会科学版）》2008 年第 6 期。

④　根据《2010—2013 年上海法院涉金融消费者权益纠纷案件审判情况通报》整理而成。

进行了访谈，试图了解的问题是新生企业对纠纷解决方式（调解、诉讼、仲裁等）的选择倾向——使用偏好（IN15301，虹口区）。IN15301 反馈道："在诉讼、仲裁、调解这几种解纷方式中，我们更倾向于优先选用调解；如果案件进入了诉讼程序，我们还是希望通过诉讼调解的方式解决。主要原因是，调解和诉讼调解结案比较快，履行率也比较高。我们这些新生企业或小企业实在是耗不起，时间成本太高了。"所以在一定程度上，诉讼调解的方式有利于社会创新和创业。反过来说，初创企业对调解方式的需求可能是影响诉讼调解机制运行的原因之一。

5. 案件的涉众性对解纷方式的影响

关于这一议题，笔者设置的问题是：请问在决定是否对金融纠纷案件进行诉讼调解时，您是否会考虑纠纷当事人的涉众性？是否会考虑人数较多的当事人对调解或者说裁判的接受度以及是否会酿成群体性事件？涉众型案件主要集中哪些金融纠纷中？

IN15102 认为："涉众性案件是很少的，并不多见，不具有典型意义。同时，对于如何界定涉众性案件也有诸多探讨的余地。"据笔者理解，所谓涉众性案件就是指同一款金融产品所涉及的金融消费者人数比较多，一旦这一产品出现纠纷（如同一款理财产品出现违约纠纷），就会出现大面积的违约或侵权纠纷。笔者的调研结果表明，在现实中真正出现涉众性的案件是比较少的，由此引发群体性事件的可能性就更小。现实中出现涉及面较广的金融纠纷时，并不一定都会引发群体性事件。因此，为了避免群体性事件，而较多采用诉讼调解的方式解决纠纷的推断并不能成立。换言之，避免群体性事件，并不是采用诉讼调解的充分条件；诉讼调解也不是涉众性案件的必然结果。至于何时采用诉讼调解的方式解决纠纷，最重要的还是看当事人是否愿意用调解方式。

上海的司法实践确实存在利用诉讼调解的方式化解涉众性金融纠纷的案例。例如，2013 年上海市"静安区法院妥善应对了因某新闻媒体曝光新华人寿保险公司在销售保险产品时涉嫌欺诈事件后，投保人起诉该保险公司要求退保的群体性纠纷，经过该院耐心、细致的工作，该批案件绝大部分以调解方式结案"。[①] 这种非常规的解纷方式只能在非常情形之下才能适

---

① 参见《上海法院金融商事审判条线 2013 年工作总结》。

用，并不具有一般性。

6. 案件的特性对选用诉讼调解方式的影响

（1）无意义的理论假想。在案件特性对选用诉讼调解方式的影响方面，笔者调查的问题是：从案件的特性和类型来看，是否存在比较适合调解的案件类型？哪类案件调解比例高？IN15101反馈的结果是："不存在所谓适合调解的案件类型，因为是否适用调解主要看当事人是否愿意。"现实中运用调解方式最多的案件主要是保险纠纷案件。

关于案件类型与诉讼调解之间的关系这一问题，笔者曾做了一个非常类似的访谈。访谈结果对于我们理解这一问题的答案具有一定的启示。2014年10月30日，笔者访谈了上海金融仲裁院的一位负责人（IN14501，浦东新区）。其中一个问题是：从案件的特性和类型来看，是否存在比较适合仲裁的案件类型？IN14501回答说："从理论上看，我们可以对此问题进行探讨。但在实践中，这可能是一个伪命题。因为仲裁方式的启用与否，主要由当事人意思自治决定。即便某些案件在学理上的分析结果真的是不适合仲裁，但是只要当事人愿意采用仲裁的方式，我们仍然可以进行仲裁。"这里，我们获得的信号是：从案件的特性与类型来决定诉讼调解方式的选择可能在理论上说得通，但是在实践中没有太大意义，这是一个不具有实践价值的理论假想。这一类推适用涉及调解与仲裁的关系，即如果调解与仲裁在深层次的机理上具有一致性的话，那么这一类推是成立的。那么调解与仲裁的深层次机理是否一致呢？

2014年10月27日，笔者访谈了一位来上海交通大学凯原法学院讲学的教授（IN14601），向受访者请教了调解与仲裁的机理问题。IN14601认为："调解的最大正当性就在于自愿，也就是意思自治；仲裁的正当性与自主性也在于当事人自愿，不同的是仲裁的自愿性必须用书面的方式表达出来，而调解则不需要采用书面的表达方式。"这说明调解与仲裁最深层次的制度价值中存在一致性——对当事人意愿的尊重，是当事人意思自治的结果。故本节的前述推论——从案件的特性与类型来决定诉讼调解的方式是否选用的方法在理论上说得通，但是在实践中却没有意义，这是一个不具有实践价值的理论假想是成立的。

（2）保险纠纷的例外及解释。现实中，保险纠纷调解又占有很高比例，这是什么原因导致的呢？这是否说明保险纠纷相对于其他纠纷来说更加适合调解？如果是的话，那这又与前文的推论相矛盾。我们首先来看上海市保险纠纷调解情况。

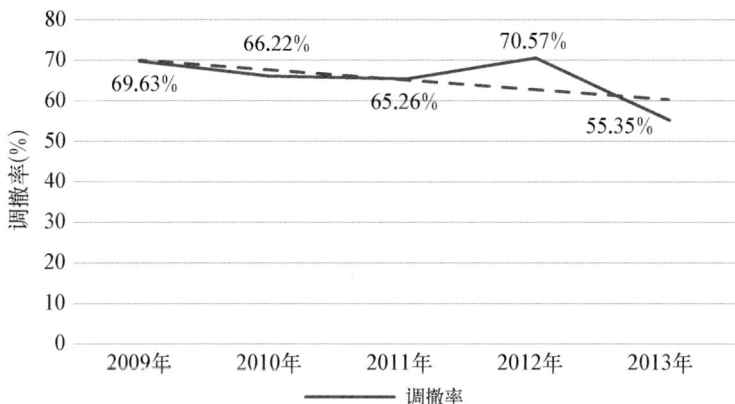

图 11‑4　2009—2013 年上海市保险纠纷调撤率①

　　根据图 11‑4 可知，近 5 年来，上海市保险纠纷案件的调撤率要远高于判决率，司法判决率则大致维持在 1/3 的水平上。这意味着，上海市的保险纠纷案件有 1/3 左右是通过判决结案的。但是调撤率包含调解率和撤诉率，这需要对保险纠纷调解率，即调解在保险纠纷解决中的作用作进一步的考察。要探究调解率的情况，必须对调解率和撤诉率进行比较。如果调解率高于撤诉率，那么这 5 年来保险纠纷调解率最低也应该在 27.68% 以上，② 这也就能说明上海市的保险纠纷案件中至少有近 1/3 的案件是通过调解结案的。如果调解率低于撤诉率，那么这 5 年来保险纠纷调解率最高不超过 35.29%，③ 这能说明上海市的保险纠纷中最多有 1/3 多一点的案件是通过调解结案的，这样的比较显然是有意义的。如果这 5 年间的调解率高于撤诉率，那么我们就要顺应这一趋势，继续坚持调解在保险纠纷解决中的运用。如果调解率低于撤诉率，那么我们可能就要转变思路，防范与反思高撤诉率可能给司法制度带来的冲击与影响。

---

① 参见《2013 年上海法院保险纠纷案件审判情况通报》。
② 以 2013 年的调撤率计算得出，因为 2013 年的调撤率是这 5 年中最低的。
③ 以 2012 年的调撤率计算得出，因为 2012 年的调撤率是这 5 年中最高的。

　　《民事诉讼法》第 143 条和第 145 条分别规定了按撤诉处理[①]和申请撤诉的制度。撤诉处理制度的设立，是因为"准时参加诉讼活动不但体现当事人对自己权利的重视，更体现了对法律及人民法院审判权的尊重"。[②] 按撤诉处理制度，实际上是对怠于行使诉权的当事人的一种处罚。申请撤诉则是当事人自由处分诉权的一种体现，"是否申请撤诉取决于当事人而非法院的意志"，[③] 属于意思自治的范畴。从理论上讲，不论是按撤诉处理，还是申请撤诉，撤诉起因皆源于当事人。但当事人之所以要选择诉讼，就是希望通过法院维护自己的合法权益。从当事人作为理性人自利的角度来说，因当事人的原因而导致撤诉的可能性相对较小。因此，如果撤诉率高的话，可以将其解读为法院更加倚重以撤诉方式进行结案。假如上海市保险纠纷案件是因为法院的原因而导致的畸高撤诉率抬高了整个纠纷解决的调撤率，那就可能意味着法院接受处理的大量保险纠纷案件中的权利义务关系被强制性地恢复到了保险消费者起诉之前的状态，即保险消费者权益徒有其表。如果对保险消费者的保护徒有其表，那这又与上海市高级法院发布的《2010—2013 年上海法院涉金融消费者权益纠纷案件审判情况通报》所体现出来的对消费者保护精神相矛盾。至此，这个疑问也就被转化成了法院的公信力问题——上海法院所披露的通报是否可信？这一通报的制作主体是上海市高级法院，主体权威，可信度较高。这说明，上海市保险纠纷调撤率高是调解率高所导致的结果，即保险纠纷的调解率高于撤诉率。

　　综上可知，在 2009—2013 年 5 年间，所有的保险纠纷案件有近 1/3 是通过判决结案的，近 1/3 以上的案件是通过调解结案的，诉讼和调解都是保险纠纷的重要解决方式。依此趋势，上海法院应该继续坚持调解在保险纠纷解决中的运用。

　　那为什么保险纠纷的调解率很高，其他类型的金融纠纷调解率很低呢？这可以从制度构建方面寻找答案。早在 2004 年，上海市就首创性地将调解机制引入保险行业。[④] 较早的制度建设有利于保险纠纷调解文化积淀。

---

　　① 按撤诉处理的依据主要是《最高人民法院关于适用〈民事诉讼法〉若干问题的意见》的第 143、158、159 条以及《最高人民法院关于适用〈诉讼费用交纳办法〉的通知》第 2 条的规定。
　　② 袁巍、孙付：《按撤诉处理的扩张适用与规制》，《人民司法》2011 年第 19 期。
　　③ 王福华：《正当化撤诉》，《法律科学》2006 年第 2 期。
　　④ 朱守力：《首创调解引入保险又推诉调对接联动——上海市保险同业公会创新调解机制成绩显著》，《上海保险》2012 年第 6 期。

自 2004 年以后，我国保监会、上海市高级法院、上海保险同业公会等机构先后出台了大量保险纠纷诉调对接的规范性文件，[①] 并在保险纠纷解决领域大力推动法院对保险纠纷非诉调解协议的司法确认。[②] 国家对保险纠纷调解机制建设投入的深度与广度远非其他金融纠纷调解机制所能比，由此导致了保险纠纷诉讼调解率要远高于其他金融纠纷诉讼调解率。上海市保险纠纷的诉调对接制度已经远远领先于其他类型的金融纠纷。为了不使已经建成的保险纠纷调解制度空转，调解方式在保险纠纷解决中应用也就相对多些。

依此逻辑，我们是否应该大力效仿保险纠纷调解机制建设的思路，在其他金融纠纷领域大规模地进行调解机制建设呢？答案是否定的。因为在非诉调解领域已经出现了供过于求的情况。2012 年 6 月，中国证券业协会发布了《中国证券业协会证券纠纷调解工作管理办法（试行）》。2013 年 12 月，上海证监局指导上海市证券同业公会设立证券纠纷调解专业委员会，旨在解决证券纠纷。但是，上海市法院 2012 年受理证券纠纷类一审案件仅有 49 起，2013 年仅有 76 起。而在 2013 年 12 月之前，上海证券业并没有建立行业性的纠纷调解机制。这说明，证券行业的纠纷基本上会通过诉讼渠道解决纠纷。也就是说，起诉至法院的证券纠纷数量基本上可以代表整个证券行业的纠纷数量。这么少的纠纷数量，根本难以支撑证券纠纷调解机制的正常运行。[③] 在诉讼调解领域，诉讼调解弥补司法裁判之局限性的预设功能正在因调解结案的案件大量进入强制执行阶段这一"旋转门"现象而削弱。[④] 所以，在其他金融纠纷领域大规模进行纠纷调解制度以提高调解率的做法并不可取。

（五）结论

按前述分析，法官对诉讼调解方式选用与否的控制力以及某些特殊主

---

① 比较重要的有：最高人民法院、中国保险监督管理委员会《关于在全国部分地区开展建立保险诉讼与调解对接机制试点工作的通知》《关于建立保险纠纷诉调对接工作机制的会议纪要》等。

② 上海市高级人民法院和上海保监局于 2014 年 9 月 5 日联合签署的《关于建立保险纠纷诉调对接工作机制的会议纪要》规定："上海市保险合同纠纷人民调解委员会作为行业调解组织依法对保险纠纷进行调解，调解协议可申请人民法院司法确认。"

③ 参见《2012—2013 上海法院证券、期货、信托纠纷案件审判情况通报》。

④ 潘剑锋：《论民事司法与调解关系的定位》，《中外法学》2013 年第 1 期。

体对诉讼调解方式的实际需求是促进诉讼调解方式发展的因素，而且前者是促进诉讼调解方式发展的最重要因素。倾斜保护理念、案件的涉众性、案件类型与特性等与诉讼调解方式的选用并无必然的因果关系。在某些极为特殊的情况下，倾斜保护理念与对案件涉众性的考量可能成为选用诉讼调解方式的动因，但这并不具有一般性，这两个因素不能为诉讼调解制度建设和选用提供正当性来源。案件的特性与诉讼调解更无必然关系。学者们试图从金融纠纷的类型角度来划定适合于诉讼调解的案件范围，显然这只是在理论上的一种美好构想，并不具有现实意义。法官对诉讼调解方式的控制力、初创企业对诉讼调解方式的偏好是促进诉讼调解方式发展的因素；解纷市场主体总体上对诉讼调解方式的不偏好是诉讼调解方式难以广泛运用的最根本的制约因素。

基于这样的分析，在未来的诉讼调解制度完善中，必须回归解纷市场主体对解纷方式的真实需求。脱离纠纷市场主体需求的制度构建，必然无法达到制度的预设目标——"案结事了"。同时，诉讼调解极为强调纠纷当事人的意思自治。同时，法官又对诉讼调解方式的启动掌握着最主要的控制力，法官权力会对诉讼调解基本机理形成扭曲。如果要大力推广调解机制在金融纠纷解决过程中的应用，必须限制法官对诉讼调解方式的控制力。

第三节　互联网金融和互联网金融仲裁①

（一）问题的提出：如何监管互联网金融

如何监管互联网金融一直困扰着我国互联网金融的理论界和实务界。从我国监管层目前所做的努力来看，构建我国互联网金融的监管体制主要存在两种做法：其一，监管机构的理性化构建。这种方式延续了我国法制建设所遵循的"理性主义的建构态度"，监管者（立法者）"从事和完成法律体系建设的能力和手段被肯定"。沿用这种方式的典型代表是自 2015 年

---

①　本节部分内容发表于沈伟、余涛：《互联网金融监管规则的内生逻辑及外部进路：以互联网金融仲裁为切入点》，《当代法学》2017 年第 1 期。

以来，监管层出台了《关于促进互联网金融健康发展的指导意见》和《网络借贷信息中介机构业务活动管理暂行办法（征求意见稿）》等文件。其二，自律机构的市场化探索。这种方式的出现得益于我国理论界对传统金融监管中自律监管机制缺失的集中批判，并极力主张在我国互联网金融领域建立起自律性监管机制。其典型代表是互联网金融协会于 2016 年 7 月份实施的《中国互联网金融协会自律惩戒管理办法》。

理性构建的一大特征就是要对互联网金融业态的主体及行为进行定义与定性，监管者再根据这些不同性质的定义将互联网金融的各个参与主体的权利义务关系以体系化的规则予以呈现。这种监管路径的致命缺陷就是，过度抬高了监管者建设监管机制的能力和方法——对不同互联网金融主体和行为的定性在本质上属于主观性评价，先入为主或以偏概全的定性极有可能限制互联网金融的创新发展，这也是《网络借贷信息中介机构业务活动管理暂行办法（征求意见稿）》迟迟不能生效的根本原因。而自律监管出现的重要目的就是为了克服理性构建方法的前述缺陷，对互联网金融活动参与者的主体性予以充分的尊重。

金融法理论认为，不同的金融业态在整个金融体系中有着不同的序位，法律对处于优先地位的金融业态的监管相对更具弹性。比如，当事人在合同执行方面，法律并不提供绝对的强制力保障。之所以如此，是因为经济基础的多样性、流动性和变动性导致金融创新活动与合同条款的稳定性之间会不时出现张力，一旦法律强制执行合同的内容，就会引发严重的负外部性，引发金融体系的自我毁灭。为了使整个金融体系得以维持，该理论特别强调在优先级次较强的金融业态中法律适用应当被赋予相应的灵活性。在我国构建多层次资本市场的背景下，互联网金融越发凸显重要性，在整个金融体系中的位次越来越上移。按照金融法理论，针对互联网金融的监管就需要强调监管规则（广义的法律规则）的灵活性。然而，该理论的一个悖论就是，金融业是由法律规则不断建构、塑造出来的业态，法律要素的内生性决定了金融业态并非法外之地。笔者认为，解决这一悖论的思路之一就是引入甚至是强化自律性监管机制。

监管套利理论认为，监管的差异性和合规正本的差异性决定了市场主体有动机规避监管，使得合规成本最小化。我国目前的金融市场还是一个抑制型市场，针对市场主体而采取的差别化监管体系和针对性监管工具必然产生监管差异，市场主体为了克服和消化巨大的合规成本差异，有更大的原动力追求监管套利。互联网金融作为传统正规金融之外的新金融形态，监管模式和风险规制工具与传统的正规金融业监管有所差别，是处于传统金融监管之外的监管。传统金融市场主体为了确保对金融资源的占有和控制，正在鼓动金融监管者加强对互联网金融的监管。非自由化的金融市场和以市场主体为区分标准的功能性金融监管模式决定了监管者的监管偏好和路径依赖。金融监管者理性化构建必然受到非理性化因素的影响。如果说对传统金融的监管采用的是非市场化的监管策略，那么对作为新型金融的互联网金融的监管，就需要而且可能采用市场化的监管手段。

　　合作型经济（Collaborative Economy）① 和分享型经济（Sharing Economy）② 的兴起给互联网经济注入了合法性元素。互联网金融是这类新经济模式的基石，有效改变了传统金融市场的图景，特别是以银行和金融机构为信贷中介的交易运行模式、资源和风险配置规则以及权利义务体系。金融危机之后的监管二元性，以密集数据为基础的"数据政治"和以反思为核心的金融市场的文化解读，使得传统的以自由市场为基础的监管模式和以国家主导的计划监管模式的分野变得不合时宜。监管者主导的监管理性构建也与互联网金融的自发性、自维性和非传统性不相适应，监管者与市场之间的隔阂有扩大而非缩小的趋势。监管模式和监管工具设计的主观性、预设性和盲目性，促成了监管状态的例外性（Regulatory State of Exception）。此时，自律性机构的探索更具合法性和合理性。容许在监管

---

①　在20世纪70年代末期，产业结构开始由垂直化向扁平化转变。在这一过程中，出现了合作型经济。合作型经济的三个基本特征是：垂直化整合的企业被解构；企业间的竞争越来越依靠产品的创新；合作协议取代了原来的垂直化整合，并且它还被作为加速推进创新的一种手段。See Matthew C. Jennejohn. Contract Adjudication in a Collaborative Economy，*Virginia Law and Business Review*（2010）173，183.

②　"分享型经济"又叫"共享经济"，关于其定义，学术界目前尚未达成一致意见，但一般认为它是以消费者需求为中心的需求导向型经济。这一点可以从对它的别称中显示出来，比如分享型经济又被称为 Collaborative Consumption、Access-based Consumption、the Mesh 等。See Stephen R. Miller. First Principles for Regulating the Sharing Economy. *Harvard Journal on Legislation*（2016）147，150. 笔者认为，分享型经济与合作型经济的主要区别有二：其一，分享型经济加入了消费者这一新的主体，而合作经济探讨的主要是生产者或者经营者之间的关系；其二，分享型经济主体之间的身份更具有流动性，生产者、经营者和消费者之间的身份切换更加频繁，分野也越来越模糊，而合作型经济中的生产者或者经营者的身份比较固定。

者理性构建之外存在自律性监管架构，也是监管协调和一致之外的监管选择，有利于形成内嵌式的金融自由化范式。[①]

总之，自律性监管规则虽然在本质上更加尊重互联网金融市场主体的能动性，然而，问题在于自律性监管最终还是要通过具体的监管规则加以实施。这也就意味着如何发现并归纳针对互联网金融的具体监管规则就变得至关重要。笔者认为，一种可能方式就是让互联网金融仲裁制度成为展示并凝聚互联网金融监管规则的场域。因为仲裁属于当事人可以选择的市场化的一种方式，各个互联网金融主体都会在仲裁的过程中将自己的诉求完全表达出来，这为设计互联网金融活动中各主体的权利义务规则提供了最真实、最全面、最准确的样本素材。从实践层面来看，自 2015 年以来，上海金融仲裁院受理了 20 多起 P2P 案件。随着我国互联网金融市场的蓬勃发展，包括 P2P 案件在内的互联网金融纠纷将进一步增多，越来越多的互联网金融纠纷将会把仲裁选为解纠方式，[②] 这为我们近距离观察、评估、提炼各个互联网金融主体的权利义务规则提供了最佳素材和机会。本节的目的就是在自律监管的语境下，探讨互联网金融仲裁[③]凝聚互联网金融监管共识，形成监管规则的可行路径。

---

① "内嵌自由主义"的概念首先由哈佛大学教授约翰·鲁杰使用，用以描述第二次世界大战结束后到 20 世纪 70 年代国际经济秩序的特点。第二次世界大战后，国际经济自由化所取得的突出成就根源于国家和社会之间所达成的国内契约，即社会支持自由化的国际经济政策，国家通过社会和政治安全网建设，特别是税收和财政支出计划，减轻这个政策所带来的有害的国内经济效应，调节自由市场经济所带来的财富在不同社会群体中的不均衡分配。参加孙伊然：《发展中国家对抗内嵌的自由主义？——以联合国发展议程为例》，《外交评论》2012 年第 5 期。同样，由市场自发发展的互联网金融规则也可以借助市场力量消弭互联网金融与正规金融之间紧张的竞争关系，减缓消极作用。

② 需要说明的是，法院判决也可能是一种沉淀互联网金融监管规则的途径。但是，本节主要目的在于研究互联网金融仲裁的规则生成的可能性与路径，不管日后有没有纠纷起诉到法院，都不影响本节的研究。即使是有纠纷起诉到法院，正如后文所说，互联网金融仲裁与诉讼相比，仲裁更加契合互联网金融的内在创新性需求，所以仲裁更适合解决具有创新因素的互联网金融纠纷。本节仅仅是研究了一种具有相对优势的互联网金融监管规则的生成路径。

③ 互联网金融仲裁是一个新概念，国内外学术界并没有专门研究互联网金融仲裁的先例。2015 年 7 月 18 日，人民银行等十部门联合发布的《关于促进互联网金融健康发展的指导意见》规定，互联网金融是传统金融机构与互联网企业利用互联网技术和信息通信技术实现资金融通、支付、投资和信息中介服务的新型金融业务模式。互联网金融的主要业态包括互联网支付、网络借贷、股权众筹融资、互联网基金销售、互联网保险、互联网信托和互联网消费金融等。依此界定，笔者认为互联网金融仲裁是指仲裁机构对传统金融机构与互联网企业利用互联网技术和信息通信技术实现资金融通、支付、投资和信息中介服务过程中所产生的纠纷进行裁决的制度，主要包括与互联网支付仲裁、网络借贷仲裁、股权众筹融资仲裁、互联网基金销售仲裁、互联网保险仲裁、互联网信托和互联网消费金融仲裁等。

（二）互联网金融仲裁规则生成的法理证成

1. 互联网金融仲裁与规则自生的内在契合性：来自哈耶克的启示

哈耶克将法律分为两类：第一类是立法法，即通过政治程序被有意识创制的法律；第二类是自由法，这是一种在当事人解纠实践中自然生发的法律，不是人为创制的结果。在构建理性思路下产生的法律基本上属于立法法的范畴。立法法在本质上承认或默认人类具有笛卡尔式的完全理性。实现笛卡尔式的完全理性需要掌握所有相关事实的完全知识和信息。但是，在社会领域中，一项成功行动依靠的更多的是特定事实，而这些事实并不事先为所有人所熟知。我们的文明在本质上依赖于而且必须依赖于我们承认自己不具有笛卡尔式的理性。我们应该将自身不具备完全理性作为互联网金融监管法制构建的认识论前提，即只有非刻意的、非教化人们如何达致自己目的的抽象正式规则，才能合理地达致自发或自治社会目的，才能构建起互联网金融法制。

哈耶克的自由法理论认为，法律体系的三大基本要素是规则生成（Regulation Generation）、规则内容（Regulation Content）和争议解决（Dispute Resolution）。

关于规则生成，哈耶克批判这样一种观点：人主要是通过显性的前提条件（实际上是错误的条件）进行逻辑推理来认识或控制其周围事物的。哈耶克认为，任何试图将人们的行动限制在人为的正义框架中的行为，都将会剥夺人们达致成功的最为有效而且可行的机会。这样的规则生成理论不为当事人预设行为规则，这在富含创新要素的互联网金融领域更具启示性。例如，众筹平台提供的服务以及功能是在不断地发生变化、调整当中，所以具体的法律关系肯定是要依据当事人合同约定的具体内容来个案确定，预设的行为规则对这种急剧变动的实践无法提供合理的指导，如果强行认可监管者的立法能力的话，那么包括众筹平台在内的互联网金融主体的功能也将被预先限定，这就等同于剥夺了互联网金融主体的创新空间。

关于规则内容，哈耶克的理论并没有说明具体的规则内容应该是什么，它仅仅说明了坚持哈耶克理论的裁判者在做出具体的司法裁判时，应该依据当事人的事前期望行事，而不是依据任何外在的标准行事。哈耶克也未阐明裁判者究竟如何发掘并反映当事人的期望，而具有灵活性的仲裁制度恰恰可以担当此任。因为仲裁允许纠纷双方提前根据他们的特殊需求（具有特殊专业技能的仲裁员、仲裁速度、仲裁效率等）来确定仲裁的实体规则和程序规则。根据当事人意愿所发掘出来的仲裁规则，既符合仲裁的意思自治原则，又有利于保护互联网金融的创新性，符合当事人的期望。关于争议解决，其与规则内容一样，都将主要精力置于发现相关惯例和当事人对争议的理解预期上。哈耶克式的裁判者服从于（或尽力维持、提高）不受任何人事先设计摆布的"未来规则"，这一规则的形成不需要任何先在的智识，甚至这些规则经常与当权者的意志相违背。

互联网金融是对中国"金融抑制"实践和框架的一种市场性回应。从合规的角度来看，互联网金融或多或少都带有监管套利的色彩，表现出对监管者意志的违反。如果互联网金融纠纷的解决服从于监管者的意志，那么互联网金融便丧失了创新性。同时，互联网金融仲裁恰恰可以成为缓释监管套利与监管者意志之间矛盾的有效机制。这是因为，一方面，互联网金融仲裁裁决的依据与当事人双方的内心意愿相一致，可以反映当事人的期望；另一方面，法院又可以通过仲裁的公共政策审查制度，对仲裁裁决进行一定的审查，弱化互联网金融对既有制度和社会公共利益的侵蚀。[①]

2. 互联网金融仲裁与金融创新的内在契合性：仲裁与诉讼相比

从当事人的角度来说，仲裁相较于诉讼的灵活性体现为当事人更加全面的意思自治。在仲裁过程中，当事人可以对仲裁员、仲裁规则、仲裁程序、仲裁员等方面的实体性或程序性规则进行灵活约定和处置，可以根据具体的案件类型、情节等设置富有个性化的仲裁程序方案，这具有"量体裁衣"的意味和"向前看"的特点。在诉讼中，几乎所有的案件都必须遵循相同的诉讼规则和诉讼程序，"流水线"式的程序使得诉讼过程具有强烈的数字化管理特性。由于金融交易纠纷极为复杂，追求"一刀切"的争议解决条款未必有效。诉讼的模块化处理方式一方面可能使富于个性化的互联网金融案件不得不削足适履，以适应诉讼程序的需要；另一方面可能会扼杀互联网金融案件中的创新基因，诉讼更倾向于将互联网金融纠纷纳入既有的司法规则之内进行评价，具有"向后看"的特点。因为强调可预

[①] 《仲裁法》第58条第3款规定："人民法院认定该裁决违背社会公共利益的，应当裁定撤销。"

测性、可计算性和可操作性的法律并不喜欢过于多变的现实，多变的金融创新存在着侵蚀规则稳定性的可能，保守的法律通常也会保守地处理与金融创新有关的案件。总之，在金融仲裁中，仲裁程序及规则适应金融案件的需要，仲裁本身处于被动地位，个性化的互联网金融纠纷处于主动地位；在诉讼中，个性化的金融纠纷要去适应程式化的诉讼，诉讼本身处于主动地位，个性化的金融案件则处于被动地位。处于主动地位的诉讼程序，扮演着管理者的角色，当事人甚至是金融业态的创新需求往往被忽略；而处于被动地位的金融仲裁制度扮演着服务者的角色，能够为当事人提供更加契合其需求的规则产品，以顺应当事人的金融创新需求。

　　从仲裁员的角度来说，仲裁员拥有更大的自由裁量权。仲裁员的广泛自由裁量权主要是指仲裁员有权依照国际惯例、交易先例、公平合理原则以及仲裁庭认为合适的方式等"软法"内容对案件作出裁决。[①] 例如，《上海仲裁委员会仲裁规则（2012）》（简称《上仲规则》）第 5 条规定："仲裁庭根据案件事实，符合法律规定，参考国际惯例，遵循公平合理原则，独立、公正、及时地进行仲裁。"《北京仲裁委员会仲裁规则（2015）》第 2 条第 3 款规定："本规则未明确规定的事项，本会或者仲裁庭有权按照其认为适当的方式推进仲裁程序，以促使当事人之间的争议得到高效和公平的解决。"在诉讼中，法官也拥有一定的自由裁量权。比如，《合同法》第 61 条规定："合同生效后，当事人就质量、价款或者报酬、履行地点等内容没有约定或者约定不明确的，可以协议补充；不能达成补充协议的，按照合同有关条款或者交易习惯确定。"但是，仲裁员的自由裁量权和法官的自由裁量权相比，前者更加灵活。之所以如此，主要与判决和裁决结果的性质和自由裁量权的配置有关。在诉讼中，诉讼的主要费用由纳税人承担，

---

　　① 在我国并不存在专门的互联网金融仲裁规则。互联网金融仲裁主要适用既有的仲裁规则，具体来说，包括两种情况：其一，适用金融仲裁规则。例如《广州仲裁委员会金融仲裁规则》条 2 条第 1 款第 11 项规定其受案范围包括"互联网金融业务争议"；其二，适用一般的商事仲裁规则。例如上海金融仲裁院并未制定独立的金融仲裁规则或互联网金融仲裁规则，而是直接适用《上仲规则》。不论是哪种情况，仲裁规则都赋予了仲裁员和仲裁庭相当的自由裁量权、国际惯例、交易先例、公平合理原则以及仲裁庭认为合适的做法等都可以为具体案件提供规则支持。在国外，也不存在专门的互联网金融仲裁规则，到目前为止尚未出现互联网金融仲裁的先例。可以预见的是，如果国外也出现了互联网金融仲裁的案例，那么这些案件也将适用既有的仲裁规则。

而在仲裁中，仲裁费用则由当事人承担，这就决定了诉讼具有了更多的公共性，仲裁具有更多的私人性。判决的公共性决定了受众是广大社会成员，广泛的影响力反而限制了判决的个性，不能违背社会大众的一般认知，进而限制了法官的自由裁量权的运用。裁决的私人性意味着裁决结果的受众范围仅限于当事人，裁决承担的社会教化与规则生成的意义要小于判决，仲裁员能够依据自由裁量权做出具有个性化的裁决，个性化的裁决能够又可能顺应和推动富有个性化的金融创新。

3. 互联网金融仲裁对规则自生论的缺陷之克服

互联网金融仲裁虽然在法理上与哈耶克的规则自生论具有内在的一致性，而且也符合互联网金融创新的需求，但是必须克服哈耶克理论的两个缺陷：其一，规则自我生成的漫长演化过程难以适应社会情境的急剧变动；其二，自生规则的"地方性"无法有效满足分工社会交易匿名化、复杂化的需求。否则，互联网金融仲裁的规则生成路径也将不具有可操作性。因为，就第一点来看，我国互联网金融乱象①必须得到及时有效的规制，但是具有强烈的达尔文式演进主义色彩的规则自生论难以在短时间内"进化"出互联网金融监管规则，可谓是"远水救不了近火"。就第二点来看，因为我国的仲裁制度不实行级别管辖和地域管辖，在仲裁领域所生成的规则具有强烈的地域色彩，裁决规则、裁决结果都将呈现出"碎片化"的特征。② 具有"地方性"的仲裁制度一方面会造成同案不同裁的结果，另一方面，也难以适应金融商事规则趋同化的需求。那么互联网金融仲裁该如何克服这两个缺陷呢？

首先，哈耶克理论的第一个缺陷的成因是过度坚持了规则的内生性，排斥促进规则生长的外在力量。为了实现规则自生，哈耶克认为应该限制法律创制者的自由裁量权，以免法律创制者自身的价值判断取代规则的自然演进。将这一逻辑转用至互联网金融仲裁领域，意为如果要实现"保障

---

① 当前我国互联网金融主要存在七大乱象：对互联网金融概念认识混乱；互联网金融业务范围混乱；突破金融监管法规的底线非法运营；互联网金融机构普遍缺乏风险控制机制；运营主体既扮演裁判员又充当运动员；信息披露混乱；虚假宣传与过度承诺。参见"盘点：互联网金融七大乱象及原因分析"，http：//www. askci. com/finance/2014/12/16/135635zx5o＿3. shtml，最后访问日期：2015 年 9 月 20 日。

② 《仲裁法》第 14 条规定："仲裁委员会独立于行政机关，与行政机关没有隶属关系。仲裁委员会之间也没有隶属关系。"

人的预期"的目标就必须严格控制仲裁庭和仲裁员的自由裁量权。司法裁判者的消极中立是保证规则自然生发的必要条件。在这一点上，波斯纳对哈耶克的理论进行了批判。波斯纳认为，哈耶克给裁判者留下的自由裁量空间极为有限，这将限制裁判者选用一个高效率的规则来替代低效率的规则，可能会使规则自生陷入死胡同（Dead Ends）。显然，要打破这种低效率的循环，就应该赋予裁判者一定的自由裁量权。从全世界的仲裁实践来看，在实体法方面，仲裁规则赋予了仲裁庭或仲裁员可以依据"公平合理原则"解决纠纷的权力；在程序法方面，被各大仲裁机构和联合国国际贸易法委员会接受的新版《仲裁规则》都强调，不论当事人对仲裁程序规则是否达成一致，只要仲裁庭认为合适，对仲裁程序的导控享有终极权力（Final Authority），① 以便强化仲裁的终局性（Finality）。这说明，现代仲裁制度本身蕴含了自由裁量权的因素，这恰恰可以成为解决哈耶克理论的第一个缺陷的有力武器。

其次，哈耶克理论的第二个缺陷在于忽略了经验的碎片化与规则的统一性之间的内在张力。哈耶克认为，因为社会个体将其目的、能力技巧生成显式公式（Generate Explicit Formulations）的能力有限，国家不应该期望个体自身的智识是自觉反思（Conscious Reflection）或有意思辨（Intentional Debate）的产物。反而政府应该认为，通过非正式社会程序，个体将会自发地创造出比任何人刻意设计或预测的、更好的结果。问题是，哈耶克的理论目的是解释经济活动的整体秩序是如何实现的，这个过程运用的大量的知识，它们并非集中于任何一人的头脑中，而是作为无数分立的个人知识而存在，最终的统一规则也将难以形成。

在具体经验具有多样性这一点上，仲裁与哈耶克的理论具有相似性，因为仲裁不实行级别管辖和地域管辖，仲裁机构也独立于各类行政机关，所以仲裁规则、裁决结果等都具有"地方性"和"碎片化"的特点。仲裁也具有哈耶克理论所隐含的"整合危机"，即如果不能对互联网金融仲裁的碎片化经验进行有效整合，那么互联网金融仲裁的规则创制意义也将大打折扣。

---

　　① 例如联合国国际贸易法委员会仲裁规则第 17 条第 1 款规定："受制于这些规则，如果当事人被平等对待或者在仲裁的每一阶段各方当事人都被仲裁庭给予了充分的表意机会，那么仲裁庭可以在其认为合适的情况下对仲裁程序进行管控。"

在经济、市场一体化深入发展的今天，发展包括交易、纠纷解决等在内的定型化规则是不可避免的趋势。哈贝马斯认为，个体之间的商谈既是获得规则合法性的渠道，又是确保规则被公正适用的保障。在具体的商谈过程中，各个主体自愿互动所达成的协议，就是最终的具有合法性的规则。循此思路，在具有"地方性"和"碎片化"的互联网金融仲裁中，实现最终一致性的规则目标的方式也是要加强互联网金融仲裁当事人、仲裁员、裁决规则、裁决书等各方面的互动与"商谈"。互联网金融仲裁在某种意义上说应该是各方利害主体进行观点交易的言论市场，最终的结果就是各方都能接受的互联网金融仲裁规则。在这个言论市场中，如果要进行有效的交易，必须鼓励各利害主体进行公开的讨论与对话。这涉及自20世纪90年代以来，仲裁法学界争论的一个极为激烈的话题，即如何协调仲裁保密性与仲裁裁决公开化之间的矛盾。

（三）互联网金融仲裁保密性与规则示范性之间的矛盾及其克服

互联网金融仲裁脱胎于一般的商事仲裁，秉承了商事仲裁的一般特性，同时具有保密性等特殊属性。保密性决定了仲裁裁决规则创制功能的局限性。因为如果缺乏仲裁裁决公开化，那它就不能对之后的纠纷解决以及当事人的行为提供指引作用。仲裁所具有的准司法性功能和社会纠纷解决机制的属性由于仲裁裁决的保密性而无法充分体现。但是，如果抛弃仲裁的保密性，使之公开化，侧重于实现规则的生成作用，就可能危及仲裁的法理基础。保密性是仲裁意思自治的体现，如果抛弃仲裁的保密性原则将导致仲裁异化，丧失对当事人的吸引力。

1. 互联网金融仲裁保密性与规则示范性之间矛盾调和的可能性

放宽保密性原则的适用可以是缓和前述矛盾的途径。从意思自治的角度来看，仲裁保密性是当事人意思自治的必然结果。在实践中，仲裁保密性原则可以相对弱化。首先，特定的仲裁裁决迟早会通过各种渠道进入公众视野，例如仲裁裁决案例汇编、法院案例汇编、学者研究、仲裁案件亲历者所透露出来的信息等。其次，具体的仲裁规则也未坚持保密性原则的绝对化。例如《上仲规则》第45条第3款规定："开庭审理不公开进行。当事人及其代理人、证人、仲裁员、仲裁庭咨询的专家或指定的鉴定人、仲裁委员会的有关人员，均负有保密义务，不得对外界透露案件实体和程序进行的情况，但法律另有规定的除外。"① 《中国国际经济贸易仲裁委员会仲裁规则（2015 版）》（简称《贸仲规则》）第 38 条规定："（一）仲裁庭审理案件不公开进行。双方当事人要求公开审理的，由仲裁庭决定是否公开审理。（二）不公开审理的案件，双方当事人及其仲裁代理人、仲裁员、证人、翻译、仲裁庭咨询的专家和指定的鉴定人，以及其他有关人员，均不得对外界透露案件实体和程序的有关情况。"② 《上仲规则》和《贸仲规则》都坚持了保密原则的例外性，两者最大的区别在于《上仲规则》坚持的法定例外原则，即"法律另有规定的除外"，而《贸仲规则》坚持的是意定例外原则，即"双方当事人要求公开审理的，由仲裁庭决定是否公开审理"。无论何种例外原则，都说明在我国仲裁实践中，保密性原则不是绝对性的，存在例外可能。这是仲裁裁决公开化，进而发挥仲裁裁决示范功能的重要依据。

在传统私法领域，对当事人意思自治的权能进行限制，主要是因为当事人的意思自治范围可能过度，超越了应当"自治"的范畴，对当事人以外的第三人或公共利益产生了某种不利影响。这是对当事人意思自治进行合理限制的理论依据。然而，这种"过度论"并不适用于对仲裁保密性原则进行限制，因为当事人遵守仲裁保密性原则并未对第三人或社会公共利益造成不利影响。对意思自治进行限制的传统论证方式仅仅关注到当事人行为的负外部性，即因为当事人的行为存在负外部性，所以要将负外部性所造成的成本内部化，由当事人自己承担，故应该对当事人的意思自治进行限制。事实上，当事人的私法行为除了可能会给第三人或社会带来负外部性，还可能给第三人或社会带来正外部性。③ 如果当事人的行为给第三人或社会带来了负外部性，其行为就应受限制；如果当事人行为给第三人或社会带来了正外部性，这种行为应该受到鼓励。仲裁裁决本质上是一份准司法裁决。商业团体或个人将会从这份裁决中找到自己的利益所在，因

---

①　上海仲裁委下属的上海金融仲裁院并没有制定独立的金融仲裁规则，而是适用《上仲规则》的规定。

②　中国国际经济贸易仲裁委员会虽然有独立的金融仲裁规则，但是在《中国国际经济贸易仲裁委员会金融争议仲裁规则（2015 版）》中并未规定保密规则，其第 26 条第 2 款规定："本规则未尽事宜，适用《中国国际经济贸易仲裁委员会仲裁规则》。"这说明，贸仲金融仲裁与一般仲裁遵循着相同的保密规则。

③　正外部性是指行为人实施的行为对第三人或公共的环境利益有溢出效应，但他人不必为此向带来福利的人支付任何费用，无偿地享受福利。

为裁决对自己未来如何行为提供确定的、可供参照的规则，这极大地促进了交易的便利性和安定性。就公众而言，公开仲裁裁决是一项具有正外部性的行为，值得鼓励。这意味着对当事人在仲裁保密性方面意思自治权能的限制也是有益的。[①]

缓和仲裁的保密性与规则的示范性之间的张力的可能性在于放弃绝对的仲裁保密性原则。这种改变的理论依据在于鼓励裁决公开化是具有正外部性的行为，有利于增进第三人或社会整体福利。

2. 互联网金融仲裁裁决公开的范围、限度与模式

（1）互联网金融仲裁裁决公开的范围。虽然社会公众能够享受到裁决公开所带来的正外部性收益，但是过度强调裁决公开可能会损害当事人的权益，危及仲裁的法理基础。因此，仲裁裁决的公开必须有一定的范围和限度。

金融仲裁裁决公开的范围是指金融仲裁保密性原则或规则具体覆盖的范围。在将金融仲裁保密性的射程范围进行清晰界定之后，不在界定范围之内的内容自然可以被公开化。自 20 世纪 90 年代以后，理论界及实务界对仲裁保密性的争论集中于保密性的指向范围究竟是仲裁裁决本身，还是包含最终结果在内的整个裁决过程，抑或仅仅是指仲裁裁决的推理过程。根据《上仲规则》第 45 条和《贸仲规则》第 38 条规定可知，仲裁保密性的范围为"案件实体和程序进行的情况"或"案件实体和程序的有关情况"。这说明凡是与仲裁有关的程序性或实体性事项都应受保密性规则的限制。但是这两条规则分别在本条之后对保密性规则做了例外性规定。从保密性例外条款的内容来看，仲裁的程序性内容和实体性内容均属于例外的范畴。因此，金融仲裁裁决公开的范围既可能是实体性的内容，又可能是程序性的内容。然而，在通常情况下，程序性内容并不直接影响当事人的实体权利义务；实体性内容关乎当事人之间的权利义务分配，它对当事

[①] 对于仲裁裁决是否予以公开的讨论已经有很多。赞成公开的理由主要有：法律发展的需要、增强仲裁的确定性和可预测性、保证仲裁裁决的一致性、增强仲裁裁决的合法性、发挥仲裁裁决的培训和教育作用、有利于提高仲裁裁决的质量、保证仲裁的中立性、提高仲裁员和仲裁机构的声誉、平等对待当事人等。反对仲裁裁决的主要观点有：侵蚀仲裁制度的根基、不利于保护商业秘密、增加额外的时间和金钱成本、违反了仲裁建议裁判的特性、对当事人声誉造成不利影响、既存的文献等出版物已经可以满足公开化的要求、仲裁机构面临新的风险等。See Elina Zlatanska. To Publish, or Not to Publish Arbitral Awards: That is the Question. *The International Journal of Arbitration*, *Mediation and Dispute Management* (2015), No.81, pp.28 - 34. 笔者无意重复这种正反观点竞赛式的罗列，而是从全新的、经济学的角度给出支持仲裁裁决公开化的理由。

人行为模式产生决定性影响。综观各类监管的本质，核心内容是设定被监管对象的权利义务构架和尺度。所以，需要被公开的裁决内容应该是那些最能反映当事人权利义务分配的部分，即实体性内容。

被公开的仲裁裁决的实体性内容应该包括哪些要素呢？指导性案例制度中的某些做法和观点能够为此提供有益的参照。

有学者认为，与传统司法推理的三段论模式不同的是，指导性案例制度下的推理模式修正为"大前提＋指导性案例、小前提、结论"。"指导性案例"可以成为其后裁判大前提的要素有裁判要点、裁判理由、基本案情和裁判结果。在具有准司法性的金融仲裁中，仲裁庭和法庭都遵循相同的三段论推理模式。如果说先裁决能够成为其后裁决的大前提的话，[①] 那么，互联网金融仲裁的具体推理模式也应被修正为"大前提＋示范性裁决、小前提、结论"。相应地，"示范性裁决"的裁决要点、裁决理由、基本案情和裁决结果都是其后裁决所应考虑的大前提的规则来源。这样，互联网金融仲裁裁决公开的范围包括基本案情、裁决理由、裁决要点和裁决结果。

（2）互联网金融仲裁裁决公开的限度。互联网金融仲裁裁决公开的范围主要集中于基本案情、裁决理由、裁决要点和裁决结果等实体性的内容。这些内容的公开限度又是什么呢？诉讼可以是一个有益的参照。诉讼与仲裁最关键的区别在于，诉讼是一个强制性的公开程序，而仲裁则是一个以当事人合同自治为基础的合意程序。[②] 这个区别决定了诉讼的特点是

---

　　① 指导性案例能否成为后续案件的大前提的规则来源并不成为一个问题。因为我国的指导性案例都是由最高人民法院发布，其具有类似于司法解释的功能。《最高人民法院关于案例指导工作的规定》（2010 年）第 7 条规定："最高人民法院发布的指导性案例，各级人民法院审判类似案件时应当参照。"而示范性仲裁裁决能否成为其后裁决大前提的规则来源则须进一步辨明。因为各个仲裁机构相互独立，互不隶属，其后裁决的仲裁机构没有动力将先前的裁决作为自己裁判的参照点，这也就意味着其后的仲裁庭可能不会将先前的仲裁裁决纳入自己断案的大前提范畴之内。前述理论推演的确能够自圆其说，但是现实中并非如此。因为仲裁中"同案不同裁"的情况危及仲裁的公正性和市场接受度，所以仲裁机构也都在想方设法地解决"同案不同裁"的问题。在现实中，为了保证裁判的一致性，主要有两种做法：其一，仲裁员把关，即仲裁机构一般会尽量把同一类案件只给一个仲裁员进行裁决；其二，办案秘书把关，即办案秘书会注意裁决是否漏裁，裁决中所使用的证据是否与开庭时提到的一致。如果案件属于串案，秘书还会注意是否同一类纠纷采取相同的裁决方式。而且，有些仲裁机构会让仲裁秘书来撰写裁决书。参见陈福勇：《未竟的转型：中国仲裁机构现状与发展趋势的实证研究》，法律出版社 2010 年版，第 113、192 页。

　　② 参见英国高等法院法官 William Blair 2015 年 4 月 6 日在上海交通大学凯原法学院所作的演讲，演讲题目为：International Financial Dispute Resolution：Relationship between the Courts and Arbitration —— the London Experience（《国际金融争议解决——法院与仲裁关系的伦敦经验》）。引述内容根据笔者会议记录。

以公开性为原则，以保密性为例外；而仲裁的特点是以保密性为原则，以公开性为例外。因此，从可量化的角度来看，仲裁裁决不公开的内容应占整个裁决内容的50％以上，只有这样才不会违反仲裁保密性原则。但是仲裁裁决的这种公开限度标准的致命缺陷是不具有可操作性，我们难以对仲裁裁决的内容进行数字化赋权，所以，前述限度标准的意义仅在于从理论上或感观上加深我们对仲裁保密性与公开性之间的关系的认知。在仲裁实践中，可操作性的公开限度标准是什么？回答这一问题之前，有必要追问：当事人为什么不愿意将裁决公开？是因为当事人担心公开裁决将有损于自己的商业秘密和商业声誉，所以公开仲裁裁决的限度也就在于公开的内容（包括基本案情、裁决理由、裁决要点和裁决结果）不应损害当事人的商业秘密和商业声誉。

（3）互联网金融仲裁裁决公开的模式。在互联网金融仲裁裁决公开的过程中，不损害当事人的商业秘密和商业声誉的做法可以是将仲裁裁决的基本案情、裁决理由、裁决要点和裁决结果中的个人化信息进行"去身份化"和"匿名化"处理，即通过一定的技术手段，打破当事人与被公开的裁决之间的一一对应关系，切断或粉碎裁决被对应还原的可能性。现实中，由于仲裁裁决推理的"大前提"规则并不完善，作为"小前提"的案件事实也多种多样，所以仲裁庭在制作具体的、被公开的裁决时，极有可能有意或无意地披露涉及当事人商业秘密和商业声誉的内容。为了防止这一弊端出现，有必要统一仲裁裁决的公开模式。

目前，国际仲裁法学界关于仲裁裁决公开模式，主要有四种观点：自动机制（Automatic Mechanism）、① 统一裁决模式（Uniform Award Template）、② 负

---

①　这种建议的具体做法是，由当事人自主甄别出哪些是其不愿意公开的保密性信息，然后仲裁员据此作出两份裁决：一份是包含保密信息的裁决，另一份是经过特殊处理而不包含保密信息的裁决，前者将被递交给当事人，后者将被自动公开。这种机制的好处是，它是一种双层设计。当事人将会参与到机制的运作中来，由其自主决定哪些内容可以公开，哪些不可以公开；仲裁员（而非仲裁机构的行政人员）根据当事人的意愿来修改仲裁裁决，将根据当事人意愿修改后的仲裁裁决予以公开。但问题是，这一机制将会增加仲裁的经济成本和时间成本，最为重要的是谁将为这些额外的成本买单。

②　该建议认为，所有的仲裁裁决都应该包含如下三个部分：（1）案件事实描述；（2）争议；（3）理由及决定。采用了这种统一的裁决模式，将会构建一个快速、高效的仲裁裁决基础设施，因为这将帮助仲裁员更容易地保护当事人的利益及敏感信息。如同自动机制一样，当事人可以在仲裁裁决公开之前拿到裁决书文本，他们可以对照着文本提出更多的看法和要求。这种方式可以解决自动机制中的额外费用成本和金钱成本的问题。但问题是，很难想象让全世界所有的仲裁员都运用这种模块化的裁决模型是可行的，因为不同的仲裁员在行文风格方面都有极大不同。

责仲裁裁决出版的常设机构①以及在线信息系统模式（Online Information System）。② 这四种机制都是面向国际仲裁裁决公开化的建议，对构建我国互联网金融仲裁裁决公开制度具有启示意义。

这四种仲裁裁决公开的模式各具利弊，但采用"统一裁决模式"更为可行。因为统一裁决模式克服了其他三种机制所面临的时间成本和金钱成本问题，同时赋予当事人对裁决被公开的内容方面较大的选择权和决定权。统一裁决本身所面临的问题是：让全世界所有的仲裁员都运用这种模块化的裁决模型缺少可行性，因为不同的仲裁员在行文风格方面都有很大不同。然而，不论是仲裁员的行文风格差异有多大，他们都不可能绕开仲裁案件的事实、争议、理由及决定。这些仲裁裁决中恒定不变的因素，正是对仲裁裁决模式进行均一化处理的装置。可以预见的是，所有的互联网金融仲裁裁决都应该包含以下四个部分：① 案件事实；② 争议；③ 理由；④ 决定。当事人可以在仲裁裁决公开之前拿到裁决书文本，可以对照着文本提出更多的看法和要求，仲裁庭根据当事人的要求进一步将前述信息去身份化，然后将其公布。

3. 被公开的互联网金融仲裁裁决依据、来源及制作主体

（1）被公开的互联网金融仲裁裁决依据如下。

① 当事人约定的重要地位。不管是哪一个仲裁机构作出的仲裁裁决都可以作为先例性裁决被公示。问题是，在具体的先例性裁决中，仲裁庭做出裁决的依据是什么。从仲裁实践来看，仲裁与诉讼遵循着相同的法律适用原则，即当事人有约定从约定，无约定从习惯，无习惯从法律。③ 这一法律适用原则告诉我们，被公开的仲裁裁决的依据是当事人约定、交易习

---

① 这一模式的主要构想是通过修改《纽约公约》或者各国重新缔结一个新的公约，来创设一个专司仲裁裁决保存、统计、管理、出版等工作的常设机构。这一模式太过理想化，因为新的国际条约的议定、签署以及对《纽约公约》修订将耗时良久。而且，很难想象《纽约公约》的缔约国会同意改变现有的文本。这种解决方式所带来的新问题可能远远多于其所能解决的问题。例如哪一国家是这一机构的所在国？谁对这一机构具有管理权？机构的运作经费由谁支付？谁可以成为机构的员工？员工的薪酬由谁支付？等等。See Shen Wei，*Rethinking the New York Convention —— A Law and Economics Approach*，Cambridge：Intersentia，2013.

② 该模式是指仲裁裁决公开可以通过网络在线的方式实现，就如同联合国贸易法委员会，通过在线公开的方式进行传播，在线公开的主体就是各个仲裁机构。但是这一模式仍然未能解决不同仲裁裁决呈现碎片化的特征，因为不同的仲裁机构所作出的裁决不同，即便其裁决将会公布，但是这将使得仲裁裁决进一步多样化和分散化，与在先的仲裁裁决解释和适用规则统一化的努力背道而驰。

③ 这一法律适用原则的依据是《合同法》第 61、62 条的规定。

惯和法律规定。因为互联网金融是新生事物，并不存在能够直接适用于互联网金融纠纷的法律规定，而且交易习惯和互联网金融惯例的形成需要时日。当前的互联网金融实践中并未形成有效的行业惯例，所以当事人的约定就成为互联网金融仲裁最为重要的裁决依据。

②"以合法形式掩盖非法目的"条款的适用。作为理性经济人的当事人在约定具体的合同规则时，往往具有突破既有法律规则限制的冲突，进而寻求利益最大化。从法学研究的角度来看，作为金融创新重要表现的互联网金融的发展过程实际上是金融创新主体进行法律规避、追求监管套利、不断突破既有监管规则的过程。改革开放以来，我国的经济法制建设，一直都遵循着渐进的实用主义理性，监管层有意无意地默许了新的经济形态对既有法制的挑战与僭越。在社会利益的分化和各阶层合作式的法团主义权力运作的前提下，以规范和制度的潜在多样性为理论依据，在一定的时间和空间的范围内发挥着加强论证性对话的作用。通常的逻辑是，新的经济形态、业务模式挑战或回避了既有的法律监管规定，当这种新的经济模式规避监管模式形成了一定的规模之后，国家就将这种处于灰色地带的规则吸收至正式的规则体系之中，进而也就完成了经济规则的升级换代。

从我国经济法制对待新事物的实用主义态度来看，互联网金融所蕴含的监管套利和法律规避也会得到监管层的默许。即便如此，如果司法实践中真的出现了互联网金融法律纠纷，仲裁庭又应该如何应对呢？在面对具有创新因素或者不确定因素的互联网金融案件时，《合同法》第52条第3款的规定，以合法形式掩盖非法目的最有可能成为仲裁包治百病的万能条款。因为互联网金融业态或多或少都具有"以合法形式掩盖非法目的"的表面形态，仲裁庭从自身风险最小化的角度出发，最为保险的做法就是将互联网金融纠纷纳入"以合法形式掩盖非法目的"条款项下进行解决，而这一简单的司法认定将成为金融创新的杀手利器。从促使具有创新性的金融司法规则的角度来说，仲裁庭在适用"以合法形式掩盖非法目的"条款时，应充分利用本条款所暗含的自由裁量权，对法律行为的法效意思和目的意思进行区别对待，多利用目的解释方法对该条款的内涵进行扩充或限缩，为金融创新留下空间。

（2）被公开的互联网金融仲裁裁决来源。既然仲裁裁决要发挥示范效应，那么必然至少有一份裁决是被后续裁决实践所参照的对象，这涉及确定"吃螃蟹"的裁决作出机构，即仲裁裁决来自哪个具体的仲裁机构。笔者认为，在选取"吃螃蟹"的仲裁机构时，主要考虑的因素有：仲裁机构所在地互联网金融纠纷市场的发育程度、市场体量大小、纠纷多少、仲裁机构每年受理互联网金融纠纷数量、裁决率、调解率、执行率、仲裁员和办案秘书的业务水平等。市场发育程度高、市场体量大、纠纷多、收案多、裁决率高、调解率低、执行率高仲裁员和办案秘书业务水平高的仲裁机构得分高，反之则低，综合得分较高的仲裁机构所作出的裁决即具有较强的示范性。从目前我国互联网金融发展的实践来看，可能的备选仲裁机构主要集中于北京、上海、深圳、杭州、广州等地。① 所以，北京、上海、深圳、杭州、广州等地的仲裁机构所作出的互联网金融仲裁裁决书应该是我们重点关注的对象，示范性裁决也主要来自这些地区的仲裁机构。

（3）公开裁决的制作主体。正是因为规则自然生长的路径具有不确定性、分散化的特征，所以需要有一个特定的主体来负责制作示范性的仲裁裁决。如果我国存在全国性的仲裁协会，那么自然应该由中国仲裁协会来负责示范性裁决书的制作、公示、出版等工作。由于我国在短时间内建立全国性的仲裁协会基本是不可能的事，② 所以制作示范性仲裁裁决的主体也就不会是全国性的仲裁协会。笔者认为，我国有权部门可以积极促使北京、上海、深圳、杭州、广州等互联网金融发达地区的仲裁机构建立起区域性的互联网金融仲裁裁决公开工作协调机制，由这一组织来负责制作和发布指导性金融仲裁裁决，以指导互联网金融及其仲裁实践，进而对其他地区的互联网金融及其仲裁起到先例性的示范作用。这一建议具有可行性和可操作性，因为我国仲裁机构是在法制办的指导和干预下逐步发展起来的，很多仲裁机构的领导都是由法制办的领导兼任，法制办对仲裁制度的

---

① 以 P2P 行业为例，网贷之家对我国将近 2 000 家 P2P 网贷平台的综合情况（包括发展指数、上线时间、所在城市、成交量、人气指数、杠杆率、分散度、流动性和透明度）进行了评估排名，影响力较大的 P2P 平台主要集中于北京、上海、深圳、杭州、广州等地。其中前 100 名中，有 30 家 P2P 平台位于北京、20 家平台位于深圳、14 家平台位于上海、6 家平台位于杭州、5 家平台位于广州。这些城市正是互联网金融业较为发达的城市。参见 http：//www. wangdaizhijia. com/pingji. html，最后访问日期：2016 年 6 月 24 日。

② 在缺乏仲裁协会的情况下，中国的仲裁事业仍然能够取得长足发展，这在一定程度上说明有无仲裁协会并不影响仲裁事业的发展，即全国性的仲裁协会可有可无。由此可以推断，在我国仲裁事业顺利发展的情况下，设立仲裁协会的可能性就更小了。

发展有着至关重要的影响。而法制办本身所具职能，刚好可以负责仲裁裁决的制作、公示、出版等工作。以国务院法制办为例，其职能之一就是"负责及时清理、编纂行政法规，编辑国家出版的法律、行政法规汇编正式版本"。地方法制办也存在类似的规范性文件编纂、编辑、汇编、出版工作。正是因为法制办所具有的这种功能及其与仲裁的密切关系，可以在法制办的基础上组建一个多地仲裁裁决公开的协调机制，这个机制也仅仅是在原班人马的基础上做了新的协调与任务分工，并不会增加或过度增加办公成本。

（四）结语

在互联网金融监管规则荒芜的时代，互联网金融仲裁是促进互联网金融监管规则生成的一条可行路径。互联网金融仲裁的法理基础在于意思自治，这为仲裁庭或仲裁员发现、顺应和实现当事人的预期提供了理论依据。这一理论基础既符合规则自生论的内在逻辑，也有利于维持和促进金融创新。通过对互联网金融仲裁裁决的公开，可以起到对今后互联网金融纠纷解决以及互联网金融营业实践的规则指导作用。这极有可能是互联网金融监管规则形成的路径。

第四节　上海金融法院和金融
纠纷解决机制①

（一）引言

2009 年 4 月国务院在《关于推进上海加快发展现代服务业和先进制造业建设国际金融中心和国际航运中心的意见》中明确要求："完善金融执法体系，建立公平、公正、高效的金融纠纷审理、仲裁机制，探索建立上海金融专业法庭、仲裁机构。"② 中央全面深化改革委员会第一次会议

---

① 本节部分内容发表于沈伟：《法与金融理论视阈下的上海金融法院：逻辑起点和创新难点》，《东方法学》2018 年第 5 期。

② 国务院《关于推进上海加快发展现代服务业和先进制造业建设国际金融中心和国际航运中心的意见》（国发〔2009〕19 号）。

于 2018 年 3 月 28 日通过《关于设立上海金融法院的方案》，决定在上海设立金融法院。十三届全国人大常委会第二次会议于 4 月 27 日表决通过《全国人民代表大会常务委员会关于设立上海金融法院的决定》（简称《决定》），决定在上海设立金融法院，并由上海市高级人民法院根据授权承担具体设立工作。[①]

根据《决定》要求，上海金融法院将专门管辖设立之前由上海市中级人民法院管辖的金融民商事案件和涉金融行政案件。上海金融法院第一审判决和裁定的上诉案件，由上海市高级人民法院审理。上海金融法院审判工作受最高人民法院和上海市高级人民法院领导，受人民检察院法律监督。[②]

从国际金融市场发展看，中国金融业的运行机制和监管体制必须与国际接轨。国际金融纠纷解决趋势，特别是后发国家的金融审判机制创新对于深入理解上海金融法院具有借鉴意义。本节以法与金融理论为起点，以法律制度与金融发展的关系为视角，认知上海金融法院制度设计的法理逻辑；结合国内金融市场发展需求和现有法治环境，以金融纠纷的属性为着眼点，分析上海金融法院的内生动力；以后发国家金融法治建设实践为参照，论证设立上海金融法院的国际竞争维度，并在理论和现实分析的基础上探讨上海金融法院管辖权等方面的创新难点。

（二）上海金融法院建设的理论基础：法与金融的理论框架

包括立法、司法、监管、执法在内的法律制度与金融、经济发展的相互关系一直是法学界和经济学界争论的重要议题。新制度经济学将成本—收益分析框架延伸到制度领域。罗纳德·科斯通过研究发现，投资、技术和制度是经济增长的三大变量，制度是促使技术进步和投资增长的重要因素，[③] 在交易费用大于零时，产权和制度安排会影响经济增长。[④]

---

① 新华社："习近平主持召开中央全面深化改革委员会第一次会议"，http：//www.xinhuanet. com/politics/2018-03/28/c_1122605838. htm? baike，最后访问日期：2018 年 4 月 14 日。

② 新华社："习近平主持召开中央全面深化改革委员会第一次会议"，http：//www.xinhuanet. com/politics/2018-03/28/c_1122605838. htm? baike，最后访问日期：2018 年 4 月 14 日。

③ Eirik G. Furubotn and Rudolf Richter. *Institutions and Economic Theory*. MI：University of Michigan Press 1997，pp.31 - 33.

④ Lance E. Davis and Douglas C. North. *Institutional Change and American Economic Growth*. Cambridge：Cambridge University Press 1971.

20 世纪 90 年代中后期，法律金融学作为新兴交叉学科逐渐兴起，法律和经济学者着力研究法律金融理论，运用经济学和计量经济学分析工具分析金融法问题，推动法学和金融学的融合。[①] 美国四位经济学家拉波特、西拉内斯、施莱佛和维世尼（La Porta，Lopez-de-Silanes，Shleifer and Vishny，并称 LLSV）在 1997—1998 年通过实证研究方法创造性地提出"指标量化法"以衡量一国股东权利保护程度，比较分析不同法系国家间股权集中程度，进而衡量和比较不同国家的金融市场强弱程度，发表了《法律与金融》[②] 一文，开创"金融与法律"研究的先河。[③]

以 LLSV 研究为基础的法和金融理论有微观和宏观两个维度。微观法律金融理论主要关注法律和投资者保护程度之间的关系，认为投资者保护程度越高，企业绩效越好，公司价值越高。[④] 法律传统在投资者保护方面的作用并非一成不变，而是市场主体的行为及其策略性反应之间互动的过程，法律和市场之间也存在着一种螺旋式上升关系。[⑤] 宏观法律金融理论则研究法与金融发展、法系与金融发展、法律移植、法律起源与金融发展、投资者保护、债权保护与金融发展等更为宏大的主题。[⑥] 这一理论提出了金融发展的"法律重要"或"制度重要"[⑦] 论，认为制度环境决定金融效率，[⑧] 进而决定金融市场的发展。法律制度的不断完善会促进金融中介的增长和金融市场效率的提高，从而有助于金融市场的竞争和深化。[⑨]

---

① 张建伟：《法律、投资者保护与金融发展——兼论中国证券法变革》，《当代法学》2005 年第 5 期。

② Rafael La Porta，Florencio Lopez-de-Silanes，Andrei Shleifer & Robert Vishny，"Law and Finance"，The Journal of Political Economy (1998) 106 (6)，pp.1113–1155.

③ 缪因知：《法律与证券市场关系研究的一项进路——LLSV 理论及其批判》，《北方法学》2010 年第 1 期。

④ 张建伟：《法律、投资者保护与金融发展——兼论中国证券法变革》，《当代法学》2005 年第 5 期。

⑤ Michael Dorf & Charles Sabel. A Constitution of Democratic Experimentalism. *Columbia Law Review*，(1998) 98 (2)，pp.267–473.

⑥ 余保福：《法律、金融发展与经济增长：法律金融理论研究述评》，《财经理论与实践》2005 年第 136 期。

⑦ Joseph Alois Schumpeter. *A Theory of Economic Development*. Cambridge，MA：Harvard University Press 1911；Robert G. King & Ross Levine. Finance and Growth：Schumpeter Might Be Right. *Quarterly Journal of Economics*，1993 (108)，pp.717–738；Raghuram G. Rajan & Luigi Zingales. Financial Dependence and Growth. *American Economic Review*，1998 (88)，pp.559–586.

⑧ 宾国强、袁宏泉：《法律、金融与经济增长：理论与启示》，《经济问题探索》2003 年第 5 期。

⑨ 皮天雷：《转型经济中法律与金融的发展》，《财经科学》2007 年第 7 期。

有效率的经济组织和制度变迁是经济增长的关键。制度变迁的重要原因之一是节约交易成本，减少交易的负外部性，提高制度效益，[①] 进而促进经济增长和社会发展。[②] 法律制度作为一项制度安排，对交易安全和交易利益的保护至关重要。有效的法律制度有利于降低代理成本和金融市场运行成本，维护金融市场的契约自由和诚实信用，[③] 并决定了一个法域金融市场发展的广度和深度。[④] 例如，对投资者利益的法律保护程度越高，社会资本将越会投向市场中效率更高的企业。因此，良好的法律保护不仅使资本得到更有效率的配置，而且有利于金融市场的健康发展。[⑤] LLSV 实证研究的基本观点是，法律体系对投资者利益的有效保护有助于金融市场的

[①] Douglass C. North. *Institutions*, *Institutional Change and Economic Performance*. Cambridge: Cambridge University Press 1990; Douglass C. North. *Understanding the Process of Economic Change*. Princeton University Press 2005.

[②] 叶凡、刘峰：《方法·人·制度——资本结构理论发展与演变》，《会计与经济研究》2015年第1期。

[③] 普通法系国家的金融市场通常具有以下特征：① 市值更高的股票市场；② 人均更多的上市公司数量；③ 人均更多的 IPO 数量；④ 更大的借贷市场。保护投资者有利于企业筹集资金，从而金融市场比较发达。参见冯旭南：《法律、经济转轨和金融发展——法和金融学研究综述》，《当代会计评论》第4卷第1期。研究表明投资者保护与股票市场效率之间存在相关性。在对投资者权利法律保护较好的条件下，股价变动的同步性比较低，股价变动反映公司具体信息的有效性就越高，股票市场的效率就比较高。Randall Morck, Bernard Yeung and Wayne Yu. The Information Content of Stock Markets: Why Do Emerging Markets Have Synchronous Stock Price Movements. *Journal of Financial Economics* (2000) 58, pp.215 - 260.

[④] Rafael La Porta, Florencio Lopez-de-Silanes, Andrei Shleifer & Robert Vishny. Legal Determinants of External Finance. *Journal of Finance* (1997) 52, pp.1131 - 1150; Rafael La Porta, Florencio Lopez-de-Silanes, Andrei Shleifer & Robert Vishny. Law and Finance. *Journal of Political Economy* (1998) 6, pp.1113 - 1155; Rafael La Porta, Florencio Lopez-de-Silanes, Andrei Shleifer & Robert Vishny. Investor Protection: Origins, Consequences, Reform. available at http://www. worldbank. org/finance/assets/images/Fs01 _ web1. pdf; Rafael La Porta, Florencio Lopez-de-Silanes, Andrei Shleifer & Robert Vishny. Investor Protection and Corporate Governance. *Journal of Financial Economics* (2008) 58, pp.3 - 27; Rafael La Porta, Florencio Lopez-de-Silanes & Andrei Shleifer. What Works in Securities Laws?. *The Journal of Finance* (2006) 61 (1); Bernard Black. Is Corporate Law Trivial? A Political and Economic Analysis. *Northwestern University Law Review* (1990) 84, pp. 542 - 565; John C. Coffee, Jr.. Privatization and Corporate Governance: The Lesson form Securities Market Failure. *The Journal of Corporation Law* (1999) 25 (1) pp.1 - 39; John C. Coffee Jr.. The Rise of Dispersed Ownership: The Roles of Law and the State in the Separation of Ownership and Control. *Yale Law Journal* (2001) 111, pp.1 - 82. Thorsten Beck and Ross Levine. Legal Institutions and Financial Development, in Claude Menard & Mary Shirley (eds), *Handbook of New Institutional Economics*, Heidelberg: Springer, 2008, pp. 251 - 278; Edward Glaeser and Andrei Shleifer. Legal Origins. *Quarterly Journal of Economics* (2002) 117, pp.1193 - 1222.

[⑤] Jeffrey Wurgler. Financial Markets and the Allocation of Capital. *Journal of Financial Economics* (2000) 58 (1 - 2), pp.187 - 214.

发展和经济长期增长。① 这一成果得到大多数学者认可。②

1. "法律重要"论和投资者保护

LLSV 研究发现投资者保护机制来源于法律及其执行的实效性，不同法系对投资者和产权保护的程度具有系统性差异。

（1）不同法系对投资者保护的程度不同。LLSV 比较了不同法律传统中法律实施质量和会计准则等具体微观指标，证实投资者保护程度等不同变量与股票市场规模、资本市场发达程度和金融市场深度之间存在正相关关系，③ 进而得出结论：金融市场发展水平和模式的差异取决于该法域法律和法制对投资者保护及有效实施的程度。④ LLSV 研究了 49 个国家在股东和债权人保护方面的有关规定，通过建立各国股东和债权人权利指数衡量各国在投资者保护方面的规则差异，发现普通法系国家对投资者和债权人的保护更为完善。

具体来说，LLSV 把样本国家分为英美普通法、德国民法、法国民法和斯堪的纳维亚法四类，发现在投资者保护方面，普通法系对投资者保护最强，德国民法和斯堪的纳维亚法体系居中，而法国民法体系最弱。⑤ 首先，股权集中度与小股东保护程度有一定的相关性。大公司的股份所有权集中程度与投资者保护负相关，在股东权利不受保护的国家，多元化的小股东未能发挥重要作用。⑥ 就投资者保护与股权集中程度而言，法国法系国家的股权集中度最高，平均为 55%（哥伦比亚、希腊为 68%；墨西哥为 67%；巴西为 63%）。其次，投资者保护较好的国家，资本市场融资规模占 GDP 的比例最大，而法国民法法系国家的资本市场规模最小。不仅

①　张建伟：《比较法视野下的金融发展——关于法律和金融理论的研究述评》，《环球法律评论》2006 年第 6 期。

②　实证研究表明，在对政治环境特征指标和资源禀赋进行控制后，法系渊源可以很好地解释国别金融市场发展的差异。Thorsten Beck, Asli Demirguc Kunt & Ross Levine. Law, Endowments and Finance. *Journal of Finance Economics* (2003) 70，pp.137 - 1811. 在对文化宗教因素进行控制后也是如此。René M. Stulz & Rohan Williamson. Culture, Openness and Finance. *Journal of Finance Economics* (2003) 70 (3)，pp.313 - 349.

③　张建伟：《法律、投资者保护与金融发展——兼论中国证券法变革》，《当代法学》2005 年第 5 期。

④　张建伟：《比较法视野下的金融发展——关于法律和金融理论的研究述评》，《环球法律评论》2006 年第 6 期。

⑤　宾国强、袁宏泉：《法律、金融与经济增长：理论与启示》，《经济问题探索》2003 年第 5 期。

⑥　Rafael La Porta, Florencio Lopez-de-Silanes, Andrei Shleifer & Robert W Vishny. Law and Finance. *Journal of political economy* (1998) 106 (6)，pp.1113 - 1155.

如此，各国金融市场的表现也存在差异。以上市公司覆盖率为例，平均每百万英国人有 36 家上市公司，每百万美国人有 30 家上市公司；而每百万法国人只有 8 家上市公司，德国人只有 5 家。就上市公司市值占 GDP 比重而言，英美两国上市公司总市值不低于本国 GDP 的规模，欧陆国家却只占 35％左右。再次，投资者保护水平和债务市场也有类似关系。就债务占 GDP 的比例而言，法国民法法系国家为 45％，北欧国家为 57％，普通法系国家为 68％，德国民法法系国家为 97％，拉美国家只有 29％。以此推断，德国民法法系国家对债权人保护程度较高，银行等间接融资是企业融资的重要方式，较强的债权人保护制度也为德国全能银行制度（Universal Banks）的成型提供了制度土壤。少数股东获得较好保护的国家，控股股东有较高现金流所有权（Cashflow Ownership），公司价值更高。①

法律对股东和债权人保护的差异对金融市场的发展产生很大影响，直接造成了金融结构的差异，形成了以银行为主要中介、以信贷为主导融资规模式的"银行主导型金融体系"和以证券市场直接融资为主要方式的"市场主导型金融体系"。② 前者，银行作为间接融资的中介在动员储蓄、配置资金、公司治理和风险管理中扮演主要角色；后者，证券市场是企业融资的主要渠道。英美的金融市场是市场主导型，而德、日、法的金融市场是银行主导型。德国、日本和法国银行主导的借贷市场在金融市场的占比较大，美国和英国的证券和债券市场相对值更大。在市场主导型的金融市场里，企业的短期利润压力更大，因为股东和债券持有者对自己拥有或者投资企业的投入与银行相比更有限，③ 股东只承担有限责任，而银行通过契约或抵押等安排对借款的企业有更多约束性投入。

投资者保护法律制度和投资者需求之间存在交互作用。保护小股东的法律是普通法系司法发展的结果。投资者在制度发展过程中获得相当程度的保护，进而积累了推动相应法律规则制定的能力，使其权利得到更为有效的保护。以美国为例，美国公司法最重要的法律渊源是特拉华州公司法。特拉华

---

① Rafael La Porta, Florencio Lopez-de-Silanes, Andrei Shleifer & Robert W Vishny. Investor Protection and Corporate Valuation. *Journal of Finance* (2002) 57 (3), pp.1147–1170.

② Ross Levine. Bank-based or Market-based Financial Systems: Which is Matter? *Journal of Financial Intermediation* (2002) 11, pp.1–30; Franklin Allen, Douglas Gale. *Comparing Financial Systems*. MIT Press 2001, pp.3–25.

③ Ha-Joon Chang. *Economics: The User's Guide*. London: Penguin Books 2014, pp.287–288.

州是美国众多上市公司的注册地，该州的公司法对美国其他州的公司法有重要的示范作用。特拉华州的公司法以不确定性而著称于世，这一特性使其成为美国公司法修改的中心。但是，特拉华州又拥有一套设计精良的案例法体系，数量众多的公司法案例构成了该州的公司法案例系统，这在一定程度上弥补了其公司法的不确定性。[①] 有着不确定性的公司立法和有着相对确定性的案例法系统[②]很好地平衡了法的确定性与现实易变性的关系。在这一独特的设计中，法院发挥了很大的作用。在一般经验中，立法是实现法确定性的基石，案例则是实现法灵活性的途径。对后发国家而言，政府强力推动的"诱致性变迁"也是可行的路径，[③] 司法在其中的作用不可或缺。司法体系对投资者的产权保护可以有机制性倾斜，进而形成有效的产权保护制度和投资牵引。

　　LLSV 理论也饱受批评，例如数理研究方法缺陷、[④] 与诸多国家发展事实不完全契合、[⑤] 法律的重要性被夸大或扭曲、[⑥] 对法律移植过程重要性

[①] 王佐发：《重思"特拉华迷思"》《西南政法大学学报》2011 年第 1 期。

[②] 罗培新：《特拉华州公司法的神话与现实》，《金融法苑》2003 年第 4 期。

[③] 缪因知：《法律与证券市场关系研究的一项进路——LLSV 理论及其批判》，《北方法学》2010 年第 1 期。

[④] 有学者指出，LLSV 研究中存在的最根本问题是："第一，罔顾具体法律规则生成的社会背景，将公司治理制度抽象为纯粹的技术规则，认为其可以随便地移植和转让；第二，在为指标赋值的过程中，只看到法律的纸面规则，却忽视了法律作用于市场的动态过程。有些规则虽然言之凿凿，但实际上可能被虚置，而另外一些不成文的规则却发挥着重要作用。这两类规则均极难赋值。"参见缪因知：《法律与证券市场关系研究的一项进路——LLSV 理论及其批判》，《北方法学》2010 年第 1 期。学者批评 LLSV 的研究方法存在"普通法偏爱"倾向。参见李荣林、阮铃雯：《法与金融理论面临的挑战》，《天津师范大学学报（社会科学版）》2006 年第 4 期。

[⑤] 科菲在考查美国和英国公开证券市场的发展历史后发现，尽管美国和英国在 19 世纪末并没有为中小投资者提供有力的法律保护，但成功发展了发达的证券市场。法律变革总是滞后而非领先于金融发展，金融发展实践是因，法律变革是果。LLSV 范式的因果关系则相反。See John C. Coffee, Jr.. The Future as History: The Prospects for Global Convergence in Corporate Governance and its Implications. *Columbia Law School Center for Law and Economic Studies Working Paper*, (1999), No.144.

[⑥] 柴芬斯对英国证券市场的历史研究发现，制度在 20 世纪前期并没有为中小投资者提供良好的保护，法律对所有权和控制权结构发展的影响并不像 LLSV 所强调的那样重要。See Brian R Cheffins. Does Law Matter? The Separation of Ownership and Control in the United Kingdom. *Journal Legal Studies*, 2001 459 (30). 罗伊从政治学和法学的角度提出了对 LLSV 结论的质疑：一国政府是否愿意建立并发展资本市场这一政治因素是各国金融市场发展不同的重要原因，而非法系归属所导致。20 世纪 70 年代大陆法系国家的股市开始复苏，到 20 世纪末两大法系国家股市的发展趋向一致。See Mark J. Roe. Legal Origins and Modern Stock Markets. *Harvard Law Review* (2006) 120 (2), p.460. 虽然计量分析表明普通法系地区的金融市场和经济发展水平相对于大陆法系国家更高，但原因究竟是强有力的投资者保护，还是政府对市场干预的节制，抑或有效独立的司法，学界仍有争议。纯粹地以法系这样一个正在发展的概念取代复杂的法律、经济、社会、政治与历史的互动机制，似乎有过度简化之嫌。参见李清池：《法律、金融与经济发展：比较法的量化进路及其检讨》，《比较法研究》2007 年第 6 期；张勇：《法律还是社会规范：一个关于投资者保护的比较分析》，《经济社会体制比较》2006 年第 3 期。

的忽视、^① 法律作用于市场动态过程的偏颇以及^②政府管制对法律体系的补充作用被忽视,^③ 等等。以相同法律起源的英、美、澳、加等国为例,尽管都是普通法系国家,这些国家的股东中心主义和股东治理权也有实质性差异。LLSV 理论无法精细化地解释这些相同法律渊源国家的产权保护差别的制度机理。政治视角的研究指出,它们之间的差别与国家社会福利国家保障的水平有关。社会福利国家保障的水平低,公司治理体系承受更多来自利益攸关者的政治压力,承担更多的社会责任,股东中心主义的发展不够强劲。当公司和利益攸关者之间发生冲突,公司不愿意以股东利益为先,实质上承担了大量的社会政治费用。反之,如果雇员的社会福利可以通过外部监管实现,公众公司就得到了解放,可以更加专注于股东效益。^④但是,总体而言,LLSV 理论作为金融法的重要学说,其强调法律制度与产权保护之间、法律制度与金融市场之间存在多元且互为影响的复杂关系的基本结论,^⑤ 对特定法域金融市场的制度构建和法制建设仍有重要学理意义。

（2）保护投资者的法律机制。法律起源决定一国投资者的保护程度,而后者会影响该国金融市场和体系的成型与发展。融资方式和股权结构集中程度决定了公司治理结构,而公司治理结构影响公司表现和社会经济的整体发展。随着法制建设及实施,投资者保护力度逐步增强,原本依赖市场保护的风险溢价和交易成本降低,^⑥ 使投资者投资预期和投资欲望增强。法律对投资者保护的具体机制包括:改进公司治理结构、完善所有权结构和加强产权保护。^⑦

① 改进公司治理结构。LLSV 将公司治理定义为中小股东利益免受大

---

① 缪因知:《法律与证券市场关系研究的一项进路——LLSV 理论及其批判》,《北方法学》2010 年第 1 期。

② 罗培新:《走出公司治理的唯'美'主义迷思》,《中欧商业评论》2009 年 12 月。

③ 张钰新:《法律、投资者保护和金融体系的发展》,《经济评论》2004 年第 3 期;郁光华、邵丽:《论 LLSV 法律来源论的缺陷性》,《上海财经大学学报》(哲学社会科学版) 2007 年第 4 期。

④ 〔美〕克里斯多夫·M. 布鲁纳:《普通发票世界的公司治理:股东权力的政治基础》,林少伟译,法律出版社 2016 年版,第 283—284 页。

⑤ 胡继晔:《投资者及债权人法律保护的理论探讨与中国实践》,《中央财经大学学报》。

⑥ 沈艺峰、许年行、杨熠:《我国中小投资者法律保护历史实践的实证检验》,《经济研究》2004 年第 9 期。

⑦ 缪因知:《法律如何影响金融:自法系渊源的视角》,《华东政法大学学报》2015 年第 1 期。

股东攫取的一系列制度性安排。① 改进公司治理结构以优化投资者保护规则的内在逻辑是通过降低代理成本，克服代理问题，减少公司融资成本，进而促进公司业绩提升，吸收更多股东投资。②

　　受 LLSV 理论的影响，已有的研究主要从内部和外部两个方面探讨上市公司治理水平改善的机制。内部机制分析主要以传统的 Berle-Means 范式为基础，重在分析股东和董事等管理层之间的纵向代理问题，聚焦董事责任和信义义务、公司股权结构及董事会控制权等问题。③ 外部机制侧重解决大小股东之间的横向代理问题，关注法律体系、行政介入、金融监管、市场规则对大股东控制地位的限制和小股东利益的保护等问题。例如，LLSV 等学者从信息披露、投资者诉讼权利及股权转让难易程度等方面量化相关指标，分析证券法律制度对投资者的保护程度给证券市场发展带来的影响。④ LLSV 还就投资者保护和红利支付的关系对 33 个国家进行了实证研究，发现普通法系国家的红利支付比率的中位值明显高于投资者保护水平较差的民法法系国家，证明了红利支付和其他股东权利激励机制也是投资者保护机制的结果。

　　② 影响公司价值和表现。就投资者保护和公司价值的关系，LLSV 对 27 个发达国家大型上市公司的股权结构进行了实证研究，并按是否有股东持有超过 20% 投票权的指标，把公司分为广泛持有型（股权分散型）和最终控股型（股权集中型）两类。研究发现，投资者保护程度与所有权集中程度呈负相关，即投资者保护程度递增，股东控制权集中的经济收益递减，股权结构便会呈现分散化和公众化的特点，公司价值增高。⑤ 据此，

　　① Rafael La Porta，Florencio Lopez-de-Silanes，Andrei Shleifer & Robert W. Vishny. Law and Finance. *Journal of Political Economy* (1998) 106，pp.1113 – 1155；Rafael La Porta，Florencio Lopez-de-Silanes，Andrei Shleifer & Robert W. Vishny. Agency Problems and Dividend Policies around the World. *Journal of Finance* (2000) 55，pp.1 – 33；Rafael La Porta，Florencio Lopez-de-Silanes，Andrei Shleifer & Robert W. Vishny. Investor Protection and Corporate Valuation. *Journal of Finance* (2002) 57，pp.1147 – 1170.

　　② 冯旭南：《法律、经济转轨和金融发展——法和金融学研究综述》，《当代会计评论》2013 年第 1 期。

　　③ 施东晖：《当代公司治理研究的新发展》，《中国金融学》2004 年第 9 期。

　　④ Simeon Djankov，Rafael La Porta，Florencio Lopez-de-Silanes & Andrei Shleifer. The Law and Economics of Self-Dealing. *Journal of Financial Economics* (2008) 88，pp.430 – 465；Diane K. Denis & John J. McConnell. International Corporate Governance. *Journal of Financial and Quantitative Analysis* (2003) 38，pp.1 – 36.

　　⑤ 余保福：《法律、金融发展与经济增长：法律金融理论研究述评》，《财经理论与实践》2005 年第 136 期。

广泛持有型公司显见于投资者保护程度高的国家。如果法律对投资者保护力度弱，控制权就具有巨大吸引力，进而引发控制权争夺，呈现股权集中化的趋势，给公司价值带来负面影响。

LLSV 通过对比普通法系国家和民法法系国家上市公司运营状态发现，普通法系国家上市公司的 Tobin Q 值显著高于民法法系国家。① 这意味着投资者保护程度愈高，公司内部治理结构愈趋合理，资本愈能得到有效配置，使得公司价值愈高，股东权益最大化也愈容易实现；相反，投资者保护力度愈弱，公司股权愈集中，导致公司绩效愈低，股东权益愈难最大化。同时，公司股权愈集中，大小股东之间的代理问题愈加恶化，代理成本愈发增加。控股股东通常通过"隧道行为"对自己进行利益输送，侵占中小股东的利益，以获取控制权私利，导致企业价值下降。②

③ 加强产权保护。产权理论为提高司法保护水平和优化司法制度提供了理论基础。经济运行的制度基础——财产权利结构和由此产生的交易成本是经济发展的关键制度性因素。③ 社会或国家建立各种保护机制由国家通过司法强制实施，以维护复杂交易关系的稳定性和可预见性。④ 司法保护的经济效益主要通过法律确定的产权制度和执行制度加以实现。产权制度实际上是一套激励和约束机制，⑤ 明确交易主体权利范围和边界、降低交易方的交易成本、⑥ 提高资源配置效率，⑦ 为投资者从事生产性投资提供长期稳定的预期，降低投资风险，保证投资收益，从而鼓励社会的生产性

---

① 宾国强、袁宏泉：《法律、金融与经济增长：理论与启示》，《经济问题探索》2003 年第 5 期。

② ［美］伯利·米恩斯：《现代公司与私有财产》，甘华鸣等译，商务印书馆 2005 年版。

③ Armen A. Alchian. Some Economics of Property Rights. *IL POLITICO* (1965) 30, p.816；Harold Demsetz. The Exchange and Enforcement of Property Rights. *Journal of Law & Economics* (1964) 7, p.11；Harold Demsetz. Towards A Theory of Property Rights. *American Economics Review* (1967) 57, p.347.

④ Eirik G. Furubotn and Svetozar Pejovich. Property Rights and Economic Theory：A Survey of Recent Literature. *Journal of Economics Literature* (1972) 10, p.1137.

⑤ World Bank. *Legal and Judicial Reform: Observations, Experiences and Approach of the Legal Vice Presidency.* (2002) 20.

⑥ 如果没有法治，交易成本（体现为后果不可预期、合同履行面临障碍等）将大幅攀升导致合同无法缔结。［美］柯提斯·J. 米尔霍普（Curtis J. Milhaupt）、［德］卡塔琳娜·皮斯托（Katharina Pistor）：《法律与资本主义：全球公司危机揭示的法律制度与经济发展的关系》，罗培新译，北京大学出版社 2010 年版，第 17 页。

⑦ Oliver E. Williamson. *Markets and Hierarchies: Analysis and Antitrust Implications.* Free Press, 1975；Oliver E. Williamson. *Economic Institutions of Capitalism.* Free Press, 1985；Oliver E. Williamson. The New Institutional Economics：Taking Stock, Looking Ahead. *Journal of Economics Literature* 593 (2000).

投资，促进经济发展。①

LLSV 通过对 92 个国家的实证分析研究法律制度与商业银行中政府产权之间的关系，并发现法律对投资者保护越弱，政府在银行中拥有的产权比重越大，金融市场的发展越差，经济也就越落后。② 以法律制度与银行利润及价值之间关系为例，研究证实法律对产权保护越到位，金融机构之间竞争越激烈，银行利润越低，企业融资成本也随之降低，有利于促进更多的投资活动。③

知识产权保护也是产权保护的重要方面。有学者在研究经济转型国家产权保护制度对企业融资的影响时发现，在转型初期，完善产权保护法律制度能保障企业顺利投资和融资。但是，在产权保护不确定的时候，由于投资预期收益得不到保证，投资者对企业投资的比例和力度会减小，企业家缺乏意愿对外融资。④ 知识产权保护制度的完善为金融发展推动技术创新效率的提升提供更为充足的动力。完善产权保护制度能够在某种程度上确保研发项目成果的排他性占有，有助于企业获得长期的市场竞争优势，并刺激竞争者提高技术创新活动的效率。⑤

2. 法律制度影响经济发展

法与金融理论不仅揭示了法律和金融、经济增长之间的因果关系，而且剖析了这种关系背后更为深刻的制度逻辑，这对于国家金融和法治发展战略的制定具有重要和现实的政策意义。⑥ 这需要政策和制度设计者更全面地理解法治的多重维度。

（1）法制影响金融发展。金融市场的发展受到法律的制约和促进，金融市场的正常运行需要法律制度的保障。LLSV 等人研究法律制度对金融

---

① Oliver E. Williamson. The New Institutional Economics: Taking Stock, Looking Ahead. *Journal of Economics Literature* (2000) 38, p.598.

② 江春、许立成：《法律制度、金融发展与经济转轨——法与金融学的文献综述》，《南大商学评论》2006 年第 6 期。

③ Asli Demirgüç-Kunt, Luc Laeven & Ross Levine. *The Impact of Bank Regulations, Concentration, and Institutions on Bank Margins*. April 15, 2003. World Bank Policy Research Working Paper No. 3030, available at SSRN: https://ssrn.com/abstract=636392.

④ Simon Johnson, John McMillan & Christopher M. Woodruff. Property Rights and Finance. March 2002. *NBER Working Paper* No. w8852, available at https://ssrn.com/abstract=305078.

⑤ James B. Ang. Financial Reforms, Patent Protection and Knowledge Accumulation in India. *World Development*, 2010, 38 (8), pp.1070-1081.

⑥ 宾国强、袁宏泉：《法律、金融与经济增长：理论与启示》，《经济问题探索》2003 年第 5 期。

发展的作用，从法律渊源的角度出发，对民法法系和普通法系进行区分，分析不同法律渊源对投资者保护程度的差异，从而导致各国企业外部融资能力的差异，产生金融发展水平的差异。

企业获得外部融资的机会、金融部门之间的竞争与经济增长之间的理论联系不明确，衡量金融业的竞争也很复杂。各国银行体系的竞争激烈，使得经济依赖的行业增长更快，竞争程度是金融部门运作的重要方面。法律对产权的保护力度和执行效率不仅影响企业的外部融资总额，而且影响投资者资产之间的分配，从而影响金融发展。[1] 金融发展的政治学理论指出，[2] 金融及其他产业的利益集团为了维护既得利益会采取相应的措施以阻碍金融发展，是导致金融发展差异的内因。比如，可竞争性（Contestability）决定了有效的竞争，特别是通过允许外资银行准入和减少主体活动限制。社会资本也影响区域金融发展的差异性。当一定区域的社会资本和法律制度都处于较低水平时，社会资本和法律制度会相互补充，共同促进金融发展；而当社会资本或法律制度其中一方达到有效水平时，社会资本和法律制度则表现为替代效应。[3] 关于法律制度与金融市场的关系，学者指出，投资者保护程度会决定资本的有效配置和流向。资本配置效率与中小投资者的法律保护呈正相关，与国内股票回报中"公司特定"信息的数量呈正相关，与国家在经济中的持股程度呈负相关。对中小投资者的权利保护抑制了对衰落产业的过度投资。拥有发达金融部门的国家，比金融部门不发达的国家，有更多对新兴产业的投资，资金会流向市场中效率更高的企业，从而促进金融市场的发展。[4]

LLSV 所言的法律传统在投资者保护方面的作用是市场主体行为和策

---

[1] Stijn Claessens & Luc Laeven. Financial Dependence, Banking Sector Competition, and Economic Growth. *Policy Research Working Paper* (2005) No. 3481. available at https://openknowledge.worldbank.org/handle/10986/8906.

[2] Raghuram G. Rajan & Luigi Zingales. The Great Reversals: The Politics of Financial Development in the Twentieth Century. *Journal of Financial Economics* (2003) 69 (1), pp.5-50.

[3] 崔巍、文景:《社会资本、法律制度对金融发展的影响——替代效应还是互补效应?》，《国际金融研究》2017 年第 11 期。

[4] Jeffrey Wurgler. Financial Markets and the Allocation of Capital. *Journal of Financial Economics* (2000) 58, pp.187-214.

略反应应对性的发展过程。[①] 法律制度对金融监管的影响主要表现在信息披露、法律程序及公众私人执行等方面。金融监管效率对股票市场发展有促进作用。[②] 我国学者也选取了 30 个省、自治区和直辖市在 1997—2005 年相关数据，分析法治对中国金融发展和银行贷款期限的影响。研究显示，法治是影响中国金融发展和银行贷款长期化的重要因素——法治水平比较高的地区金融发展水平较高、中长期贷款比重较大；法治水平较低的地区金融发展水平较低、中长期贷款比重较小。[③]

（2）法律执行促进金融发展。法律的执行对促进金融发展更为重要，这一点在经济转型国家尤为明显。因为在经济转型初期，法律制度不完善正好为私有化的受益者剥夺他人财产创造了机会，同时转型国家的法律改革并不一定是帕累托最优，可能会因损害国内既得利益集团的利益而引发政治阻碍，也使得法律变革举步维艰。就算法律对股东权利的保护规则有很大改善，经济转型国家的法律执行效率一般比较低。因此，法律制度及其执行从根本上决定了整个金融体系的运行情况。

LLSV 理论指出，法律执行力度的差异会影响人们参与金融市场的信心。LLSV 等人的实证研究显示，债权人保护程度高，能保障出借人在借款人违约时拥有更多讨价还价的能力，这可以提高贷款人的贷款意愿，促进借贷市场繁荣。皮斯托等人在分析 24 个经济转型国家投资者保护水平与该国证券市场发展规模的关系后发现，制约经济转型国家金融市场发展的一个重要因素是执法效率低下。回归分析表明，执法效率比法律条文的质量对证券市场发展规模在内的金融市场发展水平有更强的解释力。[④] 与邻国相比，中国证券市场的自由流动股票少、股票的流动性低，整个证券市场的市值也是整个亚太地区偏低的。[⑤] 企业无法利用证券市场实现向个人

---

① Michael Dorf and Charles Sabel. A Constitution of Democratic Experimentalism. *Columbia Law Review*，（1998）98（2），pp.267-473.

② 江春、许立成：《法律制度、金融发展与经济转轨——法与金融学的文献综述》，《南大商学评论》2006 年第 6 期。

③ 邵明波：《法治、金融发展与银行贷款长期化》，《世界经济文汇》2010 年第 2 期。

④ Edward L. Glaeser and Andrei Shleifer. Legal Origins. *Quarterly Journal of Economics*，（2002）117（4）；Katharina Pistor. The Standardization of Law and Its Effect on Developing Economies. *Discussion Paper Series*，（2000）6（4）；江春、许立成：《法律制度、金融发展与经济转轨——法与金融学的文献综述》，《南大商学评论》2006 年第 6 期。

⑤ ［美］希尔顿·L. 鲁特：《资本与共谋：全球经济发展的政治逻辑》，刘宝成译，中信出版集团 2017 年版，第 225—226 页。

投资者融资的目的。① 这样的结果是，整个经济体更加依赖银行业，而同时期的东亚其他国家已经向多元化的金融市场转化。② 金融市场的特质很大程度上是由一国法律，特别是财产权保护方面的法律决定的。我国证券市场存在的股权融资歧视问题就是由于产权保护制度不足引起的。尽管盈利能力好的企业应该更容易在证券市场上上市和获得股权融资，但是国有企业比民营企业更容易受到优待，而民营企业即使有更高的盈利率但仍然受到歧视。③ 债权市场也存在信贷歧视。根据中国人民银行发布的《金融机构贷款投向统计报告》显示，以 2013 年为例，农户贷款余额为 4.5 万亿元，农业贷款余额为 3.04 万亿元，仅占同年金融机构人民币各项贷款余额的 6.26％和 4.22％。④ 信贷歧视制约了农村金融和经济的发展。

由此可知，我国当前的金融市场在加强法治化建设立法的同时，更要重视法律的执行机制。法律的执行是解释一国尤其是经济转型国家营商环境好坏的重要变量之一。经济转型国家从中央计划经济向市场经济转变的一个根本问题是，转型成功需要国家完成由经济活动的直接协调者向公正的公断者的角色转变。

（3）法制与金融中心建设。制度建设一直处于国际金融中心建设的重要地位。金融中心同金融法治之间的紧密联系在西方金融中心建设的经验中得到了印证。但法学界和金融学界对法律与金融业发展的内在互动关系一直没有定论。一是"金融地理学说"，强调金融中心地位的确立取决于经济总量和信息聚集度；⑤ 二是时区理论，即用时区划分金融市场，以便

---

① ［美］希尔顿·L. 鲁特著：《资本与共谋：全球经济发展的政治逻辑》，刘宝成译，中信出版集团 2017 年版，第 226 页。

② 同上注，第 226—227 页。

③ 祝继高、陆正飞：《融资需求、产权性质与股权融资歧视——基于企业上市问题的研究》，《南开管理评论》2012 年第 4 期。

④ 高建平、曹占涛：《普惠金融的本质与可持续发展研究》，《金融监管研究》2014 年第 8 期。

⑤ Xiaobing Zhao, Li Zhang & Tan Wang. Determining Factors of the Development of a National Financial Center: The Case of China. *Geoforum*，(2004) 35 (4)，pp.127 - 139；Xiaobing Zhao. Special Restructuring of Financial Centers in Mainland China and Hong Kong: A Geography of Finance Perspective. *Urban Affairs Review*，(2003) 38 (4)，pp.535 - 571；Xiaobing Zhao, Jinming Cai & Li Zhang. Information Flow and Asymmetric Information as Key Determinants for Service and Finance Center Development: A Case on Socialist China. *China Economic Review*，(2005) 16 (3)，pp.20 - 30.

投资者掌握实时信息和产品定价权。

关于法律在金融中心建设中的作用，通说认为健全的法律制度和强大的执法体系是建设国际金融中心的基本保障。[①] 从关于国际金融中心的评价指标或体系来看，健全的法律制度一般是评估国际金融中心时必须具备的要件。国内外关于国际金融中心竞争力的硬指标包括金融机构数量、金融机构资产总额以及金融市场交易量等，软指标则包括人力资源、经营环境、政策环境及体制环境等。[②] 商业环境指标又包括行政管理制度、经济自由度、腐败程度、制度执行情况及企业税率等。有学者在比较研究伦敦、纽约、法兰克福和巴黎四个国际金融中心后，指出人力资源素质、监管环境、商务成本、商务环境、政府效率、税收优惠以及法治环境等应该是国际金融中心竞争力的评价指标。[③] 2009 年《伦敦城全球金融中心指数报告》认为在人、商业环境、市场准入、基础设施、综合竞争力 5 个指标中，商业环境是最重要的因素，包括法律体系、税收制度、信用环境和监管环境。[④]

从国际上公认的建设国际金融中心的经验看，国际金融中心和法治环境之间存在一定的逻辑关系。良好的法治环境是国际金融资本和市场参与者进入市场的基本条件。良好的法治环境包括健全的法律体系、透明的监管制度、公正的司法体系、高效廉洁的行政执法制度、完善的金融法制、健全的社会信用体系及充分的权利保护机制等要素能够使投资者作出正确的风险评估和投资决策。同时，投资者因为利益驱动，对法律风险的抵御能力和对非最优环境的适应能力也可能降低对法律保护机制的要求。

上海相比伦敦、纽约、香港等金融中心在金融法治环境方面尤显投入的必要。首先，上海的金融立法应该跳出"行政主导"的模式，更加关注市场主体和市场活动的需要，完善金融法规特别是完备的交易规则的建构；其次，金融立法要特别为金融资本和金融投资者提供权利救济手段，以降低不确定性带来的金融风险，减少金融业自身发展面临的行业垄断和

① 王力、黄玉华等：《国际金融中心研究》，中国财政经济出版社 2004 年版，第 89 页。
② 高洪民：《经济全球化与中国国际金融中心的发展》，《世界经济研究》2008 年第 8 期。
③ 吕炳斌：《上海国际金融中心的法制建设探讨》，《新金融》2009 年第 6 期。
④ The City of London：The Global Financial Centres Index 5, http：//www. cityoflondon. gov. uk/business/economic-research-and-information/research-publications/Documents/research-2009/Global%20Financial%20Centres%20Index_GFCI_5. pdf. 最后访问日期：2017 年 11 月 1 日。

系统性风险；再次，加强对金融市场投资者的保护，仅仅完善法律条文无法解决全部问题，应确立公平、公正和高效的金融司法体系，为金融类纠纷的解决提供有效的司法保障。① 根据世界银行《2018 年营商环境报告》②（Doing Business 2018）显示，在中小投资者保护方面，我国仅得 48.33 分，世界排名第 119 位，不仅低于亚太平均水平，而且远逊于印度（第 4 名）、巴西（第 43 名）、俄罗斯（第 51 名）等其他金砖国家。在投资便利化方面，根据世界银行对全球 190 个经济体营商环境的评价，在"办理施工许可"指标方面，我国的办理时间是 247.1 天，排在第 172 位。李克强总理在 2018 年 5 月 2 日的国务院常务会议上要求将工程建设项目审批时间压缩一半以上，以便优化营商环境，深圳等地决定压缩到 90 天。③虽然我国法院竞争力名列前茅，但是我国判决执行效率却并不占优势。这些问题都亟待解决。

（三）金融纠纷解决机制之间的竞争

1. 金融审判资源与金融纠纷解决专业化之间的张力

（1）金融纠纷专业性增强。金融案件的审判和执行一般涉诉金额高、诉讼保全多、涉案利益主体多、案件执行难。专业知识和审判经验是金融纠纷有效审理的门槛要求。④ 国内法院对金融纠纷分类的方法不适应金融纠纷解决的实际情况。比如，上海法院在划分金融案件时，将主体至少一方为金融机构的民商事纠纷案件定性成金融案件，造成各级金融法庭审理银行信用卡或贷款纠纷案，而诸如公司控制权纠纷等理应适用《证券法》的金融案件则被当作普通民商案件进行审理，使得案件的裁判结果合理性

---

① 余保福：《法律、金融发展与经济增长：法律金融理论研究述评》，《财经理论与实践》2005 年第 136 期。

② 自 2003 年开始，世界银行每年发布《营商环境年度报告》，对全球经济体的营商环境进行排名。由于《营商环境报告》对吸引投资、建设发展、法治形象影响较大，加上评估主体中立权威、评估方法科学合理日益受到各国政府重视，并将提升世行排名作为优化营商环境的重要政策目标。其中，"执行合同"领域，包括司法效率、司法成本、审判组织、司法程序、信息化程度、司法改革举措等法院竞争力指标。

③ 参见《深圳经济特区政府投资项目管理条例》。

④ "为什么要在上海成立首家金融法院？"，http：//money. 163. com/18/0403/10/DEF90J85002580S6. html. 最后访问日期：2018 年 4 月 15 日。

存疑。①

此外，新型储蓄案件、互联网金融案件、银行理财产品案件、资管案件、P2P 网贷案件等②给司法审判的专业性带来更高要求。③ 我国金融立法滞后于金融市场的发展，金融案件审理因缺少法理依据而受质疑。设立上海金融法院有利于保证司法对金融创新的有效支持。专业法院的优势可以强化金融领域的司法能动性，④ 为灵活的司法制度弥补立法空白，健全金融法治。

（2）传统金融审判难以适应现实需要。金融领域模式多、创新快，案件数量激增，案多人少矛盾突出。《上海市高级人民法院工作报告》指出，近 5 年在维护金融秩序和金融安全方面，上海市共审结一审金融案件 47.8 万件，同比上升 358.3%。但是，上海市金融商事审判人员不足 300 人，年人均办案 250 件以上。⑤ 不断增加的金融案件仍由一般法院进行审理，导致审理期过长，案件不断累积。⑥ 专业性金融法院可以更好地应对金融市场发展的新变化。除了防范金融风险，金融法院可以为金融交易提供更为有效和灵活的规则，进而优化金融市场投资者保护的私人执法机制。

相较传统民商事案件，金融案件审判存在特殊性。首先，金融案件的裁判结果对产业发展和市场经济影响深刻，对市场主体尤其是不特定多数的金融消费者、投资人影响重大，最为重要的是为金融活动的参与者提供行为边界，⑦ 案件判决所确立的原则和应用的规则可以影响交易和监管的

---

① "上海应适时建立金融法院"，http://news.163.com/10/0125/19/5TT9BN2F000120GU.html. 最后访问日期：2018 年 4 月 22 日。

② 刘春彦、刘伯一：《设立上海金融法院 完善金融审判体系》，《上海证券报》2018 年 4 月 4 日，第 8 版。

③ "上海金融法院获准设立 更好地保护投资者利益"，http://money.163.com/18/0329/18/DE384UI2002580S6.html. 最后访问日期：2018 年 4 月 15 日。

④ "护航国际金融中心建设 上海金融法院'先试先行'"，http://news.hexun.com/2018-04-10/192801601.html. 最后访问日期：2018 年 4 月 14 日。

⑤ 谢江珊："从'留作参考'到中央定调 金融法院落地上海台前幕后"，http://news.hexun.com/2018-04-10/192799866.html. 最后访问日期：2018 年 4 月 14 日。

⑥ 刘子阳、张晨、董凡超：《设立上海金融法院恰逢其时——专家称凸显金融司法维护国内国际市场规则》，《法制日报》2018 年 3 月 30 日，第 3 版。

⑦ "全国政协委员吕红兵：建议设立上海金融法院"，http://k.sina.com.cn/article_1644948230_620beb06020004mhv.html? from=news&subch=onews. 最后访问日期：2018 年 4 月 14 日。

模式。在分散管辖的模式下，不同法院对同类案件的审判周期不一，审理结果缺乏一致性，客观上减少了金融从业者的市场预期。[①] 其次，金融纠纷除当事人利益之外还涉及第三人利益及社会公共利益。金融市场发展具有相当的公共性，金融市场参与主体的多样化催生了金融体系中的多元利益诉求。[②] 金融交易的有效性不仅事关契约安排和商业惯例，而且关系到市场行为稳定性、市场规律可塑性和金融交易结构有效性。[③] 系统性风险是金融监管的政策制定基点，也是金融审判需要考虑的整体性因素，金融仲裁等替代性争端解决机制通常难以胜任。[④] 最后，金融消费者一般处于弱势地位。金融创新和金融混业经营的发展通常以牺牲金融消费者利益为代价。在替代性争端解决机制中，金融消费者的弱势群体特征明显，有利于保护金融消费者合理权益的规则未必能够得到有利于金融消费者的适用。

金融法院的设立能够改善前述失衡问题。[⑤] 诉讼双方当事人的程序利益平衡可以保护金融消费者。金融法院集中审理金融案件有利于积累司法实践经验，在立法应对之前形成一些比较有效的市场规则和法律规则，[⑥]提升金融消费者保护水平。

2. 替代性争端解决制度存在不足

金融纠纷的增加催生了替代性争端解决制度的兴起，但是其本身的缺陷和商事仲裁制度的局限性并不利于金融纠纷的解决。

（1）仲裁机构内部矛盾。一方面，仲裁机构不仅介入仲裁程序进行，而且决定仲裁裁决，包括决定管辖权和争议实体权利。作为协助仲裁庭管理仲裁程序的组织，仲裁机构对仲裁的干预过多。[⑦] 另一方面，仲裁

[①] 桂敏杰："在上海设立金融法院"，http：//news. hexun. com/2015-03-20/174243199. html. 最后访问日期：2018 年 4 月 14 日。

[②] 冯果：《资本市场为谁而存在——关于我国资本市场功能定位的反思》，《公民与法》2013 年第 6 期。

[③] "护航国际金融中心建设　上海金融法院'先试先行'"，http：//news. hexun. com/2018-04-10/192801601. html. 最后访问日期：2018 年 4 月 14 日。

[④] 同上注。

[⑤] "争当制度创新先行者：上海有意向设立金融法院"，http：//www. jiemian. com/article/1031363. html. 最后访问日期：2018 年 4 月 15 日。

[⑥] "争当制度创新先行者：上海有意向设立金融法院"，http：//www. jiemian. com/article/1031363. html. 最后访问日期：2018 年 4 月 15 日。

[⑦] 杨玲：《仲裁机构法律功能批判——以国际商事仲裁为分析视角》，《法律科学》2016 年第 2 期，第 175—181 页。

庭在追求高效解决纠纷的同时，仲裁员不受限制的行使权力也会影响仲裁的公正性。公权力过度介入，例如对仲裁员适用"枉法裁判罪"，会降低仲裁的效率和独立性。① 目前，仲裁制度的这些内在矛盾处于无解的状态。

（2）仲裁协议相对性的限制。当仲裁协议涉及第三人时，由于作为仲裁基础的仲裁协议没有第三人参与而无法约束第三人，当仲裁可能损害第三人利益时，第三人需要另向法院寻求救济，导致当事人纠纷解决成本的增加。② 在多数情况下，仲裁庭不能对第三人权利进行裁决，需要当事人向法院申请，这与争议快速解决，特别是金融纠纷的涉众性之间存在很大的矛盾。

仲裁庭管辖范围很大程度上取决于当事人在仲裁协议中的约定范围。仲裁庭管辖范围源自双方当事人约定和法律规定，通常不具有强制力，例如无权进行证据保全等。而且，仲裁机构对裁决执行没有强制力，如果一方当事人不履行仲裁裁决，当事人只能依赖法院的强制执行，这就增加了商事仲裁的成本和风险。③

（3）仲裁司法化严重。仲裁欠缺法的稳定性和可预测性、仲裁员公正性缺乏司法约束、仲裁程序无上诉制度导致仲裁当事人在仲裁后仍要寻求司法救济。审查和紧急仲裁是常用的仲裁救济手段。为了保证仲裁的公正性，法院可以对仲裁启动司法审查，但是，如果司法监督过度渗透，仲裁裁决可以轻易被撤销或者难以获得承认或执行，仲裁的独立性就会受到损害。④

由于法院频繁介入仲裁程序及仲裁裁决撤销和执行程序，仲裁司法化倾向日益凸显。在此背景下，仲裁解决争议的时间变得冗长。因为仲裁周期变长、仲裁程序烦琐，仲裁费用也变得十分高昂，存在解决争议效率低、花费高等多种弊端。⑤

---

① 刘晓红：《确定仲裁员责任制度的法理思考——兼评述中国仲裁员责任制度》，《华东政法大学学报》2007年第5期，第82—90页。

② 宋连斌：《仲裁理论与实务》，湖南大学出版社2005年版，第19—21页。

③ 谢俊英：《用仲裁方式解决商事纠纷的成本优势分析》，《河北经贸大学学报》2013年第3期，第86—88页。

④ 谢俊英：《用仲裁方式解决商事纠纷的成本优势分析》，《河北经贸大学学报》2013年第3期，第86—88页。

⑤ 张萍：《国际商事仲裁费用能控制吗?》，《甘肃社会科学》2017年第3期，第150—155页。

（4）仲裁行政化及执行难。我国商事仲裁的某些特征已经阻碍了仲裁成为金融纠纷解决的首选方式。首先，我国仲裁制度的发展带有明显的自上而下的特点，具有很强的行政化倾向。仲裁机构隶属于政府导致仲裁机构和仲裁员的中立性和独立性饱受质疑。[①] 行政过度介入制约了仲裁中的当事人意思自治。例如，当事人选择仲裁员时存在着大量的法律限制，我国也不允许使用临时仲裁方式解决纠纷。[②]

其次，在处理跨境商事争议时，商事仲裁裁决的承认与执行问题备受关注。中国加入《纽约公约》时就对此作出保留，即被执行人证明裁决存在已被仲裁地撤销的情形时，人民法院应当裁定驳回申请，拒绝承认及执行。[③] 在国内执行层面，国内法与国际条约也有冲突。[④] 目前仍需思考并解决的问题是，如何适用规则既通过法院保障仲裁裁决的执行，又克服仲裁司法审查存在的案件多头审理、司法审查裁判尺度不一的问题。[⑤]

再次，实证研究显示，金融机构和金融消费者都在金融纠纷解决方式的选择上表现出明显的诉讼偏好。这既反映了金融消费者越来越强烈的维权意识，也说明非诉调解或仲裁在金融纠纷解决中的生长空间事实上比较有限。[⑥] 以香港国际仲裁中心为例，在 2017 年受理的 532 起案件中，银行与金融服务争议只占到 6.2%，远低于排在前三位的国际贸易案件 31.9%、建筑工程争议 19.2% 和公司纠纷案件 13.5%。[⑦]

与仲裁等替代性争端解决方式相比，金融法院在解决金融纠纷中的优势明显，主要表现在两个方面：其一，统一的裁判尺度有利于实现审

---

① 刘丹冰：《试论中国商事仲裁法律制度演进中的政府作用与修正——基于仲裁行政化的考察》，《广东社会科学》2014 年第 1 期，第 229—238 页。

② 樊堃：《仲裁在中国：法律与文化分析》，法律出版社 2017 年版，第 182—186 页。

③ 傅攀峰：《未竟的争鸣：被撤销的国际商事仲裁裁决的承认与执行》，《现代法学》2017 年第 1 期，第 156—169 页。

④ 朱伟东：《中国与"一带一路"国家间民商事争议解决机制的完善》，《求索》2016 年第 12 期，第 4—8 页。

⑤ 张建、郝梓伊：《商事仲裁司法审查的纵与限——评最高人民法院审理仲裁司法审查案件的新规定》，《北华大学学报》（社会科学版）2018 年第 1 期，第 69—75 页。

⑥ 余涛、沈伟：《游走于实然与应然之间的金融纠纷非诉调解机制》，《上海财经大学学报》2016 年第 1 期；沈伟、余涛：《金融纠纷诉讼调解机制运行的影响因素及其实证分析——以上海为研究对象》，《法学论坛》2016 年第 6 期。

⑦ "结案金额翻一番！中国元素爆棚！HKIAC2017 年数据统计大盘点"，http：//mp.weixin. qq. com/s/ugNZeHeiBx5SrQ56w3DfAg.

理的专业化、精准化，避免同案不同判；[1] 对疑难案件、新型金融案件
进行统一化审理，有利于集中积累金融审判经验，形成有指导意义的案
例和审判原则和规则，进而为整个金融市场的发展和金融机构的活动提供
规则。[2] 其二，由于金融领域案件往往涉案人员多或影响大，地方法院在
审理时会考虑到地方的社会稳定及营商环境，出现"大事化小"的司法倾
向。这在现实中既损害司法权威，也损害案件当事人的权益，形成事实上
的利益捆绑，金融法院的存在可以防止地方行政保护主义。[3]

综上，比较仲裁与诉讼和金融纠纷特性的适应性可知，诉讼更加适合
解决金融争议（见表 11-3）。

表 11-3　仲裁和诉讼与金融纠纷适应性之间的比较

	仲　裁	金融纠纷案件	诉　讼
诉讼时效	原则上没有	金融纠纷具有重要性，需要诉讼时效促进当事人及时保护权利	知道或应当知道之日起，一般 2 年；身体受到伤害要求赔偿、出售质量不合格的商品未声明、延付或拒付租金、寄存财物损毁或丢失，诉讼时效 1 年。从权利被侵害之日起，最长诉讼时效为 20 年
审判原则	一裁终局	由于涉及重要法律权利和金融市场风险，需要确保法律适用正确，以便确立刚性的强行法，保证市场有序。涉众型的金融纠纷案件需要纠错机制，确保大多数人的利益收到保护	两审终审（特别情况一审终审）
第三方	第三方无法参与；可以有第三方资助仲裁	一些金融纠纷的交易关系有涉众性，例如证券期货案件经常会涉及第三方利益或者第三方有相同的诉求	有独立第三人参加的共同诉讼或者无独立第三人参加的共同诉讼

---

① 刘子阳、张晨、董凡超：《设立上海金融法院恰逢其时——专家称凸显金融司法维护国内国际市场规则》，《法制日报》2018 年 3 月 30 日，第 3 版。
② 《设立金融法院助推金融法治》，《第一财经日报》2018 年 3 月 30 日，第 A02 版。
③ 《设立金融法院助推金融法治》，《第一财经日报》2018 年 3 月 30 日，第 A02 版。

	仲　裁	金融纠纷案件	诉　讼
行政和刑事案件	无法仲裁行政或者刑事案件，可仲裁性受到限制	金融纠纷涉及许多复杂、疑难和新型的民事、行政和刑事案件	可以通过行政或刑事诉讼解决
是否实行级别管辖和地域管辖及内容	不实行（不按行政区划设立，独立于行政机关，与行政机关也没有隶属关系，仲裁委员会之间也没有隶属关系）	相较于仲裁，级别管辖虽然损失了效率，但是在合法性判断方面更为可靠。因为级别管辖本身就是一种纠错机制	实行级别管辖：大多数民事案件归基层人民法院管辖；地域管辖又分为一般地域管辖（原告就被告）、特殊地域管辖（合同纠纷：被告住所地或合同履行地；保险合同：被告住所地或保险标的物所在地；票据纠纷：票据支付地或被告住所地；侵权行为：侵权行为地或被告住所地）和专属地域管辖；共同管辖和选择管辖
审判方式	以开庭不公开为原则，以开庭公开为例外	一些金融纠纷有公众性和同质性，涉及公共利益，需要通过公开性保证法律原则和规则最大限度地传播，也需要对事关重大利益的当事人受到名誉成本的约束	可以不公开审理，但要公开判决
审理人员构成	单数，主任1人，副主任2—4人和委员7—11人，法律经贸专家不少于总数的2/3	将重大利益的案件交由独任制的仲裁庭不利于公共利益的保护，也不利于事关宏观审慎的金融市场的发展	（合议制度）一审可一人独审，也可组成合议庭，由审判员、陪审员构成或审判员构成，二审时由审判员构成
判决	按多数仲裁员意见作出，不能形成多数意见时，按首席仲裁员意见作出	合议庭作出判决更符合公共利益保护的需要 仲裁员相对来说更具专业性，更符合行业的发展需要。但是，仲裁庭的组成具有临时性，裁决对其他相同或相似纠纷的约束力比较弱	法院作出

续表

	仲　裁	金融纠纷案件	诉　讼
判决（裁决）生效日期	调解书双方当事人签收后产生法律效力；裁决书自作出之日产生法律效力；和解书、调解书和裁决书三者具有同等的法律效力	需要有上诉机制确保法律适用的正确性	判决书送达之日起 15 日内可上诉。二审法院的判决是终身的判决
执行地	被执行人住所地或被执行的财产所在地法院执行	被执行人住所或财产所在地非唯一或者最为有效的连接点	对于发生法律效力的判决、裁定由一审法院执行

3. 争端解决机制、市场与司法之间的关系

市场透明度和争端解决当事方的行为偏好一定程度上与法治程度特别是司法能力有关。争端当事方偏好非讼解决方式在一定程度上说明法院在合同执行和权利保护方面的作用较弱。一方面，由于市场透明度低、契约公平性低，争端当事方更加倾向于自力救济，而非诉讼救济。另一方面，仲裁机构行政化说明争端解决的行政治理甚于法治。这也解释了我国仲裁机构行政化的内在逻辑。在合同执行方面，由于法律执行能力欠缺，债权人的合法权益不能得到充分保护，行政指令有时会取代法律诉讼和市场合同。[1]

奥尔森在《权力和繁荣》一书中提出了"市场扩展型政府"的概念。市场经济国家经济繁荣有两个重要的条件：一是有可靠而界定清晰的个人权利；二是不存在任何形式的强取豪夺。第二个条件，即使在个人权利界定清晰的社会中也可能存在另一种形式的强取豪夺。一是通过游说活动，以赢得符合特殊利益集团利益的立法和法规；二是通过垄断或者共谋行为以操纵价格和工资。[2] 协商是以最小化负外部性带来社会问题的常用办法。但是，除非产权足够清晰，否则协商不可能有效。[3] 裁定是减少外部性问

---

① [美]希尔顿·L. 鲁特：《资本与共谋：全球经济发展的政治逻辑》，刘宝成译，中信出版集团 2017 年版，第 211 页。
② [美]曼瑟·奥尔森：《国家的兴衰：经济增长、滞涨和社会僵化》，李增刚译，上海人民出版社 2018 年版。
③ [美]保罗·海恩等：《经济学导论》，史晨主译，世界图书出版公司 2012 年版，第 201 页。

题的另外一种社会途径，当共同的法律和规则约束一个区域内所有人的时候，每个人都可以获益，这也是协作社会和无秩序社会之间的区别。①

司法系统通过技术进步、投资、效率影响经济增长。有效的司法系统可以使产权免受行政征用、降低经济政策的不稳定性，提高经济政策的灵活性和可信度。②"法律重要"理论认为，普通法法院在保护私人财产不受侵犯中起到重要作用。事实上，世界上实力最强的一些经济体采用了中间形态的政府管制，通过监督机构和司法审查有效地约束私人交易和国家所有的社会损失。③合同履行需要得到法院的保障，这也是国家提供的公共服务的一部分。加强第三方监督履约的职能，可以减少对理性交易的阻碍。④当法律和监管体系能够保护债权人的优先权，金融中介就能够得到更好地发展。因此，完善的法律制度是有效保护投资者和优化金融结构的关键。功能完善的法律体系可以使得金融结构更加符合金融功能的发挥。⑤当然，也有观点认为，法院的作用被夸大了。特别在中国，宏观经济政策和投资环境的质量对经济发展的影响更加大。⑥表 11-4 显示了市场、政府、合同交易、司法和争端解决机制选择诸多方面的复杂关系。

表 11-4　两种市场的司法和解纠机理

市　场	透明市场	非透明市场
政　府	市场扩展型政府	市场弱化型政府
院外游说	复杂性的动态过程、⑦产生寻租组织	产生寻租组织

---

① ［美］保罗·海恩等：《经济学导论》，史晨主译，世界图书出版公司 2012 年版，第 228—229 页。

② Armando Castelar Pinheiro. Judicial System Performance and Economic Development. *Rio de Janeiro: BNDES*，1996.

③ Geoffrey G. Parker，Marshall W. Van Alstyne & Sangeet Paul Choudary. *Platform Revolution: How Networked Markets are Transforming the Economy and How to Make them Work for You*. New York & London：W. W. Norton & Company 2016，pp.238-239.

④ ［美］希尔顿·L. 鲁特：《资本与共谋：全球经济发展的政治逻辑》，刘宝成译，中信出版集团 2017 年版，第 229 页。

⑤ Ross Levine, The Legal Environment，Banks，and Long-run Economic Growth. *Journal of Money*，*Credit and Banking*，(1998) 30，pp.596-613.

⑥ Randall Peerenboom. Conclusion：Law，Wealth and Power in China. in John Garrick (ed)，*Law，Wealth and Power in China: Commercial Law Reforms in Context*. London and New York：Routledge 2011，p.277.

⑦ Morris Fiorina and Roger Noll. Voters，Legislators and Bureaucracy — Institutional Design in the Public Sector. *American Economic Review*，*Papers and Proceedings* 68 (1978)，pp.256-260.

续表

合　同	公平（市场化）契约	关系契约
商人自治	强意思自治	弱意思自治
司　法	司法去行政化	司法行政化
替代性争端解决机制	诉讼救济	自力救济

（四）上海金融法院的外在竞争要求

1. 与国际金融监管接轨的现实要求

近年来，以沪港通为标志，上海自贸区首个面向境外投资者的黄金国际板上线运行。上海期货交易所在国际能源交易中心开展原油期货交易，境外投资者可以参与境内原油期货交易，中国加入亚太时区原油定价权竞争。金砖国家开发银行落户上海。[①] 金融纠纷的诉讼主体、法律适用、判决执行等方面呈现跨境化倾向。[②] 这些发展要求中国的金融运行机制、金融监管体制、金融纠纷解决机制和规则适用必须更加深度地与国际接轨。[③] 一般法院难以适应和胜任金融案件的国际化和复杂化倾向，分散管辖也无法很好地应对国际金融案件审判的全局性与系统性特性，因此，设立专门金融法院的必要性和紧迫性日益凸显。

2. 后发国家金融专业审判的借鉴：以迪拜国际金融中心法院为例

在世界范围内，金融纠纷案件的审理存在多种模式，例如由普通法院的普通法官进行审理、由普通法院的专业审判庭或者专业法官进行审理、由专门金融一审法院或者上诉法院进行审理。[④] 除第一种审理模式外，其余的几种模式均可称为金融专业审判模式。目前世界主要的国际金融中心，如英国伦敦、美国纽约等均建立了与其金融体系特点相适应的专门金融纠纷解决体制机制。[⑤] 值得注意的是，一些后发国家也通过建立专业化

---

① 桂敏杰："在上海设立金融法院"，http://news.hexun.com/2015-03-20/174243199.html. 最后访问日期：2018年4月14日。

② 徐艳红：《金融审判向专业化和国际化迈进——全国政协委员吕红兵谈设立上海金融法院的背景和意义》，《人民政协报》2018年4月3日，第12版。

③ 王兰军：《建立独立的金融司法体系　防范化解金融风险——兼论组建中国金融法院、中国金融检察院》，《财经问题研究》2000年第9期。

④ "中国首个金融法院为何定在上海？"，http://news.ifeng.com/a/20180401/57237698_0.shtml. 最后访问日期：2018年4月15日。

⑤ 张广良：《知识产权法院制度设计的本土化思维》，《法学家》2014年第6期。

法院的方式来吸引外资，特别是专业化水平较高的金融投资。具体做法主要有两种：一是在地方法院建立刑事、民事、行政"三审合一"的金融审判庭；二是建立金融法院。

上海国际金融中心建设已有 10 年，[①] 在上海设立的金融监管部门和金融基础要素市场已经基本齐全。[②] 设立金融法院也是上海金融中心发展到一定阶段，市场对司法保障提出的必然要求。[③] 上海金融法院的设立有利于提升中国国际金融交易规则话语权，增强中国金融司法的国际影响力。从国际经济治理体系的角度看，金融法院的设立有利于充实我国打造金融司法品牌，满足国家金融战略需求，提升中国金融司法的国际影响力和软实力。[④]

（1）迪拜国际金融中心法院的设立背景。迪拜国际金融中心（DIFC）旨在成为一个金融自由区和区域性金融中心，提供独特且独立的法律和监管架构，其专业分工为建设离岸金融中心，金融服务市场的目标辐射东西方之间的 25 个国家。[⑤]

阿联酋通过修改《阿拉伯联合酋长国宪法》，并通过《金融自由区法》《迪拜国际金融中心法》，明确迪拜金融法院的地位。在民商事领域，也配合专门适用金融中心的《公司法》《合伙企业法》《有限责任合伙企业法》《破产法》《民商事法律适用法》。[⑥]

迪拜当局借鉴参考当前世界金融实践，并融入国际金融运作规则和先进的商业通用规则，[⑦] 制定并颁行相关法律，以规制迪拜国际金融中心内的金融机构、公司和个人的日常行为和运营管理，加强打击反洗钱。这些法律均由迪拜金融服务管理局（DFSA）负责监督和管理，即非经迪拜金

---

① 目前在上海设立的金融监管机关及相应其他机关包括：中国人民银行上海总部、中国人民银行海分行、上海证监局、中国人民银行征信中心、中证中小投资者服务中心、上海银行业调解中心等。

② 在上海设立的金融基础要素市场包括：上海证券交易所、上海期货交易所及全资子公司上海国际能源交易中心、中国金融期货交易所、国家外汇交易中心、上海清算所、上海黄金交易所、上海票据交易所、上海保险交易所、中国证券登记结算有限公司上海分公司、中国信托登记有限责任公司、国家开发银行上海业务总部、上海石油天然气交易中心等。

③ "护航国际金融中心建设　上海金融法院'先试先行'"，http：//news. hexun. com/2018-04-10/192801601. html. 最后访问日期：2018 年 4 月 14 日。

④ 李楠：《设立上海金融法院恰逢其时》，《中国城乡金融报》2018 年 4 月 11 日，第 A02 版。

⑤ 冯邦彦、覃剑：《国际金融中心圈层发展模式研究》，《国际金融》2011 年第 4 期。

⑥ 吕炳斌：《上海国际金融中心的法制建设探讨》，《新金融》2009 年第 6 期。

⑦ DIFC, available at http：//www. difc. ae/discover-difc, visited 15 April, 2018.

融服务管理局的许可，公司不能向迪拜国际金融中心提供金融服务。

（2）迪拜国际金融中心法院的特色有以下几点。

① 迪拜国际金融中心法院系统。迪拜国际金融中心法院包括一审法院和上诉法院。[①] 一审法院[②]由一名法官组成，并且对下列事项拥有专属管辖权：其一，涉及迪拜国际金融中心的事件，任一迪拜国际金融中心管理机构或迪拜国际金融中心内任一民商事主体纠纷；其二，需要在迪拜国际金融中心履行全部或部分合同内容或在迪拜国际金融中心进行的交易或发生在迪拜国际金融中心的事件引起的或与之相关的民事或商业案件和争议；其三，根据迪拜国际金融中心的法律法规，对迪拜国际金融中心主体机构作出的决定提出异议的；其四，法院根据迪拜国际金融中心法律法规对于管辖的任何申请。上诉法院[③]至少由 3 名法官组成，由首席大法官或最资深法官担任主席，并拥有下列专属管辖权：原审法院对判决和裁决提出的上诉；根据任一迪拜国际金融中心机构的请求，解释迪拜国际金融中心法律的任何条款，条件是该机构在这方面获得首席大法官的许可。这种解释应具有法律效力，上诉法院的裁判不得上诉。

② 司法人员配置。[④] 迪拜国际金融中心法院至少由 4 名法官组成，其中一名法官为首席法官。如果一位法官任职于阿联酋政府承认的任一司法管辖区的高级司法机构，且该法官已获得普通法系律师或法官资格并拥有重要经验，就拥有成为迪拜国际金融中心法院法官的资格。院长、副院长和法官皆需通过迪拜最高行政官员颁布的法令任命。院长负责迪拜国际金融中心法院行政事务的全面管理，主持所有上诉，以及决定建立迪拜国际金融中心法院的巡回法院和分部以及任命其工作人员和司法人员的事宜。

③ 法院管辖范围。迪拜国际金融中心法院初衷在于建立一个使任何服从迪拜国际金融中心法院管辖权的当事人都能使用的法院。然而，法院设立之初只能用于解决其中一方当事人在迪拜国际金融中心或交易本身在迪拜国际金融中心中发生的争议。2011 年迪拜当局确立第 16 号法，即若双方同意由迪拜国际金融中心法院管辖，迪拜国际金融中心法院可以听取争

---

① https：//www. difccourts. ae/court-structure/，visited 19 April，2018.
② https：//www. difccourts. ae/court-structure/，visited 19 April，2018.
③ https：//www. difccourts. ae/court-structure/，visited 19 April，2018.
④ https：//www. difccourts. ae/court-structure/，visited 19 April，2018.

议各方的任何争议，此举显著扩大了迪拜国际金融中心法院的管辖权。

④ 裁判执行。就阿联酋其他司法管辖区的法院对迪拜国际金融中心法院作出判决的承认程度，以及败诉方或败诉方的资产位于迪拜国际金融中心以外的辖区如何执行的问题，迪拜金融服务管理局进行了尝试。① 从对外角度看，迪拜国际金融中心已建立了世界上最大的执法机制之一，其判决已经在包括英格兰和威尔士商业法院、美国纽约南区地区法院和上海高级人民法院在内的外国法院得到执行；② 从对内角度看，迪拜国际金融中心法院与阿联酋法院在 2009 年签署了一项执法协议，旨在简化其他酋长国执行迪拜国际金融中心判决的程序。③ 同时，迪拜国际金融中心法院官员还与阿联酋法院对口单位签署谅解备忘录。迪拜国际金融中心法院于 2015 年发布迪拜国际金融中心法院实践指导方针，允许迪拜国际金融中心的判决在阿联酋执行，而无需遵循执行迪拜国际金融中心判决所需的程序，导致 2016 年间法院提起的强制执行索赔总额从 2015 年度的 10.8 亿阿联酋迪拉姆（2.9354 亿美元）上升至 27.5 亿阿联酋迪拉姆（7.4955 亿美元）。④

⑤ 司法手段。迪拜国际金融中心法院利用新兴技术扩大和多样化其司法手段。其一，全球相互关系扩大和测试。迪拜国际金融中心法院与地方和国际法院签署了大量重要的备忘录，通过国际公约（例如《纽约公约》）进一步加强执法力度。2016 年迪拜国际金融中心法院的判决首次在澳大利亚得到认可，迪拜国际金融中心法院 2016 年执法案件总数增加 95%。其二，迪拜国际金融中心通过与当地迪拜法院签订互惠协议，保证所有在迪拜境内执行的强制诉讼程序能够在 2 个工作日内得到处理。其

---

① Rupert Reed，Simon Atkinson，Harris Bor and Jonathan Chew. Rules of the DIFC Court 2016. Wilberforce Chambers，available at http：//www. wilberforce. co. uk/publication/rules-difc-courts-2016-fourth-edition/，visited 18 April，2018.

② Xinhua. Dubai's International Financial Court Posts Sharp Rise in Case Values. available at http：//www. xinhuanet. com/english/2017-08/15/c _ 136528741. htm，visited 16 April，2018.

③ Zain Al Abdin Sharar and Mohammed Al Khulaifi. The Courts in Qatar Financial Centre and Dubai International Financial Centre：A Comparative Analysis. *Hong Kong Law Journal*，(2016) 46，p.529.

④ DIFC Annual Review 2016. pdf，available at https：//www. difccourts. ae/2016/02/27/difc-courts-annual-review-2016/，visited 19 April，2018.

三，设立智能小额仲裁庭。[①]迪拜国际金融中心法院于 2016 年启用"智能"小额仲裁庭（SCT），配备视频会议技术，提供智能手机和计算机上的远程访问案件的渠道。其四，引入无纸化庭审。[②]迪拜国际金融中心法庭率先引入安全云技术，允许从世界任何地方上传法庭文件。迪拜国际金融中心电子打包服务将所有资料汇总到一起，允许法官、律师和法院工作人员以各种方式访问案件信息，与众多用户共享，以更快、更紧密的方式访问案件信息。

迪拜设立国际金融法院的经验为我国建立上海金融法院提供了借鉴范本。

（五）上海金融法院的制度设计难点

1. 定位

设立金融法院，本质上是法院内部案件审理专业化分工的制度设计和体系调整。但是，金融法院能否得到司法制度的有效支持，使得金融法院提升司法灵活性以回应金融市场对司法体系的制度需求，特别是满足金融市场全球化和金融纠纷跨境化发展的现实需要，是一个需要制度回应的重要问题。

以司法判例机制为核心象征的普通法系授权法官在审理个案中创制针对性的金融法律规则，回应了金融市场法律需求，与金融案件审理过程中的司法灵活性紧密联系。以阿联酋为例，其通过修改宪法、授权设立金融法院、聘请判例法系的法官，以普通法来裁判金融纠纷案件。我国法官客观上是处于"政法体制"之中的司法工作人员，而金融纠纷的标的金额较大、涉案人数多，或案件敏感性较高，因此，金融法院的法官可能需扮演社会矛盾"化解者"角色，而非"中立的裁判者"。金融案件往往涉及巨大的政治和经济利益，处理金融案件的法院和法官难免受到来自金融监管部门和大型金融机构的"游说"压力。上海金融法院能否形成为法官适当"减负"的有效机制，或许是提升司法体制效能的关键所在。

---

① DIFC Annual Review 2016. pdf，available at https：//www. difccourts. ae/2016/02/27/difc-courts-annual-review-2016/，visited 19 April，2018.

② https：//www. difccourts. ae/2018/02/07/trials-go-paperless-at-difc-courts-in-regional-first/，visited 19 April 2018.

此外，上海金融法院采用金融案件集中管辖制度，在客观上会削弱或消除法院与法院之间基于竞争的司法能动性效果。上海金融法院能否在金融案件审理的灵活性和能动性上有所突破，需要制度设计和创新。

2. 管辖

结合我国深化司法体制改革目标，解决法院地方化和行政化的问题，需满足我国金融创新和安全的需要，对比已成立的知识产权法院、海事法院、铁路运输法院的运作模式，金融法院可以定位成专门法院来审理各类金融案件。结合我国设立知识产权法院和海事法院的经验，从审级上讲，上海金融法院应该是中级法院，对金融案件的一审和上诉逐步进行集中管辖。[①] 对于案件管辖的具体范围，最高人民法院审判委员会 2018 年 7 月 31 日审议通过了最高人民法院《关于上海金融法院案件管辖的规定》（简称《规定》），自 2018 年 8 月 10 日起施行。《规定》共 7 个条款，明确上海金融法院管辖上海市辖区内应由中级人民法院受理的第一审金融民商事案件的范围，指出上海金融法院管辖上海市辖区内应由中级人民法院受理的以金融监管机构为被告的第一审涉金融行政案件，管辖以住所地在上海市的金融市场基础设施为被告或者第三人与其履行职责相关的第一审金融民商事案件和涉金融行政案件。当事人对上海市基层人民法院作出的第一审金融民商事案件和涉金融行政案件判决、裁定提起的上诉案件，均由上海金融法院审理。[②]

对于金融法院内部机构设置，《规定》未予明确。按照精简机构、优化效能的原则，金融法院可以设立立案庭、审判庭、审判监督庭、执行庭等业务庭，设立司法警察支队、综合办公室作为司法辅助机构和综合行政机构。[③] 最高法院要求各地在中级法院配置破产庭，而破产必然涉及银行等金融机构的权益，所以也需在金融法院内设立破产庭。[④]

---

① 谢江珊：“从‘留作参考’到中央定调　金融法院落地上海台前幕后”，http://news.hexun.com/2018-04-10/192799866.html.最后访问日期：2018 年 4 月 14 日。

② “最高人民法院出台关于上海金融法院案件管辖的规定——立足金融审判实践　服务金融中心建设”，https://www.chinacourt.org/article/detail/2018/08/id/3446148.shtml.最后访问日期：2018 年 8 月 15 日。

③ “将被改变的行业和城市：上海金融法院来了！”，https://baijiahao.baidu.com/s?id=1596322427746849528&wfr=spider&for=pc.最后访问日期：2018 年 4 月 15 日。

④ “护航国际金融中心建设　上海金融法院‘先试先行’”，http://news.hexun.com/2018-04-10/192801601.html.最后访问日期：2018 年 4 月 14 日。

《规定》进一步明确了上海金融法院案件管辖的具体范围，[①] 其中对于非银行支付机构网络支付，即所谓的"第三方支付"、网络借贷、互联网股权众筹等新型金融民商事纠纷，以金融机构为债务人的破产纠纷，以及金融民商事纠纷的仲裁司法审查案件的管辖，是金融法院管辖范围中的亮点。[②] 但在具体案件的管辖问题上，金融法院制度设计还面临诸多困境。

首先，《规定》确认了金融法院对金融民商事案件和涉金融行政案件的管辖权，但金融法院内部职能庭方面的协调难问题依然存在，即民商事、行政、刑事案件审理仍然相互独立，没有实现面对金融疑难案件在实质上的专业化。[③] 这是因为传统民商法、行政法、刑法对金融案件的研究和审判是"法律规范隔离"的，因此，法院在审判疑难复杂的金融案件时面临"知识储备不够"的困境。金融审判需要既懂审判又懂金融的人才作为司法工作者才能够更加准确审判。随着金融创新进一步加速，金融产品层出不穷，金融法院势必紧跟金融创新的脚步，将最新科技的发展成果融入审判当中。金融法院还需要运用人工智能提高办案效率，高效解决金融领域纠纷问题。金融法院可以先行建立金融专家陪审制度，借鉴迪拜国际金融法庭的做法，聘用国内外专家作为非常驻法官参与审理重要和复杂的跨境金融案件。设立金融法院的长远意义在于金融审判知识和规范体系的一体化，帮助法院更有效地审理复杂的金融案件。[④]

其次，金融法院与普通法院管辖权分配也是制度设计的难点。《规定》明确金融法院管辖初审案件需满足中级人民法院受理的级别要求，以及管辖当事人对上海市基层人民法院作出的第一审金融民商事案件和涉金融行政案件判决、裁定提起的上诉案件。这是由于虽然金融案件常具有数量多、标的额大的特点，但案情简单的诉讼占比仍很大。因此，很多传统的

---

① "最高人民法院出台关于上海金融法院案件管辖的规定——立足金融审判实践　服务金融中心建设"，https://www.chinacourt.org/article/detail/2018/08/id/3446148.shtml. 最后访问日期：2018 年 8 月 15 日。

② 周正："上海金融法院案件管辖范围终于揭晓：有哪些亮点？律师如何应对？"，https://mp.weixin.qq.com/s/-2aAHVMw6zEi_8_p2rNHDw. 最后访问日期：2018 年 8 月 16 日。

③ "将被改变的行业和城市：上海金融法院来了！"，https://baijiahao.baidu.com/s?id=15963224227468495528&wfr=spider&for=pc. 最后访问日期：2018 年 4 月 15 日。

④ "将被改变的行业和城市：上海金融法院来了！"，https://baijiahao.baidu.com/s?id=15963224227468495528&wfr=spider&for=pc. 最后访问日期：2018 年 4 月 15 日。

金融案件应该继续让基层法院作为一审法院，金融法院作为二审法院。金融法院应该承担专业性强、涉外或影响大的金融一审案件，[①] 在整个法院体系中起到承上启下作用。[②] 就现阶段而言，这样的制度安排可以较好地配合司法机构职能调整的前后衔接。但是，若从前瞻性的角度看，上海金融法院可以向专门的"上诉审查法院"方向定位。在实践中，初审法院和上诉法院的功能和运作方式区别较大，对法官职业的要求也不同。因此，初审案件审理职能一定程度上削弱了专业性法院的发挥空间。对各类金融商事争议案件，上海各基层法院已经具有了较好的知识和技能储备。我国《民事诉讼法》所规定的由中级人民法院管辖第一审民事案件的情形在实践中基本上是根据"量化"的标的额来确定的，与法律意义上的重要性没有必然联系。因此，汇集金融司法精英的专业法院成为专门的"上诉审查法院"，更加符合"司法经济"的原则。[③] 在《规定》发布之前，上海金融法院的受案范围能否跨区域受到普遍讨论。学者基本认为上海金融法院应当打破地域限制，实现跨区域管辖。例如有学者建议，上海金融法院应审理跨上海市各区县的金融案件，以及管辖连接点在上海的跨省、跨国金融商事、行政案件。[④] 涉及上海证券交易所产品的交易纠纷，无论原告、被告的属地，都应该由上海金融法院来受理。[⑤] 根据《规定》，金融法院可以受理第一审金融民商事案件、涉金融行政案件的地域范围为上海市辖区内的案件，同时有权管辖住所地在上海市的金融市场基础设施为被告或者第三人与其履行职责相关的第一审金融民商事案件和涉金融行政案件。[⑥]

再次，金融法院对金融纠纷案件可以增加调解程序。最高人民法院在 2016 年 6 月 29 日发布《关于人民法院进一步深化多元化纠纷解决机制

[①] 倪受彬：《上海金融法院筹建的若干建议》，《中国基金报》2018 年 4 月 16 日，第 10 版。

[②] 吕红兵："建议上海金融法院应民事行政刑事全覆盖"，http：//news. cnstock. com/news，bwkx-201804-4205828. htm? from=szkxapp. 最后访问日期：2018 年 4 月 15 日。

[③] 黄韬："如何定位上海金融法院的功能？"，https：//mp. weixin. qq. com/s/6Gi5k2jjl6lV5g_PWqyJLQ，最后访问日期：2018 年 8 月 16 日。

[④] 倪受彬：《上海金融法院筹建的若干建议》，《中国基金报》2018 年 4 月 16 日，第 10 版。

[⑤] 吕红兵："建议上海金融法院应民事行政刑事全覆盖"，http：//news. cnstock. com/news，bwkx-201804-4205828. htm? from=szkxapp. 最后访问日期：2018 年 4 月 15 日。

[⑥] "最高人民法院出台关于上海金融法院案件管辖的规定——立足金融审判实践　服务金融中心建设"，https：//www. chinacourt. org/article/detail/2018/08/id/3446148. shtml. 最后访问日期：2018 年 8 月 15 日。

改革的意见》，① 要求发挥仲裁、商事调解机构、行业协会在纠纷解决中的作用。发挥诉讼与调解等纠纷解决机制的衔接，一方面将缓解金融法院的压力，另一方面也会增加金融消费者对法律服务选择的自由度。②

最后，为推动我国司法在全球金融治理中的影响力，上海金融法院在涉外金融案件的管辖上，需要考虑保留一定的灵活性和裁量空间，可以通过最高法院发挥类似指定管辖的作用。在准据法选择上，可以基于当事人同意选择适用国际组织示范文本、国际金融惯例、国际行业协会文件等具有国际法属性的规范性文本，以缓解国内立法不足及对国际标准的内在需求，③ 通过司法审判文书流通，拓宽国际沟通的渠道。④ 金融法院可以通过程序便利、规则公正和判决有效，以提升上海国际中心城市的整体竞争力。

3. 核心切入点

上海金融法院需要在五个方面有制度设计和创新：① 上海金融法院应当作为专门法院审理各类金融案件，具体包括金融借款纠纷、典当合同纠纷、票据权益纠纷、证券权益纠纷、股权投资纠纷等；② 上海金融法院应当是中级法院，承担基层法院审判的各类金融案件的上诉审理，并负责专业程度高、具有涉外因素、影响大的金融一审案件，兼顾级别管辖与专门法院之间的关系；③ 上海金融法院应当在金融民事、刑事及行政审理上"三合一"，克服金融案件审判在民法、商法、行政法、刑法方面的"法律规范隔离"，实现金融审判知识、规范体系和司法实践（政策）的一体化；④ 上海金融法院应当打破地域限制，实现跨区域管辖，审理跨上海市各区县的金融案件，以及管辖连接点在上海的跨省、跨国金融商事、行政案件；⑤ 上海金融法院应该在我国的司法体系中占有比较特殊的地位。例如，上海金融法院在金融纠纷案件的审理中有可复制和可推广的司法能力和权限，即使上海金融法院无权统一金融案件裁判标准，最高人民法院也可以允许上海金融法院在金融案件审判中的判决优先或当然成为指导性判

① 《关于人民法院进一步深化多元化纠纷解决机制改革的意见》（法发〔2016〕14号），2016年6月29日颁布。

② 倪受彬：《上海金融法院筹建的若干建议》，《中国基金报》2018年4月16日，第10版。

③ 倪受彬：《上海金融法院筹建的若干建议》，《中国基金报》2018年4月16日，第10版。

④ "护航国际金融中心建设　上海金融法院'先试先行'"，http：//news. hexun. com/2018-04-10/192801601. html. 最后访问日期：2018年4月14日。

例，以利于促进法律和审判原则的统一适用，提升金融审判质效，为金融市场的发展提供机制性司法保障。

上海金融法院设立以后进行了一些有益的尝试，例如，首次适用证券纠纷示范判决机制。2019 年 3 月 21 日下午，上海金融法院公开开庭审理一起涉上市公司证券虚假陈述责任纠纷案件。该案由上海金融法院证券业案件法官专业委员会 5 名法官组成合议庭，并在庭审中就投资者损失核定引入第三方专业辅助支持机制。这是自 2019 年 1 月上海金融法院发布《关于证券纠纷示范判决机制的规定》（简称《规定》）以来，首次在审判实践中适用证券纠纷示范判决机制。示范判决机制与支持诉讼、诉调对接等机制相结合可以明显缩短诉讼周期，降低维权成本，增强投资者诉讼能力，有效解决投资者维权难的问题，为保护中小投资者合法权益，营造法治化的营商环境发挥积极作用。

该证券虚假陈述责任纠纷系列案涉及投资者上千名，是上海金融法院成立以来受理规模最大的群体性证券纠纷，案件涉及诸多疑难法律争议问题。此次选取的示范案件，原被告之间的争议焦点基本可涵盖该系列案绝大多数投资者涉及的情形，在事实争点和法律争点方面具有代表性。选择该示范案件先行审理、先行判决能积极推动系列纠纷整体高效化解。合议庭依职权选定示范案件后，严格依照《规定》要求，向示范案件和平行案件当事人发送《示范案件选定告知书》。该《告知书》中明确了平行案件的范围、共通的事实和法律争点以及平行案件当事人的权利义务。

为精准核定证券虚假陈述民事赔偿损失金额，经法官释明及原被告共同申请，合议庭在庭前委托中证中小投资者服务中心（简称投服中心）对投资者损失进行核定。投服中心出具了《损失核定意见书》，并派员出庭接受当事人质询。庭审中，合议庭充分听取原被告诉辩主张，并围绕被告虚假陈述行为是否具有重大性、虚假陈述行为与损害结果之间是否存在因果关系、损失计算方法以及是否需要扣除证券市场系统风险等共通的四大争议焦点进行审理。合议庭通过释明权的行使，促使当事人围绕争议焦点展开充分辩论。众多平行案件的当事人和代理律师现场旁听了庭审。

（六）结语：提高司法国际竞争力

上海市辖区内金融机构数量多，金融要素市场齐全，金融市场交易额巨大，已成为中外金融机构重要集聚地，金融业占上海 GDP 总值比例超过 17%，上海是全球金融要素市场最齐备的金融中心城市之一。金融中心地位的形成和巩固都离不开良好的金融法治环境，而金融法治环境的营造离不开金融司法审判的定分止争。[①]

设立上海金融法院的政策目标之一就是通过改革金融审判体系提升司法服务金融的能力。设立上海金融法院有利于保护金融市场的投资者，维护金融市场秩序，保障国家金融安全的政策目标是否实现需要通过制度设计变政策愿景为司法现实。[②] 保护金融市场投资者的合法权利，需要通过金融纠纷的有效化解，特别是专业、公正、高效、权威的金融审判体系加以实现。上海金融法院应该成为金融司法特区，为金融市场提供高质量的司法公共产品，提升金融市场运行效率，[③] 提高上海国际金融中心的司法竞争力。上海金融法院作为全面推进金融市场法治化的重要一环，需要通过良好的司法机制实现市场在资源配置方面的决定性作用。[④]

第五节　国际商事争议解决和国际商事法庭的兴起[⑤]

（一）国际商事法庭设立及流行的背景

全球经济已进入后金融危机时代的调整期和复苏期，贸易和投资低迷，经济增长基础仍然羸弱，经济全球化遭遇挫折，进入逆全球化阶段。国际经济争端和纠纷层出不穷，对各国现有的争端解决机制提出了挑战。联合国贸易法委员会基于近 30 年国际投资仲裁数据的统计指出，现有的争端解决途径难以有效地应对新形势下所出现的一系列问题。该委员会提出

---

①　刘春彦、刘伯一：《设立上海金融法院　完善金融审判体系》，《上海证券报》2018 年 4 月 4 日，第 8 版。

②　林强、杨庆炎、许文玲：《组建金融法院　确保金融安全——关于组建中国金融法院的构想》，《福建金融》2003 年第 6 期。

③　刘春彦、刘伯一：《设立上海金融法院　完善金融审判体系》，《上海证券报》2018 年 4 月 4 日，第 8 版。

④　刘子阳、张晨、董凡超：《设立上海金融法院恰逢其时——专家称凸显金融司法维护国内国际市场规则》，《法制日报》2018 年 3 月 30 日，第 3 版。

⑤　本节部分内容发表于沈伟：《国际商事法庭的趋势、逻辑和功能——以仲裁、金融和司法为研究维度》，《国际法研究》2018 年第 5 期。

的改善路径之一，就是设立专门的国际商事法庭。① 世界银行等机构也鼓励发展中国家提供高效的争端解决机制以增强对投资者的吸引力。

随着国际经济形势和商事争端的复杂化，主要国家普遍加快了国际商事法庭的建设步伐。一些国家进行专门立法或修法，允许本国的国际商事法庭使用英文作为工作语言，构建更为便利快捷的诉讼程序，提供更有吸引力的诉讼费用机制。一些国家还修改《宪法》，明确国际商事法庭在本国司法体系中以及其判决在本国诉讼程序中的法定和特殊地位，为国际商事法庭的正当性与法理性提供了制度基础。例如，新加坡专门修改《宪法》，针对国际商事法庭创设了国际法官制度。这一系列举措不仅有利于更好地应对全球化背景下的国际民商事纠纷，而且为吸引跨境商事纠纷当事人选择在该国解决纠纷，提升本国在国际民商事争端解决领域的地位，进而争取国际竞争主动权提供了制度性安排。② 正如英国商事法院（British Commercial Court）（后改为英格兰和威尔士商事和财产法庭）受理的案件"3/4 的当事人都来自海外"。③

在我国"一带一路"倡议不断推进与深化、涉外商事纠纷不断增加的背景下，最高人民法院积极推进"一带一路"司法服务和保障，其中一个重要举措便是设立国际商事法庭。设立国际商事法庭的目的之一就是为包括中国在内的"一带一路"参与国当事人提供公正、高效、便利、透明和成本较低的"一站式"法律服务，④ 建立诉讼、仲裁、调解三位一体的多元化争端解决机制。⑤ 国际商事法庭不仅提供优质司法服务，就跨境商事诉讼作出裁判，而且结合现有司法体系构建覆盖面广、及时高效的国际司

---

① 廖宇羿：《域外国际商事法庭建设最新发展及启示》，《法制日报》2018 年 2 月 23 日。http：//www. ccpit. org/Contents/Channel _ 4132/2018/0223/967389/content _ 967389. htm. 最后访问日期：2018 年 5 月 27 日。

② 廖宇羿：《域外国际商事法庭建设最新发展及启示》，《法制日报》2018 年 2 月 23 日。http：//www. ccpit. org/Contents/Channel _ 4132/2018/0223/967389/content _ 967389. htm. 最后访问日期：2018 年 5 月 27 日。

③ 郑飞飞："新加坡国际商事法庭的由来与发展"，北京法院网，http：//bjgy. chinacourt. org/article/detail/2017/12/id/3101171. shtml. 最后访问日期：2018 年 5 月 27 日。

④ 刘贵祥："考虑建设'一带一路'国际商事法庭"，http：//mp. weixin. qq. com/s? _ biz= MzIyNTQzNDY0NA = = &mid = 2247485699&idx = 1&sn = 5a0818336b21ab3feb741ec7cecb4f11&chksm = e87e8478df090d6e1fc2e80a44a5ee74eb66dbf3fe0b545d950bd630ed5e061ab15b48bcb15&scene=21♯wechat _ redirect. 最后访问日期：2018 年 5 月 27 日。

⑤ 郭丽琴："中国将在北京西安深圳设全新国际商事法庭"，第一财经网，http：//baijiahao. baidu. com/s? id=1590484351272503446&wfr=spider&for=pc. 最后访问日期：2018 年 5 月 27 日。

法协助机制。① 根据中央全面深化改革领导小组 2018 年 1 月 23 日第二次会议审议通过的《关于建立"一带一路"争端解决机制和机构的意见》,② 最高法院将在北京、西安、深圳各设一个国际商事法庭。西安面向陆上丝路,深圳面向海上丝路,而北京则类似于总部。其中,深圳主要学习我国香港地区,实现深港融合互鉴;西安主要对接"一带一路",特别是丝绸之路经济带建设发展。深圳与香港邻近,后者具有比较完善的法治体系,可以为深圳的争端解决机构提供资源。③

　　根据各国实践,国际商事法庭是处理国际或者跨境民商事争端的专门法庭,一般依据各国专门立法而设。在法院层级上,此类法院(法庭)基本上属于各国最高法院(例如新加坡)或是法治特区(例如迪拜)的专门法院(法庭),在本国司法体系中层级较高或者相对独立;在法官选任方面,法官普遍具有国际化与精英化的特质。国际商事法庭法官的选任标准一般是在跨境商事法领域享有盛誉,具有较为精到的专业水平,同时能以英语为工作语言。在一些法域,国际商事法院会吸收境外不同法域的在职或离职法官。例如,新加坡国际商事法庭(SICC)法官由 19 名新加坡籍法官和 12 名非新加坡籍法官组成;在审判和执行程序方面,国际商事法庭审理程序相对简单,以便实现快捷高效的目的。总体而言,各国国际商事法庭各具特色,但是高水准、国际化、便利当事人、程序适度弹性、准据法运用灵活、高效解决争端是这些国际商事法庭的共性,也是国际商事法庭吸引力的核心因素。④

　　(二)主要国家国际商事法庭的制度设计和特征

　　1. 英格兰和威尔士商事与财产法院⑤

　　一般认为,早期设立的比较典型的国际商事法庭的雏形是设立于 1895

---

　　① 何晶晶、耿振善:《打造国际商事法庭　司法保障"一带一路"建设——专访最高人民法院民事审判第四庭副庭长高晓力》,《人民法治》2018 年第 2 期。
　　② "深改小组通过《关于建立'一带一路'争端解决机制和机构》的意见",人民网,http://ydyl. people. com. cn/n1/2018/0124/c411837-29783699. html. 最后访问日期:2018 年 5 月 27 日。
　　③ 何晶晶、耿振善:《打造国际商事法庭　司法保障"一带一路"建设——专访最高人民法院民事审判第四庭副庭长高晓力》,《人民法治》2018 年第 2 期。
　　④ 何晶晶、耿振善:《打造国际商事法庭　司法保障"一带一路"建设——专访最高人民法院民事审判第四庭副庭长高晓力》,《人民法治》2018 年第 2 期。
　　⑤ https://wcnwchamber. org. uk/, visited at 2018-05-27.

年的伦敦商事法庭。2010 年以来，伦敦商事法庭受理的案件中，50％的案件涉及外方当事人，80％以上的案件至少一方当事人为非英国人。2015 年新收案件超过 900 件，其中 25％的案件涉及仲裁事项。该法庭现已更名为英格兰和威尔士商事和财产法庭，① 统一受理涉外商事案件。

伦敦商事法庭于 1895 年成立，② 满足了伦敦金融界和商界提出的成立一个由对商事纠纷有着丰富知识储备和审判经验的法官组成的法庭或法院的要求，他们希望这个机构能够快速、经济地解决纷争，以避免审判时间冗长、花费高昂，以及由不熟悉商业惯例的法官或陪审团进行裁判。在过去的 120 年中，许多优秀的、拥有普通法背景的律师出任伦敦商事法庭的法官。

伦敦商事法庭最初由两位王庭分座里有着相应学识和经验的法官参与审判。随着工作的不断增加，现在改为由 8 名法官任职，他们是从获准加入该法院的 15 名补充专家法官中选取的。伦敦商事法庭隶属于英国高等法院王座分庭，主要处理复杂的国内和国际商事纠纷案件。《民事诉讼规则》第 58 部分规定了商事法庭的工作内容，包括保险和再保险、银行和金融市场、商品和航运案件等。③ 同时，伦敦商事法庭也是国际仲裁的主要监督法院之一。此外，该法庭在英格兰及威尔士设立办公室，处理财产冻结和其他仲裁救济程序以及对仲裁裁决的异议、承认和执行的问题。

伦敦商事法庭最初便引入了灵活的程序以尽可能高效地解决纠纷。法院曾审理了由各种金融危机引起的重大和复杂的诉讼，包括 20 世纪 80—90 年代初的劳合社保险市场以及由全球金融危机所引发的争议。

2017 年 10 月，英格兰及威尔士商事纠纷司法管辖区更名为"商事与财产法院"，并成为英格兰及威尔士专业民事法院的一个单一机构。这一设置给予了英国法院系统应有的关注度，通过更加简单的程序设置和更具"商业友好"型的法院结构确保了外国当事人能够轻松识别他们在英国法院系统中需要的司法服务，巩固并强化了英国司法体系的优势，增强了英国法院对外国当事人的吸引力。④

---

① https：//wcnwchamber.org.uk/，visited at 2018-05-27.
② https：//wcnwchamber.org.uk/，visited at 2018-05-27.
③ https：//www.judiciary.gov.uk/you-and-the-judiciary/going-to-court/high-court/queens-bench-division/courts-of-the-queens-bench-division/commercial-court/about-us/，visited at 2018-04-19.
④ https：//www.thecityuk.com/assets/2017/Reports-PDF/Legal-excellence-internationally-renowned-Legal-services-2017.pdf，visited at 2018-04-19.

　　商事及财产法院不断采取措施提升服务质量、降低诉讼成本，并加快庭审速度。最近的措施是采用了司法电子化技术，[①] 使用目前最先进的硬件和专业软件，缩短所有法官进入大型电子数据库所需要的时间。衡平法庭从 2014 年 10 月起开始使用案件管理系统；技术与建筑法院自 2014 年 11 月起开始使用；海事和商业法院自 2015 年 6 月开始使用；目前破产与企业法庭也已安装了该系统。电子文件归档功能最初于 2015 年在技术与建筑法院内部试用，如今已普及到所有的法庭。结合新的电子案件管理和档案系统，法院在技术上已处于全球现代科技的前沿，这也与伦敦作为国际商事纠纷解决中心的高级定位和全球声誉相匹配。[②]

　　无纸化庭审[③]是法院实施的一项花费巨大的工程，取代了原有的"现场笔记"型转录文本方式，在实质性听证会中得到了普遍采用。无论使用者在何处工作，它都能够帮助使用者读取文件，包括任何文件上的标注。

　　商事和财产法院的另一项工作重点是优化诉讼程序。[④] 在充分了解业界建议的基础上，法院更新了商事法院指南。2015 年出台了更为简短的庭审计划方案，提出简化程序以提供快速且费用合理的庭审，[⑤] 最长不得超过 4 天。自 2013 年起，标准披露已不再是选择性规则。根据《民事诉讼规则》规定，[⑥] 法庭可能完全免除披露，法庭有两种选择：一种是在金融法庭的案件里使用同意命令；另一种是采用《国际律师协会规则》中关于国际商事仲裁取证的命令。而真正的挑战在于找到降低干扰和成本的方法。

　　2016 年，有 14 540 起案件起诉到商事与财产法院，其中 9 003 件诉至

---

　　① The Hon Mr Justice Blair. Commercial Dispute Resolution —— Current Developments in the Commercial Court. Legal Week：Commercial Litigation and Arbitration Forum. 3rd November 2016.

　　② https：//www. judiciary. gov. uk/you-and-the-judiciary/going-to-court/high-court/the-rolls-building/e-filing/，visited at 2018-04-19.

　　③ https：//www. judiciary. gov. uk/you-and-the-judiciary/going-to-court/high-court/the-rolls-building/e-filing/，visited at 2018-04-19.

　　④ The Hon Mr Justice Blair. Commercial Dispute Resolution —— Current Developments in the Commercial Court. Legal Week：Commercial Litigation and Arbitration Forum. 3rd November 2016.

　　⑤ Commercial Court Update，available at https：//www. judiciary. gov. uk/wpcontent/uploads/2015/10/Commercial-Court-Update-Oct-15. pdf，visited at 2018-04-18.

　　⑥ 《民事诉讼规则》（Civil Procedure Rules）。

破产与公司法庭、衡平法庭 3 977 件、海事与商业法院 1 192 件、技术与建筑法院 268 件。经统计，截至 2017 年 7 月，其受理案件共 10 169 件，其中破产与公司法庭受理 6 690 件、衡平法庭受理 2 549 件、海事与商业法院受理 719 件、技术与建筑法院受理 211 件。与 2016 年相比，案件数量基本保持稳定，并有小幅上升。商事与财产法院持续吸引着大量的国际当事人，尤其是海事与商业法院与专利法庭。2016 年，海事与商业法院受理的案件中 70% 为国际性案件，至少一方当事人的注册地在海外，其中有 45% 的案件各方当事人均为海外背景。截至 2017 年 7 月，在海事与商业法院受理的案件中 71% 的案件为国际案件，其中 49.2% 的案件各方当事人均为海外背景。正如 2017 年 5 月在伦敦举办的首届常设商事法院国际论坛指出的，海事与商业法院保持着对国际当事人巨大的吸引力，对世界其他商事法院的发展产生了深刻影响。①

2. 迪拜国际金融中心法院

迪拜酋长国（迪拜）正在建设世界级的金融中心，即迪拜国际金融中心（DIFC）。该中心采取类似于"一国两制"的原则，有一套独立的、基于普通法的、与迪拜和阿联酋联邦法律制度平行的法律制度。②

阿联酋是由包括迪拜、阿布扎比、阿治曼、乌姆盖万、拉斯海马酋长国、沙迦和富吉拉酋长国在内的组成的联盟。③ 1971 年取消了英国的域外管辖权。④ 阿联酋宪法以《科威特宪法》为基础，赋予中央政府主要权力（第 120 和 121 条），允许酋长国行使"未分配给联邦的专属管辖权的所有事项"（第 116 和 122 条）的次要权力。第 105 条应一些酋长国的要求，将其地方法院转型为单一的联邦司法机构。只有迪拜和拉斯海马酋长国两个酋长国没有转移他们的司法权。因此，除了这两个酋长国之外，阿联酋的民事和商事纠纷由联邦司法机构处理。⑤

---

① https：//www. thecityuk. com/assets/2017/Reports-PDF/Legal-excellence-internationally-renowned-Legal-services-2017. pdf，visited at 2018-04-19.

② https：//www. thecityuk. com/assets/2017/Reports-PDF/Legal-excellence-internationally-renowned-Legal-services-2017. pdf，visited at 2018-04-19.

③ https：//www. thecityuk. com/assets/2017/Reports-PDF/Legal-excellence-internationally-renowned-Legal-services-2017. pdf，visited at 2018-04-19.

④ The Oxford Business Group. *The Report Dubai*. UK：Oxford Business Group 2008，p.291.

⑤ Alejandro Carballo. Law of the Dubai International Financial Centre：Common Law Oasis or Mirage within the UAE. 21 *Arab L. Q.* 91 (2007).

　　迪拜于 1970 年颁布了一项法律（后来被 1992 年迪拜第 3 号法律取消），建立了独立的司法系统。^① 尽管迪拜仍保留其司法制度，但已决定在民事法庭适用《联邦民事诉讼法》（1992 年第 11 号）和《联邦民事和商业交易证据法》（1992 年第 10 号）。

　　迪拜法院系统由一审法院、上诉法院和翻案法院组成。每个独立的法院都有一个民事部门、一个刑事部门和一个伊斯兰教法部门。民事部门受理大多数民事索赔案件；刑事部门处理在迪拜发生的大多数刑事案件；伊斯兰教法部门为穆斯林教徒处理民事争议，其中大部分涉及家庭事务，例如离婚和继承。迪拜还有一个劳动法庭，处理雇主和雇员之间的纠纷，以及一个只处理不动产纠纷的不动产法院。提交到迪拜法院审理的案件由一个或多个法官审理。迪拜或阿联酋不像普通法法域那样有先例制度和陪审团。高等法院公布的一些判决并不对下级法院有约束力，但为未来的司法解释和实践提供了有益的范例。^② 迪拜法院使用的语言是阿拉伯语，因此，不仅要求在该院进行法律代理的代理人得到合法的授权，还要求他们懂阿拉伯语。

　　迪拜国际金融中心旨在建立一个金融自由区，提供独特的法律和监管架构，为阿联酋以及更广泛的地区提供良好的环境以促进发展、进步和经济增长。建立迪拜国际金融中心法院系统的最初目的是处理财务问题。通过联邦和迪拜法律，迪拜国际金融中心和迪拜国际金融中心法院创建了独特且独立的监管框架。^③ 已制定并颁行的法律的主要目的为了规制迪拜国际金融中心内的金融机构、公司和个人的日常要求和运营管理。这些法律立足于世界主要金融法域的最佳实践，融合了最好的国际金融和商业法律。^④ 这些法律构成了基础原则，并允许创建法规和规则等次级立法。这些已经颁布的法律促使"商业法规"逐渐形成。这些法律包括但不限于

　　① Ali Al-Muhairi. The Development of the UAE Legal System and Unification with the Judicial System. 11 *Arab L. Q.* 116 (1996).

　　② Zain Al Abdin Sharar & Mohammed Al Khulaifi. The Courts in Qatar Financial Centre and Dubai International Financial Centre: A Comparative Analysis. 46 *Hong Kong L. J.* 529 (2016).

　　③ 采取的步骤包括：修改《阿联酋宪法》；2004 年第 8 号联邦法令：关于阿拉伯联合酋长国建立金融自由区；2004 年第 35 号联邦法令：将迪拜国际金融中心设立为迪拜的金融自由区；迪拜 2004 年第 9 号法律：建立迪拜国际金融中心的法律；迪拜 2004 年第 12 号法律：迪拜国际金融中心司法机构法（修正）。

　　④ DIFC，available at http：//www. difc. ae/discover-difc，visited at 2018-04-15.

《公司法》《合同法》《仲裁法》和《破产法》等，由迪拜国际金融中心当局执行实施。其他法律涉及民商事法律在迪拜国际金融中心中的适用问题。金融服务立法由《监管法》《市场法》《伊斯兰金融业法》《信托法》《集体投资法》和《投资信托法》组成。这些法律由迪拜金融服务管理局（DFSA）管理。①

除非已经获得迪拜金融服务管理局的许可，否则公司不得在迪拜国际金融中心提供金融服务。这些影响广泛的法律和法规吸引了许多国际金融机构和企业。迪拜金融服务管理局在反洗钱方面的严格立场也是让国际社会感到可靠的原因之一，即迪拜在对待道德、社会和企业责任方面严肃认真的态度。

迪拜国际金融中心法院包括一审法院和上诉法院。② 一审法院③由一名法官组成，对下列事项拥有专属管辖权：① 涉及迪拜国际金融中心、任何迪拜国际金融中心主体机构或任何迪拜国际金融中心机构的民事或商业案件和争议；② 涉及需要履行全部或部分合同内容，由在迪拜国际金融中心进行的交易或发生在迪拜国际金融中心的事件引起的或与之相关的民事或商业案件和争议；③ 对迪拜国际金融中心主体机构之决定符合迪拜国际金融中心法律法规提出异议；④ 法院根据迪拜国际金融中心法律法规有管辖权的任何其他申请。

上诉法院④至少由 3 名法官组成，由首席大法官或最资深法官担任主席，并拥有下列专属管辖权：① 对原审法院判决和裁决提出的上诉；② 根据任何迪拜国际金融中心机构的请求解释迪拜国际金融中心法律的任何条款，但该机构必须在这方面获得首席大法官的许可。这种解释应具有法律效力。上诉法院的裁决不应上诉。迪拜国际金融中心法院由至少 4 名法官组成，其中一名法官为首席法官。⑤ 如果一位法官任职于阿联酋政府承认的任何司法管辖区的高级司法机构，且已获得普通法系律师或法官资格并拥有重要经验，就拥有成为迪拜国际金融中心法院法官的资格。院长负责

---

① DFSA. available at https：//www. dfsa. ae/en/About-Us/Our-Purpose ♯ Who-We-Are, visited at 2018-04-15.

② https：//www. difccourts. ae/court-structure/，visited at 2018-04-19.

③ https：//www. difccourts. ae/court-structure/，visited at 2018-04-19.

④ https：//www. difccourts. ae/court-structure/，visited at 2018-04-19.

⑤ https：//www. difccourts. ae/court-structure/，visited at 2018-04-19.

迪拜国际金融中心法院行政事务的全面管理，并主持所有上诉。他还有权建立迪拜国际金融中心法院的巡回法院和分部，任命工作人员和司法人员。

最初设立迪拜国际金融中心法院的目的是建立一个管辖权较大的法院，任何选择法院管辖权的当事人都可以起诉到该法院。最终管辖权原则是法院只能解决其中一方当事人在迪拜国际金融中心或交易本身在迪拜国际金融中心发生的争议。但是，2011 年第 16 号法修改了与迪拜国际金融中心法院有关的 2004 年第 12 号迪拜法之后，情况发生了变化。这项新法律显著扩大了迪拜国际金融中心法院的管辖权。根据这部法律，迪拜国际金融中心法院可以受理争议各方通过合同中选择管辖权条款同意选择迪拜国际金融中心管辖的任何争议。与此相关有两个法律问题为：一是迪拜国际金融中心法院基于不方便管辖原则拒绝管辖权的可能性。尽管迪拜国际金融中心法院的司法和管理质量很高，但是争端各方"选择"迪拜国际金融中心管辖仍然是其他司法管辖区执行迪拜国际金融中心判决的阻碍；二是其他国家法院对迪拜国际金融中心法院作出判决的承认程度，以及如何处理位于迪拜国际金融中心以外辖区的败诉方或败诉方资产的问题。

3. 新加坡国际商事法院

新加坡国际商事法院（SICC）建立于 2015 年 1 月。建立新加坡国际商事法院的初步建议是时任新加坡首席大法官在 2012 年上任之初的伦敦之行中提出的。他认为，英国商事法院 70%—75% 的案件涉及至少一位外国当事人，其中约 40% 的案件仅涉及与英格兰无关的外国诉讼当事人。[①] 2013 年，首席大法官苏达勒斯（Sundaresh Menon）提出设立新加坡国际商事法院的设想，以发展法律服务业、提升新加坡法律国际化和法律服务输出的程度。2013 年 5 月 13 日，由国家法律和教育高级部长英兰妮（Indranee Rajah）和当时的上诉法官共同主持，并由国际和本地知名律师和法律专家组成的委员会正式成立，以研究建立新加坡国际商事法院的可行性，[②] 于 2013 年 11 月 29 日发布了新加坡国际商事法院委员会报告。

---

① Justice Quentin Loh. Asia Pacific Insurance Conference 2017. Singapore 18 October 2017, available at https：//www. sicc. gov. sg/documents/docs/Asia_Pacific_Insurance_Conference_2017. pdf, visited at 2018-04-20.

② SICC. Establishment of the SICC, available at https：//www. sicc. gov. sg/About. aspx? id＝21, visited at 2018-04-20.

政府对委员会的建议表示欢迎并纳入考量范围。该报告于 2013 年 12 月 3 日—2014 年 1 月 31 日进行了公众咨询。建立新加坡国际商事法院的框架性工作于 2014 年第四季度完成，新加坡国际商事法院于 2015 年 1 月 5 日正式设立。

新加坡国际商事法院是新加坡推动其成为国际争端解决领域重要管辖地三步走战略[①]的一部分。[②] 它是为跨境商事纠纷设立的法院，包括那些适用外国法的纠纷。[③] 它旨在成为外国当事方，尤其是亚洲国家当事方的争端解决平台，为那些更喜欢由法院而不是仲裁解决其纠纷的当事方服务的。[④]

新加坡国际商事法院在新加坡司法系统中处于特殊地位，是新加坡高等法院的一个部门，也是新加坡最高法院的一部分，专门处理跨国商业纠纷。它是建立在良好法律和司法体系基础之上的高级法院，是根据《最高法院司法法》设立的高等法院的唯一分部。[⑤]《最高法院司法（修正案）条例草案》确认了新加坡国际商事法院作为高等法院的一个部门，意味着新加坡国际商事法院判决可以作为新加坡最高法院的判决而得到强制执行。[⑥]

新加坡国际商事法院的"国际"因素将其与大多数其他专业商事法庭（包括伦敦商事法院）区分开来，即法院的法官由来自其他法域的知名专家组成。[⑦] 来自国际和本地的法官在新加坡国际商事法院中势均力敌，包括 22 位现任最高法院法官（21 位最高法院法官，包括 4 位上诉法院法官和首席大法官，以及一位高级法官）和 15 位国际法官，分别来自澳大利

---

①　另外两个平台是已蓬勃发展的新加坡国际仲裁中心以及最近启动的新加坡国际调解中心。

②　SICC Committee. Report of the Singapore International Commercial Court Committee. available at https：//www. mlaw. gov. sg/content/dam/minlaw/corp/News/Annex％ 20A％ 20-％ 20SICC％ 20Committee％20Report. pdf，visited at 2018-04-20.

③　Justice Quentin Loh. Asia Pacific Insurance Conference 2017. Singapore 18 October 2017，available at https：//www. sicc. gov. sg/documents/docs/Asia _ Pacific _ Insurance _ Conference _ 2017. pdf，visited at 2018-04-20.

④　Justice Quentin Loh. Asia Pacific Insurance Conference 2017. Singapore 18 October 2017，available at https：//www. sicc. gov. sg/documents/docs/Asia _ Pacific _ Insurance _ Conference _ 2017. pdf，visited at 2018-04-20.

⑤　Andrew Godwin，Ian Ramsay & Miranda Webster. International Commercial Courts：The Singapore Experience. 18 *Melb. J. Int'l L.* 219 (2017).

⑥　Singapore Ministry of Law. Factsheet on the Supreme Court of Judicature（Amendment）Bill. available at https：//www. mlaw. gov. sg/content/dam/minlaw/corp/News/Factsheet-SCJA％20Bill-2014. pdf，visited at 2018-04-20.

⑦　Andrew Godwin，Ian Ramsay & Miranda Webster. International Commercial Courts：The Singapore Experience. 18 *Melb. J. Int'L.* 219 (2017).

亚、加拿大、法国、中国香港地区、日本、英国和美国。^① 他们都有一个重要的共同特征：每个法官都是自身所在法域的专家。^② 首席法官可根据法官在外国法域或特定领域的经验而选择其审理特定案件。国际法官则可以有效地为新加坡国际商事法院提供外国商法方面的专门知识。国际法官的存在可能会影响新加坡国际商事法院的自由裁量权，但有利于行使其管辖权而不是保留诉讼（即使是暂时的）。^③ 主持案件的法官由首席法官任命，而非由争端各方指定。此外，新加坡国际商事法院没有法官是现执业律师，这有助于避免在国际仲裁中可能遇到的问题，即同一个人可能在某一天是审判员而另一天是律师，或在被任命时与案件有直接的金钱利益牵涉。^④

新加坡国际商事法院只审理具有国际和商业性质的诉求。^⑤ 新加坡国际商事法院设想审理的类别包括当事人已同意在新加坡国际商事法院解决争议的案件。这一同意可以是纠纷发生后的临时协议，也可以是合同本身包含的法院选择条款，其诉求将由新加坡国际商事法院解决因该交易引起的所有纠纷。^⑥

新加坡国际商事法院对于案件受理程序有一些特别的规定。如果当事一方已经获得了其他当事人的同意，高等法院可以对该案件的一方提出的申请作出命令。这种申请应由宣誓书所支持的传票作出。第三方或其后各

---

① SICC. SICC BROCHURE 2018. available at https：//www. sicc. gov. sg/documents/docs/SICC％20Brochure. pdf，visited at 2018-04-20.

② Sundaresh Menon. The Rule of Law and the SICC，Singapore International Chamber of Commerce Distinguished Speaker Series，10 January 2018，available at https：//www. sicc. gov. sg/documents/docs/SingCham ＿ Distinguished ＿ Speaker ＿ Series ＿ - ＿ The ＿ Rule ＿ of ＿ Law ＿ and ＿ the ＿ SICC. pdf， visited at 2018-04-20；https：//www. sicc. gov. sg/documents/docs/SICC％20Brochure. pdf，visited at 2018-04-20.

③ Sundaresh Menon. The Rule of Law and the SICC，Singapore International Chamber of Commerce Distinguished Speaker Series，10 January 2018，available at https：//www. sicc. gov. sg/documents/docs/SingCham ＿ Distinguished ＿ Speaker ＿ Series ＿ - ＿ The ＿ Rule ＿ of ＿ Law ＿ and ＿ the ＿ SICC. pdf， visited at 2018-04-20； https：//www. sicc. gov. sg/documents/docs/SICC％20Brochure. pdf，visited at 2018-04-20.

④ Sundaresh Menon. The Rule of Law and the SICC，Singapore International Chamber of Commerce Distinguished Speaker Series，10 January 2018，available at https：//www. sicc. gov. sg/documents/docs/SingCham ＿ Distinguished ＿ Speaker ＿ Series ＿ - ＿ The ＿ Rule ＿ of ＿ Law ＿ and ＿ the ＿ SICC. pdf，visited at 2018-04-20.

⑤ Andrew Godwin，Ian Ramsay ＆ Miranda Webster. International Commercial Courts：The Singapore Experience. 18 *Melb. J. Int'l L.* 219 (2017).

⑥ Sundaresh Menon. The Rule of Law and the SICC，Singapore International Chamber of Commerce Distinguished Speaker Series，10 January 2018，available at https：//www. sicc. gov. sg/documents/docs/SingCham ＿ Distinguished ＿ Speaker ＿ Series ＿ - ＿ The ＿ Rule ＿ of ＿ Law ＿ and ＿ the ＿ SICC. pdf， visited at 2018-04-20.

缔约方可以参加新加坡国际商事法院行使管辖权的案件或高等法院转交新加坡国际商事法院的案件。① 高等法院也可在听取当事人意见后自行下令转移。② 经所有其他方同意，各方也可以申请将案件从新加坡国际商事法院转移到高等法院。这种申请同样应由宣誓书支持的传票作出。③

新加坡在允许外国律师在新加坡国内法院代表当事方的同时，也规定了严格的准入标准。④ 各方可以选择律师代理案件，提交申请给新加坡国际商事法院注册处。只要符合注册要求，外国律师可以根据《法律职业法》（第 161 章）第 36P 条在新加坡国际商事法院注册。2014 年的《法律职业规则》（新加坡国际商业法院外国代表处）中规定了必要的注册资格和要求以及申请程序。⑤ 截至 2018 年年初，共有 74 名外国律师在新加坡国际商事法院注册，其中包括来自英国、澳大利亚、中国香港地区和印度等主要法域、担任英国王室法律顾问或同等资质的 27 位律师。⑥ 外国律师通常可以在新加坡国际商事法院诉讼程序中为境外案件或涉及外国法问题的案件进行诉讼。⑦《新加坡国际商事法院实践指南》第 26 段和《新加坡国际商事法院用户指南》列出了外国律师在新加坡国际商事法院诉讼中代理案件一方行事的情况。⑧

---

① Order 110 Rule 12（4）of the Rules of Court（Cap 322，R 5）2014 Ed. available at https：//sso. agc. gov. sg/SL/SCJA1969-R5，visited at 2018-04-20.

② Order 110 Rule 12（4）of the Rules of Court（Cap 322，R 5）2014 Ed. available at https：//sso. agc. gov. sg/SL/SCJA1969-R5，visited at 2018-04-20.

③ Order 110 Rule 12（3）of the Rules of Court（Cap 322，R 5）2014 Ed. available at https：//sso. agc. gov. sg/SL/SCJA1969-R5，visited at 2018-04-20.

④ Sundaresh Menon. The Rule of Law and the SICC，Singapore International Chamber of Commerce Distinguished Speaker Series，10 January 2018，available at https：//www. sicc. gov. sg/documents/docs/SingCham _ Distinguished _ Speaker _ Series _ - _ The _ Rule _ of _ Law _ and _ the _ SICC. pdf，visited at 2018-04-20.

⑤ The Rules of Court（Cap 322，R 5）2014 Ed. available at https：//sso. agc. gov. sg/SL/SCJA1969-R5，visited at 2018-04-20.

⑥ Sundaresh Menon. The Rule of Law and the SICC，Singapore International Chamber of Commerce Distinguished Speaker Series，10 January 2018，available at https：//www. sicc. gov. sg/documents/docs/SingCham _ Distinguished _ Speaker _ Series _ - _ The _ Rule _ of _ Law _ and _ the _ SICC. pdf，visited at 2018-04-20.

⑦ The Rules of Court（Cap 322，R 5）2014 Ed. available at https：//sso. agc. gov. sg/SL/SCJA1969-R5，visited at 2018-04-20.

⑧ SICC. Singapore International Commercial Court Practice Directions，March 2018 Ed，available at https：//www. supremecourt. gov. sg/docs/default-source/default-document-library/sicc-practice-directions-amended-version-（final）77b73133f22f6eceb9b0ff0000fcc945. pdf，visited at 2018-04-20.

（1）在行动前凭证的联合请求或申请中；

（2）根据《法院规则》第 110 条第 34 条将案件视为离岸案件；

（3）如果法院判决案件不是或不再是离岸案件，但行使酌情权以允许外国律师根据《法院规则》第 110 号法令第 37（5）条行事；

（4）在根据《法院规则》第 52 号命令提出的关于法院或上诉法院就法律程序提出的任何不准他人的判决或命令，允许外国代表在相关的基础上诉讼；

（5）如果法院已经作出《法院规则》第 110 号命令第 25 条下的命令，任何外国法问题应根据提交（的证据）而不是（所有的）证据来确定，并命令允许指定的注册外国律师代表一方就外国法问题提交意见书。

这些规定有利于跨国公司，它们可以仍然使用他们通常或中意的律师的服务。这也意味着，在案件涉及非新加坡法律的情况下，任命外国法律专家的必要性可能会被排除，因为外国律师将能够在不需要专家证据的情况下提交法律意见书。[①] 这间接地开放了法律市场。

新加坡国际商事法院诉讼人有权就新加坡国际商事法院的判决或命令向新加坡最高法院上诉法院提起上诉。在这方面，新加坡国际商事法院类似于英国高等法院的王座法庭商业法庭分部（英格兰和威尔士）（伦敦商业法院）。[②] 这一上诉机制是建立在高等法院向上诉法院上诉的现有框架之上的。[③] 就法官人数而言，上诉一般将由一个由 3 名或 3 名以上法官组成的陪审团审理。[④] 新加坡国际商事法院案件的上诉权与国际商事仲裁中的通常做法形成鲜明对比。此外，上诉的可得性有助于法律和法治的发展。[⑤]

[①]　Sundaresh Menon. The Rule of Law and the SICC，Singapore International Chamber of Commerce Distinguished Speaker Series，10 January 2018，available at https：//www. sicc. gov. sg/documents/docs/SingCham _ Distinguished _ Speaker _ Series _ - _ The _ Rule _ of _ Law _ and _ the _ SICC. pdf，visited at 2018-04-20.

[②]　Andrew Godwin，Ian Ramsay & Miranda Webster. International Commercial Courts：The Singapore Experience. 18 *Melb. J. Int'l L.* 219（2017）

[③]　Justin Yeo. Commentary on Appeal from Singapore International Commercial Court. *Singapore Academy of Law Journal*，e-First 31 August 2017，available at https：//www. sicc. gov. sg/documents/docs/31-8-17 _ On _ Appeal _ from _ SICC _ e-First. pdf，visited at 2018-04-20.

[④]　Justin Yeo. Commentary on Appeal from Singapore International Commercial Court. *Singapore Academy of Law Journal*，e-First 31 August 2017，available at https：//www. sicc. gov. sg/documents/docs/31-8-17 _ On _ Appeal _ from _ SICC _ e-First. pdf，visited at 2018-04-20.

[⑤]　Justin Yeo. Commentary on Appeal from Singapore International Commercial Court. *Singapore Academy of Law Journal*，e-First 31 August 2017，available at https：//www. sicc. gov. sg/documents/docs/31-8-17 _ On _ Appeal _ from _ SICC _ e-First. pdf，visited at 2018-04-20.

新加坡国际商事法院的上诉权加上可以最大限度地减少不必要花费和延误上诉的可能性，对于那些优先考虑纠错途径或希望避免以"一裁终局"为主要特点的仲裁的当事人来说更具有吸引力。上诉的可获得性是各方在考虑选择最适合争端解决机制时考虑的因素。新加坡国际商事法院的上诉机制表明新加坡在跨国商业纠纷解决方面提供高效率、高性价比和商业化的司法制度。① 因此，上诉机制的吸引力最终取决于争议各方的利益和偏好，以及争议解决机制的体制目的和设计。②

第三方可以加入——这是仲裁中没有的程序，因为仲裁条款仅对与其达成协议的当事方具有约束力，这意味着参与解决争议的各方可能并没有义务加入仲裁。新加坡国际商事法院允许第三方可以申请诉讼，判决也可以保密。外国法可能被作为事实证明。但是，新加坡国际商事法院可以根据当事一方的申请，根据提交的内容（可以是口头、书面或两者兼有的）而不是证据确定任何外国法律问题。③

4. 荷兰国际商事法庭

荷兰司法委员会主席于 2014 年 9 月提出建立荷兰商事法院（NCC）的计划。④ 荷兰商事法院是一个专注于解决大型跨国性争端的专门法庭。⑤ 这与其他国家的做法是一致的，商事法律纠纷由专门分立的法院解决，例如，英国的商事法庭、法国的商事法庭和一些德语国家的商事法庭。

荷兰安全与司法部长在 2015 年 11 月 23 日向议会发出的信件中表示，⑥ 其对荷兰商事法院提案持肯定态度，并强调司法部不需要承担荷兰商事法院处理案件的费用。荷兰商事法院的设立不影响其他民事案件的处

---

① Justin Yeo. Commentary on Appeal from Singapore International Commercial Court. *Singapore Academy of Law Journal*，e-First 31 August 2017，available at https：//www. sicc. gov. sg/documents/docs/31-8-17 _ On _ Appeal _ from _ SICC _ e-First. pdf，visited at 2018-04-20.

② Justin Yeo. Commentary on Appeal from Singapore International Commercial Court. *Singapore Academy of Law Journal*，e-First 31 August 2017，available at https：//www. sicc. gov. sg/documents/docs/31-8-17 _ On _ Appeal _ from _ SICC _ e-First. pdf，visited at 2018-04-20.

③ SICC. Frequently Asked Questions，Available at https：//www. sicc. gov. sg/faq. aspx，visited at 2018-04-20.

④ http：//www.stibbeblog.nl/all-blog-posts/commercial-litigation/towards-the-netherlands-commercial-court-ncc，最后访问日期：2018 年 4 月 15 日。

⑤ Annemiek Nass and Lynn Rook. Opening of the Netherlands Commercial Court. available at https：//www. fortadvocaten. nl/en/opening-netherlands-commercial-court，visited at 2018-04-15.

⑥ Annemiek Nass and Lynn Rook. Opening of the Netherlands Commercial Court. available at https：//www. fortadvocaten. nl/en/opening-netherlands-commercial-court，visited at 2018-04-15.

理。相反，由于将重大贸易争端分开处理，荷兰商事法院能为其他纠纷的司法解决腾出更多时间和资源，从而也使其他案件的快速有效审理获益。据该部长称，在荷兰商事法院提起诉讼的公司将被要求支付诉讼费用。荷兰商事法院专注于处理大规模的商事纠纷，其诉讼成本可能比普通诉讼程序所花费的费用小。但是，无法承担荷兰商事法院诉讼费用的公司也可以向法院申请免除全部或部分费用。因此，荷兰商事法院对与大型跨国公司发生纠纷的小型或初创公司也很有吸引力。

荷兰议会于 2017 年 7 月 18 日通过了《荷兰国际商事法庭法案》(The Netherlands Commercial Court Act)，并于 2018 年 1 月 1 日正式生效。① 该法案包含了对于荷兰民事程序法典的修正案，允许在阿姆斯特丹地区法院和上诉法院，即荷兰国际商事法庭和荷兰国际商事上诉法庭的上层机构使用英文作为工作语言。法案还对荷兰民事诉讼法进行了修正，对国际商事法庭的诉讼费用作出了特殊规定。2018 年 3 月，荷兰众议院通过了设立新商事法庭的相关议案。② 阿姆斯特丹地方法院和阿姆斯特丹上诉法院的贸易庭将为诉讼当事人提供以英语进行诉讼的机会，并能够以英语作出判决。只有双方明确选择，才能在荷兰商事法院提起诉讼。荷兰商事法院和荷兰商事上诉法院主要关注重要的跨国商事纠纷，并适用相同的荷兰商事法院程序规则。

荷兰商事法院的特点包括专业的荷兰法官；高效、便捷的诉讼程序将审理过程分解为责任确定和损害赔偿；可以用法语、德语、英语或者荷兰语提交证据，节省时间和翻译成本；如果诉讼请求被驳回，无需承担高额的诉讼费；无纸化诉讼；保全措施（诉前财产保全）；等等。

荷兰商事法院，包括地区法院和上诉法院。③ 所有争议将由 3 名（荷兰）法官在一审和上诉中解决，而其他商事法庭只有一名法官。荷兰商事法院的法官是专门从事跨国贸易法、处理商事纠纷的专家。荷兰商事法院

---

① 关于荷兰商事法院的立法提案于 2016 年 12 月 16 日开始进行咨询程序，讨论期至 2017 年 2 月 1 日。由于参议院尚未批准该法案，荷兰商事法院还没有启动。一旦参议院通过该法案，荷兰商事法庭就可以开始审理案件。https：//www. lexology. com/library/detail. aspx? g=5a295e71-cf63-4f27-b931-0cac54f32575, visited at 2018-04-15.

② Netherlands Commercial Court coming soon?. available at https：//www. lexology. com/library/detail. aspx? g=c03bedb0-7d26-4156-977f-ab14ab8eccab, visited at 2018-04-15.

③ Netherlands Commercial Court coming soon?. available at https：//www. lexology. com/library/detail. aspx? g=c03bedb0-7d26-4156-977f-ab14ab8eccab, visited at 2018-04-15.

也为那些不愿接受仲裁的当事人提供了另一种选择，因为仲裁费用高昂，而且结果可能不像法院判决一样具有可预测性。

与最初的建议相反，荷兰商事法院只解决跨国性的争端，这意味着纠纷至少有一个外国当事方或适用外国法律。纯粹的国内纠纷不被荷兰商事法院受理。荷兰商事法院只接受在自愿的基础上进行诉讼，因此，双方需要签订通过荷兰商事法院解决纠纷的书面协议。各方可以随时选择将争议提交给荷兰商事法院。

荷兰商事法院和荷兰商事上诉法院的法院案件费用分别被建议为15 000 欧元和 20 000 欧元。虽然高于普通荷兰法律程序，但是相对于其他国家的跨国商事法庭，这是一种低成本的选择。此外，在特殊案件中，荷兰商事法院也被允许在某些情况下降低那些明显不能承担该费用的当事人的诉讼费用。这比在其他国家进行诉讼的成本低，有利于降低涉诉企业的整体成本。

荷兰商事法庭也可以审理未确定标的额的小企业之间的纠纷，但存在以下限制：属于分区法院的案件（"州法院案件"，例如，就业法案、租金纠纷、25 000 欧元以下的索赔等）被排除于荷兰商事法院之外。

荷兰的程序法被认为是高效、实用和低廉的。荷兰诉讼优势的一个例子是温室逮捕（荷兰冻结）。这些命令可以相对容易地实现，从而防止在程序完成之前，荷兰境内的资产被转移或以其他方式处理。[①] 这些禁令在英语国家的普通法法域很难被确保，但荷兰法院很容易作出这类命令，使在荷兰诉讼的原告人在执行判决时能够高度安全并确定执行判决将对他们有利。这对于向荷兰被告提起索赔诉讼的原告特别有吸引力。即使被告或其资产并非位于荷兰，荷兰也是理想的原告诉讼地。因为广为人知的是，荷兰法院的判决是全球范围内最广泛被执行的判决之一。由于签署了《布鲁塞尔条约》《卢加诺公约》和《海牙公约》等承认和执行民商事判决的跨国条约，荷兰法院的判决很容易在 30 多个司法辖区得到执行，其中包括欧盟以外的 5 个司法辖区。除此之外，荷兰的判决也通常容易在美国（大多数州）、加拿大、新加坡、中国香港地区、澳大利亚和新西兰得到执行。根据世界司法项目（WJP）2015 年以成本——效益、效率、公正性和独立

---

① https://netherlands-commercial-court.com，visited at 2018-04-15.

性等法治指数制定的标准，荷兰的民事司法体系位居世界所有民事司法制度的最高等级。[①]

荷兰商事法院管辖的案件类型具有多元性。[②] 荷兰商事法庭处理涉及商事的私法纠纷，而不是公法纠纷。此类商事案件可包括合同纠纷、前合同纠纷、违反合同、解除合同赔偿和合同损害赔偿。

荷兰众议院第二分庭投票赞成荷兰商事法庭法案，至此荷兰商事法院于 2018 年 3 月 8 日迈出了实质性的一步。[③] 该法案对荷兰民事诉讼程序（诉讼费用）作出了某些修改，规定在荷兰商事法院提起诉讼的诉讼人必须支付特殊申请费。法案在众议院通过后会被直接被送到参议院，并提交给议会委员会。委员会决定该法案是否可以立即列入议会议事日程，或者是否应当首先对该法案进行预备性研究。如果法案立即被列入议会议事日程，它将不经辩论而被通过。法案的预备研究主要包括书面信函和文件交换。委员会成员以书面形式提交议会的意见，并向政府提出问题。政府以答复或备忘录的形式答复。书面准备工作完成后，参议院将被通知该法案已准备由正式会议讨论。在适当的时候，该法案将被列入全体会议议程。

尽管荷兰商事法院推出的时间有所延误，但荷兰首个全英语商事法庭仍然受到了强劲的支持。从常设委员会的讨论中可以看出，民主党议员强调了荷兰商事法庭的重要性，表达出其强烈的支持意愿。其他相关人员也表达了其观点，认为荷兰商事法院是推动荷兰司法体系进步和吸引其他司法管辖区当事人在荷兰提起诉讼的有效措施，符合荷兰跨国贸易和跨国司法实践的历史传统。荷兰政府预测，荷兰商事法庭每年将审理多达 100 多起的案件。然而，由于用英语进行诉讼的实用性和长期的成本效益，实际收案数可能还会高得多。

在荷兰法的框架下，根据荷兰《民事诉讼法》第 237 条的规定，一般由败诉方承担全部诉讼费用，这主要是基于程序性风险和政策规定。

关于律师费，适用"清算费用计划"，这意味着只有关于律师具体行为和服务的费用将由败诉方承担，其他额外费用将不会得到赔偿。

证人出庭费用和专家意见费用均由败诉方承担。当事人在解决纠纷

---

① https：//netherlands-commercial-court．com，visited at 2018-04-15.
② https：//netherlands-commercial-court．com/dispute-resolution．html，visited at 2018-04-15.
③ https：//netherlands-commercial-court．com/dispute-resolution．html，visited at 2018-04-15.

时，通常不区分费用的承担比例。双方可根据其胜败比例分摊费用，或者各自承担己方的费用。"败诉者承担全部费用"的一般规则也有例外。

《荷兰民事诉讼法》第327条规定，法院可以在某些情况下判决由一方"全额或部分赔偿"费用（特别是在家事诉讼范围内）。在这种情况下，双方都要承担各自的费用。如果双方当事人都胜诉将失去可执行内容，法院也可以命令每一方承担各自的费用。

此外，若守约方无法承担诉讼费用，荷兰法院还有其他减免诉讼费的相关办法。这为小微公司或初创企业提供了一个有吸引力的选择。在那里，启动诉讼的费用将大大减少。

荷兰诉讼法因其高效、务实和低成本高效益的特点而被认可。荷兰诉讼的优势之一是冻结令。在诉讼过程中，很容易申请到冻结令。冻结令的目的在于防止荷兰的资产被转移、处置到其他国家，其效力直至完成诉讼程序为止。

这一禁令很难在英美法系国家申请到，而在荷兰则容易得多，因此对原告而言，在荷兰的诉讼更有安全保证和执行力。这使得荷兰成为对索赔方极具吸引力的管辖地，也成为那些诉讼被告或者其资产不在荷兰的原告的理想诉讼地。

荷兰商事法庭虽然设立在荷兰，但是个案可以适用外国法律。是否适用外国法律是由其国际私法规则决定的。在《荷兰民法典》第十章和《罗马公约》第一、二章也肯定了商业纠纷适用外国法的合理性。

专属管辖：荷兰商事法庭解决的案件一般需要具有涉外因素。一方或者双方公司设立在荷兰境外即可。审理案件可以不适用荷兰法律，也不要求相关行为发生在国外，以上都不是专属管辖权的唯一要求。对法院专属管辖权唯一的实质性要求是该案件为"商事"案件。

合意管辖：荷兰商事法庭合意管辖权的基础为当事人的同意，当事人应选择将争议提交荷兰商事法庭管辖。对当事人的国籍并无特殊要求。因此，法院能够审理荷兰本国当事人之间的纠纷、荷兰人和外国当事人之间的争端，甚至是与荷兰或其法律关系并无联系的外国当事人之间的案件。这将使荷兰商事法庭成为寻求解决商业争端的外国当事人中立、有力的选择。

属人管辖：在荷兰的诉讼法框架下，虽然荷兰商事法庭是国家法院，但它对当事人的管辖权并非是强加的。各缔约方必须明确同意接受荷兰商事法庭的管辖权。当事人可以选择在任何时候将争议提交至荷兰商事法庭，包括在发生纠纷之后。为防止争议发生后对管辖法院的争议，商业合同中应包括所谓的"管辖权条款"。在该条款中，当事人可以界定诉至荷兰商事法庭的案件类型。荷兰商事法庭应专门审理复杂的（国际）商事案件。

荷兰商事法庭将为诉讼当事人提供具有商事知识和经验的法官和以英语进行诉讼的机会，并使法院能够保持独立性、高效率和公正性。缔约方向荷兰商事法院提起诉讼时，不必与荷兰有任何联系。这使得荷兰商事法院成为来自两个不同国家的缔约方寻找"中立"的第三国进行诉讼的理想场所。

荷兰商事法庭于 2019 年 2 月正式受理案件，首起案件为伊莱冯金融服务发展局诉爱彼亚斯控股有限公司案，系请求出售质押股份的简易程序案件。①

5. 其他国家的国际商事法庭

哈萨克斯坦议会于 2015 年通过了《阿斯塔纳国际金融中心宪法令》（AIFC Constitutional Statute），批准设立阿斯塔纳国际金融中心，并在该中心内部设立独立的法院。2017 年 12 月 5 日，阿斯塔纳国际金融中心管委会通过了《阿斯塔纳国际金融中心法院条例》（AIFC Court Regulations），就法院的各方面事项作出了具体规定。法院法官团也正式成立，法官团主席伍尔夫勋爵举行了宣誓就职仪式。阿斯塔纳国际金融中心法院于 2018 年 1 月正式开始开展工作。

比利时政府 2017 年 10 月 27 日通过了设立布鲁塞尔国际商事法庭（Brussels International Business Court）的法案。根据比利时政府的声明，设立该法庭的目的在于应对英国脱离欧盟后激增的国际商务纠纷，提供一个新的司法工具以吸引当事人在比利时解决纠纷，而无需前往海外或诉诸私人仲裁。通过这一方式，比利时希望将布鲁塞尔打造成一个新的国际商务中心。根据该法案的规定，布鲁塞尔国际商务法庭将使用英语举办听证会并印发判决书，法庭将依据专业技能选择法官，并且该法庭的判决无法上诉以确保纠纷能够快速解决。

除了上述已投入运营的国际商事法庭之外，还有一些国家拟新设的国际商事纠纷解决机构也值得我们关注。2017 年 12 月，日本的公益社团法

---

① https://www.rechtspraak.nl/English/NCC/Pages/default.aspx.

人"日本仲裁人协会"与位于日本京都的著名私立大学同志社大学签署协议，决定在同志社大学内设立"京都国际调解中心"（Japan International Mediation Center in Kyoto）。该中心于 2018 年开始运营。此前日本并没有类似的国际调解中心，日本企业如果遇到国际商事纠纷，往往会远赴新加坡等国进行国际调解。此次选择在京都这样具有高国际知名度的地点建立日本的国际调解中心，一方面是希望为日本国内企业的国际调解提供便利，另一方面也希望能够吸引更多的国外企业前来。为此，该中心拟聘请国际著名调解员来加强其国际性。

德国法兰克福地区法院于 2018 年 1 月设立了商事审判法庭。此外，还有 2009 年设立的卡塔尔国际法庭和争议解决中心（Qatar International Court and Dispute Resolution Center）、① 2015 年设立的阿布扎比全球市场法庭（Abu Dhabi Global Market Courts）等。② 印度也已经通过了建立国际商事法庭的立法。③

（三）国际商事法院趋势的法理逻辑

1. 国际商事仲裁的固有缺陷

国际商事仲裁已成为解决跨国商事争议的一种极受欢迎的方法，为当事人提供了选择程序和适用法的机会，且当事人能够选择具有中立立场和丰富经验的仲裁员。但是，国际商事仲裁也呈现诸多固有缺陷，亟须司法系统提供机制性补充，促使各国建立新的国际商事法院。总体而言，国际商事法院是介于仲裁和国内法院之间的制度安排，在内国法院的框架中做了制度性调整，既混合了一些仲裁的意思自治因素，又体现了诉讼制度具备的审级原则。

（1）仲裁结果的可预期性降低。仲裁界有这样一句名言广为流传："有什么样的仲裁员，就有什么样的仲裁。"④ 仲裁员在很大程度上决定着仲裁

---

① https://www.qicdrc.com.qa/，visited at 2018-05-27.

② https://www.adgm.com/doing-business/adgm-courts/home/，visited at 2018-05-27.

③ 2015 年 12 月印度国会通过了《高等法院商事法庭与商事上诉法庭法》，以立法形式设立了商事法院，并通过了《仲裁与调解法（修正案）》。通过创立专家型的商事法院并辅以相应的上诉途径，提升实现之前确定的商事争议解决的双生目标，将国家建成具备争议解决中心资格（新加坡和伦敦被提及作为比较参照），更重要的是改善法律氛围促进对内投资。参见［英］威廉姆·布莱尔：《国际商事与金融争议解决中的当代趋势》，蒋天伟译，http://www.360doc.com/content/17/0626/10/35357286_666613034.shtml，最后访问日期：2018 年 5 月 27 日。

④ 郑洋洋：《论仲裁员强制名册制的优劣势及其改进措施》，《法制博览》2015 年第 4 期。

的过程和结果，直接关系着仲裁当事人的根本利益，并关涉仲裁机构的公信力。① 因此，仲裁员在整个仲裁过程中起着至关重要的作用。实证研究发现，当事人对仲裁员能力的选择是其选择以仲裁方式解决争议的重要原因之一。② 当事人积极参与仲裁员选任，也是机构选择的最终表现形式。③ 除去调解员制度、④ 紧急仲裁制度⑤等灵活性规则造成的不确定因素，由于仲裁员名册提供的仲裁员选择范围较大、文化背景存在差异以及仲裁员制度和选择制度的其他缺陷，⑥ 使得仲裁结果具有一定的不确定性，有时当事人的可预期性较低。这在一定程度上会使当事人对通过仲裁解决商事争议的有效性和合法性产生怀疑。

　　① 庞大的仲裁员名册。仲裁员名册制是指在商事仲裁的仲裁员选任中，将候选仲裁员的姓名、专长，有时包括其经验和阅历编制成册，供当事人、仲裁机构或指定机构选择以确定本案仲裁员的制度。世界上主要的仲裁机构在仲裁员选任方面的具体做法迥异，包括封闭名册制、⑦ 开放名册制⑧和不实行名册制。⑨ 我国的仲裁机构采用仲裁员名册制。⑩

---

①　Martin Domke. Commercial Arbitration. 1965 *Ann. Surv. Am. L*. 173，p.174.

②　Catherine Rogers. The International Arbitrator Information Project：An Idea Whose Time Has Come. Aug. 9，2012，available at Kluwerarbitrationblog. org. http：//arbitrationblog. kluwerarbitration.com/2012/08/09/the-international-arbitrator-information-project-an-idea-whose-time-has-come/，visited at 2018-04-15.

③　David Gaukrodger. Appointing Authorities and the Selection of Arbitrators in Investor-State Dispute Settlement：An Overview. *Consultation Paper*，March 2018.

④　例如，2015 年《中国（上海）自由贸易试验区仲裁规则》第六章"仲裁与调解相结合"下分设了调解员调解和仲裁庭调解制度，采用调解员与仲裁员身份分离的先调解后仲裁模式。

⑤　国际商事仲裁的紧急仲裁员的制度是指在仲裁庭成立之前，当事人有权利提出临时保全措施，然后仲裁机关制定临时的处理问题的仲裁员，确保在仲裁庭组建之前证据和财产的完整性。具有仲裁庭组成前解决紧急问题的专门性、适用上的自动性、程序和人员上的独立性等特点。

⑥　徐伟功：《国际商事仲裁理论与实务》，华中科技大学出版社 2017 年版，第 16 页。

⑦　封闭名册制是指不论是当事人选定仲裁员还是仲裁机构指定仲裁员，都必须从仲裁机构所提供的名册中选择，例如美国仲裁协会、荷兰仲裁机构以及按照《联合国国际贸易法委员会仲裁规则》进行仲裁的机构。

⑧　开放名册制是指当事人可以在仲裁机构提供的名册中选择仲裁员，也可以在名册之外选任仲裁员，例如我国香港地区和新加坡的仲裁机构。

⑨　此种情况下，仲裁机构只行使确认权，对当事人自由选择的仲裁员进行确认，例如斯德哥尔摩商会仲裁院、伦敦国际仲裁院、国际商会仲裁院等。根据国际商会仲裁规则，在当事人无法协商选择的情况下，仲裁员由仲裁院指定。当出现需要由仲裁院指定仲裁员的各种情形时，仲裁院则可请分布在全球 70 多个国家的国际商会国家委员会（ICC National Committee）推荐人选。此时，仲裁院会将案情和所需人选的基本条件提交给相关的国家委员会。

⑩　我国仲裁机构大部分采用强制名册制，例如《北京仲裁委员会仲裁规则》第 17 条规定：当事人从本会提供的仲裁员名册中选择仲裁员。《上海仲裁委员会仲裁规则》第 26 条第 （转下页）

　　截至 2018 年 5 月，新加坡国际仲裁中心共有 497 名仲裁员（包括 23 名知识产权仲裁员）。中国国际经济贸易仲裁委员会共有 1 442 名仲裁员，深圳国际仲裁院有 515 名仲裁员。据我国香港地区贸易发展局统计，截至 2018 年 4 月，香港 8 家仲裁及调解机构①的仲裁员名册及仲裁员名单分别有 436 名及 176 名仲裁员。②

　　开放仲裁员名册是一个制度上的明显进步，但也存在着问题，即当事人选择不同的仲裁员可能得出不同的仲裁结果。这种以仲裁员名册为基础的仲裁员选任制度虽然尊重了当事人的意思自治，但是也为仲裁结果带来不确定性，③ 即由当事人选定的仲裁员有成为该当事人代理人的心理倾向而影响裁决的公正性。④

　　② 仲裁员文化背景差异。"每一个人、每一条规则和每一项制度都具有自己的文化背景。"⑤ "当冲突的当事人来自不同的文化，当冲突是'国际性'的，人们就不能推定他们会对一些重要事项有共同的理解。他们各自的民族理论、有关冲突根源的观念、本地解决冲突的方式可能会有

（接上页）2 款规定：当事人应当在仲裁委员会设置的仲裁员名册或专业仲裁员名册中选定仲裁庭的组成人员。《中国海事仲裁委员会仲裁规则》第 25 条规定：仲裁委员会及其分会适用统一的仲裁员名册。渔业争议案件，仲裁员仅可从《中国海事仲裁委员会渔业专业仲裁员名册》中选定或指定。也有国际商事仲裁机构仲裁规则中的仲裁员名册制采用开放制，例如 2015 年《中国国际经济贸易仲裁委员会仲裁规则》第 26 条仲裁员的选定或指定：（一）仲裁委员会制定统一适用于仲裁委员会及其分会/仲裁中心的仲裁员名册；当事人从仲裁委员会制定的仲裁员名册中选定仲裁员。（二）当事人约定在仲裁委员会仲裁员名册之外选定仲裁员的，当事人选定的或根据当事人约定指定的人士经仲裁委员会主任确认后可以担任仲裁员。2015 年《中国（上海）自由贸易试验区仲裁规则》第 27 条规定：（一）当事人可从仲裁员名册中选定仲裁员。（二）当事人可以推荐仲裁员名册外的人士担任仲裁员，也可以约定共同推荐仲裁员名册外的人士担任首席仲裁员或独任仲裁员。

　　① 8 家机构分别是：香港国际仲裁中心（HKIAC）；香港仲裁院（Hong Kong Institute of Arbitrators）；皇家特许仲裁员协会（Chartered Institute of Arbitrators）；国际商会（International Chamber of Commerce）；香港调解协会（Hong Kong Institute of Mediation）；香港调解中心（Hong Kong Mediation Centre）；香港调解委员会（Hong Kong Mediation Council）和冲突解决中心（Conflicts Resolution Centre）。

　　② http://hong-kong-economy-research. hktdc. com/business-news/article/Hong-Kong-Industry-Profiles/Arbitration-and-Mediation-Industry-in-Hong-Kong/hkip/en/1/1X000000/1X006N9U. htm, visited at 2018-05-18.

　　③ 宋连斌："国际商事仲裁的优势与局限性"，http://www. legaldaily. com. cn/jdwt/content/2007-06/11/content_635088. htm. 最后访问日期：2018 年 5 月 16 日。

　　④ Catherine Rogers. A Window into the Soul of International Arbitration: Arbitrator Selection, Transparency and Stakeholder Interests. 46 *Victoria U. Wellington L. Rev.* 1179 (2015), p.1180.

　　⑤ Pat K. Chew. The Pervasiveness of Culture. 54 *Journal of Legal Education* 60 (2004), pp.66 - 69.

天壤之别。"① 国际商事仲裁中的仲裁员通常有着不同的文化和法律传统背景，具有的经验和知识也不同，② 这使得仲裁中的文化因素显得非常重要，因为文化误解可能会影响效率、花费，最终影响结果的准确性与公正性。因此，相对于法院的司法实践，仲裁机构的裁判标准不一、裁量空间更大，这既是洞悉规则后选择仲裁、在争议解决时获得主场优势的理由，也是排除不合理裁决、拒绝仲裁的原因。例如，律师代理费能否支持、合同效力的有无、政府文件规定的适用等，都是导致分歧的原因。③

此外，我国的仲裁员制度还存在其他问题，例如仲裁员法定条件宽松、④ 聘任仲裁员不合条件、⑤ 仲裁员信息公开失范、⑥ 名册仲裁员信息量不足、⑦ 仲裁法无驻会仲裁员设置禁令、⑧ 驻会仲裁员大量存在等，⑨ 既影

---

① Kevin Avruch & Peter W. Black. Conflict Resolution in Intercultural Settings: Problem and Prospects in Conflict Resolution Theory and Practice: Integration and Application. ads. *Dennis J. Sandole & Hugo van Merwe* (1993), pp.131 - 140; Jacqueline Nolan-Haley, Harold Abramson, Pa K. Chew. *International Conflict Resolution: Consensual ADR Processes*. Thomson West, 2005, p.51.

② Leon E. Trakman. "Legal Traditions" and International Commercial Arbitration. 17 *American Review of International Arbitration*, 1 (2006), p.14.

③ Rizwan Hussain. *International Arbitration: Culture and Practices*, p.11.

④ 根据我国《仲裁法》第13条的规定，仲裁员应当具有下列条件之一：（1）从事仲裁工作满8年；（2）从事律师工作满8年；（3）曾任审判员满8年；（4）从事法律研究、教学工作并具有高级职称；（5）具有法律知识、从事经济贸易等专业工作并具有高级职称或者具有同等水平的。

⑤ 王冶英、任以顺：《我国仲裁员制度的缺陷及运行失范之矫正》，《青岛科技大学学报》（社会科学版）2010年第4期。

⑥ 按照《仲裁法》第13条规定，仲裁机构得按专业设置仲裁员名册。但实践中，按专业设置的仲裁员名册较为罕见，常见的仲裁员名册只列有仲裁员姓名、专长、居住地和国籍。

⑦ 我国大部分仲裁员名册的内容都趋于简单化，仅涵盖姓名、专长、居住地和国籍等。以中国国际经济贸易仲裁委员会2017年仲裁员名册为例，仲裁员信息共有3项，中国籍仲裁员仅列明了姓名、专业领域和所在城市，对于学历或职称等其他信息均省略不提，对我国港澳台地区和外籍仲裁员也只标明了姓名、专业领域和所属地区。各仲裁机构的仲裁员名册普遍缺乏对形成当事人选择判断有重要影响的专业背景、职业简历、住址、联系方式等更富个性化的信息。这种仲裁员名册的设计初衷可能是为防止当事人与仲裁员私下不当接触而故意设置了一定障碍，也为仲裁机构能在指定和约束仲裁员，控制仲裁程序的进行创造一定条件，但实际上却反映仲裁机构对自身仲裁规则完备性的不自信。这种有效信息缺乏的名册带来的问题非常明显，当事人很难了解到有价值的信息，对仲裁员的主要经历、实际仲裁能力、道德品质更是无从得知。参见周丽：《当前仲裁制度的不足与完善》，《人民论坛》2016年第17期。

⑧ 驻会仲裁员不符合国际惯例，因其可能存在利益冲突。例如《ICC仲裁规则》附件2中规定："一、仲裁院主席和秘书处人员不得在本仲裁院的仲裁案件中担任仲裁员或代理人；二、仲裁院不得指定仲裁院的副主席或仲裁院的其他成员在本仲裁院的仲裁案件中担任仲裁员。如果他们被一方或一方以上的当事人选择为仲裁员，或由当事人所约定的其他程序选择为仲裁员，则须经仲裁院批准。"

⑨ 王冶英、任以顺：《我国仲裁员制度的缺陷及运行失范之矫正》，《青岛科技大学学报》（社会科学版）2010年第4期。

响了商事仲裁的公正性，也降低了仲裁结果的可预期性。

韦伯曾言，具备形式合理性的法律就是可预期的法律，此种可预期既包括立法上的可预期，也包括司法裁判上的可预期。[①] 假如裁判结果无法预期，就无法给人们提供明确的行为指引，难以维护法律的权威性。[②] 仲裁的可预期性比诉讼的可预期性更为重要，因为仲裁具有一裁终局的属性。现行仲裁制度的临时性和不统一性，很大程度上降低了商事仲裁的合法性与公信力。[③]

（2）仲裁呈现出效率低、时间长、成本高的趋势。通常仲裁被认为是快速高效、费用低廉的争议解决方式。[④] 但是近年来，国际商事仲裁出现了程序繁杂、时间冗长与费用高昂等趋势，并日益演变成造成争议方不满的严重问题。[⑤] 如果不将经济性列为仲裁的基本价值目标，不对仲裁的经济性提出有别于诉讼的要求，仲裁必将因其固有的缺陷而丧失与诉讼并肩的基础。[⑥]

① 仲裁程序繁杂。近年来国际商事仲裁有去"大陆法系"而向"英美

---

① ［德］马克思·韦伯：《法律社会学》，康乐、简惠美译，广西师范大学出版社 2005 年版·第 28 页。

② 王利明：《司法裁判的可预期性》，《当代贵州》2015 年第 38 期。

③ Armand de Mestral. Investor State Arbitration between Developed Democracies. in Armand De Mestral，ed.，*Second Thoughts: Investor State Arbitration between Developed Democracies*，(2017).

④ 当伦敦仲裁院在 1892 年设立时，据说该仲裁院"具有法律所没有的全部好处。它解决争议快捷，而法律缓慢；它解决争议低廉，而法律昂贵；它程序简单，而法律过于复杂；它是和平的制造者而不是浑水的搅拌者"。Blackaby. *Redfern & Hunter on International Arbitration*，p.61，quoting Manson（1893）IXLQR，cited by Veeder & Dye. Lord Bramwell's Arbitration Code. 8 *Arbitration International* 330（1992）. 联合国国际贸易法委员会秘书处就 2006 年修正的《国际商事仲裁示范法》所做出的解释性评论以及第二巡回上诉法院在 Folkways Music Publishers Inc. v. Weiss，989 F. 2d 108，111（2nd Cir. 1993）案中声明："仲裁的两个目标，即有效解决争议和避免漫长而昂贵的诉讼。" Born，Grey. International Commercial Arbitration. *Kluwer Law International*（2009），Vol.1，p.84.

⑤ 公司律师国际仲裁组（CCIAG）的最近一项研究发现，100％的公司顾问参与方认为国际诉讼"耗时过长"（其中 56％的被调查者强烈同意），并且"花费过高"（69％的被调查者强烈同意）。See Reed，Lucy. Comments posted under More on Corporate Criticism of International Arbitration on Kluwer Law International blog. 3 March 2011，available at http：//kluwerarbitrationblog. com/blog/author/lucyreed，visited at 2018-05-16. 穆斯迪尔指出，仲裁程序"具有和法院诉讼程序一样的繁重的劳务，但不具有法院法官所具有的可以将对抗当事人召集一起的好处"。See Gary Born. International Commercial Arbitration. *Kluwer Law International*（2009），Vol.1，pp.84 - 85. citing Blue Tee Corp v. Koehring Co.，999 F. 2d 633（2nd Cir. 1993）；Lord Mustill. Arbitration：History and Background. 6 *Journal of International Arbitration*，43（1989），p.56；Andreas F Lowenfeld. International Litigation and Arbitration. 3rd ed. *Thomson West*（2006），p.85.

⑥ 谭兵：《中国仲裁制度研究》，法律出版社 1995 年版，第 47—48 页。

法系"转变趋势，以及制度程序的"司法化"倾向。① 国际商事仲裁越来越向法院诉讼程序的复杂化和正式化靠拢，而且受制于司法干预和控制。② 仲裁与诉讼在主要程序阶段和基本程序事项上存在相同之处，例如都包含程序的启动、审理和裁判三个主要阶段，都有请求、受理、管辖权异议、答辩与反诉/反请求、请求的变更、书面意见的提交、庭审、口头陈述和辩论、举证、证据认定和法律适用等具体程序事项，这些阶段和具体程序方面的共性来源于商事争议解决制度对程序公平性的要求。③ 这种相似性也导致仲裁逐渐背离了其取代诉讼的制度设计初衷，即"充斥着更多法律术语、法律规则和法律分析"，④ 造成了仲裁费用高昂和久裁不决的局面。具体表现为证据规则诉讼化、透明度原则适用、多方争议难以合并、程序反复等因素。

一是证据规则诉讼化。尽管国际商事仲裁程序中使用的证据规则通常比诉讼程序所使用的证据规则简单一些，但是仲裁中的证据规则有对诉讼证据规则依赖的诉讼化倾向。⑤ 由于立法缺失及理念滞后，我国涉外仲裁过程中往往采用诉讼证据制度，并形成了习惯定式。⑥《仲裁法》第44、45和46条分别规定了鉴定、质证、证据保全等内容，其他均参照《民事诉讼法》的证据规则。仲裁诉讼化倾向不仅增加了仲裁对法院的依赖性、影响仲裁的权威性和终局性，而且不利于提高仲裁效率，使仲裁程序简便性、灵活性等优势难以发挥。⑦ 二是透明度原则适用。国际商事仲裁领域的透明度原则是指为利害关系人及时提供仲裁决策过程信息的法律规则，包括当事人和仲裁员对于对实质性信息的披露，⑧ 在

---

① 徐伟功：《国际商事仲裁理论与实务》，华中科技大学出版社 2017 年版，第 15 页。

② Charles N Browker. Whither International Commercial Arbitration?. *Arbitration International*，2008，24（2），p.183.

③ 张春良：《论国际商事仲裁价值》，《河北法学》2006 年第 6 期。

④ Fali S Nariman. The Spirit of Arbitration: The Tenth Annul Goff Lecture. *Arbitration International*，2000，16（3），p.262.

⑤ 刘晓红：《从国际商事仲裁证据制度的一般特质看我国涉外仲裁证据制度的完善》，《政治与法律》2009 年第 5 期。

⑥ 姜霞：《论仲裁证据的独立性》，《湘潭大学学报》2007 年第 31 卷第 5 期。

⑦ 王丽：《我国商事仲裁制度的省思——以上海自贸区商事仲裁机制为视角》，《华中师范大学研究生学报》2016 年第 1 期。

⑧ 林其敏：《国际商事仲裁的透明度问题研究》，《河北法学》2015 年第 3 期。

实践中体现为公开裁决、① 披露仲裁员资格相关信息等。② 透明度原则的主要目的是加强对仲裁员的监督，③ 以及对公共利益的维护。④ 但是，透明度原则的适用在关注公共利益的同时可能会使一些原本在仲裁保密原则下被保护的利益受到影响，例如，商业秘密、国家安全等保密信息被披露，非当事第三方的介入行为导致仲裁效率降低，争议双方负担及成本增加，等等。⑤ 三是多方争议难以合并。在争议存在多方当事人或因相关联的多份合同引起，⑥ 或者一个交易存在多份合同且合同规定的争议解决方式不一致时，由于仲裁权力来源于仲裁协议，除非当事人各方以及第三方均予以同意，否则仲裁庭无权追加第三人。⑦ 尽管有学者建议多方争议可进行合并仲裁，⑧ 但是包括《纽约公约》在内的几乎所有国际仲裁条约以及示范性法律文件都未对合并仲裁作出明确规定。只有个别国家和地区在法律中对合并仲裁做出规定，如荷兰、中国香港地区、新西兰、加拿大部分地区及美国部分地区等。⑨ 此外，争议发生后很难让各方

---

① 2009 年《美国仲裁协会国际仲裁规则》（简称《AAA 国际仲裁规则》）规定，仲裁机构可以公开仲裁裁决。美国仲裁协会解释其采取新做法的理由是为了提高国际仲裁领域教育水平，允许公开经过编辑的仲裁裁决。机构每月选择公开一定数量的裁决、决定和裁定，以促进国际商事仲裁的研究。英国仲裁界在理论与实践中提出：即使是因为仲裁的保密性，双方当事人选择进行仲裁，仲裁也不是绝对保密的，保密性取决于仲裁过程的适用法律，尤其是仲裁机构的仲裁规则。中国在国际商事仲裁领域虽然起步较晚，但是透明度改革方面已经走在了国际社会的前列。2012 年《中国国际经济贸易仲裁委员会仲裁规则》（简称《CIETAC 仲裁规则》）明确规定仲裁员有披露的义务，以及案例合并审理等内容。

② BA Develops New Arbitrator Guidelines，available at http：//connection. ebscohos. com/c/articles/12784014/iba-develops-new-arbitrator-guidelines，visited at 2018-05-19.

③ Complaints against Arbitrators，available at http：//www. hkiac. org/index. php/arbitrators/complaints-against-arbitrators，visited at 2018-05-19.

④ 例如维持健康的资本市场、缓解劳动力市场张力、保护公众免受健康和安全威胁，以及维护消费者对产品的知情权等。http：//www. lunwencloud. com/lunwen/law/guojifa/20150624/367411. html. 最后访问日期：2018 年 5 月 18 日。

⑤ 杨荣宽：《如何应对国际商事仲裁透明度增强与保密性弱化》，《中国商报法治周刊》2018 年 4 月 19 日。

⑥ 例如常见的连环购销合同中，因某一环节发生争议而申请仲裁，尽管结果可能和前后手交易者有利害关系，但是仲裁庭只能解决这一环节的争议。

⑦ http：//victory. itslaw. cn/victory/api/v1/articles/article/15680a77-730a-467f-a54e-07d6aeaa52e 3?downloadLink=2&source=ios，visited at 2018-05-19.

⑧ 池漫郊：《从"效率至上"到"契约自由"——基于合并仲裁评当代仲裁价值取向之变迁》，《仲裁研究》2008 年第 6 期。

⑨ S. I. Strong. Intervention and Joinder as of Right in International Arbitration：An Infringement of Individual Contract Right or a Proper Equitable Measure? 31 Vand. *J. Transnat. 1 L.* 915 (1998)，p.942.

对此达成一致，相关争议可能需要通过不同的仲裁程序甚至诉讼程序来解决，① 这就使得整个争议解决的过程冗长不便，② 不同程序对事实认定也可能不一致，增加了各方达成和解的难度。③ 四是程序反复。仲裁裁决的终局性意味着当事人将丧失通过上诉纠正裁决可能发生的错误的权利，当然，选择仲裁能给当事人节省大量的时间、精力和金钱，带来巨大的潜在经济效益。现行仲裁程序开始前的司法程序，④ 以及仲裁程序中的初裁、上诉裁，特别是仲裁结束后的司法审查⑤等各种因素均降低了仲裁程序的效率。⑥

② 仲裁时间冗长。存在实质争议的国际商事仲裁往往需要 18—36 个月才能达成最终裁决，管辖权异议、申请仲裁员回避、仲裁员日程太满或者日程冲突、当事人恶意拖延等原因都会进一步延长仲裁时间。⑦ 许多机构仲裁和法庭程序一样费时，同一案件的仲裁程序会花费同法庭审判一样长（有时甚至更长）的时间。⑧

---

① 例如，A 要求 B 赔偿其损失，而 B 打算向 C 追偿，在诉讼中，B 可以申请法院将 C 追加为第三人一并参加诉讼；但在仲裁中，除非 A 和 C 均同意（一般来讲 C 是不会同意的），否则 B 只能另行对 C 提起追偿请求。

② http：//www. legaldaily. com. cn/jdwt/content/2007-06/11/content _ 635088. htm. 最后访问日期：2018 年 5 月 18 日。

③ 例如，在中国仲裁司法实践中，江苏省物资集团轻工纺织总公司诉（香港）裕亿集团有限公司、（加拿大）太子发展有限公司上诉案件中，尽管当事人提出案件涉及第三人，但是最高人民法院还是认为仲裁协议有效。在仲裁庭不能追究第三人责任的情况下，仲裁当事人只能向法院对第三人提起诉讼，以维护自己的权利。如此，造成了解决争议的时间成本、经济成本的提升。参见《中华人民共和国最高人民法院公报》1988 年第 3 期，第 109—110 页。

④ http：//www. bjac. org. cn/news/view? id=2321. 最后访问日期：2018 年 5 月 18 日。

⑤ 香港大学法学院教授芮安牟（Anselmo Reyes）教授在国际仲裁成本效率分析暨国际争议解决方式的多元化竞争研讨会上的发言。http：//www. whzc. org/art/2008/5/29/art _ 23967 _ 660619. html. 最后访问日期：2018 年 5 月 19 日。

⑥ 现有的司法审查标准大致有三种：（1）仅从裁决本身进行形式审查，对证据在所不问；（2）对于当事人主张的不当程序和法律问题听取当事人陈述，仅从争议问题的存在与否核实证据情况，不需再对证据和已由仲裁庭确定的事实进行实质审查；（3）对全部事实和证据进行实体审查。三种司法审查标准的实际应用情况可见案例：PT Perusahaan Gas Negara（Persero）TBK v. CRW Joint Operation（ICC 仲裁，新加坡审查）；AJT v. AJU（SIAC 仲裁，新加坡审查）；Pacific China Holdings Ltd.（In liquidation）v. Grand Pacific Holdings Ltd.（ICC 仲裁，香港审查）。学者普遍认为，采纳第（2）种审查标准对于大多数案件是合适的，在审查过程中应注重高效、低廉的诉讼安排。对确实有必要采取第（3）种审查标准的案件，也应注重禁止反言的安排，不应任由当事人滥用司法资源。

⑦ http：//luwushe. lofter. com/post/1d5d4491 _ 81901ef. 最后访问日期：2018 年 5 月 19 日。

⑧ Andrew I. Okekeifere. Commercial Arbitration as the Most Effective Dispute Resolution Method: Still a Fact or Now a Myth?. *Journal of International Arbitration*，1998，4（1），pp.85 - 6.

新加坡国际仲裁中心 2018 年 3 月发布的数据显示，伦敦国际仲裁院仲裁时长的中间值是 16 个月，斯德哥尔摩商会仲裁院是 13.5 个月（平均值为 16.2 个月），新加坡国际仲裁中心是 11.7 个月（平均值为 13.8 个月）。[①] 2013 年《香港国际仲裁中心机构仲裁规则》附录四规定了向香港国际仲裁中心申请紧急临时救济的程序，[②] 为当事人提供快速的临时救济渠道，[③] 其仲裁时长的中间值为 14.3 个月（平均值为 16.2 个月）、快速仲裁时长的中间值为 8.1 个月、[④] 紧急仲裁时长的中间值为 14 天。[⑤]

造成仲裁时间冗长的原因很多。首先，仲裁的审限是自组庭开始计算的，从当事人提起仲裁至组庭完成通常会花费较长的时间。其次，仲裁员一般为兼职，受仲裁员时间安排、责任心等因素的影响，仲裁用时经常被延长。[⑥] 最后，一些当事人利用国际商事仲裁的自主性，拖延案件审理、逃避责任，而仲裁庭难以对此采取有力的措施。例如，在指定仲裁员阶段，当事人故意指定仲裁机构很难联系到的、高龄的或其他特殊的仲裁员，甚至几次指定仲裁员，仅组庭时间就可能耗费几个月；[⑦] 被诉方为拖延履行债务，利用程序规则缺陷，不按时提交或开庭前才提交各种答辩材料，让仲裁庭和申请人措手不及；无合法理由直到可提出管辖权异议的期限的最后一天，才提出异议以中断仲裁程序；败诉方通过申请撤销裁决或对裁决不予执行，延缓裁决生效和执行的进程，这些都导致仲裁的效率大

---

① https://singaporeinternationalarbitration. com/2018/03/13/costs-and-duration-a-comparison-of-the-hkiac-lcia-scc-and-siac-studies/，最后访问日期：2018 年 5 月 18 日。

② 紧急仲裁程序要求仲裁中心接到申请后，应设法在收到申请和预付款后 2 日内指定紧急仲裁员，紧急仲裁员应自香港国际仲裁中心向其移交案件之日起的 15 日内，就申请作出决定、指令或裁决。

③ 数据来源于 HKIAC Events（香港国际仲裁中心事件）于 2018 年 1 月 23 日发出的主题为 "HKIAC Average Costs and Duration"（"香港国际仲裁中心平均费用和持续时间"）的邮件。截至 2017 年 12 月 31 日，香港国际仲裁中心收到的紧急程序申请超过 9 宗，但不是每一宗紧急仲裁员程序申请都有最终由紧急仲裁员作出的决定/裁决：有的申请被紧急仲裁员驳回、有的申请人申请后没有推进或者中途撤回紧急仲裁员程序申请。根据香港国际仲裁中心统计数据显示：2016 年香港国际仲裁中心收到了 2 宗紧急仲裁员程序申请，截至 2016 年年底，该中心共收到 8 宗紧急仲裁员程序申请，2016 年内的 2 宗申请都被接受，且紧急仲裁员均作出了决定/裁决；2015 年香港国际仲裁中心收到了 2 宗紧急仲裁员程序申请，其中一宗被紧急仲裁员驳回，另一宗的申请人提出申请后没有继续推进紧急仲裁员程序。

④ 自案件档案转交给仲裁庭到最终裁决做出的这一时长平均值是 5.8 个月。

⑤ http://www. hkiac. org/zh-hans/arbitration/why-choose-hkiac. 最后访问日期：2018 年 5 月 16 日。

⑥ http://www. cilacec. org/2016-global-general-counsels-and-business-leadersbeijingforum-anjie-gaoping/. 最后访问日期：2018 年 5 月 18 日。

⑦ 宋连斌：《国际商事仲裁管辖权研究》，法律出版社 2000 年版，第 35 页。

打折扣。①

③ 仲裁费用高昂。仲裁当事人要向仲裁机构支付管理费、仲裁员报酬等各项费用。仲裁费用取决于案件具体情况、仲裁员人数、仲裁庭态度和当事人经验等。② 一般而言，仲裁所涉及的费用包括申请和管理费、仲裁员报酬、律师费、解释和翻译费、③ 专家证人费、④ 交通费和食宿费、办公场所和设备租赁费⑤以及其他杂项费用。⑥ 普通法系仲裁机构的仲裁员和律师一样是按小时收费。调查发现，国际商事仲裁费用高昂且有逐年上涨的趋势。⑦ 根据新加坡国际仲裁中心的统计，当仲裁员为 3 人时，伦敦国际仲裁院仲裁费用的中间值是 200 000 美元，斯德哥尔摩商会仲裁院是

---

① http：//www. legaldaily. com. cn/jdwt/content/2007-06/11/content _ 635088. htm. 最后访问日期：2018 年 5 月 16 日。

② 例如，仲裁员为 3 人比仲裁员为 1 人时所发生的费用高得多。如果仲裁庭参照英美法系的对抗式诉讼程序进行仲裁，机械地适用仲裁规则规定的程序而不根据具体情况进行调整，或者当事人采取拖延不合作的策略，仲裁费用均将大大增加。http：//victory. itslaw. cn/victory/api/v1/articles/article/15680a77-730a-467f-a54e-07d6aeaa52e3? downloadLink＝2&source＝ios. 最后访问日期：2018 年 5 月 18 日。

③ 主要是文件翻译、现场陈述和证词口译等费用。

④ 《中国国际经济贸易仲裁委员会仲裁规则》规定，专家的报酬根据具体情况由当事人承担，包括报酬、交通及食宿费。如果仲裁庭根据《仲裁规则》第 38 条为进行调查而雇用了自己的专家，它就可要求双方当事人共同承担仲裁庭所雇用的专家的费用。每一方当事人还要承担本方人员到北京参与仲裁的交通费、食宿费。他们还必须支付所指定的仲裁员、专家和译员的交通费、食宿费。

⑤ 仲裁程序通常在结束时会有一个激烈的口头庭审程序。根据案件的复杂程度，庭审持续一周或以上十分常见。虽然所有的文件提交都提前完成，但每一方当事人仍不得不条分缕析地陈述自己的案件，这就需要进行充分的准备。尽管庭审准备会提前完成，但通常仍需要在庭审地点附近安排办公场所准备庭审。因此，在宾馆或其他地方租用办公场所也并非鲜见。当今时代，技术的使用已十分普遍，而这需要相应的知识并且可能需要复杂的设备。通常有三种选择：国内办公室的设备和人员；国内人员但在当地租赁设备；当地雇用人员和租赁设备。上述三种情况均需要大量费用，而花费的程度还取决于庭审地点等许多因素。

⑥ 例如，美国仲裁协会（American Arbitration Association，AAA）收取的仲裁费用包括：(1) 仲裁员的报酬和开支；(2) 仲裁庭要求的辅助费用，包括专家费用；(3) 在纽约设立的解决国际争议中心（International Center of Dispute Resolution，ICDR）的费用和开支；(4) 胜方当事人合理的代理费用；(5) 采取临时或紧急救济相关的任何费用。仲裁员的报酬应取决于其所付出的服务，并考虑其声明的报酬比率以及案件的大小和复杂程度。基于前述考虑，每天或每小时的适当费率应由解决国际争议中心与各方当事人和每一个仲裁员在仲裁开始后尽快作出安排。例如当事人就报酬条件不能形成一致意见，解决国际争议中心应确定适当的报酬比率并书面通知各方当事人。See COMMERCIAL ARBITRATION RULES AND MEDIATION PROCEDURES Administrative Fee Schedules. https：//www. adr. org/sites/default/files/Commercial _ Arbitration _ Fee _ Schedule _ 0. pdf, visited at 2018-05-18。

⑦ Lukas Mistells. International Arbitration — Corporate Attitudes and Practices — 12 Perceptions Tested：Myths，Data and Analysis Research Report. (2004) *American Review of International Arbitration*，Vol. 15，Nos 3 - 4，525，especially Parts II. B and II. J.

181 864 美元，新加坡国际仲裁中心则是 80 230 美元。[①] 其中主要是申请和管理费以及仲裁员报酬。

另有学者统计，国内仲裁机构收取的仲裁费整体高于法院的诉讼费。涉外以及涉港澳台案件中仲裁费高出的比例约为 60％～70％；在国内仲裁案件中，纠纷额度在 100 万元以下的案件仲裁费高出约 60％～70％，争议额度更高的案件仲裁费高出约 30％～40％。[②] 具体而言，一是申请和管理费。仲裁机构通常会根据争议标的额的一定比例来收取管理费。例如，如果争议标的额是 100 万美元，国际商会国际仲裁院收取的管理费为 23 335 美元；[③] 伦敦国际仲裁院会收取固定且不予退还的 1 500 英镑作为登记费用以管理仲裁；[④] 新加坡国际仲裁中心收取的管理费平均为 11 025 美元、最高 14 700 美元，另有 2 000 新币的案件申请费；[⑤] 香港国际仲裁中心收取

[①] http://www. siac. org. sg/component/content/article/69-siac-news/563-authors-rate-siac-as-most-cost-competitive-and-efficient-international-arbitral-institution，visited at 2018-05-18.

[②] 肖娜：《法律经济学视域下的国际商事仲裁研究》，《商业经济研究》2015 年第 12 期。

[③] "国际商会仲裁院的收费明细见"，https://iccwbo. org/dispute-resolution-services/arbitration/costs-and-payments/cost-calculator/. 管理费由国际商会仲裁院收取，用于仲裁案件的管理。在提交仲裁请求时，当事人必须交付 3 000 美元的文档管理费。这笔费用不予退还，可以成为申请人预付费用的一部分。仲裁的费用应根据请求或反请求的标的额来确定。国际商会仲裁院要求在仲裁程序进行前交付全部的请求或反请求预付款（Rules of Arbitration，Art 30（4），APP.3，Art.1（3））。管理费用是按照浮动固定费用加上一定百分比的争议标的额计算的。随着争议标的额的增加，浮动固定费用也增加，而百分比随着争议标的额的增加而递减。按照争议标的额 5 001 美元以下和 5 亿美元以上的下限和上限之间，费率从 4.73％—0.003 5％逐步递减。如果争议标的金额超过 5 亿美元，管理费最高收取 113 215 美元。

[④] 此外，当事人还要缴付一笔根据秘书处管理仲裁的时间而确定的费用。书记官长、副书记官长以及顾问每小时收费 225 英镑，而"其他秘书处人员"每小时收费 100 英镑—150 英镑。伦敦国际仲裁院的成员在行使职责以决定当事人根据所适用的规则提出的任何异议所花费的时间而应收取的报酬应根据伦敦国际仲裁院成员建议的每小时收费标准收取。管理费用还包括作为伦敦国际仲裁院总费用的一部分，相当于仲裁庭总费用（不包括开支费用）的 5％。仲裁庭收取费用的标准应根据案件的具体情况而定，包括案件的复杂度以及仲裁员的特殊资格。在被伦敦国际仲裁院任命之前，仲裁庭每小时的收费标准必须在其书面协议中列明，除非有例外情况，每小时收费不得超过 400 英镑。伦敦国际仲裁院可在听取书记官长的建议以及与仲裁庭协商后，在当事人同意的情况下，将每小时的收费标准定在 400 英镑以上。仲裁庭的费用可能还包括因在旅途上花费的时间而应收取的费用、因已预留在犹豫当事人不及时推迟或取消而没有被利用的时间而应收取的费用，只要此类费用已书面向伦敦国际仲裁院提出建议并得到批准以及因与仲裁相关而产生的其他合理费用。See LCIA Schedule of Arbitration Costs，effective as of Jun. 1，2010.

[⑤] "新加坡国际仲裁中心的收费明细见，"http://www. siac. org. sg/component/siaccalculator/index. php? option = com _ siaccalculator&controller = siaccalculator&task = calculateArb&amtDispute = 1000000&numArbitrator=3. 最后访问日期：2018 年 5 月 18 日。

的仲裁费用的中间值为 62 537 美元（平均值为 117 045 美元）；[1] 中国国际经济贸易仲裁委员会收取的管理费是 38 050 美元，其中案件受理费 18 550元、案件处理费 19 500 元。[2] 二是仲裁员报酬。仲裁员报酬通常按下列三种方式计算：按价收费，即根据争议标的额的数量收取费用；按时计费，即按照仲裁庭所花费的时间收取费用；固定收费，即提前约定好收取的数额。[3] 仲裁机构的管理部门通常会确定应收取的仲裁员报酬。例如，对于标的额为 100 万美元的争议，在国际商会仲裁院的仲裁员报酬为 14 627 美元—64 130 美元；[4] 伦敦国际仲裁院的仲裁员报酬为每天 1 234 美元—3 087 美元；[5] 新加坡国际仲裁中心的仲裁员费用平均为 142 650 美元，最高为 190 200 美元；[6] 2017 年《香港国际仲裁中心机构仲裁规则》首创允许当事人选择按小时费率（上限为 6 500 港元）或以争议标的额大小支付仲裁员费用；在中国，仲裁员的报酬大约为每个案件 500 美元—2 000 美元，非中国本地居民的外国仲裁员的报酬会更高一些。[7]

（3）仲裁裁决承认与执行困难。国际商事仲裁在经历了数十年的蓬勃发展之后，为什么还是没有成为解决跨境商事纠纷的首选机制？为什么一

---

① 香港国际仲裁中心的仲裁费有按时计费和按标的计费两种，尽管实践证明按标的额计费更便宜，大部分当事人更愿意选择的还是按时计费。参见 https://singaporeinternationalarbitration.com/2018/03/13/costs-and-duration-a-comparison-of-the-hkiac-lcia-scc-and-siac-studies/，最后访问日期：2018 年 5 月 17 日。

② 中国国际经济贸易仲裁委员会对所有的涉外仲裁请求会收取固定的 10 000 元立案费（约为 1 500 美元）。对于争议金额为 100 万元以上的案件的管理费，是依据固定费用加上超过一定争议金额的百分比计算的。这一百分比是随着争议金额的增加而随之递减。例如，对于争议金额在 100 万—500 万元人民币的案件，管理费是 35 000 元加上超过 100 万元以上部分的 2.5%。如果争议金额在 500 万—1 000 万元，则案件的管理费是 135 000 元加上 500 万元以上部分的 1.5%。这些管理费可能还包括了仲裁员的报酬在内。"中国国际经济贸易仲裁委员会的收费明细见，"http://www.cietac.org/index.php?m=Cost&type=in2015&l=en.

③ 有关对不同仲裁机构仲裁收费的最新研究以及相关信息，John Yuko Gotanda. Setting Arbitrators Fees: An International Survey. 33 *Vanderbilt Journal of Transnational Law* 799 (2000).

④ https://iccwbo.org/publication/note-personal-arbitral-tribunal-expenses-1-september-2013/. 最后访问日期：2018 年 5 月 17 日。

⑤ Michael J. Moser. Foreign Arbitration. Michael Moser & Fu Yu (ed.), *Doing Business in China*. Juris Publishing, Inc. (2008), pp.4-41.

⑥ "新加坡国际仲裁中心的收费明细见，" http://www.siac.org.sg/component/siaccalculator/index.php?option=com_siaccalculator&controller=siaccalculator&task=calculateArb&amtDispute=1000000&numArbitrator=3. 最后访问日期：2018 年 5 月 17 日。

⑦ Graeme Johnston. Bridging the Gap between Western and Chinese Arbitration Systems. *Journal of International Arbitration*, 24 (6), pp.565-580, p.572.

些国家要将时间和精力花费在建立国际商事法庭上？① 答案是，仲裁在取得巨大成功的同时永远无法解决依赖法院的机制性障碍，特别是仲裁的临时性及其强制力的缺乏。因此，只有法院能够为跨境商事交易的发展奠定整体性和具有强制力的基础。提起仲裁需要各方当事人达成合意，而当事方并不一定都同意仲裁，也不一定会遵守达成的协议而进行仲裁，在仲裁裁决作出后也仍然可能会拒绝执行。总之，当需要第三方强制干预时，人们总会求助于法院。也正如许多仲裁员所承认的那样，经验丰富的商事法庭能够助推仲裁工作的开展和完成。

仲裁，从本质上讲，无法为跨境商事争议提供一个完整的解决方案，并以此推动全球贸易向前发展。仲裁被认为是一种临时的、协商一致的、便利的、保密的商事争议解决方法，其目的并非提供一个权威和合法的上层建筑以促进全球商业活动，它本身也不能充分和实质性地解决商业法律实践和伦理的协调问题。因此，国际商事法院是国际商事仲裁替代性选择的需要。②

无论是国内还是国际性的商事活动，其繁荣都依托于稳定的法律环境，其中包括得到保证的、能够提起商业诉讼的能力，以及受到法院保护的司法体系。事实上，一个稳定的法律环境能够预防纠纷的发生，因为它提供了相对可预测的处理结果，因此当事方也可以对问题进行预先处理。

国际商事法院也需要与仲裁机构进行有效互动。这要求商事法院对仲裁机构，特别是对仲裁裁决的执行给予司法执行和救济。此外，在争议各方无法就采取何种争端解决机制达成一致时，商事法院将起到一种补充甚至是替代的作用。③ 对于仲裁而言，新加坡国际商事法院是伙伴而非竞争对手，在一系列解决跨国商业纠纷的可行方案中，它试图为从事跨国业务的各方当事人提供新的选择。它强化了新加坡在全球法律服务领域的份额，同时又不损害新加坡作为国际仲裁地的成功以及新加坡国际仲裁中心（SIAC）的国际认

---

① Mr Justice Blair and Mr Justice Knowles. A Unique Gathering of Commercial Courts. available at https：//www. judiciary. gov. uk/announcements/a-unique-gathering-of-commerci al-courts/，visited at 2018-04-18.

② Mr Justice Blair and Mr Justice Knowles. A Unique Gathering of Commercial Courts. available at https：//www. judiciary. gov. uk/announcements/a-unique-gathering-of-commerci al-courts/，visited at 2018-04-18.

③ https：//www. thecityuk. com/assets/2017/Reports-PDF/Legal-excellence-internationa lly-renowned-Legal-services-2017. pdf，visited at 2018-04-18.

可和赞誉。^①新加坡国际商事法院的设立是为了补充而不是取代新加坡仲裁。因此，新加坡国际商事法院作为地区争议解决的附加选项应该受到欢迎，尽管对于大多数欧洲当事人来说，它可能并非国际仲裁的替代选择。^②

国际商事仲裁的发展经验和内在缺陷为国际商事法院的设立和建设提供了经验教训。^③国际商事法院需要重视承认和执行裁决方面规则协调的重要性、协调争端解决实践和程序的重要性、争议解决体系中规制从业人员道德规范的重要性，以及协调商事实体法的重要性。一个成功的跨国商事争议解决司法体系必须处理而不是忽视国家主权和全球化趋势的双重牵引和制约力量。随着各国贸易和投资活动的持续发展，需要建立相对独立的国际商法司法机构，这对于各国改善现有的法律基础设施以充分利用全球化背景下的跨境商事机遇具有重要的推动作用。

在中国申请承认和执行外国仲裁裁决的法律依据主要是我国在1986年加入的《纽约公约》。^④仲裁裁决的一方当事人申请在中国承认和执行裁决是两个独立的程序——中级人民法院中负责处理涉外案件的民事审判庭审理申请人的承认请求；仲裁裁决得到承认后，申请人再向同一法院的执行局申请执行。相比跨国诉讼，国际商事仲裁裁决的执行需要经历两个阶段，程序相当复杂。

①执行程序复杂。《纽约公约》未能完全解决当事人争议——当事人获得仲裁裁决后，仍需向法院申请承认与执行该裁决。^⑤有时尽管拿到了胜诉裁决，但由于债务人未参与仲裁程序，一方当事人仅获得缺席裁决，且无

---

① SICC. Establishment of the SICC. available at https：//www. sicc. gov. sg/About. aspx? id=21，visited at 2018-04-20.

② Johannes Landbrecht. The Singapore International Commercial Court （SICC） — an Alternative to International Arbitration?. 34 *ASA Bulletin* 1 2016 （March）.

③ Sundaresh Menon. International Commercial Courts：Towards A Transnational System of Dispute Resolution. Opening Lecture for the DIFC Courts Lecture Series 2015，available at https：//www. supremecourt. gov. sg/docs/default-source/default-document-library/media-room/opening-lecture-difc-lecture-series-2015. pdf，visited at 2018-04-20.

④ 1959年6月10日在纽约召开的联合国国际商业仲裁会议上签署的《纽约公约》是目前国际上关于承认和执行仲裁裁决最重要的公约，其规定了各缔约国承认和执行外国仲裁裁决的条件以及当事人和被申请地国家拒绝承认和执行外国仲裁裁决的理由。目前，《纽约公约》的缔约国已达157个，G20成员中除欧盟外均为缔约国，"一带一路"沿线国家和地区中共计58个国家和1个地区（埃及的西奈半岛）加入该公约。1986年12月2日，中国第六届全国人民代表大会常务委员会第十八次会议正式批准了国务院关于加入1958年《承认与执行外国仲裁裁决公约》的议案，并同时声明：（1）中华人民共和国只在互惠的基础上对在另一缔约国领土内作出的仲裁裁决的承认和执行适用公约；（2）中华人民共和国只对根据中华人民共和国法律认定的属于契约型和非契约型商事法律关系所引起的争议适用该公约。1987年4月22日起，《纽约公约》正式对中国生效。

⑤ 万鄂湘：《〈纽约公约〉在中国的司法实践》，《法律适用》2009年第3期。

法与债务人就裁决结果达成合意。只有申请人在本地法院申请执行裁决后，才得以在司法强制力下保障和实现其权益和诉求。[①] 学者调查发现，在中国，高达84％的受调查者在申请承认和执行外国仲裁裁决的过程中遇到过困难，63％的受调查者认为最为突出的困难是"当地的执行程序"，17％的人认为"当地法院的行政人员和法官缺乏独立性或存在偏见"。[②]

此外，有时仲裁裁决经法院协助依然执行艰难。受被申请人所在国家的法律体系等客观因素的影响，法院很难直接申请执行其本国资产，不得不转而寻找其海外资产，不仅增加了执行难度，而且增加了申请人的成本。[③] 例如，就最基本的仲裁通知及裁决送达而言，由于被申请人的住所地位于其他国家，且在申请执行时被执行人无法对仲裁规则及程序提出异议，为了保证裁决的有效性，每次法庭的通知及裁决均须有效地送达被申请人负责人手中。[④] 如此，有效送达不仅程序繁琐而且成本

[①] 例如，国内C公司与法国D公司于贸易过程中发生争议，涉及金额13.47万美元。C公司根据仲裁条款约定，在中国仲裁委提起仲裁申请，并于2006年11月16日取得缺席胜诉裁决，仲裁费用为4.71万元人民币。C公司根据裁决，尝试与债务人进行和解，经过3个多月努力未果。C公司于2007年2月16日向法国法院提交执行申请，法院和律师收取费用共计1000欧元。由于债务人未提出任何抗辩，2007年9月法庭确认裁决有效并予以执行，截至2008年2月，共执行D公司资产约7000欧元。本案中，C公司尽管拿到了胜诉裁决，但由于债务人并未参与仲裁程序，企业获得的是缺席裁决，且无法与债务人就裁决结果达成和解。只有在C公司将裁决在法国本地法院申请执行后，才得以在法庭强制力下保障其权益。只是经过近6个月，C公司获得的也只是申请仲裁及执行的成本，至于裁决金额能否收回，将取决于D公司未来的运营情况。参见 http://www.sinosure.com.cn/sinocredit/zyzl/alfx/70742.jsp，最后访问日期：2018年5月19日。

[②] 肖蓓：《〈纽约公约〉背景下我国对外国仲裁裁决承认及执行的实证研究》，《现代法学》2016年第3期。

[③] 王殊：《通过案例看国际商事仲裁裁决的执行》，《国际商报》2008年5月30日。

[④] 例如，国内E公司与沙特F公司签署合同，合同金额涉及290万美元。F公司由于内部调整拒付相关款项，且不愿提出任何解决方案。根据合同中的仲裁条款，E公司通过英国律师在伦敦海事仲裁委员会提起申请，并于2006年3月9日取得胜诉裁决。但是由于F公司的主要资产在沙特阿拉伯，根据当地律师的经验，类似的诉讼普遍要耗时3年以上，即使拿到判决，执行成本也会高达标的额的10％，甚至20％。基于上述原因，律师尝试执行F公司的境外资产。经过细致调查，律师发现F公司在澳大利亚拥有全资子公司，遂向澳大利亚法院提交确认仲裁裁决有效的申请，并提交关于子公司股权的抵押申请（在此申请执行股权而不是相关资产是因为该子公司只是一家运营管理公司，自有资产很少）。澳大利亚法院于2007年6月判决仲裁裁决有效，并协助执行F公司子公司100％的股权。2007年12月13日，A公司收到对此部分股权的收购要约，收购金额约为25万澳大利亚元（约为20多万美元）。但至此E公司投入的前期成本已近12万美元。在此案例中，尽管E公司顺利取得了胜诉裁决，但由于F公司所在国家的法律体系等客观因素影响，很难直接申请执行其本国资产，不得不转而寻找其海外资产，这不仅增加了执行难度，同时也提高了E公司的成本。例如最基本的仲裁通知及裁决送达，由于F公司位处沙特阿拉伯，为了保证裁决有效性，且在申请执行时F公司无法对仲裁规则及程序提出异议，因此对每次法庭通知及裁决均需要有效地送达F公司负责人手中。http://www.sinosure.com.cn/sinocredit/zyzl/alfx/70742.jsp. 最后访问日期：2018年5月19日。

较高，既损害了当事人合法权益，也增加了法院的负担，浪费了有限的司法资源。

②　当事人两次收费。《纽约公约》规定了仲裁裁决承认与执行的两个步骤：一是承认外国仲裁裁决；二是为执行具有法律效力的裁决。在我国，承认和执行外国仲裁裁决均向当事人收取费用。根据最高人民法院《关于承认和执行外国仲裁裁决收费及审查期限问题的规定》，人民法院受理当事人申请承认外国仲裁裁决的，预收人民币 500 元。人民法院受理当事人申请执行外国仲裁裁决的，应按照《人民法院诉讼收费办法》有关规定，依申请执行的金额或标的价额预收执行费。① 此外，申请人向法院申请承认与执行外国仲裁裁决委托律师代理的会产生相应的律师代理费用，收取方式有按标的额收费、② 风险代理收费、③ 计时收费等，④ 这些都会增加当事人的经济负担。

2. 法与金融的视角

与司法制度不同，仲裁是一种临时性的、契约性的、保密的争端解决方式，而不是为促进全球商事交易而构建的权威、合法的上层建筑或经济

---

①　最高人民法院《关于承认和执行外国仲裁裁决收费及审查期限问题的规定》（法释〔1998〕28 号）第 1、2 条。

②　按标的额收取，即是除了收取基本代理费外，律师事务所按承认与执行标的大小分段累计收费。以《上海律师收费标准》为例，代理涉及财产关系的案件可以根据该项法律服务所涉及的标的额，按照下列比例分段累计收费：10 万元以下（含 10 万元）部分收费比例为 8%～12%，收费不足 3 000 元的，可按 3 000 元收取；10 万元以上至 100 万元（含 100 万元）部分收费比例为 5%～7%；100 万元以上至 1 000 万元（含 1 000 万元）部分收费比例为 3%～5%；1 000 万元以上至 1 亿元（含 1 亿元）部分收费比例为 1%～3%；1 亿元以上部分收费比例为 0.5%～1%。

③　风险代理收费则是律师事务所在接受申请人委托代为向法院申请承认与执行外国仲裁裁决时，服务报酬由律师事务所与委托人就委托事项应实现的目标、效果和支付律师服务费的时间、比例、条件等先行约定，达到约定条件的按约定支付费用；不能实现约定的不再支付任何费用。实行风险代理收费，律师事务所在与委托人签订专门的风险代理收费合同中会约定，双方应承担的风险责任、收费方式、收费时限、收费数额或比例。虽然北京、上海等城市最新律师服务收费标准中均明确，除提供个别服务项目实行政府指导价管理外，对律师收费全部放开。但在实践中，风险代理收费一般不高于收费合同约定标的额的 30%，具体收费比例和收费数额由律师事务所与委托人协商确定。

④　实行计时收费中，计算工作时间是以律师有效工作时间进行计算，包括接待委托人，即申请人法律咨询；向委托人了解案情；查阅法律规定；起草诉讼文书和法律文件；参与调解和谈判；代为办理与申请承认和执行外国仲裁裁决相关的法律事务的时间。具体如何计算由律师与委托人协商确定。律师花费在旅途上（包括在同一城市内）的时间以一半计时。具体收费方式最终由申请人与律师事务所根据标的额大小、案件复杂程度以及服务成本、市场供求和竞争状况等因素协商确定。http://www.jtnfa.com/CN/booksdetail.aspx?type=06001&keyid=00000000000000003230&PageUrl=majorbook&Lan=CN. 最后访问日期：2018 年 5 月 17 日。

治理公共产品。① 从宏观角度看，完善和运行良好的司法体系是保护产权、促进经济发展的根本方式。② 新制度经济学下的 LLSV 理论提供了法与金融和法与经济发展的理论框架。

（1）LLSV 理论框架。美国哈佛大学和芝加哥大学的四位学者拉波特、西拉内斯、施莱佛和维世尼（LLSV）于 1998 年发表了题为《法律与金融》的论文，以 49 个国家为样本，考察了产权保护程度、法律规则及其实施质量与这些国家法律渊源之间的内在关系。③ LLSV 的理论成果可以分为两个部分：一是法系、外部投资者保护与金融三者之间的关系，被称为公司治理的法律理论；二是投资者保护与金融发展和经济增长的之间的关系，被称为金融发展或经济增长的法律理论。实证研究发现，投资者保护和契约履行的制度安排与司法体系更可能正向地促进经济发展。④

① 法律制度决定经济发展。LLSV 理论诞生的背景是新制度经济学。⑤ 新制度经济学以它的两大发现——产权理论和交易成本成功地嵌入了新古典经济学的框架中，创造出了法和经济学、国家理论和公共选择理论。⑥ 新制度经济学将制度作为一个有效变量纳入经济学分析框架，认为制度变化对经济行为和经济绩效都会产生有重要影响，不同的制度安排影响着人的选择行为。⑦ 诺思将制度定义为社会博弈的规则，并且会提供特定的激励框架，从而形成各种经济、政治和社会组织。制度由正式规则（法律、宪法、规则）、非正式规则（习惯、道德、行为准则）及其实施效果构成。

① Sundaresh Menon. International Commercial Courts: Towards a Transnational System of Dispute Resolution. Speech delivered at the Dubai International Financial Centre（'DIFC'）Courts Lecture Series 2015，DIFC Conference Centre，Dubai，19 January 2015.

② Eirik G. Furubotn & Rudolf Richter. *Institutions and Economic Theory*. University of Michigan Press，1997.

③ La Porta，Lopez de Silanes，Shleifer and Vishny. Law and Finance. *The Journal of Political Economy*，1998，106（6），pp.1113 – 1155.

④ Rafael La Porta，Florencio Lopez-de-Silanes and Andrei Shleifer. *The Economic Consequences of Legal Origins*，2007.

⑤ Oliver E. Williamson，*Markets and Hierarchies: Analysis and Antitrust Implications*，Free Press，1975.

⑥ 新制度经济学起源于罗纳德·科斯于 1937 年发表的《企业的性质》和 1960 年发表的《社会成本问题》两篇开山之作。这两篇论文讨论了在交易费用不为零的和产权不清晰条件下资源配置的效率问题，在经济学研究的基本框架下提出了新古典经济学所欠缺的两个基本假设——产权和交易成本，将主流经济学的"成本—收益"框架延续到制度领域。

⑦ Eirik G. Furubotn & Rudolf Richter. *Institutions and Economic Theory*. University of Michigan Press，1997，pp.31 – 33.

实施可由第三方承担（法律执行），也可由第二方承担，或由第一方承担（行为自律）。制度与其所使用的技术一起，通过决定构成生产总成本的交易和转换（生产）成本来影响经济绩效。由于制度与其所使用的技术之间存在着密切联系，因此，市场的有效性直接决定于制度框架。①

现代研究表明，投资、技术和制度是经济增长的三大变量，而制度变量是促使技术进步和投资增长的重要因素。② 在交易费用大于零的情况下，产权和制度安排会对资源配置、经济增长产生影响。③ 制度决定着一个国家的经济增长和社会发展，制度变迁的原因之一是相对节约交易成本，即提高制度效益。诺思认为，制度的建立和创新以及有效率的经济组织是经济增长的关键。④ 法律制度作为一项制度安排，将保护市场制度下的交易安全和交易利益，降低交易成本，对于保证市场自由和经济活动效率有重要作用。司法制度和争议解决机制是法律制度的重要维度。

LLSV 实证研究的重点之一在于分析和探究法律和法律制度对国家金融体系形成的影响。在《外部融资的决定因素》一文中，LLSV 在研究法律与投资者保护的关系问题上引入量化指标。实证结果显示，普通法系国家良好的法律体制及其执行环境有利于形成资本市场规模和深度的形成，从而为公司提供较好的外部融资渠道；民法系国家，尤其是法国民法系国家由于投资者保护不足，资本市场的成熟度明显不如普通法系国家。⑤

"法律与金融"的研究结果进而表明，各国法律渊源的不同在一定程度上导致了法律的差异，进而影响金融发展。普通法系国家对投资者的法律保护最为有效，法国民法系国家最差，而德国和斯堪的纳维亚民法系国家居中。就法律的执行而言，法国法系国家在法律实施和会计标准方面最差，斯堪的纳维亚法系最好，德国法系和普通法国家（地区）也较好。总

---

① Douglass C. North，John N. Drobak ＆ John V. C. Nye. *The Frontier of the New Institutional Economics*，1997.

② 刘凤琴：《新制度经济学》，中国人民大学出版社 2015 年版，第 10 页。

③ Lance E. Davis ＆ Douglas C. North. *Institutional Change and American Economic Growth*，1971.

④ Douglass C. North. *Institutions，Institutional Change and Economic Performance*，1990；Douglass C. North. *Understanding the Process of Economic Change*，2005.

⑤ La Porta，Lopez-de-Silanes，Shleifer and Vishny. Legal Determinants of External Finance. *The Journal of Finance*，1997，52（3），pp.1131 – 1150.

体而言，普通法国家的股东保护水平最高，德国和斯堪的纳维亚国家次之，法国法系国家最低。①

② 投资者保护与产权理论。2002 年，LLSV 在《投资者保护和公司价值》一文中，通过世界上最富有的 27 个国家的数千家公司的数据，对投资者保护和控股股东的所有权对公司价值的影响进行了研究。LLSV 提出了一个模型并实证证实：投资者保护越好，控股股东对小股东的侵占就越低；控股股东的现金流所有权越高，对小股东的侵占越小；投资者保护越好，控股股东现金流所有权越高，企业的投资机会越多，托宾值就越大。该研究的一个关键结论是，公司治理及其影响的经济发展应当重视对外部投资者的保护，这些保护来自法院、监管机构和市场参与者本身。② 这与克莱森等人对亚洲公司的实证研究结果一致，③ 再一次说明投资者法律保护对金融市场发展的作用。

科斯产权理论的核心是将制度作为一切经济交往活动的前提。这种制度实质上是一种人们之间行使一定行为的权利安排。因此，经济分析的首要任务是界定产权，规定当事人可以做什么，然后通过权利的交易以实现社会总产品的最大化。

产权理论为司法保护提供了理论基础。经济运行的制度基础——财产权利结构和由此产生的交易费用是经济发展研究的关键所在。④ 社会或国家建立各种保护机制并由国家或者其他代理机构强制实施，包括宪法、法律、行政法规、地方性法规和行政规章，以维护复杂的生产系统和长期交换关系的投资。⑤ 司法保护的经济效益主要体现在确立和执行产权制度。产权制度实际上是一套激励和约束机制，⑥ 主要功能在于明确交易主体权

---

① La Porta, Lopez-de-Silanes, Shleifer and Vishny. Legal Determinants of External Finance. *The Journal of Finance*, 1997, 106 (6), pp.1113–1155.

② La Porta, Lopez de Silanes, Shleifer and Vishny. Investor Protection and Corporate Valuation. *The Journal of Finance*, Vol. LVII, No.3, *JUNE*, 2002.

③ Stijn Claessens, Simeon Djankov & Larry HP Lang. The Separation of Ownership and Control in East Asian Corporations. *Journal of Financial Economics*, 2000.

④ Armen A. Alchian. Some Economics of Property Rights. 30 *IL POLITICO* 816 (1965); Harold Demsetz. The Exchange and Enforcement of Property Rights. 7 *J. L. & ECON.* 11 (1964); Harold Demsetz. Towards A Theory of Property Rights. 57 *AM. ECON. REV.* 347 (1967).

⑤ Eirik G. Furubotn & Svetozar Pelovich. Property Rights and Economic Theory: A Survey of Recent Literature. 10 *J. ECON. LITERATURE* 1137 n.4 (1972).

⑥ World Bank. Legal and Judicial Reform: Observations, Experiences and Approach of the Legal Vice Presidency. 20 (2002).

利、降低交易成本、提高资源配置效率。① 产权保护制度为投资者从事生产性投资提供了长期稳定的预期，降低了资本投入风险，从而鼓励社会生产性投资，促进经济发展。② 因此，司法保护作为投资者保护的重要途径，对一国经济发展起着决定性作用。

（2）法治建设与国际竞争力。LLSV 范式解释了法律体系对金融和经济发展的作用。当然，与 LLSV 范式的法律起源论决定金融发展的观点相反，英国剑桥大学法律系教授柴芬斯（Brian Cheffins）和美国哥伦比亚大学法学院教授科菲（John C. Coffee）教授分别从不同角度进行研究并得出了与 LLSV 范式不同的结论，他们认为，是金融发展导致了法律变革。柴芬斯 2000 年的研究发现，"尽管英国的司法制度提供了稳定的争端解决方式，但该法律制度在 20 世纪前期的大多数时候并没有为中小投资者提供很好的保护，而市场却产生了保护投资者利益的很好替代方式，例如自律监管体制，它们在保护中小投资者的过程中起到了一种替代性的作用"。③ 因此，法律不决定市场的发展，是市场的发展催生了法律。科菲在 2001 年的研究中提出这样的观点，"法律变革总是滞后于金融发展的实践，法律改革需要大量社会公众股股东相应利益需求的支持，只有他们在政治上提供修改法律、增加有关投资者保护法律条款，有关投资者保护的法律改革才具有了民间上的可取性。按照这个逻辑，英国式的金融发展实践是因，法律变革是果，这恰恰与 LLSV 的理论相反"。④ 尽管这些研究从某些方面对 LLSV 研究范式和基本结论提出了挑战和修正，法律特别是包括法院、仲裁等法律机制和股东权保护制度等在内的法律体系对金融市场和经济发展的作用显然不可忽视。

无论 LLSV 范式存在何种缺陷，其所揭示的法律和法治对金融起到某

---

① Oliver E. Williamson，Markets and Hierarchies. *Analysis and Antitrust Implications*，Free Press 1975；Oliver E. Williamson. *Economic Institutions of Capitalism*，Free Press 1985；Oliver E. Williamson. The New Institutional Economics：Taking Stock，Looking Ahead. 38 *J. ECON. LITERATURE* 593 (2000).

② Oliver E. Williamson. The New Institutional Economics：Taking Stock，Looking Ahead. 38 *J. ECON. LITERATURE* 598 (2000).

③ "法律变革与金融发展的因果关系：对 LLSV 的驳论之一"，http：//blog. sina. com. cn/s/blog_811cc6ff0100x53b. html. 最后访问日期：2013 年 11 月 1 日。

④ "法律变革与金融发展的因果关系：对 LLSV 的驳论之一"，http：//blog. sina. com. cn/s/blog_811cc6ff0100x53b. html. 最后访问日期：2013 年 11 月 1 日。

种程度上的促进作用是毋庸置疑的。戈登认为，创新的减速不是阻碍增长的唯一原因，经济发展还面临其他不利因素，例如越来越严重的收入不平等、难以提高的教育程度、社会老龄化、政府的债务负担等。[①]这些问题终将通过法律制度和司法体系加以解决。从国际经验来看，法治是推进国家治理现代化、提升服务国家战略能力的有效路径。国家、地区、城市法治化程度的高低直接影响核心竞争力的强弱。在经济发展进入新常态、市场竞争日趋激烈的形势下，必须完善相应法律制度和司法体系，保护商事主体合法利益，提高我国的国际竞争力。简言之，法律制度和司法制度对经济发展至关重要，而法院是一国司法制度和争端解决机制的核心要素，公正、高效、透明的司法体系不仅有利于商事争议的解决，而且为商事交易当事方提供了规则和合理预期框架，进而整体促进商事交易和经济发展。对存在制度供给不足问题的司法体系进行优化仍然是司法改革和国家治理制度，甚至是国际法治发展和国家竞争的重要一环。

（四）国际商事法院的主要特点

1. 扮演了扩大国家影响、吸引外资和促进经济发展的角色

亚洲区域和亚洲经济体之间的跨境投资贸易预计将继续增长，为推动其持续发展，需要建立一个中立和广受好评的争端解决中心。[②]在过去的10年中，新加坡一直寻求将自己定位为解决不同法域当事人之间争议的中立第三方场所。凭借值得信赖的中心地位，新加坡受益于以下优势：[③]发达且对商业友好的普通法系；商事经验丰富的律师群体；可靠的法官群体；愈发成熟的商事法学。此外，新加坡的地理位置也增加了便利性，有利于吸引各方选择新加坡作为解决争端的场所。

随着亚洲跨境贸易和投资的指数级增长，法律实践和司法机构必须随

① Robert J. Gordon. *The Rise and Fall of American Growth*. Princeton University Press 2017，p.32.

② SICC Committee. REPORT OF THE SINGAPORE INTERNATIONAL COMMERCIAL COURT COMMITTEE. p. 8, available at https：//www. mlaw. gov. sg/content/dam/minlaw/corp/News/Annex％ 20A％ 20-％ 20SICC％ 20Committee％ 20Report. pdf. visited at 2018-04-20.

③ SICC Committee. REPORT OF THE SINGAPORE INTERNATIONAL COMMERCIAL COURT COMMITTEE. p. 8, available at https：//www. mlaw. gov. sg/content/dam/minlaw/corp/News/Annex％ 20A％ 20-％ 20SICC％ 20Committee％ 20Report. pdf. visited at 2018-04-20.

之发展，以便适应日益增长的具有跨国性质的法律工作。商业世界的迅速发展给尚未从国际角度以同样速度合理化的法律框架带来重大挑战，加强深度协调的需求日益明显。① 在瑞士的国际管理发展研究所和中国香港地区的政治和经济风险咨询等机构组织的国际调查中，新加坡的法律和司法体系受到高度重视，并且有着良好排名。②

2017 年 5 月，商事法院常设国际论坛在伦敦举行了首次会议。③ 这次会议明确了国际商事法院的作用。第一，各商事法院可以通过共同努力与迅速的商业发展保持同步，以更好地服务于商业活动和市场主体；第二，法院的联合有利于更好地为法治作出更大的贡献，并有助于世界稳定和经济繁荣。

2. 具有高度的专业性

英国的商事和财产法庭设立了一个专门处理金融市场纠纷的法庭。这一倡议是由衡平法庭和商事法庭联合发起的。金融法庭受理的案件将由专业的法官进行管理和审查，以便就金融市场中的相关纠纷做出快速、高效、高质量的处理结果。④

"辛古拉尔诉大和资本市场案（Singularis v Daiwa Capital Markets〔2017〕EWHC 257）"是一个由金融法庭法官审理的案件。⑤ 该案值得关注的地方在于，它将公司员工的职务行为确认为公司行为，所以银行有责任识别其客户公司内部结构存在的欺诈。该案特别地确定了以下事项：① 银行的职责范围包括当其意识得到客户授权的账户管理人意图挪用客户资金时，不能根据此人的要求支付款项；② 当客户经理的欺诈行为可以归因于客户时，可以抗辩客户对于银行的权利主张；③ 最高法院于 2016 年 6

---

① SICC Committee. REPORT OF THE SINGAPORE INTERNATIONAL COMMERCIAL COURT COMMITTEE. p. 8, available at https：//www. mlaw. gov. sg/content/dam/minlaw/corp/News/Annex％ 20A％ 20-％ 20SICC％ 20Committee％ 20Report. pdf. visited at 2018-04-20.

② SICC. Establishment of the SICC. available at https：//www. sicc. gov. sg/About. aspx? id＝21. visited at 2018-04-20.

③ Mr Justice Blair and Mr Justice Knowles. A Unique Gathering of Commercial Courts. available at https：//www. judiciary. gov. uk/announcements/a-unique-gathering-of-commerci al-courts/. visited at 2018-04-19.

④ Sir Terence Etherton，The Hon，Mr Justice Flaux. *Guide to The Financial List*，Issued 1st October 2015.

⑤ https：//www. thecityuk. com/assets/2017/Reports-PDF/Legal-excellence-international ly-renowned-Legal-services-2017. pdf. visited at 2018-04-19.

月在"帕特尔诉米尔扎（Patel v Mirza〔2016〕UKSC 42.）"案中提出一项关于非法测试的适用，判决于 2017 年 2 月下达，目前案件正在上诉，将于 2017 年 12 月由民事法庭的一组专业法官进行审理。

3. 具备很强的国际性特点

如果新加坡国际商事法院首席大法官认为某人具有"成为最高法院国际法官所必要的资格、经验和专业身份"，则该人可被任命为国际法官。被指定的国际法官在规定的时间内任职于新加坡国际商事法院。第一批国际法官任期为 3 年。国际法官被随机地指派到案件当中，他们只能审理和判决新加坡国际商事法院案件或成为新加坡国际商事法院案件的上诉法官。相比之下，其他的新加坡国际商事法院法官都是最高法院法官。所有新加坡最高法院的法官均可以成为新加坡国际商事法院的法官。最高法院中仅有的几位不能任职于新加坡国际商事法院的法官是 4 位高级法官和高级法院的司法专员。除了谷口安平（Yasuhei Taniguchi）法官（一位日本比较法和跨国法方面的学者和律师）和 Simon Thorley QC 法官（一位前英国知识产权方面的御用律师），新加坡国际商事法院的其他国际法官均为现任或退休法官。国际法官中有两位仍然在其本国司法系统中任职，伊尔马加德·格里斯（Irmgard Griss）法官是奥地利宪法法院的副法官；多米尼克·哈舍尔（Dominique Hascher）法官是法国最高法院的法官，其余国际法官都已从其本国司法系统中退休。新加坡国际商事法院第一届 12 名国际法官中有 9 位来自普通法地区（4 名来自英国、3 名来自澳大利亚，中国香港地区和美国各有一位），其余 3 位来自民法法系国家（奥地利、法国和日本）。①

法官应当具备以下知识和能力：① 对私法了解，尤其是公司法、保险法、银行和金融法、运输法、知识产权法或任何相关的专业知识以及荷兰程序法；② 法律英语的知识；③ 处理大型、复杂（跨国）贸易纠纷的经验；④ 对美国和英国程序法的了解；⑤ 熟悉跨国商事和商事法律实践。

法官的选任依据以下标准。

（1）在私法领域具有较高的专业水平，特别是公司法、保险法、银行

---

① Andrew Godwin, Ian Ramsay, Miranda Webster. International Commercial Courts: The Singapore Experience. 18 *Melb. J. Int'l L.* 219 (2017).

和金融法、交通法、荷兰程序法、知识产权法或其他相关专业；

（2）具有较高的法律英语听、说水平；

（3）具备处理大标的额、复杂的国际贸易纠纷的能力；

（4）熟练掌握美国和英国程序法的相关规则；

（5）熟悉国际商业和国际商法的相关实践。

新加坡国际商事法院国际性的另一个方面是法院管辖权的国际化。

一般来说，新加坡国际商事法院有权受理和采取行动。[①]

① 索赔具有国际性和商业性；

② 诉讼各方已根据书面管辖权协议授予了新加坡国际商事法院管辖权；

③ 该诉讼的各方不寻求以特权命令（包括强制性命令、禁止令、撤回命令或拘留审查命令）的形式或与之相关的救济。

如果出现以下情况，当事方的诉求就具有国际性。

① 各方的商业所在地在不同的国家；

② 索赔各方在新加坡都没有营业地点；

③ 当事人中至少有一方的营业地位于不同的国家：在这个国家里，双方的商业关系的大部分义务是要履行的；或与争议标的最密切相关的国家；

④ 索赔的当事方明确同意，该诉求的主题涉及多个国家。

荷兰商事法院审理的案件通常会有跨国性因素，例如，当事人一方或双方在荷兰境外、案件不适用荷兰法律或其他与涉外相关的因素，但这不是必要条件。荷兰商事法院管辖的案件唯一实质性要求是该案件是一个"商事"案件。荷兰商事法庭的属人管辖的依据是双方当事人的同意。各方必须选择纠纷由该法院管辖，并没有当事人的国籍要求。因此，法院将能够审理荷兰籍当事人之间的纠纷、荷兰与外国当事方之间的纠纷以及与荷兰或荷兰法律无关的外国当事人之间的纠纷。这将使荷兰商事法庭成为外国当事人寻求解决商事纠纷的有吸引力的场所。

使用外语也是这些法院国际化的特征之一。英语是全球商事交往的

---

① Order 110 r 7 of the Rules of Court (Cap 322，R 5) 2014 Ed.，available at https：//sso. agc. gov. sg/SL/SCJA1969-R5，visited at 2018-04-20.

通用语言。商事合同经常用英语起草，来自不同语言国家的交易双方通常用英语相互交流。但当涉及诉讼时，跨境纠纷的当事人可能会被迫以一种他们不理解的语言进行庭审。法院将为那些想用英语提起诉讼的当事人提供另一种选择，但是同时希望避免像在伦敦或美国诉讼那样昂贵的成本。①

荷兰商事法庭的一个特色是使用英文或荷兰语作为诉讼语言，证据可以使用法文、德文、英文或荷兰文提交，从而有利于节省时间和翻译成本。②贸易向来是跨国性的，在过去的几十年里更是如此。英语不仅成为跨境交易的第一语言，也逐渐走入了国内。荷兰的许多公司都具有跨国性，或者与外国公司开展商事往来。因此，涉及跨境纠纷的当事方可能被迫用外语进行法庭诉讼，这使诉讼程序变得更加困难和昂贵。因此，荷兰司法部门需要提供更加有效的诉讼方式，建立一个使用英语的商事法庭。荷兰司法部门决定确定英语作为商事语言，在阿姆斯特丹设立英语法院即荷兰商事法庭。荷兰商事法庭在处理争端时适用荷兰的程序法，以英语为工作语言。

4. 服务功能是司法功能之外的重要功能

对于利益相关者而言，提高争议解决的效率仍然是关键问题，这成为认定争议解决机制优秀与否的一个标准。③迪拜国际商事中心在 2016 年处理的案件数量为其历史之最，96％的当事人表示对迪拜国际商事中心法院非常满意。同年，迪拜国际商事中心第一次接收并处理了遗嘱认证案件，并且举办了 46 个公益流动站，增长率为 92％，超过 500 人受到了帮助。根据 2016 年的一份研究报告显示，迪拜国际商事中心法院在迪拜、阿联酋和中东地区持续成为非常具有吸引力的选择，79％的人对于迪拜国际商事中心法院"进入"管辖条款表示熟悉；57％的人已经在合同中使用了迪拜国际商事中心法院"进入"管辖条款。对法律的系统性和法理性、熟悉性以及确定性的保障是迪拜国际商事中心法院被选为管辖法院的前三位原因。

迪拜国际商事中心法院客户委员会：④ 迪拜国际商事中心法院与客户

---

① https：//netherlands-commercial-court. com，visited at 2018-04-15.

② https：//netherlands-commercial-court. com. 最后访问日期：2018 年 4 月 15 日。

③ Laura Feldman，Veronique Marquis & Lucie Igor. A New Era for the Resolution of Financial Disputes. *International Arbitration: Asian dispute review* (2016).

④ DIFC annual review 2016，available at https：//www. difccourts. ae/2016/02/27/difc-courts-annual-review-2016/，visited at 2018-04-19.

之间的独立联络机构。该机构协助法院为所有客户提供高效、经济和专业的服务。委员会定期举行会议，会议记录可在网上查阅。

规则小组委员会：① 每季度召开一次会议，讨论迪拜国际商事中心法院规则的潜在变化和改进。参加者包括广泛参与迪拜国际商事中心法院，并有重要实践经验与规则的法律从业人员。

总法律顾问论坛：② 在 2013 成立并每年举办两次，是迪拜国际商事中心法院与高级公司内部律师对话和联络的重要平台，成为参与者分享经验、总结趋势，并讨论全球争端解决的最佳实践。

公益项目：③ 由迪拜国际商事中心的法学院管理，每周与法律专业人士进行磋商。为需要经济支持的人提供法律服务是扩大司法救助的重要途径。通过提供免费法律服务，法学院希望能够为对社会做出专业贡献的律师事务所和个人律师提供支持。2016 年 1—12 月，迪拜国际商事中心共举办了 46 个公益流动站，超过 500 人获得了帮助。截至 2016 年 12 月 31 日，志愿法律专业人员名册共载有 48 家提供公益服务的律师事务所和 122 名志愿者。

在未来，法学院还将支持迪拜和其他酋长国法律体系内的新兴公益计划，并分享最佳经验；同时也希望与其他组织和司法管辖区进行合作，特别是海湾合作委员会，因为这将有助于把司法救助的范围扩大到最需要帮助的个人。

而新加坡国际商事法院还颁布了一套指南，④ 就新加坡国际商事法院诉讼程序的独特之处为用户提供指导，《新加坡国际商事法院指南》由以下几部分构成。

（1）《新加坡国际商事法院用户指南》；⑤

---

① DIFC annual review 2016. available at https：//www. difccourts. ae/2016/02/27/ difc-courts-annual-review-2016/，visited at 2018-04-19.

② DIFC annual review 2016. available at https：//www. difccourts. ae/2016/02/27/ difc-courts-annual-review-2016/，visited at 2018-04-19.

③ DIFC annual review 2016. available at https：//www. difccourts. ae/2016/02/27/ difc-courts-annual-review-2016/，visited at 2018-04-19.

④ SICC. Singapore International Commercial Court Practice Directions. available at https：// www. supremecourt. gov. sg/rules/practice-directions/singapore-international-commerci al-court-practice-directions，visited at 2018-04-20.

⑤ https：//www. sicc. gov. sg/documents/docs/SICC _ User _ Guides. pdf，visited at 2018-04-21.

（2）《法院规则》（Cap 322，R 5）；①

（3）《新加坡国际商事法院实务指引》；②

（4）《新加坡国际商事法院程序指南》。③

《新加坡国际商事法院用户指南》仅供参考，旨在补充《法院规则》和《新加坡国际商事法院实务指引》。为避免疑义，它们不构成《法院规则》或《新加坡国际商事法院业务指导》的一部分，也不以任何方式修改《法院规则》或《新加坡国际商事法院实务指引》中的任何内容。

5. 特别的程序设计，以实现程序便利和易于执行的目标

"尽管迪拜国际商事中心法院的司法和行政管理质量很高"，但让争端各方决定"进入"迪拜国际商事中心管辖区的主要阻碍之一是其他司法管辖区执行迪拜国际商事中心判决的困难程度。目前，迪拜国际商事中心法院已经建立了世界上最强大的执行机制，其判决已经在包括英格兰和威尔士商业法院、美国纽约南区地区法院和上海市高级人民法院在内的外国法院得到了执行。④

新加坡国际商事法院面临的技术性挑战涉及国际商事法院有权通过法庭陈词而不是证据来处理外国法律问题。这里存在两个问题：一是法官可能实际上并不熟悉适用于有关争议的法律；二是国际商事法院对某一特定法律的观点可能与之后国内法院的观点有矛盾。⑤

2009 年，迪拜国际商事中心法院与阿联酋法院签署了一项执法协议。⑥ 2011 年，执法协议被制定为法律。该法律旨在简化其他酋长国执行迪拜国际商事中心判决的过程，规定迪拜国际商事中心法院的命令"应由迪拜国际商事中心以外的有管辖权的实体根据他们在此方面采用的程序和

---

① https：//sso. agc. gov. sg/SL/SCJA1969-R5，visited at 2018-04-21.

② https：//www. supremecourt. gov. sg/docs/default-source/default-document-library/sicc-practice-directions-amended-version-（final）77b73133f22f6eceb9b0ff0000fcc945. pdf，visited at 2018-04-21.

③ https：//www. sicc. gov. sg/documents/docs/SICC _ Procedural _ Guide. pdf，visited at 2018-04-21.

④ Xinhua. Dubai's international financial court posts sharp rise in case values. available at http：//www. xinhuanet. com/english/2017-08/15/c _ 136528741. htm，visited at 2018-04-16.

⑤ Xinhua. Dubai's international financial court posts sharp rise in case values. available at http：//www. xinhuanet. com/english/2017-08/15/c _ 136528741. htm，visited at 2018-04-16.

⑥ Zain Al Abdin Sharar, Mohammed Al Khulaifi. The Courts in Qatar Financial Centre and Dubai International Financial Centre：A Comparative Analysis. 46 *Hong Kong L. J.* 529 (2016).

规则执行"。除了 2011 年法律外，迪拜国际商事中心法院官员还与阿联酋法院对口单位签署了谅解备忘录。

尽管这些变化应该使得迪拜国际商事中心判决在阿联酋地区内的执行更加直接，但事实上迄今为止，① 对迪拜金融法院判决的执行持怀疑态度的律师还指出了一个重要的、可能会阻止迪拜国际商事中心法院的判决转变为当地迪拜法院的命令的漏洞。正如 2011 年法律所述，迪拜国际商事中心法院的判决胜诉方必须向迪拜国际商事中心法院申请"执行函"。执行函必须在发送给迪拜法院之前被翻译成阿拉伯文。有些情况下败诉方所在地位于迪拜，拥有"在岸"资产，故不在迪拜国际商事中心，即使迪拜国际商事中心法院的判决是以程序正确的方式处理的，当地的迪拜法院也可以拒绝执行，仅仅基于其"认为执法申请的前提是他们应该首先审理申请"。

解决的方案之一是，阿联酋签署了 1983 年《利雅得阿拉伯司法合作协议》以及《海湾合作委员会公约》。② 首先，《海湾合作委员会公约》最重要的条款是第 25（b）条，这一规定的效力是，当需要时，每一方应"执行从一个签约国司法管辖区到另一个司法管辖区的司法命令，且这些事务应有既判案件的效力"。其次，执法方面普遍存在一些例外，其中包括遵守公共政策和相关法律，这可能造成实际困难。2015 年 2 月 16 日，迪拜国际商事中心法院提出了一项倡议，旨在克服在阿联酋执行迪拜国际商事中心法院判决时出现的困难，并发布 2015 年《迪拜国际商事中心法院实践指导方针 Ⅱ》，原《迪拜国际商事中心法院实践指导方针》得到了修改，澄清了判决得以执行的方式。该实践指导允许迪拜国际商事中心判决在阿联酋得到执行，而无需遵循执行迪拜国际商事中心判决所需的程序。

2016 年，迪拜国际商事中心法院③提起的强制执行索赔总额从 2015 年度的阿联酋迪拉姆 10.8 亿（2.935 4 亿美元）上升至 2016 年度的阿联酋迪

---

① Jayanth Krishnan and Priya Purohit. A Common Law Court in an Uncommon Environment: The DIFC Judiciary and Global Commercial Dispute Resolution. 1 *The American Review of International Arbitration* 24 (2015).

② Zain Al Abdin Sharar, Mohammed Al Khulaifi. The Courts in Qatar Financial Centre and Dubai International Financial Centre: A Comparative Analysis. 46 *Hong Kong L. J.* 529 (2016).

③ DIFC annual review 2016, available at https://www.difccourts.ae/2016/02/27/difc-courts-annual-review-2016/, visited at 2018-04-19.

拉姆 27.5 亿（7.495 5 亿美元），同比增长 155％。在第一审程序之后，执行程序已成为法院的第二大类的案件。

迪拜国际商事中心法院与地方和国际法院签署了许多重要的备忘录，通过全球制度（例如《纽约公约》）进一步加强执法力度。在 2016 年澳大利亚联邦法院与迪拜国际商事中心法院之间签署备忘录之后，迪拜国际商事中心法院的判决首次在澳大利亚得到认可。索赔人的迪拜国际商事中心律师报告说，该程序在当地律师的协助下顺利进行，没有发生其他纠纷。

迪拜国际商事中心法院强制执行的案件比以往任何时候都多。由于迪拜国际商事中心法院已证明它们是判决能够在世界各地得到执行的安全和可信赖的地方，所以，执法请求数量大幅增加。根据迪拜国际商事中心法院发布的数据，2016 年的执法案件总数增加了 95％。

通过与当地迪拜法院的互惠协议，各方已经能够就其判决在迪拜国际商事中心法院执行。所有在迪拜境内执行的强制诉讼程序将在两个工作日内得到处理。

全球的商事法官通过参加国际商事法院论坛，[①] 深入探讨了如何有效地在域外执行商事法庭的裁判以及在商事裁判中运用听证程序的最佳做法。

6. 进行创新型司法实践

根据迪拜"智慧城市"的设想，迪拜国际商事中心法院小额仲裁庭（SCT）是于 2007 年在海湾地区成立的第一个争端解决服务机构。该机构的受欢迎程度逐年增高，至 2016 年已处理的索赔总数额为阿联酋迪拉姆 2 016 万（549 万美元），同比增长 5％。

2016 年，随着该地区第一个"智能"小额仲裁庭的启用，[②] 法庭满足企业和个人需求的能力有了显著提高。它为争议双方以及法官提供在智能手机和计算机上远程访问案件的渠道。"智能法庭"完全配备了视频会议技术，使个人或中小型企业（SMES）在世界各地都能参与听证会。

以前，争议各方和法官需要出席听证会。然而随着新技术的出现，有

①　https：//www. thecityuk. com/assets/2017/Reports-PDF/Legal-excellence-internationally-renowned-Legal-services-2017. pdf，visited at 2018-04-18.

②　https：//www. thecityuk. com/assets/2017/Reports-PDF/Legal-excellence-internationally-renowned-Legal-services-2017. pdf，visited at 2018-04-18.

关各方，例如经常出差的商人、已离开的租户以及进出迪拜的雇员合同问题，能够通过远程参与协商和参加听证会来解决争端。

无纸化庭审①也成为这些国际商事法院的共同做法。迪拜国际商事中心法庭成为中东第一家引入新的安全云技术的法庭，允许法庭文件从世界任何地方上传。电子打包服务将方便法官、律师以及法院工作人员以各种方式访问案件信息，跨越多个地点并与众多用户共享。电子捆绑系统于 2018 年 3 月 29 日推出，为律师和律师事务所提供了 3 个月的过渡期。迪拜国际商事中心法院在法律社区安排了培训研讨会，并将在 2018 年 7 月 1 日之后提交的新案件中强制执行该系统。

迪拜国际商事中心法院首席执行官兼注册官表示：复杂的跨国案件是我们法院的主要业务。采用高新技术和放弃落后的流程将使法院法官和国际律师团队能够在云计算的证据方面共同工作，而案件仍在法庭上实时审理。这项创新电子服务将确保迪拜国际商事中心法院继续为处于技术中断时代的企业创造法律确定性，并以更快、更紧密的方式访问案件信息。带着一推车档案的律师团队的情形将成为历史。

（五）小结：中国设立国际商事法庭需考虑的法律因素②

多国关于设立和建设国际商事法庭的实践表明，其大多是在突破原有法律框架的基础上进行法律制度创新。与国际实践一样，中国设立国际商事法庭也存在一些必须在法律层面上考虑和解决的问题。

（1）审级。将国际商事法庭设立在哪个审级，其在我国法院体系中应处于何种地位是需要认真思考的。

（2）法官的选任。引进外籍专业性人才参与国际商事法庭建设可以提高法庭的国际性与影响力。这需要与我国《法官法》和《法院组织法》相协调。

（3）适用法律的选择。我国《涉外民事关系法律适用法》给予了当事人很大的选择适用法律的自由，特别是在选用商事惯例甚至是外国法方面的弹性很大。

---

① https://www.difccourts.ae/2018/02/07/trials-go-paperless-at-difc-courts-in-regional-first/，visited at 2018-04-19.

② https://www.difccourts.ae/2018/02/07/trials-go-paperless-at-difc-courts-in-regional-first/，visited at 2018-04-19.

（4）审理程序上的便利。应当在一定程度上赋予当事人选择程序规则的自由，同时与《民事诉讼法》规定的程序相协调。

（5）庭审语言。《民事诉讼法》规定庭审语言必须是中文，因此应当在一定程度上允许当事人选择英语作为国际商事法庭的审理语言。

（6）外国律师代理。《民事诉讼法》规定委托律师代理诉讼必须委托中国律师，因此需要在一定范围内允许外国律师代理。

（7）判决的域外承认和执行。诉讼在荷兰的优势之一是冻结令，有利于防止当事人在荷兰的资产被转移、处置到其他国家，其效力直至诉讼程序完成。[①] 在新加坡，新加坡国际商事法庭裁判的执行依据也具有广泛性和国际性。[②]

为了有效地降低司法成本，提升与其他国家的国际商事法庭之间的竞争力，我国国际商事法庭还可以采取其他一些具体措施，具体包括限制涉外民商事案件再审的提起、缩减涉外民商事案件的审理期间等。

建设国际商事法庭还需要提升本国的司法质量，在国际投资界、商事界和争议解决界获得认可和积极好评，从而吸引更多的商事纠纷当事人选择我国的国际商事法庭作为争端解决的首选机制。

跨国商事关系广泛而复杂，决定了对合格法院和法官的需求。[③] 各国需要的是由公正、独立、训练有素的法官进行管理，并由能力出众、知道如何认真提交证据、展示法律论点的律师协会成员协助的法律体系。国际商事法院的发展表现出法律与市场发展同步的特点，是保持内国法律框架生机和活力的机制性安排，也是法治在全球范围内成为主要国家互相竞争重要维度的具体表现。

---

① 孙欣译："荷兰将设国际商事法庭，英文作为工作语言"，http://baijiahao.baidu.com/s?id=1597474304997305096&wfr=spider&for=pc. 最后访问日期：2018 年 5 月 27 日。

② 这主要表现在四个方面：第一，依据《互相执行联邦国家法院判决法》使得新加坡法院的判决在英联邦国家获得承认和执行。第二，新加坡最高法院还与新加坡政府和其他法院系统合作，简化传统普通法规则下对判决的执行。第三，根据《互相执行外国法院判决法》包括中国香港地区的很多国家和地区都取得了执行依据。第四，新加坡于 2015 年 3 月 25 日签署了《海牙选择法院协议公约》，该公约起草方包括欧盟、美国、加拿大、日本、中国和俄罗斯等，公约赋予当事人选择法院解决争议的权利，也给民事判决在域外的承认与执行提供法律基础。2017 年 5 月 15 日，最高人民法院发布《人民法院涉"一带一路"建设 10 起典型案例》，其中"高尔集团股份有限公司申请承认和执行新加坡高等法院民事判决案"系中国法院首次承认和执行新加坡法院商事判决，该案对中新商事判决的相互承认和执行具有里程碑意义。参见赵蕾、葛黄斌：《新加坡国际商事法庭的运行与发展》，《人民法院报》2017 年 7 月 7 日，第 8 版。

③ 赵蕾、葛黄斌：《新加坡国际商事法庭的运行与发展》，《人民法院报》2017 年 7 月 7 日。

参 考 文 献
References

一、中文著作

[1][德] 马克思·韦伯:《法律社会学》,康乐、简惠美译,广西师范大学出版社 2005 年版。

[2][美] 保罗·海恩等:《经济学导论》,史晨主译,世界图书出版公司 2012 年版。

[3][美] 伯利·米恩斯:《现代公司与私有财产》,甘华鸣等译,商务印书馆 2005 年版。

[4][美] 柯提斯·J. 米尔霍普(Curtis J. Milhaupt)、[德] 卡塔琳娜·皮斯托 (Katharina Pistor):《法律与资本主义:全球公司危机揭示的法律制度与经济发展 的关系》,罗培新译,北京大学出版社 2010 年版。

[5][美] 克里斯多夫·M. 布鲁纳:《普通发票世界的公司治理:股东权力的政治基础》,林少伟译,法律出版社 2016 年版。

[6][美] 曼瑟·奥尔森:《国家的兴衰:经济增长、滞涨和社会僵化》,李增刚译,上海人民出版社 2018 年版。

[7][美] 希尔顿·L. 鲁特:《资本与共谋:全球经济发展的政治逻辑》,刘宝成译,中信出版集团 2017 年版。

[8][日] 谷口安平:《程序的正义与诉讼》,王亚新、刘荣军译,中国政法大学出版社 1996 年版。

[9][英] 施米托夫:《国际贸易法文选》,赵秀文译,中国大百科全书出版社 1993 年版。

[10]《邓小平文选》(第 2 卷),人民出版社 1994 年版。

[11]《人民法院案例选》(1992 年第 2 辑),人民法院出版社 1993 年版。

[12]《人民法院案例选》(1994 年第 4 辑),人民法院出版社 1995 年版。

[13] 中国高级法官培训中心、中国人民大学法学院:《中国审判案例要览》(1996 年经济审判暨行政审判卷),中国人民大学出版社 1997 年版。

[14] 全国人大常委会法制工作委员会民法室、中国国际经济贸易仲裁委员会秘书局:《中华人民共和国仲裁法全书》,法律出版社 1995 年版。

[15] 曹建明、陈治东、朱榄叶:《国际公约与惯例》(国际经济法卷),法律出版社 1997

年版。

[16] 陈安：《国际经济法论丛》（第1卷），法律出版社1998年版。

[17] 陈治东：《国际商事仲裁法》，法律出版社1999年版。

[18] 程德钧、王生长、康明：《国际惯例和涉外仲裁实务》，中国青年出版社1993年版。

[19] 程德钧：《涉外仲裁与法律》（第一辑），中国人民大学出版社1992年版。

[20] ［日］川岛武宜：《日本人的法律意识》，岩波书店1967年版。

[21] 丁建忠：《外国仲裁法与实践》，中国对外经济贸易出版社1992年版。

[22] 丁伟：《冲突法论》，法律出版社1996年版。

[23] 杜新丽：《国际民事诉讼与商事仲裁》，中国政法大学出版社2009年版。

[24] 樊堃：《仲裁在中国：法律与文化分析》，法律出版社2017年版。

[25] 公丕祥：《法制现代化研究》（第九卷），法律出版社2004年版。

[26] 范愉：《司法制度概论》，中国人民大学出版社2004年版。

[27] 高言、刘璐：《仲裁法理解适用与案例评析》，人民法院出版社1996年版。

[28] 郭寿康、赵秀文：《国际经济贸易仲裁法》，中国法制出版社1995年版。

[29] 陈安：《国际经济法论丛》（第1卷），法律出版社1998年版。

[30] 郭晓文：《中国国际经济贸易案例分析》（第二卷：投资争议），三联书店（香港）有限公司1997年版。

[31] 韩德培、韩健：《美国国际私法（冲突法）导论》，法律出版社1994年版。

[32] 韩德培：《国际私法新论》，武汉大学出版社1997年版。

[33] 韩健：《国际商事仲裁法的理论和实践》，法律出版社1993年版。

[34] 韩健：《现代国际商事仲裁法的理论和实践》，法律出版社1993年版。

[35] 韩世远：《合同法总论》（第三版），法律出版社2011年版。

[36] 江伟、肖建国：《仲裁法》，中国人民大学出版社2016年版。

[37] 李双元：《国际私法》（冲突法篇），武汉大学出版社1987年版。

[38] 李玉泉：《国际民事诉讼与国际商事仲裁》，武汉大学出版社1993年版。

[39] 刘凤琴：《新制度经济学》，中国人民大学出版社2015年版。

[40] 刘慧珊等：《外国国际私法法规选编》，人民法院出版社1988年版。

[41] ［澳］娜嘉·亚历山大：《全球调解趋势》（第二版），王福华等译，中国法制出版社2011年版。

[42] 宋连斌：《仲裁理论与实务》，湖南大学出版社2005年版。

[43] 谭兵：《中国仲裁制度研究》，法律出版社1995年版。

[44] 陶春明、王生长：《中国国际经济贸易仲裁——程序理论与实务》，人民中国出版社1992年版。

[45] 王存学：《中国经济仲裁和诉讼手册》，中国发展出版社1993年版。

[46] 王芳：《英国承认和执行外国仲裁裁决制度研究》，中国政法大学出版社2012年版。

[47] 王军：《美国合同法判例选编》，中国政法大学出版社1995年版。

[48] 杨崇森：《商务仲裁之理论与实践》，台湾中央文物供应社1984年版。

[49] 谢石松：《国际民商事纠纷的法律解决程序》，广东人民出版社1996年版。

[50] 徐伟功：《国际商事仲裁理论与实务》，华中科技大学出版社2017年版。

[51] 杨弘磊：《中国内地司法实践视角下的〈纽约公约〉问题研究》，法律出版社2006

年版。

[52] 杨良宜:《国际商务仲裁》,中国政法大学出版社 1997 年版。

[53] 张月娇:《国际经贸法律评析与运用》,中国对外经济贸易出版社 1997 年版。

[54] 赵凌云:《经济学通论》,北京大学出版社 2005 年版。

[55] 赵威:《国际仲裁法理论与实务》,中国政法大学出版社 1995 年版。

[56] 郑成良:《法律之内的正义——一个关于司法公正的法律实证主义解读》,法律出版社 2002 年版。

[57] 中国国际法学会:《中国国际法年刊》,法律出版社 1988 年版。

[58] 中国社会科学院法学研究所民法研究室:《外国仲裁法》,中国社会科学出版社 1982 年版。

[59] 最高人民法院中国应用法学研究所:《人民法院案例选》(民事、经济、知识产权、海事、民事诉讼程序卷),人民法院出版社 1997 年版。

二、中文期刊

[1] 艾宏、邢修松:《国际商事仲裁程序中的"证据规则"》,《仲裁与法律通讯》1996 年第 3 期。

[2] 北京市第二中级人民法院项目组:《金融类纠纷案件审理中存在的问题及其对策》,《法律适用》2010 年第 10 期。

[3] 宾国强、袁宏泉:《法律、金融与经济增长:理论与启示》,《经济问题探索》2003 年第 5 期。

[4] 蔡鸿达:《美国仲裁协会发展简述》,《仲裁与法律通讯》1995 年第 6 期。

[5] 朝印:《商业银行金融仲裁:困境与出路——基于山东省调研案例》,《西部金融》2013 年第 4 期。

[6] 陈安:《再论中国涉外仲裁的监督机制及其与国际惯例的接轨——兼答肖永平先生等》,《仲裁与法律通讯》1998 年第 1 期。

[7] 陈安:《中国涉外仲裁监督机制评析》,《中国社会科学》1995 年第 4 期。

[8] 陈力:《ICC 在我国作出裁决的承认和执行——兼论〈纽约公约〉视角下的"非内国裁决"》,《法商研究》2010 年第 6 期。

[9] 陈敏:《仲裁员的行为规范》,《仲裁与法律通讯》1994 年第 3 期。

[10] 陈治东、沈伟:《国际商事仲裁裁决承认与执行的国际化趋势》,《中国法学》1998 年第 2 期。

[11] 陈治东、沈伟:《我国承认及执行国际仲裁裁决的法律渊源及其适用》,《法学》1997 年第 4 期。

[12] 陈治东:《论我国涉外仲裁的可仲裁性问题》,《法学》1997 年第 6 期。

[13] 山东省临沂市兰山区司法局:《加强联调联动着力纠纷化解》,《人民调解》2012 年第 10 期。

[14] 邵明波:《法治、金融发展与银行贷款长期化》,《世界经济文汇》2010 年第 2 期。

[15] 程德钧:《中国国际经济贸易仲裁委员会 1996 年年度工作报告》,《仲裁与法律通讯》1997 年第 1 期。

[16] 程德钧:《中国仲裁法关于涉外仲裁的特别规定》,《仲裁与法律通讯》1995 年

第 3 期。

[17] 程金华：《中国行政纠纷解决的制度选择——以公民需求为视角》，《中国社会科学》2009 年第 6 期。

[18] 池漫郊：《从"效率至上"到"契约自由"——基于合并仲裁评当代仲裁价值取向之变迁》，《仲裁研究》2008 年第 6 期。

[19] 崔起凡：《国际商事仲裁证据规则之晚近成文化现象述评》，《国际商务研究》2013 年第 5 期。

[20] 崔巍、文景：《社会资本、法律制度对金融发展的影响——替代效应还是互补效应?》，《国际金融研究》2017 年第 11 期。

[21] 邓瑞平、易艳：《商事仲裁责任制度简论》，《重庆大学学报》（社会科学版）2005 年第 1 期。

[22] 董新义：《论金融纠纷的行业与诉讼联动调解》，《法律适用》2011 年第 12 期。

[23] 杜晶：《"金融消费者"的界定及其与金融投资者的关系》，《中国青年政治学院学报》2013 年第 4 期。

[24] 冯邦彦、覃剑：《国际金融中心圈层发展模式研究》，《国际金融》2011 年第 4 期。

[25] 冯果：《资本市场为谁而存在——关于我国资本市场功能定位的反思》，《公民与法》2013 年第 6 期。

[26] 傅攀峰：《未竟的争鸣：被撤销的国际商事仲裁裁决的承认与执行》，《现代法学》2017 年第 1 期。

[27] 高菲：《论仲裁协议》，《仲裁与法律通讯》1995 年第 5 期。

[28] 高菲：《仲裁案件的法律适用》，《仲裁与法律通讯》1997 年第 3 期。

[29] 高洪民：《经济全球化与中国国际金融中心的发展》，《世界经济研究》2008 年第 8 期。

[30] 高建平、曹占涛：《普惠金融的本质与可持续发展研究》，《金融监管研究》2014 年第 8 期。

[31] 高晓力：《我国法院承认和执行外国仲裁裁决过程中运用公共政策分析》，《中国仲裁与司法》2009 年第 4 期。

[32] 高晓力：《中国法院承认和执行外国仲裁裁决的积极实践》，《法律适用》2018 年第 5 期。

[33] 韩成军：《国际商事仲裁规则中庭审程序法律问题研究》，《河北法学》2012 年第 7 期。

[34] 韩世远：《CISG 在中国国际商事仲裁中的适用》，《中国法学》2016 年第 5 期。

[35] 贺辉：《基于实践分析国际投资仲裁去商事化的必要性》，《郑州大学学报（哲学社会科学版）》2018 年第 5 期。

[36] 胡改蓉：《证券纠纷解决机制多元化的构建》，《华东政法大学学报》2007 年第 3 期。

[37] 胡玉鸿：《改革开放与民众法律意识的进化》，《苏州大学学报》（哲学社会科学版）2008 年第 6 期。

[38] 黄韬：《中国法院受理金融争议案件的筛选机制评析》，《法学家》2011 年第 1 期。

[39] 黄文艺、宋湘琦：《法律商业主义解析》，《法商研究》2014 年第 1 期。

[40] 黄雅屏：《浅析仲裁员之责任制度》（上），《仲裁研究》2005 年第 3 期。

[41] 江春、许立成：《法律制度、金融发展与经济转轨——法与金融学的文献综述》，《南大商学评论》2006 年第 6 期。

[42] 姜霞：《论仲裁证据的独立性》，《湘潭大学学报》2007 年第 5 期。

[43] 金鑫：《论法国刑事规范对国际商事仲裁的影响》，《青海社会科学》2018 年第 5 期。

[44] 类承曜：《国有商业银行改革的逻辑：一个政治经济学视角》，《中央财经大学学报》2009 年第 2 期。

[45] 李海：《论涉外仲裁协议的准据法》，《仲裁与法律通讯》1995 年第 5 期。

[46] 李浩：《当下法院调解中一个值得警惕的现象——调解案件大量进入强制执行研究》，《法学》2012 年第 1 期。

[47] 李浩：《理性地对待调解优先——以法院调解为对象的分析》，《国家检察官学院学报》2012 年第 1 期。

[48] 李霁：《论国际商会示范仲裁条款在中国的效力—实证分析和理论探讨》，《北京仲裁》2007 年第 2 期。

[49] 李婧：《我国台湾地区金融消费者保护制度的最新发展及启示》，《政治与法律》2011 年第 12 期。

[50] 李莉：《法经济学与纠纷解决》，《河北法学》2008 年第 7 期。

[51] 李清池：《法律、金融与经济发展：比较法的量化进路及其检讨》，《比较法研究》2007 年第 6 期。

[52] 李荣林、阮铃雯：《法与金融理论面临的挑战》，《天津师范大学学报（社会科学版）》2006 年第 4 期。

[53] 李拥军、傅爱竹：《"规训"的司法与"被缚"的法官——对法官绩效考核制度困境与误区的深层解读》，《法律科学》2014 年第 6 期。

[54] 林其敏：《国际商事仲裁的透明度问题研究》，《河北法学》2015 年第 3 期。

[55] 林强、杨庆炎、许文玲：《组建金融法院，确保金融安全——关于组建中国金融法院的构想》，《福建金融》2003 年第 6 期。

[56] 林义全：《试论财产保全不当的赔偿》，《云南法学》1996 年第 4 期。

[57] 刘丹冰：《试论中国商事仲裁法律制度演进中的政府作用与修正——基于仲裁行政化的考察》，《广东社会科学》2014 年第 1 期。

[58] 刘敬东、任雪峰：《对有关仲裁裁决司法审查案件的请示批复的理解与适用》，《人民司法》2015 年第 19 期。

[59] 刘敏：《论诉讼外调解协议的司法确认》，《江海学刊》2011 年第 4 期。

[60] 刘晓红、李超、范铭超：《国际商事与贸易仲裁员（公断人）责任制度比较——兼评中国商事贸易仲裁员责任制度》，《世界贸易组织动态与研究》2012 年第 3 期。

[61] 刘晓红：《从国际商事仲裁证据制度的一般特质看我国涉外仲裁证据制度的完善》，《政治与法律》2009 年第 5 期。

[62] 刘晓红：《确定仲裁员责任制度的法理思考——兼评述中国仲裁员责任制度》，《华东政法大学学报》2007 年第 5 期。

[63] 刘洋：《对仲裁裁决的上诉权是否对商业社会具有吸引力?》，《香港律师会会

刊》2019 年第 2 期。

[64] 刘瑛：《论 CISG 在国际商事仲裁中的适用》，《山西大学学报（哲学社会科学版）》2018 年第 2 期。

[65] 刘颖：《日本金融 ADR 制度：发展与评价》，《现代日本经济》2012 年第 4 期。

[66] 柳鸿生：《澳大利亚金融消费纠纷非诉调解机制借鉴》，《中国经济周刊》2015 年第 4 期。

[67] 罗楚湘：《仲裁行政化及其克服》，《江西社会科学》2012 年第 3 期。

[68] 罗培新：《走出公司治理的唯'美'主义迷思》，《中欧商业评论》2009 年第 12 期。

[69] 吕炳斌：《上海国际金融中心的法制建设探讨》，《新金融》2009 年第 6 期。

[70] 马建威：《金融消费者法律保护：以金融监管体制改革为背景》，《政法论坛》2013 年第 6 期。

[71] 缪因知：《法律如何影响金融：自法系渊源的视角》，《华东政法大学学报》2015 年第 1 期。

[72] 缪因知：《法律与证券市场关系研究的一项进路——LLSV 理论及其批判》，《北方法学》2010 年第 1 期。

[73] 莫莉：《国内法院对国际商事仲裁管辖权司法审查的谦抑性》，《理论界》2018 年第 5 期。

[74] 潘剑锋：《论民事司法与调解关系的定位》，《中外法学》2013 年第 1 期。

[75] 潘剑锋：《论司法确认》，《中国法学》2011 年第 3 期。

[76] 罗培新：《特拉华州公司法的神话与现实》，《金融法苑》2003 年第 4 期。

[77] 皮天雷：《转型经济中法律与金融的发展》，《财经科学》2007 年第 7 期。

[78] 任雪峰：《〈最高人民法院关于审理仲裁司法审查案件若干问题的规定〉解读》，《人民法治》2018 年第 3 期。

[79] 沈伟、余涛：《互联网金融监管规则的内生逻辑及外部进路：以互联网金融仲裁为切入点》，《当代法学》2017 年第 1 期。

[80] 沈伟、余涛：《金融纠纷诉讼调解机制运行的影响因素及其实证分析——以上海为研究对象》，《法学论坛》2016 年第 6 期。

[81] 沈伟：《法与金融理论视阈下的上海金融法院：逻辑起点和创新难点》，《东方法学》2018 年第 5 期。

[82] 沈伟：《国际商事法庭的趋势、逻辑和功能——以仲裁、金融和司法为研究维度》，《国际法研究》2018 年第 5 期。

[83] 沈伟：《我国仲裁司法审查制度的规范分析——缘起、演进、激励和缺陷》，《法学论坛》2019 年第 1 期。

[84] 沈伟：《中国公司法真的能"孵化"私募投资吗？——一个基于比较法语境的法经济学分析》，《当代法学》2014 年第 3 期。

[85] 沈伟：《仲裁员责任论》，《仲裁与法律通讯》1996 年第 6 期。

[86] 沈艺峰、许年行、杨熠：《我国中小投资者法律保护历史实践的实证检验》，《经济研究》2004 年第 9 期。

[87] 施东晖：《当代公司治理研究的新发展》，《中国金融学》2004 年第 9 期。

[88] 施正康：《经济诉讼，不要忽视管辖权》，《上海投资》1996 年第 6 期。

［89］石现明：《略论我国仲裁员和仲裁机构民事责任制度的构建》，《理论与改革》2011
　　　年第 4 期。

［90］宋连斌：《仲裁司法监督制度的新进展及其意义》，《人民法治》2018 年第 3 期。

［91］苏力：《司法制度的合成理论》，《清华法学》2007 年第 1 期。

［92］孙天琦：《港台加拿大金融消费纠纷第三方调解机制及启示》，《西部金融》2013 年
　　　第 8 期。

［93］孙笑侠：《论行业法》，《中国法学》2013 年第 1 期。

［94］孙伊然：《发展中国家对抗内嵌的自由主义？——以联合国发展议程为例》，《外交
　　　评论》2012 年 5 期。

［95］唐力、毋爱斌：《法院附设诉前调解的实践与模式选择——司法 ADR 在中国的兴
　　　起》，《学海》2012 年第 4 期。

［96］万鄂湘：《〈纽约公约〉在中国的司法实践》，《法律适用》2009 年第 3 期。

［97］王福华：《正当化撤诉》，《法律科学》2006 年第 2 期。

［98］王俊友、常志峰：《大调解视野下非诉调解协议司法确认机制的定位与进路》，《公
　　　民与法》2012 年第 12 期。

［99］王兰军：《建立独立的金融司法体系　防范化解金融风险——兼论组建中国金融法
　　　院、中国金融检察院》，《财经问题研究》2000 年第 9 期。

［100］王丽：《我国商事仲裁制度的省思——以上海自贸区商事仲裁机制为视角》，《华中
　　　师范大学研究生学报》2016 年第 1 期。

［101］王利明：《司法裁判的可预期性》，《当代贵州》2015 年第 38 期。

［102］王利明：《论无效合同的判断标准》，《法律适用》2012 年第 7 期。

［103］王生长：《斯德哥尔摩商会仲裁院仲裁规则与中国国际经济贸易仲裁委员会仲裁规
　　　则的比较》，《国际仲裁期刊》1992 年第 4 期。

［104］王冶英、任以顺：《我国仲裁员制度的缺陷及运行失范之矫正》，《青岛科技大学学
　　　报（社会科学版）》2010 年第 4 期。

［105］王轶：《合同效力认定的若干问题》，《国家检察官学院学报》2010 年第 5 期。

［106］王佐发：《重思"特拉华迷思"》《西南政法大学学报》2011 年第 1 期。

［107］温先涛：《〈新加坡公约〉与中国商事调解——与〈纽约公约〉〈选择法院协议公
　　　约〉相比较》，《中国法律评论》2019 年第 1 期。

［108］文芳：《论仲裁员民事责任——试构建我国仲裁员责任体系》，《黑龙江省政法管理
　　　干部学院学报》2010 年第 6 期。

［109］文海兴、张志：《仲裁与银行金融纠纷风险防范》，《中国金融》2010 年第 23 期。

［110］吴弘：《金融纠纷非讼解决机制的借鉴与更新——金融消费者保护的视角》，《东方
　　　法学》2015 年第 4 期。

［111］吴焕宁、李敏：《国际商事仲裁中证据的获取和法院的协助》，《仲裁与法律通
　　　讯》1997 年第 3 期。

［112］吴焕宁：《我国〈仲裁法〉浅议》，《仲裁与法律通讯》1995 年第 3 期。

［113］肖蓓：《〈纽约公约〉背景下我国对外国仲裁裁决承认及执行的实证研究》，《现代
　　　法学》2016 年第 3 期。

［114］肖芳：《国际投资仲裁裁决司法审查的"商事化"及反思——以美国联邦最高法院

"BG 公司诉阿根廷"案裁决为例》,《法学评论》2018 年第 3 期。

[115] 肖娜:《法律经济学视域下的国际商事仲裁研究》,《商业经济研究》2015 年第 12 期。

[116] 肖永平:《也谈我国法院对仲裁的监督范围——向陈安先生请教》,《仲裁与法律通讯》1997 年第 6 期。

[117] 肖志明:《一项亟待解决的课题:香港与内地司法互助》,《仲裁与法律通讯》1997 年第 5 期。

[118] 萧凯:《从富士施乐仲裁案看仲裁员的操守与责任》,《法学》2006 年第 10 期。

[119] 谢俊英:《用仲裁方式解决商事纠纷的成本优势分析》,《河北经贸大学学报》2013 年第 3 期。

[120] 谢乃煌、丘国中:《法律试行的成本效益分析》,《政法学刊》2011 年第 1 期。

[121] 许光耀:《论非仲裁地化对国际商事法律适用的影响》,《法学评论》1995 年第 2 期。

[122] 严红:《国际商事仲裁软法探究》,《社会科学战线》2016 年第 10 期。

[123] 杨东、文诚公:《香港金融纠纷解决机制的新发展及其对内地的启示》,《首都师范大学学报（社会科学版）》2013 年第 3 期。

[124] 杨东:《论金融服务统合法体系的构建——从投资者保护到金融消费者保护》,《中国人民大学学报》2013 年第 3 期。

[125] 杨东:《论我国证券纠纷解决机制的发展创新——证券申诉专员制度之构建》,《比较法研究》2013 年第 3 期。

[126] 杨玲:《仲裁机构法律功能批判——以国际商事仲裁为分析视角》,《法律科学》2016 年第 2 期。

[127] 杨挽涛、夏志毅:《司法主权问题在仲裁司法审查中的适用——基于国际礼让原则和既判力理论的分析》,《国际商法探索》2019 年第 4 期。

[128] 杨育文:《中国仲裁裁决在美国法院的承认与执行（2000—2016）:问题与对策》,《国际法研究》2018 年第 1 期。

[129] 姚志坚:《法制现代化进程中的法院调解——对我国法院调解重兴现象的法理分析》,《南京社会科学》2005 年第 6 期。

[130] 叶凡、刘峰:《方法·人·制度——资本结构理论发展与演变》,《会计与经济研究》2015 年第 1 期。

[131] 于朝印:《商业银行金融仲裁:困境与出路——基于山东省调研案例》,《西部金融》2013 年第 4 期。

[132] 于寅生:《论证券集团诉讼与我国证券诉讼制度的完善》,《经济研究导刊》2015 年第 9 期。

[133] 余保福:《法律、金融发展与经济增长:法律金融理论研究述评》,《财经理论与实践》2005 年第 4 期。

[134] 余劲松:《国际投资条约仲裁中投资者与东道国权益保护平衡问题研究》,《中国法学》2011 年第 2 期。

[135] 余涛、沈伟:《游走于实然与应然之间的金融纠纷非诉讼调解机制》,《上海财经大学学报》2016 年第 1 期。

[136] 郁光华、邵丽:《论 LLSV 法律来源论的缺陷性》,《上海财经大学学报(哲学社会科学版)》2007 年第 4 期。

[137] 袁巍、孙付:《按撤诉处理的扩张适用与规制》,《人民司法》2011 年第 19 期。

[138] 张春良:《论国际商事仲裁价值》,《河北法学》2006 年第 6 期。

[139] 张广良:《知识产权法院制度设计的本土化思维》,《法学家》2014 年第 6 期。

[140] 张建、郝梓伊:《商事仲裁司法审查的纵与限——评最高人民法院审理仲裁司法审查案件的新规定》,《北华大学学报(社会科学版)》2018 年第 1 期。

[141] 张建伟:《"变法"模式与政治稳定性——中国经验及其法律经济学含义》,《中国社会科学》2003 年第 1 期。

[142] 张建伟:《比较法视野下的金融发展——关于法律和金融理论的研究述评》,《环球法律评论》2006 年第 6 期。

[143] 张建伟:《法律、投资者保护与金融发展——兼论中国证券法变革》,《当代法学》2005 年第 5 期。

[144] 张萍:《国际商事仲裁费用能控制吗?》,《甘肃社会科学》2017 年第 3 期。

[145] 张勇:《法律还是社会规范:一个关于投资者保护的比较分析》,《经济社会体制比较》2006 年第 3 期。

[146] 张钰新:《法律、投资者保护和金融体系的发展》,《经济评论》2004 年第 3 期。

[147] 张珍星:《无涉外因素纠纷约定外国仲裁协议无效的司法惯例剖析》,《对外经济贸易大学学报》2018 年第 4 期。

[148] 赵健:《关于撤销裁决程序的几个问题》,《仲裁与法律通讯》1998 年第 1 期。

[149] 赵秀文:《〈纽约公约〉与国际商事仲裁协议的效力认定》,《河北法学》2009 年第 7 期。

[150] 赵秀文:《从宁波工艺品公司案看我国法院对涉外仲裁协议的监督》,《时代法学》2010 年第 5 期。

[151] 赵秀文:《中国仲裁市场对外开放研究》,《政法论坛》2009 年第 6 期。

[152] 赵旭东:《民事纠纷解决中合意形成机制的检讨与反思——以当事人视角下的合意为中心》,《法学家》2014 年第 1 期。

[153] 郑洋洋:《论仲裁员强制名册制的优劣势及其改进措施》,《法制博览》2015 年第 4 期。

[154] 周成新:《美国法院适用 1958 年〈纽约公约〉公共政策抗辩条款的实践》,《法学评论》1992 年第 5 期。

[155] 周湖勇:《新民事诉讼法对金融审判的积极影响及其推进》,《温州大学学报》(社会科学版)2013 年第 5 期。

[156] 周丽:《当前仲裁员制度的不足与完善》,《人民论坛》2016 年第 17 期。

[157] 周荃:《人民法院委托行业协会调解的实践及其规制——以金融纠纷调解为视角》,《上海政法学院学报》2012 年第 1 期。

[158] 周永坤:《警惕调解的滥用和强制趋势》,《河北学刊》2006 年第 6 期。

[159] 朱科:《国际商事仲裁司法审查案件内部请示报告制度的转型》,《法学杂志》2017 年第 6 期。

[160] 朱克鹏:《国际商事仲裁法律适用理论的新发展——"直接适用方法"理论与实践

评析》，《仲裁与法律通讯》1997 年第 1 期。

[161] 朱克鹏：《论国际商事仲裁中的法院干预》，《法学评论》1995 年第 4 期。

[162] 朱守力：《首创调解引入保险又推诉调对接联动——上海市保险同业公会创新调解机制成绩显著》，《上海保险》2012 年第 6 期。

[163] 朱伟东：《中国与 '一带一路' 国家间民商事争议解决机制的完善》，《求索》2016 年第 12 期。

[164] 朱小川：《银行业消费者投诉途径及非诉争端解决机制——以英美等国为例》，《金融理论与实践》2013 年第 8 期。

[165] 祝继高、陆正飞：《融资需求、产权性质与股权融资歧视——基于企业上市问题的研究》，《南开管理评论》2012 年第 4 期。

三、中文报纸

[1] 《北京强制执行两起国际仲裁裁决——中国华阳技术贸易总公司被查封》，《法制日报》1999 年 9 月 3 日。

[2] 《改革开放呼吁法制软环境》，《人民日报》（海外版）1992 年 12 月 25 日。

[3] 《就〈关于内地与香港特别行政区相互执行仲裁裁决的安排〉最高法院负责人答记者问》，《法制日报》2000 年 1 月 29 日。

[4] 《上海高院驳回远东公司上诉》，《新民晚报》1995 年 7 月 28 日。

[5] 《设立金融法院助推金融法治》，《第一财经日报》2018 年 3 月 30 日。

[6] 《是非曲直法律评说》，《法制日报》1992 年 11 月 16 日。

[7] 《证券争议仲裁如何进行》，《上海证券报》1994 年 11 月 5 日。

[8] 《证券争议仲裁有规可循》，《上海证券报》1994 年 10 月 22 日。

[9] 葛黄斌：《〈新加坡公约〉的普惠红利是一把双刃剑》，《法制日报》2019 年 2 月 19 日。

[10] 李楠：《设立上海金融法院恰逢其时》，《中国城乡金融报》2018 年 4 月 11 日。

[11] 刘春彦、刘伯一：《设立上海金融法院　完善金融审判体系》，《上海证券报》2018 年 4 月 4 日。

[12] 刘子阳、张晨、董凡超：《设立上海金融法院恰逢其时——专家称凸显金融司法维护国内国际市场规则》，《法制日报》2018 年 3 月 30 日。

[13] 倪受彬：《上海金融法院筹建的若干建议》，《中国基金报》2018 年 4 月 16 日。

[14] 芮文彪、李国泉、姜广瑞：《创新调解方式不断提高知识产权诉讼调解水平——上海市二中院关于知识产权诉讼调解机制的调研报告》，《人民法院报》2013 年 4 月 25 日。

[15] 王婧：《国际商会仲裁院在中国仲裁效力几何》，《法制日报》2009 年 7 月 9 日。

[16] 王殊：《通过案例看国际商事仲裁裁决的执行》，《国际商报》2008 年 5 月 30 日。

[17] 徐艳红：《金融审判向专业化和国际化迈进——全国政协委员吕红兵谈设立上海金融法院的背景和意义》，《人民政协报》2018 年 4 月 3 日。

[18] 赵蕾、葛黄斌：《新加坡国际商事法庭的运行与发展》，《人民法院报》2017 年 7 月 7 日。

四、法律法规、司法解释和仲裁规则

［1］《ICC 仲裁规则》

［2］《北京仲裁委员会仲裁规则》

［3］《承认及执行外国仲裁裁决公约》

［4］《德国民事诉讼法典》

［5］《加拿大不列颠哥伦比亚 1986 年国际商事仲裁法》

［6］《联合国国际货物销售合同公约》

［7］《联合国国际贸易法委员会国际商事仲裁示范法》

［8］《联合国国际贸易法委员会仲裁规则》

［9］《联合国国际商事仲裁示范法》

［10］《中华人民共和国民事诉讼法》

［11］《民事诉讼规则》

［12］《全国人民代表大会常务委员会关于我国加入〈承认及执行外国仲裁裁决公约〉的
　　　决定》

［13］《中华人民共和国人民调解法》

［14］《瑞士国际私法典》

［15］《上海仲裁委员会仲裁规则》

［16］《深圳仲裁委员会仲裁规则》

［17］《香港仲裁条例》

［18］《中华人民共和国刑法》

［19］《中国（上海）自由贸易试验区仲裁规则》

［20］《中国国际经济贸易仲裁委员会金融争议仲裁规则（2015 版）》

［21］《中国国际经济贸易仲裁委员会仲裁规则》

［22］《中国海事仲裁委员会仲裁规则》

［23］《中华人民共和国合同法》

［24］《中华人民共和国民法通则》

［25］《中华人民共和国中外合资经营企业法》

［26］《中华人民共和国中外合资经营企业法实施条例》

［27］《中华人民共和国仲裁法》

［28］《最高人民法院关于案例指导工作的规定》（2010 年）

［29］《最高人民法院关于当事人因对不予执行仲裁裁决的裁定不服而申请再审人民法院
　　　不予受理的关于适用〈中华人民共和国民事诉讼法〉的解释》

［30］《最高人民法院关于内地与澳门特别行政区相互认可和执行仲裁裁决的安排》

［31］《最高人民法院关于内地与香港特别行政区相互执行仲裁裁决的安排》

［32］《最高人民法院关于人民法院办理仲裁裁决执行案件若干问题的规定》

［33］《最高人民法院关于人民法院处理与涉外仲裁及外国仲裁事项有关问题的通知》

［34］《最高人民法院关于人民法院对申请强制执行仲裁机构的调解书应如何处理的
　　　通知》

［35］《最高人民法院关于人民法院发现已经受理的申请执行仲裁裁决或不服仲裁裁决而
　　　起诉的案件不属本院管辖应如何处理问题的批复》

[36]《最高人民法院关于认可和执行台湾地区仲裁裁决的规定》

[37]《最高人民法院关于审理仲裁司法审查案件若干问题的规定》

[38]《最高人民法院关于适用〈中华人民共和国涉外民事关系法律适用法〉若干问题的解释（一）》

[39]《最高人民法院关于适用〈中华人民共和国仲裁法〉若干问题的解释》

[40]《最高人民法院关于适用〈中华人民共和国民事诉讼法〉的解释》

[41]《最高人民法院关于适用〈中华人民共和国仲裁法〉的解释》

[42]《最高人民法院关于为自由贸易试验区建设提供司法保障的意见》

[43]国务院《关于推进上海加快发展现代服务业和先进制造业建设国际金融中心和国际航运中心的意见》

[44]国务院办公厅《关于贯彻实施〈中华人民共和国仲裁法〉需要明确的几个问题的通知》

[45]中国人民银行《关于促进互联网金融健康发展的指导意见》

[46]中国银行业协会：《关于建立金融纠纷调解机制的若干意见（试行）》

[47]最高人民法院、中国保险监督管理委员会：《关于在全国部分地区开展建立保险纠纷诉讼与调解对接机制试点工作的通知》

[48]最高人民法院《关于人民法院执行工作若干问题的规定（试行）》

五、英文著作

[1] Alan Redfern & Martin Hunter. *Law and Practice of International Commercial Arbitration*. Sweet & Maxwell, 1991.

[2] Albert Jan Van Den Berg. *INTERNATIONAL ARBITRATION IN THE 21ST CENTURY: TOWARDS "JUDICIALIZATION" AND UNIFORMITY?*. Transnational Publishers, Inc. 1994.

[3] Albert Jan Van Den Berg. *The New York Arbitration Convention of 1958*. Kluwer, 1981.

[4] Andreas F Lowenfeld. *International Litigation and Arbitration*. Thomson West, 2006.

[5] UNCITRAL. *UNCITRAL Digest of Case Law on the United Nations Convention on Contracts for the International Sales of Goods*（2012 edition）.

[6] The Oxford Business Group. *The Report Dubai*. Oxford Business Group 2008.

[7] Shen Wei. *Rethinking the New York Convention —— A Law and Economics Approach*. Cambridge: Intersentia, 2013.

[8] Robert J. Gordon. *The Rise and Fall of American Growth*. Princeton University Press 2017.

[9] Robert Merkin. *Arbitration Law*, Chapter 17. Lloyd's of London Press Ltd. 1991.

[10] Ronald Bernstein et al.. *Handbook of Arbitration Practice*. Sweet & Maxwell, 1998.

[11] Pacific Rim Advisory Council. *International Arbitration/Mediation Handbook*. 1993.

[12] Mustill and Boyd. *Commercial Arbitration*, 1982.

[13] Lance E. Davis and Douglas C. North. *Institutional Change and American Economic

Growth. Cambridge：Cambridge University Press 1971.

［14］Joseph Alois Schumpeter. *A Theory of Economic Development*. MA：Harvard University Press 1911.

［15］Eric de Brabandere. *Investment Treaty Arbitration as Public International Law*. Cambridge：Cambridge University Press 2014.

［16］Franklin Allen，Douglas Gale. *Comparing Financial Systems*. MIT Press 2001.

［17］Gary B. Born. *International Arbitration: Law and Practice*. 2012.

［18］Ha-Joon Chang. *Economics: The User's Guide*. London：Penguin Books 2014.

［19］Geoffrey G. Parker，Marshall W. Van Alstyne & Sangeet Paul Choudary. *Platform Revolution: How Networked Markets Are Transforming the Economy and How to Make Them Work for You*. New York & London：W. W. Norton & Company 2016.

［20］Douglass C. North. *Institutions，Institutional Change and Economic Performance*. Cambridge：Cambridge University Press 1990.

［21］Douglass C. North，John N. Drobak & John V. C. Nye. *The Frontier of the New Institutional Economics*. 1997.

［22］Douglass C. North. *Understanding the Process of Economic Change*. Princeton University Press 2005.

［23］Eirik G. Furubotn & Rudolf Richter. *Institutions and Economic Theory*. University of Michigan Press，1997.

［24］Christoph Schreuer. Consent to Arbitration. *The Oxford Handbook of International Investment Law*. Oxford University Press，2008.

［25］Christopher F. Dugan，Don Wallace，Noah D. Rubins，Borzu Sabahi. *Investor-state Arbitration*. Oxford University Press，2011.

［26］Axel Boesch. *Provisional Remedies in International Commercial Arbitration*. Walter de Gruyter & Co.，1994.

六、英文论文

［1］Andre Janssen & Matthias Spilker. The Application of the CISG in the World of International Commercial Arbitration，*Rabels Z.* （2013）77 135.

［2］Andrew Godwin，Ian Ramsay & Miranda Webster. International Commercial Courts：The Singapore Experience. 18 *Melb. J. Int'l L.* 219 （2017）.

［3］Andrew I. Okekeifere. Commercial Arbitration as the Most Effective Dispute Resolution Method：Still a Fact or Now a Myth?. *Journal of International Arbitration*，1998.

［4］Armando Castelar Pinheiro. Judicial System Performance and Economic Development. *Rio de Janeiro: BNDES*，1996.

［5］Armen A. Alchian. Some Economics of Property Rights. *IL POLITICO*，816 （1965）.

［6］Bernard Black. Is Corporate Law Trivial? A Political and Economic Analysis. *Northwestern University Law Review* （1990）.

[7] Bingham. Reasons and Reasons for Reasons: Differences Between a Judgment and an Arbitral Award. *Arbitration Journal*, (1988) 4.

[8] Born, Grey. International Commercial Arbitration. *Kluwer Law International* (2009), Vol.1.

[9] Brian R Cheffins. Does Law Matter? The Separation of Ownership and Control in the United Kingdom. *Journal Legal Studies* (2001).

[10] Broches. Recourse against the award: Enforcement of the Award, UNCITRAL's Project for a Model Law on International Commercial Arbitration. *ICCA Congress Series* No.2 (1984).

[11] Catherine Rogers. A Window into the Soul of International Arbitration: Arbitrator Selection, Transparency and Stakeholder Interests. *Victoria U. Wellington L. Rev.* 1179 (2015).

[12] Chen Dejun, Michael Moser, Wang Shengchang. International Arbitration in the PRC: Commentary, Cases and Materials. *Asia*, 1995.

[13] Chen Min. The Arbitration Act of the People's Republic of China, A Great Leap Forward. *Journal of International Arbitration* (1997) 1.

[14] Christian Buehring-Uhle. Arbitration and Mediation in International business. *Kluwer Law International*, 1995.

[15] Christine Chinkin. Educating Lawyers about Mediation. *Journal of Professional Legal Education* (1992) 10.

[16] David Gaukrodger. Appointing Authorities and the Selection of Arbitrators in Investor-State Dispute Settlement: An Overview. *Consultation Paper*. March 2018.

[17] Dennis Cambell. Dispute Resolution Methods. *Graham & Trotman/Martinus Nijhoff* (1994).

[18] Diane K. Denis & John J. McConnell. International Corporate Governance. *Journal of Financial and Quantitative Analysis* (2003).

[19] Eirik G. Furubotn and Svetozar Pelovich. Property Rights and Economic Theory: A Survey of Recent Literature. *Journal of Economics Literature* (1972).

[20] Elina Zlatanska. To Publish or not to Publish Arbitral Awards. *Journal of Arbitration*. (2015).

[21] Graeme Johnston. Bridging the Gap between Western and Chinese Arbitration Systems. *Journal of International Arbitration*, 24 (6).

[22] Harold Demsetz. The Exchange and Enforcement of Property Rights. *Journal of Law & Economics* (1964).

[23] Harold Demsetz. Towards A Theory of Property Rights. *American Economics Review* (1967).

[24] James B. Ang. Financial Reforms, Patent Protection and Knowledge Accumulation in India. *World Development* (2010).

[25] Jan Paulsson. Delocalization of International Commercial Arbitration: When and Why It Matters. *International & Comparative Law Quarterly* (1983) 32 (1).

[26] Jan Paulsson. Arbitration Without Privity. *ICSID Review-Foreign Investment Law Journal*, Volume 10, Issue 2.

[27] Jayanth Krishnan and Priya Purohit. A Common Law Court in an Uncommon Environment: The DIFC Judiciary and Global Commercial Dispute Resolution. *American Review of International Arbitration* 24 (2015).

[28] Jeffrey Wurgler. Financial Markets and the Allocation of Capital. *Journal of Financial Economics* (2000).

[29] Jeswald W. Salacuse. The Law of Investment Treaties. *Oxford International Law Library*, 2010.

[30] Johannes Landbrecht. The Singapore International Commercial Court (SICC) —— Alternative to International Arbitration?. *ASA Bulletin* 1, 2016 (March).

[31] John C. Coffee Jr.. The Rise of Dispersed Ownership: The Roles of Law and the State in the Separation of Ownership and Control. *Yale Law Journal* (2001).

[32] John C. Coffee, Jr.. Privatization and Corporate Governance: The Lesson form Securities Market Failure. *The Journal of Corporation Law* (1999).

[33] John C. Coffee, Jr.. The Future as History: The Prospects for Global Convergence in Corporate Governance and its Implications, *Columbia Law School Center for Law and Economic Studies Working Paper*. (February 1999).

[34] John Yuko Gotanda. Setting Arbitrators' Fees: An International Survey. *Vanderbilt Journal of Transnational Law* 799 (2000).

[35] Jonathan R. Macey. Federal Deference to Local Regulators and the Economic Theory of Regulation: Toward a Public-Choice Explanation of Federalism. *Virginia Law Review* (1990) 76.

[36] Katharina Pistor. The Standardization of Law and Its Effect on Developing Economies. *Discussion Paper Series*, (2000) 6 (4).

[37] Kevin Avruch &. Peter W. Black. Conflict Resolution in Intercultural Settings: Problem and Prospects in Conflict Resolution Theory and Practice: Integration and Application. *Dennis J. Sandole &. Hugo van Merwe* (1993).

[38] La Porta, Lopez de Silanes, Shleifer and Vishny. Investor Protection and Corporate Valuation. *The Journal of Finance*, Vol. LVII, No.3, JUNE, 2002.

[39] La Porta, Lopez de Silanes, Shleifer and Vishny. Law and Finance. *The Journal of Political Economy*, 1998.

[40] La Porta, Lopez-de-Silanes, Shleifer and Vishny. Legal Determinants of External Finance. *The Journal of Finance*, 1997.

[41] Laura Feldman, Veronique Marquis &. Lucie Igor. A New Era for the Resolution of Financial Disputes. *International Arbitration: Asian dispute review* (2016).

[42] Leon E. Trakman. "Legal Traditions" and International Commercial Arbitration. *American Review of International Arbitration* 1 (2006).

[43] Lord Mustill. Arbitration: History and Background. *Journal of International Arbitration* 43 (1989).

［44］Lukas Mistells. International Arbitration —— Corporate Attitudes and Practices —— 12 Perceptions Tested：Myths, Data and Analysis Research Report. *American Review of International Arbitration*，（2004）.

［45］Mark J. Roe. Legal Origins and Modern Stock Markets. *Harvard Law Review* (2006).

［46］Matthew C. Jennejohn. Contract Adjudication in a Collaborative Economy. *Virginia Law and Business Review*，（2010）5.

［47］Mauro Rubino-sammartano. International Arbitration Law. *Kluwer* 1990.

［48］Michael Dorf and Charles Sabel. A Constitution of Democratic Experimentalism. *Columbia Law Review* (1998).

［49］Morris Fiorina and Roger Noll. Voters, Legislators and Bureaucracy —— Institutional Design in the Public Sector. *American Economic Review* 68 (1978).

［50］Oliver E. Williamson. The New Institutional Economics：Taking Stock, Looking Ahead. *Journal of Economics Literature* 593 (2000).

［51］Pat K. Chew. The Pervasiveness of Culture. *Journal of Legal Education* 60 (2004).

［52］Paul Fenn, Neil Richman, Dey Vencappa. The Impact of the Woolf Reforms on Costs and Delay. *CRIS Discussion Paper Series* (2009).

［53］Rafael La Porta, Florencio Lopez-de-Silanes & Andrei Shleifer. What Works in Securities Laws. *The Journal of Finance* (2006).

［54］Rafael La Porta, Florencio Lopez-de-Silanes, Andrei Shleifer & Robert Vishny. Investor Protection and Corporate Governance. *Journal of Financial Economics* (2008).

［55］Rafael La Porta, Florencio Lopez-de-Silanes, Andrei Shleifer & Robert W. Vishny. Agency Problems and Dividend Policies around the World. *Journal of Finance* (2000).

［56］Rafael La Porta, Florencio Lopez-de-Silanes, Andrei Shleifer & Robert W. Vishny. Investor Protection and Corporate Valuation. *Journal of Finance* (2002).

［57］Raghuram G. Rajan & Luigi Zingales. The Great Reversals：The Politics of Financial Development in the Twentieth Century. *Journal of Financial Economics* (2003).

［58］Raghuram G. Rajan & Luigi Zingales. Financial Dependence and Growth. *American Economic Review* (1998).

［59］Remy Gerbay. Is the End Nigh Again? An Empirical Assessment of the 'Judicialization' of International Arbitration. *American Journal of International Arbitration* (2014) 25 (2).

［60］René M. Stulz & Rohan Williamson. Culture, Openness and Finance. *Journal of Finance Economics* (2003).

［61］Robert G. King & Ross Levine. Finance and Growth：Schumpeter Might Be Right. *Quarterly Journal of Economics* (1993).

［62］Ross Levine. The Legal Environment, Banks, and Long-run Economic Growth. *Journal of Money, Credit and Banking* (1998) 30.

［63］Ross Levine. Bank-based or Market-based Financial Systems: Which is Matter? *Journal of Financial Intermediation* (2002).

［64］Simeon Djankov, Rafael La Porta, Florencio Lopez-de-Silanes & Andrei Shleifer. The Law and Economics of Self-Dealing. *Journal of Financial Economics* (2008).

［65］Stanley Lubman. Setback for China-Wide Rule of Law. *Far Eastern Economic Review* (November) 7, 1996.

［66］Stephen L. Hayford. Law In Disarray: Judicial Standards For Vacatur of Commercial Arbitration Awards. *Georgia Law Review* (Vol.30) 1996.

［67］Stephen R. Miller. First Principles for Regulating the Sharing Economy. *Harvard Journal on Legislation* (2016) 53.

［68］Stijn Claessens, Simeon Djankov & Larry HP Lang. The Separation of Ownership and Control in East Asian Corporations. *Journal of Financial Economics*, 2000.

［69］Stuart Boyarsky. Transparency in Investor-State Arbitration. *Dispute Resolution Magazine*, Vol.21, Issue 4 (Summer 2015).

［70］Takao Tateishi. Recent Japanese Case Law in Relation to International Arbitration. *Journal of International Arbitration* 2000.

［71］Thorsten Beck, Asli Demirguc, Kunt & Ross Levine. Law, Endowments and Finance. *Journal of Finance Economics* (2003).

［72］TV Firth. The Finality of a Foreign Arbitral Award. *Arbitration Journal* (1970) 25.

［73］Veeder & Dye. Lord Bramwell's Arbitration Code. *Arbitration International* 330 (1992).

［74］William H. Knull, III & Noah D. Rubins. Bettubg the Farm on International Arbitration: Is It Time to Offer an Appeal Option?. *American Review of International Arbitration* (2000) 11 (4).

［75］WM Tupman. Staying Enforcement of Arbitral Awards under the New York Convention. *Arb Int* (1987) 3.

［76］Yeung and Wayne Yu. The Information Content of Stock Markets: Why Do Emerging Markets Have Synchronous Stock Price Movements. *Journal of Financial Economics* (2000).

［77］Zain Al Abdin Sharar; Mohammed Al Khulaifi. The Courts in Qatar Financial Centre and Dubai International Financial Centre: A Comparative Analysis. *Hong Kong Law Journal* (2016).

索 引
Index

后　记
Postscript

　　严格来说，本书是陈治东教授在 1998 年由法律出版社出版的《国际商事仲裁法》一书的第二版。

　　得到陈老师的同意，我更新和扩展了《国际商事仲裁法》一书的内容，特别是对 1998 年之后中国仲裁法的发展、涉外仲裁的理论和实践、国际商事仲裁的演进变化做了更新和充实。本书的修改和撰写所秉持的原则是保留《国际商事仲裁法》的整体框架，重点从国际视野和中国实践两个角度撰写新增的内容和议题。

　　岁月如斯！陈治东教授是我的本科老师和硕士生导师。我在华东政法学院就读本科和硕士研究生的时候，陈老师是华东政法学院（现华东政法大学）国际法系的副主任、主任。20 多年前，陈老师给我们上课的情景历历在目。即使现在，每逢大学同学聚会，陈老师身穿卡其风衣在校园里行走的情景一直是同学们回忆的经典片段。更为重要的是，陈老师言传身教，为我们树立了严谨、认真、专注的学术榜样。华东政法大学勤勉、踏实的学风在一代代莘莘学子身上留下了印记，在法学界口碑良好。

　　陈老师从事法学研究和教学近 40 年，我本来与复旦大学法学院的陈力教授商量为陈老师从事法学研究和任教 40 周年举行学术庆祝活动。弟子为老师举行生日或者其他庆祝活动在国内是不成文的习惯或行业惯例，但是我们的提议遭到陈老师的婉拒，这并不意外，也是我们早就预料到的。陈老师一向低调和朴实的作风和当下的学术界似乎总有些格格不入，但这恰如清风拂面地提醒我们这些后学——学无止境、气有浩然。

　　从《国际商事仲裁法》到现在读者看到的这本《商事仲裁法——国际

视野和中国实践》，期间历经了整整 20 年。人生能有几个 20 年呢？时光如歌，初心有声，仅以此书祝贺陈老师从事法学研究教学 40 载，也当是吾辈后学自勉自励。

在本书写作和修订过程中，石智媛、吕启明、段恋、高乐民、程振营、徐驰、朱菁怡、董玉莹、周东鹏等同学利用寒假春节休息时间协助我校对法律条文和整理文本格式；在本书审稿过程中，林大山、黄桥立、沈平生、程畅、刘一健、黄景筠、徐驰翻译了相关英文内容，制作了索引。其后，他们又与杨雨馨、姚书怡、秦大鹏、魏天乐和牟伟等同学协助校对了全书排版稿。在此一并感谢。

是为后记。

沈　伟
于北湖岸道
2020 年 4 月 20 日